Here I stand...
Lutherausstellungen USA 2016

Martin Luther: Art and the Reformation
Minneapolis Institute of Art
30. Oktober 2016 – 15. Januar 2017

Word and Image: Martin Luther's Reformation
The Morgan Library & Museum, New York
7. Oktober 2016 – 22. Januar 2017

Law and Grace: Martin Luther, Lucas Cranach, and the Promise of Salvation
Pitts Theology Library, Emory University, Atlanta
11. Oktober 2016 – 16. Januar 2017

Landesamt für Denkmalpflege
und Archäologie Sachsen-Anhalt –
Landesmuseum für Vorgeschichte
Stiftung Luthergedenkstätten in Sachsen-Anhalt
Stiftung Deutsches Historisches Museum
Stiftung Schloss Friedenstein Gotha
Minneapolis Institute of Art
The Morgan Library & Museum

Martin Luther

SCHÄTZE DER REFORMATION

Sandstein Verlag

Wir danken unseren Unterstützern und Förderern

Das Ausstellungsprojekt wurde gefördert von

Die Restaurierung des Gothaer Tafelaltars wurde ermöglicht durch

Das Ausstellungsprojekt »Here I stand…« steht unter der Schirmherrschaft von Bundesaußenminister Dr. Frank-Walter Steinmeier. Die Verwirklichung des Projektes wurde ermöglicht durch die Unterstützung des Auswärtigen Amtes der Bundesrepublik Deutschland im Rahmen der Lutherdekade

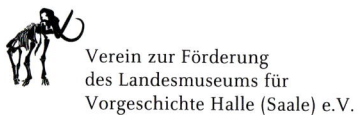

KULTUR STIFTUNG · DER LÄNDER

Die Restaurierung der Lutherkanzel Eisleben wurde ermöglicht durch

Die Ausstellung »Martin Luther: Art and the Reformation« im Minneapolis Institute of Art wird präsentiert durch

Lead Sponsors:

John and Nancy Lindahl

The Hognander Foundation

K.A.H.R. Foundation

The Bradbury and Janet Anderson Family Foundation

Jim and Carmen Campbell

Major Sponsors:

Die Ausstellung »Word and Image: Martin Luther's Reformation« in The Morgan Library & Museum, New York

wurde mit großzügiger Unterstützung

der **Johansson Family Foundation**

und **Kurt F. Viermetz, München**

sowie mit Unterstützung der

Arnhold Foundation und

des **Auswärtigen Amtes der Bundesrepublik Deutschland**

verwirklicht.

Die Ausstellung »Law and Grace: Martin Luther, Lucas Cranach and the Promise of Salvation« in der Pitts Theology Library der Candler School of Theology an der Emory University, Atlanta,

wurde unterstützt durch

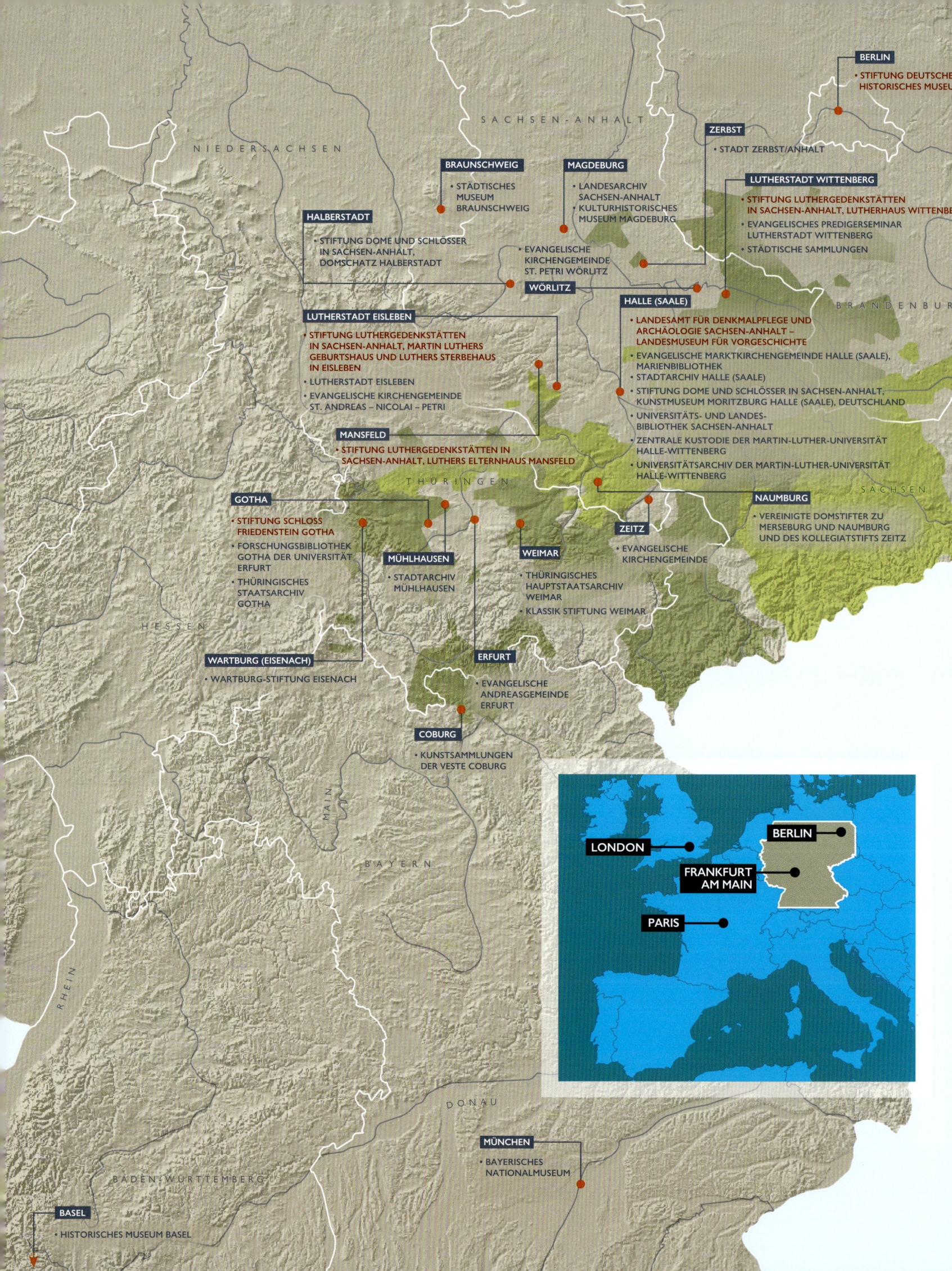

Leihgeber

Deutschland

Stiftung Deutsches Historisches Museum, Berlin

Stadt Braunschweig, Städtisches Museum Braunschweig

Kunstsammlungen der Veste Coburg

Wartburg-Stiftung Eisenach

Evangelische Andreasgemeinde Erfurt

Forschungsbibliothek Gotha der Universität Erfurt

Stiftung Schloss Friedenstein Gotha

Thüringisches Staatsarchiv Gotha

Evangelische Marktkirchengemeinde Halle (Saale), Marienbibliothek

Landesamt für Denkmalpflege und Archäologie Sachsen-Anhalt – Landesmuseum für Vorgeschichte Halle (Saale)

Stadtarchiv Halle (Saale)

Universitäts- und Landesbibliothek Sachsen-Anhalt, Halle (Saale)

Zentrale Kustodie der Martin-Luther-Universität Halle-Wittenberg

Universitätsarchiv der Martin-Luther-Universität Halle-Wittenberg

Evangelische Kirchengemeinde St. Andreas-Nicolai-Petri, Lutherstadt Eisleben

Lutherstadt Eisleben

Evangelisches Predigerseminar, Lutherstadt Wittenberg

Städtische Sammlungen, Lutherstadt Wittenberg

Kulturhistorisches Museum Magdeburg

Landesarchiv Sachsen-Anhalt

Stadtarchiv Mühlhausen/Thüringen

Bayerisches Nationalmuseum, München

Stiftung Dome und Schlösser in Sachsen-Anhalt, Domschatz Halberstadt

Stiftung Dome und Schlösser in Sachsen-Anhalt, Kunstmuseum Moritzburg Halle (Saale)

Stiftung Luthergedenkstätten in Sachsen-Anhalt

Thüringisches Hauptstaatsarchiv Weimar

Vereinigte Domstifter zu Merseburg und Naumburg und des Kollegiatstifts Zeitz

Klassik Stiftung Weimar

Evangelische Kirchengemeinde St. Petri Wörlitz der Evangelischen Landeskirche Anhalts in Deutschland

Evangelische Kirchengemeinde Zeitz

Stadt Zerbst/Anhalt

Schweiz

HMB – Historisches Museum Basel

Vereinigte Staaten von Amerika

Thrivent Financial Collection of Religious Art, Minneapolis

The Metropolitan Museum of Art, New York

Scheide Library, Princeton University Library

Luther Seminary Library, St. Paul

◀ **Karte der europäischen Leihgeber** in Rot: die Initiatoren des Ausstellungsprojektes »Here I stand…«

Inhalt

10 **Grußworte**

10 Grußwort
Frank-Walter Steinmeier
Bundesminister des Auswärtigen

12 Grußwort
Harald Meller, Martin Eberle,
Ulrike Kretzschmar und Stefan Rhein

15 Grußwort
Kaywin Feldman

17 Grußwort
Colin B. Bailey

19 Die Autoren

I

20 **Fundsache Luther**

22 Die Familie Luder in Mansfeld

24 Die »Luthergrube« in Mansfeld –
was der Abfall der Familie Luther/
Luder verrät

38 Die Grafen von Mansfeld und der
Mansfelder Kupferschieferbergbau

44 Aufbruch in eine neue Zeit

II

46 **Weltliche Macht
und höfische Kunst**

52 Kaiser und Papsttum

59 Verquickung kirchlicher und
weltlicher Macht

62 Die Herrscher Sachsens

73 Die Familie Cranach in Wittenberg

III

92 **Vorreformatorische
Frömmigkeit**

94 Pfarrkirche und Gottesdienst
vor der Reformation

114 Frömmigkeit im Spätmittelalter

130 Das Ablasssystem in der katholischen
Kirche

IV

136 **Luther als Mönch,
Gelehrter und Prediger**

140 Luthers akademische Prägung

145 Leucorea

154 Die 95 Thesen

160 Vom Bildnis zum Image –
die frühen Luther-Porträts

165 Wormser Reichstag

V

180 **Luthers Theologie**

183 *Sola fide* –
die Rechtfertigungslehre

186 *Gesetz und Gnade* –
ein reformatorisches Bildthema

198 Das Abendmahl

203 Luthers Bibelübersetzung

VI

226 Luther in Wittenberg

- 230 Gemeinsam mit Luther – die Heirat von Katharina von Bora und Martin Luther
- 240 Katharina von Bora (1499–1552)
- 247 Vom Kloster zum Haushalt des Reformators – wie lebte Martin Luther?
- 274 Luthers Mitreformatoren
- 283 Buchdruck in Wittenberg
- 286 Armut und Armenfürsorge zur Zeit der Reformation
- 290 Die Rolle der Musik für die Reformation

VII

296 Polemik und Konflikte

- 298 Der Bauernkrieg
- 305 Satirische und polemische Holzschnitte
- 331 Bildersturm in Wittenberg – ein Mythos?
- 334 Der Schmalkaldische Bund
- 351 Der hassende Luther

VIII

358 Luthers Vermächtnis

- 363 »Wenn ich meine lieben Landesherren […] versöhnt habe, […] dann will ich heimziehen und mich in den Sarg schlafen legen« – Martin Luthers Sterben
- 374 Luthermemoria – Museum, Denkmal, Reliquie
- 386 Die Folgen der Reformation

395 Auf Luthers Spuren

- 396 JÜRGEN GRÖSCHL
  »Ein Pflanzgarten zur Verbesserung der Welt«
  Die Franckeschen Stiftungen zu Halle und die Herausbildung der lutherischen Kirche in Amerika

- 403 LOUIS D. NEBELSICK
  Teure Gnade
  Deutsch-amerikanische Verbindungen im Leben und Vermächtnis von Dietrich Bonhoeffer (1906–1945) und Martin Luther King Jr. (1929–1968)

- 411 JAN SCHEUNEMANN
  Lutherstätten heute

- 423 Die Initiatoren des Ausstellungsprojektes »Here I stand…«
- 431 Die Leihgeber
- 453 Nationale Sonderausstellungen in Deutschland zum Reformationsjubiläum 2017

455 Anhang

- 456 Literatur
- 480 Gedruckte Quellen
- 481 Ungedruckte Quellen
- 482 Glossar
- 488 Personenregister
- 495 Abkürzungen
- 496 Abbildungsnachweis
- 498 Impressum

Grußwort

Auf der Rückreise vom Wormser Reichstag, auf dem er den Widerruf verweigert hatte – der Legende nach mit den Worten »Hier stehe ich und kann nicht anders« –, schrieb Martin Luther einen Brief an Kaiser Karl V. Der Brief wurde dem Kaiser nie zugestellt, erlangt aber durch eine Abschrift Verbreitung. Jahrhunderte später gelang es dem Unternehmer Pierpont Morgan, diesen Brief zu ersteigern, um ihn Kaiser Wilhelm II. zum Geschenk zu machen. Der gab ihn damals der Lutherhalle in Wittenberg zur Ausstellung. Nun kehrt dieser Brief zum ersten Mal zu den Nachfahren seines vormaligen Besitzers zurück und wird im Rahmen der New Yorker Ausstellung »Word and Image: Martin Luther's Reformation« gezeigt.

Es sind solche und andere Exponate und Geschichten, die das Herz dieser Ausstellung bilden.

Mit seiner Kritik an der römisch-katholischen Kirche, am Ablasshandel und an der päpstlichen Prachtentfaltung setzte Martin Luther nicht nur der geistlichen Macht Grenzen, sondern auch der weltlichen. Heute, 500 Jahre später, blicken wir zurück auf diesen mutigen Mann an der Schwelle zur Neuzeit, der so viel beigetragen hat zur Entwicklung einer modernen Gesellschaft. Wir verdanken Luther und den anderen Reformatoren die entscheidenden Impulse für unser heutiges Verständnis von Freiheit, Bildung und gesellschaftlichem Zusammenleben. Dies beinhaltet auch das Recht auf Irrtum, auch in Bezug auf Luther selbst. Manche seiner Äußerungen über die Juden, die Bauern oder die Frauen können für uns nicht beispielgebend sein. Insbesondere von Luthers judenfeindlichen Äußerungen, die im Nationalsozialismus instrumentalisiert wurden, um einem staatlichen Antisemitismus Vorschub zu leisten, distanzieren wir uns heute.

Nun ist die Reformation keineswegs auf Deutschland beschränkt gewesen und auch nicht von der Person Martin Luthers allein ausgegangen, vielmehr ist sie ein gesamteuropäisches Ereignis. Die von den Reformatoren, allen voran Martin Luther, ausgelöste Bewegung hat nicht nur Gesellschaften in Deutschland und Europa nachhaltig geprägt. Besonders mit den Vereinigten Staaten verbinden uns die Aufklärung und der Freiheitsgedanke. In einer Welt, die angesichts von Krisen und Konflikten aus den Fugen geraten scheint, lohnt es sich, die auch mit der Reformation verbundenen Fragen nach Religion und Ordnung, Glaube und Frieden stärker in den Blick zu nehmen.

Als Schirmherr der »Here I stand...«-Ausstellungen freue ich mich, dass es gelungen ist, sie in unterschiedlicher Form gleichzeitig in Minneapolis, New York und Atlanta zu zeigen. Die Gründungsgeschichte und das Selbstverständnis der Vereinigten Staaten basieren auf reformatorischen Einsichten. Dazu gehören die Trennung von Staat und Kirche, religiöse Toleranz und Religionsfreiheit, sowie der Mayflower Compact der Pilgerväter (und -mütter), das erste demokratische Regelwerk auf amerikanischem Boden.

Es lohnt sich also sehr, in das Leben, Werk und Wirken Martin Luthers und einen Teil der Welt des 16. Jahrhunderts einzutauchen. Alle Exponate der »Here I stand...«-Ausstellungen könnte Martin Luther selbst in der Hand gehalten haben. Vom archäologischen Fund über Handschriften und Druckwerke bis hin zu raumgreifenden Kunstwerken, hochkarätigen Cranach-Gemälden und mittelalterlicher Skulptur sind die unterschiedlichsten Objekte versammelt. Der größte Teil von ihnen war noch nie außerhalb Deutschlands zu sehen und wird in dieser Konstellation vermutlich auch nie wieder zusammen zu sehen sein.

Ich wünsche allen Besucherinnen und Besuchern – ob in Minneapolis, New York oder Atlanta –, dass Sie von diesen Ausstellungen viele interessante Eindrücke und vielleicht den Wunsch mitnehmen, sich auf Luthers Spuren zu begeben und die Originalschauplätze in Deutschland persönlich zu besuchen.

Frank-Walter Steinmeier

Bundesminister des Auswärtigen

Grußwort

Im Jahr 2017 jährt sich die Veröffentlichung der 95 Thesen Martin Luthers gegen den Ablass zum 500. Mal. Dieses Ereignis gilt heute als Beginn der Reformation und Geburtsstunde einer Entwicklung, die den Lauf der Weltgeschichte beeinflusste. In Deutschland, dem Geburtsland der Reformation, sind die authentischen Wirkungsstätten Luthers noch heute erhalten und stehen Besuchern aus aller Welt offen. Zudem wird 2017 deutschlandweit mit drei großen Nationalen Sonderausstellungen in Lutherstadt Wittenberg, Berlin und auf der Wartburg, aber auch zahllosen weiteren Ausstellungen und Veranstaltungen an den Beginn der Reformation erinnert und ihrer Geschichte sowie ihren weltweiten Wirkungen bis in die Gegenwart nachgegangen.

Das Jubiläum war der Anlass, unter dem Titel »Here I stand …« ein Ausstellungsprojekt ganz besonderen Formates zu konzipieren, und wir freuen uns, es dank der Unterstützung des Auswärtigen Amtes verwirklichen zu können. So wird von Oktober 2016 bis Januar 2017 in drei unterschiedlichen Orten der USA – einem stark durch lutherische und allgemein protestantische Traditionen geprägten Land – auf das Reformationsjubiläum aufmerksam gemacht. Hierzu werden im Rahmen des Ausstellungsprojektes »Here I stand …« insgesamt drei Ausstellungen zu Martin Luthers Leben und Werk verwirklicht, die etwa zeitgleich stattfinden, unterschiedliche Zielgruppen ansprechen und je eigene inhaltliche Schwerpunkte setzen.

Wir schätzen uns überaus glücklich, dabei mit Partnerinstitutionen zusammenarbeiten zu können, die für eine Ausstellung anlässlich des Reformationsjubiläums geradezu prädestiniert sind: *The Morgan Library & Museum* zählt zu den renommiertesten Kulturinstitutionen New Yorks. Ihr Begründer, der Bankier, Kunstmäzen und passionierte Sammler John Pierpont Morgan, war Deutschland zeit seines Lebens eng verbunden. Die Tatsache, dass sich der bedeutende Brief Martin Luthers an Kaiser Karl V. vom 28. April 1521 (s. Kat. 174) – seit 2015 Bestandteil des UNESCO-Weltdokumentenerbes »Memory of the World« – heute in der Obhut des Wittenberger Lutherhauses befindet und nun erstmals in den USA ausgestellt wird, ist keinem anderen als Pierpont Morgan zu verdanken, der den Brief bei einer Versteigerung für damals sagenhafte 102 000 Mark erwarb und anschließend dem deutschen Kaiser Wilhelm II. schenkte. Das *Minneapolis Institute of Art* ist nicht nur eines der größten Kunstmuseen der USA und deckt mit seinem herausragenden Bestand nahezu alle Epochen der Weltgeschichte ab, sondern ist auch ein Haus von höchstem internationalem Renommee. Zudem liegt es in einer Region des Mittleren Westens der USA, deren Bevölkerung zu einem Großteil durch westeuropäische, vor allem deutsche Wurzeln und lutherische Traditionen geprägt ist. Die *Pitts Theology Library* der Emory University in Atlanta (Georgia) schließlich beherbergt selbst die vermutlich bedeutendste reformationsgeschichtliche Sammlung der USA.

Die Verwirklichung der Ausstellungen in Kooperation mit und an diesen drei bedeutenden Institutionen wurde durch die finanzielle Unterstützung des Auswärtigen Amtes der Bundesrepublik Deutschland ermöglicht, ohne die an die Durchführung des Projektes nicht zu denken gewesen wäre. Dem Auswärtigen Amt sowie insbesondere dem Schirmherrn des Projekts, Bundesaußenminister Dr. Frank-Walter Steinmeier, sind wir daher zuallererst zu tiefem Dank verpflichtet. Daneben danken wir unseren Kolleginnen und Kollegen an den amerikanischen Partnerinstitutionen für die fruchtbare und vertrauensvolle Zusammenarbeit, deren außergewöhnliches Ergebnis im vorliegenden Band dokumentiert wird. Stellvertretend möchten wir hier die Direktoren Dr. Kaywin Feldman (*Minneapolis Institute of Art*) und Dr. Colin B. Bailey (*The Morgan Library & Museum*) erwähnen, die sich zusammen mit ihren Teams mit größtem Engagement für die Entstehung unserer gemeinsamen Ausstellungen, aber auch dieser Publikation eingesetzt haben, als deren Mitherausgeber sie fungieren. Direktor Prof. Dr. M. Patrick Graham (*Pitts Theology Library*) und seine Kollegen unterstützten das Vorhaben einer Lutherausstellung in Atlanta von Beginn an und demonstrierten, wie auch die Kollegen in Minneapolis und New York, kollegiale Kooperation. Die Ausstellung an der *Pitts Theology Library* in Atlanta kann dank der großzügigen Unterstützung der *Halle Foundation* eine Auswahl hochkarätiger Originalexponate aus Deutschland zeigen, wofür stellvertretend dem Vorsitzenden Herrn Dr. Eike Jordan sowie dem Administrator der *Halle Foundation*, Herrn W. Marshall Sanders, herzlich gedankt sei.

Der einzigartige Facettenreichtum der Lutherausstellungen in den USA wäre nicht möglich gewesen ohne die Unterstützung unserer Leihgeber, die dem Ausstellungsprojekt im wahrsten Sinne des Wortes ihre Schatzkammern öffneten. So konnten wir auch unser zweites Ziel verwirklichen, mithilfe der Ausstellungen international auf die authentischen Orte und bedeutenden Kulturschätze im mitteldeutschen Geburtsland der Reformation aufmerksam zu machen, die noch immer nicht in dem ihnen gebührenden Maße überregional bekannt sind. Viele Kollegen der leihgebenden Institutionen haben als Autoren zum Gelingen dieses Bandes beigetragen. Auch diesen Kollegen und Institutionen sei herzlich für ihre wichtige Unterstützung gedankt. Zuletzt gilt unser Dank den zahlreichen Kollegen, die vor und hinter den Kulissen an der Entstehung der Ausstellungen gearbeitet haben. Hier ist an erster Stelle das Projektteam »Here I stand ...« unter der Leitung von Frau Dr. Tomoko Emmerling zu nennen. Dr. Ingrid Dettmann, Susanne Kimmig-Völkner M.A., Robert Kluth M.A., Franziska Kuschel M.A. und Prof. Dr. Louis D. Nebelsick haben sich ihren Aufgaben mit größtem Engagement und viel Herzblut gewidmet. Über die Realisierung der Ausstellungen hinaus galt ihre Energie auch dem Entstehen dieser Publikation, des begleitenden Essaybandes sowie der Webseite www.here-i-stand.com mit der digitalen und downloadbaren Ausstellung #HereIstand. An dieser Stelle sei insbesondere die Leistung der mit der Redaktion der Begleitpublikationen betrauten Kolleginnen und Kollegen Dr. Katrin Herbst, Dr. Ralf Kluttig-Altmann, Robert Noack M. A. und Dr. habil. Anne-Simone Rous dankend hervorgehoben. Die Verwirklichung der verschiedenen Projektbestandteile wäre allerdings auch nicht möglich gewesen ohne den Einsatz zahlreicher weiterer Kollegen, von den Verantwortlichen für Leihorganisation am *Landesmuseum für Vorgeschichte,* Halle (Saale), über die Restauratoren und Sammlungsbeteiligten sowie zahlreiche weitere Kollegen aller Kooperationspartner. Nur mit ihrer Hilfe war es möglich, die für die Ausstellungen relevanten Bestände zu erschließen und zur Ausleihe vorzubereiten. Auch wenn der Platz es nicht erlaubt, sie hier alle aufzuzählen, so soll ihnen ausdrücklich für ihre wertvolle Arbeit Dank gesagt werden.

Harald Meller
*Direktor des Landesamtes
für Denkmalpflege und Archäologie
Sachsen-Anhalt und des
Landesmuseums für Vorgeschichte*

Martin Eberle
*Direktor der Stiftung
Schloss Friedenstein Gotha*

Ulrike Kretzschmar
*Präsidentin a.i. der Stiftung
Deutsches Historisches Museum*

Stefan Rhein
*Vorstand und Direktor der Stiftung
Luthergedenkstätten in Sachsen-Anhalt*

Grußwort

Das *Minneapolis Institute of Art* betrachtet es als große Ehre, dass wir aus Anlass des fünfhundertsten Jahrestags der Veröffentlichung der 95 Thesen mit »Martin Luther: Art and the Reformation« eine in dieser Art bisher einmalige Sonderausstellung präsentieren dürfen. Die Reformation war ein Ereignis, welches Europa in seinen Grundfesten erschütterte, und sie gebar religiöse Überzeugungen, die heute nicht nur von Millionen von Menschen in Minnesota geteilt und gelebt werden, sondern von rund 800 Millionen Protestanten auf der ganzen Welt.

Beim Durchblättern der Seiten des vorliegenden Buches werden Sie auf die neuesten Erkenntnisse zu diesem epochalen Ereignis und seinen Folgen stoßen. Diese wurden anhand von archäologischen Funden aus den Wohnstätten Luthers und Objekten aus seinem persönlichen Nachlass, aus Briefen und Schriften von seiner Hand sowie seinen veröffentlichten Werken gewonnen. Sie werden dabei der überwältigenden Kunst begegnen, welche die Welt prägte, in die der Reformator hineingeboren wurde, und den völlig neuen Kunstgattungen, derer er sich bediente, um seinen Ansichten zu Glaubensfragen konkrete Gestalt zu verleihen. Dabei werden Sie auch jene Werke kennenlernen, mit denen seine Unterstützer und seine Widersacher darin wetteiferten, ihre jeweiligen Standpunkte zu verbreiten.

Wir sind all unseren großartigen und großzügigen Partnern zutiefst dankbar, die mit dem *Minneapolis Institute of Art* in diesem Unterfangen unmittelbar zusammengearbeitet haben, angefangen mit den Organisatoren des Projekts am *Landesmuseum für Vorgeschichte* in Halle an der Saale, die das Projekt gemeinsam mit der *Stiftung Luthergedenkstätten in Sachsen-Anhalt* (Wittenberg), dem *Deutschen Historischen Museum* in Berlin und der *Stiftung Schloss Friedenstein Gotha* auf die Beine gestellt haben. Es ist mir dabei eine besondere Genugtuung, auf die visionäre Führungsrolle von Herrn Prof. Dr. Harald Meller hinzuweisen, dem Direktor des *Landesmuseums für Vorgeschichte Halle*, der uns als Erster die Möglichkeit eröffnete, eine so reiche Auswahl künstlerischer, kultureller und religiöser Kleinode nach Minneapolis zu bringen. Ich bin ebenso dankbar für die herausragende Leistung von Frau Dr. Tomoko Emmerling, welche es im kuratorischen wie organisatorischen Bereich stets verstand, dieses komplexe Projekt auf der richtigen Spur zu halten. Gleichzeitig möchte ich meinen Dank auch dem gesamten Team in Halle aussprechen, dessen Mitarbeiter daran beteiligt waren, die Ausstellung vorzubereiten und durchzuführen sowie die zugehörigen Publikationen zu erstellen. In Minneapolis möchte ich besonders Tom Rassieur, unserem *John E. Andrus III Curator of Prints and Drawings*, für seine mehrjährige hingebungsvolle Arbeit an diesem so bedeutenden Projekt danken.

Unser dankbarer Gruß gilt weiterhin den Redakteuren Dr. Katrin Herbst und Dr. Ralf Kluttig-Altmann sowie den vielen Forschern, die Beiträge zu diesem bemerkenswerten Katalogband verfasst haben, der nicht nur die Sonderausstellung in Minneapolis dokumentiert, sondern auch die verwandten Ausstellungen in *The Morgan Library & Museum* in New York und der *Pitts Theology Library* der *Emory University* in Atlanta. Großen Dank schulden wir außerdem den rund 25 Institutionen, die uns freundlicherweise ihre kostbaren Objekte als Leihgaben anvertrauen. Ohne die großzügige Unterstützung, die uns das Auswärtige Amt der Bundesrepublik Deutschland im Rahmen der Lutherdekade gewährte, hätte sich das Projekt schwerlich realisieren lassen.

Besonders dankbar sind wir Thrivent Financial, dem Hauptsponsor der Sonderausstellung »Martin Luther: Art and the Reformation« in Minneapolis. Unser Dank gilt daneben John und Nancy Lindahl, Joe Hognander/The Hognander Foundation, Jeannine Rivet und Warren Herreid/K.A.H.R. Foundation, The Bradbury and Janet Anderson Family Foundation, Jim und Carmen Campbell/Campbell Foundation, Thomson Reuters, Delta Air Lines, und der National Endowment for the Arts für Ihre Unterstützung, diese einmalige Ausstellung nach Minnesota zu bringen. Im Namen aller Kollegen am *Minneapolis Institute of Art* möchte ich hier noch einmal unseren zutiefst empfundenen Dank an all jene aussprechen, die dieses epochale Projekt ermöglicht haben.

Kaywin Feldman
Duncan and Nivin MacMillan
Director and President
of the Minneapolis Institute of Art

Grußwort

Martin Luther gehört zu den herausragendsten und zugleich kontroversesten Gestalten der abendländischen Geschichte. Sein Aufbegehren gegen traditionelle Praktiken der Kirche sollte die religiöse, politische und kulturelle Landschaft Europas nachhaltig verändern. Diese epochalen Verschiebungen innerhalb der Gesellschaft wurden nur möglich durch den damals geradezu revolutionären Einsatz von Druck- und Bildmedien. Im Gedenken an den 500. Jahrestag der Reformation präsentiert *The Morgan Library & Museum* die Sonderausstellung »Word and Image: Martin Luther's Reformation« als eine von drei thematischen Ausstellungen, die durch das Projekt »Here I Stand ...« – *Lutherausstellungen USA 2016* in den Vereinigten Staaten von Amerika organisiert werden.

Die Veröffentlichung von Luthers 95 Thesen im Jahr 1517 löste eine Kette von Ereignissen aus, die letztlich ohne den Einsatz von Massenmedien undenkbar gewesen wären. So spielten gedruckte Texte und Abbildungen, Kunstwerke, Predigten und Musik jeweils entscheidende Rollen für den Erfolg der reformatorischen Bewegung. Die in dieser Menge und Geschwindigkeit vorher nie dagewesene Verbreitung von Informationsträgern war dabei nur eine erste und eindrückliche Demonstration der Art und Weise, in der die Druckerpresse künftig Veränderungen in der Gesellschaft bewirken sollte. Diese den Massenmedien eigene Durchschlagskraft findet sich auch in der Effizienz, mit welcher in unserer Gegenwart Informationen verbreitet werden. Als Beispiel mag nur der Einfluss der sozialen Medien auf den Verlauf des sogenannten Arabischen Frühlings des Jahres 2011 angeführt werden. Der revolutionären Ereignisse der Reformation wird nun durch die Ausstellung in *The Morgan* gedacht, mit rund 100 Handschriften, Büchern, Gemälden, Zeichnungen, Skulpturen und weiteren Objekten, die dazu beigetragen haben, die abendländische Kultur für immer zu verändern.

Unser Dank gilt den dreiundzwanzig Institutionen, welche *The Morgan Library & Museum* mit Leihgaben dabei unterstützt haben, diese 500-Jahr-Feier der Reformation würdig zu begehen. *The Morgan* möchte sich dem *Minneapolis Institute of Art* und der *Pitts Theology Library* der *Emory University* anschließen in der Anerkennung der bewundernswerten Führungsqualität von Prof. Dr. Harald Meller, Direktor des *Landesmuseums für Vorgeschichte* in Halle (Saale), und seiner Kollegen an den anderen organisierenden Institutionen – der *Stiftung Schloss Friedenstein Gotha*, der *Stiftung Luthergedenkstätten in Sachsen-Anhalt* und dem *Deutschen Historischen Museum* in Berlin –, die dieses außergewöhnliche Ausstellungsereignis ermöglicht haben. Unser herzlichster Dank gilt dem »Here I stand ...«- Projektteam unter der bewundernswerten Leitung von Dr. Tomoko Emmerling, zusammen mit Prof. Dr. Louis D. Nebelsick, Susanne Kimmig-Völkner, Franziska Kuschel, Dr. Ingrid Dettmann, Dr. Katrin Herbst, Dr. Ralf Kluttig-Altmann, Robert Kluth, Robert Noack und Dr. Anne-Simone Rous. Als Kurator ist John T. McQuillen für »Word and Image: Martin Luther's Reformation« verantwortlich, der hier am Haus als *Assistant Curator of Printed Books and Bindings* wirkt. Gemeinsam mit dem Projektteam von »Here I Stand...« – Lutherausstellungen USA 2016 hat er diese Ausstellung organisiert. John D. Alexander, *Senior Manager of Exhibition and Collection Administration*, und unsere Registrarin Paula Pineda koordinierten die Vorbereitung und den Aufbau der Ausstellung. Wo Ausstellungsobjekte für die Präsentation noch vorbereitet werden mussten, waren unsere Restauratoren Frank Trujillo und Lindsey Tyne für die Arbeiten verantwortlich. Die ansprechende Gestaltung der Präsentation lag in den Händen von Stephen Saitas, während die Beleuchtung von Anita Jorgensen eingerichtet wurde. Die unterstützende redaktionelle Arbeit und Bildbeschaffung für die Ausstellung leisteten Patricia Emerson, Marilyn Palmeri, Eva Soos und Graham Haber.

Es ist eine lange Tradition von *The Morgan Library & Museum*, die Meilensteine der literarischen und künstlerischen Entwicklung, durch die unsere Kultur geformt wurde, angemessen zu begehen – und es gibt wohl kaum ein historisches Ereignis, welches die Macht der Verbindung von Wort und Bild so eindrücklich verkörpert wie die Reformation Martin Luthers.

Colin B. Bailey
Director
The Morgan Library & Museum

Die Autoren

AM	Arnold Muhl	**RBdH**	Rosmarie Beier-de Haan
AR	Alfred Reichenberger	**RJ**	Ralf Jacob
AS	Andreas Stahl	**RK**	Robert Kluth
ASR	Anne-Simone Rous	**RKA**	Ralf Kluttig-Altmann
AT	Anja Tietz	**RN**	Robert Noack
AW	Andreas Wurda	**SH**	Scott H. Hendrix
BP	Barbara Pregla	**SK**	Stefanie Knöll
BR	Brigitte Reineke	**SKV**	Susanne Kimmig-Völkner
BS	Bernd Schäfer	**SL**	Sven Lüken
CW	Cornelia Wieg	**StA**	Steffen Arndt
DB	Dagmar Blaha	**SW**	Sybe Wartena
DBe	Daniel Berger	**TE**	Tomoko Emmerling
DG	Daniel Gehrt	**TL**	Thomas Labusiak
DL	Daniel Leis	**TR**	Thomas E. Rassieur
FK	Franziska Kuschel	**TT**	Timo Trümper
GS	Günter Schuchardt	**UD**	Ute Däberitz
HK	Holger Kunde	**UDr**	Ulf Dräger
HR	Holger Rode	**UE**	Ulrike Eydinger
ID	Ingrid Dettmann	**UW**	Uta Wallenstein
IRL	Irene Roch-Lemmer	**VR**	Vicky Rothe
JF	Johanna Furgber	**WH**	Wolfgang Holler
JR	Johanna Reetz		
JTM	John T. McQuillen		
KB	Kerstin Bullerjahn		
KH	Katrin Herbst		
KS	Katrin Steller		
KV	Katja Vogel		
KW	Klaus Weschenfelder		
LK	Leonore Koschnick		
LMcL	Lea McLaughlin		
LN	Louis D. Nebelsick		
MC	Markus Cottin		
MG	Mirko Gutjahr		
MGr	Mareike Greb		
ML	Matthias Ludwig		
MM	Matthias Miller		
MR	Michael Ruprecht		
MT	Martin Treu		
MvC	Marita von Cieminski		
PJ	Philipp Jahn		

I
Fundsache Luther

Bis in die jüngere Vergangenheit hinein lagen Martin Luthers familiärer Hintergrund und Kindheit weitgehend im Dunkeln. Luther selbst zufolge war sein Elternhaus arm, sein Vater ein einfacher Bergarbeiter. Bekannt war der Ort seiner Kindheit: das »Elternhaus Luthers« in Mansfeld, ein einfaches Bauwerk, seit 1885 Memorialstätte für den Reformator.

2003 konnten in einer Grube auf dessen Grundstück archäologische Funde gemacht werden, die aus der Zeit um 1500 stammen und mit Sicherheit der Familie des Reformators zugewiesen werden können. Dies ist ein absoluter Glücksfall, wenn nicht gar eine Sternstunde der Archäologie angesichts der Tatsache, dass eine konkrete Verbindung archäologischer Funde mit historischen Persönlichkeiten nur höchst selten gelingt.

Als im wörtlichen Sinne greifbare Fakten ermöglichen es diese Objekte, die unmittelbare Lebenswelt Martin Luthers und seiner Familie zu rekonstruieren. Die unerwarteten archäologischen Entdeckungen waren der Auslöser für weitere Untersuchungen. Die historische Bauforschung konnte nachweisen, dass das Elternhaus Luthers ursprünglich nicht nur aus dem noch erhaltenen, bescheidenen Gebäude bestand. Vielmehr war es ein imposantes Anwesen in bester Lage, dessen Hof an vier Seiten von Wohn- und Wirtschaftsgebäuden umgeben war. Archivstudien erhellten die Herkunft von Luthers Eltern sowie die wirtschaftlichen Grundlagen und soziale Stellung der Familie Luther in Mansfeld.

Am Ende der aktuellen Forschung steht das Bild einer wohlhabenden, der städtischen Oberschicht angehörenden Familie. Ihr Oberhaupt Hans Luder musste sich nicht erst vom einfachen Bergarbeiter hocharbeiten, sondern kam schon als Hüttenmeister und mit ausreichendem Startkapital, gewissermaßen als Investor, ins wirtschaftlich aufstrebende Mansfelder Land. Er bestimmte die Belange seiner Stadt mit und war, wie zeit seines Lebens auch sein Sohn Martin, mit der Grafschaft Mansfeld eng verbunden. TE

Die Familie Luder in Mansfeld

Martin Luthers Vater Hans Luther (oder, nach einer älteren, von ihm selbst verwendeten Schreibweise »Luder«) stammte aus einer wohlhabenden Bauernfamilie im thüringischen Möhra. Seine Mutter Margaretha, geborene Lindemann, kam aus dem angesehenen Bürgertum der Stadt Eisenach.

Bereits in seiner Heimat erwarb Hans die Qualifikation dafür, sich 1484 als Hüttenmeister in der Stadt Mansfeld im Harzvorland niederzulassen. Hierzu musste die junge Familie – der erstgeborene Sohn der Luthers, Martin, war am 10. November 1483 in Eisleben zur Welt gekommen – auch über ein erhebliches Startkapital verfügen. Der Wohlstand der Familie beruhte auf verschiedenen Säulen. So war Hans Luder nicht nur Bergwerks- und Hüttenunternehmer, sondern zugleich auch Schauherr (Geschworener), d. h. als einer der höchsten Beamten in der Bergbauverwaltung der Grafschaft Mansfeld tätig. Weitere wirtschaftliche Grundlagen der Familie stellten Geldverleih und Grundbesitz bzw. Landwirtschaft dar. Der Vater des Reformators gehörte daneben zu den Honoratioren der Stadt. So übte er das Amt eines Vierherrn aus und war damit der politische Vertreter eines der vier Stadtteile von Mansfeld.

Wohlstand und Mitgliedschaft der Familie Luther in der sozialen Oberschicht Mansfelds spiegeln sich in Lage und Größe ihres Anwesens wider. Auch die archäologischen Funde, die in der jüngsten Vergangenheit untersucht werden konnten, belegen dies eindrucksvoll. Das Elternhaus des Reformators lag exklusiv in unmittelbarer Nachbarschaft eines der Stadttore, am Fuße der Burg der Grafen von Mansfeld. In derselben Straße befanden sich die Häuser weiterer Hüttenmeisterfamilien, deren Söhne mit Martin Luther zur Schule gingen und mit denen seine Familie Bindungen durch Heirat einging. Auch wenn der Reformator seine Heimatstadt 1497 zur Fortsetzung seiner schulischen Ausbildung in Magdeburg und Eisenach verließ, so blieb er ihr, den befreundeten Hüttenmeisterfamilien sowie den Grafen von Mansfeld doch zeit seines Lebens verbunden. TE

1

Vertrag zwischen Hans Luder und Tile Rinck

Mansfeld, 1. August 1507
21,7 × 32,6 cm
LASA, F4, Mansfeldische Kupferschiefer bauende Gewerkschaft, Ak Nr. 1, Bl. 21v–22r
Ausstellung Minneapolis

Die Grafschaft Mansfeld gehörte zu den wichtigsten Bergbauregionen des Reiches und lockte viele Bergleute an. Auch der aus dem südthüringischen Dorf Möhra stammende Hans Luder, der Vater Martin Luthers, sah dort sein weiteres berufliches Fortkommen, versprach die Region doch durch ihre hohen Kupfervorkommen und ein dichtes Verkehrsnetz profitable Einnahmequellen. Durch seine Frau Margaretha, die aus der angesehenen bürgerlichen Familie Lindemann in Eisenach stammte, verfügte Luder über die richtigen Kontakte, um sich schnell vor Ort als Hüttenmeister etablieren zu können und in die Führungskreise der Stadt Mansfeld integriert zu werden. Denn mit dem Verwandten Antonius Lindemann, der die Position des obersten Bergverwalters innehatte, besaß er beste Voraussetzungen für die Vermittlung seiner Geschäfte. Sein Geschäftspartner wurde schließlich Hans Lüttich, der zu den wichtigsten Eisleber Hüttenmeisterfamilien gehörte und das Amt des Stadtvogts ausübte.

So erklärt sich auch der vorliegende Vertrag vom August 1507 zwischen Tile Rinck, der die unmündigen Kinder des Hans Lüttich vertrat, und Hans Luder. Die Geschäftsbeziehungen sollten trotz des Todes Lüttichs aufrechterhalten und beide Vertragspartner am Gewinn der Schmelzhütte vor dem Rabenkupp beteiligt werden. Zu diesem Zeitpunkt gehörte Hans Luder bereits zu der bürgerlichen Schicht der Hüttenmeister und damit in die Mittel- bzw. Oberschicht der Stadt Mansfeld. Wahrscheinlich war die Familie immer im Besitz von drei bis fünf Feuern (Schmelzhütten) im näheren Umkreis von Mansfeld und zählte dadurch zu den wohlhabenden Einwohnern. Dies erklärt auch, wie es der Familie möglich war, Martin Luther Schulbesuche in Mansfeld, Magdeburg sowie Eisenach und später ein Studium in Erfurt (1501–1505) zu finanzieren. VR

Literatur
Fessner 2008a · Freydank 1933, S. 351f. · Oelke 2001 · Westermann 1975

2

Murmeln

Mansfeld, Luthers Elternhaus
Lutherstraße 24–26, um 1500
Irdenware
Dm 1,1–1,5 cm
Landesamt für Denkmalpflege und Archäologie Sachsen-Anhalt
Landesmuseum für Vorgeschichte Halle,
Inv.-Nrn. HK 2004:9232 g/3–5
Ausstellung Minneapolis

Das Murmelspiel war im Spätmittelalter ein beliebter Zeitvertreib für Jung und Alt. Die Grenzen zwischen der Welt der Kinder und der Welt der Erwachsenen waren damals nicht so klar definiert, wie sie es heute sind. 13-jährige Mädchen heirateten, Jungen zogen in den Krieg und Erwachsene begeisterten sich für allerlei Spiele. Mittelalterliche Murmeln kamen bei einer Vielzahl von Zerstreuungen zum Einsatz. Ein Beispiel hat Ähnlichkeit mit dem Boule-Spiel, bei dem ein Spieler seine Murmel spielt und alle anderen versuchen, diese mit ihren eigenen Murmeln zu berühren. Bei einer anderen Variante wurden Murmeln gegeneinander geschossen, um sie aus einem in den Boden eingekratzten Kreis zu befördern. Daneben war ein Golf-ähnliches Spiel beliebt, bei dem die Spieler versuchten, die Murmel in ein kleines, in die Erde gegrabenes Loch zu schießen. In diesem Fall behielt der Sieger die Murmeln aller Mitspieler. Da dies häufig mit Wetten verbunden war, wurde das Erwachsenen-Murmelspiel von der Kirche missbilligt und auf kirchlichem Boden untersagt.

Kinder durften spielen, wo sie wollten. Zu Luthers Zeiten wurden die Murmeln von Kindern aus Lehm oder Ton handgemacht und im häuslichen Herdfeuer gebrannt. Die nicht ganz runden Murmeln, die in Mansfeld gefunden wurden, sind eindeutig mit der Hand geformt. Es ist nicht unwahrscheinlich, dass der junge Martin Luther selbst einige dieser Murmeln gemacht hat. LN

Literatur
Heege 2002 · Meller 2008, S. 191, Kat. C 59 (ill.) · Schlenker 2008, S. 94, Abb. 5 (ill.)

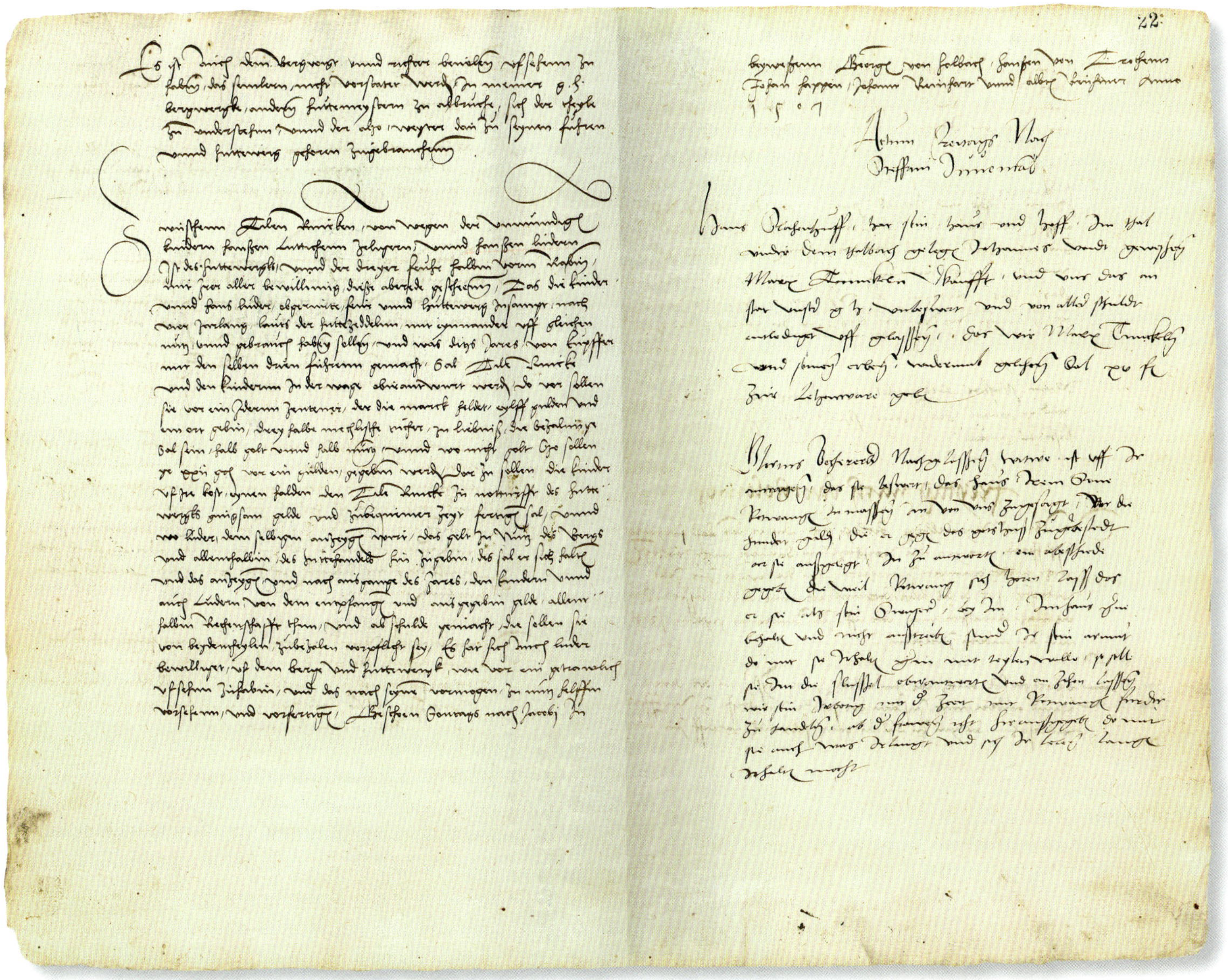

Die »Luthergrube« in Mansfeld – was der Abfall der Familie Luther/Luder verrät

Die Grube, die 2003 an Martin Luthers Elternhaus in Mansfeld entdeckt wurde, ermöglichte viele bemerkenswerte Erkenntnisse. Allein die Tatsache, dass die aus ihr geborgenen Gegenstände definitiv mit einer Persönlichkeit der Weltgeschichte in Zusammenhang gebracht werden können, ist eine Sensation. Daneben ermöglichen die Fundobjekte seltene Einblicke in die Lebenswelt der Menschen, die sie einst nutzten.

So bieten Kinderspielzeug oder auch Lockpfeifen aus Gänseknochen, die zur Jagd auf Singvögel verwendet und im Haushalt selbst angefertigt wurden, unmittelbare Einblicke in Alltag und Zeitvertreib der Familie. Mehr als 7000 Tierknochen sowie Fischgräten und pflanzliche Überreste geben Auskunft über Ernährungsgewohnheiten. Mit besonderer Vorliebe wurde Fleisch von jungen, gerade erwachsenen Schweinen verzehrt. An Hausgeflügel waren Gänse und junge Hühner beliebt. Feigenkerne weisen darauf hin, dass man sich mitunter auch gewissen Luxus gönnte. Dass es sich bei den Funden nicht um die Hinterlassenschaft eines ärmlichen Haushalts handelt, beweisen darüber hinaus 250 Silbermünzen und Kleidungsbestandteile aus Messing, die zu einer hochwertigen, festtäglichen Frauentracht gehörten. In dieselbe Richtung weisen Fragmente von Glasfenstern sowie zahlreiche aufwendig verzierte Griffe von Speisemessern. Sie lassen darauf schließen, dass man Wert auf eine gediegene Tischkultur legte. Vollkommen unerwartet warfen diese Funde ein neues Licht auf die Lebensumstände und den sozialen Status der Familie Luder/Luther in Mansfeld und wurden zum Auslöser für weitergehende Untersuchungen.

Erstaunlich ist, dass die Grube neben dem zu erwartenden Hausmüll wie Speiseresten, Koch- und Haushaltsgeschirr die erwähnte, nicht eben geringe Anzahl von Silbermünzen sowie hochwertige metallene Trachtbestandteile enthielt. Letztere lassen darauf schließen, dass man noch funktionstüchtige und verhältnismäßig wertvolle, verzierte Kleidungsstücke entsorgte. Dies kann nur mit einem einschneidenden Ereignis wie dem Ausbruch einer Seuche erklärt werden, der dazu führte, dass man möglicherweise kontaminierte Gegenstände zusammen mit dem üblichen Abfall entsorgte. Tatsächlich ist in den historischen Quellen für das Jahr 1505 in Mansfeld der Ausbruch der Pest belegt, der wohl auch zwei Brüder Martin Luthers zum Opfer fielen. TE

3
Knochenkegel

Mansfeld, Luthers Elternhaus
Lutherstraße 24–26, um 1500
Finger- oder Fußknochen vom Rind
L 6,6 cm
Landesamt für Denkmalpflege
und Archäologie Sachsen-Anhalt
Landesmuseum für Vorgeschichte Halle,
Inv.-Nr. HK 2004:9232r
Ausstellung Minneapolis

Dieser Fußknochen eines Rindes wurde bearbeitet. Er hat eine abgeflachte Basis und wurde ausgehöhlt und mit Blei gefüllt, damit er aufrecht stehen konnte. Der Grund hierfür ist eindeutig in dem Gemälde *Die Kinderspiele* (1560) von Pieter Bruegel d. Ä. zu sehen (Abb. 1). Der Maler stellt die Knochen aufrecht in einer Reihe, parallel zu einer Wand aufgestellt, dar. Eine Gruppe Kinder, die daneben steht, wartet darauf, mit einem Ball zu kegeln. Vermutlich wäre es möglich, durch eine Kombination von seitlicher Drehung des Balles und Abprallen von der Wand alle Kegel umzuwerfen.
Natürlich hätte man auch unbearbeitete Knochen verwenden können, aber diese wären sehr wackelig gewesen und wahrscheinlich von selbst umgefallen. Mit Blei beschwerte Kegel mit flachen Basen stehen sehr viel stabiler und machen das Spiel zu einer größeren Herausforderung. Die Frage, warum so viel Aufwand für die Umarbeitung von Rinderfinger- und -fußknochen betrieben wurde, wenn man auch aus Holz geschnitzte Kegel hätte verwenden können, geht zurück auf die Antike. In der klassischen, antiken Welt wurden Fingerknöchel oder *astragali*, vor allem von Schafen oder Rindern, für eine große Bandbreite an Glücks- und Geschicklichkeitsspielen verwendet. Hauptsächlich dienten sie als Würfel und wurden so zu sprichwörtlichen Glücksbringern. Die Verwendung von Fingerknöcheln und ihre Glückssymbolik setzte sich bis ins Mittelalter fort und es ist sehr wahrscheinlich, dass diese Finger- und Fußknochen auch als Glücksbringer angesehen wurden. LN

Literatur
Meller 2008, S. 191f., Kat. C 61 (ill.) · Orme 2003

4
Pfeifvogel

Mansfeld, Luthers Elternhaus
Lutherstraße 24–26, um 1500
weiße Irdenware
H 6,5 cm
Landesamt für Denkmalpflege
und Archäologie Sachsen-Anhalt
Landesmuseum für Vorgeschichte Halle,
Inv.-Nr. HK 2004:9232 g/10
Ausstellung Minneapolis

Diese hohle Figur eines Vogels wurde aus kleinen Fragmenten rekonstruiert. Die Überreste eines Mundstücks an seinem vorderen Ende weisen darauf hin, dass es sich um eine Art Pfeife handelt, wie sie noch heute von Kindern verwendet wird. War die Pfeife teilweise mit Wasser gefüllt und wurde in ihr Mundstück geblasen, so trällerte sie wie ein Singvogel, wodurch sich ihre Form erklärt.
Kleine aus Knochen geschnitzte Pfeifen, die aus derselben Abfallgrube geborgen wurden, haben einen viel praktischeren Nutzen. Geblasen von talentierten Jungen oder Männern konnten sie Vogelgesänge genau imitieren und so die arglosen Singvögel in Fallen und Netze locken. Singvögel erscheinen im späten Mittelalter regelmäßig auf der Speisekarte und fanden sich in den Abfallgruben um Luthers Elternhaus in Mansfeld. War die Jagd ein Adelsprivileg, so konnten Vögel von jedem gefangen werden. Ferner wurde, wie heute noch in Südeuropa üblich, Singvogelfleisch als Delikatesse betrachtet. Fleisch war eine Luxusspeise auch für reiche Familien des Mittelalters und große Portionen waren für Festessen vorgesehen. Auch die kleinste Zugabe konzentrierten Proteins war eine willkommene Ergänzung des Speiseplans. LN

Literatur
Benker 1989 · Kluttig-Altmann 20015 b · Meller 2008, S. 191f., Kat. C 60 · Schlenker 2015, S. 285, Abb. 34.1–2 u. S. 286, Abb. 35 · Tamboer 1999

Abb. 1
Pieter Bruegel d. Ä., · Die Kinderspiele, um 1560 (Detail)

3

5

4

5

Statuette einer Heiligen

Mansfeld, Luthers Elternhaus
Lutherstraße 24–26, 1. Hälfte 16. Jh.
feine weiße Irdenware
H 6,2 cm; Dm max. 2,5 cm
Landesamt für Denkmalpflege
und Archäologie Sachsen-Anhalt
Landesmuseum für Vorgeschichte Halle,
Inv.-Nr. HK 2007: 55721c
Ausstellung Minneapolis

Diese und ähnliche Tonfiguren wurden in großer Stückzahl hergestellt. Der weiche weiße Ton wurde in eine zweischalige Form gebracht und anschließend getrocknet und gebrannt. Trotz des fehlenden Kopfes lässt die bekleidete Statuette deutlich erkennen, dass es sich um eine Frau mit einem großen Rosenkranz handelt. Aufgrund vergleichbarer Figuren kann man darauf schließen, dass sie eine Heilige darstellt. Möglicherweise wurde sie auf einer Pilgerreise als Souvenir oder Beweis für die Teilnahme gekauft und ist somit ein Beispiel für die gängige Volksfrömmigkeit. Zu Hause angekommen, mag sie den Kindern als Spielzeug gedient haben, bis sie zerbrach.
Das lange Gewand und der herabhängende Rosenkranz lassen darauf schließen, dass es sich bei der Figur um eine Nonne handelt, möglicherweise um die hl. Monika von Tagaste. Sie war die Mutter des hl. Augustinus und half, ihn zum Christentum zu bekehren. Ihre Kennzeichen sind die Augustinertracht und der vom Gürtel hängende Rosenkranz. Es gab eine enge Verbindung zwischen der Familie Luder, insbesondere Martin, und dem Orden der Augustinereremiten. Der junge Martin Luther trat am 17. Juli 1505 dem Augustinerorden in Erfurt bei. Neben einer Vorahnung der klösterlichen Berufung repräsentiert die kleine Figur auch den Umgang des jungen Martin Luther mit dem Heiligenkult, den er nichtsdestotrotz in seinem späteren Leben vehement verdammen sollte. LN

Literatur
Hermann 1995 · Kluttig-Altmann 2015 a, S. 388–390, Abb. 39 · Meller 2008, S. 216 f., Kat. C110 (ill.) · Neu-Kock 1988 · Schlenker 2015, S. 288, Abb. 36.1 (ill.) · Vahlhaus 2015, S. 446, Abb. 25

6

6

Aachhorn

Mansfeld, Luthers Elternhaus
Lutherstraße 24–26, um 1500
Irdenware
L 10,5 cm (Originalfragment); L ges. 35 cm
Landesamt für Denkmalpflege
und Archäologie Sachsen-Anhalt
Landesmuseum für Vorgeschichte Halle,
Inv.-Nr. HK 2004:9232g/2
Ausstellung Minneapolis

Dieses Signalhorn aus Pfeifenton war ursprünglich ein Andenken an eine Pilgerreise nach Aachen in Westdeutschland. Der Dom der Stadt, einst die Schlosskapelle Karls des Großen, beherbergt noch heute die Sammlung an textilen Reliquien, die zu Luthers Zeit für die wichtigste in Europa gehalten wurde. Zu der Sammlung gehören vier Hauptreliquien: das Kleid Mariens, die Windeln Jesu, das Lendentuch Jesu und das Tuch, das bei der Enthauptung Johannes des Täufers verwendet wurde. Auch die drei »kleinen« Heiligtümer, der Gürtel Mariens, der Gürtel Christi und der Geißelstrick Christi, tragen zum Glanz dieser außergewöhnlichen Sammlung bei. Moderne Analysen haben ergeben, dass die meisten dieser Reliquien in die Spätantike datieren. Heutzutage werden sie eher als Träger symbolischer Bedeutung denn als echte Reliquien behandelt. Für die tausenden frommen Pilger des 15. und 16. Jhs., die große Distanzen überwanden, um diese heiligsten aller Gewänder zu sehen, bestand jedoch kein Zweifel an ihrer Echtheit. Diese frommen Reisenden hofften weiterhin darauf, dass die gesammelten heiligen Kräfte dieser Reliquien ihnen Sühne und Ablass sogar bei Kapitalverbrechen gewährten. Die Keramikhörner selbst wurden in großen Mengen in westdeutschen Töpfereien hergestellt und zu Tausenden an Marktständen verkauft, die dichtgedrängt um die Plattform auf dem Marktplatz standen, auf der die Reliquien gezeigt wurden. Die Aachhörner wurden wie die Vuvuzelas verwendet, die bei südafrikanischen Fußballspielen ertönen (man bläst in das Mundstück und ein tiefes Dröhnen ertönt aus dem Horn). Zeitgenössische Quellen beschreiben die fieberhafte Aufregung der Pilger, wenn die heiligen Gewänder gezeigt wurden: zusammenhangloses Bitten um Gottes Gnade und Erbarmen, gefolgt von einem ohrenbetäubenden Dröhnen, wenn die brodelnde Menge gemeinsam in die frisch gekauften Aachhörner blies.
Fragmente der sehr stabilen Aachhörner werden häufig bei mittelalterzeitlichen Ausgrabungen von London bis Prag gefunden. Anscheinend waren sie nicht nur reine Andenken wie die Pilgerzeichen, sondern fanden auch säkulare Verwendungen als Signalhörner und Kindertrompeten. Es gab möglicherweise auch eine enge Verbindung zwischen diesem Fragment und der Familie Luder/Luther, da behauptet wurde, dass ein Familienmitglied eine Pilgerreise unternahm, um für Totschlag zu sühnen. Dies ist allerdings nicht gesichert. Luther verurteilte die Wallfahrt später scharf, da er den Glauben an die rettende Kraft von Reliquien für eine gefährliche Sackgasse hielt. So könne allein der Glaube an Gottes Gnade eine Seele retten. LN

Literatur
Kluttig-Altmann 2013 · Kluttig-Altmann 2015 b · Meller 2008, S. 205 f., Kat. 90 (ill.) · Schlenker 2008, S. 95, Abb. 6 (ill.)

7
Schüler des Veit Stoß
Heilige Anna selbdritt

um 1515
Lindenholz, gefasst
75 × 49 × 25 cm
Wartburg-Stiftung Eisenach, Inv.-Nr. P0003
Ausstellung Minneapolis

In den wachsenden Marienkult des späten Mittelalters war die Verehrung der hl. Anna als Mutter Mariens eingeschlossen. Besonders in Deutschland verbreitete sich die Darstellung der *Anna selbdritt*, einer aus Anna, Maria und dem Jesuskind bestehenden Gruppe. Während zunächst – wie das vorliegende Beispiel zeigt – Anna als Matrone in meist rotem Kleid und grünem Mantel, Kopftuch oder Haube die kindhaft kleine Maria und das ebenso große Jesuskind trägt, sollte man seit dem ausgehenden 15. Jh. zunehmend eine realistische Proportionierung der Generationenfolge berücksichtigen.

Erst 1496 war der Festtag der hl. Anna von Friedrich dem Weisen in Kursachsen eingeführt worden. Die Annenverehrung ist Luther zum ersten Mal während seiner Schulzeit in Eisenach begegnet, in der Georgenkirche am Markt war um 1499 eine neue Messgottesdienstordnung in Kraft getreten. In der Mansfelder Georgskirche weihte man der hl. Anna im Jahr 1503 einen Altar. In der Situation höchster Not und Todesfurcht – sein Erlebnis des Blitzschlages bei Stotternheim im Juli 1505 – rief er sie an und gelobte: »Hilff du, S. Anna, ich will ein monch werden.« Als Patronin der Bergleute war sie ihm ebenso bekannt wie als Beschützerin bei Gewitter und vor schnellem Tod (vgl. Kat. 127). GS

Literatur
Dörfler-Dierken 1992, S. 73 · Krauß/Schuchardt 1996, Nr. 26, S. 151 (ill.)

7

8

8

Albrecht Dürer (und Werkstatt?)
Der Heilige Georg tötet den Drachen

1501–1504
Holzschnitt
21,3 × 14 cm
Minneapolis Institute of Art, Inv.-Nr. P.13,770
Schenkung von Frau Tessie Jones
im Andenken an ihre Eltern
Herrn und Frau Herschel V. Jones, 1966
Ausstellung Minneapolis

rechts unten mit Monogramm signiert

Der hl. Georg war der Stadtpatron von Mansfeld, wo Luther aufwuchs, bis er 1497 nach Magdeburg auf die Domschule ging. Die Kirche, in der Luther als Ministrant diente, war St. Georg gewidmet, und das Bild des berittenen Drachentöters zierte in Mansfeld jedes öffentliche Gebäude.

Die Geschichte des hl. Georg entstammt der *Legenda aurea*, einer Sammlung von Heiligenlegenden aus dem 13. Jh. Seit der Erfindung der Druckerpresse war das Buch in etlichen Ausgaben zum spätmittelalterlichen Bestseller geworden. Seine schillernden Darstellungen der Heiligenbiografien regten über Jahrhunderte die Fantasie von Künstlern an.

Georgs Geschichte ist lang, doch im Wesentlichen rettet er einer Prinzessin das Leben, die geopfert werden soll, um einen Drachen zu besänftigen. Als Georg sich mit dem Zeichen des Kreuzes schützt und das Monster tötet, lassen die Bewohner der Gegend von ihrem heidnischen Glauben ab und wenden sich dem Christentum zu.

Auch wenn Luther die fürbittende Rolle der Heiligen später abstritt, blieb Georg für ihn bedeutsam. Während der Zeit, als er sich auf der Wartburg versteckt hielt, gab er sich als »Junker Jörg« aus, und dieses an den Ritter Georg anknüpfende Pseudonym blieb noch lange nach seinem Tod eng mit Luther verbunden. Die Wahl eines Drachentöters passte bestens für einen Reformator, der seine Kirche von mächtigen bösen Einflüssen befreien wollte.

Auch wenn dieser Holzschnitt in Albrecht Dürers Werkstatt angefertigt wurde, bewogen seine Steifheit und einige verunglückte Details manche Forscher zu der Ansicht, er sei das Werk eines Gehilfen. Die geschmeidigen Proportionen des Pferdes und sein helles Profil vor dunklem Hintergrund erinnern jedoch an Dürers Stich *Das kleine Pferd*, datiert auf 1505. TR

Literatur
Schoch/Mende/Scherbaum 2001 · Strauss 1981, S. 387, Nr. 311

9 | 10   11

Keulengläser

Naumburg, Marktplatz, 16. Jh.
Waldglas, ergänzt; umlaufende Fadenauflage, gelblich
Landesamt für Denkmalpflege
und Archäologie Sachsen-Anhalt
Landesmuseum für Vorgeschichte Halle,
Inv.-Nrn. HK 2001:2198aa und -ap
Ausstellung Minneapolis

9
H 33,7 cm; Dm Mündung 13 cm

10
H 34,8 cm; Dm Mündung 12,8 cm

Große, konisch zulaufende, keulenförmige Biergläser wie diese schönen Exemplare, die am Marktplatz in Naumburg ausgegraben wurden, finden sich häufig in spätmittelalterlichen und frühneuzeitlichen Darstellungen vom Bier-Umtrunk. Die Gläser konnten eine stattliche Größe erreichen, weshalb ein großer Standfuß zur Balance nötig war, besonders wenn sie mit schäumendem Bier gefüllt wurden. Oft waren diese Gläser mit horizontalen Glasfadenauflagen verziert, damit die Zecher einen sicheren Griff hatten, egal, wie fettig ihre Hände während des Festschmauses wurden. Diese beiden Gläser aus Naumburg fand man in einer Latrine, die unzählige Glasfragmente enthielt. Ähnliche Gläser, die noch stärker fragmentiert waren, wurden in Luthers Elternhaus in Mansfeld und auch im Lutherhaus in Wittenberg ausgegraben.

Gläser dieser Form wurden im frühen 15. Jh. in Böhmen erfunden und in Mitteldeutschland im frühen 16. Jh. beliebt. Sie sind typische Produkte aus Waldglas, die von hoch spezialisierten, umherziehenden Handwerkern in saisonaler Arbeit in Glashütten tief in den Wäldern des zentraleuropäischen Mittelgebirges hergestellt wurden. Glasmacher benötigten Sand, der aus Flussbetten ausgegraben wurde, aber auch Holzasche, um das geschmolzene Glas herzustellen. Die Herstellung und das Formen von Glas erforderte riesige Mengen an Feuerholz und Holzkohle. Schätzungen besagen, dass diese Glasarbeiter 300 Tonnen Holz im Monat verbrauchten, um ihrem Handwerk nachzugehen. Sie pachteten abgelegene Waldgebiete von großen Landbesitzern, oft von der Kirche, in fast unerreichbaren Gegenden. Dort bauten sie bienenkorbförmige Öfen und provisorische Hütten in der Nähe von Wasserläufen. Sie schmolzen das Glas, bliesen es in Form, verzierten es, verpackten die Gläser in strohgefüllte Körbe und transportierten sie zum Markt, wo sie als billige Massenware verkauft wurden. Im Winter verließen sie den Wald und kehrten im Frühjahr zum selben Ort zurück, bis der Wald so abgeholzt war, dass sie weiterziehen mussten. LN

Literatur
Eichhorn 2014 a · Eichhorn 2014 b · Meller 2008, S. 184 f., Kat. C 49 u. S. 263 f., Kat. E 74 (ill.)

11

Keramikschale

Mansfeld, Luthers Elternhaus
Lutherstraße 24–26, um 1500
Irdenware, gelbe Glasur (ergänzt)
Dm 31 cm
Landesamt für Denkmalpflege
und Archäologie Sachsen-Anhalt
Landesmuseum für Vorgeschichte Halle,
Inv.-Nr. HK 2004:9232a/6
Ausstellung Minneapolis

Diese flache Schale aus dem Lutherelternhaus in Mansfeld ist eine noch recht seltene Form im Haushaltsgeschirr des frühen 16. Jhs. Neben Tellern und Platten aus anderen Materialien wurde sie vermutlich zum Servieren und Darreichen von Speisen bei Tisch verwendet. Der relativ tiefe Spiegel ist klar von einer fast waagerecht ausgebogenen Fahne abgesetzt. Bei ähnlichen Schalen, z. B. in Leipzig, wurde die breite Fahne gern als Dekorgrund für plastische Auflagen, eingeritzte Wellenlinien oder Ähnliches verwendet – nicht jedoch hier. Bei dem Mansfelder Exemplar wirkt allein die honiggelbe Innenglasur.

Die Schale erinnert in ihrer Form auch an spätmittelalterliche Handwaschbecken aus Metall oder Keramik. Später in der Frühneuzeit weisen diese sog. Lavaboschalen meist auf einer Seite einen hochgebogenen Rand auf, damit sie besser in den dazugehörigen Lavaboschrank passten, in dem über der Schale auch das dazugehörige Gießgefäß aufgehängt war. Möglicherweise ist die Mansfelder Schale auch im Kontext der Handwaschung zu sehen.

Nahezu identische Exemplare dieses Schalentyps stammen als Töpfereiabfall aus Bad Schmiedeberg und, ebenfalls gelb glasiert, aus Grimma. Wir können also von einer größeren Verbreitung dieser Form in Mitteldeutschland ausgehen. RKA

Literatur
Beutmann 2012 · Kluttig-Altmann 2006 · Meller 2008, S. 182 f., Kat. C 41 (ill.) · Unteidig 2008

12, Blatt 1   Blatt 2

12

Hans Sebald Beham
Die große Kirchweih
Holzschnitt von vier Stöcken

1535 (Entwurf)
vier Holzschnitte, V. Zustand
Einfassungslinie in Teilen ausgebrochen, linker Streifen mit Signatur neu angesetzt, Bruch im vierten Holzstock
Ausstellung Minneapolis

Blatt 1
Blattmaß: 36,6 × 29,3 cm;
Bildmaß: 36,6 × 28,7 cm
Stiftung Schloss Friedenstein Gotha,
Inv.-Nr. 45,32
signiert links oben »HSB« und Inschrift auf der Tafel am Fuße des Kirchturms »Hi guet thiriact vnd wuermsam.«

Blatt 2
Blattmaß: 36,6 × 29,4 cm;
Bildmaß: 36,6 × 28,7 cm
Stiftung Schloss Friedenstein Gotha,
Inv.-Nr. 45,33

Blatt 3
Blattmaß: 36,6 × 29,3 cm;
Bildmaß: 36,6 × 28,8 cm
Stiftung Schloss Friedenstein Gotha,
Inv.-Nr. 45,34

Blatt 4
Blattmaß: 36,7 × 29 cm;
Bildmaß: 36,7 × 29 cm
Stiftung Schloss Friedenstein Gotha,
Inv.-Nr. 45,35

Der Tag der Kirchweihe wurde seit dem Mittelalter vielerorts mit einer jährlich stattfindenden großen Feier begangen, die in ländlichen Gegenden häufig den Charakter eines zünftigen Dorffestes annahm. Der vorliegende, aus vier Teilen bestehende Holzschnitt von Hans Sebald Beham zeigt eine solche Veranstaltung in all ihren Facetten und macht anhand der Komposition deutlich, dass der religiöse Anlass im 16. Jh. bereits in den Hintergrund getreten war. Im Zentrum des detailreichen Geschehens steht nicht etwa die Kirche, sondern ein Wirtshaus, vor dem sich an einer langen Tafel eine illustre Gesellschaft, bestehend aus Bauern, Landsknechten und Gelehrten, niedergelassen hat.

Der Betrachter wird Zeuge ganz unterschiedlicher Situationen: Ein Bauer schlichtet einen Streit; ein Liebespaar wird vom Wirt bei seinen Liebkosun-

Blatt 3　　　　　　　　　　Blatt 4

gen gestört; ein Zechkumpan hat es wohl übertrieben und übergibt sich vor aller Augen; ein Gelehrter wird von einem Bauern und einem Landsknecht vereinnahmt und schließlich haben sich fünf Personen zum Würfelspiel versammelt. Der Blick des Betrachters wandert von dem Wirtshaus weiter nach rechts zu einem Reigen. Paare verschiedenen Alters und unterschiedlicher Stände haben sich zu den Klängen von Dudelsack und Schalmei in Bewegung gesetzt. Im Mittelgrund wird rechts neben dem Wirtshaus ein Schwertlauf vollzogen und über einem Kegelspiel ist ein Streit entfacht, der blutig ausgetragen wird: Mit Kegeln, Schwertern und Dreschflegeln bewaffnet gehen Männer und Frauen aufeinander los.

Der Blick wandert hinter dem Wirtshaus weiter nach links und kommt bei einer Hochzeitsgesellschaft vor der Kulisse von Burg und Dorf zur Ruhe. In Zweierreihen ziehen Männer und Frauen zur Kirche, wo bereits der Priester mit dem Brautpaar steht. Die Trauung findet, wie damals noch üblich, vor dem Portal statt. Ein Pärchen hat sich von der Gruppe gelöst und schickt sich an, zum Krämer zu gehen, der an seinem Verkaufsstand Geldbörsen, Hüte und Taschen zum Kauf anbietet. Vor dieser Szene ist ein Liebespaar zu sehen, das von seinen Liebkosungen abgelassen hat und staunend einen Diebstahl beobachtet. Während ein Zahnarzt (oder ist es ein Scharlatan?) einem Patienten einen Zahn zieht, vergreift sich seine Gehilfin an dessen Börse. Auf einer Bank am vorderen Bildrand hat sich ein Quartett zum Gespräch bei Wein versammelt und vier weitere Bauern handeln den Preis eines erlegten Ebers aus, den einer von ihnen auf dem Rücken trägt.

Beham entfaltet auf dem Papier ein dörflich-festliches Panorama, das sich in viele Einzelszenen gliedert, die eine einheitliche Narration unmöglich machen. Das Bild kann nicht mit einem Mal erfasst werden, jedoch animiert und zwingt der Detailreichtum den Betrachter geradezu zum genauen Hinschauen. Er wird dafür mit stetig neuen Entdeckungen belohnt, die vielfach amüsieren, bisweilen aber auch erstaunen und erschrecken. Die in Teilen ambivalente Darstellung dieses festlichen Treibens sorgt immer wieder für Diskussionen, in welche Richtung der Holzschnitt zu interpretieren sei. Die Ansätze reichen von bauernfeindlichen bis hin zu bauernfreundlichen Deutungen, teilweise gepaart mit der in dieser Zeit besonders häufig aufkommenden Konfessionskritik, wobei sowohl antikatholische als auch antilutherische Lesarten vorgeschlagen wurden.

Unabhängig von den verschiedenen Deutungsmöglichkeiten bietet der Holzschnitt für die Kulturgeschichte der Lutherzeit eine wunderbare Grundlage. Die detailreiche Schilderung gestattet vielfältige Beobachtungen hinsichtlich der damals gängigen Kostüme, Gebrauchsgegenstände und Riten. Ein gutes Beispiel dafür sind die vielfältigen Gefäße, welche, über den Schnitt verteilt, zur Anschauung kommen. Die Formen der rundbauchigen Krüge und Becher, der Nuppengläser, Feldflaschen und Teller finden dabei eine Entsprechung in den archäologischen Funden, die sich auch im Mansfelder Land zu jener Zeit nachweisen lassen. Behams Wiedergabe eines Kirchweihfestes zeigt anschaulich und sicher sehr authentisch, wie man sich das Leben und vor allem das Feiern im 16. Jh. auf dem Land vorzustellen hat. Er präsentiert ein Umfeld, in dem Martin Luther aufgewachsen ist und das er in seinen Auswüchsen später kritisierte: »[...] solte man die kirchweye gantz ausztylgen, seyntemal sie nit anders sein dan rechte tabernn, Jarmarckt und spiel hoffe worden, nur zur mehrung gotis unehre und der seelen unselickeit« (WA 6, 446, 10–21). UE

Literatur
Müller/Schauerte 2011, S. 206 f., Nr. 42 (ill.) · Moxey 1989, S. 35–66, Abb. 3.1 (ill.) · Raupp 1986, S. 136 u. 157–164, Nr. F-23, Abb. 138 (ill.) · Rippmann 2012, S. 49 f. u. 54–57, Abb. 6a/b (ill.) · Schäfer/Eydinger/Rekow im Druck, Kat. 323 (ill.) · Seiter 2011, S. 115–125 (ill.) · Stewart 2008, S. 70–135 u. 317 f., Abb. 2.1 (ill.) · Zschelletzschky 1975, S. 332–339, Abb. 270

13

13

Grapen mit Deckel

Mansfeld, Luthers Elternhaus
Lutherstraße 24–26, um 1500
Irdenware
Grapen: H 19,7 cm; Dm 21 cm;
Deckel: H 6,5 cm; Dm 13 cm
Landesamt für Denkmalpflege
und Archäologie Sachsen-Anhalt
Landesmuseum für Vorgeschichte Halle,
Inv.-Nrn. HK 2004:9232a/15 und 2004:9232f/29
Ausstellung Minneapolis

Dieser dreibeinige Topf, der zusammen mit einem Dutzend ähnlicher Töpfe in der Pestgrube im Garten von Luthers Elternhaus gefunden wurde, ist Archäologen als »Grapen« bekannt. Diese preiswerten Alternativen zu gegossenen Messingkesseln gehören zu den häufigsten Gefäßen, die bei Ausgrabungen in mittelalterlichen und frühneuzeitlichen Städten angetroffen werden. Hierfür gibt es zwei Gründe: Zum einen waren Grapen die allgegenwärtigen Kochtöpfe des Spätmittelalters; sie waren preiswert, wurden intensiv genutzt und daher häufig ausrangiert. Zum anderen sind ihre kompakten Füße quasi unzerstörbar und werden überall dort gefunden, wo in alten europäischen Stadtkernen die Erde umgegraben wird. Diese drei Füße sind auch das Erfolgsgeheimnis des Grapens.

Im Mittelalter und in der Renaissance wurde auf einem großen, offenen Herdfeuer gekocht, das sich meist an einem Ende der häufig im Erdgeschoss gelegenen Küche befand. Der Grapen konnte dort überall zwischen die Glut oder das brennende Feuerholz auf die unebenen Steinfliesen des Herdbodens gestellt werden, ohne dass der Topf wackelte. Ein dreibeiniger Topf wackelt nie und kann nicht umkippen. Flüssige Speisen, wie z. B. Brühe, Brei oder Eintopf wurden meist am Rand des Herdfeuers platziert. Setzte man dem Topf einen passenden Deckel auf, wie es vermutlich hier der Fall ist, konnte der Eintopf stundenlang vor sich hin köcheln; eine verlässliche Methode, um eine besonders schmackhafte, sämige Soße zu produzieren. Unser Grapen ist sehr schlicht und flüchtig produziert, mit Glasurspritzern auf der Gefäßschulter. Nichtsdestotrotz wurde er, wie der Ruß und die Flecken auf der unteren Außenseite zeigen, von Luthers Mutter und/oder ihren Mägden intensiv genutzt, bevor er entsorgt wurde. LN

Literatur
Meller 2008, S. 172 f., Kat. C15–16 · Schlenker 2007 · Stephan 2007a

14

Schutzhaube eines Pestarztes

wohl 17. Jh.
Seidensamt, Leder, Marienglas
(Gipskristall, auch Selenit genannt)
H 48 cm; B 51 cm; L 55 cm
Stiftung Deutsches Historisches Museum,
Inv.-Nr. AK 2006/51
Ausstellung Minneapolis

Pesthauben bzw. Pestmasken waren in der Frühneuzeit ein wichtiger Bestandteil der Schutzkleidung eines Arztes. Bei dieser Schutzhaube sticht zuallererst ihr markantester Bestandteil, das schnabelförmige Nasenfutteral aus Leder, hervor. In dieses Nasenstück wurden Kräuter oder mit Essenzen getränkte Schwämme gefüllt, die den Arzt beim direkten Kontakt mit einem Infizierten schützen sollten. Dieser »Schnabel« war mit Atemlöchern versehen, mittels derer der Träger durch die Nase atmen konnte, während der Mund durch einen Lederschutz verschlossen blieb. Die den Kopf umschließende Haube wurde am Hals eng zugeschnürt, und die Öffnungen für die Augen waren zusätzlich geschützt: Sie sind mit kleinen runden Kristallscheiben verschlossen, dem sog. Marienglas.

Die Schutzkleidung eines Pestarztes wurde zumeist ergänzt durch ein langärmliges Ledergewand mit Überwurf, einen breitkrempigen Hut und einen langen Stab, mit dem der Arzt den Patienten oder auch Umstehende auf Abstand halten konnte. Die älteste überlieferte bildliche Darstellung solch eines »Schnabeldoktors« datiert aus der Mitte des 17. Jhs.; es ist aber zu vermuten, dass eine derartige Schutzkleidung auch schon davor existierte.

Mit dem Begriff »Pest« wurde in Mittelalter und Frühneuzeit nicht nur die durch das Bakterium *Yersinia pestis* verursachte eigentliche Pesterkrankung bezeichnet, sondern jede Infektionskrankheit bzw. Seuche, die epidemisch oder pandemisch verlief. Bis ins 19. Jh. hinein wurde die Entstehung hochgradig ansteckender Erkrankungen nicht auf die Wirkung von Viren oder Bakterien zurückgeführt, sondern als Folge sog. Miasmen gedeutet, übler Ausdünstungen, die sich aus dem Boden kommend in der Luft verbreiteten. Die dagegen ergriffenen Maßnahmen waren durch Reinlichkeitsgebote, Kontaktreduzierung und Isolierung geprägt: Die Gesunden verließen – wenn sie konnten – Stadt oder Region, die Seuchentoten wurden außerhalb der Stadt beigesetzt, ihr Hab und Gut oft verbrannt. Kranke wurden in Seuchenhospitälern vom Rest der Bevölkerung isoliert, Ortsfremde in Quarantäne verbracht.

Auch Luther erlebte Krankheit und Epidemien zur Genüge. Mehrfach wurde er Zeuge von Pestausbrüchen: 1505 erlebte er in Erfurt den Tod zweier seiner Professoren; zwei seiner Brüder in Mansfeld fielen ebenfalls der Pest zum Opfer. 1527 grassierte die Pest auch in Wittenberg. Die Mitglieder der Universität flohen nach Jena, Luther dagegen blieb. Vor Ansteckung fürchtete er sich offenbar wenig und nahm sogar Kranke in seinem Haus auf. Die seit Jahrhunderten auch innerhalb der Kirche immer wieder gestellte Frage, ob man versuchen solle, der Pest zu entfliehen, oder sie als Ausdruck eines göttlichen Strafgerichts still annehmen solle, beantwortete er in seiner 1527 im Druck erschienenen Schrift *Ob man fur dem sterben fliehen muge* so: Grundsätzlich müsse der Mensch Gottes Strafe akzeptieren. Zugleich sei der Versuch, das ihm von Gott verliehene Leben zu retten, nicht verboten. Wer aber geistliche oder weltliche Ämter innehabe bzw. Kinder oder andere Angehörige zu pflegen habe, der müsse bleiben. Damit appellierte Luther an Verantwortung und Nächstenliebe. RBdH

Literatur
Feuerstein-Herz 2005, S. 118 f. · Meller 2008, S. 213–215 · Naphy/Spicer 2003 · Vasold 2003

15
Drei Maskenbeschläge »Angesichtlein«

Mansfeld, Luthers Elternhaus
Lutherstraße 24–26, um 1500
Messingblech
Dm 1,1–1,3 cm
Landesamt für Denkmalpflege
und Archäologie Sachsen-Anhalt
Landesmuseum für Vorgeschichte Halle,
Inv.-Nrn. HK 2004:9232 I/187 bis 189
Ausstellung Minneapolis

Diese kleinen grotesken, aus Messingblech gestanzten Masken aus der Abfallgrube im Hof von Luthers Elternhaus in Mansfeld waren Bestandteil einer eleganten Frauentracht des frühen 16. Jhs. Sie waren ursprünglich auf einen Gürtel oder ein eng anliegendes Halsband aufgenietet und werden als Maskarons bezeichnet. Mit ihren wilden, zotteligen Haaren oder Mähnen, den Kulleraugen, den aufgeblähten Backen, Knollennasen und anzüglich grinsenden Mäulern sind sie sowohl abscheulich als auch amüsant.

Derartige kleine Grotesken haben nicht nur vornehmen Kleidern Pfiff verliehen, sondern können auch als Illustration des allumfassenden Einflusses des Humanismus im frühen 16. Jh. dienen. Der Begriff Grotesken beschreibt eine Reihe von fantasievollen Monstern, die von der Ausschmückung des prächtigen, im 15. Jh. wiederentdeckten verschütteten Palastes des römischen Kaisers Nero, der *Domus Aurea,* inspiriert wurden. Grotesk waren sie, weil die unterirdischen Gewölbe wie weitläufige Grotten erschienen. Sie waren mit farbenprächtigen Fresken dekoriert, die sich windende Monster und ausgelassene Putten in einem Dschungel aus blühenden Ranken zeigten. Zierliche spiralförmige Ranken umspielten Gorgonenköpfe und andere Masken. Diese neu entdeckte Welt antiker römischer Fantasie faszinierte die Künstler und Architekten der Renaissance (Abb. 2), die nach einem neuen Ausdruck für den Luxus und die Überschwänglichkeit ihrer Zeit suchten.

Gleichzeitig agierten sie im Geiste des Humanismus, indem sie den künstlerischen Leistungen der Antike Respekt zollten. So zierten sie die festlichen Innenräume, aber auch die Fassaden italienischer Paläste mit bizarren Grotesken. Bald begannen auch der Adel und die Bürger des Nordens, ihre Schlösser und Häuser mit den gleichen drolligen Motiven zu schmücken. Diese Mode breitete sich schnell auf andere Medien aus, und aberwitzige Masken und fantasievolle Monster verzierten, in blumiges Blattwerk verwoben, alles von Deckenpaneelen, Möbeln und Ofenkacheln bis hin zu Besteck. Auch die Einbände und Titelseiten von Büchern deutscher Drucker wurden von besonders kreativen grotes-

Abb. 2
Santi Buglioni/Lorenzo Marignolli, stuckierte Säule im 1. Hof des Palazzo Vecchio, Florenz

ken Kompositionen eingerahmt. Häufig standen diese lebhaften Verzierungen in starkem Kontrast zum ernsten und teilweise streng religiösen Inhalt der verzierten Bände.

Es ist keine Überraschung, dass auch Juweliere diese verspielte Welt für sich entdeckten und Schmuck und Kleidung mit grotesken Motiven belebt wurden. Die zotteligen, wilden Gesichter aus Mansfeld werden zudem, trotz ihrer primär dekorativen Funktion, auch die Welt der legendären und zotteligen *Wilden Männer* heraufbeschworen haben. Diese unzivilisierten Witzfiguren repräsentierten eine abenteuerliche, andere Welt, die in starkem Gegensatz zu der sittsamen und ordentlichen, häuslichen Welt des späten Mittelalters stand.

Daher zeigen diese Maskenbeschläge, gefunden in der Abfallgrube im Garten von Luthers Elternhaus, den enormen gesamteuropäischen Einfluss der humanistischen Ideologie und die ästhetische Waghalsigkeit der Renaissance, welche die Fresken Kaiser Neros auf jene festliche Kleidung brachte, die womöglich der Frau eines Mansfelder Minenbesitzers gehörte. LN

Literatur
Meller 2008, S. 196 f., Kat. C 69 (ill.) · Schlenker 2008, S. 99 Taf. 1.10–12 (ill.)

15

17

16

Messingblechbeschläge für Kleidung

Mansfeld, Luthers Elternhaus
Lutherstraße 24–26, um 1500
Messingblech
Landesamt für Denkmalpflege
und Archäologie Sachsen-Anhalt
Ausstellung Minneapolis

16
Zwei Flindern

L 3,6 cm; L Grundblech 1,3 cm;
L Flatterbleche je 2,1 u. 2,3 cm
Landesmuseum für Vorgeschichte Halle,
Inv.-Nrn. HK 2004:9232I/149 und 150

17
14 Rosettenbeschläge

1,3 × 1,4 cm
Landesmuseum für Vorgeschichte Halle,
Inv.-Nrn. HK 2004:9232I/154 bis 167

Diese Messingblechbeschläge, sowohl die Rosetten als auch die Flindern mit blattförmigen Anhängern, wurden auf modische Samtjacken und -gewänder sowie flitterbesetzte, enge Halskragen aufgenäht, die von wohlhabenden, modebewussten Frauen zu feierlichen Anlässen und Festen getragen wurden. Da sie in der Abfallgrube im Hof von Luthers Elternhaus in Mansfeld gefunden wurden, ist anzunehmen, dass dieser Modeschmuck einer führenden Frau in Hans Luders Haushalt gehörte, hochwahrscheinlich Martin Luthers Mutter. Dieser Schmuck trägt dazu bei, das Bild der unscheinbaren, altbackenen Margarethe Luder, die Cranach im Alter von 68 Jahren malte, zu korrigieren. Auch das von Martin Luther und Philipp Melanchthon geprägte Bild einer gottesfürchtigen, strengen Frau ärmlicher, einfacher Herkunft muss anhand dieser Funde infrage gestellt werden. Tatsächlich war Margarethe die Frau eines der wohlhabendsten Männer der Stadt. Eine Frau in ihrer Position scheute sich zu dieser Zeit nicht, ihren Reichtum zur Schau zu stellen.

Die Gewohnheit, Kleidung mit Flindern zu besticken, geht auf den prunkvollen Modegeschmack der adligen Frauen und eleganten Höflinge zurück. Sie schwelgten in dem ruinös verschwenderischen Luxus, ihre Gewänder aus Satin und Brokat mit zahlreichen Juwelen besticken zu lassen, insbesondere mit Perlen- und Edelsteinanhängern. Diese Schmuckstücke klimperten und glitzerten bei jeder Bewegung der Damen und verwandelten die leichtesten Bewegungen und Gesten in ein Spektakel aus Licht und Klang. Natürlich konnte die Frau eines Geschäftsmannes aus einer provinziellen Bergbaustadt nicht darauf hoffen, auf dieser extremen Ebene des demonstrativen Konsums konkurrieren zu können, aber sie konnte sich den auffälligen Effekt eines Gewandes mit Messingflindern leisten und ihre Freude daran haben. LN

Literatur
Krabath 2001 · Meller 2008, S. 168 f., Kat. C 9 u. S. 194 f., Kat. C 66–68 (ill.) · Schlenker 2008, S. 99 Taf. 1 (ill.)

18

Gürtelendbeschlag mit Buchstabenapplikation

Mansfeld, Luthers Elternhaus
Lutherstraße 24–26, um 1500
Messing auf Leder
17,8 × 8 cm
Landesamt für Denkmalpflege
und Archäologie Sachsen-Anhalt
Landesmuseum für Vorgeschichte Halle,
Inv.-Nr. HK 2004:9232l/300
Ausstellung Minneapolis

Auch wenn Martin Luther später behauptete, er käme aus einfachen Verhältnissen, erzählen die Funde aus den archäologischen Ausgrabungen, die im Garten seines Elternhauses durchgeführt wurden, eine ganz andere Geschichte. Dieser kunstvolle Gürtelendbeschlag ist einer von vielen überraschend luxuriösen Gegenständen, die aus einer mit Hausrat gefüllten Grube in einem ehemaligen Treppenschacht geborgen wurden. Sie wurden vermutlich dort vergraben, weil sie während einer Pestepidemie »kontaminiert« worden waren.
Der kunstvolle Beschlag verzierte das Ende eines Gürtels und war Teil der aufwendigen Frauentracht des 15. Jhs., wie sie an den Adelshöfen beliebt war. Zu dieser Zeit waren Gürtel eher dekorativ als funktional. Der lange Gürtel raffte das Gewand unterhalb der Brust, wurde durch eine kostspielige Schnalle geführt und fiel dann bis fast zum Boden herab. Die Enden des Riemens waren extravagant verziert mit Quasten, Perlen oder, wie in diesem Fall, mit aufwendigen Applikationen aus Metall.
Dieser einmalige Beschlag hat die Form eines gotischen D, und tatsächlich hatte Luther eine Schwester, die Dorothea hieß. Die Tatsache, dass elegante und vor allem adlige Damen im späten 15. Jh. dazu übergingen, auf ihren Gewändern aufgenietete oder aufgestickte Buchstaben, Namen und sogar kurze Texte zu tragen, ist besonders illustrativ für die Veränderungen in der spätmittelalterlichen Gesellschaft. Offensichtlich imitierte eine Frau, die ein solches Accessoire trug, einerseits die höfische Tracht, sie kennzeichnete sich andererseits aber auch als des Lesens und Schreibens kundig. Dies war eine Ausnahme in der mittelalterlichen Gesellschaft, in der die schulische Ausbildung eigentlich den Jungen vorbehalten war. Im 15. Jh. jedoch brachten die Bürger in den florierenden Städten ihren Töchtern regelmäßig das Lesen und Schreiben bei, was diesen erlaubte, umfangreicher am öffentlichen Leben teilzunehmen. Der Erfolg der Reformation beruhte zum Teil auch darauf, dass das gedruckte Wort Frauen zugänglich war und sie darauf reagieren konnten. LN

Literatur
Krabath 2001 · Meller 2008, S. 170 f., Kat. C 11 (ill.) · Schlenker 2008, S. 96, Abb. 7 (ill.) · Schlenker 2015, S. 289 f., Abb. 37

Die Grafen von Mansfeld und der Mansfelder Kupferschieferbergbau

Der Mansfelder Kupferschieferbergbau zählt zu den ältesten Montanindustrien weltweit. Die breite Palette an mineralischen Rohstoffen machte die ehemalige Grafschaft Mansfeld zu einem der ressourcenreichsten Gebiete in Mitteleuropa. In der *Goldenen Bulle* von 1356 übertrug Kaiser Karl IV. den Herzögen die Bergregalrechte in deren Territorien. Da die Mansfelder jedoch reichsunmittelbare Grafen waren und somit direkt dem Kaiser unterstanden, genossen sie besondere Privilegien. So sicherten sie sich diese Bergregalrechte gegenüber den sächsischen Herzögen und übten sie seitdem in der Grafschaft Mansfeld aus.

In der zweiten Hälfte des 15. Jhs. löste die Verbreitung eines neuen Saigerverfahrens eine Hochkonjunktur des Montanwesens aus. Mansfeld etablierte sich zu einem der wichtigsten Wirtschaftsräume im Heiligen Römischen Reich Deutscher Nation. Dadurch wuchs die ökonomische wie auch fiskalische Macht der Mansfelder Grafen enorm. 1466 gelang es den sächsischen Herzögen, dass der Kaiser die Lehnsherrlichkeit über die Bergwerke und Hüttenfeuer an sie übertrug. Der damit entstandene Streit zwischen dem Mansfelder Grafenhaus und dem Kurfürsten über die Gewinnungsrechte des Kupferschiefers dauerte ca. 20 Jahre. 1485 bekam der Herzog das Mansfelder Bergregal als sächsisches Lehen zugesprochen, musste jedoch den Mansfelder Grafen als Ausgleich die Rechte zur Ausbeutung des Kupferschiefers überlassen.

Durch mehrere Erbteilungen trat das Mansfelder Grafenhaus seit 1501 in den drei Linien Vorderort, Mittelort und Hinterort auf. Der Mansfelder Kupferschieferbergbau, welcher ungeteilt blieb und gemeinschaftlich verwaltet wurde, war Vorreiter zahlreicher technischer Innovationen und neuer Abbaumethoden. Die ersten mit Menschen-, Pferde- und Wasserkraft angetriebenen Bergwerksmaschinen sowie lange unterirdische Entwässerungsstollen forcierten die Kupferproduktion im 16. Jh. Graf Albrecht IV. von Mansfeld-Hinterort beschäftigte hochqualifiziertes Fachpersonal. Er gründete gegen den Willen des Kaisers die Neustadt vor den Toren der Stadt Eisleben, um die dringend benötigten Bergleute sesshaft zu machen. Außerdem ließ er eine neue Kirche errichten, führte als Anhänger Martin Luthers die Reformation in der Grafschaft ein und war ein Mitbegründer des Schmalkaldischen Bundes. KB

19

19

Hans Vischer, Werkstatt (?)
Grabmal des Grafen Hoyer VI. von Mansfeld-Vorderort

1541
Bronze
35 × 215 × 82 cm
Evangelische Kirchengemeinde
St. Andreas-Nicolai-Petri Eisleben
Ausstellung Minneapolis

Die Landesherren des in Eisleben geborenen und in Mansfeld aufgewachsenen Martin Luther waren die in mehrere Linien unterteilten Mansfelder Grafen, die ihren Stammsitz in Mansfeld hatten. In Eisleben besaßen sie ein Schloss und einige Stadtsitze. Auch fanden die Landesherren in der durch den florierenden Bergbau blühenden Stadt ihre letzte Ruhe.

Graf Hoyer von Mansfeld-Vorderort, dessen Grabmal sich in der Kirche St. Andreas zu Eisleben befindet, stand zu seinen Lebzeiten im Dienst des kaiserlichen Herrscherhauses und besaß dort großes Ansehen. 1516 wurde er Mitglied des prestigeträchtigen Ordens vom Goldenen Vlies. Hoyer war als letzter der Grafen bis zu seinem Tod Anhänger der alten Kirche, während die Linien Mittelort und Hinterort sich bereits 1519 (offiziell 1525) zu Luthers Lehre bekannten. Noch in Hoyers Todesjahr 1540 wurde die Reformation in der gesamten Grafschaft eingeführt.

Das mittelalterlicher Tradition folgende Grabmal mit plastischer Liegefigur (Tumba) gehört zu den vornehmsten Formen des Grabmals im 16. Jh. und war Fürsten und dem hohen Adel vorbehalten. Das Grabmal aus dem Jahr 1541 muss somit als Ausdruck landesherrlichen Machtanspruchs angesehen werden. Darüber hinaus ist es ein Denkmal für den altgläubigen Grafen und damit für den alten Glauben in lutherischer Umgebung – ein Einzelfall in der Reformationszeit. Das heute im nördlichen Nebenchor befindliche Grabmal stand ursprünglich mitten in der Kirche, in welcher Martin Luther seine letzten Predigten hielt. Die in Messing gegossene Deckplatte gibt die vollplastische Liegefigur des Grafen in Rüstung mit der Kette des Goldenen Vlieses und mit seinen Standesattributen, dem Schwert zur Linken und dem federgeschmückten Helm zu Füßen, wieder. Das Gesicht trägt porträthafte Züge. Dem Verstorbenen sollte mit diesem Grabmal, das dem Grabdenkmal von Kardinal Albrecht von Brandenburg folgt, in den Totenfeierlichkeiten eine immerwährende Memoria bereitet werden. Die kunstvolle Grabtumba und die dazugehörigen Säulen können dem in Halle tätigen Bildhauer Hans Schlegel und seinen Mitarbeitern zugeschrieben werden. Unbekannt ist dagegen, wer die Liegefigur modelliert und gegossen hat.

20

Möglicherweise stammt sie aus der berühmten Vischer-Werkstatt in Nürnberg. Das Grabmal stellt einen Höhepunkt der mitteldeutschen Renaissanceplastik dar. IRL

Literatur
Hauschke 2006, S. 372–375 (ill.) · Merkel 2004, S. 202 f. (ill.) · Niehr 2000 (ill.) · Roch-Lemmer 2000, S. 164 f. (ill.) · Smith 1994, S. 178 (ill.)

20

Wasserspeier in Form eines Drachens

wohl 16. Jh.
Kupfer, geschmiedet, getrieben, polychrom gefasst und vergoldet
88 × 53 × 58 cm
Lutherstadt Eisleben, Städtische Sammlungen, Inv.-Nr. V/H 3362 (als Leihgabe im Museum Luthers Geburtshaus, Eisleben)
Ausstellung Minneapolis

In den Sammlungen der Lutherstadt Eisleben befinden sich heute drei Wasserspeier in Form von Drachenköpfen. Einer davon ist hier zu sehen. Sie stammen wohl von Schloss Seeburg, einer imposanten Anlage am Süßen See zwischen Halle (Saale) und Eisleben. Das weit geöffnete Maul des Drachens, das eine gezackte Zunge freigibt, diente ehemals als Abfluss für Regenwasser. Wie große Blätter muten die Bleche an, die Mähne, Ohren und Fell des Drachen formen. Aus Blechstreifen geschnittene Wimpern beschatten die großen Augen und kleine Blechrosetten verzieren die Wangen des Fabeltieres. Das Maul betont eine rote, vielleicht historische Fassung, die erhabenen Flächen sind goldgehöht.

Die romanische Burg ging 1287 an die Mansfelder und im 15. und 16. Jh. bauten sie die Burg mit Einnahmen aus dem Bergbau aus. So geht der Ausbau des »Witwenturms« als repräsentatives Wohngebäude auf die Grafen zurück. Sie gestalteten die wehrhafte Burg zum prachtvollen Schloss um, das spätgotische Elemente und solche der Renaissance vereinte. Die Wasserspeier in ihrer fantasievollen Gestaltung vermitteln heute einen Eindruck vom früheren Reichtum der Bauausstattung von Schloss Seeburg. SKV

Literatur
Bartzsch/Schmidt 2006 · Treu 2007, S. 25–33, Abb. S. 32 · Wäscher 1956

21

Hans Sebald Beham
Das sächsische Bergwerk

um 1528
Holzschnitt, koloriert, typografischer Text
Blatt oben und unten beschnitten, Stockflecken
Blattmaß: 28,9 × 39,6 cm; Satzspiegel:
28,4 × 36,1 cm; Bildmaß: 25 × 36,1 cm
Stiftung Schloss Friedenstein Gotha,
Inv.-Nr. G35,24
Ausstellung Minneapolis

unter dem Bild: Frisch auff mit glück liebn herrn
vnd gseln / Diß edel Berckwerck bawen welln
[…]

Martin Luther wuchs in einem Elternhaus auf, in dem der Bergbau zum Alltag gehörte. Luthers Vater Hans war Hüttenmeister eines Kupferschieferbergwerks im Mansfelder Land, was ihm einen beachtlichen Wohlstand einbrachte.

Als in den 1520er Jahren Saigerhandelsgesellschaften ihren Einfluss auf die Produktion und den Vertrieb im Montanwesen ausweiteten, mussten sich – um mithalten zu können – Hüttenmeister verschulden. Einsparungen in Form der Fusionierung der Gewerkschaften folgten. Darüber hinaus sind in der Grafschaft Mansfeld Bestrebungen belegt, das Hütten- und Bergbauwesen in landesherrliche Regie zu überführen. Vor diesem Hintergrund ist das ausgestellte Flugblatt von Hans Sebald Beham zu sehen, in dem geradezu losungsgleich gefordert wird: »Das Berckwerck wil vnd sol frey seyn«. In den Versen werden die alten Minen sowie die Arbeit der alten Bergleute betont. Erstere sollen erhalten bleiben, während man Letztere aufgrund ihres Fachwissens ehren soll. Es wird vor »böß newerung« gewarnt, vor mit Gewalt regierten und nur auf Vorteil bedachten Bergwerken. Dabei steht für den anonymen Schreiber fest, dass das Glück zur Metallgewinnung allein von Gott herrühre.
In dem großformatigen Holzschnitt sind alle notwendigen Schritte von der Metallgewinnung bis hin zur Verarbeitung dargestellt. An einem Berg sind verschiedene Bergleute damit beschäftigt, mit Spitzhacken Löcher in den Felsen zu schlagen. An anderen Stellen existieren bereits fertige Stollen; zwei Männer ziehen bzw. schieben jeweils einen Wagen – einmal leer und einmal beladen – in die Gänge hinein bzw. hinaus. Kleine Öllämpchen an den Wagen sorgen für eine Beleuchtung in den ansonsten dunklen Gängen. Auf der linken Seite des Bildes werden Erze mit Spitzhacken zerkleinert. Anschließend werden die Steine von zwei Männern in großen Sieben gewaschen. Die Verarbeitung des Erzes in einer Schmiede findet sich mittig im Holzschnitt wiedergegeben. Auf einem Amboss liegt ein Stück Metall, das von zwei Knechten bearbeitet wird. Die zwei Wappen in den oberen Ecken weisen auf die Zugehörigkeit des Bergwerks zur kursächsischen Landeshoheit hin, ohne dass man jedoch die dargestellte Mine genauer verorten könnte. UE

Literatur
Bingener/Bartels/Fessner 2012, S. 327–329, 349 · Pauli 1974, S. 51, Nr. 1444a · Röttinger 1925, S. 136, Nr. 170, Taf. VI, Abb. 8 (ill.) · Röttinger 1927, S. 755f., Nr. 1219a u. S. 790, Nr. 1444a · Schäfer/Eydinger/Rekow im Druck, Kat. 329 (ill.)

Nappian und Neucke – die beiden sagenhaften Gründer des Mansfelder Kupferschieferbergbaus

um 1290
Sandstein
Ausstellung Minneapolis

22
Nappian

35 × 24,5 × 26 cm
Lutherstadt Eisleben, Städtische Sammlungen
(als Leihgabe in Luthers Geburtshaus, Eisleben), Inv.-Nr. V/K1543

23
Neucke

32 × 23 × 26 cm
Lutherstadt Eisleben, Städtische Sammlungen
(als Leihgabe in Luthers Geburtshaus, Eisleben), Inv.-Nr. V/K 1542

Der Mansfelder Kupferschieferbergbau kann auf eine mehr als 800-jährige Geschichte zurückblicken. Laut Cyriakus Spangenberg, dem Chronisten der Mansfelder Grafen, sollen zwei Bergknappen, Nappian und Neucke, auf dem Kupferberg bei Hettstedt 1199 mit dem Abbau und der Verhüttung von Kupferschiefer begonnen haben.
In der Mansfelder Chronik von 1572 beschreibt er dieses Ereignis wie folgt: »Umb diese Zeit / hat sich das Bergwerck in der Grafschaft Mansfeld / nicht weit von Heckstedt angefangen/ da zwens Berghewer Necke oder Neuke/ der andere Nappian mit dem Zunamen geheißen / die ersten Schieffern gelauget / und als dieselben in der Probe recht befunden worden / jr vermögen und was sie gehabt / dran gewand / und also das Bergwerck zu bawen angefangen / und weil es dort gut Kupffer geben hat / ist derselbige Ort der Kupfferberg benand worden«.
Laut Spangenberg ist Welfesholz als Wallfahrtsort überliefert, in dem »gottlose Abgötterey« betrieben worden sei. Nach der Schlacht am Welfesholz 1115 soll eine Jodute zur Erinnerung an den Sieg der sächsischen Adligen über Kaiser Heinrich V. errichtet worden sein. Vorausgehend war der Kult um das Rechts- bzw. Erinnerungszeichen der Jodute, einer Art Bildstock, dem heilende Kräfte nachgesagt wurden.

24

König Rudolf I. von Habsburg fokussierte die Beseitigung solcher heidnisch religiösen Überlieferungen und ließ im Zuge dessen 1289 in Welfesholz eine kleine Kapelle errichten. Eine Türinschrift wies den König als Stifter aus. 1290 wird die Marienkapelle am Welfesholz erstmals urkundlich erwähnt. In dieser Ablassurkunde wird dem Besucher der Kapelle ein 40-tägiger Strafnachlass gewährt.

Nach Angaben des Zeitzeugen Pfarrer Andreas Hoppenrod waren die beiden Figuren im Jahr 1584 noch in der Kapelle in Welfesholz zu sehen. Wahrscheinlich dienten sie hier ursprünglich als Konsolsteine bzw. Gebälkstützen oder waren Teil eines Kapitells. 1669 befanden sie sich im Besitz der Kupferschieferbauenden Gewerkschaft zu Eisleben und fanden dort im Treppenhaus ihren Platz. Als 1824 das Gebäude abgerissen wurde, siedelten die steinernen Vollplastiken in den Sitzungssaal des Bergamtes um. Später befanden sich die Figuren im Besitz des VEB Mansfeld Kombinates *Wilhelm Pieck*. Heute werden sie in der Dauerausstellung der Stiftung Luthergedenkstätten in Sachsen-Anhalt im Geburtshaus Martin Luthers in Lutherstadt Eisleben präsentiert.

Die beiden Skulpturen aus Sandstein zeigen die Begründer des Mansfelder Kupferschieferbergbaus Nappian und Neucke, zwei liegende Figuren bei der Arbeit im Bergwerk. In ihren Händen halten sie das typische Werkzeug der Bergleute, Eisen und Schlägel. Gut zu erkennen ist die charakteristische Bergmannskleidung. Der kapuzenartige Umhang, der sog. Bergkittel, soll Kopf und Nacken gegen tropfendes Wasser und herabfallende Steine schützen. Das Bergleder – nach seinem Sitz über dem Gesäß auch »Arschleder« genannt – schützt vor dem herabtropfenden Wasser auf den ständig gebeugten Rücken. Zudem diente es als Schutz beim Sitzen oder Rutschen auf nasskaltem Gestein. Das Bergleder ist das originellste Kleidungselement aus dem Bereich des Montanwesens. KB

Literatur
Freydank 1955 · Krühne 1888 · Treu 2007, S. 36 f., Abb. 27 (ill.)

24

Kupferschlacke

Mansfeld, Luthers Elternhaus
Lutherstraße 24–26, um 1500
Landesamt für Denkmalpflege
und Archäologie Sachsen-Anhalt
Landesmuseum für Vorgeschichte Halle,
Inv.-Nr. HK 2004:9232q
Ausstellung Minneapolis

Die Region um Mansfeld hat eine lange Bergbautradition, die im späten 15. Jh. einen Höhepunkt erreichte. Martin Luthers Vater Hans Luder, ein wohlhabender Geschäftsmann, der sowohl im Kupferbergbau als auch der Kupferverhüttung tätig war, war einer der reichsten und angesehensten Bürger der Stadt. Die Luders konnten sich ein beeindruckendes Haus leisten, das sich über zwei Grundstücke erstreckte. Vor diesem Hintergrund ist es bemerkenswert, dass bei der Ausgrabung eines Treppenschachtes im Garten des Lutherhauses, der als Abfallgrube verwendet wurde, eine große Menge glasiger Kupferschlacke zutage kam. Die Gründe hierfür haben viel mit der Umweltzerstörung zu tun, die durch den spätmittelalterlichen Bergbauboom in der Region Mansfeld verursacht wurde. Kupferschiefer, der ursprünglich übertägig abgebaut wurde, wurde im späten 15. Jh. systematisch unter Tage abgebaut und förderte unter der Aufsicht von Bergbauunternehmern wie Hans Luder ergiebige Erzlagerstätten zutage. Das Abstützen der Schächte mit Holz und insbesondere die Verhüttung des Erzes, das der Kupferschiefer enthält, waren nur durch den Verbrauch enormer Mengen an Holz und Kohle möglich.

Es überrascht nicht, dass historische Stadtansichten von Mansfeld die heute bewaldeten Hügel und Berge um die Stadt als vollständig gerodet darstellen. Holz, das die Menschen jeden Tag benötigten, um Essen und Wasser zu kochen und ihre Häuser zu heizen, war ein Luxusgut. Bereits 1484 ist die Erhitzung von Wasser durch die Zugabe von glühend heißer Schlacke aus den Kupferhütten für Mansfeld belegt. Dieser Brauch hielt sich bis ins 19. Jh. Glasige Schlacke bewahrt ihre Stabilität auch bei drastischen Temperaturänderungen, bei denen heiße Steine zerspringen. Große Mengen an rostigen Nägeln, die auch im Garten der Luthers/Luders gefunden wurden, erzählen eine ähnliche Geschichte. Sie zeigen, dass wiederverwendete Bretter mit Nägeln, also Bauholz anstelle des in dieser Bergbauregion seltenen und teuren frischen Brennholzes, zur Feuerung verwendet wurden. LN

Literatur
Fessner 2008b · Fessner 2014 · Jankowski 2015 · Meller 2008, S. 206 f., Kat. C 92 (ill.) · Schlenker 2008, S. 93, Abb. 4

Aufbruch in eine neue Zeit

Die Zeit um 1500 markiert in Europa eine Zeitenwende, die das späte Mittelalter von der Frühneuzeit trennt. Mit dem neuen Menschenbild und den Errungenschaften der Renaissance hatte eine Neuorientierung in Kunst, Wissenschaft und Technik stattgefunden. Dennoch war es eine Zeit, die nach wie vor stark vom christlichen Glauben geprägt war. Eine zentrale Instanz bildete dabei das römische Papsttum. Als irdischer Stellvertreter Christi war der Papst Oberhaupt der Kirche und politisch einer der mächtigsten Männer Europas. Die weltliche Macht hatten große Adelsdynastien inne, deren Einflussgebiete den Kontinent in Königreiche unterteilten. In deren Zentrum lag das Heilige Römische Reich Deutscher Nation, das sich von der Ostsee bis zum Mittelmeer über weite Teile Mitteleuropas erstreckte. An dessen Spitze stand ein Kaiser, die Macht im Reich lag jedoch dezentral in den Händen von weltlichen und geistlichen Kurfürsten, kleineren Territorialherren sowie den Reichsstädten.

Die meisten Menschen um 1500 lebten in einer sehr überschaubaren, agrarisch geprägten Welt. Seit dem frühen Mittelalter war die Gesellschaft fest in Stände unterteilt, die jedem seinen sozialen Rang zuwiesen: Es gab den Adel, der auf dem Land meist über Grundbesitz verfügte, den Klerus, in dessen Händen alle geistlichen Belange lagen, und den Stand der Bauern, die größtenteils von Grundherren abhängig waren.

Mit dem Aufstreben der Städte im Mittelalter formierte sich als neue gesellschaftliche Schicht das Bürgertum: Hier lebten die Menschen vor allem von Handel und Handwerk, und mit zunehmendem Reichtum entstand ein neues Selbstbewusstsein der Bürger. Die Gründung von Universitäten machte die Städte zu wichtigen Zentren der Wissenschaft, die Entwicklung des Buchdrucks legte den Grundstein für neue Wege der Wissensvermittlung. Auch wenn die Stadtbewohner nur zehn Prozent der Bevölkerung ausmachten, so hatten die Städte zunehmend Macht und politischen Einfluss. Durch überregionale Verbindungen der Kaufleute wurden die Fernhandelswege quer durch Europa weiter ausgebaut. Die Suche nach neuen Handelsverbindungen war ein wichtiger Grund für die Entdeckungsfahrten, die seit Mitte des 15. Jhs. neue Kontinente erschlossen. Nicht allein mit der »Entdeckung« Amerikas durch Christoph Kolumbus öffneten sich für Europa neue Welten. KH

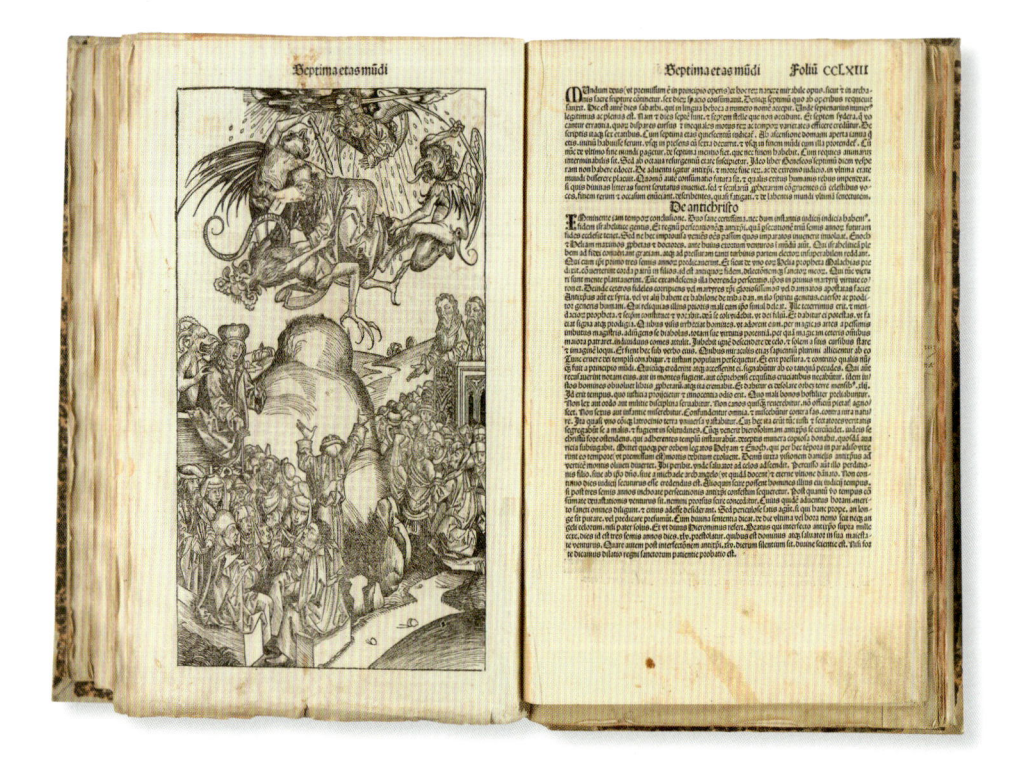

25

Hartmann Schedel
Michael Wolgemut (Holzschnitte)
Liber Chronicarum
(Schedelsche Weltchronik)

Nürnberg: Anton Koberger, für Sebald Schreyer und Sebastian Kammermeister, 12. Juli 1493
45 × 35 cm
Stiftung Luthergedenkstätten in Sachsen-Anhalt, Inv.-Nr. ss 2154 (Inc. 33)
Ausstellung Atlanta

Diese großartige Nürnberger Chronik wurde von Hartmann Schedel verfasst, einem bibliophilen Nürnberger Humanisten, Gelehrten und Doktor der Medizin.
Wie viele Weltchroniken zuvor ähnelt dieses *Liber Chronicarum* mehr einem Almanach als einem Geschichtsbuch: Es enthält eine für uns eher irritierende Mischung aus harten Fakten und Mythen sowie Erfindungen. Dies alles wird locker angeordnet nach den sieben Weltaltern, d. h. den Epochen von der Schöpfung bis in die Gegenwart und ist mit einem Anhang versehen, der die in naher Zukunft erwartete Apokalypse beschreibt.
Schedels Chronik enthält eine Fülle von historischen Informationen, ergänzt um geografische Beschreibungen, Naturkunde, wissenschaftliche Spekulation, biografische Skizzen, religiöse Traktate, Triviales und sogar infame Verleumdung, wie die grausige Beschreibung eines jüdischen »Ritualmordes«. Der enorme Erfolg dieses Prunkbandes, der von führenden Nürnberger Patriziern finanziert wurde, ist auch auf den Umstand zurückzuführen, dass er mit 1809 hochwertigen Holzschnitten illustriert wurde. Sie stammten aus der Werkstatt von Frankens damals führendem Künstler, Michael Wolgemut, bei dem Albrecht Dürer in die Lehre ging. Diese in den Text integrierten Abbildungen zeigen ein breites Spektrum von Darstellungen, darunter reale und imaginäre Porträts von Herrschern, Gelehrten, Heiligen und Monstern, Stadtansichten, Landkarten des Universums und der Welt (mit Ausnahme des neu entdeckten Amerikas), religiöse Szenen und Symbole. Manchmal illustrieren die Holzschnitte den betreffenden Artikel, während andere wahllos im Text platziert sind. Viele werden sogar mehrfach gezeigt. Der Hauptgrund für den Erfolg des Buches war jedoch, dass Anton Koberger (Dürers Pate) es in außergewöhnlich hoher Qualität und in zwei Sprachen druckte, in einer für seine Zeit enormen Auflage von 1500 lateinischen und 1000 deutschen Bänden. Darüber hinaus wurden einige illustrierte Seiten auch als Einblattdrucke verkauft.
Trotz seiner aufwendigen Illustrationen und wegweisenden Drucktechnologie war das *Liber Chronicarum* jedoch eher ein Denkmal für das akkumulierte Wissen mittelalterlicher Gelehrsamkeit als ein Nachschlagewerk für Deutschlands gebildete Renaissancebürger. Unter der Anleitung humanistischer Gelehrter wie Conrad Celtis und Erasmus erwarteten sie programmatische und kohärente Erzählungen der realen und imaginären Vergangenheit. LN/FK

Literatur
Joestel 2008, S. 22 f. (ill.) · Reske: Weltchronik · Wagner 2014

Vltima etas mundi

sensum doloris
ficisci ad illum e
tam, pro tenebr[is]
oportet operā d[ei]
te laboribus pa[...]
didit firmauit q[ue]
lauit montibus.
cit e nihilo. perf[...]
oīnes. hunc aud[...]
victores. ac dein[...]
altissimū celum [...]
ciuiū atq[ue] dei [...]
calipsi sonāt. in f[...]
portas duodeci[m]
Murus ciuitatis
ta muri ciuitatis
ram remigrabim[us]
Quātope post l[...]
uentu nostro gra[...]
Concedat domin[us]
Et inueniri inter
dominū nostrū. [...]

II

Weltliche Macht und höfische Kunst

Kunstwerke spielten an europäischen Höfen eine vielschichtige und zunehmend bedeutende Rolle. Sie drückten den Repräsentationsanspruch des Herrschers aus, dienten als diplomatische Geschenke und dem persönlichen Interesse der Auftraggeber. Kunst wurde nicht zuletzt als Mittel politischer Beeinflussung eingesetzt. Das gilt insbesondere für die Kunstpolitik der Kurfürsten von Sachsen, die die florierende Cranachwerkstatt nutzten, um ihr Image als mächtige Vertreter des Reiches und Bewahrer des Luthertums zu verbreiten.

Kunstwerke konnten sowohl die individuellen Vorlieben des Auftraggebers als auch den Zeitgeschmack widerspiegeln. Qualitätsvolle, kostbare Werke unterstrichen den Reichtum des jeweiligen Herrschers und damit zugleich seine Macht. Um diese Anforderungen zu erfüllen, engagierten sowohl weltliche Herrscher als auch Kirchenfürsten Hofkünstler, welche die verschiedenen gestalterischen Unternehmungen des Hofes leiteten. Dazu gehörten die Innenausstattung von Residenzen und die Porträtmalerei ebenso wie die Gestaltung von Rüstungen, Wappen und Festdekorationen sowie verschiedene Bauaufgaben oder die Konzeption öffentlicher Denkmäler. Besonders begehrte Künstler wurden auch zwischen den Höfen »ausgeliehen« und konnten sogar als Gesandte in politischer Mission unterwegs sein.

Die Sammelleidenschaft eines Fürsten führte vielerorts zur Gründung frühneuzeitlicher Kunstkammern, deren Ordnungsprinzipien unterschiedlichster Objekte – seien es Naturalia, Messinstrumente oder Kunstwerke – die göttliche Ordnung der Welt widerspiegeln sollten. Die reiche Vielfalt solcher Kollektionen konnte den Zeitzeugen schließlich auch die Bildung ihrer Besitzer vor Augen führen. Aus ihnen entwickelten sich später spezielle Sammlungen wie beispielsweise Gemäldegalerien, Skulpturen- und Naturkundesammlungen. ID

26

Hans Burgkmair d. Ä.
David de Negker
(Formschneider und Drucker)
Der Reichsadler mit Wappen der Kurfürsten und Quaternionen

Augsburg, vor 1564
Holzschnitt, koloriert, typografischer Text
28,2 × 37,8 cm
Stiftung Schloss Friedenstein Gotha,
Inv.-Nr. G15,1
Ausstellung Minneapolis

oben: Das hailig Römisch reich mit sampt seinen gelidern.
unten: Gedruckt zū Augspurg durch David De Necker, Formschneyder

Nachdem durch Kaiser Sigismund 1433 der doppelköpfige Adler als Wappen der römisch-deutschen Kaiser und Könige eingeführt worden war, galt er als bedeutendstes Symbol des gesamten Heiligen Römischen Reiches Deutscher Nation. Auf der Brust trägt er das Kruzifix als Zeichen der christlichen Herrschaft, auf seinen Schwingen sind die Wappen der sog. Quaternionen (*quattuor* = vier) – der Kurfürsten, Fürsten, Reichsstände und Städte – geordnet. Die obere Reihe der Wappen zeigt die geistlichen und weltlichen Kurfürsten.

Seit dem 15. Jh. versuchten die Menschen, sich die gesellschaftlich-politische Ordnung des Heiligen Römischen Reichs mithilfe von Quaternionen zu erklären. Anhand einer Vierzahl – den sog. Quatuorviraten – ordnete man die Stände. Die Vierzahl sollte die göttliche Schöpfung des Reichs symbolisieren. Da der Holzschnitt sich an die Vierzahl der Quaternionen hält, ist diesen auch das »Potestat zu Rom«, also das Papsttum zu Rom, zugeordnet, obwohl es sich hier nie um ein Kurfürstentum gehandelt hat. Auch daran sieht man, dass die auf dem Quaternionenadler wiedergegebene Viererreinteilung keine verfassungswiedergebende Darstellung des Reichs ist, sondern eine imaginierte, die die Vorstellung des Reichs popularisierte. Durch die gemeinsame Weitergabe des Quaternionensystems mit der *Goldenen Bulle* in Handschriften und Inkunabeln wuchsen seine Popularität und die ihm zugebilligte Autorität bis in die Frühneuzeit. Diese Popularität spiegelt sich nicht zuletzt in der Rolle des Quaternionenadlers im Holzschnitt, auf Flugblattdrucken oder auf repräsentativen Glasbechern (Kat. 27). BS/RK

Literatur
Kroll/Schade 1974, S. 15, Kat. 14 · Rommé 2000, Bd. 1, S. 17 · Reformation 1979, S. 241, Kat. 271 · Scheurmann 1994, S. 54 · Scheurmann/Frank 2004, Bd. 1, S. 121, Kat. 103 · Schubert 1993

27
Böhmen (?)
Reichsadlerhumpen

um 1615
Glas, Emailmalerei
H 30,8 cm; Dm 14,5 cm
Stiftung Deutsches Historisches Museum,
Inv.-Nr. KG 2005/43
Ausstellung Minneapolis

Aufschrift: DAS HEILIGE RÖMISCHE REICH
MIT SAMPT SEINEEN GLIDERN 1615

Der Reichsadlerhumpen repräsentiert das Selbstverständnis des Heiligen Römischen Reiches Deutscher Nation. Auf den Flügeln eines doppelköpfigen, bekrönten Reichsadlers sind die Wappenschilde der weltlichen und geistlichen Kurfürsten, der Reichsstände und der Reichsstädte ausgebreitet – insgesamt 56 Wappen als heraldische Verbildlichung des Aufbaus und der Abstufungen der weltlichen Macht durch Quaternionen. Die Wappen der Kurfürsten, die 1612 an der Wahl von Kaiser Matthias teilnehmen durften, sind in der obersten Reihe hervorgehoben: Trier, Köln, Mainz, Böhmen, Pfalz, Sachsen und Brandenburg. Auf der Brust des Adlers prangt der Reichsapfel.
Humpen mit diesem Sinnbild eines idealen Reichsgedankens fanden vor allem als Willkomm- und Repräsentationsgläser bei offiziellen Anlässen Verwendung. Die Emailgläser wurden seit den 1570er Jahren nach grafischen Vorlagen bemalt, insbesondere nach einem Holzschnitt von Hans Burgkmair aus dem Jahr 1510 (Kat. 26). In allen Regionen des Reiches, in denen man Glas produzierte, stellten Glaskünstler im 17. Jh. Reichsadlerhumpen her. Die Anfertigung des Reichsadlerdekors wurde in der zweiten Hälfte des 17. Jhs. Bestandteil der Meisterprüfung für Glasmaler. LK

Literatur
Ottomeyer/Götzmann/Reiß 2006, S. 89–91 (ill.) · Saldern 1965, S. 51–67

28

Lucas van Leyden
Kaiser Maximilian I.

1520
Kupferstich und -radierung
26 × 19,4 cm
Minneapolis Institute of Art, Schenkung von
Herschel V. Jones, 1926, Inv.-Nr. P.19,913
Ausstellung Minneapolis

links oben monogrammiert und datiert

Kaiser Maximilian I. war während Luthers Studienzeit und auch noch, als die Kontroverse um die 95 Thesen losbrach, der höchste weltliche Herrscher in Deutschland. Der Kaiser war ein Meister der Propaganda, er inszenierte sich selbst als der letzte christliche Ritter und machte ausgiebig Gebrauch von gedruckten Büchern und Plakaten, um sein Image als weiser, mächtiger, frommer, glorreicher Souverän und Abkömmling antiker Herrscher zu festigen. Was die Einsicht in die Macht der Druckerpresse betraf, muss er für Luther und seine Anhänger ein Vorbild gewesen sein.

Maximilians Gespür für die Zeichensprache der Herrschaft schlägt sich auch in diesem Porträt nieder. Um den Hals trägt er die kunstvoll gearbeitete Kette des Ordens vom Goldenen Vlies, der 1430 vom Burgunderherzog Philipp dem Guten gestiftet wurde, um die Landesfürsten in seinem weit verstreuten Machtbereich zu einen und zu erheben. Das vor Maximilian drapierte Ehrentuch zeigt den doppelköpfigen Adler des Hauses Habsburg, der mächtigsten Familie in den deutschsprachigen Landen. An seinem Hut trägt er ein Abzeichen mit der Muttergottes und dem Kind als Ausweis seiner Frömmigkeit. Die kleine Schriftrolle in seiner Hand deutet auf das Gewicht seiner kaiserlichen Proklamationen hin.

Maximilian starb im Jahr 1519, und Lucas van Leydens Porträt bediente wohl eine sprunghaft angestiegene Nachfrage an Gedenkbildern. Um den Druck schnell auf den Markt bringen zu können, entwickelte van Leyden eine bahnbrechende Strategie. Er war ein sehr talentierter Kupferstecher, der schon früh als »Wunderkind« auf sich aufmerksam gemacht hatte. Daher verfügte er zu dieser Zeit bereits über reichhaltige Erfahrung in dieser Technik. Die Kupferstecherei ist eine Kunst, die viel Geduld und eine unbeirrbar ruhige Hand erfordert. Ein derart komplexes und detailreiches Bild wie dieses Porträt zu stechen hätte wertvolle Wochen gekostet in einem Moment, da die Zeit drängte. Lucas beschloss, nur den wichtigsten Teil des Bildes – Maximilians Kopf – als Stich in geradezu greifbarer, lebensechter Präzision herauszuarbeiten. Für die Kleidung des Kaisers und die Umgebung verlegte er sich auf die Radierung, ein schnelleres, chemisch unterstütztes anstatt rein mechanisches Verfahren, um das

50 Weltliche Macht und höfische Kunst

29

Bild in die kupferne Druckplatte zu ritzen. Sein Maximilian-Porträt gilt als frühestes Beispiel dafür, dass ein Künstler auf Kupfer radierte und nicht auf Eisen, was mit eher unbefriedigenden Resultaten erprobt worden war, weil Eisen so rostanfällig ist.

Als Entwurf für sein Porträt fertigte van Leyden eine detaillierte Zeichnung mit Tinte, Bleistift und Pinsel an (Stiftung Custodia, Paris). Er nahm sich dafür Dürers Holzschnittporträt von Maximilian zum Vorbild, ging damit allerdings recht frei um: Er änderte Kleidung und Hintergrund und fügte die Narrengestalten hinzu, die um die Säule herumtollen und das Banner mit van Leydens Monogramm und dem Datum halten. Diese Figuren erscheinen als Mahnung, das Leben nicht zu wichtig zu nehmen, da es vergänglich ist. TR

Literatur
Jacobowitz/Stepanek 1983, S. 199–201, Nr. 75

29

Hans Springinklee

Der hl. Georg als Schutzpatron Kaiser Maximilians

um 1516–1518 (späterer Abzug von 1799)
Holzschnitt
23,6 × 20,8 cm
Minneapolis Institute of Art, Geschenk von Herschel V. Jones, 1926, Inv.-Nr. P.10,954
Ausstellung Minneapolis

unten rechts monogrammiert

Der Holzschnitt war offensichtlich Teil der Kampagne Kaiser Maximilians I., seine Stellung durch gedruckte Propaganda zu unterstützen. Zeitgenössische Exemplare sind wohl nicht erhalten, aber der Druck wurde 1799 in Wien neu aufgelegt. Der Kaiser kniet vor dem hl. Georg, der über dem getöteten Drachen steht und eine Lanze als Stange für eine Fahne hält. Über seiner Rüstung trägt Maximilian einen kostbaren, mit Juwelen verzierten Mantel aus Brokat, der von einem Verschluss mit der Abbildung des Georgskreuzes zusammengehalten wird. Die Reichskrone über seinem Helm kennzeichnet ihn als König der Römer, was zu der Zeit hieß, dass er erwählter römischer Kaiser war. Maximilian übergibt Georg offenbar eine Kapelle, die mit dem Symbol des Feuersteins und Feuereisens des Ordens vom Goldenen Vlies geschmückt ist.

Die Kapelle, die Maximilian darbietet, ist unbekannt und möglicherweise nie geplant oder gebaut worden. Maximilian litt unter permanentem Geldmangel und konnte viele architektonische Pläne nicht realisieren. Seine Bemühungen, für sich selbst Propaganda zu machen, sind manchmal mit Bauten aus Papier verglichen worden. Springinklee war an einigen der bedeutendsten Werke beteiligt, die Maximilian in Auftrag gab, z. B. der *Ehrenpforte* und dem *Triumphzug*. Zu diesen Serien steuerte er eine ganze Reihe von Holzschnitten unter der Federführung seines Lehrmeisters Albrecht Dürer bei. TR

Literatur
Dodgson 1980, S. 404 f., Nr. 75 · Hollstein LXXV u. LXXVI

Kaiser und Papsttum

Sowohl die Idee des Kaisers als auch das Amt des Papstes entstammen der Antike. Während das Papsttum sich aus einem der fünf altkirchlichen Patriarchaten entwickelte, bezog das Kaiseramt (von lat. *caesar*) seine Legitimation aus dem Fortwähren des Römischen Reiches. Im Mittelalter standen die Instanzen Kaiser und Papst in einem komplizierten Verhältnis zueinander. Die Streitigkeiten darüber, wer die tatsächliche religiöse Kompetenz ausübe, führten dazu, dass das Römische Reich ab dem 12. Jh. als heilig galt. Dies sollte das Gottesgnadentum der kaiserlichen Herrschaft unterstreichen. Zugleich bestand die Tradition, dass der Kaiser durch den Papst gekrönt werden musste. Diese brach in der Frühneuzeit ab, Karl V. blieb der letzte vom Papst gekrönte Kaiser.

Obwohl das Reich eine Wahlmonarchie war, besetzten seit Albrecht II. die Habsburger den Kaiserthron – mit einer kurzen Unterbrechung im 18. Jh. Der Kaiser im Reich war traditionell schwach. Er war auf den Rat und die Unterstützung der Reichsfürsten angewiesen, hierfür entwickelte sich seit der Reformation aus den kaiserlichen Hoftagen der Reichstag. Dort tagten drei Kurien: Die erste Kurie stellten die Kurfürsten, die als herausgehobene Fürsten des Reichs den Kaiser wählen durften. Die zweite Kurie umfasste die Reichsfürsten, die »Grafen und Herren« sowie die Prälaten. In der dritten Kurie waren die Reichsstädte versammelt. Das Erscheinen des Kaisers mit den Kurfürsten symbolisierte das Reich mit seinen Gliedern.

Während sich im mittelalterlichen Reich erst langsam ein Amtsverständnis entwickelte, war die römische Kirche Garant für die Weitergabe antiker Traditionen. Das Amt des Papstes wird traditionell im Konklave von den Kardinälen bestimmt. Seit 1513 hatte es Giovanni de' Medici als Leo X. inne. Der europäische Sonderfall, dass geistliche Würdenträger auch weltliche Macht ausüben, trat im Heiligen Römischen Reich auf und ist bis heute im Vatikanstaat üblich. Im Reich wurde die Wahl eines neuen geistlichen Würdenträgers durch den Klerus vom Papst bestätigt. Anschließend bekamen diese geistlichen Würdenträger vom Kaiser als Zeichen der weltlichen Macht die sog. Temporialien, d. h. weltliche Güter und Rechte, verliehen. RK

30

30
Augustin Hirschvogel
Kaiser Karl V.

um 1549
Radierung
Plattenmaß: 12 × 12 cm
Minneapolis Institute of Art, Nachlass von Herschel V. Jones, 1968, Inv.-Nr. P.68.175
Ausstellung Minneapolis

Umschrift: CAROLVS QVINTVS ROMANORVM IMPERATOR AETATIS SVAE XXXII

Karl V. war während der längsten Zeit von Luthers öffentlichem Wirken der mächtigste Mann Europas. Zum König des Heiligen Römischen Reiches wurde er 1519 gewählt, nach dem Tod seines Großvaters Maximilian I. (vgl. Kat. 28). 1530 krönte ihn Papst Clemens VII. zum Kaiser und bestätigte damit die Zustimmung der Kirche zu Karls imperialem Herrschaftsanspruch. Es ist kein Zufall, dass Hirschvogel für sein Porträt eine Profilansicht wählte, die an römische Kaisermünzen der Antike erinnert.

Als Abkömmling mehrerer Königshäuser erbte Karl ein gewaltiges Territorium, nicht nur in Europa, sondern auch mit Besitztümern in Asien und Amerika. Durch seine Feldzüge dehnte er es noch weiter aus. Sein Reich war so groß und so schwer zu befrieden, dass er unentwegt feindliche Armeen abzuwehren hatte: von osmanischen Invasoren bis zu den Truppen des französischen Königs Franz I. (vgl. Kat. 35). Einer seiner schwierigsten Gegner aber stand beim Reichstag zu Worms 1521 vor ihm und kämpfte nur mit Worten. Dass Luther sich selbst Karl gegenüber geweigert hatte, seine Lehren zu widerrufen, bewog seine Anhänger – unter ihnen den protestantischen Herzog Johann Friedrich I., Kurfürst von Sachsen – 1531 zur Gründung des Schmalkaldischen Bundes, um Karls Armee entgegenzutreten.

An einem Band um Karls Hals hängt der Orden vom Goldenen Vlies, Zeichen des exklusivsten Ritterordens Europas. Karl war dessen Großmeister und setzte den Orden gezielt ein, um die Reformation in Schach zu halten. Er erweiterte die Privilegien der Ordensmitglieder und grenzte diejenigen aus, die ihm als Häretiker galten. TR

Literatur
Hollstein XXXI, S. 234, Nr. 134, 14

Hans Krafft d. Ä.
nach Albrecht Dürer
Dedikationsmedaillen der Stadt Nürnberg auf Kaiser Karl V.

1521
Silber, gegossen und geprägt

VS: CAROLVS : V : – : RO : IMPER :
Brustbild des Kaisers mit Prunkharnisch, Orden vom Goldenen Vlies und Krone nach rechts, umgeben vom Wappenkranz; oben im Wappenkranz an den Säulen des Herkules ein Spruchband mit der Devise PLVS – VLTR
RS: doppelköpfiger Reichsadler, umgeben vom Wappenkranz; neben Adler 15 – 21, unten im Wappenkreis N (für Nürnberg)

31
Dm 70 mm; Gewicht 197 g
Stiftung Schloss Friedenstein Gotha,
Inv.-Nr. 3./Co 1124
Ausstellung Minneapolis

32
Dm 71,5 mm; Gewicht 195,5 g
Kunstsammlungen der Veste Coburg,
Inv.-Nr. 0469,1
Ausstellung New York

Die prächtige Dedikationsmedaille der Stadt Nürnberg zu Ehren Kaiser Karls V. entstand als Auftragswerk des städtischen Rates und sollte ihm als besonders wertvolles und angemessenes Geschenk in Form von 100 Exemplaren bei seinem Besuch der Stadt anlässlich des Reichstags 1521 überreicht werden. Bereits ein Jahr zuvor war mit der aufwendigen Planung des offiziellen Schaustücks begonnen worden, denn gemäß der 1356 verabschiedeten *Goldenen Bulle* hatte jeder neue König seinen ersten Reichstag in Nürnberg einzuberufen.
Nicht nur durch die hohe Anzahl und den Materialwert dieses besonderen Präsents wollte der Nürnberger Rat Karl V. beeindrucken, sondern auch durch dessen Qualität, die sich durch hohe Kunstfertigkeit und technische Meisterschaft auszeichnet. Ebenso wie bei den Statthaltermedaillen Friedrichs des Weisen lieferte ein nam-

31

32

hafter Künstler seiner Zeit – in diesem Fall der in Nürnberg ansässige und in besonderer Gunst des Kaisers stehende Albrecht Dürer – den Entwurf. Mit der Herstellung der Dedikationsmedaillen wurde der inzwischen im Prägen großer Silbermedaillen erfahrene Nürnberger Hans Krafft d. Ä. betraut, der die beeindruckende Kunstfertigkeit durch eine schon bei den Statthaltermedaillen genutzte Zwittertechnik erreichte. Zunächst wurden die Schrötlinge mit ihren Reliefs gegossen und dann zur Erlangung bildlicher Schärfe überprägt.

Auf der Vorderseite der Medaille erscheint der jugendliche bekrönte Kaiser im Harnisch, über dem die Ordenskette vom Goldenen Vlies liegt. Sein Porträt ist in erhabenem Relief kraftvoll geschnitten und fügt sich harmonisch in den breiten, mit Wappen verzierten Bildrand ein. In gleicher Form findet sich dieser auf der Rückseite, wo er den doppelköpfigen Reichsadler, belegt mit den Wappen von Habsburg und Burgund, umgibt. Die 27 Wappen stehen im Wesentlichen für Herrschaften, die der Kaiser durch sein spanisches Erbe hinzugewonnen hatte und stellen somit eine Dokumentation seines Machtzuwach-

ses gegenüber seinem Vorgänger Kaiser Maximilian I. dar. Mit der Devise »PLUS ULTRA« auf dem Medaillenavers wurde auch Karls Wahlspruch im Wappenkranz verankert.

Der sorgfältig geplante Reichstag konnte letztlich wegen einer plötzlich ausgebrochenen Seuche nicht in Nürnberg stattfinden, sondern wurde nach Worms verlegt. Dort widersetzte sich Luther dem erwarteten Widerruf seiner Lehren und Schriften. Zur Übergabe der Medaille durch den Nürnberger Rat kam es somit nicht. Einen großen Teil der von Krafft bereits hergestellten 167 Medaillen ließ die Stadt 1537 einschmelzen. 1613

Weltliche Macht und höfische Kunst 53

33

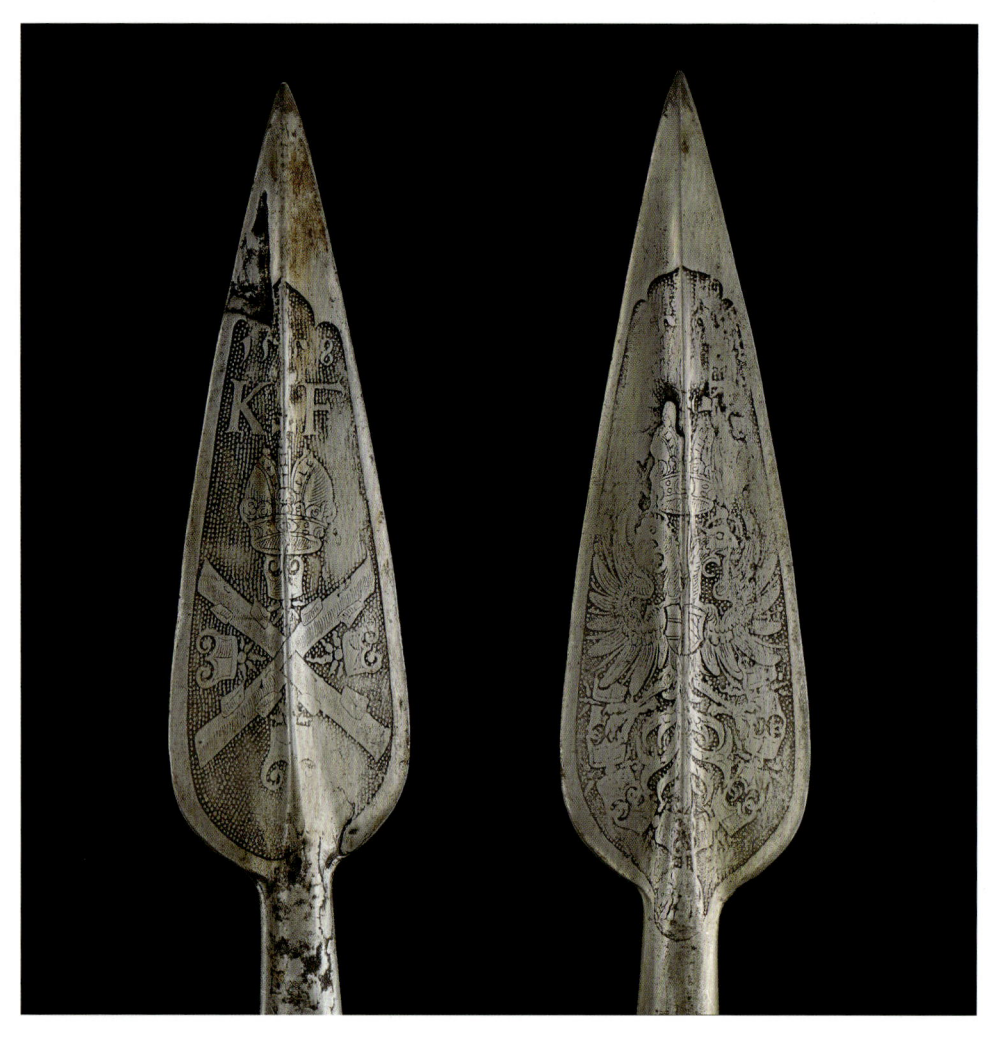

gab es noch 24 Exemplare, von denen allerdings nur eine geringe Anzahl bis heute erhalten blieb. Bekannt sind neben dem Gothaer und dem Coburger Punkstück nur noch zehn weitere Originale. UW

Literatur
Cupperi 2013, S. 201 f., Kat. 100 · Eberle/Wallenstein 2012, S. 78, Abb. 94 (ill.) · Habich 1929–1934, I,1, Nr. 18 · Maue 1987 · Schade 1983, S. 178 f., Kat. C 20.1

33

Gardespieß der Trabanten Kaiser Ferdinands I.

süddeutsch, 1558
Eisen, Holz, geätzt, bemalt
L ges. 225 cm; L Klinge mit Tülle 33,5 cm;
L Blatt 26,5 cm; B Blatt 8,3 cm
Stiftung Deutsches Historisches Museum,
Inv.-Nr. W410
Ausstellung Atlanta

Ferdinand I. folgte seinem Bruder Karl 1558 als Römischer Kaiser nach. Die Erbteilung des Hauses Habsburg hatte ihn schon vorher zu einem der mächtigsten Fürsten Europas gemacht. Seit 1521 regierte er die habsburgischen Erblande im Reich und ab 1525 die Königreiche Böhmen, Kroatien und Ungarn. 1531 wurde er zum Römischen König gewählt. Damit war er der Stellvertreter seines Bruders im Reich, in dessen Schatten seine loyale Politik lange stand. Im Gegensatz zu Karl war Ferdinand aber bereit, mit vorhandenen fürstlichen Machtkonstellationen und der traditionellen Opposition im Reichstag umzugehen und Kompromisse zu finden. Dadurch war er er-

folgreicher als Karl. Persönlich dem alten Glauben verbunden, hatte er jedoch schon früh erkannt, dass der Protestantismus sich nicht mehr aus der Welt schaffen ließ und als politische Realität faktisch geduldet werden müsse. Beim Abschluss des Augsburger Religionsfriedens 1555 spielte Ferdinand eine bedeutende Rolle.
Die Palastgarde Kaiser Ferdinands zeigte auf den Klingen ihrer Spieße beidseitig das Jahr der Kaiserwahl »1558« und das Monogramm »KF« ihres kaiserlichen Herrn, auf der einen Seite kam mit Kaiserkrone, Burgunderkreuz und Feuereisen eine Mischung aus imperialen und burgundischen Herrschaftszeichen hinzu. Diesem Programm folgt auf der anderen Seite der Doppeladler des Heiligen Römischen Reiches mit aufgelegtem österreichischen Schild über der Kollane des burgundischen Ordens vom Goldenen Vlies. Das aus Ästen zu einem Andreaskreuz gelegte Burgunderkreuz ist ebenso wie der Orden vom Goldenen Vlies, zu dessen Kette die Feuereisen gehören, Teil der Staatsikonografie Burgunds, das durch die »Burgundische Hochzeit« des Jahres 1477 an Habsburg kam und dessen Weltgeltung ermöglichte. Ferdinand unterstrich damit, dass der österreichischen Linie des Hauses Habsburg das Kaisertum zukam, dass aber der Anspruch auf das bei der Erbteilung 1521 an die spanische Linie gefallene Burgund nicht aufgegeben wird. Dies bedeutete gleichzeitig das Festhalten an der Einheit des Hauses Habsburg. SL

Literatur
Müller/Kölling 1981, S. 387, Nr. 217

34

Desiderius Helmschmid (Plattner) Daniel Hopfer d. Ä. (Graveur ?)
Mantelhelm Kaiser Karls V.

Augsburg, um 1536
Stahl, Eisen, geätzt, feuervergoldet;
Messing, getrieben, genietet
42,5 × 28,8 × 34,5 cm (mit Visier)
Stiftung Deutsches Historisches Museum,
Inv.-Nr. W618
Ausstellung Minneapolis

Karl V. entstammte der Dynastie der Habsburger und wurde am 25. Februar 1500 im flämischen Gent geboren. Der Ort war kein Zufall, war Karl doch der Sohn Herzog Philipps I. des Schönen von Burgund, zu dem Flandern gehörte, und der Infantin Johanna von Spanien. Sein Großvater Kaiser Maximilian I. hatte selbst mit seiner »Burgundischen Hochzeit« die Verbindung der österreichischen Kernlande mit den reichen Niederlanden begründet, die Heirat seines Sohnes Philipp mit der spanischen Infantin in die Wege geleitet und damit der Weltgeltung des Hauses Habsburg das Fundament gelegt. Sein Enkel Karl

54 Weltliche Macht und höfische Kunst

regierte später nicht nur die habsburgischen Kernlande im Reich sowie das burgundische Erbe in den Niederlanden, sondern er war als König von Spanien seit 1516 auch Herr der neu entdeckten überseeischen Besitzungen in Afrika, Amerika und Asien und seit 1519 König des Heiligen Römischen Reiches sowie seit 1520 »erwählter römischer Kaiser«.

Nach Karls Auffassung stand er als Kaiser über allen anderen Monarchen, besaß aber auch eine Verantwortung für die gesamte Christenheit, insbesondere gegenüber dem Osmanischen Reich der Türken. Ein von ihm geleitetes Konzil sollte die Kirche neu ordnen. Mit diesem Konzept der *Monarchia universalis* verstärkte er den Dauerkonflikt mit Frankreich und dessen ehrgeizigem König Franz I. Im Heiligen Römischen Reich gelang es ihm nicht, die Macht des Kaisers gegenüber den deutschen Reichsständen zu stärken. Bald nach seiner Wahl zeichnete sich mit dem Auftreten Luthers ein neuer Großkonflikt ab, der sich im Reich mit dem alten ständischen Gegensatz verband. Nach anfänglichen Versuchen, die drohende Spaltung friedlich zu überwinden, kam es zum Schmalkaldischen Krieg mit den protestantischen Reichsständen, den Karl 1547 gewann, und anschließend zum Aufstand der um ihre »Libertät« und Glaubensfreiheit fürchtenden deutschen Fürsten, denen Karl 1551 unterlag. Resigniert zog er sich 1555 aus allen Herrscherämtern zurück und starb drei Jahre später in Spanien.

Karl beauftragte prominente niederländische und italienische Künstler mit der Darstellung seiner herrschaftlichen Repräsentation. Als Angehörigem einer gesamteuropäischen Adelskultur war ihm die Welt der Turniere und Harnische nicht fremd. Die besten Plattner seiner Zeit arbeiteten für ihn. Desiderius Helmschmid fertigte für ihn in Augsburg einen Mantelhelm, der Ätzungen Daniel Hopfers trägt und zu einer mehrteiligen Rüstung gehört. Er war mit einem Nacken- und Kinnschutz versehen und wurde beim Fußturnier direkt auf den Körperpanzer aufgesetzt. SL

Literatur
Kruse 2000, S. 180 · Müller 1993, S. 63 · Müller/Kunter 1984, S. 261 · Schilling 1994

35

Jörg Seusenhofer
Geschlossener Helm
von einem Stechküriss für König
Franz I. von Frankreich

Innsbruck 1539/40
Stahl, Eisen, geätzt, feuervergoldet
H 31 cm; B 21,3 cm
Stiftung Deutsches Historisches Museum,
Inv.-Nr. W1016
Ausstellung Minneapolis

Der große Gegenspieler Kaiser Karls V. auf europäischer Bühne war König Franz I. von Frankreich. Er entstammte der Familie der Valois, die schon seit Jahrhunderten die erbliche französische Königswürde innehatte. Ihnen war es im Unterschied zu ihren Konkurrenten in Deutschland gelungen, die Macht des Königtums im Inneren zu stärken und auf Paris zu konzentrieren. Als König setzte Franz ab 1515 die gegen Habsburg gerichtete Außenpolitik seiner Vorgänger fort. Seit es den Habsburgern gelungen war, die Erbfolge in Burgund (1493) und Spanien (1516)

Weltliche Macht und höfische Kunst

anzutreten (vgl. Kat. 34), fühlte sich Frankreich machtpolitisch bedroht. Bereits als junger König errang Franz in Oberitalien, einem traditionellen Konfliktfeld mit dem Reich, bedeutende diplomatische und militärische Erfolge. 1519 trat er gegen Karl V. als Kandidat bei der Wahl zum Kaiser des Heiligen Römischen Reiches an, blieb aber nicht zuletzt deshalb erfolglos, weil Karl mithilfe des Bankhauses Fugger höhere Bestechungssummen aufbieten konnte.

In religiöser Hinsicht war Franz eher ambivalent. Ein Konkordat mit dem Papst ermöglichte ihm 1516 die Kontrolle über die Kirche in Frankreich und ihr Vermögen, die dadurch zur Staatskirche mutierte. Er schloss Bündnisse mit dem Sultan des moslemischen Osmanischen Reiches und den deutschen Protestanten, wenn es im Kampf gegen das katholische Habsburg außenpolitisch nützlich war, unterdrückte aber die Reformation in Frankreich.

Franz I. betrieb die koloniale Expansion Frankreichs nach Übersee. Er sah sich als Herrscher eines neuen Zeitalters, für das auch eine neue Kunst stand, die er durch prachtvolle Bauten und den Erwerb kostbarer italienischer Renaissancegemälde fördern wollte. Wie sein Widersacher Karl gehörte er zugleich einer überlieferten universalen europäischen Adelskultur an, deren Merkmale Turniere und Harnische waren. Auch hier achtete er auf Qualität. Der Bruder Karls, der spätere Kaiser Ferdinand I., gab als Erzherzog von Österreich 1539 bei dem bedeutenden Innsbrucker Plattner Jörg Seusenhofer zwei qualitätsvolle Harnische in Auftrag, die als Friedensgeschenke an Franz I. gedacht waren. Seusenhofer reiste noch nach Paris und nahm beim König Maß, stellte die Harnischgarnituren fertig, konnte jedoch aufgrund ausbrechender neuer Feindseligkeiten nicht mehr ausliefern. SL

Literatur
Kruse 2000, S. 180 · Müller 1993, S. 63 · Müller/Kunter 1984, S. 262 · Schilling 1994

36

Säbel mit Kalenderklinge

Heiliges Römisches Reich, vor 1535 (Klinge), um 1700 (Gefäß)
Eisen, Stahl, geätzt, geschliffen
L ges. 93 cm; B Klinge 2,7 cm
Stiftung Deutsches Historisches Museum, Inv.-Nr. W554
Ausstellung Minneapolis

Die leicht gebogene Säbelklinge mit einem eingeätzten immerwährenden Kalender für die Jahre von 1535 bis 1551 wurde vor 1535 gefertigt. Mithilfe der Sonn- und Wochentagsbuchstaben kann bestimmt werden, welcher Wochentag auf welches Datum fällt. Griff und Handschutz wurden um 1700 noch einmal erneuert.

Astronomie und Astrologie spielten seit dem ausgehenden Mittelalter eine große Rolle und führten zu einer »Sternengläubigkeit« der politischen Eliten. Kalenderschwerter scheinen dabei bis ins 17. Jh. eine Besonderheit des Heiligen Römischen Reiches gewesen zu sein. Die erhaltenen Kalendarien unterscheiden sich oftmals in der Nennung der Heiligen nach den unterschiedlichen Gepflogenheiten in den verschiedenen Bistümern. Viele Kalenderschwerter wurden nicht nur für Kunstkammern produziert, sondern hatten auch eine alltägliche Bedeutung.

Für die Kirche waren der Kalender und die Beschäftigung mit ihm unabdingbar, mussten doch alljährlich die Daten der unbeweglichen und beweglichen Kirchenfeste neu berechnet werden, insbesondere der Ostertermin. Der Julianische Kalender enthält jedoch Fehler; er ist gegenüber dem Sonnenjahr um mehr als elf Minuten zu lang, was sich im 16. Jh. zu einer Abweichung vom Sonnenjahr um zehn Tage summierte. Eine Reform war notwendig. Eine neue flexibilisierte, mathematisch legitimierte und seit Jahrhunderten diskutierte Kalendervariante wurde 1582 mit der Autorität der katholischen Kirche in der Bulle Papst Gregors XIII. *Inter gravissimas curas* durchgesetzt: Zehn Kalendertage fielen im Oktober des Jahres 1582 einmalig weg und das Jahr wurde fortan etwas anders berechnet. Dieser Gregorianische Kalender gilt inzwischen mit Ausnahme einiger Bereiche der orthodoxen Kirche weltweit. Er galt jedoch zunächst nicht überall im Heiligen Römischen Reich. Da die Reform vom Papst ausgegangen war, lehnten die meisten protestantischen Länder im Reich und weltweit den Kalender »neuen Stils« ab und blieben beim Julianischen Kalender. Erst zum 1. März 1700 galt nach langen Polemiken wieder ein einheitlicher Kalender, andere protestantische Staaten folgten noch viel später. Bis dahin konnte es passieren, dass in Regionen wie Schwaben oder Franken, wo die Territorien stark zersplittert waren, nicht nur die Konfession von Dorf zu Dorf wechselte, sondern auch das Datum. Dort waren Kalenderschwerter Gegenstände des praktischen Gebrauchs. SL

Literatur
Hamel 1999 · Müller/Kölling 1981, S. 69 · Quaas 1997, S. 25 u. 31 (ill.)

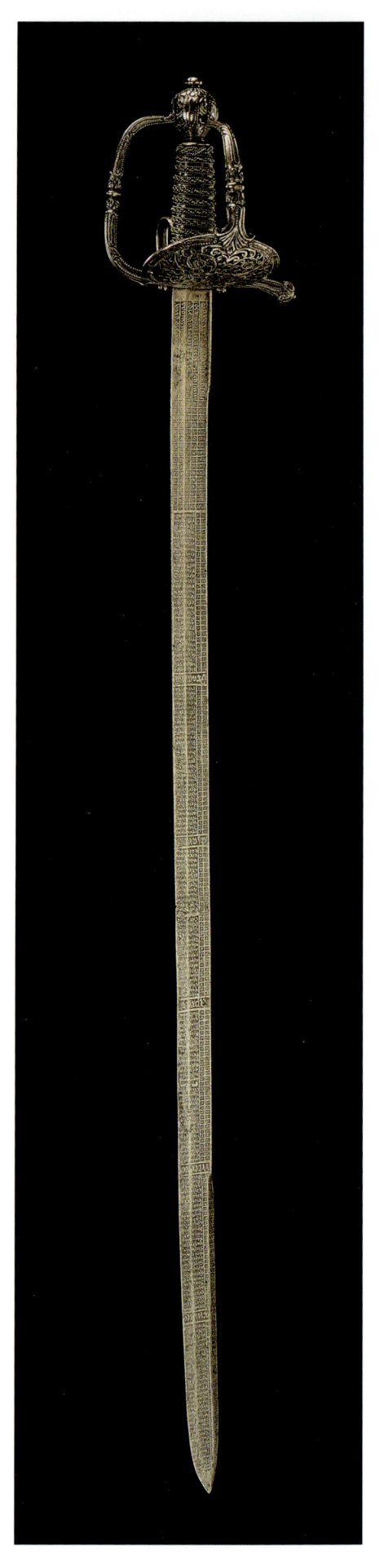

37

Papst Leo X.
Breve an Friedrich den Weisen von 1518 zur Verleihung der Goldenen Rose und zur Bekämpfung Martin Luthers

Rom, 24. Oktober 1518
28 × 50 cm
ThStAG, QQ, I Mond, Nr. 64
Ausstellung New York

Friedrich III., genannt der Weise, regierte von 1486 bis 1525 als Kurfürst von Sachsen und gehörte zu den maßgeblichen Unterstützern der Reformation und Martin Luthers. Nach Kaiser Maximilians Tod führte er das Reichsvikariat und war durch seine persönliche Eignung, aber auch durch seine Amtsführung so angesehen, dass ihm die Kaiserkrone angeboten wurde. Allerdings erkannte Friedrich, dass die Wettiner nicht über eine solche Hausmacht wie die Habsburger verfügten, um das Heilige Römische Reich sicher durch die von den Türken und Franzosen ausgehenden schweren Bedrohungen zu steuern.

Ursprünglich konnte man Friedrich den Weisen einen frommen Katholiken nennen; hatte er doch noch 1493 eine Wallfahrt in das Heilige Land unternommen und in Wittenberg einen großen Reliquienschatz angesammelt (vgl. Kat. 106 u. 107). Allerdings lehnte er die finanzielle Ausplünderung seiner Untertanen durch einen exzessiven Ablasshandel ab, der ja gerade durch den Kurfürsten von Mainz, Albrecht von Brandenburg, mit dem er auch wegen Erfurt in Streit stand, betrieben wurde. Insofern unterstützte er Luther zunächst nicht wegen der theologischen Kirchenkritik, sondern erhoffte sich finanzielle Vorteile aus dem Einschreiten gegen den Ablasshandel. Die römische Kurie hatte zunächst die Auswirkungen der Thesen Luthers zum Ablasshandel unterschätzt. Schließlich fühlte man sich als Haupt der Welt und hatte schon andere Ketzerbewegungen erfolgreich unterdrückt.

Nachdem aber auch in Rom die großen Gefahren für die katholische Kirche erkannt wurden, die von der Reformation ausgingen, versuchte man mit allen Mitteln, Martin Luther zu bekämpfen. Zu diesem Zweck wandte sich Papst Leo X. an Kurfürst Friedrich den Weisen, um ihm die geweihte Goldene Rose zu verleihen; eine Auszeichnung, die Personen mit besonderen Verdiensten um den Glauben vorbehalten war. Der päpstliche Gesandte Karl von Miltitz sollte im Gegenzug erreichen, dass Kurfürst Friedrich gegen die lutherischen Lehren einschritt und den widerspenstigen Mönch festsetzen ließ. Wie sehr die römische Kurie Martin Luther hasste, kommt in der Bezeichnung »Sohn des Teufels« zum Ausdruck. Friedrich der Weise nahm zwar die Goldene Rose an, ließ sich aber nicht von seiner Unterstützung für Martin Luther abbringen. Als dieser 1521, nachdem er in die Reichsacht genommen worden war, auf dem Rückweg vom Reichstag zu Worms in höchster Gefahr schwebte, ließ Kurfürst Friedrich ihn auf die Wartburg bringen und gewährte ihm dort unter seinem Amtmann Hans von Berlepsch bis 1522 persönlichen Schutz. StA

Literatur
Holzinger 2013 · Krüger/Wallraff 2015

ALBERTVS·MI·DI·SA·SANC·
ROMANAE·ECCLAE·TI·SAN
CHRYSOGONI·PBR·CARDINA
MAGVN·AC·MAGDE·ARCHI
EPS·ELECTOR·IMPE·PRIMAS
ADMINI·HALBER·MARCHI·
BRANDENBVRGENSIS

SIC OCVLOS SIC ILLE GENAS SIC
ORA FEREBAT
ANNO ETATIS SVE XXIX
·M·D·XIX·

58 Weltliche Macht und höfische Kunst

Verquickung kirchlicher und weltlicher Macht

Die Kirchenfürsten nahmen im Heiligen Römischen Reich eine Sonderstellung unter den Reichsfürsten ein. Zu ihnen gehörten Erzbischöfe, Bischöfe, Äbte und Pröpste sowie die Großmeister des Deutschen Ordens. Sie bekleideten sowohl hohe kirchliche Ämter als auch die von Reichsfürsten. Die Fürstbischöfe der Erzbistümer Mainz, Köln und Trier besaßen seit dem Inkrafttreten der *Goldenen Bulle* 1356 die Kurwürde, d. h. sie waren zusammen mit den vier weltlichen Kurfürsten berechtigt, den römisch-deutschen König zu wählen.

Diese Kirchenfürsten waren unmittelbar dem König unterstellt. Die geografischen Grenzen der geistlichen Territorien konnten denen der Kirchenländereien entsprechen, jedoch war dies nicht zwingend. Ihren Ursprung hatten sie in der Zusammenarbeit von Krone und Kirche im hohen Mittelalter. Die geistlichen Fürsten besaßen neben ihren Befugnissen auf kirchlicher Ebene auch weltliche Privilegien und Güter. Ihre Zugehörigkeit zu den Reichsständen bescherte ihnen eine über ihre Bistümer und Kirchendinge hinausgehende Macht. Diese Fülle an Besitz und Befugnissen brachte den Herrschern der geistlichen Territorien Reichtum ein, der ihnen eine opulente, repräsentative Lebensführung ermöglichte.

Einer dieser Kirchenfürsten war Albrecht von Brandenburg und da eine seiner wichtigen Residenzen in Halle war, hatte er mit den Ereignissen der Wittenberger Reformation unmittelbar Berührung. Am Hallenser Dom baute er ein umfangreiches Heiltum auf, das durchaus in Konkurrenz zu dem Friedrichs des Weisen in Wittenberg stand. Seine kirchliche und ökonomische Macht demonstrierte er zudem in der Ausstattung des Domes mit zahlreichen Altarbildern, die von bekannten Künstlern wie Lucas Cranach d. Ä. und Matthias Grünewald geschaffen wurden. Albrecht von Brandenburg erlangte mit dem Stuhl des Erzbistums Mainz 1514 auch die damit verbundene Kurwürde und Reichskanzlerschaft. Die brandenburgischen Hohenzollern besaßen nun zwei der sieben Kurstimmen und waren eine der mächtigsten Dynastien des Reiches. Dafür musste Albrecht jedoch erhebliche Zahlungen leisten, die er schließlich durch den Verkauf des Petersablasses zu kompensieren suchte, was einer der wichtigsten Auslöser der lutherischen Reformation werden sollte. SKV

38

Abrecht Dürer
Kardinal Albrecht von Brandenburg

1519
Kupferstich
Blattmaß: 14,8 × 10 cm
Stiftung Deutsches Historisches Museum,
Inv.-Nr. Gr 2005/43
Ausstellung New York

Originaltitel: ALBERTVS. MI. DI. SA. SANC. ROMANAE. ECCLAE. TI. SAN. CHRYSOGONI. PBR. CARDINA. MAGVN. AC. MAGDE. ARCHI. EPS. ELECTOR. IMPE. PRIMAS. ADMINI. HALBER. MARCHI. BRANDENBURGENSIS
originaler Untertitel: SIC OCVLOS SIC ILLE GENAS SIC ORA FEREBAT ANNO ETATIS SVE XXIX. M.D.X.I.X

Auf dem Augsburger Reichstag von 1518 nutzte Albrecht Dürer die Gelegenheit, den dort anwesenden Albrecht von Brandenburg zu porträtieren. Anfang 1520 schrieb der Künstler in einem Brief an Georg Spalatin, er habe dem Kirchenfürsten 200 Exemplare des gedruckten Kupferstichs samt Druckplatte zuschickt und sei von diesem reichlich belohnt worden.
Markgraf Albrecht von Brandenburg, der jüngere Bruder des Kurfürsten Joachim I. von Brandenburg, war 1513 im Alter von 23 Jahren Erzbischof von Magdeburg und 1514 Kurfürst und Erzbischof von Mainz geworden. Als er sich 1517 um die Kardinalswürde bewarb, benötigte er allerdings einen Kredit des Bankhauses Fugger, um Dispens vom Verbot der Pfründenhäufung zu erhalten und die geforderte Palliensteuer an die päpstliche Kurie zu entrichten. Eine Rückzahlung des Kredits war nur durch die Beteiligung des Bankhauses an den Einnahmen des vom Papst gewährten Ablasses möglich. Diese Art von »Querfinanzierung« war einer der Gründe für die 95 Thesen Martin Luthers gegen den Ablasshandel. Am 1. August 1518 erlangte Albrecht von Brandenburg wie gewünscht die teuer erkaufte Kardinalswürde.
Das gedruckte Porträt des Kirchenfürsten war für das *Hallesche Heiltumbuch* (1520) bestimmt. Hinter dem Kopf des Dargestellten ist links dessen Wappen, bekrönt von einem Kardinalshut, zu erkennen. Rechts daneben, verteilt auf sieben Zeilen in lateinischer Sprache, steht der vollständige Titel des Würdenträgers. Übersetzt ins Deutsche lautet dieser: »Albrecht, durch Gottes Barmherzigkeit Kardinal-Priester der Heiligen Römischen Kirche mit der Titelkirche des heiligen Chrysogonus, Erzbischof von Mainz und Magdeburg, Kurfürst, Primas des Reichen, Administrator des Bistums Halberstadt, Markgraf von Brandenburg«. Die lateinische Bildunterschrift lautet übersetzt: »So trug jener Augen, Wangen und Mund im 29. Jahr seines Lebensalters 1519«. LK

Literatur
Anzelewsky 1988, S. 200 (ill.) · Schoch/Mende/Scherbaum 2001, S. 221–223 (ill.)

39

Ehemals goldene Kasel mit dem Wappen Kardinal Albrechts von Brandenburg

Mitteldeutschland, Halle (?), 1530–1535
Gewebe (Norditalien, 1. Drittel 16. Jh.): Lampas aus roter und gelber Seide sowie vergoldetem Metalldraht; Kaselkreuz (Hans Plock zugeschrieben, Halle 1530–1535): Gold- und Perlstickerei (nur wenige Flussperlen erhalten); Blüten aus Metalldrähten und Pergamentstreifen geformt und mit farbiger Seide umwickelt; Wappen: Seidengewebe, Stickerei mit verschiedenfarbiger Seide, Gold- und Silberlahn sowie Metalldraht
127 × 93,5 cm
Vereinigte Domstifter zu Merseburg und Naumburg und des Kollegiatstifts Zeitz, Merseburg, Domstift, Gewänderinventar Nr. 3
Ausstellung Minneapolis

Die einstige in Gold glänzende Pracht dieses Gewandes lässt sich nur noch erahnen, da vor allem die Rückseite stark zerstört ist. Auf dem Vorderteil wird das großzügige, dekorative Muster des Gewebes mit Flammenschalen in üppigem Rankenwerk deutlich. Solche kostbaren Stoffe fanden für Prunkgewänder und aufwendige Dekorationen sowohl im sakralen als auch im profanen Bereich Verwendung, wie die Wiedergabe auf zeitgenössischen Gemälden der ersten Hälfte des 16. Jhs. belegt.
Die eigentliche Zierde der Kasel stellt das breite Kreuz auf dem Rückenteil dar. Rahmen und Binnenflächen sind mit gestickten Rankenornamenten in Frührenaissanceformen bedeckt. Im Zentrum der Kreuzbalken ist das große Wappen Albrechts von Brandenburg appliziert. Der auf seine Repräsentation bedachte Kirchenfürst ließ hier sein erweitertes, 15-feldriges Wappen anbringen, welches er erst nach einer Abmachung zwischen dem Hause Kurbrandenburg und den Herzögen von Pommern ab 1530 verwenden konnte. Das mittlere Feld wies seine drei Bistümer aus. Oberhalb des Wappenschildes ist der stark plastisch hervortretende Kardinalshut angeordnet. Die Insignien Kreuz, Krummstab und Schwert gingen verloren.
Zur besonderen Kostbarkeit des Messgewandes trugen die einstmals in dichter Reihe aufgenähten Flussperlen bei. Perlenbestickte Besätze an liturgischen Gewändern sind auf Gemälden aus dem unmittelbaren Umkreis Albrechts von Brandenburg häufiger abgebildet. Der für den Kardi-

Weltliche Macht und höfische Kunst 59

nal tätige Perlen- und Seidensticker ist namentlich bekannt. Es handelt sich um den aus Mainz stammenden Meister Hans Plock, der bereits vor 1520 in Albrechts Diensten stand und in dessen Gefolge nach Halle übersiedelte. Plock schuf Stickereien nicht nur für Albrechts Ornate, sondern auch für die Ausstattung seines Heiltums und der halleschen Stiftskirche. Die aufwendige und qualitätsvolle Stickerei des Merseburger Kaselkreuzes spricht dafür, Hans Plock als den ausführenden Künstler zu sehen. Gestützt wird diese Annahme durch einen Vergleich mit dem bisher einzigen, durch seine Signatur zweifelsfrei Plock zugeschriebenen erhaltenen textilen Kunstwerk, dem Hassenstein-Lobkowitzer Perlenaltar (Tschechien, Schloss Nelahozeves).

Das wertvolle Prunkgewand dürfte zu einem besonderen Anlass nach Merseburg gekommen sein. Eine solche Gelegenheit könnte die Weihe Sigismunds von Lindenau zum Bischof von Merseburg im Jahr 1535 geboten haben, die Albrecht von Brandenburg persönlich vornahm. BP

Literatur
Cottin/Kunde/Kunde 2014, S. 362–364 (ill.) · Heise/Kunde/Wittmann 2004, S. 199–201, Kat. IV.3 (ill.) · Pregla 2006 · Pregla 2008 (ill.) · Schauerte/Tacke 2006, Bd. 1, S. 104, Kat. 34 (ill.)

40

Dalmatika mit dem Wappen Kardinal Albrechts von Brandenburg

wohl Mitteldeutschland,
frühestens 1513 bis 1520er Jahre
Gewebe (Norditalien, letztes Viertel 15./Anfang 16. Jh.): weißer und roter Seidendamast
128 × 151 cm (bei ausgestreckten Ärmeln)
Stiftung Dome und Schlösser in Sachsen-Anhalt, Domschatz Halberstadt, Inv.-Nr. 201
Ausstellung Minneapolis

An der festlichen Dalmatika ist die liturgische Grundfarbe Weiß kontrastvoll mit roten Partien kombiniert worden. Zusätzliche Akzente setzen schmale Besätze aus Goldborten. Im oberen Rückenbereich weisen Nählöcher und Bruchstellen im Gewebe auf zwei ehemals vorhandene Querborten hin. Vermutlich hatte es sich bei diesen ebenfalls um Goldborten gehandelt. Um die senkrechten Goldborten sind in drei Höhen paarweise dünne grüne Flechtbänder geschlungen und locker geknotet, an denen silberne Posamentenkugeln mit langen roten bzw. grünen Seidenquasten hängen. Auf der Vorderseite sind nur noch zwei dieser Zierelemente vorhanden, die fehlenden aber anhand von Abdrücken an den

40

Goldborten zu rekonstruieren. Die Saumkanten des Gewandes an den Ärmeln, den offenen Seiten und unten an Vorder- und Rückenteil sind mit Fransenborten aus farbigen Seidenfäden besetzt.

Das auf dem Rückenteil angebrachte Wappen weist das Gewand als Stiftung Kardinal Albrechts von Brandenburg aus. Die Dalmatika gehört somit wie die blaue Kasel (Kat. 83) zu einer ganzen Gruppe von Textilien, die mit dem Kirchenfürsten und Widersacher Martin Luthers, der ab 1513 auch dem Bistum Halberstadt als Administrator vorstand, in Verbindung gebracht werden können. BP

Literatur
Pregla 2006, S. 359 (ill.)

Die Herrscher Sachsens

Das Haus Wettin ist eine der ältesten europäischen Hochadelsdynastien. Im Jahr 1423 verlieh der Kaiser den Markgrafen von Sachsen für ihre Hilfe gegen die Hussiten die Kurwürde. Die Brüder Ernst und Albrecht teilten 1485 das wettinische Territorium, und es entstanden dauerhaft zwei Hauptlinien. Die Ernestiner regierten in Thüringen und besaßen Wittenberg als Residenz, das mit der Kurwürde verbunden war. Auf der anderen Seite besaßen die Albertiner die Herzogswürde und regierten die Markgrafschaft Meißen sowie Gebiete, die sich von Leipzig aus nach Westen erstreckten. In der nächsten Generation traten die Söhne des Kurfürsten Ernst, Friedrich der Weise und Johann der Beständige, als Förderer der Reformation hervor. Während der erste Luther beschützte, setzte Kurfürst Johann die lutherische Lehre im ernestinischen Sachsen durch. Zwei weitere Brüder hatten hohe geistliche Ämter inne, verstarben aber vor Beginn der Reformation.

Der Sohn Johanns, Johann Friedrich I., genannt der Großmütige, wurde Anführer des Schmalkaldischen Bundes und verlor im Schmalkaldischen Krieg 1547 seine Kurwürde an die Albertiner. In dieser Linie hatte Herzog Georg der Bärtige von seiner Residenz Dresden aus lange Zeit als Hauptgegner der Reformation regiert. Mit allen Mitteln versuchte er, die Ausbreitung der Reformation zu verhindern. Zwei seiner Kinder hatte er nach Hessen verheiratet, nicht ahnend, dass sein Schwiegersohn Vorkämpfer des Schmalkaldischen Bundes werden würde. Auch der jüngere Bruder des Herzogs, Heinrich der Fromme, unterstützte den neuen Glauben und führte nach dem Tod Herzog Georgs 1539 die Reformation in Sachsen ein. Seine zwei Söhne Moritz und August setzten die Dynastie fort.

Moritz verfolgte eine ehrgeizige Hausmachtpolitik, stand zeitweise auf Seiten des Kaisers und erwarb durch den Sieg über seine Verwandten die Kurwürde. Als sich die in Kaiser Karl V. gesetzten Hoffnungen nicht erfüllten, wechselte er abermals die Seiten und brachte den Kaiser mit seiner Fürstenrebellion 1552 an den Rand der Kapitulation. Erst 150 Jahre später unter August dem Starken erlangten die Albertiner nochmals solch einen europäischen Rang. Die Ernestiner ihrerseits mussten bis ins 19./20. Jh. warten, bis sie durch ihre Heiratspolitik mehrere Königsthrone in Europa besetzen konnten und wieder eine respektable Größe wurden. ASR

41

Hans Krafft d. Ä. nach Lucas Cranach d. Ä.
Medaille (sog. Statthaltertaler) auf die 1507 erlangte Generalstatthalterschaft Friedrichs des Weisen

o. J., entstanden 1513
Silber, gegossen und geprägt
Dm 50 mm; Gewicht 65,2 g
Stiftung Schloss Friedenstein Gotha,
Inv.-Nr. 4.1./1150
Ausstellung Minneapolis

VS: FRID · DVX · SAX – ELECT · IMPER – QVE · LOCVM · TI – NES · GENERAL
Legende der Vorderseite wird durch die vier Wappen des Kurfürstentums Sachsen, des Herzogtums Sachsen, der Markgrafenschaft Meißen und der Landgrafschaft Thüringen unterbrochen; bärtiges Brustbild des Kurfürsten mit Harnisch und Drahthaube auf dem Haar, in tief liegendem Fond, umgeben von Zierkreis aus Bögen; auf dem Harnisch »IHS [S retrograd] · MARI«
RS: MAXIMILIANVS · ROMANORVM · REX · SEMPER · AVGVSTVS
einköpfiger Adler mit durch Bögen dekoriertem Kopfschein und kaiserlichem (österreichisch-burgundischem) Wappen als Brustschild

Gedenkstücke auf die Generalstatthalterschaft Friedrichs III. des Weisen sind beeindruckende Zeugnisse aus der Geburtsstunde der Medaillenkunst in Deutschland, welche eine der frühesten und wirksamsten Propagandainstrumente zur Verbreitung von Bildnissen führender Persönlichkeiten und Glaubensideologien der Reformationszeit war. Anlass für die Entstehung dieser Medaillen war die Ernennung des Kurfürsten zum Stellvertreter des damaligen Königs und späteren Kaisers Maximilians I. in Zeiten seiner Abwesenheit vom Reich am 8. August 1507 auf dem Reichstag zu Konstanz. Zur umgehenden Propagierung seines hohen Amtes und der ihm verliehenen exponierten gesellschaftlichen Stellung entstanden bereits 1508 die ersten Verehrpfennige und Medaillen. Um die Konterfeimünzen nach seinen persönlichen Vorstellungen und Wünschen bestmöglich umzusetzen, hatte Friedrich der Weise 1507 seinen Hofmaler Lucas Cranach d. Ä., der seit 1505 in Wittenberg tätig war, mit in Stein geschnittenen Modellentwürfen beauftragt und ließ bis 1519 vier Stempelschneider für sich arbeiten.
Zeitgleich war Cranachs frühestes Repräsentationsporträt des Kurfürsten für die Nürnberger Dominikanerkirche entstanden. Auch das Gemälde verwies mit einer Bildbeschriftung auf die aktuellen politischen Ämter und den Machtaufstieg Friedrichs des Weisen. Der Einsatz unterschiedlicher Bildmedien verdeutlicht dabei die bewusst kalkulierte Intensität der Herrschaftspräsentation bereits zu Beginn des 16. Jhs.
Nach den am Medaillenprojekt beteiligten Stempelschneidern Hans Krug d. Ä., Lorenz Werder und Ulrich Ursenthaler d. Ä. schuf im Zeitraum von 1513 bis 1519 der in Nürnberg tätige Goldschmied und Stempelschneider Hans Krafft d. Ä. auf der Grundlage von verschiedenen Stempelpaaren Statthaltermedaillen mit dem typischen Brustbild des Kurfürsten in tiefem Fond.
Bis zum Tod Kaiser Maximilians I. im Jahr 1519 durfte Friedrich der Weise den Titel des Generalstatthalters *honoris causa* beibehalten, obwohl sich dieses Amt nur auf die Zeiten der Abwesenheit des Kaisers vom Reich beschränkt hatte. Wie der Wittenberger Hofprediger und enge Vertraute Friedrichs, Georg Spalatin, überliefert, zeichnete ihn ein großer Bedarf an Verehrpfennigen aus, denn er verschenkte seine »herrlichen Gulden und silbern contrafeiten Munz hin und wider unter und außer den Reichstagen nur viel ...«. UW

Literatur
Bild und Botschaft 2015, S. 240–246, Kat. 79 (ill.) · Cupperi 2013, vgl. S. 123, Kat. 27 (Jahreszahl 1519) · Marx/Hollberg 2004, S. 52, Kat. 21 (ill.) · Schuttwolf 1994 b, Kat. 6,17 (ill.) · Tentzel 1982, S. 19, Taf. 2,III

42

Medaille auf Kurfürst Johann und Herzog Johann Friedrich von Sachsen

1530
erzgebirgische Prägestätte
Silber, gegossen, feuervergoldet, zweifach gehenkelt mit Öse
Dm 42,5 mm; Gewicht 17,22 g
Stiftung Schloss Friedenstein Gotha,
Inv.-Nr. 4.1./1159
Ausstellung Minneapolis

VS: IOANNIS · E – LECTORIS · D – VCIS · SAXON – IAE · ET · FILI – IOANNIS · – FRIDERICI · – EFFIGIES · – · M · D · XXX ·
in der Legende die Wappenschilde von Kursachsen, Landgrafschaft Thüringen, Herzogtum Sachsen und Markgrafschaft Meißen; bärtige Brustbilder Johanns und Johann Friedrichs nach rechts mit Klappmütze, reich gefälteltem Hemd, Wams und Pelzschaube
RS: MONETA · ARGENTEA · DVCVM · SAXONIAE · LAVS · TIBI · DEO
dreifach behelmter Wappenschild mit sächsischem Gesamtwappen

Seit 1486 hatte Johann der Beständige zusammen mit seinem Bruder Kurfürst Friedrich III. das ernestinische Sachsen regiert, erlangte 1525 selbst die Kurwürde und ordnete im selben Jahr als überzeugter und engagierter Lutheraner die Einführung des Protestantismus in seinen Ländern an. 1527 gründete er die evangelisch-lutherische Landeskirche und wurde zu deren erstem Landesbischof. Als aktiver Anhänger der Reformation organisierte er zusammen mit Landgraf Philipp von Hessen den am 27. Februar 1531 in Schmalkalden als Verteidigungsbündnis der evangelischen Reichsstände gegründeten Schmalkaldischen Bund. Außerdem förderte er maßgeblich die reformatorisch geprägte Universität Wittenberg. Wegen des standhaften Bekenntnisses zu seiner protestantischen Konfession erhielt Johann im Nachklang des Reichstags zu Augsburg 1530 den Beinamen »der Beständige«.

Die Medaille von 1530, die als vorliegender Avers-Typ mit drei Rückseitenvarianten bekannt ist, gibt Kurfürst Johann den Beständigen gemeinsam mit seinem Sohn Johann Friedrich im Doppelporträt wieder. Als Reversen erscheinen neben dem sächsischen Gesamtwappen zwei leicht abweichende Stempelvarianten zum Thema *Gastmahl des Herodes*. Ebenfalls aus dem Jahr 1530 stammen vier weitere Medaillentypen, die beide Ernestiner zusammen bzw. Johann den Beständigen allein im Porträt abbilden. Hinsichtlich der Propaganda auf Medaillen erscheint das Jahr 1530 somit besonders wichtig für den Kurfürsten und seinen Sohn.

In der ikonografischen Tradition der sächsischen Klappmützentaler stehend sind die Doppelporträts auf den Medaillen zunächst eine dynastische Machtkundgebung der Dargestellten, auch im Sinne der Reformation. Zusammen mit seinem Vater engagierte sich Johann Friedrich nach dessen Regierungsantritt bereits politisch, war seit etwa 1520 ein erklärter Anhänger Luthers und bekannte sich ebenso wie Kurfürst Johann öffentlich zur Reformation. Dementsprechend beteiligte er sich auch maßgeblich an der Organisation und dem inneren Aufbau der evangelischen Kirchen und den damit verbundenen Visitationen. UW

Quellen und Literatur
Bild und Botschaft 2015, S. 256f., Kat. 86 (ill.) · Habich 1929–1934, Bd. 2, Nr. 1911 · Hortleder 1622, Bd. IV, S. 32 · Schuttwolf 1994b, S. 18f., Kat. 4,15 (ill.) · Tentzel 1982, S. 51, Taf. 5/I

Kurfürstenporträts

43
Lucas Cranach d. Ä.
Friedrich der Weise

1525–1527
Öl auf Eschenholz
40,5 × 25,6 cm
Stiftung Deutsches Historisches Museum,
Inv.-Nr. 1988/705
Ausstellung Minneapolis

links signiert mit der geflügelten Schlange

44
Lucas Cranach d. Ä.
Johann der Beständige

nach 1532
Öl auf Rotbuchenholz
36 × 23 cm
Stiftung Deutsches Historisches Museum,
Inv.-Nr. Gm 95/56
Ausstellung Minneapolis

45
Lucas Cranach d. Ä.
Friedrich der Weise

1536
Öl auf Buchenholz
20,2 × 14,6 cm
Stiftung Schloss Friedenstein Gotha,
Inv.-Nr. SG 8
Ausstellung New York

links oben signiert mit der geflügelten Schlange

46
Lucas Cranach d. Ä.
Johann der Beständige

1536
Öl auf Buchenholz
20,8 × 14 cm
Stiftung Schloss Friedenstein Gotha,
Inv.-Nr. SG 9
Ausstellung New York

rechts oben signiert mit der geflügelten Schlange

Weltliche Macht und höfische Kunst

64 Weltliche Macht und höfische Kunst

47
Lucas Cranach d. Ä. (Werkstatt)
Friedrich der Weise

1532
Öl auf Rotbuchenholz
13,2 × 12 cm
Stiftung Luthergedenkstätten
in Sachsen-Anhalt, Inv.-Nr. G 22
Ausstellung Minneapolis

links datiert »1532« und signiert mit der geflügelten Schlange

Nach dem Tod Friedrichs des Weisen gab sein Nachfolger, Johann der Beständige, zahlreiche Porträts seines Bruders in Auftrag, die sowohl im Einzelbildnis dem Andenken des Vorgängers als auch im Doppelporträt der Legitimation der Herrschaft des Nachfolgers dienten. Zugleich waren sie Bekenntnis zur Reformation.
Das Bildnis Friedrichs III. (Kat. 43) ist eine von zahlreichen Varianten des Einzelporträts und wurde vermutlich kurz nach dem Tod des Kurfürsten am 5. Mai 1525 gefertigt. Die Signatur oben links, eine Schlange mit aufgerichteten Flügeln und Ring, zeichnet das Gemälde als eine Arbeit Lucas Cranachs d. Ä. respektive seiner Werkstatt aus. Das Brustbild mit Vollbart, Kappenhut und Pelzkragen vor blauem Hintergrund entspricht einem Typus, der ab 1522 belegt ist. Vermutlich griff Cranach bei dem Bildnis auf eine Porträtstudie Friedrichs zurück, die er Jahre zuvor gezeichnet hatte.
Friedrich III. war während seiner Regierungszeit ab 1486 bis zu seinem Tod bestrebt, die Macht der Territorialfürsten im Reich zu stärken und die kaiserliche Herrschaft zu schwächen. Er hatte zwar die Wahl Karls V. zum Kaiser unterstützt, allerdings musste dieser eine Wahlkapitulation unterschreiben, die den Territorialfürsten mehr Rechte und Eigenständigkeit einräumte. Auch gegenüber den finanziellen Forderungen des Papstes und seiner Repräsentanten setzte er sich zur Wehr. In diesem machtpolitischen Kalkül lag seitens des Kurfürsten wohl ein wichtiges Motiv für die Unterstützung der Reformbestrebungen Martin Luthers. Diesen hatte er nicht nur an die 1502 von Friedrich gegründete Universität von Wittenberg berufen, er verschaffte ihm auch nach dem *Wormser Edikt* 1521, das Luther für »vogelfrei« erklärte, eine Zuflucht auf der Wartburg. Auch weigerte sich Friedrich, dem Beschluss des Nürnberger Reichstags von 1523 zu folgen, der den Druck und Vertrieb reformatorischer Schriften verbot, da dies nicht seiner Vorstellung von freier Lehre entsprach.
Um 1532/33 entstand in der Werkstatt Lucas Cranachs d. Ä. ebenfalls postum das Bildnis des Nachfolgers Johanns des Beständigen (Kat. 44). Das nach links gewandte Porträt zeigt ihn mit Pelzschaube und Barrett und verzichtet auf die Herrscherinsignien des Kurfürsten. Die Bedeu-

44

46

Weltliche Macht und höfische Kunst 65

45

tung des Herrschers wird mit dem darunter angebrachten Text manifest, der damit der Tradition der Epitaphien folgt. Mit den ersten Worten »Nach meines lieben bruders endt« wird auf die dynastische Legitimation Johanns hingewiesen, nachdem Kaiser Karl V. ihm die Belehnung seines Territoriums als Landesherr wegen seiner Unterstützung der Reformation versagt hatte. Darüber hinaus werden seine Taten gerechtfertigt, etwa direkt nach Amtsantritt die gewalttätige Niederschlagung des Bauernaufstandes 1525, wie auch sein schwieriges, aber letztlich loyales Verhältnis zum Kaiser geschildert. Johann der Beständige setzte die unter seinem Bruder Friedrich beförderte Reformation in seinem Herrschaftsgebiet durch, sodass auch sein Porträt als Bekenntnisbild zu verstehen ist.

Nach dem Tod seines Vaters Johann 1532 trat Johann Friedrich die Nachfolge an und wurde einer der führenden Köpfe des Schmalkaldischen Bundes, der 1531 als Allianz protestantischer Fürsten unter der Führung Kursachsens und Hessens gegründet worden war. Um seinen Status als legitimer Kurfürst zu festigen, bestellte Johann Friedrich der Großmütige wiederum bei Cranach zum Regierungsantritt 60 Doppelporträts seiner Vorgänger Johann des Beständigen und Friedrich des Weisen für 109 Gulden zum »selige und lobliche gedechtnus« (Rechnung vom 10. Mai 1533, ThHstW, EGA, Reg. Bb 4361, Bl. 44r), von denen zumindest die ersten Exemplare sogar mit einem Scharnier verbunden waren. Die Scharniere unterstreichen den ohnehin deutlichen Verweis auf die gebräuchlichen Buchformate der Zeit. Bei den kleinen Tafeln handelt es sich annähernd um das Quartformat von 20,5 × 14,5 cm. Die Nutzung von gängigen Buchformaten als Formatvorlagen belegt den seriellen Charakter der Produktion in der Werkstatt Cranachs einmal mehr, zumal diese auch im Bereich des Buchdrucks tätig war. Die Pendants aus den Sammlungen des Schlosses Friedenstein in Gotha gehören wohl nicht unmittelbar zu dieser Serie, dürften aber in Anlehnung daran entstanden sein (vgl. Kat. 45 u. 46). Aufgrund der gesenkten Flügel, welche in der Zeit nach dem Tod des Sohnes Hans das bekannte Cranach-Signet veränderten, wird eine Datierung nach 1537 angenommen.

66 Weltliche Macht und höfische Kunst

Neben den Nameninschriften im oberen Bereich der Pendants finden sich auf Papier gedruckte und aufgeklebte Texte unterhalb der bemalten Fläche auf den beiden Täfelchen. Der Text zu Johann dem Beständigen ist identisch mit demjenigen des Berliner Einzelporträts. Der Text unterhalb Friedrichs des Weisen fokussiert das Fürstenlob auf die Folgen der Gründung der Universität Wittenberg, in der die reformatorischen Ideen diskutiert wurden und Verbreitung fanden.

Die auf einen aufgeklebten Zettel gemalte Inschrift in dem kleinen Gemälde der Stiftung Luthergedenkstätten in Sachsen-Anhalt (Kat. 47) ist beschnitten, zeigt aber dennoch dieselbe Inschrift. Auch das beschnittene Papierfragment am unteren Rand der Tafel deutet darauf hin, dass dieses Exemplar der Darstellung Friedrichs des Weisen ebenfalls mit dem bekannten Fürstenlob versehen war.

Bei der seriellen Produktion der Diptychen, bestehend aus Text und Bild, könnte man eigentlich eine Grafik mit Flugblatt erwarten. Gerade die Reformation bediente sich der neuen Technik der Druckgrafik, die als erstes Massenmedium half, die Ideen der Reformation weit und geschwind zu verbreiten (vgl. Kat. 49). Hier hatte sich der Auftraggeber aber für die als wertvoller erachtete Malerei entschieden, weil die Bildnispaare als Geschenke an der Reformation Wohlgesonnene fungierten. So zeigt wiederum die Verbindung der Malerei mit dem Flugblatt die Bedeutung des neuen Massenmediums, das hier integriert wird.
BR

Quellen und Literatur
Bild und Botschaft 2015, S. 248–251, Kat. 82 u. 83 (ill.) · Habich II 1929–1934, Nr. 1911 · Hofmann 1983 b, S. 204 f., Kat. 79 u. 80 (ill.) · Holler/Kolb 2015, S. 110 f., Kat. 69 u. 70 (ill.) · Hortleder 1622, Bd. IV, S. 32 · Kruse 2000, S. 247, Kat. 225 (ill.) · Schade 1983, S. 333–335, Kat. E 44 u. E 45 (ill.) · Schuttwolf 1994 b, S. 18 f., Kat. 4,15 (ill.) · Tentzel 1982, S. 51, Taf. 5/I

47

48

Lucas Cranach d. Ä.
Herzog Johann von Sachsen

ca. 1534–1537
Öl auf Buchenholz
65,3 × 44 cm
The Metropolitan Museum of Art, New York
Rogers Fund, 1908 (08.19)
Ausstellung New York

Das Land Sachsen wurde 1485 zwischen Ernst und Albrecht, den beiden Söhnen Friedrichs II., aufgeteilt. Beide begründeten jeweils wieder eine Herzogsdynastie. Friedrich der Weise gehörte der ernestinischen Linie an, während sein Vetter Georg den albertinischen Thron erbte. Dieses eindrucksvolle Porträt zeigt Johann, Herzog von Sachsen, Markgraf von Meißen und Landgraf von Thüringen, den Sohn Herzog Georgs. Obwohl Georg anfänglich mit Luther sympathisiert und 1519 die Leipziger Disputation unterstützt hatte, wandte er sich wenig später von dem Reformator ab und blieb ein glühender Anhänger der römischen Kirche; er förderte sogar eine deutsche Übersetzung des Neuen Testaments, die in Konkurrenz zu Luthers Fassung treten sollte (Kat. 209).

Zwar war Cranach d. Ä. Hofmaler der ernestinisch-sächsischen Fürsten, die auf Luthers Seite standen, doch als der berühmteste Künstler der Region stand er auch bei den politischen und religiösen Würdenträgern der katholischen Linie in hohem Ansehen.

Der leuchtend rote Bildhintergrund, der die schwarze Kleidung und Kopfbedeckung des Herzogs hervorhebt, fügt dem Porträt eine Ahnung von Macht hinzu. Im Vergleich mit Cranachs Luther-Porträts aus den 1520er Jahren oder mit seinen Bildnissen der ernestinischen Herzöge aus den frühen 1530ern – die vor den albertinischen Porträts entstanden und allgemein von kleinerem, persönlicherem Format und verhaltenerer Farbgebung sind – lässt sich deutlicher erfassen, welche Rolle die Gestalt eines Bildes für die Schaffung einer politischen oder gesellschaftlichen Persona spielt.

Das Porträt Johanns ist nicht von Cranach signiert und trägt auch keine Inschrift, die den Porträtierten benennt. Jedoch lassen Vergleiche mit anderen Bildnissen von Herzog Johann aus Cranachs Werkstatt klar erkennen, um wen es sich handelt, und das Gemälde stimmt in Stil und Technik mit eindeutig identifizierten Werken Cranachs überein. In den 1530er Jahren malte Cranach mehrere Porträts von Herzog Georg, die sowohl in ihren Maßen als auch in der Positionierung der Figur dieser Darstellung seines Sohnes entsprechen. Die Gleichartigkeit beider Porträts lässt vermuten, dass sie die Kontinuität der Herrschaftslinie veranschaulichen sollten (zum Vergleich die Por-

68 Weltliche Macht und höfische Kunst

träts von Friedrich dem Weisen und anderen [Kat. 43, 44, 47 u. 50]). Allerdings trat diese Kontinuität nicht ein, da Johann 1537 kinderlos starb. Zwei Jahre später starben, ebenfalls kinderlos, sein jüngerer Bruder Friedrich sowie Herzog Georg. Die albertinische Opposition gegen Luther endete somit, als Georgs Bruder Heinrich IV., der kurz zuvor zum Luthertum konvertiert war, den Thron bestieg. JTM

Literatur
Ainsworth/Waterman 2013 · Friedländer/Rosenberg 1979, Nr. 424B · Kuhn 1936, Nr. 131

49

Lucas Cranach d. Ä
Kurfürst Johann I.,
Herzog von Sachsen,
genannt der Beständige

um 1525 (Entwurf), um 1532/33 (Druck)
Holzschnitt, koloriert, typografischer Text
Blattmaß: 40,5 × 29,3 cm;
Bild mit Text: 35,4 × 25 cm;
Bildmaß: 27,9 × 25 cm
Stiftung Schloss Friedenstein Gotha,
Inv.-Nr. G 38,87
Ausstellung Minneapolis

unter dem Bild: Johans der Erst / Churfurst
Vnd Hertzog zu Sachssen
Nach meines lieben bruders end /
Bleib auff mir das gantz Regiment. [...]

Die Vorlage für dieses und das als Pendant zu bezeichnende Porträt Friedrichs des Weisen sind die von Lucas Cranach d. Ä. geschaffenen Holzschnittporträts aus dem Jahr 1525. Beide Drucke entstanden in Erinnerung an die zwei verstorbenen Kurfürsten und können als Mahnung und Verpflichtung für den neuen Regenten, Johann Friedrich den Großmütigen, gelten. Im Jahr 1533 ließ dieser 60 kleinformatige Porträts seines Vaters (Johann der Beständige) und seines Onkels (Friedrich der Weise) bei Lucas Cranach d. Ä. in Auftrag geben. Gedacht waren sie als Diplomatengeschenke für Freunde und fürstliche Verwandte. Die dort aufgeklebten Typentexte stimmen mit den hier abgebildeten Flugblättern überein. Die Holzschnittporträts waren wohl die etwas preiswerteren Geschenke.
Der Kurfürst ist im Brustbild leicht nach links gewandt in einem prächtigen Pelz dargestellt. Auf dem Haupt trägt er ein Barett, das an der Vorderseite geschlitzt ist und das farbige Unterfutter zeigt. Er besitzt lockiges Haupthaar und einen Vollbart, der im Kinnbereich ausrasiert ist. Links oben in der Grafik stehen zwei Wappen, die ihn als Kurfürsten und Herzog von Sachsen ausweisen.

49

Weltliche Macht und höfische Kunst 69

Nach dem Tod seines unvermählten Bruders Friedrich trat Johann im Alter von bereits 57 Jahren die Regierung der kursächsischen Lande an, die er die zurückliegenden 39 Jahre bereits gemeinsam mit seinem Bruder regiert hatte. Während Friedrich der Weise die reformatorischen Veränderungen lediglich tolerierte, bekannte sich Johann sehr rasch zur neuen, veränderten Glaubensrichtung und ließ sich auch nicht durch den Druck und die Anfeindungen Kaiser Karls V. davon abbringen.

Nach der Unterwerfung der aufständischen Bauern 1525 begann die Konsolidierung des neuen Bekenntnisses. Unter Johanns Führung schlossen die protestantischen Stände Norddeutschlands und der Landgraf von Hessen einen Beistandspakt. Auf dem 1530 einberufenen Reichstag in Augsburg trat der Kurfürst mit einem von Luther, Bugenhagen und Melanchthon ausgearbeiteten *Sächsischen Ratschlag* auf, den er selbst in Auftrag gegeben hatte. Er war der Grundstock zur *Augsburger Konfession* (vgl. Kat. 345 u. 346), in der das evangelische Glaubensbekenntnis erstmals formuliert wurde. Im selben Jahr gründete sich unter seiner Führung der Schmalkaldische Bund gegen etwaige Angriffe des Kaisers und seiner Anhänger. BS

Literatur
Bild und Botschaft 2015, S. 254 f., Kat. 85 (ill.) · Brandsch 2001, S. 14 f. (ill.) · Haag/Lange/Metzger/Schütz 2011, S. 125, Nr. 64 (ill.) · Schäfer/Eydinger/Rekow im Druck, Kat. 18 (ill.) · Strehle/Kunz 1998, S. 150–153 u. 280, Nr. 71 (ill.)

Lucas Cranach d. Ä.
Porträts des Kurfürstenpaares

1535
Öl auf Buchenholz
Ausstellung New York

50
Johann Friedrich der Großmütige

19,8 × 13,8 cm
Stiftung Schloss Friedenstein Gotha,
Inv.-Nr. SG 13

51
Sibylle von Cleve

20,2 × 14 cm
Stiftung Schloss Friedenstein Gotha,
Inv.-Nr. SG 12

unten rechts datiert »1535« und signiert mit der geflügelten Schlange nach links

Neben der bekannten Porträtserie seiner Vorgänger gab Kurfürst Johann Friedrich der Großmütige nach seinem Regierungsantritt 1532 in der Cranachwerkstatt ebenso Porträts von seiner Ehefrau Sibylle von Cleve und sich selbst in Auftrag. Mehrere Varianten dieses Bildnispaares sind überliefert, die sich alle jedoch in Detailreichtum und Ausschmückung unterscheiden. Fast identische Pendants haben sich auf der Veste Coburg erhalten, wobei das Gothaer Paar zusätzlich zum Cranach-Signet der geflügelten Schlange noch die Datierung 1535 auf dem Bildnis der Kurfürstin aufweist.

Sibylle von Cleve, Tochter von Herzog Johann III. von Cleve und Maria von Jülich und Berg, wurde 1527 mit Johann Friedrich von Sachsen verheiratet. Vor blauem Hintergrund ist sie mit reich verziertem Kleid, Haarnetz und Barrett dargestellt. Ihre Devise ist sowohl auf dem Halsband: »ALS IN ERN / EREN AL« (Alles in Ehren) wie auch am Band des Haarnetzes: »ALES IN E« eingestickt. Ähnlich dem Ehepaarbildnis Martin Luthers mit Katharina von Bora (vgl. Kat. 227–230) ist die Frau ihrem Ehemann zugewandt und in größerem Ausschnitt zu sehen, was dem Kurfürsten wiederum eine größere Präsenz verleiht, zumal er auch auf der heraldisch wichtigeren linken Seite zu sehen ist. Der Kurfürst selbst ist mit einer Pelzschaube und einem reich dekorierten Gewand bekleidet, aber im Gegensatz zu seinen Vorgängern hier ohne Kopfbedeckung porträtiert. Anders auch als seine Vorgänger ist er mit Ring und Kette insgesamt reicher ausgestattet. In den Händen hält er als weiteres dekoratives Element einen mit Gold und Perlen verzierten Kranz.

Johann Friedrich wurde nach dem Tod seines Vaters 1533 zum Befehlshaber der Truppen des Schmalkaldischen Bundes, der als defensives Militärbündnis der reformatorischen Städte und Territorien gegründet worden war. Der Kurfürst führte die Bestrebungen seines Vaters fort, der Schmalkaldische Bund wurde ein wichtiger machtpolitischer Faktor der Reformationszeit. In den 1540er Jahren wurden die internen Differenzen über die Zielsetzung des Bündnisses jedoch immer schwerwiegender. Eine damit einhergehende Schwächung des Bundes hatte die Niederlage in der Schlacht von Mühlberg 1547 gegen die Truppen Kaiser Karls V. zur Folge. Der Kaiser nahm Johann Friedrich I. von Sachsen in Gefangenschaft und entzog ihm zugleich die Kurfürstenwürde. Als Herzog wurde Johann Friedrich der Großmütige 1552 aus der Gefangenschaft entlassen. Kurz nachdem ihm der Titel »geborener Kurfürst« zugestanden wurde, verstarb er im Jahr 1554 nur wenige Tage nach seiner Ehefrau. BR

Literatur
Bild und Botschaft 2015, S. 258 f., Kat. 87 u. 88 (ill.) · Brandsch 2001, S. 43 f., Kat. 1.8 u. 1.9 (ill.) · Marx/Kluth 2004, S. 149 f., Kat. 203 u. 204 (ill.) · Schuttwolf 1994 a, S. 26 f., Kat. 1.8 u. 1.9 (ill.)

Weltliche Macht und höfische Kunst

52

Stammbuch des Wittenberger Magisters Abraham Ulrich und seines Sohnes David

Wittenberg und andere Orte, 1549–1623
15,4 × 10,4 cm
Stiftung Deutsches Historisches Museum,
Inv.-Nr. Do 92/71
Ausstellung Atlanta

Das sog. *Wittenberger Gelehrtenstammbuch* wurde mit ersten Einträgen aus dem Jahr 1549 von dem späteren Generalsuperintendenten in Zeitz, Abraham Ulrich, begonnen. Ab 1580 wurde das Stammbuch von dessen Sohn David weiterbenutzt. Es enthält 98 Einträge für Abraham Ulrich aus der Zeit von 1549 bis 1577 sowie 218 Einträge für seinen Sohn David zwischen 1580 und 1623. Es gilt damit als drittältestes erhaltenes Stammbuch und ragt aus den uns überlieferten Stammbüchern durch die hochrangige Stellung der Einträger aus dem Wittenberger Theologen- und Gelehrtenkreis hervor.

Das Führen von Stammbüchern kam kurz nach Martin Luthers Tod 1546 zunächst in Wittenberg in Mode, verbreitete sich jedoch rasch über ganz Europa. Neben den für die Reformation bekannten Namen wie etwa Philipp Melanchthon, Johannes Bugenhagen, Johannes Dryander, Joachim Camerarius, Matthias Flacius Illyricus, Justus Jonas, Caspar Peucer, Tileman Heshusen, Cyriacus Spangenberg und Georg Major finden sich in dem *Wittenberger Gelehrtenstammbuch* auch zahlreiche Einträge namhafter Wissenschaftler wie etwa des Anatomen Andreas Vesalius oder des Begründers der Bergbaukunde, Georg Agricola. Die Einträge für David Ulrich hingegen resultieren zum einen Teil aus seiner Studienzeit am Gymnasium Illustre in Zerbst und an der Universität Jena wie auch seit 1595 aus seiner ausgedehnten Reisetätigkeit als Notar am Reichskammergericht in Speyer.

Zu den herausragenden Begebenheiten für David Ulrich zählte sicherlich die Begegnung mit Lucas Cranach d. J. im November 1581 in Wittenberg, der sich mit seinem Familienwappen und Ps 146,3–4 in das Stammbuch eintrug (Bl. 43v–44r). Selbst nennt er sich in dem Eintrag »Lucas Cranach der elter meler in Wittemberg«. Lucas Cranach d. J. starb am 25. Januar 1586 in Weimar und wurde am 27. Januar 1586 in Wittenberg beerdigt. Die dort anwesenden Söhne Lucas, Augustin und Christoph Cranach trugen sich am 1. bzw. 4. Februar 1586 auf der leer gebliebenen Rückseite von Bl. 44 ebenfalls in das Stammbuch von David Ulrich ein. Dies legt nahe, dass David Ulrich an dem Begräbnis von Lucas Cranach d. J. teilgenommen hatte und dabei die Gelegenheit nutzte, die enge Verbindung zwischen den beiden Familien wieder aufzunehmen.

Diese Familienfreundschaft hatte bereits zwischen Abraham Ulrich und Lucas Cranach d. J. in Wittenberg begonnen. Beide stammten aus Kronach und es ist belegt, das Abraham Ulrich versuchte, seinen Familiennamen in Cranach umzuwandeln. MM

Literatur
Enke/Schneider/Strehle 2015, S. 156 f. (ill.) ·
Wittenberger Gelehrtenstammbuch 1999 (ill.)

Die Familie Cranach in Wittenberg

Als der sächsische Kurfürst Friedrich der Weise den in Wien tätigen Lucas Cranach d. Ä. 1505 zu seinem Hofmaler berief, legte er damit den Grundstein für die über mehrere Generationen währende Erfolgsgeschichte der Cranachwerkstatt in Wittenberg. Zunächst nutzte Cranach Arbeitsräume im Schloss, wo er als Maler auch die Gestaltung von Möbeln, Fest- und Turnierdekorationen sowie die künstlerische Beratung des Kurfürsten übernahm. Neben einem Grundgehalt erhielt er alle Leistungen für den Kurfürsten gesondert vergütet und durfte auch für andere Auftraggeber arbeiten. Nach seiner Heirat betrieb Cranach eine eigene Werkstatt in der Stadt, die durch ihre hohe Produktivität bald überregionalen Ruhm erlangte. Die effiziente Arbeitsteilung, die Beschäftigung von bis zu zwölf Mitarbeitern und die Wiederholung von Bildmotiven brachten Cranach einen Ruf als »Schnellmaler« ein. Nach dem Tod des ältesten Sohnes Hans nahm Lucas Cranach d. J. eine führende Rolle in der Werkstatt ein, aus der insgesamt rund 5 000 Gemälde, zahlreiche Zeichnungen, Holzschnitte und einige Kupferstiche hervorgingen.

Sein unternehmerisches Talent bewies Cranach d. Ä. aber auch im Handel: 1520 erhielt er vom Kurfürsten das Apothekenprivileg, dem weitere Privilegien folgten. Sie verschafften ihm als Kaufmann eine Monopolstellung in Wittenberg. Mit zunehmendem Wohlstand erwarb Cranach dort mehrere Grundstücke und Häuser in prominenter Lage und engagierte sich in der Politik. So war er mit Unterbrechungen 30 Jahre lang Ratsherr, wurde dreimal zum Stadtkämmerer und mehrmals zum Bürgermeister der Stadt gewählt. 1508 verlieh ihm der Kurfürst das Erbwappen mit einer geflügelten Schlange, die er bereits 1506 zu seinem Zeichen gemacht hatte und mit der er fortan seine Bilder signierte.

Die Cranachwerkstatt in Wittenberg unterstützte die reformatorische Bewegung von Anfang an. Lucas Cranach war ein Freund Luthers und gab mit dessen frühen Porträts der Reformation ein Gesicht. Er lieferte Illustrationen zu Luthers Bibelübersetzung und betrieb zeitweise eine eigene Druckerei, in der er 1522 Luthers Übersetzung des Neuen Testaments verlegte. Doch obwohl Cranach eng mit der Reformation assoziiert wird, war er auch für die altgläubige Seite tätig. Dazu gehörte u. a. die Gestaltung von 16 Altären mit insgesamt 142 Tafelbildern für den Dom zu Halle im Auftrag von Luthers Gegenspieler Albrecht von Brandenburg. KH

53

53
Fragment einer Kachel mit Darstellung eines Engels

Wittenberg, Cranachhof Schlossstraße 1
spätes 16. Jh.
Irdenware, grüne Glasur
12,5 × 15 cm
Landesamt für Denkmalpflege und
Archäologie Sachsen-Anhalt
Landesmuseum für Vorgeschichte Halle,
Inv.-Nr. 51951259-79
Ausstellung Atlanta

Die Cranachs, sowohl Vater als auch Sohn, stellten Gott und den auferstandenen Christus meist umgeben von einer strahlenden goldenen Schar pausbäckiger Putten dar. Unser Gemälde *Gesetz und Gnade* (Kat. 186) ist ein typisches Beispiel. Mehr Harpyien als Engel, sind die Körper der Putten auf eine flauschige Federbrust mit gespreizten Flügeln reduziert. Putten, kleine Kinder mit Flügeln, allen voran ein munterer Amor, waren ein Hauptbestandteil der antiken römischen Grabkunst. Wie so viele klassische Motive wurde dieses Bild in der frühen italienischen Renaissance wiederbelebt und in die christliche Ikonografie integriert. Die Putten galten als kindliche Engel, die den Ruhm Gottes freudig verkündeten, oft mithilfe von Musikinstrumenten.

Im 16. Jh. erscheinen diese himmlischen Kinder in der sakralen Kunst der Alpen, und die Cranachs fügten sie mit ganzem Herzen in die bildliche Darstellung des Ruhmes Gottes ein. Einer dieser Engel, vermutlich durch die Gemälde oder Drucke der Cranachschule inspiriert, schmückt diese Kachel, welche einst einen Raum im Cranach-Haus wärmte. Identische Engel verzierten einen kunstvoll dekorierten Ofen im Melanchthon-Haus in Wittenberg, der um 1570 datiert. Diese Geschöpfe des Himmels flattern folgerichtig in der obersten Kachelreihe des Ofens. Der Schmuck des Ofens mit dieser auf sich selbst bezogenen Symbolik mag die Cranachs amüsiert haben. Er zeigt aber auch, wie tiefgreifend religiöse Ikonografie mit dem Alltagsleben wohlhabender Protestanten verwoben war. LN

Literatur
Kluttig-Altmann 2015 a, S. 328, Abb. 27 (ill.) · Mendelsohn 1907

54

Lucas Cranach d. Ä.
Herkules und Omphale

um 1537
Mischtechnik auf Buchenholz, mit Leinwand hinterklebt
14,4 × 19,2 cm
Stiftung Schloss Friedenstein Gotha,
Inv.-Nr. SG 7
Ausstellung Minneapolis

Inschrift unten rechts: HERCVLEIS MANIBVS DANT LYDAE PENSA PVELLAE / IMPERIVM DOMINAE FERT DEVS ILLE SVAE / SIC CAPIT INGENTES ANIMOS DAMNOS VOLVPTAS / FORTIAQVE ENERVAT PECTORA MOLLIS AMOR

Das kleinformatige Gemälde zeigt im Zentrum Herkules, der von Omphales Dienerinnen umgeben ist. Während zwei von ihnen dem griechischen Helden eine Frauenhaube aufsetzen, reicht ihm die dritte einen Wollfaden, den sie von einem Spinnrocken zieht. Omphale schaut auf Herkules, der wiederum die rechts stehende Hofdame ansieht. Diese blickt aus dem Bild heraus den Betrachter an und macht ihn so zum Komplizen ihres Tuns. Vier lateinische Verse auf weißem Grund kommentieren die Darstellung und warnen vor blinder Liebe, die selbst die stärksten Gemüter verweichliche.

Das Bildmotiv gehört zum Thema der bereits in der Antike und in biblischen Geschichten überlieferten Weibermacht. Gemäß eines Orakelspruchs diente Herkules als Sühne für den Mord an Iphitos drei Jahre lang der lydischen Königin Omphale. Aus Liebe zu ihr trug der verzärtelte Held Frauenkleider, spann Wolle und verrichtete in ihrem Auftrag andere weibliche Arbeiten, während Omphale seine Keule und das Löwenfell an sich nahm.

In einer Johann Friedrich dem Großmütigen gewidmeten Auslegung des 101. Psalms nahm Martin Luther 1534 Bezug auf diesen Mythos, um den Kurfürsten vor den Gefahren einer schmeichlerischen Hofgesellschaft zu warnen: »Die Heiden sagen von jrem Hercule (der jr David gewest), das er sich habe lassen zu letzt die weiber nerren. Eine hat jm den Schleier auffgesetzt, die ander den Rocken und Spindel jnn die Hand gegeben, Und er hat müssen spinnen furgrosser liebe [...] und wenn er alle feinde umb und umbuberwunden hat (wie Hercules), So kan er doch zu letzt den hausteufel, den einheimischen Feind, nicht uberwinden, Sondern das trawte Frewlin und schöne königin Omphale mit jrem schönen angesicht und glaten zungen setzet dein theuren Herculi den Schleier auff und heisset in spinnen.« Luthers Ausführungen scheinen sich auf die Cranachbilder zu beziehen, die er offenbar kannte. In den 1530er Jahren schuf die Wittenberger Malerwerkstatt zahlreiche nur leicht variierende Gemälde dieses Themas. Mit ihrem ungewöhnlich kleinen Format nimmt die Gothaer Tafel eine Sonderstellung in der Cranach'schen Produktion der Herkules und Omphale-Darstellungen ein, was auf einen privaten Gebrauch schließen lässt. Seit 1764 ist das Gemälde im Bestand der herzoglichen Kunstsammlung in Gotha nachweisbar. ID

Literatur
Bild und Botschaft 2015, S. 216 f. (ill.) · Brandsch 2001, S. 46, Kat. 1.12 (ill.) · Schade 1974, S. 85, Abb. Taf. 175 · Schuttwolf 1994, S. 24 f., Kat. 1.12 (ill.)

55

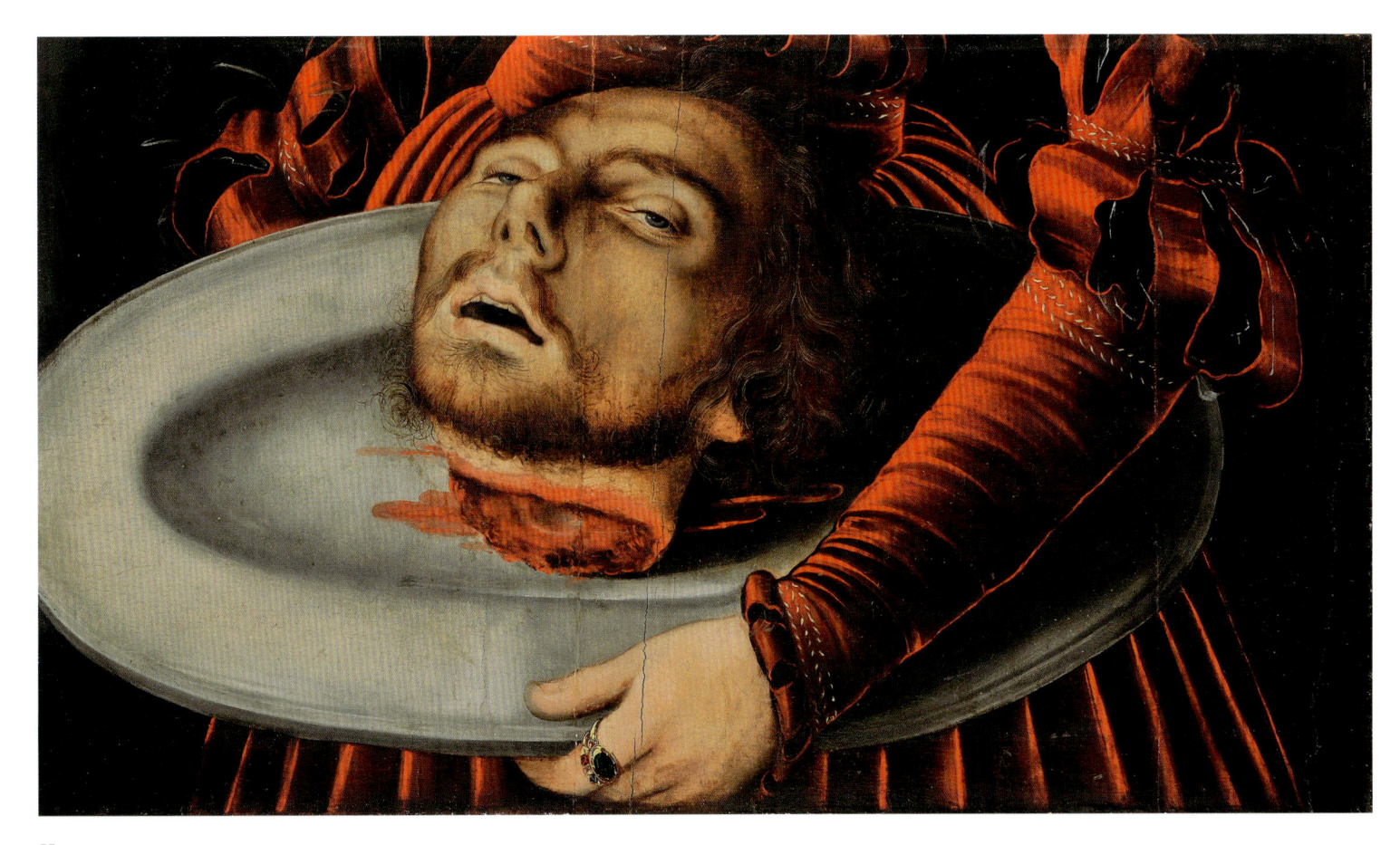

Lucas Cranach d. Ä.
Fragment mit der Johannesschüssel

um 1530
Mischtechnik auf Tannenholz
32,3 × 57 cm
Stiftung Schloss Friedenstein Gotha,
Inv.-Nr. SG 303
Ausstellung Minneapolis

Bei dem Fragment handelt es sich um den unteren Teil eines Bildes, das ursprünglich Salome mit dem Haupt Johannes des Täufers darstellte (Abb. 3). Ein Kunsthändler zerteilte das 1936 aus der Gothaer Sammlung verkaufte Gemälde, um das Frauenbildnis besser veräußern zu können. Während das Haupt des Täufers im selben Jahr in die Gothaer Sammlung zurückkehrte, ist der Verbleib des oberen Teiles der Tafel unbekannt. 1972 wurde er als ein von Lucas Cranach d. J. geschaffenes Porträt Sibylles von Sachsen im Kunsthandel angeboten, bevor sich seine Spur wieder verlor.

Das abgeschlagene Haupt des Täufers wird dem Betrachter auf einer silbernen Schale präsentiert. Mit den halb geöffneten Augen, dem offenen Mund und der blutigen Halswunde soll es Abscheu und Erschrecken hervorrufen. Das grausame Schicksal des Täufers wird im Markus- (Mk 6,21–29) und im Matthäusevangelium (Mt 14,1–12) geschildert. Weil er die Ehe des Herodes und der Herodias aufgrund des vom Herrscherpaar begangenen Ehebruchs kritisierte, wurde er gefangen genommen. Nachdem ein Tanz von Salome Herodes derart entzückt hatte, dass er bereit war, seiner Stieftochter jeden Wunsch zu erfüllen, gelang es Herodias, ihre Tochter Salome zu überreden, das Haupt des Täufers zu fordern.

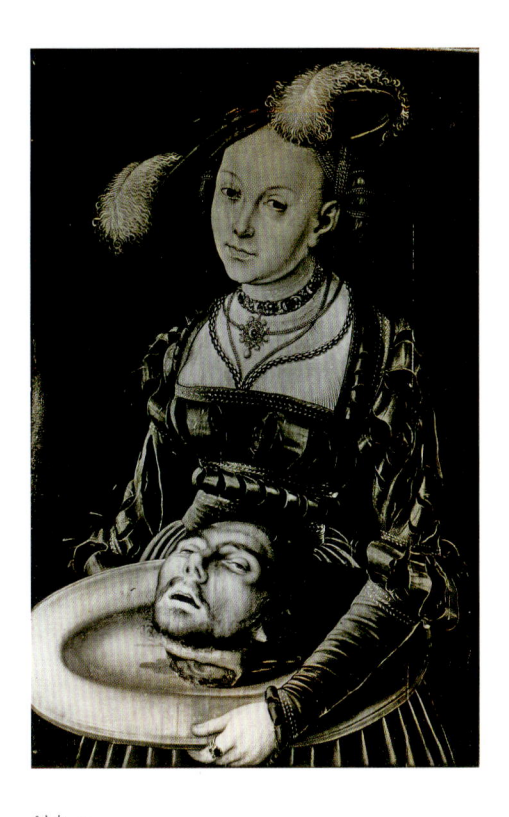

Abb. 3
Lucas Cranach d. Ä., Judith mit dem Haupt des Täufers. Zustand vor der Teilung. Foto vor 1936

Weltliche Macht und höfische Kunst

Die Geschichte der Salome war ein beliebtes Thema der höfischen Kunst und sollte vor der betörenden Macht der Frauen warnen. So war Salome mit dem abgeschlagenen Haupt des Täufers ein häufig dargestelltes Motiv der Cranachwerkstatt. Zumeist wird sie als Halbfigur in Dreiviertelansicht nach links gewandt wiedergegeben. Dabei verleiht der Blick zum Betrachter dem Bildnis Unmittelbarkeit und die zeitgenössische Hofkleidung stellt einen Gegenwartsbezug her. Für Luther war Johannes der Täufer vorbildhaft, weil er auf Christus hinwies, dessen Opfertod diejenigen erlöst, die an ihn glauben. Daher gewann sein Martyrium bei den protestantischen Fürsten an Bedeutung, sodass die Herstellung der Salomebilder in den 1530er Jahren zunahm. Der Täufer war zudem Namenspatron Johann Friedrichs des Großmütigen, der sich als Verteidiger des wahren Glaubens und – nach der verlorenen Schlacht bei Mühlberg – auch als Märtyrer verstand. ID

Literatur
Bild und Botschaft 2015, S. 278 f., Nr. 99 (ill.) · Brandsch 2001, S. 49, Nr. 1.19 (ill.) · Schuttwolf 1994 b, S. 52, Nr. 1.21 (ill.) · Schuttwolf 2011, S. 51 f., Nr. 68 (ill.)

56

Lucas Cranach d. J.
Das Urteil des Paris

um 1540–1546
Mischtechnik auf Lindenholz
121,5 × 82,5 cm
Stiftung Schloss Friedenstein Gotha,
Inv.-Nr. SG 672
Ausstellung Minneapolis

signiert unten links auf dem Stein:
Schlange mit liegenden Flügeln

Darstellungen der griechischen Mythologie gehörten neben Porträts und biblischen Szenen zum festen Repertoire der Wittenberger Cranachwerkstatt. Das Thema des Paris-Urteils geht auf Homers *Ilias* zurück. Darin wird der trojanische Königssohn Paris ausgesetzt, da er nach einer Weissagung Troja ins Verderben stürzen würde. Der schöne Jüngling führt ein einfaches Leben als Hirte, bis ihn der Götterbote Hermes zum Schiedsrichter eines besonderen Wettbewerbs macht: Er soll entscheiden, welche der drei Göttinnen Hera, Aphrodite oder Athene die schönste sei. Hera lockt mit der Aussicht auf Macht, Athene mit der Gabe der Weisheit und Aphrodite verspricht ihm die Hand der schönen Helena. Paris entscheidet sich für die Liebe. Die Wahl erweist sich allerdings als tragisches Fehlurteil: Helena war bereits verheiratet, ihre Entführung löst den Trojanischen Krieg aus und stürzt Troja in den vorhergesagten Untergang.

Das Paris-Urteil war in der Frühneuzeit ein beliebtes Thema, das in humanistischen Kreisen meist eine moralisch-didaktische Wertung erfuhr. Die Wahl zwischen den drei Gottheiten wird für Paris zu einer Wahl zwischen drei Lebensweisen: Hera steht dabei für das tätige Leben, Athene als Göttin der Weisheit verkörpert ein Leben in weiser Kontemplation, während Aphrodite ein Leben im Zeichen der Wollust verspricht. Paris' Entscheidung für die Liebe führt ihn schließlich ins Verderben.

Die Cranachwerkstatt kam dem Bedarf nach einer bildlichen Umsetzung des Themas mit mehr als einem Dutzend Gemälden nach. Die zunächst Lucas Cranach d. Ä., in der neueren Forschung jedoch seinem Sohn zugeschriebene Gothaer Tafel verlegt die mythologische Szene in nordeuropäische Gefilde. Paris erscheint nicht als antiker Hirte, sondern als Ritter in zeitgenössischer Rüstung. Neuartig ist vor allem die Darstellung der drei Göttinnen: Zum ersten Mal in der nordeuropäischen Kunst erscheinen sie nicht wie in der spätgotischen Bildtradition bekleidet, sondern vollkommen nackt. Nach Albrecht Dürer gehörte Lucas Cranach d. Ä. zu den ersten Künstlern, die die an der antiken Skulptur orientierte Aktfigur in die Malerei nördlich der Alpen einführten. Das Paris-Urteil bot dem Künstler die Möglichkeit, unter dem Deckmantel einer mythologischen Geschichte die Sinnlichkeit des weiblichen Körpers gleich dreifach ins Bild zu setzen. Die Verbindung von moralisch-intellektuellem Anspruch und offen zur Schau gestellter Erotik machte das Paris-Urteil auch am Wittenberger Hof zu einem beliebten Motiv. So wurde Lucas Cranach d. Ä. nicht nur beauftragt, Wandbespannungen mit diesem Thema zu schmücken; 1513 ließ sich Johann von Sachsen auch sein Brautbett von ihm mit einem Paris-Urteil bemalen. KH

Literatur
Bild und Botschaft 2015, S. 222 f., Kat. 66 (ill.) · Koepplin/Falk 1976, S. 630 · Schuttwolf 1994 a, S. 31 f. u. 45, Kat. 1.13 (ill.)

Weltliche Macht und höfische Kunst

57

Lucas Cranach d. Ä.
Turnier-Holzschnitte
jeweils signiert mit Monogramm
und datiert rechts oben
Ausstellung Minneapolis

57
Das erste Turnier

1506
26 × 37,3 cm
Minneapolis Institute of Art, Nachlass von
Herschel V. Jones, 1968, Inv.-Nr. P.68.139

58
Das zweite Turnier

1509
29,4 × 41,9 cm
Minneapolis Institute of Art, Nachlass von
Herschel V. Jones, 1968, Inv.-Nr. P.68.140

Kurfürst Friedrich der Weise ließ Turnierspiele auf dem Wittenberger Schlossplatz ausrichten. Solche Ereignisse waren eine unterhaltsame Abwechslung für den Hof und die Bürger, aber auch Anlässe für Mitglieder angesehener Familien, sich zu treffen und ihren Wohlstand vorzuführen. Militärisch betrachtet waren die inszenierten Kämpfe überholte Reminiszenzen an frühere Zeiten.

Der kleinere Holzschnitt von 1506 zeigt ein scheinbar ungeordnetes Gerangel innerhalb einer schweren Abgrenzung aus Holzpfosten. Mit gezackten Lanzen versuchen die Kämpfer, ihre Gegner vom Pferd zu stoßen. Die flatternden Decken der Pferde sind mit Symbolen verziert, z. B. Laternen, durchbohrten Herzen, Blumen, Hörnern und Monogrammen. Die Elite beobachtet die Kämpfe von einer vornehmen spätmittelalterlichen Tribüne aus, die von gewundenen altertümlichen Pfeilern getragen wird und mit Wand-

58

teppichen mit dem Wappen des Kurfürsten verkleidet ist. Das einfache Volk blickt aus den Fenstern oder steht an der Abgrenzung und plaudert miteinander. Oben links spielt eine Musikgruppe zu Pferd und ein Laden in der Nähe bietet ausgefallene Waren an. Oben rechts kommen weitere Kämpfer hinzu, einer davon wartet bereits am Tor.

Die größere, eindrucksvollere Szene von 1509 zeigt ein Fest, das tatsächlich am 15. und 16. November 1508 in Wittenberg stattfand. Das Ereignis wirkt prunkvoller als im früheren Bild, und die Ausstattung ist nicht mehr mittelalterlich, sondern von der Renaissance geprägt. Die Architektur ist einfacher geworden, klassischer. Ein großer Wandteppich mit dem kurfürstlichen Wappen zeigt die alttestamentliche Szene von Samson, der den Löwen zerreißt (Ri 14,6). Die Helme sind üppig geschmückt mit Straußenfedern und die Pferde tragen schwere Harnische aus verzierten Metallplatten. Die Symbole darauf sind komplexer geworden: eine Frau, die eine Wiege auf ihrem Kopf trägt, ein Flöte spielender Zentaur, ein Mann, der einen Gefangenen besucht, eine Frau mit einem Satyr, eine Sterbeszene vor einer brennenden Stadt.

Zum auf dem Gemälde dargestellten Festprogramm gehören unterschiedliche Wettbewerbe. Reiter mit spitzen Lanzen sind mit einer solchen Wucht aufeinander geprallt, dass der Lanzenschaft geborsten und ein Pferd samt Reiter gestürzt ist. Oben links findet ein Kampf zwischen Knüppel schwingenden Reitern statt und bewaffnete, nicht berittene Kämpfer schwenken ihre Schwerter. Falls Bürger der Stadt anwesend waren, hat Cranach sie nicht dargestellt. Die gesamte Aufmerksamkeit ist auf den Hof und dessen Prunk gerichtet. TR

Literatur
Andersson/Talbot 1983, S. 229, Nr. 124 · Bartrum 1995, S. 167–178, Nr. 179 · Dodgson 1980, Bd. II, S. 284 u. 293, Nr. 8 u. 54.

Heinrich Aldegrever
Die großen Hochzeitstänzer

1538
Folge von zwölf Kupferstichen
Stiftung Luthergedenkstätten in Sachsen-Anhalt, Inv.-Nrn. fl. XX 11660 a bis l
Ausstellung Minneapolis

jeweils signiert mit Monogramm
und datiert links/rechts oben

59
Zeremonienmeister mit Hund

12 × 8 cm
fl. XX 11660 a

60
Zwei Fackelträger

12 × 8 cm
fl. XX 11660 b

61
Tanzendes Paar, nach links gewandt

12 × 8 cm
fl. XX 11660 c

62
Fürstliches tanzendes Paar, nach links gewandt

12 × 8 cm
fl. XX 11660 d

63
Tanzendes Paar, nach links gewandt

12 × 8 cm
fl. XX 11660 e

64
Tanzendes Paar, Blick der Dame zum Betrachter

12 × 8 cm
fl. XX 11660 f

65
Sich anblickendes Paar

12 × 8 cm
fl. XX 11660 g

66
Sich küssendes Paar

12 × 8 cm
fl. XX 11660 h

67
Junges tanzendes Paar, nach links gewandt

12 × 8 cm
fl. XX 11660 i

68
Tanzendes Paar, nach links gewandt

12 × 8 cm
fl. XX 11660 j

69
Tanzendes Paar, nach links gewandt

12 × 8 cm
fl. XX 11660 k

70
Die drei Posaunisten

11,8 × 7,9 cm
fl. XX 11660 l

Prunk war immer schon ein wichtiges Mittel, um Macht und Ansehen hervorzuheben. Festliche Umzüge boten die Möglichkeit, Wohlstand und familiäre, durch Heirat entstandene, politische oder gesellschaftliche Verbindungen zur Schau zu stellen. Für Heinrich Aldegrever waren solche Ereignisse so bedeutend, dass er drei Folgen von Kupferstichen schuf, die Hochzeitstänzer zeigen. Diese ist die umfangreichste der drei Folgen. Offenbar handelt es sich nicht um ein bestimmtes Fest, sondern es sind archetypische Darstellungen ohne konkreten historischen Bezug.

Blatt 1 zeigt den Zeremonienmeister, der dem feierlichen Zug der Adligen voranschreitet. Obwohl er und sein eifriger Hund vorwärts gehen, blickt er über die Schulter, als ob er die ihm folgenden Personen ermuntert, zügiger zu gehen. Über seinem voluminösen Umhang trägt er eine aufwendige Amtskette. Daran befestigt sind Medaillons mit dem Wappen seines Herrn; rechts ist deutlich ein sprungbereiter Löwe zu sehen. Ein breites Schwert mit einem Knauf in Form eines Vogelkopfs ist an seinem Gürtel befestigt. In der rechten Hand hält er einen Stab und in der linken seinen Hut mit üppigem Federnschmuck. Seine Stiefel haben eine lange Spitze, was 1538 schon seit etwa einer Generation aus der Mode gekommen war.

Die Fackelträger auf Blatt 2 sind junge Leute, die der Oberschicht angehören. Sie tragen teure Kleidung nach der neuesten Mode, u. a. Kniehosen mit Schlitzen, damit man sieht, dass mehrere Schichten kostspieliger Stoffe verwendet wurden. Ihre Schuhe sind modisch, weit ausgeschnitten mit viel Platz für die Zehen.

Die Schwerter der jungen Männer und fast aller adligen Männer in dem Hochzeitszug unterscheiden sich von dem des Zeremonienmeisters, der einen niedrigeren Rang hat. Seines ist breit und ohne Scheide, ihre sind lang, schmal und elegant und stecken in Scheiden, die mit feinen Goldschmiedearbeiten verziert sind.

Unter den Umhängen der Fackelträger ragen Schwerter hervor, deren Scheiden aufwendig bearbeitet sind (vgl. Kat. 71). Auch die Männer auf den Blättern 5, 6, 9 und 11 tragen deutlich sichtbar solche auffallenden Symbole von Macht und Reichtum. Weniger offensichtlich sind die Accessoires vornehmer Frauen, etwa auf den Blättern 6 und 7, die schmale, zweigeteilte Futterale für Besteck bei sich tragen. Sie hängen an langen Bändern von der Taille herab und sind für Messer und Pfriem (eine lange Metallspitze mit einem Griff) gedacht. Gabeln waren zu der Zeit in Deutschland noch nicht in Gebrauch. Aldegrevers Kupferstichserie beruht auf einer Folge von Holzschnitten, die nicht lange zuvor von Hans Schäufelein geschaffen worden war. Aldegrever hat die edlen Accessoires, Schwerter und Besteck, als deutlichen Unterschied hinzugefügt.

Auch das ältere Paar auf Blatt 3 ist Teil des Auftakts für die Hauptpersonen. Verglichen mit den folgenden Paaren ist der Kopfschmuck der Frau einfacher und der Mann trägt weder geschlitzte Hosen noch ein Schwert. Sie könnten hochrangige Höflinge sein, jedoch keine Adligen.

Das Hochzeitspaar selbst ist auf Blatt 4 dargestellt. Die Braut trägt eine juwelengeschmückte Krone und eine schwere Goldkette. Der Rand ihres üppigen Umhangs und der Kragen am Mantel des Bräutigams sind mit Pelz verziert. Sie sind das einzige Paar in dem Hochzeitszug, dessen Kleidung einen auffälligen Pelzbesatz aufweist. Die Büschel und Tupfen weisen auf Hermelin hin, ein Pelz, der traditionell einer Königsfamilie vorbehalten war.

Wenn man vom Alter des nächsten Paares ausgeht, deren kostspieliger Kleidung und der Position im Hochzeitszug, stellt Blatt 5 wohl die Eltern von Braut oder Bräutigam dar. Sie tragen beide juwelenbesetzten Schmuck auf der Brust, und der Bart des Mannes ist viel sorgfältiger geschnitten als der des älteren Höflings auf Blatt 3.

Die offene Darstellung von Zuneigung auf den Blättern 6 und 8 knüpft an Tapisserien und Darstellungen höfischer Verehrung und von Lustgärten aus dem 15. Jh. an. Die Üppigkeit der Stoffe über dem Bauch der Frauen lässt vermuten, dass sie schwanger sind, allerdings könnte man über die anderen Frauen der Serie das Gleiche sagen. Wegen der Mode und den hohen Schwangerschaftsraten der Zeit muss die Frage wohl offen bleiben.

59

60

61

63

Weltliche Macht und höfische Kunst 81

62

64

65

67

68

Weltliche Macht und höfische Kunst

84 Weltliche Macht und höfische Kunst

Den Abschluss bilden drei Musiker auf Blatt 12. Sie spielen unterschiedlich große Barockposaunen, die ventillosen Posaunen der Zeit. Der bärtige Musikmeister der Gruppe spielt das größte Instrument und trägt an seinem Umhang ein Medaillon, das dem des Zeremonienmeisters ähnelt.

Aldegrever hat sich entschieden, die Figuren unter freiem Himmel darzustellen. Alle Figuren stehen auf kleinen Hügeln, mit Steinen und Gras unter ihren Füßen. Die Parade beeindruckenden Wohlstands, von Ansehen und Macht geht über die Grenzen eines beschränkten Raums hinaus und ist für alle öffentlich sichtbar. TR

Literatur
Dodgson 1980, S. 50–52, Nr. 221–235 · Mielke 1998, S. 132–136, Nr. 160–171

71

Heinrich Aldegrever
Entwurf für eine Dolchscheide mit nacktem Paar

1536
Kupferstich
32,6 × 11,2 cm
Private Sammlung, Minneapolis
Ausstellung Minneapolis

signiert mit Monogramm
und datiert rechts oben

Kunstvolle Dolchscheiden waren im Deutschland des 16. Jhs. Kennzeichen für hohen sozialen Status. Nur wenige sind wegen des wertvollen Materials, aus dem sie gefertigt waren, erhalten geblieben. Doch gibt es viele Darstellungen. Am bekanntesten ist vielleicht die im Gemälde *Die Gesandten* von 1533 (National Gallery, London) von Hans Holbein d. J., auf denen Jean de Dinteville einen vergoldeten Dolch in der rechten Hand hält.

Heinrich Aldegrever, der als Goldschmied und Maler ausgebildet worden war, stellte in seinen Stichen häufig Schwertscheiden als aristokratisches Erkennungszeichen dar (vgl. Kat. 59–70). Er fertigte zudem 17 Entwürfe für Dolchscheiden an, u. a. drei besonders große, reich verzierte Stücke mit passenden Griffen, so wie hier zu sehen. Dieser Entwurf ist ungewöhnlich, weil auch die Parierstange dargestellt wird.

Aldegrever hat mit Sicherheit die Drucke der großen Meister, z. B. von Albrecht Dürer, Marcantonio Raimondi und Lucas van Leyden, genau studiert. Von ihnen ließ er sich hinsichtlich Technik, Thema und Komposition inspirieren. Dennoch leitete er daraus ganz eigenständige Schöpfungen ab, wie auch diese Dolchscheide. Die nack-

Weltliche Macht und höfische Kunst 85

ten Figuren auf den kleinen Fächern für Messer und Pfriem deuten darauf hin, dass er nicht nur Drucke von den Werken anderer Meister kannte. Die Figuren erinnern wegen der leicht gebogenen Darstellung an Albrecht Dürers Gemälde *Adam und Eva* von 1507 (Prado, Madrid) im Gegensatz zu den kräftigen Körperformen im Stich zum gleichen Thema von 1504. Aldegrever stand der Reformationsbewegung in der westfälischen Stadt Soest nahe, wo er Kupferstiche von Anführern der Wiedertäufer sowie von Luther und Melanchthon anfertigte. TR

Literatur
Andersson/Talbot 1983, S. 176 f., Nr. 56 · Bartrum 1995, S. 180–182, Nr. 183 · Mielke 1998, S. 214, Nr. 259 · Stogdon 1989, Nr. 27.

72

Weidbesteck des sächsischen Kurfürsten Friedrich des Weisen

sächsisch, 1. Viertel 16. Jh.
Eisen, Silber, Hirschhorn und Leder
Weidpraxe L 45 cm, L Blatt 30,5 cm;
zwei Beimesser L 21,8 cm; Beibesteck
(Messer und Gabel) L 18,5 cm, L Köcher 33 cm
Wartburg-Stiftung Eisenach, Inv.-Nr. KB0001
Ausstellung Minneapolis

Inschrift der Weidpraxe:
VS: CHRISTO SACRUM [...] verbo magna putate Propterea dingnus posteritate tali. Friderich bin billich genannt / Schonen frid ich erhilt in lant / Durch groß Vornunfftgeduldvnd gluck / Wider manchen ertzbosen tuck / Das lant ich ziret mit Gebew / Vndschtifft ein hocheschul aufs neu / Zu wittenberck in sachsenlant / In aller Welt die wart bekannt / Den aus dieselwen kam Gotes Wort / Vnd tat gros Dinck an manchem Ort / das bebstisch reich schtortzt es danider / Vnd bracht den rechten Glauben wider / Zum Keiser wart gekrönet ich / Des mein alder beschweret sich / Dafür ich keiser Karl erwelt / Und nicht vmbgonst oder gelt.
RS: 1525 Am fünften Tag des Meien ist / Geschtorben der Durchlauchtigst / ChurfürstHertzoch Friderich vonn / Sachsen an einem Sonntag auf denn / Abent zur Lochawumb acht or / Seines Aldersch im 64. Jar bei jm / Kam das Wort Gothes an tack / zu Withenberck durch Doctor / Martinum Luther.

Das fünfteilige Weidbesteck besteht aus einem großen Weidblatt (Praxe), zwei Messern und einem Besteck mit zweizinkiger Gabel. Die Praxe wurde sowohl als Hiebmesser als auch zum Teilen großer Fleischstücke verwendet. Die spitzen Beimesser fungierten als Jagdnicker (Genickfänger), mit denen das Wild durch einen Stich in den Nacken erlegt wurde. Eine mit gravierten Silber-

86 Weltliche Macht und höfische Kunst

beschlägen gefasste Lederscheide nimmt alle Teile des Bestecks auf. Die breite Klinge des Weidblattes trägt beidseitig geätzte Inschriften, die von vegetabilen Ornamenten umrahmt sind. Die Inschrift der Vorderseite ist beinahe identisch mit dem Text der auf Papier gedruckten Verse, die häufig unter die kleinen, von der Cranachwerkstatt in großer Zahl gemalten Gedächtnisbilder Friedrichs des Weisen geklebt wurden (vgl. Kat. 43 u. 47). Sie würdigen seine kluge Regierungsführung, seine Verdienste um die Förderung der lutherischen Lehre, weisen auf die unter seiner Herrschaft errichteten Bauwerke sowie auf die Gründung der Universität Wittenberg hin. Ihr Verfasser war kein Geringerer als Martin Luther (WA 35, 587). Allerdings wurden sowohl auf den Bildtafeln als auch auf der Praxe zwei Zeilen hinzugefügt, die nicht von Luther stammen: »Zum Keisar ward erkorn ich / Des mein alter beschwert sich« heißt es auf den Klebezetteln. Auf dem Weidblatt ging der Graveur sogar noch einen Schritt weiter: »Zum Keiser wart gekrönet ich«. Tatsächlich besaß Friedrich nach dem Tod Kaiser Maximilians I. 1519 beste Aussichten, als dienstältester Kurfürst dessen Nachfolge anzutreten. Er verzichtete, auch weil er sich mit 56 Jahren bereits als zu alt empfand. Stattdessen unterstützte er den jungen Karl V. Dadurch, dass Friedrich dessen Wahlkapitulation ausformulierte, die die Zentralgewalt schwächte und den Reichsständen – wie ihm – mehr Macht verlieh, ging er aus der Kaiserwahl gestärkt hervor. GS

Literatur
Amme 1994, S. 158 f. (ill.) · Krauß/Schuchardt 1996, S. 214, Nr. 142 (ill.) · Ludolphy 1984, S. 18 f.

73

Wolff Christoff Ritter
Kokosnusspokal

Nürnberg
um 1560
Silber, gegossen, getrieben, graviert, vergoldet; Kokosnuss
H 30,5 cm; Dm 9,5 cm
Stiftung Luthergedenkstätten in Sachsen-Anhalt, Inv.-Nr. K 289
Ausstellung Minneapolis

an der Gefäßschulter gepunzt: Stadtmarke Nürnberg (Rosenberg 1186) und Meistermarke dreigeteilter Schild mit drei Sternen (Rosenberg 1223)

Der Pokal erhebt sich über einem glockenförmigen kannelierten Fuß mit breitem Standring. Ein Band aus Granatäpfeln ziert umlaufend die Zarge. Der Schaft, dessen untere Partie mit demselben Granatapfelmuster versehen ist, besitzt zwei Nodi: einen unteren kleineren in gedrückter Form und einen oberen größeren in Form einer kannelierten Halbkugel. Darüber verläuft der Schaft bikonisch und endet in einem ebenfalls mit Granatapfelfries geschmückten Abschluss. Die Kuppa besteht aus einer polierten Kokosnuss, gehalten von drei Spangen mit Blattornamenten. Den metallenen Abschluss mit ausladender Mündung zieren gravierte florale Ornamente. Auf dem Knauf des glockenförmigen kannelierten Deckels steht die vollplastische Figur eines Soldaten in antikisierender Rüstung.
Besitzt eine Kokosnuss für uns heute keinen besonderen materiellen Wert, so gehörte sie für die Menschen der Frühneuzeit zu den besonders kostbaren Gegenständen. Die exotischen, von weit her importierten Früchte waren äußerst teuer in der Anschaffung und lassen sich daher am ehesten in den Schatzkammern reicher Fürsten oder Patrizier finden. Ihnen schrieb man außerdem eine giftanzeigende Wirkung zu, was sie noch kostbarer machte. Zentren der Herstellung solch kostbarer Gegenstände waren die süddeutschen Städte Augsburg und Nürnberg. Von dort stammt auch der abgebildete Pokal. Die sächsischen Fürsten besaßen solche edlen Gefäße und nutzten sie als »Willkomm«, aus dem besonderen Gästen zu speziellen Anlässen ein Begrüßungstrank gereicht wurde. SKV

Literatur
Fritz 1983 · Onlinesammlung SKD, Deckelpokal · Onlinesammlung SKD, Willkommpokal · Tebbe 2007 · Treu 2003 b, S. 49 f. (ill.)

Weltliche Macht und höfische Kunst

74

Lucas Cranach d. Ä.
Adam und Eva

Wittenberg, 1532
Öl auf Rotbuchenholz
50 × 35 cm
Kulturhistorisches Museum Magdeburg,
Inv.-Nr. G 272
Ausstellung New York

signiert links unten auf dem Stein:
Schlange mit stehenden Flügeln und
Datierung »1532«

Den verbotenen Apfel gemeinsam in den Händen haltend schauen sich Adam und Eva nah beieinander stehend an. Mit seiner anderen Hand hält Adam einen belaubten Ast, der seine und die ihm zugewandte Scham seiner Liebsten bedeckt. Lucas Cranach d. Ä. platziert zentral Adam und Eva vor dem Baum der Erkenntnis. Die listige Schlange, die dem ersten Menschenpaar verspricht, »Sobald ihr davon esst, gehen euch die Augen auf; ihr werdet wie Gott und erkennt Gut und Böse« (1. Mose 3,5), krümmt sich über dem Kopf der Eva vom Apfelbaum herab. Den Moment des Sündenfalls, den Biss Adams von dem von Gott verbotenen Apfel und die damit verbundene Verbannung des Paares aus dem Paradies zeigt Cranach vor idyllischer Kulisse. Während die untergehende Sonne den Himmel in Unheil drohende Abendstimmung versetzt, gesellen sich im grünen Dickicht Hirsch und Reh zu dem Paar. Symbolisch reflektieren sie Harmonie und Vertrauen von Frau und Mann.

Bereits seit 1509 muss sich Cranach mit dem Sujet des Sündenfalls beschäftigt haben. Überliefert sind mehr als 30 Gemälde des Meisters und seiner Werkstatt, die Adam und Eva entweder ganzfigurig vor zurückgenommenem Hintergrund oder, wie im Fall des Magdeburger Gemäldes, im Paradiesgarten zeigen. Als Reaktion auf Albrecht Dürers Kupferstich von 1504 spielte bei Cranach Botschaft und Wirkung der Heilsgeschichte eine zentrale Rolle. So wurde oft, ähnlich wie bei den Bildern mit »Weibermachtsthemen«, die sinnliche und triebhafte Disposition von Mann und besonders Frau mahnend prononciert, nicht zuletzt durch ihre unbekümmerte Nacktheit. Martin Luther und die Reformatoren, die ein neues Eheverständnis propagierten, sahen in Adam und Eva das von Gott bestimmte erste Ehepaar der Menschheit. Im ehelichen Bund galt es, Wollust und Triebe zu beherrschen. Cranach griff diese Auslegung auf, indem er Eva einer sinnlichen Venus gleich bei der Verführung Adams malte. FK

Literatur
Friedländer/Rosenberg/Schwartz 1979, S. 109, Nr. 198E · Koepplin/Falk 1976, Bd. 2, S. 659, Nr. 574a · Schoen 2001, S. 195–212 · Spielmann 2003, S. 60 u. 176, Kat. 52 (ill.)

Weltliche Macht und höfische Kunst 89

75 | 76

75

76

Conrad Meit
Adam und Eva

um 1510
Buchsbaum, braun lasiert und in Teilen
farbig gefasst
Ausstellung New York

75
Adam

36 × 15,8 × 9 cm
Stiftung Schloss Friedenstein Gotha,
Inv.-Nr. P 21

76
Eva

33,7 × 14,5 × 5,3 cm
Stiftung Schloss Friedenstein Gotha,
Inv.-Nr. P 22

Die nur in wenigen Details farbig gefassten Skulpturen aus Buchsbaum gehören zu den frühesten isolierten Darstellungen von Adam und Eva in der deutschen Renaissanceplastik. Die beiden unbekleideten Figuren, die als Beiwerk nur drei Äpfel vom Baum der Erkenntnis in ihren Händen halten, erheben sich auf einem eng gefassten Rasenstück. Adam, der einen Apfel in seiner rechten Hand hält, wendet sich mit seinem Kopf nach links in Richtung Eva und streckt ihr seinen linken Arm entgegen, bereit, einen weiteren Apfel entgegenzunehmen. Eva blickt mit leicht nach unten geneigtem Kopf in Richtung der Frucht, die sie Adam mit ihrer Rechten darbietet. Einen weiteren Apfel hält sie in der anderen Hand. Die Körperhaltung der beiden ist im antikisierenden Kontrapost-Motiv angelegt, das ein harmonisches Verhältnis von Bewegung und Körperspannung kennzeichnet. Von großer künstlerischer Qualität zeugt die äußerst fein und detailliert modellierte Oberfläche, die ein genaues Naturstudium verrät. Meisterhaft ist das Nebeneinander von glatter Haut und plastisch hervortretenden Haaren.
Geschaffen wurden die Stücke von Conrad Meit, der um 1505/09 in Wittenberg am Hof Friedrichs des Weisen nachweisbar ist und auch in der Werkstatt von Lucas Cranach d. Ä. arbeitete. Nicht ausgeschlossen ist, dass die Figuren noch für den Wittenberger Hof entstanden und somit Zeugnis von dem hohen künstlerischen Niveau in Wittenberg kurz vor der Reformation ablegen. Es handelt sich um reine Kunstkammerstücke, die mit Sicherheit nie in einem kirchlichen Kontext standen. Anregungen fand der Künstler sowohl in Dürers Meisterstich *Adam und Eva* von 1504 sowie in Cranachs Holzschnitt *Venus, Amor züchtigend* (1509, datiert auf 1506). Dennoch schuf er ein eigenständiges und für sich stehendes Meisterwerk voller Sinnlichkeit.

Die Darstellung von Adam und Eva und dem Sündenfall (1. Mose 3) bot dem Künstler die Möglichkeit, den nackten menschlichen Körper zu zeigen. Das biblische Thema ist dabei anscheinend nur noch ein Feigenblatt für eine erotisch aufgeladene, sinnliche Figurenkomposition, in der Naturbeobachtung und das Interesse am menschlichen Körper im Vordergrund stehen. Allerdings gelingt es Meit darüber hinaus, den Moment auch psychologisch feinfühlig zu erfassen. So sind die Erwartungshaltung und das zeitgleiche Zögern im Moment der Verführung für den Betrachter nachvollziehbar. Je nach Ausrichtung der beiden Figurinen zueinander verändert sich der Eindruck des Augenblicks, in dem sich das erste Menschenpaar als Mann und Frau erkennt und sich seiner Sexualität bewusst wird. TT

Literatur
Eikelmann 2006, S. 68–71 (ill.) · Schuttwolf 1995, S. 90 f. (ill.)

Weltliche Macht und höfische Kunst

III

Vor-
reformatorische
Frömmigkeit

Martin Luther wuchs in einer stark von Religion und religiösen Praktiken geprägten Umgebung auf. Stadtgemeinde und Kirchengemeinde waren praktisch identisch und Gottesdienste und Gebetszeiten strukturierten den Alltag. Das Siedlungsgefüge war geprägt von Kirchen und Kapellen, deren Glocken nicht nur Gottesdienste einläuteten, sondern auch von freudigen Anlässen und Gefahren sowie gleichermaßen vom Sterben kündeten. Die Kirchendiener, sprich der Klerus, waren ein eigener Stand und Ordensleute bevölkerten zahlreich die Straßen und Plätze.

Gott galt den Menschen als alles bestimmender Herrscher und ihm zu gefallen war ihr oberstes Ziel. Nur so versprachen sie sich die Erlösung am Tag des Jüngsten Gerichts und Verschonung vom Zorn Gottes zu Lebzeiten. Kriege, Hungersnöte, Missernten, Krankheiten und Seuchen galten als direkte Strafen für die Sünden der Menschen. Also betrieben die Gläubigen in vielen Formen Vorsorge für ihr Heil. Sie besuchten nicht nur pflichtbewusst die Gottesdienste und beteten Stundengebete und den Rosenkranz, sondern unterstützten je nach Geldbeutel auch fromme Stiftungen. So konnten die Kirchgänger den Spendenpfennig in teilweise aufwendig gestaltete Opferstöcke werfen, andere stifteten Wachs für Kerzen oder die Materialkosten für Kelche, Monstranzen oder Gewänder. Wieder andere vererbten ihr Vermögen oder große Teile davon. Daraus ergaben sich Pacht- und Handelserträge, aus denen z. B. der Unterhalt der Kirchengebäude und auch das Kirchenpersonal bezahlt werden konnte. Schließlich nicht zu vergessen sind die heute noch auf uns gekommenen Kunstwerke inner- und außerhalb der Gotteshäuser, zu denen neben Altarbildern und Epitaphen auch Taufsteine, Kanzeln, Wandmalereien sowie zahlreiche Kleinodien aus Edelmetall zählen. SKV

Pfarrkirche und Gottesdienst vor der Reformation

Die zentrale städtebauliche Position der meisten Pfarrkirchen macht ihre Bedeutung als ein Zentrum des öffentlichen Lebens sinnfällig. Hier begann es mit der Taufe und hier endete es mit der Beisetzung auf dem Kirchhof. Das Sakrament der Ehe spenden sich die Brautleute zwar gegenseitig, aber die Eheschließung war damals nur gültig durch den Segen eines Priesters. Je nach Gemeinde fand die Zeremonie vor oder in der Kirche oder unter sog. Brautportalen statt. Die Beichte war einmal jährlich Pflicht. An Sonn- und Feiertagen mussten die Mitglieder der Gemeinde – ein jeder war einer solchen zugeordnet – an der Messe in ihrer Kirche teilnehmen. Sie ist bis heute die Gottesdienstform, in der Brot in Form von Hostien und Wein in Leib und Blut Christi gewandelt werden (Konsekration). Da der Gottesdienst auf Latein gehalten wurde, erkannten die Gläubigen nur an zeichenhaften Handlungen, wie das Läuten von Glöckchen oder dem Zeigen von Leib und Blut Christi, was gerade geschah.

Die spätmittelalterliche Messe war eine Opferhandlung, in der die Gläubigen Gott in Hinblick auf das Jüngste Gericht gnädig stimmen wollten. Die Altäre in den Kirchen wurden oft mit kostbaren Kunstwerken – Gemälden, Skulpturen, Retabeln, Goldschmiedearbeiten etc. – geschmückt. Bei der Messe kam es nicht auf die Teilnahme der Gläubigen an, sondern auf die Durchführung des Ritus an sich durch einen Priester. Deshalb fanden viele davon ohne Publikum statt.

Ein Altar muss von einem Priester »bedient« werden. Dieser benötigt mehrere liturgische Gewänder. Ebenso muss der Altar mit Kerzen ausgestattet sein, mit den nötigen Büchern zur Lesung der Liturgien und mit Altargerät für die Messe. Den kostspieligen Unterhalt trugen auch einzelne Personen oder Gruppen in Form von Stiftungen. Die Ausstattung der Altäre mit Kunstwerken und Retabeln war eine Zugabe zu Ehre und Ruhm Gottes und eine Möglichkeit, das Quantum an Ablass, das eine Stiftung ohnehin beinhaltete, noch zu vergrößern.

In jeden Altar brachte man Reliquien des oder der Heiligen, denen er geweiht war (Patrone), ein. Im Verlauf des Mittelalters gewann der Reliquienkult massiv an Bedeutung, sodass sie vermehrt in kostbaren Reliquiaren ausgestellt wurden. Heiltümer (Reliquiensammlungen) wie die in Wittenberg zogen Pilger an. Wallfahrten waren Großveranstaltungen, die Kirche und Stadt hohe Einkünfte bescherten. SKV

77
deutscher Meister
Gregorsmesse

3. Viertel 15. Jh.
Mischtechnik auf Holz
129 × 127 cm
Stiftung Schloss Friedenstein Gotha,
Inv.-Nr. SG 1
Ausstellung Minneapolis

Inschrift am Altartuch: hoc est factum a d[o]m[ino] et mirabile in

Die Verwandlung der Hostie in den Leib des leidenden Christus, die Transsubstantiation, spiegelt die ausgeprägte Sakramentsfrömmigkeit des Mittelalters und die große Bedeutung der Messfeier als heilsbringendes Ereignis wider. Daher gehörte die Darstellung der Vision Papst Gregors d. Gr., dem anlässlich einer Messfeier Christus selbst auf dem Altar erschienen sein soll, zu den beliebtesten Sujets des späten Mittelalters.

Die hier gezeigte Tafel mit der Darstellung einer Gregorsmesse war Bestandteil eines Altarretabels, das sich ursprünglich in dem südlich von Gotha gelegenen thüringischen Zisterzienserkloster Georgenthal befand.

Sie zeigt den Schmerzensmann halb sitzend auf dem Sarkophagdeckel. Am ganzen Körper übersät mit blutenden Wunden und das Kreuz mit dem linken Arm umfassend, präsentiert Christus seine Seitenwunde. Umgeben ist er von den Leidenswerkzeugen seiner Passion, den *arma Christi*. Auf der Mensa befindet sich der von der Palla bedeckte Kelch auf der Korporale, die Patene darunter halb verdeckt. Christus, der über Kelch und Hostienschale thront, deutet an, das Blut aus seiner offenen Seitenwunde in den Kelch fließen zu lassen. Papst Gregor kniet mit zum Gebet gefalteten Händen vor dem Altar. Mit dem *signum imperii*, der Tiara, zeigt er sich in seiner Funktion als geistliches und weltliches Oberhaupt in hingebungsvoller Haltung. Den Kreuzstab haltend blickt der auf der rechten Seite stehende Bischof aus dem Bild heraus und streift dabei das Verwandlungswunder auf der Mensa mit seinem Blick. Dagegen blickt ein links der Altarmensa stehender Kardinal, der die Arme unter seinem Gewand verschränkt, andächtig zu Gregor hinab.

Die Legende besagt, dass Papst Gregor d. Gr. nach der Erscheinung Christi den Gläubigen einen Ablass von insgesamt 14 000 Jahren gewährte. Mit der Bulle *Unigenitus dei filius* von Papst Clemens VI. verkündete die Kirche im Jahr 1343 ihre von Gott verliehene Vollmacht, im Namen Christi den Gläubigen Ablass von Sündenstrafe zu gewähren. Luthers Kritik an dem mittlerweile kommerziell betriebenen Ablasshandel wurde zu einem zentralen Auslöser der Reformation. Bildtypen wie denen der Gregorsmesse drohte damit in den protestantischen Landen der Niedergang. Nach 1520 werden Darstellungen des Wunders seltener in Auftrag gegeben und ihr Nutzen für die Frömmigkeitspraxis sollte infrage gestellt werden. Auch Messen wurden nicht mehr im Sinne des Kirchenvaters Gregor gefeiert. FK

Literatur
Hecht 2007 · Lehfeldt 1891, S. 95 f. · Leuschner/Bornschein/Schierz 2015, S. 51 u. 55 (ill.) · Meier 2006 · Steguweit 1990, S. 37, Abb. 28 (ill.)

78
Meister der byzantinischen Madonna
Retabel mit der Gregorsmesse

Leipzig oder Merseburg, 1516
Tempera auf Holz
42 × 104 cm
Vereinigte Domstifter zu Merseburg und Naumburg und des Kollegiatstifts Zeitz, Merseburg, Domstift
Ausstellung New York

Das kleine Retabel zeigt einen im späten Mittelalter weit verbreiteten Bildtypus. Während der Messfeier Papst Gregors d. Gr. erscheinen Jesus als Schmerzensmann sowie die Marterwerkzeuge Christi. Zugleich, so die Legende, wurde eine Frau, die dieser Szene beiwohnte, von ihren Zweifeln an der Realpräsenz Christi in der geweihten Hostie geheilt. Papst Gregor I. hatte für die Frau gebetet und stellte nach dem Gebet fest, dass ein Stück Brot zu Fleisch in Form eines Fingers geworden war.

Der Schmerzensmann ist in Merseburg wie in der römischen Stationskirche *Santa Croce in Gerusalemme* dargestellt. Diese Darstellung soll Papst Gregor I., nachdem er das Wunder erlebt hatte, selbst in Auftrag gegeben haben.

Die Messfeier wird auf dem Merseburger Retabel vom Apostel Matthias sowie dem Evangelisten Johannes flankiert. Links vom Betrachter kniet der Stifter des Bildes, der aufgrund seines Wappens als der Merseburger Vikar Johannes Hoppe (Hopfen) identifiziert werden kann.

Wie viele kleinformatige Retabel gehört das der Gregorsmesse zur Neuausstattung des Merseburger Domes nach dem Neubau. Unter Bischof Thilo von Trotha begann 1510 der Umbau des Domes zur Hallenkirche, der unter seinem Nachfolger Adolf von Anhalt 1517 abgeschlossen werden konnte. Dabei sind viele neue Altarretabel angefertigt worden, deren genauer Platz im Dom sich jedoch nicht mehr bestimmen lässt. MC

Vorreformatorische Frömmigkeit 95

78

Literatur
Cottin/John/Kunde 2008, Kat. II.20, S. 289 (ill.) ·
Cottin/Kunde/Kunde 2014, Kat. VII.4, S. 275
(ill.) · Heise/Kunde/Wittmann 2004, Kat. III.43,
S. 177–179 (ill.)

79

Leipziger Werkstatt (?)
Altarflügel mit den vier Erzengeln, drei lateinischen Kirchenvätern und dem hl. Benedikt von Nursia

1516
Tempera und Gold auf Holz
192 × 81,5 cm
Vereinigte Domstifter zu Merseburg
und Naumburg und des Kollegiatstifts Zeitz,
Dom Merseburg, Dauerleihgabe Carl von Bose
Ausstellung Minneapolis

Schriftband in der linken Hand des Erzengels
Gabriel: AVE [MARIA] GRACIA PLENA D[OMINUS]
T[ECUM].

Die beiden Altarflügel gehören zu einem unvollständig erhaltenen Retabel, das in enger Beziehung zur Familie Bose auf Frankleben bei Merseburg steht. Zwei weitere erhaltene Standflügel zeigen Darstellungen des Kirchenvaters Augustinus und Benedikts von Nursia. Das Gemälde mit der Darstellung des Kirchenvaters Augustinus trägt die Datierung 1516. Die hier gezeigten Flügel präsentieren auf den Innenseiten die vier Erzengel: auf dem einen Michael als Seelenwäger, darunter Uriel mit einem Weihrauchfass, auf dem anderen Gabriel mit der Verkündigung an Maria und darunter Raphael mit dem Fisch. Die Außenseiten zeigen Papst Gregor den Großen im Papstgewand und den hl. Hieronymus im Kardinalsgewand mit der Bibel sowie einem Löwen als Begleiter.

Die Landschaftshintergründe der Erzengel und Kirchenväter verweisen auf die sog. Donauschule, die auch im mitteldeutschen Raum durch Lucas Cranach d. Ä. und Georg Lemberger Anklang fand. Zu verweisen ist auf Arbeiten in der Merseburger Domkirche wie den großen *Hortus conclusus* in der Bischofskapelle oder das Retabel mit der Bekehrung Pauli im Naumburger Dom. Vermutet wird eine Herstellung der Tafeln in Leipzig, da sich dort im ausgehenden Mittelalter ein bedeutendes künstlerisches Zentrum befand.

Die Darstellungen auf den Altarflügeln lassen auf eine besondere Verehrung der Erzengel (wobei Uriel nicht als kanonisch galt) oder auf die besondere Würdigung der vier Kirchenväter schließen, wobei in diesem Falle Ambrosius von Mailand durch Benedikt von Nursia ersetzt wurde. Zu bedenken ist, dass der Mittelteil des Retabels als verloren gilt und damit das Patrozinium des Altars schwer zu ermitteln ist. Hinweise vermag jedoch die Provenienz der vier Tafeln zu geben: Sie stammen aus Frankleben, wo die Familie Bose seit dem Mittelalter ihren Hauptsitz hatte. Offenbar war der zugehörige Altar durch die Familie Bose gestiftet worden und nach der Reformation in Familienbesitz gelangt.

Sämtliche heute erhaltenen Flügel wurden 1945/46 enteignet und gelangten in die Kunstsammlungen der Moritzburg in Halle (Saale). 2008 wurden alle vier Tafeln als Zustiftung der Familie von Bose an die Vereinigten Domstifter im Merseburger Dom zusammengeführt. Die enge Bindung des Retabels an diese Familie dürfte einen Hinweis auf die ursprüngliche Stiftung geben. Im Jahr 1447 hatten die Brüder des Merseburger Bischofs Johannes II. Bose, Balthasar und Georg Bose, eine umfangreiche Stiftung zugunsten des Altars der vier Evangelisten in der Merseburger Stiftskirche St. Sixti vorgenommen (Domstiftsarchiv Merseburg, Urkunde St. Sixti, Nr. 101, 102). Jeweils der älteste aus dem Geschlecht sollte das Patronatsrecht für eine Altaristenstelle innehaben. Fortan hatten diese Stelle Johannes Bornis und Johannes Junge inne. Beide waren von illegitimer Geburt, wobei für Johannes Bornis sicher ist, dass er ein Sohn des Merseburger Bischofs Johannes II. Bose war (RG 5, Nr. 4965; RG 7, Nr. 1310). Dessen Familie hatte also offenbar ganz bewusst den Altar gefördert, um den illegitimen Sohn des Bischofs zu versorgen. Im 16. Jh., also nach der Schaffung der neuen Altarflügel, war der Altar neben den vier Evangelisten auch den vier Doktoren (d. h. Kirchenvätern) geweiht (Domstiftsarchiv Merseburg, Urkunde Nr. 1049). Nach dem Figurenprogramm sowie der Nähe zur Familie Bose könnte es sich also um eine Stiftung der Familie Bose aus dem 15. Jh. handeln. Diese stünde dann nicht nur für die Frömmigkeit im Zeitalter vor dem Anbruch der Reformation, als das Retabel entstand, sondern auch für die Versorgung illegitimer Kinder durch die Familie des Bischofs. MC

Quellen und Literatur
Burkhardt/Küstermann/Otte 1883, S. 42 f. (ill.) ·
Cottin/John/Kunde 2008, Kat. II.12, S. 242–246
(ill.) · DStA, Urkunde Nr. 1049; Urkunde St. Sixti,
Nr. 101 u. 102 · Kunde/Hörsch 2006, Kat. I.12,
S. 32–39 (ill.) · RG 5 · RG 7

Vorreformatorische Frömmigkeit 97

80

80

Leipziger Werkstatt (?)
Altarretabel aus Kämmeritz (Mittelschrein) mit drei weiblichen Heiligen (Elisabeth, Maria, unbekannte Heilige)

um 1500
Lindenholz, farbig gefasst,
z.T. mit Metallauflagen
Schrein: 125 × 117 × 23,5 cm;
hl. Elisabeth: 93 × 32 × 8 cm;
Maria mit Kind: 98 × 28 × 15 cm;
unbekannte Heilige: 97,5 × 28 × 13,5 cm
Stiftung Dome und Schlösser Sachsen-Anhalt,
Kunstmuseum Moritzburg Halle,
Inv.-Nrn. MOIII0264 und MOIII00264a bis -c

In vorreformatorischer Zeit erhofften sich die Gläubigen von Heiligen und Märtyrern, die bereits der göttlichen Gnade teilhaftig waren und in den Altarfiguren vergegenwärtigt wurden, Fürsprache bei Gott. Waren in die Altäre zudem noch Reliquien eingelassen, so war eine heilige Substanz anwesend. Die *contemplatio*, die sich versenkende Anbetung in das Leben der Heiligen, erfuhr besonders im 13. Jh. in der Mystik eine Steigerung. Dabei waren die verschiedenen Heiligen für ganz unterschiedliche Anliegen »zuständig«.
In den Altarschreinen begleiteten die Schutzheiligen der jeweiligen Kirche oder der Stifter die am häufigsten als zentrale Figur erscheinende Gottesmutter. Auch nach der Reformation verblieben die Altäre oft in den nun protestantischen Kirchen. Die Bedeutung der Heiligen verblasste jedoch, da man ihnen nun ihre Funktion als Heilsmittler absprach. Nach und nach wurden in den folgenden Jahrhunderten die Altäre und die Heiligenfiguren entfernt, bei Renovierungen, Umbauten oder einfach, weil sie unansehnlich geworden waren. In Halle sammelte seit 1823 der Thüringisch-Sächsische Geschichts- und Altertumsverein die bis dahin noch in Mitteldeutschland vorhandenen Altäre und Heiligenfiguren. Aus diesem Bestand kaufte 1917 die Stadt Halle für ihr Kunstmuseum Moritzburg u. a. den Altar aus Kämmeritz, einem Ort im Kreis Querfurt.
Im erhaltenen Mittelschrein des Kämmeritzer Altars stehen neben der zentralen Figur der Gottesmutter Maria mit dem Jesuskind links die hl. Elisabeth und rechts eine jugendliche Heilige, die nicht mehr zu identifizieren ist. Möglicherweise handelt es sich um Maria Magdalena, die in ihren verloren gegangenen Händen ein Salbgefäß gehalten haben könnte. Die in anmutiger S-Kurve stehenden Damen verkörpern das Schönheitsideal des Mittelalters und sind nach feudaler Mode mit spitz zulaufenden Schuhen und prächtigen Gewändern ausgestattet: Über den Kleidern mit weiten Ärmeln tragen sie gefütterte Mäntel aus Brokatstoffen. So waren etwa das Kleid der Maria aus Pressbrokat mit floralen Ornamenten versehen und die Innenseite ihres Mantels versilbert. Die Gottesmutter trägt auf ihrem Haupt mit dem im Nacken zusammengehaltenen Haar eine Krone, deren ornamentale Spitzen abgebrochen und verloren sind. Sie hält einen kindlich zappelnden Jesusknaben auf ihrem Arm, der seinen Arm um den Hals der Mutter schlingt und auf seinem nackten Körper ein Mäntelchen vom selben Material wie Marias Mantel trägt – eine in Mitteldeutschland seltene Darstellung. Die blaue Innenseite des Mantels der unbekannten Heiligen ist mit goldenen Papierpunkten verziert. Maria und die unbekannte Heilige sind als Jungfrauen mit unbedecktem, in langen Locken herabfallendem und mit Gold unterlegtem Haar wiedergegeben. Die jugendliche Heilige, deren gefälteltes Hemd unter dem aufgeklappten Kragen ihres Kleides zu sehen ist, trägt um den Kopf ein turbanartig gewundenes Tuch, das über der Stirn in zwei gedrehten Spitzen zusammentrifft und dessen breites Schmuckband über ihre rechte Schulter auf ihre Brust und den Kragen ihres Kleides fällt. Man kennt ähnlichen Putz von den französischen Tapisserien der Dame mit dem Einhorn (Ende 15. Jh., Musée national du Moyen Age, Paris). Die andere Begleitfigur der Madonna, die wegen ihrer Mildtätigkeit und Gottesfürchtigkeit heilig gesprochene thüringische Landgräfin Elisabeth, ist dagegen als verheiratete, etwas ältere Frau mit schmalen Wangen und deutlicheren Augenfältchen und mit bedecktem Haar dargestellt. Ihr Kopfputz, bestehend aus einem Tuch und dem Gebende, das den Hals verhüllt, kam in der französischen Plastik zwischen 1280 und 1320 in der Darstellung weiblicher Heiliger und frommer Stifterinnen vor. Elisabeth hält eine Weinkanne und einen Teller mit Brot, Walnüssen, einer Birne und Trauben als Gaben für die Armen in den Händen. Die drei Heiligen stehen auf einzelnen Plinthen unter dem von schlanken, gedrehten Säulen getragenen, geschnitzten Schleierwerk vor einem mit einem Distelblattornament geprägten vergoldeten Hintergrund, der einen Teppich meint. Das Muster deutet auf eine sächsische Werkstatt aus dem Leipziger Raum und den dort tätigen Maler Pancratius Grueber hin. Bei dem Altar handelt es sich um eine noble und feine Arbeit, das Gemälde einer Seitentafel lässt auf die Kenntnis von Dürers Werk schließen. Der Altar wurde 2008 nach eingehender Untersuchung grundlegend restauriert. CW

Literatur
Bergner 1909, S. 132 · Flechsig 1912, S. 49 (ill.) · Schaich 2007, S. 28 (ill.)

81

Werkstatt des Franz Geringswalde
Marienretabel aus dem Naumburger Dom St. Peter und Paul

Altenburg, um 1510
Nadelholz, geschnitzt, polychrom gefasst und vergoldet; auf der Rückseite der Flügel fragmentarisch erhaltene Temperamalerei
Mittelschrein: 146 × 132 cm; Flügel: 146 × 66 cm
Vereinigte Domstifter zu Merseburg und Naumburg und des Kollegiatstifts Zeitz, Naumburger Dom
Ausstellung Minneapolis

Inschriften:
Mittelschrein: im Nimbus der Heiligen:
S. KATERINA S. MARIA S. BARBARA
linker Flügel: Ecce.ancilla. (heute mit bloßem Auge nicht mehr erkennbar)
rechter Flügel: Aue.gracia.plena.dominus..tecum..
vgl. Lk 1,28; auf dem Schriftband des Engels auf der Rückseite des Schreins:
Johann Carl Schoch / Custos. 1766 [...] RESTAURIERT / 1957/58 / Inst. f. Denkmalpfl.

Das Retabel besteht aus einem Mittelschrein und zwei Seitenflügeln, Gesprenge und ursprüngliche Predella sind verloren. Die Werktagsseite zeigte eine Verkündigungsszene, von der nur der Erzengel Gabriel auf der Außenseite des rechten Flügels fragmentarisch erhalten ist. Geöffnet erscheinen auf den Innenseiten der Flügel auf Podesten stehend zwölf Apostel in je zwei Registern zu jeweils drei Figuren. Im Mittelschrein ist die zentral positionierte, von zwei Engeln gekrönte Muttergottes auf der Mondsichel zu ihrer Linken von der hl. Barbara und zur Rechten von der hl. Katharina flankiert, die ebenfalls gekrönt sind. Die beiden heiligen Jungfrauen sind der Muttergottes zugewandt, die ihrerseits in Blickbeziehung zu dem sich lebhaft bewegenden Jesusknaben steht. Die hl. Barbara trägt einen Kelch in der rechten Hand, zu ihrer Linken ist ein kleiner Turm erkennbar. Das Attribut der hl. Katharina – vermutlich ein Rad in der rechten Hand – fehlt.
Von der ausführenden Werkstatt, die für die Realisierung ihres Auftrags mit hoher Wahrscheinlichkeit auf Stiche von Israhel van Meckenem zurückgriff, war die Steigerung in Ausführung und Bildwirkung auf das Zentrum des Schreins intendiert. Fast alle Attribute der Apostel sind verloren, nur auf dem rechten Flügel sind in der oberen Reihe Andreas (Schräggabelkreuz), Johannes (Kelch) sowie Jakobus d. Ä. (Pilgerstab und Hut mit Pilgermuschel) eindeutig identifizierbar.
Die drei Figuren des Schreins stehen auf profilierten Podesten in Arkaden aus vergoldetem Distelwerk, das auf gedrehten Säulen ruht. Die Rückwand des Schreins zeigt im Einklang mit dem

81

100 Vorreformatorische Frömmigkeit

Fond der Flügel einen goldenen, mit verschiedenfarbig gemalten Fransen versehenen Pressbrokatteppich vor einem blauen Himmel mit goldenen Sternen. Die Köpfe der drei weiblichen Figuren sind mit hoher Stirn versehen, die Haare fallen eigentümlich in dicken lockigen Strähnen bis weit über die Schultern. Die reiche Gewandung entspricht der zeitgenössischen Hofmode, wobei die Schlitzärmel bei der hl. Katharina besonders charakteristisch sind.

Der Naumburger Dom St. Peter und Paul besaß vor Einführung der Reformation ca. 40 verschiedene Altäre. Weitere befanden sich in der unmittelbar benachbarten Marienkirche. Seit der Mitte des 13. Jhs. ist in der Naumburger Kathedrale eine immer stärker werdende Marienfrömmigkeit zu konstatieren. Ähnliches lässt sich über die Verehrung der zu den *quatuor virgines capitales* gerechneten heiligen Märtyrerinnen Katharina von Alexandrien (gest. 287) und Barbara (gest. 306) im Naumburger Dom aussagen. Angesichts ihrer hervorgehobenen Darstellung im ausgestellten Retabel ist zu vermuten, dass es ursprünglich auf dem 1385 erstmals genannten Altar SS. Maria, Paulus, Katharina und Barbara der Marienkirche gestanden hat (DStA Naumburg, Urk. 513). HK

Quellen und Literatur
Bergner 1903, S. 163 · Kayser 1746, Bl. 83r · Kunde 2006, S. 17, Abb. S. 12 · Ludwig/Kunde 2011, S. 122 · Schubert/Görlitz 1959, S. 122, Nr. 122

82

Lucas Cranach d. Ä.
Maria mit dem Kind und dem anbetenden Johannesknaben

um 1514
Tempera und Ölmalerei auf Lindenholz
67,4 × 45,5 cm
Bundesrepublik Deutschland, als Dauerleihgabe in den Kunstsammlungen der Veste Coburg, Inv.-Nr. M.337
Ausstellung New York

signiert oben links mit der geflügelten Schlange

Ein halbes Jahr vor Christus geboren, gilt Johannes der Täufer als dessen Vorläufer und als der letzte Prophet aus der Zeit des Alten Bundes. Er vereint in seiner Person das Alte und das Neue Testament und erkennt als erster in Christus den Messias. Zwar berichtet der Evangelist Lukas über das Treffen Mariä und Elisabeth (Lk 1,39–45) mit ihren Kindern im Mutterleib, von einer eine Begegnung Christi und Johannes als Knaben aber ist in den Evangelien nicht die Rede. Das Motiv des den Christusknaben auf dem Schoß

83

der Muttergottes anbetenden Johannes erlebte in der italienischen Malerei der Renaissance (Botticelli, Perugino, Raffael, Leonardo) eine Blüte, und es ist das Verdienst Cranachs, dieses Bildthema in der Malerei nördlich der Alpen verbreitet zu haben. Es beschäftigte die Cranachwerkstatt bis in die 1530er Jahre, mehr als 50 Varianten entstanden im Laufe von zwei Jahrzehnten. Erstmals taucht das Thema in mehreren Versionen ab 1514 auf. Zu dieser Gruppe gehört auch die Coburger Tafel. Eine von einem Cranach-Nachahmer ausgeführte schwache Wiederholung des Coburger Bildes ist 1512 datiert (Sotheby's London, 3. Juli 1996, Lot 285a). Eine dem Coburger Bild sehr nahestehende Variante aus dem Jahr 1514 hat sich in der Kartause von Galluzo bei Florenz erhalten (Uffizien). Italienischen Einfluss zeigt nicht nur die Wahl des Motivs. Auch in der Art, wie Mariens Hand das Geschlecht des Kindes bedeckt, im Arrangement der Figurengruppe vor der Landschaft und in seinem warmen, satten Kolorit weist das Coburger Gemälde enge Bezüge zur Kunst der italienischen Früh- und Hochrenaissance auf.

Unklar ist, auf welche Weise die Italianità Eingang in Cranachs Werk gefunden hat. Möglicherweise wurde er am Hof seines fürstlichen Auftraggebers in Wittenberg auf italienische Vorbilder aufmerksam, vielleicht auch im Umfeld des aus Bologna an die Wittenberger Universität gekommenen Humanisten Christoph Scheurl. Ebenso kommt Jacopo de' Barbari, Cranachs Vorgänger als Wittenberger Hofmaler, für eine Vermittlerrolle in Betracht. Nicht zuletzt beflügeln solche Beispiele der Verarbeitung italienischer Anregungen, wie sie sich auch in zeitgleichen Lucretia-Darstellungen zeigen, die Spekulation über eine Italienreise Cranachs. KW

Literatur
Coliva/Aikema 2010, S. 280f., Nr. 49, Abb. 281 (ill.) · Krischke/Grebe 2015, S. 36 (ill.) · Maedebach 1972, Nr. 4 (ill.)

83

Blaue Kasel mit gesticktem Kreuz und dem Wappen Kardinal Albrechts von Brandenburg, Erzbischof von Mainz und Magdeburg

Mitteldeutschland, frühestens 1513 bis 1520er Jahre
Gewebe (Norditalien, 4. Viertel 15./Anfang 16. Jh.): blauer Seidendamast;
Stickerei (Mitteldeutschland?, 1. Viertel 16. Jh.): Häutchensilber, vergoldetes Häutchensilber, verschiedenfarbige Seidenfäden
132 × 89 cm
Stiftung Dome und Schlösser in Sachsen-Anhalt, Domschatz Halberstadt, Inv.-Nr. 226
Ausstellung Minneapolis

Albrecht von Brandenburg, der mächtigste Kirchenfürst seiner Zeit, vereinte in seiner Person nicht nur die Positionen als Erzbischof von Mainz und Magdeburg, sondern ab 1513 auch die des bischöflichen Administrators für das Bistum Halberstadt. Er bedachte den Halberstädter Dom mit einigen Stiftungen zur Ausschmückung des Gottesdienstes, von denen eine Reihe von Textilien erhalten blieb. Hierzu zählen auch zehn liturgische Gewänder, die anhand der applizierten Wappen Albrecht von Brandenburg zuzuordnen sind. Abgebildet ist in allen Fällen das vierfeldige Wappen des Hauses Brandenburg mit den Schilden der drei Bistümer Magdeburg, Mainz und Halberstadt in der Mitte. Zusätzlich sind die Insignien seiner geistlichen und weltlichen Macht – Schwert, Kreuz und Krummstab – beigefügt.

Die Kasel gehört zu einem Ensemble zusammengehöriger Gewänder, einem Ornat, von dem auch eine Dalmatika und das Pluviale erhalten sind. Als Grundstoff für alle drei Gewänder dient ein blauer Seidendamast mit Granatapfelmuster. Solche in Norditalien produzierten Stoffe waren in der zweiten Hälfte des 15. und den ersten Jahrzehnten des 16. Jhs. europaweit verbreitet.

Das separat gestickte und applizierte Kaselkreuz präsentiert eine mariologische Thematik. Im Zentrum des Kreuzes steht die Marienkrönung, bedeutungsperspektivisch hervorgehoben. Maria kniet vor den thronenden Gestalten von Gottvater und Christus, die gemeinsam eine große Krone über ihren Kopf halten. Darüber schwebt die Taube des Heiligen Geistes und komplettiert die Abbildung der Trinität. Darunter ist mit der Verkündigung eine weitere Darstellung aus dem Leben Mariens angeordnet. In den Kreuzenden befinden sich Darstellungen von Aposteln, die, als Zeugen assistierend, einen Rahmen um die Marienszenen bilden: die Halbfiguren der Apostel Matthäus (mit der Axt), Andreas (mit dem Schrägkreuz) und Bartholomäus (mit einem Messer) sowie die Standfiguren der beiden Apostelfürsten Petrus und Paulus mit Schlüssel und Schwert im untersten Bildfeld.

Inhaltlich wird mit der Verbindung der Verkündigung der göttlichen Botschaft an Maria, also dem Beginn des christlichen Heilsgeschehens, und der Krönung Mariens bei ihrer Aufnahme in den Himmel in äußerst verkürzter Form das Marienleben thematisiert. Die Kasel und damit der gesamte Ornat dürfte folglich zu Marienfesten Verwendung gefunden haben. BP

Literatur
Maseburg/Schulz 2004, S. 306, Kat. VI.28 (ill.) · Meller/Mundt/Schmuhl 2008, S. 278–281 (ill.) · Pregla 2006 · Riepertinger/Brockhoff/Heinemann/Schumann 2002, S. 225f., Kat. 107 (ill.) · Schauerte/Tacke 2006, S. 64, Kat. 5 (ill.)

84

Dalmatika mit dem Wappen Erzbischof Ernsts von Sachsen

Mitteldeutschland, zwischen 1480 und 1513
Seidengewebe (Norditalien, 4. Viertel 15. Jh.): violetter Seidenatlas, zweifarbiger Seidendamast (kupferfarben und violett)
112 × 136 cm (bei ausgestreckten Ärmeln)
Stiftung Dome und Schlösser in Sachsen-Anhalt, Domschatz Halberstadt, Inv.-Nr. 257
Ausstellung Minneapolis

Das von einem Diakon während der liturgischen Handlungen zu tragende Gewand aus dem Halberstädter Domschatz ist in einem bemerkenswert ungestörten Zustand ohne nachträgliche Veränderungen oder größere Reparaturen erhalten. Die Dalmatika wird von dem kontrastreichen Zusammenspiel des violetten Atlasgewebes und des zweifarbigen Damastes geprägt, der in Violett ein Muster aus siebenschweifigen Rosetten mit großen geschuppten Blüten oder Früchten in einem Blatt- und Blütenkranz zeigt. Der Grundton des Damastgewebes changiert in unterschiedlichem Licht zwischen Kupferfarben und einem goldenen Glanz, bedingt durch die Kombination von violetten Kett- und goldgelben Schussfäden. Das detailreiche Muster erlaubt, das Gewebe als Produkt einer italienischen Seidenweberei aus dem letzten Viertel des 15. Jhs. einzuordnen.

Auf der Rückseite des Gewandes sind gut sichtbar zwei Wappen platziert. Das vom Betrachter aus linke zeigt eine Kombination aus den Wappen der Bistümer Magdeburg und Halberstadt. Das rechte Wappen gehört dem Herzogtum Sachsen. In dieser Zusammenstellung verweisen die Wappen eindeutig auf Ernst II. von Sachsen (einen jüngeren Bruder Friedrichs des Weisen, Kurfürst von Sachsen). Ernst wurde 1476 als Erzbischof von Magdeburg und 1479 als Administrator (Verwalter) des Bistums Halberstadt postuliert. Er war in beiden Positionen der unmittelbare Amtsvorgänger von Kardinal Albrecht von Brandenburg. Die Besetzung von zwei Bischofsstühlen mit einer Person stellte eine nach Kirchenrecht verbotene Ämterhäufung dar. Jedoch konnte der Vater des jungen Postulanten, Kurfürst Ernst I. von Sachsen, 1480 auf einer Pilgerfahrt nach Rom nicht zuletzt dank finanzieller Zuwendungen erfolgreich Dispens für seinen Sohn bei Papst Sixtus IV. erlangen. Unter Erzbischof Ernst von Sachsen erfolgte im Jahr 1491 die feierliche Schlussweihe des Halberstädter Doms nach einer über 250-jährigen Bauzeit.

Wenn die Dalmatika auch eindeutig als Stiftung Ernsts von Sachsen zu identifizieren ist, dürfte sie jedoch wohl kaum zu den persönlichen Kleidungsstücken des Erzbischofs gehört haben. BP

Literatur
Cottin/Kunde/Kunde 2014, S. 250–253 (ill.) · Maseburg/Schulze 2004, S. 276f. (ill.)

84

85

85

Dalmatika aus Seidenbrokat

wohl Mitteldeutschland, 4. Viertel 15. Jh./
Anfang 16. Jh.
Seidengewebe (Norditalien, ca. 1470–1490):
roter Seidendamast mit Broschierungen aus
vergoldetem Silberlahn
121 × 133 cm (bei ausgestreckten Ärmeln)
Stiftung Dome und Schlösser in Sachsen-
Anhalt, Domschatz Halberstadt, Inv.-Nr. 217
Ausstellung Minneapolis

Die Dalmatika aus goldbroschiertem Seidendamast wurde wohl nur anlässlich besonders feier-
licher Gottesdienste von einem Diakon getragen.
Die repräsentative Wirkung des Gewandes beruht ganz wesentlich auf der Kostbarkeit des verwendeten Materials: intensiv rot gefärbte Seide
und glänzender Metallfaden, welcher aus schmalen Streifen eines vergoldeten Silberblechs (sog.
Lahn) besteht, die um eine Seidenseele gewickelt wurden. Über den roten Gewebegrund
spannt sich ein goldenes Netz aus Spitzovalen,
die von Ästen mit Blättern und kleinen Früchten
gebildet werden. Das Zentrum eines jeden Bin-
nenfeldes nimmt ein wiederum goldbroschierter,
blühender Granatapfel ein. Zusätzlich ist in die
roten Seidenflächen ein Damastmuster aus spitz-
oval geformten Rosetten eingewebt worden. Dieser Musteraufbau ist charakteristisch für eine
Vielzahl von kostbaren Geweben der zweiten
Hälfte des 15. Jhs. Der früheste datierbare Beleg
findet sich an einem Seidenbrokat aus dem Grab
des Sigismondo Pandolfo Malatesta in der Kathedrale von Rimini. Neben goldbroschierten
Geweben wurden auch reine Seidendamaste und
sog. Granatapfelsamte der Zeit zwischen 1470
und 1490 mit derartiger Ornamentik gestaltet.
Ein der Halberstädter Dalmatika unmittelbar verwandtes Dessin ist bisher nicht bekannt. Doch
gibt es eine Reihe von Geweben, deren Muster im
prinzipiellen Aufbau und der Detailausbildung
vergleichbar ist. Dazu zählen etwa ein Pluviale im
Halberstädter Domschatz (Inv.-Nr. 120) und zwei
Dalmatiken in Riggisberg (Schweiz) (Abegg-Stif-
tung, Inv.-Nr. 296) und Chicago (The Art Institute,
Inv.-Nr. 47.429) aus farbig broschiertem Seidendamast.
Von verschwenderischem Reichtum zeugt auch
der Stoffverbrauch für das Gewand. Für die gewünschte Wirkung der Dalmatika wurde von dem
kostbaren Gewebe eine Bahn von ca. 4,40 m
Länge benötigt. Es ist davon auszugehen, dass
die Stiftung des Stoffes durch eine hochrangige
Persönlichkeit erfolgte. Für den genannten Zeitraum kommt dafür in erster Linie der amtierende
Erzbischof von Magdeburg und Administrator des
Bistums Halberstadt, Ernst von Sachsen, oder ein
Angehöriger des kurfürstlichen Hauses Sachsen
in Betracht. Die goldglänzende Dalmatika entspricht Ernst von Sachsens gesteigertem Bedürfnis nach Repräsentation und zeremonieller
Prachtentfaltung und verkörpert damit eine allgemeine Entwicklung am Ausgang des Mittelalters.
Verzeichnisse aus dem Nachlass des Erzbischofs
illustrieren Quantität und Qualität der in seinem
Umfeld vorhandenen kostbaren Textilien. BP

Literatur
Flemming/Lehmann/Schubert 1990, S. 239 (ill.) ·
Meller/Mundt/Schmuhl 2008, S. 268 f. (ill.) ·
Schade 1983, S. 112

86

Pontifikalhandschuh mit Lamm Gottes

Mitteldeutschland, 15. Jh.
weißes Leinengarn, in rechten Maschen
gestrickt; Stickerei: Silberlahn, vergoldeter
Silberlahn, farbige Seidenfäden
24 × 12 cm
Stiftung Dome und Schlösser in Sachsen-
Anhalt, Domschatz Halberstadt, Inv.-Nr. 139
Ausstellung Minneapolis

Zusätzlich zur auszeichnenden Bedeckung des
Kopfes mit einer Mitra stand den Bischöfen und
weiteren hochstehenden geistlichen Würdenträgern bereits seit dem Ende des ersten Jahrtausends
auch das Privileg der besonderen Bekleidung der
Hände und Füße zu. Unter speziellen Ankleidege-
beten wurden dem zelebrierenden Bischof oder
Würdenträger vor der Messfeier von einem Subdia-
kon liturgische Handschuhe, Strümpfe und Schuhe
angelegt. Der Bischofsring wurde sichtbar über
dem stets mit Fingerteilen ausgebildeten Handschuh angesteckt. Die pontifikalen Handschuhe,
im Mittelalter *Chirothecae* genannt, wurden ausschließlich während der Messe bis zur Handwaschung vor der Opferung getragen.
Im Halberstädter Domschatz sind fünf einzelne
Handschuhe erhalten, drei linke und zwei rechte
Exemplare. Die ehemals vorhandenen Gegenstü-
cke gingen verloren. Sie sind alle mit feinem weißem Leinengarn in rechten Maschen gestrickt
und zusätzlich mit Stickereien aus farbigen Sei-
den- und Metallfäden in verschiedenen Techni-
ken verziert.
Bei dem hier vorgestellten linken Handschuh
wurde eine separat gearbeitete Stickerei auf den
Handrücken appliziert. Von einem grünen Ast-
stück gehen zwei üppig mit Blättern und Blüten
besetzte Zweige in Rot und Blau aus. Sie kreuzen
sich und nehmen ein rundes Medaillon auf. Dort
ist auf goldenem Grund in Silber das *Agnus Dei*
dargestellt mit goldener Siegesfahne und goldenem Kelch, in welchem das Blut des Lammes
aufgefangen wird. Dieses Motiv nimmt unmittelbaren Bezug auf das Geschehen am Altar während der Messfeier, bei der das Opfer Christi
nachvollzogen wird. Die belaubten Zweige, die
einem Ast entspringen, sind in diesem Kontext
wohl als Anspielung auf den Baum des Lebens zu
verstehen, das Kreuz, an dem Christus den Tod
überwunden hat. BP

Literatur
Braun 1907, S. 373, Abb. 178 · Meller/Mundt/
Schmuhl 2008, S. 262–265 (ill.)

87

unbekannter Künstler
Armreliquiar des Apostels Jakobus Maior

Niedersachsen bzw. Harzvorland,
1. Hälfte 14. Jh.
Holz, vergoldetes Silber, Bergkristall, Amethyst,
Rubin, Türkis, Saphir, Perlmutt, Glas
63 × 22 × 14,5 cm
Stiftung Dome und Schlösser in Sachsen-
Anhalt, Domschatz Halberstadt, Inv.-Nr. 70
Ausstellung Minneapolis

Dieser Schrein dient der sakralen Verwahrung
und Präsentation eines Knochenstücks, das dem
Apostel Jakobus Maior (d. Ä.) zugeschrieben
wird. Er hat die Form eines rechten Armes, der mit
eng anliegendem Unterkleid aus einem Diakon-
gewand emporragt. Der Ärmel dieser sog. Dalmatika ist in herrschaftlichem Prunk verziert. Die
Gestalt des Behältnisses verrät seinen Inhalt:
eine Armreliquie. Die beschriftete »Authentik« in
der Sichtöffnung soll die Echtheit der Reliquie
bestätigen.
Jakob d. Ä. zählt zu den erstberufenen Jüngern
Jesu. Noch unter der Herrschaft des Herodes
wurde er enthauptet. Der Legende nach soll sein
Leichnam nach Spanien gebracht worden sein.
Mit der »Wiederentdeckung« seines vermeintlichen Grabes im 9. Jh. entstand an dem nach ihm
benannten Ort Santiago de Compostela eine der
berühmtesten Pilgerstätten der Christenheit. Europaweit zogen zahllose Wallfahrer auf »Jakobs-
wegen« zum Apostelgrab an die galicische Küste
und brachten als Beweis ihrer Reise eine Jakobs-
muschel zurück in die Heimat. Die Mehrheit der
Gläubigen konnte sich eine so lange Pilgerschaft
allerdings nicht leisten. Daher boten – wie im
vorliegenden Fall – herbeigebrachte Reliquien
auch den Landsleuten Martin Luthers die Gelegenheit, dem verehrten Jesusgefährten in der
eigenen Region direkt zu begegnen.
Luther selbst kritisierte den Reliquienkult, vor
allem vor dem Hintergrund des wuchernden Ablasshandels, mit dem das Anhäufen solcher
Heiltümer finanziert wurde. Für ihn zählte nur das
Wort Gottes und für dessen Vermittlung bedürfe
es keiner Sachzeugnisse: »Das Heiltum [des
Worts] lobe ich und ist mir herzlich lieb; aber ein

86

87

Rock, Leib, Bein, Knochen, Arm oder Haupt eines verstorbenen Heiligen kann ich gar nicht loben; denn sie sind uns nichts nutze.« (WA 51, 139). Im Übrigen bezweifelte Luther die Echtheit des Jakobsgrabes. AM

Literatur
Arens 2012 · Herbers 1990 · Krumhaar 1845 · Meller/Mundt/Schmuhl 2008, S. 106 f. · Tacke 2006a

88
Wärmeapfel

Maasgebiet oder Nordfrankreich,
zwischen 1280 und 1300
Kupfer, ziseliert und vergoldet
Dm 10 cm
Stiftung Dome und Schlösser in Sachsen-Anhalt, Domschatz Halberstadt, Inv.-Nr. 14
Ausstellung Minneapolis

Neben den für die Messliturgie notwendigen *vasa sacra* wie Kelch und Patene wurden am Altar auch sog. Wärmeäpfel verwendet: Die kugelförmigen Objekte dienten dem Priester in kalten Kirchen als Wärmequelle für seine Hände, musste er doch im Zusammenhang der Liturgie mit dem Leib und Blut Christi, den kostbarsten Substanzen des christlichen Glaubens, umgehen. Im Inneren des Wärmeapfels befand sich eine mechanische Aufhängung, die mit heißem Sand oder einem glühenden Metallstück gefüllt werden konnte.
Obwohl Wärmeäpfel in Europa äußerst zahlreich gewesen sein müssen, sind lediglich elf Stück bekannt. Das Exemplar im Halberstädter Domschatz ist zudem das einzige mit erhaltenem Lederetui. Auftraggeber war ein unbekannter Kanoniker am Halberstädter Dom. Die mutmaßlichen Wappen seiner Familie finden sich auf der Lederhülle, konnten aber bislang nicht identifiziert werden. Die vergoldete Kupferkugel selbst setzt sich aus zwei Halbkugeln zusammen. Die Außenfläche ist in acht Felder gegliedert, in die ihrerseits kreisrunde Medaillons eingeschrieben sind. Die Zwickelfelder füllt bewegtes Blattornament. Die Medaillons zeigen Darstellungen der vier Evangelisten Matthäus, Markus, Lukas und Johannes und ihrer Attribute Mensch, Löwe, Stier und Adler. Damit war auch die Ikonografie der Kugel dem Kontext der Messe angepasst. Wärmeäpfel konnten gemeinsam mit den *vasa sacra*, dem Kreuz und dem Evangelienbuch auf der Altarplatte liegen. TL

Literatur
Bednarz/Findeisen/Janke/Krause/Pregla 2009, S. 152 f. · Meller/Mundt/Schmuhl 2008, Nr. 38, S. 138 f. (ill.) · Richter 2009, S. 130 f.

88

Spätgotischer Kelch und Patene

Deutschland, 1501
Stiftung Dome und Schlösser in Sachsen-Anhalt, Domschatz Halberstadt,
Inv.-Nrn. 7 und 7a
Ausstellung Minneapolis

89
Kelch

Silber, gegossen, geschmiedet, vergoldet; transluzides Email
H 19,9 cm; Dm Fuß 14,9 cm;
Dm Kuppa 11,5–11,9 cm

Inschriften: »fratermathias« »1501« und »Ihesvs«

90
Patene

Silber, vergoldet, Grubenschmelz
H 1,7 cm; Dm 15,9 cm

Kelch und Patene bilden ein Ensemble. Sie zählen zu den *vasa sacra*, denjenigen Gefäßen, die mit den gewandelten Gaben der Eucharistie in Berührung kommen. Auf die Patene wird die konsekrierte Hostie gelegt, im Kelch befindet sich Wein. Beide wandeln sich nach christlichem Glauben im Zuge der Transsubstantiation zu Leib und Blut Christi.
Die spätgotische Patene aus dem Halberstädter Domschatz ist ein flaches Tellerchen, dessen Zentrum ein plastisch geformter Vierpass bildet. Der entsprechende Kelch ist besonders aufwendig verziert. Neben dem in Maßwerk gearbeiteten Schaft und Nodus fallen vor allem die sechs gegossenen Reliefs ins Auge, die auf dem Kelchfuß befestigt sind. Sie zeigen die Kreuzigung Christi, die Heiligen Benedikt, Laurentius, Maria Magdalena und Stephanus sowie ein Wappen des grönländischen Bistums Gada. Eine gravierte Inschrift am Fuß des Kelches nennt den Namen des Stifters und das Entstehungsjahr: »Tuamdeusdeposcimus / pietatemvttribuere / dignerislucidas et quietas / mansionesfratermathias / indignusepiscopusgadenis / Anno domini 1501« (Deine Güte, Gott, erflehen wir, damit du ihnen helle und fried-

Vorreformatorische Frömmigkeit 107

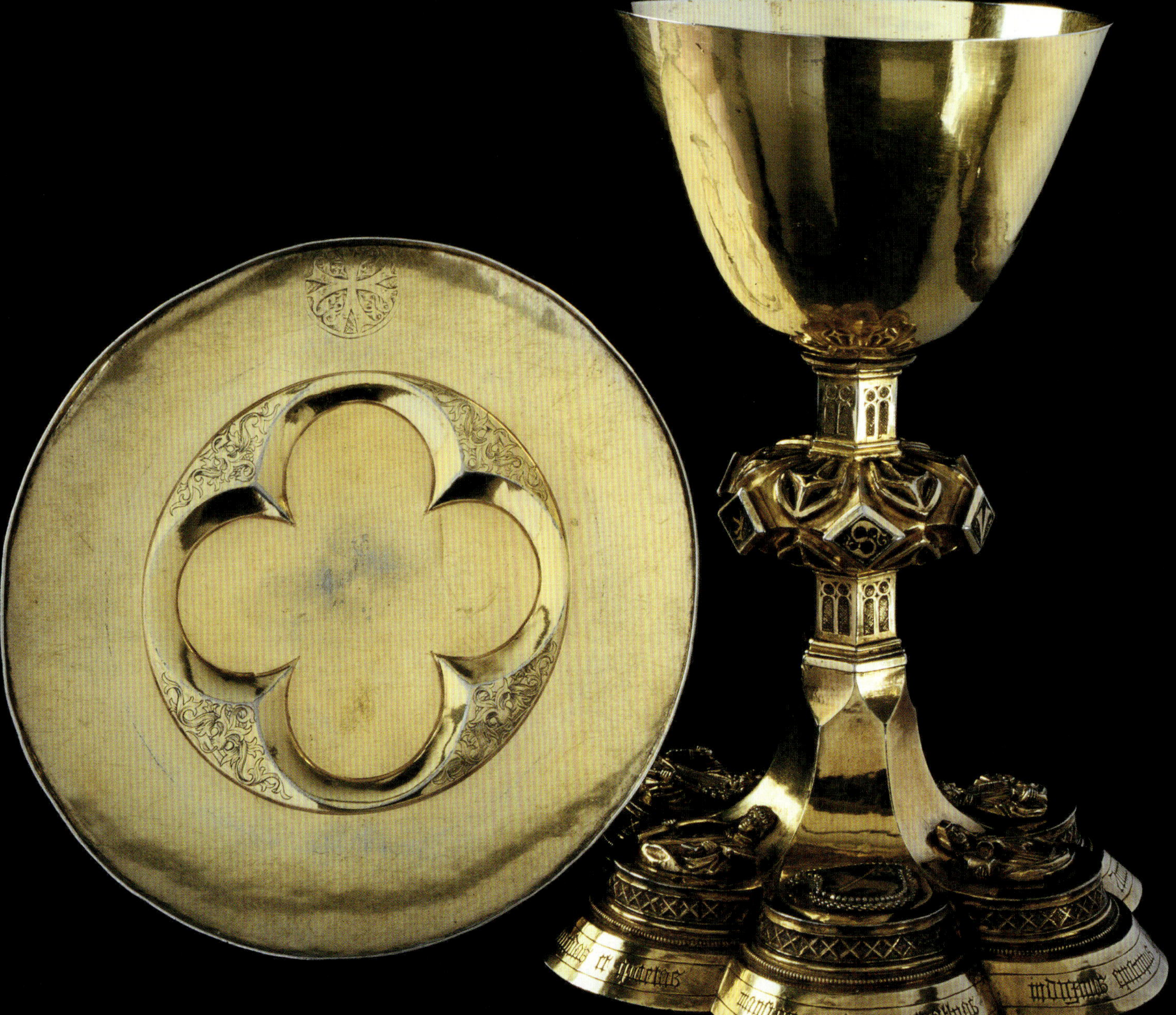

90 | 89

liche Wohnstätten zuteilen wollest. Bruder Matthias der Unwürdige, Bischof von Gada im Jahr 1501). Während der erste Teil der Inschrift das »Responsorium Libera me« aus dem *Totenoffizium* zitiert, nennt der zweite Teil den Namen des Stifters und das Entstehungsjahr des Kelches: Matthias Kanuti wurde wohl 1492 Titularbischof des Bistums Gada, war aber seit 1496 Weihbischof in Halberstadt und Magdeburg unter Bischof Ernst II. von Sachsen (amt. 1475–1513), dessen enger Vertrauter er gewesen sein soll. TL

Literatur
Fuhrmann 2009, Nr. 157, S. 208 f., Abb. 139 (ill.) · Meller/Mundt/Schmuhl 2008, Nr. 44, S. 152–155 (ill.)

91

Hostienmonstranz

Deutschland, 2. Viertel 15. Jh.
Silber, geschmiedet, gegossen, graviert und vergoldet
H 53,4 cm; B 19,2 cm; Dm Fuß 16,6 cm
Stiftung Dome und Schlösser in Sachsen-Anhalt, Domschatz Halberstadt, Inv.-Nr. 6
Ausstellung Minneapolis

Inschrift auf den Köpfen der Rotuli: Ihesvs

Eine Monstranz (von lat. *monstrare*, zeigen) ist ein Schaugefäß für die konsekrierte Hostie, die nach der römisch-katholischen Glaubenslehre den Leib Christi verkörpert. Sie kann zur Anbetung und Verehrung auf Altären ausgesetzt oder bei Prozessionen (v. a. zu Fronleichnam) mitgeführt werden.
Die spätgotische Monstranz aus dem Halberstädter Domschatz setzt sich aus verschiedenen, stark verkleinerten Architekturmotiven zusammen. Über einem ausladenden Standfuß und einem Schaft, der durch einen Nodus strukturiert wird, erhebt sich ein feingliedriger architektonischer Aufbau aus Strebepfeilern, Strebebögen und Fialen. Zwei aus Silber geformte Glöckchen sollen an die Klänge des Himmels erinnern. Der Turmhelm mit grafisch angelegten Dachplatten wird von einer gegossenen Darstellung des gekreuzigten Christus bekrönt. Das Zentrum der Monstranz bildet die sog. Lunula, eine mondsichelförmige Klammer, in die die Hostie eingefügt wird. Der ehemals vorhandene Zylinder aus Glas oder Bergkristall, der das Allerheiligste inszenieren, aber auch schützen sollte, ist verloren. Die architektonischen Versatzstücke deuten auch die Kirche Gottes an, in deren Zentrum Christus steht. TL

Literatur
Fuhrmann 2009, Nr. 77, S. 130 · Meller/Mundt/Schmuhl 2008, Nr. 43, S. 150 f. (ill.)

92

Missale speciale

Straßburg: Reinhard Beck d. Ä., 1518
32 × 23,5 cm
Stiftung Luthergedenkstätten in
Sachsen-Anhalt, Inv.-Nr. ss 3522
VD16 M 5629
Ausstellung Minneapolis

Die Abendmahlsliturgie wurde seit dem 8. Jh. von der römischen Kirche in einem Messbuch (lat. *missale*) zusammengefasst. Als eine Art Rollenbuch für den Priester beinhaltete es Bibeltexte, Gebete und Gesänge. Der genaue Ablauf samt kleinster Handlungen, z. B. der 34 Kreuzzeichen beim Kanon der Messe über die Gaben von Brot und Wein oder die Kleidung des Priesters, wurden fixiert. In Rubriken wurden die liturgischen Handlungen mit roter Schrift festgehalten. Im Wesentlich oblag die Gestaltung der Feierlichkeiten dem Priester. Die Beteiligung der Gemeinde war im Ritus der Messfeier auf ein Minimum beschränkt. Für Nebenaltäre und Filialkirchen erschien das *Missale speciale* 1473 in Basel als verkürzte Form.

Das in fünfter Auflage in Straßburg bei Reinhard Beck d. Ä. gedruckte *Missale speciale* des Lutherhauses in Wittenberg wurde 1931 von den Grafen zu Stolberg-Wernigerode erworben, als deren Bibliothek mit 120 000 Bänden, u. a. durch den renommierten Buchantiquar Martin Breslauer, verkauft wurde.

Das Straßburger *Missale speciale* gehörte dem Dechanten des Wernigeroder Chorherrenstifts, Johann Kerkener. Dieser nutzte, wie der am Titelblatt angeklebte handschriftliche Zettel beweist, das von seinem Amtsvorgänger Albrecht Liesmann d. J. übertragene Messbuch. Sowohl Liesmann als auch Kerkener war es stets ein Anliegen, dass die Bücher ihrer Sammlungen später in eine öffentliche Bibliothek übertragen werden würden. Zu den ersten Bibliotheksgründungen des Reformationszeitalters gehört neben der St. Andreaskirche Eisleben u. a. die der Chorherrenstiftskirche St. Silvestri in Wernigerode.

Johann Kerkener, der Martin Luther 1520 persönlich in Wittenberg kennengelernt hatte, notierte nach dessen Heirat mit Katharina von Bora enttäuscht in sein Rechnungsbuch die eigentlich der päpstlichen Inthronisationshandlung zugeordneten Worte »Sic transit gloria mundi« (So vergeht der Ruhm der Welt). FK

Literatur
Jacobs 1894, S. 597 f. · Joestel 2008, S. 78

93

93
Leipziger Missalienwerkstatt (?)
Chorbuch der Naumburger Kathedrale

1504 – nach 1506
Einband aus Holz, mit Schweinsleder bezogen
80 × 61 cm
Vereinigte Domstifter zu Merseburg und Naumburg und des Kollegiatstifts Zeitz, Domstiftsbibliothek Naumburg, Sign. Hs VII
Ausstellung Minneapolis

Zum Bestand der historischen Domstiftsbibliothek in Naumburg gehört eine Gruppe von insgesamt acht großformatigen mittelalterlichen Codices, die zu den größten aus dem Mittelalter erhaltenen Handschriften überhaupt zählen. Ursprünglich bildeten diese »Chorbücher« als Texteinheit die Grundlage für die Offiziumsliturgie im Chor der Meißener Kathedrale, deren Domkapitel gemeinsam mit Bischof Johannes VI. von Salhausen die Handschriften in Auftrag gegeben hatte. Die acht Handschriftenteile entstanden in einem mehrjährigen Prozess zwischen 1504 und nach 1506, wahrscheinlich in einer Leipziger Werkstatt. Der Erfolg der Reformation im meißnischen Stiftsgebiet nach 1539 führte zum Verlust der liturgischen Funktion der Prachthandschriften, die schließlich in den Besitz des sächsischen Kurfürsten gelangten und am Dresdner Hof verwahrt wurden. Dem Naumburger Domkapitel gelang es in den religiösen Auseinandersetzungen nicht nur, seine Existenz zu sichern, sondern auch, an der überkommenen Praxis der Stundengebete im Chor festzuhalten. Vermittelt durch den Naumburger Domherren Johannes von Haugwitz, der zugleich der letzte Bischof der Meißener Diözese war, gelang es dem Naumburger Kapitel im Jahr 1580, die ehemals Meißener Chorbücher für die eigene Kirche vom Landesherrn zu erwerben. Noch im gleichen Jahr gab das Domkapitel die beiden »taubenhausähnlichen« Pulte in Auftrag, die sich bis heute im Ostchor des Domes erhalten haben. Hier wurden die Chorbücher vom späten 16. bis in die Mitte des 19. Jhs. als zentrale Quelle für die Feiern der Horen genutzt. Trotz des Umstandes, dass sich das geistliche Personal der Naumburger Dom-

Die originalen Pulte für die Chorbücher im Naumburger Dom

93 (Detail)

Vorreformatorische Frömmigkeit III

94

kirche seit der Zeit um 1600 ausschließlich zur evangelischen Konfession bekannte und seit Längerem lutherische Gottesdienste in der Kirche stattfanden, bildeten die alten lateinischen Horen auch weiterhin den liturgischen Nukleus der Existenzberechtigung des Domstifts. Erst mit dem Beginn der Umwandlung des alten Stifts in eine Stiftung seit dem 19. Jh. wurden die Liturgie und damit auch die Chorbücher außer Dienst gestellt.

Die bis zu 337 Blatt zählenden Handschriften erreichen ein ungewöhnlich großes Format von bis zu 81 × 63 cm (Einband) und ein Gewicht von bis zu 45 kg. Die weitgehend zeitgenössischen Einbände wurden durch die lange und intensive Nutzung regelmäßig beschädigt und weisen daher zahlreiche Spuren von Reparaturen auf. Das Schweinsleder zeigt für die Zeit typische Gestaltungselemente in Form von Streicheisenlinien und Blindstempelornamentik. Zur funktionalen Ausstattung gehören Buckel, Schließen und Schienen sowie an der Unterkante des Hinterdeckels angebrachte Zapfen, die der sicheren Arretierung der schwergewichtigen Bücher an den Pulten dienten.

Geradezu außergewöhnlich ist der reiche Bestand an qualitätvollen Miniaturen und Rankengestaltungen, die zu den künstlerischen Höhepunkten der spätmittelalterlichen Buchmalerei zählen. Die von mindestens fünf unterschiedlichen Malern in Deckfarben und Gold gestalteten Zierseiten stehen meist im Zusammenhang mit besonderen Hochfesten. Während die Miniaturen Heiligen- und vor allem Mariendarstellungen beinhalten, entfaltet sich in der üppigen Rankenornamentik eine reiche Formen- und Farbenvielfalt. Neben Motiven der höfischen Kultur und Drolerien stehen bemerkenswert naturnahe Darstellungen aus Flora und Fauna im Zentrum, wozu vor allem zahlreiche Vogelarten gehören. ML

Literatur
Bachmann/Gröbler/Kunde/Hörsch/Stewing 2006 · Bergner 1903, S. 193–198 · Eifler 2015, S. 343–353 · Wiessner 1997/98, S. 283 f.

94

Skulpturengewand mit vergoldeten Schmuckblechen

Mitteldeutschland, 2. Hälfte 14./Anfang 15. Jh.
grüner Halbseidenatlas mit braunem Leinenfutter; Metallapplikationen: vergoldetes Silber, überwiegend geprägte Bleche
67 × 69 cm
Stiftung Dome und Schlösser in Sachsen-Anhalt, Domschatz Halberstadt, Inv.-Nr. 164
Ausstellung Minneapolis

Den Reiz des an sich schlichten kleinen Behangs aus grünem Halbseidenatlas machen die einstmals in einer breiten Bahn dicht an dicht aufgesetzten Edelmetallappliken aus. Während die spiralförmig aufgerollte Ranke mit kleinen Blättchen und Früchten auf den großen quadratischen Blechen nicht sicher als Weinrebe anzusprechen ist und daher in ihrer Interpretation offen bleibt, können die Darstellungen auf den kleineren runden Appliken mit einem von brennender Liebe ergriffenen Herzen dem Bereich der weltlichen Minne zugeordnet werden. Der Gebrauch solchen Edelmetallzierrates, der sich an den Höfen, aber auch im aufstrebenden Bürgertum großer Beliebtheit erfreute und auch für Kirchenausstattungen verwendet wurde, erlebte im 14. und frühen 15. Jh. seine größte Blüte. Die vergoldeten Bleche könnten daher als ursprünglich profanes Schmuckwerk von einem Laien zur Zierde des Behangs gestiftet worden sein.

Seiner Größe und Form nach wurde der kleine Behang wohl zum Bekleiden einer Skulptur verwendet. Nach weit verbreitetem mittelalterlichem Verständnis wurde von der Realpräsenz einer als heilig verehrten Person in ihrer bildlichen Darstellung ausgegangen. Daher waren Zuwendungen zur Ausschmückung eines Bildwerkes immer auch als Votivgabe an den Heiligen selbst zu verstehen. Wem der grüne Behang in Halberstadt zugedacht war, lässt sich nicht mehr sicher nachweisen. Eine Möglichkeit bestünde in der Bekleidung einer Prozessionsfigur, die als sog. Doppelfigur nach der einen Seite das Bild des Hauptpatrons des Halberstädter Domes St. Stephanus und nach der anderen Seite eine Marienfigur zeigte. Ein gleichartiger roter Behang für die Gegenseite der um oder bald nach 1400 entstandenen Skulptur ist im Domschatz bis heute vorhanden. Einen Hinweis auf die Zueignung des grünen Ornats an die Madonna könnten zwei nachträglich um 1500 aufgenähte Pilgerzeichen (rechte Reihe, erste und dritte Applik von unten) geben, die beide aus Marienwallfahrtsorten stammen: das eine aus Aachen, das andere aus Eicha bei Leipzig. BP

Literatur
Kühne/Bünz/Müller 2013, S. 294 f. (ill.) · Pregla 2015 (ill.)

Vorreformatorische Frömmigkeit

95

unbekannter Künstler
Doppelpietà

1. Hälfte 16 Jh.
Holz, geschnitzt
121 × max. 52 × max. 64 cm
Stiftung Luthergedenkstätten
in Sachsen-Anhalt, Inv.-Nr. P 82a
Ausstellung Minneapolis

Auf einem Wolkensockel sitzt die Gottesmutter Maria, den Leichnam Christi in ihrem Schoß haltend. Sie trägt ein Kleid sowie einen Umhang und ein Kopftuch. Obwohl Maria zum Zeitpunkt der Kreuzigung Christi bereits eine ältere Frau war, wird sie hier betont jugendlich dargestellt, was ihre Reinheit und Jungfräulichkeit unterstreichen soll. Ihr Gesicht zeigt zugleich Würde und Schmerz über den Tod ihres Sohnes.

Ästhetisch ansprechend ist die Verschränkung der senkrecht sitzenden Maria mit dem quer liegenden Leichnam Christi. Der schwere, leblose Körper ihres Sohnes ohne eigene Spannung wird von Maria scheinbar mühelos gehalten, besonders eindrücklich durch die Hand Mariens, die ihn durch einen Griff unter die Achsel stützt, während Christi Arm schwer nach unten fällt.

Die Darstellung Marias als Mutter, die ihren toten Sohn betrauert, wird in der Kunstgeschichte als Pietà bezeichnet und war in der Zeit um 1500 ein gängiges Bildthema. Die Besonderheit der hier gezeigten Pietà besteht in der Wiederholung der Darstellung auf der Rückseite. So kann sie von zwei Seiten betrachtet werden, wobei die Wiedergabe der Figuren exakt spiegelbildlich erfolgt, d. h. die Madonna neigt ihr Haupt einmal nach links und einmal nach rechts, einmal stützt sie den Leichnam Christi mit dem linken, einmal mit dem rechten Knie. Die Spiegelbildlichkeit scheint dem Bildschnitzer so wichtig gewesen zu sein, dass er sogar eine ikonografische Unstimmigkeit in Kauf genommen hat: Die Seitenwunde Christi wandert so in einer Ansicht von seiner rechten auf seine linke Seite.

Die Skulptur muss für eine freie Aufstellung im Raum vorgesehen gewesen sein. Ähnliche Doppelfiguren treten ab dem Spätmittelalter auf und sind etwa von Bildsäulen bekannt, die, an Wegesrändern stehend, aus beiden Richtungen gesehen werden sollten oder von Marienfiguren, die im Kirchenraum hingen und von zwei Seiten, etwa vom Laien- wie vom Klerikerraum aus, betrachtet werden konnten. Beispiele für solche Marienfiguren, bei denen es sich jedoch nicht um eine Pietà handelt, finden sich etwa im Dom von Paderborn (um 1480), im Mainfränkischen Museum in Würzburg (um 1515) oder in Kiedrich im Rheingau (um 1510). Auch in der Schlosskirche zu Wittenberg befand sich solch ein doppeltes Marienbildnis auf einer marmornen Säule, das um 1509/10 von Conrad Meit in der Cranachwerkstatt geschaffen wurde und das Luther gekannt haben dürfte. DL

Literatur
Bellmann/Harksen/Werner 1979, S. 252 · Treu 2010, S. 61 f. u. 109, Abb. 45 (ill.)

Frömmigkeit im Spätmittelalter

Fromme Stiftungen und Wallfahrten gingen Hand in Hand mit Gottesdiensten und der Bedeutung der Institution Kirche. Woran die Menschen konkret glaubten, was sich in ihrem Inneren abspielte, können wir heute nur schwer fassen. Dennoch lassen sich aus Gegenständen, die auf uns gekommen sind, Formen der individuellen Frömmigkeit ableiten. So zeugen davon Bücher auf Latein oder in den Volkssprachen, oft kostbare Manuskripte mit Buchmalereien aus dem Besitz der Wohlhabenden, ebenso Einblattdrucke oder Realien mit religiösen Motiven. Mehrmals täglich versenkten sich die Gläubigen ins Gebet. Im Laufe des 15. Jhs. entwickelte sich eine stark auf die Passion Christi ausgerichtete Frömmigkeit. Ziel war die Verinnerlichung der Leiden Christi, die Identifikation damit sollte zur inneren Gottesschau führen.

Damit hing die zeitgenössische Heiligenverehrung zusammen: Eine ihrer Funktionen war es, die Gläubigen zum Mitleiden und zur Nachfolge Christi anzuregen; eine zweite, bei Gott Fürbitte zu halten und eine dritte, weniger theologische, den Menschen direkt zu helfen. Für wohl jeden Lebensbereich erhielten nun unzählige Heilige ihre Zuständigkeit.

In der bildenden Kunst entstanden neue Bildtypen: z. B. die Gregorsmesse, der Schmerzensmann oder das Vesperbild (Pietà). Die Betrachtung in Einheit mit dem Gebet sollte die Konzentration des Betenden auf die Leiden Christi und die daraus resultierende Erlösung fördern. Das Verrichten bestimmter Gebete vor solchen Bildern war mit Ablässen verknüpft, weshalb die entsprechenden Texte der Gebete mit Erläuterungen und Hinweisen auf den Ablass manchmal darunter stehen. In diesem Kontext fand auch das Bild des Schweißtuches der Veronika Anwendung.

Im ausgehenden Mittelalter fanden zahlreiche Wallfahrten statt. Tausende auf lokaler Ebene konnten ohne großen Aufwand von nahezu jedem absolviert werden. Ihre Ziele waren Gräber von Heiligen, Heiltümer, einzelne Reliquien, wundertätige Gegenstände und Orte. Die großen Pilgerreisen nach Santiago di Compostela, Rom und ins Heilige Land erfreuten sich einiger Beliebtheit, obwohl sie den Wohlhabenden vorbehalten waren. Diese Intensivierung zahlreicher Frömmigkeitspraktiken mag daher kommen, dass die Zeit um 1500 viele Nöte und Gefahren barg und somit auch die Angst vor dem Jüngsten Gericht beförderte. SKV

96

Daniel Hopfer
Das Jüngste Gericht

1520er Jahre (Abzug des 17. Jh.)
Radierung von Eisenplatte
31 × 45,1 cm
Minneapolis Institute of Art, The William M. Ladd Collection, Geschenk von Herschel V. Jones, 1916, Inv.-Nr. P.112
Ausstellung Minneapolis

Das Urteil Gottes über die Seelen der Menschen beim Jüngsten Gericht und die Frage, wem das ewige Leben gewährt wird, waren die Streitpunkte in den Konflikten zwischen religiösen Gruppierungen im 16. Jh. in Europa. Das Neue Testament bot reichlich Belege dafür, dass früher oder später für jeden die Zeit gekommen war. In Matt. 7 und Luk. 13 warnt Jesus sogar die Gläubigen, dass es »Heulen und Zähneklappern« geben werde, da auch sie aus dem Reich Gottes ausgeschlossen werden könnten. In Matt. 25 beschreibt Jesus die Zeit, wenn alle Völker versammelt werden, sodass Gott sie trennen kann, indem er die Seligen nach rechts und die Verdammten nach links sendet, wie ein Hirte Schafe und Böcke trennt.

Darstellungen des Jüngsten Gerichts wurden häufig direkt über dem Eingang einer mittelalterlichen Kirche angebracht und sie waren im Innenraum am Altar oder an den Wänden zu finden. Im 15. Jh. waren solche Bilder in Italien, Deutschland und den Niederlanden weit verbreitet. Albrecht Dürer wurde weit über seine Heimat hinaus bekannt durch den Druck der *Apokalypse*, einer illustrierten Ausgabe der Offenbarung des Johannes. Das Interesse an der Thematik war enorm und entsprechende Bilder waren gefragt.

Daniel Hopfer, der erste Künstler, der sich auf Ätzradierungen spezialisierte, hat seine Version des Jüngsten Gerichts mit zahllosen Figuren gefüllt, sodass der Eindruck entsteht, dass tatsächlich jeder einzelne Mensch gewogen wird. Oben in der Mitte erscheint Jesus als König des Himmels. Er thront auf einem Regenbogen über der Welt zu seinen Füßen. Um ihn herum scharen sich Engel, die die Symbole seiner Leidensgeschichte tragen. Zu seiner Rechten sitzt Maria als Königin des Himmels. Unter ihnen sind die zwölf Apostel dargestellt, Petrus als Papst und die anderen mit den jeweiligen Zeichen ihres Martyriums. Die Menschenmengen an den Seiten sind aus den leeren Gräbern unten im Bild auferstanden.

Links, friedlich inmitten der Wolken, stehen die Erlösten, Personen aus dem Alten Testament, z. B. Moses und König David, Heilige, wie etwa Laurentius, Dorothea, Georg, Barbara und Christophorus, sowie Menschen aller Schichten, u. a. Adlige, Bettler, Bauern, Ritter und nackte Kinder. Rechts, inmitten des Fegefeuers und umgeben von Dämonen, sieht man Soldaten, Arbeiter, Lehrer, Steuereintreiber, Söldner, Prostituierte, Bettler und – noch auffälliger – Rabbis, Bischöfe, Kardinäle, Päpste, aber keine kleinen Kinder. Offenbar hielt Hopfer durchaus an katholischen Traditionen fest, aber gleichzeitig erkannte er auch die Korruptheit der irdischen Würdenträger. TR

Literatur
Hollstein XV, S. 55, Nr. 20 · Metzger 2009, S. 341f., Nr. 23

97

Ars moriendi

Leipzig: Konrad Kachelofen, um 1495
Papier, mehrere Inkunabeln zusammengebunden, moderner Pappdeckeleinband
21 × 17 cm
Evangelische Marktkirchengemeinde Halle (Saale), Marienbibliothek, Q 1.42
Ausstellung Minneapolis

Die *ars moriendi*, die Kunst des Sterbens, bezeichnet ein im Spätmittelalter weit verbreitetes Genre der Erbauungsliteratur. Es beschäftigt sich mit dem christlichen Bestreben, »selig zu sterben«, also in reuiger Buße und Gnadenerwartung durch Gottvertrauen. Die Büchlein sollten den Menschen durch eine mentale wie geistliche Vorsorge helfen, in den letzten Stunden des Lebens Gottvertrauen und eine fromme Zuversicht zu wahren. Ursprünglich diente die *ars moriendi* der Priesterschaft als praktische Anleitung für den Umgang mit Sterbenden. Später, als in Pestzeiten die Zahl der Kleriker zur Versorgung der Sterbenden kaum mehr ausreichte, wurden diese Bücher auch von Laien rezipiert. So trugen im 15. Jh. Epidemien und eine frühe Mortalität ebenso wie die Erfindung des Buchdrucks zu einer weiten Verbreitung der Sterbebüchlein bei.

Am beliebtesten war das sog. *Bilder-Ars,* ein Büchlein, bei dem den Texten Illustrationen in Form ganzseitiger Holzschnitte zur Seite gestellt wurden. Verdeutlicht wird der Kampf um die Seele eines Sterbenden jeweils durch teuflische Wesen auf der einen sowie Heilige und Engel auf der anderen Seite eines Sterbebettes. Die Abfolge der Texte und Bilder ist in nahezu allen Druckausgaben einheitlich. Zunächst werden die Versuchung und die Stärkung des Glaubens thematisiert. Es folgen die Anfechtung durch Verzweiflung und der Trost durch Hoffnung, die Anfechtung durch Ungeduld und die Aufforderung zur Geduld und die Anfechtung durch eitlen Ruhm mit der Aufforderung zur Demut. Zuletzt werden die Versuchung durch Habsucht und der Trost durch die Bereitschaft zum Verzicht dargelegt. Den Abschluss bildet die Aussicht auf ein

96

97

»seliges Sterben« mit der Darstellung des Empfangs der Seele des Verstorbenen durch Engel und deren Aufstieg in den Himmel. Die Dämonen, die sich vergeblich um die Seele bemüht haben, bleiben dabei geschlagen am Totenbett zurück.

Das vorliegende Exemplar der *ars moriendi* geht auf den Leipziger Drucker Konrad Kachelofen zurück. Er brachte zwischen 1495 und 1497/98 vermutlich fünf lateinische und 1493, 1494 und 1498 drei deutsche Ausgaben des Büchleins heraus. Der Künstler, der die nach früheren Vorbildern gestalteten Holzschnitte schuf, ist nicht bekannt. Die vorliegende lateinische Ausgabe von 1495 enthält zusätzlich zu den üblichen elf Darstellungen noch drei weitere Illustrationen: die Darstellungen einer Beichte, der Empfang der Eucharistie und das Jüngste Gericht mit dem Erzengel Michael, der mit Schwert und Waage ausgestattet über dem Höllenrachen steht. Die Holzschnitte sind teilweise koloriert und den Beginn eines jeden Textabschnitts ziert eine rote Initiale. Die abgebildete Illustration zeigt die Tröstung des Sterbenden durch Demut. Nicht weniger als drei Engel stehen ihm in seiner schweren Stunde bei. Der eine hält ein Spruchband mit der Aufschrift »Sis humilis« – »Bleibe bescheiden«. Im Hintergrund sieht man die göttliche Dreieinigkeit, Gott, Jesus Christus und den heiligen Geist in Gestalt einer Taube. Ihnen zur Seite gestellt ist Maria, die Mutter Jesu. Ein Heiliger, der rechts im Bild an das Fußende des Bettes tritt, versinnbildlicht die angemahnte Demut und Bescheidenheit. Die Abgesandten der Hölle liegen auf dem Boden oder verkriechen sich unter dem Bett. Eine der teuflischen Gestalten am unteren Bildrand hält ein Spruchband, auf dem es unumwunden zugibt »victus sum« – »Ich bin besiegt«. JF

Literatur
Birkenmeier 2013 · Cottin/Kunde/Kunde 2014 · Jezler/Altendorf 1994 · Kühne/Bünz/Müller 2013

98

Lucas Cranach d. Ä.
Christus und Maria

1516–1520
Öl auf Pergament auf Eichenholz
34,2 × 52,7 cm
Stiftung Schloss Friedenstein Gotha,
Inv.-Nr. SG 14
Ausstellung New York

Das kleine Gemälde zeigt Christus und Maria im Brustbild. In strenger Frontalität blicken sie den Betrachter an, wobei Maria den Kopf leicht zur Seite des Messias neigt. Ihre Schulter ist vor den Oberkörper Christi geschoben. Das Bild zeichnet sich durch eine dunkle, fast monochrome Farbgebung aus. Lediglich die blauen Augen und die zart rosafarbenen Lippen weichen von den Brauntönen ab, die das Gemälde beherrschen. Die Gewänder und der undefinierte Hintergrund sind gänzlich schwarz.
Nicht nur in dieser Hinsicht ist das Bild ungewöhnlich. Die Ausschnitthaftigkeit der Darstellung und das Fehlen einer Handlung sowie der Mangel an Attributen zur eindeutigen Identifizierung der weiblichen Gestalt führten zu unterschiedlichen Interpretationen des Gemäldes. Maria ist mit offenen unbedeckten Haaren wiedergegeben, die in der christlichen Ikonografie unverheirateten Frauen vorbehalten waren. So kam die Vermutung auf, es könnte sich um Maria Magdalena handeln. Dagegen spricht jedoch, dass die Gottesmutter ebenso dargestellt wurde, wenn dadurch ihre Jungfräulichkeit betont werden sollte. Auch Cranach malte Maria mehrfach ohne Schleier. Zudem handelt es sich bei dem Gemälde wahrscheinlich um ein privates Andachtsbild, weshalb davon auszugehen ist, dass es die Gottesmutter wiedergibt.
Eine weitere Besonderheit in Cranachs Œuvre ist die Verwendung von Pergament als Malgrund. Außer in der Buchmalerei konnte Pergament auch für kleinformatige Gemälde, wie z. B. Porträts oder Stillleben, verwendet werden, was für Cranach zwar ungewöhnlich, in der niederländischen und italienischen Malerei des 16. Jhs. jedoch durchaus beliebt war. Wahrscheinlich war das Gothaer Gemälde ein Auftragswerk des kurfürstlichen Hofes. Es ist von hoher Qualität und lässt deutlich den Einfluss Albrecht Dürers erkennen, dem es in den Kunstkammerinventaren des 18. Jhs. auch in der Tat zunächst zugeschrieben wurde. ID

Literatur
Brandsch 2001, S. 40, Kat. 1.3 (ill.) · Brinkmann 2007, S. 242, Kat. 61 (ill.) · Ritschel 2007 (ill.) · Schade 1983, S. 311, Kat. E 22 · Schuttwolf 1994 a, S. 18 f., Kat. 1.2 (ill.)

99

Kachel mit einer Darstellung der hl. Dorothea

Wittenberg, Lutherhaus Collegienstraße 54,
frühes 16. Jh.
Irdenware, grüne und gelbe Glasur
28 × 19 × 5,5 cm
Landesamt für Denkmalpflege und
Archäologie Sachsen-Anhalt
Landesmuseum für Vorgeschichte Halle,
Inv.-Nr. HK 667:143:144a
Ausstellung Minneapolis

Diese wunderschöne Kachel schmückte einst einen kunstvollen spätgotischen Ofen, der vermutlich einen repräsentativen Raum im Wittenberger Augustinerkloster wärmte. Er war höchstwahrscheinlich noch immer in Benutzung, als das Anwesen an Martin Luther übergeben wurde, wurde jedoch vermutlich abgerissen, während er dort wohnte. Mehrere Fragmente von Ofenkacheln wurden während Ausgrabungen im Garten des Lutherhauses gefunden. Während die meisten von ihnen sehr klein sind, ist dieses Exemplar nahezu vollständig. Es stellt die hl. Dorothea von Caesarea dar, die aus einer mit verschlungenen Ranken geschmückten Nische hervortritt, umrahmt von einem gotischen Bogen mit floralem Dachschmuck. Sie trägt eine Märtyrerkrone und hält einen kelchförmigen Korb in ihrer rechten und eine Blume in ihrer linken Hand.

Die Jungfrau und Märtyrerin Dorothea soll der Christenverfolgung Kaiser Diokletians in Caesarea im anatolischen Kappadokien zum Opfer gefallen sein. Sie wurde gefoltert und mit dem Tode bestraft, weil sie nicht bereit war, ihren Glauben zu opfern. Bei ihrer Hinrichtung an einem kalten Wintertag im Jahr 311 erschien auf wundersame Weise ein Korb voller Früchte und süß duftender Rosen, weshalb sie in der Darstellung einen Korb und eine Blume hält. Obwohl diese Legende natürlich nicht historisch ist, wurde die hl. Dorothea im Mittelalter besonders im Norden Europas als eine der *Virgines Capitales*, der mächtigsten heiligen Jungfrauen, sehr verehrt.

Sie war eine Notheilige, die von Bedürftigen besonders bei Unfruchtbarkeit – sowohl bei Menschen und Tieren als auch bei Getreide – angerufen wurde. Dorothea war und ist die Schutzpatronin der Gärtner, Frauen im Kindbett, der Frischvermählten, aber auch der Bergleute, was bei Luthers Familiengeschichte besonders interessant ist.

Diese Kachel gehörte zu einem verzierten Ofen, der von einer Reihe von Nischen mit verschiedenen Heiligen bekrönt wurde. Identifizierbare Fragmente zeigen die hl. Margarethe und möglicherweise auch die hl. Anna, und es ist wahrscheinlich, dass auch biblische Szenen abgebildet waren. Gelbe und grüne Kacheln wurden schachbrettartig kombiniert, wodurch der Ofen

99

Abb. 4
Oberteil eines gotischen Ofens von 1473 im Kunstgewerbemuseum Schloss Pillnitz bei Dresden aus polychrom glasierten Kacheln

einen Blickfang darstellte. Solche prunkvollen Öfen (Abb. 4) dürften nicht nur eine prächtige Wärmequelle gewesen sein, sondern auch als Ort der Andacht für die Mönche und deren Gäste gedient haben. Es ist unklar, wann dieser Ofen abgerissen wurde, aber höchstwahrscheinlich geschah dies nach Luthers Reformation und nachdem er das Kloster in sein Wohnhaus umgewandelt hatte. Die Verzierungen des Ofens mögen eine unliebsame Erinnerung an die Vergangenheit gewesen sein und es ist wahrscheinlich, dass ein pompöser Ofen mit eher weltlichen Themen an seiner Stelle errichtet wurde. LN

Literatur
Kluttig-Altmann 2015 a, S. 391, Abb. 43 (ill.) ·
Kluttig-Altmann 2015 d, S. 267, Abb. 44 (ill.) ·
Meller 2008, S. 274 f., Kat. E 93 (ill.) · Roth
Heege 2007 · Schwarz 2008, S. 211 (ill.)

Lucas Cranach d. Ä. (Werkstatt)

Zwei Tafelbilder mit Heiligen

um 1520
Öl auf Holz
Ausstellung New York

100

Der hl. Antonius

45,5 × 13,5 cm
Land Sachsen-Anhalt, Inv.-Nr. G 158 (als Dauerleihgabe im Lutherhaus Wittenberg)

101

Der hl. Sebastian

45,5 × 12,7 cm
Land Sachsen-Anhalt, Inv.-Nr. G 159 (als Dauerleihgabe im Lutherhaus Wittenberg)

Tiefblau gestalten sich die Hintergründe der beiden Gemälde mit den Heiligen Antonius und Sebastian. Leuchtend gelbe Heiligenscheine, durch verwischt gestaltete Konturen der Sonne gleichend, hinterfangen die Häupter. Antonius Abbas, der bärtige Mönchsvater, trägt das Habit des Antoniterordens und der römische Hauptmann Sebastian zeigt sich in der Tracht eines Edelmannes um 1500. Als Zeichen seines Martyriums hält er Pfeile und Bogen in den Händen.

Wahrscheinlich waren die Tafeln einmal die Flügel eines kleinen Retabels; ihr schmales Hochformat deutet darauf hin. In Größe und Bildauffassung ähneln sie den Flügeln eines Privataltars von Landgraf Wilhelm II. von Hessen mit den Heiligen Barbara und Katharina. Auch größere Altarflügel, wie die für einen Altar im Westchor des Naumburger Domes und die einzeln auf uns gekommenen Flügel mit den vier heiligen Jungfrauen in St. Peter und Alexander in Aschaffenburg, zeigen ähnlichen Bildkompositionen.

Die Wittenberger Tafeln heben sich besonders durch die Gestaltung der Heiligenscheine von vergleichbaren Darstellungen Cranachs oder seiner Werkstatt ab. Während dort Gold für die Ausführung der Nimben verwendet wurde oder sie gar weggelassen wurden, leuchten die Heiligenscheine hier in einem satten Gelb, das durch das

Verwischen mit dem Blau des Hintergrundes regelrecht zu strahlen scheint.

Die auf das Wichtigste begrenzten Details lenken die Aufmerksamkeit der frommen Betrachter auf die Gestalten der Heiligen. Die Konzentration auf das Wesentliche sollte die Intensität der Andacht beim Gebet fördern. Dadurch konnte sich der Betende in die Handlungen und Leiden der Dargestellten einfühlen und seinen eigenen Glauben stärken.

Antonius und Sebastian gehören zu den sog. Nothelfern. Diese größere Gruppe von Heiligen wurde – und wird bis heute – zur Hilfe bei einer Vielzahl von Nöten angerufen. Gemeinsam ist beiden Heiligen, dass das Gebet an sie auch gegen die Pest helfen soll. Daher kommen sie häufig auf Altarbildern und auf Darstellungen in öffentlichen Räumen vor. Die Menschen in der Zeit um 1500 empfanden die Pest als ständige Bedrohung, ebenso andere Epidemien, wie z. B. das nach dem hl. Antonius benannte *Antoniusfeuer*, eine Vergiftung durch den Mutterkorn-Pilz im Getreide. Der nach dem Heiligen benannte Antoniterorden widmete sich der Pflege der Vergifteten und etablierte sich später als Hospitalorden.

Auf den Orden verweisen das schwarze Habit des Antonius mit blauem Taukreuz, die Glocke am Doppelkreuz in seiner Hand und das Schwein zu seinen Füßen. Die Brüder gingen durch die Städte, um Almosen zu sammeln, läuteten dabei Handglocken und hielten frei umher laufende Schweine, die von der Allgemeinheit gefüttert wurden. Glöckchen um den Hals oder – wie auf unserem Gemälde – an den Ohren kennzeichneten die Tiere als die der Antoniter.

Der römische Kaiser Diokletian verurteilte den hl. Sebastian wegen seines Glaubens zum Tode. Die Erschießung mit Pfeilen überlebte er jedoch. Wieder von seinen Wunden genesen, bekannte sich Sebastian weiterhin zum christlichen Glauben und wurde daraufhin mit Keulenschlägen hingerichtet. Die Pest verstanden die Menschen des ausgehenden Mittelalters als Strafe Gottes, der giftige Pfeile auf die Sünder niederschickt. Daher erinnerten die Pfeilwunden des hl. Sebastian an die Beulen und offenen Wunden der Pest, gegen die er vor allem helfen sollte.

Die Verehrung und Anrufung der Heiligen Antonius und Sebastian blühte um 1500 nicht zuletzt aufgrund der tiefen Furcht vor dem »Schwarzen Tod«. Seit der Mitte des 15. Jhs. besaßen die Antoniter zu Lichtenberg einen Hof in Wittenberg, relativ nah beim Schloss. Sie gehörten zum Stadtbild Wittenbergs und stellten auch die Kanzler der 1502 gegründeten Universität. Die Schützengilde wählte, wie in anderen Städten auch, den hl. Sebastian als Schutzpatron. SKV

Literatur
Brinkmann/Dette 2007, S. 164 f., Kat. 23 (ill.) · Joestel 2008, S. 80 f. (ill.) · Krenz 2014, S. 29–31 u. 144–147 · Schade 2006, S. 135–137 · Schlenkrich 2007 · Schlenkrich 2008

Vorreformatorische Frömmigkeit

102

Albrecht Dürer
Verkündigung an Maria
(Kleine Passion)

um 1510
Papier, Holzschnitt
Blattmaß: 13,2 × 10,2 cm; Bildmaß: 12,7 × 9,7 cm
Stiftung Schloss Friedenstein Gotha,
Inv.-Nr. 48,18
Ausstellung Atlanta

signiert oben rechts am Baldachin: AD

Die Verkündigung an Maria ist der vierte Holzschnitt in einer Folge von 37 Blättern, die das christliche Heilsgeschehen vom Sündenfall über die Geburt und Passion Christi bis zum Jüngsten Gericht darstellen. Sie folgt nach dem Titelblatt und dem Sündenfall auf die Vertreibung aus dem Paradies. Die erste Ausgabe der als *Kleine Passion* bezeichneten Holzschnittfolge wurde 1511 von dem Nürnberger Hieronymus Höltzel im Quartformat als Buch gedruckt. Den Holzschnitten auf der rechten Seite stehen links erläuternde Texte im Typendruck gegenüber. Die lateinischen Verse verfasste der humanistisch geprägte Mönch Benedictus Chelidonius, der auch die Texte für die im gleichen Jahr erschienene *Große Passion* und das Marienleben Albrecht Dürers schrieb. Dürer erweiterte mit seiner *Kleinen Passion* die üblichen Passionsszenen um mehrere Themen und variierte überkommene Ikonografien. Durch die Konzentration auf die wesentliche Handlung und eine klare Bildkomposition sind die Holzschnitte dennoch gut lesbar. Das Buch diente der Andacht und reiht sich in die Tradition der spätmittelalterlichen Passionsfrömmigkeit ein, die eine Fülle an Traktaten und Bildern zum Leiden Christi hervorbrachte.
Die Passion Christi war für die lutherische Theologie von zentraler Bedeutung. Mit Bezugnahme auf Ausführungen des Apostels Paulus formulierte Luther eine *Theologia crucis*, die den Opfertod Christi am Kreuz in den Mittelpunkt der Rechtfertigungslehre stellt.
Kein anderes Werk von Albrecht Dürer wurde so häufig kopiert wie die *Kleine Passion*. Sie war ein Verkaufsschlager und beeinflusste andere Künstler über Generationen. Alle Druckstöcke dieser Holzschnittfolge mit Ausnahme des Titelblattes befinden sich im British Museum in London. ID

Literatur
Hütt 1971, S. 1590 f. u. 1595 (ill.) · Strieder 1989, S. 278–283 (ill.)

103

unbekannter Künstler
(Jakob Elsner zugeschrieben)
Jerusalem und die heiligen Stätten. Gedächtnisbild auf die Pilgerreise Friedrichs des Weisen 1493 ins Heilige Land

nach 1503
Öltempera auf leinwandkaschiertem Fichtenholz
68,8 × 80 cm
Stiftung Schloss Friedenstein Gotha,
Inv.-Nr. SG 77
Ausstellung Minneapolis

Inschrift (unter Friedrich dem Weisen): Friderich Von gottes gnaden / Hertzog Zu Sachsen und churfürst Zug Zum heyligen grab 1493

Das Gemälde bietet dem Betrachter ein Panorama des Heiligen Landes aus der Vogelperspektive. Miniaturhafte Darstellungen zeigen sowohl biblische Szenen als auch Pilger an verschiedenen heiligen Stätten, die namentlich bezeichnet sind. Im Vordergrund kniet links Friedrich der Weise in Gebetshaltung. Er ist durch eine Inschrift und das kurfürstlich-sächsische Wappen kenntlich gemacht. Um die biblischen Stätten im Heiligen Land aufzusuchen, machte sich der Kurfürst mit großem Gefolge am 19. März 1493 auf den Weg nach Palästina. Die Route ist in mehreren Reise-

103

berichten überliefert. Auf der rechten Seite des Gemäldes ist eine venezianische Handelsgaleere dargestellt, mit der die Pilger zunächst nach Jaffa gebracht wurden. Im Hintergrund sieht man Bethlehem, den Jordan, den Berg Sinai und den prominent ins Bild gesetzten Ölberg.

Das Panorama orientiert sich an der Palästinakarte aus Bernhard von Breidenbachs *Peregrinatio in terram sanctam* (1486). Mit größter Sorgfalt widmete sich der Maler der Darstellung Jerusalems. Innerhalb der Stadtmauer zeigt er verschiedene Stationen des Kreuzwegs bis hin zur Grabeskirche. Diese entspricht bis in kleinste Details dem druckgrafischen Vorbild aus Breidenbachs Reisebericht. Zeitgenössische Stadtansichten verschmelzen hier mit Darstellungen der Passion Christi, denn die Veranschaulichung der religiösen Bedeutung der heiligen Orte war ebenso wichtig wie die Erinnerung an die Erlebnisse der Pilger. Im großen Gefolge des Kurfürsten befand sich auch Wolf Ketzel. Außer ihm sind auf der Rückseite der Tafel sieben weitere Mitglieder dieser wohlhabenden Nürnberger Familie dargestellt, die die weite Reise zwischen 1489 und 1503 unternommen hatten. Weder der Auftraggeber noch der Maler des Bildes sind bekannt.

Es existierte allerdings eine weitere Ketzel-Pilgertafel, die dem Gothaer Gemälde glich. Sie befand sich im Privatbesitz der Familie Wingfield und wurde 1974 durch einen Brand von Powerscourt House (Irland) zerstört. Wahrscheinlich ließ ein Mitglied der Ketzel-Familie sowohl die Gothaer als auch die Powerscourt-Tafel anfertigen, nachdem Michael Ketzel 1503 von seiner Pilgerreise in das Heilige Land zurückgekehrt war. Während die Powerscourt-Tafel für den eigenen Besitz bestimmt war, könnte die Gothaer Tafel mit dem Konterfei Friedrichs des Weisen versehen und als Erinnerung an die gemeinsam mit Wolf Ketzel unternommene Pilgerfahrt dem Kurfürsten zum Geschenk gemacht worden sein. Daher ließ man wohl die Familienmitglieder auf der Rückseite des Gemäldes darstellen und nicht wie bei der eigenen Tafel auf der Vorderseite. Für diese Annahme spricht, dass sich die Gothaer Pilgertafel in der herzoglichen Sammlung befindet, die in ihren Ursprüngen auf die kurfürstliche Sammlung Friedrichs des Weisen zurückgeht. ID

Vorreformatorische Frömmigkeit

Literatur
Bruck 1903, S. 202 f. · Fey 2007, S. 152–154
u. 324 (ill.) · Holtermann 2013, S. 46–54 (ill.) ·
Purgold 1937, S. 161 · Schuttwolf 1994 b, S. 54 f.,
Kat. 1.25 (ill.) · Syndram/Wirth/Zerbe/Wagner
2015, S. 243, Kat. 167 (ill.)

104

Pilgergewand Kaiser Maximilians I.

Iberomaurisch, Ende 14./Anfang 15. Jh.
Leinen, seidene Leiterstickerei mit Mauresken
L 137 cm (Armlänge 130 cm)
Stiftung Schloss Friedenstein Gotha,
Inv.-Nr. Eth. 5 T
Ausstellung Minneapolis

Das vermutlich im frühen 15. Jh. am Hof von Cordoba entstandene Leinengewand ist mit aufwendigen mauresken Ornamentstickereien verziert. Am Saum, an den bodenlangen Ärmeln und im Schulterbereich befinden sich 14 mit runden Knebelknöpfen versehene Schlitze, die je nach Bedarf geschlossen oder geöffnet werden können. Es stammt aus dem Besitz des Klosterschatzes der Benediktinerabtei Echternach im heutigen Großherzogtum Luxemburg.

Während einer Pilgerreise besuchte Kaiser Maximilian I. im Jahr 1512 die Abtei in Echternach. Er nahm an einer Prozession und am Chorgebet der Benediktinermönche teil. Das dabei von ihm getragene Pilgergewand schenkte er anschließend den Mönchen. Fast drei Jahrhunderte lang wurde das kostbare Gewand in der Schatzkammer des Klosters bewahrt. 1794 flohen die Mönche vor den herannahenden französischen Revolutionstruppen und nahmen die wertvollsten Stücke des Klosterschatzes mit, um sie vor der Plünderung zu bewahren.

1801 erwarb Herzog Ernst II. von Sachsen-Gotha-Altenburg von einem der geflohenen Benediktiner das sog. Goldene Evangeliar von Echternach – den berühmten *Codex Aureus Epternacensis* aus dem 11. Jh., der sich heute im Germanischen Nationalmuseum in Nürnberg befindet – und das Pilgergewand Kaiser Maximilians I. Das Gewand wurde zunächst im Kunstkabinett des Residenzschlosses Friedenstein und ab 1879 im neuerbauten Herzoglichen Museum in Gotha der Öffentlichkeit präsentiert.

104

Bereits im 19. Jh. erregte das einzigartige Exponat auch aufgrund seines guten Erhaltungszustandes großes Interesse in kunst- und kirchenhistorischen Fachkreisen. Franz Bock, Konservator am Erzbischöflichen Diözesanmuseum in Köln und international anerkannter Spezialist für sakrale Textilien, veröffentlichte 1858 eine erste detaillierte Beschreibung und Zeichnung des Gewandes. UD

Literatur
Bock 1858, S. 59 · Märchenschloss 2012,
S. 66–69, Kat. 3.2 (ill.)

Vorreformatorische Frömmigkeit

105

Lucas Cranach d. Ä.
Madonna mit Kind, von Friedrich dem Weisen anbetend betrachtet

um 1512–1515
Holzschnitt
36,5 × 22,7 cm
Minneapolis Institute of Art, Nachlass von Herschel V. Jones, 1968, Inv.-Nr. P. 68.136
Ausstellung Minneapolis

signiert mit der geflügelten Schlange rechts unten

Im Jahr 1509 vollendete Friedrich der Weise ein 20-jähriges Bauprojekt: einen größeren Neubau der Schlosskirche in Wittenberg. Sie wurde der Jungfrau Maria und allen Heiligen geweiht. Es wurde der Ort, an dem er seine eindrucksvolle Reliquiensammlung unterbrachte (vgl. Kat. 106–119). Noch 1518 bewies er seine Verehrung der Jungfrau Maria, indem er einen Marienaltar für das Schloss in Torgau mitfinanzierte, das ihm besonders am Herzen lag.

Die herausragende Qualität des Entwurfs und der Ausarbeitung des Holzschnitts machen deutlich, dass Lucas Cranach wusste, wie sehr sein wichtigster Mäzen Maria verehrte. Der elegante Faltenwurf ihres Kleides und der komplizierte Knoten in ihrem Kopftuch gehören zu den reizvollsten Details in Cranachs Gesamtwerk. Die geschlitzten Ärmel und der schwere Pelz an Friedrichs Kleidung betonen seine herausgehobene Stellung. Die zärtliche Haltung der Mutter zu ihrem lebhaften Sohn zusammen mit Friedrichs Ehrfurcht schaffen eine ruhige, doch emotional völlig überzeugende Atmosphäre. Die Früchte tragende Girlande und die standhafte alte Eiche stehen für die Segnungen der Fülle, Stärke und Beständigkeit, die Maria Friedrichs malerischem, in der Ferne erkennbarem Herrschaftsgebiet zukommen lässt.

Es ist ein ästhetisch gelungener, bedeutender Holzschnitt, dennoch ist er erstaunlich selten. Vermutlich sind weniger als zehn Exemplare erhalten. Im Unterschied zu vielen anderen Holzschnitten Cranachs wurde dieser später nicht neu gedruckt. Nachdem Friedrich zum mächtigsten Verbündeten Luthers geworden war, wäre es unpassend gewesen, weiter Bilder zu verbreiten, die seine Verehrung für Maria zeigten, denn ihre Vermittlerrolle zu Gott war durch die reformatorische Theologie abgewertet worden. TR

Literatur
Hollstein VI, S. 47, Nr. 72 · Koepplin/Falk 1976, Bd. II, S. 492, Nr. 341

107

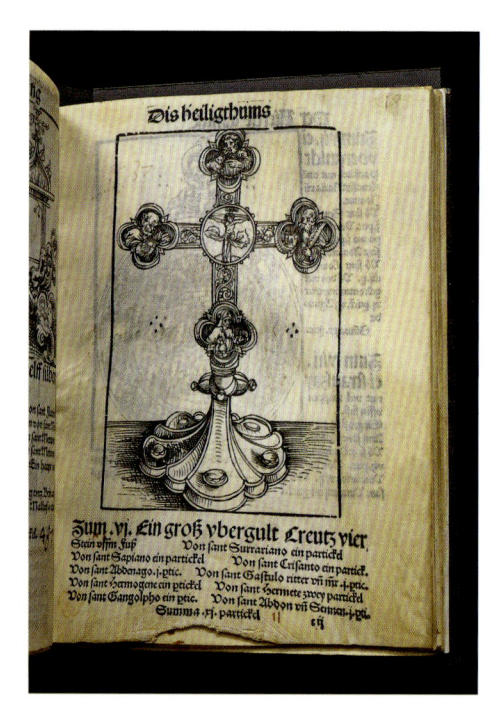

Georg Spalatin
Lucas Cranach d. Ä. (Holzschnitte)
Dye zaigung des hochlobwirdigen hailigthums der Stifftkirchen aller hailigen zu wittenburg (Wittenberger Heiltumsbuch)

Wittenberg: Symphorian Reinhart, 1509

106
20,5 × 31 cm
Stiftung Luthergedenkstätten
in Sachsen-Anhalt, Inv.-Nr. SS 3579
Ausstellung Minneapolis

107
21 × 31 cm
Evangelisches Predigerseminar Wittenberg,
Inv.-Nr. A VII.33
Ausstellung New York

Der Wittenberger Drucker Symphorian Reinhart fertigte in den Jahren 1509 und 1510 drei Auflagen des *Wittenberger Heiltumsbuches*. Wahrscheinlich ließ Kurfürst Friedrich der Weise selbst 1509 eine kleine Zahl auf Pergament drucken, um sie besonderen Persönlichkeiten als Aufmerksamkeit zu schenken. Heute sind nur noch fünf erhaltene Exemplare bekannt, zwei davon in Wittenberg.

Pilger erwarben Reliquienkataloge in Form von sog. Heiltumsbüchern an Wallfahrtsorten mit Reliquienschätzen, den Heiltümern. Die Bücher konnten als Andenken an die Wallfahrt, als Mediations- und Gebetshilfe, als Hilfestellung für den Ablauf der Weisung oder auch zur Bewerbung der Heiltumsweisung und des Wallfahrtsortes dienen. Das Wittenberger Heiltumsbuch ließ Kurfürst Friedrich von ihm eng verbundenen Persönlichkeiten erstellen. Georg Spalatin, damals am Hof in Wittenberg tätig, verfasste die Texte zu dem Buch. Von ihm ist auch ein handschriftliches Verzeichnis des Heiltums überliefert. Seine besondere Bekanntheit verdankt der Druck aber den 117 darin enthaltenen Holzschnitten Lucas Cranachs d. Ä.

»Damit […] alle Christglaubige menschen zu aplas uñ außleschung yrer sunde Auch zuerlangung ewiger seligkeit gereytzt und bewegt werden mögen So ist […] alles und yedes gedachter löblichen Stifftkirchen hailigthum mit seyne zirlichen behelnussen In diß búchlein stuckweyß verzaichen abmalen und drucken zu lassen.« So beschreibt das Vorwort das Ziel des vorliegenden Buchdrucks.

Das *Wittenberger Heiltumsbuch* sollte also die Gläubigen dazu anregen, zur Weisung nach Wittenberg zu kommen. Sie fand jährlich am Montag nach Misericordias, dem zweiten Sonntag nach Ostern, statt. Einen zusätzlichen Ansporn bildete die Information zum möglichen Umfang des Ablasses durch die Teilnahme an der Heiltumsweisung. Diese versprach 100 Tage Ablass je Reliquie – bis 1509 war der Schatz auf 5 005 Partikel angewachsen. Sie wurden in acht aufeinander folgenden Gruppen, den Gängen, gewiesen. Das Erleben eines Ganges versprach nochmals je 100 Tage Ablass. Im Entstehungsjahr des Heiltumsbuches konnten die Gläubigen also über eine halbe Million Tage an Indulgenzen erwerben. Zwei Auflagen des Buches entstanden 1509 nach Fertigstellung der Schlosskirche. Von der ersten Auflage mit 104 Holzschnitten existiert noch ein Exemplar im British Museum in London, die zweite Ausgabe wurde um zahlreiche Grafiken erweitert. Dazu zählt ein Kupferstich mit dem Doppelporträt der Fürstenbrüder Friedrich und Johann von Sachsen, der die Reihe der Illustrationen anführt. Heute sind lediglich sechs Exemplare dieser Ausgabe bekannt, wenngleich die Auflage ungleich größer gewesen sein muss.

Die beiden vorliegenden Exemplare enthalten den Kupferstich nicht. Sie wurden auf Pergament gedruckt und das Material scheint sich nicht für diese Drucktechnik geeignet zu haben. Die kostbarere Ausführung verweist auf die Funktion jener Bücher als Teil der Geschenkpraxis Friedrichs des Weisen. Aus dieser Besonderheit erklärt sich auch die relativ hohe Zahl der erhaltenen Stücke. Das Vorwort hebt in beiden Varianten die Verdienste der ernestinischen Brüder hervor. Es charakterisiert vor allem Friedrich den Weisen als gottgegebenen Herrscher, Förderer der Wissenschaft und frommen Kunstmäzen. Als Nachfahr einer langen Linie bedeutender Fürsten bejubelt ihn der Text, der Gepflogenheit der Zeit entsprechend als umfassend gebildeten und weisen Humanisten.

Die Illustrationen Lucas Cranachs d. Ä. fördern vor allem das Lob der Frömmigkeit und des Kunstverstands Friedrichs. Die zahlreichen Abbildungen bewirken ein lebendiges Bild der Masse an Reliquiaren. Sie pointieren die materielle und intellektuelle Stärke des Kurfürsten, die die Anschaffung einer derart teuren und anspruchsvollen Verpackung für die oft noch wertvolleren Reliquien ermöglichte.

In seiner Gesamtheit diente das *Wittenberger Heiltumsbuch* also der Repräsentation der politischen, religiösen und intellektuellen Machtfülle Friedrichs des Weisen sowie seines Bruders und Nachfolgers Johann des Beständigen. SKV

Literatur
Cárdenas 2002 · Cordez 2006 · Gößner 2006, S. 151 · Heiser 2006 · Joestel 1993 b · Kunz 1998 · Laube 2006

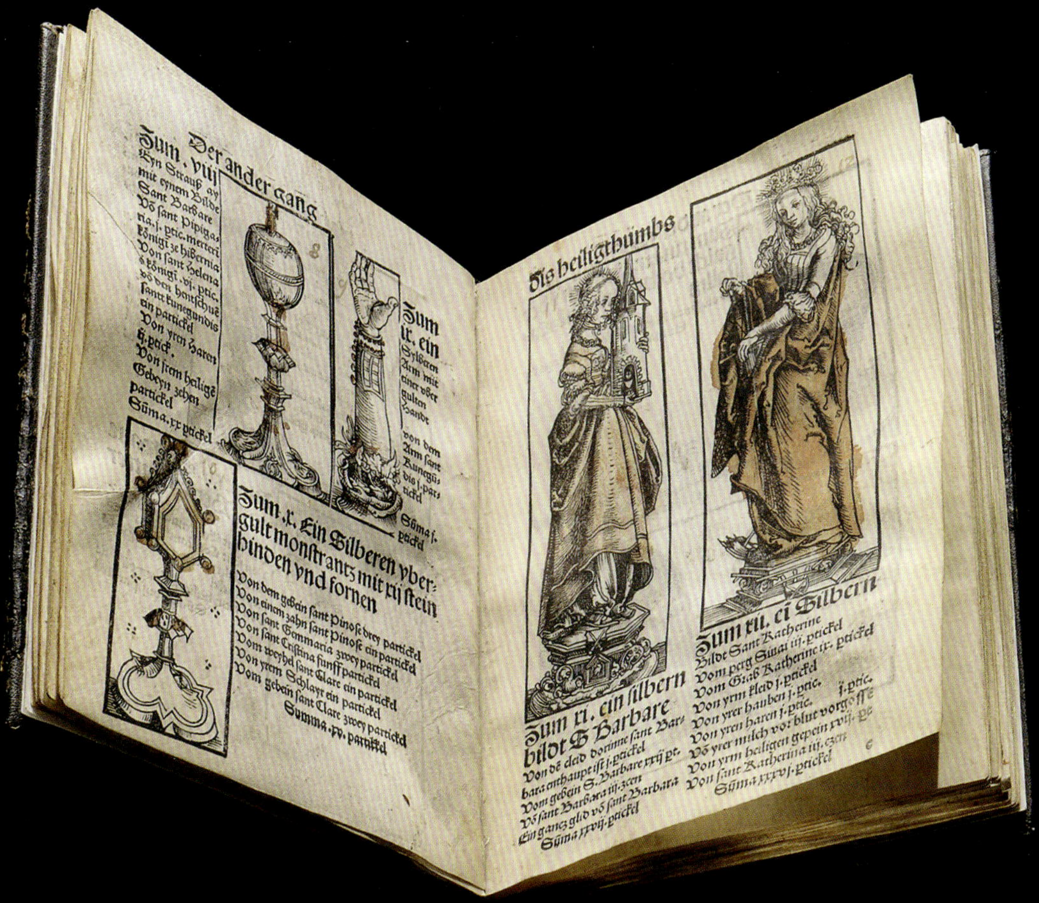
Der ander gang
Dis heiligthumbs
Sum. x. Ein Silberen vbergult monstrantz mit xij stein hinden vnd fornen
Sum xi. ein silbern bildt S. Barbare
Sum xii. ei Silbern Bildt Sant Katherine

107

106

Der Vierde gangk Von den heyligen Merteren ein silbern vbergult
Sum iij. Ein Cristallin glas mit eine Blawen fusz oben ein Creutz
Sum. iiij. Ein groß vbergult kast mit viel

108

109

110

112

113

126 Vorreformatorische Frömmigkeit

unbekannter Künstler
am Wittenberger Hof

Zeichnungen der Reliquiensammlung Kurfürst Friedrichs III. von Sachsen, genannt der Weise

um 1509
Tinte über Grafit, aquarelliert, auf Papier
Thüringisches Hauptstaatsarchiv Weimar,
Ernestinisches Gesamtarchiv

108
Turmreliquiar

32,7 × 22 cm
ThHStAW, EGA, Reg. O 213, Bl. 13
Ausstellung Minneapolis

beschriftet oben rechts: Das ander Stuck des / anderen gange
unten links durchgestrichen: In disser uber / gult[e]n mo[n]stra[n]tz / sindt disse stuck / von / dem grabe Christi / tischtuch des abentessens / der krippe unsers hern / der seule Jhesu
verso: Monstran[cia] nova inqua est magna pars de clavo quo Xρι[st]us fuit crucifixus et mag[na] p[ar]s de lingua domi[ni] et c[etera] [...]

109
Gotische Architektur

33 × 22 cm
ThHStAW, EGA, Reg. O 213, Bl. 51
Ausstellung Minneapolis

beschriftet oben links: Daß viii diß vierden gang[es]
verso: Monstran[cia] magna et p[rae]ciosa continens reliquias / Depepulo b[ea]te Ma[r]ie v[ir]g[inis] de [...]

111

110
Armreliquiar

34,3 × 21 cm
ThHStAW, EGA, Reg. O 213, Bl. 55
Ausstellung Minneapolis

beschriftet oben links: Daß xii stueck deß iiii gang[es]
verso: In dissem vorsilberten großem arm ist ein mercklich stück von s[anctae] C[un]enunge, keyser Heynrichs elich gemall gewest

111
Triptychon mit Hl. Drei Königen, Schutzmantelmadonna und der hl. Katharina von Alexandria

22 × 32,2 cm
ThHStAW, EGA, Reg. O 213, Bl. 59
Ausstellung Minneapolis

beschriftet oben links: Daß iiii stueck im v. gang[e]
unten Mitte: Das vierde stueck im v. gang
verso: In disser taffeln mit den heyligen drey konigen findet ma[n] ditz heyligthum / Von s[ancto] Mathia [...]

112
Statuette des hl. Wolfgang

33 × 21,8 cm
ThHStAW, EGA, Reg. O 213, Bl. 78
Ausstellung Minneapolis

beschriftet oben links: Daß drytte im sybend[en] gange
verso: In dem bilde s[ancti] Wolfgangi / Wolfgangk / Sebastiano / Paulo app[osto]lo [...]

113
Straußeneiziborium

34,2 × 21,8 cm
ThHStAW, EGA, Reg. O 213, Bl. 85
Ausstellung Minneapolis

beschriftet oben links: S[anct] Barbara / Daß xi im sybend[en] gange
verso: Clementis epi[scopi] / De / s[ancto] Eustachio / Pangaie martiris

114 115 116

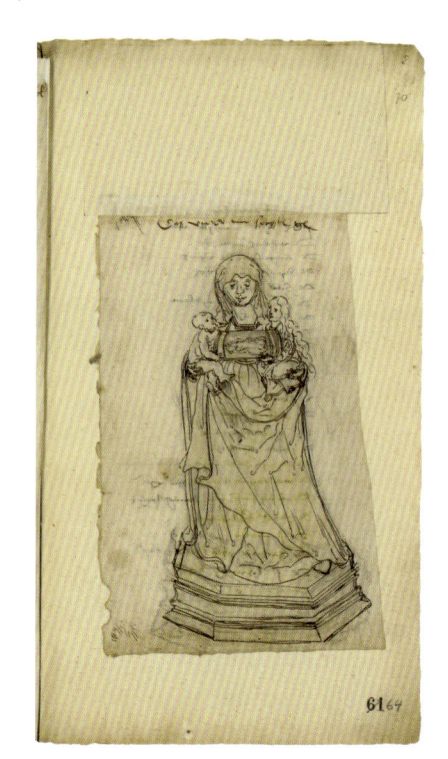

117 118 119

128 Vorreformatorische Frömmigkeit

114
Monstranzreliquiar

32,8 × 22 cm
ThHStAW, EGA, Reg. O 213, Bl. 83
Ausstellung Minneapolis

beschriftet oben links: Daß viii im sybend[en] gange
Mitte rechts: Neben dem Fuß: ist gerissen
verso: In dysser monstrantz vorgult / De sepulchra Chri[sti] [...]

115
Reliquienkreuz

32,1 × 22,2 cm
ThHStAW, EGA, Reg. O 213, Bl. 29
Ausstellung Minneapolis

beschriftet oben: Das erste stueck deßdrytten gang[es]
Mitte rechts: Im mitthel dyses cristallii creuces ist eyn groß schon gamhie gefasseth
verso: in dyßem cristallyn creutz mitten i gross[e]n gammhie ist / de spongea domi[ni] [...]

116
Statuette des hl. Wenzel

32,8 × 22 cm
ThHStAW, EGA, Reg. O 213, Bl. 53
Ausstellung Minneapolis

beschriftet oben rechts: Daß x deß vierd[en] gang[es]
verso: In dissem ubergulten bilde sancti Wentzeslay ist vill heylthum seines heylig[e]n corpers

117
Anna selbdritt

34 × 22 cm
ThHStAW, EGA, Reg. O 213, Bl. 64
Ausstellung Minneapolis

beschriftet oben rechts: Daß vierde im secgst[en] g[ange]
verso: In dem bilde Anne / Pollic[is] dextre man[u] s[an]cte Anne / De vestibus Ma[r]ie v[ir]g[inis] [...]

118
Kruzifix mit Kristallen

33,1 × 22 cm
ThHStAW, EGA, Reg. O 213, Bl. 14
Ausstellung New York

beschriftet oben rechts: Daß drytte ym andern gange
verso: In dysen ubergulten creutz ist heilgthum von dem heylig[e]n creutz, von den geyschel[e]n von dem purpern cleyde unßers herren

gestrichen: In dysem ubergulten creutz hat man heyligthum vom nagel unßers her[r]n
Eyn stuck von dem heupt [...]

119
Statuette des hl. Georg

33,1 × 22 cm
ThHStAW, EGA, Reg. O 213, Bl. 3
Ausstellung New York

beschriftet oben links: Das andere stuck ym ersten Gang

Bisher als *Weimarer Skizzenbuch* bekannt sind 82 Federzeichnungen, die verschiedene Künstler zwischen 1491 und 1509 für Friedrich den Weisen geschaffen haben. Die Zeichnungen orientieren sich wohl am realen Erscheinungsbild der Gegenstände und lassen daher, trotz einer teils reduzierten Detailfülle, Rückschlüsse auf den Zeitstil der Vorbilder zu. Sie stellen objektgetreue Kopien der Goldschmiedearbeiten dar und besitzen somit dokumentarischen Charakter. Damit scheinen sie eine zeichnerische Bestandsaufnahme zu sein, und nicht, wie bisher angenommen, Vorzeichnungen für das gedruckte Buch. Dessen Holzschnitte weichen deutlich von den Zeichnungen ab. Sie wurden durch die Werkstatt Cranachs stilistisch vereinheitlicht und illusionistisch überhöht, wodurch sie sich in die Formensprache des beginnenden 16. Jhs. einordnen. Wichtigstes Charakteristikum ist dabei sicherlich, dass die Bilder im fertigen Heiltumsbuch nicht unbedingt Reliquiare abbilden, sondern davon losgelöste Szenen, Gegenstände und Heiligenbilder. Das verdeutlicht augenfällig die Darstellung des *Elisabethglases* (nicht im Katalog), dessen Zeichnung das Hochschnittglas aus der Zeit um 1200 mit hohem Wiedererkennungswert erfasst. Der Holzschnitt jedoch gibt einen aufwendig silbermontierten Nuppenbecher des 16. Jhs. wieder (vgl. Kat. 106 u. 107). Die Figuren des hl. Georg oder des hl. Wolfgang sind in den Zeichnungen deutlich als Abbilder von Statuetten zu erkennen, während die Druckseiten des Buches dem Betrachter belebte Darstellungen der Heiligen vor Augen stellen.

Die Datierung des Reliquiars in Form einer Statuette des hl. Wenzel kann aufgrund der Formensprache ins 14. Jh. erfolgen, gemahnt die Figur nicht zuletzt an diejenige aus der Parler-Werkstatt in der Wenzelskapelle des Prager Veitsdoms. Auch die Reliquienkreuze, die den Zeichnungen im vorliegenden Katalog zugrunde liegen, können näher bestimmt werden. Das Kreuz mit einer spätrömischen Gemme oder Kamee in der Vierung entspricht einer Gruppe venezianscher Kristallkreuze des 14. Jhs., die in Kirchenschätzen Mitteldeutschlands und Böhmens bis heute überliefert sind. Aus derselben Zeit stammte wohl das Kruzifix, dessen in Dreipässen endende Arme Evangelistensymbole zieren. Ins 15. und 16. Jh. weisen die Türmchen und krabbenbesetzten Fialen der Reliquiare in verschiedenen Architekturformen, die zudem kleine Engels- und Heiligenfigürchen und plastische Kreuzigungsgruppen tragen. Auch das Triptychon, das typologisch an Flügelaltäre erinnert, gehörte wohl zu den um 1500 entstandenen Reliquienbehältern des Heiltums.
Während Cranach die Holzschnitte des Heiltumsbuches stilistisch vereinheitlichte und die Bildauffassung keine reine Abbildung der Vorbilder beabsichtigte, eröffnen die Zeichnungen einen Eindruck vom gewachsenen Bestand des Reliquienschatzes. Die belegbare Zeitspanne der Entstehung der Preziosen verdeutlicht, dass das Wittenberger Heiltum auf einem älteren Bestand fußt, der durch Schenkungen und Käufe aus anderen Beständen erweitert wurde.
Erst nachträglich wurden die Zeichnungen mit den Inventaren der enthaltenen Reliquien versehen. Dabei fällt auf, dass die Angaben von denen im Heiltumsbuch abweichen, und zwar sowohl hinsichtlich der Einordnung der Reliquiare in die Gänge der Heiltumsweisung als auch der Reliquien, die darin enthalten sein sollen. SKV

Literatur
Cárdenas 2002 · Cordez 2006 · Kolb 2015 · Laube 2006

Das Ablasssystem in der katholischen Kirche

Ablässe standen im Mittelalter im Zusammenhang mit der Beichte, dem Bußsakrament, einem privaten, durch einen Priester vollzogenen Ritual. In seiner einfachsten Form vergab ein Ablass keine Sünde, sondern erließ teilweise oder vollständig die Genugtuung, die dem Büßer auferlegt wurde, nachdem er gebeichtet und die Absolution erhalten hatte. Die Buße bestand aus religiösen Handlungen wie Almosen, Gebeten oder Fasten. Indem man diese Handlungen ausführte, bezahlte man die irdische oder zeitliche Strafe für die begangenen Sünden. Die Schuld, die man durch die Sünden auf sich geladen hatte, war durch den Sühnetod Christi bereits aufgehoben. Demzufolge vergab ein Ablass keine Sünde oder Sündenschuld, sondern erließ dem Büßer teilweise oder vollständig die Buße, die ihm der Priester auferlegt hatte.

Der berüchtigte Ablass, der 1517 zu Martin Luthers 95 Thesen führte – der Funke, an dem sich die Reformation entzündete –, wurde als Garantie dafür gepriesen, dass sowohl die Sünden vergeben als auch die Zeit verkürzt würde, die den Sündern im Fegefeuer vorherbestimmt war. Die Einkünfte aus dem Ablass sollten der Finanzierung des Baus des Petersdoms zugutekommen. Ohne dass Martin Luther davon wusste, floss daneben ein Teil der Einnahmen als Gegenleistung für die Erhebung Albrechts von Brandenburg zum Erzbischof von Mainz an die römische Kurie. Papst Leo X. hatte eben diesen Albrecht von Mainz autorisiert, den Petersdom-Ablass auszugeben.

Die Protestanten lehnten viele Aspekte der Ablässe ab, aber ihre heftigste Kritik galt der missbräuchlichen Behauptung, der Ablass könne Sünden vergeben. Stimmte diese Behauptung, so wären die Ablässe wichtiger als der Glaube, die Sakramente und sogar der Sühnetod Christi. Ein Ablass aber vergab keine Sünden oder Sündenschuld, sondern befreite den Büßer ganz oder teilweise von der Buße, die ihm vom Priester auferlegt worden war. Es war diese Vorspiegelung falscher Tatsachen mithilfe der Ablässe, die Martin Luther dazu veranlasste, das Konzept von Sünde und Gnade zu hinterfragen und seine 95 Thesen zu verfassen. SH

120

120

Kardinal Albrecht von Brandenburg, Erzbischof von Mainz und Magdeburg

Unausgefüllter Ablasszettel: Beichtformular von der Ablasskampagne des Kardinals zugunsten des Neubaus von St. Peter in Rom

Leipzig: Melchior Lotter d. Ä., 1515
Pergament
14,5 × 18,9 cm
Stiftung Luthergedenkstätten
in Sachsen-Anhalt, Inv.-Nr. Urk./3213
Ausstellung New York

Mit dem Plenarablass vom 31. März 1505 für den Bau von St. Peter in Rom durch Papst Julius II. wurden alle restlichen Ablässe in Deutschland für ungültig erklärt. Das predigte man direkt von der Kanzel. Der Ablass wurde zunehmend zur Geldquelle für den stetig wachsenden finanziellen Bedarf der Kurie. So war es im Zeitalter des Buchdrucks ein Leichtes, Ablasszettel mit freigelassenen Zeilen für Name, Datum und Ort sowie einem amtlichen Siegel als Quittung der gezahlten Beträge vorzubereiten.

Der unausgefüllte Ablasszettel stammt aus der produktiven Druckerei Melchior Lotters, der das Privileg zum Druck aller erzbischöflichen Ablassdokumente erhielt. Dieses unverkaufte Exemplar aus dem Lutherhaus in Wittenberg fungierte bis 1933 – wie zwei weitere Ablasszettel – als Akteneinband im Oberbergamt in Halle (Saale), der ehemaligen prächtigen Residenzstadt Kardinal Albrechts von Brandenburg.

Kardinal Albrecht, Erzbischof von Mainz und Magdeburg, Administrator des Bistums Halberstadt, Kurfürst und Erzkanzler des Reichs, vertrieb den von Papst Leo X. geförderten Ablass für den Neubau von St. Peter in seinen Bistümern. Der 24-jährige Kardinal musste die Einnahmen des sog. Petersablasses zu einem Teil nutzen, um seine immensen Schulden bei der römischen Kurie und dem Hause der Augsburgischen Handelsfamilie Fugger zu tilgen. Das doppelte Amt des Erzbischofs von Magdeburg und Mainz kostete ihn insgesamt 48 000 Gulden. Acht Jahre lang galt der Petersablass und warf einen Gewinn von ca. 73 000 Gulden ab.

Albrecht schickte den Dominikanermönch Johann Tetzel als Generalsubkommissar durch magdeburgische und brandenburgische Ländereien (vgl. Kat. 126). Tetzel, der sich selbst und seine Unterkommissare mit 300 Gulden monatlich entlohnte, wurde zum bekanntesten Ablassprediger und verkündigte fleißig den »vollkommenen Ablass und Vergebung aller Sünden«. Sogar für verstorbene Angehörige konnte man bei Tetzel einen Ablass erwerben.

Albertus Dei et Apostolice sedis gratia Maguntinen. et Magdeburgen. Archiepiscop9 ac Halberstaten. ecclesiarū Administrator/Germanie Primas/et sacri Romani Imperij Archicancellari9 princeps elector Marchio Brandenburgen/Stetinen/ Pomeranie/Cassuborū/Sclauorumqʒ Dux. Burggrauius Nurenbergen Rugieqʒ princeps Dilecto nobis in christo
                                                                    Salutem in domino
Sincera feruensqʒ deuotio qua ad Romanā ecclesiam et fabricā immensi operis Basilice Sancti Petri de vrbe gerere comprobaris/ex quo iuxta ordinationē per nos factam ad illius reparationē debitam fecisti contributiom merito nos excitat et inducit vt petitionibus tuis illis presertim quas ex deuotionis feruore prodire conspicimus fauorabiliter annuam9. Hinc est qʒ nos tuis deuotis supplicationib9 inclinati. Vt liceat tibi habere altare portatile cum debitis reuerentia et honore sup quo in locis ad hoc congruen et honestis sine tamē iuris alieni preiudicio. Et si ad loca ecclesiastico interdicto ordinaria auctoritate supposita te declinare ptigerit: in illis clausis ianuis: excōmunicatʒ et interdictʒ exclusis: dummodo tu causam nō dederis interdicto: quoad vixeris per te ipsum vel per pprium aut alium sacerdotem idoneum secularem vel regularem quouis anni tempore preterqʒ in Paschate missam etiā ante diem circa tamen diurnā lucem celebrare seu celebrari facere possis. Quodsi aliquā vel aliquas ecclesiā vel ecclesias per te eligēdas deuote singulis Quadragesimalib9 et alijs diebus quibus ecclesie vrbis et extra eam p christifideles p consequendis Indulgentijs stationū vrbis visitari solent visitando: tot et similes Indulgentias et peccatorū remissiones consequaris quas consequereris si singulis diebus eisdem dictas ecclesias personaliter visitares. Corpusqʒ tuum ecclesiastice sepulture cum funerali pompa tempore Interdicti quauis auctoritate appositi dūmodo tu causam nō dederis Interdicto tradi possit auctoritate Apostolica qua p spēales Sctissimi dūi nostri domini Leonis diuina prouidentia Pape decimi literas fungimur deuotioni tue de speciali gratia Indulgem9. Prouiso tamē. Quod parce huiusmodi indulto ante diem celebrandi seu celebrari faciendi vtaris. Quia cum in altaris officio immoletur domin9 noster Jhesus Christus dei filius: qui cando: est lucis eterne /congruit id non noctis tenebris fieri sed in luce. In quorum fidem presentes literas fieri dicteqʒ fabrice Sigilli iussimus appensiōn communiri. Datʒ   Anno dūi
M.ccccc.xv Die   Mensis   pontificatus prefati dūi nri Pape Anno

121

Die wettinischen Herzöge hingegen, wie Herzog Georg von Sachsen, verboten den Vertrieb des Petersablasses auf ihrem Territorium. Das hielt aber unzählige Gläubige nicht davon ab, in die magdeburgischen Ländereien zu reisen, um ihn dort zu erwerben.

Der kleinformatige Ablasszettel zum Bau des Petersdoms dokumentiert den »ausgemachten Skandal« (Meissinger 1952, S. 129) der zunehmend irritierenden Verbindung von Glauben und Geld. Als Auslöser reformatorischer Kritik fügt er sich in die Ereignisse von 1517 ein: Der gekaufte Ablass – die bezahlte Bußleistung – wurde durch Luthers Thesenanschlag infrage gestellt. FK

Literatur
Häberlein 2016, S. 51 · Joestel 2008, S. 36 f. (ill.) · Kühne/Bünz/Müller 2013, S. 362 f. · Meissinger 1952, S. 129 · Meller 2008, S. 220, Kat. D 3 (ill.) · Treu 2010, S. 28 f. u. 105 (ill.)

121

Kardinal Albrecht von Brandenburg, Erzbischof von Mainz und Magdeburg
Unausgefüllter Ablassbrief zugunsten des Neubaus von St. Peter in Rom

Leipzig: Melchior Lotter d. Ä., 1515
30,2 × 20,2 cm
Pitts Theology Library, Emory University, Atlanta, Ms. 85
Ausstellung Atlanta

Einige der überlieferten St. Peter-Ablassbriefe vom Leipziger Drucker Melchior Lotter d. Ä. wurden als Makulatur in Bucheinbänden gefunden. Den unausgefüllten Ablassbrief, der sich im Besitz der Pitts Theology Library in Atlanta befindet, entdeckte der deutsche Reformationsforscher Fritz Beyer 1937 in einem Bucheinband von 1530.

Melchior Lotter übernahm einige Aufträge von Kardinal Albrecht. Als scheinbarer Haus- und Hofdrucker druckte er neben Ablasszetteln amtliche und politische Schriften sowie liturgische Werke, obwohl Leipzig nicht im Erzbistum des Kardinals lag.

Mit diesem Ablassbrief erhielten Priester im Gegenzug für ihren Beitrag zum Bau des Petersdoms auch außerhalb Roms Privilegien, die es ihnen gestatteten, Messen an Orten zu zelebrieren, die unter dem Interdikt standen und an denen keine öffentlichen religiösen Handlungen zugelassen waren. FK

Literatur
Beyer 1937 · Döring 2006 · Pitts 1999, Bd. 1, Nr. 86

Vorreformatorische Frömmigkeit

122

Kardinal Albrecht von Brandenburg, Erzbischof von Mainz und Magdeburg

Ausgefüllter Ablassbrief zugunsten des Neubaus von St. Peter in Rom

Leipzig: Melchior Lotter d. Ä., 12. Juni 1517
Einblattdruck auf Pergament mit angehängtem Siegel in Holzkapsel
14 × 20 cm; Dm Kapsel 6 cm
Stadtarchiv Mühlhausen, Einblattdruck: Kreis A Mühlhausen, Stadt Mühlhausen I-0 / 1322a
Ausstellung Minneapolis

Dieser Vordruck eines Ablassbriefs zum päpstlichen Plenarablass (Kat. 120) wurde am 12. Juni 1517 in Leipzig bei Melchior Lotter für die Mitglieder des Dominikanerklosters der Reichsstadt Mühlhausen ausgestellt. Auf der Rückseite des Exemplars sind Prior und Konventmitglieder namentlich aufgeführt. Am Ablassbrief hängt ein von der *fabrica di S. Pietro* angefertigtes, in rotem Wachs gedrucktes Siegel. Es zeigt im Bild Petrus mit Schlüssel und eine Tiara tragend sowie die Umschrift »S[IGILLUM]. FABRICE. S[ANCTI]. PETRI. DE. URBE.« Mit dem päpstlichen Verschluss sollte die zweckgemäße Nutzung der Ablassgelder für den Bau von St. Peter zum Ausdruck gebracht werden.

Das Stadtarchiv Mühlhausen besitzt einen umfangreichen Bestand an illuminierten Sammelindulgenzen aus dem späten Mittelalter. In und um Mühlhausen hatte sich ein dichtes Netz von Kirchen und Bruderschaften herausgebildet, die nicht zuletzt ab dem 13. Jh. durch diese Sonderform der Ablassurkunden den Grundstock für eine tief verwurzelte Ablassfrömmigkeit der städtischen Bevölkerung legte. FK

Literatur
Brüggemeier/Korff/Steiner 1993, S. 177, Kat. 4.1/21 · Hessen 1992, S. 267, Kat. 506a · Hrdina/Studničková 2014 · Kühne/Bünz/Müller 2013, S. 364 f., Kat. 7.2.1C

123

Monogrammist HCB
(auch Jakob Binck zugeschrieben)
Turnier im Cortile del Belvedere

1565
Kupferstich und Radierung von zwei Platten
44 × 57,8 cm
Stiftung Luthergedenkstätten
in Sachsen-Anhalt, Inv.-Nr. grfl XIV 8860
Ausstellung New York

Inschriften:
in der Kartusche: Monstra della giostra fatta nel Teatro di Palazzo / ridotto in questa forma dalla S.tà di N.S. Pio 4° come / si vede nella stampa della pianta, con le sue mesure
links an der Balustrade: Ant. / Lafreri / formis
rechts an der Balustrade: HCB / fecit

Der in Antonio Lafreris *Speculum Romanae Magnificentiae* veröffentlichte Stich zeigt ein Reitturnier, das am 5. März 1565 im vatikanischen Cortile del Belvedere veranstaltet wurde. Anlass dieses spektakulären Ereignisses war die Hochzeit des päpstlichen Gonfaloniere Annibale Altemps mit Ortensia Borromeo, der Schwester des Mailänder Erzbischofs und Kirchenreformers Carlo Borromeo, der bereits zu Lebzeiten im Geruch der Heiligkeit stand und hohe Verehrung genoss. Ein Zeuge des Turniers, Antonfrancesco Cirni, maß dem Spektakel über seinen Unterhaltungswert hinaus eine propagandistische Bedeutung zu. So schrieb er in einem auf den 14. März 1565 datierten »Brief« an Cosimo de' Medici, dass man sich von solch einem ehrenwerten Wettkampf erhoffte, dieser möge dazu animieren, gegen die Türken zu kämpfen.
Von den Loggien und Fenstern aus verfolgen zahlreiche Zuschauer das Geschehen. Im Hintergrund am rechten Bildrand ist der Bau des neuen Petersdoms erkennbar, dessen Tambour fast fertiggestellt war. Anlass für den Neubau war der Wunsch Julius' II., sich in St. Peter ein monumentales Grabmal errichten zu lassen, mit dessen Konzeption er 1505 Michelangelo beauftragte. Die Baufälligkeit der über tausendjährigen Konstantinsbasilika, das schwierige Terrain und der Wunsch nach einer der Bedeutung des Ortes angemessenen Architektur ließen eine Erweiterung von Alt-St. Peter jedoch nicht zu. Die Grabstätte des Apostelfürsten Petrus war neben Jerusalem und Santiago de Compostela das wichtigste Pilgerziel der lateinischen Christenheit.
Mit den Planungen für einen Neubau wurde Bramante beauftragt, der auch die ersten Entwürfe lieferte. Am 18. April 1506 wurde der Grundstein für den neuen Petersdom gelegt. Zur Finanzierung dieses ehrgeizigen Großprojekts rief der Papst 1507 den Petersablass aus. Der Erzbischof

Vorreformatorische Frömmigkeit 133

von Magdeburg, Albrecht von Brandenburg (vgl. Kat. 38), erkaufte sich 1514 zusätzlich das Amt des Erzbischofs von Mainz, wofür er sich Geld bei den Fuggern lieh. Um seine Schulden begleichen zu können, erhielt er von Papst Leo X. die Genehmigung, den Petersablass in seinen Bistümern zu vertreiben und die Hälfte der Einnahmen zu behalten (vgl. Kat. 120–122). Die unlauteren Methoden des Ablassverkäufers Johann Tetzel veranlassten Luther zur Kritik an dieser Praxis und schließlich an der Papstkirche. In vier seiner 1517 veröffentlichten 95 Thesen gegen den Ablasshandel bezieht sich Luther explizit auf die Finanzierung des neuen Petersdoms (vgl. Kat. 145 u. 146). ID

Literatur
Bury 2001, S. 162 f. (ill.) · Hollstein IV, S. 112, Nr. 261 (I) (ill.) · Riepertinger/Brockhoff/Heinemann/Schumann 2002, S. 162, Nr. 100 a

124

Ablasstruhe

16. Jh. (Vorhängeschloss aus dem 20. Jh.)
Eisenplatten mit Bändern beschlagen, geschmiedetes Deckelschloss mit fünf Verriegelungen
42 × 75 × 47 cm
Stiftung Luthergedenkstätten
in Sachsen-Anhalt, Inv.-Nr. K 372
Ausstellung Minneapolis

Seit Mitte des 12. Jhs. war der sog. Opferstock Verwahrort des im Gottesdienst gesammelten Geldes oder des *Denarius Dei* und damit fester Bestandteil der Ausstattung der kirchlichen Gemeinden. Als die Möglichkeit bestand, Kreuzzugsablässe gegen einen Geldbetrag zu tauschen, wurde auch diese Zahlung in den verschlossenen Kästen gesammelt.
Die Ablasstruhe aus dem Lutherhaus Wittenberg stammt aus dem 16. Jh., die Vorhängeschlösser vermutlich aus dem 20. Jh. Der Einwurfschlitz ist umrahmt von einem tellerähnlichen Eisenbeschlag. Das Geld konnte so vor dem Einwurf exakt gezählt werden, ohne dass ein Gulden verrutschen konnte oder verloren ging.
Der Käufer musste seinen zu zahlenden Betrag selbst in die verschlossene Ablasstruhe legen. Beim Öffnen der Truhe waren ein öffentlicher Notar, der Ablauf und Einnahmen protokollierte, oder mehrere Zeugen anwesend. Verschiedene Schlüssel für meist drei bis vier – oder wie im Falle der Wittenberger Ablasstruhe fünf – Schlösser machten es notwendig, dass jeder Schlüsselwärter vor Ort war. FK

Literatur
Meller 2008, S. 222 u. 224, Kat. D 6 · Paulus 2000, S. 386 · Treu 2010, S. 27 u. 105

125

Ablasstruhe

Anfang 16. Jh.
Eichenholz, Eisenbeschläge
40,7 × 82,5 × 47,5 cm
Städtisches Museum Braunschweig,
Inv.-Nr. B31
Ausstellung New York

Zur Verwahrung der eingesammelten Ablassgelder wurden robuste und verschließbare Kassentruhen benötigt (vgl. Kat. 124). Mit breiten Eisenblechen beschlagen, zwei Tragegriffen an den Schmalseiten und verstärktem Deckel, der sich nur durch das parallele Öffnen mehrere Schlösser heben ließ, unterlagen die Truhen der höchsten Sicherheitsstufe. Der Raub der gut gefüllten Tresore ist Bestandteil vieler legendenhafter Anekdoten, die sich besonders rund um Johann Tetzel ranken.

Die Ablasstruhe im Städtischen Museum Braunschweig, die dem Ablassverkäufer angeblich auf dem Weg nach Königslutter von einem Schlachtergesellen – oder von einem Ritter – geraubt wurde, zeugt von dieser Legendenbildung. Matthäus Merian berichtet zwar in seiner *Topographia* 1654 vom »Geldkasten« des Johann Tetzel, der in der Peterskapelle in Süpplingenburg (bei Helmstedt) Ablassbriefe verkauft haben soll (vgl. Merian 1645, S. 193), aber die spektakuläre Raubgeschichte wurde bereits vor den Aufzeichnungen Merians durch Zeitgenossen Luthers gestreut. Geschichten von einem Ablassprediger, der einem vermeintlichen Käufer einen günstigen Ablass für eine zukünftige Sünde ausstellt und kurz darauf von diesem beraubt wird, gab es viele (vgl. Kat. 120–122). Selbst ein Philipp Melanchthon wusste sie bei Tisch zu erzählen. Sie waren Teil der reformatorischen Propaganda gegen den Neubau des Petersdoms in Rom mithilfe des Ablassverkaufs durch Kardinal Albrecht von Brandenburg und seinen Unterkommissar Johann Tetzel. Die Braunschweiger Tetzel-Truhe entstammt jener Zeit. FK

Quellen und Literatur
Christiani 1983 · Bott 1983, S. 166 f., Kat. 200 (ill.) · Joestel 2013, S. 172–175 · Meller 2008, S. 222, Kat. D 6 (ill.) · Merian 1654

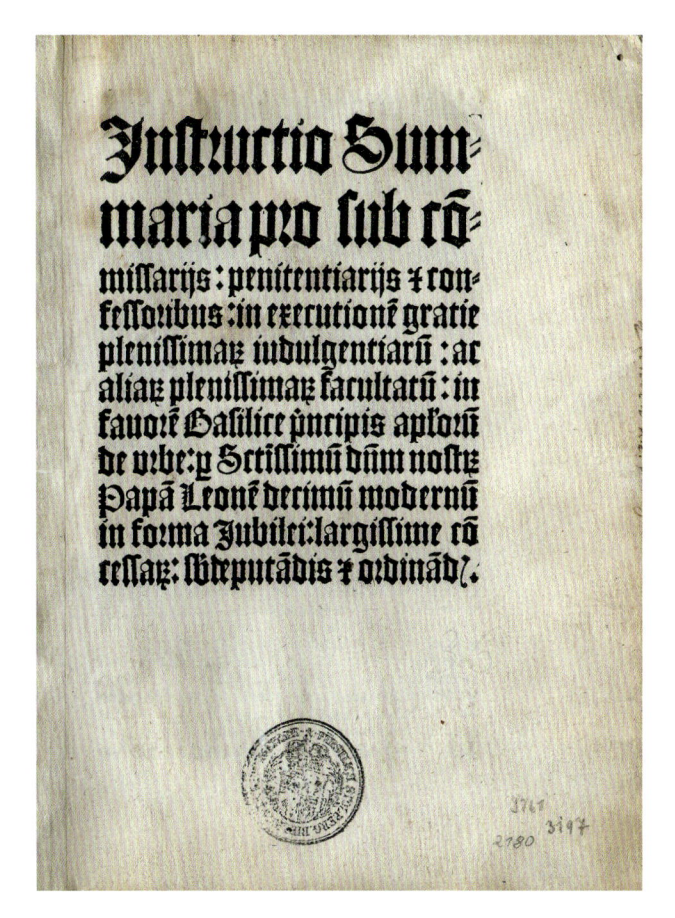

126

126

Kardinal Albrecht von Brandenburg, Erzbischof von Mainz und Magdeburg

Handbuch für die Ablasskommissare

Leipzig: Melchior Lotter d. Ä., um 1516
Papier, 21 Bl.
20 × 15 cm
Stiftung Luthergedenkstätten
in Sachsen-Anhalt, Inv.-Nr. ss 2180
VD16 M 266
Ausstellung New York

Originaltitel: Instructio summaria pro subcommissarijs, penitentiarijs et confessoribus [...]

Kardinal Albrecht von Brandenburg erließ als Kommissar des Papstes für seine Unterkommissare und Ablassprediger eine 94 Artikel umfassende *Instructio summaria*. Die Anweisung gab besonders nachdrücklich für die sächsischen und thüringischen Gebiete vor, wie und auf welche Weise sowie für welchen Beitrag dem Beichtenden die vollkommene Gnade anzutragen war (vgl. Kat. 120). Während königliche Herrscher, Prinzen, Fürsten oder (Erz-)Bischöfe 25 Gulden zu zahlen hatten, reduzierte sich der Betrag entsprechend den Vermögensverhältnissen. Der einfache Bürger bezahlte beispielsweise 1 bis ½ Gulden. Den Armen, d. h. Bettlern und Tagelöhnern, wurde der Erwerb des Peterablasses durch Gebet und Fasten ermöglicht. In der *Instructio* wurde jedoch ausdrücklich formuliert, dass die Kommissare zunächst versuchen sollten, bei gottesfürchtigen Menschen Geld zu beschaffen. Außerdem konnte der Ablass zu gleichen Bedingungen auch für Verstorbene erworben werden. Zu welcher kommerziellen Härte die Kommissare aufgerufen wurden, beweist die Aufforderung, man solle besonders in den Testamenten Verstorbener »unrechtes Gut« finden, das »ungewissen Kirchen, heiligen Orten, ungewissen oder abwesenden Personen« vermacht wurde (Felmberg 1998, S. 67).

Martin Luther forderte am 31. Oktober 1517 Kardinal Albrecht auf, die *Instructio* »völlig zu beseitigen und den Ablasspredigern eine andere Predigtweise zu befehlen«. Des Weiteren warnte er vor »der Schmach Eurer durchlauchtigsten Hoheit« (Iserloh 1962, S. 53), die dem Kardinal durch schriftliche Entgegnungen drohen würde. Die Kenntnis dieses Dokuments stellte für Luther ein entscheidendes Moment dar: Das Handbuch war eine rechte »Skandalschrift kirchlicher Ablaßtheologie [sic]« (Felmberg 1998, S. 34). FK

Literatur
Felmberg 1998, S. 34–71 · Iserloh 1962 · Paulus 2000, S. 385 f.

Vorreformatorische Frömmigkeit

IV
Luther als Mönch, Gelehrter und Prediger

Mit seinem Eintritt ins Kloster in Erfurt gab der Magister der freien Künste Martin Luther vorerst alle Pläne zur beruflichen Weiterbildung auf. Jedoch beschlossen seine Oberen bald, ihn zum Priester weihen und Theologie studieren zu lassen. Auf die Priesterweihe bereitete Luther sich mit allem gebotenen Ernst vor, das Studium absolvierte er mit großer Hingabe.

Nachdem Johann von Staupitz ihn an die Wittenberger Universität geholt hatte, schloss sich dort die Promotion zum Doktor der Theologie an. In seinen späteren Kämpfen hat Luther immer wieder darauf hingewiesen, dass er als »geschworener Doktor der Heiligen Schrift« einen Eid abgelegt habe, die Wahrheit des Glaubens öffentlich zu verkündigen und zu verteidigen, auch und gerade gegen die Vertreter der alten Kirche.

Seit etwa 1513 übernahm Luther zusätzlich zu seinen sonstigen Ämtern auch eine Prädikatur an der Wittenberger Stadtkirche. Die Einzelheiten der Vorgeschichte dazu sind bis heute ungeklärt. Sicher ist, dass die Begegnung mit den einfachen Wittenberger Christen Entscheidendes zum Werden des späteren Reformators beigetragen hat. Auf der Kanzel und im Beichtstuhl musste sich die Wahrheit bewähren, die er beim Studium der Heiligen Schrift gefunden zu haben meinte.

Mit der Publikation seiner 95 Thesen über die Kraft der Ablässe trat Luther in die akademische Öffentlichkeit, weit über die Grenzen Wittenbergs hinaus. Aber erst die deutsche Fassung im *Sermon von Ablass und Gnade* brachte ihn an den Beginn jener Popularität in breiten Schichten des Adels und des Bürgertums, die ihn letztlich bei seinem Auftritt vor Kaiser und Reich 1521 in Worms vor dem Schicksal des Jan Hus 1415 bewahrte, wegen seiner Lehren verbrannt zu werden.

Insofern ist gerade das zweite Porträt Luthers von Lucas Cranach, das ihn im Profil in der Kutte des Mönches mit dem übergroßen Doktorhut des Gelehrten zeigt, mehr als sachgemäß: Gelehrte Bildung und öffentliche Verkündigung gehörten für Luther untrennbar zusammen. MT

127

unbekannter Meister
Die hl. Anna unterrichtet Maria

schwäbisch oder süddeutsch, um 1500
Lindenholz, polychrom gefasst
57 × 38 × 22 cm
Stiftung Luthergedenkstätten in Sachsen-Anhalt, Inv.-Nr. P80
Ausstellung New York

»Hilf Du, S. Anna, ich will ein Monch werden!« Das gelobte der angehende Jurist Martin Luther der Mutter Mariens, als er am 2. Juli 1505 auf dem Weg von seinem Elternhaus nach Erfurt nahe Stotternheim beinahe von einem Blitz erschlagen wurde – so die Legende. Am 17. Juli 1505 trat Luther dann ins Erfurter Augustinereremitenkloster ein. Er selbst berichtete mehrmals von dem Blitzschlag, der ihm die sprichwörtliche Erleuchtung brachte.

Wenngleich Luther sich in späteren Äußerungen von der Annenverehrung distanzierte, so war der junge Martin mit seiner starken Bindung an die hl. Anna ein typischer Vertreter der Frömmigkeit seiner Zeit. Die Verehrung der Heiligen als Fürsprecherin für Frauen, Familien, Händler und auch Bergleute »boomte« um 1500. Die sächsischen Herzöge Georg der Bärtige und Friedrich der Weise förderten den Annenkult besonders durch die Anschaffung von Reliquien der Heiligen. Georg gab der Stadt Annaberg ihren Namen zu Ehren der Mutter Mariens.

Die große Beliebtheit der Großmutter Jesu führte zu zahlreichen frommen Stiftungen, die natürlich mit Kunstwerken ausgestattet wurden. Die vorliegende Skulptur zeigt die hl. Anna, typischerweise in Witwentracht, die kindliche Maria sitzt in andächtiger Haltung auf ihrem Schoß. Als Attribut hält Anna ein offenes Buch, aus dem sie als Lehrmeisterin ihre Tochter in Lebens- und Glaubenswissen unterweist. Diese Darstellung der Mutter Mariens ist für die Zeit um 1500 ausgesprochen typisch. Auch Luther betete sicherlich vor ähnlichen Kunstwerken zu ihr, wie die Darstellungen der Anna am Hauptaltar und einem Seitenaltar von St. Georg in Mansfeld sowie der Annenaltar zu St. Petri in Eisleben selbst eindrücklich beweisen. (vgl. Kat. 7) SKV

Literatur
Dörfler-Dierken 1992, S. 21–23 · Hornemann 2000 · Leppin 2013, S. 15–17 · Roch-Lemmer 2008, S. 225 · Schilling 2012, S. 78

128
Spätgotische Kasel, sog. Mantel Martin Luthers

Mitteldeutschland, Ende 15./1. Drittel 16. Jh.
Gewebe (Italien?): violetter Seidenatlas; Kaselkreuz (Deutschland): Stickerei mit Häutchensilberfäden und vergoldeten Häutchensilberfäden, Inkarnat aus hellem Halbseidenatlas, plastische Unterpolsterungen, mit brauner Seide umwickelter Draht für Haar und Bart
123,5 × 87 cm
Vereinigte Domstifter zu Merseburg und Naumburg und des Kollegiatstifts Zeitz, Merseburg, Domstift, Gewänderinventar Nr. 5
Ausstellung New York

Das spätgotische Messgewand aus violetter Seide wird der örtlichen Überlieferung nach mit der Person Martin Luthers in Verbindung gebracht. Diese Tradition, deren Ursprung unbekannt ist und die sich bis in das frühe 19. Jh. zurückverfolgen lässt, ist allerdings auf ihren Wahrheitsgehalt hin zu überprüfen.
Bei dem Gewand handelt es sich um eine Kasel, die im katholischen Ritus vom zelebrierenden Priester während der Feier der heiligen Messe getragen wird. Im Zuge der Reformation wurde zum Gebrauch dieses liturgischen Kleidungsstückes unterschiedlich Stellung genommen. Luther selbst nahm eine offene, neue Reglementierungen vermeidende Haltung zur gottesdienstlichen Gewandung ein. Während der Feier des Abendmahls soll er das Tragen der Kasel beibehalten haben.
Der violette Seidenatlas des Gewandes ist in einem sehr fragmentarischen Zustand erhalten. Die Rückseite schmückt ein gesticktes Kaselkreuz. Es folgt einem im ausgehenden 15. und ersten Drittel des 16. Jhs. weit verbreiteten Typus, der vermutlich auf grafischem Weg Verbreitung fand und in unterschiedlichen Qualitäten in Stickerei umgesetzt wurde. Der Gekreuzigte hängt an einem Astkreuz, das eine assoziative Verbindung zum paradiesischen Baum des Lebens herstellt und die Überwindung des Todes durch Christi Auferstehung bereits impliziert.
Dass Martin Luther das Messgewand in Merseburg gesehen, wenn nicht gar verwendet hat, ist rein chronologisch betrachtet möglich. Luther hielt sich, soweit bekannt, nur einmal, im August des Jahres 1545, in Merseburg auf, wo er an drei Tagen im Dom predigte. Doch der Kontext der Überlieferung lässt am Wahrheitsgehalt der Verbindung des Messgewandes mit Luther zweifeln. So wird der *Luthermantel* seit der Mitte des 18. Jhs. in einem Atemzug mit dem *Mantel des hl. Antonius von Padua* und dem *Gewand der hl. Kunigunde* erwähnt. In diesen beiden Fällen sind die präsentierten Textilien jedoch weitaus jünger als die dafür in Anspruch genommenen Personen. Viel eher dürfte die Legende vom Mantel Luthers sich in einer Kuriositäten liebenden Zeit gebildet haben und dem Bemühen geschuldet sein, die Attraktivität des Merseburger Domes und seiner Schätze zu erhöhen. Dass dieses Kalkül offenbar Erfolg zeigte, belegen bis heute erhaltene »Souvenirs« in Form von kleinen Abschnitten der violetten Seide, die offenbar mit Zertifikat verteilt wurden. Insofern legt der Zustand der Kasel beredtes Zeugnis einer ausufernden Lutherverehrung des 19. Jhs. ab. BP

Literatur
Bergner 1926, S. 199 · Burkhardt/Küstermann 1883, S. 128 · Otto 1834, S. 48 · Cottin/Kunde/Kunde 2014, S. 280–282 (ill.) · Schmekel 1858, S. 194

Luthers akademische Prägung

In Erfurt hatte Martin Luther 1501 ein Studium aufgenommen. Er schloss nach vier Jahren mit dem *Magister artium* ab und besaß demnach Kenntnisse in den Sieben Freien Künsten (Grammatik, Rhetorik, Dialektik, Arithmetik, Geometrie, Musik und Astronomie). In der mittelalterlichen Scholastik, die besonders die Lehren des Aristoteles und Thomas von Aquins Philosophie lehrte, wurde Luther von Jodocus Trutfetter unterrichtet. Dieser war dem Humanismus gegenüber besonders aufgeschlossen. Luther griff seine Ansätze später auf, aber Trutfetter konnte der radikalen Kirchenkritik Luthers nicht folgen. Ebenso verhielt es sich auch mit einem anderen akademischen Lehrer Luthers, Bartholomäus Arnoldi, der zunächst Luthers Freund und später sein Gegner wurde.

Als Luther nach dem Gewittererlebnis 1505 ins Kloster eingetreten war, empfahl ihm sein Beichtvater, Johann von Staupitz, nach der Priesterweihe ein Theologiestudium an der Universität Wittenberg. Dort lernte Martin Luther die Theologie Wilhelms von Ockham kennen, die sich auf Gottes Freiheit ebenso wie auf menschliche Willensfreiheit berief. Durch die Sentenzen des Petrus Lombardus, eine systematische Zusammenstellung der gesamten Theologie, lernte Luther die Lehren der Kirchenväter und vor allem die Werke von Augustinus kennen. Luther wurde stark durch dessen Lehre von der doppelten Prädestination geprägt. Dass Gottes Gnade manche Menschen zum ewigen Leben bestimmte, andere zur Verdammnis, bedeutete eine Ablehnung des freien menschlichen Willens. Martin Luther setzte dieser Auffassung später seine Rechtfertigungslehre entgegen, derzufolge jeder Gläubige durch Gottes Gnade und den Tod Christi errettet sei.

In der wissenschaftlichen Auseinandersetzung entwickelte sich Luther zum Doktor der Theologie und zum Lehrstuhlinhaber in Wittenberg, wo er die traditionelle Bibelauslegung nun auf den Glauben des Einzelnen umformte. Auch seine Zwei-Regimenter-Lehre fußte auf dem »Gottesstaat« von Augustinus und klärte das Verhältnis der Gläubigen gegenüber der Obrigkeit. Insofern haben die Studien in Erfurt und Wittenberg Luthers Theologie und reformatorisches Wirken unmittelbar beeinflusst. Besonders wirkten auf Luther solche Konzepte, die eine Konzentration auf die Heilige Schrift und deren Verkündigung sowie die individuelle Gewissensfreiheit beinhalteten. ASR

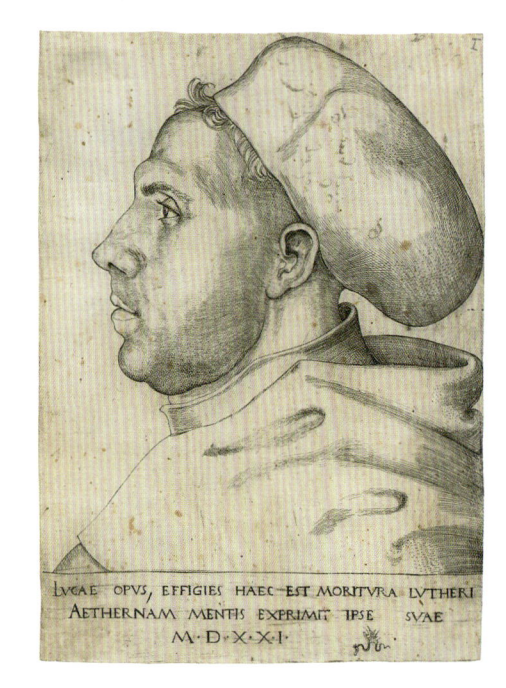

129

Lucas Cranach d. Ä.
Martin Luther als Augustinermönch mit Doktorhut

1521
Kupferstich

Inschrift: LUCAE OPVS EFFIGIES HAEC EST MORITVRA LVTHERI/ AETHERNAM MENTIS EXPRIMIT IPSE SVAE/ M.D.X.X.I. (Cranachs Werk ist diese sterbliche Gestalt Luthers, das ewige Bildnis seines Geistes hat er selber geformt), dahinter Signatur: geflügelte Schlange nach links

129
I. Zustand
20,4 × 15 cm
Forschungsbibliothek Gotha der Universität Erfurt, Gym.5; Bl. 1r
Ausstellung New York

130
II. Zustand
20,6 × 14,9 cm
Thrivent Financial Collection of Religious Art, Minneapolis, Inv.-Nr. 97-01
Ausstellung Minneapolis

Kurz nach seinen ersten beiden Lutherporträts schuf Lucas Cranach d. Ä. dieses Bildnis des Reformators und persönlichen Freundes, das in diesen zwei Zuständen erhalten ist. Im ersten Zustand, von dem lediglich fünf Exemplare bekannt sind, wurde der Hintergrund nicht weiter bearbeitet und erscheint daher weiß. Der zweite Zustand lässt das Profilbildnis durch dunkle Hintergrundschraffuren und eine Betonung der Schattenpartien sehr viel markanter hervortreten. Auch dieser Zustand gehört mit elf bekannten Exemplaren zu den heute seltenen grafischen Darstellungen des Reformators. Das Porträt ist größer als die vorangegangenen Kupferstiche (Kat. 154 u. 155) und gleich in mehrfacher Hinsicht ungewöhnlich: Zum einen charakterisiert es Luther in seiner Kutte nicht nur als Repräsentant des Augustinereremitenordens, sondern zeigt ihn gleichzeitig in seiner Rolle als Doktor der Theologie an der Wittenberger Universität. Ein durch das Profil prominent ins Bild gesetzter Doktorhut verdeckt die Tonsur des Mönchs und macht als Attribut seines Standes das Bild vorrangig zu einem akademischen Repräsentationsporträt.

Der Form des Profils kommt dabei eine besondere Bedeutung zu – nicht nur, weil es sich um das einzig bekannte Bildnis dieser Art aus der Cranachwerkstatt handelt. Ursprünglich von Herrscherbildnissen auf antiken Münzen bekannt, war diese spezielle Darstellungsform in der italienischen Frührenaissance auf das Individualporträt übertragen worden. Sie fand sich dort vor allem im Herrscherbildnis wieder und war besonders in humanistisch geprägten Kreisen verbreitet. Nördlich der Alpen finden sich erst gegen Ende des 15. Jhs. die ersten Profilbildnisse, in der deutschen Druckgrafik sind sie erst zur Entstehungszeit dieses Lutherporträts bekannt. Sie dienten zunächst ausschließlich in der Darstellung von Herrschern und hochrangigen Persönlichkeiten des öffentlichen Lebens als Würdeformel.

Indem Cranach den Reformator im Profil darstellt, spielt er nicht nur auf seine humanistische Bildung an; durch die enge assoziative Nähe zum Herrscherporträt formuliert er einen Machtanspruch, mit dem er die politische Tragweite von Luthers Wirken versinnbildlicht. Der Doktorhut verweist auf seine akademisch fundierte theologische Kompetenz und untermauert damit seine Autorität in Glaubensfragen. Cranach führt uns den Mann vor Augen, der ein Jahr zuvor mit seinen reformatorischen Hauptschriften (Kat. 181–184) eine publizistische Großoffensive gegen seine Widersacher begonnen hatte. Vor uns steht nicht mehr der hagere Augustinermönch, sondern ein gewichtiger Vertreter seines Standes. KH

Literatur
Koepplin/Falk 1976, S. 95, Kat. 38 · Lindell 2011, S. 68 f. (ill.) · Schuchardt 2015, S. 29 f. u. 78–81, Kat. 14 u. 15 (ill.) · Strehle/Kunz 1998, S. 146 f. u. 149, Nr. 4 (ill.) · Warnke 1984, S. 32 f. u. 40–49 (ill.)

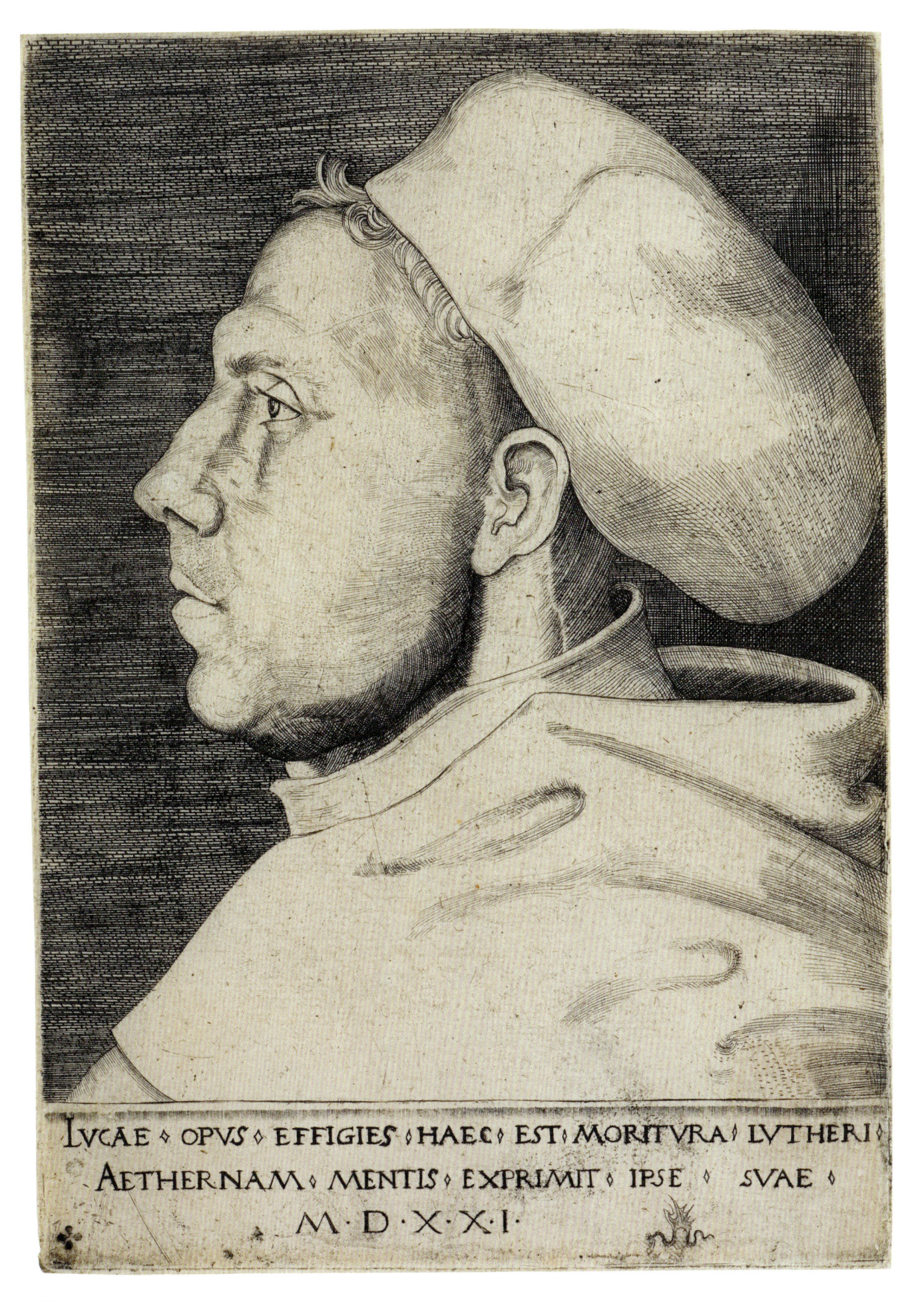

LVCAE · OPVS · EFFIGIES · HAEC · EST · MORITVRA · LVTHERI
AETHERNAM · MENTIS · EXPRIMIT · IPSE   SVAE ·
· M · D · X · X · I ·

Luther als Mönch, Gelehrter und Prediger

131

Handschriftliche Randbemerkungen Luthers

in: Sophronius Eusebius Hieronymus,
Werke des Hl. Hieronymus, Bd. 3/4
Basel: Johann Froben, 1516
Tinte auf Papier
39,5 × 27,5 cm
Evangelisches Predigerseminar Wittenberg,
Inv.-Nr. HTh 2° 666
VD16 H 3482
Ausstellung Minneapolis

Aufgrund ihrer relativen zeitlichen und räumlichen Nähe zur Offenbarung des Heilands interessierte sich Martin Luther besonders für die frühchristlichen Autoren. Deren Schriften waren zudem noch unbelastet von den theologischen Streitigkeiten späterer Zeiten. Im vorliegenden Buch z. B. hatte er sich in die Bibelübersetzungen des hl. Hieronymus vertieft. Seine handschriftlichen Anmerkungen an zahlreichen Textpassagen zeigen, wie intensiv Luther sich mit der Vorlage auseinandergesetzt hat. Anhand unterschiedlicher Tinten und anderer Indizien ist zu erkennen, dass er dieses Werk öfter zur Hand nahm, um seine eigenen theologischen Überlegungen zu schärfen. Die frühesten Einträge sind z. B. mit roter Tinte geschrieben und datieren um 1516/17.

Luthers Studienobjekt ist nicht irgendein Werk, sondern die in der katholischen Kirche lange Zeit maßgebliche Bibelauslegung, die auf einen der vier spätantiken Kirchenlehrer des Abendlandes zurückgeht. Sophronius Eusebius Hieronymus übersetzte die hebräischen und griechischen Urfassungen der Bibel in das Umgangslatein seiner Zeit.

Obgleich Luther diese altkirchliche Autorität besonders häufig zitierte, hielt er letztlich den hl. Augustinus – ebenfalls einer der frühen Kirchenväter – für seine theologischen Studien für hilfreicher: »Hieronymus potest legi propter historias, nam de fide et doctrina verae religionis ne verbum quidem habet.« (Hieronymus kann man wegen der Geschichtserzählungen lesen, denn über den Glauben und die Lehre von der wahren Religion verliert er nicht einmal ein Wort.) (WA.TR 1, 106, 1–3 [Nr. 252]).

Die hier gezeigte *Vulgata* wurde von dem Universalgelehrten Erasmus von Rotterdam ediert sowie von dem bedeutenden Buchdrucker und Verleger Johan Froben gedruckt. In dieser bibliophilen Kostbarkeit verknüpft sich also das Wirken dreier herausragender Persönlichkeiten der Frühneuzeit, wobei die akribischen Notizen Luthers einen unmittelbaren Einblick in die persönliche Schaffenswelt des Reformators und sein Streben nach Erkenntnis gewähren. AM

Literatur
Leppin/Schneider-Ludorff 2014, S. 295 u. 356 f.

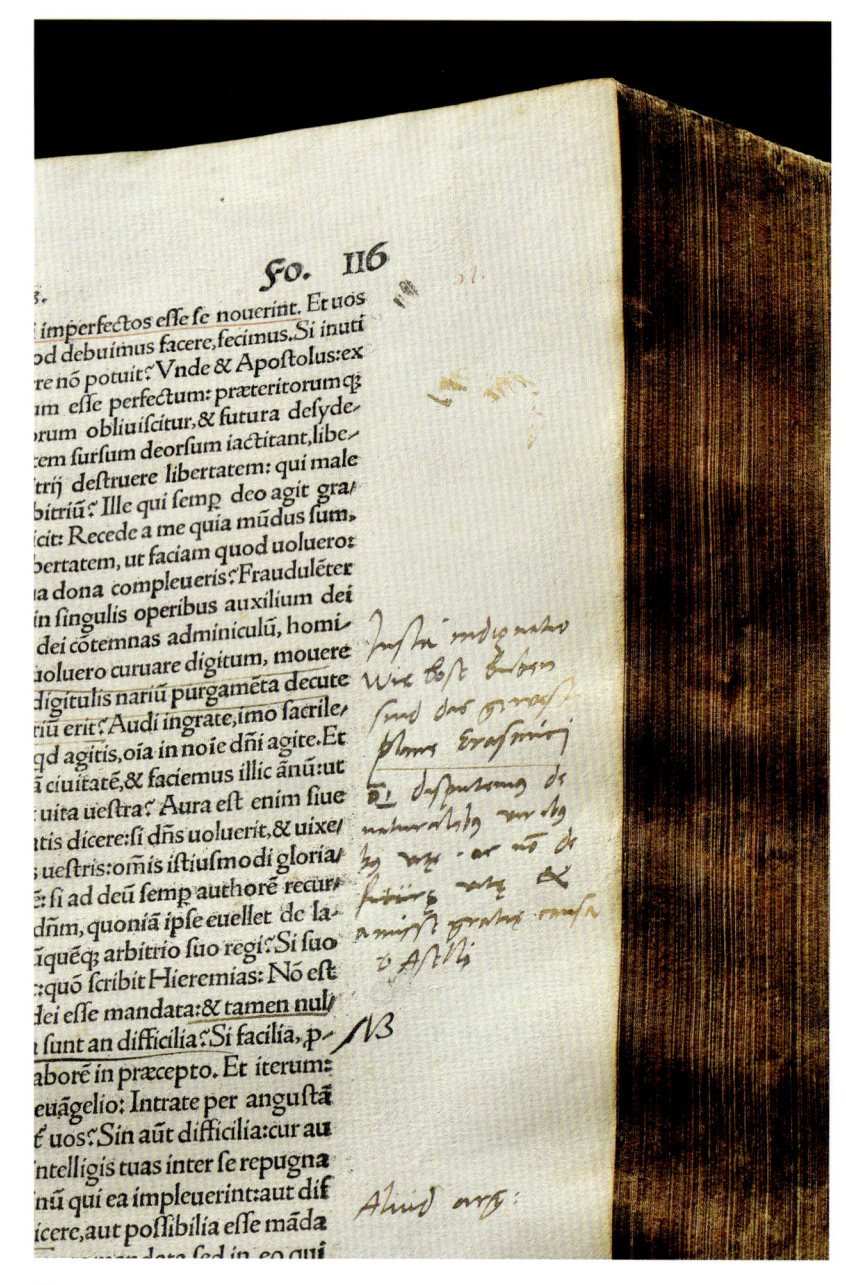

Luther als Mönch, Gelehrter und Prediger

132
Lucas Cranach d. Ä. (Werkstatt)
Martin Luther mit dem Doktorhut

um 1520
Öl auf Holz (auf Leinwand übertragen)
26 × 18 cm
Land Sachsen-Anhalt, Inv.-Nr. G 163
(als Leihgabe in der Stiftung Luthergedenkstätten in Sachsen-Anhalt)
Ausstellung New York

Das nach rechts gerichtete Brustbild im Halbprofil zeigt Martin Luther als jungen Augustineremiten in einer schwarzen Kutte. Der Doktorhut auf dem Haupt weist ihn als Gelehrten aus. Der junge Mann besitzt weiche, rundliche Gesichtszüge, seinen Blick hat er geradeaus in eine unbestimmte Ferne gerichtet. Von diesem Typ des Cranach'schen Lutherporträts sind heute sechs Versionen bekannt, von denen derzeit eins in Privatbesitz Cranach selbst zugeschrieben wird. Die runden Proportionen im Gemälde weichen von den frühen grafischen Lutherporträts Cranachs ab, charakterisierte er ihn da doch als den hageren jugendlichen Gelehrten, der »gleichermaßen von Sorgen und Studien erschöpft [sei], so dass der, der genau hinsieht, fast alle Knochen zählen kann.« Am nächsten kommt die Physiognomie Luthers dem Kupferstich Lucas Cranachs d. Ä. von 1521, der ihn als Augustinermönch mit Doktorhut im Profil zeigt (Kat. 129 u. 130). Auch dort beschrieb Cranach den Reformator mit einer gewissen Körperfülle, die nichts gemein hat mit dem ausgezehrten Asketen der frühen Porträtgrafiken (s. Kat. 154, 155 u. 159–161). Vielmehr scheint hier ein junger Gelehrter am Beginn seines Wirkens charakterisiert.

In der Tat machte Luther in seiner Eigenschaft als Doktor der Theologie bei den verschiedenen Disputationen reichsweit von sich reden. Wenngleich ihn Staupitz schon 1518 nach dem Verhör vor Cajetan in Augsburg vom Gehorsamsgelübde entbunden hatte, löste Luther sich erst mit seiner Heirat 1525 endgültig vom Mönchtum. Das erklärt auch, weshalb er – mit Ausnahme der Darstellung als »Junker Jörg« (vgl. Kat. 200 u. 201) – erst auf den Hochzeitsporträts nicht mehr als Angehöriger des Klerus gezeigt wurde.

Die Datierung der Gemälde, die Luther als Augustinermönch zeigen, wird diskutiert. Schuchardt vermutet, dass alle Gemälde der Gruppe erst nach dem Tod Luthers entstanden sind. Friedländer, Schade und Brinkmann sehen zumindest in dem Gemälde, das heute im Lutherhaus zu Wittenberg ausgestellt wird, und demjenigen in Schweizer Privatbesitz Arbeiten aus der Zeit um 1520. Damit wären diese die frühesten gemalten Porträts Luthers. SKV

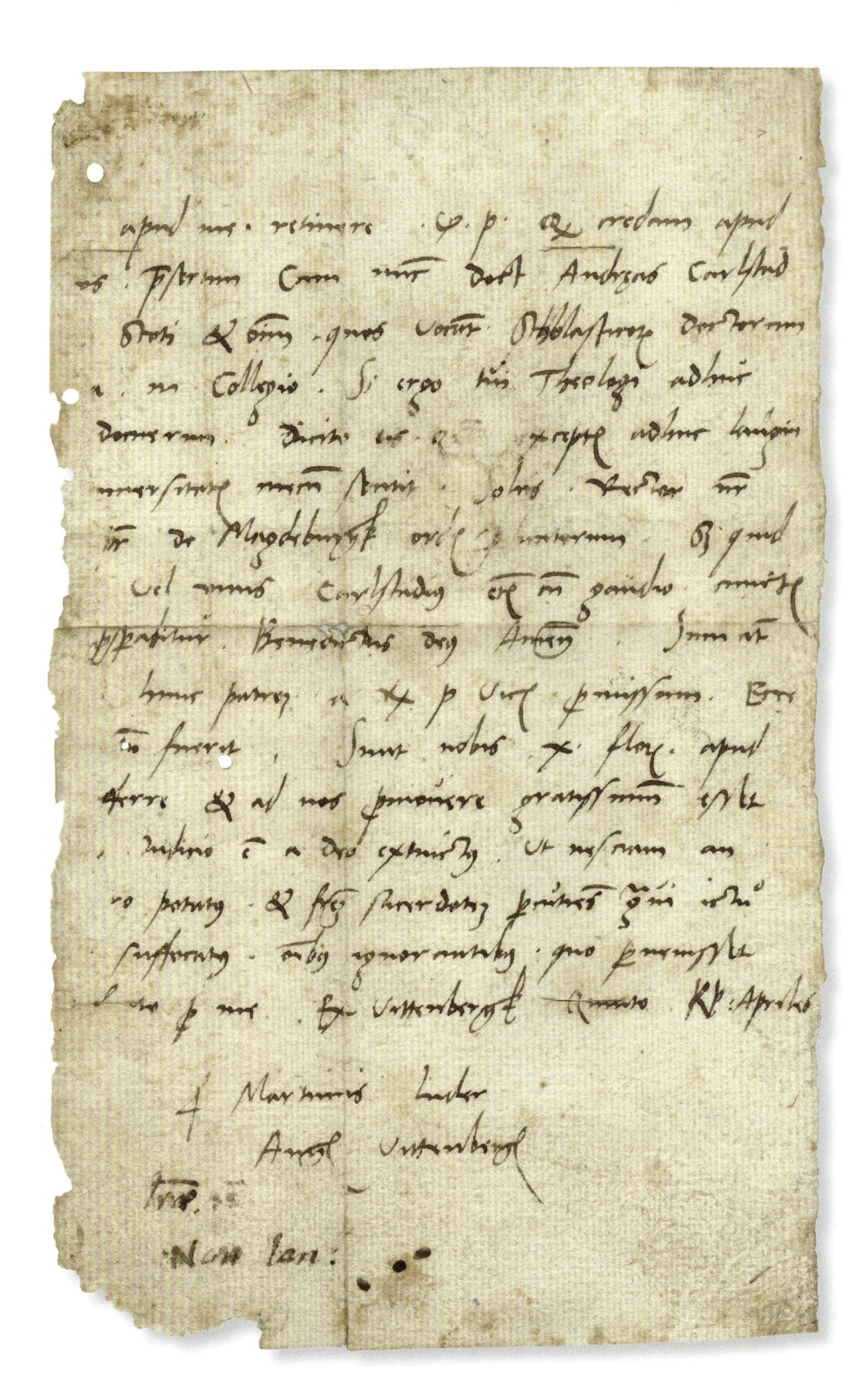

133

Luther als Mönch, Gelehrter und Prediger

Literatur
Brinkmann 2007, S. 188f., Kat. 38 · Joestel 2008, S. 125 · Schade 2003 · Schuchardt 2015, S. 34–38 · Treu 2010, S. 48

133
Martin Luther
Brief an unbekannten Ordensbruder

28. März 1517
Papier
15,1 × 9,5 cm
Stiftung Luthergedenkstätten in Sachsen-Anhalt, Inv.-Nr. S 32/5243
Ausstellung New York

Von dem Brief in Luthers Handschrift liegt nur noch die rechte Hälfte als Fragment vor. 1671 ist das Schreiben im Besitz Professor Johann Christoph Beckmanns von der Universität Frankfurt (Oder) erstmals nachweisbar, dem es offenbar noch vollständig vorlag. Er gibt als Adressaten Luthers Ordensbruder Johannes Lang(e) und als Datierung »V. Kal Aprilis 1517« (28. März 1517) an. Die Jahreszahl, die vermutlich auf der verlorenen Blatthälfte stand, scheint korrekt zu sein, denn sie deckt sich mit dem rekonstruierten Inhalt des Briefes, in dem Luther seinem Briefpartner vom Übertritt Karlstadts (eigentlich Andreas Bodenstein) auf die Seite Luthers berichtet. Dieser werde nun ebenfalls die scholastischen Theologen und Juristen bekämpfen. Karlstadt, der Luthers antischolastischer Position zunächst skeptisch gegenüberstand, hatte sich im Januar 1517 erstmals mit den antipelagianischen Schriften Augustins beschäftigt, in der Absicht, Luther damit zu widerlegen. Die Lektüre brachte ihn jedoch vielmehr auf die Seite Luthers und zum Bruch mit der althergebrachten Lehrmeinung. Schließlich führte sie ihn am 26. April 1517 zu seinem Anschlag von eigenen 151 Thesen gegen die Scholastik an die Schlosskirchentür in Wittenberg. Auf diese von Luther später sehr geschätzte Streitschrift scheint der Brief bereits hinzudeuten.

Weiterhin behandelt der Brieftext Klosterangelegenheiten, wie z. B. ein Versprechen Johannes' von Staupitz, dem Adressaten einen Pater zu schicken, Geldsachen sowie eine Disziplinarmaßnahme bezüglich eines tätlichen Angriffs eines betrunkenen Mönchs auf einen Ordensbruder.

Auch wenn Beckmann Luthers Ordensbruder Johannes Lang als Empfänger des Schreibens nennt, spricht einiges dagegen: So wird Lang im Brief in der dritten Person angesprochen; zudem ist der Duktus weit formaler als bei den üblichen Schreiben Luthers an den vertrauten Freund in dieser Zeit.

Der Brief steht für einen wichtigen Durchbruch Luthers Anfang 1517. Der junge Professor hatte im Jahr zuvor mit der über seinen Schüler Bartholomäus Bernhardi initiierten Disputation »De viribus et voluntate hominis sine gratia«, die auf Luthers Römerbriefvorlesung fußte, die Diskussion über einen neuen wissenschaftlichen Kurs angeregt. Doch die Wittenberger Professoren waren nur zögerlich Luthers Position gefolgt. Mit Karlstadt – Gründungsprofessor, vormaliger Dekan der Universität und Doktorvater Luthers – hatte er nun jedoch einen wichtigen Mitstreiter gegen die verhasste Scholastik gewonnen. Zugleich erscheint Luther in dem Brieffragment in seiner Tätigkeit als Distriktvikar, der sich um die vergleichsweise profanen Angelegenheiten der zehn ihm unterstellten, mitteldeutschen Augustinerklöster kümmern musste. MG

Quellen und Literatur
Ebeling 1985 · Kähler 1950 · WA.B 18, 143 (Nr. 4341)

Leucorea

Ohne die Reformation hätte die Universität in Wittenberg nicht jene Strahlkraft erlangt, die sie im 16. Jh. weit über die Stadtgrenzen hinaus attraktiv machte. Als Friedrich der Weise die Leucorea – griech. für Wittenberg (weiße Burg) – gründete, war eine solche Entwicklung nicht abzusehen. Friedrich schuf damit die erste Universität im ernestinisch-thüringischen Territorium. Die Leipziger Universität fungierte in diesem Zusammenhang als Vorbild wie auch als Ansporn. Sich dem eigentlichen Ablauf einer Universitätsgründung widersetzend, verzichtete der Kurfürst zunächst auf die päpstliche Legitimation und ließ am 6. Juli 1502 die Gründungsurkunde durch Kaiser Maximilian I. ausstellen. Das ökonomische Fundament stellte das Allerheiligenstift mit seinem umfangreichen Kirchengut dar, in welches die Universität sowohl wirtschaftlich als auch rechtlich eingegliedert wurde. Durch diese Fusion besaß sie eine von der Stadt Wittenberg unabhängige Gerichtsbarkeit.

Die Universität bediente neben den Fächern Jura, Medizin und Theologie auch die Nachfrage nach explizit für die Landesherrschaft ausgebildeten Kräften. Am Anfang des 16. Jhs. vermochte diese Aufwertung den unattraktiven Standort Wittenberg noch nicht zu beleben, besuchten doch viele Studenten lieber die Universitäten der großen Städte wie Heidelberg, Wien oder Leuven (Löwen). Erst die beiden wichtigsten Protagonisten der Reformation, Luther und Melanchthon, verhalfen der Bildungseinrichtung zu ungeahntem Aufschwung, wovon auch die Residenzstadt sehr profitieren sollte. Mit dem Beginn der Reformation stieg die Einwohnerzahl dank des Zuwachses an Studenten in kürzester Zeit rasant an. Melanchthon schuf mittels der von ihm initiierten Reformen den Rahmen für eine auf den Humanismus aufbauende Lehrordnung. Schon vor der Reformation wurden im Rahmen der artistischen Ausbildung neben den klassischen Studiengängen wie Griechisch, Latein und Hebräisch selbstständige Studiengänge wie Geografie und Mathematik angeboten.

Mit dem Bau des *Collegium Fridericianum* – dem späteren Alten Collegium – sowie dem Bau des neuen Collegiums mit dem Hörsaal der theologischen Fakultät wurde der »Campus« erweitert. Zusätzlich gliederte man die 1506 fertiggestellte Schlosskirche der Universität ein und schuf so einen akademisch repräsentativen Raum, an dem die Verbindung zwischen Kirche, Universität und Residenz in Wittenberg offenbar wurde. RN

134

Kaiser Maximilian I.
Gründungsprivileg für die Universität Wittenberg

Ulm, 6. Juli 1502
Pergament mit anhängendem Wachssiegel
58,8 × 49,5 cm
UAHW, Rep. I, U 95
Ausstellung Minneapolis

Am 18. Oktober 1502, am Tag des hl. Lukas, wurde die Universität Wittenberg feierlich eröffnet. Auf dieses Ereignis hatten der Universitätsstifter Kurfürst Friedrich der Weise und sein mitregierender Bruder Herzog Johann von Sachsen die Öffentlichkeit in einem gedruckten Schreiben vom 24. August 1502 aufmerksam gemacht. Die Grundlage für diese Bekanntmachung, deren Ziel es war, möglichst viele Studenten nach Wittenberg zu rufen, bildete das Privileg König Maximilians I. vom 6. Juli 1502, welches die königliche Kanzlei auf Ersuchen des sächsischen Kurfürsten in Ulm ausgestellt hatte. Mit der Urkunde erkennt der König den Mangel wissenschaftlicher Bildungsgelegenheiten in der Region um Wittenberg an und befürwortet das Anliegen Friedrichs des Weisen, in der kursächsischen Residenzstadt eine Hochschule zu errichten. Weiter bewilligt Maximilian die Einrichtung von vier Fakultäten mit den üblichen Promotionsrechten und gestattet dem Kurfürsten, deren Mitglieder zu ernennen.

Die Urkunde ist aus Lammfell gefertigt und trägt unter dem Umbug (Plica) die Unterschrift König Maximilians. Das Siegel des Ausstellers ist an einer Seidenschnur angehängt und zeigt auf rotem Wachs in einer weißen Schale den einfachen Reichsadler des deutschen Königs sowie die Wappen von Ungarn, Österreich, Burgund, Tirol und Habsburg. Die Siegelschnur greift mit wei-

Luther als Mönch, Gelehrter und Prediger

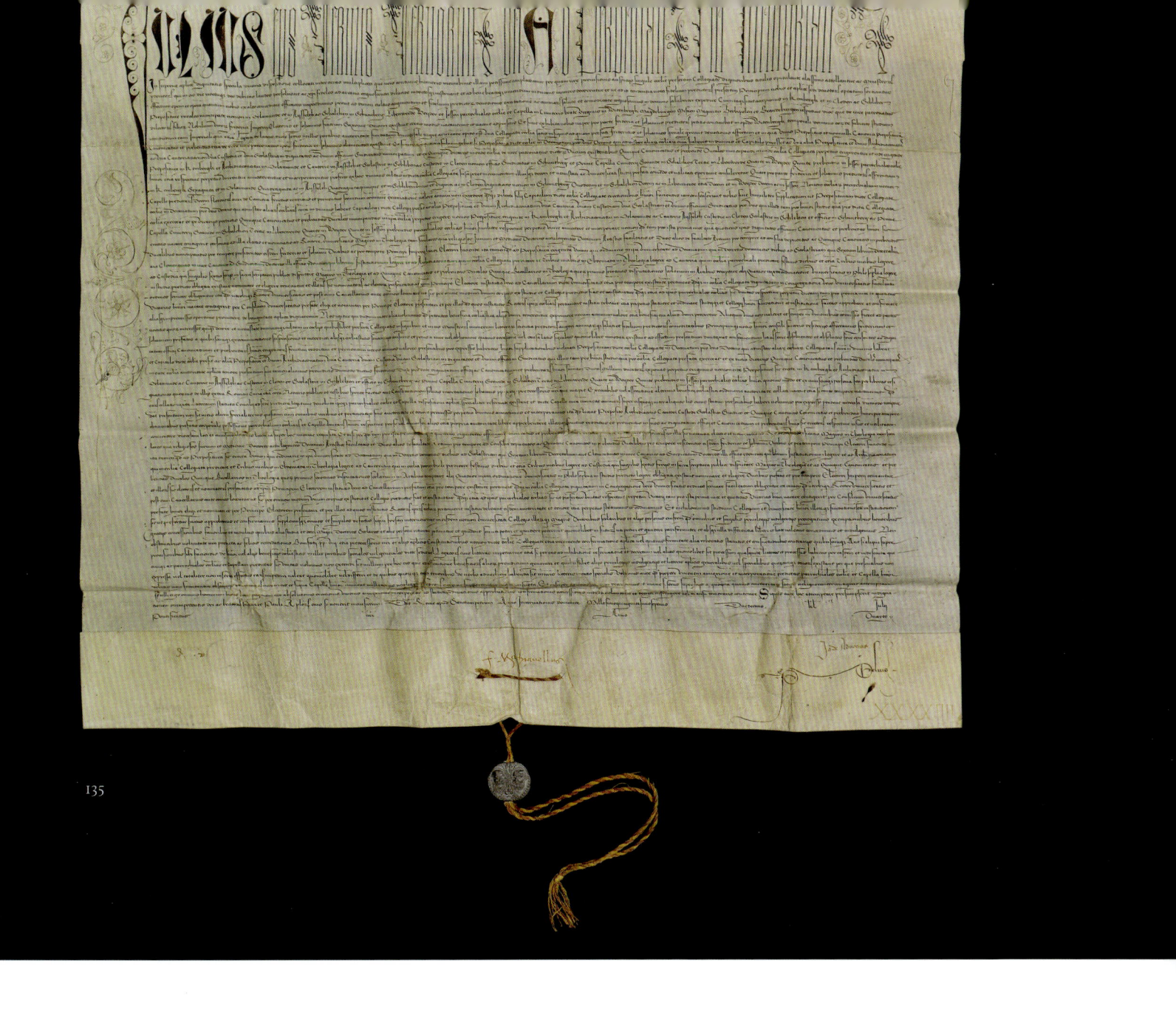

ßen und roten Fäden die Farben Österreichs und mit blauen Fäden die Farbe Burgunds auf.

Das Wittenberger Privileg wurde beispielhaft für künftige Universitätsgründungen. Anders als bei allen vorhergehenden Universitätsgründungen holte der sächsische Kurfürst zunächst nicht die Zustimmung des Papstes für die Errichtung einer Akademie in Wittenberg ein. Diesen außergewöhnlichen Umstand vermerkte er sogar in seinem *Wittenberger Heiltumsbuch* (vgl. Kat. 106 u. 107). Damit war Wittenberg die erste Universität, die ohne vorab erteiltes päpstliches Privileg eröffnet wurde. Gleichwohl darf man annehmen, dass Friedrich der Weise das Einverständnis des Pontifex voraussetzte. Schließlich ließ er das Gründungsprivileg König Maximilians vier Monate nach Eröffnung der Universität am 2. Februar 1503 durch den päpstlichen Legaten Reimund Peraudi bestätigen. MR

Literatur
Blaschka 1952 (ill.) · Friedensburg 1917, S. 16 f. · Friedensburg 1926, S. 1–3, Nr. 1 · Mathias 2002, S. 149 (ill.) · Speler 1994, S. 61, 117 (ill.)

135

Papst Julius II.
Bulle für die Universität Wittenberg

Rom, 20. Juni 1507
Pergament mit anhängender Bleibulle an rot-gelber Seidenschnur
63,5 × 65 cm
UAHW, Rep. I, U 47
Ausstellung Minneapolis

Kurfürst Friedrich der Weise ließ wenige Wochen nach der Eröffnung der Universität Wittenberg das königliche Gründungsprivileg (vgl. Kat. 134) durch den päpstlichen Legaten Reimund Peraudi bestätigen. Zugleich ließ er sich zusichern, dass die Universität Wittenberg Theologie und Kirchenrecht lehren dürfe. Friedrich hatte wohl Bedenken, ob König Maximilian I. als weltlicher Machthaber vollumfänglich für die Genehmigung kirchlicher Lehrfächer zuständig sei. Die offizielle Bestätigung des Papstes erhielt die Universität Wittenberg erst über vier Jahre, nachdem sie den Lehrbetrieb aufgenommen hatte. Mit der am 20. Juni 1507 in Rom ausgefertigten Bulle erkannte Papst Julius II. die Rechtmäßigkeit der Universitätsstiftung an und verlieh ihr alle Vergünstigungen und Privilegien, die andere Hochschulen und deren Mitglieder genossen. Darüber hinaus diente das päpstliche Schreiben vor allem der finanziellen Absicherung der jungen Akademie, für die Kurfürst Friedrich die Wittenberger Kollegiatskirche Allerheiligen vorgesehen hatte. Die Zahl der dortigen Kanonikate wurde durch Umwandlung von mehreren Vikarien auf zwölf erhöht und die Würdenträger zur akademischen Lehrtätigkeit verpflichtet. Friedrich selbst übertrug der Stiftskirche 2000 Gulden, deren Erträge zur Verbesserung der Pfründe dienten. Mit der Ausstellung dieser Urkunde hatte die Universität Wittenberg alle notwendigen Privilegien von Papst, Kaiser bzw. König und Landesherr erhalten. MR

Literatur
Friedensburg 1917, S. 21 f. · Matthias 2002, S. 150 (ill.)

136
Lucas Cranach d. Ä. (zugeschrieben)
Siegeltypar des Rektors der Universität Wittenberg

1514
Bronze
Dm 4 cm
Zentrale Kustodie der Martin-Luther-Universität Halle-Wittenberg, Inv.-Nr. MLU-Ku 21
Ausstellung Minneapolis

Das Siegeltypar des Rektors diente der Beglaubigung offizieller Schreiben und Dokumente der Universität Wittenberg. Es war bis zur Zusammenlegung der Wittenberger Hochschule mit der Universität Halle im Jahr 1817 in Gebrauch. Das Siegel zeigt im inneren Feld das Brustbild des Universitätsstifters Kurfürst Friedrich des Weisen mit Kurhut und Hermelinmantel, auf dem vorn die Buchstaben »FRI 3« (Friedrich III.) zu sehen sind. Das Gesicht ist von langen Locken und einem Bart umrahmt, wobei Kinn und Wangen rasiert sind. Der Kurfürst schultert mit gekreuzten Armen das Kurschwert. Ein verschlungenes Schriftband mit der Aufschrift »VNIVERSIT. 1502« füllt den übrigen Raum des Siegelfeldes. Zwischen Doppelkreislinien steht die Umschrift »ME AUSPICE / CEPIT / WITE(N)BERG / DOCERE« (Unter meinem Schutz hat Wittenberg zu lehren begonnen). Sie ist durch vier paarig zu beiden Seiten angeordnete Wappenschilde unterbrochen. Die Wappen zeigen oben rechts die Kurschwerter, links das Sächsische Rautenkranzwappen, unten rechts den Thüringer und links den Meißner Löwen. Sie stehen für das Kurfürstentum Sachsen, das Herzogtum Sachsen, die Landgrafschaft Thüringen und die Markgrafschaft Meißen.

Auf der Rückseite des bronzenen Siegelstempels ist eine mit fünf durchbrochenen Dreipässen geschmückte Handhabe angebracht. Die Gestaltung des Siegels wird Lucas Cranach d. Ä. zugeschrieben. Als stilistisches Vorbild gilt die 1508 von Cranach entworfene *Statthaltermedaille* des sächsischen Kurfürsten, die von dem Medailleur Hans Kraft d. Ä. ausgeführt und 1512 in Silber geprägt wurde. Das älteste Siegel der Universität Jena von 1557 ist in Gestaltung, Größe und Umschrift nach dem Vorbild des Wittenberger Siegels entstanden. MR

Literatur
Gritzner 1906, S. 37–39, Taf. 32/4 (ill.) · Matthias 2002, S. 146 u. 152 (ill.) · Speler 1994, S. 119 (ill.) · Treu/Speler/Schellenberger 1990, S. 45 (ill.)

137
Nürnberger Goldschmiedearbeit, Paul Müllner d. Ä. (zugeschrieben)
Kleine Zepter der Wittenberger Universität

um 1502
Silber, teilweise feuervergoldet, Nürnberger Beschaumarken
L je 66 cm
Zentrale Kustodie der Martin-Luther-Universität Halle-Wittenberg, Inv.-Nrn. MLU-Ku 3A und 3B

138
Nürnberger Goldschmiedearbeit, Paul Müllner d. Ä. (zugeschrieben)
Große Zepter der Wittenberger Universität

1509
Silber, teilweise feuervergoldet
L je 87 cm
Zentrale Kustodie der Martin-Luther-Universität Halle-Wittenberg, Inv.-Nrn. MLU-Ku 2A und 2B

Die vier akademischen Zepter der Universität Wittenberg gelten neben den halleschen Universitätszeptern als wertvollster Kunstbesitz der Martin-Luther-Universität Halle-Wittenberg und

Luther als Mönch, Gelehrter und Prediger

137

138

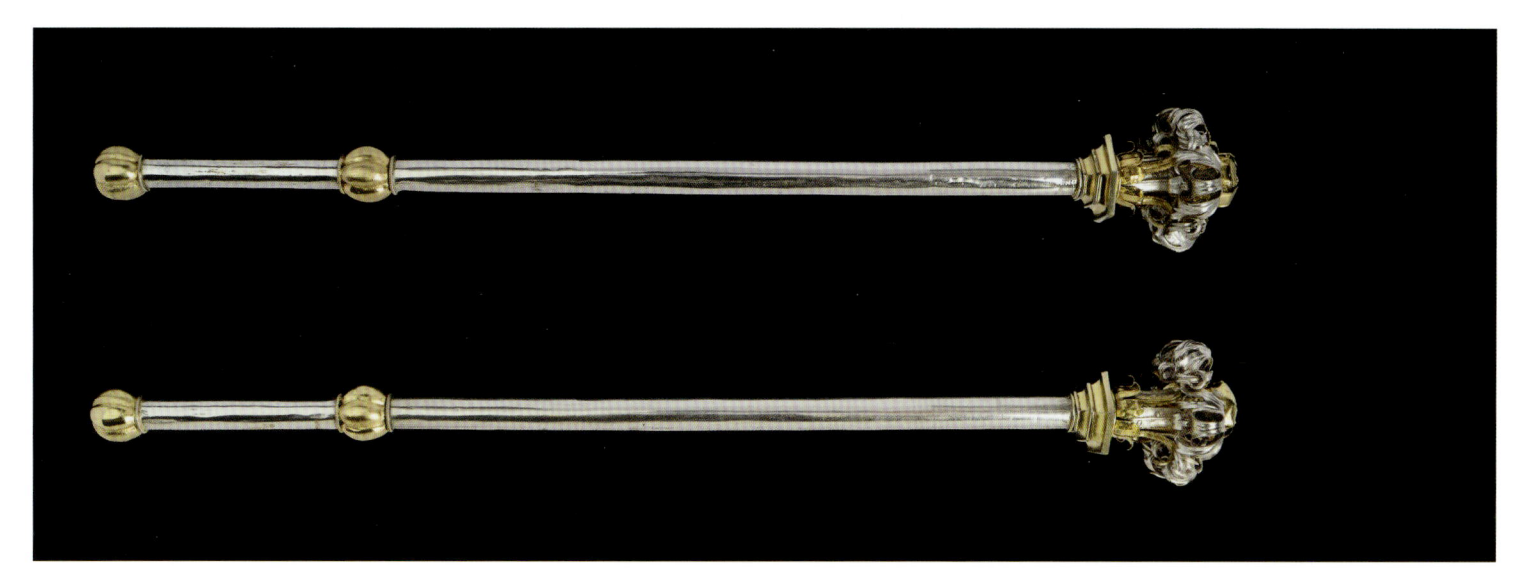

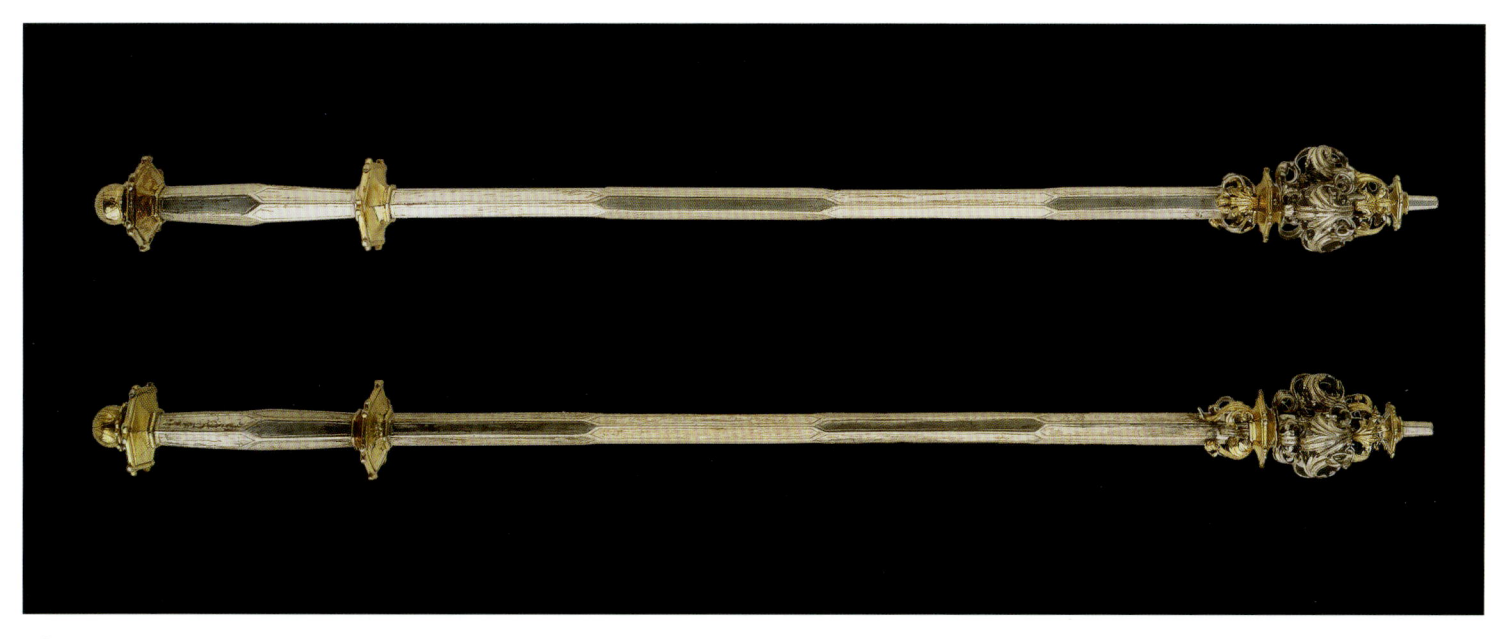

behaupten seit jeher eine herausragende Stellung unter den Universitätsinsignien. Deutlich wird das u. a. auf einer Medaille, die anlässlich des 200-jährigen Universitätsjubiläums im Jahr 1702 geprägt wurde. Darauf ist der sechsjährige Kurprinz Friedrich August als gerade gewählter *Rector Magnificentissimus* zu sehen, wie er mit seiner rechten Hand nach den auf einem Tisch liegenden Universitätszeptern und dem Rektormantel greift. Dargestellt ist damit der Moment der ehrwürdigen Rektoratsübernahme durch den sächsischen Kurprinzen. Diese symbolische Handlung vollzog sich auch bei jedem gewöhnlichen Rektoratswechsel, indem der scheidende Rektor die Insignien niederlegte und der neue diese wieder aufnahm. Den Zeptern kam dabei eine ganz besondere Bedeutung zu, denn wer sie führte, leitete und repräsentierte die Universität. Sie waren demnach Symbol der akademischen Obrigkeit. Ihr Einsatz wird bereits in den Universitätsstatuten aus dem Jahr 1508 geregelt. So hatten die Pedelle die Zepter bei allen feierlichen und öffentlichen Veranstaltungen oder bei der Einladung von Universitätsrepräsentanten zu Promotionsakten voranzutragen. Examenskandidaten mussten zudem bei der Leistung der Eidesformel zwei Finger auf ein Zepter legen.

Noch bis in das letzte Drittel des 20. Jhs. wurden die großen Wittenberger Zepter, der jahrhundertealten Tradition gemäß, als Hoheitszeichen, Symbole der Würde und herausgehobenen Rechtsstellung der Universität bei feierlichen akademischen Anlässen mitgeführt und kamen beim Immatrikulationsakt der neuen Studenten zum Einsatz.

Eine Besonderheit der Universität Wittenberg ist die Existenz von zwei Zepterpaaren.

Die beiden größeren Zepter sind im Jahr 1509 vermutlich vom Nürnberger Goldschmiedemeister Paul Müllner d. Ä. gefertigt worden. Den Auftrag zu ihrer Herstellung erteilte der Universitätsstifter Kurfürst Friedrich der Weise im Jahr 1508, als er auch die Universitätsstatuten fixieren ließ. Die Zepter messen in ihrer Länge 87 cm und sind teilweise feuervergoldet. Eins trägt oberhalb des Griffs die eingravierte Jahreszahl 1509, daneben die Wappen des Herzogtums Sachsen und des Erzmarschalls des Heiligen Römischen Reiches Deutscher Nation. Sie weisen den sächsischen Kurfürsten als Auftraggeber aus. Damit reiht sich

Luther als Mönch, Gelehrter und Prediger

dieses Zepterpaar in die kleine Zahl von Universitätszeptern ein, auf denen Stifterwappen angebracht sind (z. B. Heidelberg, Freiburg i. Br., Königsberg, Leipzig, Basel oder Krakau).
Wie der größte Teil der deutschen Universitätszepter gehören auch die Wittenberger Zepter zum sog. Kolbentypus, der vom 15. bis zum 18. Jh. weit verbreitet war. Die Kopfstücke bilden je einen Knauf von üppig gerolltem Akanthusblattwerk. Ein polygonaler Dorn am oberen Ende lässt vermuten, dass ein kleiner Aufsatz von unbekannter Gestalt verloren gegangen ist. Dafür spricht auch, dass nahezu alle Universitätszepter dieses Typs einen ornamentalen oder figürlichen Abschluss besitzen. Die »Instandsetzung« der Zepter im Mai 1702 könnte ein Hinweis auf eine zurückliegende Beschädigung und den Verlust der Aufsätze sein.
Das kleine Zepterpaar der Universität Wittenberg ist von ähnlicher künstlerischer Qualität wie das größere. Es muss der Universität am 18. Oktober 1502, dem Tag ihrer feierlichen Eröffnung, überreicht worden sein, denn der Gebrauch von Zeptern bei akademischen Feierlichkeiten und Festakten wurde bereits lange vor der Übergabe der großen Zepter in den Fakultäts- und Universitätsstatuten von 1504 und 1508 fixiert. Eine Rechnung des kursächsischen Nürnberger Agenten Hans Unbehau über die Fertigung von Zeptern aus dem Jahr 1502 legt nahe, dass diese genauso alt sind wie die Universität selbst. Für diesen Umstand spricht auch, dass zum Führen von Universitätszeptern lediglich die Existenz eines königlichen Gründungsprivilegs notwendig war, welches den besonderen Rechtsstatus der Hochschule verbriefte – ein solches Diplom erhielt die Akademie in Wittenberg 1502. Mit der Herstellung und Übergabe des größeren Zepterpaares im Jahr 1509 verloren die kleinen Zepter ihre Funktion als zentrale Universitätsinsignien.
Auch bei den kleinen Zeptern handelt es sich sehr wahrscheinlich um eine Goldschmiedearbeit von Paul Müllner d. Ä., der seit 1501 als Lieferant von Kunsthandwerk für Friedrich den Weisen belegt ist. Die Bekrönung der 66 cm langen und teilweise feuervergoldeten Zepter wird durch einen abgeflachten Blattknauf gebildet, der mit einer Granatapfelblüte endet. Die schlichten Griffstücke sind oben durch feuervergoldete Schaftringe und unten durch gleichartige Knäufe gerahmt und ähneln denen des kleinen Zepterpaares der Universität Greifswald. MR

Literatur
Matthias 2002, S. 152 (ill.) · Speler 1987, S. 8–14 (ill.) · Speler 1997 b, S. 23 u. 32 (ill.) · Treu/Speler/Schellenberger 1990, S. 46 f. (ill.) · Werner 1961, S. 1122 f. (ill.)

Geräte aus einer Alchemistenwerkstatt

Wittenberg, ehemaliges Franziskanerkloster
2. Hälfte 16. Jh.
Landesamt für Denkmalpflege und Archäologie Sachsen-Anhalt
Landesmuseum für Vorgeschichte Halle,
Inv.-Nrn. HK 4900:482:6am und -f
Ausstellung Minneapolis

139
Destillierkolben und ein Endstück

grünes Glas
ohne Endstück: H 43 cm; Dm max. 16 cm; Dm min. 7,8 cm

140
Fragment einer Retorte

türkisgrünes Glas, angeschmolzen
L max. 20 cm; Dm Öffnung Rohrende 2 cm; Dm Ansatz 8 cm

141
Dreieckstiegel

Keramik, unglasiert
H 6,8 cm; Dm max. 6,3 cm; Dm min. 2,6 cm

Nach der Gründung der Wittenberger Universität Leucorea im Jahr 1502 durch Kurfürst Friedrich den Weisen entwickelte sich im Laufe des 16. Jhs. ein reges geistiges und wissenschaftliches Leben in der kleinen Residenzstadt an der Elbe. Dies gilt nicht nur für die Theologie und Jurisprudenz, sondern auch für Disziplinen, die heute den Naturwissenschaften zugerechnet werden. Dazu gehörte auch die Alchemie, die erst im Laufe des 17. und 18. Jhs., als sich die moderne Chemie als eigenständiger Wissenschaftszweig etablierte, zu einer »Parawissenschaft« herabsank.
Im Umfeld der Universität und wohl auch unter der schützenden Hand der Kurfürsten ist das Wirken zahlreicher Alchemisten nachzuweisen, darunter möglicherweise der berühmte Dr. Faustus, der sich nach Sekundärquellen in den 1530er Jahren in der Stadt aufgehalten haben soll. Wie etliche andere war auch Luthers Sohn Paul im 16. Jh. ebenso in und um Wittenberg als Alchemist tätig.
Wahrscheinlich aus der zweiten Hälfte des 16. Jhs. stammt eine Grube mit Abfällen zahlreicher Gerätschaften eines Alchemistenlabors (Abb. 5), die 2012 bei archäologischen Ausgrabungen unmittelbar an der nördlichen Außenwand der Franziskanerkirche entdeckt wurden. Die Kirche und das zugehörige Franziskanerkloster waren im Zuge der Reformation 1522 aufgelöst und die Räumlichkeiten profanen Verwendungszwecken zugeführt worden.

Die Abfallgrube befand sich ursprünglich in einem kleinen Raum unterhalb einer Treppe neben der nördlich anschließenden Sakristei. Sie war bei einem Durchmesser von 100 bis 130 cm nur etwa 80 cm tief. Die meist zerscherbten, aber weitgehend vollständig rekonstruierbaren Fundobjekte sind zum überwiegenden Teil alchemistischen Tätigkeiten zuzuweisen. Es handelt sich um mindestens neun *Cucurbiten* (Destillierblasen), vier vollständige und zahlreiche fragmentarisch erhaltene *Alembiks* (Destillierhelme für das Kondensieren von Dämpfen), etliche Retorten, mehrere Dreieckstiegel aus Keramik sowie eine Reihe normaler Haushaltsgeräte aus Glas und Keramik, die man zu alchemistischen Zwecken verwendet hatte. An einigen Gefäßen fanden sich Spuren von *lutum philosophorum* (»Philosophendreck«), einer Lehm- und Tonmasse als Schutzmantel für die Glasgeräte gegen zu schnelle Temperaturwechsel, hohe Temperaturen oder zur Abdichtung.
Hinweise auf Versuche, aus unedleren Metallen Gold herzustellen, woran man gemeinhin als Erstes beim Thema Alchemie denkt, fanden sich nicht. Anhaftungen chemischer Substanzen, wie Antimon- und Quecksilberverbindungen, legen vielmehr eine Verwendung bei der Arzneimittelherstellung nahe. AR

Literatur
Curry 2016 · Meller/Reichenberger/Wunderlich 2016 · Reichenberger/Wunderlich 2014 · Reichenberger 2015

Abb. 5
Hans Weiditz d. J., Alchemisten bei der Arbeit, satirische Darstellung, um 1520

139

140

141

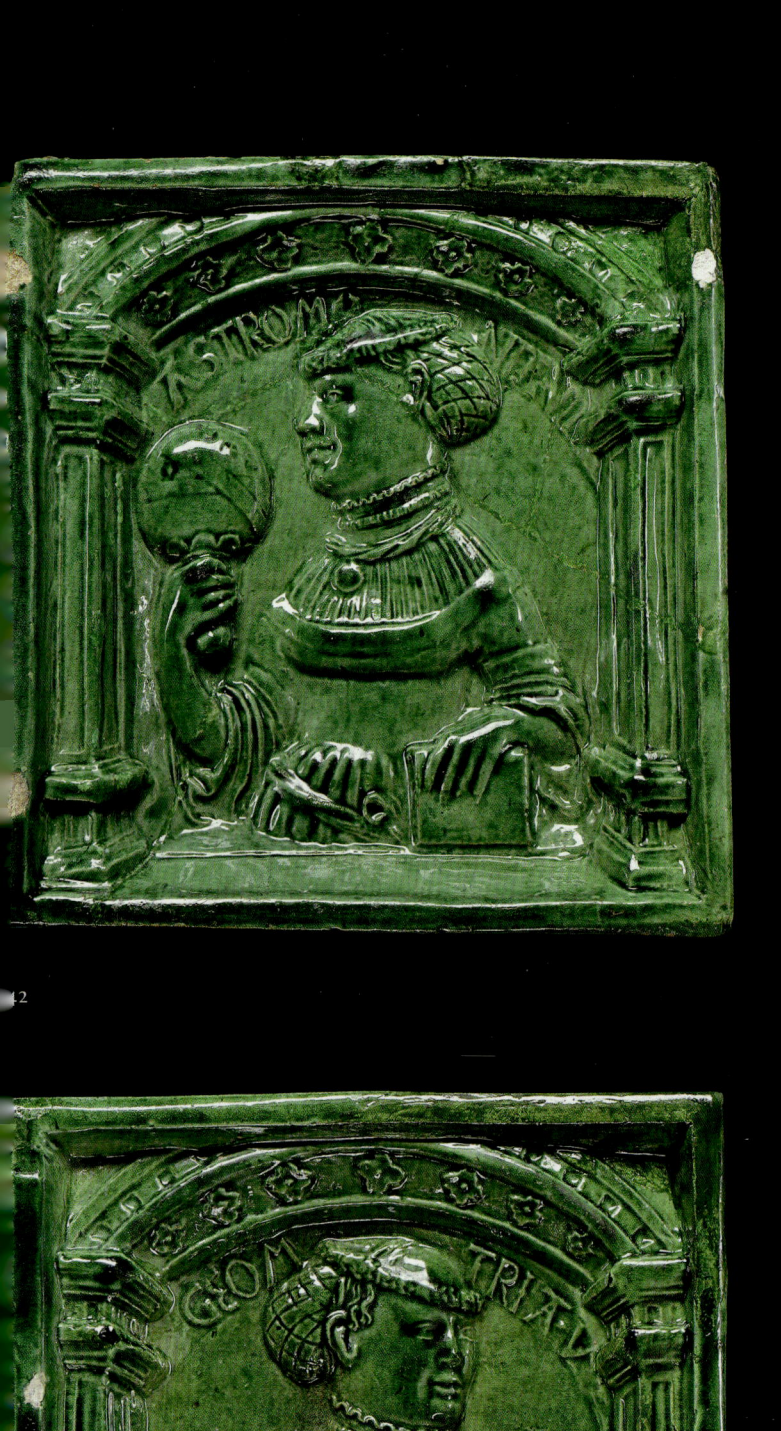

Zwei Ofenkacheln aus der Serie der *Sieben freien Künste*

Wittenberg, Bürgermeisterstraße 5
2. Viertel/Mitte 16. Jh.
Irdenware, grüne Glasur
Landesamt für Denkmalpflege und Archäologie Sachsen-Anhalt
Ausstellung Minneapolis

142
Ofenkachel mit Personifikation der Astronomie

18,5 × 17,9 × 6,4 cm
Landesmuseum für Vorgeschichte Halle,
Inv.-Nr. HK 98:24665ac

143
Ofenkachel mit Personifikation der Geometrie

18,8 × 17,9 × 7,2 cm
Landesmuseum für Vorgeschichte Halle,
Inv.-Nr. HK 98:24664r

Diese grün glasierten Ofenkacheln sind Teil einer Serie, die weibliche Personifikationen der sog. Sieben freien Künste darstellt. Identische Kacheln sind auch in Mansfeld aufgetaucht. Sie verkörpern die komplexe und uneinheitliche Geschichte der Rezeption humanistischer Ideen und die Wiederentdeckung der klassischen Antike in Mitteleuropa. Diese Kachelserie, die wohl einen leuchtend grünen Ofen in einem Bürgerhaus geschmückt hat, zeigt sieben nach der Mode der 1530er Jahre gekleidete junge Frauen mit den Erkennungszeichen der *Sieben freien Künste*, die oben auf dem gebogenen Rahmen buchstabiert sind. Die bisher in Deutschland und Böhmen gefundenen Exemplare repräsentieren alle sieben Künste: die Grammatik, die Rhetorik, die Philosophie, die Dialektik, die Geometrie, die Musik und die Astronomie. Die Figuren sind eingerahmt von zwei Säulen mit einem erhabenen, gewölbten Dach mit der Inschrift, die teilweise von der kunstvollen Haartracht der Dame verdeckt wird. Hals und Leibchen der *Astronomie* sind mit einem Halsreif, einer Kette und einem Kragen drapiert. Das kugelförmige Objekt mit den diagonalen Linien in ihrer rechten Hand ist eine Armillarsphäre oder ein sphärisches Astrolabium. Das Astrolabium war eine hochkomplexe Errungenschaft der Renaissancetechnologie, bestehend aus einer Serie von konzentrischen sphärischen Ringen, die die Bewegung der Sterne und Planeten um die Erde darstellt. Es diente nicht nur der Illustration des geozentrischen Ptolemäischen Weltbildes (an das Martin Luther als überzeugter Gegner des Kopernikus fest glaubte), sondern es gestattete seinem Nutzer auch, kommende astronomische Ereignisse vorherzusagen.

In ihrer linken Hand hält die *Astronomie* etwas, das wie ein Buch aussieht, jedoch vermutlich eine gefaltete Sternenkarte sein soll. Armillarsphären, Astrolabien und Sternenkarten wurden nicht nur verwendet, um die Bewegung der Himmelskörper zu beobachten oder vorherzusagen, sondern auch, um Astrologie zu praktizieren und Horoskope zu erstellen. Die Hauptaufgabe eines Hofastrologen bestand darin, die Zeichen des Himmels zu deuten. Auch das Erstellen von Horoskopen war eine attraktive Einkommensquelle für humanistische Gelehrte, deren Existenz im Umkreis eines Fürstenhofes nicht gesichert war. Sehr zu Luthers Missfallen war Philipp Melanchthon von der Astrologie und dem Erstellen von Horoskopen (Kat. 144) besessen und versuchte sogar, die Reisen seines Freundes Martin nach dem Stand des Mondes und der Sterne zu planen. Interessanterweise erwachte das Interesse an der Astrologie und ganz besonders an prophezeienden Horoskopen mit der Ausbreitung der Reformation und dem Zusammenbruch eines begleitenden Netzes an Gewissheiten und Rückhalt, das die hierarchische Struktur des römisch-katholischen Glaubens und seiner Rituale bot.
Die andere Kachel der gleichen Serie stellt die *Geometrie* dar. Frisur und Kleidung sind auf beiden Kacheln sehr ähnlich, ebenso wie die allgemeine Qualität der Kacheln selbst. Die Erkennungszeichen der *Geometrie* sind Zirkel und Kompass.
Neue Forschungen gehen davon aus, dass die Kachelserie der *Sieben freien Künste* ihren Ursprung in Wittenberg hat. Mit der Cranach-Werkstatt und anderen Künstlern, die für die Kurfürsten arbeiteten, war Wittenberg ein wichtiges kulturelles und künstlerisches Zentrum der Region und viele Ideen und Kunststile entstanden hier.
Die Ikonografie der Kacheln ist ein einschlägiges Merkmal der neuen Reformationsära. Die Schar der Heiligen, eingerahmt von gotischen Bögen, welche die Ofenkacheln des 15. Jhs. schmückten, wurden von Serien allegorischer Figuren, Fabelwesen und häufig auch Politikern, den Heiligen der neuen Zeit, abgelöst. LN/RKA

Literatur
Berger/Stieme 2014 b, S. 283, Abb. 14 b (ill.) · Hennen 2013, Bd. 2, S. 28, Abb. 24–25 · Rosmanitz 2014, S. 193 f., Abb. 1–2 (ill.) · Vahlhaus 2015, S. 449 f., Abb. 29–30

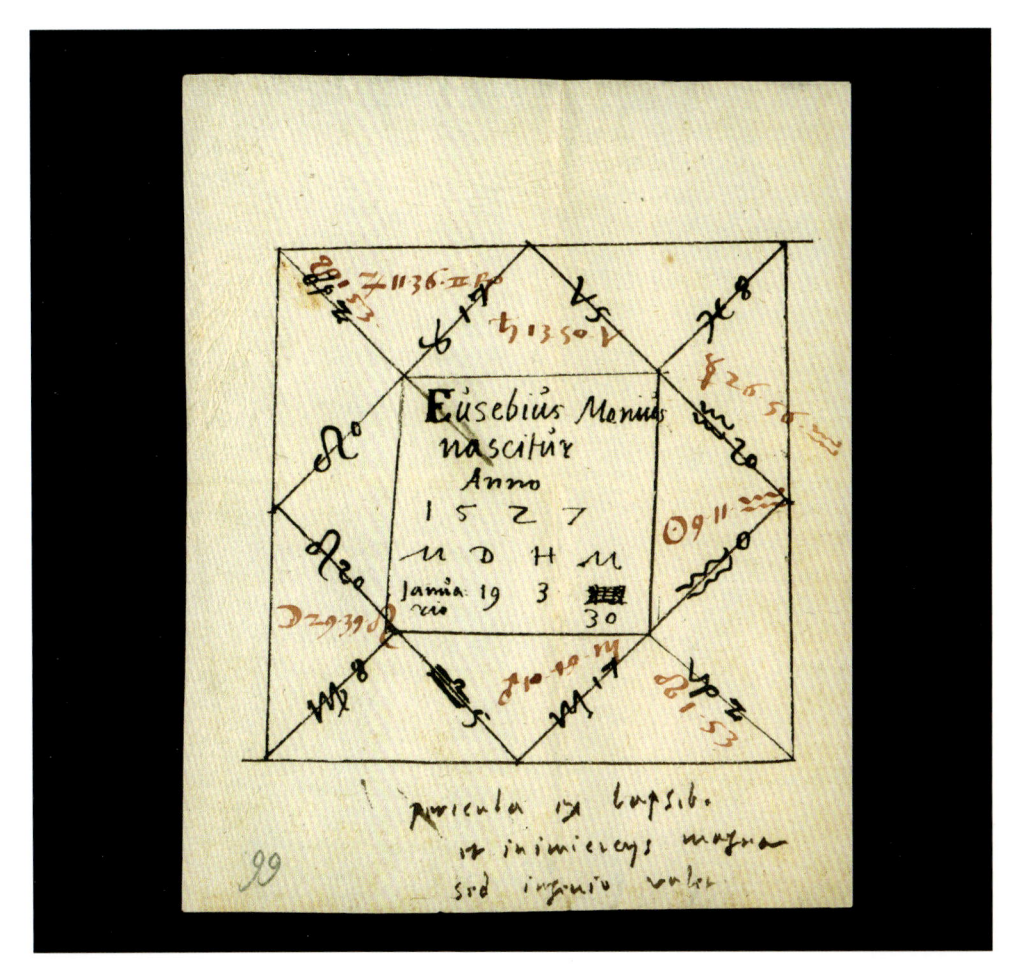

144

144

Philipp Melanchthon
Horoskop für Eusebius Menius

Wittenberg, 9. September 1545
Tinte auf Papier
17,5 × 15,5 cm
Forschungsbibliothek Gotha der Universität Erfurt, Chart. A 384, Bl. 66 r
Ausstellung Minneapolis

Obwohl Luther und Melanchthon in hohem Maße übereinstimmend handelten, gab es auch Meinungsunterschiede. So waren sie beispielsweise völlig unterschiedlicher Auffassung in Bezug auf den Nutzen der Astrologie. Luther hielt sie für eine »lustige fantesey«, während Melanchthon diesem alten, auf der Astronomie basierenden Fachgebiet sehr positiv gegenüberstand. Er etablierte die Astrologie als verbindlichen Teil des Lehrplans an der Universität von Wittenberg im 16. Jh. Er nutzte die Wissenschaft der Vorhersage, um fatalistisch und deterministisch ausgerichtete Vorstellungen zu widerlegen, die den Menschen die Verantwortung für ihr Leben und ihr Handeln abnahmen. Melanchthon ging von dem Grundsatz aus, dass Gott sich in Naturereignisse einmische und der Wille des Menschen in weltlichen Angelegenheiten frei sei. Daher interpretierte er astronomische Phänomene als Zeichen göttlicher Vorsehung, aber nicht als ursächlich für das Schicksal eines Menschen. Nach seinem Verständnis war der Stand der Gestirne zu einem wichtigen Zeitpunkt, etwa bei der Geburt eines Menschen, ein Hinweis auf dessen Anlagen und Gefährdungen und oft als Mahnung für ein bußfertiges Leben zu verstehen.
Melanchthon erstellte im Laufe seines Lebens zahlreiche Horoskope für bedeutende Persönlichkeiten, Freunde und Familienmitglieder, aber nur wenige davon sind bis heute erhalten geblieben. Das vorliegende Horoskop aus dem Jahr 1545 an den Pfarrer und Superintendenten in Eisenach, Justus Menius, bezieht sich auf die Ausbildung seiner Söhne Justinus und Eusebius. In der handschriftlichen Auslegung Melanchthons unter dem Diagramm bestätigte er das, was er Menius schon einige Monate vorher in einem Brief mitgeteilt hatte. Während Eusebius die Anlagen habe, ein guter akademisch geschulter Gelehrter zu werden, sei Justinus wegen seiner Affinität zu Mars eher für eine militärische Laufbahn geeignet. DG

Quellen und Literatur
Gehrt 2015, S. 678 f. u. 694 f. · Gehrt/Salatowsky 2014, Nr. 63, S. 126 f. · MBW.T, Bd. 14, Nr. 4009, S. 456 f. (Q 7) · Salatowsky/Lotze 2015, S. 39–47 u. 145–148

Luther als Mönch, Gelehrter und Prediger

Die 95 Thesen

Zum akademischen Lehrbetrieb gehörten neben Vorlesungen auch wissenschaftliche Streitgespräche, die Disputationen. Hier wurde in einem Teil des regulären Unterrichts ein Thema konträr diskutiert, wobei man festen Regeln der Logik folgte. Eine weitere Form waren Disputationen zur Erlangung akademischer Grade, in denen der zukünftige Magister oder Doktor Thesen verteidigen musste.

Auch in Wittenberg wurde eine dritte, freie Form der Disputation gepflegt. Hier galt es, im formalisierten Wechsel von Argument und Gegenargument bisher ungeklärte Probleme zu lösen. Dafür hatte Luther seine 95 Thesen über die Kraft des Ablasses konzipiert. Ihm war aufgefallen, dass bei aller Propaganda der Ablasshändler eine allgemeingültige theologische Definition des Ablasses fehlte. Luther war auf das Problem weniger aus wissenschaftlichem Interesse gestoßen, sondern mehr durch seine Kontakte mit der Wittenberger Gemeinde als Prediger und Beichthörer.

Die Kritik an einer Überbetonung des Ablasses war moderat und in Fragen gekleidet. Die Virulenz der Thesen erschließt sich heutigen Lesern erst bei genauem Hinschauen. Wenn Luther in seiner ersten These formuliert, dass das gesamte Leben der Christen eine Buße sein sollte, war das insofern revolutionär, als man bis dahin Jesu Bußruf (Mt 4,17) immer als Forderung nach der formalen Beichte als Sakrament verstanden hatte. Mit Rückbezug auf den griechischen Urtext betonte Luther dagegen, dass Jesus die Umkehr des gesamten Lebens der Gläubigen gefordert habe.

Die Disputation, zu der Luther auch Auswärtige zur schriftlichen Teilnahme aufgefordert hatte, kam nicht zustande. Die Gründe dafür sind unklar. Der Versand der Thesen an andere Institutionen und Privatleute sowie Nachdrucke in Leipzig, Nürnberg und Basel lösten nur eine sehr begrenzte Reaktion aus, da in der Theologie der Zeit der Ablass kein aktuelles Thema darstellte. Die Laien, die den Ablass eifrig kauften, konnten dagegen dies Stück theologischer Fachliteratur auf Latein nicht lesen. Erst eine deutsche Zusammenfassung, die Luther im März 1518 erscheinen ließ (Kat. 151), erreichte eine breite Öffentlichkeit. MT

145

Martin Luther
Plakatdruck der 95 Thesen

Leipzig: Jacob Thanner, 1517
Papier, Typendruck
Blattmaß: 40 × 28 cm; Satzspiegel: 36 × 23 cm
Evangelische Kirchengemeinde Zeitz
Ausstellung New York

Originaltitel: Amore et studio elucidande veritatis. Hec subscripta disputabuntur Wittenberge Presidente R. P. Martino Luther Eremitas / no Augustiniano Artiū et S. Theologie Magistro. eiusdemque ibidem lectore Ordinario. Quare petit vt qui non / possunt verbis presentes nobiscum disceptare / agant id literis absentes. / In Nomine d[omi]ni nostri Ihesu Christi. Amen.

Einem Brief an Erzbischof Albrecht von Mainz und Magdeburg legte Luther seine Disputationsthesen gegen den Ablass und dessen missbräuchliche Verwendung durch die kirchlichen Obrigkeiten bei. Während Albrecht vorerst Luthers Anliegen nur an die römische Kurie und die Universität Mainz weiterleitete, wurden seine Thesen, die keineswegs auf die vollständige Ablehnung des Ablasswesens abzielten, sondern die »Selbsttäuschung der Seelen« beanstandeten, schnell öffentlich: Luther selbst sandte sie an Fürsten und ausgewählte Freunde.
Der vorliegende Zeitzer Plakatdruck entstammt der Leipziger Druckerei des Jakob Thanner. In der Staatsbibliothek zu Berlin – Preußischer Kulturbesitz und in der Londoner British Library wird je ein Exemplar aus der Nürnberger Druckerei des Hieronymus Höltzel aufbewahrt.
Ähnlich den seit dem frühen 16. Jh. verbreiteten Flugblättern war der Plakatdruck ein gängiges Instrument der theologischen Disputation. Jakob Thanner war zwischen 1501 und 1519 Drucker der Leipziger Universität (vgl. dazu Treu 2008). Somit lag der Druckauftrag an Thanner nicht fern. Ungeklärt bleibt, ob die genannten Plakatdrucke aus gewöhnlichem Büttenpapier primär dafür gedacht waren, öffentlichkeitswirksam an Kirchentüren angebracht zu werden und damit zur Disputation aufzurufen, oder ob sie in Briefen versandt wurden.
Der Zeitzer Thesendruck wurde erst 1882 vom damaligen Archidiakon Hermann Kromphardt in einem Sammelband der Bibliothek der Michaeliskirche entdeckt. Wohl wissend, ein seltenes Exemplar des Drucks gefunden zu haben, nahm der neu berufene Pfarrer der Stadt Schönebeck das bis dato zweite bekannte Exemplar dorthin mit. Zuvor kannte man nur das in London aufbewahrte Stück. Die Zeitzer Gemeinde erfuhr erst aus der regionalen Presse vom »kostbaren Schatze« (Kommentar der *Zeitzer Zeitung*, 31. Oktober 1883). Auf Druck der Gemeinde der Michaeliskirche wurde ihr der seltene Fund als der rechtmäßigen Eigentümerin zurückgegeben. Die Stadt Zeitz selbst ist Martin Luther eng verbunden, u. a. wurde Nikolaus von Amsdorf von Luther in das Amt des ersten evangelischen Bischofs von Naumburg-Zeitz eingeführt. 1542 besuchte Luther die Residenzstadt zum ersten Mal. Wie der Plakatthesendruck nach Zeitz gelangte, ist bisher nicht bekannt. FK

Literatur
Drößler 1995, S. 21 u. 24–27 (ill.) · Leppin 2006 · Meller 2008, S. 226, Kat. D 10 (ill.) · Moeller 2008 · Thönissen 2014 · Treu 2008a

Martin Luther
95 Thesen: Disputatio pro declaratione virtutis indulgentiarum

Basel: Adam Petri, 1517
VD16 L 4457

146
28 × 15 cm
Stiftung Luthergedenkstätten in Sachsen-Anhalt, Inv.-Nr. ss 2183
Ausstellung Minneapolis

147
19,2 × 15,1 cm
Forschungsbibliothek Gotha der Universität Erfurt, Theol 4° 00224l 11
Ausstellung New York

Mit dem Anschlag der 95 Thesen über die Kraft der Ablässe am 31. Oktober 1517, dem Vorabend des Allerheiligenfestes, begann nicht nur nach der Auffassung Luthers die Reformation. Der Glaube der traditionellen Kirche, man könne Sündenvergebung durch Geldzahlungen erwerben, rief Luthers kritische, aber vorerst gemäßigte Reaktion auf den Plan. Der Sachverhalt erschien ihm unklar, deswegen lud er gemäß seines Doktoreids zu einem wissenschaftlichen Lehr- und Streitgespräch ein, das aber nicht zustande kam. Zur Information sandte er die Thesen mit Begleitschreiben an seine kirchlichen Vorgesetzten, den Bischof von Brandenburg und den Erzbischof von Magdeburg, Kardinal Albrecht von Mainz. Dieser schickte sie prompt wegen des Verdachts der Ketzerei nach Rom weiter, da er eine Beeinträchtigung des Profits aus dem Ablasshandel befürchtete.
Ein Wittenberger Erstdruck der Thesen ist heute nicht mehr vorhanden. Das heißt aber nicht, dass es ihn nicht gegeben hat. Nachgedruckt wurden die Thesen noch 1517 von Josef Thanner in Leipzig und Hieronymus Höltzel in Nürnberg, beide in Plakatform. Die gezeigten Drucke von Adam Petri in Basel im Quartformat ließen sich in einem Bucheinband besser in einer Bibliothek bewahren.

¶ Amore et studio elucidande veritatis, hec subscripta disputabuntur Wittenburge Presidente R. P. Martino Luther Eremita-
no Augustiniano Artiū et S. Theologie Magistro, eiusdemq̃ ibidem lectore Ordinario. Quare petit vt qui non
possunt verbis presentes nobiscum disceptare/agant id literis absentes.
In Nomine dn̄i nostri Ihesu Christi, Amen.

1 Dn̄s et magister noster Ihesus Christus, dicendo penitēciā agite 2c. omnē
vitam fidelium, penitentiam ee voluit.
2 Q̃d verbū de penitentia sacramētali (.i. cōfessionis et satisfactionis que sacer
dotum ministerio celebratur) non potest intelligi.
3 Nō tn̄ solā intēdit interiorē; immo interior nulla est, nisi foris operetur varias
carnis mortificationes.
4 Manet itaq̃ pena donec manet odiū sui (.i. penitētia vera intus) sc; vsq̃ ad
introitum regni celorum.
5 Papa nō vult nec pōt, vllas penas remittere, preter eas, q̃s arbitrio vel suo
vel canonum imposuit.
6 Papa nō potest remittere vllā culpam, nisi declarando et approbando re-
missas a deo. Aut certe remittendo casus reseruatos sibi, quibus contēptis
culpa prorsus remaneret.
7 Nulli prorsus remittit deus culpā, quin simul cū subijciat; humiliatū in omnibus; sacerdoti suo vicario.
8 Canones penitentiales solū viuentibus sunt impositi; nihilq̃ morituro sm̄
eosdem debet imponi.
9 Inde bn̄ nobis facit sp̄ussanctus in papa, excipiendo in suis decretis sem-
p articulum mortis et necessitatis.
10 Indocte et male faciūt sacerdotes ij, qui morituris p̃nias canonicas in pur
gatorium reseruant.
11 Zizania illa de mutanda pena Canonica in penam purgatorij, videtur certe
dormientibus Episcopis seminata.
12 Olim pene canonice nō post, sed ante absolutionē imponebantur, tāq̃ tenta
menta vere contritionis.
13 Morituri; per mortē omnia soluunt; et legibus canonū mortui iam sunt; hn̄tes
iure earum rēlaxationem.
14 Imperfecta sanitas seu charitas morituri; necessario secum fert, magnū timo
rem, tātoq̃ maiorē; quanto minor fuerit ipsa.
15 Hic timor et horror, satis est se solo (vt alia taceā) facere penā purgatorij, cū
sit proximus desperationis horrori.
16 Videntur infern̄; purgatorium; celū differre sicut desp̃atio; p̃pe desp̃atio; securi
tas differunt.
17 Necessariū videt̃ aiab; i purgatorio sicut minui horror; ita augeri charitate.
18 Nec probatū videt̃ vllis; aut rōnibus aut scripturis, q̃ sint extra statū me
riti; seu augende charitatis.
19 Nec hoc probatū ee videt̃; q̃ sint de sua beatitudine certe & secure saltem
omnes; licet nos certissimi simus.
20 Igitur Papa per remissionē plenariā oīm penarū; nō simpliciter oīm intelli-
git; sed a seipso tantummodo impositarum.
21 Errant itaq̃ indulgētiarū p̃dicatores ij, qui dicunt per Pape indulgēcias;
hominem ab omni pena solui et saluari.
22 Quin nullam remittit aniabus in purgatorio, qui in hac vita debuissent, sm̄
Canones soluere.
23 Si remissio vlla oīm omnino penarū, potest alicui dari, certum est eam non
nisi perfectissimis .i. paucissimis dari.
24 Falli ob id necesse est, maiorē p̃tē populi, per indifferentē illam et magnifica
pene solute promissionem.
25 Qualē potestatē habet Papa in purgatorium generaliter; talē habet quilibz
Ep̄us & Curatus in sua Diocesi & parochia specialiter.
26 Optime facit Papa, q̃ nō p̃tate clauis (quā nullā bz) sed per modū suffra-
gij dat animabus remissionem.
27 Hominem predicant; qui statim vt iactus nūmus in cistam tinnierit; euo-
lare dicunt animam.
28 Certum est nūmo in cistam tinniente; augeri questū & auariciā posse; suffra-
gium aūt ecclesie est in arbitrio Dei solius.
29 Quis scit si oēs aīe in purgatorio velint redimi, sicut de S. Seuerino
et paschali factum narratur.
30 Nullus securus est de veritate sue cōtritionis; multo minus de consecutione
plenarie remissionis.
31 Q̃m rarus est vere penitēs; tā rarus est vere indulgēcias redimēs .i. rarissim̃
32 Damnabuntur ineternū cū suis magistris; qui p lr̄as veniarum securos sese
credunt de sua salute.
33 Cauendi sunt nimis, qui dicunt venias illas Pape; donum ee illud Dei
inestimabile; quo reconciliatur homo deo.
34 Gratie em̄ ille veniales tantum respiciunt penas satisfactionis sacramenta-
lis ab homine constitutas.
35 Non christiana p̃dicant; qui docet; q̃ redempturis animas vel cōfessiona-
lia nō sit necessaria contritio.
36 Quilibet Christianus vere cōpunctus; hz remissionem plenariam a pena &
culpa; etiam sine literis veniarum sibi debitam.
37 Quilibet verus christianus siue viuus siue mortuus; hz participationē om-
nium bonorum Christi et ecclesie; etiā sine literis veniarum a Deo sibi data.
38 Remissio tamē et participatio Pape; nullo modo est contēnenda, quia (vt
dixi) est declaratio remissionis diuine.
39 Difficillimū est etiam doctissimis Theologis; simul extollere veniarum lar-
gitatē et cōtritionis veritatem coram populo.
40 Contritionis veritas penas querit & amat. Veniarū autem largitas relax-
at & odisse facit saltem occasione.
41 Caute sunt venie Apostolice p̃dicande; ne populus false intelligat, eas p̃-
ferri ceteris bonis operibus charitatis.
42 Docendi sunt christiani; q̃ Pape mens non est; redemptionem veniarum vlla ex pte comparandā ee operibus misericordie.
43 Docendi sunt Christiani; q̃ dans pauperi; aut mutuans egenti, melius facit, q̃ si venias redimeret.
44 Q̃a per opus charitatis crescit charitas et fit homo melior; sed per venias nō
fit melior; sed tantummodo a pena liberior.
45 Docendi sunt christiani; q̃ qui videt egenū, et neglecto eo; dat pro venijs, non in
dulgētias Pape, sed indignationem dei sibi vendicat.
46 Docendi sunt christiani; q̃ nisi superfluis abundent; necessaria tenētur domui
sue retinere; & nequaquā p̃pter venias effundere.
47 Docendi sunt Christiani; q̃ redemptio veniarum est libera, non precepta.

38 Docēdi sunt Christiani; q̃ Papa sicut magis eget; ita magis optat; in venijs dandis; p̃ se deuotam oronem; q̃ promptam pecuniam.
39 Docendi sunt Christiani; q̃ venie Pape sunt vtiles; si nō in eas cōfidant; s;
nocentissime; si timorem dei per eas amittunt.
40 Docēdi sunt Christiani; q̃ si Papa nosset exactiōes venialiū p̃dicatorū; mal
let Basilicā S. Petri i cineres ire; q̃ edificari; cute carne & ossib; ouiū suarū.
41 Docēdi sunt Christiani; q̃ Papa sicut debet ita vellet; etiā vēdita (si op; sit)
Basilica S. Petri; de suo pecuniā dare illis; a quorū plurimis quidā concionatores veniarum pecuniam eliciunt.
42 Vana est fiducia salutis p literas veniarū; etiā si cōmissarius; immo Pa
pa ipse suam animam p illis impignoraret.
43 Hostes Christi et Pape sunt ij; qui propter venias p̃dicādas verbū dei in
alijs ecclesijs penitus silere iubent.
44 Iniuria fit vbo Dei; dū in eodē s̃mōe; equale vel longius tpo impenditur
venijs q̃ illi.
45 Mens Pape necessario est; q̃ si venie (q̃d minimū est) vna cāpana; vnis p̃-
pijs et ceremonijs celebrantur.
46 Euāgeliū (q̃d maximū est) cētū cāpanis; cētū pōpis; cētū ceremonijs p̃-
dicetur.
47 Thezauri ecclesie; vnde Papa dat indulgentias; neq̃ satis nominati sunt;
neq̃ cogniti apud populum Christi.
48 Tēporales certe nō ee patet; q̃ nō tam facile eos; p̃fundūt; sed tantūmodo
colligūt multi Concionatorum.
49 Nec sunt merita Christi et sanctorū; q̃ hec semp sine Papa; operātur gra
tiam hominis interioris; et crucē mortem infernūmq̃ exterioris.
50 Thesauros ecclesie S. Laurentius dixit ee; pauperes ecclesie; sed locutus
est vsu vocabuli suo tempore.
51 Sine temeritate dicim̃ clauses ecclē (merito Christi donatas) ee thesaur̃ illū.
52 Clarū est em̄ q̃ ad remissionē penarū et casuū sola sufficit p̃tas Pape.
53 Verus thesaurus ecclesie est sacrosanctū Euangeliū glorie et gratie Dei.
54 Hic aūt est merito odiosissimus; quia ex primis facit nouissimos.
55 Thesaur̃ aūt indulgētiarū merito est gratissim̃; qui ex nouissimis facit prios.
56 Igitur thesauri Euāgelici th̃ria sunt; quibus olim piscabātur viros diuitiarū.
57 Thesauri indulgentiarū rhētia sunt; quib; nūc piscantur diuitias virorum.
58 Indulgētie; quas Concionatores vociferantur maximas gratias; intelliguntur
vere tales; quo ad questum p̃mouendum.
59 Sunt tamē re vera minime ad gratiam Dei et Crucis pietatem compate.
60 Tenentur Ep̄i et Curati veniarū Apostolicarū Cōmissarios cū oīni re ue-
rentia admittere.
61 Sed magis tenēt oībus oculo intendere; oīnib; auribus aduertere; ne p̃
cōmissionem Pape sua illis sōmnia p̃dicent.
62 Contra veniarū Aplicarū veritatē; qui loquit̃; sit ille anathema et maledictus.
63 Qui vero cōtra libidinē ac licentiā verborū; Concionatoris veniarū; curam
agit; Sit ille benedictus.
64 Sicut Papa iuste fulminat eos; qui in fraudē negocij veniarum quacumq̃
arte machinantur.
65 Multo magis fulminare intendit eos; qui per veniarum p̃textum in fraudē
sancte charitatis et veritatis machinantur.
66 Opinari venias papales tantas ee vt soluere possint hominē; etiā si quis p
impossibile Dei genitricem violasset Christianē.
67 Dicim̃ cōtra q̃ venie papales; nec minimū venialium peccatorum tollere
possunt; quo ad culpam.
68 Quod dicit̃; nec si. S. Petrus nō Papa esset; maiores gr̃as donare pos-
set; est blasphemia in. S. Petrum et Papam.
69 Dicimus cōtra; q̃ etiā iste et quilibet Papa maiores bz; sc; Euangelium;
virtutes; gr̃as curationū 2c. vt .1. Corin. 12.
70 Dicere crucem armis Papalibus insigniter erectam; Cruci Christi equiua-
lere; Blasphemia est.
71 Rationē reddent Ep̄i; Curati; et Theologi; Qui tales sermones in populū
licere sinunt.
72 Facit hec licentiosa veniarū p̃dicatio; vt nec reuerentiā Pape facile sit etiam
doctis viris redimere a calumnijs; aut certe argutis questiōibus laicorum.
73 Sc; cur Papa nō euacuat purgatoriū; p̃pter sanctissimā charitatē et summā
animarū necessitatē; vt cam oīm iustissimā; Si infinitas animas redimat p̃-
pter pecuniam funestiss; ad structuram Basilice; p̃ causam leuissimam.
74 Itē cur p̃manent exequie & anniuersaria defunctorū; & nō reddit eas recip-
75 pmittit bn̄ficia; p̃ illis instituta; cū iam si iniuria; p redemptos orare.
76 Itē que illa noua pietas Dei et Pape; q̃ impio et inimico; p̃ter pecuniā cō-
cedunt animā piam et amicam dei redimere; Et tn̄ p̃ter necessitatē ipsius
met pie et dilecte anime; nō redimūt eam gratuite charitate.
77 Itē cur Canones pn̄ales; reipsa & nō vsu; iā dū in semet abrogati & mortui; adhuc tn̄ pecunijs redimūt; p̃ concessionē indulgētia; tāq̃ vinacissimi.
78 Itē Cur Papa cuius opes hodie sunt opulentissimis Crassis crassiores
nō de suis pecunijs magis q̃ pauper̃ fideliū struit vnā tm̄ Basilicā. S. P
79 Itē; Quid remittit; aut participat Papa ijs; qui per cōtritionē p̃fectam; iā
habent plenarie remissionis & participationis.
80 Itē Quid Quid adderetur ecclesie boni maioris; Si Papa sicut semel facit; ita
centies in die cuilibet fideliū has remissiones et participationes tribueret.
81 Et quo Papa salutem querit animas; p venias magis q̃ pecuniā; Cur sus-
pendit literas et venias tā olim cōcessas; cū sint eque efficaces.
82 Hec scrupulosissima laicorū argumēta; sola ptate cōpescere; nec reddita rōne
diluere. Est ecclesiā & Papā hostib; ridendos exponere & infelices christia-
nos facere.
83 Si ergo venie s̃m spiritum et mentem Pape p̃dicarentur; facile illa omnia
soluerentur; immo non essent.
84 Valeāt itaq̃ oēs illi p̃phete q̃ dicūt populo Christi; pax pax & nō est pax.
85 Bn̄ agat oēs illi p̃phete; qui dicūt populo Christi; Crux crux & nō est crux.
86 Exhortandi sunt Christiani vt Caput suum Christū per penas; mortes; in-
fernosq̃ sequi studeant.
87 Ac sic magis per multas tribulationes; intrare in celum; q̃ per securitatem
pacis confidant.

1517.

Luther als Mönch, Gelehrter und Prediger

146

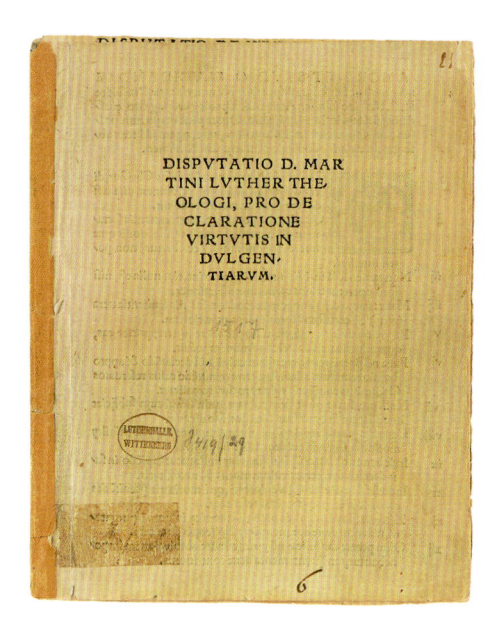

147

Gleichzeitig verdeutlichen die Druckorte, das über die engen Grenzen der Wittenberger Hochschule hinaus ein Interesse am Thema bestand. Andererseits beschränkte sich der Adressatenkreis durch die lateinische Sprache und die Komplexität der Gedankenführung – im Kern geht es um Feinheiten der spätmittelalterlichen Bußtheologie – auf die kleine Gemeinschaft der akademisch Gebildeten. MT

Literatur
Joestel 2008, S. 38

Martin Luther
Resolutiones disputationum de indulgentiarum virtute

Wittenberg: Johann Rhau-Grunenberg, 1518

148
19,2 × 15,4 cm
Forschungsbibliothek Gotha der Universität Erfurt, Theol 4° 00224l 26
VD16 L 5786
Ausstellung Minneapolis

149
19,5 × 15 cm
Martin-Luther-Universität Halle-Wittenberg, Universitäts- und Landesbibliothek in Halle (Saale), Ib 3611
VD16 L 5787
Ausstellung New York

Luther war erschüttert, auf welch ungeheuerliche Weise seine Thesen, die sich nun verbreiteten, missinterpretiert wurden. Angeregt durch Johann von Staupitz, den Generalvikar des Augustinerordens in Deutschland, veröffentlichte Luther die *Resolutiones*, genaue Erläuterungen, vorgeblich um Papst Leo X. zu beschwichtigen, dem er eine Abschrift mit einem beigefügten Entschuldigungsbrief zusenden sollte. Am 30. Mai 1518 schickte Luther über Staupitz eine handschriftliche Fassung der *Resolutiones* an Leo X. Im August desselben Jahres wurden die *Resolutiones* gedruckt. Der das Werk einleitende offene Brief an Leo X. erklärt, dass Luther die Thesen geschrieben habe, um das Papsttum gegen den Missbrauch durch Ablasshändler zu verteidigen und dass er sich nun selbst doppelt gegen die Lügen verteidige, die über ihn verbreitet wurden. Luthers Erklärungen besänftigten die Ängste der Obrigkeit nicht, sondern ließen sie eher aufflammen und das Vorgehen des Papstes gegen ihn setzte sich fort.

Die *Resolutiones* sind neben einer gründlichen Erläuterung seiner Thesen auch ein frühes Zeugnis der sich entwickelnden Theologie Luthers und davon, wie seine Lehre von der Rechtfertigung allein durch den Glauben ihn dazu zwang, sich von der Kirchentradition zu trennen. Luther distanzierte sich weiter von der scholastischen Theologie, indem er in seinen einleitenden Erläuterungen erklärte, dass er »nach pflichtgemäßem Ermessen die Meinung des Thomas [von Aquin] entweder widerlegen oder akzeptieren« würde. Luther wandte sich noch stärker der Heiligen Schrift als alleiniger Quelle seiner Lehre zu.
Vier unabhängige Ausgaben der *Resolutiones* erschienen 1518/19: zwei aus der Presse von Johann Rhau-Grunenberg in Wittenberg und zwei von Melchior Lotter d. Ä. in Leipzig. Rhau-Grunenberg war Luthers erster Buchdrucker, und ungeachtet dessen, dass er allein im Jahr 1518 21 Werke Luthers druckte, schimpfte dieser wiederholt auf den schlechten Druck (Flood 1998, S. 36). Die Unebenheiten der Druckzeilen sind sowohl auf der Titelseite als auch im gesamten Text deutlich erkennbar. JTM

Quellen und Literatur
Flood 1998 · WA 1, 523–628

150

Kardinal Albrecht von Brandenburg
Brief an seinen Hofmeister Graf Botho von Stolberg sowie an seine anderen Räte

Aschaffenburg, 13. Dezember 1517
Papier
22,2 × 32,7 cm
LASA, A2 Erzstift Magdeburg. Innere Landesverwaltung, Nr. 498a, Bl. 8 r–9 v
Ausstellung New York

Im November 1517 erhielt Kardinal Albrecht von Brandenburg einen Brief eines »vermessen monichs zcu Wittenberg«, welcher den Ablass und das Ablasswesen im Allgemeinen kritisierte. Dieser Mönch war kein Geringerer als Martin Luther. Zusätzlich fügte Luther – und das ist entscheidend – diesem Brief seine 95 Thesen bei. Diese waren Albrecht ein besonderer Dorn im Auge, stifteten sie doch seiner Ansicht nach Unruhe im Volk.

Albrechts Reaktion auf den Brief erfolgte nur langsam. Erst am 13. Dezember 1517 teilte er seine Antwort seinen Räten in Halle mit. Luther selbst blieb er eine Antwort schuldig. Albrecht sah sich zwar nicht in seiner Person angegriffen, jedoch sollten die in seinen Augen vermessenen Thesen durch seinen Theologen an der Mainzer Universität beurteilt und geprüft werden. Auch den Papst unterrichtete Albrecht über die Vorgänge in Wittenberg, in der Hoffnung, dieser würde selbst gegen Luther vorgehen, wie es später auch geschah. Einen direkten Konflikt mit dem Orden der Augustineremiten, dem Luther angehörte, wollte Albrecht vermeiden. Dennoch belegt das Dokument, dass der Kardinal ein eigenes Verbotsverfahren gegen Luther in Erwägung zog, um diesen zurechtzuweisen und das, was er als »giftigen irthumb« ansah, nicht weiter im Volk um sich greifen zu lassen.

Darüber hinaus ist an dem Schreiben Albrechts interessant, dass er selbst die Ablasspraxis Johann Tetzels kritisierte. Allerdings bezog sich seine Verärgerung auf dessen verschwenderisches Vorgehen. Diesen »Pomp« sollte sich Tetzel nicht weiter leisten, um den finanziellen Ertrag des Ablasses nicht zu verringern. Auch sollten die Missstände im Verhalten der Unterkommissare, die in Nachlässigkeiten, in ihrem unge-

148

149

150

Luther als Mönch, Gelehrter und Prediger 157

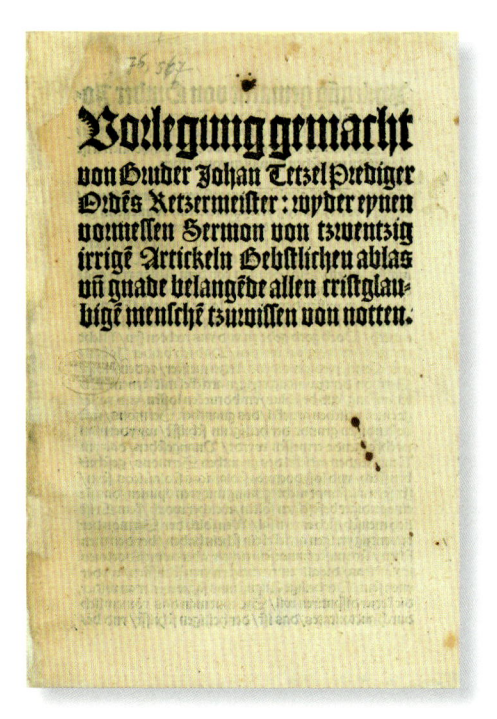

schickten Auftreten bei Predigten oder gar in der eigenen Bereicherung am Ablasshandel bestanden, beseitigt werden.

Insgesamt wurde mit dem vorliegenden Brief und der Benachrichtigung des Papstes über Luthers Thesen eine folgenschwere Entwicklung in Gang gesetzt. Die anfänglich rein theologische Diskussion über den Ablass breitete sich wie ein Lauffeuer über alle gesellschaftlichen Ebenen aus und bekam eine soziale und politische Dimension, die später zu großen Veränderungen beitragen sollte. VR

Literatur
Brecht 2013 · Jürgensmeier 1990 · Kaufmann 2012 · Lohse 2012 · Schrader 1972 · Schwarz 2014

151

Martin Luther
Ein Sermon von Ablass und Gnade

Leipzig: Wolfgang Stöckel, 1518
21 × 15,2 cm
Stiftung Luthergedenkstätten in Sachsen-Anhalt, Inv.-Nr. Ag 4°185g
VD16 L 6272
Ausstellung New York

Originaltitel: Eyn Sermon von dem Ablaß / und gnade-durch den wir= / digen doctorn Martinii / Luther Augustiner / zu Wittenbergk / gemacht.

Wirtschaftlich war der Druck der 95 Thesen für die Drucker kein Erfolg (Kat. 146 u. 147). Nur wenige Hundert Exemplare ließen sich absetzen. Ganz anders verhielt es sich mit dem *Sermon von Ablass und Gnade*, der im März 1518 erschien, aber von Luther möglicherweise in handschriftlicher Form schon vorher an Erzbischof Albrecht geschickt worden war.

Auf nur vier Blatt erläutert Luther für die einfachen Christen das Problem. Sollte man Geld übrig haben, so wäre es viel christlicher und damit sicherer, seinem Nächsten zu helfen, als Ablässe zu kaufen. Die Schrift eignete sich besonders gut für den mündlichen Vortrag, sodass auch Analphabeten durch öffentliche Verlesung informiert werden konnten. Gleichzeitig ist sie Luthers Durchbruch als bedeutendster Publizist der deutschen Geschichte. In weniger als zwei Jahren erschienen 23 Ausgaben und zusätzlich Übersetzungen ins Tschechische, Dänische und Holländische. Es ist daran zu erinnern, dass es ein Copyright im modernen Sinne nicht gab. Drucker-Verleger brachten heraus, was ihnen verkäuflich erschien, und der Erfolg wanderte von Ort zu Ort. Nicht die 95 Thesen mit ihrer begrenzten Reichweite, sondern dieser Sermon schob das Thema unwiderruflich in die Öffentlichkeit. Gerade dies haben Luthers Gegner ihm vorgeworfen, gerade dies hat entscheidend zu seinem Erfolg beigetragen. MT

Literatur
Moulin 2014, Taf. 10 (ill.)

152

Johannes Tetzel
Widerlegung durch Bruder Johannes Tetzel

Leipzig: Melchior Lotter d. Ä., 1518
20,2 × 14 cm
Stiftung Luthergedenkstätten in Sachsen-Anhalt, Inv.-Nr. Kn A 76/567
VD16 L 6269
Ausstellung New York

Originaltitel: Vorlegung gemacht / von Bruder Johan Tetzel Prediger / Ordēs Ketzermeister: wyder eynen / vormessen Sermon von tzwentzig / irrige[n] Artickeln Bebstlichen ablas / vn[d] gnade belange[n]de allen cristglau / bige[n] mensche[n] tzuwissen von notten.

Johann Tetzel wurde am 22. Januar 1517 zum Generalsubkommissar für die Ablasskampagne des Erzbischofs Albrecht von Brandenburg für das Erzbistum Magdeburg und das Bistum Halberstadt ernannt. Seine Predigten waren erfolgreich und riefen als Reaktion Luthers 95 Thesen hervor.

Um sich dagegen wissenschaftlich verteidigen zu können, disputierte der akademisch wenig versierte Tetzel wohl im Februar 1518 über 106 Gegenthesen an der Universität Frankfurt, die der dortige Rektor Konrad Wimpina aufgestellt hatte. Auf Luthers *Sermon von Ablass und Gnade* (Kat. 151) antwortete Tetzel mit einer ebenfalls deutschsprachigen *Vorlegung*. In deren Einleitung bezeichnet er sich wie schon auf dem Titel als »Ketzermeister«, also Inquisitor mit richterlichen Vollmachten, und erinnert an den Flammentod des böhmischen Reformators Jan Hus 1415 in Konstanz, was eine deutliche Drohung darstellte. Dann folgt der wörtliche Abdruck von Luthers 20 Artikeln mit jeweils angehängter »Widerlegung«. Wenn diese Schrift einen Erfolg hatte, dann nur den, Luthers Positionen in noch breiteren Kreisen bekannt zu machen. MT

Literatur
Leppin/Schneider-Ludorff 2014, S. 677

153

Martin Luther
Brief an Georg Spalatin

4. Juni 1518
Papier
34,5 × 22 cm
LASA, Z 8 Lutherhandschriftensammlung, Nr. 17
Ausstellung New York

Luthers Briefe bieten unvergleichliche Einblicke in sein Berufs- und Alltagsleben. Sein wichtigster Korrespondenzpartner in diesen frühen Jahren war Georg Spalatin, Privatsekretär und Bibliothekar der sächsischen Kurfürsten. Luther hielt Spalatin über seine Aktivitäten und Veröffentlichungen fortwährend auf dem Laufenden, vielleicht nicht zuletzt, um sich auf diesem Weg weiterhin der für ihn lebenswichtigen Unterstützung durch den Kurfürsten zu versichern.

In diesem Brief spricht er verschiedene Themen an, darunter die Möglichkeit, Peter Mosellanus von der Universität Leipzig als Griechischprofessor nach Wittenberg zu holen (am Ende bekam den Posten Philipp Melanchthon). Auch Bücher, die Luther in Spalatins Auftrag jemandem in Heidelberg überbracht hatte, und dass er Spalatin ein Exemplar – vielleicht einen Probedruck – seiner *Deutschen Theologie* zusende, kommen zur Sprache.

Der Brief fällt mitten in den Ablassstreit, und Luther erwähnt, er sei dabei, seine *Resolutiones disputationum de indulgentiarum virtute* auszuarbeiten, mit denen er den zahlreichen in Umlauf gebrachten Verfälschungen seiner Thesen entgegentreten wollte. Er teilt Spalatin mit, dass der Dominikaner Johann Tetzel, Bevollmächtigter zum Ablasshandel für den Bau der Peterskirche in Rom, eine Gegenschrift zu Luthers publizierter Predigt über Ablass und Gnade verfasst habe. Luther findet Tetzel überheblich und schreibt, sein eigenes Werk werde die Angelegenheit ins rechte Licht rücken, sodass alle sie verstehen könnten. Anfangs vermochte dem Ablassstreit nur zu folgen, wer Latein las, doch mit Luthers Predigt und Tetzels Erwiderung wurde der Kampf auf Deutsch vor einer größeren Leserschaft ausgetragen. Während Tetzels Gegenrede nur in einer einzigen Auflage erschien, erwies sich Luthers Predigt als höchst einflussreich und wurde binnen zwei Jahren in 25 Auflagen veröffentlicht – mehr als jede andere seiner Schriften gegen den Ablasshandel. JTM

Quellen
WA.B 1, S. 179–181 (Nr. 80)

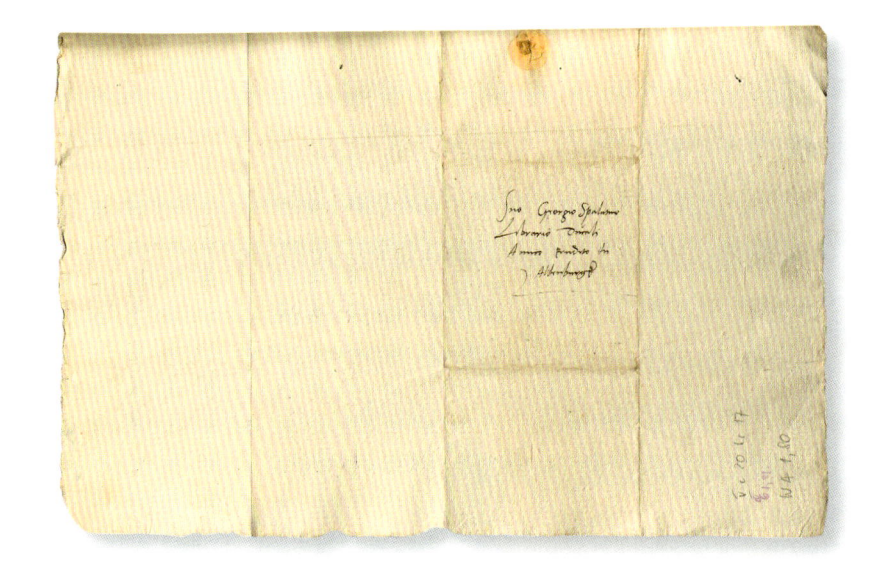

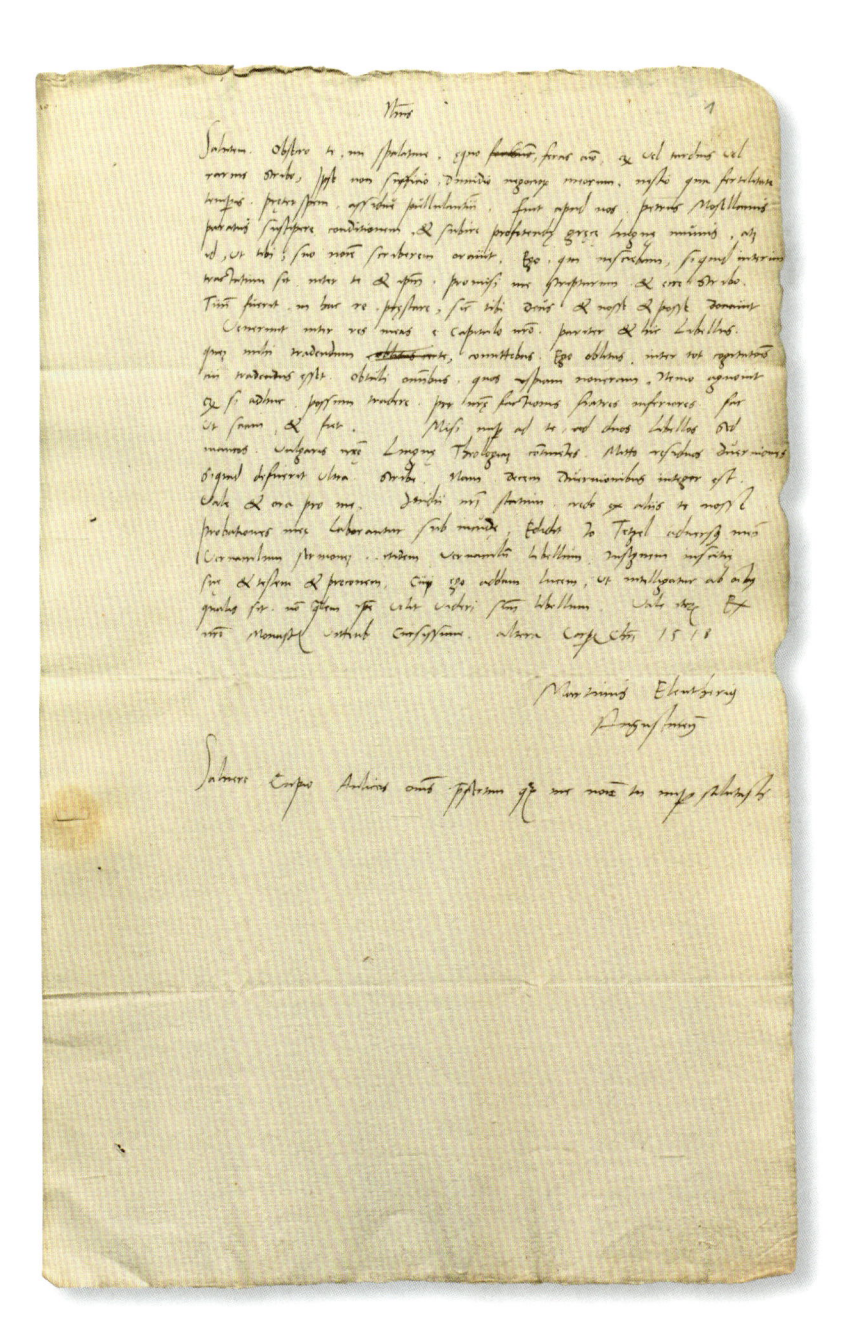

Vom Bildnis zum Image – die frühen Luther-Porträts

Bereits zu Lebzeiten gehörte Martin Luther zu den meistporträtierten Menschen seiner Zeit. Dies war ungewöhnlich, denn die Darstellung im Bildnis war um 1500 für gewöhnlich nur hochrangigen Persönlichkeiten aus Adel, Klerus und zunehmend dem gehobenen Bürgertum vorbehalten. Doch die deutschlandweite Veröffentlichung seiner 95 Thesen, denen eine publizistische Großoffensive gegen die altgläubige Kirche folgte, seine öffentlichen Auftritte, vor allem die Konfrontation mit Johannes Eck in der Leipziger Disputation, und schließlich seine Aussage auf dem Augsburger Reichstag machten aus Luther eine Person von öffentlichem Interesse.

Niemand Geringerer als Albrecht Dürer war der erste, der 1520 in einem Brief an Georg Spalatin den Wunsch äußerte, Luther zu porträtieren und das Bildnis in Kupfer zu stechen. Dürer hatte bereits Luthers Gegenspieler, Kardinal Albrecht von Brandenburg, in dieser Weise porträtiert und die Drucke in Umlauf gebracht. Dem Wunsch des Nürnberger Künstlers wurde jedoch nicht stattgegeben. Stattdessen wurde der Wittenberger Hofmaler Lucas Cranach d. Ä. noch im selben Jahr mit den ersten Porträts betraut. 1520 entstanden zwei erste Kupferstiche Luthers als Augustinermönch, denen im Folgejahr sein Porträt mit Doktorhut folgte. Es ist kein Zufall, dass für diese ersten Individualporträts die noch relativ neue Technik des Kupferstichs gewählt wurde, denn es ging dabei weniger um Repräsentation als vielmehr um Reproduzierbarkeit. Das Konterfei des Reformators sollte einer möglichst breiten Öffentlichkeit vor Augen geführt werden.

Der Wittenberger Hof hat von Anfang an Einfluss auf diese Porträts genommen. Eine wichtige Rolle spielte dabei Georg Spalatin, der als Berater eng mit Luther und der Cranachwerkstatt zusammenarbeitete. Möglicherweise war er es, der das erste, in seiner reduzierten Strenge beinahe fanatisch wirkende Porträt des Reformators durch das sehr viel versöhnlicher wirkende *Nischenporträt* hat ersetzen lassen (Abb. 6). Der weichere Blick, die Bibel als inhaltlicher Bezugspunkt und die im Redegestus erhobene Hand lassen den Reformator hier gesprächsbereiter und nahbarer wirken. Ziel der Bildpolitik war es schließlich, im Vorfeld des Wormser Reichstags Luther möglichst vorteilhaft zu positionieren und so ein Image zu schaffen, das auch den Interessen des Wittenberger Hofes entsprach. KH

Lucas Cranach d. Ä.
Martin Luther als Augustinermönch

1520
Kupferstich, III. Zustand

beschriftet unten: AETHERNA IPSE SVAE MENTIS SIMVLACHRA LVTHERVS/ EXPRIMIT AT VVLTVS CERA LVCAE OCCIDVOS/ M.D.X.X. (Luther selbst schafft ein ewiges Abbild seines Geistes, seine vergänglichen Züge aber das Wachs des Lucas [Cranach])

Signatur: geflügelte Schlange mittig am unteren Rand

154
14,1 × 9,7 cm
Stiftung Luthergedenkstätten in Sachsen-Anhalt, Inv.-Nr. fl IIIa 208
Ausstellung New York

155
14,3 × 9,8 cm
Thrivent Financial Collection of Religious Art, Minneapolis, Inv.-Nr. 85-17
Ausstellung Minneapolis

Von allen erhaltenen Porträts Martin Luthers ist dies das erste, das den Reformator mit seinen individuellen Zügen zeigt. Der Kupferstich entstand zu einem Zeitpunkt, zu dem Luther durch seine radikalen Thesen bereits weit über die Grenzen Wittenbergs von sich reden gemacht hatte. Es war das Jahr, in dem der Papst die Bannandrohungsbulle gegen Luther erließ und ihn zum Widerruf seiner 95 Thesen aufforderte. Es war gleichzeitig das Jahr, in dem Luther mit seinen reformatorischen Hauptschriften (Kat. 181–184) eine publizistische Großoffensive startete. Lucas Cranach d. Ä. führt uns mit diesem Bild im wörtlichen Sinn den Kopf der Reformation vor Augen: Das Porträt ist ganz auf die Gesichtszüge Luthers reduziert, Tonsur und eine einfache Kutte charakterisieren ihn als Augustinermönch. Die klassische Schlichtheit der Darstellung wird mithilfe einer geschickten Lichtregie dramatisiert: Das schräg von oben einfallende Licht hebt die scharf geschnittenen Züge hervor, die durcharbeitete Stirn wird dabei ebenso betont wie die verschattete Wangenpartie, die dem Reformator ein düsteres Aussehen gibt. Cranach zeichnet hier das Bild eines Mannes, der Kraft seines Glaubens an den Grundfesten der Kirche rüttelt. Die wenigen erhaltenen Exemplare dieses ersten Lutherporträts legen nahe, dass der Kupferstich nie in großer Auflage gedruckt wurde. Stattdessen schuf Cranach noch im selben Jahr ein zweites Porträt, das den Reformator weit weniger radikal erscheinen lässt, und das in großer Zahl verbreitet wurde (Abb. 6). Bis heute ist nicht geklärt, wer als Auftraggeber hinter den Porträts steht. Es wird jedoch angenommen, dass es Kurfürst Friedrich der Weise selbst war, der so Einfluss auf die Popularisierung von Luthers Bildnis im Vorfeld des Wormser Reichstags genommen hat. KH

Literatur
Hollstein 6, III · Koepplin/Falk 1976, S. 91 · Lindell 2011, S. 66 f. (ill.) · Schuchardt 2015, S. 27–29 u. 64, Kat. 6 (ill.) · Strehle/Kunz 1998, S. 144 f., Nr. 2 (ill.) · Warnke 1984 (ill.)

155

Abb. 6
Lucas Cranach d. Ä., Luther als Augustinermönch, 1520

AETHERNA IPSE SVAE MENTIS SIMVLACHRA LVTHERVS
EXPRIMIT·AT VVLTVS CERA LVCAE OCCIDVOS·

·M·D·XX·

nach Lucas Cranach d. Ä.
Martin Luther als Augustinermönch

Holzschnitte

oben rechts Datierung »1520«

156
1520
Blattmaß: 15,6 × 12,2 cm
Stiftung Schloss Friedenstein Gotha,
Inv.-Nr. G43,101
Ausstellung Minneapolis

157
1520/1521
Blattmaß: 15,1 × 12,2 cm
Stiftung Deutsches Historisches Museum,
Inv.-Nr. 1990/1090
Ausstellung New York

Lucas Cranach d. Ä. schuf 1520/21 drei Kupferstich-Variationen, die Luther als Augustinermönch im Dreiviertelprofil zeigen (Kat. 154 u. 155). Die dritte Fassung, die den Mönch mit einem Buch in der Hand vor einer Nische präsentiert (Abb. 6), fand den größten Anklang und wurde auch umgehend mehrfach kopiert, unter anderem von Hans Baldung Grien. Weder Cranach noch die Kopisten achteten allerdings auf die Blickrichtung und die korrekte Haltung der Hände des Dargestellten: Als Rechtshänder hielt Luther seine Schriften normalerweise in der Linken, während er mit der Rechten gestikulierte oder in den Buchseiten blätterte.

Die von Cranach stammenden frühen Kupferstiche mit dem nach links blickenden Luther sind seitenverkehrt gedruckt, da der Künstler seine Porträtskizze vermutlich direkt auf die Kupferplatte übertrug, anstatt die Darstellung auf der Platte spiegelverkehrt anzulegen. So entsprechen kurioserweise erst die Holzschnitte mancher Kopisten der »wahren« Gestalt Luthers, da die Zweitverwerter ebenfalls das einfachste Reproduktionsverfahren wählten, indem sie die ihnen vorliegenden Drucke von Cranach eins zu eins auf einen hölzernen Druckstock übertrugen. Das Bildnis des nach rechts blickenden Augustinermönchs vor einer Nische setzte sich als repräsentativer Porträttypus durch. Es wurde vielfach kopiert und diente unter anderem als Illustration für die frühen Schriften Luthers. LK

Literatur
Koepplin/Falk 1976, Bd. 1, S. 92–94 ·
Schuchardt 2015, S. 68 (ill.)

156

158

Monogrammist H. G. nach einer Vorlage Lucas Cranachs d. Ä.
Medaille auf Martin Luther

1521
Blei, gegossen, gelocht
Dm 60 mm; Gewicht 29,62 g
Stiftung Schloss Friedenstein Gotha,
Inv.-Nr. 4.1./3979
Ausstellung Minneapolis

VS: HERESIBVS · SI · DIGNVS · ERIT · LVTHERVS · IN · VLLIS · ET · CHRISTVS · DIGNVS · CRIMINIS · HVIVS · ERIT
Brustbild Luthers mit Doktorhut und Mönchskutte nach links; im Feld links: 1521, unterhalb des Brustabschlusses: H. G.

Bei vorliegender Medaille, die als einseitige Ausfertigung nur in den Münzkabinetten von Berlin (Silber) und Gotha (Blei) existiert und in späteren Ausführungen mit verschiedenen Rückseiten vorkommt, handelt es sich um eine der ersten Porträtdarstellungen des Reformators innerhalb dieser Kunstgattung. Das qualitätsvolle Bildnis Luthers als Gelehrter mit Doktorhut und Mönchskutte ist dabei nahezu identisch mit seinem Porträt auf dem berühmten Kupferstich Cranachs d. Ä., ebenfalls von 1521 (Kat. 129 u. 130), den der Künstler in zwei Versionen schuf. Der Hofmaler Friedrichs des Weisen und seine Werkstatt porträtierten den Begründer der Reformation auf einer Vielzahl grafischer Blätter und seriell gefertigter Gemälde in unterschiedlichsten Lebensphasen, wobei Cranach als einziger Künstler Luther als Nichtadligen bereits zu dessen Lebzeiten malte.

Die Künstlerzuweisung der Medaille ist nicht unproblematisch: So wird teilweise davon ausgegangen, dass Cranach als enger Freund Luthers selbst ihr Modell fertigte, was bei ihrer hohen Qualität und erkennbaren künstlerischen Handschrift sehr naheliegend ist, jedoch – im Unterschied zu den Statthaltermedaillen Friedrichs des Weisen – nicht bewiesen werden kann. Andererseits werden die Initialen H. G., die unterhalb des Lutherporträts erscheinen, als das Signet eines unbekannten Künstlers gedeutet, des Monogrammisten H. G.

Behrendt Pick erkannte 1928 demgegenüber in den Buchstaben sogar ein mögliches Kürzel vom Namen des Textverfassers: »Wenn Luther an irgendwelchen Ketzereien schuldig sein soll, dann wird auch Christus dieses Vergehens schuldig sein«.

158

Auf Grundlage der äußerst prekären Umschrift ist davon auszugehen, dass die Medaille unmittelbar nach dem historischen Reichstagsauftritt Luthers in Worms am 17./18. April 1521 und seiner durch Friedrich den Weisen als Schutzmaßnahme veranlassten Entführung auf die Wartburg bei Eisenach entstand. In Worms hatte der Reformator vor Kaiser Karl V. standhaft den Widerruf seiner theologischen Schriften abgelehnt, worauf er zum Ketzer erklärt und durch das *Wormser Edikt* vom 8. Mai 1521 (Kat. 177) mit der Reichsacht belegt worden war. Auf diese Acht bezieht sich eindeutig der als Legende gestaltete elegische Zweizeiler, mit dem demonstrativ Partei für den Reformator ergriffen wird. Hiermit ist die Medaille als direkte Reaktion auf das aktuelle Ereignis und als hochpolitisch im Sinne eines Flugblattes zu werten. UW

Literatur
Cupperi 2013, S. 190, Kat. 88 · Henschel 2001 · Meller 2008, S. 327, Kat. F 36 (ill.) · Pick 1928 · Schuttwolf 1994b, S. 29f., Kat. 4.31 (ill.)

164   Luther als Mönch, Gelehrter und Prediger

Hans Baldung Grien
Martin Luther mit der Taube

1521
Holzschnitte
in: Acta et res gestae D. Martini Lutheri in comitiis principum Wormaciae anno MDXXI
Straßburg: Johann Schott, 1521
VD16 ZV 62

159
Rückseite des Titelblattes
20 × 15 cm
Evangelisches Predigerseminar Wittenberg,
Inv.-Nr. EKU 203
Ausstellung New York

160
20 × 15 cm
Pitts Theology Library, Emory University,
Atlanta, 1521 LUTH DDD
Ausstellung Atlanta

161
15,6 × 11,5 cm
Thrivent Financial Collection of Religious Art,
Minneapolis, Inv.-Nr. 90-03
Ausstellung Minneapolis

Ausgehend vom zweiten Lutherporträt, das Lucas Cranach d. Ä. kurz vor dem Reichstag zu Worms schuf (Abb. 6), greift Hans Baldung Grien dessen Motiv in einem Holzschnitt auf und variiert das Vorbild. Wie auch bei Cranach erscheint der Reformator mit Kutte und Tonsur als Augustinermönch; in seiner Hand hält er die aufgeschlagene Bibel. Hinter seinem Haupt erscheint allerdings kein weltlicher Hintergrund mehr, sondern ein Nimbus mit einem bildfüllenden Strahlenkranz. Am oberen Bildrand ist eine Taube hinzugefügt, die als Zeichen des Heiligen Geistes Luthers Haupt zusätzlich mit göttlichem Licht umfängt.

Hans Baldung Grien, selbst ein Anhänger der Reformation, hat aus dem weltlichen Porträt ein Heiligenbild gemacht. Solche und ähnliche Stilisierungen von Luther als Heiligenfigur wurden zum ersten Mal im Umfeld des Wormser Reichstags veröffentlicht und sorgten dort für Aufsehen. Von katholischer Seite aus wurde die Darstellung von Luther als Heiligem mit dem größten Befremden wahrgenommen, ebenso die Verehrung, die seine Anhänger diesen Bildern entgegenbrachten. Aus den Depeschen des päpstlichen Legaten Aleander ist überliefert, dass sie das Bildnis für den persönlichen Gebrauch kauften, küssten und mit sich herumtrugen.

Luthers päpstlicher Bann, sein Auftritt auf dem Reichstag zu Worms und sein plötzliches Verschwinden, das von vielen als Zeichen seiner Ermordung gedeutet wurde, machten aus dem Reformator einen protestantischen Märtyrer. Heiligendarstellungen Luthers florierten in Schrift und Bild. Noch im gleichen Jahr erschien unter dem Titel *Ain schöner neuer Passion* eine Veröffentlichung, die Luthers Weg nach Worms mit dem Leidensweg Christi gleichsetzt. Die bildliche Darstellung von Luther mit der Taube des Heiligen Geistes war auch als Einblattdruck so beliebt, dass der Nürnberger Rat 1522 den Verkauf dieses Bildnisses per Erlass untersagte.

Der von Hans Baldung Grien geschaffene Holzschnitt hielt in der Folgezeit Einzug in Publikationen, die sich Luthers Werken und Wirken widmeten. Ein Beispiel hierfür ist die unter dem Titel *Acta et Res Gestae [...]* veröffentlichte Darstellung der »Handlungen und Umstände, die Martin Luther auf dem Reichstag zu Worms widerfuhren« von 1521. Dem von Justus Jonas herausgegebenen Text ist das Lutherbildnis mit der Taube als Titelholzschnitt vorangestellt. Tatsächlich liegt eine gewisse Widersprüchlichkeit in all diesen Stilisierungen von Luther als Heiligenfigur. Denn gerade die damit verbundene Form des Bildkultes wurde von Luther und seinen Mitreformatoren vehement abgelehnt. KH

Literatur
Bott 1983, S. 222 f., Kat. 280 (ill.) · Hofmann 1983 b, S. 152–154, Kat. 27 (ill.) · Lindell 2011, S. 71 f. · Strauß 1978 · Warnke 1984, S. 16, 30–36 (ill.)

Wormser Reichstag

Der Wormser Reichstag und die über Luther verhängte Reichsacht stehen am Ende einer sich zuspitzenden Entwicklung. Ihr vorangegangen war der steigende Ablasshandel im Kontext der Wahl Albrechts von Brandenburg zum Erzbischof von Mainz. Das durch Ämterkauf erworbene Amt wurde mittels eines Kredits des Bankhauses Fugger finanziert. Um diese Schulden zu tilgen, erlaubte ihm Papst Leo X., in seinem Herrschaftsgebiet durch den Dominikaner Johannes Tetzel Ablassbriefe verkaufen zu lassen und die Hälfte des Erlöses für die Rückzahlung einzubehalten. Der zweite Teil wurde offiziell für den Bau des Petersdoms verwendet.

Nachdem Luther seine 95 Thesen veröffentlicht und seine ersten Hauptschriften verfasst hatte, versuchte die Kirche, gezielt gegen ihn vorzugehen. Sowohl bei der Heidelberger (1518) als auch bei der Leipziger Disputation 1519 scheiterte die Kurie bei dem Versuch, Luther von seinen – in den Augen der Kirche – ketzerischen Verfehlungen abzuhalten. Als Luther am 10. Dezember 1520 in Wittenberg die Bannandrohungsbulle verbrannte und kurz darauf von Papst Leo X. exkommuniziert wurde, war der Bruch mit der Kirche auch offiziell vollzogen.

Mit der Vorladung zum Verhör im Rahmen des Wormser Reichstages 1521 reagierte Kaiser Karl V. auf den anhaltenden Erfolg der reformatorischen Bewegung. Jene Fürsten, die sich auf die Seite des Reformators stellten, verstanden die Anhörung als Chance, den Einfluss Roms im Reich oder gar den des Kaisers zu schwächen. Den Gegenpart bildete jene Fraktion, der sehr an einer Demontage des Ketzers gelegen war.

Nach einer triumphalen Anreise musste der Angeklagte zweimal vor den Kaiser treten. Ihm wurde nahegelegt, seine Schriften und Thesen zurückzunehmen. In Luthers Augen waren die Argumente der Gegenpartei nicht überzeugend, weshalb er sich nicht scheute, den mächtigsten Herrschern des Reiches seinen Widerruf zu verwehren. Einzig aus der Heiligen Schrift selbst abgeleitete Argumente hätten ihn überzeugen können.

Mit seiner Abreise wurde Luther ein 21-tägiger Geleitschutz zugesichert. Um ihn vor Übergriffen zu schützen, ließ ihn Kurfürst Friedrich der Weise in einer inszenierten Entführung auf die Wartburg bringen. Mit dem Wormser Edikt wurde am 8. Mai 1521 die Reichsacht über Luther verhängt. Auf den Bruch mit der Kirche war nun jener mit dem Kaiser gefolgt. RN

162

Wolf Milicz
Medaille auf Martin Luther

1537
Silber, gegossen, feuervergoldet, gehenkelt
Dm 45 mm; Gewicht 28,23 g
Stiftung Schloss Friedenstein Gotha,
Inv.-Nr. 4.1./3978
Ausstellung Minneapolis

VS: DOCTOR · MARTINVS · LVTHERVS ·
PROPHETA · GERMANIAE · MDXXXVII
Hüftbild Luthers von rechts vorn mit Talar und
Barett, in den Händen die Bibel haltend
RS: IN · SILENTIO · ET · SPE · ERIT · FORTITVDO ·
VESTRA · MDXXXVII
zwei Engel halten ein Schild mit Luthers
Wappen, einer fünfblättrigen Rose, die mit Herz
und Kreuz belegt ist

Die Medaille aus dem Jahr 1537 gibt den mit Barett und Talar bekleideten Luther, der in den Händen die Bibel hält, im Stile des Predigers wieder. Entsprechend betitelt ihn die Legende als »Propheten Germaniens«.
Ein ikonografisches Vorbild für das Porträt ist wiederum im künstlerischen Werk Cranachs d. Ä. zu finden, der den Reformator seit 1532 in diesem Typus darstellte.
Der Wittenberger Hofmaler schuf signifikante Bildnisse führender Persönlichkeiten der Reformation, die diese zu beliebten Leitvorlagen für andere Kunstgattungen werden ließen. Die Porträtgemälde, die seriell gefertigt wurden und zur Verbreitung eines bestimmten »Images« dienten, konzipierte Cranach gleichsam als »Merkbilder« mit Erkennungseffekt. Sie weisen deshalb monochrome Hintergründe und eine bewusste Tendenz zur flächigen Darstellung auf.
Vorliegender Medaillentypus »Luther als Gelehrter« vom Stempelschneider Wolf Milicz aus St. Joachimsthal greift auf die fünfte Variante von Cranachs Lutherbildnissen zurück, die 1532 bereits der Nürnberger Kleinmeister Monogrammist IB als grafisches Porträt umsetzte.
Der erste Darstellungstyp des Reformators stammt aus dem Jahr 1520 und gibt ihn als Mönch bzw. im Stile eines Heiligen wieder, 1521 folgt die Abbildung Luthers als junger Gelehrter mit Doktorhut und Mönchskutte, 1522 das Bildnis als »Junker Jörg«, 1525–1529 sein Porträt anlässlich der Eheschließung mit Katharina von Bora. Seit 1532 erscheint Luther schließlich als Gelehrter mittleren Alters. Sein Bildnis propagierte nun den Prediger-Gelehrten und gesetzten Familien- und Kirchenvater. Diese Ikonografie sollte neben dem Porträt des Reformators von 1521 und seinem Altersbildnis das Lutherbild der kommenden Jahrhunderte entscheidend prägen und wurde mehrfach rezipiert, z. B. auf Taufmedaillen.

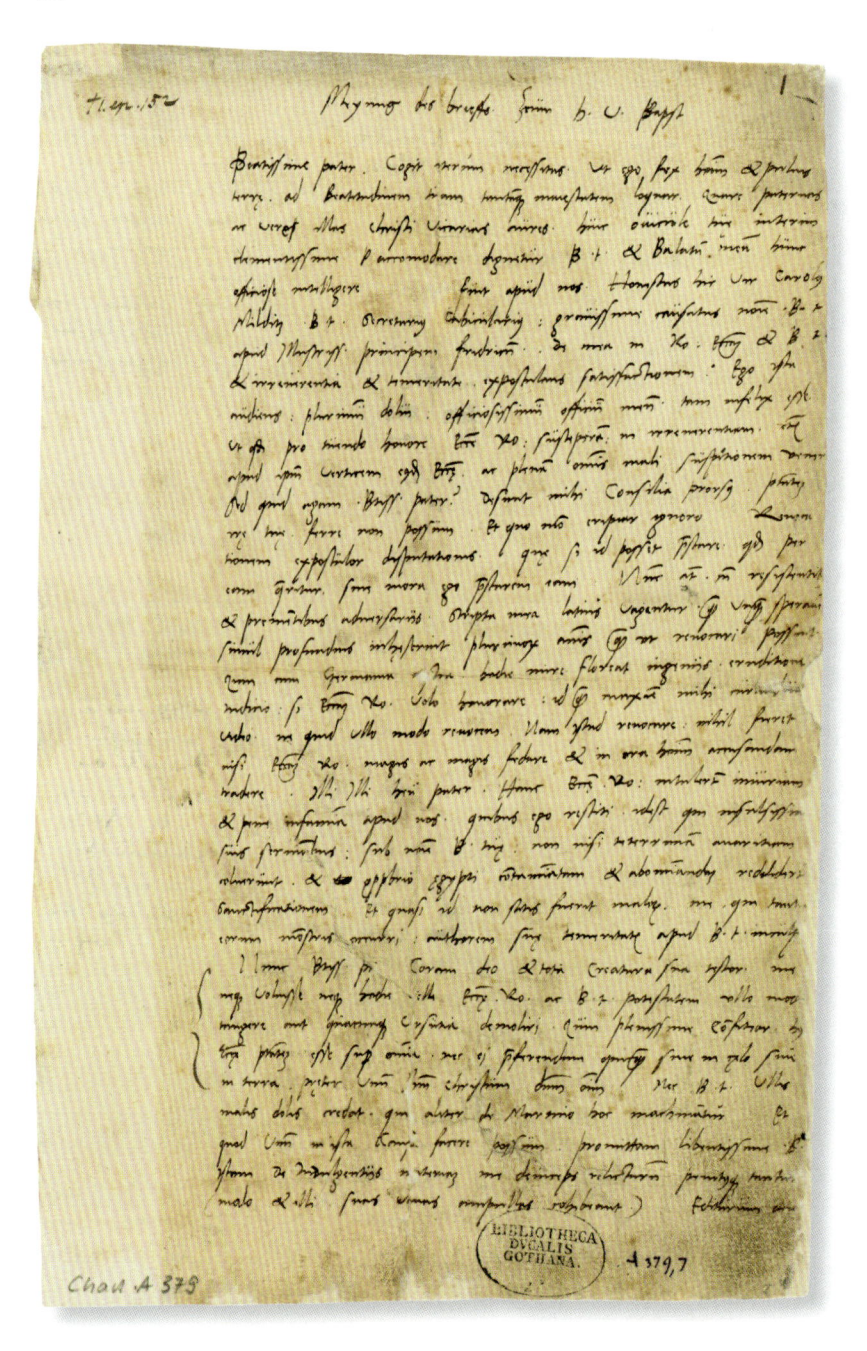

Luthers Wappen, die sog. Lutherrose, auf dem Medaillenrevers ist Sinnbild seiner Lehre. Er selbst bezeichnete sie als »Merckzeichen meiner Theologiae«. Die weiße Rose symbolisiert, dass der Glaube Freude, Trost und Liebe gibt. Das Kreuz erinnert an den Opfertod Christi und ist Zeichen des Glaubens an den Gekreuzigten. Das Herz versinnbildlicht die Überwindung des Todes und steht für neues Leben. Erstmals findet sich die Lutherrose im Jahr 1533 auf einer Medaille mit dem Bildnis des Reformators. Bei dem Bibelspruch »In Schweigen und Hoffnung wird eure Stärke liegen« (Jes 30,15), der als Rückseitenlegende erscheint, handelt es sich um den persönlichen Wahlspruch Luthers. UW

Literatur
Cupperi 2013, S. 261, Kat. 172 · Doerk 2014, S. 22, Nr. 4 (Anm.); S. 52 u. 143, Nr. 4 · Meller 2008, S. 327, Kat. F 37 · Schuttwolf 1994b, S. 13f., Kat. 4.9 (ill.)

163

Martin Luther
Brief an Papst Leo X.

Altenburg, 5. oder 6. Januar 1519, Latein
Tinte auf Papier
33,5 × 21,5 cm
Forschungsbibliothek Gotha der Universität Erfurt, Chart. A 379, Bl. 1 r–v
Ausstellung New York

Weil Luther Ketzerei vorgeworfen wurde, schickte Papst Leo X. im Herbst 1518 Karl von Miltitz als Gesandten nach Sachsen. Er sollte Kurfürst Friedrich den Weisen dazu bewegen, den renitenten Augustinermönch der päpstlichen Kurie zur Anklage zu übergeben. Um Friedrich in diesem Sinne zu beeinflussen, hatte Miltitz den Auftrag, dem Fürsten die Goldene Rose zu überreichen, die als besonders hohe Auszeichnung des Papstes für Tugend und Frömmigkeit galt. Zu diesem Geschenk gehörte eine päpstliche Urkunde, wodurch der hohe Wert der berühmten Reliquiensammlung des Fürsten in der Schlosskirche zu Wittenberg weiter gesteigert wurde.
Luther schrieb den vorliegenden Brief an den Papst während der Verhandlungen mit Miltitz am 5. und 6. Januar 1519 in Altenburg im Haus des fürstlichen Sekretärs und vertrauten Beraters Georg Spalatin. Er zeigt sich darin entschlossen, an seiner Kritik am Ablasshandel festzuhalten und nicht zu widerrufen. Er erklärt jedoch seine Bereitschaft, den Konflikt durch die Zusage zu entschärfen, keine weiteren kritischen Schriften zu dem Thema drucken zu lassen, wenn seine Gegner bereit seien, das Gleiche zu tun. Am Ende gelang es Miltitz nicht, Luther zum Schweigen zu bringen oder erfolgreich im Konflikt zwischen dem Papst und dem Mönch aus Sachsen zu vermitteln.
Der Brief Luthers wurde nie nach Rom geschickt, jedoch auch nicht zusammen mit Luthers privaten Papieren aufbewahrt, sondern kam nach den Verhandlungen mit Miltitz ins kurfürstliche Archiv. Dies macht deutlich, dass Luther in dieser prekären Situation nicht völlig autonom entscheiden konnte. Über seine Antwort wurde beraten und diese wurde dann am fürstlichen Hof zurückbehalten. Anlässlich des 200. Jahrestags der Veröffentlichung von Luthers 95 Thesen im Jahr 1717 wurde der Brief zusammen mit anderen Originalschriften von führenden Reformern und Humanisten in einer repräsentativen Handschriftensammlung zur Reformation zusammengebunden. Herzog Friedrich II. von Sachsen-Gotha-Altenburg, der zusammen mit seinen Vorgängern eine herausragende Sammlung von Manuskripten und Schriften zur Reformation in Schloss Friedenstein in Gotha aufgebaut hatte, erteilte als Landesherr den Auftrag dazu. DG

Quellen und Literatur
Brecht 1986, S. 255–264 · Gehrt 2015, S. 666–670 · Gehrt/Salatowsky 2014, S. 29 u. 133 · Höss 1989, S. 143–149 · WA.B 1, 291–293 (Nr. 129)

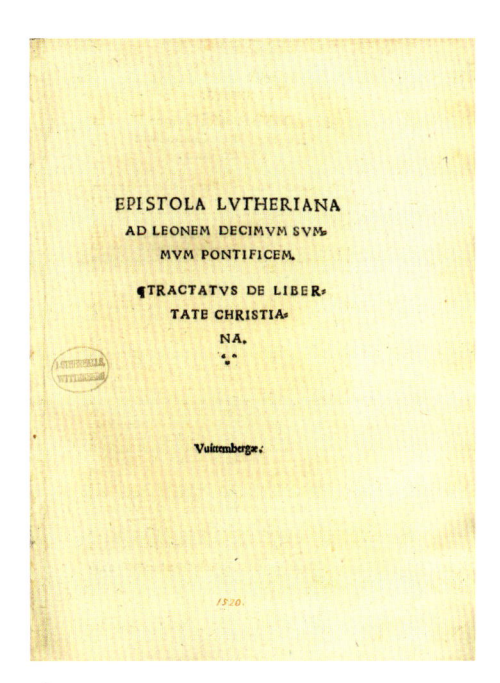

164

Martin Luther
Epistola Lutheriana ad Leonem decimum

Wittenberg: Johann Rhau-Grunenberg, 1520
20,6 × 15,7 cm
Stiftung Luthergedenkstätten in Sachsen-Anhalt, Inv.-Nr. Ag 4°192q
VD16 L 4630
Ausstellung New York

Als Reaktion auf die Vermittlungsbemühungen Karls von Miltitz erklärte sich Luther im September 1520 bereit, einen persönlichen und bis zu einem gewissen Grade versöhnlichen Brief an den Papst zu verfassen. Darin versicherte er Leo X., dass er ihn nie persönlich hatte angreifen wollen, blieb aber in der Sache fest, da er sich an Gottes Wort gebunden sah. Gleichzeitig fügte er seinen *Tractatus de libertate Christiana* bei, der wohl auf der vorlaufenden deutschen Fassung des *Sermons von der Freiheit eines Christenmenschen* beruht. Das Verhältnis zwischen den beiden Fassungen ist nicht vollständig aufgeklärt. Sicher ist, dass Sendbrief und Traktat eine kompositorische Einheit bilden.
Das in die Schrift einführende Paradoxon »Ein Christenmensch ist ein freier Herr über alle Dinge und niemandem untertan. Ein Christenmensch ist ein dienstbarer Knecht aller Dinge und jedermann untertan« ist ebenso berühmt wie missverstanden worden. Entscheidend ist, dass Luther von der christlichen Freiheit redet, die aus seiner Sicht nichts mit politischer oder ökonomischer Freiheit zu tun hat. Der Glaube an die Rechtfertigung durch Gnade allein befreie den Christen von allen irdischen Zwängen, Gesetzen und Werken. Die aus dem Glauben, wenn er denn echt ist, sich zwingend ergebende Liebe zum Nächsten allerdings mache aus dem freien Herren einen Knecht gegenüber seinem Nächsten. Mit Bezug auf das Heil der Erlösung sei der Christ frei, mit Bezug auf das Wohl des Nächsten in dieser Welt ist er zu jedem Dienst gebunden. Aber dieser Bindung eignet nun doch wieder Freiheit, weil sie eben aus der Freiheit des Glaubens erwächst, weil sie nicht als Zwang empfunden werden kann. »In der Freiwilligkeit der Liebe wird die Freiheit des Glaubens von der Sorge um sich selbst und um die Erfüllung göttlicher und menschlicher Gesetze aktiv gelebt.« (Berndt Hamm, in: Leppin/Schneider-Ludorff 2014). Dieser dialektische Freiheitsbegriff Luthers ist schon zu seinen Lebzeiten missverstanden worden, weil er sich in seiner Differenzierung kaum für simplifizierende Kampagnen eignet. MT

Quellen und Literatur
Leppin/Schneider-Ludorff 2014, S. 227f. · WA 7, 20–38

165

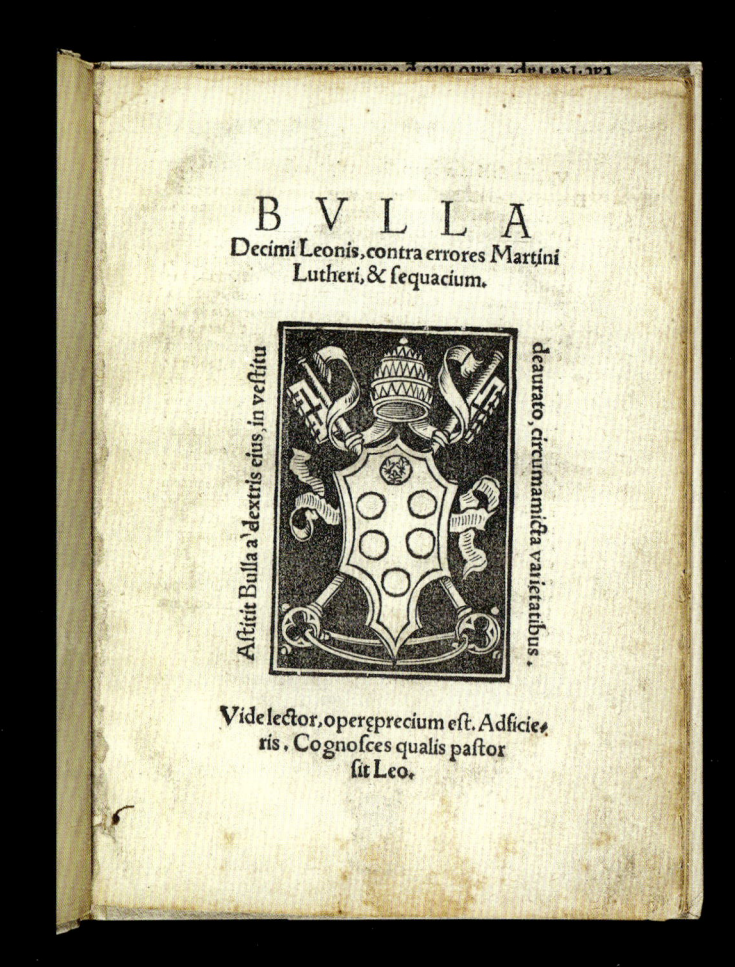

Bulla contra errores
Martini Lutheri
⁊ sequacium.

166

Bulla contra errores
Martini Lutheri
⁊ sequacium.

167

BVLLA
Decimi Leonis, contra errores Martini
Lutheri, & sequacium.

Astitit Bulla a dextris eius, in vestitu deaurato, circumamicta varietatibus.

Vide lector, opereprecium est. Adficieris. Cognosces qualis pastor sit Leo.

168

Die verteutscht Bulle vnder dem namen des Bapst Leo des zehenden. Wider docto: Martinus Luther ausgangen.

Papst Leo X.
Exsurge Domine. Bannandrohungsbulle gegen Martin Luther in verschiedenen Druckausgaben

165
Bulla contra errores Martini Lutheri et sequacium

Rom: Giacomo Mazzocchi, 1520
19,5 × 14 cm
Stiftung Deutsches Historisches Museum,
Inv.-Nr. R 55/803
Ausstellung Minneapolis

166
Bulla contra errores Martini Lutheri et sequacium

Rom: Giacomo Mazzocchi, 1520
20,5 × 15,5 cm
Stiftung Luthergedenkstätten in Sachsen-Anhalt, Inv.-Nr. ss 3519
Ausstellung New York

167
Papst Leo X.
Ulrich von Hutten (Herausgeber)
BVLLA Decimi Leonis, contra errores Martini Lutheri, & sequacium

Straßburg: Johann Schott, 1520
19,5 × 14,5 cm
Stiftung Deutsches Historisches Museum,
Inv.-Nr. R 53/1871‹b›
VD16 K 277
Ausstellung Minneapolis

168
DJe verteutsth Bulle vnder dem namen des Bapst Leo des zehenden. Wider doctor Martinus Luther ausgangen

erste deutsche Ausgabe
der Bannandrohungsbulle gegen Martin Luther
Köln: Peter Quentel, 1520
18,4 × 13,3 cm
Stiftung Deutsches Historisches Museum,
Inv.-Nr. R 13/102
VD16 K 282
Ausstellung Minneapolis

Eine Reaktion des Papstes auf die umwälzenden Prozesse in Wittenberg ließ lange auf sich warten. Nachdem Luther Ende Oktober 1517 seine 95 Thesen veröffentlicht hatte, beschäftigten sich erst im Sommer 1518 der Dominikaner Silvestro Mazzolini da Prierio als Beauftragter des Papstes für Glaubensfragen sowie der päpstliche Richter Girolamo Ghinucci mit dem Text. Sie empfahlen, Luther nach Rom einzuladen, damit dieser seine Thesen vor dem Papst widerrufen könne. Der Tod Kaiser Maximilians I. 1519 kam dem Prozess jedoch in die Quere und der Papst hatte nun in der Frage der kaiserlichen Nachfolge wichtigere Aufgaben zu lösen, galt es doch die Wahl Herzog Karls von Burgund zum Kaiser des Heiligen Römischen Reichs zu verhindern. Die hohe Politik spielte nun den reformatorischen Bestrebungen Luthers in die Hände. Denn ausgerechnet sein Landesherr, Kurfürst Friedrich von Sachsen, war der einzige, den der Papst unter den wahlberechtigten Kurfürsten auf seine Seite ziehen konnte. Um Friedrich nicht zu verärgern, unterließ Papst Leo X. vorerst die Verfolgung der *causa Lutheri*. Erst im Sommer 1520 gelang es deutschen Theologen um Johannes Eck, den Bannprozess gegen Luther wieder in Schwung zu bringen. Eck sowie Kardinal Thomas Cajetan legten dem Papst einen Text vor, der 41 Sätze aus den bis dahin veröffentlichten Schriften Luthers zitierte und sie als ketzerisch brandmarkte. Die daraus verfertigte Bannandrohungsbulle, die mit den Worten »Exsurge Domine« aus Psalm 74,22 beginnt, enthält die Aufforderung, diese 41 Sätze binnen 60 Tagen zu widerrufen. Andernfalls werde der kirchliche Bann über Luther ausgesprochen.

Die Bulle gelangte auf unterschiedlichen Wegen und interessanterweise auch in unterschiedlichen Ausgaben nach Deutschland. Zum einen nahmen Johannes Eck und der päpstliche Bibliothekar Hieronymus Aleander als Gesandte des Papstes drei Originalausfertigungen mit, von denen sie eine dem Herzog Georg von Sachsen übergaben (heute in Dresden), eine weitere erhielten kaiserliche Räte (heute in Stuttgart). Die dritte Ausfertigung fand ihren Weg nach Wien. Außerdem hatten die beiden päpstlichen Legaten beglaubigte Abschriften und bereits erste römische Drucke im Gepäck, die sie an verschiedene Fürsten und Bischöfe verteilten. Auch die Universität Wittenberg erhielt einen Druck des römischen Druckers Giacomo Mazzocchi. Der Text sollte auf diese Weise möglichst rasch in den Diözesen Verbreitung finden und von den Kanzeln verlesen werden. Der Mazzocchi-Druck des Deutschen Historischen Museums ist das Exemplar, das an den päpstlichen Nuntius in England, Girolamo Ghinucci, versandt wurde, eben jenen Mann, der bereits 1518 über die 95 Thesen Luthers geurteilt hatte.

Die Bulle fand in Deutschland starken Absatz. Allein aus dem Jahr der Publikation sind zwölf lateinische und drei deutsche Nachdrucke bekannt, 1521 entstanden fünf weitere Drucke auf Latein und Deutsch. Wenn man von Auflagen bis zu 500 Exemplaren ausgeht, war die Bulle somit in etwa 10 000 Drucken im Umlauf. Die öffentliche Wirkung der Bulle war jedoch begrenzt, da die deutschen Bischöfe eigene Ausgaben der Bulle meist erst 1521 in Umlauf brachten. Zudem hatte Luther inzwischen persönlich für den endgültigen Bruch mit der katholischen Kirche gesorgt, indem er nicht nur die 41 angeprangerten Lehrsätze nicht widerrufen, sondern neben anderen Schriften des kanonischen Rechts am 10. Dezember 1520 vor dem Elstertor in Wittenberg auch einen Druck der Bulle dem Feuer übergeben hatte. MM

Literatur
Fabisch/Iserloh 1991, S. 338–412 · Krenz 2014, S. 125–139 · Marx/Kluth 2004, S. 106, Kat. 122 · Schottenloher 1918, Nr. 1, 9, 13 u. 17 · Staatliche Archivverwaltung 1983, S. 84 (ill.)

169
Martin Luther
Adversus execrabilem Antichristi bullam

Wittenberg: Melchior Lotter d. J., 1520
20 × 15,1 cm
Stiftung Luthergedenkstätten in Sachsen-Anhalt, Inv.-Nr. Kn D65
VD16 L 3723
Ausstellung New York

Nachdem Martin Luther am 3. Oktober 1520 die Bannandrohungsbulle des Papstes zugestellt worden war, verfasste der Reformator umgehend eine Zurückweisung. Zentrales Motiv der lateinischen Streitschrift ist Luthers Erkenntnis, dass der Papstthron vom Antichristen besetzt sei.

Die Bannandrohungsbulle umfasste eine Liste von 41 Irrtümern und Häresien, die Luther von Seiten der Kirche vorgeworfen wurden. Unter ihnen waren auch die entscheidenden Einsichten, von denen Luther gesagt hatte, durch sie sei er »ein Christ worden«. Konfrontiert mit der kirchlichen Ablehnung seiner Einsichten, war die Bezeichnung des Papstes als Antichrist Luthers theologische Schlussfolgerung. Insofern ist die Bezeichnung »Antichrist« nicht als Polemik, sondern als Teil der lutherischen Theologie zu verstehen: Wenn die Kirche die christliche Wahrheit zurückhält, kann die Institution nicht Träger der Wahrheit sein. Wenn sie sogar versucht, die christliche Wahrheit zu unterdrücken, muss es sich bei der Kirche um den Antichristen, also um das Gegenteil von Christus handeln. Luther greift also nicht Papst Leo X. persönlich an, sondern die Institution des Papsttums.

Die Einsicht, dass in Rom der Antichrist herrsche, erwuchs im Reformator in den Auseinander-

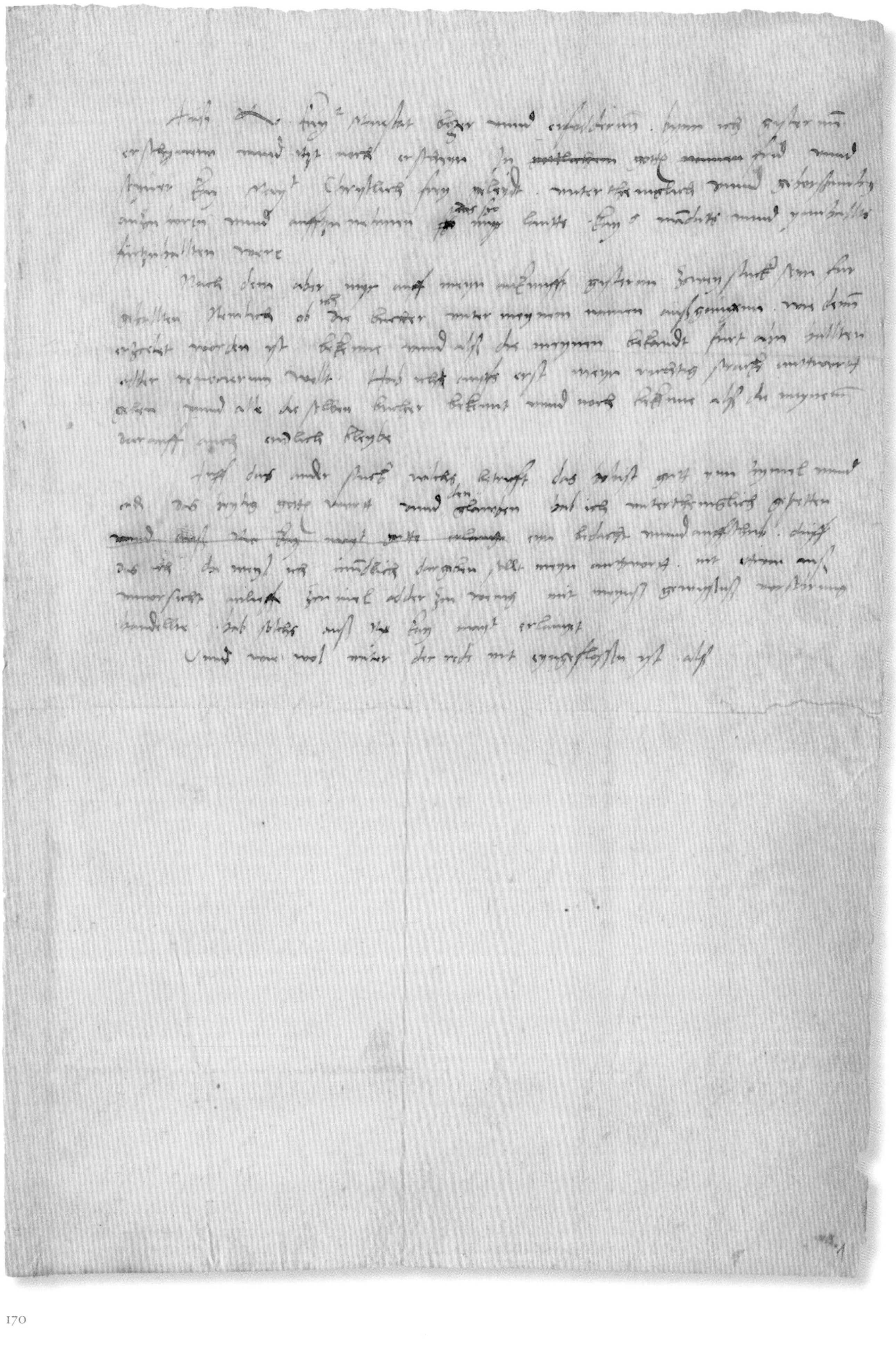

170

169

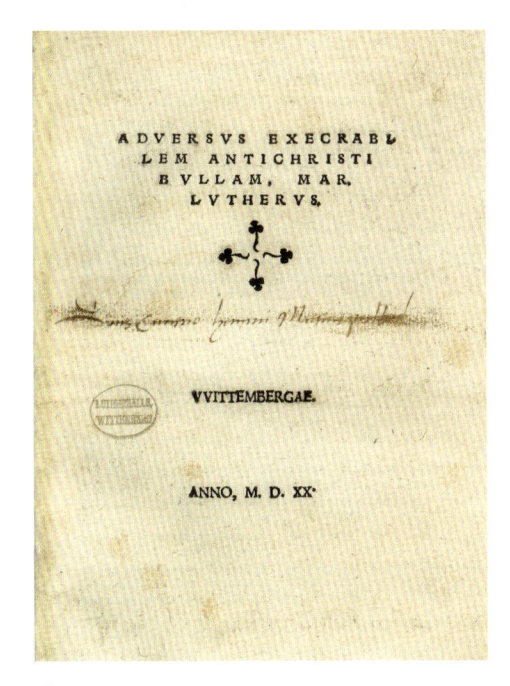

zungen des Ablassstreites. Bereits Ende 1518 formulierte er diesen Verdacht in einem Brief. Im Sommer 1520 war sie ihm Gewissheit geworden, und er machte sie in seiner Schrift *An den christlichen Adel deutscher Nation* öffentlich. Die Schrift *Adversus execrabilem Antichristi bullam* hob die Erkenntnis schließlich in den Titel.

Die Gestalt des Antichristen ist innerhalb der christlichen Apokalyptik ein Zeichen der kommenden Endzeit. Luther verwendet die Bezeichnung im Kontext seiner theologischen Sicht auf die Kirche, indem er die päpstlich legitimierte Kirchenhierachie gegen die freie Verbreitung des Evangeliums stellt. Dem Papst wirft er eine doppelte Tyrannis vor. Zum einen stelle er sich über die Autorität des Wortes Gottes und sich selbst an die Stelle Christi. Dies tyrannisiere das Gewissen zahlreicher Gläubiger und sei Ursache für den Verlust der christlichen Freiheit. Ausfluss dieser Tyrannei sei die Unterscheidung zwischen Klerikern und Laien, das Zölibat der Geistlichen, der Beichtzwang und der Verbot des Laienkelchs. Zum anderen stelle sich der Papst über Kaiser und Könige, obwohl die konstantinische Schenkung bereits als Fälschung entlarvt sei.

Am Ende seiner Streitschrift exkommuniziert Luther, in Gemeinschaft mit den anderen freien Christenmenschen, den Papst samt seiner Kardinäle. RK

Literatur
Bornkamm 1998 · Jörgensen 2014 · Maurer 1976 · Seebaß 1978

170

Martin Luther
Beginn eines Redemanuskripts in deutscher Sprache vor der zweiten Anhörung auf dem Reichstag zu Worms

Worms, 17./18. April 1521
Papier
28,2 × 21,5 cm
ThHStAW, EGA, Reg. E 81, Bl. 1
Ausstellung New York

Das Dokument wurde 2015 in das UNESCO-Dokumentenerbe »Memory of the World« aufgenommen.

Die Tagesordnung des Reichstags, den Karl V. für den 6. Januar 1521 nach Worms einberufen hatte, war umfangreich: Die Herstellung von Recht und Frieden, Ordnung und Verfassung, Regelung der Regierung für Zeiten kaiserlicher Abwesenheit, die Kaiserkrönung und die Unterstützung des anschließenden traditionellen Zuges nach Rom durch die Reichsstände waren wichtige Aspekte für die weitere politische Entwicklung des Heiligen Römischen Reiches Deutscher Nation. Die *causa Lutheri* – die Luthersache – spielte dabei eher eine Nebenrolle, sie galt als eine formale Angelegenheit, die vermutlich schnell abzuhandeln wäre. Trotzdem ist der Wormser Reichstag, der am 27. Januar 1521 feierlich eröffnet wurde, vor allem wegen des Auftritts von Martin Luther in Erinnerung geblieben.

Die Ladung des Wittenberger Bibelprofessors auf den Reichstag stellte ein Novum dar. Seit der Konföderation Kaiser Friedrichs II. mit den geistlichen Fürsten aus dem Jahr 1220, der sog. Ketzerkonstitution, zogen der kirchliche Bann die kaiserliche Ächtung, die kaiserliche Acht den kirchlichen Bann unweigerlich nach sich. Darauf berief sich Nuntius Girolamo Aleander, als er im Auftrag des Papstes bei Karl V. die Vollstreckung des Kirchenbanns durch die reichsrechtliche Ächtung forderte (vgl. Kat. 177). Die *causa Lutheri* war damit zur Reichsangelegenheit geworden.

Für Luthers Landesherrn Friedrich den Weisen war die Rechtslage aber keineswegs eindeutig. Er sah in den Auseinandersetzungen keine Verletzung eines kirchlichen Dogmas, sondern einen ganz normalen Rechtsstreit mit der Kurie. Über die Ächtung Luthers sollte der Reichstag entscheiden, nachdem die versammelten Reichsstände ihn noch einmal angehört hatten.

Am 17. April 1521 wurden vor dem Reichstag zwei Fragen an Luther gestellt: ob er sich zu seinen Büchern bekenne und ob er davon etwas zu widerrufen habe. Die erste Frage beantwortete Luther ohne zu zögern mit »Ja«. Für die Beantwortung der zweiten Frage erbat er sich Bedenkzeit.

Wahrscheinlich noch am selben Abend begann Luther einen Redeentwurf in deutscher Sprache für den kommenden Tag niederzuschreiben. Nach der Schilderung der Ereignisse des Verhörs vor dem Kaiser bricht diese Niederschrift jedoch abrupt ab. Am 18. April 1521 teilte Luther den Versammelten des Reichstags mit, dass er keinen Grund zum Widerruf sehe, »wenn ich nicht durch Zeugnis der Heiligen Schrift oder klare Vernunftgründe überzeugt werde.« DB

Literatur
Blaha 2014, S. 140–144, 270 f. (ill.) · Blaha: Beginn · Borth 1970 · Staatliche Archivverwaltung, S. 97 u. 342 (ill.)

171

Kutte eines Augustinereremiten, wie Luther sie als Mönch trug

Mitteldeutschland, ca. 1. Viertel 16. Jh.
schwarzer Wollköper
138 × 62 cm
Stiftung Luthergedenkstätten in Sachsen-Anhalt, Inv.-Nr. K 373
Ausstellung Minneapolis

Am 17. Juli 1505, nur wenige Tage nach seinem Gelöbnis im Unwetter bei Stotternheim, begehrte Martin Luther in Erfurt als Postulant Aufnahme in den Orden der Augustinereremiten. Im September 1505 wurde Luther als Novize angenommen. Er trug nun den Ordensnamen Augustinus, erhielt die Tonsur und wurde mit dem Mönchshabit eingekleidet.

Die Kleidung der Augustinereremiten folgte strengen Vorschriften. Fast alle Kleidungsstücke mussten aus Wolle gefertigt sein. Über mit einem schwarzen Lederriemen gegürteten weißen Tuniken trugen die Brüder ein weißes Skapulier und eine gleichfalls weiße, lange Cappa. Darüber, so verlangten es die Vorschriften, musste während der Stundengebete, Gottesdienste und in der Öffentlichkeit die schwarze Kutte – der bekannte Ordenshabit – angelegt werden. Das weite Gewand wurde durch einen Ledergürtel und einen breiten Schulterkragen mit spitz zulaufender Kapuze vervollständigt.

Zurückschauend äußerte Luther, er habe gemeint, in seiner Mönchskutte Gott zu gefallen (WA 21, 519, 5). Vielfach wurde er als Mönch dargestellt, wobei der Kupferstich *Martin Luther als Mönch* von Lucas Cranach d. Ä. aus dem Jahr 1520 als früheste Abbildung gilt (Kat. 154 u. 155). Der Stich wurde zur Vorlage weiterer Darstellungen, u. a. von Hans Baldung Grien, Albrecht Altdorfer oder Hans Sebald Beham.

Von Luther selbst wird in den Tischreden überliefert, dass er seine Kutten bis zum äußersten (»us-

Luther als Mönch, Gelehrter und Prediger 171

que ad extremum«) trug und sie flicken lassen musste. Anscheinend wurde er mehrfach gedrängt, sich neue Kleidung anfertigen zu lassen. Schließlich legte er 1524 den Mönchshabit ab (WA.TR 4, 303–304 [Nr. 4414], 624 [Nr. 5034]; WA.TR 5, 657 [Nr. 6430]). Von da an kleidete er sich in der Gewandung eines weltlichen Gelehrten.

Die im Lutherhaus in Wittenberg erhaltene Kutte wurde aus schwarzbraunem Wollköper, einem groben, aber dichten Gewebe angefertigt. Das Gewand ist in der Form eines nach unten weiter werdenden Mantels mit einem Stehkragen und langen Ärmeln geschneidert. Hinweise auf seinen Träger sind genauso wenig erhalten, wie es einen näheren Anhaltspunkt für die Entstehungszeit gibt. Material und Verarbeitung des vielfach restaurierten Gewandes stehen jedoch einer Anfertigung im ersten Viertel des 16. Jhs. nicht entgegen. Dies wird durch den Eintrag in einem historischen Inventarverzeichnis gestützt, demzufolge sich die Kutte bereits im 16. Jh. im Schwarzen Kloster, dem heute als Lutherhaus bezeichneten Kloster der Wittenberger Augustinereremiten, befand. BP

Literatur
Brecht 1983, S. 70 f. · Treu 1991, S. 30 f. (ill.)

171

172

Martin Luther
Brief an Georg Spalatin

Wittenberg, 28. August 1518
Papier
21,6 × 34,5 cm
LASA, Z8 Lutherhandschriftensammlung, Nr. 19
Ausstellung New York

Das Jahr 1518 war ein sehr dramatischer Zeitabschnitt in Luthers Leben. Seine Ablassthesen hatten seit ihrer Veröffentlichung eine große Verbreitung und breite Resonanz erfahren. Neben der theologischen Auseinandersetzung war Luther gespannt, wie die Reaktion des Papstes ausfallen würde, nachdem Kardinal Albrecht von Brandenburg ihn im Dezember 1517 beim Heiligen Stuhl angezeigt hatte. Schließlich eröffnete im Sommer 1518 dieser offiziell den Prozess gegen Luther. Man ermittelte wegen des Verdachts auf Häresie sowie über Nachrede und unterstellte ihm, die päpstliche Autorität anzuzweifeln. Aus diesem Grund erhielt Luther die Vorladung nach Rom, wo er binnen 60 Tagen erscheinen sollte. Würde er nicht Folge leisten, drohte ihm der Kirchenbann, also der Ausschluss aus der Kirche und damit gleichbedeutend auch aus der Gesellschaft.

Luther war klar, dass der Prozess ein schlimmes Ende nehmen konnte. Der existenzielle Konflikt und die Angst vor Gefangennahme, Verbannung oder gar dem Tod sind auch im vorliegenden Brief greifbar. Zumal Luther nur vom Hörensagen wusste, dass Kardinal Cajetan, der Gesandte des Papstes in Augsburg, »die Gemüter des Kaisers und der Fürsten mit aller Macht« gegen ihn aufbringen solle. Auch konnte Luther in dieser Situation nicht absehen, ob sein Landesherr, Kurfürst Friedrich der Weise, bei einem möglichen Prozess hinter ihm stehen würde. Aus diesem Grund bat er am 28. August 1518 bei seinem Vertrauten, dem kurfürstlichen Rat Georg Spalatin, um Hilfe. Er fragte an, ob Friedrich ihm seinen Wunsch nach einem kurfürstlichen Geleit für die Reise nicht abschlagen könne, um so begründeterweise von Rom fernbleiben zu können. Der Kurfürst lehnte diese Vorgehensweise ab, wollte ihm aber auf andere Weise behilflich sein, indem er die Verhandlungen anschob, Luthers Prozess auf dem Boden des Reiches stattfinden zu lassen. Tatsächlich fand das Verhör Luthers dann in Augsburg im Oktober 1518 durch Kardinal Cajetan statt.

Erstaunlich an diesem Verlauf bleibt das enorme Selbstbewusstsein und Gottvertrauen Luthers. Für ihn stand fest, dass nur die Schrift allein, nicht der Papst, die entscheidende Norm und oberste Autorität für jedes Handeln sein könne. Mit diesem Wissen, so Luther, könne er niemals ein Ketzer sein. Die Vorgänge im Jahr 1518 ließen Luthers Ansichten somit mehr und mehr zu den revolutionären Vorstellungen reifen, die später als seine »reformatorische Entdeckung« bezeichnet werden würden. VR

Literatur
Brecht 2013 · Lohse 1995 · Schilling 2013

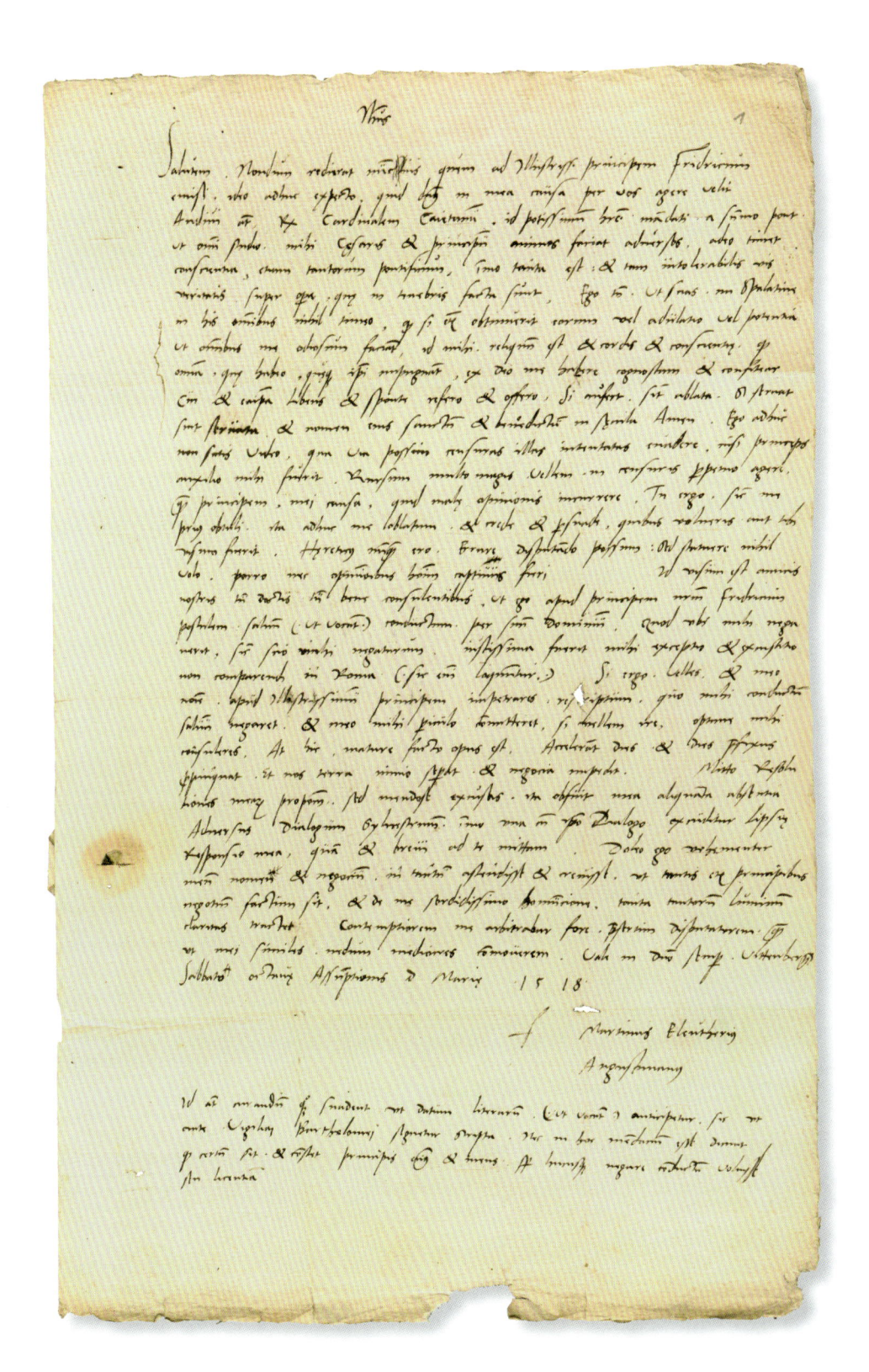

Luther als Mönch, Gelehrter und Prediger 173

173

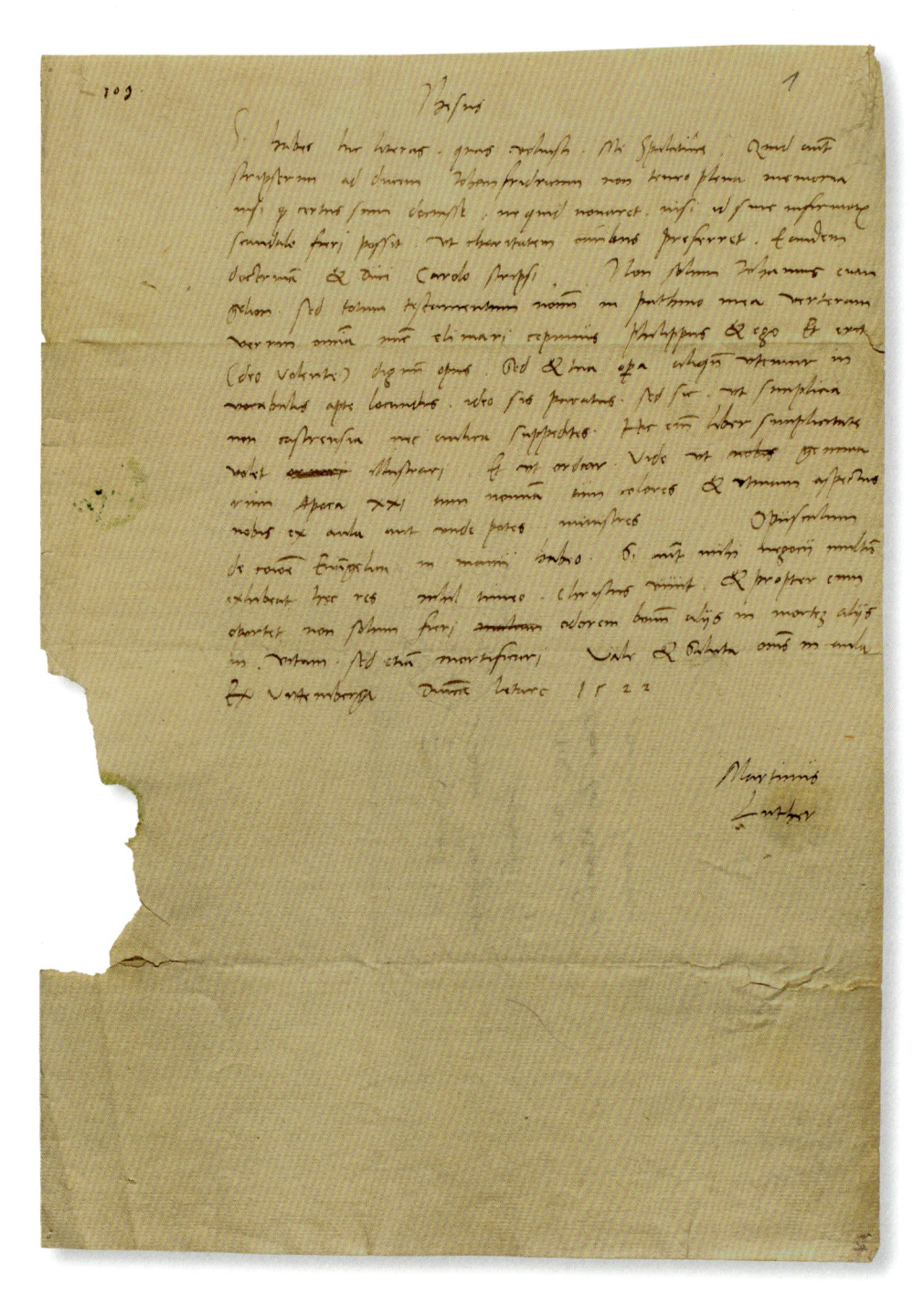

Martin Luther
Brief an Georg Spalatin

30. März 1522
Papier
29 × 21 cm
LASA, Z8 Lutherhandschriftensammlung,
Nr. 143
Ausstellung Minneapolis

Der Rat der Stadt Wittenberg musste Luther bitten, den Schutz der Wartburg zu verlassen und nach Wittenberg zurückzukehren, um dort der von Andreas Karlstadt und den Zwickauer Propheten angeheizten rebellischen und fanatischen Stimmung entgegenzuwirken. Zurück in der Stadt hielt Luther vom 9. bis 16. März 1522 seine acht berühmten Invokavit- oder Fastenzeit-Predigten und erreichte damit binnen weniger Tage, dass die Einwohnerschaft sich beruhigte und die Ordnung wiederhergestellt wurde. Nun konnte Luther an seine Arbeit zurückkehren: an seiner Übersetzung des Neuen Testaments feilen und seine Auffassungen von der rechtschaffenen religiösen Andacht weiter verbreiten, um künftige Ausbrüche von Abweichlertum zu unterbinden.

In diesem Brief an Spalatin bittet Luther den Freund um Hilfe bei der Suche nach den korrekten Namen für die »edlen Steine«, die im 21. Kapitel der Offenbarung erwähnt sind. Es ist Luther wichtig, dass die Sprache des Neuen Testaments klar und schlicht bleibt, und er ermahnt Spalatin, kein zu gehobenes, höfisches Register zu verwenden.

Am Anfang und am Schluss des Briefes jedoch spricht Luther die Kontroverse an, die um die Arten, das Sakrament – Leib und Blut Christi – zu empfangen, ausgebrochen war. Karlstadt war der Meinung, das Sakrament sei nur »in beiderlei Gestalt« möglich, d. h. er übergab sowohl Kelch als auch Brot an die Gemeinde. In seiner eigenen Schrift *Von beiderlei Gestalt, das Sakrament zu nehmen,* an der er zu dieser Zeit saß, verweist Luther auf Bibelstellen, in denen Christi Blut und Leib übergeben werden, und mahnt, es stehe dem Menschen (d. h. der römischen Kirche) nicht an, das Sakrament auf nur eine Gestalt zu beschränken. Aus Luthers Sicht hatte Karlstadt allerdings die Verkörperungen des Sakraments über ihr geistliches Wesen gestellt. Die Reform des kirchlichen Abendmahls sei zwar erforderlich, doch Karlstadt habe sie dem Volk zu hastig aufgedrängt und es damit in Gewissensnöte gebracht. Dagegen beharrt Luther in diesem Brief und auch in späteren Publikationen auf einer zurückhaltenden Umsetzung und verlangt, dass nur voll qualifizierte Prediger das Sakrament an die Gemeinde aushändigen dürften. JTM

Quellen
WA.B 2, 489 f. (Nr. 470)

174

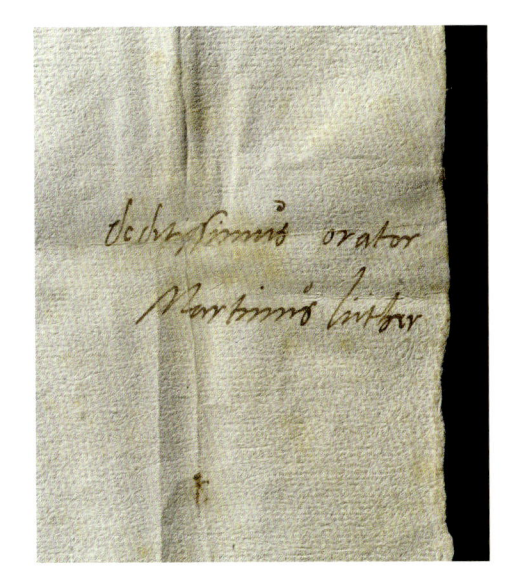

174

Martin Luther
Brief an Kaiser Karl V.

Friedberg, 28. April 1521
Papier
29,2 × 42,6 cm
Stiftung Luthergedenkstätten in Sachsen-Anhalt, Inv.-Nr. IS/1387
Ausstellung New York

Das Dokument wurde 2015 in das UNESCO-Dokumentenerbe »Memory of the World« aufgenommen.

Die Verweigerung des Widerrufs seiner Werke vor Kaiser und Reich auf dem Wormser Reichstag machte Luther endgültig zu einer Ausnahmefigur in der deutschen Geschichte. Er stand damit auf dem Höhepunkt seiner Popularität. Auf der Rückreise, die mit Luthers »Entführung« auf die Wartburg enden sollte, schrieb er einen Brief an Karl V., in dem er noch einmal für das gehaltene Geleit dankt, gleichzeitig aber seinen Standpunkt bekräftigt: »Weil mein Gewissen in den göttlichen Schriften, die ich in meinen Büchlein angeführt habe, eingeschlossen ist, kann ich auf keine Weise ohne eine bessere Belehrung widerrufen.« Der für Luthers Stil weitschweifige und selbstbewusste Brief war sicher mit Georg Spalatin, dem kursächsischen Geheimsekretär, abgesprochen. Dieser brachte ihn bald zum Druck, genau wie eine deutsche Übersetzung, die an die Fürsten gerichtet war. Das Original des Briefes, so lehrt ein Vermerk auf der Rückseite, erreichte den Kaiser nicht, da niemand von der sächsischen Seite es wagte, ihn dem Kaiser zu übergeben.

Die Aufnahme des Briefs in die Wittenberger Sammlungen besitzt eine bemerkenswerte Vorgeschichte. Die Handschrift wurde im Mai 1911 von einem Leipziger Antiquar zur Versteigerung

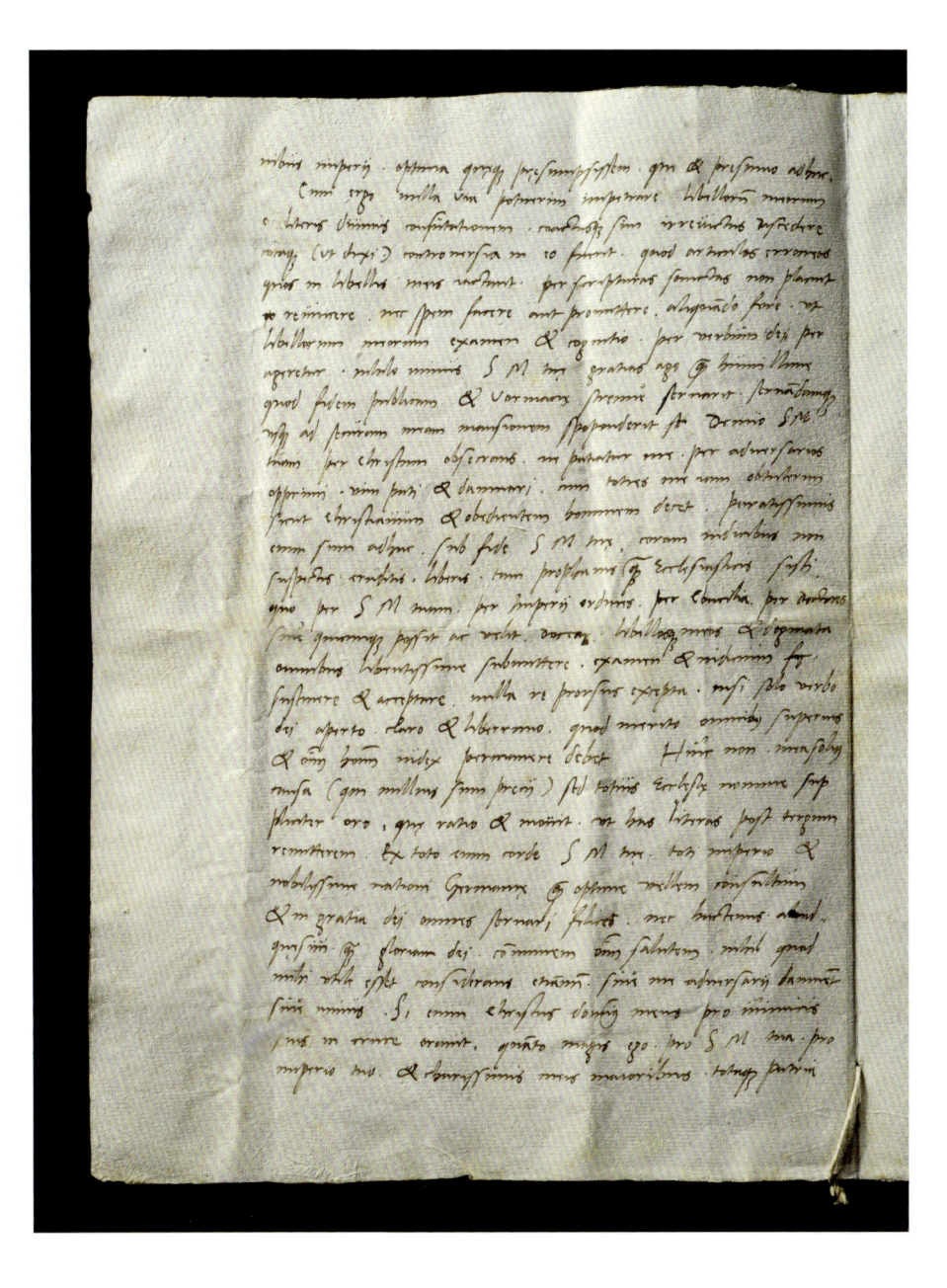

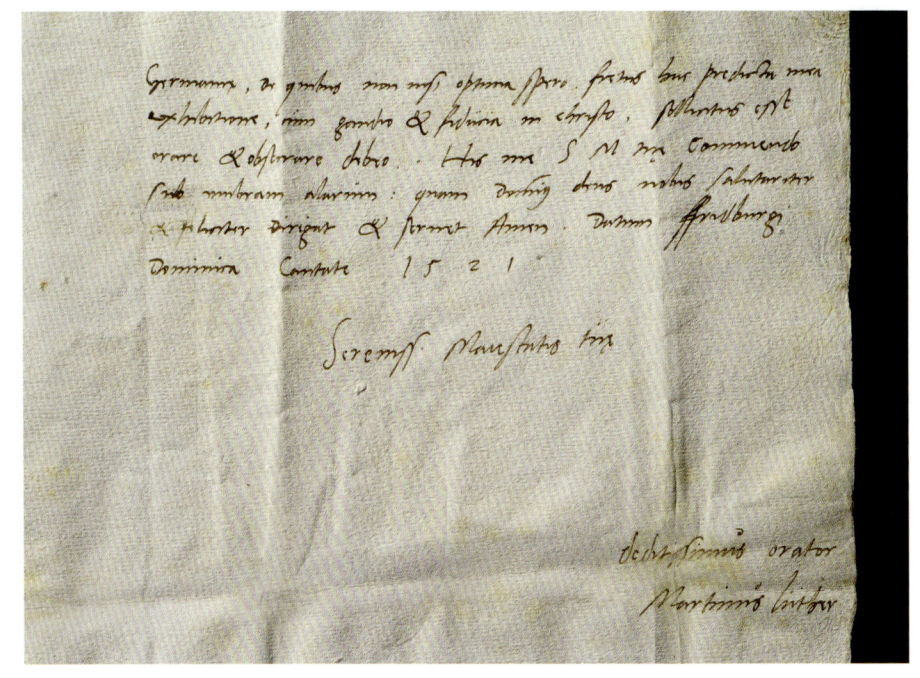

Luther als Mönch, Gelehrter und Prediger

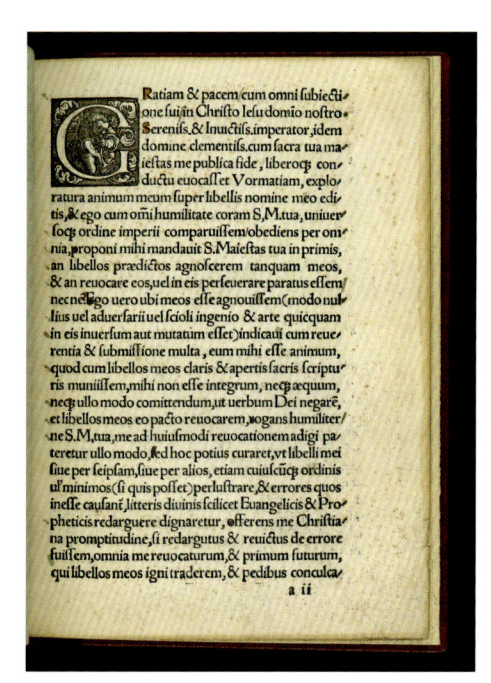

angeboten und auf einen Wert von 10 000 Reichsmark geschätzt. Der amerikanische Unternehmer Pierpont Morgan, der nach einem spektakulären Geschenk für den deutschen Kaiser Wilhelm II. suchte, schickte zwei Agenten, die voneinander nichts wussten, in die Auktion mit dem Auftrag, das Stück zu ersteigern. So kam der Preis von 102 000 Reichsmark zustande. Der Kaiser übergab dann den Brief an die Lutherhalle und revanchierte sich bei Pierpont Morgan mit der Vergabe des Roten Adlerordens (vgl. Kat. 175). MT

Orden erster Klasse an ausländische Staatsoberhäupter verliehen werden – und in diesem Fall eben auch an den internationalen Bankier John Pierpont Morgan. JTM

Literatur
Breslauer 1997, S. 263 · Strouse 1999, S. 636

176
Martin Luther
Brief an Kaiser Karl V. (Ad Domino Nostro Carolum V.)

Hagenau: Thomas Anshelm, 1521
18,7 × 14 cm
VD16 L 3673
The Morgan Library & Museum, Geschenk der Lathrop C. Harper Inc., 1958, PML 49060
Ausstellung New York

Literatur
Joestel 1993 a, S. 110 f. · Joestel 2008, S. 52 · Rhein 2014 a, Abb. Taf. 18 (ill.)

175
Roter Adlerorden I. Klasse, Kreuzanhänger und Bruststern

Preußen, frühes 20. Jh.
Gold, Silber, Emaille und Seide
Dm Kreuz 5,7 cm; Dm Stern 9,2 cm
The Morgan Library & Museum, verliehen an Pierpont Morgan, 1911, ARC1157.042
Ausstellung New York

Kaiser Wilhelm II. verlieh John Pierpont Morgan den Roten Adlerorden erster Klasse am 26. Juni 1911, nachdem Morgan dem Kaiser Martin Luthers handschriftlichen Brief an Karl V. aus dem Jahr 1521 geschenkt hatte, den vielleicht wichtigsten Brief, den Luther je schrieb (Kat. 174). Morgan hatte den Brief kurz zuvor für die unerhörte Summe von 102 000 Mark ersteigert – nach damaligem Wert 25 000 Dollar, heute etwa 614 000 Euro bzw. 680 000 Dollar. Es war der höchste Preis, der je auf einer Auktion für einen handgeschriebenen Brief gezahlt worden war, und Morgan stach damit den Staat Preußen und die Lutherhalle in Wittenberg aus. Die Höhe des Gebots könnte ein Trick Morgans gewesen sein (wenn auch untypisch für den geschickten Sammler), indem er zwei Gewährsleute vorschickte, um auf den Brief zu bieten, die beide nicht wussten, dass sie für denselben Interessenten tätig waren.
Der Kauf und die spätere Schenkung des Briefs machten weltweit Schlagzeilen. Dass Morgan den Brief dem deutschen Volk stiftete, war das historisch bedeutsamste Geschenk, das er jemals einem Staat, einer Organisation oder einer Institution gemacht hat.
Der Rote Adlerorden war ein Ritterorden des Königreichs Preußen, eingeführt 1792, um Armeeangehörige und Zivilisten für ihre Verdienste um den Staat zu ehren. Der Orden wurde in sechs Stufen verliehen: als Großkreuz in vier Klassen (von der I. bis zur IV. absteigend) und als Ehrenmedaille. Während das Großkreuz Mitgliedern des Königshauses vorbehalten war, konnte der

Der Brief, den Luther nach seiner Abreise aus Worms am 28. April 1521 an Karl V. schrieb (Kat. 174), erreichte seinen Adressaten nie. Ob Spalatins Bemerkung, keiner habe den Mut gehabt, dem Kaiser Luthers Schreiben zu überbringen, zutrifft oder nicht: Eine Abschrift des Briefs sowie seines an die deutschen Kurfürsten gerichteten Gegenstücks wurden an Thomas Anshelms Druckpresse in Haguenau, ein Stück rheinaufwärts von Worms, geschickt.
Anshelm druckte vornehmlich akademische Werke, speziell Schriften zur Rhetorik und Sprachwissenschaft. In seiner ersten Druckerei in Pforzheim publizierte er die Bücher von Johannes Reuchlin, dem herausragenden Linguisten des Griechischen und Hebräischen, der eine Art Vaterfigur für Philipp Melanchthon war und diesen für die Professur in Wittenberg empfahl.
Seit er seine Presse an den Fluss und damit an die internationalen Handelsrouten verlegt hatte, druckte Anshelm vor allem klassische griechische und lateinische Autoren sowie zahlreiche Werke zur griechischen Grammatik – darunter jene von Luthers Kollegen Petrus Mosellanus, der an der Universität Leipzig lehrte, und von Melanchthon.
Vor diesem Brief hatte Anshelm lediglich eine Schrift Luthers herausgebracht, *Von den guten Werken* aus dem Jahr 1520 (VD16 L 7138). Allerdings waren 1521 vier Pro-Luther-Texte, allesamt über den Prozess gegen den Reformator in Worms, in seiner Druckerei vervielfältigt worden. Anshelms Name erscheint auf keiner dieser Publikationen, vielleicht aus Furcht vor kaiserlichen Repressalien. Doch die gleichen Lettern und typografischen Verzierungen tauchen in anderen Werken auf, die ihn als ihren Drucker ausweisen. Während der Brief an Karl V. nur in dieser einen Ausgabe gedruckt wurde, produzierte Anshelm mehrere Auflagen einer Schrift, die die Ereignisse bei Luthers Gerichtsverfahren in volkstüm-

licher Sprache zusammenfasste, und zwei Auflagen von Luthers Brief an die deutschen Kurfürsten (der allein 1521 in rund 15 Auflagen erschien). Luther war für die Drucker ein gutes Geschäft, und Anshelms räumliche Nähe zu den Nachrichten aus Worms half ihm, aus dem Medienrummel um den Reformator Kapital zu schlagen.

Dass Luthers lateinischer Brief kein solcher Verkaufserfolg wurde wie die deutsche Fassung, mag kaum überraschen, da das Publikum für deutschsprachige Veröffentlichungen größer war. Wir wissen nicht, in wie vielen Exemplaren Anshelm den Brief an Karl V. druckte, doch das Exemplar der Morgan Library ist eines von nur fünf, die bis heute erhalten sind. JTM

Quellen und Literatur
Benzing 1966, S. 1027 · WA.B 2, 306–310
(Nr. 401)

177

Kaiser Karl V.
Kaiserliches Edikt von Worms zur Verhängung der Reichsacht über Martin Luther

Wien (?): Johann Singriener (?), 8. Mai 1521
Papier, 1 Bl. (aus 4 Teilen zusammengeklebt)
115,5 × 44,2 cm
Stiftung Deutsches Historisches Museum,
Inv.-Nr. 1988/808
Ausstellung New York

Nachdem Luther am 3. Januar 1521 von Papst Leo X. exkommuniziert worden war, lud Kaiser Karl V. den Reformator zu einer letzten Befragung auf den Reichstag nach Worms ein. Sie erfolgte am 17. und 18. April 1521 vor einem kleinen Kreis von Kurfürsten und Räten in der kaiserlichen Wohnung.

Das anschließend verfasste Edikt schildert die Gründe für die Einladung nach Worms und die Umstände der Anhörung. Die Vorlage zu dem Text stammt vom päpstlichen Nuntius Hieronymus Aleander, der bereits bei der Verbreitung der Bannandrohungsbulle *Exsurge Domine* (Kat. 165–168) in Deutschland mitgewirkt hatte. Das Edikt enthält die Verkündigung der Reichsacht und das Verbot an alle, Luther Unterkunft zu gewähren oder ihn in anderer Weise zu unterstützen. Die Achterklärung endet in der Aufforderung, Luther gefangen zu nehmen und ihn an den Kaiser auszuliefern. Aleander hatte erkannt, dass die reformatorische Bewegung der Protestanten insbesondere durch den Buchdruck enormen Aufschwung erfahren hatte. So untersagt das *Wormser Edikt* in seinem Schlussteil, die Texte Luthers zu drucken, zu kaufen oder zu verkaufen, sie zu besitzen oder sie zur Lehre zu benutzen. Darüber hinaus enthält es Zensurbestimmungen, die

Anno a reconciliata diuinitate octauo sup[ra] Millesimumq[ue]quingentesimumq[ue] In festo diui luce Egregius vir d[omi]n[u]s Nicolaus Viridimotan[us] Arciu[m] et ph[i]l[osophi]e m[a]g[iste]r Sacre theologie p[ro]fessor ac ecc[les]ie Lignicen[sis] Canonic[us] om[n]iu[m] patru[m] suffragi[i]s h[uius] alm[e] studij Vittergen[sis] designat[us] fuit rector atq[ue] moderator magnific[us] Sub c[uius] scolastica p[re]fectura subs[cri]pti stude[n]tes [com]putati s[un]t

D[omi]n[u]s Joha[n]nes Teuschleyn de frickenhausen Arciu[m] m[a]g[iste]r sacre theologie p[ro]fesso[r] h[uius] studij
D[omi]n[u]s Thomas Molitoris Juris pontificij lice[n]ciatus pasto[r] in Torgaw
Nobilis d[omi]n[u]s Cristoferus de Klenow, decem grossos dedit.
Valentinus Rothemburgk viridimotan[us]
Georius emmen de Bruck
Henricus dose de Growe
Marianus Gotfrid de Soraw
Donatus Wyllen de Crossen
Panaratius vochs de Staffelstein
Gregorius hoendorff de witembg
Stephanus de Heldrith
Caspar tyle de Grymis
Gregorius Schrode de Nymick
Joannes Tylis de Ersenach
Andreas probanth de Veltz
Joannes watter de feltkirchen
Wulffgangus herntzel de Nyssa
Fusinus tyl de Swtspach
Andreas kaufman de wonytz
Martinus Netter de Wittenbergk
D[omi]n[u]s henric[us] Bogk de warburg As[sum]p[tus] frey debur[gen]
Mathias tabernatoris de kirshain
Joannes pauonis de Zwickawia
Nicolaus Cappus de molhausen p[res]b[yte]r
Baccalari[us] frowys de feltkirchen
Laurenc[ius] Benck de Teppin
Stephanus molitoris de Brunsfeld
Joannes Bruckmeister de kam
Joannes konyg de kam
Egidius Penygk
Petrus Sydaw de Sutterbogk
Valentin[us] yltzen de Zwickawia

Ludwicus domitz de Torgaw
Symon falkenbg de Mittenwaldis p[res]b[yte]r
Matheus merseberg de Czirbisch
Symon falkenbg de Mittenwaldis
frat[er] Cristofer[us] Fencke de Elwe
frat[er] Johes bethel de Spangenbg
frat[er] Eckardus tham de hornbg Augustinian[i]
fr[ater] Martin[us] luder de Mansfelt
frat[er] Joa[n]n[e]s tinctoris de haynis
frat[er] ludewic[us] kuberytz de dresden
frat[er] leonardus de Monacho
Joannes oder de Namslawia
Benedictus Czange de Cranis
frideric[us] pistoris de Berkestel
Petrus pospinger de Protzel
Joha[n]nes kaufman de Mergeten
Gregorius klingenstein de Masfeldis
Philippus engelbrecht de engshe
Valentin[us] molitoris de mellerstat
Cristoferus Beler de Pausa
Matheus wheuer de Posem
Johannes lindfrundt de Butznaw
Anthonius kocheler de luckaw
Joannes pauli de Nawinstadt
Joannes scheffe de hamelsburg
Joannes scholtz de Magdeburgk
Michael grottengast de Sutterbock
Joannes holstet magdeburg[ensis]
Joannes hadtke stude[n]sis
B[e]n[e]dictus Gros de Gorbick p[res]b[yte]r
Georgius lubeck de Slusen
Augustin[us] haueman de Sutterbock
Andreas Bernhardt de Sutterbock
Hinric[us] wesener de Gr[oss]zel
Hillebrandus Ersengarth de Munden
Michael Smesterpensis
Eberhardus hagen de lomberta

nicht nur die Herstellung von Büchern betreffen, sondern auch Werke der bildenden Kunst einer kaiserlichen Kontrolle unterwarfen. Diese zensorischen Artikel sind unmittelbare Vorläufer des 1559 erstmals veröffentlichten *Index librorum prohibitorum*, der Liste der durch die katholische Kirche verbotenen Bücher.

Die Verbreitung des *Wormser Edikts* hat eine kuriose Geschichte. Aleander hatte dem kaiserlichen geheimen Rat seinen Text am 2. Mai 1521 auf Lateinisch im Entwurf vorgelegt. Am 7. Mai wurde die endgültige Fassung ins Deutsche übertragen. Bereits am 8. Mai erhielt Aleander die Erlaubnis, den Text in beiden Sprachen auszufertigen, was am 10. Mai erfolgte. Unmittelbar darauf wurde der Wormser Drucker Hans von Erfurt beauftragt, die deutsche Fassung des Textes zu drucken. Der Kaiser zögerte jedoch mit der Unterschrift unter die Originalausfertigungen und wollte das Edikt nun doch den Ständen auf einer Plenumssitzung zur Kenntnis geben. Die erste öffentliche Verlesung fand dann erst am 25. Mai statt, weshalb die kaiserliche Unterzeichnung der Originalausfertigungen auf den 26. Mai datiert. Die Originalausfertigungen unterscheiden sich jedoch inhaltlich zum Teil erheblich vom Erstdruck des Textes. Die authentische Fassung des *Wormser Edikts* liegt also nicht in den beiden Originalausfertigungen, sondern im Druck von Hans von Erfurt – eine bei einem solch wichtigen kirchen- und reichshistorischen Ereignis sicherlich einzigartige Situation. Der hier ausgestellte Plakatdruck diente der öffentlichen Bekanntmachung des Edikts in den Kirchen des Reiches. MM

Literatur
Anderlik/Kaiser 2009, S. 91 f., Kat. 2.18 (ill.) · Borth 1970, S. 99–143 · Bott 1983, S. 199–204, bes. 203, Kat. 258 · Fabisch/Iserloh 1991, S. 484–545 · Koschnick 1997, S. 45 (ill.)

178

Matrikelbuch der Universität Wittenberg mit Einschreibung Luthers

1502–1552
Handschrift auf Pergament
32 × 24 cm
Universitäts- und Landesbibliothek Sachsen-Anhalt, Yo (1)
Ausstellung Minneapolis

Der erste Matrikelband *matricula prima 1502– 1552* der Universität Wittenberg ist eine von zehn Pergamenthandschriften, die in großformatigen, kalligrafisch gestalteten und mit Rollen-, Platten- und Einzelstempeln reich verzierten Schweinsledereinbänden über Holzdeckel eingebunden sind. Die überwiegende Zahl ist mit Messingschließen und Eckbeschlägen – wie im vorliegenden Band – versehen. Die Matrikelbände gelangten nach der Vereinigung der Universität Wittenberg mit der halleschen Universität (1817) im Jahr 1823 in die hallesche Universitätsbibliothek.
Wie alle Matrikelbände ist auch die *matricula prima* mit zahlreichen Farbminiaturen als Semestertitel ausgestattet. Sie enthält einen Katalog der gewählten Rektoren und Listen der Immatrikulierten, die von einem Schreiber nach dem Immatrikulationsakt in die Matrikel übertragen wurden. Der Innendeckel ist mit einer kolorierten Federzeichnung von Lucas Cranach d. Ä. – *Weltgericht* – geschmückt. Wegen der Ähnlichkeit mit anderen datierbaren Werken Cranachs kann von einer Entstehungszeit in den ersten Wittenberger Jahren des Künstlers ausgegangen werden.
Die Zeichnung zeigt Christus als Weltenrichter, auf einem rot-gelb-grün-farbigen Bogen sitzend, der die Weltkugel, auf der Landschaftsdarstellungen leicht angedeutet sind, umgibt. Ein Lilienzweig (links) und eine Schwertspitze (rechts) berühren den Kopf Jesu. Links neben dem Bogen ist die fürbittende Maria kniend dargestellt. Durch Beschädigungen sind rechts von der dargestellten männlichen Figur nur noch Kopf und Hand zu sehen (Johannes?). Unter dem Bogen stehen die drei ersten Zeilen des Johannesevangeliums (*Vulgata*-Text): »In principio erat verbum et Verbum erat apud Deum et Deus erat verbum.« Der untere Bildteil zeigt die Auferstehung der Toten: Während auf der linken Seite die Seligen von Engeln aufgenommen werden, nehmen auf der rechten Seite die Teufel die Verdammten in Empfang.
Umrahmt wird das Bild, mit Ausnahme des unteren Teils, von Wolken mit kleinen amorettenartigen Engeln, von denen einer die Posaune bläst. Auf der Weltkugel und unter ihr sind in späterer Zeit mit anderer Tinte einige Buchstaben und die Jahreszahl 1563 eingetragen. Auf Bl. 19 v mit der mehrfarbigen historisierten Initiale A im gerandeten Rahmen findet sich der Eintrag Luthers in die Matrikel für das Jahr 1508.

Zu den besonders erwähnenswerten Miniaturen zählen zwei Darstellungen. Der Semestertitel Bl. 10, eine Gouache mit dem Wappen des Vincentius Ravenna aus dem Jahr 1504, stellt in szenischer Verdichtung die Rektorwahl mit der Szepterübergabe dar. Der Semestertitel Bl. 107, ebenfalls eine Gouache, zum Wintersemester 1531/32 mit dem Familienwappen des Rektors Ullrich Schilling von Cannstadt, ist umgeben von schmückendem Beiwerk wie Krone und Helmzier. Um das Wappen sind vier Medaillons, gemalt von Lucas Cranach d. Ä., mit Porträtdarstellungen von Persönlichkeiten des Reformationszeitalters gruppiert: oben die Reformatoren Martin Luther und Philipp Melanchthon, unten die Humanisten Rudolf Agricola und Erasmus von Rotterdam. MvC

Literatur
Förstemann 1841 · Meller 2008, S. 226 u. 229, Kat. D12 (ill.) · Rübesame 1981

V

Luthers Theologie

Theologia est scientia practica – die Theologie ist eine anwendungsbezogene Wissenschaft, das ist Luthers Grundüberzeugung. Der Satz ist gegen seine Gegner an zwei Fronten gerichtet. Zum einen zielt er auf die traditionelle Theologie der Scholastik, die sich nach heutigen Maßstäben eher als Religionsphilosophie verstand. Damit trat die wissenschaftliche Auslegung der Heiligen Schrift in den Hintergrund, mit dem Resultat, dass die weitaus größte Anzahl der Priester für die Ausübung ihres Amts keine studierten Theologen sein mussten. Der Satz richtet sich aber auch gegen Enthusiasten, die Luther »Schwärmer« nannte, die meinten, man brauche zur Verkündigung des Evangeliums keinerlei wissenschaftliche Bemühung, ja diese sei sogar hinderlich für das Wirken des Heiligen Geistes.

Der Ausgangspunkt von Luthers theologischer Arbeit lag in seiner Erfahrung, der Forderung des Gesetzes nach vollkommener Gottes- und Nächstenliebe trotz aller Anstrengungen nicht gerecht werden zu können. Bei der intensiven Lektüre des Römerbriefs des Apostels Paulus ging ihm auf, dass der Mensch vor Gott nicht durch seine eigenen Werke gerecht wird, sondern allein durch sein Vertrauen auf Gottes gnädige Verheißung. Das nannte Luther Rechtfertigung aus Glauben.

Dieser nur scheinbar abstrakte Gedankengang sollte vielerlei praktische Folgen haben. Wenn sich Gott einzig in seinem Wort in der Heiligen Schrift offenbart hat, mussten alle menschlichen Traditionen, und seien sie noch so alt und ehrwürdig, fallen. Nur die Taufe und das Abendmahl ließen sich als Sakramente aus dem Neuen Testament erweisen. Auch ein von den Laien abgesonderter Priesterstand ließ sich aus dieser Quelle nicht belegen. Vielmehr war es Aufgabe jedes Christen, für seinen Glauben selbst einzustehen. Das dafür einzig geeignete Mittel sah Luther darin, den Laien die Bibel in deutscher, also verständlicher Form an die Hand zu geben. Die Übersetzung des Alten und Neuen Testaments ins Deutsche sollte Luthers wirkungsmächtigste Tat werden und bleiben. MT

Eyn deutsch Theologia. das ist

Eyn edles Buchleyn/von rechtem vorstand/was Adam vnd Christus sey/vnd wie Adam yn vns sterben/vnd Christus ersteen sall.

179

180

Martin Luther
Lucas Cranach d. Ä. (Holzschnitte)
Eyn deutsch Theologia. das ist
Eyn edles Buchleyn, von rechtem
vorstand, was Adam und Christus
sey, und wie Adam yn uns sterben,
und Christus ersteen sall.

Wittenberg: Johann Rhau-Grunenberg, 1518

179
20,5 × 15 cm
Stiftung Luthergedenkstätten in
Sachsen-Anhalt, Inv.-Nr. Ag 4° 1850
Ausstellung Atlanta

180
19,2 × 15,4 cm
Forschungsbibliothek Gotha der Universität
Erfurt, Theol 4° 00224l (27)
VD16 T 896
Ausstellung New York

Luther sah in diesem Text, auch als *Theologia Germanica* bekannt, ein geistliches Werk von höchster Bedeutung, übertroffen nur von der Bibel selbst und von den Schriften des hl. Augustinus. Der Originalverfasser der *Theologia* ist unbekannt, doch in der Einleitung erwähnt er, dass er ein Priester des Deutschen Ordens in Frankfurt am Main sei. Aus diesem Grund werden Autor und Text manchmal auch schlicht »Der Frankfurter« genannt.

Die *Theologia* gehört der Tradition der Deutschen Mystik an, einer spirituellen Bewegung, die im 14. Jh. erblühte, nachdem der Papst, um die Macht des römisch-deutschen Kaisers zu schwächen, den Priestern im Reich den Vollzug bestimmter religiöser Rituale untersagt hatte. Die Denker der Deutschen Mystik wie Meister Eckhart und Johann Tauler setzten sich für eine verstärkte Hinwendung zum Laienstand ein: Dazu zählten eine volkssprachliche theologische Unterweisung, eine deutlichere Hervorhebung der Menschlichkeit Christi und eine geringere Gewichtung der Kirchensakramente. Dies war eindeutig ein Bruch mit der herkömmlichen kirchlichen Praxis und führte dazu, dass einige der Mystiker, wie Meister Eckhart, der Häresie bezichtigt wurden.
Luther kannte die *Theologia* vermutlich durch seinen Beichtvater Johann von Staupitz, der in seinen Predigten einige Hauptthemen der Deutschen Mystik aufgriff. Der Text selbst ist eine Art Anleitung für die geistliche Praxis, und Luther pries seine klare, schnörkellose Sprache und seine Konzentration auf die Heilsbotschaft – zwei Merkmale, die nachhaltigen Einfluss auf seine eigene spirituelle Entwicklung hatten.
Eine erste, unvollständige Fassung des Textes publizierte Luther im Jahr 1516 und nannte sie *Eyn geystlich edles Buchleynn* (VD16 T 890). Nachdem er dann ein komplettes Manuskript des Textes gefunden hatte, gab er 1518 diese ungekürzte Fassung heraus, mit einer Version des bis heute geläufigen Titels. Für die Neuausgabe fertigte Cranach d. Ä. einen Holzschnitt an, der den auferstandenen Christus über dem Begräbnis Adams darstellt und somit den Untertitel des Buchs illustriert – »wie Adam in uns sterben und Christus in uns auferstehen soll«.
Die Themen der *Theologia* stimmten so sehr mit Luthers eigenen spirituellen Vorstellungen überein, dass der Text in der Frühzeit der Reformation unerhört populär blieb und noch zu Luthers Lebzeiten in 20 Druckauflagen erschien. JTM

Quellen und Literatur
Balmires 2003 · Ruh 1980, Bd. II, Sp. 802–808 · WA 1, 152 f. u. 375–379

Sola fide – die Rechtfertigungslehre

Während die meisten von uns »Rechtfertigung« in einem modernen rechtlichen oder persönlichen Sinn verstehen – etwas zu rechtfertigen, das üblicherweise als falsch empfunden wird –, verstand der Theologe Martin Luther unter diesem Wort etwas anderes. Rechtfertigung im Sinne der Kirche der damaligen Zeit bezeichnete einen Prozess, durch den eine Seele von der Last der Sünde und dem Schicksal der Verdammnis befreit wurde. Demnach ist die ursprüngliche Rechtfertigung ein Geschenk Gottes an das Kind bei der Taufe, möglich geworden durch Christi Opfer am Kreuz. Doch der Sünder muss sich die Rechtfertigung durch das Bestreben verdienen, ein durch Gottes Willen bestimmtes Leben zu führen und seine Gebote einzuhalten. Er muss darüber hinaus die Buße des Fegefeuers erdulden, um vollständig von der Sünde gereinigt zu werden und die Herrlichkeit Gottes zu erlangen. Die eigenen guten Werke des Sünders, aber auch die Gebete der Sterblichen und die Fürbitte der Heiligen, festgeschrieben im Konzept der Ablässe, beschleunigten diesen komplexen Prozess der Rechtfertigung.

Wie viele seiner Zeitgenossen versetzte die Aussicht auf ewige Verdammnis den jungen Martin Luther in Schrecken. Er misstraute dem verschlungenen – und, wie er glaubte, korrupten – von der Kirche vorgegebenen Pfad der Erlösung. Auf Grundlage der Briefe des Paulus und der Lehren des hl. Augustinus – schließlich war er ein Augustinermönch – gelangte Luther zu dem Schluss, dass die Menschen, allesamt Sünder, ihre durch die Sünde befleckte Seele weder durch ihre eigenen Werke reinigen könnten noch durch das Vertrauen auf die Fürbitte anderer. Sie könnten nur durch Gottes Geschenk der Gnade (*sola gratia*) Rechtfertigung erlangen, indem sie dieses Geschenk durch ihren Glauben an den Erlöser annähmen (*sola fide*), geleitet allein durch Gottes Heilige Schrift (*sola scriptura*). Auf diesen drei Prinzipien gründete Luther seine Theologie. Mit der absichtlichen Provokation, die darin bestand, dass er seine Thesen an die Wittenberger Schlosskirche (die Europas größte Reliquiensammlung beherbergte) nagelte, dokumentierte Luther seinen radikalen Bruch mit der traditionellen Lehre und provozierte die Spaltung des westlichen Christentums, die wir als Reformation kennen. Das Konzept der Rechtfertigung ist noch immer der Streitpunkt, der Katholiken und Protestanten bis heute trennt. LN

181

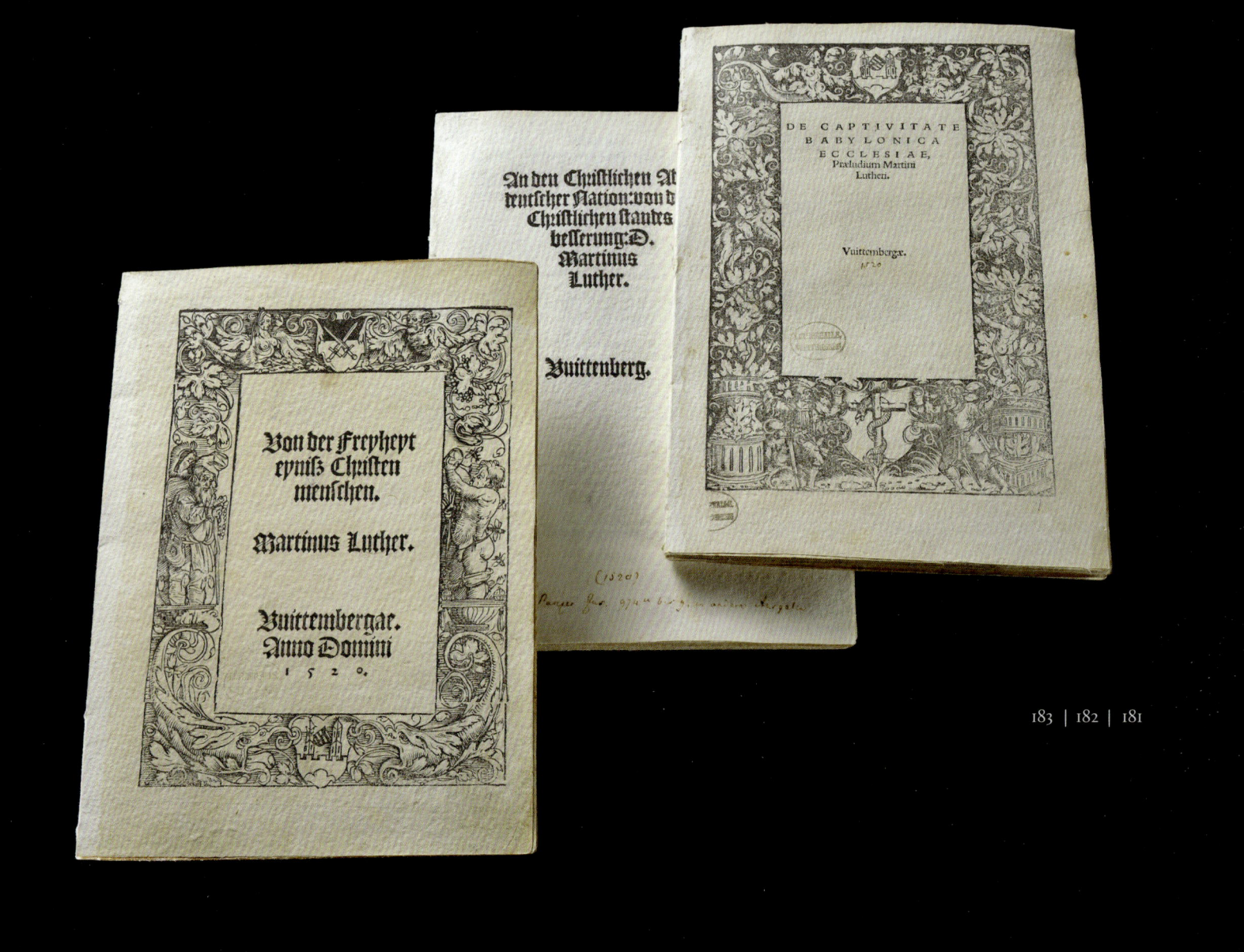

Martin Luther

De captivitate Babylonica ecclesiae praeludium

Wittenberg: Melchior Lotter d. J., 1520
21,2 × 15,4 cm
Stiftung Luthergedenkstätten in
Sachsen-Anhalt, Inv.-Nr. Ag 4° 191 c
VD16 L 4189
Ausstellung New York

Die Schrift *De captivitate Babylonica ecclesiae praeludium*, auf Deutsch *Von der Babylonischen Gefangenschaft der Kirche* (vgl. Kat. 184), stellte einen Angriff auf das Papsttum dar und wendete sich vor allem gegen die traditionelle Zahl der Sakramente. Von ehemals sieben bleiben nur Abendmahl, Taufe und die Buße als biblisch begründet bestehen, wobei die Buße als Tauferinnerung am Schluss der Schrift auch kein eigenständiges Sakrament mehr bildet. In der Nachfolge Augustins versteht Luther als Sakrament eine ausdrückliche göttliche Verheißung, die an ein sichtbares Element gebunden ist. Damit sah er sich gezwungen, auch gegen die römische Sitte zu polemisieren, den Laien den Kelch im Abendmahl vorzuenthalten. Gleichzeitig kritisierte er die verwirrende und unbiblische Lehre von der Transsubstantiation: Die Verwandlung von einer göttlichen Gabe zu einem menschlichen Opfer empfand er als völlig unerträglich. Positiv hebt er damit hervor, dass nicht das Sakrament als solches dem Menschen das Heil zuwendet, sondern der Glaube an das Sakrament den Menschen rechtfertigt. Damit war die Vorstellung einer »automatischen« Wirkung des Sakraments durchbrochen und der Glaube des Menschen in den Mittelpunkt gestellt.

Der neue Sakramentsbegriff hatte tiefgreifende Auswirkungen auf das traditionelle kirchliche Leben. Weniger Sakramente bedeuteten auch weniger Einkünfte für den niederen Klerus. Die Aufhebung der Sakramentalität der Ehe führte zu einer neuen Ethik, die unter bestimmten Umständen auch eine legitime Scheidung ermöglichte. MT

Quellen und Literatur
Leppin/Schneider-Ludorff 2014, S. 153 f. ·
WA 6, 497–573

182

Martin Luther
An den christlichen Adel deutscher Nation

Wittenberg: Melchior Lotter d. J., 1520
21 × 15,7 cm
Stiftung Luthergedenkstätten in
Sachsen-Anhalt, Inv.-Nr. Ag 4° 189f
VD16 L 3758
Ausstellung New York

Die sog. Adelsschrift eröffnet eine Reihe von vier reformatorischen Hauptschriften Luthers aus dem Jahr 1520. Der Titel ist irreführend, da sich Luther durchaus nicht nur an den niederen Adel wendet, sondern an alle, die in Deutschland politische Verantwortung tragen, wobei er den Kaiser mit einschließt. Die Schrift besteht aus zwei Teilen, die zu unterschiedlichen Zeiten entstanden. Der erste, etwa im Juni abgeschlossene Teil setzt noch Hoffnungen auf ein Konzil, der zweite bringt eine Reihe von 28 konkreten Reformvorschlägen. Das theologische Zentrum der Schrift bildet Luthers Lehre vom allgemeinen Priestertum aller Getauften. Danach ist jeder Christ aufgerufen, für ein gottgefälliges Leben in der Kirche zu sorgen. Damit entfällt die wirkmächtige Aufteilung in Kleriker und Laien. Daraus zieht Luther die Folgerung, dass die traditionellen Behauptungen der römischen Kirche – Luther spricht von drei Mauern – gestürzt sind: Anspruch auf die Herrschaft über die weltliche Obrigkeit, Monopol der normativen Schriftauslegung und Überordnung des Papstes über ein allgemeines Konzil. Damit ist dem Papsttum die Schlüsselgewalt entzogen. Für Luther ist nun klar und deutlich: Der Papst in Rom als Institution ist der Antichrist.
Der abschließende Katalog der konkreten Reformforderungen speist sich aus verschiedenen Quellen. Er verlangt u. a. die Eindämmung des Ordenswesens, die Abschaffung des Zölibats für die Weltgeistlichen, die Reform des Theologiestudiums auf biblischer Grundlage, aber auch die Aussöhnung mit den Hussiten in Böhmen und die Abschaffung der öffentlichen Bordelle. Die meisten Vorschläge waren nicht neu, bekamen aber durch Luthers Autorität ein neues Gewicht. Die Erstauflage von 4000 Exemplaren verdeutlicht den Erfolg der Schrift, die bald zu den am meisten gelesenen nicht nur im deutschen Reich gehörte. MT

Quellen und Literatur
Leppin/Schneider-Ludorff 2014, S. 42 f. ·
WA 6, 404–469

183

Martin Luther
Von der Freiheit eines Christenmenschen

Wittenberg: Johann Rhau-Grunenberg, 1520
19,8 × 15 cm
Stiftung Luthergedenkstätten in
Sachsen-Anhalt, Inv.-Nr. Kn D 69
VD16 L 7194
Ausstellung New York

In 30 Thesen erläutert Luther hier sein Konzept der christlichen Freiheit. Er beginnt mit »Eyn Christen mensch ist eyn freyer herr ueber all ding und niemandt unterthan. Eyn Christen mensch ist eyn dienstpar knecht aller ding und yderman unterthan« (vgl. Kat. 164). Diesen Widerspruch löst Luther mit einer Trennung von innen und außen auf: Den äußeren Menschen identifiziert er mit seiner Leiblichkeit, den inneren Menschen mit der Seele. Der weitere Argumentationsgang der Schrift orientiert sich an dieser Zweiteilung: Die Thesen 3 bis 18 behandeln den inneren und die Thesen 19 bis 30 den äußeren Menschen.
Die Trennung von innen und außen findet ihre Entsprechung in der Trennung von Neuem und Altem Testament. Luther argumentiert, dass das Alte Testament das Gesetz verkünde, welches mit dem Auftreten von Jesus überwunden sei. In Anlehnung an den Römerbrief (Röm 13), und an die Galater (Gal 4) beschließt Luther, dass das Gesetz für die christliche Rechtfertigung nicht hinreichend sei. Es sei lediglich der notwendige Ort der Gewissensbildung. Hier erkenne »der mensch drynnen [...] sein unvormuegen zu dem guten«.
Aus der Sündenerkenntnis rette das Wort Gottes. Der Glaube an Christus mache den Menschen innerlich frei. Dass die Offenbarung Christi und der menschliche Glaube daran überhaupt möglich sind, spricht Luther der Gnade Gottes zu. Er findet dazu die Metapher des frommen, nie sündigenden Bräutigams Christus, der die böse Hure ehelicht. Die Hure steht für den sündigen Menschen.
Der im Inneren durch den Glauben befreite Christ erkennt im Äußeren des Anderen wiederum Christus. Durch seine Christusnachfolge werde er ein guter Mensch, der gute Werke am Nächsten tue. Frei durch den Glauben im Innern tue der Gläubige nun auch nach außen hin gute Werke. So legt Luther das paulinische Liebesgebot aus. Die Schrift ist durchzogen mit Argumenten gegen die Werkgerechtigkeit. Das zentrale Argument ist die Abwehr einer formalistischen Glaubenspraxis, die nicht auf die innere Umkehr, sondern auf den schönen Schein gerichtet ist. Insofern ist die lutherische Freiheit eines Christenmenschen die Freiheit *vom* Gesetz. Dass es auch eine griechische und jüdische Tradition der Freiheit *für* oder *durch* das Gesetz gibt, sah Luther 1520 nicht.

Seit dem 19. Jh. gilt die Schrift als eine von Luthers Hauptschriften. Im 16. Jh. erlebte sie 18 Auflagen und wurde schnell ins Niederdeutsche übersetzt. RK

Literatur
Graf 2006 · Linde 2011 · Rieger 2007

184

Martin Luther
Von der Babylonischen Gefangenschaft der Kirche

Straßburg: Johann Schott, 1520
18,4 × 14,5 cm
Stiftung Luthergedenkstätten in
Sachsen-Anhalt, Inv.-Nr. Ag 4° 191f
VD16 L 4196
Ausstellung New York

Die zeitgleiche deutsche Fassung der lateinischen Schrift *De captivitate Babylonica ecclesiae praeludium* (Kat. 181) ist von Luther selbst erarbeitet worden. Allerdings fehlt im deutschen Titel der Begriff »Vorspiel« (*praeludium*), der schon den Zeitgenossen Rätsel aufgab. Luther hatte ihn wohl als Drohung gemeint: Sollte er mit seinen Reformvorschlägen nicht durchdringen, würde er mehr und Schärferes veröffentlichen.
Die gezeigte Ausgabe verwendet als Titel eine blattgroße Fassung des ersten Holzschnittes eines Lutherporträts, das Lucas Cranach d. Ä. 1520 schuf. Der Formschneider war wahrscheinlich Hans Weiditz. Offensichtlich hatte man erkannt, dass die bildliche Darstellung Luthers den Absatz förderte. Der gelehrte Drucker Hans Schott hatte sich schon einen Namen als Herausgeber von humanistischen Werken gemacht. Vor allem verbreitete er die Pamphlete Ulrichs von Hutten, der die Sache Luthers in der Frühphase der Reformation mit scharfer Kritik an Rom äußerst einflussreich vorantrieb. MT

Quellen und Literatur
ADB 32, 1891, S. 402–404 · Leppin/Schneider-Ludorff 2014, S. 153 f. · WA 6, 497–573

**Von der Babyloniſchen gefengk-
nuß der Kirchen/ Doctor Martin Luthers.**

184

Gesetz und Gnade – ein reformatorisches Bildthema

Bei einem mit *Gesetz und Gnade* bezeichneten Bild handelt es sich um die allegorische Darstellung der Rechtfertigungslehre Martin Luthers. Dieses theologische Lehrbild entwickelte Lucas Cranach d. Ä. wahrscheinlich unter der Mitwirkung Luthers oder Melanchthons Ende der 1520er Jahre (Kat. 185 u. 186). Plakativ und einprägsam sollte es den Menschen die Grundlage der reformatorischen Gnadenlehre nahebringen.

Martin Luther war davon überzeugt, dass der Mensch selbst meist nicht abstrakt, sondern in Bildern denkt. Daher seien »andechtig bilder und gemelde« zur Vermittlung des Glaubens nützlich. Angemessene Bilder könnten Trost spenden, ermahnen, erinnern und das Verständnis des Evangeliums fördern. In dieser Hinsicht dürfte Cranachs Gesetz und Gnade-Motiv ganz im Sinne des Reformators gewesen sein. Es gilt als einzige lutherische Neuschöpfung im Bereich der bildenden Kunst.

Die antithetische Gegenüberstellung biblischer Motive war zwar nicht ungewöhnlich – Cranachs Gesetz und Gnade-Schema zeichnet sich jedoch durch die schlüssige Kombination einfacher Bildformeln aus, die dem Betrachter leicht verständlich waren. Die auf der linken Bildseite dargestellten Motive aus dem Alten Testament illustrieren die Verlorenheit des Menschen unter dem Gesetz, das er zu befolgen hatte, um nicht verdammt zu werden. Demgegenüber zeigt die rechte Bildseite die Gnade Gottes, die dem Menschen ohne dessen eigenes Zutun durch den Opfertod Christi gewährt wird.

Von den Gesetz und Gnade-Bildern gibt es im Wesentlichen zwei Typen, die in den unterschiedlichsten Medien wie Drucken, Altarbildern, Epitaphen und Alltagsgegenständen weite Verbreitung fanden. Die zwei Versionen werden nach den heutigen Aufbewahrungsorten der frühesten Gemälde (beide 1529) in der Sammlung der Stiftung Schloss Friedenstein Gotha und der Nationalgalerie Prag als *Gothaer* bzw. *Prager Typus* bezeichnet. ID

185

Lucas Cranach d. Ä.
Gesetz und Gnade

1529
Mischtechnik auf Lindenholz
82,2 × 118 cm
Stiftung Schloss Friedenstein Gotha,
Inv.-Nr. SG 676
Ausstellung Minneapolis

signiert und datiert am Baumstamm:
geflügelte Schlange nach rechts 1529
Bildunterschrift: »Vom Regenbogen und gericht /
Ess wird Gottes zorn offenbart vom himmel
uber aller menschen Gottloss […]«

Nachdem Lucas Cranach d. Ä. 1528 das Gesetz und Gnade-Motiv zunächst in einem Holzschnitt verbildlicht hatte, der das Titelblatt von Luthers *Auslegung der Evangelien vom Advent bis auff Ostern sampt viel andern Predigten* zierte, schuf er im darauffolgenden Jahr mit der Gothaer Tafel und einer dem Holzschnitt ähnelnden Variante, die sich heute in der Nationalgalerie Prag befindet, die ersten Tafelgemälde zu diesem Thema. Nach den beiden Gemälden sind die grundlegenden Kompositionsschemata der Gesetz und Gnade-Bilder benannt: der *Gothaer Typus* und der *Prager Typus*.
Durch einen halb dürren und halb grünen Baum in zwei Bildhälften geteilt, zeigt das Gemälde eine Gegenüberstellung von Einzelszenen aus dem Alten und dem Neuen Testament. Während der Mensch dem Alten Testament zufolge unter der Herrschaft des Gesetzes lebte, das er zur eigenen Seelenrettung zu befolgen hatte, verheißt die im Neuen Testament verkündete Gnade Gottes, die sich in Christus offenbart, Erlösung. So verweist der von weiteren Propheten umgebene Mose den nackten Sünder auf die Zehn Gebote. Dieser kann von sich aus die Gesetze jedoch nicht erfüllen und wird von Tod und Teufel in das Höllenfeuer gejagt. Ursächlich für die Verdammnis des Menschen ist der Sündenfall Adams und Evas, der im Mittelgrund dargestellt ist. Darüber thront der Weltenrichter von einem Regenbogen umgeben auf einer Weltkugel. Im Hintergrund verweist jedoch die Eherne Schlange, die im Zeltlager der Israeliten aufgestellt ist, auf Gottes Gnade. Sie ist die Präfiguration des Kreuzes Christi, auf das Johannes der Täufer den Menschen verweist. Dieser wird vom Blutstrahl aus der Seitenwunde Christi getroffen, wodurch ihm Erlösung zuteil wird. Am Fuße des Kreuzes triumphiert das Lamm Gottes über Tod und Teufel. Hinter dem Kreuz ist die Grabeshöhle mit einem leeren Sarkophag zu sehen, darüber der Auferstandene mit Siegesfahne. Im Hintergrund sind Hirten dargestellt, denen ein Engel die Geburt des Herrn verkündet. Mit ihm gelangt das Heil in die Welt, dessen die Menschen seit der Ursünde bedürfen. Die Verschränkung von Altem und Neuem Testament lässt sich auch an den Zitaten aus den Evangelien ablesen, die unterhalb des Bildfeldes angebracht sind. Sie beziehen sich auf die einzelnen Motive und begründen Luthers Auslegung der Heiligen Schrift im Sinne seiner Rechtfertigungslehre. ID

Literatur
Bild und Botschaft 2015, S. 170 f., Kat. 42 (ill.) · Brandsch 2001, S. 41 f., Kat. 1.4 (ill.) · Fleck 2010, S. 17 f., 44–57 u. 485 f. (ill.) · Reinitzer 2006, Bd. 1, S. 46–51 u. 244, Kat. 260; Bd. 2, S. 250, Abb. 169 · Schuttwolf 1994 b, S. 20 f., Kat. 1.3 (ill.)

186

Lucas Cranach d. J.
Gesetz und Gnade

um 1550
Öl auf Holz
19 × 25,5 cm
Land Sachsen-Anhalt (als Dauerleihgabe im Lutherhaus Wittenberg), Inv.-Nr. G 156
Ausstellung Atlanta

Signatur am Baumstamm: geflügelte Schlange nach links

Das von Lucas Cranach d. J. um 1550 geschaffene kleinformatige Gemälde folgt in seiner Komposition der Gothaer Tafel Cranachs d. Ä. (vgl. Kat. 185). Auch das Wittenberger Bild zeigt in seiner Zweiteilung das antithetische Verhältnis von Gesetz und Evangelium bzw. Altem und Neuem Bund, wie es im lutherischen Sinne gedeutet wird. Die auf der linken Bildseite dargestellten Motive aus dem Alten Testament illustrieren die Verlorenheit des Menschen unter dem Gesetz, dessen Übertretung seine Verdammnis zur Folge hat. Demgegenüber zeigt die rechte Bildseite die Gnade Gottes, die dem Menschen durch den Opfertod Christi zuteil wird. Sie kann also nicht durch eigenes Zutun erworben werden. Nach Luthers Auffassung macht allein der Glaube den Menschen vor Gott gerecht.
Gegenüber der Gothaer Tafel weist das Wittenberger Bild einige Abweichungen auf. So ist der Auferstandene hier zweimal dargestellt. Als Sieger zertritt er Tod und Teufel, den er mit der Kreuzesfahne ersticht. Zugleich sind über der Grabeshöhle die Füße des in einer Gloriole zum Himmel fahrenden Christus sichtbar. Auch ist die Empfängnis des kreuztragenden Jesusknaben durch Maria auf dem Berg Zion als typologisches Gegenbild zum Sündenfall hinzugefügt. Auf dieses Motiv ist die darüber angebrachte lateinische Inschrift bezogen, die Jesaja (Jes 7,14) zitiert und die Geburt des Herrn durch eine Jungfrau prophezeit. Die Inschrift (Röm 1,18) zu Seiten des Weltenrichters gemahnt indes an Gottes Zorn gegenüber dem frevelnden Sünder.
Auch die in sechs Spalten unterhalb des Bildfeldes angebrachten Bibelzitate sind in lateinischer Sprache verfasst, was vermuten lässt, dass das kleine Gemälde für einen gebildeten Auftraggeber angefertigt wurde. Die Auswahl der Zitate entspricht jedoch denen der anderen Gesetz und Gnade-Gemälde aus der Cranachwerkstatt, die alle in deutscher Sprache wiedergegeben sind. Insgesamt sind sieben dieser Tafeln bekannt, von denen das Wittenberger Bild das kleinste ist. Bis auf das Gemälde der Prager Nationalgalerie (1529) entsprechen alle dem *Gothaer Typus* mit der auch auf der Wittenberger Tafel vorhandenen Auswahl biblischer Motive. Nur hier und auf den beiden ersten Gemälden in Gotha und Prag ist die Darstellung der Ehernen Schlange auf der Gesetzesseite wiedergegeben. Als Verweis auf die Gnade Gottes, die sich in Christi Opfertod erfüllt, wurde sie auf den in den 1530er Jahren gemalten Gesetz und Gnade-Tafeln der Cranachwerkstatt in die rechte Bildseite integriert. ID

Literatur
Bild und Botschaft 2015, S. 180 f., Kat. 47 (ill.) · Enke/Schneider/Strehle 2015, S. 366, Kat. 3/37 (ill.) · Fleck 2010, S. 507 f. (ill.) · Reinitzer 2006, Bd. 1, S. 54 u. 451 f., Kat. 779; Bd. 2, S. 255, Abb. 174 (ill.)

185

RO: 1 PALAM ET IRA	ESAIÆ·VII·DOMINVS
DEI DE COELO· ADVERSVS	IPSE DABIT VOBIS
OMNEM IMPIETATEM ET	SIGNVM·ECCE VIRGO
IVSTITIAM ·OMINVM·	CONCIPIET ET PARIET
	FILIVM·

OMNES ENIM PECCAVE-	ACVLEVS AVTEM MORTIS	PER LEGEM AGNITIO PEC-	NAM IN CHRISTO IESV	ECCE AGNVS ILLE DEI	ABSORPTA EST MORS IN VIC-
RVNT AC DESTITVVNTVR	PECCATVM, POTENTIA	CATI· ROM·III· OMNES PRO-	NEQ: CIRCVMCISIO QVIDQ	QVI TOLLIT PECCATA	TORIAM. VBI TVVS MORS
GLORIA	VERO PECCATI LEX	PHETÆ ET IPSA LEX VS-	VALET, NEQ: PREPVTIVM	MVNDI IO·1· PER SANC-	ACVLEVS· VBI TVA INFERNE
DEI·	1· COR: XV· LEX IRAM	QVE AD IOANNEM PRO-	SED FIDES OPERANS P:	TIFICATIONEM SPIRITVS	VICTORIA· SED DEO GRATIA
ROM: III·	OPERATVR	PHETAVERVNT·	DILECTIONEM AD	IN OBEDIENTIAM ET AS-	QVI DEDIT NOBIS VICTORIA
	ROM·IIII·	MATTHÆI XI·	GAL: V·	PERSIONEM SANGVINIS	PER DOMINVM NOSTR-

187

Peter Dell d. Ä.
Allegorie auf den Alten und den Neuen Bund

1530–1534
Birnbaumholz, braun lasiert, auf eine Nadelholztafel geleimt
43 × 75,8 × 2 cm
Stiftung Schloss Friedenstein Gotha,
Inv.-Nr. P 20
Ausstellung New York

Das Relief mit der Darstellung der protestantischen Gesetz und Gnade-Thematik schuf der Würzburger Bildhauer Peter Dell d. Ä., ein Schüler Tilman Riemenschneiders. Von 1528 bis ca. 1533/34 arbeitete Dell am Hof Herzog Heinrichs des Frommen von Sachsen in Freiberg, für den er mehrere Holzreliefs religiösen und allegorischen Inhalts schuf. Auch die Gothaer Tafel wird wahrscheinlich im Auftrag des Hofes Anfang der 1530er Jahre entstanden sein. Dell orientierte sich an den Gesetz und Gnade-Bildern Lucas Cranachs d. Ä. (Kat. 185) und an Motiven der zeitgenössischen Druckgrafik.

Anders als bei Cranachs Gesetz und Gnade-Darstellungen ist die Seite des Gesetzes jedoch rechts, die der Gnade links angeordnet, was auf die bildteilende Position des Kreuzes Christi zurückzuführen ist, denn gemäß der christlichen Tradition sind die Erlösten zur Rechten des Herrn wiederzugeben. Das Relief zeichnet sich durch seinen großen Detailreichtum aus, in dem selbst kleinste Bildelemente mit größter Sorgfalt ausgeführt wurden. Ergänzt werden die einzelnen Motive durch kommentierende Inschriften, die das Abgebildete entweder bezeichnen (»Dodt«, »Welt«) oder durch die Angabe einer Bibelstelle deuten (»Der Stachel des Dodts ist die Sund 1 COR 15«).

Gegenüber anderen Gesetz und Gnade-Darstellungen nimmt die Szene des Sündenfalls, die prominent im rechten Vordergrund dargestellt ist, viel Raum ein. Auch künstlerisch wertete Dell das Motiv auf. Ein Holzschnitt gleichen Themas von Lucas Cranach d. Ä. von 1509 diente als Vorlage für die Darstellung des ersten Menschenpaares. Jutta Reinisch stellte bei dieser Figurengruppe zudem den Einfluss der Nürnberger Kleinmeister fest. So basiert der sitzende Adam auf einer Grafik Hans Sebald Behams, während der die menschliche Gestalt des Todes annehmende Baum der Erkenntnis auf den Kupferstich *Adam und Eva* von Barthel Beham zurückgeht.

Auch die am linken Rand des Reliefs dargestellte Architektur dürfte auf einer grafischen Vorlage beruhen. Denn der Tondo mit einem Kopf im Profil war vornehmlich ein Element oberitalienischer

Fassadengestaltung des späten 15. und beginnenden 16. Jhs., das auf der Rezeption antiker Münzen beruhte.

Mit großer Kreativität variierte Dell das durch die Cranachwerkstatt vorgeprägte Bildschema und bereicherte die Cranach'sche Bilderfindung um weitere biblische Motive. Diese können christologisch und im Sinne von Luthers Gnadenlehre gedeutet werden. Vielleicht veranlasste das Erscheinen der ersten Gesamtbibel Martin Luthers Dell dazu, mehr Szenen des Alten Testaments in das Relief aufzunehmen. In diesem Fall wäre eine Entstehungszeit der Tafel im Jahr 1534 denkbar. ID

Literatur
Fleck 2010, S. 550, Kat. 186 (ill.) · Reinisch 2015, Abb. 1 (ill.) · Reinitzer 2006, Bd. 1, S. 245, Kat. 261; Bd. 2, S. 66 u. 104 (ill.) · Schuttwolf 1994b, S. 67f., Kat. 1.36 (ill.) · Schuttwolf 1995, S. 94f., Kat. 29 (ill.)

188

Fragment einer Kachel mit der Darstellung von Gesetz und Gnade

Wittenberg, Schlosshof
1. Hälfte 16. Jh.
Irdenware, grüne Glasur
32 × 16 cm
Landesamt für Denkmalpflege und Archäologie Sachsen-Anhalt
Landesmuseum für Vorgeschichte Halle,
Inv.-Nr. HK 3500:9:27h
Ausstellung Atlanta

Obwohl sie stark beschädigt ist, sind die Hauptelemente der bildlichen Darstellung dieser Ofenkachel erhalten. Sie wurde in derselben Form hergestellt wie der Wandbrunnen (Kat. 236) und zeigt eine verkürzte Version von Cranachs bildlicher Auslegung von Martin Luthers Hoffnung auf die Erlösung des Menschen, von Gesetz und Gnade. Sie beinhaltet sogar ein Detail von Cranachs Prager Version dieses Themas, das den personalisierten Gegensatz zwischen dem Vertreter der Gesetze des Alten Bundes, verkörpert durch Moses, und dem Gnadenversprechen des Erlösers, verkörpert durch Johannes den Täufer, darstellt.

Doch während Lucas Cranach und die Cranachwerkstatt dieses Bild in Wittenberg in sehr großer Stückzahl produzierten, befinden sich auf dieser vermutlich im nahegelegenen Bad Schmiedeberg hergestellten Kachel interessanterweise bestimmte Details, die von Cranachs Ikonografie grundlegend abweichen. Ein wichtiges Detail ist, dass der kniende Sünder den gekreuzigten Christus beim Gebet ansieht. Er hat seine Entscheidung getroffen und ist erlöst. Johannes nimmt ihn beim Arm und Moses verschwindet im Hintergrund. Diese Dreieckskomposition der Figuren auf der Kachel lenkt die Aufmerksamkeit des Betrachters auf die Kreuzigung, wobei Johannes' Arm auf den Erlöser zeigt und den Sünder so mit diesem verbindet. Bei Cranachs Prager Original richtet sich das Augenmerk auf die Wahl des Sünders, der auf einem Stein im Mittelpunkt des Bildes zwischen Moses und Johannes sitzt und sich im Entscheidungsprozess befindet. Unsere Kachel zeigt eine gerettete Seele, die diese äußerst wichtige Entscheidung schon getroffen hat. Eine weitere wichtige Abweichung ist die Darstellung von Adams Schädel, der am unteren Rand der Kachel liegt und nach oben geneigt darauf wartet, durch das Blut des Erlösers von der Sünde reingewaschen zu werden. Dieses traditionelle, tröstliche Bild zeigt den allumfassenden Willen Gottes, die irregeleitete Menschheit zu retten. Dieses Bild verdeutlicht faktisch den diametralen Gegensatz zwischen der Botschaft von Cranachs Werk und der Botschaft Luthers, welche eine generelle Erlösung der Menschheit ablehnt und die entscheidende Bedeutung des Glaubens des Einzelnen an Christi Geschenk der Erlösung in den Mittelpunkt stellt (*sola fide*). Interessanterweise lassen sich auf den Holzreliefs Peter Dells d. Ä. (Kat. 187) ähnliche Abweichungen finden. Wahrscheinlich ließen sich die Kachelhersteller von Holztafeln, von denen sie auch Abdrücke nahmen, leichter inspirieren als von Gemälden oder Stichen. Wie auch immer, es gab vermutlich tieferliegende Gründe, warum Öfen und Brunnen mit dieser divergierenden Ikonografie verziert wurden. Cranachs Ikonografie war intellektuell anspruchsvoll und konzentrierte sich auf Übereinkünfte und Entscheidungen, während unser Kachelmacher die Aussicht auf Erlösung preist. Derjenige im Schloss, der den Ofen bestellte, muss ähnliche Gefühle gehabt haben. LN

Literatur
Fleck 2010 · Stephan 2014

189

192   Luthers Theologie

189

Lucas Cranach d. Ä.
Schmerzensmann

um 1530
Öl auf Holz
55,5 × 38 cm
Evangelische Kirchengemeinde St. Petri Wörlitz
(Gotisches Haus, Dauerleihgabe an die Kulturstiftung DessauWörlitz)
Ausstellung New York

signiert unten rechts mit geflügelter Schlange

Christus sitzt dornenbekrönt und mit dem Lendentuch bekleidet vor schwarzem Hintergrund auf einer steinernen Bank. In den Händen hält er Geißel und Rute, mit denen er gemartert worden war. Den Kopf nach links geneigt blickt er aus dem Bild heraus, den Mund, als Ausdruck des Leidens, leicht geöffnet. Blut- und Schweißtropfen bedecken den ganzen Körper, Tränen benetzen das Gesicht. Die Seitenwunde und die Stigmata der Hände verraten, dass Jesus schon gestorben, in diesem Bild aber lebendig ist.

Das Motiv des Schmerzensmannes gilt als typisches Andachtsbild des Spätmittelalters. Als Altarbild gemahnt es an das Opfer Christi in Form von Fleisch und Blut, die Eucharistie. Als Überwinder des Todes erinnert das Bild den Sünder auch daran, dass Jesus gelitten hat und schließlich den Kreuzestod starb, um alle Sünden der Menschen auf sich zu laden und so die Erlösung zu bringen. Die zahlreichen Wunden, der Schweiß und die Tränen symbolisieren die Verfehlungen und Übel der Welt.

Cranach d. Ä. bewies in der äußerst plastisch wirkenden Gestaltung der Wunden und der naturalistischen Auffassung von Gesicht und Körper nicht nur künstlerische Meisterschaft. Der Realismus des Gemäldes sollte den Betrachter zum Mitleiden anregen und ihn so emotional das Leiden Christi miterleben lassen.

Das Motiv wurde zu Beginn der Reformationszeit häufig als Gemälde und Skulptur umgesetzt. Im Luthertum haben sich diese Darstellungen oft erhalten. Nun rückte der Fokus der Betrachtung auf Christus, der für die Sünden der Welt leidet und der allein die Erlösung bringt. Luther selbst empfahl, ganz in der spätmittelalterlichen Tradition, die Betrachtung der Wunden Christi auf Bildern, um sich seine Passion ins Gedächtnis zu rufen. Daher wundert es nicht, dass dieser Schmerzensmann, der ehemals zur Ausstattung der Sakristei von St. Petri in Wörlitz gehörte, dort erhalten blieb. SKV

Literatur
Marx/Mössinger 2005, S. 56 f. (ill.) · Melzer 2015, S. 159 (ill.) · Schmidt-Hannisa 2005, S. 71

190

Lucas Cranach d. Ä.
(Werkstatt, zugeschrieben)
**Predigt Johannes des Täufers.
In: Urbanus Rhegius, Vom hochwürdigen Sacrament des altars […]**

Leipzig: Jakob T(h)anner, 1525
Holzschnitt
Blattmaß: 15 × 10,5 cm
Stiftung Luthergedenkstätten in
Sachsen-Anhalt, Inv.-Nr. Ag 8° 633 e
VD16 ZV 13191
Ausstellung Atlanta

Der vorliegende Holzschnitt illustriert das dritte Kapitel der Flugschrift des als Reformator des Herzogtums Lüneburg bekannten Theologen Urbanus Rhegius (Urban Rieger). Im Vordergrund und maßstäblich vergrößert steht Johannes der Täufer und wendet sich nach links mit seiner Predigt an eine kleine Gruppe. Der Titulus auf der Erde rechts des Propheten weist ihn als »Anczeiger Cristi« aus. Sein ausgestreckter Arm weist eindringlich auf ein Kruzifix und betont nochmals diese Funktion. Eine Tafel am Fuß des Kreuzes kennzeichnet den von Strahlen umgebenen Gekreuzigten als »Vnser Rechteertigvng«. Im Hintergrund der Szene erhebt sich ein hoher felsiger Berg, auf dessen Gipfel die Jungfrau Maria steht und ihre Arme dem Christkind entgegenstreckt.

Der unbekleidete Knabe hat sein Kreuz geschultert und schwebt auf einem Strahlenband und von Engeln umgeben der empfangenden Jungfrau entgegen. Maria erhält in einem Schild über ihrem Haupt den Titel »Gnad« und das Kind seinen Namen »Emanuel«.

Die Schriftbänder und nicht zuletzt der Titulus verweisen auf die italienische Renaissancekunst. Diese humanistisch geprägten Bildformeln heben den Druck in das ebenso beeinflusste Umfeld des Verfassers Rhegius. Die Predigt des Johannes – ein aus der spätmittelalterlichen Kunst kommendes Bildthema – steht im Mittelpunkt des Bildes. Die Themen seiner Predigt erscheinen hinter ihm: die Erlösung durch das Kreuzesopfer Christi und der Beginn des Heilsgeschehens durch die Empfängnis Jesu. Die rechte Seite der Prager Tafel von Gesetz und Gnade nimmt nahezu vollständig die Darstellung des Holzschnittes auf. Daher gilt er in der Forschung als frühester Nachweis des Themas *Gesetz und Gnade* überhaupt, wenngleich er nur die eine Hälfte des gesamten Themas abbildet: die Gnadenseite.

Bisher ging die Forschung davon aus, dass die Johannespredigt nicht als Illustration der Flugschrift konzipiert wurde, da sie inhaltlich davon losgelöst scheint. Der dritte Artikel der Schrift, neben dem der Holzschnitt erscheint, behandelt aber das Thema der Erlösung des Sünders durch den Kreuzestod: »[...] wen / der sunder eyn mißfallen gewint uber sey / ne sundt / und wyrckt daß gericht / unnd / die gerechtikayt / so wylich sey sunden nit mer gedencken. Wan der leib wrt ge / geben / und das Blut vergossen / yn nach / lassung der sundt«.

Spira bemerkt zu Recht, dass sich die Grafik formal durchaus in die anderen Illustrationen der Schrift einordnet. Der eben gezeigte Bezug zum Text belegt, dass sie bewusst zu dessen Illustration ausgewählt wurde. SKV

Literatur
Bild und Botschaft 2015, S. 166 f., Kat. 40 (ill.) · Fleck 2010, S. 28–32 u. 442 f., Kat. 6 · Hendrix 1996 · Hollstein XXII, Nr. 163 · Reinitzer 2006, S. 39

191

Münzstätte Annaberg
Dreifacher sog. Pesttaler

o. J. (nach 1527)
Silber, geprägt
Dm 48,5 mm; Gewicht 86,7 g
Stiftung Schloss Friedenstein Gotha,
Inv.-Nr. 4.1./5732
Ausstellung Atlanta

VS: DER * HER * SPRAC * ZV * MOSE * MAC * DIR * EIN * ERNE * SLANG * VNT * RICT * SI * ZVM / * ZEIGEN * AVF * WER * GEPISN * IST * VND * SICT * SI * AN * DER * SOI * IE
Münzstättenzeichen: geflügelter Kopf (Annaberg)
unter Kreuzbalken: NVM – RI * ZI
im Zentrum aufgerichtete Eherne Schlange; unterhalb des Kreuzes beiderseits Kniende, die zum Kreuzespfahl aufblicken und teilweise Schlangen in den Händen halten; am Fuße des Kreuzes vier Leichen

RS: GLEIC * WI * DI * SLANG * SO * MVS * DES * – MENSEN * SON * ERHOET * WERDEN * / AVF * DZ – AL * DI * AN * IN * GI – BEN * HABN * DZ * EB – IC * LEB
Münzstättenzeichen: geflügelter Kopf (Annaberg)
unter Kreuzbalken: · IOAN – NES · 3 ·
im Zentrum Christus am Kreuz; unterhalb des Kreuzes beiderseits Kniende, die zum Gottessohn aufblicken

Neben den großformatigen Werken der Reformationskunst spielten Schaumünzen und Medaillen aufgrund ihrer leichten Reproduzierbarkeit und der Dauerhaftigkeit des Materials eine entscheidende Rolle bei der Verbreitung der lutherischen Lehre und im Rahmen der theologischen Auseinandersetzungen der Zeit. Mit dem gewachsenen Bedarf an religiösen Schaustücken erlebten die biblischen und allegorischen Medaillen, die ab 1528 in den erzgebirgischen Münzstätten geprägt und bis in das 17. Jh. hinein wegen ihrer Beliebtheit oft nachgegossen bzw. nachgeahmt wurden, einen bedeutenden Aufschwung.
Als eine frühe Form der biblischen Schaugroschen gelten die von dort kommenden, in einer Vielzahl von Varianten existierenden Pesttaler, die ihre Bezeichnung durch ihre Amulettfunktion im Zusammenhang mit der Pest erhielten. Sie sind gleichsam Übergangsgepräge von der erzgebirgischen Großsilbermünze zur religiösen Prägemedaille und ab 1525 nachweisbar, seit 1527 mit doppelreihiger Umschrift. Von der Nähe der Pesttaler zur Münze zeugen noch ihre Ausgabe im Gewicht eines Talers sowie seiner Teil- und Mehrfachstücke und ihr sehr flaches Relief.

Mit der Darstellung der Ehernen Schlange des Moses auf dem Avers und der Kreuzigung Christi auf dem Revers wird bereits auf den heilbringenden Opfertod des Gottessohnes verwiesen, der sich im zentralen Bildthema der Reformation *Gesetz und Gnade* in unterschiedlichsten Kunstmedien und Darstellungsvariationen wiederfinden wird. Die Eherne Schlange gilt dabei als Prophezeiung des Opfertods Christi und der Erlösung der Menschheit von Tod und Bösem. Als Bildmotiv ist sie bereits seit dem 12. Jh. als typologisches Vorbild des gekreuzigten Christus nachweisbar und geht in diesem Sinne in ihren Wurzeln sogar bis in frühchristliche Zeit zurück. Sie gilt als alttestamentarischer Hinweis auf die bedingungslose, allein auf dem Glauben der Menschen fußende Gnade Gottes, die in der protestantischen Rechtfertigungslehre Luthers zum zentralen Glaubenssatz erhoben wurde.

Die Heilung, die die Israeliten nach alttestamentarischer Überlieferung durch ihren Blick auf die Eherne Schlange fanden, wird dabei verglichen mit dem heilsbringenden Blick der Gläubigen auf den erhöht gekreuzigten Christus im Sinne ihres Glaubensbekenntnisses: »Und wie Mose die Schlange in der Wüste erhöht hat, so muss der Menschensohn erhöht werden, damit jeder, der (an ihn) glaubt, in ihm das ewige Leben hat.« (Joh 3,14–15). UW

Literatur
Bild und Botschaft 2015, S. 164 f., Kat. 39 (ill.) ·
Brozatus/Opitz 2015, Bd. I,1, S. 426, Nr. 607 ·
Schuttwolf 1994 b, S. 10, Kat. 4.2. (ill.)

192

Hans Reinhart d. Ä.
Dreifaltigkeitsmedaille

1544
Silber, gegossen mit Auflötungen
Dm 103 mm; Gewicht 269 g
Stiftung Schloss Friedenstein Gotha,
Inv.-Nr. 3./Co 639
Ausstellung Minneapolis

VS: PROPTER. – SCELVS – POPV – LI.MEI – PERCV – SSI – EVM · – ESSAIAE · – LIII
auf reich verziertem Gnadenstuhl thront Gottvater mit Krone, Insignien (Zepter und Weltkugel) und in kostbarem Ornat; vor ihm, in der unteren Bildhälfte, Christus am Kreuz; auf dem Kreuzesbalken mittig, mit ausgebreiteten Schwingen die Taube als Symbol des Heiligen Geistes; beiderseits vom Thron je ein stehender, betender Engel und mehrere Cherubim-Köpfe; auf der Fußplatte »H – R«
RS: auf einer von Engeln gehaltenen Tafel Textauszüge aus dem Athanasischen Glaubensbekenntnis:
HAEC EST / FIDES CATHOLICA, / VT · VNVM DEVM IN TRINI, / TATE,ET TRINITATEM,IN / VNITATE,VENEREMVR, / ALIA EST PERSONA PATRIS, / ALIA FILII,ALIA SPIRITVS / SANCTI,SED PATRIS ET FI / LII ET SPIRITVS SANCTI,V / NA EST DIVINITAS,AEQVA LIS GLORIA, COETERNA / MAIESTAS O VENERADA VNITAS,O / ADORANDA TRINITAS,PER / TE SV / MVS REDEMPTI / SVMMA TV / CHARITAS,TE ADORAMVS / OMNIPOTENS,TIBI / CANIMVS,TIBI / LAVS ET GLO /RIA; Legende: REGNANTE MAVRITIO – D : G : DVCE · SAXONIAE,ZC :

GROSSVM – HVNC · LIPSIAE · HR · CVDEBAT : AN o – M · D · XLIIII – MENSE · IANV :

Die 1544 entstandene Dreifaltigkeitsmedaille verkörpert den Zenit im Schaffen des Leipziger Künstlers Hans Reinhart d. Ä. und stellt einen Höhepunkt in der Kunst der deutschen Renaissance dar. In unübertroffener Meisterschaft und einzigartiger Raffinesse zeigt sie eine gestalterische Kombination von Guss und kunstvollen goldschmiedemäßigen Auflötungen, bei denen es sich teilweise sogar um vollplastische Miniaturskulpturen und Dekore handelt. Reinhart war als ausgebildeter Goldschmied ein brillanter Meister seiner Kunst und konnte zudem bildkompositorisch auf seine künstlerischen Erfahrungen in der Holzbildhauerei zurückgreifen.

Das Medaillenmotiv des Gnadenstuhls lehnt sich an Vorbilder aus vorreformatorischer Zeit des frühen 16. Jhs. an, die in der sächsischen Bauplastik zu finden sind bzw. dem grafischen Werk Cranachs d. Ä. entstammen.

Neben ihrer herausragenden Qualität besitzt die Medaille v. a. eine große religionspolitische Bedeutung. Sie drückte die zeitgenössische Sehnsucht nach der Einheit der Kirche aus und dokumentierte diesbezügliche Bestrebungen um einen Ausgleich zwischen den Religionsparteien. Wie aus ihrer Rückseitenlegende und aus dem dort eingefügten herzoglich-sächsischen Wappen hervorgeht, war sie mit hoher Wahrscheinlichkeit ein Auftragswerk des späteren Kurfürsten Moritz von Sachsen.

Der junge Herzog Moritz, der 1539 zum Protestantismus übergetreten war, hatte vor Ausbruch des Schmalkaldischen Krieges aus politischen Gründen versucht, zwischen Kaiser Karl V. und den evangelischen Bundesanhängern zu vermitteln. Sein um 1542 einsetzendes Bemühen könnte die ikonografische Aussage der Medaille, die theologisch die Dreifaltigkeit (Trinität) thematisiert, widerspiegeln. Sowohl das Motiv des Gnadenstuhls als auch das auf der Rückseite in Textauszügen erscheinende Glaubensbekenntnis des Kirchenlehrers Athanasius aus dem 4. Jh. waren bei Altgläubigen und Protestanten gleichermaßen anerkannt. Letzteres bildete die theoretische Grundlage für die Trinitätslehre beider Kirchen und fand auch Erwähnung in den Schmalkaldischen Artikeln. Die Medaille besaß damit eine eindeutig verbindende religiöse Botschaft. Aufgrund ihrer großen Bedeutung ist die Medaille von Reinhart selbst bzw. unter Einbeziehung seiner Werkstattmitarbeiter 1556, 1561, 1566, 1569 und 1574 in subtil unterschiedlichen Ausführungen wiederholt worden. UW

Literatur
Cupperi 2013, S. 264 f., Kat. 179 · Eberle/ Wallenstein 2012, S. 80, Abb. 96 (ill.) · Habich II, 1, Nr. 1962 · Kuhn 1942, S. 16, Abb. 15 · Schuttwolf 1994 b, S. 26 f., Kat. 4.26 (ill.) · Steguweit 2012, Abb. 3 (ill.)

Hans Reinhart d. Ä.
Zwei Medaillen zu Sündenfall und Erlösung

VS: Adam und Eva umgeben von den Tieren des Paradieses unter dem Baum der Erkenntnis; links im Hintergrund die Erschaffung Evas aus der Rippe Adams durch Gottvater, rechts ihre Vertreibung aus dem Paradies; links am unteren Rand sächsischer Kurschild, rechts herzoglich-sächsischer Wappenschild
RS: Christus am Kreuz, zu beiden Seiten die Schächer; am Fuße des Kreuzes Johannes, Maria stützend, Maria Magdalena, zwei Soldaten und Hauptmann zu Pferde; im Hintergrund links Darstellung einer Kirche, rechts die Grabeshöhle, darüber der auferstandene Christus mit Siegesfahne

193
1536
Silber, gegossen mit Auflötungen
Dm 67 mm; Gewicht 71,17 g
Stiftung Schloss Friedenstein Gotha,
Inv.-Nr. 3./Co 659
Ausstellung Minneapolis

VS: ET · SICVT · IN · ADAM [AD ligiert] · OMNES [MNE ligiert] · MORIVNTVR · ITA · ET · IN · CHRISTVM [HR ligiert] · OMNES [MNE ligiert] · VIVIFICABVNTVR [AB ligiert] · VNVSQVISQVE · IN · ORDINE [NE ligiert] · SVO – unten: IOANN[e]S · FRIDERICVS · ELECTOR · DVX · SAXONIE · FIERI · FECIT
RS: · VT · MOSES · EREXIT · SERPE [n]TE[m] · ITA · CHR[i]S[tus] [HR ligiert] · IN · CRVCE · EXALTATVS [AL ligiert] ET · RESVSCITATVS , CAPVT [AP ligiert] · SERPE[n]TIS · CO[n]TRIVIT, VT SALVARET [AL und VAR ligiert] · CREDE[n]TES – unten: · SPES · MEA · IN · DEO · EST ·, oben am Kreuz: INRI, unten am Kreuz: H[ans] R[einhart] [ligiert] / 1 5 3 6 [vertieft] 1

194
o. J. (1536)
Silber, gegossen mit Auflötungen, gehenkelt
Dm 56 mm; Gewicht 34,32 g
Stiftung Schloss Friedenstein Gotha,
Inv.-Nr. 4.1./2300
Ausstellung Atlanta

VS im Feld: MVLIER · DE – DIT · MIHI · / ET · COME . DI · GE – ·Z ·
RS im Feld: MIS – ERERF · NO – BIS · DOMI – NE

Die 1536 vom sächsischen Goldschmied und Medailleur Hans Reinhart d. Ä. geschaffenen Medaillen widmen sich mit ihrem Gesetz und Gnade-Motiv dem zentralen reformatorischen Thema, das im Werk Lucas Cranachs d. Ä. 1528/29 seine entscheidende Ausformung erfuhr. Das Bildmotiv, bei dem Cranach verschiedene, teilweise bereits aus frühchristlicher Zeit bekannte ikonografische Szenen sowie künstlerische Vorstufen des Themas aus der ersten Hälfte der 1520er Jahre zu einem neuen Sinngehalt konfigurierte, gilt als einzige lutherische Neuschöpfung im Bereich der Bildenden Künste.
Theologischer Hintergrund des Gesetz und Gnade-Motivs war die Rechtfertigungstheorie Luthers, in der er auf Berufung des Briefes des Apostels Paulus an die Römer (Röm 3,28) zur Sündhaftigkeit der Menschheit verkündete, dass die Menschen Gerechtigkeit finden würden vor Gott allein durch ihren Glauben an Jesus Christus (Glaubensgerechtigkeit), der durch seinen Kreuzestod die Sünden von der Welt genommen habe. Nach Luthers neu gewonnener theologischer Überzeugung zur Gnade Gottes waren dessen Barmherzigkeit und Gerechtigkeit nicht beeinflussbar durch ein sündenfreies Leben und

194

gute Werke der Menschen und konnten somit nicht aktiv erworben werden – eine Haltung, die sich auch gegen den Ablasshandel und die Bußansicht der römischen Kirche richtete. Sie werden von ihm vielmehr als Eigenschaften Gottes angesehen, die dieser dem Menschen durch Vergebung erweist.

Analog zu den Darstellungen zu Sündenfall und Erlösung in der bildenden Kunst, die bildkompositorisch streng zwischen Altem und Neuem Bund trennen, finden sich bei den kunstvollen Reinhart-Medaillen gleichsam als komprimierte theologische Bildextrakte der Sündenfall auf dem Avers und die Kreuzigung Christi auf dem Revers mit typischen Nebenszenen abgebildet. Die Medaillenkunst folgt damit den protestantischen Lehrinhalten der großformatigen Kunst.

Wie die Umschrift auf dem Avers der datierten Medaille kundtut, war diese ein Auftragswerk des sächsischen Kurfürsten Johann Friedrich des Großmütigen im Sinne eines protestantischen Bekenntnisses. Entsprechend erscheint auf dem Revers auch sein persönlicher Wahlspruch »Meine Hoffnung liegt in Gott«, der auf eine Lutherdevise zurückgriff. Ebenfalls 1536 entstand noch eine Variante der Medaille (Kat. 194). 1547, im Jahr der Entscheidungsschlacht von Mühlberg, wurde das Thema Verdammnis und Erlösung im Auftrag Johann Friedrichs letztmalig von Reinhart d. Ä. mit einer Medaille aufgegriffen. UW

Literatur
Bild und Botschaft 2015, S. 186 f., Kat. 50 (ill.) · Cupperi 2013, S. 263 f., Kat. 178 · Doerk 2014, S. 54 f., Abb. 7 · Kuhn 1942, S. 15, Abb. 10 · Tentzel 1982, S. 98–105, Taf. 8,I,II

195

Ofenkachel mit der Taufe Christi im Jordan

Wittenberg, Lutherhaus Collegienstraße 54, Mitte/2. Hälfte 16. Jh.
Irdenware, grüne Glasur
29 × 17,7 cm
Landesamt für Denkmalpflege und Archäologie Sachsen-Anhalt
Landesmuseum für Vorgeschichte Halle,
Inv.-Nr. HK 592:45:1c0
Ausstellung Atlanta

Die hochrechteckige Kachel zeigt die Taufe Jesu durch Johannes den Täufer im Jordan, worauf neben der klaren Bildmotivik eine Reliefschrift auf dem Kachelfuß verweist: »DR.IVRDAN«. Das »N« ist dabei seitenverkehrt ausgeführt, was ein Hinweis darauf ist, dass Formenschneider nicht unbedingt des Lesens kundig gewesen sein müssen. Derartige Schriftanteile auf Kacheln dienten außerdem nicht ausschließlich der stringenten Informationsweitergabe, sondern besaßen auch eine dekorative Funktion – ein Effekt, der im Laufe der Weitergabe einzelner Bildmotive häufig zunahm, wenn Inschriften beim Kopieren weiter verstümmelt wurden.

Seitlich in den Säulenbasen stehen die Lettern »V« und »T«. Diese und ähnliche Initialenpaare kommen überregional auf ganz verschiedenen Kacheltypen häufiger vor. Es kann sich um die Initialen des Formenschneiders handeln, um diejenigen eines Kachelgroßhändlers oder auch um die des Töpfers, der die Kachel anfertigte. Eine recht ähnlich aufgebaute Kachelserie aus der Mitte des 16. Jhs., hier allerdings mit den Initialen »V« und »F« sowie Herrscherdarstellungen, z. T. von sächsischen Kurfürsten, stammt aus Stralsund und Anklam. Ein der Wittenberger Taufkachel sehr ähnliches Model mit »VT« und einer Darstellung Johann Friedrichs von Sachsen ist sogar aus Kopenhagen bekannt. Auffallend an der Kachel aus dem Lutherhaus ist ein gut ausgeführtes, besonders tiefes, halbplastisches Relief. Der das Bildfeld nach oben beschließende, hinter einer sägezahnartig beschnittenen Wolke hervorlugende Gottvater reicht sogar über das Bildfeld hinaus auf den Kachelrahmen, was bei Kacheln dieser Zeit selten ist.

Die Taufe Jesu, also sein Untertauchen im Wasser, das Heraussteigen aus dem Jordan und der geöffnete Himmel wurden als Vorwegnahme des Todes und der Auferstehung Christi gedeutet. Demnach wird auch der Christ durch die Taufe, die Luther weiterhin als Sakrament verstand, dieses Heilsereignisses teilhaftig.

Dass es exakt diese Kachel auch als luxuriösere, polychrom glasierte Ausführung gab, belegt ein Fragment mit Gottvater auf der Wolke, welches 2012 bei Ausgrabungen auf dem Areal des Goldenen Rings in Mansfeld, dem ehemaligen Gasthof gegenüber dem Lutherelternhaus, gefunden wurde. RKA

Literatur
Hoffmann 2008, S. 205 · Hoffmann 2009, S. 307 · Schäfer 2008, S. 289 f. · Schwarz 2008, S. 219, Abb. 8 (ill.) · Vahlhaus 2015, S. 447, Abb. 26

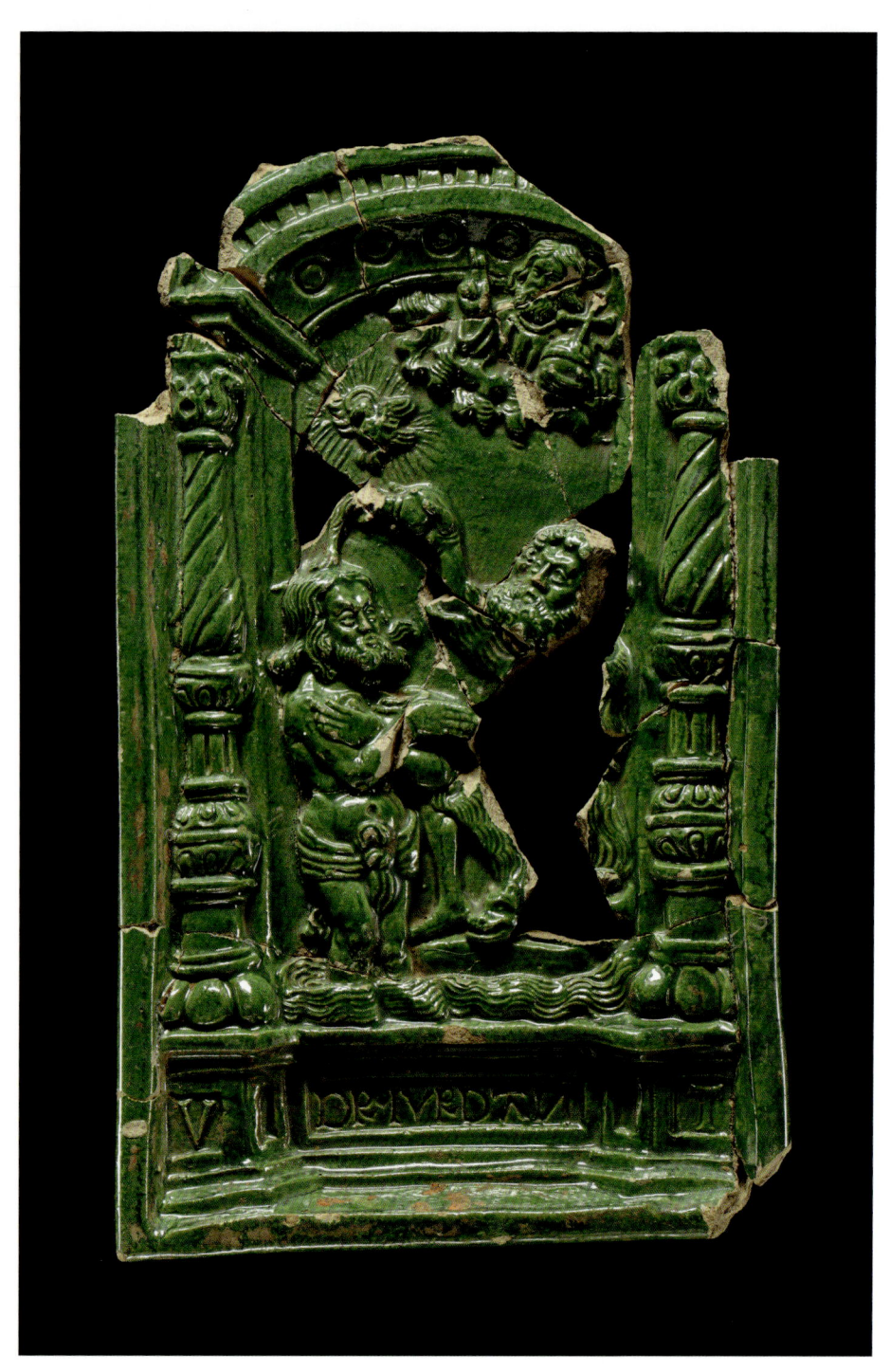

195

Das Abendmahl

Beim Abendmahl bzw. bei der Eucharistie werden in den christlichen Kirchen beim Gottesdienst oder bei der Messe Brot bzw. Hostien und, je nach Denomination, auch Wein gereicht. Dies geschieht nach Sprechen der in den Evangelien überlieferten Einsetzungsworte. Die theologische Bedeutung der Feier ist in den christlichen Kirchen umstritten.

Seit dem Hochmittelalter war in der lateinischen Kirche die Transsubstantiationslehre gängig. 1215 wurde die Wesensverwandlung von Brot und Wein in Leib und Blut Christi mit der scholastischen Unterscheidung von Substanz und Akzidenz erklärt: Während die sichtbaren Teile wie Brot und Wein nicht der Wandlung unterlagen, soll dies für das nicht sichtbare Wesen – die Substanz – der Fall sein. Im vierten Lateran-konzil 1215 wurde diese Lehre als orthodox festgeschrieben und im Konzil von Trient 1563 als Reaktion auf die Reformation bekräftigt. Der Priester handelt in der katholischen Messe als Stellvertreter Christi, durch die göttliche Gnade erfolgt die Wesensverwandlung. Diese Wandlung hat auch über die Eucharistie hinaus Bestand, Hostie und Wein werden darum in einem Tabernakel, einem kleinen Schränkchen im Altarraum, aufbewahrt. In der katholischen Kirche gibt es keinen Laienkelch, d. h. nur der Priester darf den Wein trinken.

Luther hielt stets an der Realpräsenz Christi im Abendmahl fest, d. h. für ihn war Christus in Brot und Wein anwesend. Auch bei ihm findet die Wandlung von Brot und Wein zum Leib und Blut Christi statt. Mit Hinweis auf die Einsetzungsworte praktizieren Lutheraner den Laienkelch: Nicht nur der Priester darf vom Wein trinken, sondern die gesamte Gemeinde. Die Wandlung von Brot und Wein hat in der lutherischen Kirche nur für die Zeit des Abendmahls Bestand. Hostie und Wein müssen danach nicht verwahrt werden.

Der Reformator Huldrych Zwingli formulierte in Bezug auf das Abendmahl die Auffassung, dass es lediglich als Gedächtnismahl gefeiert werden solle. Die Feier mit Brot und Wein wecke das Gedächtnis an den Auferstandenen. Hierfür ist der Glaube der Gemeinde maßgeblich: Die Einsetzungsworte müssen von der Gemeinde verstanden und geglaubt werden. Der Gemeinde wird sowohl Brot als auch Wein gereicht, sie versammelt sich um einen Tisch, der in der Mitte des Gottesdienstraumes steht. In der reformierten Tradition wird das Abendmahl nicht mit der Hostie, sondern mit Brot gefeiert. RK

196
Meister »M B«
Evangelischer Abendmahlskelch

wohl süddeutsch (?), 2. Hälfte 15. Jh. und 1636
Silber, gegossen, getrieben und graviert, vergoldet
H 21,8 cm; Dm 12,5 cm
Stiftung Luthergedenkstätten in Sachsen-Anhalt, Inv.-Nr. K 275
Ausstellung Minneapolis

Kuppa: DAS . BLVT . IESV . CHRISTI . GOTTES . SOHNS . MACH . VNS . REIN . VON . ALEN . VNSERN . SVNDEN [Blume] . I . IOHAN . I
auf den Köpfen der Rotuli: I H E S V S
Unterseite des Fußes: G. V. B. COL. 1636 / GEORG. MATHESIVS . P.
auf dem Standring gepunzt mit Stadtmarke (nicht aufgelöst) und Meistermarke »MB« (nicht aufgelöst) ligiert im Oval

Der Kelchfuß ist sechspassig und die gerade Zarge umlaufend mit durchbrochenem Maßwerk verziert. Der sechsseitige profilierte Schaft besitzt einen Nodus mit Rotuli, darüber schließt unvermittelt die relativ große Kuppa mit auslaufender Mündung an.

Das Austeilen des Abendmahls in beiderlei Gestalt an alle mündigen Mitglieder einer Gemeinde brachte auch Änderungen beim Abendmahlsgeschirr. So wurden z. B. Kannen angeschafft, die ein größeres Volumen an Messwein fassten. Auch der Erwerb von Kelchen mit größerem Fassungsvermögen ist nachweisbar. Georg Mathesius stiftete diesen Kelch 1636. Es ist davon auszugehen, dass er nur die Ausstattung des Kelches mit einer größeren Kuppa finanzierte, denn die der mittelalterlichen Kelche waren in der Regel wesentlich kleiner. Das Stück ist ein gutes Beispiel für diese in den evangelischen Kirchen übliche Praxis. Die kunstfertigen gotischen Standfüße und Schäfte wurden anscheinend sehr geschätzt und daher beibehalten, sodass immer wieder vorreformatorische Kelche mit später angebrachten, größeren Kuppas nachzuweisen sind.

Die umlaufend gravierte Inschrift unterhalb der Mündung gemahnt an das heilsbringende Opfer Christi. So ist ganz im Sinne des Luthertums ein direkter Hinweis auf das Schriftwort in die liturgische Handlung der Kommunionsspendung einbezogen. Die datierte Stifterinschrift auf der Unterseite des Fußes verweist darauf, dass Stiftungen materieller Güter auch nach der Reformation weiterhin erfolgten. Sie fungierten jedoch nicht mehr als gute Werke zur Garantie des Seelenheils, sondern sie sollten dem Lob und Preis Gottes und seiner Kirche dienen. SKV

Literatur
Brademann 2014 · Seyderhelm 2001 · Treu 2003 b, S. 64 f. (ill.)

197

197

Albrecht Dürer

Das letzte Abendmahl

1523
Holzschnitt
21,2 × 29,8 cm
Privatsammlung, Minneapolis
Ausstellung Minneapolis

signiert mit Monogramm und datiert »1523«
auf kleiner Tafel am Boden

Albrecht Dürer schuf diese Darstellung des Abendmahls in einer Zeit großer sozialer, politischer und religiöser Spannungen. Papst Leo X. hatte Luther exkommuniziert. Luther hatte auf dem Wormser Reichstag gegenüber Karl V. und Johannes von Eck an seinem Standpunkt festgehalten. Erst kurz vor der Entstehung des Holzschnitts war er aus der Abgeschiedenheit der Wartburg nach Wittenberg zurückgekehrt, wo die Situation außer Kontrolle zu geraten schien.

Drei radikale Reformer, die sog. Zwickauer Propheten, hatten immer mehr Anhänger gefunden, darunter auch Luthers frühen Weggefährten Andreas Karlstadt. Ihrer Auffassung nach war die unmittelbare Erleuchtung durch den Heiligen Geist bedeutsamer als die Bibel. Karlstadt sprach sich mit Erfolg für die Entfernung der Bilder aus den Kirchen aus. Zu seinem Bruch mit der von der Obrigkeit akzeptierten Glaubenslehre gehörte die Ablehnung der Kindertaufe und der Kirchenmusik, und er wurde zum Musterbeispiel eines kongregationalistischen Predigers. Luther fand sich innerhalb der Reformation in einer konservativen Rolle wieder. Die Bauernkriege waren noch nicht ausgebrochen, aber die auslösenden Faktoren für Aufstände bereits spürbar.
Eine wesentliche Glaubensfrage, die zu internen Machtkämpfen führte, hatte mit dem Verständnis und der richtigen Durchführung des Abendmahls zu tun. Waren Körper und Blut Jesu Christi physisch und spirituell in Brot und Wein gegenwärtig? War das Abendmahl ein Sakrament oder ein Opfer? Sollte der Wein nur den Geistlichen gereicht werden oder auch den Laien? Es scheint, als ob Dürer sich für das Thema sehr interessiert hat. In dieser Version des Abendmahls platzierte er einen Brotkorb und einen Weinkrug in den Vordergrund, sozusagen in Reichweite des Betrachters. Die Platte für das Osterlamm im Vordergrund ist leer, als ob die physische Abwesenheit des Körpers betont werden soll. Er zeigt so, dass das Abendmahl ein Sakrament ist und kein Opfer. Erstaunlicherweise stellte Karlstadt, der ein entschiedener Befürworter der Abschaffung von Kirchenbildern blieb, 1521 in dem Traktat *Von Anbetung vnd eer erbietung der zaychen des newen Testaments* Dürers Position zur Eucharistie infrage. Karlstadt wies darauf hin, dass Brot und Wein nicht verehrt, sondern gegessen bzw. getrunken werden sollten. Dürer zeigt uns einen leeren Teller und einen beiseitegeschobenen Kelch, der nebensächlich erscheint.
Dürer hat nur elf Apostel dargestellt. Das einzige Evangelium, in dem von Judas' Abwesenheit berichtet wird, ist das Buch Johannes (Joh 13,34–35), als Jesus zu seinen Jüngern spricht: »Ein

neues Gebot gebe ich euch, daß ihr euch untereinander liebt, wie ich euch geliebt habe; damit auch ihr einander lieb habt. Daran wird jedermann erkennen, daß ihr meine Jünger seid, wenn ihr Liebe untereinander habt.« Danach erinnert er sie daran, wie schwer es sein wird, seinen Lehren zu folgen und sagt voraus, dass sogar Petrus ihn dreimal verleugnen wird, bevor der Hahn kräht. Dürer scheint sich der Probleme sehr bewusst zu sein, mit der eine Gemeinschaft konfrontiert ist, die ihre Glaubenslehre neu definieren will. Er nutzt formale Grundprinzipien italienischer Renaissancekünstler zu Raum, Proportionen und Ausgewogenheit auf ironische Weise und gibt dem Bild so eine antirömische, reformatorische Bedeutung. TR

Literatur
Burnett 2011 · Panofsky 1948, S. 222 f. · Talbot 1971, S. 194 f., Nr. 206

198

Cranachwerkstatt (zugeschrieben)
Austeilung des Abendmahls in beiderlei Gestalt durch Martin Luther und Jan Hus

um 1554
Holzschnitt
22,7 × 24,1 cm
Stiftung Luthergedenkstätten in Sachsen-Anhalt, Inv.-Nr. fl VIII 1105
Ausstellung Minneapolis

Der Holzschnitt zeigt die Austeilung des Abendmahls in beiderlei Gestalt durch Martin Luther und Jan Hus an die Mitglieder des sächsisch-ernestinischen Fürstenhauses. Hus, der den Laienkelch gefordert hatte, galt als Vorläufer der Reformation. Mit der Darstellung der letzten drei ernestinischen Kurfürsten, die sich für die Reformation einsetzten, gehört der Holzschnitt zu den ab der Mitte des 16. Jhs. zunehmend verbreiteten Gedächtnis- und Bekenntnisbildern. Vor dem Altar reicht Luther Johann dem Beständigen den Kelch, während Friedrich der Weise von Hus die Hostie empfängt. Johann Friedrich der Großmütige, seine Gattin Sibylle von Cleve sowie die Söhne Johann Friedrich der Mittlere, Johann Wilhelm und Johann Friedrich d. J. wohnen dem Geschehen bei. Auf dem Altar steht ein mit einem Kruzifix bekrönter Brunnen, dessen Schalen von einem Rebstock getragen werden. An das Motiv der *Fons pietatis* anknüpfend, speist er sich aus dem heilsspendenden Blut, das aus den Wundmalen des Gekreuzigten fließt.

In der protestantischen Kunst wurde die Erlösung der Menschheit durch das Blut Christi als Versinnbildlichung der Gnade Gottes im Sinne der Rechtfertigungslehre interpretiert. Durch den Gnadenbrunnen auf dem Altar wird nicht nur das Abendmahl in beiderlei Gestalt propagiert, sondern auch die Realpräsenz Christi in Brot und Wein betont. So dürfte es sich bei der stets als Beichte Johann Friedrichs des Großmütigen interpretierten Szene im Hintergrund eher um die Darstellung handeln, wie Luther, der im Redegestus gezeigt ist, dem thronenden Souverän sein Verständnis vom Abendmahl erläutert. Über dem Herzog hängt das sächsische Wappen mit den gekreuzten Kurschwertern. Deutlich zu erkennen ist jedoch die Narbe im Gesicht Johann Friedrichs, die er in der verlorenen Schlacht bei Mühlberg 1547 davongetragen hatte. Die militärische Niederlage hatte die Gefangenschaft des Ernestiners, den Verlust wichtiger Teile seines Herrschaftsgebietes und die Aberkennung der Kurwürde zur Folge. Allerdings wurde Johann Friedrich dem Großmütigen kurz vor seinem Tod (1554) der Titel »geborener Kurfürst« zugestanden, was ein Anhaltspunkt zur Datierung der Grafik sein könnte. ID

Literatur
Hofmann 1983 b, S. 229, Kat. 102 (ill.) · Marx/Hollberg 2004, S. 211, Kat. 331 · Schade 1983, S. 421 f., Kat. F42 (ill.) · Schäfer/Eydinger/Rekow im Druck (ill.) · Schulze 2004, S. 101 u. 103 (ill.)

I·N·R·I·
QVI ME CERNIS HOMO; TE CERNE, TVVMQ; REATVM,
NAM SINE MORTE FOREM, TV NISI MORTIS ERAS.
QVOD PATIOR, TVA CVLPA FACIT: QVODQ; IMPLEO LEGEM,
IVSTICIAM MEREOR TV MODO CREDE, TIBI,
A CRVCE TV PENDE. NANQ; IN CRVCE PENDEO PRO TE.
QVI DEVS, QVI SVM CRIMINE PVRVS HOMO.
SED PRO LABE TVA FACTVS VADIS ANTE PARENTEM
QVÆ TV DEBVERAS, HÆC CRVCE SOLVO MEA.
TE FINXI; PRO TE SOLVI; EX HOSTE RECEPI;
SVM TVVS, ATQ; MEVM FIT MERITVM OMNE TVVM.
QVID MAIVS POTERAM DARE, VEL TV POSCERE MAIVS?
MAGNVS AMOR CERTE EST HOSTIS AMORE MORI.
EN CAPVT, VT SPINIS VRGETVR; VT ÆMVLA SOLI
LVMINA, IAM TENEBRAS, OMINA MORTIS, HABENT.
OS QVOQ; QVO VERÆ TRADO PRÆCEPTA SALVTIS,
INFICITVR TRISTI FELLE, MEROQVE GRAVI.
EN FACIEM QVA SANCTA OCVLOS GENS PASCERE GAVDET,
QVAM PVGNOS, ET QVAM LIVIDA SPVTA TVLIT?
QVÆQ; MANVS AD OPEM PROMTÆ, SVNT TEGMEN ET VMBRA
DISPANSÆ IN RIGIDO STIPITE VVLNVS HABENT.
CERNE PEDES VNCO FIXOS, QVIBVS ÆQVORA PRESSI
SVMMA: QVIBVS COLVBRI FRANGO NOCENTIS OPVS.
COR, QVOD AMORE TVI FLAGRAT, TEREBRABITVR HASTA:
VIXQ; HABET IN NOBIS IAM NOVA PLAGA LOCVM.
RESTAT LINGVA, FAVENS HOSTI, ET LOETA ARVA LATRONI
DISCIPVLO MATREM DANS: ANIMAMQ; PATRI.
EST TRANSACTA SALVS, ET VATVM FATA PRIORVM;
ERGO MEÆ VITÆ FINIS, ORIGO TVÆ EST.

199

199

Lucas Cranach d. J.
Christus am Kreuz

1571
Öl auf Leinwand
251 × 158 cm
Evangelisches Predigerseminar Wittenberg,
Inv.-Nr. 5
Ausstellung Minneapolis

datiert und signiert mit geflügelter Schlange auf dem Kreuzesstamm
Inschrift auf den Tafeln seitlich des Kreuzesstammes: links: qvi me cernis homo: Te cerne, tvvmq Reatvm / Nam sine morte forem, Tv nisi mortis eras, / [...]
rechts: Os qvoq, qvo verae trado praecepta salvtis, / Inficitvr tristi felle, meroqve gravi. / [...]

Lucas Cranach d. J. schuf 1571 ein monumentales Gemälde des Gekreuzigten. Der noch lebende Christus neigt sein Haupt zur Seite, den Mund zum Sprechen geöffnet und den Blick nach oben gerichtet. Zarte Rinnsale seines Blutes quellen aus den Wunden an Händen, Füßen und unter der Dornenkrone hervor. Die Kreuzesbalken bestehen aus grob gehobelten Stämmen. Sie gemahnen an den Baum des Lebens. Dahinter verdüstert sich der rötlich gefärbte Himmel mit dunklen Wolken. Der Platz des Kreuzes ist hier nicht die mit den Knochen Adams übersäte Fläche des Hügels Golgatha; es erhebt sich auf steinigem Grund, der aber durch den Bewuchs zarter Pflänzchen nahezu freundlich wirkt. Das lange, vom Wind stark bewegte Lendentuch Christi bricht die sonst eher statisch anmutende Komposition. Goldene Kordeln halten die beiden Schrifttafeln links und rechts des Kreuzesstammes.

Der Wittenberger Poetikprofessor Johannes Maior verfasste das hier wiedergegebene Gedicht, das 1584 als Klage Christi auch in Druck kam. Im Text der linken Tafel wendet sich Christus direkt an den Rezipienten und fordert diesen auf, ihn genau anzusehen und so die Passion nachzuvollziehen. Auf der rechten Tafel folgt die Schilderung des Sterbens Christi. So kann der Betrachter die Leiden Christi verinnerlichen und mitleiden. Die Passionsbetrachtung in Schrift und Bild gehörte seit Luther, v. a. aber Melanchthon, zu den Konstanten der lutherischen Frömmigkeit. Die Gläubigen sollten sich dauerhaft an ihre eigenen Sünden und das Gnaden spendende Opfer Christi erinnern. Text und Bild dienten als Meditationshilfen. Diese humanistisch geprägte Art und Weise der Heilsvermittlung zeichnet sich deutlich in der Kreuzigung ab und es liegt nahe, dass das Gemälde für Räume der Wittenberger Universität entstanden ist.

Bereits 1519 im *Sermon von der Bereitung zum Sterben* sprach Luther von Christus am Kreuz und seinen Heiligen als »Gnaden bild«. Luther verstand die Kreuzigung als tröstliches Bild – und so gestaltete es der jüngere Cranach auch. Das entgegen der spätmittelalterlichen Gepflogenheiten kaum sichtbare Blut, der reduzierte Hintergrund und die diffuse Beleuchtung erinnern nur zeichenhaft an das Leiden Christi. Die sparsame Staffierung mit Einzelheiten gibt dem Betrachter die Möglichkeit, in frommer Andacht das Wesentliche der Bildaussage zu reflektieren. Zugleich stattete Cranach das Bild mit Charakteristiken aus, die das Gezeigte vergegenwärtigen: Die Feinheit der Malerei, die Detailtreue geben ihm einen illusionistischen Realismus. SKV

Quellen und Literatur
Heal 2013 · Schulze 2004, S. 203–206 · Slenczka 2015, S. 378 f., Kat. 3/43 (ill.) · WA 2, 689, 18 f. · Wimböck 2010

Luthers Bibelübersetzung

Luthers Bibelübersetzung, die über Jahre hinweg entstand, ist nicht etwa die Leistung eines Einzelnen, sondern ein Gemeinschaftswerk, an dem verschiedene Gelehrte der Wittenberger Universität ihren Anteil hatten. Das Wesentliche an Luthers Bibelübersetzung war die humanistische Rückbesinnung auf die eigentlichen Quellen, die griechischen und hebräischen Urtexte. Im Unterschied dazu orientierten sich die vorherigen Übersetzungen ausschließlich an der *Vulgata*. Luther entwickelte einen flüssigeren Sprachstil und verwendete Formulierungen, die dem Sinn des Textes entsprachen und dem Volk die Frohe Botschaft leicht verständlich zugänglich machten.

Auf die Ermunterung Philipp Melanchthons hin übersetzte Luther zwischen Dezember 1521 und Februar 1522 zunächst das Neue Testament aus dem Griechischen, als er sich unter dem Schutz von Kurfürst Friedrich dem Weisen als »Junker Jörg« auf der Wartburg verstecke (vgl. Kat. 205–208). Nachdem im September und Dezember 1522 in Wittenberg die ersten Ausgaben des Werkes erschienen waren, kamen bereits 1523 in Leipzig, Grimma, Augsburg und Basel zwölf Nachdrucke auf den Markt. Bald darauf wurden 14 autorisierte Ausgaben und 66 weitere Drucke veröffentlicht. Da Luther eine Verfälschung seiner Übersetzungen befürchtete, ließ er seit 1524 die von ihm autorisierten Ausgaben mit Schutzmarken versehen: der Lutherrose und einem Lamm Gottes mit Kreuzesfahne.

Noch während der Druck des Septembertestaments in Vorbereitung war, begann Luther mit der Übersetzung des Alten Testaments. Die Arbeiten daran erstreckten sich über zwölf Jahre, was nicht nur dem größeren Textumfang, sondern auch der schwierigen Übersetzung aus dem Hebräischen geschuldet war. Um einen gut verständlichen und zutreffenden Text zu formulieren, feilte Luther mit seinen Kollegen wochenlang an geeigneten Ausdrücken. Zudem erkrankte Luther in den frühen 1530er Jahren, sodass Justus Jonas und Philipp Melanchthon Teile des Alten Testaments übersetzen mussten. Seit 1523 erschienen nach und nach Einzeldrucke der Bücher aus dem Alten Testament, die vollständige Bibel inklusive des Neuen Testaments aber erst 1534 bei Hans Lufft in Wittenberg. Die Wortschöpfungen des Reformators und seine eindrücklichen Formulierungen prägen die deutsche Sprache bis heute. ID

IMAGO MARTINI LVTHERI EO HABITV EXPRESSA, QVO REVERSVS EST EX PATHMO WITENBERGAM. ANNO DOMINI. 1522.

Quæsitus toties, toties tibi Roma petitus,
En ego per Christum uiuo Lutherus adhuc.
Vna mihi spes est, quo non fraudabor, Iesus,
Hunc mihi dum teneam, perfida Roma uale.

ANNVS CONFESSIONIS, VVORMACIÆ, 1521.
Cæsaris ante peDes, proCeres stetit ante potentes
ACCoLa qVa Reni Vanglo LItVs aDIt.

ANNVS PATHMI. 1521.
A Reno properans, CapItVr, bene ConsCIa PathMI TeCta, Papæ fVgIens retIa strVCta, petIt.

ANNVS REDITVS EX PATHMO. 1522.
CarLstaDII ob fVrIas aD SaXona teCta reCVrrIt, FaVCIbVs eX sæVIS rVrsVs oVesqVe rapIt.

200

Lucas Cranach d. Ä.
Martin Luther als Junker Jörg

1521/22
Holzschnitt
Bildmaß: 28,3 × 24,4 cm
Klassik Stiftung Weimar, Inv.-Nr. DK 181/83
Ausstellung New York

Inschrift am oberen Rand: IMAGO MARTINI LUTHERI EO HABITU EXPRESSA, QUO REVERSUS EST EX PATHMO WITENBERGAM ANNO DOMINI, 1521

Der in diesem Zustand überaus seltene Holzschnitt geht zweifellos auf einen – heute verlorenen – zeichnerischen Entwurf von Cranach selbst zurück. Zudem hat Cranach wohl als »Reißer« gearbeitet, d. h. er hat seine Vorzeichnung selbst auf den Druckstock übertragen. Den Schnitt des Holzstockes übernahm ein professioneller Formschneider, bevor er dann dem Drucker übergeben wurde.

Der Aufbau des Blattes folgt einer emblematischen Struktur, bei der Bild und Wort eng verschränkt sind. Jedoch fehlt der Rätselcharakter, der eigentlich typisch für ein Emblem ist. Oben steht im Sinne eines Lemmas (Mottos) die Kernaussage: »Bildnis Martin Luthers in dem Aussehen, in dem er aus seinem Pathmos nach Wittenberg zurückkehrt im Jahre 1522«. Dahinter versteckt sich eine biblische Anspielung: Die griechische Insel Patmos war der Ort, an dem Johannes, der Autor der Apokalypse, während der Verbannung seinen biblischen Text niederschrieb. Auch Luther war gezwungen, nach dem Reichstag zu Worms rund zehn Monate im unfreiwilligen Exil auf der Wartburg zu verbringen, wo er sich versteckt hielt und das Neue Testament übersetzte. Darunter folgt die *Icon* (*Pictura*), das Bildnis dessen, von dem bezeugt wird, dass er im März 1522 so ausgesehen habe. Dieses Bildnis sollte nicht zuletzt als Beweis dienen, dass Luther lebt und die damals schwelenden, auch von Albrecht Dürer überlieferten Gerüchte, er sei zu Tode gekommen, unwahr sind.

Eine weitere schriftliche Erläuterung, das Epigramm (*Subscriptio*), folgt unterhalb des Bildes: »So oft auch von Dir, Rom, gesucht und verfolgt, Siehe ich, Luther, lebe durch Christus noch immer. Jesus, von dem ich nicht betrogen werde, ist meine Hoffnung, Solange ich diese habe, leb' wohl Du falsches Rom«. Hier spricht sich der Dargestellte direkt aus und verrät eindringlich seine Glaubensbotschaft. Unter diesem Bekenntnis folgen drei kurze, nebeneinander geordnete Kolonnen, die der historischen Einbettung dienen und einen erzählerischen Rahmen mit dramatischen Akzenten setzen. Links steht: »Jahr der Confession zu Worms 1521: Zu des Kaiser Füßen, vor den mächtigen Großen stand er, wo Worms am Ufer des Rheins liegt«, in der Mitte: »Das Jahr auf Pathmos 1521: Vom Rhein forteilend, wird er gefangen; des Papstes ausgespannte Netze meidend, strebt er unter die eingeweihten Dächer von Pathmos«. Rechts schließlich lesen wir: »Jahr der Rückkehr vom Pathmos 1522: Wegen Karlstadts Raserei eilt er nach Sachsen zurück und reißt die Schafe wieder aus dem wütenden Rachen«. Der Einblattholzschnitt verbindet Merkmale eines Gedenkblattes mit denjenigen eines sog. Flugblattes, das für eine weite Verbreitung gedacht war. WH

Literatur
Holler 2016

201

Heinrich Göding d. Ä.
Luther als Junker Jörg

1598
Radierung
26,3 × 18,5 cm
Stiftung Luthergedenkstätten in Sachsen-Anhalt, Inv.-Nr. fl III 467
Ausstellung Minneapolis

Die Radierung gehört zu einem umfangreichen Zyklus von Illustrationen Heinrich Gödings zu einer Geschichte des Volkes der Sachsen, die 1597/98 erschien. Dies erklärt auch den erzählerischen Charakter der Darstellung. Luther wird darin in voller Größe in seiner wohl ungewöhnlichsten Rolle dargestellt: Er erscheint nicht als Mönch mit Tonsur, sondern mit vollem Haar und dichtem Bartwuchs, angetan mit Küraß, Schwert und Degen. Die Darstellung spielt auf Luthers Identität als »Junker Jörg« an, die er während seines Aufenthaltes auf der Wartburg annehmen musste, um dort unerkannt zu bleiben. Friedrich der Weise hatte nach dem Reichstag zu Worms dem Reformator, über den zusätzlich zum Kirchenbann nun auch die Reichsacht verhängt worden war, auf der Wartburg eine sichere Zuflucht verschafft. Luther nutzte die Zeit, um inkognito an seiner Übersetzung des Neuen Testaments ins Deutsche zu arbeiten.

Gödings Radierung verbindet diese verschiedenen Episoden zu einer bildlichen Hommage an den großen Reformator. Im Hintergrund erkennt man eine Vedute der Reichsstadt Worms, dem Ort, an dem Luther sich offen gegen Staat und Kirche behauptet hatte. Das Schwert, auf das Luther sich stützt, kann dabei als Zeichen für seine kämpferische Haltung verstanden werden. Die beiden Folianten unten rechts im Bild spielen auf das epochale Übersetzungswerk des Reformators an. Die aufgeschlagene Doppelseite enthält jeweils die Anfänge der Evangelien des Mat-

201

thäus, Markus und Johannes. Die vierte Bibelstelle ist ebenfalls ein Zitat aus dem Johannesevangelium: »Also hat Gott die Welt geliebt, dass er seinen ein[z]igen Sohn gab« (Joh 3,16). Diese Manifestation einer bedingungslosen Liebe Gottes wird umrahmt von einem Busch mit Lutherrosen.

Heinrich Göding bezieht sich mit seiner Radierung auf ein Bildmotiv, das sein Lehrer Lucas Cranach bereits 1521 zunächst als Zeichnung, später als Holzschnitt angelegt hatte (Kat. 200), als Luther unerkannt für einige Tage von der Wartburg nach Wittenberg gekommen war. Cranach war es auch, der in seinem Porträt die Parallele zu Johannes auf Patmos zog und so aus dem in der Verbannung lebenden Freund einen neuen Evangelisten machte. Göding übernimmt diese Parallele mit der Erläuterung »In Pathmo 1521« über Luthers Kopf. Er formuliert das von Cranach geschaffene Brustbild weiter aus, indem er es mit anekdotenhaften Details ergänzt. Sein Lutherporträt ist ein Erinnerungsbild, das uns rückblickend den Weg von der Lutherverehrung zur Lutherverklärung deutlich vor Augen führt. KH

Quellen und Literatur
Albinus/Göding 1597/98 (ill.) · Andresen 1864, S. 93 · Hollstein X (ill.)

202

Monogrammist W. S.
(Wolfgang Stuber)
Luther als hl. Hieronymus im Gehäuse

um 1580
Kupferstich
Blattmaß: 13,6 × 12,6 cm
Stiftung Luthergedenkstätten in Sachsen-Anhalt, Inv.-Nr. 4° IV 469
Ausstellung Minneapolis

Inschrift am unteren Bildrand: PESTIS ERAM VIVVS/ MORIENS TVA MORS ERO PAPA (Lebend war ich dir eine Pest, o Papst, sterbend werde ich dein Tod sein)

Mit dieser postumen Darstellung Luthers – der Stich entstand rund 30 Jahre nach seinem Tod – greift Wolfgang Stuber ein Bildmotiv auf, das Albrecht Dürer in einem seiner Meisterstiche 1514 geschaffen hatte. Sein *Heiliger Hieronymus im Gehäuse* (Kat. 204) zeigt den Kirchenvater in einer altdeutschen Studierstube beim Verfassen eines Textes. Die Szene spielt auf das Hauptwerk des später heiliggesprochenen Mönchs und Gelehrten an, die Übersetzung eines Großteils der biblischen Originaltexte ins Lateinische. Darstellungen des Hieronymus waren gerade wegen dessen Gelehrsamkeit in Humanistenkreisen des 16. Jhs. sehr verbreitet. Darunter gab es auch solche Porträts, in denen historische Persönlichkeiten selbst in die Rolle des Heiligen schlüpften, um sich so mit der Aura des großen Kirchenvaters zu umgeben. Luthers Widersacher Kardinal Albrecht von Brandenburg hatte sich von Cranach mehrfach in dieser Rolle darstellen lassen.

Stuber setzt in seiner durch den Druckprozess spiegelverkehrten Kopie des Dürerstichs nun Luther an die Stelle des Heiligen. Ansonsten zitiert er das Motiv bis ins kleinste Detail. Selbst die Attribute des Hieronymus – der Löwe und der große Kardinalshut an der Wand – sind übernommen, um das Bildzitat kenntlich zu machen. Stuber führt dem Betrachter durch die Motivübernahme in seinem Bild die Parallele zwischen dem Reformator und dem Kirchenvater vor Augen. Beide haben durch ihre Bibelübersetzungen theologische Standards gesetzt: Hieronymus, indem er die *Vulgata* schuf, die in den folgenden Jahrhunderten zum Bibeltext der altgläubigen Kirche wurde; Luther, indem er die Bibel ins Deutsche übersetzte und sie damit weiten Kreisen der Bevölkerung zugänglich machte.

Darstellungen, die Luther zum Heiligen machten, kursierten bereits zu Lebzeiten des Reformators (Kat. 159–161). Der Widersinn bestand allerdings darin, dass es ausgerechnet Luther war, der eine solche persönliche Überhöhung durch Bilder vehement ablehnte. Diesem Umstand zollte Stuber mit einer Abwandlung des Motivs Respekt: Er verzichtete auf den Strahlenkranz, der in Dürers Stich vom Haupt des Hieronymus ausgeht. Luther erscheint stattdessen als weltlicher Gelehrter, dessen tief zerfurchte Denkerstirn auf die geistige Meisterleistung und den irdischen Ruhm seines epochalen Werkes verweist. KH

Literatur
Bott 1983, S. 224, Kat. 282 · Hofmann 1983b, S. 208, Kat. 82 (ill.) · Holsing 2004, S. 51f., Abb. 26 · Schuchardt 2015, S. 128, Kat. 55 (ill.); S. 146 (ill.) · Warnke 1984, S. 57–59

203

Monogrammist W. S. (Wolfgang Stuber)

Luther als hl. Hieronymus im Gehäuse

um 1580
Kupferstich, koloriert
Blattmaß: 14,2 × 12,7 cm, rundum beschnitten
Kunstsammlungen der Veste Coburg, Kupferstichkabinett, Inv.-Nr. I,335,3d
Ausstellung New York

Inschrift am unteren Rand: PESTIS ERAM VIVVS/ MORIENS TVA MORS ERO PAPA (Lebend war ich Dir eine Pest, o Papst, sterbend werde ich Dein Tod sein)

Auf Dürers Komposition des *Heiligen Hieronymus im Gehäuse* zurückgreifend (Kat. 204), hat der Stecher dieses Blattes die Darstellung in einen dezidiert reformatorischen Kontext gesetzt. Dem Kopierprozess geschuldet präsentiert sich die Darstellung spiegelverkehrt. Aus dem Kirchenvater, der die Bibel in die lateinische *Vulgata* übersetzt, wird der Reformator, der das Buch der Bücher in deutscher Sprache zugänglich macht. Es ist die Übertragung der Bibel in die Volkssprache, die beide verbindet.

Dass Stuber in seinem Kupferstich viele Elemente der ursprünglichen Komposition beibehält, ist bemerkenswert. Der im Vordergrund liegende Löwe ist immerhin eindeutiges Attribut des hl. Hieronymus, der Kardinalshut steht für die katholische Kirche. Doch ohne diese Details wäre die Gleichsetzung Luthers mit Hieronymus weniger deutlich. Auch der Seitenhieb auf ein 1525 entstandenes Gemälde Cranachs, das die Dürer'sche Komposition transformiert und Albrecht von Brandenburg als Hieronymus darstellt, wäre sonst kaum ersichtlich. Wie Tacke gezeigt hat, war es Albrecht ebenfalls darum gegangen, sich über die offensichtliche Bezugnahme auf den Kirchenvater als Bibelübersetzer zu präsentieren (Tacke 2006, S. 122).

Am unteren Bildrand nutzt Stuber die bei Dürer vorhandene Stufe zur Integration einer Inschrift. Zwischen den sächsischen Kurschwertern und der Lutherrose werden die Worte des Reformators auf lateinisch zitiert: »Lebend war ich Dir eine Pest, o Papst, sterbend werde ich Dein Tod sein«. In den frühesten Abzügen weist die Inschrift noch einen Fehler auf. Das dort zu lesende »FIFVS« wurde später in »VIVVS« korrigiert.

Mende hat argumentiert, dass man »sich eine solche Erhöhung zu den altkatholischen Heiligen [am ehesten] im Sterbejahr« Luthers vorstellen könne (Schoch/Mende/Scherbaum 2001, Nr. 70, S. 177). Da auch die Inschrift auf das Sterbejahr zu verweisen scheine, datiert Mende den Stich auf um 1546. Es ist momentan nicht zu klären, ob diese Datierung mit den Lebensdaten des Künstlers in Einklang gebracht werden kann. Die Initialen »W.S.« werden üblicherweise als Monogramm des in Nürnberg tätigen Wolfgang Stuber gedeutet. Die wenigen datierten Blätter von Stubers Hand weisen die Jahreszahlen 1587 und 1588 auf. Da das Zitat Luthers nach seinem Tod zu einem protestantischen Motto generierte, ist daraus wohl nicht mehr ableitbar als eine Entstehung nach 1546.

Neben einem unkolorierten frühen Abzug des Blattes (mit dem Wort »FIFVS« in der Inschrift) ist die Komposition in den Kunstsammlungen der Veste Coburg auch in einer kolorierten Version des späteren Abdrucks (mit der korrigierten Inschrift) vorhanden. Gedeckte Gelb-Braun-Töne dominieren, Muschelgold wurde nur sparsam eingesetzt. Die Farbigkeit scheint eher ins 17. Jh. zu verweisen. SK

Literatur
Andresen 1874, Bd. 4, S. 14–21 · Bott 1983, S. 224, Kat. 282 · Nagler 1919, Bd. 5, S. 380f. · Schoch/Mende/Scherbaum 2001 · Tacke 2006b

Bedeutsamkeit wird durch den Heiligenschein akzentuiert. Erkennbar ist er an seinen Attributen Kardinalshut und Löwe. Der Legende nach soll Hieronymus einem Löwen einen Dorn aus der Pranke gezogen haben. Daraufhin wurde das einst wilde Tier zu seinem Begleiter. Außerdem finden sich einige Elemente, die auf den Tod, aber auch auf Erlösung und Auferstehung hinweisen. Die Sanduhr an der Wand und der auf der Fensterbank liegende Totenschädel erinnern an die Vergänglichkeit alles Irdischen. Demgegenüber verweist das Kruzifix auf dem Tisch auf Jesu Erlösungstat. Der getrocknete Flaschenkürbis an der Decke soll auf die Auferstehung verweisen, indem er an Jona erinnert, dem – nach drei Tagen im Bauch des Wals – eine Kürbispflanze an Land Schatten spendete (Andersson/Talbot 1983, Kat. 155–156, S. 281).

Am rechten Bildrand ist ein Täfelchen zu sehen, das, wie die Schnur zeigt, wohl für die Aufhängung an der Wand gedacht war. Dieses Täfelchen nutzte Dürer, um sein Monogramm und die Datierung anzubringen.

Dürer hat sich in insgesamt sechs druckgrafischen Blättern mit Hieronymus auseinandergesetzt. Ein um 1496 entstandener Kupferstich zeigt den Kirchenvater nicht als gelehrten Bibelübersetzer, sondern als büßenden Eremiten in der Wüste. Im Laufe des 15. Jhs. hatte der hl. Hieronymus zunehmende Verehrung gefunden. Vor allem unter den Humanisten des 16. Jhs. wurde der gelehrte Bibelübersetzer geschätzt. Für Albrecht von Brandenburg, der sich 1525 von Lucas Cranach d. Ä. basierend auf Dürers Stich als Hieronymus porträtieren ließ, stellte auch die Kardinalswürde einen Anknüpfungspunkt an den großen Vorgänger dar. SK

Literatur
Andersson/Talbot 1983 · Sander 2013, S. 260 f., Kat. 10.2 · Schoch/Mende/Scherbaum 2001 · Tacke 2006 b

204

Albrecht Dürer

Der hl. Hieronymus im Gehäuse

Kupferstich
1514
Blattmaß: 24,9 × 18,9 cm, entlang des Plattenrandes beschnitten
Kunstsammlungen der Veste Coburg, Kupferstichkabinett, Inv.-Nr. I,17,66
Ausstellung New York

Als einem der drei sog. Meisterstiche Dürers – bei den anderen beiden handelt es sich um die Blätter *Melencolia I* und *Ritter, Tod und Teufel* – kam dem *Hl. Hieronymus im Gehäuse* von jeher große Bedeutung zu.

In einem zentralperspektivisch angelegten Raum sitzt der alte kahlköpfige Mann mit langem Bart an einem Tisch. Bis der Blick des Betrachters den hl. Hieronymus erreicht, müssen einige Hindernisse überwunden werden. Wollte man den Raum physisch betreten, müsste man nicht nur eine Stufe nach oben steigen, sondern auch an den beiden Tieren – Löwe und Hund – vorbeigelangen, um den Kirchenvater hinter seiner Barrikade aus Schreibtisch und Sitzbank zu erreichen. Er ist damit beschäftigt, den griechischen Text der Bibel ins Lateinische zu übersetzen. Seine

Martin Luther
Lucas Cranach d. Ä. (Holzschnitte)
**Das Neue Testament Deutsch
(sog. Septembertestament)**

Wittenberg: Melchior Lotter d. J.,
21. September 1522

205
30,8 × 21,5 cm
Stiftung Luthergedenkstätten in
Sachsen-Anhalt, Inv.-Nr. Kn K 1
VD16 B 4318
Ausstellung New York

206
30 × 21 cm
Scheide Library, Princeton University Library,
Sign. S2.29
VD16 B 4318
Ausstellung Minneapolis

Martin Luther
Lucas Cranach d. Ä. (Holzschnitte)
**Das Neue Testament Deutsch
(sog. Dezembertestament)**

Wittenberg: Melchior Lotter d. J.,
Dezember 1522

207
30,5 × 20,5 cm
Stiftung Luthergedenkstätten in
Sachsen-Anhalt, Inv.-Nr. ss 3590
VD16 B 4319
Ausstellung New York

208
29 × 21 cm
Scheide Library, Princeton University Library,
Sign. 8.3.3
VD16 B 4319
Ausstellung Minneapolis

Seinen Aufenthalt auf der Wartburg 1521/22 nutzte Luther dazu, das Neue Testament neu ins Deutsche zu übersetzen. Dafür verwendete er den griechischen Urtext, der zum ersten Mal zusammen mit einer lateinischen Übersetzung des Erasmus von Rotterdam 1516 gedruckt worden war. Der Rückgriff auf die Originalsprache für eine stimmige und allgemein verständliche Übersetzung resultierte aus dem Postulat, dass ausschließlich die Bibel in Glaubensfragen Geltung habe.

In nur elf Wochen war die gesamte Übersetzung des Neuen Testaments fertiggestellt, für die Luther sich auch bei sprachkundigen Freunden Rat geholt hatte. Im September 1522 erschien die erste Auflage in der Verlagsgemeinschaft von Lucas Cranach d. Ä. und Christian Döring in Wittenberg mit einem Zyklus von 21 ganzseitigen Holzschnitten aus der Cranachwerkstatt, der die Offenbarung des Johannes illustriert. Da das nach seinem Erscheinungsdatum benannte *Septembertestament* in kürzester Zeit vergriffen war, wurde bereits im Dezember eine zweite Auflage gedruckt, das *Dezembertestament*.

Luthers Theologie

207

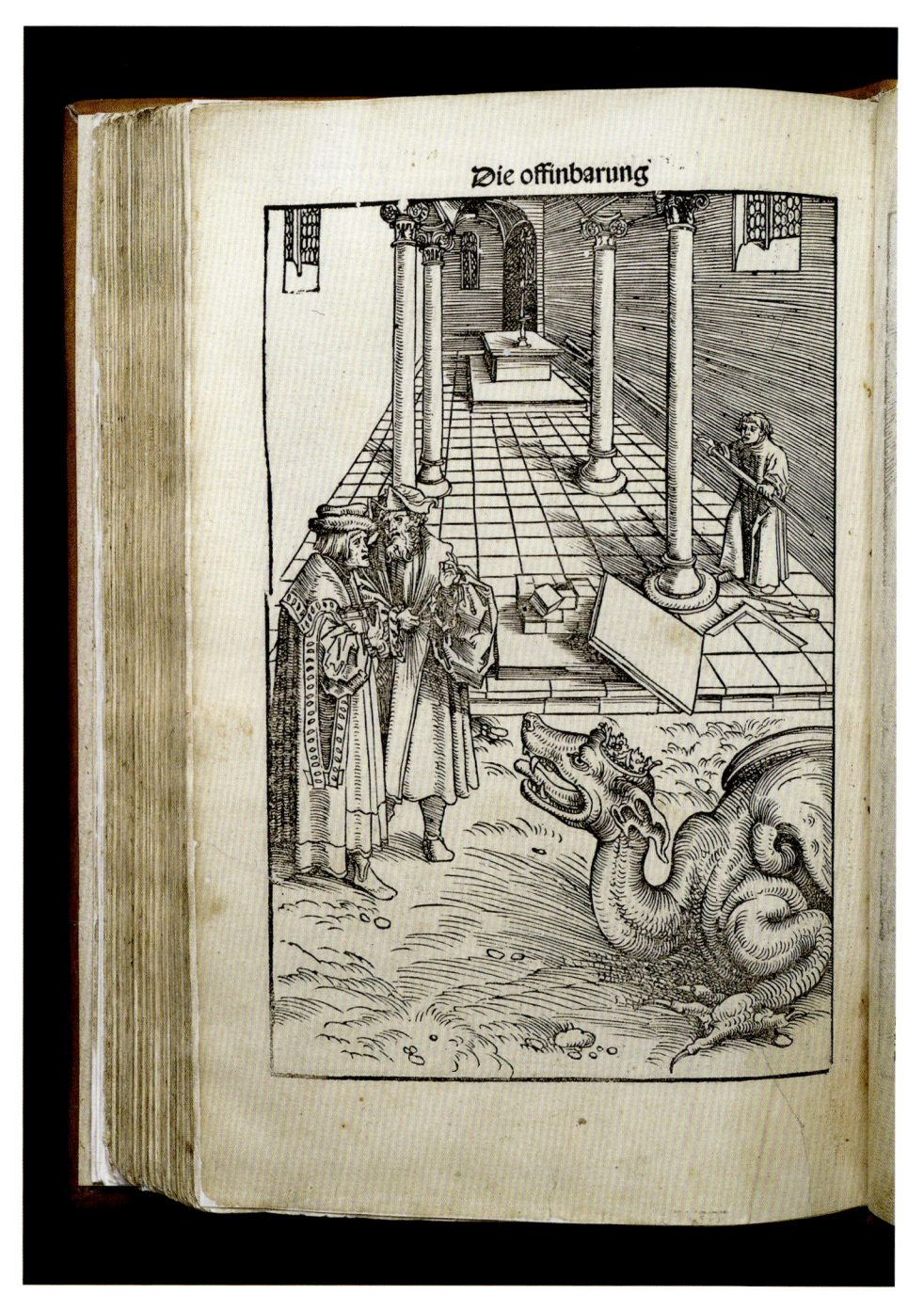

In dieser Ausgabe hat man bereits zahlreiche Veränderungen in Text und Bild vorgenommen. Einigen Holzschnitten des *Septembertestaments* ist eine starke antipäpstliche Polemik eigen, die das in der Apokalypse vorhergesagte Weltende auf das Ende der römischen Kirche bezieht. Diese Provokation erregte jedoch erheblichen Anstoß, sodass auf die Intervention Herzog Georgs von Sachsen hin Friedrich der Weise anordnete, in der zweiten Auflage die Tiara vom Kopf des Drachens im Tempel (Offb 11), des Untiers aus Kapitel 16 und der Hure Babylon (Offb 17) wieder zu entfernen. In motivischer und kompositorischer Hinsicht wirkte Dürers 1498 gedruckte Apokalypse für Cranachs Zyklus vorbildlich. Die Schlichtheit der Cranachholzschnitte erleichterte jedoch deren Verständnis, was dem Ziel der lutherischen Übersetzung des Neuen Testaments entspricht, dem Volk das Evangelium besser zugänglich zu machen. ID

Literatur
Bild und Botschaft 2015, S. 118 f., Kat. 14 u. 15 (ill.) · Füssel 2012 · Hofmann 1983 b, S. 172, Kat. 44 · Reinitzer 1983, S. 109–113 · Volz 1978, S. 111 f. · Widmann 1972/73

209

Martin Luther
Hieronymus Emser (Bearbeiter)
Neues Testament

Dresden: Wolfgang Stöckel, 1527
31,5 × 37 cm
Stiftung Luthergedenkstätten in
Sachsen-Anhalt, Inv.-Nr. ss 3589
VD16 B 4374
Ausstellung New York

Hieronymus Emser stammte aus Süddeutschland und entwickelte sich zu einem der produktivsten Gegner Luthers. Dessen Übersetzung des Neuen Testaments wurde noch im Erscheinungsjahr von dem Reformationsgegner Herzog Georg für seinen Teil Sachsens verboten, allerdings mit geringem Erfolg.

Emser rechtfertigte 1523 diesen Schritt in einer Flugschrift damit, dass die Übertragung Fehler und Ketzereien enthielte. 1527 erschien postum seine eigene Version, die sich vor allem auf die *Vulgata* stützte, aber zu großen Teilen Luther folgte. Der aufwendige Titelholzschnitt konzentriert sich auf die Taufe Christi im Jordan (Mk 1,11) und die Begegnung Jesu mit den Jüngern, von denen Petrus mit den Schlüsseln und Paulus mit dem Schwert optisch hervorgehoben sind. Als Beischrift findet sich dazu: »Wer euch hört, der hört mich ...« (Lk 10,16). Die Darstellung verkörpert Emsers Grundüberzeugung, dass die traditionelle Kirche in der unmittelbaren Nachfolge der Apostel steht.

Luther reagierte in seinem *Sendbrief vom Dolmetschen* 1529 mit Spott und Hohn auf Emsers Arbeit, konnte aber nicht verhindern, dass dessen Bibelübersetzung in altgläubigen Gebieten großer Erfolg beschieden war. 1532 gab der Dominikaner Johann Dietenberger eine zweite Ausgabe heraus, die sowohl in Tübingen als auch in Köln gedruckt wurde. Auf dem Weg zu einer deutschen katholischen Bibel stellt Emsers Übersetzung einen wichtigen Schritt dar. MT

Quellen und Literatur
Leppin/Schneider-Ludorff 2014, S. 191 ·
WA 30 II, 632–646, bes. 633 f.

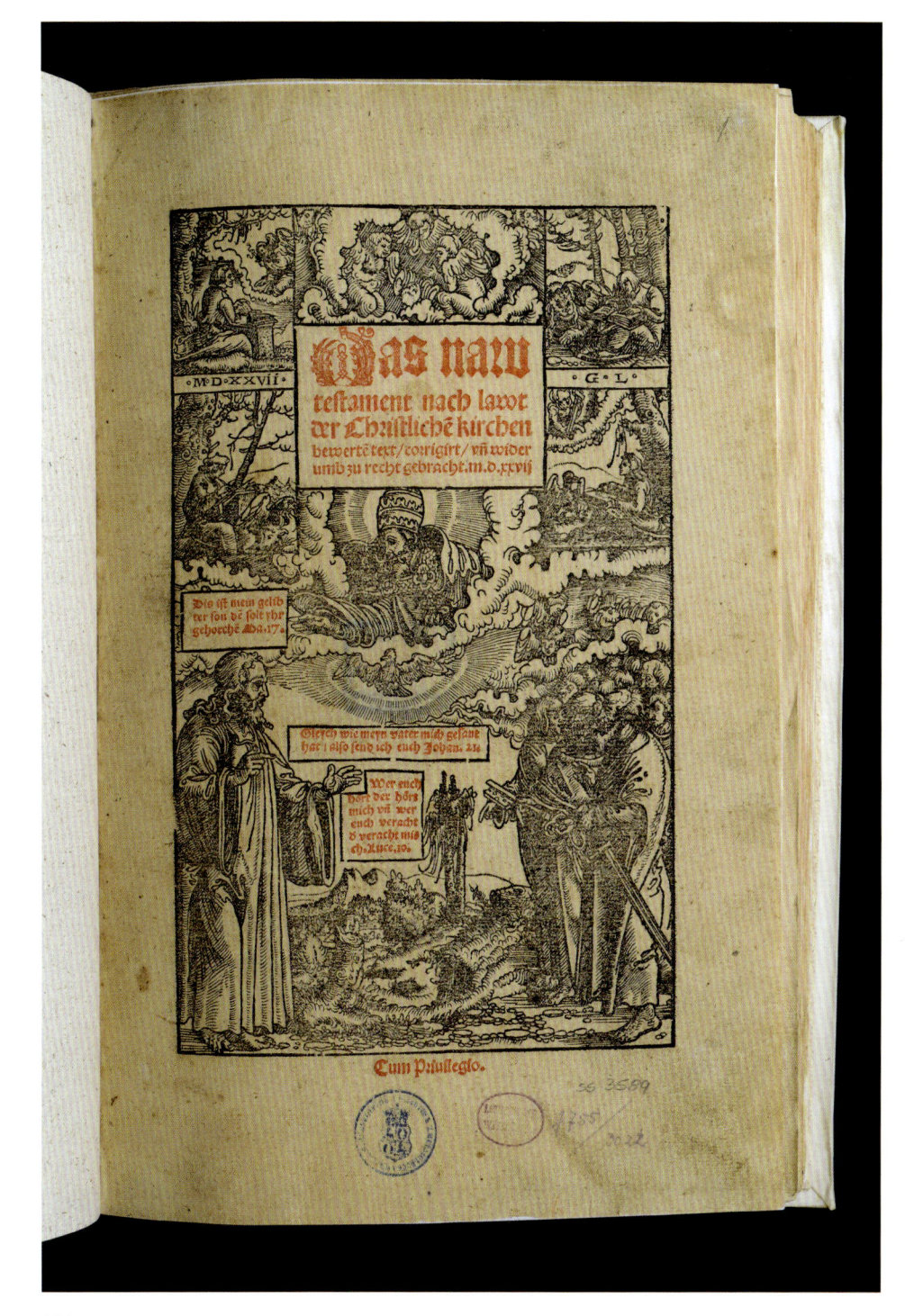

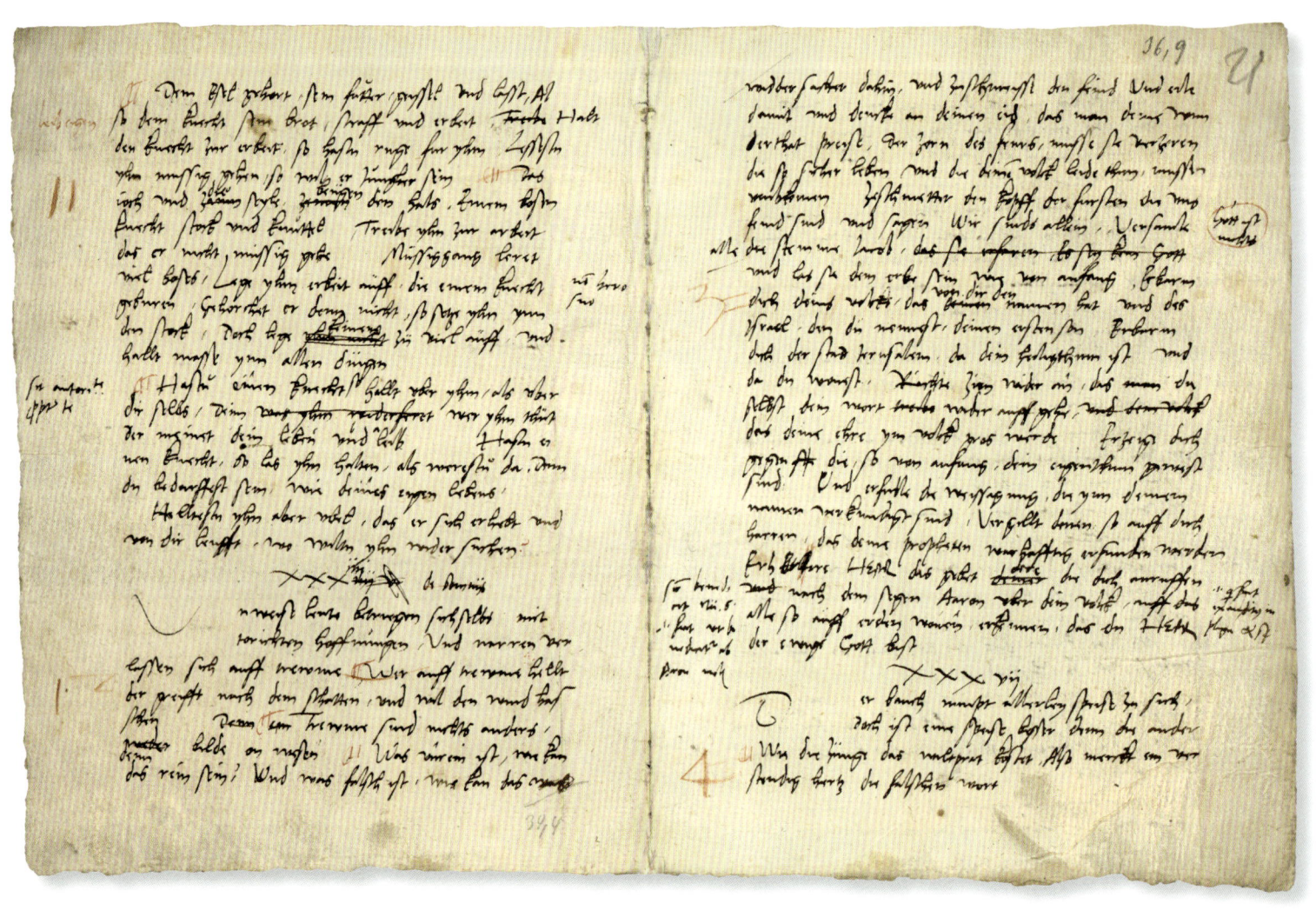

210

Martin Luther

Jesus Sirach: Fragmente des Druckmanuskripts zur deutschen Übersetzung von Jesus Sirach
(Sir 33,13–34,4; 36,9–37,5)

1531
21,5 × 16,5 cm
Forschungsbibliothek Gotha der Universität Erfurt, Chart. A 121, Bl. 20r–21v
Ausstellung Minneapolis

Es war eine Herkulesaufgabe, die Bibel aus dem Hebräischen, Aramäischen und Griechischen in gebräuchliches und gleichwohl gutes Deutsch zu übersetzen. Trotzdem schloss Luther die nichtkanonischen oder apokryphen Texte dabei nicht aus. Er schätzte das Buch *Ecclesiasticus*, auch die Weisheitsschrift des Jesus Sirach genannt, als wertvolle Quelle zur Ableitung von Lebensregeln für Kirche, Schule und Familie. Die Übersetzung der scheinbar zufälligen, leicht misszuverstehenden Zusammenstellung von Spruchweisheiten aus unterschiedlichen Quellen erwies sich als enorme Herausforderung, wie Luther selbst im Vorwort betonte. Nach seiner Auffassung übertraf das Ergebnis seiner Mühen jedoch alle vorherigen griechischen, lateinischen und deutschen Übersetzungen des Buches. Luther wählte einen plastischen Vergleich für den Aufwand und sagte, es wäre so gewesen, als hätte man einen zerrissenen und zertrampelten Brief in Ordnung bringen wollen.

Heute ist die Endfassung der Übersetzung lediglich in Fragmenten erhalten, was daran liegt, dass Manuskripte damals üblicherweise für den Satz in der Druckerpresse auseinander genommen wurden. Die einzelnen, noch erhaltenen Blätter werden in Gotha und im polnischen Lubán aufbewahrt. DG

Quellen und Literatur
Gehrt 2015, S. 480f. · Koch 1990 · WA.DB 2, 198–200; WA.DB 2, XIX (Nr. VIII)

211

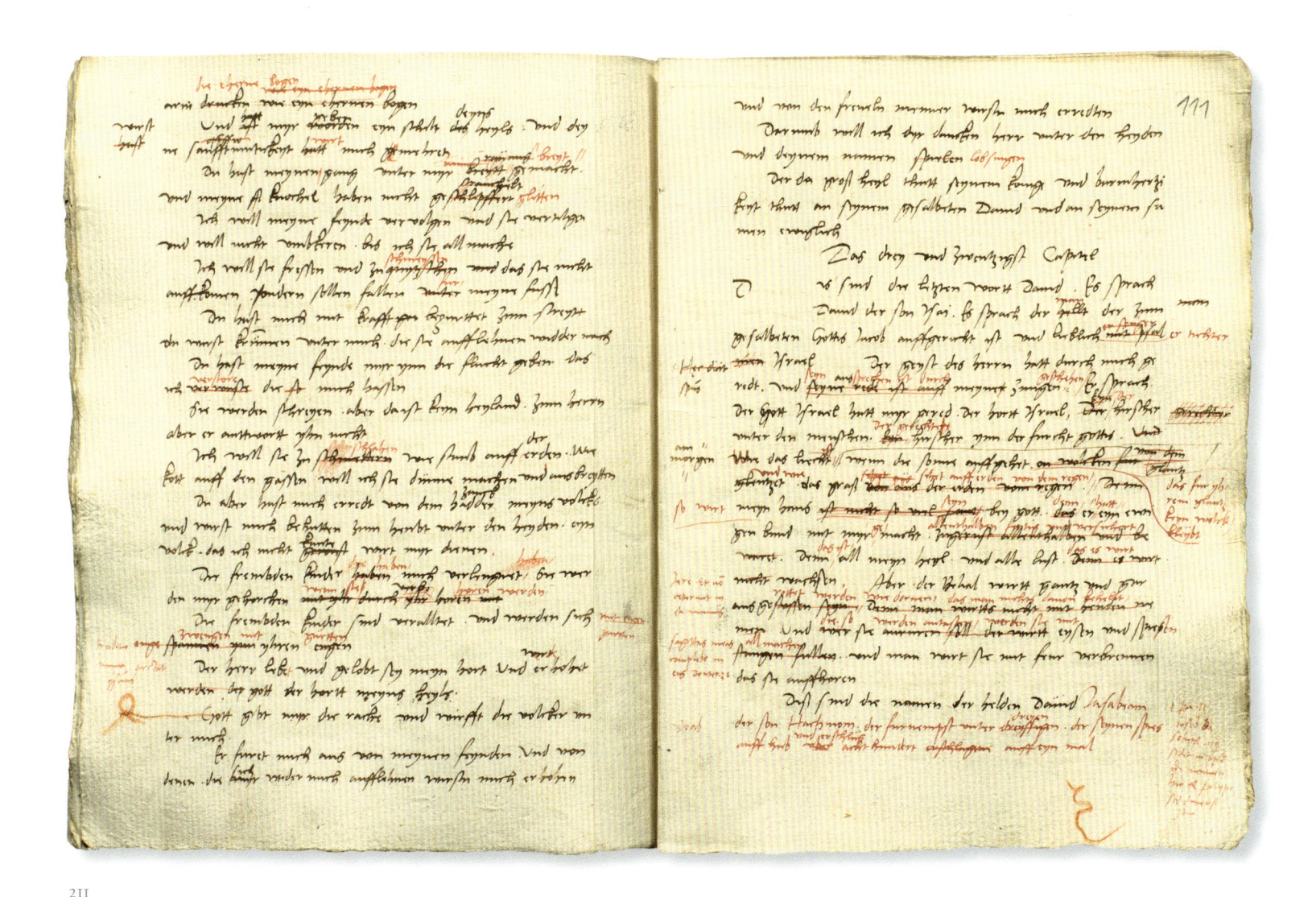

Martin Luther
Manuskript der Übersetzung
des Alten Testaments,
2. Buch Samuel 23

vor 1534
Tinte auf Papier
22 × 33,5 cm
LASA, Z8 Lutherhandschriftensammlung,
Nr. 437, Bl. 110v–111r
Ausstellung New York

Luther beschränkte sich in seinen Bemühungen zur volksweiten Verbreitung der Heiligen Schrift nicht auf das für den christlichen Alltag maßgebliche Neue Testament. In mehreren Schritten übertrug er auch das Alte Testament ins Deutsche. Das vorliegende Exponat stammt aus jener Schaffensphase.

Sowohl das deutschsprachige Manuskript als auch die nachträglichen Veränderungen (teilweise in hebräischer Sprache) stammen aus der Feder von Martin Luther. Es ist eine Übersetzung des 2. Buches Samuel aus dem Alten Testament. Die korrigierenden Nachträge veranschaulichen beispielhaft das Bemühen des Reformators – der zeitlebens nach der idealen Darlegung der biblischen Texte strebte –, die eigene Arbeit zu optimieren.

Um möglichst präzise den ursprünglichen Textsinn zu erfassen, verließ sich Luther nicht nur auf lateinische Vorlagen, sondern orientierte sich auch an den griechischen und hebräischen Urfassungen. Obgleich er Hebräisch – das gerade für das Schrifttum des Alten Testaments unumgänglich ist – nur bedingt beherrschte und sich hierin kompetenter Hilfe bedienen musste, schätzte Luther die in dieser Sprache verfassten Textquellen nicht nur wegen ihrer Ausdrucksstärke, sondern auch wegen ihrer engsten Zeitnähe zur Heiligen Schrift. Die hebräischen Texte erschienen ihm am authentischsten: »Die Ebräer trinken aus der Bornquelle; die Griechen aber aus den Wässerlin, die aus der Quelle fließen; die Lateinischen aber aus der Pfützen.« Andererseits war er zugleich der Ansicht, dass die rabbinische Auslegung der Texte deren ursprünglichen Sinn nicht rein bewahre.

Ziel aller Bemühungen Luthers war eine Bibelübertragung in bestmögliches Deutsch, das auch vom einfachen Volk zu verstehen war. So übersetzte er die überlieferten Aussagen nicht wörtlich, sondern sinngemäß und oftmals in volkstümlicher Ausdrucksweise. AM

Quellen und Literatur
Hermle: Luther · Leppin/Schneider-Ludorff 2014, S. 108–112 · WA.TR 1, 524, 21f. u. 525, 15–20; WA.TR 6 (Nr. 6805)

Georg Rörer (Verleger)
Der Erste Teil aller Bücher und Schrifften Martin Luthers

Jena: Christian Rödinger d. Ä., 1555
33,9 × 22,9 cm
Forschungsbibliothek Gotha der Universität Erfurt, Theol 4° 3071 (1)
VD16 L 3323
Ausstellung Minneapolis

Als Resultat der protestantischen Niederlage im Schmalkaldischen Krieg 1547 (Kat. 356 u. 359) verlor Johann Friedrich von Sachsen die Herrschaft über Sachsen, einschließlich Wittenbergs und seiner Universität. Im Bestreben, sein kulturelles, politisches und religiöses Ansehen wiederzuerlangen, förderte er eine weitere komplette Ausgabe der Werke Luthers, die sich gegen die bereits existierende Wittenberger Ausgabe behaupten sollte. Er gründete auch eine neue Universität in Jena mit der Absicht, dass diese als erste Schule der lutherischen Theologie die Wittenberger Universität übertreffen solle. Im Jahr 1553 wurde Georg Rörer, der geholfen hatte, die Wittenberger Lutherausgabe zu initiieren, nach Jena gerufen um dort das neue Editionsprojekt zu leiten. Rörer war ein Schüler Luthers und hatte eine beträchtliche Anzahl von Luthers Vorlesungen, Predigten, Erklärungen und Erläuterungen mitgeschrieben, die die Grundlage für die Tischreden bildeten. Er leistete einen entscheidenden Beitrag bei der Vorbereitung vieler Texte Luthers für den Druck sowie bei deren Korrektur. Rörers persönliche Bibliothek beinhaltete mehr als 40 Bände handschriftlichen Materials mit Bezug auf Luther sowie 442 individuelle Druckwerke Luthers und seiner Zeitgenossen; wenige wären besser darauf vorbereitet gewesen, Luthers Werke herauszugeben.

Die Jenaer Edition, die 1558 fertiggestellt wurde, beinhaltet acht deutsche und vier lateinische Bände. Anders als die Wittenberger Ausgabe, in der Luthers Werke thematisch arrangiert sind, ist die Jenaer Ausgabe chronologisch geordnet, wodurch der Fokus auf die historische Entwicklung von Luthers Theologie gerichtet wird. Die Ausgabe enthält auch verwandtes Material von Luthers Kollegen und Gegnern, um ein ganzheitliches Bild der lutherischen Theologie zu zeichnen. Das Versprechen, bis dahin unveröffentlichtes Material Luthers zu drucken, wurde jedoch nicht erfüllt; einige bereits existierende Publikationen wurden unter Weglassung bestimmter Kommentare überarbeitet. Der erste deutsche Band, der Material von 1517 bis 1522 beinhaltet, kam 1555 mit einer Druckauflage von 1500 Stück heraus, und obwohl bereits im Folgejahr etwa die Hälfte verkauft worden war, hatten die nachfolgenden Bände nicht mehr denselben Erfolg. JTM

Literatur
Koch 1999 · Michel 2014

213

Martin Luther
Biblia das ist die gantze Heilige Schrifft Deudsch

Wittenberg: Hans Lufft, 1534
32 × 23 cm
Stiftung Luthergedenkstätten in
Sachsen-Anhalt, Inv.-Nr. Ag 2° 86
VD16 B 2694
Ausstellung Minneapolis

Nach dem Erscheinen der Übersetzung des Neuen Testaments im September 1522 war sich Luther darüber im Klaren, dass die des Alten Testaments aufgrund von dessen Umfang und sprachlicher Schwierigkeit nur in Gemeinschaftsarbeit und in Teilbänden verfertigt werden konnte. Besonders die Propheten, die 1529 erstmals komplett vorlagen, aber auch das Buch Hiob bereiteten den Reformatoren Kopfzerbrechen. Das Werk wurde dann aber ein großer Erfolg und auch außerhalb Sachsens oft nachgedruckt. Bis 1546 lagen 253 Bibel- bzw. Teilausgaben davon vor.

Dass Luther trotz der Mitarbeit seiner Weggefährten wie Philipp Melanchthon und Justus Jonas die führende Rolle bei dieser Übersetzung zukam, zeigt sich schon an der singulären Bezeichnung als *Luther-Bibel*. Andere volkssprachliche Ausgaben werden nach dem Ort ihres Erscheinens benannt, wie die *Züricher Bibel*, oder nach dem Herrscher, der sie in Auftrag gab, wie die *King James-Bibel*.

Die deutsche Sprache ist bis heute von Luthers Bibelübersetzung geprägt. Noch vor seinen Liedern und Katechismen hält die Bibelübersetzung die Erinnerung an Luther gerade auch in der Alltagssprache lebendig. MT

Literatur
Leppin/Schneider-Ludorff 2014, S. 108–112 u. 709–711

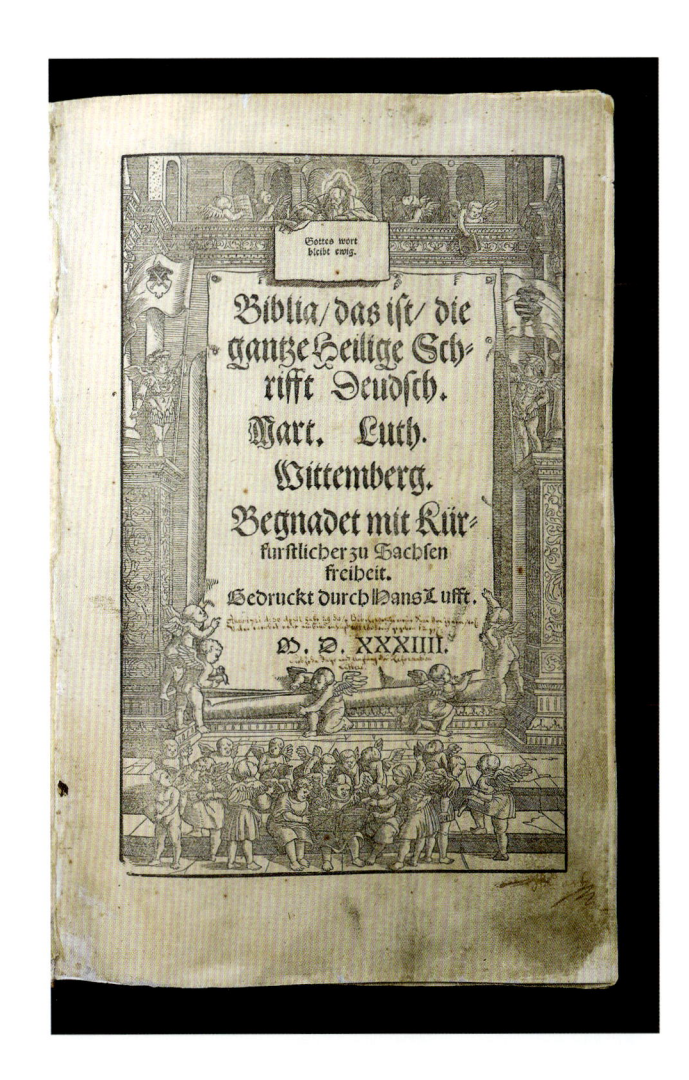

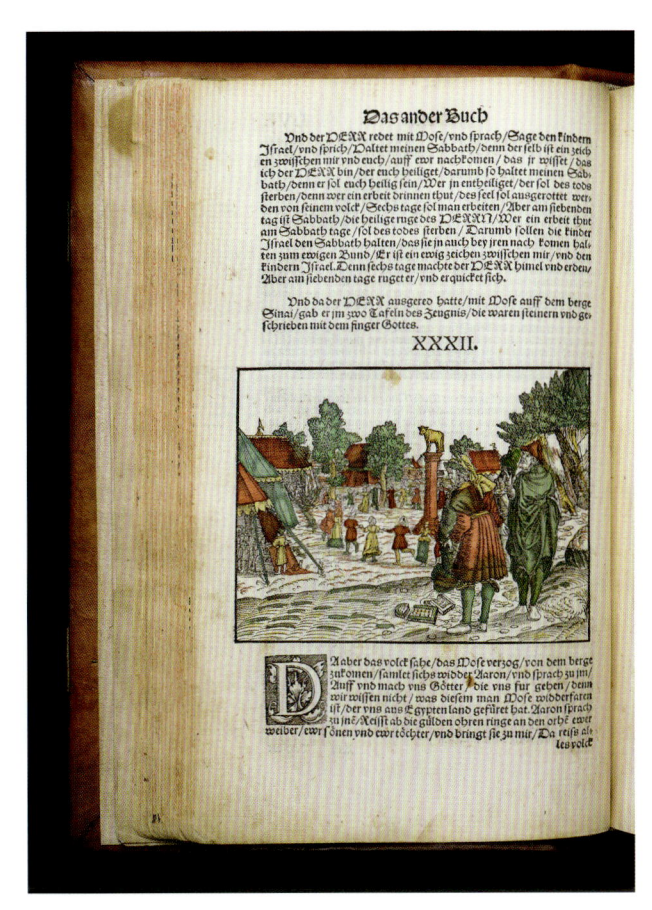

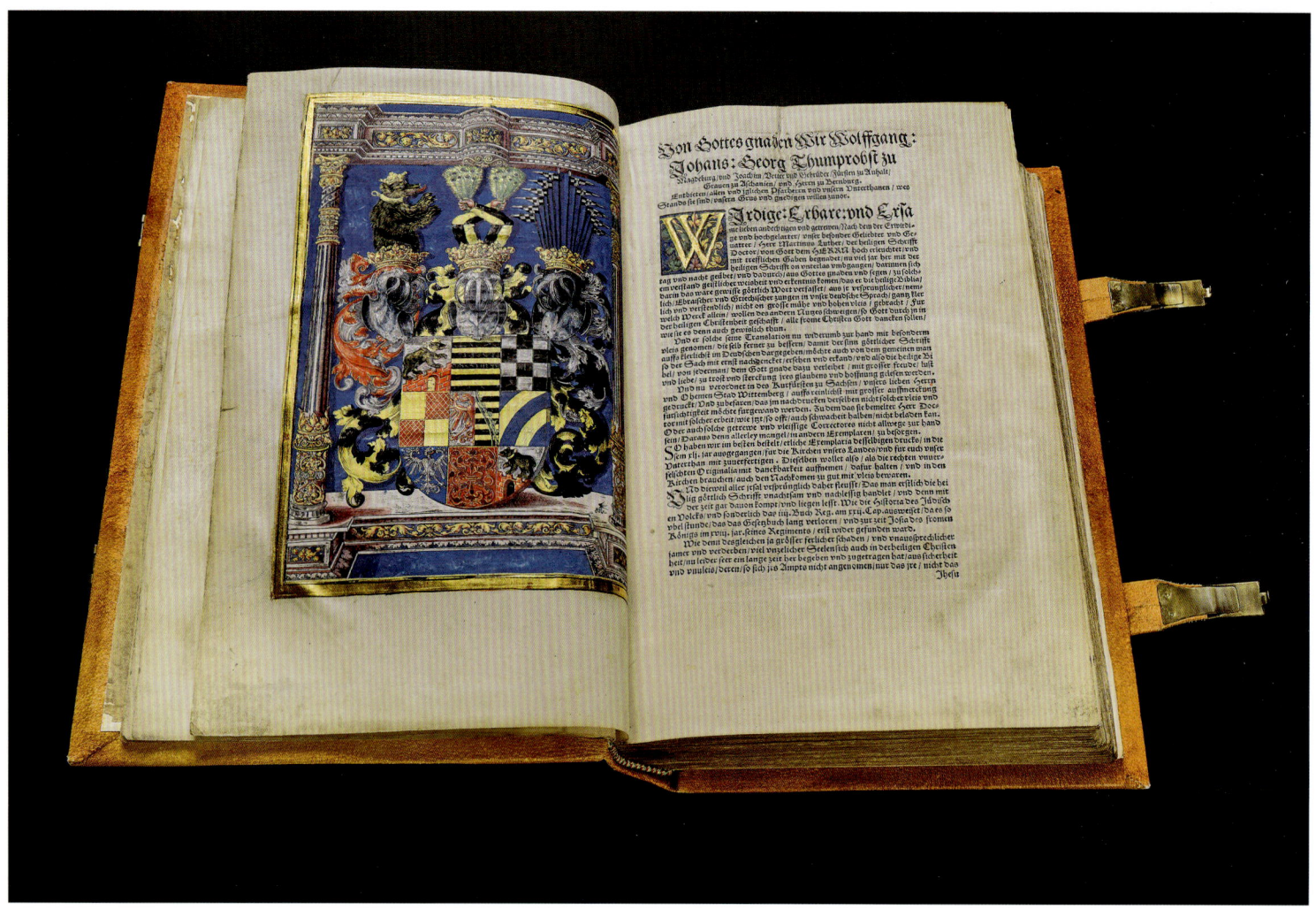

214a

Martin Luther
Lucas Cranach d. Ä., Werkstatt
(Holzschnitte und Kolorierung)
Die Zerbster Cranach-Prachtbibel (1. und 3. Band)

Wittenberg: Hans Lufft, 1541
Pergament, Blattgold, Samt, Holz, kolorierte Holzschnitte
40 × 27,5 cm
Ausstellung Minneapolis

214a
1. Band
Stadt Zerbst/Anhalt, Sign. So 546a

Originaltitel: Biblia: das ist: die gantze Heilige Schrift, Deutdsch, Auffs new zugericht. D. Mart. Luth.

214b
3. Band
Stadt Zerbst/Anhalt, Sign. So 546c

Originaltitel: Die Propheten / alle Deudsch. / D. Mart. Luth

Die aus drei Bänden bestehende Zerbster *Cranach-Prachtbibel* wurde im Herbst 1541 für die Fürsten Anhalts auf Pergament abgezogen.
Fürst Georg III. von Anhalt, genannt der Gottselige, wurde von seiner Mutter Margarethe von Münsterberg streng katholisch erzogen. Bereits 1518 wurde er Domherr in Merseburg. Es folgten die Priesterweihe und die Ernennung zum Dompropst in Magdeburg. Mit seinen beiden Brüdern Joachim I. und Johann IV. wurde er angesichts der komplizierten anhaltinischen Erbfolge ab 1530 einer der regierenden Fürsten von Anhalt. Bei der Teilung 1544 wurde das Gebiet der drei Brüder in Anhalt-Plötzkau, Anhalt-Dessau und Anhalt-Zerbst geteilt.
Martin Luther predigte 1522 in Zerbst, doch erst 1534 konnte Georg als letzter Fürst der Anhaltinischen Ländereien die Einführung des lutherischen Glaubens veranlassen. Erst mit dem Tod seiner strengen katholischen Mutter konnte er sich zum lutherischen Glauben bekennen. 1545 übernahm er das Amt als erster und letzter Bischof von Merseburg. Martin Luther, mit dem ihn seit Jahren ein enges und freundschaftliches Verhältnis verband, ordinierte ihn persönlich. Georg war somit der einzige Fürst, der das Amt eines lutherischen Geistlichen bekleidete.

In dieser Zeit entstand die aufwendig gestaltete Zerbster *Prachtbibel*. Lucas Cranach d. Ä. übernahm die reich kolorierte, mit Goldhöhungen versehene Gestaltung der drei Bände. Insgesamt 100 Holzschnitte schmücken die großformatige Bibel.
Es waren die Fürsten, die ihre Bibliotheken mit außergewöhnlich aufwendig geschmückten Lutherbibeln samt eigenem Titelblatt mit Landeswappen bereicherten. Der repräsentative Charakter des nun gültigen Buches war Zeichen der neuen fortschrittlichen Politik.
Georg ließ das Konvolut an großen Pergamentblättern in drei Bände trennen und in Samt über Holzdeckel einbinden. Im Sommer 1544 wurden die Bände nach Wittenberg gebracht, damit u.a. Martin Luther, Philipp Melanchthon, Johannes Bugenhagen und Caspar Cruciger Einzeichnungen vornehmen konnten. Mit kurzen Anmerkungen auf Deutsch, Latein und Griechisch »weihten« sie die Bände im Geist der Reformation.
Weiterhin befinden sich auf den hinteren Innenseiten der Bände punzierte Goldplatten mit den Porträts des Kurfürsten Friedrich von Sachsen und Kaiser Karls V. sowie von Martin Luther. Sie gelangten vermutlich erst 1549 und 1558, ange-

fertigt von Goldschmied Jobst Kammerer, in die Bände.

Die Zerbster *Prachtbibel* besitzt eine nicht minder bedeutungsvolle Provenienzgeschichte, die hier nur erwähnt werden kann. Die nach dem Zweiten Weltkrieg verloren geglaubten zwei Bände des *Bibeltriptychons* (Band 1 und 2) konnten in den letzten 20 Jahren als ein wichtiges anhaltinisches und gesamtreformatorisches Kulturzeugnis des 16. Jhs. wieder mit dem 3. Band zusammengeführt werden. FK

Literatur
Brüggemeier/Korff/Steiner 1993, S. 183, Kat. 4.1/41 (ill.) · Cranach-Bibel 1997 (ill.) · Hoernes: Krimi · Reformation in Anhalt 1997, S. 9 f. u. 26, Abb. 12 (ill.) · Wahl 1935

215

Martin Luther
Luther-Bibel aus dem Besitz Georgs von Selmenitz

Wittenberg: Hans Lufft, 1541
44 × 27,5 cm
Evangelische Marktkirchengemeinde Halle (Saale), Marienbibliothek zu Halle, B I. 20 Fol
VD16 ZV 1473
Ausstellung New York

Originaltitel: Biblia: Das ist: / Die gantze Heilige / Schrifft. Deudsch / Auffs New zugericht. / D. Mart. Luth. / Begnadet mit Kür / fürstlicher zu Sachsen Freiheit. / Gedruckt zu Wittem / berg / Durch Hans Lufft. / M. D. XLI. .
auf der Innenseite des vorderen Deckels: Prouerb. 8. / Ich Liebe die mich Lieben, vnd die mich frue suchen, finden mich / Wer an mir sündiget, der verletzt seine seele. Alle die mich hassen, / Lieben den todt / Die weisheit ist das wort Gottes, durch welches alles geschaffen ist. / Gen. 1. Gott sprach: Es werde etc. Eben die selbig weisheit oder Wort / Gottes ists, das mit vns menschen ynn der heiligen schrifft vnd durch / aller heiligen mund redet. Vnd gibt eitel leben allen die / es suchen vnd gerne hören. Denn es lest sich gerne finden vnd / ist gerne bey Menschen, yhnen zu raten vnd zu helffen. Wie man / spricht: Gott grußt manchen. Wer yhm danken kündte. Aber / der hauffe hat den tod lieber vnd wil den tod lieber denn das leben. /
[rot:] Johannis 16 / Warlich Warlich, sage ich euch, So yhr den Vater etwas bitten / werdet ynn meinem namen, So wird ers euch geben. / Johannis 15 / So yhr ynn mir bleibet, vnd Meine Wort ynn euch bleiben, Werdet / yhr bitten, was yhr wollet, vnd es wird euch widerfaren.
[schwarz:] Martinus Luther D. 1543.
auf dem letzten Schutzblatt:
Psal. 130 / Expectat Dominum mea mens,

214 a

214 b

215

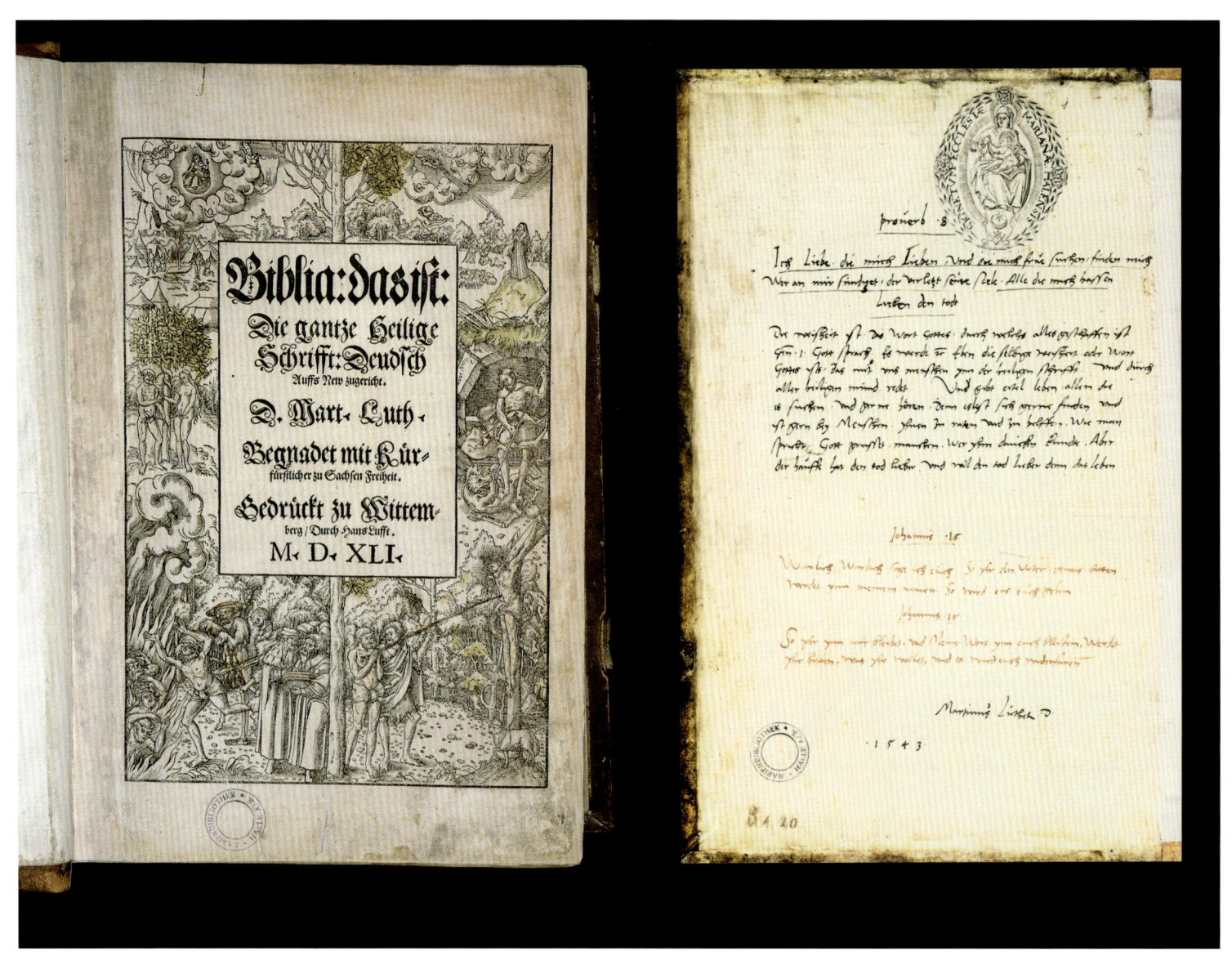

Anima aegra requirit, / ipsius in verbo spes mihi tota manet / 15 45 / Hoffnung Altzeydt meỹ Trosst / Georg vonn Selmenitz
Einblattdrucke:
IMAGO ECCLESIAE / MOSES STANS IN CAVERNA EVPIS, AC / videns tergum Die [...] (von Philipp Melanchthon, S. LI und LII)
Ankündigung der Eröffnung der Wittenberger Universität am 18. Oktober 1502 von Kurfürst Friedrich dem Weisen, 24. August 1502 (eingeklebt, letzte Seite)

Die Marienbibliothek zu Halle erhielt 1578 durch testamentarische Schenkung die Bücher- und Schriftensammlung der Familie von Selmenitz. Felicitas von Selmenitz bekannte sich zum neuen Glauben und nahm bereits 1522 das Abendmahl in beiderlei Gestalt. Die Witwe wurde 1528 von Kardinal Albrecht von Brandenburg aus dem Erzbistum Magdeburg vertrieben, woraufhin sie mit ihrem Sohn Georg nach Wittenberg übersiedelte. Unzählige Lesespuren, wie z.B. Unterstreichungen, handschriftliche Wiederholungen von Textstellen und bildliche Symbole an den Seitenrändern spiegeln die Lesegewohnheiten von Felicitas und ihrem Sohn eindrucksvoll in den Buchbeständen der Marienbibliothek wider. Dem Prinzip *sola scriptura* folgend hatten sie sich mit Luthers Bibelübersetzungen gründlich auseinandergesetzt. Die vielen Widmungen der führenden Reformatoren, wie z.B. von Martin Luther, Philipp Melanchthon, Justus Jonas oder Johannes Bugenhagen zeigen eindrücklich, dass beide Nutzer des Buches der reformatorischen Bewegung anhingen.

Während die Lutherbibel von Felicitas (1534, Sign. I.19) die persönliche Widmung Luthers trägt und seit 1663 vor dem »Lutherschreck« von Halle ungeschützt präsentiert wurde (vgl. Kat 406), ist die hier gezeigte zweite revidierte Auflage von 1541 aus dem Bestand Georgs von Selmenitz nicht minder bedeutend: Auch hier findet sich die Unterschrift Luthers unter diversen handschriftlich notierten Bibelstellen. Zudem enthält die Bibel auf der letzten Seite des 1. Buchs Mose eine kolorierte Federzeichnung einer Kutschfahrt über Land. Als künstlerischer Inventor kann Georg in Betracht gezogen werden, der Luthers Reise von Halle nach Wittenberg illustrierte. Daneben findet sich auf dem letzten Blatt über dem Familienwahlspruch ein äußerst seltenes Exemplar eines eingeklebten Einblattdrucks. Bei dem auf den 24. August 1502 datierten Druck handelt es sich um eine Einladung des Kurfürsten Friedrich III. von Sachsen und seines Bruders Johann zur Eröffnung der Wittenberger Universität am 18. Oktober 1502. Georg, der seiner Mutter das Lesen und Schreiben beibrachte, muss diese Ankündigung archiviert haben, in dem dankbaren Wissen, dass die neue Universität seiner Mutter und ihm neue Wege bot. 1547 kehrte Felicitas mit ihrem Sohn in das inzwischen lutherisch gewordene Halle zurück. FK

Literatur
Bibliothek Selmenitz 2014, S. 33 f. (ill.) · Hendgen 2002 · Kuschel 2014, S. 34 f. · Luther und Halle 1996, S. 22–28 (ill.) · Nickel 2002, S. 225, Kat. 47 · Wendel 1908

Martin Luther
Lukas Furtenagel (Kolorierungen)
Ratsbibel der Stadt Halle mit eingelegten Exlibrisblättern mit dem Wappen der Stadt Halle

Wittenberg: Hans Lufft, 1541
Papier, koloriertes Pergament
39 × 28 cm
Ausstellung New York

Originaltitel: Biblia: Das ist:/ Die gantze Heilige/ Schrifft: Deudsch/ Auffs New zugericht./ D. Mart. Luth./ Begnadet mit Kür-/ fürstlicher zu Sachsen Freiheit./ Gedrückt zu Wittemberg, durch Hans Lufft./ M. D. X L I.

216 a
1. Band
Stadtarchiv Halle (Saale),
Sign. H A A 89,1

216 b
2. Band
Stadtarchiv Halle (Saale),
Sign. H A A 89,2

Die zweibändige Bibel entstand in der Werkstatt des bedeutendsten Luther'schen Bibeldruckers Hans Lufft in Wittenberg. Ihm verdankte die reformatorische Gemeinschaft bereits 1534 die erste Vollbibel Luthers. Das Titelblatt besitzt eine aus sechs Einzelbildern bestehende Umrahmung von Lucas Cranach d. J. mit einer Allegorie auf Sündenfall und Erlösung, Gesetz und Evangelium. Weitere Holzschnitte aus seiner Werkstatt bereichern die Bände. Die insgesamt 129 biblischen Szenen in der halleschen Ratsbibel sind durchgängig mit wasserlöslichen Farben und Blattgold ausgemalt. Als weiteren Buchschmuck finden wir Fleuronnée-Initialen als Kapitelanfänge. Die Holzdeckel der Einbände sind mit dunkelbraunem Leder bezogen. Anders als weitere reformatorische Schriften in der halleschen Ratsbibliothek, die mit Renaissanceornamenten und Medaillons von Luther, Melanchthon oder Erasmus von Rotterdam versehen sind, wurden diese lediglich mit zurückhaltenden Linien und umlaufenden Ranken geschmückt, was auf eine Neueinbindung im 18. Jh. schließen lässt.

Der ideelle Wert der Bibel für die hallesche Reformationsgeschichte liegt vor allem in den handschriftlichen Eintragungen Luthers und des ersten reformatorischen Predigers der Stadt, Justus Jonas, ab April 1541. Auf die Innenseite des vorderen Buchdeckels schrieb Luther eine vierzeilige undatierte Widmung, die er mit den Worten: »Die tzehen gebot, die hochste leer« begann und mit seiner Unterschrift abschloss. In der jetzigen Bindung des ersten Bandes folgt eine Eintragung von Justus Jonas, die dieser auf einem zweiblättrigen Pergamentbogen 1544 vorgenommen hat. Er behandelt das 4. Kapitel des Johannesevangeliums »Kindlein, ihr seid von Gott« in deutscher Sprache und lässt seine Ausführungen zu Kapitel 17,3 in Latein folgen. Den Abschluss des ersten Bandes bildet eine zusätzlich eingebundene, zeitgenössische Abschrift eines zweieinhalbseitigen Schreibens von Martin Luther an den halleschen Rat von 1545. Er spricht dem Rat sein Vertrauen in der reformatorischen Sache zu und würdigt die Rolle seines Mitstreiters Justus Jonas in diesem Kampf.

Der zweite Band enthält, eingebunden vor dem Vorsatzblatt des Buches, einen Pergamentbogen mit vier jeweils eine Seite langen Eintragungen von bedeutenden Reformatoren. Er beginnt mit dem Eintrag von Johannes Bugenhagen, auf der Rückseite befindet sich die 21 Zeilen umfassende Widmung von Martin Luther. Ihm gegenüber hat der Rat Philipp Melanchthon um einen Eintrag gebeten. Die Eintragungen werden von Caspar Cruciger d. Ä., der Wittenberger Schlossprediger und maßgeblich an der Reformation Leipzigs beteiligt war, abgeschlossen. Auf der Rückseite des Vorsatzblattes hat der Rat durch seinen Schreiber noch das bekannte Lutherzitat: »Ach Halle, du werte Stadt, der barmherzige Gott erhalte dich, dass du nicht gar versinkest, du hast je Gottes Wort geliebt, darum wird dich Gott erhalten.« eintragen lassen.

Welch hoher Wert der Ratsbibel bereits in ihrer Anschaffungszeit zugemessen wurde, belegen die jeweils vorgehefteten Exlibrisblätter, welche durch den Maler Lukas Furtenagel mit Deckfarben und Gold auf Pergament angefertigt wurden. Er stammte aus Augsburg und war nach einer Beschäftigung an der Cranachwerkstatt in Wittenberg ab 1538 in Halle tätig. Die Blätter zeigen jeweils mittig das hallesche Stadtwappen, den roten Mond begleitet von zwei unterschiedlich großen Sternen, vor einer prächtig ausgestalteten Torsituation. Beide Werke wurden von ihm am unteren Bildrand mit »Lvkas bzw. L. FvrtenagelAvgvstani« und der Jahreszahl »MDXLII« für 1542 signiert.

Die beiden Bibelbände gehörten zu den herausragenden Schätzen der ehemaligen städtischen Ratsbibliothek, welche 1535 begründet wurde und im ersten Drittel des 20. Jhs. im Stadtarchiv aufgegangen ist. RJ

Literatur
Krauß/Schuchardt 1996 · Neuß 1930 · Speler 1997a, S. 19 u. 41 (ill.); S. 83, Kat. II.3 · Volz 1978

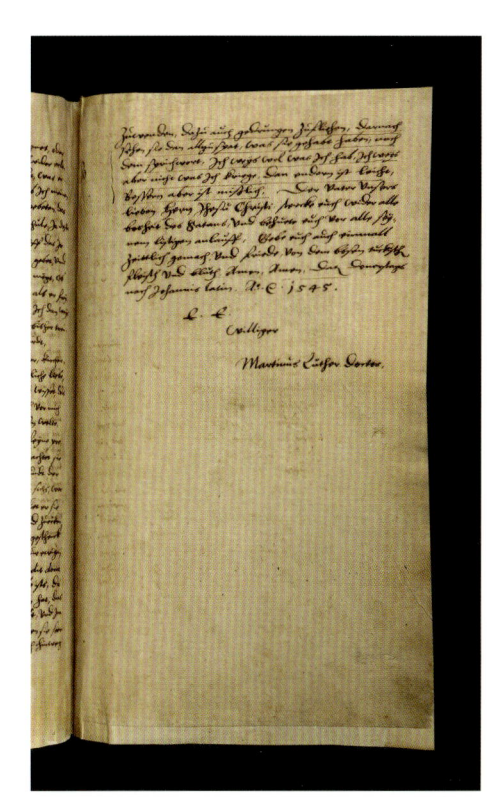

216 a

Biblia: das ist:

Die gantze Heilige
Schrifft: Deudsch
Auffs New zugericht.

D. Mart. Luth.

Begnadet mit Kur-
fürstlicher zu Sachsen Freiheit.

Gedruckt zu Wittem-
berg / Durch Hans Lufft.
M. D. XLI.

Joh: 6 spricht Christus:
Das ist Gots werck, das ir an den
glewbt den er gesand hat.

Die welt, da sie voll frum vnd selig sein
schreyt aws der verheissung on Gots
wort, gute werck, gute werck,
vnd erticht ir selbs gute werck,
Gots dienste, heilige, Ablas, orden, ire
guten, damit sie gnugthuung fur die
sund, Gots gnad erwerbe vnd das e=
wige leben verdien, des Rechtet also
nicht gute wercke oder Gots dienst
sondern eitel abgotterey, den solche A=
werckheiligen saget Christus nicht
allein Frustra colit me &c. sondern
auch, Recedite a me omnes qui ope=
ramini iniquitatem, id est, Ydo=
latres, non dei cultores, vel Auxstro=
&c. Aber an dieser Gots werck oder
gute werck soll wir nun, an Gots, welchey
glauben sollen an den Son Gots, welchey
der Vater vns gesand vnd gegeben
hat, Nie aus an die Pilar, der
da heyst Jesus Christus, durch welche
theil alles geschaffen ist, durch welche
blut das verlorn erlöset ist, an welche
heiss seligkeit ist, an welche hey=
sern seligkeit ist, an welche hey=
gut werck fur Gott ist, Darumb,
so die Capernaiter, wie die gantze welt
sprechen, Was sollen wir thun, das wir
Gots wercke wercke? Paulus antwortet Jhesus
das ist Gots werck, und da weiset euch
hin mein vater und dy Evangelist
da hin weiset euch dy heilige gesch=
schrifft, da zeiget er dy heiligen gesch=
da wendet er hynder Gots gute baume,
das er kumet gute fruchte bringen, das
ist Gotte gehorsame kynder werden zu
thun gute wercke, dy Got in sein eyg
gebotten uns gebotten hat, A das wird
Christ drauss

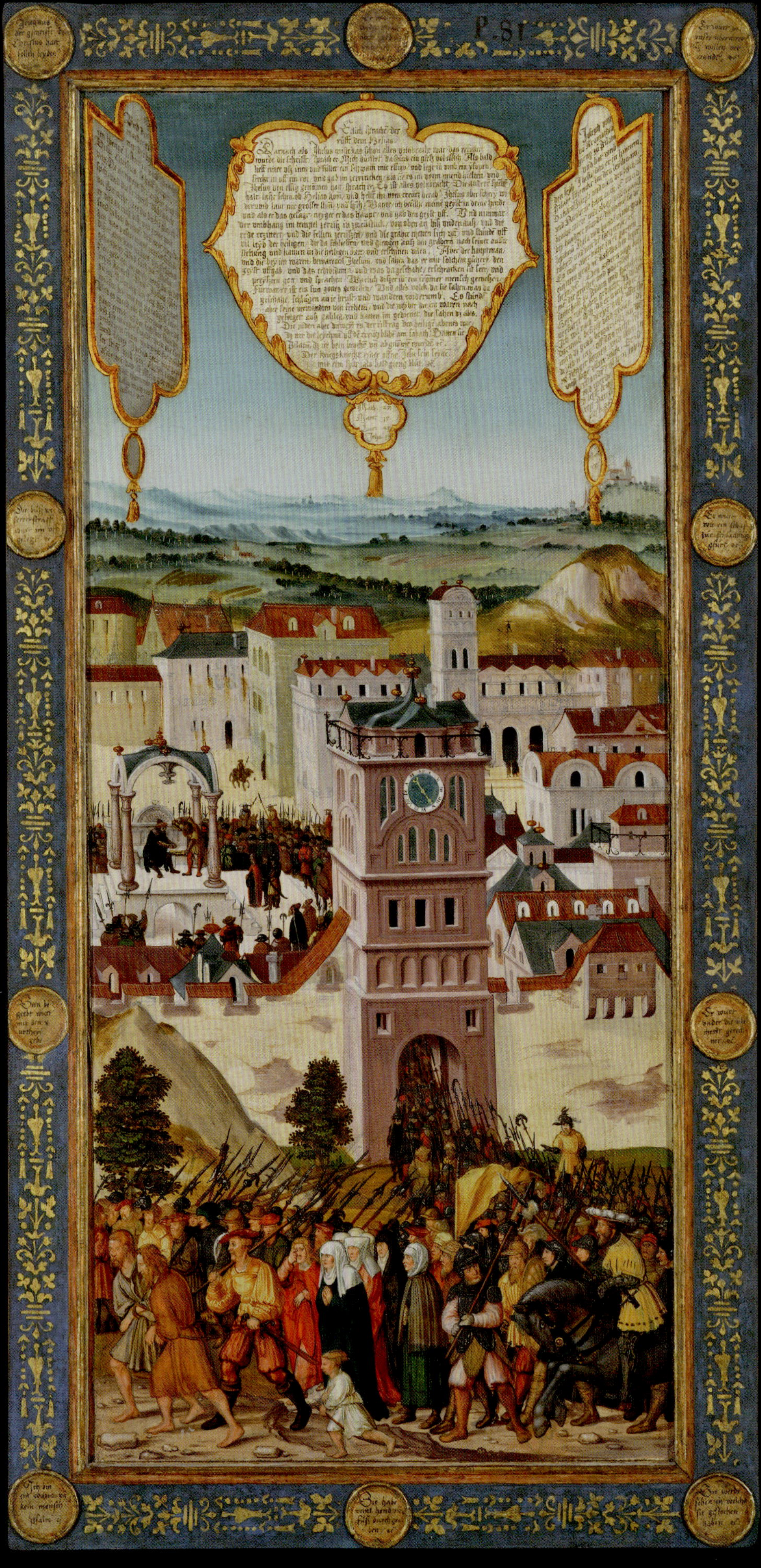

217

Heinrich Füllmaurer (Werkstatt)
Gothaer Tafelaltar

1539/1541
Mischtechnik auf Tannenholz
Mittelteil: 252,4 × 210 cm, Außenflügel:
ca. 98 × 104, Innenflügel: 99,5 × 49 cm
Stiftung Schloss Friedenstein Gotha,
Inv.-Nr. SG 5
Ausstellung Minneapolis

Auf 14 klappbaren Flügeln und einem feststehenden Mittelteil zeigt der *Gothaer Tafelaltar* den umfangreichsten Bilderzyklus der Reformationszeit. Er umfasst drei Szenen aus der Schöpfungsgeschichte und 157 Tafeln mit Darstellungen aus dem Leben Christi. Verloren gegangen waren zwei Standflügel mit dem Stammbaum Christi, die sich heute im Puschkinmuseum in Moskau befinden. Das monumentale Kunstwerk stammt aus der Werkstatt Heinrich Füllmaurers im süddeutschen Herrenberg und entstand vermutlich im Auftrag des württembergischen Herzogshauses. Ein vergleichbares Stück, der sog. Mömpelgarder Altar (Kunsthistorisches Museum Wien), kann inhaltlich wie formal in enge Beziehung zum Gothaer Altar gesetzt werden.

Der formale Aufbau des Polyptychons, der auf mittelalterliche Wandelaltäre zurückgeht, ermöglicht fünf verschiedene Ansichten, die jeweils eine chronologische Anordnung der Einzelszenen in Leserichtung von links oben nach rechts unten ergeben. Im Vordergrund steht dabei immer die Präsenz Christi, der etwa als Lehrender, Gleichniserzähler, Prediger, Krankenheiler und Wunderwirker dargestellt wird. Der inhaltliche Höhepunkt der Erzählung folgt auf der letzten Schauseite mit der Gefangennahme, Passion und Auferstehung Christi. Auffällig sind dabei die zeitgenössischen Trachten, das Fehlen der Nimben bei allen Heiligen und eine intensive Bildpolemik gegen das Mönchtum und die Papstkirche.

Das obere Drittel jeder einzelnen Tafel wird von einer mit goldenem Rollwerk gerahmten Schriftkartusche ausgefüllt, in der sich als schriftliche Erläuterung der bildlichen Darstellung die zugehörige Textstelle aus dem Neuen Testament in deutscher Sprache wiederfindet. An jedem Textfeld hängen Medaillons, in denen die Fund- und Parallelstellen der zitierten Texte aus den vier Evangelien vermerkt sind. Auf den Rahmenleisten stehen zusätzlich zweizeilige Reimsprüche, in der Art von Knittelversen geschrieben. Rundscheiben in den vier Ecken der Rahmung tragen Zitate aus den Evangelien. Als schriftliche Vorlage für den Altar konnte die Evangelienharmonie von Jakob Beringer identifiziert werden, die 1527 in Straßburg verlegt wurde und auf Luthers Bibelübersetzung gründet.

Die auffällige Kombination von Text und Bild des *Gothaer Tafelaltars* deckt sich formal mit verschiedenen zeitgenössischen Druckerzeugnissen sowie reformatorischen Lehrbildern. Vergleichbar sind beispielsweise die lutherischen Bilderbibeln für den Laiengebrauch, die das Geschriebene mit bildlichen Darstellungen verbinden. Luther regte in seinen Schriften die Verwendung von Bildern zu pädagogischen Zwecken ausdrücklich an. Diese durften seiner Ansicht nach nicht aus sich selbst heraus zur Anbetung und Abgötterei verführen, sondern die belehrende Funktion musste im Vordergrund stehen.

Der Gothaer Altar ist nach seinem heutigen Standort benannt, wo er erstmals 1648 erwähnt wurde, damals war er allerdings noch in Einzelteile zerlegt. Erst im 20. Jh. wurde der Altar wieder zusammengesetzt und überzeugend rekonstruiert. Seine Ausrichtung deckt sich dabei gut mit dem überwiegend reformatorisch ausgeprägten Sammelinteresse der Gothaer Herzöge, die sich lange Zeit als die Bewahrer des wahren lutherischen Glaubens verstanden und inszenierten. Inwiefern allerdings der Begriff »Altar« auch den ursprünglichen Aufstellungsort und die Funktion des Objekts korrekt beschreibt, ist fraglich. Wahrscheinlicher erscheint eine nichtöffentliche Verwendung als monumentales reformatorisches Lehrstück zur religiösen Unterweisung im Sinne zeitgenössischer Bilderbibeln für den fürstlichen Gebrauch. TT

Literatur
Hinzenstern 1964 (ill.) · Kieser 1939 · Packeiser 2004 (ill.) · Schaumburg 1997 (ill.)

◀ 217 Rechter Innenflügel mit der Passion Christi nach der Restaurierung

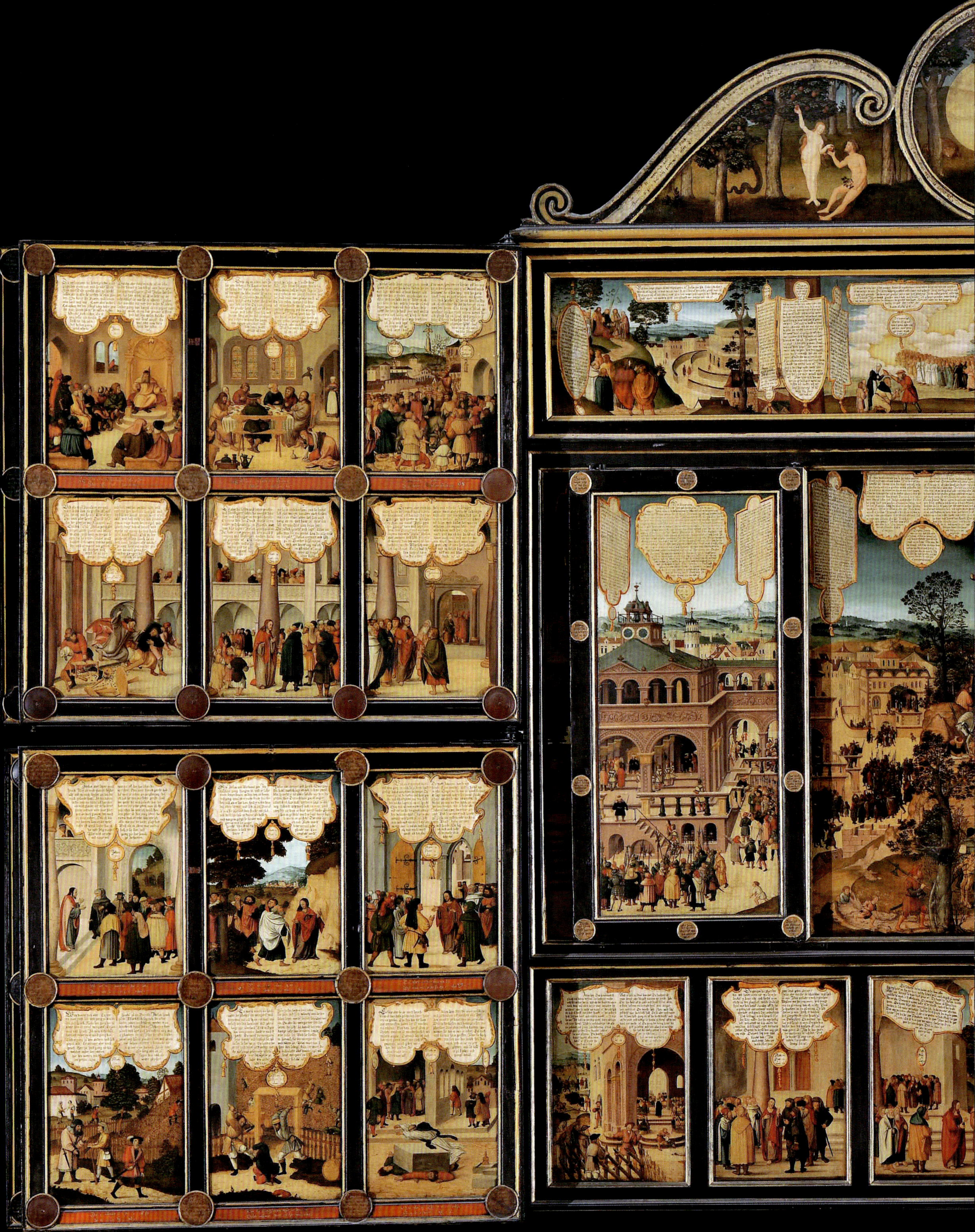

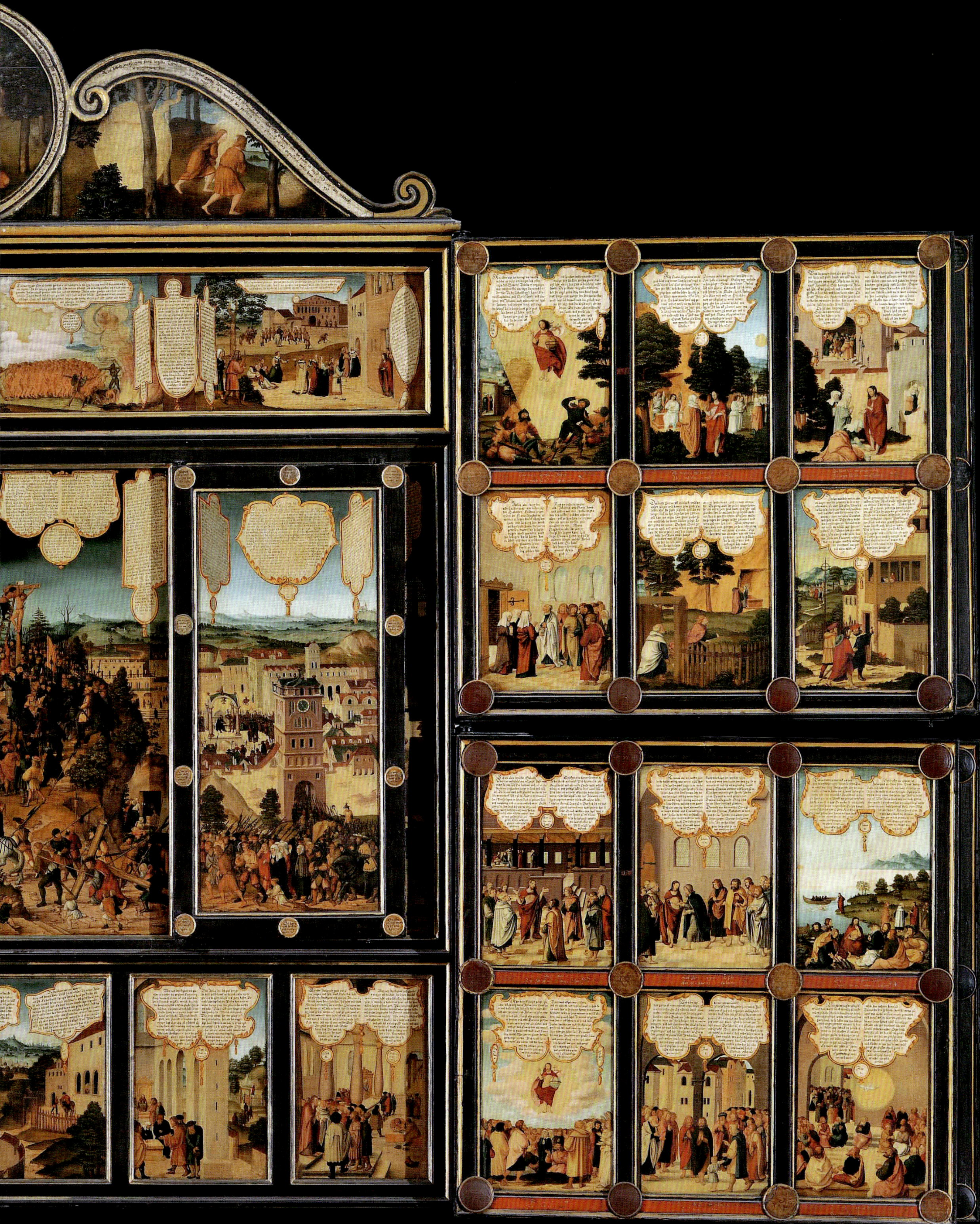

VI

Luther in Wittenberg

Wittenberg war die Keimzelle der lutherischen Reformation. Nach seinem Aufenthalt auf der Wartburg, wohin er nach dem Wormser Reichstag zu seinem eigenen Schutz gebracht worden war, kehrte Martin Luther in die sächsische Residenz- und Universitätsstadt zurück. Bis zu seinem Tod – der ihn allerdings in seiner Geburtsstadt Eisleben ereilen sollte – blieb das ehemalige Augustinerkloster seine Wohn- und Wirkstätte. Hier hatte er als Mitglied des Ordens der Augustinereremiten bereits früher gewohnt. Nach seiner Heirat mit der vormaligen Nonne Katharina von Bora 1525 wurde das Anwesen das Heim seiner Familie und zugleich ein lebendiger Wirtschaftshof. Mit ihm verstand es Katharina, das Professorengehalt ihres Gatten – er hatte an der Universität den Lehrstuhl für Theologie inne – durch verschiedene Einnahmequellen zu ergänzen.

Neben dem heute als Museum öffentlich zugänglichen Lutherhaus selbst geben insbesondere die hier zutage getretenen archäologischen Funde einen unmittelbaren Einblick in das Alltagsleben des Reformators und seiner Familie, dessen Kenntnis sie um verschiedene neue Facetten erweitern. Auch archäologische Funde von anderen Stellen Wittenbergs helfen, die kulturhistorische Lebenswelt der Reformationszeit besser zu fassen. Im Lutherhaus selbst erinnert die noch aus Luthers Zeit stammende Bohlenstube im Obergeschoss mit dem großen Holztisch an die berühmten Tischrunden des Reformators im Kreise seiner Studenten und Weggefährten. Unter seinen Mitstreitern waren Theologen wie der Wittenberger Stadtpfarrer Johannes Bugenhagen und Justus Jonas sowie der Professor für Griechisch Philipp Melanchthon, mit denen Luther bei seiner Übersetzung der Bibel und deren Überarbeitung eng zusammenarbeitete. Neben diesem großen Projekt befasste sich Luther während dieser Zeit beispielsweise mit der Neuordnung des Gottesdienstes, dem Verfassen von Kirchenliedern und der Predigt, die für ihn das Herzstück des Gottesdienstes darstellte. TE

218

unbekannter Künstler
Vedute Wittenbergs

1536–1546
Holzschnitt von drei Stöcken
26,5 × 109,5 cm
Stiftung Luthergedenkstätten in
Sachsen-Anhalt, Inv.-Nr. CGH 497
Ausstellung Minneapolis

Der Holzschnitt zeigt die am Nordufer der Elbe gelegene Stadt Wittenberg in ihrer Ost-West-Ausdehnung. Der Blick schweift über die leicht hügelige Landschaft, sucht sich seinen Weg von der bis 1490 neu errichteten Holzbrücke am linken Bildrand hin zu der sich über die gesamte Breite des Blattes ausdehnenden Residenzstadt des Kurfürstentums Sachsen. Anhand der Anzahl der Bauten ist die rasante Entwicklung des Ortes als Residenzstadt Friedrichs des Weisen nach der Leipziger Teilung 1485 nachvollziehbar. Zudem ist das Stadtbild ein Spiegel der frühen Reformationsgeschichte. Schon zwei Jahre nach der Aufteilung der wettinischen Lande hatten die Bauarbeiten für das neue Renaissanceschloss begonnen. An der südwestlichen Ecke des Stadtgebiets entstand es als Dreiflügel-Anlage inklusive der dem Bau eingegliederten Schlosskirche, an deren Pforte der Thesenanschlag Luthers stattgefunden haben soll.

Unter den Persönlichkeiten, die den Weg in die Stadt suchten, befand sich auch Lucas Cranach d. Ä., der ab 1505 als Maler am kursächsischen Hof tätig war und seine Werkstatt inklusive einer Druckerei im unmittelbaren Zentrum der Stadt etablierte. Östlich des Marktes überragt die Stadtkirche St. Marien die übrigen Bauten. Jene Kanzel, auf der Luther predigte, ist derzeit im Lutherhaus ausgestellt.

Weiter flussaufwärts im östlichen Teil der Stadt zeigt sich der Gebäudekomplex der 1502 gegründeten Landesuniversität Leucorea. Bereits 1503 wurde der erste Universitätszweckbau, das *Collegium Fridericianum*, baulich umgesetzt. Von 1509 bis 1511 ergänzt durch das Neue Collegium und die Nutzung der Kirche des Schlosses als Universitätskirche, wuchs die landesherrliche Bildungseinrichtung stetig weiter. Das östliche Gebäude am Bildrand stellt das Wohnhaus Luthers dar. Zwischen diesem und dem Universitätskomplex liegt das um 1536 auf Kosten des Kurfürsten Johann Friedrich I. erbaute Wohnhaus Melanchthons, erkennbar an dem auffälligen Rundbogengiebel.

Alle benannten Einrichtungen bündelten sich in dieser Stadt zu einem Konglomerat, durch welches eine rasche Verbreitung der Reformation möglich wurde. Als Luther 1512 Professor der Theologie an der hiesigen Universität wurde und 1517 seine 95 Thesen proklamierte, waren seit Gründung der Universität wirtschaftliche sowie intellektuelle Voraussetzungen geschaffen worden, auf deren Grundlage die Stadt, insbesondere die Universität, wachsen konnte: Sie entwickelte sich zum Zentrum der Reformation und somit im 16. Jh. zu einem der wichtigsten Schauplätzen im Reich. RN

Literatur
von Gaisberg 2011 · Hennen 2015 a · Hennen 2015 b · Joestel 2008, S. 98 f. · Treu 2010, S. 13 f.

219

Wittenberger Richtschwert

1. Viertel 16. Jh.
Eisen, geschmiedet
105,5 × 29 cm
Lutherstadt Wittenberg, Städtische
Sammlungen, Inv.-Nr. KMH 220
Ausstellung Minneapolis

Luther in Wittenberg

Das Wittenberger Richtschwert, dessen Klinge mit einem bisher nicht aufgelösten Meisterzeichen versehen ist, stammt aus dem 15. Jh. Die gekürzte Klinge ist mit einem Holzgriff versehen, unterhalb des Griffes befindet sich eine gedrehte Parierstange. Der aus Holz gearbeitete, vermutlich jüngere Griff besteht aus zwei Teilen. Das Gefäß ist mit einem massiven, aus Eisen gefertigten, gerippten Knauf versehen.

Im Jahr 1441 verpfändete Kurfürst Friedrich der Sanftmütige auf Wiederkauf dem Bürgermeister, den Räten und der ganzen Gemeinde zu Wittenberg für 1000 gute Rheinische Gulden die obere Gerichtsbarkeit. In diese Zeit fällt sicherlich die Anschaffung eines Richtschwerts. Die Städtischen Sammlungen besitzen diesbezüglich in ihrem Ratsarchiv eine bedeutende Quelle: Im Stadtrechnungsbuch von 1532 ist zu lesen, dass Veit Messerschmied 8 Groschen für die Richtung und die Anfertigung einer neuen Schneide erhalten hat. Die Scheide hat er mit Barchent (Stoff aus Wolle oder Leinen) gefüttert. Auch das Ortband hat er dazu angeschlagen. Hierbei erfolgten wohl auch die Kürzung der Klinge, die Rundung der Spitze sowie die notwendige Herstellung eines neuen Ortbandes und einer neuen Scheide. Das Richtschwert des Rates befand sich in einem Schrank. Ein solcher Schrank ist 1553 in den Rechnungen der Stadt erwähnt; der Zimmermann erhielt 12 Groschen und 9 Pfennige dafür, dass er ihn »wieder gemacht« hatte.

Das Richtschwert symbolisierte die obere Gerichtsbarkeit einer Stadt, mit der auch das Recht einherging, Verbrechen u. a. mit dem Tod zu bestrafen. Luther verstand das Schwert als Symbol der himmlischen und irdischen Herrschaft, aber auch der Gebrauch des Schwertes gegen andere im irdischen Dasein beschäftigte ihn. Der Henker, so der Reformator, handelt als Christ, selbst wenn er Leben mit dem Schwert nimmt, und zwar dann, wenn er es im Geist Christi zur Strafe der Bösen und zur Wahrung der Ordnung führt. Beispielsweise vollzog der Wittenberger Scharfrichter 1525 das durch die Stadtgerichte verkündete Todesurteil durch Abschlagung des Kopfes mit dem Richtschwert bei einem »Weibe«, das »yhre frucht von yhr abgetrieben« haben soll.

Im Jahr 1690 wurde eine Inventarliste der Stadtgerichte – welche im Rathaus ansässig waren – aufgestellt. Hieraus ist zu erfahren, dass sich der Schrank mit dem Richtschwert im Rathaus befand. Als man 1865 das Magistratszimmer im Rathaus renoviert hatte, konnten sich interessierte Wittenberger und Besucher dieses vom Magistratsdiener öffnen lassen und verschiedene Gegenstände aus der Geschichte der Stadt besichtigen, u. a. auch das Richtschwert des Rates. Anlässlich des 9. Kreisturnfestes im Jahr 1905 empfahl man ebenfalls einen Besuch des Rathauses zur Besichtigung des Richtschwerts. Der Verein für Heimatkunde und Heimatschutz (1910 gegründet) schloss 1928 mit dem Magistrat der Stadt Wittenberg einen Leihvertrag über verschiedene historische Ausstellungsstücke, darunter auch das Ratsrichtschwert, das daraufhin im Vereinsmuseum, welches sich zu diesem Zeitpunkt im Wittenberger Schloss befand, ausgestellt wurde. Nach 1945 wurde der Verein aufgelöst und die Leihgaben gingen an den Rat der Stadt zurück. Nach Gründung des Heimatmuseums 1954 wurde das Richtschwert dort zusammen mit einer alten Lederscheide ausgestellt. Im Jahr 2005 überführte man es wieder in die Städtischen Sammlungen. Das Richtschwert befindet sich nun in der Dauerausstellung im Zeughaus am Arsenalplatz. Eine originalgetreue Kopie wird im Lutherhaus in Wittenberg gezeigt. AW

Quellen und Literatur
Kreis-Turnfest des Turnkreises IIIe der Deutschen Turnerschaft (Provinz Sachsen und Herzogtum Anhalt) am 8., 9. und 10. Juli 1905 zu Wittenberg, Wittenberg 1905 · Kühne 1994 · RatsA WB: Ln. Urbar (alt) 2; Ln. 2254; KR 1525; KR 1532 · Schild 1892 · Treu 2003 · WA 11, 258, 21; WA 11, 260,30–261,8

Gemeinsam mit Luther – die Heirat von Katharina von Bora und Martin Luther

»So aber [...] wird es nicht geschehen, daß ich ein Weib nehme; mein Sinn ist fern vom heiraten, da ich täglich den Tod und die wohlverdiente Strafe eines Ketzers erwarte« (Luther an Spalatin, 30. November 1524; WA.B 3, 394 [Nr. 800]).

Als Martin Luther dies schrieb, kannten er und die entflohene Nonne Katharina von Bora einander längst. Im April 1523 waren zwölf Nonnen aus dem Kloster Nimbschen nach Wittenberg geflohen, wo die Wittenberger Reformatoren sich um ihre Verheiratung kümmerten. Die Ehe als Wiedereingliederung war zwar ein Wagnis, jedoch die einzige Chance der Frauen auf ein neues Leben. Während dies für die meisten der ehemaligen Nonnen rasch gelang, war der Fall der mittellosen Katharina komplizierter.

Sie wurde von der Familie ihres selbst gewählten Heiratsfavoriten Hieronymus Baumgartner verschmäht und harrte vorerst der Dinge im Cranach'schen Haushalt. Luthers Freund Nikolaus von Amsdorf ließ sie wissen, entweder er oder Luther selbst solle sie heiraten. Luther, der das zölibatäre Leben der Priester ablehnte und in seinen Schriften Mönch und Nonne dazu aufrief, das jungfräuliche Leben abzulegen und in den Stand der Ehe zu treten, wurde von seiner Weggenossin Argula von Grumbach aufgefordert, seinen öffentlichen Statements ein praktisches Beispiel folgen zu lassen.

Am 13. Juni 1525 schließlich heiratete der 42-jährige Luther die 26 Jahre alte Katharina in Wittenberg. Für Luthers Gegner war die Hochzeit die Bestätigung seiner »niederen« Instinkte. Die bloße Wollust Luthers hätte die Reformation ausgelöst, wie ihm König Heinrich VIII. von England unterstellte, obwohl er selbst als unersättlicher Frauenheld sein ganz eigenes Eheverständnis in der Geschichte verewigte. Auch Gleichgesinnte Luthers betrachteten seine Heirat mit Skepsis.

Dennoch wurde die Hochzeit der entlaufenen Nonne und des ehemaligen Mönchs zum neuen erklärten Vorbild: Unzählige Eheporträts der beiden in kleinen und mittleren Formaten wurden von Lucas Cranach und seiner Werkstatt angefertigt. Sie waren Ausdruck der Zeit, in der ein neues protestantisches Ehe- und Familienverständnis Mann, Frau und Kind verband: Es beinhaltet die Aufwertung des Ehestandes gegenüber dem zölibatären Leben und die Funktionalisierung von Frau und Mann als Mutter und Vater in einer Art »Keimzelle« der christlichen Gesellschaft. FK

220
Johann Eberlin von Günzburg
Wie gar gfarlich sey

Augsburg: Melchior Ramminger, 1522
19,5 × 14,5 cm
Stiftung Luthergedenkstätten in
Sachsen-Anhalt, Inv.-Nr. Ag 4° 242 d
VD16 E 156
Ausstellung Minneapolis

Originaltitel: Wie gar gfarlich sey. So / Ain Priester kain Eeweyb hat. Wye Vn / christlich, vnd schedlich aim gmainen / Nutz Die menschen seynd. Welche / hindern die Pfaffen Am Ee / lichen stand. Durch / Johan Eberlin Von Güntzburg. Anno. / 1522

Der Theologe Johann Eberlin von Günzburg war 1519 dem Franziskanerkloster in Tübingen als ordentlicher Prediger beigetreten. Mit den Missständen im Klosterwesen konfrontiert, geriet Eberlin über unterschiedliche theologische Positionen in Streit mit der Universität Tübingen. Nach der Versetzung in ein Franziskanerkloster in Ulm bestand bereits 1521 enger Kontakt zum Humanistenkreis und einigen Lutheranhängern in Basel.

Allmählich fing Eberlin an, im Sinne Luthers zu predigen und zog damit Anfeindungen seiner Ordensbrüder auf sich. Er wurde der römischen Kurie als »Ulmer Franziskaner« bekannt. Die Stadt, beeinflusst durch seine reformatorischen Ansichten, hielt jedoch zu ihm. Mit der Veröffentlichung des *Wormser Edikts* und der damit verbundenen Reichsacht über Luther und seine Anhänger wurde auch Eberlin gezwungen, aus dem Orden auszutreten. 1522 hielt er sich in Wittenberg auf, wo er den Kontakt zu Luther und den anderen Reformatoren suchte und sich an der Wittenberger Universität einschrieb.

Auf dem Weg nach Wittenberg verfasste er unter seinem Namen seine erste Flugschrift. Die Ausgabe wurde bis 1523 dreimal nachgedruckt und ins Niederdeutsche und Lateinische übersetzt. In *Wie gar gfarlich sey. So Ain Priester kain Eeweyb hat [...]* wendete sich Eberlin an die »guthertzigen Christen« und greift den erzwungenen Zölibat der Priester an. Er forderte alle gegenwärtig noch ledigen Priester auf, in den ehelichen Stand einzutreten, um allen verheirateten Geistlichen Unterstützung zu bekunden.

Die Geistlichen sollten die »teufflisch listigkait«, also das Verbot der »Pfaffenehe«, erkennen, denn es würde nicht zuletzt auch der Allgemeinheit schaden. Der Priester, der sich durch den erzwungenen Verzicht auf eine normale Ehebeziehung der Hurerei hingibt, konnte in der Lebensführung wohl kaum als Vorbild für den gemeinen Bauern fungieren. Die »Keuschheit« nach der Bibel, meinte Eberlin, ist nach Christus die Reinheit des Herzens, nach der die christliche Ehe strebe.

Eberlins Ausführungen fanden in den Schriften Luthers und Andreas Karlstadts ihren Ursprung. Die Zölibatskritik war ein aktuelles Thema aller Reformatoren und deren Anhänger. Eberlins Flugschrift erwies sich als besonders »markttauglich«. Seine volkstümliche Ausdrucksweise und nicht zuletzt die eindringliche Titelblattgestaltung des Augsburger Urdrucks, welche die Trauung von Klerikern zeigt, beweisen seinen eifrigen persönlichen Einsatz für die Reformation.
1524 heiratete der »ordenswidrige« Johann Eberlin von Günzburg Martha von Aurach. Mit ihr hatte er vier Kinder. FK

Literatur
Dipple 1996, S. 94–121 · Heger 1965 · Peters 1994 · Wolf 1959, S. 247 f.

221

Martin Luther
Brief an Georg Spalatin

Wittenberg, 10. April 1523
Papier
21,4 × 15,4 cm
LASA, Z8 Lutherhandschriftensammlung, Nr. 197
Ausstellung Minneapolis

Mit seiner Schrift *De votismonasticis* von 1521 formulierte Martin Luther sehr früh seine Kritik an den Mönchsgelübden und bewegte damit zahlreiche Mönche und Nonnen zum Austritt aus den Klöstern. Die Gelübde widersprachen nach Luthers Ansichten der Heiligen Schrift und der Schöpfung Gottes. Dies bezog sich gerade auf die Frauen, »die an sich allzu schwach und von Natur, ja von Gott aus, an den Mann gebunden« seien, wie Luther im vorliegenden Brief schreibt, aber dennoch gegen ihren Willen von ihren Verwandten ins Kloster geschickt würden.

Eine der bekanntesten Klosteraustritte war wohl der von Katharina von Bora. Gemeinsam mit acht weiteren Nonnen war sie mithilfe des Torgauers Leonhard Koppe 1523 in der Nacht zum Ostersonntag aus dem Zisterzienserinnenkloster in Nimbschen bei Grimma geflohen. Die Flucht nach Wittenberg geschah aus unterschiedlichen Motiven: Zum einen erhofften sich die Nonnen von Luther selbst Hilfe und Rat – waren sie doch auch wegen seiner Schriften aus dem Kloster entlaufen –, zum anderen wollten sie den schweren Strafen entgehen, die bei einer Klosterflucht nach dem kanonischen und weltlichen Recht verhängt wurden.

Doch was sollte mit den ehemaligen Klosterinsassen, gerade den Nonnen, geschehen? Sie mussten zunächst versorgt und untergebracht werden. Aus diesem Grund bat Luther in seinem Brief an Spalatin darum, eine Geldsammlung am Hof des Kurfürsten durchzuführen, da er die Versorgung nicht aus eigenen Mitteln leisten konnte. Doch auch die Frage nach der weiteren Zukunft musste geklärt werden. Für Frauen blieben nach einem Klosteraustritt nur wenige Möglichkeiten, um ein »anständiges« und »ehrenwertes« Leben zu führen. Sie konnten in ihre Familien zurückkehren, sofern sie dies wollten bzw. von diesen überhaupt wieder aufgenommen werden konnten. Eine andere Option bestand in der Aufnahme einer eigenständigen Arbeit (z. B. als Näherin oder als Lehrerin an Mädchenschulen), wobei diese nur in seltenen Fällen tatsächlich gewählt wurde. Die meisten entschieden sich für die letzte Möglichkeit, den Ehestand. Auch Luther wollte durch Vermittlung an ehemalige Geistliche oder Professoren dazu seinen Teil beitragen, wie er Spalatin versicherte. Für die Situation der meisten Nonnen aus Nimbschen war

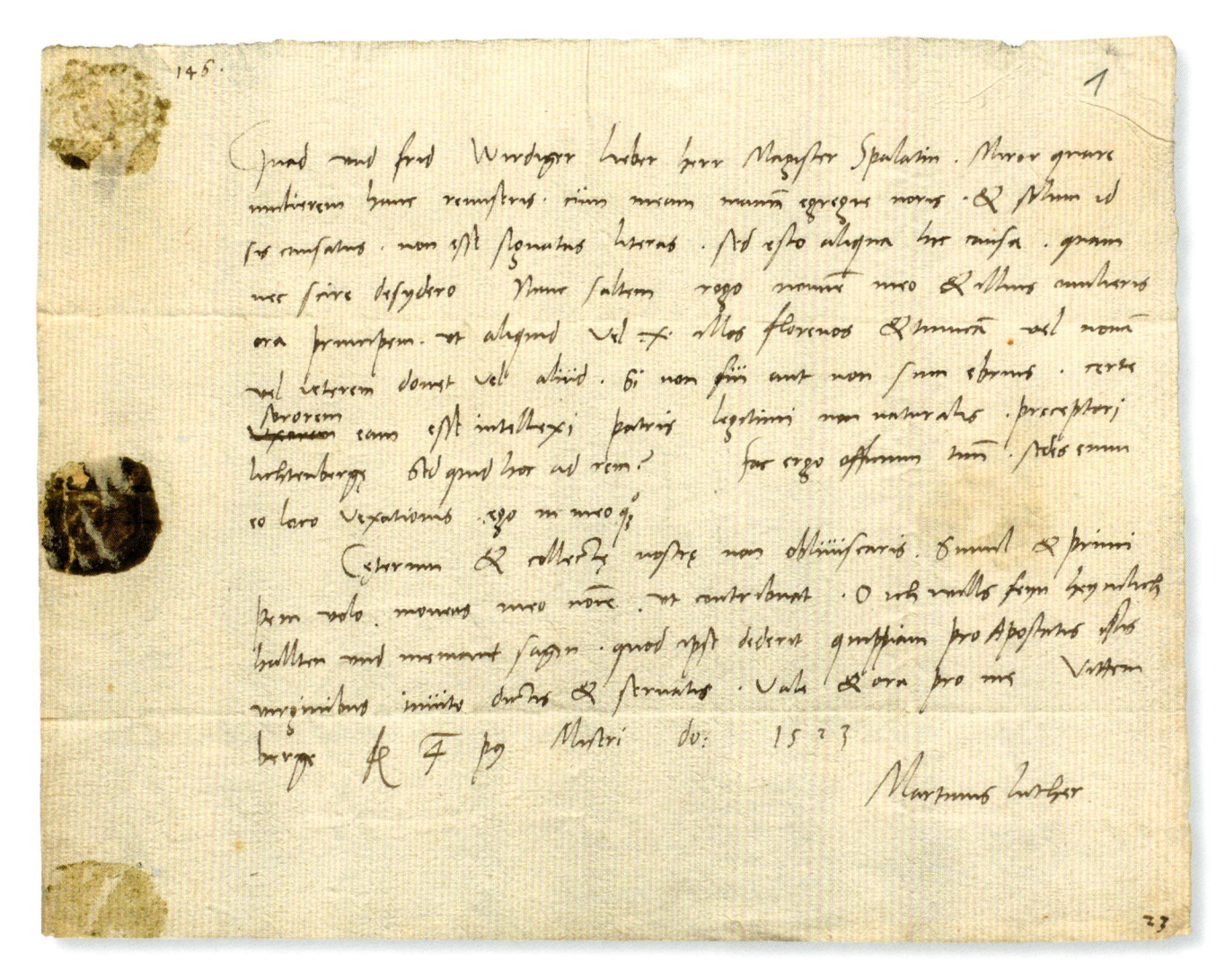

222

Martin Luther
Brief an Georg Spalatin

Wittenberg, 22. April 1523
Papier
16 × 21 cm
LASA, Z8 Lutherhandschriftensammlung, Nr. 202
Ausstellung New York

Dies ist der zweite Brief, in dem Luther Spalatin um Unterstützung für mehrere entlaufene Nonnen ersucht. Luther ist deutlich ungehalten darüber, dass er seine Bitten wiederholen muss, und so bekommt Spalatin die spitze Feder des Reformators zu spüren.
Zuvor hatte Spalatin ein Empfehlungsschreiben Luthers, das eine der besagten Frauen vorlegte, nicht angenommen, weil er an ihrer Identität zweifelte. Luther weist ihn dafür barsch zurecht; andererseits hat er seltsamerweise noch in diesem Brief den Status der Frau *sororem*, also Schwester, zu *uxorem*, Ehefrau, korrigiert – keine unbedeutende Änderung, die zudem nicht der Wahrheit entsprach. Dennoch ermahnt er Spalatin in schroffem Ton: »Tut Eure Arbeit.«
Schon am 10. April hatte Luther an Spalatin geschrieben (Kat. 221) und um Hilfe für die neun Nonnen gebeten, die aus dem Kloster Nimbschen bei Grimma geflohen waren und in Wittenberg Zuflucht gefunden hatten. Knapp zwei Wochen später musste Luther diese Bitte wiederholen, weil Spalatin den Frauen offenbar nicht die gewünschte Hilfe verschafft hatte. Die Frauen wurden schließlich individuell in und um Wittenberg untergebracht und eine nach der anderen verheiratet. Unter ihnen war auch Luthers spätere Ehefrau Katharina von Bora.
Der Brief ist keine der typischen Botschaften, die Luther an Spalatin sandte, sondern wirkt im Ton und im Format wie eine Notiz, die er rasch zu Papier brachte, verärgert darüber, dass er Spalatin diese Angelegenheiten erneut ins Gedächtnis rufen musste. JTM

Quellen
WA.B 3, 64 (Nr. 608)

recht schnell Abhilfe geschaffen, nur für Katharina von Bora wollte sich keine rechte Lösung einstellen. Erst durch die Eheschließung mit Luther selbst war auch ihre Zukunft nach damaligen Vorstellungen gesichert. VR

Literatur
Bünz 2004 · Köhler 2003 · Ranft 2002 · Schilling 2013

Luther in Wittenberg

223

223

224

234 Luther in Wittenberg

223

Lucas Cranach d. Ä. (und Werkstatt)
Martin Luther und
Katharina von Bora

1525
Öl auf Holz
Dm 10,3 und 10,1 cm
The Morgan Library & Museum, erworben von
Pierpont Morgan, 1909, AZ038
Ausstellung New York

signiert mit Cranachs geflügelter Schlange und
datiert »1525« links auf der Luther-Tafel sowie
signiert mit Cranachs geflügelter Schlange
rechts auf der Katharina-Tafel

224

Lucas Cranach d. Ä.
Martin Luther

1525
Öl auf Pergament/Papier auf Holz
Dm 14 cm
Stiftung Luthergedenkstätten in
Sachsen-Anhalt, Inv.-Nr. G 11
Ausstellung Minneapolis

signiert mit Cranachs geflügelter Schlange und
datiert »1525« links auf der Luther-Tafel

Lucas Cranach malte ein Doppelporträt von Luther und Katharina von Bora als Geschenk zu ihrer Hochzeit am 13. Juni 1525. Das kleine Rundformat war vorgesehen für Rahmen, die sich einander gegenüberliegend zu einer kompakten Kapsel einklappen ließen. Das Bilderpaar im Kunstmuseum Basel ist noch in diesem ursprünglichen Klapprahmen erhalten. Sowohl das Paar in der Morgan Library als auch das Gemälde im Lutherhaus zeigen dagegen innerhalb ihrer heutigen Rahmen einen kreisförmigen Abrieb (deutlich sichtbar am unteren Rand), der sehr wahrscheinlich von ihren miteinander verbundenen Originalrahmen stammt.

Cranach und seine Werkstatt stellten 1525/26 zahlreiche Kopien der Hochzeitsporträts her, sowohl im kleinen Rundformat als auch auf der gebräuchlicheren rechteckigen Holztafel. Die Rundporträts waren für Angehörige und gute Freunde des Hochzeitspaars bestimmt und dafür geeignet, sie in den Händen zu halten und in Ruhe für sich zu betrachten. Die Rechtecktafeln dagegen wurden eher als Diptychon auf Tischen oder Kommoden aufgestellt.

Auf diesen Hochzeitsporträts blickt Luther seine frisch angetraute Ehefrau an, während Katharinas Augen auf den Betrachter gerichtet sind. Als liebender Ehemann schaut Luther auf seine Frau als die treibende Kraft in ihrer Ehe, und sie ist es, die den Betrachter zu dem Paar hinführt. Diese Anordnung weist voraus auf die Art der Partnerschaft, die die Luthers lebten: Katharina verwaltete nicht nur den Haushalt und die Besitztümer der Familie, die einiges Ackerland und eine Brauerei umfassten, sondern sie organisierte auch den Kreis von Studenten, der sich um Luther scharte.

Der zweite Typ von Doppelporträts des Ehepaares, entstanden 1528/29, kehrt die Blickrichtungen um: Nun ist es Katharina, die ihren Mann, und Luther, der den Betrachter ansieht (Kat. 225–230). Die schwarze Kopfbedeckung, die Luther auf diesen Bildern trägt, weist ihn als Theologen und Prediger aus, als *pater familias* der Reformation, hinter den Katharina zurücktritt. Die gleiche Darstellung Luthers mit schwarzer Jacke und Mütze findet sich auch auf den Doppelporträts der 1530er Jahre, die ihn gemeinsam mit Philipp Melanchthon (Kat. 289) zeigen. Hier drückt die Bildpaarung die politische und theologische Einheit der Reformation nach dem Reichstag zu Augsburg und der Veröffentlichung der *Confessio Augustana* (Kat. 345) aus.

Das Doppelporträt war eine verbreitete künstlerische Form, um gleichermaßen Ehen wie politische Bündnisse darzustellen, und es war beliebt als Freundschaftsgeschenk. Die Cranachwerkstatt stellte diese Praxis in den Dienst der Reformation, indem sie in Gestalt ihrer Bilder von Luther und Katharina, von Luther und Melanchthon sowie von den sächsischen Kurfürsten Friedrich dem Weisen, Johann dem Beständigen und Johann Friedrich I. (Kat. 43, 44, 47 u. 50) für die soziale und politische Einheit der Reformationsbewegung warb. JTM

Literatur
Heydenreich 2007, S. 77–80 · Friedländer/
Rosenberg 1932, Nr. 189–190E und 198B ·
Koepplin/Falk 1974, Bd. 1, S. 295 · Kuhn 1936,
Nr. 142 · Silver 2003, S. 7

Lucas Cranach d. Ä., Werkstatt
Doppelporträts von Martin Luther und Katharina Luther, geb. von Bora

225

Martin Luther

1528
Öl auf Rotbuchenholz
35,8 × 26 cm
Stiftung Luthergedenkstätten in
Sachsen-Anhalt, Inv.-Nr. G 16
Ausstellung Minneapolis

226

Katharina von Bora

1528 oder später
Öl auf Rotbuchenholz
36 × 26 cm
Stiftung Luthergedenkstätten in
Sachsen-Anhalt, Inv.-Nr. G 17
Ausstellung Minneapolis

227

Martin Luther

1529
Mischtechnik auf Buchenholz
37,9 × 24,4 cm
Stiftung Schloss Friedenstein Gotha,
Inv.-Nr. SG 18
Ausstellung New York

228

Katharina von Bora

1529
Mischtechnik auf Buchenholz
38,2 × 24,9 cm
Stiftung Schloss Friedenstein Gotha,
Inv.-Nr. SG 17
Ausstellung New York

229

Martin Luther

1529
Öl auf Rotbuchenholz
51,5 × 36,3 cm
Stiftung Deutsches Historisches
Museum, Inv.-Nr. 1989/1547.1
Ausstellung Minneapolis

230

Katharina von Bora

1529
Öl auf Rotbuchenholz
51,8 × 34,6 cm
Stiftung Deutsches Historisches
Museum, Inv.-Nr. 1989/1547.2
Ausstellung Minneapolis

236 Luther in Wittenberg

226

227

228

Bereits 1520 hatte Martin Luther in seiner Schrift *An den Christlichen Adel deutscher Nation von des Christlichen standes besserung* gefordert, dass der Zölibat abgeschafft werden solle. Im selben Jahr noch verheiratete sich sein Weggefährte Philipp Melanchthon. Von diesem Zeitpunkt an lassen sich zudem vermehrt Priesterehen belegen. So heirateten 1522 der Straßburger Reformator Martin Bucer wie auch Johannes Bugenhagen, ebenfalls ein Weggefährte Luthers. Im folgenden Jahr traute Bucer den Reformator Matthäus Zell. Der Züricher Reformator Huldrych Zwingli bekannte sich 1524 zu seiner Ehefrau, mit der er bereits seit 1522 zusammengelebt hatte.

1525 schließlich heirateten der ehemalige Augustinermönch Martin Luther und die vormalige Nonne Katharina von Bora, die 1523 nach ihrer Flucht aus dem Kloster im Hause Lucas Cranachs d. Ä. Zuflucht gefunden hatte. Aufgrund der großen Bekanntheit des Theologen besaß das an sich private Ereignis eine politische Dimension, die sich auch in der unmittelbar einsetzenden Produktion der Ehepaarbildnisse in der Cranachwerkstatt niederschlug.

Aus der Zeit vor der Hochzeit sind keine Porträts der »Lutherin«, wie die verheiratete Katharina von Bora auch genannt wurde, überliefert. Ihre Bildwürdigkeit setzte offenbar erst mit der Trauung ein. Die überlieferten Ehepaarbildnisse sind Zeugnisse der politisch-öffentlichen Rolle der Eheleute: Martin Luthers Vermählung mit einer entflohenen Nonne war ein deutliches Zeichen gegen das Postulat der Ehelosigkeit der Geistlichen. Die Bildnisse wurden dementsprechend öffentlichkeitswirksam eingesetzt. Insbesondere ihre massenhafte Produktion sollte dafür sorgen, dass der Status der Luthers als protestantisches Ehepaar überall bekannt wurde.

Der Trauzeuge und Maler Lucas Cranach d. Ä. fertigte mit seiner Werkstatt die benötigte große Anzahl an Doppelporträts. Als Urfassung gelten zwei Kapselrundbildnisse von 1525 (Kunstmuseum Basel), dem Jahr der Eheschließung. Diese wurden durch den Meister selbst oder durch seine zahlreichen Mitarbeiter in den folgenden Jahren vielfach mit leichten Abwandlungen in Kleidung und Pose wiederholt und den neuen protestantischen Gemeinden zugeschickt, um die Akzeptanz des Ehestands Geistlicher zu be-

fördern. Auch deshalb dürfte sich die Komposition an die allseits bekannte Tradition des Allianzbildes halten, das sich seit dem Spätmittelalter nicht nur zur Darstellung von politischen Bündnispartnern, sondern auch als Anzeige einer adligen Hochzeit eingebürgert hatte. Der Ehemann nimmt in diesen Hochzeitsbildern stets die ranghöhere linke, das heißt heraldisch rechte Seite ein – so nun auch in vertrauter Weise in den Diptychen des protestantischen Ehepaars Luther.

Die erste Serie der Diptychen, die ab dem Hochzeitsjahr entstanden, zeigt Luther noch barhäuptig und in sich gekehrt, wobei Cranach auf den bereits 1520 entwickelten Typus des Einzelporträts zurückgreift, das Luther im Dreiviertelprofil und ohne Kopfbedeckung zeigt. Katharina von Bora indes wird in der Baseler Fassung in einem grauen Kleid mit schwarzem Kragen, einem bestickten Mieder und hochgeschnürter weißer Bluse dargestellt. Das Haar ist unter einer bestickten Haube aufgesteckt. Sie blickt im Gegensatz zu ihrem Ehemann den Betrachter direkt an. Luther dagegen scheint in sich gekehrt. Diese Darstellungsweise findet insbesondere in hochrechteckigen Formaten ihre Verbreitung, wobei

229

230

beide Figuren typischerweise vor monochromen blauen oder grünen Hintergrund gesetzt werden. Ab 1528 ist eine zweite Serie von Doppelbildnissen entstanden, in der sich insbesondere die Darstellungsweise des Reformators grundlegend ändert und fürderhin beibehalten wird. Nunmehr erscheint er mit Barett und schwarzer Schaube. Mit dem Aufkommen dieses Typus des Luther-Porträts wurde die Schaube der weltlichen Alltagskleidung als langer Talar der Amtstracht der Pastoren charakteristisch. Luther füllt nun mit seiner voluminösen Gewandung das Bildfeld monumental aus. Der Status als Ehefrau wird in dem Porträt Katharinas deutlicher als zuvor betont, indem ihr gesamter Haarschopf nun mit einer verzierten Haube bedeckt wird, deren Bänder ihr Gesicht umrahmen (vgl. Kat. 225 u. 226). Beide Ehepartner blicken zum Betrachter.

Gerade in diesem Punkt tritt mit der dritten Serie des Ehepaarbildnisses eine deutliche Veränderung ein: Katharina von Bora, deren Darstellungstypus sich wieder auf die erste Diptychonserie mit Haarnetz und Pelzkragen besinnt, ist nun in einem größeren Bildausschnitt zu sehen und erscheint deshalb von geringerer Präsenz als ihr Ehemann. Im Gegensatz zur früheren Ebenbürtigkeit in den Porträtserien von 1525 bis 1528 wirkt die »Lutherin« zurückgenommener – ein Eindruck, der auch durch die Änderung der Blickrichtung auf ihren Mann unterstützt wird. Dieser wiederum sieht dem imaginären Betrachter entgegen und stellt so die Verbindung zum außerbildlichen Raum her.

In den Fassungen in Gotha und Berlin (vgl. Kat. 227–230) fokussieren die Inschriften zudem die öffentlichen Rollen der Protagonisten: Die lateinische Inschrift über Martin Luther »M L/IN SILENCIO ET SPE ERIT FORTITVDO VESTRA« (Durch Stillsein und Hoffen werdet ihr stark sein, Jes 30,15) hebt das Vertrauen in Gottes Gnade als theologischen Grundsatz der Protestanten hervor. Über Katharina von Bora hingegen steht am oberen Bildrand der Bibelvers aus dem 1. Buch Timotheus: »K VON BORA/SALVABITVR PER FILIORVM GENERACIONEM« (Sie wird [aber] selig werden durch Kinderzeugen, 1. Tim 2,15), womit ihre Mutterrolle betont wird – auch wenn diese Reduzierung nicht ganz der gelebten Realität der Eheleute entsprach, in der von Bora die Finanzen verwaltete und den Haushalt versorgte, sodass sie von Luther auch als »Herr Käthe« und somit als Hausvorstand angesprochen wurde.

Trotz des Variantenreichtums kann von einer seriellen Produktion der Cranachwerkstatt gesprochen werden, die die Porträts des wichtigsten protestantischen Ehepaares gleichsam zu Ikonen werden ließ. Eine Händescheidung zwischen dem Meister und seinen zahlreichen Werkstattmitarbeitern ist kaum möglich. Ritzungen und Nadelstiche auf dem Malgrund weisen auf das Pausen der Konturen durch Schablonen hin. Die als frühneuzeitliche Massenproduktionsanlage zu bezeichnende Bildermanufaktur bewirkte eine enorme Verbreitung der Darstellungen des Reformators und seiner Ehefrau und im Folgenden eine große Akzeptanz der protestantischen Priesterehe. BR

Literatur
Brinkmann 2007, S. 194 f., Kat. 41 (ill.) · Brandsch 2001, S. 47, Kat. 1.14 u. 1.15 (ill.) · Eissenhauer 1992 · Schuttwolf 1994a, S. 50, Kat. 1.17 u. 1.18 (ill.) · Seebaß 1983

Katharina von Bora (1499–1552)

In der Ostersonntagsnacht 1523 entflohen zwölf Nonnen im Fuhrwagen eines Torgauer Klosterlieferanten aus dem Zisterzienserinnenkloster Marienthron in Nimbschen bei Grimma nach Wittenberg. Unter ihnen befand sich auch Katharina von Bora. Im Alter von fünf Jahren war Katharina von ihrem Vater, einem verarmten Adligen, der sein Glück in der schlecht gehenden Landwirtschaft suchte, ins Kloster Brehna geschickt worden. Als »Braut Christi« lernte sie dort auch Lesen, Schreiben und Hausarbeit. Bei ihrer Ankunft in Wittenberg war sie als mittellose, abtrünnige Nonne alles andere als chancenreich, dennoch machten sich Geduld und Ausdauer bezahlt. Am 13. Juni 1525 traute Johannes Bugenhagen Katharina von Bora und Martin Luther im Schwarzen Kloster.

In der Ehe wurde sie das feste Standbein für die Haushaltsführung des Reformators. Später, nach Luthers Tod, war die finanzielle Schuldlast bei Wittenberger Händlern so groß geworden, dass Katharina sich ihrer Auszahlung sorgte. Im Laufe der Jahre hatte sie Besitz und Eigentum der Familie u. a. um landwirtschaftliche Nutzfläche vergrößert. Für die Tilgung ihrer Schulden verpfändete Katharina auch edle Gegenstände aus ihrem Haus. Bis zum Ausbruch des Schmalkaldischen Krieges 1546 war ihr Witwendasein gesichert, jedoch stürzten sie die Folgen des Krieges in eine verheerende Situation. Sie musste das Wohnhaus der Familie, das ehemalige Schwarze Kloster, verkaufen. 1552 floh sie vor der Pest in Wittenberg und verletzte sich auf der Reise nach Torgau tödlich.

Man postulierte für Katharina von Bora in der Kirchen- und Weltgeschichte eine Rolle als ideale Pfarrfrau und treue Gefährtin Luthers. Als Idealbild einer reformatorischen Ehefrau und Mutter wurde »Herr Käthe« in zahlreichen Schrift- und Bildmedien vor allem im 19. Jh. Exempel eines neuen Ehe- und Familienverständnisses.

In jüngster Vergangenheit setzte man den Rezeptionen der letzten Jahrhunderte das erhaltene Quellenwissen entgegen und versuchte ein aufrichtiges Bild von Katharina zu gewinnen. Dabei kristallisiert sich zunehmend ihre Verstärkung von Luthers Antisemitismus heraus. Luther schrieb ihr auf dem Weg nach Eisleben, er habe durch einen kalten Wind »das Hirn zu Eis« bekommen und ließ verlauten – im Sinne seiner offenkundig judenfeindlichen Frau – »wenn du wärest da gewesen, so hättest Du gesagt, es wäre der Juden oder ihres Gottes Schuld gewesen«. FK

Hans Brosamer
(nach Lucas Cranach d. Ä.)
Wolfgang Resch
(Formschneider und Drucker)
Porträts von Martin Luther und Katharina Luther

Nürnberg, 1530
Holzschnitte, koloriert, typografischer Text
Ausstellung Minneapolis

231
Katharina Luther, geb. von Bora

Blattmaß: 40,5 × 30 cm; Bildmaß mit Text: 34,7 × 28,1 cm; Bildmaß: 32,2 × 21 cm
Stiftung Schloss Friedenstein Gotha, Inv.-Nr. 38,2

über dem Porträt: Katherina. Martinus. Eelicher gemahel
unter dem Porträt: W: Resch Formschneider zu Nürmberg 1530

232
Martin Luther

Blattmaß: 40,5 × 29,7 cm; Bildmaß mit Text: 31,9 × 27,9 cm; Bildmaß: 31,9 × 18,5 cm
Stiftung Schloss Friedenstein Gotha, Inv.-Nr. 38,3

über dem Porträt: Martinus Luther
unter dem Porträt: W: Resch Formschneider zu Nürmberg 1530

Die beiden Holzschnitte Hans Brosamers sind wie viele seiner Werke stark von Lucas Cranach d. Ä. beeinflusst. Als Vorbild für die Einblattdrucke diente ihm das 1529 von Lucas Cranach d. Ä. geschaffene Bildnispaar Martin Luthers und seiner Ehefrau Katharina von Bora (Kat. 227 u. 228). Die Holzschnittporträts, die durch ihre Kolorierung außergewöhnlich repräsentativ sind, kamen dem Wunsch nach schneller, zahlenmäßig höherer und kostengünstigerer Verbreitung besser nach als die gemalten Bildnisse. Vor allem das Medium der Grafik konnte aufgrund seiner großen Verbreitung die öffentliche Meinung zugunsten der umstrittenen Priesterehe beeinflussen. Der Reformator wird hier als der berühmte Wittenberger Theologieprofessor mit Schaube und Barett dargestellt. Katharina trägt ein pelzbesetztes Kleid und eine netzartige Haube, die sie als verheiratete Frau kenntlich macht. Eine Schrifttafel über ihrem Kopf weist sie überdies als »Martinus Eelicher gemahel« aus. Katharinas Darstellung ist somit auf das Gegenstück dieses Einblattdrucks bezogen, das über dem Haupt des Reformators lediglich dessen Namen angibt. Anders als üblich ist das Bildnis Katharinas auf der linken Seite, das des Gatten rechts davon angeordnet. Dies ist der Drucktechnik geschuldet, die eine spiegelverkehrte Variante des Cranach'schen Vorbildes wiedergibt. BS

Literatur
Andersson/Talbot 1983, S. 40 (ill.) · Schäfer 2010, S. 62 f. · Schäfer/Eydinger/Rekow im Druck, Kat. 122 u. 123 (ill.) · Syndram/Wirth/Zerbe/Wagner 2015, S. 288 f., Kat. 215 a u. 215 b (ill.).

233
Hans Brosamer
Hans Guldenmund (Verleger)
Martin Luther

Nürnberg, ca. 1530–1540
Holzschnitt, koloriert
35,9 × 25,4 cm
Thrivent Financial Collection of Religious Art, Minneapolis, Inv.-Nr. 01-02
Ausstellung Minneapolis

Inschrift über dem Bild: In silentio et spe erit fortitudo vestra / Martinus Luther abconterfect. (Durch Stillesein und Hoffen würdet ihr stark sein / Porträt Martin Luthers)

Dieser ausdrucksvolle Holzschnitt ist eines von vielen Porträts, die auf unmittelbare persönliche Beobachtungen Lucas Cranachs d. Ä. zurückgehen. Das Bild ist zu Lebzeiten Luthers entstanden und belegt, wie schnell Informationen verloren gehen. Der Kolorist hat die Augen des Reformators blau und nicht, wie auf Cranachs Gemälden, braun gemalt.
Der Entwurf für den Holzschnitt scheint auf einer Zeichnung zu beruhen, die in Cranachs Werkstatt erstellt wurde. Es gibt zwei vergleichbare Zeichnungen in Berlin und Weimar, die dem Holzschnitt hinsichtlich Gestaltung und Größe ähneln. Details, z. B. die Schlaufe an Luthers Kragen, änderten sich nach mehreren Serien von Drucken, bevor der Holzschnitt geschaffen wurde. Die Version im Berliner Kupferstichkabinett (Inv.-Nr. 4794) wirkt wie eine Zeichnung. Sie ist in das Jahr 1528 datiert und mit Cranachs spiegelbildlich wiedergegebenem Symbol einer Schlange signiert. Die Schattierung im Gesicht ist sehr grob. Entlang der Ränder weist das Blatt winzige Löcher auf, damit es auf eine andere Oberfläche übertragen werden konnte. Die Version in Weimar stammt ebenfalls aus dem Jahr 1528 und ist am Rand mit Löchern versehen. Da eindeutig die Absicht bestand, das Bild zu vervielfältigen, ist es kurios, dass Brosamers Druck heute so überaus selten ist.
Die erste Zeile der lateinischen Inschrift über dem Bild ist ein Bibelzitat aus Jesaja 30,15. Sie findet sich auch auf einem gemalten Porträt Luthers aus Cranachs Werkstatt, das sich heute

231

232

233

Luther in Wittenberg 241

in der Kirche St. Ulrich in Augsburg befindet. Luther bezog sich auf das Zitat in seiner Vorlesung über den Römerbrief 1515 bis 1516: Wer an Christus glaubt, eilt nicht oder flieht nicht; er ängstigt sich nicht, weil er keine Furcht verspürt; gemäß der Lehre des Herrn steht er ruhig und sicher wie auf einem festen Fels.

Abgesehen von seinen erhaltenen Kunstwerken ist über Hans Brosamer nur wenig bekannt. Er war von etwa 1520 bis Mitte der 1540er Jahre Maler, Kupferstecher und Formschneider im hessischen Fulda und zog dann nach Erfurt. Er fertigte mehrere Porträts von Reformationsführern an sowie Illustrationen für die Luther-Bibel, die von Hans Lufft gedruckt wurde. Auch wenn Brosamer gelegentlich Reformationsgegner porträtierte, scheint es seltsam, dass ihm auch eine extrem satirische Darstellung Luthers zugeschrieben wird, die diesen als siebenköpfiges Monster zeigt, was allerdings umstritten ist (Kat. 315 u. 316). TR

Literatur
Hollstein IV, S. 259, Nr. 595 · Lindell 2011, S. 78 f.

234

Goldener Ring

Wittenberg, Lutherhaus Collegienstraße 54,
1. Hälfte 16. Jh.
Gold, gegossen und getrieben
H 2,4 cm; Dm 1,9 cm
Landesamt für Denkmalpflege und
Archäologie Sachsen-Anhalt
Landesmuseum für Vorgeschichte Halle,
Inv.-Nr. HK 667:130:1
Ausstellung Minneapolis

Dieser Goldring enthielt ursprünglich einen Edelstein in einer Krappenfassung, die dem Ring ein gewisses Schillern verleihen sollte. Während der Renaissance wurden Edelsteine geschliffen, poliert und in eine halbkugelige Form gebracht und funkelten daher nicht so, wie facettierte Edelsteine es heute tun. Es ist seltsam, dass dieses wertvolle Stück im Schutt aus Luthers Garten gefunden wurde. Sollte der Ring aus dem Lutherhaushalt stammen, zierte er sicherlich den Finger einer vornehmen Dame, wahrscheinlich den von Katharina von Bora selbst. Tatsächlich trägt sie in dem Cranach-Porträt von 1526 einen beinahe identischen Ring mit einem ähnlich gefassten blauen Stein.

Es ist sehr verlockend, diesen Fund mit einem kleinen häuslichen Drama zu verbinden, welches Martin Luther seinem einstigen Verbündeten, dem Theologen Wolfgang Capito in Straßburg, schilderte, der vergeblich versuchte, die eskalierenden Konflikte zwischen Luther und den west-

234

europäischen Reformatoren zu schlichten. Ein goldener Ring, den Capito Katharina/Käthe während Verhandlungen 1536 geschickt hatte, war verschwunden, und ein aufgebrachter Luther schrieb am 9. Juli 1537: »Ich sah sie [Käthe] noch nie so bekümmert wie sie war, als sie fand, dass er gestohlen worden war oder (wie sie sich dauernd vorwarf) dass sie ihn aus Unachtsamkeit verloren hatte.« Schlussendlich legte er Capito nahe, solch großzügige Geschenke an seine Frau in Zukunft zu unterlassen, um derartige Enttäuschungen zu vermeiden. Außerdem sei der Segen Christi genug Reichtum für sie beide.

Offensichtlich steckt hinter dieser Episode mehr als nur ein außergewöhnliches, leicht eifersüchtiges Aufbrausen in einer ansonsten durchgängig als harmonisch und erfolgreich angesehenen Ehe. Einerseits zeigt sie, wie persönlich der Zwist zwischen Luthers mittel- und nordeuropäischer Reformation und dem sehr viel radikaleren Weg der westeuropäischen Reformatoren werden konnte. Diese Querelen hatten bereits zu dieser Zeit zu einer katastrophalen Spaltung innerhalb der Reformationsbewegung geführt, die sich kontinuierlich fortsetzte. Andererseits zeigt sie auch, dass Martin und Katharina den Status eines fürstlichen Paares hatten, dem man zur Förderung der Diplomatie wertvolle persönliche Geschenke machte.

Leider erschwert die Tatsache, dass der Stein fehlt, die Identifizierung unseres Rings mit Capitos Geschenk. Denn es ist schwer zu erklären, wie der Stein verloren ging, bevor oder nachdem Katharina den Ring verlegte. LN

Quellen und Literatur
Gutjahr 2001, S. 7, Abb. 1 (ill.) · Meller 2008, S. 238 f., Kat. E 10 (ill.) · Stephan 2008 b, S. 20, Abb. 5 (ill.) · WA.B 8, 99 f. (Nr. 3162)

235

Rosenkranz, wohl aus dem Besitz der Katharina von Bora

16. Jh.(?)
L 46 cm
gedrechseltes Holz, Schnur
Stiftung Luthergedenkstätten
in Sachsen-Anhalt, Inv.-Nr. K 2
Ausstellung Minneapolis

Der Überlieferung nach soll diese Paternosterschnur bzw. Gebetskette Luthers Ehefrau Katharina gehört haben, was allerdings nicht beweisbar ist. Ein derartiges Gerät, das der formelhaften Gebetswiederholung dient, wäre im Haushalt des Reformators nicht unbedingt zu erwarten. Luther hatte für solcherlei als Leistung verstandene Frömmigkeitsübungen nicht viel übrig, da sie aus seiner Sicht nicht dem verständigen Glauben entsprachen. Die Kette könnte aber noch ein Relikt aus der Nonnenzeit Katharinas sein. Die dem verarmten Landadelsgeschlecht derer von Bora entstammende Katharina wurde zur Erziehung und Versorgung dem Klosterleben anvertraut, dem sie aber 1523 dank tatkräftiger Hilfe Luthers entfliehen konnte.

Die Schnurperlen helfen beim Abzählen der festgelegten Gebetsabfolge *Vaterunser*, *Ave Maria* und *Ehre sei dem Vater* – daher die Bezeichnungen Paternosterschnur und Rosenkranz, wobei letztere eine Namensanspielung auf die mariologische Rosen-Ikonografie ist. In der katholischen Glaubenspraxis reflektieren sich in dieser Andachtshilfe also Marienverehrung und Christusfrömmigkeit, wie sie besonders auch für die weiblichen Orden gilt. Vielleicht erinnerte der Rosenkranz als Reminiszenz der »Nonnenbefreiung« an eine entscheidende Episode im Privatleben des Hauses Luther. Erklärungsbedürftig ist jedoch der Aufbau des vorliegenden Exemplars. Üblicherweise hat der katholische Rosenkranz 59 Perlen in zweierlei Größen, in symmetrischem Zyklus geordnet. Katharinas Rosenkranz besteht hingegen aus 118 Perlen, wenn man alle vier verwendeten Formate zusammennimmt. Halbiert ergäbe diese Zahl zwar einen doppelten Rosenkranz, aber die unregelhafte Anordnung der Perlen folgt keiner erkennbaren Struktur, offenbart also kein Gebetsmuster. AM

Literatur
Joestel 2008, S. 20 f. (ill.) · Meller 2008, S. 238–240, Kat. E 11 (ill.) · Treu 2010, S. 76

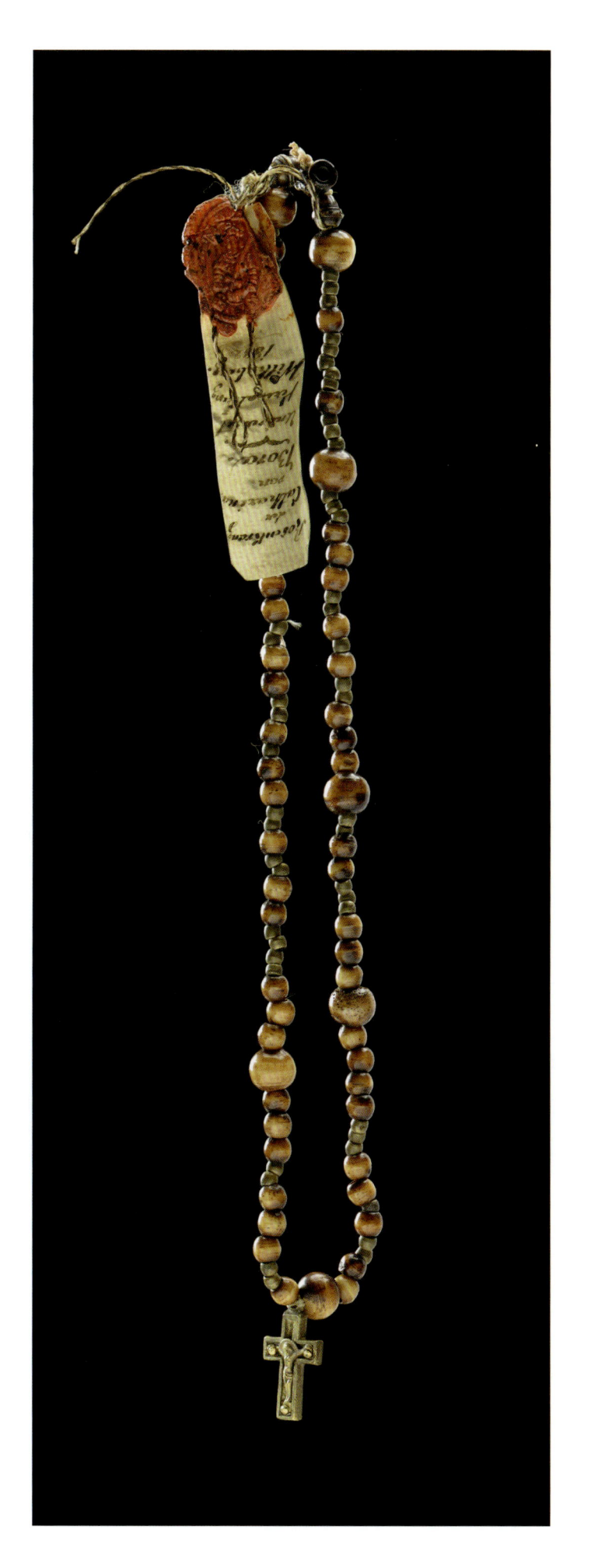

Wandbrunnen mit bronzenem Wasserhahn

Wittenberg, Lutherhaus Collegienstraße 54,
1. Hälfte 16. Jh.
Landesamt für Denkmalpflege und
Archäologie Sachsen-Anhalt
Ausstellung Minneapolis

236
Wandbrunnen

Irdenware, grüne Glasur (ergänzt)
28 × 18,5 × 9,5 cm
Landesmuseum für Vorgeschichte Halle,
Inv.-Nr. HK 667:207:197p

237
Wasserhahn (Konushahn) mit kleeblattförmigem Griff

Bronze
6,2 × 1,2 × 11,7 cm
Landesmuseum für Vorgeschichte Halle,
Inv.-Nr. HK 667:106:2g

Während der Ausgrabungen im Garten des Lutherhauses wurden Fragmente von 22 grün glasierten Keramik-Wandbrunnen gefunden. Unter diesen befindet sich ein nahezu vollständig erhaltenes, kastenförmiges, grün glasiertes Exemplar eines Wasserbehälters mit einem Loch für den Wasserhahn in der Vorderseite und Haken an beiden Seiten, um es an einer Halterung an der Wand oder einem Ofen zu befestigen. Mit einer Schale darunter wurden diese Wandbrunnen zum Händewaschen vor und nach den Mahlzeiten, aber auch zum Anmischen von Schreibtinte verwendet. Der kastenförmige Wasserbehälter, der mit einem abnehmbaren dachförmigen Deckel versehen war, wurde mit Wasser gefüllt, dem bei festlichen Anlässen sogar Duftstoffe beigesetzt werden konnten. Ein Wasserhahn aus gegossener Bronze, den man in das dafür vorgesehene Loch steckte, regulierte den Wasserfluss. Zusammen mit anderen Objekten wie den Tintenfässern und Federmessern (vgl. Kat 239–241) sind die Wandbrunnen ein gegenständlicher Beweis für den hohen Stellenwert des Schreibens in Luthers Haushalt.

Der Dekor des Brunnens zeigt eine dicht gedrängte Szene mit mehreren Figuren, die von zwei Säulenpaaren eingerahmt sind und über die sich ein Gewölbebogen spannt. Die Figuren verdecken nahezu alles andere. Auf der linken Seite wird Christus gekreuzigt. Sein strahlender Heiligenschein verdeckt teilweise die Inschrift »INRI« (*Iesus Nazarenus Rex Iudaeorum*) oberhalb seines Kopfes. Das Blut des Erlösers wird auf den Schädel Adams, der aus einem Erdhaufen am Fuße des Kreuzes herausschaut, tropfen. Ein nackter junger Sünder kniet vor dem Gekreuzig-

237

ten und blickt zu ihm hinauf, wobei er seine zum Gebet gefalteten Hände emporhält. Johannes der Täufer, ein bärtiger Mann im Büßergewand, schaut auf ihn herab. Dabei ruht seine linke Hand auf der Schulter des jungen Mannes und seine rechte deutet auf den gekreuzigten Christus. Im Hintergrund steht Moses mit der Gebotstafel in seiner Linken, die Rechte mahnend emporgehoben.

Identische Darstellungen sind aus Niedersachsen, aber auch aus Nürnberg bekannt, wo sie auf Ofenkacheln verwendet wurden. Diese Darstellung, eine verkürzte Version des Motivs *Gesetz und Gnade* (Kat. 185 u. 186), passt natürlich hervorragend zu einem Wasserbrunnen in einem protestantischen Haushalt. Gäste, die ihre Hände dort wuschen, wurden mit dem Bild des sterbenden Heilands konfrontiert, dessen Blut Adams Gebeine von der Sünde rein wusch, während sie gleichzeitig ihre Hände reinigten. Auf ähnliche Weise war die mit diesem Wasser – sinnbildlich mit dem Blut des Heilands – gemischte Tinte sicher gut geeignet, um dessen frohe Botschaft aufzuschreiben, zu übersetzen und zu deuten.

Bis zur ersten Hälfte des 19. Jhs. wurden kleine Messingwasserhähne mit konischem Schließmechanismus genutzt, um das Abfließen aus Fässern, Rohren, Destillierkolben und sogar Wasserrohrsystemen zu regulieren. Die Gestaltung der Hähne variiert von Formen aus dem Tierreich bis hin zu geometrischen Formen. Zwei Hähne, die höchstwahrscheinlich zur Regulierung des Wasserstrahls der Wandbrunnen genutzt wurden, befanden sich unter den Fundstücken im Garten des Lutherhauses in Wittenberg. Der Griff des gezeigten Hahns besteht aus drei Ringen, ein gängiges Design zu jener Zeit. LN

Literatur
Kluttig-Altmann 2015 a, S. 396 f., Abb. 50–52 (ill.) · König 2008 · Meller 2008, S. 284 f., Kat. E 114 u. 115 (ill.) · Schmitt/Gutjahr 2008, S. 136, Abb. 81 (ill.) · Stephan 2008 b, S. 22, Abb. 7 re. und S. 30 f., Abb. 39 a, c (ill.)

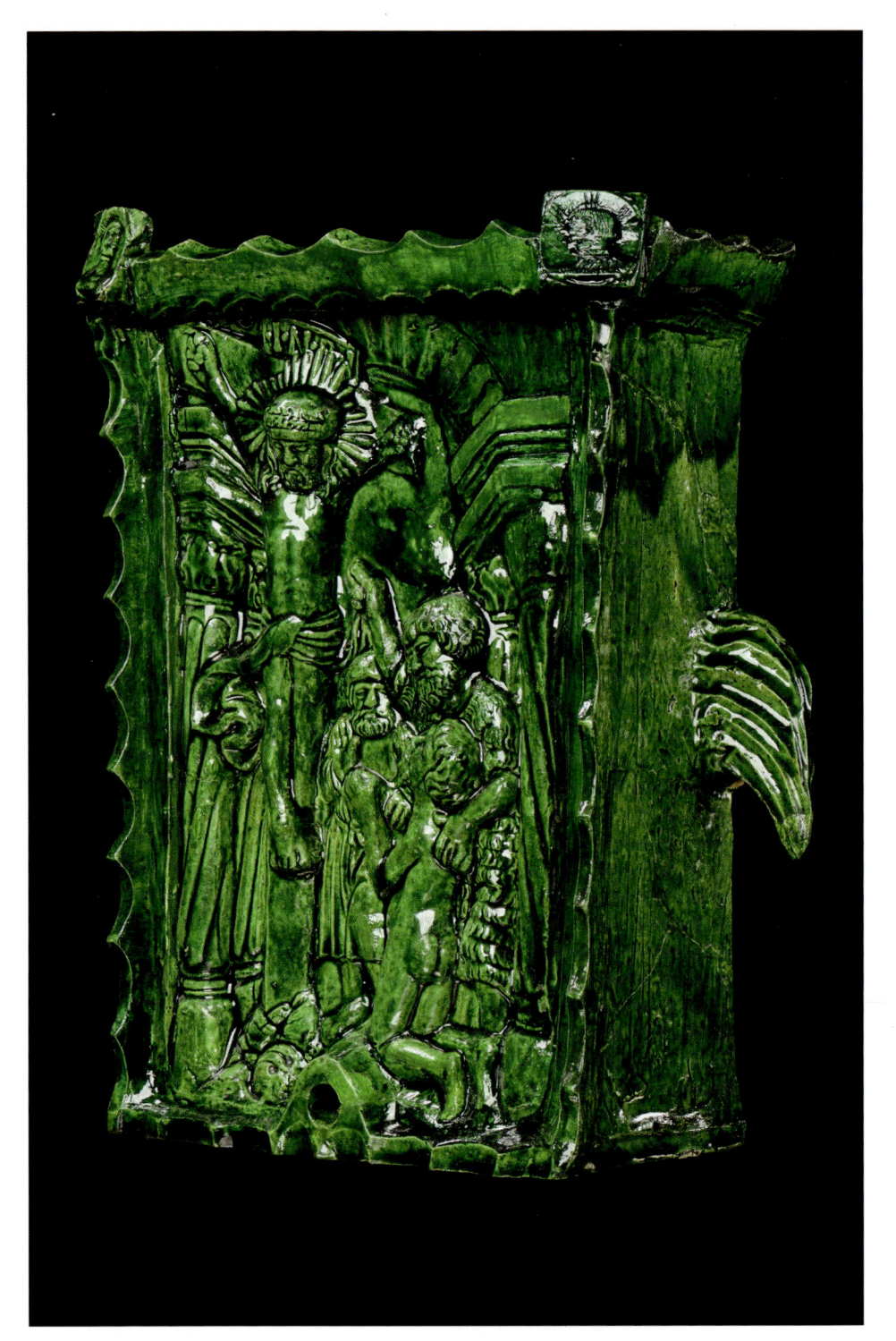

236

238
Vorderseite eines Wandbrunnens mit Darstellung der Kreuzigung mit der Jungfrau Maria und Johannes dem Täufer

Wittenberg, Lutherhaus Collegienstraße 54,
1. Hälfte 16. Jh.
Irdenware, innen gelbe, außen grüne Glasur
27 × 19 cm
Landesamt für Denkmalpflege und Archäologie Sachsen-Anhalt
Landesmuseum für Vorgeschichte Halle,
Inv.-Nr. HK 592:45:1dx
Ausstellung Atlanta

Das Dekor auf der Vorderseite dieses grün glasierten Wandbrunnens (vgl. Kat. 236) zeigt eine Kreuzigungsszene. Jesus ist flankiert von seiner verzweifelten Mutter und dem Evangelisten Johannes. Das Schild mit der spottenden Inschrift »INRI« (*Iesus Nazarenus Rex Iudaeorum*), das über dem Kreuz befestigt ist, ist gut lesbar. Leider sind die Tafeln zu beiden Seiten Jesu, die Zitate der Lutherbibel gezeigt haben dürften, fast nicht zu entziffern. Die Form, in der dieser Wandbrunnen hergestellt wurde, war recht abgenutzt, weshalb viele Gestaltungsdetails unscharf sind. Das Zitieren von Bibelstellen reflektiert den protestantischen Glauben an die Bedeutung des geschriebenen Evangeliums, insbesondere in der deutschen Übersetzung Martin Luthers. Ein wichtiger Bestandteil der Symbolik des Wandbrunnens dürfte der Boden gewesen sein, der verloren gegangen ist. Dieser zeigte wohl Adams Schädel am Fuße des Kreuzes direkt über dem Loch für den Wasserhahn. Die klare Botschaft des Bildes ist, dass nicht nur die Gebeine Adams durch das herabfließende Blut des Erlösers von der Erbsünde reingewaschen wurden, sondern dass die Gnade Jesu auch die Hände eines Sünders reinigen oder in das Tintenfass fließen würde, um den frommen Schreiber zu inspirieren. LN

Literatur
König 2008, S. 102, Abb. 2 (ill.) · Stephan 2008 b, S. 38, Abb. 39b (ill.)

Zwei keramische Schreibsets

Wittenberg, Lutherhaus Collegienstraße 54,
1. Hälfte 16. Jh.
Irdenware, grüne Glasur (ergänzt)
Landesamt für Denkmalpflege und Archäologie Sachsen-Anhalt
Landesmuseum für Vorgeschichte Halle,
Inv.-Nr. HK 667:106:57a

239

240

241

239
Grundplatte: H 4 cm; Dm 22,8 cm
Ausstellung Minneapolis

240
Grundplatte: H 2,8 cm; Dm 23 cm
Ausstellung New York

Zu diesen grün glasierten Schreibsets aus Keramik gehören ein Tintenfass, ein ovales Wännchen für die Federkiele und eine kleine Schale für feinen Sand, der dazu verwendet wurde, überschüssige Tinte aufzusaugen und ein Verschmieren zu verhindern, wenn der Ärmel des Schreibers unweigerlich über die frisch beschriebene Seite wischte. All diese Gefäße wurden auf einem großen runden Tablett befestigt, um zu verhindern, dass sie umfielen, auskippten oder tropften. Viele Fragmente solcher Schreibsets wurden in Luthers Garten gefunden, inklusive der hier gezeigten Exemplare. Möglicherweise wurden sie sogar vom Reformator persönlich benutzt. Hergestellt wurden diese Schreibsets von einem lokalen Töpfer, der sie auf dem Marktplatz für wenig Geld verkaufte. In Wittenberg wurden Fragmente solcher Sets an verschiedenen Stellen geborgen, auch an Orten, die von der Cranach-Familie bewohnt wurden. Die meisten Fragmente jedoch wurden in Luthers Haus gefunden. Zusammen mit den ebenfalls dort ausgegrabenen Wandbrunnen und Federmessern (vgl. Kat. 236, 238 u. 241) sind die Schreibsets Hinweise auf die enorme Schreibtätigkeit des Reformators und seiner Kollegen.

Die doch beachtliche Größe dieser Sets macht eine besonders anschauliche Luther-Legende noch dramatischer. So soll der Teufel Martin Luther belästigt haben, als dieser 1521 während seines heimlichen Aufenthalts auf der Wartburg die Bibel übersetzte. Ein wutentbrannter Luther schleuderte dem höhnenden Teufel sein Tintenfass ins Gesicht. Der Dämon verschwand, das Tintenfass zerschellte an der Stubenwand, wo neben dem Ofen in der Ecke ein riesiger Tintenfleck zurückblieb. Der dunkle Fleck, der das Ergebnis dieses Ereignisses war, wurde immer wieder erneuert, da er sich als enorme Touristenattraktion erwies und Teile von ihm ständig als Souvenir abgeschabt wurden. Heute wird der ehemalige Fleck in der Lutherstube auf der Wartburg durch einen Krater im Wandputz hinter dem Ofen markiert. Offensichtlich handelt es sich bei dieser Geschichte um eine geringfügig verkleidete Parabel über die Wirkung von Luthers schriftlichen Polemiken, die er seinen satanischen Gegnern entgegenschleuderte. Sollte jedoch das Tintenfass, das er nach dem Dämon warf, ein Schreibset gewesen sein, wie sie die Ausgrabungen im Lutherhaus zutage brachten, so ist es nur zu verständlich, dass der Teufel sich duckte. LN

Literatur
Kluttig-Altmann 2015 a, S. 367, Abb. 4 · Meller 2008, S. 296 u. 298, Kat. E 143 (ill.) · Schmitt/Gutjahr 2008, S. 138, Abb. 83 (ill.) · Stephan 2008 b, S. 37, Abb. 37 (ill.)

241
Griff eines Federmessers

Wittenberg, Lutherhaus Collegienstraße 54,
1. Hälfte 16. Jh.
Tierknochen
L 10,1 cm; B 0,6 cm
Landesamt für Denkmalpflege
und Archäologie Sachsen-Anhalt
Landesmuseum für Vorgeschichte Halle,
Inv.-Nr. HK 667:106:76a
Ausstellung Minneapolis

Bei diesem Fund aus einer Grube im Garten des Lutherhauses in Wittenberg handelt es sich vermutlich um den Griff eines sog. Federmessers. Das Objekt besteht aus Knochen. Es ist lanzettförmig, besitzt einen annähernd quadratischen Querschnitt mit abgeschrägten Kanten und verdickt sich leicht zu einem Ende hin. Am dickeren Ende des Objekts befindet sich ein ovales, gebohrtes Loch. Hier wurden ursprünglich Komponenten aus Metall angebracht. Leider haben sich diese metallenen Bestandteile nicht erhalten, die ovale Bohrung spricht jedoch dafür, dass es sich um ein Federmesser gehandelt hat. Die zu rekonstruierende Klinge wäre im Vergleich zu einem Küchen- oder Tafelmesser sehr kurz, gerade und einschneidig.

Verwendet wurden diese Messer, wie der Name schon andeutet, zum Anschneiden von Schreibfedern, die aus größeren Vogelfedern, Schilfröhrchen oder ähnlichem organischen Material bestehen konnten. Es handelt sich also um das frühneuzeitliche Pendant des heutigen Bleistiftanspitzers. Zahlreiche Kratzer auf der Oberfläche dieses Griffes weisen darauf hin, dass das Messer stark beansprucht wurde und möglicherweise durch regen Gebrauch kaputt ging. Dieser Federmessergriff und einige weitere, die bei den Grabungen im Lutherhaus gefunden wurden, sind zusammen mit verschiedenen Schreibsets (Kat. 239 u. 240) und Wandbrunnen (Kat. 238) nur einige von vielen Hinweisen auf eine rege Schreibtätigkeit im Hause Luther. LMcL

Literatur
Eule 1955 · Gnaedig/Marquart 2012 · Krüger 2002 · Meller 2008, S. 296 f., Kat. E 142 (ill.) · Stephan 2008 b, S. 26, Abb. 17 Mitte (ill.)

Vom Kloster zum Haushalt des Reformators – wie lebte Martin Luther?

Mehr als 30 Jahre stellte das heutige »Lutherhaus« im ehemaligen Augustinereremitenkloster in Wittenberg die Wohn- und Wirkungsstätte Martin Luthers dar. Das Kloster wurde auf Veranlassung Kurfürst Friedrichs des Weisen ab 1503/04 errichtet, jedoch nie in Gänze fertiggestellt. Bei seiner Rückkehr von der Wartburg 1522 fand Luther das im Zuge der beginnenden Reformation verlassene Kloster geplündert vor. Es blieb jedoch sein Wohnort, auch nach der Heirat mit Katharina von Bora 1525. Das Anwesen war nicht nur das Heim des Ehepaares Luther und seiner sechs Kinder, von denen vier das Erwachsenenalter erreichten. Vielmehr handelte es sich um einen regelrechten Wirtschaftshof, da Katharina nicht nur die Küche, sondern auch die Bewirtschaftung von Äckern und Gärten, den Fischfang, das Brauen von Bier und den größten Nutzviehbestand Wittenbergs betreute. Weitere Einnahmequelle der Familie war das Gehalt, das Luther ab 1525 aus der kurfürstlichen Kammer erhielt.

Neben der erhaltenen Bohlenstube im ersten Obergeschoss erlauben vor allem archäologische Funde aus dem Garten des Lutherhauses Einblicke in die unmittelbare materielle Lebenswelt des Reformators. Zahlreiche Funde von Ofenkacheln bezeugen die Ausstattung des Hauses mit Kachelöfen, darunter ein repräsentativer mit mehrfarbig glasierten Kacheln. Die Überreste von etwa 100 Gläsern erinnern an die literarisch überlieferte Bechersammlung Luthers, die laut seinem Testament zusammen mit Schmuck 1 000 Gulden wert war. Besondere Funde sind die Überreste von hochwertigen Fayencen sowie nach venezianischen Vorbildern gefertigten Fadengläsern. Sie gelangten vermutlich als Geschenke von Gönnern oder Studenten ins Haus des Reformators. Auch das Fleisch von Rotwild, dessen Knochen sich unter den archäologischen Funden befanden, kam vermutlich als Geschenk von adligen Gönnern auf den Tisch. Die Knochen von Hase, Rind, Schwein und Ziege sowie verschiedenen Fisch- und Geflügelarten ermöglichen ebenfalls Einblicke in die Ernährungsgewohnheiten im Hause Luther.

An den Gesprächen an der Tafel des Reformators, den sog. Tischgesprächen, nahmen neben seinen Freunden und Weggefährten auch Studenten teil. Ihre publizierten Mitschriften von diesen Treffen stellen wichtige, wenn auch aufgrund ihrer nachträglichen Bearbeitungen kritisch auszuwertende Quellen für das Alltagsleben Luthers dar. TE

243

244

Mobiliar der Lutherstube

Die Lutherstube im ersten Obergeschoss des Wittenberger Lutherhauses ist seit der Zeit Luthers Hauptanziehungspunkt für Besucher aus aller Welt, kommt man doch hier der Lebenswelt des Reformators näher als nirgendwo sonst. Während das übrige Gebäude diverse Umbauten erlebte, blieben dieser Raum und seine Ausstattung jahrhundertelang als Erinnerungsort weitgehend unverändert. Durch das Einziehen hölzerner Bohlenwände entstand zwischen 1535 und 1538 ein annähernd quadratischer Raum. Die heutige Raumfassung stammt aus dem frühen 17. Jh., zu Luthers Zeit dürfte die Holzvertäfelung noch ungefasst gewesen sein. Die heutige Kassettendecke ist vermutlich ebenfalls erst im frühen 17. Jh. eingezogen worden, zu dieser Zeit wurde auch der ursprüngliche Kachelofen durch den heutigen, schwarz glasierten Turmofen ersetzt.

Das Mobiliar der Lutherstube ist in der heutigen Zusammenstellung mindestens seit dem frühen 19. Jh. vorhanden gewesen, auch wenn nicht auszuschließen ist, dass es aus unterschiedlichen Teilen des Hauses stammt. In bis heute unveränderter Aufstellung ist es bereits auf den Lithografien der Lutherstube seit 1815 dargestellt.

242
Tür aus der Lutherstube

16. Jh.
Kiefer, farbig gebeizt und geschnitzt, Eisen, geschmiedet und ziseliert, Kreide, Glas
Kreideinschrift: Петр; Glashaube: 19. Jh.
187,5 × 91 × 12 cm
Stiftung Luthergedenkstätten
in Sachsen-Anhalt, Inv.-Nr. K 6c
Ausstellung Minneapolis

Die Türen und die zugehörigen Türeinfassungen gehören zu den aufwendigsten Schnitzarbeiten in der Lutherstube. Die nach oben abschließenden Bogenfelder mit ihren geschnitzten Palmetten und die eisernen geschweiften und in Drachenköpfen auslaufenden Beschläge verweisen auf das Repertoire der renaissancezeitlichen Ornamentik. Die sich in die östliche Vorkammer der Lutherstube öffnende Tür weist eine Kreideinschrift auf, die zunächst mit einem Gitter, seit dem 19. Jh. mit einer Glashaube geschützt wurde. Sie nennt in kyrillischen Buchstaben den Namen »Peter«. Bei seinem Besuch im Jahr 1712 soll sich Zar Peter der Große hier namentlich verewigt haben – auf Anregung der zahlreichen, bereits vorhandenen Kreideinschriften. Den genauen Vorgang schildert der später an der Petersburger Akademie tätige Jacob Stählin: »Ebendiese Wand [mit Tintenfleck des legendären Tintenfasswurfs Luthers] nahm der Monarch fast gänzlich von oben bis unten von Namen beschrieben wahr, und als er auf seine Frage, was diese Namen bedeuten sollten, vernahm, dass es lauter Namen von Fremden wären, die diese ehemalige Wohnung Dr. Luthers besucht und zum Wahrzeichen, dass sie daselbst gewesen, ihre Namen hingeschrieben hätten, so sagte der Zar ›Nun, so muss ich meinen Namen wohl auch hinschreiben‹, zog ein Stückchen Kreide aus der Tasche und schrieb seinen Namen Peter mit russischen Buchstaben neben den erwähnten Tintenfleck hin.« Die Inschrift muss allerdings in späteren Zeiten nachgezogen worden sein und teilt somit das Schicksal des in der Lutherstube ebenfalls wie auf der Wartburg präsentierten angeblichen Tintenflecks, der ebenfalls zahlreiche »Auffrischungen« erfuhr – wie der Zar selbst bei seinem Besuch feststellte: »Mag sein, aber die Tinte ist frisch«. MG

243
Tisch aus der Lutherstube

16. Jh., Ergänzungen im 19. Jh.
Kiefer, teilweise geschnitzt,
Tischplatte: Kiefer, mit Birke belegt
83 × 136 × 124 cm
Stiftung Luthergedenkstätten
in Sachsen-Anhalt, Inv.-Nr. K 6a
Ausstellung Minneapolis

Der mächtige Kastentisch ist sicherlich das prominenteste Ausstattungsstück der Lutherstube, verband man ihn doch mit den berühmten Tischgesellschaften und zahlreichen Tischreden Luthers, die ihren Niederschlag in den von Aurifaber 1566 herausgegebenen *Colloquia* gefunden haben. Ob Kastentisch und Kastensitz jedoch ihren ursprünglichen Aufstellungsort in der Lutherstube hatten, bleibt unsicher. Der Tisch zeigt Form und Konstruktion eines typischen Renaissancemöbels, wie er insbesondere im süddeutschen und alpenländischen Raum Verbreitung fand: Eine verschiebbare Tischplatte dient als Deckel eines breiten unverzierten Kastens mit innenliegenden Fächern für heute verlorene Schubladen. Dieser wird von einem Gestell aus Kiefernholz getragen, dessen Wangen durch zwei verkeilte Mittelstreben verbunden sind. Die zwei auf den Wangen aufliegenden Fußleisten sind entweder spätere Zutaten oder zumindest modern ersetzt. Sowohl auf den Seitenteilen als auch im Inneren (hier kopfüber angebracht) des Kastens haben sich einige der sonst im Zuge der Musealisierung der Lutherstube im 19. Jh. fast vollständig entfernten Kreideinschriften erhalten. Die die Namen begleitenden Datumsangaben reichen von der zweiten Hälfte des 18. bis um die Mitte des 19. Jhs. Auch die Tischoberfläche zeigt Spuren früherer Museumsbesucher: Dort zeugen zahlreiche Kerben und Einritzungen von der Tradition, sich mit Spänen von Luthers Möbeln ein dauerhaftes Andenken an die Wohnstatt des Reformators zu sichern. MG

244

Kastensitz aus der Lutherstube

16. Jh., mit starken Überarbeitungen im 19. Jh.
Kiefer, geschnitzt und gedrechselt
120 × 118 × 52 cm
Stiftung Luthergedenkstätten
in Sachsen-Anhalt, Inv.-Nr. K 6b
Ausstellung Minneapolis

Der heute in der östlichsten Fensternische der Lutherstube positionierte Kastensitz hatte vermutlich einen anderen Aufstellungsort im Lutherhaus und wird erst im Zuge der Musealisierung der Lutherstube dorthin gekommen sein. Dafür sprechen schon seine Abmessungen, die nicht zu den viel breiteren Fensternischen der Lutherstube passen. Der aus Kiefernholz gearbeitete Doppelsitz mit seiner geschweiften Doppelvolute als rechte Rückenlehne diente vermutlich als Arbeitsplatz am Fenster, an dem sich das spärliche Tageslicht, etwa für Handarbeiten, ausnutzen ließ. Er bot aber mit seinen seitlichen Schränkchen unterhalb der beiden gegenüberliegenden Sitzflächen auch die Möglichkeit, kleinere Haushaltsgegenstände aufzubewahren. Über doppelt geschweifte, geschmiedete Scharniere lassen sich die beiden Türen jeweils nach außen öffnen. Die zweifache, mit einer horizontalen Leiste abgetrennte, bossenartige Oberfläche der beiden Türen wiederholt sich sowohl in den schmiedeeisernen Knäufen als auch in den Ziernägeln mit ihren ebenfalls bossenartig ausgeführten Köpfen. Letztere sind auch auf den beiden durchbrochenen Armstützen angebracht. In den beiden Ausschnitten tragen gedrechselte Rundstäbe (links zwei; rechts ursprünglich drei, von denen nur zwei erhalten sind) die beiden mit Würfelfries verzierten Armstützen. Auch hier hat sich im Inneren ein Kreidegraffito aus dem 19. Jh. erhalten.
MG

Literatur
Joestel 1993a, S. 240–245 · Laube 2003, S. 93–99 u. 108–111 · Neser 2005, S. 69–101 · Treu 2010, S. 85–87, Taf. 4

Buchbeschlag und Buchschließen

Wittenberg, Lutherhaus Collegienstraße 54,
1. Hälfte 16. Jh.
Buntmetall (Bronze), z. T. graviert
Landesamt für Denkmalpflege
und Archäologie Sachsen-Anhalt
Ausstellung Minneapolis

245
Bucheckbeschlag

L 3,4 cm; B 2,7 cm
Landesmuseum für Vorgeschichte Halle,
Inv.-Nr. HK 667:106:2a

Buchschließen (fragmentarisch)

246
L 5,5 cm; B 4 cm; H 0,5 cm
Landesmuseum für Vorgeschichte Halle,
Inv.-Nr. HK 667:106:2e

247
L 4 cm; B 1 cm
Landesmuseum für Vorgeschichte Halle,
Inv.-Nr. HK 667:106:241b

248
L 4,5 cm; B 1,5 cm; H 0,4 cm
Landesmuseum für Vorgeschichte Halle,
Inv.-Nr. HK 667:106:71f

Auch in den Jahrzehnten nach Erfindung des Buchdrucks mit beweglichen Lettern und damit einhergehenden höheren Druckauflagen stellten Bücher wertvolle Objekte dar. Ihre Herstellung war aufwendig und teuer und man wollte sie entsprechend robust ausstatten, damit sie auch bei längerer Benutzung unbeschadet blieben. Deshalb sind die Druckerzeugnisse des 16. Jhs. aus Wittenberg, welches durch die beginnende Reformation wider alle Wahrscheinlichkeit zum wichtigsten deutschen Druckerstandort heranwuchs, meist mit Buchbeschlägen und -verschlüssen versehen. Blechartige Beschläge schützen die lederbezogenen hölzernen Buchdeckel an den Ecken (Kat. 245); kleine Löcher an der Spitze und den abgewinkelten Seiten zeigen, wo der Beschlag mittels kleiner Nägel am Buchdeckel befestigt wurde. Die Verschlüsse, aus Lederriemen mit aufgenieteten metallenen Haken und Ösen bestehend, wirkten einem Aufsperren der meist großformatigen, schweren und straff gebundenen Werke entgegen (Kat. 246–248, vgl. Abb. 7).
Wie Abbildungen des 15. und 16. Jhs. verraten, wurden Bücher nicht immer nach unserem heutigen System mit dem Rücken zum Betrachter in Regalen aufbewahrt. Stattdessen lagen sie häufig in Stapeln oder standen auch auf dem vorderen Anschnitt. Kleine Buckel auf den Eckbeschlägen verhinderten beim Lesen, dass der Buchdeckel direkt auf einer – möglicherweise unsauberen – Oberfläche auflag. Ein komplett abgeriebener Buckel, an dessen Stelle ein Loch im Beschlag zu sehen ist, deutet dann auf eine häufige Nutzung hin, was auch an Funden aus Wittenberg beobachtet werden kann.
Die aus Buntmetall bestehenden, meist geometrisch oder ornamental-floral reliefverzierten Beschläge und Verschlüsse sind sich überregional sehr ähnlich. Allerdings sind die Orte ihrer Herstellung noch wenig erforscht. Sie gehören bei archäologischen Ausgrabungen selbst in einer Buchstadt wie Wittenberg, in der es bereits im 16. Jh. öffentliche und private Bibliotheken gab, zu den verhältnismäßig seltenen Funden. Zum einen wurden Bücher grundsätzlich nicht »entsorgt« wie kaputt gegangenes Geschirr, zum anderen unterlagen Metallobjekte immer der Wiederverwertung. Die in Wittenberg zum größten Teil am Lutherhaus, aber auch am *Collegium Fridericianum*, im sog. Cranachhaus Schlossstraße 1, der Stadtschule von 1564 auf der Jüdenstraße 38 und in vereinzelten Bürgerhäusern gefundenen Buchbeschläge und -verschlüsse sind immer noch rare Funde, wenn man sich die Menge der einst hier zirkulierenden Bücher vergegenwärtigt. RKA

Literatur
Adler 2010 · Adler/Ansorge 2006 · Fuchs 2014 · Kluttig-Altmann 2015 a, S. 367, Abb. 5 · Lang 2014 a · Meller 2008, S. 298–300, Kat. E 144 (ill.) · Stephan 2008 b, S. 21, Abb. 6 (ill.)

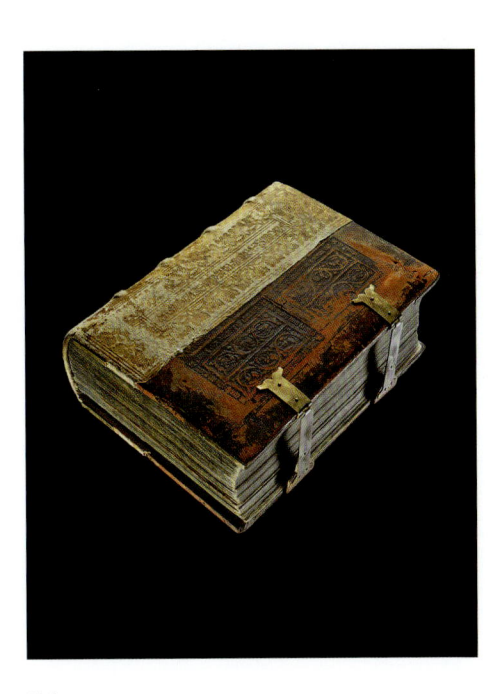

Abb. 7
Buchverschlüsse an der *Biblia Hebraica* von 1518 (Kat. 366)

Salbtöpfchen

Wittenberg, Lutherhaus Collegienstraße 54,
1. Hälfte 16. Jh.
Steinzeug
Landesamt für Denkmalpflege
und Archäologie Sachsen-Anhalt
Ausstellung Minneapolis

249
H 4,8 cm; Dm max. 3,2 cm
Landesmuseum für Vorgeschichte Halle,
Inv.-Nr. HK 667:62:18

250
H 5,3 cm; Dm 3,1 cm
Landesmuseum für Vorgeschichte Halle,
Inv.-Nr. HK 667:207:197c

251
H 6,5 cm; Dm 5,4 cm
Landesmuseum für Vorgeschichte Halle,
Inv.-Nr. HK 667:207:197d

252
H 5,3 cm; Dm 3,1 cm
Landesmuseum für Vorgeschichte Halle,
Inv.-Nr. HK 667:207:197e

253
H 7,1 cm; Dm 5,2 cm
Landesmuseum für Vorgeschichte Halle,
Inv.-Nr. HK 2005:22040 (667:106:50)

Diese fünf kleinen Gefäße wurden im Garten des Lutherhauses in Wittenberg gefunden. Sie sind insgesamt sehr gut erhalten, meist vollständig oder bis auf wenige Fragmente komplett. Die Gefäße haben ein sehr begrenztes Fassungsvermögen. Dies ist ein Hinweis darauf, dass der Inhalt nur in geringen Mengen ausgegeben wurde, da er entweder leicht verderblich oder teuer war und auch nur in geringen Quantitäten produziert wurde. Produziert wurden diese Gefäße als scheibengedrehte Massenware.
Formal lassen sich unter den Gefäßen zwei verschiedene Typen unterscheiden: ein leicht konischer bis beutelförmiger Typ mit breiter Mündung und ein flaschenförmiger Typ mit schmaler Mündung. Der konische bis beutelförmige Typus verbreitert sich zum häufig ausgeprägten Standfuß und hat eine geschwungene Randlippe. Der flaschenförmige Typus ist hier mit lediglich einem Exemplar vertreten. Er hat eine wulstige Randlippe, einen hoch angesetzten Schulter-Hals-Umbruch (der die breiteste Stelle des Gefäßes bildet) und verjüngt sich nach unten zum flachen Gefäßboden. Die ausgeprägten Randlippen dienten als sog. Binderand dazu, das Gefäß zu verschließen. Hierzu wurde ein Stück Pergament über die Gefäßöffnung gelegt und unterhalb der

249

250

251

252

253

Randlippe verschnürt. Die Randlippe verhinderte, dass der Faden verrutschte. Diese Verschlusstechnik gab es auch bei größeren Steinzeuggefäßen und wurde bis in die Moderne für bestimmte Gefäßarten beibehalten.

Die kleinen (Apotheken-)Abgabegefäße bzw. Salbtöpfchen weisen mit ihrem Namen bereits auf die archäologische Interpretation ihrer Funktion, Verwendung und den möglichen Ausgabeort hin. In den kleinen Töpfchen wurden medizinische Produkte wie Pasten, Salben, Öle oder heilende Pülverchen von den Apotheken an den Kunden abgegeben und von diesen darin aufbewahrt. Die unterschiedlichen Profilverläufe der beiden Typen hier könnten ein Hinweis darauf sein, dass Öle und andere flüssige Produkte in den flaschenförmigen Töpfchen aufbewahrt wurden und Pasten, Salben und Pülverchen in den konischen bis beutelförmigen Töpfchen.

Aufgrund ihres medizinischen Inhalts wäre es möglich, dass die Gefäße nicht sekundär weiterverwendet wurden. Dies wäre eine mögliche Erklärung für ihren hohen Fundniederschlag. Somit würde es sich um eine frühneuzeitliche Wegwerfverpackung handeln. Eine weitere Erklärung für die zahlreichen Funde dieser Gefäße im Lutherhaus könnte auch ein hoher Verbrauch von Apothekenerzeugnissen sein. Möglicherweise spiegeln sich hier auch Luthers zahlreiche Krankheiten und sein häufiges Unwohlsein wider. Es ist durchaus möglich, dass der Luther'sche Haushalt diese Abgabegefäße in der Cranach-Apotheke in der Schlossstraße 1 in Wittenberg erhielt, für die Lucas Cranach d. Ä. seit 1520 das Privileg besaß. LMcL

Literatur
Hennen 2015 a · Kranzfelder 1982 · Meller 2008, S. 302 f., Kat. E 147 · Neumann 1995 · Scheidemantel/Schifer 2005

Fragmente (Nodi) von Kelchgläsern

Wittenberg, Lutherhaus Collegienstraße 54,
1. Hälfte 16. Jh.
Glas, gefärbt und entfärbt
Landesamt für Denkmalpflege und
Archäologie Sachsen-Anhalt
Ausstellung Minneapolis

254
L 3,7 cm; Dm 2,4 cm
Landesmuseum für Vorgeschichte Halle,
Inv.-Nr. HK 667:105:19f

255
L 3,5 cm; Dm 2,8 cm
Landesmuseum für Vorgeschichte Halle,
Inv.-Nr. HK 667:106:73b

256
L 3,4 cm; Dm 2 cm
Landesmuseum für Vorgeschichte Halle,
Inv.-Nr. HK 667:106:73b

Bei diesen drei Fragmenten handelt es sich um Stielfragmente von unterschiedlichen farbigen Glaspokalen, zwei blauen und einem entfärbten. Aufgrund der Wülste werden diese Fragmente als *Nodi* bezeichnet (lat. für Knoten, Verdickung). Sie verzierten die Stiele von aufwendigen Glaspokalen (vgl. Kat. 257 u. Abb. 8). Bei dem entfärbten Fragment ist zusätzlich noch der untere der beiden Wülste mit einem s-förmigen Dekor verziert. Eines der blauen Fragmente weist noch einen kleinen Teil eines glockenförmigen Fortsatzes auf, bei dem es sich um den oberen Teil eines Fußes oder den Rest der Kuppa handeln kann.

Alle drei Fragmente wurden bei den Grabungen am Lutherhaus in Wittenberg gefunden. Der vielfarbig schillernde Überzug, der auf den Fragmenten zu sehen ist, rührt von ihrer Lagerung im Boden her. Leider ist es nicht möglich, aufgrund der Fragmente das ursprüngliche Aussehen der Gläser zu rekonstruieren, jedoch lassen die Ausführung und die Präsenz der Glasnodi im Fundgut des Lutherhauses einige allgemeine Aussagen zu: Es ist nicht davon auszugehen, dass es sich bei diesen Fragmenten um Reste von Gläsern *à la façon de Venise* oder gar um venezianische Gläser handelt. Vielmehr weisen Färbung und Ausführung darauf hin, dass es sich um die Produkte regionaler Glashütten handelt. Bereits im 12. Jh. etablierte sich nördlich der Alpen eine florierende regionale Glasproduktion. Gleichzeitig ist die durch Fragmente belegte Präsenz dieser Gläser im Lutherhaus durchaus aussagekräftig. Gläsernes Tafelgeschirr und auch Imitate der venezianischen Gläser waren teuer und entsprechend kostbar. Regional produziertes Glas war zwar weitaus erschwinglicher, jedoch werden diese Glaspokale aus blauem und entfärbtem Glas als Alltagsgeschirr weniger infrage kommen. So bleibt ihre Präsenz im Lutherhaus ein Hinweis auf einen gewissen Wohlstand im Haushalt Martin Luthers. LMcL

Literatur
Dreier 1989 · Meller 2008, S. 266 f., Kat. E 79 (ill.) · Ring 2003 · Stephan 2008 b, S. 69, Abb. 84 (2. v. u.) (ill.) · Steppuhn 2008

Abb. 8
Kelchglas auf Kugelknaufstiel,
Mitte/2. Hälfte 16. Jh.

257

Kelch (?) mit Fadendekor

venezianisch, um 1530
Glas, entfärbt, mit weißem Fadendekor
H 26 cm
Minneapolis Institute of Art, Geschenk von
Chichi Steiner und Tom Rassieur zur Erinnerung
an Mary Orear Terry, Inv.-Nr. 2013.39.2
Ausstellung Minneapolis

Bei Ausgrabungen in Luthers Wohnhaus in Wittenberg sind viele Glasscherben aufgetaucht. Manche davon weisen helle Linien auf, die in klares, farbloses Glas eingearbeitet worden sind (Kat. 258). Es sind Fragmente von wertvollen importierten Gefäßen, die diesem seltenen erhaltenen Stück ähneln, einem um 1530 auf Murano hergestellten Kelch. Wegen der Feuergefahr hatte man 1291 den venezianischen Glasbläsern Murano als Arbeitsplatz zugewiesen, eine kleine Inselgruppe ca. 1,5 km nördlich der Stadt. Auf diesem begrenzten Raum entfaltete sich deren handwerkliches Können und ihre Produkte waren gefragt, auch im fernen Ausland.
Die Technik der Milchglas-Fäden (auch *à la façon de Venise*) am Knopf und am Fuß war neu und zu Luthers Lebzeiten hochmodern. Stäbe aus weißem Milchglas wurden in klares Glas eingeschmolzen, gedreht und als komplexe Muster ausgestaltet, so wie bei diesem Kelch. Es waren

254 Luther in Wittenberg

Fachkenntnisse, geübte Hände, viel Brennstoff für Lampen und Brennöfen, ein beträchtlicher Zeitaufwand und sorgsame Handhabung notwendig, um Kunden solche Gegenstände bieten zu können. Man darf annehmen, dass Luther so ein teures Glas zu einem feierlichen Anlass als Geschenk erhielt und dass er ein paar Flüche ausgestoßen hat, als es zu Bruch ging.

Es wurde lange vermutet, dass dieses Glas ein Kelch ist, aber das Stück ähnelt am ehesten einer *Reliquienvase mit Deckel* im Museo Vetrario auf Murano. Deshalb stellt sich die Frage, ob dies ein Reliquiengefäß ist, dessen Deckel verloren ging, und ob bestimmte Formen für verschiedene Zwecke genutzt wurden. TR

Literatur
Dorigato 1986, S. 82 · Mariacher 1963, S. 95, pl. A · Theuerkauff-Liederwald 1994, S. 279, Nr. 267.

258
Sieben Fragmente von Fadengläsern *à la façon de Venise*

Wittenberg, Lutherhaus Collegienstraße 54,
1. Hälfte 16. Jh.
Glas, entfärbt, mit Fadendekor
L max. 5,4 cm; B max. 3,1 cm
Landesamt für Denkmalpflege und
Archäologie Sachsen-Anhalt
Landesmuseum für Vorgeschichte Halle,
Inv.-Nr. HK 667:106:73k
Ausstellung Minneapolis

Glasgefäße sind, mehr als Keramik, in der Frühneuzeit ein gewisser Wohlstandsanzeiger. Man unterscheidet drei Arten von Gläsern. Das einfache Waldglas blieb produktionsbedingt in verschiedenen Schattierungen grün. Dieses Glas diente für Alltagsgefäße wie Flaschen, einfache Trinkgläser, Schröpfköpfe und alchemistische Utensilien (Kat. 139 u. 140). Schwieriger herzustellen war ganz entfärbtes Glas, welches vor allem für Tafelgeschirr oder Fensterscheiben verwendet wurde (Kat. 9 u. 10). Eine weitere Steigerung im Aufwand der Herstellung war Glas mit eingelegten andersfarbigen Fäden – das sog. Fadenglas (Abb. 8).

In einem komplexen Verfahren wurden ein entfärbter Glaskörper geblasen, auf diesen weiße oder andersfarbige Glasfäden aufgelegt und auf das Ganze ein weiterer Glaskörper aufgeschmolzen. Zu Beginn der Frühneuzeit war zunächst die venezianische Insel Murano für die Herstellung dieses speziellen Glases berühmt, welches weithin gehandelt, aber mithilfe entlaufener venezianischer Glasmacher schon bald an vielen Orten in Europa nachgeahmt wurde. So ist die Herstellung von Fadenglas früh auch aus Frankreich und den Niederlanden bekannt, schon Ende des 16. Jhs. auch aus Böhmen, dem Erzgebirge und zahlreichen weiteren Orten Mitteleuropas. Die vielen Nachahmungen relativieren Venedig als Ursprungsort dieser Technologie, doch auch sie sind hochwertige Glaskunst. Deshalb entstand Fadenglas *à la façon de Venise* besonders als repräsentatives Trink- oder Schankgeschirr, z. B. Stangengläser oder Deckelpokale.

Die vorliegenden Wittenberger Fragmente stellen, die Zugehörigkeit zu Luthers Haushalt vorausgesetzt, sehr frühe Beispiele für hochwertiges Fadenglas unter Verwendung von Netzfadentechnik dar. Aufgrund der frühen Datierung und der teilweise hohen Qualität ist ein Ursprung in Venedig oder dem Nordalpenraum zumindest denkbar. Die Bruchstücke gehören zu mehreren hohen Stangengläsern, aus denen man Bier oder Wein trank. RKA

258

Literatur
Eichhorn 2014b · Henkes 1994 · Meller 2008, S. 270 u. 272, Kat. E 86 (ill.) · Ring 2003 · Stephan 2008b, S. 70, Abb. 86 (ill.) · Steppuhn 2008

259

Fayenceschälchen

Wittenberg, Lutherhaus Collegienstraße 54,
1. Hälfte 16. Jh.
Fayence, heller Scherben, kobaltblaues Dekor (ergänzt)
H 4,1 cm; Dm Mündung 10,5 cm
Landesamt für Denkmalpflege und
Archäologie Sachsen-Anhalt
Landesmuseum für Vorgeschichte Halle,
Inv.-Nr. HK 667:106:42
Ausstellung Minneapolis

Zum standesgemäßen Hausrat der wohlhabenden bürgerlichen Oberschichten gehörte im 16. Jh. aufwendig mit Unterglasurfarben bemalte, zinnglasierte Keramik: die ursprünglich aus dem italienischen Faenza stammenden Fayencen. Nördlich der Alpen sind diese bis auf wenige Ausnahmen allerdings kaum im archäologischen Kontext anzutreffen. Umso bemerkenswerter ist der Fund eines kleinen Fayenceschälchens am Wittenberger Lutherhaus. Dieses ähnelt mit seiner weißen Glasur und seiner blauen Bemalung mit stilisiertem Pflanzendekor aus reduzierten Blättern und Ranken sowie doppelter Kreislinie (sog. *alla-porcellana*-Dekor) den großen Allianztellern süddeutscher Patrizierfamilien, die diese Stücke nachweislich zwischen 1510 und 1540 aus oberitalienischen Werkstätten bezogen. Vorbild für Form, Dekor und Machart des Schälchens vom Lutherhaus ist jedoch letztlich das blau-weiße chinesische Porzellan der Ming-Zeit, das über den osmanischen Raum bis nach Oberitalien Einfluss auf die europäische Keramikwerkstätten genommen hatte. Zusammen mit dem Fayencekrug aus dem türkischen Iznik (Kat. 260) dürfte das Gefäß als wertvolles Geschenk an den Lutherhaushalt gelangt sein. Möglicherweise erhielt der Reformator diese Keramiken – wie viele andere besondere Stücke zuvor – über seinen langjährigen Freund Wenzeslaus Link. So bedankte er sich im August 1528 für die Übersendung von »Samia Vasa« (Gefäßen aus Samos) – ein in der Antike Anfang des 2. Jh. v. Chr. erstmals von Plautus für eine heute unbekannte Keramikgattung genutzter Begriff, den Luther hier möglicherweise als gelehrte Anspielung auf diese ihm exotisch erscheinenden Gefäße verwendete. MG

Quellen und Literatur
Meller 2008, S. 258–260, Kat. E 67 (ill.) · Stephan 2008 b, S. 27, Abb. 19 (ill.) · WA.B 4, 538 (Nr. 1308)

260

Hals eines Fayencekruges aus Iznik

Wittenberg, Lutherhaus Collegienstraße 54,
1. Hälfte 16. Jh.
Fayence, bemalt, glasiert (rekonstruiert);
Iznik (heute Türkei)
8,2 × 5,5 cm
Landesamt für Denkmalpflege und
Archäologie Sachsen-Anhalt
Landesmuseum für Vorgeschichte Halle,
Inv.-Nr. HK 667:106:45
Ausstellung Atlanta

Eine der überraschendsten Entdeckungen, die in dem Schutt im Garten des Lutherhauses gemacht wurden, waren die bunten, aber zunächst unscheinbaren Fragmente des Gefäßhalses eines polychromen Krugs, der mit einem floralen Motiv verziert ist. Die Fragmente stammen von einem kleinen Krug aus dem türkischen Iznik, wo vom 15. bis zum 18. Jh. exquisite, chinesisch und persisch inspirierte Keramik für die herrschende Klasse des Osmanischen Reiches produziert wurde (Abb. 9). Dieses Gefäß, das erste seiner Art, das bei archäologischen Ausgrabungen in Deutschland gefunden wurde, datiert in das frühe 16. Jh. Es wurde dem Reformator vermutlich von einem seiner reichen Unterstützer geschenkt.

Es ist fraglich, ob Luther wusste, woher das Stück kam. Wäre dies der Fall gewesen, hätte es wahrscheinlich sehr gemischte Reaktionen bei ihm hervorgerufen. Zum einen verfasste Luther hochpolemische Tiraden gegen die Türken, ihre muslimische Religion und ihr Imperium. Er war besonders alarmiert von der scheinbar unaufhaltbaren Expansion des Osmanischen Reiches nach Westen. Zum anderen wäre ihm als humanistischem Gelehrten und Theologen bewusst gewesen, dass Iznik das antike Nicäa ist, in dessen Basilika 325 n. Chr. das Bekenntnis von Nicäa verkündet wurde. Luther sah in diesem Bekenntnis ein entscheidendes frühes Zeugnis des christlichen Glaubens und erlaubte seine Nutzung in der Liturgie der Evangelischen Kirche. Ob sich nun Luther der Herkunft des Kruges bewusst war oder nicht, diese Handvoll Fragmente trägt dazu bei, die europäischen Krisen zu Luthers Zeiten und die Verstrickungen zwischen Vergangenheit und Gegenwart hervorzuheben, die dazu beitrugen, das Bewusstsein der Renaissance zu gestalten. LN

Literatur
Carswell 1998 · Meller 2008, S. 260, Kat. E 69 (ill.) · Stephan 2008b, S. 28, Abb. 21 (ill.)

260

Abb. 9
Krug aus Iznik, Fayence, Mitte 16. Jh.

261

Polychrome Ofenkachel mit kurpfälzischem Wappen

Wittenberg, Lutherhaus Collegienstraße 54,
1. Hälfte 16. Jh.
Irdenware, polychrome Glasur
19 × 16 × 3,4 cm
Landesamt für Denkmalpflege und
Archäologie Sachsen-Anhalt
Landesmuseum für Vorgeschichte Halle,
Inv.-Nr. HK 667:106:63k
Ausstellung Minneapolis

Das Motiv dieser mehrfarbigen Kachel, ein viergeteiltes Schild mit zwei blau-weißen Rautenfeldern und zwei Feldern mit wilden Löwen, ist das Wappen der Kurpfalz. Es ist eingerahmt von einem leicht gewölbten architektonischen Bogen im Renaissancestil auf eckigen Säulen und einem sich nach hinten verjüngenden gekachelten Fußboden. Möglicherweise waren auf dem mehrfarbigen Ofen in Luthers Haus einst die Wappen aller sieben Kurfürstentümer abgebildet. Wahrscheinlicher jedoch ist, dass es sich bei dem Ofen um die Schenkung eines Gönners aus dem pfälzischen Fürstenhaus von Wittelsbach, dem Kurfürsten Ottheinrich von der Pfalz (Otto Heinrich), handelte. Dieser war 1542 in Wittenberg, wo er sich für die Reformation zu interessieren begann. 1542 konvertierte er zur evangelisch-lutherischen Kirche und führte, als er 1556 Kurfürst wurde, diese in seinem Herrschaftsgebiet ein. Dieser intellektuelle Fürst hielt von seiner Hauptstadt Heidelberg aus einen glänzenden Hof, starb jedoch leider nur drei kurze Jahre später.

Ottheinrichs Wappen wurde von den Luthers vielleicht einfach nur deshalb ausgewählt, um der Verbundenheit dieses mächtigen, überaus wichtigen Fürsten mit der lutherischen Sache zu gedenken. Hoffnungen jedoch waren nicht angebracht. Der Fürst, ein talentierter Schüler und Förderer der Kunst, war ein Verschwender und Genießer, der jämmerlich versagte, als es darum ging, dem Wiederaufleben der kaiserlichen Macht und der Gegenreformation in der Mitte des 16. Jhs. Einhalt zu gebieten. Die Gegenwart seines Wappens auf Luthers mehrfarbigem Kachelofen zeigt sowohl den höchst politischen Charakter der Reformation als auch die überraschende Tatsache, dass bildliche Darstellungen, die die politischen Ereignisse detailliert widerspiegeln, einen Platz in der häuslichen Umgebung des Reformators hatten. LN

Literatur
Meller 2008, S. 277 u. 279, Kat. E 101 (ill.) · Schwarz 2008, S. 216, Abb. 5 (ill.)

Luther in Wittenberg 257

262

Polychrome Ofenkachel mit einer Darstellung der Eva

Wittenberg, Lutherhaus Collegienstraße 54,
1. Hälfte 16. Jh.
Irdenware, polychrome Glasur
18,8 × 15,9 × 4,2 cm
Landesamt für Denkmalpflege und
Archäologie Sachsen-Anhalt
Landesmuseum für Vorgeschichte Halle,
Inv.-Nr. HK 667:106:63f
Ausstellung Minneapolis

Diese mehrfarbige Kachel zeigt die Büste einer farbenfroh gekleideten jungen Frau und merkwürdigerweise die Inschrift »Eva« sowie ein rätselhaftes »H«, eingerahmt von einem kunstvollen Bogen. Die Kachel war Teil des Dekors eines prunkvollen Ofens, das auch Porträts biblischer Herrscher und Wappen einschloss. Fragmente mit der Jahreszahl 1536 helfen, die Errichtung dieses Meisterwerks, das wohl ein besonderer Blickfang im Haushalt Luthers war, zeitlich einzuordnen. Interessanterweise wurden identische Kacheln in der Residenz eines der mächtigsten Gegner Martin Luthers, Kardinals Albrecht von Brandenburg, in Halle gefunden (Kat. 263 u. 264). Während in einigen Fällen der Ursprung der Motive dieser mehrfarbigen Kacheln unsicher ist, ist diese spezielle Eva eine nahezu exakte Kopie des um 1530 entstandenen Drucks *Zwölf Frauen des Alten Testaments* des produktiven Nürnberger Holzschnittmeisters und Druckers Erhard Schön. Da das gedruckte Bild direkt auf die Form über-

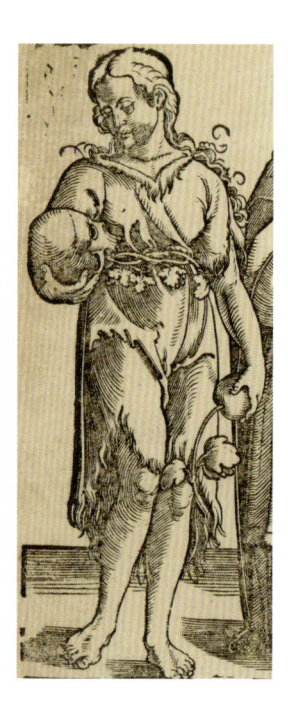

Abb. 10
Erhard Schön, Zwölf Frauen
des Alten Testaments,
um 1530 (Detail mit Eva)

tragen wurde, ist die Darstellung auf der Kachel ein Spiegelbild von Schöns Eva. Die Eva auf Schöns Holzschnitt (Abb. 10) und auf der Kachel im Lutherhaus ist eine schöne junge Frau mit langem zerzaustem Haar. Sie ist vollständig bekleidet abgebildet, was eher unüblich war. Ihre einfache Kleidung, ein von einer starren Hopfenranke gehaltener Fellumhang mit struppigem Kragen, veranschaulicht ihren ungekämmten, verwilderten Zustand nach der Vertreibung aus dem Paradies. In ihrer rechten Hand hält sie einen als goldene Kugel dargestellten Apfel, das Zeichen ihrer schlechten Tat und des Sündenfalls. Eva betrachtet Adams perlweißen Schädel, den sie in ihrer linken Hand wiegt, mit reumütigem Blick. Dieses Detail muss sehr komplexe Assoziationen hervorgerufen haben, wenn man sich die Hände an diesem herrlichen Ofen wärmte. Einerseits hat Eva, indem sie die Sünde in die Welt brachte, die Menschheit der Herrschaft des Todes unterworfen, symbolisiert durch den Totenschädel. Folglich ist ihre Schönheit vergänglich, da auch sie sterben wird. Andererseits wird Adams Schädel unter dem Kreuz Jesu liegen und durch das Blut des Erlösers von der Sünde gereinigt werden. Demnach symbolisiert diese Darstellung Evas sowohl das Verderben der Menschheit als auch ihre Erlösung. LN/SKV

Literatur
Crowther 2010 · Geisberg 1974 · Meller 2008, S. 277, Kat. E 100 u. S. 283, Kat. E 109 · Schwarz 2008, S. 213, Abb. 2 (ill.)

Zwei polychrome Ofenkacheln mit Frauendarstellungen des Alten Testaments

Bad Schmiedeberg, um 1530–1540
Irdenware, polychrome Blei- und Zinnglasur

263
Eva

18,5 × 15,7 × 2,5 cm
Stiftung Dome und Schlösser in Sachsen-Anhalt, Kunstmuseum Moritzburg Halle (Saale), Inv.-Nr. MOKHWKE00128
Ausstellung New York

264
Rebecca

18,5 × 15,9 × 5,5 cm
Stiftung Dome und Schlösser in Sachsen-Anhalt, Kunstmuseum Moritzburg Halle (Saale), Inv.-Nr. MOKHWKE00231
Ausstellung Minneapolis

Bei diesen beiden Kacheln handelt es sich um einen Teil einer insgesamt zwölf Halbporträts umfassenden Serie, die sich deutlich an der 1530 geschaffenen grafischen Vorlage *Zwölf Frauen des Alten Testaments* von Erhard Schön orientiert (Abb. 10). Die jeweils leicht nach links blickenden und mit diversen Attributen versehenen Frauen sind in einen reichen Architekturrahmen der Frührenaissance eingestellt. Auf zwei dreiteiligen Säulen ruht der flache, mit Block- und Zackenfries gegliederte Korbbogen. Dieser Rahmen weicht zwar bei beiden Kacheln leicht voneinander ab, der gesamte Aufbau des Bildfeldes und die Farbgebung sind jedoch einheitlich. Während der äußerste Kachelrahmen grün und der Bildhintergrund honiggelb gehalten sind, ist der Architekturrahmen mittelblau, weiß und honiggelb glasiert und die Kleider der Dargestellten kobaltblau mit honiggelbem Besatz bzw. Accessoires. Schriftfelder unter den Porträts bezeichnen die Dargestellten zweifelsfrei.

Die Halbfigur der alttestamentarischen Eva – ausgewiesen durch die Inschrift »EVA·H« – wird bereits anhand eines identischen Kachelfundes aus dem Lutherhaus (Kat. 262) ausführlich beschrieben. Eine stilistisch und technologisch vergleichbare Kachel mit der Darstellung eines Fürsten mit Pfeil (Kat. 265) besitzt einen mit der Eva-Kachel identischen Architekturrahmen, der nur in einem anderen Farbrhythmus glasiert ist. Die andere Dargestellte trägt zeittypische Renaissancetracht der 1520er/1530er Jahre und ist durch das Schriftfeld »REBECA« als alttestamentarische Rebecca zu identifizieren. Die Ärmel sind geschlitzt und gebauscht, das Mieder eng geschnürt und der Kragen aufgeschlagen. Der Kopf ist mit einer weißen Haube bedeckt. Ihren linken Unterarm hat Rebecca locker auf die Brüstung aufgelegt, während sie in der Rechten einen gehenkelten Krug in einer auffallend antikisierenden Form- und Dekorsprache hält. Diese Körperhaltung ist ein Kompromiss aus den Ganzkörperdarstellungen bei Schön, wo Eva den Apfel und Rebecca den Krug jeweils auf Kniehöhe am ausgestreckten Arm halten, und der verkürzten Darstellung als Halbporträts auf den Kacheln.

Zur reichen Ausstattung der im Dreißigjährigen Krieg zerstörten halleschen Residenz der Magdeburger Erzbischöfe, dem festen Schloss Moritzburg, gehörten auch prunkvolle Kachelöfen, von denen einige Kacheln bei Baumaßnahmen wieder zutage traten. Wahrscheinlich gehörten sie zu repräsentativen Modernisierungsmaßnahmen unter Kardinal Albrecht von Brandenburg. Zweifellos verkörpern sie mit ihrer prächtigen Farbigkeit und dem malerischen Relief hohe fürstliche Qualitätsansprüche. In Bad Schmiedeberg konnte kürzlich ein Töpferzentrum nachgewiesen werden, in dem sich Fragmente genau solcher Ofenkacheln mit weiteren Motiven fanden. Die Ausgrabungen am Wittenberger Lutherhaus haben ebenfalls gleichartige Kacheln zutage gebracht, sodass der Kardinal und der Reformator offensichtlich den gleichen repräsentativen Wohnansprüchen folgten. Weitere Belege dieser Kacheln finden sich auch an anderen Fundstellen in Mitteldeutschland, sodass von einer großen Beliebtheit der Bildmotive ausgegangen werden kann. PJ/RKA

Literatur
Kluttig-Altmann 2015 d · Meller 2008, S. 282, Kat. E 109 (ill.) · Schauerte/Tacke 2006, S. 258–261, Kat. 147 (hier: A und B) (ill.) · Stephan 2008 b, S. 58, Abb. 67 (ill.)

265

Polychrome Ofenkachel mit der Darstellung eines Fürsten

Wittenberg, Lutherhaus Collegienstraße 54,
2. Viertel 16. Jh.
Irdenware, polychrome Glasur (ergänzt)
19 × 16 × 6,4 cm
Landesamt für Denkmalpflege und
Archäologie Sachsen-Anhalt
Landesmuseum für Vorgeschichte Halle,
Inv.-Nr. HK 667:106:63d
Ausstellung New York

Diese Kachel aus dem zweiten Viertel des 16. Jhs. ist in ihrer Deutung nicht sicher – es fehlt das untere Schriftband, welches die dargestellte Person benannte. Für einen herrschaftlich gekleideten Mann mit einem Pfeil bzw. Armbrustbolzen gibt es verschiedene Deutungen. König Achab aus der Grafikserie *Schandenpforte der zwölf Tyrannen des Alten Testaments* von Erhard Schön (1531) wird so dargestellt. Eine andere Kachel mit identischem Rahmen vom gleichen Fundort zeigt die biblische Eva (Kat. 262 u. 263). Weitere ähnliche Kachelfragmente haben, wenn auch mit anderen Rahmen, die Tyrannen Abimilech und Adonibeseck zum Inhalt. Eine Deutung als Achab würde daher gut in den Kontext des Fundplatzes passen.

Möglicherweise kann man in dem Dargestellten auch den Erzjägermeister Markgraf von Meißen sehen. Klappmütze (Schaube) und Kette sind fürstliche Merkmale, und der Pfeil resp. Bolzen wird auf vergleichbaren Darstellungen oft als Symbol des Jägers oder zeremonielles Zeichen eines Heerführers verwendet. Die Jagd spielte am Hof der sächsischen Kurfürsten bekanntermaßen eine große Rolle; die Wettiner besaßen seit 1350 das prestigeträchtige Erzjägeramt. Da die Schaube gern auch als Symbol der Rechtsprechung verwendet wird, könnte der Dargestellte auch Kurfürst Johann Friedrich I. als oberste Rechtsinstanz selbst sein.

Polychrome Kacheln entstanden in Mitteldeutschland im Zeitraum von vor 1500 bis um etwa 1550. Davor, währenddessen und danach war es üblich, das Gros aller Kacheln einfach grün zu glasieren. Polychrome Kacheln stellten etwas Besonderes dar und sind nur an wenigen Plätzen in Wittenberg zu finden, so vor allem im Lutherhaus, im Schlossbereich und in reichen Bürgerhäusern, z. B. denen der Familie Cranach. Beliebt waren dabei Kachelserien wie die o. g. Serie alttestamentarischer Figuren oder – im Verlauf von Renaissance und Reformation – auch vermehrt neutestamentliche Themen und humanistische Allegorien.

Dass unter den polychrom glasierten Kachelfunden des Lutherhauses eine inschriftlich mit »1536« datiert ist, passt sehr gut zu der Überlieferung, wonach in jenem Jahr die Lutherstube renoviert wurde. Öfen ähnlicher Qualität befanden sich auch im Schloss. Da die sächsischen Kurfürsten Luther materiell unterstützten, ist es denkbar, dass Johann Friedrich der Großmütige dem Reformator auch einen solchen Ofen setzen ließ. Die hier gezeigte Kachel kann Teil dieses Vorhabens gewesen sein. RKA

Literatur
Böckem 2013 · Kluttig-Altmann 2015 d · Meller 2008, S. 278 f., Kat. E 102 (ill.) · Schmitt/Gutjahr 2008 · Stephan 2008 b, S. 57, Abb. 66 (ill.)

266

Polychrome Ofenkachel mit der Darstellung eines Tanzpaares

Bad Schmiedeberg, Alte Gärtnerei, nach 1535
Irdenware, polychrome Glasur
28,5 × 18 × 4,3 cm
Landesamt für Denkmalpflege und
Archäologie Sachsen-Anhalt
Landesmuseum für Vorgeschichte Halle,
Inv.-Nr. HK 802:123:1146
Ausstellung Minneapolis

Das 16. Jh. war natürlich nicht nur ein Jahrhundert religiöser Leidenschaft und bewaffneter Konflikte. Die Menschen hatten auch Spaß, wie dieses fröhliche Paar auf einer Ofenkachel, das vermutlich gerade an einem Ball teilnimmt. Der Töpfer wird mit gängigen Drucken tanzender feiner Herren und deren prächtig gekleideter Damen vertraut gewesen sein, wie jenen von Hans Schäufelin aus dem Jahr 1535, als er diese schöne Kachel gestaltete. Mit anderen, ähnlichen Kacheln schmückte sie wohl den oberen Teil eines prunkvollen Ofens in der Stube eines wohlhabenden Bürgers oder Adligen. Weniger gut betuchte Kunden mussten sich mit einfacheren, grün glasierten Exemplaren begnügen. Anders als viele Reformatoren hatte Luther nichts gegen das Tanzen und liebte sowohl Musik als auch Essen und Trinken. Seine Anhänger litten sicher keine Gewissensbisse, wenn sie sich bei festlichen Anlässen amüsierten.

265

266

Das Schwert des Herrn und der Schmuck der Dame lassen darauf schließen, dass das fröhliche Paar auf dieser Ofenkachel der Adelsschicht angehörte. Beide tragen die typischen mehrlagigen, schweren Kleider jener Zeit. Eine Periode mit deutlich niedrigeren Temperaturen, die Kleine Eiszeit, erreichte damals gerade ihren Höhepunkt und machte warme Kleidung und effiziente Öfen unverzichtbar.

Die Kachel wurde gemeinsam mit anderen Keramikscherben während einer Notgrabung des Landesamtes für Denkmalpflege und Archäologie Sachsen-Anhalt 2005 in einer aufgefüllten Sandgrube am Stadtrand von Bad Schmiedeberg gefunden. Die kleine Stadt liegt 25 km südlich von Wittenberg, umgeben von den stark bewaldeten, sand- und lehmreichen Hügeln der Dübener Heide. Bad Schmiedeberg ist heute ein kleiner Erholungsort inmitten eines idyllischen Waldgebiets. Zwischen dem späten 14. und dem frühen 16. Jh. aber war sie eine belebte Töpfer- und Zieglerstadt. Ihre Brennöfen versorgten einen Großteil Mittelsachsens und insbesondere Wittenberg mit Keramik und Ziegeln. Wie die Glashersteller der Renaissance waren die Töpfer gezwungen, in einem Gebiet zu leben, in dem sie sowohl Lehm und Sand als auch große Mengen Feuerholz vorfanden, um ihre lodernden Brennöfen zu speisen. Dann reisten sie über weite Strecken, um ihre Waren auf den geschäftigen Märkten der sächsischen Städte feilzubieten.

Die Luthers, die so wohlhabend waren, dass sie einen solch repräsentativen mehrfarbigen Ofen besaßen, konnten wohl die ölig braunen Rauchschwaden der Schmiedeberger Brennöfen über die Hügel ziehen sehen, wenn sie aus den oberen Fenstern ihres stattlichen Wittenberger Wohnhauses Richtung Südost über das Elbtal schauten. Mehr noch, sie hörten sicher auch die heiseren Schreie der Töpferfrauen, die ihre Waren feilboten, wenn sie den Markt überquerten, um das Schloss des Kurfürsten oder die Stadtkirche zu besuchen. LN

Literatur
Kluttig-Altmann 2015 d, S. 286, Abb. 83 (ill.) · Reetz 2014, S. 214, Abb. 12

267

Bohrer

Wittenberg, Lutherhaus Collegienstraße 54, 1. Hälfte 16. Jh.
Eisen, geschmiedet
L (Arme, einzeln) 10 cm, 10 cm, 11 cm;
B (Armspitze zu Armspitze) 16 cm
Landesamt für Denkmalpflege und Archäologie Sachsen-Anhalt
Landesmuseum für Vorgeschichte Halle,
Inv.-Nr. HK 667:106:2i
Ausstellung Minneapolis

267

268

»Da bei uns Barbaren keine Künstler und geschickte Meister anzutreffen sind, habe ich mit Wolfgang, meinem Diener, die Drechsler-Arbeit angefangen. Hier ist ein Goldgulden verbunden mit der Bitte, uns bei Gelegenheit einiges an Werkzeug zum Schnitzen und Drechseln zu übersenden, nebst zwei oder drei Geräten, die man ›Schrauben‹ nennt, worüber ein Drechsler Dir gerne Auskunft geben wird. Wir haben hier zwar Werkzeuge, suchen aber feinere nach Art Eures kunstreichen Nürnberg.«

Ein derartiges Drechselwerkzeug, wie es Luther bei seinem langjährigen Freund Wenzeslaus Link bestellte, wurde offenbar tatsächlich bei den Ausgrabungen im südlichen Hofareal des Lutherhauses gefunden. Der eiserne Bohrer besitzt drei Arme, deren Enden in unterschiedlichen Bohrköpfen auslaufen, sodass je nach Drehung immer zwei Arme als Hebelgriffe dienen. Eine Herkunft dieses Instruments aus Nürnberg, in dem im 16. Jh. die Produktion von Werkzeug und technischen Instrumenten durch die sog. Zeugschmiede florierte, ist nicht unwahrscheinlich.

Mit der Aufnahme einer handwerklichen Tätigkeit folgte Luther einer Mode, die sich, offenbar ausgehend von gekrönten Vorbildern wie König Philipp dem Guten von Burgund und Kaiser Maximilian I., durch die europäischen Fürstenhäuser zog. Dabei wurden bestimmte, eigentlich gewöhnliche Handwerkstätigkeiten wie Schlossern, Schmieden und auch das Drechseln zum hoffähigen Zeitvertreib, insbesondere wenn sie mit aufwendigen, neuartigen technischen Apparaten und wertvollen Materialien verbunden waren. So dienten diese Tätigkeiten dem Souverän als Darstellung der Herrschaft über die Natur und als Ausdrucksmöglichkeit fürstlicher Repräsentation. Drechselgerät, aber auch selbst gefertigte Stücke wurden seitens der Herrscher als wertvolle Geschenke weitergegeben. Luthers Dienstherr Friedrich der Weise soll z. B. selbst hergestellte Armbrüste, Armbrustbolzen und Rosenkränze an Freunde und Günstlinge verschenkt haben. MG

Quellen und Literatur
Meller 2008, S. 236, Kat. E 6 · Paravincini 2005 · Stephan 2008 b, S. 24, Abb. 14 (ill.) · WA.B 4, 149 (Nr. 1065)

268

Riemenschnalle

Wittenberg, Lutherhaus Collegienstraße 54,
1. Hälfte 16. Jh.
Messing
5 × 0,7 cm; Dm Schnalle 1,6 cm
Landesamt für Denkmalpflege und Archäologie Sachsen-Anhalt
Landesmuseum für Vorgeschichte Halle,
Inv.-Nr. HK 667:24:4ag
Ausstellung Minneapolis

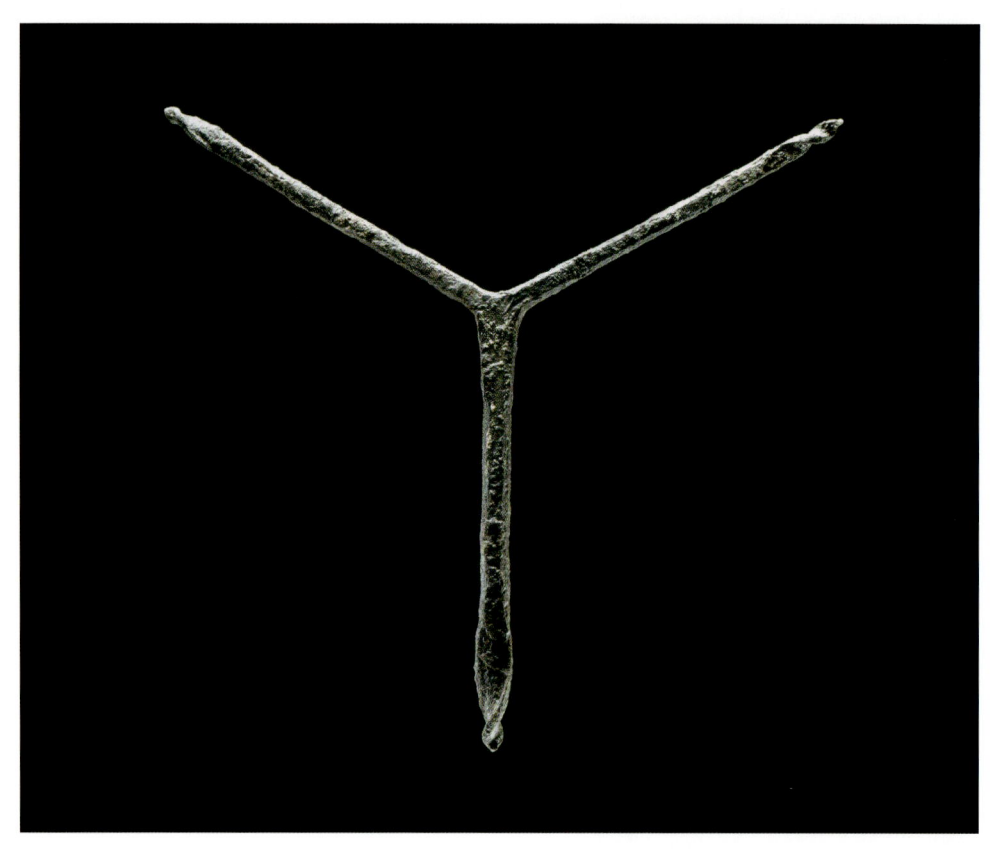

Dieses schöne Accessoire wurde aus einem größeren Messingblech, das mit einem floralen Motiv verziert war, ausgeschnitten. Nachdem es um die Schnalle gewickelt wurde, wurde es zurückgebogen und auf einen Lederriemen aufgenietet, der als Gürtel oder Schuhriemen verwendet wurde. Elegante, dünne Gürtel mit schmalen Gürtelenden, die, mitunter mit Troddeln verziert, über die Hüften rutschten und verzierte Schnallen hatten, wurden verwendet, um die um die hohe Taille gegürteten Kleider des späten 15. Jhs. zu raffen. Im 16. Jh. wurden die schweren Brokatroben der Zeit mit einem geschnürten Mieder zusammengehalten. Dekorative Riemen wurden nur sporadisch verwendet, zum Beispiel von Frauen, um eine Geldbörse an der Hüfte zu befestigen.

Elegante Accessoires wie dieses sind eine Erinnerung daran, dass sich Luthers Familienhaushalt sehr von der genügsamen, männlichen, monastischen Gesellschaft, in der sich Luther früher bewegte, unterschied. Auch wenn Luther gegen weibliche Faulheit und Luxus wetterte, hatte er nichts dagegen, wenn sich Frauen z. B. für eine Hochzeitsfeier herausputzten. Die archäologischen Funde, die im Garten seines Hauses gemacht wurden, bestätigen, dass die Frauen in Luthers Haushalt vermutlich genau dies taten. LN

Literatur
Krabath 2001 · Meller 2008, S. 291, Kat. E 126 (ill.) · Stephan 2008 b, S. 22, Abb. 8 (ill.) · Stephan 2014

269
Fragmente eines polychromen Kruges mit Auflagen

Wittenberg, Lutherhaus Collegienstraße 54,
1. Hälfte 16. Jh.
Irdenware, polychrome Glasur
größtes Fragment ca. 5 × 5 cm, kleinstes Fragment ca. 2 × 1 cm (H rekonstruiert ca. 20 cm)
Landesamt für Denkmalpflege und
Archäologie Sachsen-Anhalt
Landesmuseum für Vorgeschichte Halle,
Inv.-Nr. HK 667:106:52
Ausstellung New York

Keramik war stets ein preiswertes und praktisches Alltagsgeschirr und häufig Ersatz für kostenintensivere Materialien wie Glas oder Metall. Jedoch wurden Keramikgefäße auch für gehobenere Ansprüche gefertigt, welche sich dann durch eine besondere Oberflächengestaltung oder Verzierungen von der breiten Masse abheben sollten. Gestalterische Möglichkeiten, die ab der Renaissance zunehmend genutzt wurden, waren polychrome Glasuren und Auflagedekor (Kat. 270).

Die Besonderheit dieser Gefäße spiegelt sich auch in ihrem seltenen Auftreten im mitteldeutschen Fundbild. Nicht jede Töpferwerkstatt konnte sie anfertigen. Man findet diese mehrfarbige Keramik mit Auflagedekor in wohlhabenden Bürgerhaushalten des 16. Jhs. größerer und kleinerer Städte wie Dresden, Leipzig, Görlitz, Freiberg und eben auch Wittenberg. Als mitteldeutsche Herstellungsorte kommen in dieser Zeit neben den großen Städten auch Kohren-Sahlis südlich von Leipzig, Annaberg im Erzgebirge und Schmiedeberg infrage.

Die Fragmente aus dem Lutherhaus lassen sich vermutlich zu einem oder zwei bienenkorbförmigen, im oberen Bereich leicht verjüngten Kannen oder Krügen ergänzen. Der typisch sächsische Gefäßgrundkörper ist außen in Rand- und Bodenzone gelb glasiert, mittig gibt es auch grüne oder schwarzbraune Zonen. Das aufgelegte, vorher zum Teil in Modeln entstandene Dekor zeigt Ranken, Blüten und Beeren sowie den Ansatz eines Fischschwanzes (einer Meerjungfrau?) und ist ebenfalls mehrfarbig gehalten.

Das Gefäß vereinigt in seiner plastischen Gestaltung sicher Steinzeugvorbilder (schon im Lutherhaus fanden sich Fragmente von Waldenburger Steinzeugkrügen mit ähnlichem Auflagedekor) mit der lebendigen Farbigkeit der zeitgenössischen Kachelmode. Wahrscheinlich wurde es im nahe bei Wittenberg gelegenen Schmiedeberg gefertigt, dessen Töpfer auch die strahlend mehrfarbigen Ofenkacheln herstellten. Nicht auszuschließen ist jedoch auch eine Herkunft aus Nürnberg, wo sich eine bekannte Werkstatt für polychromes Geschirr befand; aus Nürnberg soll Luther neben anderen Dingen auch Gefäße erhalten haben. RKA

Literatur
Kluttig-Altmann 2006, Farbtaf. 3.3 · Krabath 2012 · Meller 2008, S. 258f., E 64 (ill.) · Stephan 2008b, S. 30f. (ill.)

270

Bauchiger Krug

Süddeutschland (?), 2. Hälfte 16. Jh.
Irdenware, polychrome Glasur
H 16 cm; Dm Mündung 6,4 cm; Dm max. 8,8 cm
Bayerisches Nationalmuseum München,
Inv.-Nr. 13/81
Ausstellung New York

Die seltenen Dekortechniken des in Bruchstücken aus dem Wittenberger Lutherhaus geborgenen Gefäßes (Kat. 269) sind denen eines kleinen Kruges aus dem Bayerischen Nationalmuseum sehr ähnlich. Dieser vermittelt eine Vorstellung vom Aussehen des fragmentierten Gefäßes: Weiß glasierte, wulstförmig aufgelegte Stege setzen dunkelbraun, gelb, grün und blau glasierte Flächen voneinander ab und gliedern das Gefäß in Fuß-, Bauch- und Halszone. Zu den aufliegenden Blüten und Blättern, die wie auf dem Wittenberger Fund in Modeln geformt wurden, fügt sich bei dem intakten Krug ein springender Hirsch als Hauptmotiv. Dem aus zwei Strängen gedrehten Henkel gegenüber sitzt, den eingezogenen Hals übergreifend und nur auf der Schulter und an der Mündung befestigt, eine Rosette, die möglicherweise einen verlorenen Einsatz rahmte. Diese auffällig angebrachte Rosette hat eine Entsprechung an einem wesentlich größeren Krug in derselben Sammlung und mit entsprechenden Dekortechniken, welcher der um die Mitte des 16. Jhs. in Nürnberg tätigen Werkstatt des Paul Preuning zugeschrieben wurde.

Unter den figürlichen Darstellungen dieses größeren Kruges befindet sich eine Kreuzigung, womit eine Verbindung zu archivalisch belegten Stücken dieser Werkstatt möglich scheint. Denn Preuning musste sich für genau solche Motive rechtfertigen, als er 1548 verhaftet wurde. Doch hatten die polychromen, reliefverzierten Gefäße gewiss keine religiöse Funktion, sondern waren reine Luxusartikel. Ebenso war die Nürnberger Preuning-Werkstatt nicht die einzige, die solche Stücke fertigte, vielmehr kommen verschiedene Werkstätten in Nürnberg und anderen süddeutschen Orten oder in Oberösterreich infrage, wo ähnliche Produktionen belegt sind.

Als Funktion des kleinen Kruges ist aufgrund der hohen Position des Henkels die als repräsentatives Schankgefäß anzunehmen. Abnutzungsspuren sprechen für eine zumindest gelegentliche praktische Verwendung. Das Fehlen eines Ausgusses ist typisch für diese Gefäßgruppe und hat möglicherweise etwas mit der am vorderen Rand angarnierten Rosette zu tun. SW

Literatur
Bauer 2004, S. 109–114 u. 117 f. (ill.) · Meller 2008, S. 258, Kat. E65 (ill.) · Stephan 1987, S. 25–35 u. 311 (ill.)

271

unbekannter Künstler
Lutherpokal

Süd-/Mitteldeutschland, 25. Juni 1530
Birnbaum, gedrechselt; Silberfassung, vergoldet und graviert
27 × 4,5 cm; Gewicht 660,9 g
HMB – Historisches Museum Basel,
Inv.-Nr. 1922.195
Ausstellung Minneapolis

Im Haushalt Martin Luthers befanden sich etliche exquisite Gegenstände, die ihm von vermögenden Gönnern und Bewunderern geschenkt worden waren und die schon bald nach seinem Tod eine reliquienartige Andacht erfuhren. Zu dieser »Bechersammlung« – so Luthers eigene Bezeichnung – im geschätzten Wert von ca. 1000 Gulden zählte auch dieses Meisterwerk der Drechselkunst. Die eingravierte Widmung an dem vergoldeten Deckelknauf besagt, dass Luther den Prunkpokal am 25. Juni 1530 von Kurfürst Johann dem Beständigen von Sachsen erhielt. Anlass für diese Ehrengabe an sein berühmtes Landeskind war die an jenem Tag erfolgte Darlegung der *Confessio Augustana* (Kat. 345 u. 346) auf dem Reichstag zu Augsburg, bei der die lutherischen Reichsstände ihr Glaubensbekenntnis vor Kaiser Karl V. deklarierten. Der Deckelknauf stellt eine abnehmbare Papstkrone dar und ist in der Kombination mit der Inschrift »post nubila Phoebus« (Nach Regen folgt Sonnenschein) eine Anspielung auf die Überwindung des »Papismus«.
Während der napoleonischen Besetzung Wittenbergs 1806 fiel das Gedenkstück in die Hände von Oberst de Graaf, Kommandeur eines elsässischen Regiments, und gelangte durch Vermächtnis noch vor 1846 nach Basel und 1923 in Museumsbesitz.
Dieser Pokaltypus besteht aus zwei gegenständig ineinander gestülpten Gefäßen, daher auch »Doppelkopf« genannt. Er war vom 13. bis 17. Jh. in Mode, und zwar nur im deutschsprachigen Raum. Gefertigt aus kompaktem Wurzelholz von Laubbäumen, wurden solche Trinkgefässe zum Minnetrinken genutzt, z. B. von Hochzeitsgesellschaften. Der Trunk sollte wundertätig wirken: Männer stärken, Frauen verschönern und vor allem vor Gift schützen. AM

Literatur
Meller 2008, S. 313 f., Kat. F 13 (ill.) · Schefzik 2008 · Sdunnus 1994, S. 178, Nr. 270 (ill.) · Treu 2008 c, S. 365–367

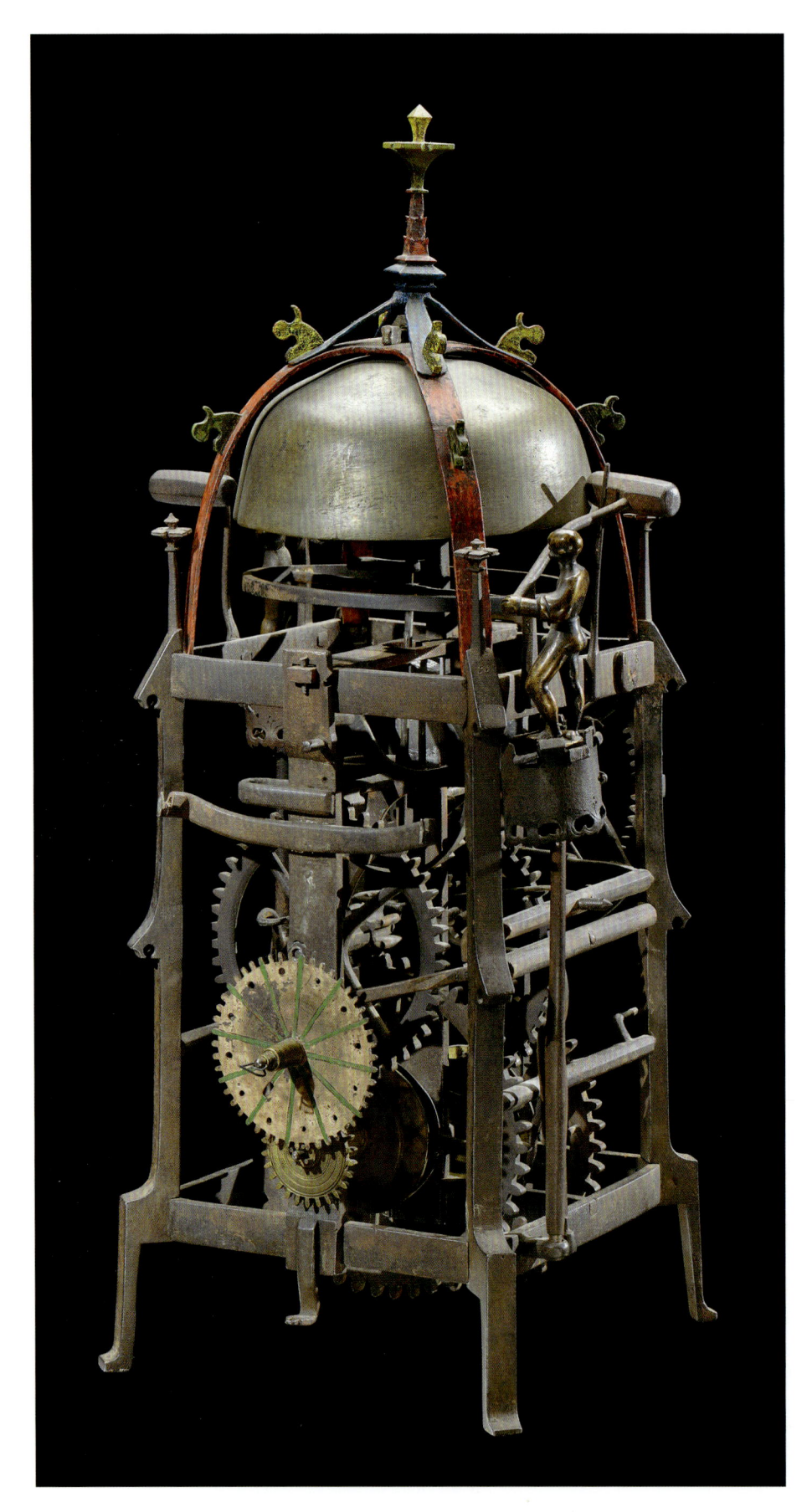

272

Hausuhr

1. Hälfte 16. Jh.
Eisen
48 × 22 × 22 cm
Stiftung Luthergedenkstätten in
Sachsen-Anhalt, Inv.-Nr. K 305
Ausstellung Minneapolis

In der Dichtung *Die Göttliche Komödie* von 1321 verweist Dante Alighieri zum ersten Mal auf die Räderuhr, welche durch ihr neues technisches Grundprinzip die herkömmliche Zeitmessung revolutionieren sollte. Mit der Erfindung der mechanischen Hemmung um 1300 war es möglich geworden, Uhren mit genauen Zeitangaben zu bauen.

Es entstanden Uhren mit einem Ziffernblatt mit 24 Stunden, zweimal zwölf Stunden oder gar viermal sechs Stunden. Seit dem 16. Jh. besaßen die Uhren zudem einen Stunden- und einen Minutenzeiger. Der mit dem technischen Aufwand einhergehende hohe Preis solcher Uhren hatte zur Folge, dass diese zunächst meist nur in städtischem oder fürstlichem Besitz auftraten. Bis zum Ende des 15. Jhs. besaß fast jede mittelgroße europäische Stadt eine sichtbare öffentliche Räderuhr über Eck, womit die Innovation als Symbol des Reichtums ihren Weg in das städtische Leben gefunden hatte.

Erst mit der immer schnelleren Entwicklung des Uhrenbaus und der sich damit herausbildenden Uhrmacherzunft hielt der mechanische Zeitmesser Einzug in viele Haushalte der Stadtbürger. Auch Martin Luther würdigte das: »Die Erfindung der Uhr ist eine wirklich herausragende Sache, weil sie die Zeit so exakt misst, dass man es mit Worten gar nicht ausdrücken kann. Es ist eindeutig eine der wichtigsten menschlichen Erfindungen.« Nachweislich wurde er 1527 und 1529 mit Uhren aus Nürnberg beschenkt. Ob es sich bei einer von beiden um das abgebildete Objekt handelt, kann nicht geklärt werden. Womöglich war Luther aber auch im Besitz einer jener Taschenuhren, die größtenteils in Nürnberg und ferner im südlichen Gebiet des Reiches hergestellt wurden. Die hier gezeigte Uhr aus dem Lutherhaus Wittenberg ist ein Vertreter jenes spätgotischen Typus, der als Wand- oder Konsolenuhr vermehrt Anfang des 16. Jhs. aufgetreten ist.

Gerahmt durch vier über Eck gestellte Pfeiler aus Eisen, die mittels Querstreben miteinander verbunden waren, ist der Blick in das Werk der Uhr offen, sodass man die Abläufe im Inneren nachverfolgen konnte. Ganz der gotischen Architektur jener Zeit nachempfunden, wurden die Pfeiler mit je zwei durchbrochenen Nasen und an der Spitze durch je drei Krabben geschmückt. Das Geh- und Schlagwerk gliedert sich in zwei hintereinander angeordnete vierspeichige Eisenräder.

273

An der Vorderseite muss man sich das heute fehlende Ziffernblatt und die nicht mehr vorhandenen Zeiger der Uhr dazudenken. RN

Literatur
König 1991, S. 91–95 · Maurice 1976 · Treu 2010, S. 82 f. u. 111 (ill.)

273

Keramikfanfare

Wittenberg, Collegienstraße 90/91, 16. Jh.
weißgelbe Irdenware, rote Engobebemalung
L 41,3 cm; Gewicht 0,714 kg
Landesamt für Denkmalpflege und
Archäologie Sachsen-Anhalt
Landesmuseum für Vorgeschichte Halle,
Inv.-Nr. HK 98:7075
Ausstellung Minneapolis

Diese keramische Fanfare stellt nicht nur für die Wittenberger Archäologie ein besonderes Objekt dar, sondern ist auch überregional ein sehr seltener Fund. Sie besteht aus weißer Irdenware mit einer roten Engobebemalung. Das nicht erhaltene Mundstück war zur angenehmeren Benutzung grün glasiert, wie Glasurtropfen auf dem Instrument verraten. Seine gesamte Ausführung wirkt recht flüchtig. Wir haben es hier trotz des ästhetischen Gesamteindrucks nicht mit Kunsthandwerk, sondern einer simplen Töpferarbeit zu tun. Die Gesamtlänge des gewundenen Rohres von ca. 2,15 m wurde erreicht, indem man einzelne Rohrabschnitte von ca. 25 bis 50 cm Länge fertigte und dann ineinander steckte. Dies lässt sich an den leicht verdickten Kombinationsstellen im Rohrverlauf gut erkennen.

Wie Versuche ergeben haben, lassen sich mit keramischen Blasinstrumenten durchaus kräftige und laute Töne erzeugen. Die Fanfare verfügt jedoch über keine Möglichkeiten zur Tonmodulation, deshalb kann der Bläser durch Veränderung der Lippenspannung höchstens einfache Melodien erzeugen. Da professionelle Bläser wie Musiker, militärische Trompeter oder Türmer metallene Fanfaren benutzt haben, ist die Verwendung einfacher keramischer Instrumente wohl im Laienbereich zu suchen. Die oft in diesem Zusammenhang genannten Pilgerhörner (»Aachhörner«) sind jedoch kleiner und meist von anderer Gestalt (Kat. 6). Ein Blasinstrument wie das Wittenberger mit 41 cm Länge und ca. 0,8 kg Gewicht wird man nicht als Wallfahrtssouvenir über lange Strecken mit sich herumgetragen haben.

Es besteht die Möglichkeit, dass die Fanfare in Wittenberg selbst hergestellt worden ist – entweder als Spielzeug, obwohl auch das aufgrund von Größe und Gewicht eher unwahrscheinlich ist, als Signalhorn für Bürger oder, als naheliegendste Verwendung, als Lärminstrument für Versammlungen und Festumzüge.

Für solch ein einfaches Blasinstrument in Form einer lang gestreckten Fanfare existieren nur wenige ähnlich gut erhaltene Vergleichsfunde, z. B. aus Dresden. Von einigen anderen Fundorten wie Leipzig, Lübeck oder Wismar liegen zumindest Fragmente vor. Fast die Hälfte der deutschlandweit bekannten keramischen Fanfaren stammen aus städtischem Kontext, ein Drittel direkt aus Töpfereifunden, wenige Stücke aus Klöstern oder von Burgen. Auch in Wittenberg gibt es von anderen Parzellen der Innenstadt Bruchstücke von mindestens zwei weiteren ähnlich gestalteten Instrumenten. RKA

Literatur
Falk 2001 · Haasis-Berner 1994 · Kluttig-Altmann 2015 b, S. 97, Abb. 8 u. 100 f., Abb. 10–11 (ill.) · Krabath 2012 · Lang 2014 b

274

Kerbholz

Wittenberg, Arsenalplatz, 1558
Holz, geschnitzt
21,5 × 1,8 cm
Landesamt für Denkmalpflege und
Archäologie Sachsen-Anhalt
Landesmuseum für Vorgeschichte Halle,
Inv.-Nr. HK 4100:338:1x
Ausstellung Minneapolis

Auf diesem Kerbholz, das bei Grabungen auf dem Wittenberger Arsenalplatz aus einer Latrine geborgen wurde, ist die Summe von 23 Gulden vermerkt. In das ca. 21,5 cm lange Stück Holz wurden 23 Kerben eingeritzt und die Summe zusätzlich handschriftlich notiert. Hinter der Zahlenangabe steht das Zeichen für Gulden »fl« (als Abkürzung für Florin, Florentiner Gulden). Auf der Unterseite ist die Jahreszahl 1558 angegeben. Hier findet sich außerdem die Aussparung zum Einfügen des leider nicht mehr erhaltenen Gegenstückes, welches jedes Kerbholz besitzt.

Die gute Erhaltung des Holzes war nur durch die Lagerung unter dem Grundwasserspiegel möglich. Das Kerbholz fand sich neben anderen organischen und anorganischen Abfällen in einer aus Sandsteinen gemauerten Latrine. Dieser runde Schacht verfügte über den beachtlichen Innendurchmesser von 2,80 m und eine Tiefe von über 6 m. Aus der Verfüllung konnte ein hochinteressantes Spektrum von Fundobjekten aus der Reformationszeit geborgen werden, die uns einen einzigartigen Einblick in die sozialen und wirtschaftlichen Verhältnisse in Wittenberg kurz nach dem Tod Martin Luthers und dem Ende des Schmalkaldischen Krieges geben.

Während es in Deutschland nur sehr wenige Vergleichsfunde gibt, sind aus England zahlreiche Kerbhölzer überliefert. Dort war die Sitte, Schulden auf Kerbhölzern zu vermerken, noch bis 1826 verbreitet und akzeptiert. In England verblieb der längere Teil (*the stock*) beim Gläubiger und der kürzere Teil (*the foil*) beim Schuldner. Im mitteldeutschen Raum wurden Schuldverhältnisse im 16. Jh. eher urkundlich als mit Kerbhölzern festgehalten, noch dazu, wenn es sich um eine große Summe handelte. Nach dem Ausgleich der Schuldforderungen wurden die Kerbhölzer zerbrochen und weggeworfen. Auch unser Wittenberger Kerbholz ist zumindest angebrochen.

Neben der Verwendung der großen Summe von 23 Gulden steht die Frage nach den hier handelnden Personen im Raum. In Analogie zu den englischen Kerbhölzern gehörte der aufgefundene Teil des Wittenberger Kerbholzes wahrscheinlich dem Gläubiger. Demnach hatte vielleicht der Besitzer des großen Eckgrundstücks, auf dem sich die Latrine befand, einem anderen, dessen Name sich vor der handschriftlichen Eintragung der Summe auf der Oberseite des Kerbholzes befunden haben wird, eine beachtliche Summe Geld geliehen. Über für diesen Betrag zu zahlende Zinsen sagt das Kerbholz nichts. HR

Literatur
Le Goff 2005 · Le Goff 2011

ER·WIRT·RICHTEN·DIE·LEBEN
DIGEN·VND·DIE·DOTEN·A·

276

Kacheln mit Darstellung des Jüngsten Gerichts

Wittenberg, Arsenalplatz, Ende 16. Jh.
Irdenware, schwarzbraune Glasur
Landesamt für Denkmalpflege und
Archäologie Sachsen-Anhalt

275
44,5 × 32 × 6,8 cm
Landesmuseum für Vorgeschichte Halle,
Inv.-Nr. HK 4100:749:1
Ausstellung Minneapolis

276
21 × 30 × 6,8 cm
Landesmuseum für Vorgeschichte Halle,
Inv.-Nr. HK 4100:749:314k
Ausstellung Atlanta

Auf diesen großen Reliefkacheln, die in einem fast vollständigen Exemplar und einem größeren Fragment ausgestellt werden, findet sich die Darstellung des Jüngsten Gerichts. Zentral thront Jesus als Weltenrichter auf einem Regenbogen. Seine Füße werden von der Weltkugel getragen. Die rechte Hand ist im Segensgestus erhoben. Neben seinem Haupt befindet sich links eine Lilie, Symbol der Barmherzigkeit, und rechts ein Schwert, Symbol der Gerechtigkeit. An seiner Seite knien die Fürbitter Maria links und Johannes der Täufer rechts. Unterhalb des Regenbogens sitzen zwei Fanfaren blasende Engel. Die Szenerie im oberen Teil der Kachel wird von einem Band aus Wolken eingefasst, welches in neuzeitlicher Tradition die Abgrenzung der himmlischen und irdischen Sphäre symbolisiert.

Im unteren Teil befindet sich in der Mitte eine Teufelsgestalt, die den Papst, welcher durch die Mitra als solcher ausgewiesen ist, mit einem Dreizack peinigt. Der Papst ist mit erhobenen Armen, umgeben von Flammen abgebildet. Links von dieser Szene ist Petrus mit dem Schlüssel dargestellt, wie er eine Frau ins Paradies aufnimmt.

Die szenischen Darstellungen auf der Kachel werden am oberen Kachelrand vom einem mit Voluten geschmückten Schriftband gekrönt, welches eine verkürzte Zeile des apostolischen Glaubensbekenntnisses trägt: »Er wird richten die Lebenden und Toten«. Der Rahmen der Reliefkachel ist nicht wie meist üblich als Architekturrahmen gestaltet, sondern wie der gestaffelte Rahmen eines Bildes.

Nach dem Abbruch des Ofens, in welchem die Kachel verbaut war, wurde vermutlich der Körper des Papstes in der unteren rechten Ecke absichtlich zerstört. Anders sind diese ungewöhnlichen Spuren am Objekt kaum zu erklären.

In Wittenberg konnten weitere Bruchstücke dieses Kacheltyps gefunden werden: ein grün glasiertes Fragment stammt vom Grundstück Schlossstraße 1, auf welchem sich die Cranach'sche Malerwerkstatt befand. Aus dieser Werkstatt stammt interessanterweise eine in den Jahren 1548 bis 1550 entstandene Illustration zu Luthers antipäpstlichem Lied *Erhalt uns Herr bei Deinem Wort [...]*, auf der unter anderem Papst und Türke vom Höllenschlund verschlungen werden. Darüber ist Christus als Weltenrichter abgebildet. Einer der wenigen Vergleichsfunde stammt aus der Braunschweiger Altstadt. Hier handelt es sich ebenfalls um eine Ofenkachel, die das Jüngste Gericht mit dem Papst im Höllenfeuer zeigt.

Die Wittenberger Kachel drückt – wie nur wenige andere Ofenkacheln – auf außerordentliche Weise ein Bekenntnis zum protestantischen Glauben aus, zum einen durch das apostolische Glaubensbekenntnis und zum anderen durch die Darstellung des Papstes in der Hölle. JR

Literatur
Hallenkamp-Lumpe 2007, S. 328, Abb. 7 · Oelke 1992, S. 298, Abb. 25

277

Feldflasche

Wittenberg, sog. Cranachhöfe Markt 4
Waldenburg, 16. Jh.
Steinzeug (ergänzt)
H max. 18 cm; Dm max. 21,5 cm
Landesamt für Denkmalpflege und
Archäologie Sachsen-Anhalt
Landesmuseum für Vorgeschichte Halle,
Inv.-Nr. HK 738:65:142
Ausstellung Minneapolis

Feld- bzw. Pilgerflaschen aus Steinzeug waren in der Frühneuzeit eine langlebige Gefäßform und treten bei vielen Stadtkerngrabungen in Mitteldeutschland auf, z. B. auch in Leipzig. Dieses große vierhenklige Exemplar ist vermutlich in Waldenburg hergestellt worden. Wittenberg liegt zwar unweit des ebenfalls bedeutenden Steinzeugproduktionsortes Schmiedeberg, jedoch gab es im frühneuzeitlichen Wittenberg Steinzeuggefäße von verschiedenen Herkunftsorten.

Steinzeug war aufgrund des nicht porigen, glasartigen, geschmacksneutralen Scherbens allzeit begehrt für Flüssigkeiten, die normale Irdenware oder deren Glasuren angegriffen hätten. Weil es sich aus denselben Gründen für den Umgang mit Säuren und anderen chemischen Substanzen eignet, gibt es auch alchemistische und technische Keramik aus Steinzeug, in Mitteldeutschland häufig aus Waldenburg.

Die vierhenklige Flasche konnte mit einem Tragegurt, den man unter dem Gefäßboden entlang durch alle Querhenkel führte, umgehängt, aufgehängt bzw. an ein Tragegestell oder einen Wagen gebunden werden. Aufgrund der beachtlichen Höhe von 21 cm und des im gefüllten Zustand hohen Gewichts wird es keine Flasche gewesen sein, die man ständig mit sich herumtrug. Dies gilt eher für die ähnlich geformten kleineren, bis zu 10 cm hohen, nur zweihenkligen »Pilgerflaschen«, welche man einfach am Gürtel befestigen konnte.

Der helle Fleck auf der Mündungszone der Flasche ist keine Verzierung, sondern ein Brandschatten. Dieser entstand, als beim keramischen Brand ein anderes Gefäß mit der Öffnung darüber gestülpt war, sodass die abgedeckte Zone hell blieb. Die Rückseite der Flasche ist flach und lag bei der Herstellung auf der Drehscheibe auf, die Mündungstülle wurde nach dem Drehen eingesetzt. Die große Feldflasche vom Markt 4 gehört zu einem Inventar mehrerer großformatiger Haushaltsgefäße aus Steinzeug und diente zur Lagerung oder zum Transport von Flüssigkeiten. Da Lucas Cranach d. Ä. das Anwesen von ca. 1512 bis 1517/18 als Wohnhaus besaß und es ab 1550 durch seinen Schwiegersohn Caspar Pfreundt und dessen Nachfolger wieder in den Besitz der Familie Cranach kam, ist es durchaus vorstellbar, dass dieses Geschirr zum Inventar der Malerdynastie gehörte. Auch unter den Funden aus Luthers Haushalt sind mehrere Flaschen gleicher Größe und Form. RKA

Literatur
Hennen 2015 a · Holesch 2015, S. 191, Abb. 14 u. Taf. 5–7 · Kluttig-Altmann 2006 · Scheidemantel/Schifer 2005

278

Bartmannkrug

Wernigerode, Klinthügel, 1. Hälfte 16. Jh.
Steinzeug
H 15 cm; Dm max. 11 cm; Dm Mündung 6,8 cm
Landesamt für Denkmalpflege und
Archäologie Sachsen-Anhalt
Landesmuseum für Vorgeschichte Halle,
Inv.-Nr. HK 2003:1093c
Ausstellung Minneapolis

Dieses Gefäß wird aufgrund seiner Verzierung mit einem bärtigen Gesicht als *Bartmannkrug* bezeichnet. Das gezeigte Exemplar ist beinahe vollständig, mit Ausnahme von Henkel und Deckel. Der in der Form modellierte Dekor dieses typischen Produkts rheinländischer Töpfereizentren des frühen 16. Jhs. zeigt ein strenges männliches Gesicht mit wilden Augen, einem zerzausten Bart und darunter sprießende Ranken, die Eichenlaub und Eicheln tragen und sich um den Körper des Kruges winden. Das derb modellierte Gesicht auf dem Gefäßhals entstammt der mittelalterlichen Ikonografie der Wilden oder Grünen Männer, haarige, unzivilisierte Bewohner des Waldes. Als Wilde Männer verkleidete Mummen nahmen häufig an spätmittelalterlichen Faschingsumzügen und Possen teil. Darüber hinaus rief das Motiv die humanistischen, klassisch inspirierten Vorstellungen von Bacchus' ungezähmten Satyrn wach. Sie symbolisierten die wilde Seite der Gelage und waren die Verkörperung von trunkener Fröhlichkeit.

Passenderweise wurden diese Gefäße genutzt, um Bier zu lagern, zu transportieren und zu trinken. *Bartmannkrüge* waren sehr beliebt, nicht nur in Deutschland, sondern im 16. und 17. Jh. auch im Ausland. Sie erreichten sogar die Neue Welt und wurden dort sowohl in den Kolonialsiedlungen wie z. B. Jamestown und Williamsburg gefunden als auch bei den amerikanischen Ureinwohnern.
Die englische Bezeichnung dieser Krüge als *Bellarmine*-Krüge ist das Ergebnis heftiger antikatholischer Schmähungen während der Gegenreformation. Kardinal Robert Bellarmine, ein italienischer Jesuit, der 1930 heiliggesprochen wurde, war das intellektuelle Zentrum des ideologischen Angriffs der Gegenreformation auf den Protestantismus. Die populäre protestantische Antwort bestand darin, den asketischen Abstinenzler zu schmähen, indem man diese stämmigen, wilden Verkörperungen von unbekümmerter Trunkenheit nach ihm benannte. LN

Literatur
Gaimster 1997 · Meller 2008, S. 250–253

279

Ofenkachel mit dem Porträt von Philipp I. von Pommern

Wittenberg, Neustraße/Mittelstraße,
2. Hälfte 16. Jh.
Irdenware, grüne Glasur
20 × 17 cm
Landesamt für Denkmalpflege und
Archäologie Sachsen-Anhalt
Landesmuseum für Vorgeschichte Halle,
Inv.-Nr. HK 3220:116:46aq
Ausstellung New York

Auf der ausgesprochen fein gearbeiteten Blattkachel ist ein Mann mit dreifach gelegter Kette, kostbarem Gewand und flachem Barett mit seitlichem Federschmuck porträtiert. Der Architekturrahmen der Kachel besteht aus gegliederten Pfeilern, die einen reich verzierten Bogen tragen. Der untere Abschluss des Rahmens wird von einer gemusterten Fläche aus quadratischen Fliesen mit Blumenornament gebildet.
Die Identifizierung des Dargestellten als Herzog Philipp I. von Pommern ist nur anhand der grafischen Vorlage möglich. Diese findet sich in Johannes Agricolas Werk *Warhaffte Bildnis etlicher Hochlöblicher Fürsten und Herren*, das im Jahr 1562 in Wittenberg von Gabriel Schnellboltz gedruckt wurde. Die Holzschnitte für das Porträtwerk stammen von Lucas Cranach d. J. oder seiner Werkstatt.
Die Blattkachel gehört zu einer Kachelserie, deren Exemplare alle aus einer Grube in der Wittenberger Neustraße geborgen wurden. Alle Kacheln verfügen über einen identischen Architekturrahmen, dessen Verzierungen teilweise sehr aufwendig mit einem Einzelstempel auf das Kachelmodel aufgebracht wurden. Die Art der Herstellung wird sich folglich im Preis und der Exklusivität der Kacheln niedergeschlagen haben. Bisher sind als Zentralmotive der Kachelgruppe und des damit errichteten Ofens die Porträts der alttestamentarischen Heldin Judith, des Kaisers, einer weltlichen Dame und zweier weltlicher Herren bekannt. Es ist anzunehmen, dass alle Kacheln der Serie in einem Ofen verbaut waren, dessen Bildprogramm jedoch umfassender gewesen ist. Herstellungsort der Kacheln ist höchstwahrscheinlich das nahe gelegene Bad Schmiedeberg. Hier fand sich in den Produktionsabfällen einer Töpferei eine großformatige Kachel mit der Darstellung des Salomonischen Urteils, zu der es auffällige Parallelen in der Wittenberger Serie gibt. JR

Literatur
Kluttig-Altmann 2015 d, S. 278 f. u. 285, Abb. 82 · Reetz 2014, S. 211 f., Abb. 9 a u. 10 (ill.) · Reske 2007, S. 1003 · Rode 2005

280

Ofenkachel mit dem Porträt von Maria von Sachsen

Wittenberg, Neustraße/Mittelstraße,
2. Hälfte 16. Jh.
Irdenware, grüne Glasur
19,5 × 16,5 cm
Landesamt für Denkmalpflege und
Archäologie Sachsen-Anhalt
Landesmuseum für Vorgeschichte Halle,
Inv.-Nr. HK 3220:116:46ag
Ausstellung New York

Aus der gleichen Kachelserie wie Kat. 279 stammt auch das Porträt einer Dame in Halbfigur, die zeitgenössische Kleidung und eine verzierte Haube trägt. In ihrer rechten Hand hält sie – wie auf renaissancezeitlichen Porträts durchaus geläufig – ein Paar Handschuhe. Die grafische Vorlage für diese Kachel stammt ebenfalls aus Johannes Agricolas Porträtwerk. Es handelt sich hier um Maria von Sachsen, Gemahlin von Herzog Philipp I. von Pommern und Tochter des sächsischen Kurfürsten Johann des Beständigen. Der auf der grafischen Vorlage vorhandene charakteristische Gesichtsausdruck und die Zierlichkeit der Person, die auch in der Bildunterschrift thematisiert ist, wurden exakt auf die Kachel übertragen.
Nach der Hochzeit Philipps I. von Pommern mit Maria von Sachsen im Jahr 1536 im sächsischen Torgau waren ernestinisches und pommersches Fürstenhaus eng miteinander verbunden. Seine

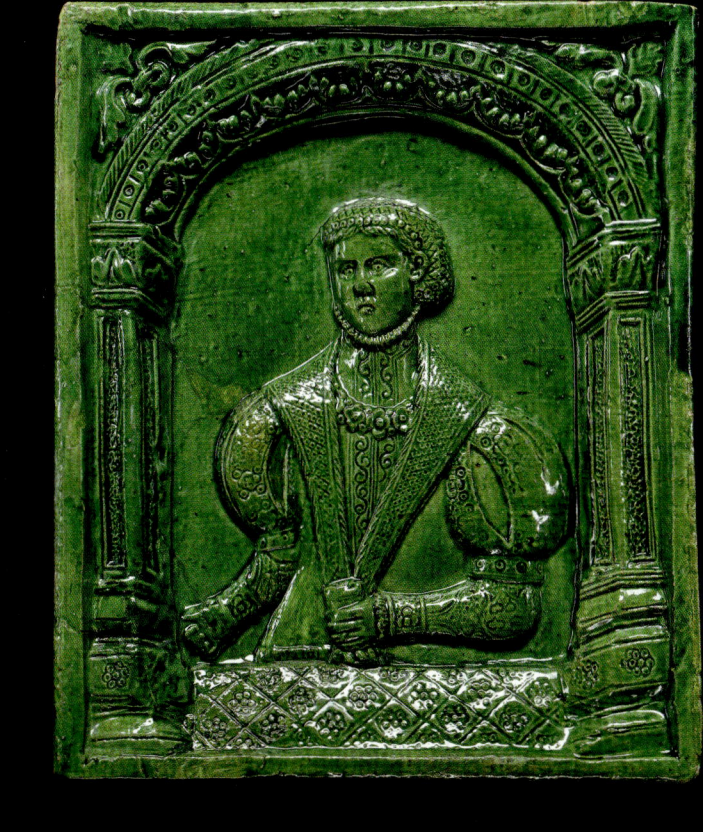

279

280

Vermählung ließ Philipp I. 1554 auf dem sog. Croÿ-Teppich verewigen. Auf diesem Bildteppich sind neben den Mitgliedern der beiden Herrscherhäuser auch Bugenhagen, Melanchthon und Luther dargestellt. Die Porträts gehen auf Vorlagen von Lucas Cranach d. J. zurück. Dieser fast 31 qm große Wandbehang ist – insbesondere nach der Niederlage bei der Schlacht von Mühlberg – Mittel der Herrschaftsrepräsentation und besaß eine identitätsstiftende Funktion, welche die Verbindung von Pommern mit dem ernestinischen Sachsen im gemeinsamen protestantischen Glauben versinnbildlicht. Eine ähnliche identitätsstiftende Funktion dürfte auch dem bereits erwähnten (Kat. 279) Porträtwerk von Schnellboltz, in dem neben etlichen Herrschern ebenfalls Personen wie Luther, Bugenhagen und Jan Hus verewigt wurden, zugekommen sein.

Da sich der Kachelofen – insbesondere in der Frühneuzeit – zu einem gängigen Kommunikationsmedium entwickelte, ist davon auszugehen, dass die hier präsentierten Bildbotschaften zur Identifikation des Besitzers einen Beitrag geleistet haben. So sind Ofenkacheln mit Porträts aus dem pommerschen Herrscherhaus sicher als eindeutiger Hinweis auf ein protestantisches Glaubensbekenntnis zu werten. JR

Literatur
Reetz 2014, S. 211, Abb. 9 b · Reinitzer 2012, S. 11

281

Ofenkachel mit einer Darstellung des Kurfürsten Moritz von Sachsen (?)

Wittenberg, Neustraße/Mittelstraße, zwischen 1559 und 1570
Irdenware, grüne Glasur
19,8 × 18,6 × 6,2 cm
Landesamt für Denkmalpflege und Archäologie Sachsen-Anhalt
Landesmuseum für Vorgeschichte Halle,
Inv.-Nr. HK 3220:116:46aj
Ausstellung Atlanta

Diese Reliefkachel zeigt das Bildnis eines Adligen, möglicherweise des Markgrafen Moritz von Meißen, worauf das Wappen mit den gekreuzten Schwertern schließen ließe. Auch trägt er den für Moritz charakteristischen, doppelt spitz zulaufenden Vollbart. Sowohl seine Kleidung als auch das Schwert in seiner Hand ähneln stark Lucas Cranachs Porträt von Moritz, das im Stadtmuseum Meißen ausgestellt ist. Gemeinsam mit anderen Herrscherporträts der damaligen Zeit und aus der Vergangenheit schmückte die Kachel einen Ofen, dessen Bildsprache das sächsische Geschlecht der Wettiner feierte. Für viele Bürgerliche, insbesondere Martin Luther, war weltliche Autorität gottgewollt, um Recht und Gerechtigkeit aufrechtzuerhalten. Darüber hinaus war es Martin Luther deutlich bewusst, dass seine Reformation ohne die Unterstützung der sächsischen Fürsten gnadenlos niedergeschmettert und er selbst auf dem Scheiterhaufen verbrannt worden wäre. Der Ofen veranschaulicht auch das für diese Zeit typische Phänomen, dass man den Mächtigen nacheifern wollte. Zunehmende Bildung, Lese- und Schreibfähigkeit, die Verbreitung gedruckter Bilder sowie patriotische Gefühle führten dazu, dass die Bürger Abbildungen sammelten, die die lokalen Herrschaftsgeschlechter verherrlichten. Diese Praxis war einst den Herrschenden selbst vorbehalten gewesen. Es ist interessant, dass Markgraf Moritz auf dem Wittenberger Ofen abgebildet ist, war er doch zu jener Zeit eine höchst widersprüchliche Figur. Obwohl er ein strenggläubiger Protestant war, stand er im Kampf gegen andere protestantische Fürsten auf der Seite des Kaiserreichs. Schließlich war er auch ein erbitterter Rivale seiner Verwandten, der Kurfürsten von Sachsen, Herrscher von Wittenberg und Gönner Martin Luthers. Nach der katastrophalen Niederlage der Protestanten in Mühlberg im Jahr 1547 wurde er der neue Kurfürst von Sachsen. Das war ein bedeutender Faktor bei der Absicherung einer beständigen Zukunft des Protestantismus in Europa, aber es führte auch dazu, dass Moritz' Residenz Dresden Wittenberg als Hauptstadt von Sachsen ablöste. Vielleicht wurde der Ofen von einem Wittenberger Bürger errichtet, der Moritz' Abbild einfügte, da er wie viele in jener Zeit hoffte, dass es zu einer Versöhnung zwischen dem Heiligen Römischen Reich und ihrem neuen Glauben käme. LN

Literatur
Reetz 2014, S. 209, Abb. 7 (ill.) · Rudolph 2009

Luthers Mitreformatoren

Die von Martin Luther angestoßene und vorangetriebene Reformation der Kirche entwickelte sich in enger Zusammenarbeit einer Gruppe von Vertrauten, die sich um ihn scharte. Neben Philipp Melanchthon zählten dazu besonders die Wittenberger Theologen Johannes Bugenhagen, Justus Jonas und Caspar Cruciger. Diese Männer waren einander nicht nur beruflich, sondern auch freundschaftlich eng verbunden. Der fast gleichaltrige Bugenhagen, auch Pomeranus genannt, stand Luther in seinen häufigen Phasen der Anfechtung als Seelsorger und Beichtvater zur Seite. Wenn Luther abwesend war, vertrat er ihn als Prediger an der Marienkirche. 1523 wurde Bugenhagen dann zum ersten Wittenberger Stadtpfarrer berufen. Mit seinen Kirchenordnungen und Visitationen begründete er das lutherische Kirchenwesen in den norddeutschen Ländern und in Dänemark.

Der humanistisch gebildete Philipp Melanchthon wurde 1518 als Lehrer für Griechisch an die Universität Wittenberg berufen und durch seinen scharfen Intellekt bald zum wichtigsten Reformator neben Martin Luther, den er u. a. bei seiner Bibelübersetzung unterstützte. Melanchthon verfasste die *Confessio Augustana*, die 1530 als Bekenntnisschrift der lutherischen Reichsstände Kaiser Karl V. auf dem Augsburger Reichstag vorgetragen wurde und bis heute die grundlegende Bekenntnisschrift der lutherischen Kirchen darstellt. Auf Ausgleich bedacht, wirkte Melanchthon zudem mäßigend in innerreformatorischen Konflikten.

Justus Jonas war Probst des Allerheiligenstifts und Professor an der Wittenberger Universität. Er übersetzte viele lateinische Schriften Luthers und Melanchthons und machte damit einem breiten Publikum reformatorisches Gedankengut zugänglich. Als einer der engsten Vertrauten Martin Luthers stand er an dessen Sterbebett und hielt am 19. Februar 1546 in der Eisleber Andreaskirche die Leichenpredigt auf den verstorbenen Freund.

Der wesentlich jüngere Caspar Cruciger verfolgte 1519 als Student die Leipziger Disputation, die Luther und Karlstadt mit Johannes Eck führten. 1521 setzte er sein Studium in Wittenberg fort, wurde Prediger an der Schlosskirche und 1533 zum Professor der Theologie an der Leucorea ernannt. Auch er half Luther bei der Übersetzung der Bibel und erarbeitete gemeinschaftlich mit seinen Kollegen Gutachten zu verschiedenen theologischen, kirchenpolitischen und gesellschaftlichen Fragen. JD

Albrecht Dürer

Bildnis von Philipp Melanchthon, Kupferstich und Kupferplatte

1526
Ausstellung Minneapolis

signiert und datiert auf der Inschriftentafel:
1526 Viventis potuit Durerius ora Philippi
mentem non potuit pingere docta manus AD

282
Kupferstich
19,1 × 14,6 cm
Stiftung Schloss Friedenstein Gotha,
Inv.-Nr. 8,29

283
Kupferplatte
17,3 × 12,6 cm
Stiftung Schloss Friedenstein Gotha,
Inv.-Nr. 8,24a

Als Philipp Melanchthon 1518 auf Empfehlung Johannes Reuchlins an den neu gegründeten Lehrstuhl für griechische Sprache der Universität Wittenberg berufen wurde, begegnete man ihm aufgrund seiner schmächtigen Gestalt und eines kleinen Sprachfehlers zunächst mit Skepsis. Doch bereits seine Antrittsvorlesung, die er am 28. August 1518 über eine grundlegende Reform des Bildungswesens hielt, brachte ihm die höchste Wertschätzung seiner Zuhörer ein. Er lehrte griechische Grammatik, beschäftigte sich mit antiken Autoren und den Originaltexten der Bibel. Melanchthon verband eine profunde humanistische Bildung mit der reformatorischen Theologie, sodass er neben Martin Luther zum wichtigsten Protagonisten der Reformation wurde. Bereits 1521 formulierte er mit den *Loci communes* die erste evangelische Dogmatik. Neben der Systematisierung der Glaubenslehre war Melanchthon maßgeblich an der Neuorganisation der lutherischen Kirchen in Kursachsen beteiligt. Von seinen Zeitgenossen als *Praeceptor Germaniae* (Lehrer Deutschlands) bezeichnet, reformierte Melanchthon das Bildungswesen nach humanistischen Prinzipien und führte das dreigliedrige Schulsystem ein.

Im November 1525 hielt sich Philipp Melanchthon in Nürnberg auf, um dort eine neue Lateinschule einzurichten. Vom 12. bis 26. November war er bei dem Humanisten und Freund Albrecht Dürers Willibald Pirckheimer zu Gast. Bei dieser Gelegenheit könnte er von Dürer porträtiert worden sein. Eine Federzeichnung, die dem Kupferstich als Vorlage diente, befindet sich seit 1904 im Besitz der Stiftung Horn in Florenz. Der Stich zeigt Melanchthon im Brustbild nach rechts gewendet, wobei sein Gesicht fast im Profil wiedergegeben ist. Dürer schuf nicht nur ein realistisches Porträt des hageren Gelehrten. Mit der hohen Stirn macht der Künstler überdies den scharfen Intellekt des äußerst befähigten Humanisten anschaulich. Das Epigramm auf der Inschriftentafel (übersetzt: »Philipps Züge konnte Dürer mit geschickter Hand nach dem Leben zeichnen, den Geist jedoch nicht«) drückt die Hochachtung aus, die Dürer Melanchthon entgegenbrachte. Dieses Gelehrtenporträt ist einer der letzten Kupferstiche von der Hand Albrecht Dürers. Die Druckplatte mit dem Bildnis Melanchthons wurde von Herzog Ernst II. von Sachsen-Gotha-Altenburg angekauft und 1843 das erste Mal in einem Inventar des Kupferstichkabinetts verzeichnet. ID

Literatur
Enke/Schneider/Strehle 2015, S. 314 f.,
Kat. 240 b (ill.) · Fastert 2004, S. 247–255 (ill.) ·
Hofmann 1983 a, S. 19 u. 162 f., Kat. 66 (ill.) ·
Schuttwolf 1994 b, S. 174, Kat. 2.67 (ill.)

284

Friedrich Hagenauer

Medaille auf Philipp Melanchthon

1543
Silber, gegossen
Dm 39,5 mm; Gewicht 16,19 g
Stiftung Schloss Friedenstein Gotha,
Inv.-Nr. 4.1./5740
Ausstellung Minneapolis

VS: PHILIPPVS MELANTHON · ANNO AETATIS
SVAE XLVII ·*
bärtiges Brustbild Philipp Melanchthons
nach links; im Feld links unten FH
RS: PSAL · 36 · / SVBDITVS ESTO / DEO E ORA
EVM · / ANNO · / M.D.XXXXIII

Philipp Melanchthon, der ab 1518/19 Griechisch an der Wittenberger Universität lehrte, war Luthers Freund und wichtigster Mitstreiter und gilt neben diesem als zweiter Reformator. Er unterstützte ihn nicht nur maßgeblich bei der Übersetzung der Bibel, sondern verfasste auch wesentliche Schriften des Protestantismus. Zu seinen zentralen theologischen Werken zählen die 1521 erschienene *Loci communes*, die erste Zusammenfassung der reformatorischen Lehre, und v. a. die 1530 auf dem Augsburger Reichstag verlesene *Confessio Augustana*, die bis heute bedeutendste Bekenntnisschrift der lutherischen Reformation.

Auch zum Marburger Religionsgespräch 1529 und innerhalb anderer theologischer Auseinandersetzungen verteidigte Melanchthon die lutherische Reformation und trug damit wesentlich zur Festigung des neuen Glaubens bei. Große Verdienste erwarb er sich durch seine Einflüsse auf das protestantische Schulwesen, u. a. mit seinen Schulordnungen und Lehrbüchern. Aufgrund seiner umfassenden Kenntnisse der Altsprachen galt Melanchthon neben Erasmus von Rotterdam und Johann Reuchlin auch als einer der bedeutendsten Philologen seiner Zeit.

Der von 1536 bis 1544 in Köln wirkende Medailleur Friedrich Hagenauer hielt eindrucksvoll die wesentlichen Charakterzüge Melanchthons fest. Sensibel und durchgeistigt wirkt sein Gesicht, schmächtig seine Körperkonstitution. Georg Habich bezeichnet Hagenauers Melanchthon-Porträts treffend als »Urbild des vom Gedanken geadelten Gelehrten«.

Hagenauer lernte Melanchthon im Rahmen von Besprechungen zur geplanten Kölner Reformation in Bonn persönlich kennen. Er gestaltete zwei Varianten des Porträts mit und ohne Barett. Im Typ gehen diese auf Werke der Cranachwerkstatt zurück, die seit 1532 als kleinformatige Bildnispaare zusammen mit Luther in serielle Produktion gingen. Zu der Medaille mit Barett hat sich das Holzmodell noch im Münzkabinett der Staatlichen Museen Berlin erhalten.

Der Psalm auf der Rückseite »Sei stille dem Herrn und warte auf ihn« war in adaptierter Form »Sei Gott untertan und bete ihn an« der Wahlspruch Melanchthons. UW

Luther in Wittenberg

1526
VIVENTIS·POTVIT·DVRERIVS·ORA·PHILIPPI
MENTEM·NON·POTVIT·PINGERE·DOCTA
MANVS

283

Luther in Wittenberg 277

Literatur
Brozatus/Opitz 2015, Bd. I,1, S. 337 u. 339, Nr. 490 (Bronze) · Habich Bd. I,1, Nr. 651 · Schade 1983, S. 381, Kat. F 17.5 · Schuttwolf 1994b, S. 29, Kat. 4.30 (ill.)

285

Martin Luther

Testament mit eigenhändigem Vermerk Philipp Melanchthons (Abschrift)

6. Januar 1542
Papier
31,5 × 21,4 cm
ThHStAW, EGA, Reg. N 182, Bl. 10–14
Ausstellung Minneapolis

Die Juristerei hielt Martin Luther für eine ganz niederträchtige Kunst, auch so manche damalige Regelung des Erbschaftsrechts missfiel ihm. Deshalb setzte der Reformator, der nach einer überstandenen Nierenkolik ständig mit seinem Tod rechnete, im Jahr 1542 sein Testament in Form einer Leibgedingsverschreibung für seine Frau selbstständig auf. Nach damaliger Rechtsauffassung hätten ihr nur die sog. Morgengabe – das, was ihr Mann ihr am Morgen nach der Hochzeit zum Geschenk gemacht hatte – und die Haushaltsgegenstände zugestanden. Alles andere wäre zu gleichen Teilen an die vier überlebenden der sechs Kinder von Martin Luther und Katharina von Bora gegangen. Nach Luthers Willen sollte aber die Frau, die er 1525 geheiratet hatte, die ihm sechs Kinder geschenkt hatte und die er oft liebevoll »Herr Käthe« nannte, auch nach seinem Tod Haushaltsvorstand bleiben und über die Besitztümer und Einkommensquellen verfügen können.

In seinem Testament spricht er voller Achtung von seiner Frau, die ihn als »seine fromme treue eheliche Gemahlin allezeit lieb, wert und schön gehalten« habe. Er verschrieb ihr sein gesamtes Eigentum, darunter das Gut Zülsdorf, das er von ihrem Bruder Hans erworben hatte, ein Haus sowie Schmuckstücke und einen Geldbetrag von etwa 8 000 Gulden. Damit hatte er seine Frau zur Universalerbin eingesetzt.

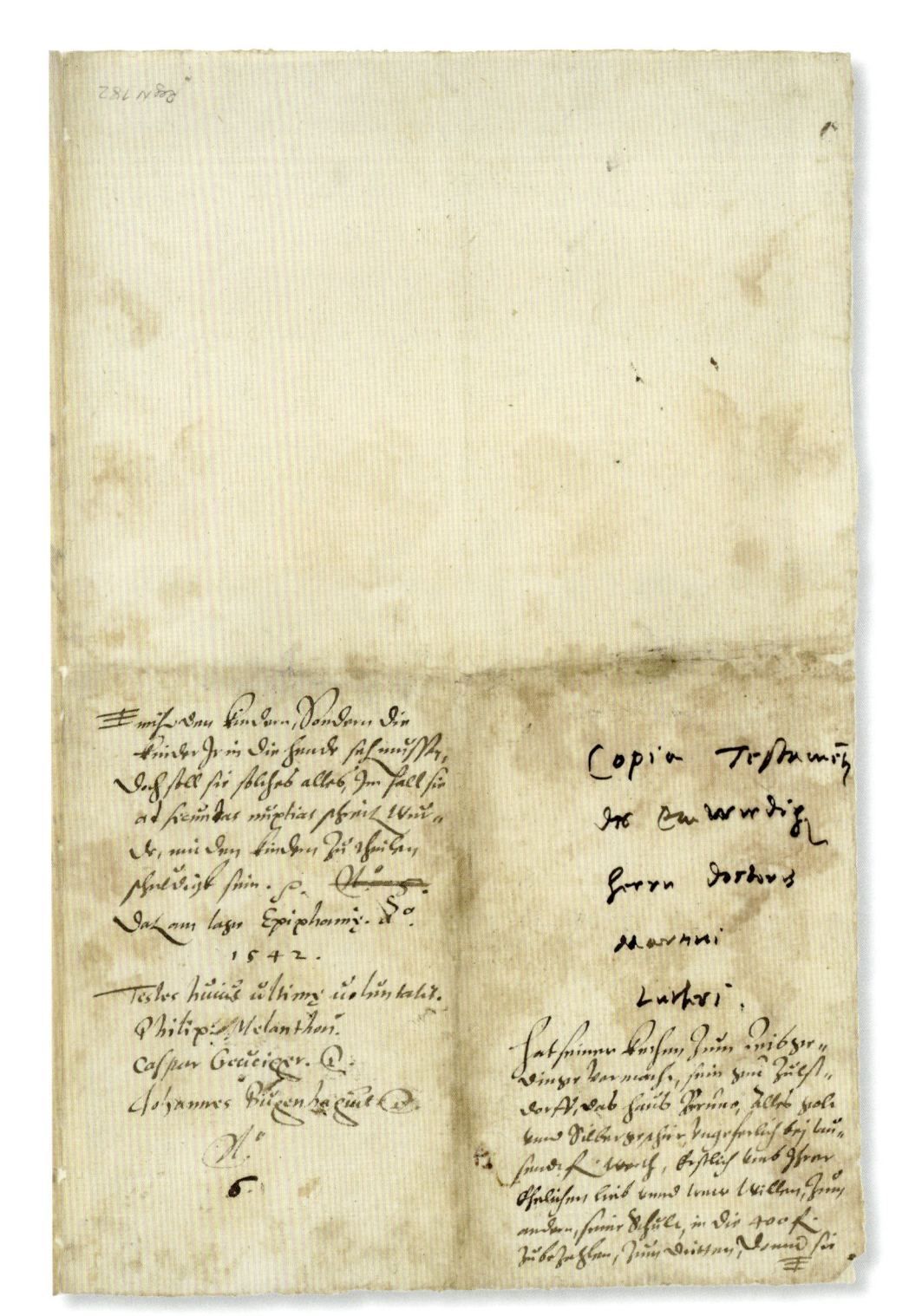

Auch wollte er, dass Katharina der Vormund der gemeinsamen Kinder sei, weil er der Meinung war, dass die leibliche Mutter dafür am allerbesten geeignet sei. Damit hatte Luther sich bewusst über Rechtsbräuche seiner Zeit hinweggesetzt. Deshalb bat er Kurfürst Johann Friedrich von Sachsen ebenso wie seine Freunde, die Umsetzung seines letzten Willens durchzusetzen. Außerdem ließ er die Bestimmungen ein Jahr vor seinem Tod in das Gerichtsbuch der Stadt Wittenberg eintragen. Am 11. April 1546 bekräftigte Kurfürst Johann Friedrich dieses Testament Martin Luthers, das seine Mitstreiter und Weggefährten Philipp Melanchthon, Caspar Cruciger und Johannes Bugenhagen mit ihrer Unterschrift bezeugt hatten. Es war damit rechtskräftig geworden. Das eigenhändige Testament mit Luthers Siegel ist mit dem Gelehrtennachlass Carpzov im 19. Jh. in die Sammlung der Evangelisch-Lutherischen Kirche in Ungarn gelangt. In der Ausstellung ist eine zeitgenössische Abschrift aus den kurfürstlichen Akten zu sehen. DB

Literatur
Bornkamm 1996, S. 82 · Fabiny 1983 · Scherer: Luthers Testament

286

Lucas Cranach d. Ä.
Porträt von Johannes Bugenhagen

1537
Öl auf Rotbuchenholz
31,6 × 23,5 cm
Evangelisches Predigerseminar Wittenberg, Inv.-Nr. 2
Ausstellung Minneapolis

Inschrift unter dem Bild: EFFIGIES IOH. BUGENHAGII POMERANI. / LUCA CRONACHIO PICTORE. / M. D. XXXVII.

signiert unten rechts mit geflügelter Schlange nach links

Diese Inschrift auf der unteren Bildseite klärt den Betrachter darüber auf, wer hier von wem im Jahr 1537 porträtiert worden ist: Johannes Bugenhagen, ein Altvater der evangelischen Bewegung und langjähriger Gefolgsmann des Kirchenreformators Martin Luther. Aufgrund seiner Herkunft aus Pommern und seines epochalen Geschichtswerks über jenes Herzogtum wurde er auch »Doctor Pomeranus« genannt. Gemalt hat ihn der bereits zu Lebzeiten weithin berühmte Meister Lucas Cranach d. Ä. Der Porträtierte wie auch der Künstler selbst gehörten in der Zeit, als das Bild entstand, zu den renommiertesten Bürgern der aufstrebenden Universitätsstadt Wittenberg.
Nach seinem Universitätsstudium der Sieben Freien Künste widmete sich Bugenhagen im Selbststudium und in praktischer Arbeit fortan der Theologie. Der humanistisch geprägte Gelehrte ließ sich von Luthers Glaubensverständnis überzeugen und folgte ihm 1521 nach Wittenberg, um aus direkter Quelle die reformatorischen Ideen zu studieren. Der geistreiche, wortgewandte und schaffenskräftige Bugenhagen avancierte in der Folge zum beliebten Seelsorger, hochgeehrten Universitätslehrer, wirkungsvollen Bibelübersetzer und nachhaltigen Kirchenorganisator. Er gestaltete das neue Kirchenleben

286

Luther in Wittenberg

nicht nur in Mitteldeutschland, sondern maßgeblich auch im südlichen und westlichen Ostseeraum.

Johannes Bugenhagen verband eine tiefe Freundschaft mit Martin Luther, dessen Beichtvater er auch war. Er schloss Luthers Ehe, taufte dessen Kinder und hielt als letzten Ehrendienst die Leichenpredigt auf seinen Freund und Mentor. Natürlich war er ein regelmäßiger und gern gesehener Gast im Hause Luther. Wie vertraut die beiden Reformatoren waren, lässt sich anhand einer kleinen Neckerei erahnen, bei der Luther auf die berüchtigte Beredsamkeit seines Freundes anspielt: »Jeder Priester muss seine privaten Opfer haben. Ergo opfert der Pomeranus seine Hörer durch seine langen Predigten, wir nämlich sind seine Opfer. Und heute hat er uns in außerordentlicher Weise geopfert«. AM

Literatur
Buske 2010 · Garbe/Kröger 2010 · Leder 2002 · Treu 2010, S. 89, 91 u. 142

287

Heinrich Aldegrever
Martin Luther

1540
Kupferstich
18 × 13 cm
Thrivent Financial Collection of Religious Art, Minneapolis, Inv.-Nr. 97-13
Ausstellung Minneapolis

Inschrift über dem Bild: Iacta cvram tvam in dominvm et ipse te envtriet (Wirf dein Anliegen auf den Herrn; der wird dich versorgen)
Inschrift unter dem Bild: Asservit christvm divina vose lvthervs/ cvltibvs oppressam restitvitqve fidem./ Illivs absentis vvltvm haec depingit imago/ praesentem melivs cernere nemo potest/ Martinvs Lvthervs/ m d xxxx (Luther nahm mit dem göttlichen Wort Christus in Schutz und stellte den durch Kultgebräuche bedrängten Glauben wieder her. Dieses Bildnis beschreibt sein Antlitz, während er fern ist; wäre er hier, könnte keiner ihn besser sehen. Martin Luther 1540)

Wie bei vielen Porträts von Luther verlässt sich Heinrich Aldegrever auf die Darstellung Lucas Cranachs von 1528, vielleicht auf dem Umweg über Hans Brosamers Holzschnitt (Kat. 232). Ganz gleich, welches seine Quelle war, Aldegrever modellierte das Gesicht und dessen Ausdruck sehr geschickt, um einen lebhaften, überzeugenden Eindruck zu schaffen. Luther ist als Halbbüste in Dreiviertelansicht hinter einer Steintafel mit einer lateinischen Inschrift dargestellt. Dieser Bildaufbau erinnert an Albrecht

Dürers Kupferstiche von Philipp Melanchthon (Kat. 282) und Friedrich dem Weisen. Aldegrever fertigte einen Kupferstich von Melanchthon als Gegenstück zu diesem Bild an. Die Inschrift auf der Steintafel betont, dass dies ein glaubwürdiges, wirklichkeitsnahes Abbild sei, das damals aber schon zwölf Jahre überholt war.

Die Inschrift über Luthers Kopf stammt aus der lateinischen Bibel (*Vulgata*), Psalm 54,23. In der Lutherbibel ist dies Psalm 55,23. Die Psalmen Davids waren von tragender Bedeutung für Luthers Werdegang. Als Thema seiner ersten Reihe von Vorlesungen an der Universität Wittenberg waren sie sehr geschätzt. Sie werden so uneingeschränkt als Ausgangspunkt seiner Glaubenslehre betrachtet, dass man sie als *initia theologiae Lutheri* bezeichnet hat. Luther stellte in seinen Auslegungen Christus in das Zentrum der alttestamentarischen Psalmen. Die Inschrift auf dem Porträt von Aldegrever erinnert sehr an Petrus: »All eure Sorge werft auf ihn, denn er sorgt für euch.« (1. Petr 5,7). TR

Literatur
Lindell 2011, S. 79 · Luckhardt 1985, S. 56 f., Nr. 10 · Mielke 1998, S. 156 f., Nr. 184

Reformatorenporträts

Ausstellung Minneapolis

288
Lucas Cranach d. Ä.
(mit Werkstatt)
Martin Luther

1540
Öl auf Rotbuchenholz
20 × 14,5 cm
Stiftung Luthergedenkstätten in Sachsen-Anhalt, Inv.-Nr. G 70

289
Lucas Cranach d. Ä.
(mit Werkstatt)
Philipp Melanchthon

1540
Öl auf Rotbuchenholz
20 × 14,5 cm
Stiftung Luthergedenkstätten in Sachsen-Anhalt, Inv.-Nr. G 71

290
Lucas Cranach d. Ä.
(mit Werkstatt)
Martin Luther

um 1541
Öl auf Rotbuchenholz
35,5 × 23 cm
Stiftung Luthergedenkstätten in Sachsen-Anhalt, Inv.-Nr. G 72

291
Hans Cranach (?) oder
Lucas Cranach d. Ä.
Philipp Melanchthon

1532
Mischtechnik auf Buchenholz
19 × 15,1 cm
Stiftung Schloss Friedenstein Gotha, Inv.-Nr. SG 10

Die beiden kleinformatigen Porträts von Martin Luther und Philipp Melanchthon bilden ein Bildnispaar, das möglicherweise im Originalzustand sogar miteinander verbunden war (Kat. 288 u. 289). Vielleicht handelte es sich um ein Diptychon, das man zusammengeklappt auf Reisen mit sich führen konnte. Die einander zugewandten Porträts weisen jeweils oberhalb der Schultern am Bildrand das Signet der Cranachwerkstatt auf, in der ab 1532 eine erste Serie von Porträtdiptychen der beiden Reformatoren entstand.

Möglicherweise beauftragte Johann Friedrich der Großmütige, der die Reformation in Sachsen beförderte, anlässlich seines Amtsantritts 1532 Cranach mit der Herstellung solcher Doppelbildnisse. Diese erste Serie unterstreicht die gemeinsame Bedeutung beider Theologen für das Luthertum und seine Durchsetzung. Sie werden mit jung anmutenden Gesichtszügen im Talar der Reformatoren vor hellem monochromem Hintergrund gezeigt. Luther wird zudem mit Barett und einem Buch, Melanchthon üblicherweise mit gefalteten Händen dargestellt. In der späteren, zweiten Serie, die ab 1539 entstand, tritt uns Luther gealtert, barhäuptig und mit ergrautem, schütterem Haar gegenüber, wobei er entweder ein geschlossenes Buch oder die an einer lesbaren Stelle geöffnete Bibel hält. Melanchthon hat ebenfalls entweder eine geöffnete Bibel oder wie hier in der Wittenberger Version eine Schriftrolle in den Händen. In einer dritten, ab 1543 gemalten Serie wird er mit Barett und Spitzbart neben dem weiterhin barhäuptigen Luther porträtiert. In allen drei Serien wird die heraldisch rechte Seite – analog zu dem Ehepaarbildnis mit Katharina von Bora (vgl. Kat. 227–230) – von Martin Luther eingenommen. Der Bildausschnitt der beiden Gelehrtenporträts ist identisch und verheißt vermeintliche Ebenbürtigkeit. Jedoch wirkt Luther deutlich voluminöser neben dem eher zierlichen Melanchthon und scheint so doch die bedeutendere Persönlichkeit zu sein. Die Werkstatt Lucas Cranachs d. Ä. verbreitete den Typus des Freundschaftsbildnisses, das sich auf Grundlage des Humanistenporträts vom Anfang des 16. Jhs. entwickelte, so rasch und so weit wie die Ehepaarbildnisse Luthers mit Katharina von Bora. Lucas Cranach d. J. übernahm später die Produktion und sorgte für die weitere massenhafte Verbreitung der Porträts, die das Bild der beiden in Freundschaft verbundenen Reformatoren bis heute bestimmen. Diejenigen Porträts von Melanchthon, denen bislang kein überliefertes Pendant zugewiesen werden konnte (vgl. Kat. 291), können dennoch aufgrund ihrer Komposition als Teil eines Bildnispaares verstanden werden. Eine bildwürdige Bedeutung erlangte Melanchthon in der Rezeption des 16. Jhs. wohl gerade in der Verbindung mit Martin Luther.

Philipp Melanchthon, der 1518 auf den Lehrstuhl für Griechische Sprache an der von Kurfürst Friedrich dem Weisen 1502 gegründeten Universität Wittenberg berufen wurde, unterstützte bereits seit Luthers Thesenanschlag 1517 dessen theologische Ideen zur Reform der Kirche und wurde sein wichtigster Mitstreiter und Weggefährte. Melanchthon verfasste die *Confessio Augustana*, die grundlegende Bekenntnisschrift der lutherischen Reichsstände (vgl. Kat. 345 u. 346). Sie wurde dem Kaiser 1530 auf dem Augsburger Reichstag übergeben, an dem Luther aufgrund der Reichsacht nicht teilnehmen konnte. Die Verbreitung der Freundschaftsbildnisse Luthers und Melanchthons diente in dieser Situation der Sichtbarmachung dieser unverbrüchlichen Allianz. Die politische Dimension dieser Bildnisserien ist ebenso evident wie diejenige der Doppelporträts des Ehepaars Luther – Bora. Martin Luther und Philipp Melanchthon blieben einander trotz einiger theologischer Differenzen lebenslang verbunden. Beider Ruhestätten befinden sich in der Wittenberger Schlosskirche. BR

Literatur
Beeskow/Kabus 1984 · Bild und Botschaft 2015, S. 154–161, Kat. 34–38 (ill.) · Friedländer/Rosenberg 1989, S. 131, Kat. 314 u. 315 (ill.) · Joestel 1993, S. 204 · Marx/Kluth 2004, S. 150 f., Kat. 205 u. 206 (ill.) · Schuttwolf 1994a, S. 48, Kat. 1.14 u. 1.15 (ill.)

288

289

290

291

282 Luther in Wittenberg

Buchdruck in Wittenberg

Das kleine Wittenberg war auf den Buchdruck als vorherrschenden Wirtschaftszweig nicht vorbereitet. Dennoch entwickelte sich die Stadt zu einem der bedeutendsten Zentren der Buchproduktion in Europa, das sich mit Paris, London und Venedig messen konnte. Es war sicher kein Zufall, dass die erste Druckerpresse der Stadt im Jahr der Universitätsgründung 1502 ihre Produktion aufnahm. Sie wurde durch den Professor für Griechisch Nicolaus Marschalk betrieben. Die meisten der hier produzierten Bücher waren eng mit dem Fächerkanon der Universität verbunden. Die Druckauflagen blieben klein, wiesen eine einfache Typografie auf und fanden nur begrenzte Verbreitung. Im ersten Jahr wurden in Wittenberg nur zwei Werke gedruckt. Es sollte bis 1518 dauern, bis die Wittenberger Druckerei mehr als 15 Werke pro Jahr produzierte. Der Grund für diesen Anstieg war natürlich Martin Luther. Im Jahr nach der Veröffentlichung seiner Thesen gegen den Ablass von 1517 verließen 29 Bücher die Druckerpresse der Stadt, darunter allein 19 Werke Luthers.

Dieser klagte wiederholt über die Qualität der Drucke der Wittenberger Presse, die nun von Johann Rhau-Grunenberg betrieben wurde. Die Druckerei der Universität war den Ansprüchen des extrem produktiven Autors nicht gewachsen. Auch konnte sie nicht mit der Ästhetik und dem Vertrieb erfahrener Buchdrucker mithalten. Ab 1516 schmückten häufig Holzschnitte Cranachs die Titelseiten der Wittenberger Drucke; doch selbst dies vermochte das Niveau der einheimischen Leistung nicht derart anzuheben, dass sie sich mit den Drucken aus anderen Städten hätte messen können. Dessen ungeachtet erwies sich die Mitte der 1520er Jahre als Meilenstein für Luther und die Wittenberger Druckindustrie. Die Herausgabe des Neuen Testaments 1522 eröffnete eine Periode der Konsolidierung und eines erheblichen Schubes für die Reformationsbewegung. Gleichzeitig eröffneten drei neue Drucker – Joseph Klug, Hans Lufft und Georg Rhau – Offizinen in Wittenberg. Die Reformatoren produzierten unablässig Stoff für die Drucker, die moderne typografische Materialien und kunstvolle neue Holzschnitte Cranachs verwendeten. Als Luther starb, war Wittenberg das wichtigste Zentrum des Buchdrucks im deutschsprachigen Raum. Die Wittenberger Druckindustrie entwickelte sich also Hand in Hand mit der Reformation, wobei sich der Erfolg beider wechselseitig bedingte. JTM

292

Bleilettern

Wittenberg, Bürgermeisterstraße 5,
4. Viertel 16. Jh.
Blei-Zinn-Antimon-Bismut-Legierungen
L 2–2,5 cm; B 0,2–1,5 cm; T 0,1–1,2 cm
Landesamt für Denkmalpflege und
Archäologie Sachsen-Anhalt
Landesmuseum für Vorgeschichte Halle,
Inv.-Nr. HK 98:24665
Ausstellung Minneapolis

Bücher waren das zentrale Sprachorgan Martin Luthers, um seine reformatorischen Ansichten einer breiten Leserschaft zugänglich zu machen. Dank der Erfindung des Buchdrucks mit beweglichen Metalllettern (dem sog. Mobilletterndruck) durch Johannes Gutenberg Mitte des 15. Jhs. konnten Bücher massenhaft in kurzer Zeit produziert werden. Dabei gehörte durch die Arbeit Luthers gerade Wittenberg schon früh zu den führenden Druckstädten Europas. Das lässt sich nicht nur an der Anzahl der damals dort produzierten und heute noch erhaltenen Druckwerke, sondern auch an seltenen Zeitzeugen der Buchdrucker ermessen: Aus keiner anderen Stadt Europas liegen derart viele Bleilettern aus archäologischen Befunden vor wie aus Wittenberg.
Der hier gezeigte Fundkomplex umfasst mehr als 500 Lettern und wurde 1997 in einer Latrine in der Bürgermeisterstraße 5 entdeckt. Sie war Teil eines Hauses, in dem ab der zweiten Hälfte des 16. Jhs. eine Reihe von Buchdruckern ansässig war. Andere Funde aus der Latrine gestatten eine Datierung der Verfüllung in das letzte Viertel des 16. Jhs. und auch die Lettern selbst lassen aufgrund ihrer typografischen Eigenheiten eine vergleichbare Zeitstellung zu. Gemeinsam mit historischen Schriftquellen können die Lettern mit der einflussreichen Druckerfamilie Krafft, die unter anderem Schriften Luthers und Melanchthons druckte, in Verbindung gebracht werden.
Wie zur Zeit der Reformation üblich, bestehen die Lettern aus Bleilegierungen, die zum Zweck der Dauerhaftigkeit und Härte zusätzlich Zinn und Antimon in festen Mengenverhältnissen enthalten. Außerdem wurde den Legierungen Bismut mit der Absicht beigefügt, die Lettern besser gießen zu können. In dieser Hinsicht nehmen die Wittenberger Funde eine gewisse Sonderstellung ein, denn in anderen Städten war die Zugabe von Bismut offensichtlich nicht üblich. Dafür sind an den Lettern Buchstaben und Zeichen in verschiedenen Schriftgrößen angebracht, die auch anderenorts weit verbreitet waren. Neben der ausschließlich für lateinische und sonstige fremdsprachige Drucke verwendeten Schriftart *Renaissance Antiqua* finden sich unter den Fundstücken solche mit der Fraktur- und Schwabacherschrift, die vor allem für deutschsprachige Werke eingesetzt wurden und noch heute als typisch deutsche Schriften gelten. Zusammen mit wenigen Lettern griechischer und hebräischer Schriftzeichen (Kat. 365) manifestiert sich in dem Fundkomplex aus der Bürgermeisterstraße 5 damit ein breites Druckspektrum. DBe

Literatur
Berger 2015 · Berger/Stieme 2014 a, S. 243, Abb. 3 (ill.) · Berger/Stieme 2014 b, S. 281, Abb. 12; S. 285, Abb. 18; S. 289, Abb. 24 u. S. 306, Abb. 37 (ill.) · Claus 2002 · Pelgen 1996

292

293
Martin Luther
Deudsche Messe und ordnung Gottis dienst

Wittenberg: Michael Lotter, 1526
20,3 × 14,7 cm
Stiftung Luthergedenkstätten in
Sachsen-Anhalt, Inv.-Nr. Ag 4° 207 n
VD16 M 4919
Ausstellung New York

Als Martin Luther im März 1522 nach Wittenberg zurückkehrte, machte er die Neuerungen im Gottesdienst, die Karlstadt und andere eingeführt hatten, wieder rückgängig. Bis auf die Einsetzungsworte wurde die Liturgie wieder lateinisch gesungen. Die Laien erhielten die Hostie nicht mehr in die Hand. Bereits zwei Jahre später gab es in fast allen protestantischen Gebieten Formulare für einen deutschsprachigen Gottesdienst. Luther aber zögerte, da es ihm um die Bewahrung der evangelischen Freiheit ging. Er wollte kein allgemein verbindliches Formular für alle Territorien und Städte. Auf Drängen seiner Freunde, aber auch des Kurfürsten, veröffentlichte er schließlich Anfang 1526 eine für Wittenberg gültige Gottesdienstordnung, ausdrücklich als Beispiel und nicht als Zwang. Für die liturgischen Gesänge dienten ihm Johann Walther und Konrad Rupsch als Berater.

Im Vorwort zum Druck betont Luther jedoch, dass er weiterhin an der lateinischen Messe zur Bildung der Jugend festhalte. Zugleich träumte er von der Einführung einer äußerst schlichten Form des Gottesdienstes für alle, »so mit Ernst Christen sein wollen«. Doch betonte er, dass es solche Leute in Wittenberg nicht gebe. Eine durch die wörtliche Auslegung des Bibeltextes entstandene Besonderheit seiner Ordnung war, dass auf die Einsetzungsworte zum Brot dessen Austeilung stattfand und dann erst die Einsetzungsworte für den Wein und dessen Austeilung. Damit aber sollte Luther sich nicht durchsetzen. MT

Quellen und Literatur
Leppin/Schneider-Ludorff 2014, S. 273–275 ·
Ott 2014 · WA 19, 44, 70–113

294
Martin Luther
Deudsch Catechismus (Großer Katechismus)

Wittenberg: Georg Rhau, 1529
20,6 × 15,5 cm
Stiftung Luthergedenkstätten in
Sachsen-Anhalt, Inv.-Nr. Ag 4° 210 b
VD16 L 4339
Ausstellung New York

Neben der Bibelübersetzung und den Kirchenliedern gehören die beiden Katechismen zu Luthers einflussreichsten Werken. Der hier gezeigte *Große Katechismus* war für die Pfarrer vor allem auf dem Land bestimmt, der *Kleine Katechismus* für die Laien. Beide enthielten die Zehn Gebote, das Vaterunser und das Apostolische Glaubensbekenntnis mit Luthers prägnanten Erläuterungen. Der *Große Katechismus* sollte als Grundlage ausführlicher Predigten dienen, da die Visitationen erschreckende Lücken im christlichen Grundwissen der Gemeinden aufgedeckt hatten. Aus dem *Kleinen Katechismus* sollte der Hausvater seine Familie und das Gesinde belehren. »Der Katechismus ist der Laien Bibel, darin sich der ganze Inhalt christlicher Lehre befindet, der einem jeden Christen zur Seligkeit nötig ist.« Luther verlangte, dass jeder Christ den Katechismus auswendig lernen sollte. Bei Verweigerung schlug er Ausweisung aus dem Land vor. Damit konnte er sich nicht durchsetzen, aber der *Kleine Katechismus* wurde bis zum Ende des 20. Jhs. vielerorts noch gelernt. MT

Literatur
Joestel 2008, S. 94

293

294

Armut und Armenfürsorge zur Zeit der Reformation

Luthers Ablehnung der Werkgerechtigkeit veränderte den Blick auf die Armut. War der Arme zuvor wichtiger Teil innerhalb des theologischen Systems, da die guten Werke, die an ihm vollzogen wurden, das Seelenheil versprachen, wandelte er sich nun zu einem Objekt kommunaler Fürsorgepraxis.

Im Spätmittelalter gab es im städtischen Bürgertum Unmut über die Zurschaustellung von Armut durch Bettelmönche. Die Bürger interpretierten dies als Heuchelei, da die Orden selbst, wenn auch nicht der einzelne Mönch, über sichtbaren Besitz verfügten. Nachdem Luther, selbst Bettelmönch, in seiner Adelsschrift 1520 ausgeführt hatte, dass das Geld anstatt bei den Mönchen besser bei den tatsächlich Armen aufgehoben sei, war dies ein weiteres, öffentlichkeitswirksames Argument in der allgemeinen Debatte um die kommunale Fürsorge. Fortan sollte in den protestantischen Territorien und Kommunen gelten, dass Bedürftigkeit individuell geprüft werden solle. Das Recht auf Almosen hing nun nicht mehr vom individuellen Willen des spenden- und stiftungsfreudigen Christen ab, sondern wurde nun durch Verwaltungsvorschriften geprüft und anschließend mithilfe des *Gemeinen Kastens* vollzogen.

Während in den katholischen Territorien der Arme weiterhin als sichtbares, gegenwärtiges Christuszeichen verstanden wurde, entwickelte sich in den reformatorischen Territorien und Kommunen das Ziel, Armut an sich abzuschaffen und die Armen zu guten Bürgern zu erziehen. Das Verschieben des Fokus vom Almosengeber auf den Almosenempfänger führte dazu, dass die Mildtätigkeit des einzelnen Bürgers abgewertet wurde. Der Einzelne konnte sich in Erfüllung seiner Christenpflicht auf die Obrigkeit verlassen und war nur noch bedingt zu Spenden bereit.

Ob die Reformation und Luthers Schriften innovativ auf die sich entwickelnde Armenfürsorge des 16. Jhs. gewirkt haben, ist umstritten und wird zumeist verneint. Die spätmittelalterlichen Städte kommunalisierten bereits vor der Reformation die Armenfürsorge. Dieser Prozess wird in der Reformationszeit durch »Armenordnungen« kodifiziert. Hinzu kommt, dass die Argumente bezüglich der Armut zuerst von christlichen Humanisten eingeführt wurden. Aktuell wird der Reformation eine Katalysatorfunktion zugesprochen, die bereits bestehende Vorgänge zentrierte und beschleunigte. RK

295

Gemeiner Kasten der Stadt Wittenberg

um 1520
Eisen
59 × 120 × 64 cm
Stiftung Luthergedenkstätten in Sachsen-Anhalt, Inv.-Nr. K 364
Ausstellung Minneapolis

Wer diese stabile Eisentruhe öffnen möchte, braucht drei verschiedene Schlüssel. So wurde verhindert, dass Unbefugte den Kasten öffnen konnten. Seit Januar 1521 stand er nämlich gut sichtbar in der Wittenberger Pfarrkirche. Der Kasten verbarg Wertvolles, er enthielt Geld. Die drei Schlüssel wurden von drei verschiedenen Wittenberger Amtsträgern verwaltet.

Das Geld bewahrte man für diverse Zwecke an dieser Stelle zentral auf: Es floss in die Besoldung des Schul- und Kirchenpersonals, in kirchliche Bauunternehmungen sowie das Hospital- und Medizinwesen der Stadt. Wer wollte, konnte ein Darlehen beim *Gemeinen Kasten* aufnehmen. So finanzierte 1532 mit solch einem Kredit Martin Luther den Kauf eines Grundstücks. Nicht zuletzt diente das Geld aber auch zur finanziellen Unterstützung der Armen in der Stadt Wittenberg. Der *Gemeine Kasten* war mehr als eine Eisentruhe, er war eine Institution, Teil einer Verwaltungsstruktur des städtischen Fürsorgewesens.

Im spätmittelalterlichen Wittenberg ruhte das Armen- und Fürsorgewesen auf drei Säulen: den Hospitälern, den Bruderschaften sowie auf privaten Spenden. Die steigende Rate von Armen, Kranken und Bettlern, die dezentrale Organisation sowie das vermehrte Auftreten stadtfremder Bettler machten dieses System reformbedürftig. Die städtische »Beutelordnung« von 1521 zentralisierte die Mittelvergabe. Durch die Reformation wurden darüber hinaus auch neue Geldquellen erschlossen.

Zu Beginn flossen Mittel aus der Säkularisierung in den *Gemeinen Kasten*. Eingezogene Kirchengüter, nutzlos gewordene Kirchengeräte und Ornate sowie Grundstücke wurden verkauft. Auch Geldsammlungen, sog. Bitttafeln bzw. »Beutel«, die von Hand zu Hand gingen, waren Grundlage dieses Geldflusses.

Der Anspruch auf Geldleistungen war an Bedingungen geknüpft. In den vom *Gemeinen Kasten* finanzierten Wittenberger Armen- und Waisenhäusern bestand zum Beispiel strenge Arbeitspflicht. Man unterschied bei der Vergabe zwischen arbeitsfähigen und arbeitsunfähigen Armen. So forderte Luther, dass erst der individuelle Nachweis über die Bedürftigkeit ein Anrecht auf Almosen begründen solle. Die Zuschüsse des *Gemeinen Kastens* waren so niedrig angesetzt, dass arbeitsfähige Bedürftige gezwungen waren, einer Erwerbstätigkeit nachzugehen. Die Praxis der Almosenvergabe wurde zum Regulativ für den städtischen Arbeitsmarkt und sollte Bettler in das kommunale Wirtschaftsleben eingliedern. RK

Literatur
Fischer 1979 · Grell 1997 · Joestel 2008, S. 90 f. (ill.) · Jütte 1984 · Oehmig 1988 · Oehmig 1989

295

296
Martin Luther
Bitte an Kurfürst Friedrich III. von Sachsen um Bestätigung der Ordnung des *Gemeinen Kastens* für die Stadt Leisnig

11. August 1523
32,2 × 21,9 cm
ThHStAW, EGA, Reg. Ii 114, Bl. 19
Ausstellung Minneapolis

Leisnig war eine der Städte, in der reformatorisches Gedankengut schon sehr früh rezipiert wurde. Seit 1520 setzten sich städtischer Rat und Kirchenälteste mit dem Kloster Buch um das Besetzungsrecht der Pfarrstelle auseinander. Außerdem wurde eine Neuordnung des Gemeindelebens und des Gottesdienstes diskutiert. Dabei wurden die Leisniger Bürger von Martin Luther unterstützt. Er sorgte dafür, dass der Streit zwischen Stadt und Kloster zugunsten der Gemeinde entschieden wurde und bestärkte sie in dem Vorhaben, den Gottesdienst nach ihren Vorstellungen zu regeln.

Besonders wichtig war auch die Lösung dringender sozialer Probleme wie die Unterhaltung der Pfarrer und der Kirchengebäude, die Armenfürsorge und die Bildung der Jugend. Orientiert am Beispiel Wittenbergs ordneten die Leisniger Bürger ihr Gemeindeleben. Zu dessen finanzieller Sicherung trafen sie Festlegungen in einem Dokument, das sie Luther Anfang 1523 zur Begutachtung übersandten. Die Einkommen, Güter, Zinsen und Vorräte der vier Altarlehen und zweier Bruderschaften sowie Einnahmen aus Spenden und Testamenten sollten in einen »gemeinen Kasten geschlagen« werden und für die Versorgung von Armen und Kranken, die Unterhaltung der Geistlichen und der Gebäude verwendet werden (vgl. Kat. 295). Darüber sollten zehn Vorsteher wachen und vor versammelter Gemeinde Rechnung legen. Sie hatten auch die Aufgabe, einen Kirchner, einen Schulmeister für die Knaben und eine »betagte Weibsperson« für die Unterweisung der Mädchen anzustellen. Das Betteln wurde ebenso verboten wie Gotteslästerung und andere Sünden und Laster, die Gottes Geboten entgegenstehen.

Luther gefiel die Ordnung so gut, dass er ein Vorwort verfasste und sie schnell zum Druck brachte, um sie zu verbreiten. Allerdings fehlte die Zustimmung des Landesherrn. Das war Anlass für den städtischen Rat, die unter seiner Verfügung stehenden Stiftungen und Spenden nicht in den *Gemeinen Kasten* zu geben. Dadurch waren die Besoldung der Pfarrer und die Bezahlung der anderen Amtsträger gefährdet. Mit dem hier gezeigten Schreiben versuchte Luther die Bestätigung der Kastenordnung durch den Kurfürsten nachträglich einzuholen. Friedrich der Weise reagierte allerdings nicht und so stritten Rat und Gemeinde sechs Jahre lang, bis die *Leisniger Kastenordnung* im Jahr 1529 durch landesherrliche Visitatoren bestätigt wurde. Durch die Verbreitung des Druckes war sie jedoch längst zum »gemeinen Exempel« geworden. DB

Literatur
Beyer 1989 · Bornkamm 1979 · Junghans 1982 · Scherer: Luther bittet · Staatliche Archivverwaltung 1983, S. 148 u. 352 f. (ill.)

297

Daniel Hopfer

Illustrationen zu Sprüchen Salomos II: Der Kornwucher

Eisenradierung (Strichätzung)
1684 (erster Abzug 1534)
Plattenmaß: 20,7 × 28,4/28,2 cm;
Bildmaß: 20,1 × 27,6 cm
Stiftung Luthergedenkstätten in
Sachsen-Anhalt, Inv.-Nr. fl XX 8816
Ausstellung Minneapolis

bezeichnet oben Mitte: D. H. (dazwischen Hopfendolde bzw. Pinienzapfen)
datiert unter der Inschrift: MDXXXIIII (beim vorliegenden Exemplar von Funck später zu MDCLXXXIIII [1684] verändert; in der Platte unten links 29, im vorliegenden Exemplar rasiert)
Inschrift oben in Versalien: DIE SPRICH SALOMO DAS XI CAPITEL / WER KORN INHELT DEM FLVCHEN DIE LEIT / AVER SEGEN KOMPT VBER DEN SO ES VERKAFFT / M DXXXIIII

Das Bild zeigt den guten und den schlechten Kornkaufmann. Das Zitat am oberen Rand des Blattes stammt aus dem 11. Kapitel der Sprüche Salomos und erzählt vom Fluch Gottes, der über den kommt, der Korn zurückhält, anstatt es zu verkaufen. Dies wird auf dem Bild durch die Darstellung eines dicken Händlers auf der linken Seite versinnbildlicht, der genüsslich auf seinen Kornsäcken sitzt und diese hortet, anstatt zu verkaufen. Ein Edelmann auf Knien beschwert sich über den nur halbgefüllten Sack. Der feiste Verkäufer ist auf Kopf und Schultern von schwarzen Getreidedrachen besetzt. Wütende Bürger versuchen, die Drachen zu vertreiben, ganz wie es die damaligen Volkssagen beschreiben: Sie berichten, dass solche Dämonen ihren Herren helfen würden, Korn zu stehlen. Nur wer es schaffe, die Drachen mit derben Worten zu verjagen, würde auch den Wucher vertreiben – in Krisenzeiten sicher eine hilfreiche Geschichte, um Not zu erklären und Fluchen zu rechtfertigen.
Richtig macht es der Verkäufer auf der wortwörtlich rechten Seite der Darstellung. Der gute Verkäufer stellt seine Säcke offen auf den Marktplatz und wird von der Taube des Heiligen Geis-

tes und einer Hand Gottes bekrönt. Sein Kornverkauf – Münzen wechseln den Besitzer – hat göttlichen Segen zur Folge. Anstatt Hunger und Streit gibt es genug zu essen, ein Mann rechts unten im Bild füllt Korn in einen Holzschaff.

Auf den Säcken des rechten Verkäufers prangt eine Krone. Sie verweist auf die Obrigkeit, als weise planende und vorrausschauende Instanz, die Hungersnöten mit kluger Vorratshaltung zuvorkommen sollte. Martin Luther hatte 1523 in seiner *Leisniger Kastenordnung* (Kat. 296) gefordert, dass die Stadt einen Lebensmittelvorrat aufbauen solle, um Hungersnöte zu verhindern. Als es 1525/26 in Wittenberg, ausgelöst durch den Bauernkrieg, zu einer Versorgungskrise kommt, kauft man in der Stadt Getreide mit Mitteln des *Gemeinen Kastens* (Kat. 295) an, um damit den städtischen Markt zu unterstützen. RK

Literatur
Hollstein XV · Koch 1981, S. 101, Nr. 23 · Kuder/Luckow 2004, S. 134, Nr. 55 · Metzger 2009, S. 322, Nr. 6 · Seifert 2005, S. 180 · Unverfehrt 2001, S. 132, Nr. 57

Die Rolle der Musik für die Reformation

Martin Luther ist ohne Zweifel als ihr theologischer Urheber die zentrale Persönlichkeit der Reformation in Deutschland. Seine Wertschätzung, seine Begeisterung für die Musik prägen die evangelische Kirche bis heute.

Gemäß Luther gehört bei den Freien Künsten die erste Stelle nach der Theologie der Musik. Dabei soll das Evangelium durch den Gesang unter den Leuten bleiben und die Jugend im Glauben erzogen werden. Durch »Singen und Sagen« werden sowohl der Intellekt als auch die Emotionen angesprochen. »Liturgisch wesentlich ist, dass das Singen [...] essentiell zur Verkündigung selbst gerechnet, also nicht nur als atmosphärische Begleitung der Verkündigung betrachtet wird, wie Luther auch in einer Tischrede sagt: Sicut praedicavit Deum evangelium etiam per Musicam.« (Arnold 2014, S. 25). Die Musik ist eine Schöpfergabe und auch eine Menschenkunst.

Die Reformation wurde zu einer »Singbewegung«. Durch Hausmusik, Hausandachten, Schule und Kirche wurde die Lehre verbreitet; es entstand eine ganz eigene, neue Frömmigkeitsform. Dadurch gab es einen enormen Bedarf an evangelisch legitimierter Musik mit entsprechenden Texten. Insgesamt sind über 40 Lieder von Luther überliefert, für etwa die Hälfte gilt er auch als Urheber der Melodie. Andererseits gibt es zahlreiche zeitgenössische Kompositionen, die Luther als Auftragswerke bestellte oder die Musiker der Bewegung zur Verfügung stellten – Werke also, die unverbraucht waren, dem Zeitgeschmack entsprachen und eine hohe kompositorische Qualität aufweisen.

Einher mit den Forderungen Luthers geht ein neues Musikverständnis im beginnenden 16. Jh. Die bisher eher untergeordnete praktische Musik, *ars canendi*, und die an der Universität gelehrte Musiktheorie, *ars musica*, nähern sich an und es entsteht der bis heute gültige Begriff der Musik, der *musica theoretica*, *practica* und *poetica* (Kompositionskunst) vereint. Die praktische Musik tritt auf eine neue Rang- und Würdestufe.

Dank der technischen Errungenschaften im Druckwesen konnten die Kompositionen, Lehrwerke und Schriften der Reformation in alle Lande verbreitet werden, wobei der Wittenberger Drucker Georg Rhau eine tragende und programmatische Rolle gespielt hat. Verkündigung und Kunst bilden in den evangelischen Kirchen bis heute eine Einheit. MGr

298

Martin Luther und Paul Speratus
Etlich Cristlich lider Lobgesang, von Psalm, dem rainen wort Gottes gemeß (sog. Achtliederbuch)

Nürnberg: Jobst Gutknecht, 1524
21 × 15,5 cm
Forschungsbibliothek Gotha der Universität Erfurt, Cant. spir 8° 959 (1)
VD16 L 4699
Ausstellung Minneapolis

Liedtexte zu bekannten Melodien brachten viele Menschen dazu, reformatorische Gedanken bereitwilliger zu akzeptieren. Dieses kleine Buch, das sog. *Achtliederbuch*, wurde Ende 1523 oder Anfang 1524 von Jobst Gutknecht in Nürnberg veröffentlicht und gilt als das älteste Beispiel eines modernen lutherischen Gesangbuchs. Es enthält Liedtexte Martin Luthers und des reformatorischen Geistlichen Paul Speratus, die zunächst als Einzelblätter verbreitet waren und in den Gottesdiensten in Wittenberg benutzt wurden.
Der Druck solcher frühen evangelischen Liedsammlungen erfolgte nicht im Auftrag der Autoren oder mit deren Autorisierung, sondern war eine auf unternehmerischen Gewinn ausgerichtete Aktion von Verlegern und Buchhändlern. Die Liedtexte vermitteln fundamentale Aussagen der Theologie Luthers. Zu den zentralen Themen im *Achtliederbuch* gehören Gnade und Rechtfertigung, Gesetz und Evangelium sowie der Glaube. Die Texte von Speratus sind mit Anmerkungen versehen, die die biblische Grundlage jeder Zeile aufzeigen, und damit den Grundsatz *sola scriptura* unterstreichen. Das Buch enthält auch Psalmen, die poetisch ins Deutsche übertragen wurden. Die Psalter, eine der wichtigsten Quellen des christlichen Gebets, die traditionell auf Lateinisch vorgetragen oder gesungen wurden, fanden auf diesem Weg in muttersprachlicher Fassung Eingang in den Gottesdienst.
Das *Achtliederbuch* war bereits vor 300 Jahren eine Rarität. Der Arnstädter Prediger Johann Christian Olearius, sozusagen der Gründungsvater der Hymnologie, brauchte mehrere Jahre, um ein Exemplar für seine umfangreiche Sammlung von Gesangstexten zu finden, die mehr als 15 000 Lieder umfasste. Herzog Ernst II. von Sachsen-Gotha-Altenburg erwarb 1793 die wertvolle Sammlung für die herzogliche Bibliothek im Schloss Friedenstein in Gotha. Heute bildet sie die Grundlage für eine der größten und bedeutendsten Sammlungen von Gesangbüchern in Deutschland mit mehr als 3 000 Bänden aus dem 16. bis 20. Jh. DG

Literatur
Ameln 1956 · Berger/Greb/Rode 2015 · Paasch 2012, S. 72–77, Nr. 1.3 u. S. 79 f. · Stalmann 2011

299

Martin Luther
Geistliche Lieder aufs Neue gebessert zu Wittenberg (Klug'sches Gesangbuch)

Wittenberg: Joseph Klug, 1533
10 × 16,5 cm
Stiftung Luthergedenkstätten in Sachsen-Anhalt, Inv.-Nr. ss 1009
VD16 ZV 6453
Ausstellung Minneapolis

darin: Hymnus »Ein feste Burg ist unser Gott«

1533 erschien die zweite Auflage des Gesangbuchs von Joseph Klug, die heute älteste erhaltene Ausgabe seiner Zusammenstellung. Sie enthält den berühmten Hymnus Martin Luthers *Ein feste Burg ist unser Gott* unter dem Titel *Deus noster refugium et virtus*, Bl. 42v, frei nach Psalm 46.
Das sog. Klug'sche Gesangbuch gilt als das früheste illustrierte Gesangbuch des evangelischen Glaubensraumes. Die Holzschnitte mit biblischen Darstellungen, welche zum Teil aus der Holzschnittwerkstatt Georg Lembergers stammen, die Lieder, Gebete und Einführungen bilden ein systematisches theologisches Kompendium für Glauben und Leben in mehreren Teilen, deren Ordnung für Jahrzehnte kanonisch war: Kirchenjahr – Katechismus – Psalmen – liturgische Gesänge.
Luther setzte mit der Veröffentlichung des Buches, an dessen Zusammenstellung er höchstwahrscheinlich unmittelbar beteiligt war, ein deutliches Signal zur Ordnung der noch neuen Konfession und ihrer Grundsätze. 28 seiner Lieder stehen den übrigen Kompositionen voran, erstmals unter Angabe des Verfassers. Das Lutherwappen auf der Titeleinfassung kündet von der offiziellen Geltung des Gesang- und Andachtsbuchs. Beide Vorreden Luthers verweisen auf die große Bedeutung der Musik im Zusammenhang mit der Erziehung der Jugend und auf die Notwendigkeit, den evangelischen Christen in diesen Zeiten des Aufbruchs klare Weisung zu geben.
Die verschollene Erstauflage von 1529 erschien zeitnah zu den beiden Katechismen (1529), der erweiterten Neuauflage des Betbüchleins (1529) und der im Entstehen begriffenen vollständigen Bibelübersetzung (Neues Testament 1522, vollständige Ausgabe 1534). Martin Luther legt hier den Grundstein für eine charakteristisch evangelische Frömmigkeit. MGr

Literatur
Ameln 1954 (ill.) · Herbst/Seibt 2012, S. 63 · Rößler 2015

Ein Christenlichs lied Doctoris Martini Luthers/ die vnaussprechliche gnaden Gottes vnd des rechten Glaubens begreyffendt.

Nun frewt euch lieben christen gmeyn,

Nun frewt euch lieben Christen gmein/ Vnd laßt vns frölich springen/ Das wir getrost vnd all in ein/ Mit lust vnd liebe singen/ Was got an vns gewendet hat/ Vnd seine süsse wunder that/ Gar theur hat ers erworben.

Dem Teüffel ich gefangen lag/ Im todt war ich verloren/ Mein sündt mich quellet nacht vn tag/ Darinn ich war geboren/ Ich viel auch ymmer tieffer drein/ Es war kain güts am leben mein/ Die sündt hat mich besessen.

Mein güte werck die golten nicht/ Es war mit in verdorben/ Der frey will hasset gots gericht/ Er war zum güt erstorben/ Die angst mich zü verzweyffeln treyb/ Das nichts dann sterben bey mir bleyb/ Zur hellen müst ich sincken.

Do iamert Got in ewigkait/ Mein elend yber massen/ Er dacht an sein barmhertzigkait/ Er wolt mir helffen lassen/ Er wandt zü mir das vater hertz/ Es war bey jm fürwar kain schertz/ Er ließ sein bestes kosten.

Er sprach zü seinem lieben son/ Die zeyt ist hie zur barmen/ Far hyn meins hertzen werde kron/ Vnd sey das hayl dem armen/ Vnd hilff jm auß der sünden not/ Erwürge für jn den bittern todt/ Vnd laß jn mit dir leben.

Der son dem vater gehorsam wardt/ Er kam zü mir auff erden/ Von einer junckfraw rain vñ zart/ Er solt mein brüder werden/ Gar haimlich fürt er sein gewalt/ Er gieng in meiner armen gestalt/ Den teüffel wolt er fangen.

Er sprach zü mir halt dich an mich/ Es sol dir ytz gelingen/ Ich geb mich selber gantz für dich/ Vnd wo ich bleyb sollt vnd sol der feindt nicht scheyden./ Dañ ich bin dein vñ du bist mein/

Vergiessen wirdt er mir mein plüt/ Darzü mein leben rauben/ Das leyde ich alls dir zü güt/ Das halt mit festem glauben/ Den todt verschlingt das leben mein/ Mein vnschuldt tregt die sünden dein/ Da bistu selig worden.

Gen hymel zü dem vater mein/ Far hyn auß disem leben/ Da wil ich sein der maister dein/ Den geyst wil ich dir geben/ Der dich jn trübtnuß trösten sol/ Vnd lernen mich erkennen wol/ Vnd in der warhait leytten.

Der xlvj. Psalm/ Deus noster refugium et virtus/ ꝛc.

Martinus Luther.

Ein feste burg ist vnser Gott Ein gute wehr vnd waffen/ Er hilfft vns frey aus aller not/ die vns ytzt hat betroffen/ Der alt böse feindt/ mit ernst ers jtzt meint/ gros macht vnd viel list/ sein grausam rüstung ist/ auff erd ist nicht seins gleichen.

Mit vnser macht ist nichts gethan/ wir sind gar bald verloren/ Es streit für vns der rechte man/ den Gott hat selbs

HOFNVNG MEIN TROST

GEORG VON SELMENITZ

HOFNVNG MEIN TROST

GEORG VON SELMENITZ

Johann Walter (Komponist)
Martin Luther (Autor)
Wittembergisch deudsch Geistlich Gesangbüchlein

Wittenberg: Erben des Georg Rhau, 1551
21 × 16 cm
Ausstellung New York

300
Stimmbuch: Tenor

Evangelische Marktkirchengemeinde Halle (Saale), Marienbibliothek, V 1.71 a

301
Stimmbuch: Discant

Evangelische Marktkirchengemeinde Halle (Saale), Marienbibliothek, V 1.71 b

Mit dem *Geistlichen Gesangbüchlein* beginnt die Geschichte einer eigenständigen evangelischen Kirchenmusik, die sich bis heute fortsetzt. Johann Walter (u. a. Komponist der kursächsischen Hofkapelle) veröffentlichte 1524 zum ersten Mal unter diesem Titel mehrstimmige Chorlieder in fünf Stimmbüchern. In den folgenden Jahrzehnten wurde das Gesangbuch dreimal revidiert und zum Teil wesentlich erweitert. Die hier vorliegende letzte Ausgabe von 1551 enthält 125 Sätze (78 deutsche und 47 lateinische) im Gegensatz zur ersten Auflage mit 43 Sätzen (38 deutschen und fünf lateinischen). Wenn man alle Auflagen betrachtet, so finden sich im *Geistlichen Gesangbüchlein* insgesamt 141 Kompositionen in hoher Qualität. Ganz im Sinne Luthers bilden sie ein geeignetes Material für Schulchöre, Hofkapellen und die späteren Bürgerkantoreien der Städte. Somit ist es eine Materialsammlung, die eingesetzt werden konnte, um die Jugend zu gewinnen und eine eigene evangelische Frömmigkeit zu etablieren, wie Martin Luther in seiner Vorrede ausführt, die den Liedern voransteht.

Spätestens 1544 ging die Druckvorlage des sog. Walter'schen Gesangbuchs an den Wittenberger Musiktheoretiker, Musiker und Drucker Georg Rhau und verblieb weiterhin bei seinen Erben. Man kann Georg Rhau als musikalischen Praktiker bei der Einführung der Reformation bezeichnen. Er veröffentlichte ein großes Repertoire für den liturgischen Bedarf, für Schule und Hausmusik. Gleichzeitig mit dem ersten Erscheinen des *Geistlichen Gesangbüchleins* erschien sein Sammelwerk *Newe deudsche Geistliche Gesänge*, das neben Walters Buch das bedeutendste Dokument mehrstimmiger Bearbeitungen des jungen evangelischen Kirchenliedes im Zeitalter der Reformation ist. Rhau vereinigte mit diesen beiden Veröffentlichungen nahezu den gesamten Bestand frühprotestantischer Liedsätze in seiner Werkstatt.

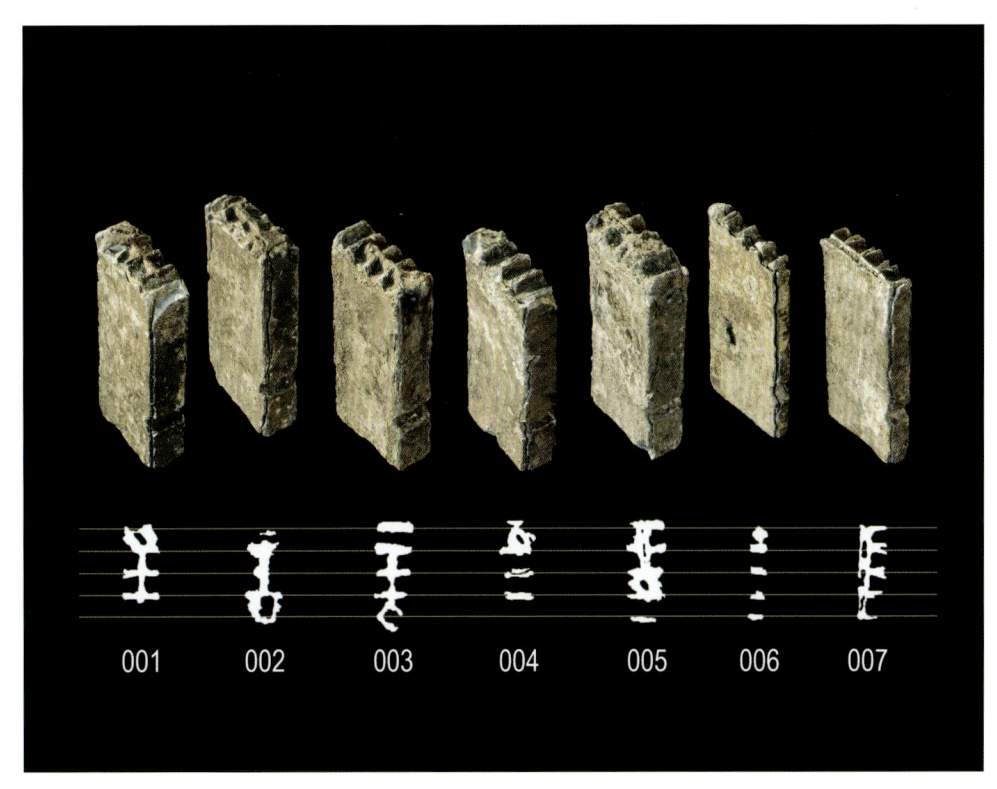

302

Beide vorliegenden Stimmbücher sind im einphasigen Verfahren mit beweglichen Notenlettern gedruckt. Einmalige handwerkliche Zeugen dieser frühen Druckkunst aus dem Besitz von Georg Rhau in Form von acht Notenlettern (bei dem achten Objekt fehlt der Kopf mit dem druckenden Typenteil) konnten erst 2012 in Wittenberg geborgen werden (Kat. 302). MGr

Quellen und Literatur
Bartsch 2013 · Berger/Greb/Rode 2015 · Blankenburg 1991 · Walter, Gesangbüchlein (Bayer. Staatsbibliothek)

302
Sieben Notenlettern

Wittenberg, Franziskanerkloster,
zwischen 1538 und 1566
Blei-Zinn-Antimon-Legierungen
L 2,6 – 2,7 cm; B 1,1 – 1,2 cm; T 0,2 – 0,5 cm
Landesamt für Denkmalpflege und Archäologie Sachsen-Anhalt
Landesmuseum für Vorgeschichte Halle,
Inv.-Nrn. HK 4900:1141:001 bis 007
Ausstellung New York

Nur etwa 100 Meter von den Bleilettern der Bürgermeisterstraße 5 in Wittenberg entfernt (Kat. 292 u. 365) wurde auf dem Gelände des ehemaligen Franziskanerklosters im Jahr 2012 ein weiterer Letternfund gemacht. Die insgesamt 38 Fundstücke waren in den Fußboden eines Gebäudes eingetreten worden, nachdem sie dort offensichtlich während oder nach ihrer Verwendung verloren gegangen waren. Unter den Objekten finden sich neben Lettern für Buchstaben der sog. Renaissance Antiqua- und Fraktur-/Schwabacherschriften auch acht Bleilettern mit Notenlinien und Noten verschiedener Tonhöhen und -längen, von denen sieben Exemplare hier ausgestellt sind. Wie die Funde aus der Bürgermeisterstraße 5 bestehen die Lettern aus dem Kloster aus Bleilegierungen, nur fehlt hier Bismut als Bestandteil.

Als Zeugen des durch Johannes Gutenberg entwickelten Mobilletterndrucks stellen gerade die Fundstücke aus dem Kloster ausgesprochene Raritäten dar, denn bislang sind keine vergleichbaren Notenletternfunde aus archäologischen Kontexten bekannt. Darüber hinaus dokumentieren sie einen entscheidenden Umbruch im Druck von Musiknoten: Das Prinzip, Notenlinien und Noten in einem einzigen Schritt modular zu drucken, war revolutionär und rationell zugleich, zumal sehr flexibel und schnell in hoher Auflage und Seitenzahl gearbeitet werden konnte. Zuvor mussten Musikalien mit deutlich höherem Aufwand entweder mit Holzschnitten im Blockdruck oder schrittweise, d. h. Notenlinien und Noten nacheinander, hergestellt werden.

Als Begleitfunde geben nur wenige Keramikfragmente Hinweise auf eine Zeitstellung der Notenlettern in die erste Hälfte des 16. Jhs. Die Lettern selbst sind dafür recht gut datierbar, denn erst ab 1534 wurden derartige Lettern in Nürnberg

303

hergestellt und verwendet. In Wittenberg lassen sie sich frühestens 1538 anhand von Drucken von Georg Rhau nachweisen, der unumstritten der wichtigste Drucker von Musikalien während der Reformation gewesen ist. Aus seiner Werkstatt stammen sowohl ein- und mehrstimmige Werke wie das *Walther'sche Gesangbuch* oder *Ein schön Christlich Lied* (vgl. Kat. 300, 301 u. 303) als auch musiktheoretische Bücher. Im Abgleich mit den Originaldrucken machen die Merkmale der Lettern Rhau bzw. seine Erben als Besitzer sehr wahrscheinlich, und auch ihre schriftlich belegte Druckerei auf dem Gelände des ehemaligen Klosters lässt kaum Zweifel an der Zugehörigkeit. Da man die Druckerei um 1566 endgültig aufgab, gelangten die Fundstücke spätestens zu diesem Zeitpunkt in den Boden. DBe

Literatur
Berger/Greb/Rode 2015, S. 142, Abb. 11 u. S. 150, Abb. 23 (ill.) · Gieseking 2001 · Krummel 1985 · Schlüter 2010

303

Johann Friedrich Petsch

Ein schön Christlich Lied von dem Ehrwirdigen Herren Doctor Martino Luther und seiner Lere

Wittenberg: Georg Rhau, 1546
16,5 × 14 cm
Stiftung Luthergedenkstätten in Sachsen-Anhalt, Inv.-Nr. Kn A 159/909
VD16 P 1942
Ausstellung Minneapolis

Johann Friedrich Petsch veröffentlichte 1546, kurz nach dem Ableben Luthers, dieses einstimmige Strophenlied. Komposition und Dichtung sind ein Versuch der Zusammenfassung und Würdigung der Lehre sowie der Bedeutung der Person Martin Luthers für die christliche Welt.
In Reimen werden die für den Dichter wichtigsten Stationen der Reformation genannt: das »Römisch gifft« der katholischen Kirche, der päpstliche Ablasshandel, die Weigerung Luthers, auf dem Reichstag zu Augsburg zu widerrufen (1518), und der »Antinomische Streit« (ab 1537). Des Weiteren führt er auch einige Kernpunkte der reformatorischen Lehre auf: die Veröffentlichung der beiden Katechismen durch Luther und die Erlösung aller Menschen allein durch die Gnade Gottes als zentralen Punkt im evangelischen Glaubensverständnis.
Für Petsch ist Luther ein Prophet. Er hat eine Straße bereitet, auf der die Christen nun zur Erlösung gehen sollen: »Darumb du liebe Christenheit [...] Bleib auf der rechten strassen / Die der Luther gezeiget hat. So wirstu nicht verderben.« Das Lied ruft zur Gefolgschaft in der Lehre Luthers auf. Die letzten Zeilen lauten: »Sein Bücher sind vorhanden viel. Die sol man vleissig lesen. Sie weisen dir das rechte ziel. Ist ein Prophet gewesen / Schaw zu / veracht sein leren nicht.«
Über den Autor ist mit Ausnahme dieses Druckes nicht viel bekannt. Er ist vermutlich identisch mit einem Herrn, den Kurfürst Johann Friedrich von Sachsen am 14. Dezember 1545 Luther und Melanchthon in einem Brief zur Anstellung in einem Kirchenamt empfahl; Petsch hatte früher vom Kurfürsten Unterstützung für sein Studium erhalten. Der Druck erschien bei dem Musiker, Musiktheoretiker und Drucker Georg Rhau. Die Noten sind in weißer Mensuralnotation mit beweglichen Lettern desselben Typs gedruckt, wie sie im Katalog unter Kat. 302 aufgeführt sind. MGr

Quellen und Literatur
ADB 25, 1887, S. 540 · Berger/Greb/Rode 2015 · Petsch, Christlich Lied (Staatsbibliothek Berlin)

VII
Polemik und Konflikte

Nachdem Johannes Gutenberg den Buchdruck mit beweglichen Lettern erfunden hatte, entstanden neue Berufe und ein eigener Markt. Die Absatzzahlen zeigen, dass die Bevölkerung in der Zeitenwende mehr als früher an den Prozessen der gesellschaftlichen und kulturellen Veränderung des Humanismus teilhaben und darüber informiert sein wollte.

Martin Luthers Reformationsschriften verkauften sich glänzend. Während das gedruckte Wort die gebildete Bürgerschaft in die Diskurse einbezog, richteten sich leicht verständliche Bilder in Holzschnitten oder Kupferstichen an diejenigen Kreise der Bevölkerung, die des Lesens nicht mächtig waren. Durch die bildgewaltigen Darstellungen von Bibelszenen waren die Zeitgenossen in der Interpretation von Bildern geübt. Entscheidungsträger und Akteure auf protestantischer wie katholischer Seite erkannten rasch die mit den Bildmedien verbundenen Möglichkeiten, denn schon bald setzte man Motive ein, die den Gegner herabwürdigten oder verunglimpften. In beiden Lagern fand gleichermaßen auch eine Zensur unliebsamer Darstellungen bis hin zu Verbrennungen von Schriftgut und Bildwerken statt – ein »Krieg der Bilder« um Deutungshoheit und die Gefolgschaft der breiten Masse.

Mit Pamphleten, die mit Mitteln der Satire kurz die eigene Position darlegten und rasch verbreitet werden konnten, war es möglich, die Zensur zu umgehen. Jedoch riskierte der jeweilige Drucker, dass seine Druckstöcke konfisziert wurden. Besonders die deftigen Satiren und Polemiken aus der Werkstatt Lucas Cranachs d. Ä. befeuerten den Konflikt. Unter anderem wurde der Gegner als Tier mit weiblichen Zügen dargestellt. Die aufgeheizte Atmosphäre war in allen Gesellschaftsschichten anzutreffen und brachte Europa mehrmals an den Rand eines Konfessionskriegs. Die Pack'schen Händel, der Konflikt um den Herzog von Braunschweig-Lüneburg, der Schmalkaldische Krieg, die Unruhen im Kontext des Bauernkriegs und des Bildersturms und der Aufstand in den Niederlanden reihen sich wie auf einer Perlenschnur aneinander. Der Hass wurde verinnerlicht, da die Feindbilder infolge der Propaganda verfestigt waren. Ein Missverständnis konnte genügen, um einen Krieg auszulösen. Erst der Dreißigjährige Krieg in seiner Heftigkeit und Dauer besaß die Kraft, einen Kompromiss im Friedensschluss zu bewirken. ASR

Der Bauernkrieg

Nahezu die gesamte Versorgung der mittelalterlichen Gesellschaft lag auf den Schultern der Bauern. Adel und Klerus lebten von den Erträgen, welche die Bauern erwirtschafteten. Doch nicht alle Bauern lebten deswegen in Armut, und manche traten ihren Herren und deren Ansprüchen selbstbewusst entgegen. Ihre rechtliche und wirtschaftliche Situation war je nach Region unterschiedlich. Im Spätmittelalter gerieten sie jedoch überall in Abhängigkeit vom Adel. Im 15. Jh. versuchten Fürsten und Adlige verstärkt, ihre Einkünfte auf Kosten der Bauern zu maximieren. In den Forderungen nach dem »Alten Recht«, welche die Bauern zu Beginn des 16. Jhs. erhoben, kam dies zum Ausdruck. Speziell in Schwaben spitzte sich die Lage zu und es kam 1524 zum offenen Aufstand von Bauern, aber auch einfachen Bürgern bis hin zu vereinzelten Rittern gegen Fürsten, Adel und Geistlichkeit, der im folgenden Jahr ganz Südwestdeutschland bis in den mitteldeutschen Raum erfasste.

Nach den ersten Erhebungen trat der Schwäbische Bund auf den Plan, ein Zusammenschluss südwestdeutscher Reichsstände zur Friedenssicherung. Ihnen gegenüber formulierten die Bauern ihre zentralen Forderungen in den *Zwölf Artikeln*. Die umfassenden Forderungen betrafen die Leib- und Grundherrschaft, Nutzungsrechte an Wald und dörflichem Gemeinbesitz sowie kirchliche Reformen.

Die Inhalte von Luthers Schrift *Von der Freiheit eines Christenmenschen* wurden von vielen Bauern als Ermunterung aufgefasst, für ihre Forderungen einzustehen. Auch mit Blick auf kirchliche Missstände in den Dörfern schien das Wirken Luthers Abhilfe zu schaffen. Die Bauern beriefen sich demzufolge auf ihn und andere Reformatoren. Als es zu Zerstörungen von Klöstern und Burgen, den Symbolen der Grundherrschaft, und auch zu Gewalttätigkeiten an Adligen kam, ergriff Luther kompromisslos Partei gegen die Bauern und rechtfertigte in seiner späteren Schrift *Wider die räuberischen und mörderischen Rotten der Bauern* die entschlossene Gegenwehr des Adels.

Es waren aber vor allem die professionellen Kriegsknechte der Fürsten, die den Aufstand rasch und brutal niederschlugen. Bereits im September 1525 waren auch alle Strafaktionen abgeschlossen. Für die Kirche Martin Luthers begründete der Bauernkrieg das Bündnis mit den Mächtigen, der »Obrigkeit«, dessen Konsequenzen bis heute reichen. SL

304
Martin Luther
Brief an die Christen im Niederland

Wittenberg, Ende Juli/Anfang August 1523
25,5 × 18,5 cm
Forschungsbibliothek Gotha der Universität Erfurt, Chart. A 122, Bl. 46 r/v
Ausstellung Minneapolis

Luthers Theologie und seine Reformideen zu allgemeinen Missständen in der Kirche verbreiteten sich sehr schnell vom Heiligen Römischen Reich Deutscher Nation in die Niederlande. Diese Entwicklung wurde durch Luthers Verbindungen zu Mitgliedern seines Mönchsordens in der Hafenstadt Antwerpen möglich, die zwischen 1516 und 1520 an der Universität Wittenberg studiert hatten. Diese Augustinermönche unterstützten die Verbreitung von Luthers Schriften, obwohl die theologische Fakultät in Leuven (Löwen) sie 1519 verdammt hatte und die Habsburger Maßnahmen zur Unterdrückung der Bewegung ergriffen hatten. Die Statthalterin der Habsburgischen Niederlande, Margarethe von Österreich, ließ im Herbst 1522 alle Mitglieder des Klosters verhaften. Zwei von ihnen, Hendrik Voes und Johannes van Esschen, wurden zu Ketzern erklärt und, da sie nicht widerriefen, am 1. Juli 1523 auf dem Grand Place (Groten Markt) in Brüssel auf dem Scheiterhaufen verbrannt. Die Anhänger der protestantischen Bewegung in Antwerpen konnten deshalb nur noch im Geheimen agieren.

Die jungen Augustinermönche wurden von Luther und anderen Kritikern des Urteils schnell zu frühen Märtyrern der protestantischen Sache erklärt. Luther verfasste ein Lied zu dem Urteil (WA 35, 411–415 [Nr. 1]), in dem er die Standhaftigkeit der hingerichteten Mönche hervorhebt, ihre Gegner in Leuven herabsetzend als »Sophisten« bezeichnet und deren Argumente damit als belanglos und leichtfertig entlarvt. Das eingängige und schnelle Verbreitung findende Lied endet mit einem symbolischen Bezug auf den beginnenden Frühling.

Dieses Motiv greift Luther am Anfang seines offenen Trostbriefs von 1523 an die protestantischen Anhänger in den Niederlanden wieder auf. Darin verurteilt er die Hinrichtung klar, aber der Tonfall bleibt positiv. Er preist Gott dafür, dass damit die ersten Märtyrer geschaffen wurden und interpretiert das Ereignis als eine Ehre für die niederländischen Christen. In einem Abschnitt gegen Ende des Briefs wird die Kritik jedoch deutlicher. Hier bezeichnet Luther die Hinrichtungen explizit als Mord und die Verantwortlichen als Gegner, die versuchen werden, das Urteil zu rechtfertigen, indem sie die Opfer als »Hussiten«, »Wycliffiten« und »lutherische Sektierer« abstempeln.

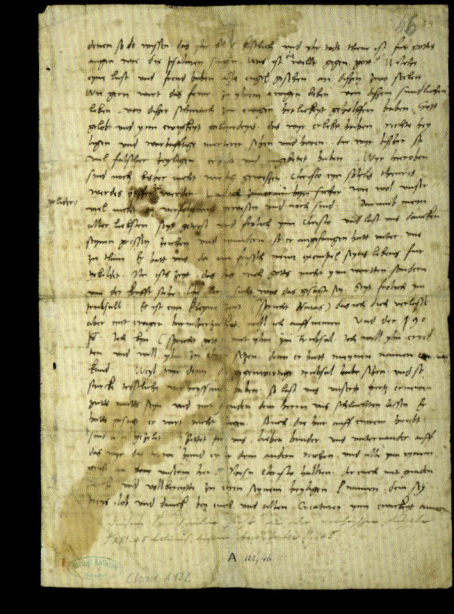

304

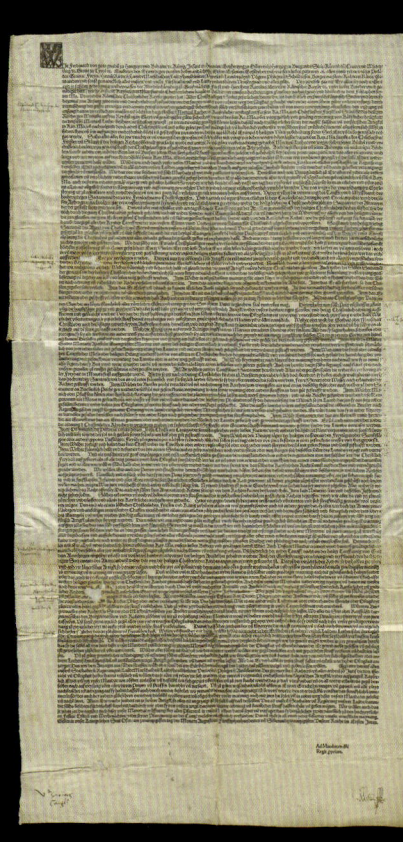

305

Dieser Abschnitt fehlte bemerkenswerterweise in der ursprünglichen handschriftlichen Fassung, die der veröffentlichten Fassung (VD16 L 4137–4141) zugrunde lag. Diese wurde zusammen mit anderen Briefen und Dokumenten eingebunden und befand sich im Besitz von Georg Spalatin, dem vertrauten Berater und Sekretär Friedrichs des Weisen. Das deutet darauf hin, dass der Brief am Hof zensiert wurde. Offenbar fügte Luther die schärferen Formulierungen später hinzu, als die Schrift in Wittenberg gedruckt wurde. Es war nicht das erste Mal, dass Luther die Bemühungen des Hofes durchkreuzte, seine verbalen Provokationen zu beschränken, die das Verhältnis des Kurfürsten zum Kaiser, dem Papst und dem König von England belasteten. DG

Quellen und Literatur
Berger/Greb/Rode, S. 164 · Beutel 2005, S. 208 f. · Brecht 1986, Bd. 2, S. 105–108 · Gehrt 2015, S. 481–484 · Paasch 2012, Nr. 1.2, S. 78 f. · WA 12, 73–80

305
Ferdinand I. Erzherzog von Österreich
Mandat gegen die Verbreitung der lutherischen Lehre

1527
83 × 43 cm
ThHStAW, EGA, Reg. H 4, Bl. 11
Ausstellung Minneapolis

»Der Türck ist der Lutherischen Glück«, hieß es lange Zeit bei den Katholiken. Die drohende Türkengefahr band den katholischen Herrschern, allen voran Kaiser Karl V. und seinem Bruder Ferdinand, die Hände und ermöglichte es den Ständen, Zugeständnisse in Fragen der Religionsausübung zu erreichen. So konnte sich trotz des 1521 in Worms ausgegangenen Edikts, das die Auslieferung Luthers an den Papst forderte und die Verbreitung seiner Lehren bei Strafe verbot, die reformatorische Bewegung weiter entwickeln. Das stellte auch für Erzherzog Ferdinand von Österreich, der 1521 die Regierung in den österreichischen Erblanden der Habsburger übernommen hatte, ein großes Problem dar. In seinem Bemühen um die Überwindung des Zwiespalts in der Kirche erließ er 1527 in Ofen (Buda) dieses grundlegende Mandat. Unter Androhung von Strafe wurde es verboten, reformatorische Bücher »sambt andern unziemlichen Gemälden und Briefen zu drucken, feil zu haben, zu kaufen, zu verkaufen, zu lesen und zu behalten.« Wer gegen das apostolische Glaubensbekenntnis und die sieben Sakramente der christlichen Kirche agitiere, sei ein Ketzer und entsprechend der Größe seines Frevels und des Ausmaßes der Gotteslästerung und Ketzerei an Leib und Leben zu strafen. Das angedrohte Strafmaß reichte von Gefängnis für das Fleischessen zur Fastenzeit über Ehrverlust für die Beherbergung eines Ketzers bis zum Feuertod für alle, die die »Gottheit oder Menschheit Christi oder auch desselbigen Geburt, Leiden, Auferstehen, Himmelfahrt und dergleichen Artikel mit freventlichen Reden, Predigten und Schriften antasten oder verachten.« DB

Literatur
Schneider 1967 · Staatliche Archivverwaltung, S. 257, 381 f. (ill.)

306
Leonhard Reynmann
Ein newe Prophecey von disem kegewertigem Jare. M.D.xxvi. mit .xvij.

Leipzig: Wolfgang Stöckel, 1526
18,2 × 14 cm
Stiftung Luthergedenkstätten in Sachsen-Anhalt, Inv.-Nr. Kn A 395/2726
VD16 R 1622 mit Volltext
Ausstellung Minneapolis

Reynmanns Flugschrift gehört zu den viel gelesenen astrologisch gestützten Voraussagebüchern, oft *Prognostica* genannt. Der Titelholzschnitt von Eberhard Schön zeigt den Kaiser, der hier noch die Züge von Maximilian I. trägt (gest. 1518), und den Papst in Konfrontation mit Saturn, durch Sense und Fahne gekennzeichnet, hinter dem sich eine Gruppe von Bauern versammelt hat. Darüber befinden sich drei sog. Nebensonnen, ein Phänomen, das in der astrologischen Literatur mehrfach behandelt wird. Unter dem Holzschnitt findet sich die wahrlich selbstbewusste Devise »Ein prophecey uber alle propheceyen«.
Reynmann betont mehrfach seine christliche Grundüberzeugung, wonach astrologische Vorhersagen nicht zwingend eintreffen müssten, sondern nur eine Tendenz aufzeigten. Das stimmte mit der Lehre der alten Kirche überein. Dem Titel gemäß werden die Jahre bis 1543 behandelt, wobei Reynmann in nicht ganz durchsichtiger Weise bestimmte Tierkreiszeichen Ländern in Europa zuweist. Im Gegensatz zu seiner vorherigen *Prognostication*, die 1524 den Bauernkrieg vorhergesagt zu haben schien, wurde diese Schrift nur einmal aufgelegt. Zugleich war sie der letzte Druck aus Wolfgang Stöckels Leipziger Offizin, bevor dieser nach Dresden ging. MT

Literatur
Leppin/Schneider-Ludorff 2014, S. 80 f.

Polemik und Konflikte

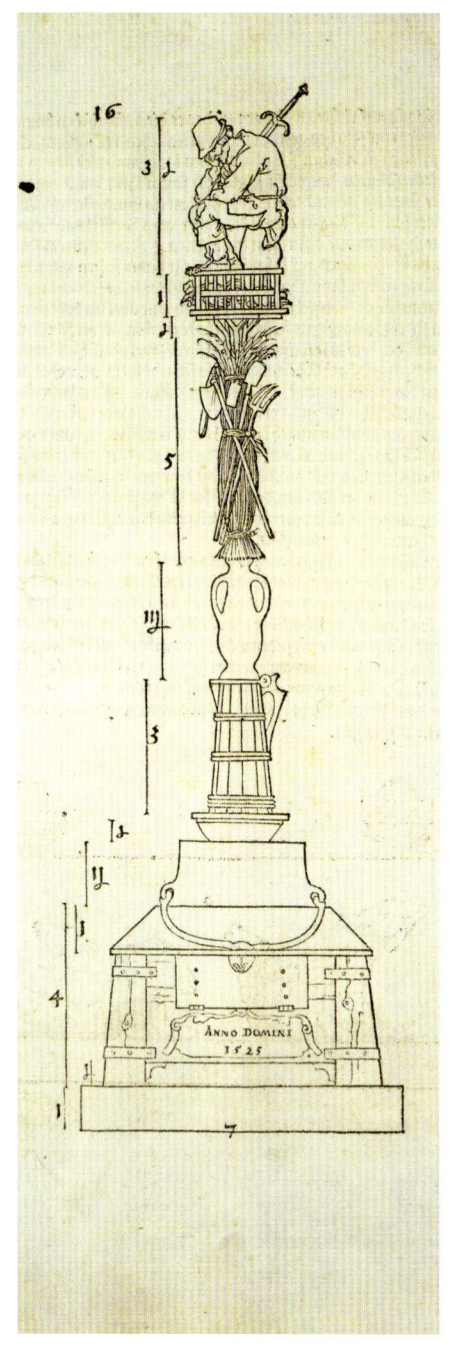

307

Albrecht Dürer
Gedächtnissäule für den Bauernkrieg

in: Lehrbuch für Messung und Perspektive
Nürnberg: Hieronymus Andreae, 1525
29,5 × 21 cm
Stiftung Deutsches Historisches Museum,
Inv.-Nr. RA 96/793
VD16 D 2857
Ausstellung Minneapolis

Originaltitel: VNderweysung der messung / mit dem zirckel vñ richtscheyt in Linien ebnen vnnd gantzen corporen / durch Albrecht Duerer zů samen getzogē / vnd … mit zů gehoerigen figuren / in truck gebracht

Dürers Entwurf einer Gedenksäule für die getöteten Bauern im Bauernkrieg scheint aus einer Laune heraus entstanden zu sein. Dürer schreibt, er habe diese und drei weitere Säulen »von abenteuer wegen« entworfen: »WElicher ein victoria auf richten wolt darumb das er die aufruerischen bauren vberwunden het der moecht sich eins solichen gezeugs darzů gebrauchen«. Die Säule baut sich von unten nach oben aus einer Vielzahl bäuerlicher Gerätschaften auf, darunter ein Haferkasten, ein Kessel, ein Käsenapf, ein Butterfass, eine Garbe mit Hacke, Dreschflegel und Mistgabel sowie ein Korb mit Geflügel. Ganz oben ist auf einem umgedrehten Schmalzgefäß sitzend ein trauernder Bauer zu sehen, der von einem Schwert durchbohrt ist. Die Haltung des Bauern gleicht auffallend der des *Christus in der Rast* (bzw. dem entsprechenden Topos des verzweifelten Hiob) und der des Schmerzensmanns auf dem Titelblatt zu Dürers großer Holzschnittpassion. Ob Dürer damit ausdrücken wollte, dass die Bauern ihren Weg nur für eine Rast unterbrochen hätten, oder ob er die Verzweiflung der Bauern und den endgültigen Untergang ihrer Erhebung darstellen wollte, ist nicht eindeutig zu klären. Dennoch spiegelt die Gedenksäule für den Bauernkrieg Sympathie und Verständnis für die Bauern und deren Ziele während ihres Aufstands 1525 wider. MM

Literatur
Bott 1983, S. 262 f., Kat. 338 (ill.) · Fraengler 1953 · Seipel 2000, S. 257 f., Kat. 244 (ill.) · Staatliche Archivverwaltung 1983, S. 162 (ill.)

Waffen der Bauern im Bauernkrieg

Ausstellung Minneapolis

308
Bauernwehr
Heiliges Römisches Reich, um 1500
Eisen, geschmiedet
L ges. 39,5 cm; L Klinge 27 cm; B Klinge 4,5 cm
Stiftung Deutsches Historisches Museum,
Inv.-Nr. W 3472

309
Morgenstern
Heiliges Römisches Reich, 16. Jh.
Holz, Eisen, geschmiedet
L 200 cm
Stiftung Deutsches Historisches Museum,
Inv.-Nr. W 72/82

310
Morgenstern mit Reißhaken
Heiliges Römisches Reich, 16. Jh.
Holz, Eisen, geschmiedet
L 198 cm; B Reißhaken 21,5 cm
Stiftung Deutsches Historisches Museum,
Inv.-Nr. W 72/79

311
Fischspieß
Heiliges Römisches Reich, 16./18. Jh.
Holz, Eisen, geschmiedet
L ges. 249 cm; L Gabel mit Tülle 59 cm
Stiftung Deutsches Historisches Museum,
Inv.-Nr. W 1273

308

309

310

311

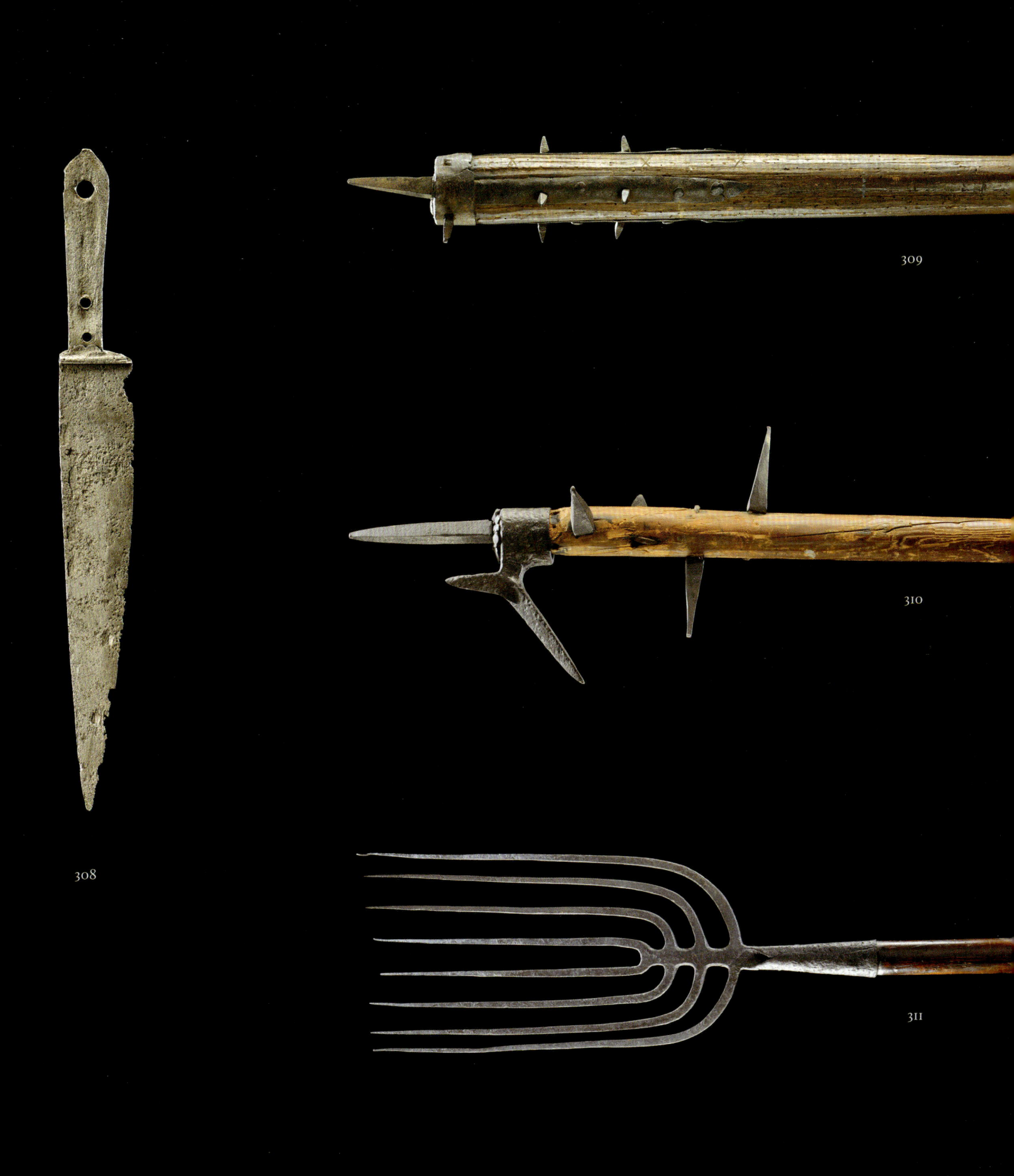

Seit Ende des 15. Jhs. hatte es im Reich immer wieder größere und kleinere Bauernaufstände gegeben. Im Sommer 1524 kam es erneut zu Erhebungen, diesmal an mehreren Stellen gleichzeitig, in Thüringen, Franken und am Bodensee, später auch am Mittelrhein und in Schwaben. Es waren jeweils »Haufen« zu mehreren Tausend Mann, die Burgen und Klöster als Zentren der Herrschaft stürmten und verwüsteten. Anfang 1525 kam die Gegenwehr der Fürsten zustande. In mehreren Schlachten vom Bodensee bis Thüringen gelang es dem Schwäbischen Bund und anderen Fürstenbündnissen, die zahlenmäßig überlegenen, aber militärisch ungeübten »Bauernhaufen« einzeln zu vernichten. Die Schlacht bei Frankenhausen am 15. Mai 1525 war die bedeutendste, aber nicht die letzte Schlacht, die die Bauern verloren. Ihnen standen dabei von Fall zu Fall sogar moderne Waffen wie Geschütze und andere Feuerwaffen zur Verfügung, da ihnen mehrere städtische und adlige Zeughäuser in die Hände gefallen waren. Auch waren manchmal erfahrene militärische Führer wie Götz von Berlichingen und Florian Geyer von Giebelstadt auf ihrer Seite. Doch insgesamt agierten sie unprofessionell und ohne Disziplin; sie kämpften mit dem, was sie hatten, mit improvisierten Waffen und notdürftig umgearbeiteten Arbeitsgeräten. In Technik, Taktik und Waffenübung waren sie den brutal und grausam vorgehenden Kriegsknechten des Adels hoffnungslos unterlegen. Die »Haufen« vertraten ähnliche Forderungen, doch fehlte eine gemeinsame Zielsetzung, die aus der Revolte eine Revolution hätte machen können.
SL

Literatur
Blickle 2012 · Franz 1984 · Müller/Kölling 1981, S. 88–90 u. 394 · Schilling 1994, S. 140–161

312

Jörg Gastel

Die gründlichen und rechten Hauptartikel (sog. Zwölf Artikel) aller Bauernschaft

Zwickau: Johann Schönsperger d. J., 1525
20 × 15,4 cm
Stiftung Lutherstätten in Sachsen-Anhalt, Inv.-Nr. Kn A 341/2404
VD16 G 3563
Ausstellung Minneapolis

Originaltitel: Dye Grundtlichen Vnd rech= / ten haupt Artitkl/ aller Baur= / schafft vnd Hyndersessen der / Gaistlichen vnd Weltli= / chen oberkaytē von / wōlchen sy sich / beschwert ver= / mainen.

312

313

302 Polemik und Konflikte

Der Bauernkrieg war die Fortführung der Reformation als Laienbewegung. Die Forderungen der Bauern wurden unter anderem in den *Hauptartikeln aller Bauernschaft*, die allgemein *Zwölf Artikel* genannt werden, veröffentlicht. Diese Schrift ist das verbindende Element der sehr heterogenen Aufstandsbewegung von 1524/25. Die *Hauptartikel* entstanden aus einer Versammlung der oberschwäbischen Bauerngruppen in Memmingen im März 1525 und erschienen anonym. Es wird jedoch angenommen, dass der Memminger Kürschnergeselle Sebastian Lotzer und der Memminger Predikant Christoph Schappeler hinter dem Druck stehen.

Die *Zwölf Artikel* fordern Pfarrerwahl und die Verwendung des Zehnten für die Versorgung der Pfarrer, die Abschaffung der Leibeigenschaft, die Erlaubnis zu freier Jagd und Fischfang, die Rückgabe der Gemeindewälder, -wiesen und -äcker, eine Reduzierung der Dienste, die Einhaltung der Vertragsbedingungen bei den Lehen sowie eine Neueinschätzung der Ertragsfähigkeit der Höfe, die Abschaffung von Willkür vor Gericht und die Abschaffung der Todesfallabgabe – eine Art Steuer, die fällig wurde, wenn ein Höriger starb. Die Artikel verbreiteten die Ideen der Reformation, theologisch basieren sie auf Luther und Zwingli. Neu an ihnen war die Legitimation des Aufruhrs. Anstatt wie bisher bei ländlichen Unruhen auf das alte Recht zu verweisen, das wieder instand gesetzt werde, rekurrierten die Verfasser nun auf das »Göttliche Recht«. Dieser religiöse Faktor war wichtig für den weiteren Verlauf des Bauernkriegs, er gab dem Aufruhr eine neue Grundsätzlichkeit. Die lutherische Reformation hatte den Bauern die »Möglichkeit zu einer neuen Gesamtschau« (Maron 1980) auf ihre Verhältnisse und ihre Position innerhalb der frühneuzeitlichen Gesellschaft gegeben. Als die Bauern ihre Forderungen religiös legitimierten, wurden diese in der reformatorischen Öffentlichkeit rezipiert.

Die Schrift hatte eine hohe Auflage, Schätzungen sprechen von 25 000 Exemplaren bei insgesamt 28 Auflagen. RK

Literatur
Blickle 2011 · Blickle 2015 · Maron 1980, S. 319–338 · Reinhard 1980

313
Martin Luther
Ermahnung zum Frieden auf die zwölf Artikel der Bauernschaft in Schwaben. Auch wider die räuberischen Rotten der anderen Bauern

Wittenberg: Josef Klug, 1525
20 × 15 cm
Stiftung Luthergedenkstätten in Sachsen-Anhalt, Inv.-Nr. Ag 4° 206r
VD16 L 4692
Ausstellung Minneapolis

Die Schriften entstanden im Kontext des sog. Bauernkriegs. Luther antwortete mit ihnen auf die Forderungen der Bauern, die diese in den *Zwölf Artikeln* (Kat. 312) niedergelegt hatten.

Die Argumentation Luthers bleibt in beiden Schriften gleich: Aufruhr ist gegen die gottgewollte Ordnung. Was sich ändert, ist die Schuldzuweisung für den Aufruhr und die von Luther geforderte Konfliktlösung. So gibt er in den etwas früheren *Ermanunge* der »tyranney« der Obrigkeit eine Teilschuld am Aufruhr. Der weitaus größere Teil richtet sich jedoch an die Bauern: Die Tyrannei der Fürsten rechtfertige keine Revolte, schon die Forderung nach Gleichheit sei Aufruhr, die Aufhebung der Leibeigenschaft lehnt er ab. Die Bauern wollten »alle menschen gleich machen, [...] wilchs unmueglich ist« (WA 18, 327, 21–23). Um als Bauer christlich zu bleiben, müsse man leiden, Widerstand sei generell nicht erlaubt.

Die etwas später erschienene Schrift *Widder die reubischen [...]* fügt dieser Argumentation nichts hinzu, verortet nun jedoch die Schuld für die Unruhen ganz aufseiten der Bauern. Da sie nicht auf Luther hören wollten, unterstellt er den Bauern drei Todsünden: Ungehorsam, Aufruhr und Gotteslästerung. Den Fürsten schlägt er vor, dass sie zunächst beten sollten, auf dass Gott den Teufel vertreibe. Wenn das nicht helfe, sollten sie »dryn schlahen« (WA 18, 360, 13). Wenn hierbei ein Fürst zu Tode komme, werde er »eyn rechter merterer fur Gott sey« (WA 18, 360, 29), für die erschlagenen Bauern bleibe nur die Hölle (WA 18, 360, 31–32).

Bereits nach der Veröffentlichung und der zeitgleichen brutalen Niederschlagung des Aufstands – es waren etwa 75 000 tote Bauern zu beklagen – regte sich Kritik. Erasmus von Rotterdam warf Luther vor, dass er erst zum Aufruhr aufgerufen habe, um sich dann auf die Seite der Fürsten zu schlagen. Freunde Luthers stießen sich daran, dass Fürsten im Kampf gegen die gottlosen Bauern zu Märtyrern werden konnten. Öffentlich hat Luther das grausame Vorgehen der Fürsten nie bedauert. Seine Argumente hat er später nochmals verteidigt.

Die blutige Niederschlagung des Aufstands mit Luthers Legitimation war ein Bruch in der Reformationsgeschichte. Die Reformation verlor an Spontaneität, ein »obrigkeitlicher Zug« (Maron 1980) schlug durch. Der Strafbestand des Landfriedensbruchs, ursprünglich als Gesetz gegen das adlige Fehderecht gedacht, wurde nun auf die Kriminalisierung von Bündnissen und Vereinigungen ausgedehnt. Luthers Schrift begründete die Interpretation des Bauernkriegs als »Ungehorsam«. RK

Literatur
Arnal 1980 · Bischoff 2010 · Blickle 2011 · Blickle 2015 · Maron 1980, S. 319–338 · Porter 1981

314

Hans Weiditz d. J. (Zeichner)
Katze vor dem Mäusekönig

Augsburg (?), um 1522
Holzschnitt, koloriert, xylografischer Text
rechte untere Ecke ausgerissen,
alt hinterlegt, angesetzte Paginierung
Blattmaß: 26,7 × 39,7 cm; Satzspiegel:
23,6 × 34,6 cm; Bildmaß: 23,6 × 34,6 cm
Stiftung Schloss Friedenstein Gotha,
Inv.-Nr. 40,40
Ausstellung Atlanta

oben in den Banderolen, von links:
Der katzen hab wir in vns phlicht. /
her küng wir bringens fir gericht [...]

Der Augsburger Künstler Hans Weiditz d. J. tat sich zu Beginn der 1520er Jahre mit einer Reihe von satirischen Flugblättern hervor, in denen er die Menschen seiner Zeit karikierte oder Tieren fabelgleich menschliche Charakterzüge und Fähigkeiten verlieh. Das ausgestellte Blatt zeigt zwischen zwei schmächtigen Hunden einen feisten Kater, der von diesen zum Mäusekönig geführt wird. Der König, kenntlich gemacht durch eine goldene Krone und ein Zepter, sitzt erhöht auf einem geflochtenen Korb. Mit Paarreimen in Spruchbändern über und neben den Köpfen der Protagonisten kommentieren diese jeweils die dargestellte Situation. Die Hunde geben dem König bekannt, dass sie den Kater vor Gericht bringen. Dieser mahnt indes die Hunde, sie mögen keinen alten Schaden rächen, schließlich habe er nun das Urteil des Gerichts zu tragen. Der Kater ist sich also bereits seiner Schuld bewusst und erwartet von dem vorsitzenden Richter, dem Mäusekönig, seine Strafe. Dass die Hunde ihn in diese verdrießliche Situation gebracht haben, verärgert ihn. Er meint, in ihrem Handeln die Rache für längst vergangene Taten zu sehen – eine Anspielung auf die Legende zum Grund der Feindschaft zwischen Hunden und Katzen (Schäfer/Eydinger/

Rekow im Druck, Kat. 376 u. 377). Der Mäusekönig indes ist vor allem daran interessiert, den Hochmut des Katers, stellvertretend für die Katzen, zu brechen. Er spricht sein Urteil im Namen der Mäuse und Grillen, die unter den Katzen zu leiden haben.

Thematisiert wird in diesem Einblattdruck die Umkehrung der Machtverhältnisse, wie sie bereits seit der Antike immer wieder Inhalt bildlicher Inventionen waren. Besonders beliebt war hierbei der Triumph von Mäusen über Katzen, denn bei der Kombination dieser beiden Tiere tritt das Machtgefälle auf den ersten Blick zutage. Eine Umkehrung des Verhältnisses ruft Witz und Provokation zugleich hervor. Mit dem öffentlichen Eintreten Luthers für eine Reformation der Kirche mehrten sich in der Bildpublizistik derlei Gedankenspiele. Was für eine Sprengkraft sie besaßen, veranschaulicht der Aufruhr der Bauern, der 1525 in kriegerische Auseinandersetzungen mit der Obrigkeit führte. UE

Literatur
Geisberg 1974, IV, S. 1483, Nr. G.1521 (ill.) ·
Neumeister 1976, S. 23, 96, Nr. B 28 (ill.) ·
Röttinger 1911, S. 51, Nr. 15 (ill.) ·
Schäfer/Eydinger/Rekow im Druck, Kat. 374 (ill.)

Satirische und polemische Holzschnitte

Die Reformation löste den ersten Boom politischer Karikaturen der Massenmedien aus. Über 100 Jahre lang hatten Holzschnitte religiöse, politische, humanistische und künstlerische Bedürfnisse bedient, aber in den 1520er und 1530er Jahren wurden sie in einer nie da gewesenen Intensität für satirische und polemische Zwecke genutzt. Das Hochdruckverfahren – das Drucken mithilfe von erhabenen Oberflächen – war die perfekte Wahl für die schnelle Verbreitung. Die Materialien waren nicht teuer, die Produktion perfektioniert. Der Künstler zeichnete auf einen Holzblock, dann schnitt ein Formschneider den Zwischenraum zwischen den Linien heraus. Das Drucken erfolgte in einer Spindelpresse, ähnlich wie beim Buchdruck. Mit den Blöcken konnte man große, kräftige Linien drucken, die aus der Entfernung erkennbar waren. Einfache Entwürfe wurden von Hand koloriert. Einige Holzschnitte illustrierten Bücher und Broschüren, aber sie waren auch billig genug, um sie an öffentlichen Orten auszuhängen. Sie konnten relativ nüchtern didaktisch oder auch laut, anstößig, derb, beleidigend oder lustig sein. Darüber hinaus konnten die Holzschnitte direkt mit einem Publikum kommunizieren, das nur wenig gebildet oder kaum des Lesens kundig war. Sie erschienen offensichtlich in großer Zahl, wie zahlreiche Kopien beweisen. Dennoch sind heute nur wenige Exemplare einzelner Drucke erhalten, was darauf zurückzuführen ist, dass sie Zensur, Vandalismus und natürlichem Verfall ausgesetzt waren. Viele gingen vermutlich vollständig verloren.

Katholiken und Lutheraner lösten eine Lawine von Holzschnitten aus. Die Lutheraner bildeten Kardinäle, die in Gestalt von Narren dem Teufel Ablässe verkauften, Bauern, die ihre Notdurft in die Papstkrone verrichteten, Dämonen, die auf Mönchsköpfen Dudelsack spielten und den Papst als Teufel ab. Die Katholiken zeigten Luther als Baum, aus dem Ketzer sprossen oder als siebenköpfiges, apokalyptisches Monster. Manchmal wurden die Bilder von ausgefeilten erklärenden Texten begleitet, doch häufig musste der Betrachter die Bedeutung ohne Hilfe herausfinden, oft ein schwieriges Unterfangen. Diese technisch einfachen Vorläufer der Boulevardzeitungen und des Internets haben sich ihre Faszination und Schärfe bewahrt, da sie mit gefletschten Zähnen ein Zerwürfnis enthüllten, das Europa wie kein anderes in diesem Jahrtausend spaltete. TR

Johannes Cochlaeus
Hans Brosamer (Holzschnitt)
Sieben Köpfe Martin Luthers

Leipzig: Valentin Schumann, 1529
VD16 C 4391
Holzschnitt

315
20 × 15 cm
Stiftung Deutsches Historisches Museum,
Inv.-Nr. R 98/1813
Ausstellung Minneapolis

316
19,8 × 15,5 cm
Stiftung Luthergedenkstätten in Sachsen-Anhalt, Inv.-Nr. Kn A 268/1772
Ausstellung New York

Originaltitel: Sieben Koepffe Martini Luthers / Vom Hochwirdigen Sacrament des Altars

Johannes Cochlaeus, ein altkirchlicher Theologe und in mehreren Schriften vehementer Gegner Luthers und – nach dem Erscheinen der *Confessio Augustana* 1530 – vor allem Philipp Melanchthons, greift in seiner Schmähschrift *Sieben Köpffe Martini Luthers*, die 1529 zum ersten Mal gedruckt wurde, die reformatorische Bewegung direkt an. Das Titelblatt, ein Holzschnitt von Hans Brosamer, nimmt den inhaltlichen Kontext auf und zeigt Martin Luther mit sieben unterschiedlichen Köpfen auf einem übergroßen Körper.

Jeder der sieben Köpfe hat seine eigene Bedeutung: Zunächst tritt Luther als Gelehrter in Erscheinung (*Doctor*), später schlug er den Weg der Kirche ein und wurde Mönch (*Bruder Martin*). Der dritte Kopf charakterisiert *Lutther* als Ungläubigen mit einem Türkenhut. Der Kopf in der Mitte zeigt ihn als Prediger (*Ecclesiast*). Die Darstellung als von Hornissen umschwärmter *Schwirmer* verweist seine Äußerungen in das Reich der Schwärmer, ein Begriff, den Luther selbst für die von ihm abgelehnten radikalen, spiritualistischen Formen der reformatorischen Bewegung geprägt hatte. Im sechsten Kopf wird Luther als Visitator von Kirchengemeinden dargestellt, der sich mit dieser Tätigkeit mit dem Papst gleichstelle. Der siebte Kopf stellt Luther als Mörder *Barrabas* dar, der nach der Passionsgeschichte anstelle von Christus begnadigt wurde. Das Attribut eines Morgensterns soll Luther als Anstifter der Bauernkriege brandmarken, obgleich dieser sich in mehreren Schriften gegen die aufständischen Bauern ausgesprochen hatte.

Die sieben Köpfe sollen die Verwandlung Luthers aufzeigen: Vom Theologen zum Verbrecher, vom guten und frommen Gottesdiener zum Aufwiegler – eine Metamorphose, für deren Darstellung auch die biblische Zahlensymbolik herangezogen wird. Das Volk soll Luther als das apokalyptische *Siebenköpfige Tier* erkennen und fürchten lernen (Offb 12,3 und 13,1–10). Seine Person und seine Lehren sollen als Weg hin zum Untergang der Welt und damit als falsch und widersinnig für die Gesellschaft verstanden werden. Cochlaeus verfasste seine Schrift in Dialogform, um so die Widersprüche in Luthers Theorien und in seiner Person selbst aufzuzeigen. Nach Cochlaeus' Auffassung waren es die in den Köpfen dargestellten sieben Phasen der lutherischen Entwicklung, die widerlegt und in den Bereich der Häresie einzuordnen waren. CO/MM

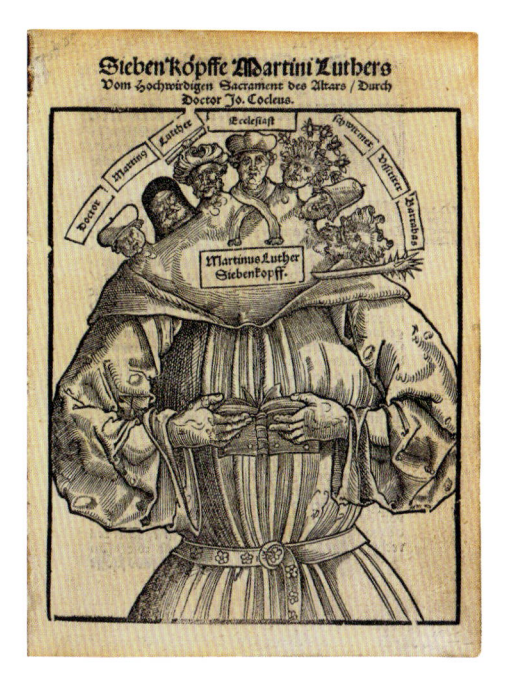

Literatur
Belting 2006, S. 199–201 (ill.) · Clemen 1939, S. 32–42 · Cochlaeus 2000 · Moeller 2000 · Müller/Kipf 2008, Sp. 453 f.

Sieben kopffe Martin Luthers/von sieben sach en des Christlichen glaubens/durch Doct. Jo. Cocleum. 1529

317

unbekannter deutscher Künstler
Missgeburt eines Kalbes zu Freiberg im Jahre 1522 (Mönchskalb)

um 1522
Holzschnitt, koloriert, typografischer Text
Blatt beschnitten, Paginierung extra aufgeklebt
Blattmaß: 30,7 × 20,5 cm; Satzspiegel: 28,5 × 13,4 cm; Bildmaß: 26,4 × 12,5 cm
Stiftung Schloss Friedenstein Gotha, Inv.-Nr. 37,3
Ausstellung Minneapolis

unten: Dis wunderlich Thier hat man auß einer Kůhe genōmen zu Freyberg jn Meyssen / am dornstag nach cōcepcionis marie jm M.CCCCC. xxij. jar Aigentlich abcontra / fett. Das thier ist nit rauch aber glatt hat kein har

Im Dezember 1522 kam in Freiberg (Sachsen) ein fehlgebildetes Kalb zur Welt, das mit seinem Aussehen dermaßen Aufmerksamkeit erregte, dass Flugblätter von ihm gedruckt wurden. Ein solches liegt hier von unbekannter Hand vor. Der großformatige Holzschnitt zeigt das Tier mit fleckig gestalteter Haut, die am Hinterkopf tonsurgleich ein Rund mit zwei Beulen bildet. Über dem Rücken liegt eine spitz zulaufende Hautfalte, während die Hinterläufe den Körper – für ein Kalb unnatürlich, dafür jedoch menschenähnlich – in die Senkrechte verlängern. Der Drucker gab mit der Anordnung des Textes unter die Hinterläufe des Tieres die Leserichtung der ansonsten ohne Kontext wiedergegebenen Darstellung vor.
Das Kalb scheint auf zwei Beinen zu stehen und ist somit stark vermenschlicht, wodurch eine spätere Analogiebildung zu einem stehenden Mönch – mit Tonsur und auf dem Rücken liegender Kapuze – vereinfacht wurde. Es sollte sich in den nächsten Jahren zu einer der erfolgreichsten polemischen Figuren der Reformationszeit, dem sog. Mönchskalb, entwickeln. Nachdem es zunächst von Luthers Gegnern ganz ähnlich wie der Doppelkopf (vgl. Kat. 343) im publizistischen Kampf gegen die Reformation instrumentalisiert wurde, war es Luther selbst, der es durch seine Beschreibung und Deutung als Mönchskalb zu einem gelungenen polemischen Bild gegen die altgläubige Kirche machte (Kat. 318). Lucas Cranach d. Ä. lieferte für die Publikation einen Holzschnitt, für den er sich vermutlich der hier ausgestellten Grafik als Vorlage bediente.
Der Text des vorliegenden Einblattdrucks liefert für diese Polemik noch keine Hinweise. Nüchtern informiert er lediglich über den Ort und Zeitpunkt der Geburt des Kalbes und gibt als Besonderheit seine glatte, haarlose Haut an. Für die anderen Besonderheiten des Kalbes ließ der Drucker allein das Bild sprechen. UE

Literatur
Bild und Botschaft 2015, S. 120 f., Nr. 16 (ill.) ·
Faust 2001, III, S. 162 f., Nr. 418 (ill.) · Hase 1935 ·
Schäfer/Eydinger/Rekow im Druck, Kat. 239
(ill.) · Zimmermann 1925 (ill.)

318

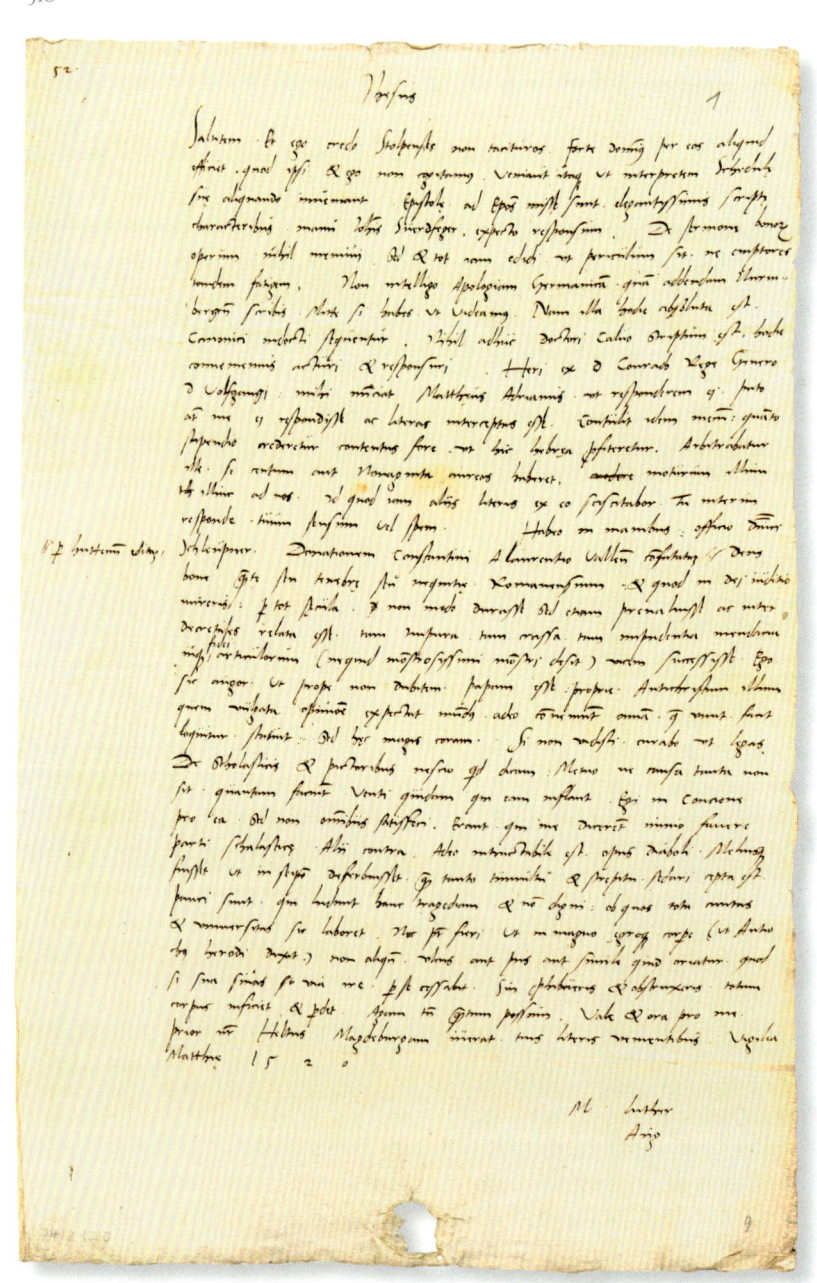

Martin Luther/Philipp Melanchthon
Lucas Cranach d. Ä. (Holzschnitte)

Deuttung der zwo grewlichen Figuren Bapstesels zu Rom und Munchskalbs zu Freyberg in Meysen funden

Wittenberg: Johann Rhau-Grunenberg, 1523
20,5 × 15,5 cm
Stiftung Luthergedenkstätten in Sachsen-Anhalt, Inv.-Nr. Ag 4° 200 p
VD16 M 2989
Ausstellung New York

Lucas Cranach d. Ä. greift in seinen Holzschnitten zur Schrift Martin Luthers und Philipp Melanchthons – einem Bestseller auf dem Gebiet antipäpstlicher Polemik – auf zwei Bildmotive zurück, die bereits einer breiten Öffentlichkeit bekannt waren. Die satirische Darstellung des Papstes als groteskes eselähnliches Mischwesen wurde erstmals 1496 publiziert. Das sog. Mönchskalb wurde im Dezember 1522 in Freiberg (Sachsen) geboren und aufgrund seiner auffälligen Missbildungen sehr schnell auf Holzschnitten dargestellt und verbreitet (Kat. 317); vermutlich handelte es sich bei ihnen um das Vorbild des Cranach-Holzschnitts.

Melanchthons Ausdeutung des Papstesels und der von Luther verfasste Kommentar zum Mönchskalb verfolgen dieselbe Zielstellung: die Interpretation der grotesken Erscheinungen als von Gott gesandte Zeichen und Warnungen an die Vertreter der römischen Kirche.

So deutet Melanchthon die Missbildungen des Papstesels als Allegorien auf kritisierte Missstände des Papsttums und der römischen Kirche, aber auch auf die sie schützende weltliche Macht. Beispielsweise wird der Eselskopf mit dem Papst gleichgesetzt: Er hat sich ungerechtfertigterweise als Haupt der Kirche erhoben, der doch nur Christus vorstehen kann. Genauso wenig, wie der Papst als Kirchenoberhaupt geeignet ist, passt ein Eselshaupt auf einen menschlichen Körper. Gerade im Hinblick auf den Fundort Rom deutet Melanchthon den Papstesel als eine von Gott gesandte Warnung vor dem Antichrist, die zugleich das Ende des Papsttums voraussagt.

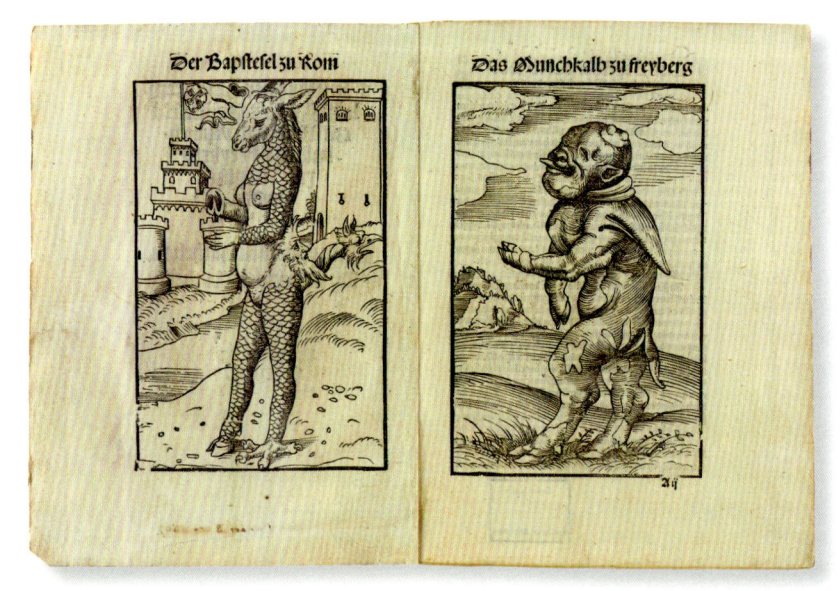

Ganz ähnlich interpretiert auch Luther verschiedene Merkmale des Mönchskalbs als Sinnbilder für Missstände und geistliches Fehlverhalten. Die gefleckte Färbung des Kalbes etwa, die an eine zerrissene Kutte erinnert, deutet er als Symbol für die Uneinigkeit der Mönchsorden untereinander.

Das Gemeinschaftswerk Luthers und Melanchthons erfuhr noch in seinem Erscheinungsjahr 1523 eine Vielzahl von Auflagen und gehört zu den erfolgreichsten polemischen Publikationen der Reformationszeit. TE

Quellen und Literatur
Bild und Botschaft 2015, S. 122 (ill.) · Bott 1983, S. 235 · Bott/Ebeling/Moeller 1983, S. 212 (ill.) · Hofmann 1983b, S. 177f. (ill.) · Strehle/Kunz 1998, S. 232–235 (ill.) · WA 11, 357–385

319
Martin Luther
Brief an Georg Spalatin

Wittenberg, 24. Februar 1520
Papier
33,6 × 21,6 cm
LASA, Z8 Lutherhandschriftensammlung, Nr. 75
Ausstellung Minneapolis

Während seines Schaffens in Wittenberg führte Martin Luther eine äußerst rege Briefkorrespondenz mit seinem Freund und Berater Georg Spalatin. Man tauschte sich über Drucksachen, neueste Werke und Vorhaben aus, besprach Personalentscheidungen an der Universität sowie in anderen kirchlichen Einrichtungen und hielt sich über das aktuelle Geschehen aus Stadt, Umgebung und personellem Umfeld auf dem Laufenden.
In dem vorliegenden Brief sind neben der öffentlichen Benennung des Papstes als Antichristen besonders die Studentenunruhen, die im Februar 1520 in Wittenberg die städtische Ordnung nachhaltig zu beschädigen drohten, von großer Bedeutung. Die Tumulte liefen vor allem zwischen den Studenten und den hier als »Malern« bezeichneten Schülern, Gesellen und Arbeitern der Werkstatt von Lucas Cranach d. Ä. ab, wobei der konkrete Anlass der Auseinandersetzung nicht mehr nachvollzogen werden kann. Als Hauptursache des Konflikts kann zum einen die schnelle Ausbreitung der Reformation angesehen werden. Ihre anfänglichen Hauptträger waren besonders die Studenten der Leucorea, die dabei eine zunehmende Gewaltbereitschaft signalisierten. Zum anderen gab es 1520 die höchsten Immatrikulationszahlen an der Universität Wittenberg. Damit befanden sich in einer sehr kurzen Zeit auf dem begrenzten Raum, den die Stadt zu bieten hatte, schlicht zu viele Menschen. Dies löste großen Unmut aus und belastete den städtischen Frieden erheblich.
Typisch für die Argumentation Luthers war es, dass er die aufkommenden Unruhen als Teufelswerk klassifizierte. Kurfürst Friedrich der Weise reagierte auf die Zusammenstöße mit einem Waffenverbot, das für Studenten und Bürger gleichermaßen galt. Die Verordnung drohte mit Strafzahlungen und verhängte eine Sperrstunde, die jeder einzuhalten hatte. Luther kritisierte dieses Vorgehen, da die kurfürstlichen Befriedungsmaßnahmen eher dazu beitrugen, die Situation weiter anzufachen, anstatt sie friedlich zu lösen. Und er sollte Recht damit behalten: Die Auseinandersetzung weitete sich auf einen größeren Bürgerkreis aus und erreichte im Sommer 1520 ihren Höhepunkt. VR

Literatur
Berbig 1906 · Bubenheimer 2012 · Kaufmann 2012 · Schmalz: Spalatin

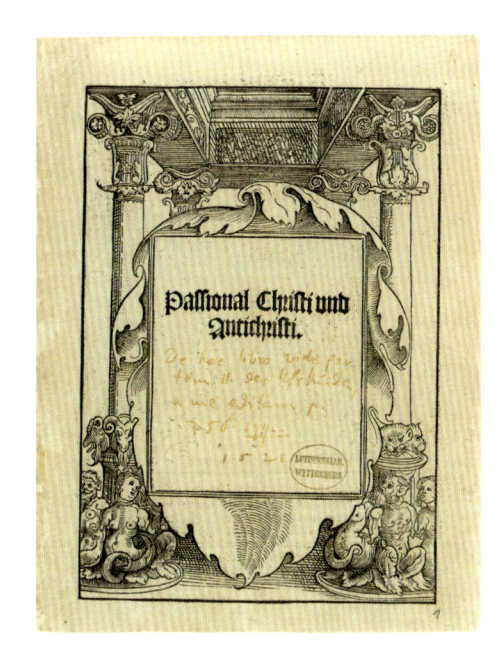

320

Philipp Melanchthon/
Johannes Schwertfeger
Lucas Cranach d. Ä. (Holzschnitte)
Passional Christi und Antichristi

320
Wittenberg: Johann Rhau-Grunenberg, 1521
Holzschnitt
19,9 × 15,6 cm
Stiftung Luthergedenkstätten in Sachsen-Anhalt, Inv.-Nr. ss 40
VD16 L 5585
Ausstellung Minneapolis

321
Erfurt: Matthes Maler, 1521
Holzschnitt
19,9 × 15,6 cm
Stiftung Luthergedenkstätten in Sachsen-Anhalt, Inv.-Nr. ss 3173
VD16 L 5579
Ausstellung New York

322
Wittenberg: Johann Rhau-Grunenberg, 1521
Holzschnitt
20,4 × 15 cm
Thrivent Financial Collection of Religious Art, Minneapolis, Inv.-Nr. 14-01
VD16 L 5586
Ausstellung Minneapolis

Polemik und Konflikte

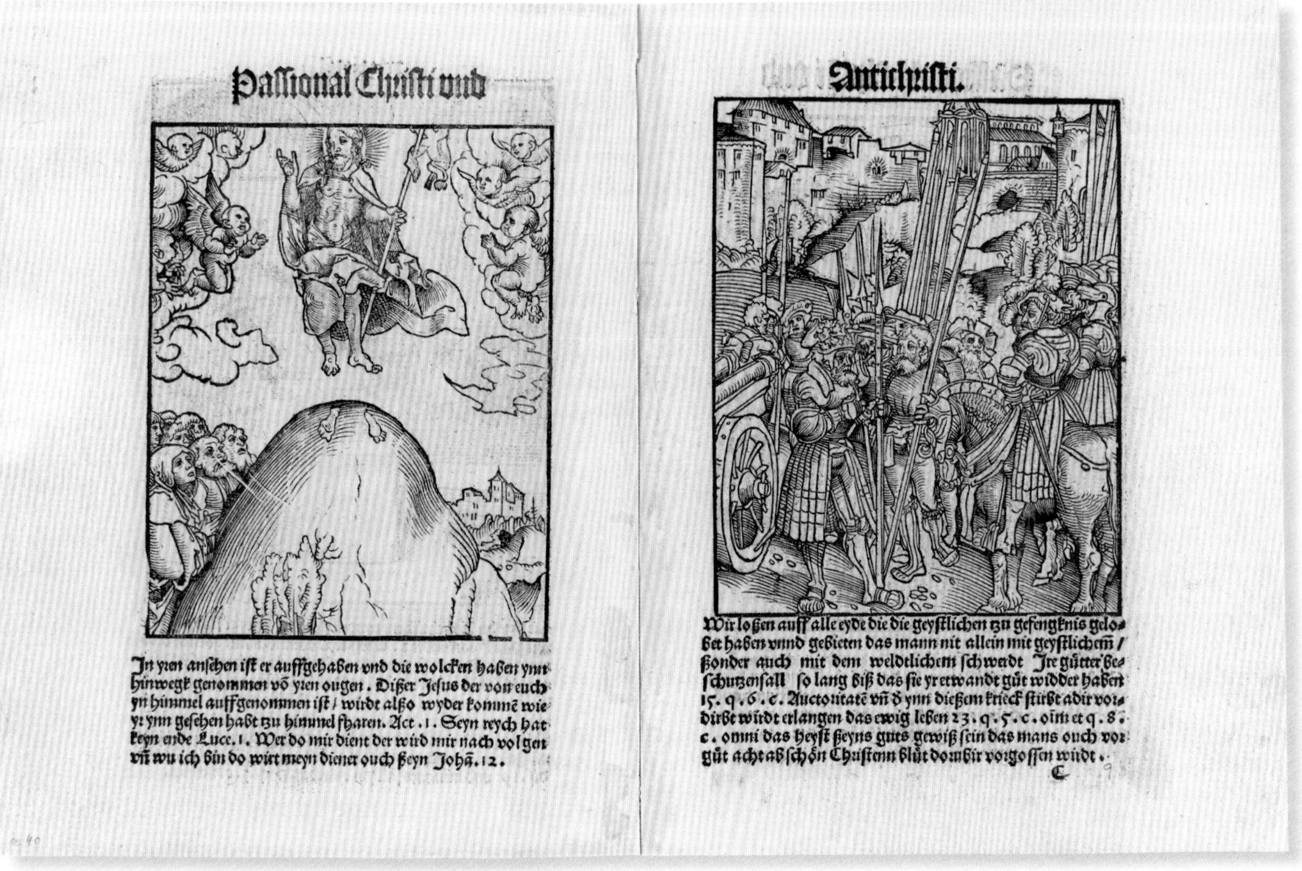

Passional Christi vnd

In yren anschen ist er auffgehaben vnd die wolcken haben yn hinwegk genommen võ yren ougen. Diser Jesus der von euch yn hymel auffgenommen ist/ wirdt also wyder kommen wie yr yn gesehen habt zu hymel faren. Acto.1. Seyn reych hat keyn ende Luce.1. Wer do mir dient der wirdt mir nach volgen vñ wu ich bin do wirt meyn diener auch seyn Johã.12.

Antichristi.

Wir loßen auff alle eyde die die geystlichen zu gefengknis gelobet haben vnd gebieten das mann nit allein mit geystlichem/ sonder auch mit dem weldtlichem schwadt Ire gutter beschutzen sall so lang biß das sie yr etwande gut widder haben 15. q. 6. c. Auctoritate vñ d' yñ diesem krieck stirbt adir vordirbe wirdt erlangen das ewig leben 23. q. 5. c. omit et q. 8. c. omni das heyst seyns guts gewiß sein das mans auch vor gut acht ab schön Christenn blüt do mir vorgossen wirdt.

Passional Christi vnd

Christus.

Das reich gots ist nit/yn eusserlichen gebaden/sye hie/ aber do ist Christus/besonder das reich gots ist innerlich yn euch. Lu. 17. Warumb habt ir das gebot gots vbirtretten von menschen gesetz wegen/ Alle ehren mich vorgeblich/ die do menschen lae vnd gebot halten. Mat.15. Esaie.21.

Antichristi.

Es ist ergreiffen die Bestia vñ mit yr d' falsch prophet der durch sie zeychen than hat do mit er vorfuret hat/ die so seynt zeyche von yme genommen/ vnd sein bilde anbeet seynt versenckt yn die teuff des fewirs vnd schweffels vnd seynt getodt mit dem schwerde des der do reydt vffm weyssen pfedt/ das auß seyne mauel gehet. Apocal. 19. Danne wirdt offenbar werden der schalckhafftige dem wirdt der her Jesus toeten mit dem atem seyns mundes vnd wirdt yn sturtzen durch die glori seyner zukunfft. 2. ad Tessa. 2.

Unter einem Passional versteht man seit dem späten Mittelalter eine Darstellung der Leidensgeschichte Jesu, die aus den vier Evangelien kompiliert wurde. Die meist deutschen Texte richteten sich an fromme Laien und waren oft illustriert.

Nachdem sich bei Luther die Überzeugung verfestigt hatte, das Papsttum in Rom, nicht die Person des jeweiligen Papstes, sei der neutestamentliche Antichrist, lag die Gestaltung eines Büchleins mit der Gegenüberstellung des Verhaltens und der Lehre Christi mit dem des Amtsinhabers des römischen Stuhls in der Luft. Die Werkstatt Lucas Cranachs gestaltete 13 Bildpaare, die bestimmte Situationen antithetisch gegenüberstellen. Unter den Abbildungen aus dem Leben Jesu finden sich entsprechende Texte aus dem Neuen Testament, unter denjenigen der Päpste Zitate aus den Dekretalen des kanonischen Rechts. Die Auswahl der biblischen Texte besorgte Philipp Melanchthon, die der juristischen Texte Johann Schwertfeger, der an der Universität Wittenberg die Rechte lehrte. Auch für den ungebildeten Laien musste das Ergebnis eindrucksvoll sein, wenn etwa der Austreibung der Wechsler aus dem Tempel die Bankgeschäfte des Papstes – hier ist offensichtlich Leo X. aus dem Hause Medici gemeint – gegenüberstehen. Die Folge endet mit der Himmelfahrt Christi, die plakativ mit einem Höllensturz des Papstes kontrastiert wird. Wer die Anregung zu dem Büchlein gab, ist unbekannt. Möglicherweise ist mit einer Eigeninitiative von Lucas Cranach zu rechnen. Da in Wittenberg nur eine Auflage erschien, dürfte die Wirkung auf die Leserschaft begrenzt gewesen sein. Die Abbildungen erhöhten den Preis gegenüber anderen Flugschriften erheblich. Luther sah das Passional als »ein gutes Buch für die Laien«. Noch Ende des 16. Jhs. fanden die Holzstöcke und Nachschnitte Verwendung. MT

Quellen und Literatur
Leppin/Schneider-Ludorff 2014, S. 534 f. · Martin Luther 1483–1546, S. 118 · WA 9, 701–715 und Beilage 1

323

Monogrammist IW
(Zeichner und Formschneider)
Jörg Scheller (Drucker)
Christus und die beiden Schächer am Kreuz

Magdeburg, um 1545
Holzschnitt, koloriert, auf Makulaturbogen, typografischer Text
Holzschnitt auf Rückseite mit Darstellung der rechten Seite der Kapitulation Herzog Heinrichs von Braunschweig 1545 vor Herzog Moritz von Sachsen und Landgraf Philipp von Hessen
Blattmaß: 40,7 × 31,2 cm; Satzspiegel: 38,9 × 30,7 cm; Bildmaß: 27,3 × 17,2 cm
Stiftung Schloss Friedenstein Gotha,
Inv.-Nr. 37,33a
Ausstellung New York

oben: In diesem Bilde des gecreützigsten vnsers lieben Herrn / Jhesu vnd der beyden Schecher [...]
im Bild: INRI / IW (Monogramm des Künstlers)

Der Holzschnitt des Flugblatts von Jörg Scheller stellt vordergründig die Kreuzigung Jesu mit den beiden Schächern dar, in der sich jedoch – wie überschrieben – die Aufteilung der Welt in gottesfürchtige und gottlose Menschen widerspiegelt. Der Künstler mit den Initialen IW, den Ingeburg Neumeister mit Johann Wyssenbach zu identifizieren suchte, orientierte sich bei seiner Darstellung an der Ikonografie von gutem und bösem Schächer als nachzuahmendes bzw. warnendes Exemplum für die Gläubigen. Er veränderte die bekannten Wiedergaben allerdings dahingehend, dass er den bösen Schächer, zur Linken Jesu, mit einer Tiara auf dem Kopf als Papst kennzeichnete. Während dem guten Schächer die Seele in Form eines Kindes aus dem Mund entweicht und von einem Engel entgegengenommen wird, ist es auf der Gegenseite ein diabolisches Wesen, das die Seele in Empfang nimmt. Gleichzeitig macht sich eine Teufelsfigur mit einer Axt am Kreuzesstamm des Papstes zu schaffen, wobei das Kreuz am Boden bereits von Flammen umgeben ist.

Die klare Bildkomposition findet in der Verteilung der Textspalten eine Entsprechung. Zunächst wird über dem Holzschnitt des Todes Jesu gedacht, der mit seinem Opfertod die Sünden der Menschen auf sich genommen hat. Die Spalten links und rechts des Schnittes beschreiben die sündigen Menschen, denen je nach Erkenntnis ihrer eigenen Fehlbarkeit die Gnade Gottes zuteilwerden kann. Während sich Gott der büßenden Menschen erbarme, werde er die Gottlosen und Uneinsichtigen verdammen, zu denen der unbekannte Schreiber aufgrund ihres »falschen« Gottesdienstes die Juden und den Klerus zählt. Die Mahnung, dem rechten und damit dem protestantischen Glauben zu folgen, wird in Bild und Text auf polemische Art und Weise offenbar. UE

Literatur
Bild und Botschaft 2015, S. 134 f., Nr. 23 (ill.) · Marx/Hollberg 2004, S. 172, Nr. 243 (ill.) · Neumeister 1976, S. 110 f., Nr. B 49 (ill.) · Schäfer/Eydinger/Rekow im Druck, Kat. 237 (ill.) · Scribner 1981, S. 100 f., Abb. 73 (ill.)

324

Niclas Stör (Formschneider, zugeschrieben)
Hans Sachs (Autor)
Friedrich Peypus (Drucker)
Wolfgang Resch (Verleger)
Der Schatz und das Herz

Nürnberg, um 1530
Holzschnitt, koloriert, typografischer Text
Blattmaß: 28,3 × 39,7 cm; Satzspiegel: 25,1 × 38,4 cm; Bildmaß: 20,3 × 31,2 cm
Stiftung Schloss Friedenstein Gotha,
Inv.-Nr. 37,16
Ausstellung New York

oben: Wo ewer Schatz ist/do ist ewer hertz. Matth. vi. Hans Sachs.
links: Christus im Evangelio / Matthei spricht er klerlich also [...]

In Mt 6,19–21 warnt Jesus die Gläubigen vor dem Sammeln von Schätzen auf Erden, die vor Motten, Rost und Dieben nicht sicher seien. Vielmehr solle man Schätze im Himmel sammeln, »denn wo euer Schatz ist, da ist auch euer Herz«. Hiervon ausgehend verfasste der Meistersänger Hans Sachs im Jahr 1528 ein Spruchgedicht über die sinnlose Anhäufung von weltlichen Dingen, das Wolfgang Resch zusammen mit einem Holzschnitt von Niclas Stör bei Friedrich Peypus drucken ließ. Die Wurzel aller Sünden sei der Geiz und aus diesem gingen Diebstahl, Mord, Brandschatzen, Betrug, Spiel und Neid, aber auch »meß verkauffen / Beychten / genad vnd walfart lauffen« als lasterhafte Taten hervor. Da dieser Geiz schon die gesamte Welt bestimme, möge Christus – so der fromme Wunsch von Sachs – die Herzen der Menschen mit seinem Geist umfangen. Er solle sie davor bewahren, an zeitlichen, vergänglichen Dingen zu hängen, denn allein er nähre die Menschen sowohl auf der Erde als auch in Ewigkeit.

Die Illustration von Stör zeigt dazu eine Halle, in der zwei Truhen neben ihren Besitzern stehen. Das Herz des rechten, grimmig dreinschauenden

Polemik und Konflikte 311

In diesem Bilde des gecreutzigsten vnsers lieben Herrn
Jhesu vnd der beyden Schecher/wirt die gantze Welt abgemahlet/wie
es dem Gotsfürchtigen vnd Gotlosen gehen wirde.
Das ist Gottes Lamb/Das der Welt Sünde tregt.

Diß Bilde Christi am Creutze fron
Bedeut wie der wahr Gottes Son
Zwischen zweyen Mördern henget recht
Gleich vnter dem gantz menschlichn gschlecht
Vmb welcher Sünd vnd missethat
Er sich selbst auff geopffert hat
Am stam des Creutz genug gethon
Vor alle Sünd der Welt er schon
Jm Geist gelitten angst vnd nodt
Vnd auswendig des Creutzes todt
Ein fluch fur vns geworden sein
Vns zu erlösen vom fluch vnd peyn
Vormaledeyt ist er in qual
Das wir wurden gesegnet all
Erhöhet ist am Creutz der Grecht
Mitten vnter Menschlichem gschlecht

Wie die Schlang in der wüstung wart
Auffgehenget zum Spiegel zart
Zum trost das wir nicht stürben gar
Sunder lebten wenn wir gantz klar
Gleuben das er vns hab erlöst
Durch seinen Todt vns alln zu trost
Vnd wie die Mörder mit jn seint
Gecreutziget darauss es scheint
Das alle Welt mit jm auch ist
Gecreutziget zu aller frist
Vmb vnser sündt vnd missethat
Die yder von natur empfangen hat
Vorurteyle seint zum ewigen Tode
Wo er vns nicht auss solcher nodt

Erlöst vom gesetz sünd todt vnd peijn
Durch den todt des Creutzes sein
Sunst wern wir doch all vorloren
Aber er stilt des Vaters zorn
Welchs widerfert auch allen dar
Die jre sünde bekennen klar
Vnd halten Christum auch darbey
Vor jren Heylandt also frey
Vn rümen sich seins Creuz gantz fein
Vnd auch der welt gecreutzigt sein
Mit jn der sündt absterben gar
Der grechtigkeit auch leben dar
Wie vns das Petrus melden thut
Das wir erlöst seint dorch sein blut.

Der gerecht Schecher.

Dieser Mörder zur rechtern handt
Deut die gemein Gottes allsandt
Das eine theil der menschen sechte
Die gfes der Barmhertzigkeit schlecht
Welchs doch auch gantz schüldig ist
Am todt des Herren Jhesu Christ
Von wegen jrer grossen sünde
Die sich vm hertzen bald anzünde
Mit Rew vnd Leidt in schwerer pein
Vnd hat zuflucht zu Christo rein
Vnd gleubt das er vorgebung hot
Durch Christum vormittelst sein todt
Erkent in der armen Figur
Christum ein Herrn vnd Köning pur
Vber Himel Todt Erdt vnd Hell
Der von vns nympt all vngefell
Hanget am Creutz mit Christo klar
Leidet den Todt gedültig gar
Auff das es auch gleichförmig werdt
Dem Bild des Son Gottes auff Erdt
Harnach sitzt jn zur Herligkeit
Erhoben werdt in ewig zeit

Vnd ob schon Christum alle Welt
Vor ein vordampten menschen helt
So bekent doch dieses theil vorwar
Das Christus sey vnschüldig gar
Vnd Bitt vorgebung seiner sündt
Durch ware Rew das hertz entzünde
Der ware glaub an Christum fron
Das der sey warer Gottes Son
Ein Köning vber Todt vnd Leben
Der vns gewislich kan geben
Aus gnad seine grechtigkeit
Das ewig leben allezeit

Wer nu diesem Exempel sein
Volget bekent die sünde sein
Vnd scheid sich von den Lestrern
Christi vnd straffet sie allzeit gern
Vnd bekent Christum allzeit frey
Das er allein der Heylandt sey
Der ist von der gemein vorwar
Gottes vnd der gerechten schar
Denn Gott keinen gefallen hot
An der elenden Sünder todt
Sunder das er sich bald beker
Vnd leb allzeit nach Gottes lehr
Denn wer allzeit anryssen thut
De nam des Herrn der wirt behut
Vnd ob die sünd wer gleich blut roth
So wirt sie weiss durch Christi Todt
Denn alle sünd vnd böse recht
Wirfft Gott allzeit zu rück
Sein angesicht nicht von vns went
Er ist barmhertzig biss ans endt
Wenn wir erkennen nur die sünd
Warhafftig vns das leben günt
Denn das ist auch gewislich war
Ein tewer werdes wort so klar
Das Christus darzu komen ist
Die sünde zu tilgen alle frist
Wer das nu gleubet allzeit
Der ist selig in ewigkeit.

Der vngerecht Schecher.

Dieser Mörder zur lincken handt
Wirt vor die gemein erkande
Der böshafftigen Gotloss schar
Die gfes des zorn Gottes vorwar
Welche Christum vorachten gantz
Halten sein Lehr für alefantz
Schenden vnd lestern die alzeit
Veruolgen die mit hass vnd neidt
Wie dieser Schecher thut fürwar
Mit seiner Rott der Jüden schar
Vnd ob wol diese Gotlos gemein
Am Creutz henger bey Christo rein
Von wegen jrer sündt so schwer
So ist sie doch vorblendt so seer
Das sie jr sünd erkennet nicht
Das macht dieweil sie sült vnd sicht
Das Christus vnd sein gleubig schar
Hangen mit jn am Creuz fürwar
Vnd können sich selbst helffen nicht
Das ergert jre zuuorsicht
Sie können vnter der armen gestalt
Des Creutz nicht kenne Christi gewalt

Vnd wie die Jüden all zu gleich
Hofften auff ein weltlich Köngreich
Vnd auff ein König der do sole
Gewaltig sein in Silber vnd Goldt
Jhr Reich, auffrichten der gestalt
Jren falsche Gotsdienst mit gewalt
Vorteydigen vnd sie darzu
Bringen in endlich fried vnd ruw
Also vormeinen ytzund all
Babst Bischoffe vnd Cardinal
Pfaffen vnd Münch sampt jrer Rott
Das Christlicher glaub on spot
Müssen in eusserlichem pracht
Stehen zu schützen jre macht
Weil aber solchs Christi Lehr
Nicht thut sunder strafft viel mehr
Jren falsche Gotsdienst gantz klar
Vnd jre laster offenbar
So muss die Lehr auffrürisch sein
Voruolgen die mit schwerer pein
Tödten vnd würgen die all frist
Aber weil Christus erstanden ist
Vom todt vnd ist ein König fron
Vber Himel vnd Erd gantz schon
So wirt er solche Böserwicht
Vmbringen all in sein gericht
Denn welcher baum nicht tragen thut
Gude frucht/der wirt ins fewrs glut
Geworffen in ewige pein
Do wirt heulen vnd zenklappen sein
Dafür vns der Herr Jhesu Christ
Behüten wol zu aller frist/Amen.

Jörg Schaller Fort
schneider.

Wo ewer Schatz ist/do ist ewer hertz. Matth.vj.   **Hans Sachs.**

Christus im Euangelio
Matthei spricht er klerlich also
Jr sollent euch nit samlen schetz Mat.vj
Die jhr verlieren möcht zu letz
Durch dieb die sie möchten außgraben
Sunder jr solt mehr achtung haben
Das jhr schetz samlent in dem hymel
Da sie frist weder rost noch schymel
Wann wo ewr schatz ist ewr hertz
Den jr verwart mit angst vnd schmertz
Niemand kan Got dienen vñ Mammon
Niemand zway Herren dienen kan
Eym thut er liebs dem andern leyts
Darumb so hüt euch vor dem geytz Lu.vj.
Wann niemand darynn leben kan
Das er volle genüg müg han
Whe mehr hat yhe mehr jhm zurinn
Was hülfft dz er die welt gewiñ Mat.xvj
Vnd lid doch schaden an der seel
Als dañ geschach dē reiche schnel Lu.xvj.
Der in die helle ward vergraben
Der arm Lazarus ward erhaben
Besser ist weng mit gottes forcht Pro.xv
Dann grosse schetz vnd vil versorget
Weh dem der samlet alle zeyt Abacuk.ij.
Die böß verfluchte geytzigkeyt
Nit vblers dā wer nach geytz stelt Ecle.x
Nichts bösers dann liebhaben gelt
Wann der selbig sein seel hat fayl
Die dardurch verleust ewig hayl
Wie auch dē reyche mañ geschach Lu.xij.
Der da zu seyner seele sprach
Iß vnd trinck du hast genüg
Den Got die selbig nacht noch schlüg
Darumb sol wir vns gnüg lan Timo.vj
Wann wir füter vnd decke han
Wann die do wöllen werden reych
Die fallen vnd versencken sych
Geytz ist ein wurtzel aller sündt
Als es sich augenscheynlich fündt
Mit stelen/rauben/mörden/brennen
Wer mag die vbel alle nennen
Mit wüchern/triegen vnd finantzen
Mit hinderlisten alesantzen
Mit liegen/triegen/hadern/fechten
Mit falsch schweren/biegen des rechten
Mit fürkauffen vnd auffschlag machen
Mit wechsel/borgen mancher sachen
Mit falscher war/zal/maß/gewicht
Das alles durch den geyz geschicht
Auch folgt darauß spilen vnd rassen
Mit karten/kugel/würffel passen
Auch surnen/gotslestern vnd schlagen
Falsch dienen vnd heymlich abtragen

Nachreden/neyd vnd ehr abschneyden
Der geytz auch manche Ee thůt scheyden
Verrhaten vñ auch junckfrawē schwechen
Hůrrerey/kuplen vnd Ee brechen
Falscher Gotsdienst vnd Simoney
Bannen vnd geystlich schinderey

Mit opffern vnd die meß verkauffen
Beychten/genad vnd walfart lauffen
Diß alles aus dem geytz entspringt
Der hat die gantzen welt vmbringt
Jn allen stenden hoch vnd nider
Durch alle landt hin vnd wider

Das Esaias wol hat gseyt Esa.vj.
All gond sie nach der geytzigkeyt
Von dem minsten biß zu dem maysten
O Jesu Christ thun vns eingaysten
Durch dein heyliges wort on schertz
Ein gütten geyst in vnser hertz

Das vnser hertz zu dir werd kert
Vnd nit anteil auff diser erde
An zeytlich vergenckilchen dingen
Die vns von deiner gnad thůn dringen
Sunder das wir trawen auff dich
Wann du ernerest vns zeytlich Psal.j.iiij.
Vnd darnach ymmer ewigklich.

Wolff Formschneyder.

Herrn ist vom Geiz erfüllt, kenntlich gemacht durch den Faden, der von seinem Herzen zur verschlossenen Truhe mit irdischen Schätzen führt. Der Teufel hat darüber hinaus seine Pranke auf die Schulter des Sünders gelegt. Die linke Truhe ist dagegen geöffnet und ihr Besitzer verteilt Almosen an Bedürftige, die von links in die Halle kommen. Dieser Mann trägt in seinem Herzen Jesus, der segnend daneben steht und mit dem er symbolisch ebenfalls durch einen Faden verbunden ist. Diese Einstellung führt zu Handlungen der Nächstenliebe, wohingegen auf der Gegenseite das Alleinsein des Mannes ins Auge springt.

Das Flugblatt reiht sich ein in eine Reihe von Publikationen, welche die Kritik an den Machenschaften der alten Kirche in subtiler Weise formulieren. Bibelzitate unterstreichen die lasterhaften Folgen des Geizes, dessen Ausbreitung in Teilen der Kirche von protestantischer Seite als Vorwurf verwendet wurde. UE

Literatur
Geisberg 1974, IV, S. 1305, Nr. G.1351 (ill.) ·
Neumeister 1976, S. 93 f., Nr. B 25 (ill.) ·
Röttinger 1927, S. 47, Nr. 213 · Schäfer/Eydinger/
Rekow im Druck, Kat. 361 (ill.) · Welt 1976, S. 69,
75, 90, Nr. 74 (ill.)

Zwei antirömische Doppelkopf-Spottmedaillen

325
Wolf Milicz
1543
Silber, gegossen
Dm 39,5 mm; Gewicht 15,44 g
Stiftung Schloss Friedenstein Gotha,
Inv.-Nr. 4.1./5734
Ausstellung Minneapolis

VS: DES * PAPST * GEBOT * IST * WIDER * GOT * M * DXLIII *
Doppelkopf: Kardinal nach rechts – Narr nach links
RS: FALSCHE * LERE * GILT * NICHT * MEHR * MDXLIII *
nach rechts sitzender Bischof mit Kelch über umgekehrt sitzender weiblicher Personifikation (die babylonische Hure) mit Buch und Schwert

326
Hans Reinhart d. Ä.
1544
Silber, gegossen, gehenkelt
Dm 28 mm; Gewicht 7,96 g
Stiftung Schloss Friedenstein Gotha,
Inv.-Nr. 4.1./5735
Ausstellung Minneapolis

VS: EFFIGIES · CARDINVM · MVNDI ·
Doppelkopf: Kardinal nach rechts – Narr nach links; unten Signatur »HR« (Hans Reinhart)
RS: EFFE= / MINATI / DOMINA= / BVNTVR / · EIS · / 1544

327
Peter Flötner
Antipäpstliche Spottmedaille

o. J. (1540er Jahre)
Nürnberg
Blei, gegossen
Dm 59,5 mm; Gewicht 63,81 g
Stiftung Luthergedenkstätten in Sachsen-Anhalt, Inv.-Nr. M 1754
Ausstellung Minneapolis

VS: Heiliggeisttaube auf einem Wolkenband, darunter: · CHRIS – TVS ·
im Feld: Brustbild Christi nach rechts mit beidseitiger Inschrift, links: ICH BIN / DAS LEM / LEIN DAS / DER WE / LT SVND / TREGT · IO / HANES · / AM ·; rechts: I · CAPT / NIMANT / KVMPT / ZV DEM / VATER D / AN DVRCH / MICH · IO / AM XIIII, darunter Signatur »PF.« (Peter Flötner)
RS: Brustbild des Papstes nach links mit Eselsohren; an der Tiara klammert sich hinten der Teufel fest; im Feld beidseitige Inschrift, links: SO · BIN / ICH · DAS / KINDT DER · VE / RDERB NVS / VND / DER · SV / NDEN / SAGT / SANT; rechts: PAVLI / IN / DER / Z EPISTEL / AN · DIE · T / ESSALO / NICH / ER

In den religiösen Auseinandersetzungen der Reformationszeit wurden Flugblätter, Spottschriften und -medaillen von beiden Konfessionen genutzt, um gegen die andere Glaubenspartei scharf und mit beißendem Sarkasmus zu polemisieren. Bekannt sind die Flugblätter von Lucas Cranach d. Ä. *Der Papstesel* von 1523 oder das Vexierbild eines unbekannten Künstlers *Narr und Voppart* um 1525 (Kat. 343). Besonders die Lutheraner setzten diese Propagandamittel in großem Umfang ein, aber auch die Altgläubigen konterten antikatholische Aussagen in Wort und Bild. Die zunehmende Verhärtung der konfessionellen Fronten fand auch in der Medaillenkunst ihren Niederschlag.

Als erstes antipäpstliches Exemplar kann eine 1537 von Concz Welcz geschaffene Medaille angesehen werden. Ebenso wie diese stellt die Medaille von Peter Flötner aus den 1540er Jahren (Kat. 327) auf Avers und Revers Christus und den Papst als Sinnbilder von Christ und Antichrist einander gegenüber.

Beide Medaillen reflektieren frühe Leitwerke der Reformation, wie auch Luthers Flugschrift *Passional Christi und Antichristi* von 1521, die Cranach d. Ä. illustrierte. Die Gleichsetzung des Papstes mit dem teuflischen Antichristen durch Luther findet sich mehrfach in seinen Tischreden und Streitschriften – so im Pamphlet *Contra Papatum a Diabolo Fundatum* – und fußt unter anderem auf einer Textstelle aus dem Neuen Testament (2. Thess 2,4), in der der Apostel Paulus vor dem Antichristen warnt. So formuliert Luther über den Papst: »Das er sey der rechte Widerchrist / So in der Schrifft verkündigt ist.«

Bei der Medaille von Flötner ist der Averstext dem Johannesevangelium (Joh 1,29; 14,6), der Reverstext dem zweiten Brief des Apostels Paulus an die Thessalonicher (2. Thess. 2,3,4) entnommen. Drastisch symbolisiert dabei der auf dem Hinterkopf des Papstes sitzende, die Tiara ergreifende Teufel die Vereinnahmung des Papsttums durch das Böse.

Unter den satirischen Ausgaben bilden die sog. Doppelkopfmedaillen, die auch als *Kehrmedaillen* bzw. *Vexiermedaillen* bezeichnet werden, eine spezielle, ideologisch schlagkräftige Gruppe. Sie finden sich entsprechend häufig und waren so beliebt, dass sie lange Zeit – zum Teil bis in das 19. Jh. hinein – immer wieder nachgegossen oder kopiert wurden. Nach ihren Darstellungen können sie eindeutig in antipäpstliche bzw. antireformatorische Vertreter unterteilt werden.

Die antirömischen Doppelkopfmedaillen, deren älteste datierte Exemplare aus den Jahren 1543/44 stammen und die in weit mehr als 100 Typen überliefert sind, zeigen als polemische Anklage gegen die katholische Kirche die Verschmelzung von Papst und Teufel bzw. von Kardinal und Narr, die bei Drehung der Medaille um 180 Grad erkennbar wird. Selten sind diese Spottmedaillen signiert und fast ausschließlich undatiert. Sie gehen zum Teil auf bedeutende Medailleure wie Hans Reinhart d. Ä. zurück, der seine kleine gehenkelte Medaille aus dem Jahr 1544 (Kat. 326) mit »HR« signierte.

Neben der allgemeinen Kritik an den Missständen der römischen Kirche werden mit den Doppelkopfmedaillen auch konkrete gesellschaftliche und kirchenpolitische Ereignisse in Zusammenhang gebracht. So gilt der Naumburger Bischofsstreit des Jahres 1543 als Anstoß für das Entstehen dieses Genres. Er entbrannte nach Einsetzung von Nikolaus Amsdorf als erster evangelischer Bischof 1542 in Naumburg durch den sächsischen Kurfürsten Johann Friedrich. Amsdorf gehörte als Reformator zum Umkreis Luthers und war dessen enger Freund.

Mit der Darstellung Kardinal – Narr auf der Vorderseite der Milicz-Medaille von 1543 (Kat. 325) wird auf die Scheinheiligkeit der katholischen Hierarchie verwiesen, sie wird als Narretei entlarvt. Die Rückseite der Medaille bezieht sich auf die Abendmahlsdeutung. Der Bischof mit dem in der Wandlung erhobenen Kelch steht für die katholische Eucharistiefeier als Nachvollzug des Opfers Christi, einer Ansicht, der Luther entschieden widersprach. Die umgekehrt sitzende weibliche Personifikation mit Schwert und Buch ist als babylonische Hure zu deuten, die als biblische Allegorie für falsche Religionen, im reformatorischen Verständnis als Sinnbild der römisch-katholischen Kirche galt. Schwert und Buch würden demzufolge für Kriege und Blutvergießen, das Buch für Irrlehren stehen.

325

326

327

Seit Ende des 15. Jhs. hat das Narrenbild in der gleichnamigen, weit verbreiteten Literatur einen festen Terminus. Vorreiter war Sebastian Brant mit seinem *Narrenschiff* von 1494, das Dürer illustrierte. Der Narr diente der Bloßstellung menschlicher Verhaltensweisen, Untugenden und Einfalt; die Narrenkappe wurde zum Sinnbild für Gesellschafts- und Moralkritik.

Innerhalb der konfessionellen Auseinandersetzungen der Zeit war das Narrenbild interessanterweise polemisch zuerst von katholischer Seite gegen die Lutheraner eingesetzt worden. So zeigt ein Flugblatt von 1520/22 Luther mit Barett und einen Narren mit Narrenkappe als Doppelkopf. Zeitgleich wird der Reformator in Thomas Murners Schrift *Von dem großen Lutherischen Narren* als feister Narr bezeichnet, der zur Vernunft zu bringen sei. UW

Literatur
Schuttwolf 1994 b, S. 14 f., Kat. 4.10 (ill.), S. 25 f., Kat. 4.25 (ill.) · Cupperi 2013, S. 69 f., Abb. 36 · Habich 1929–1934 I, 1, Nr. 701 · Habich 1929–1934 II, 1, Nr. 1829, 1979 · Brozatus/Opitz 2015, Bd. I.1, S. 435 f., Nr. 619 (ill.), S. 438; Nr. 623 (Blei, Variante) · Schnell 1983, S. 44–46, S. 125–127, Nr. 30, 31, 33

Polemik und Konflikte   315

316 Polemik und Konflikte

328

Matthias Gerung (zugeschrieben)
Flugblatt gegen den Ablasshandel

um 1520
Holzschnitt
Blattmaß: 30,9 × 24 cm
Stiftung Deutsches Historisches Museum,
Inv.-Nr. 1989/2583
Ausstellung Minneapolis

Der Holzschnitt zeigt einen Teufel, der bocksbeinig, vogelfüßig und mit einer weiblichen Brust ausgestattet auf einem Ablassbrief kauert. Seine linke Hand umfasst einen Bischofsstab, während er in der Rechten eine »Ablasskasse« hält. In seinem riesigen, geöffneten Maul sitzen fünf Kleriker um einen Tisch. Auf seinem Kopf brennt ein Fegefeuer, über dem, gehalten von einem Ast, ein Kessel hängt. Menschenähnliche Wesen mit Vogelköpfen umlagern das Feuer. Zwei kleine Teufelchen fliegen herbei, der eine mit einer Papstfigur, der zweite mit einem anderen Geistlichen in den Klauen.

Das Flugblatt prangert den Ablasshandel der Geistlichen an, die dem Volk das Geld aus der Tasche ziehen, indem sie ihm suggerieren, sich damit von Sünden freikaufen zu können. Der Holzschnitt galt lange als ein Werk des Hans Weiditz, wird mittlerweile jedoch auch dem süddeutschen Maler und Holzschneider Matthias Gerung zugeschrieben. LK

Literatur
Krauß 2010, S. 150 f. · Ottomeyer/Czech 2007, S. 50 (ill.) · Piltz 1983

329

Martin Luther
Lucas Cranach d. Ä. (Holzschnitte)
Wider das Bapstum zu Rom vom Teuffel gestifft

Wittenberg: Hans Lufft, 1545
17,9 × 13,5 cm
Stiftung Luthergedenkstätten in Sachsen-Anhalt, Inv.-Nr. Kn E113
Ausstellung New York

Mit der 1545 in Wittenberg gedruckten Schrift *Wider das Bapstum zu Rom vom Teuffel gestifft* unternahm Luther einen seiner schärfsten Angriffe auf das Papsttum. Anlass für die derbe Polemik war die Einberufung des Konzils von Trient durch den »aller Hellischt Vater Sanct Paulus Tertius«. Dieses sollte wirksam auf die Herausforderungen der protestantischen Lehren reagieren und eine Reform der Kirche erarbeiten. Mit der derben Verunglimpfung und Dämonisierung des Papstes bringt Luther seine ganze Verachtung gegenüber diesem Vorhaben zum Ausdruck. Bereits bei der Leipziger Disputation 1519 äußerte Luther, dass Konzilien sich irren können. Für ihn war allein die Heilige Schrift (*sola scriptura*) maßgeblich. Die groben Schmähungen gegen das von Luther als »Ewer Hellischeit« betitelte Kirchenoberhaupt stießen jedoch unter den Anhängern der neuen Lehre nicht überall auf Zustimmung. Schon das von Lucas Cranach d. Ä. entworfene Titelblatt der Flugschrift lässt keinen Zweifel daran, dass der Papst in Luthers Augen eine Ausgeburt der Hölle sei, in die er auch zurückkehren werde. Der mit Eselsohren versehene Papst sitzt auf einem morschen Bretterthron über dem Schlund der Hölle, in den er hinabzustürzen droht. Einzig dämonische Wesen stützen die vom Zusammenbruch bedrohte Kathedra Petri und setzen dem Oberhaupt der Kirche die von einem Kothaufen bekrönte Tiara auf.

Im gleichen Jahr setzte Luther seine polemischen Angriffe auf das Papsttum mit einer Bildserie aus der Cranachwerkstatt fort. Unter dem Titel *Abbildung des Papsttums* erschienen zehn einzelne Holzschnitte, zu denen Luther kurze Texte verfasste (Kat. 332–334 u. 337). Einer davon ist das wiederverwendete Motiv des Titelblatts der Flugschrift *Wider das Bapsttum*. Mit der lateinischen Überschrift *Regnum Satanae et Papae* versehen finden sich unter der Abbildung die Worte des Reformators: »In aller Teufel namen sitzt / Alhie der Papst: offenbart ist: / Das er sey der recht Widerchrist / So in der Schrifft verkündigt ist«. Luther bezieht sich damit auf 2. Thes 2,4, wo es heißt: »der da ist der Widersacher und sich überhebt über alles, was Gott oder Gottesdienst heißt, also daß er sich setzt in den Tempel Gottes als ein Gott und gibt sich aus, er sei Gott.« Die Gleichsetzung des Papstes mit dem Antichristen sieht Luther in der Bibel bestätigt. ID

Quellen und Literatur
Bild und Botschaft 2015, S. 124 f., Nr. 18 (ill.) · Hofmann 1983b, S. 169, Kat. 41 (ill.) · WA 54, 198–299

Martin Luther
Lucas Cranach d. Ä., Werkstatt (Holzschnitte)
Folge antipäpstlicher Flugblätter

1545
Holzschnitte, Handschrift in Tusche
Ausstellung Minneapolis

330

Die Geburt des Papstes und der Kardinäle (Blatt 1)

Blattmaß: 30 × 17,9 cm
Stiftung Deutsches Historisches Museum,
Inv.-Nr. 1988/708.6

Originaltitel: NATIVITAS PAPAE ET CARDINALIVM

Beischrift: Hie wird geborn der Widerchrist, Megera seine Seugamm ist, Alecto sein Kindermeidlin, Tisiphone die gengelt jn. Mart. Luth. D. 1545.

Die Einberufung des Konzils zu Trient durch Papst Paul III. im März 1545 veranlasste Martin Luther, noch einmal geballt all seine Vorwürfe und Schmähungen gegen den Papst zu Papier zu bringen. Bereits Ende März 1545 erschien in Wittenberg seine Schrift *Wider das Bapstum zu Rom vom Teuffel gestifft* (Kat. 329). Lucas Cranach d. Ä. schuf den passenden Holzschnitt (*Der Papst im Höllenrachen*) für das Titelblatt. Zugleich entwarf Luther zusammen mit der Cranachwerkstatt weitere neun antipäpstliche, illustrierte Flugblätter, die in mehreren Auflagen gedruckt wurden, aber nur in wenigen Exemplaren erhalten sind. Da sich die einzelnen Blätter zu bestimmten Themen auch noch in einigen Details unterscheiden, handelt es sich wohl zum Teil auch um Probedrucke, welche die unterschiedlichen Etappen der Herstellung der Flugblätter dokumentieren.

Die acht Blätter aus der Sammlung des DHM sind jeweils mit einem Bildmotiv bedruckt. Die lateinischen Titel über den gedruckten Darstellungen und die deutschen Verse darunter sind äußerst sorgfältig mit Tinte geschrieben. Die Zeilenumbrüche der handschriftlichen Texte entsprechen in etwa denen, die für die späteren, komplett gedruckten Fassungen übernommen wurden. Man kann also mit ziemlicher Sicherheit sagen, dass die von Hand beschrifteten Holzschnitte als Entwürfe für die mit Typendruck versehenen Flugblätter dienten. Der Name des Schönschreibers ist nicht überliefert. Von Luther selbst stammen jedoch wiederum die Vorlagen für die handgeschriebenen »Musterblätter«: Mindestens ein Probedruck ist nachgewiesen (SLUB, Sign.: Mscr.Dresd.R.307), auf dem der Reformator mit seiner eigenen Handschrift den zum Bildmotiv passenden Vers notierte.

Das erste Bild *Nativitas Papae et cardinalium* zeigt eine drastische Geburtsszene: Links hockt eine monströse, weibliche Furie und gebiert aus ihrem Hintern den Papst und fünf Kardinäle – allesamt in vollem Ornat. Einer der Kardinäle trägt statt des Kardinalshuts ein Barett; er ähnelt dem Mainzer Erzbischof Albrecht von Brandenburg. Drei kleinere Furien sind derweil damit beschäftigt, den Papst in Gestalt eines Säuglings zu umsorgen: Vorn rechts kniet die mit Schlangenhaar geschmückte *Alecto* und schaukelt die Wiege mit dem gewickelten Säugling. Dahinter auf dem Boden sitzt die nackte, ebenfalls eine Schlangenfrisur tragende *Megera* und säugt das Kind. Im Hintergrund bringt die nur mit einem Kopftuch bekleidete, ansonsten nackte *Tisiphone* dem kleinen Knaben das Laufen bei. In allen drei Szenen trägt das Päpstlein die Tiara auf dem Kopf. Was Luther mit diesem Spottbild ausdrücken wollte, erläuterte er ausführlich in einem am 8. Mai 1545 in lateinischer Sprache verfassten Brief an Nikolaus von Amsdorf. Luther bekräftigt darin seine Auffassung, dass der Papst und die Kardinäle eine Ausgeburt des Teufels seien und dass der Teufel ihnen seinen Neid, seinen Hass und seine Gier nach allem Bösen mit in die Wiege gelegt habe. LK

Quellen und Literatur
Grisar/Heege 1923, S. 31–34, Abb. 9 · Grüber 1997, Bd. 1, S. 49 (ill.) · WA 54, 343–373, Abb. 10

331

Der Papstesel, ein Ungetüm, aufgefunden in Rom im Tiber 1496 (Blatt 2)

Blattmaß: 30 × 17,9 cm
Stiftung Deutsches Historisches Museum,
Inv.-Nr. 1988/708.5

Originaltitel: PAPASINUS, MONSTRUM, ROMÆ INVENTUM IN TIBERI. A. 1496

Satirische Darstellungen des Papstes, in denen das Kirchenoberhaupt als eselsähnliches Fabeltier auftritt, wurden erstmals 1496 in Italien publiziert. Den Anlass für derlei fantasievolle Bilder lieferte eine Geschichte, die sich angeblich im Januar desselben Jahres zugetragen hatte: Nach einer Überschwemmung des Tibers war an dessen Ufer eine grässliche Missgeburt gefunden worden – ein Weib mit Eselskopf und tierischen Extremitäten. Die Nachricht verbreitete sich rasch, und ebenfalls noch 1496 schuf der böhmische Kupferstecher Wenzel von Olmütz ein passendes Flugblatt mit dem Titel *Roma caput mundi* – eine Karikatur auf die Herrschaft Papst Alexanders VI.

Die Darstellung wurde so populär, dass die Werkstatt von Lucas Cranach 1523 einen entsprechen-

NATIVITAS PAPAE ET CARDINALIVM.

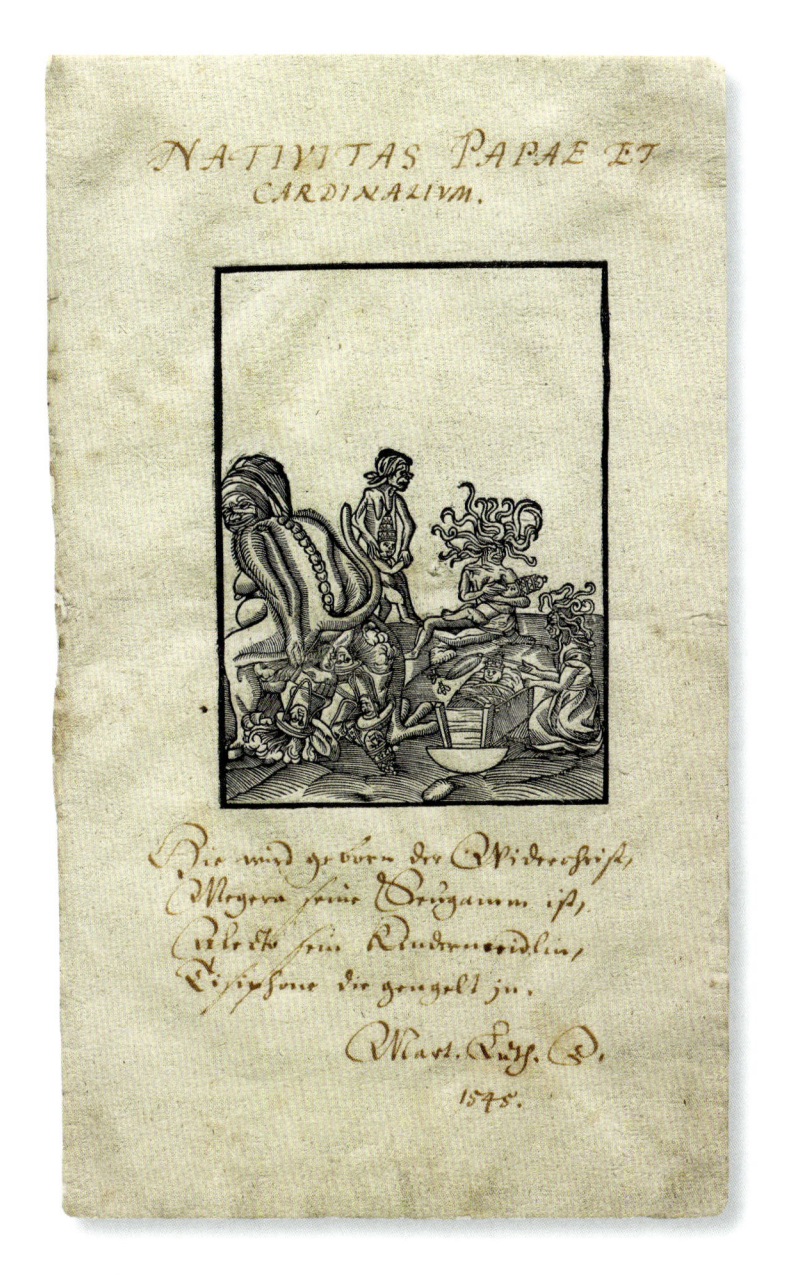

*Hie wird geborn der Widerchrist,
Megera sein Seugamm ist,
Alecto sein Kindermeidlin,
Tisiphone die geugelt jn.*

Mart. Luth. D.
1545.

330 Blatt 1

PAPASINVS, MONSTRVM ROMÆ INVENTVM IN TIBERI. A. 1496.

*Was Gott selbs von dem Bapstum helt,
Zeigt dis schrecklich Bild hie gestelt,
Dafür jederman grawen solt,
Wenn ers zu hertzen nemen wolt.*

Mart. Luth. D.
1545.

331 Blatt 2

den Holzschnitt auflegte. Den Kommentar dazu schrieb Philipp Melanchthon (Kat. 318). Eine nur leicht veränderte Fassung dieses Blattes wurde schließlich auch in die 1545 veröffentlichte Folge der antipäpstlichen Flugblätter aufgenommen: Im Vordergrund, am Ufer des Tibers, steht eine nackte weibliche Gestalt mit menschlichen Körperproportionen. Während Brust und Bauch nackt erscheinen, sind der Hals sowie die Arme und Beine mit Schuppen bedeckt. Der rechte Fuß gleicht einem Rinderhuf, der linke einer Raubvogelkralle. Die rechte Hand ist durch einen zierlichen Elefantenfuß ersetzt, und nur die linke Hand sieht aus wie die eines Menschen. Auf dem schuppigen Hals sitzt der Kopf eines Esels. Mit all diesen Merkmalen wirkt die Figur eher pittoresk als furchteinflößend. Das Erschreckendste an ihrer Erscheinung ist das Hinterteil, aus dem ein Drachenkopf mit langem Hals herauswächst und an dem zusätzlich ein behaarter Teufelskopf haftet.

Auf der Burg am gegenüberliegenden Ufer des Tibers weht eine Fahne mit dem päpstlichen Schlüsselwappen. Unter dem Bildmotiv steht als Erklärung der lutherische Vers: »Was Gott selbs von dem Bapsthum helt, Zeigt dis schrecklich Bild hie gestellt, Dafür jedermann grawen solt, Wenn ers zu Hertzen nemen wolt. Mart. Luth. D. 1545.« LK

Quellen und Literatur
Grisar/Heege 1923, S. 17–19, Abb. 2 · Grüber 1997, Bd. 1, S. 49 (ill.) · Koepplin/Falk 1976, Bd. 2, S. 361–371 · Saxl 1957, Bd. 1, S. 255–266, und Bd. 2, Tafel 179 · WA 54, 350, Abb. 2

332

Hier werden dem Papst die Füße geküsst (Blatt 3)

Blattmaß: 30 × 17,9 cm
Stiftung Deutsches Historisches Museum,
Inv.-Nr. 1988/708.7

Originaltitel: HIC OSCVLA PEDIBVS PAPÆ FIGVNTVR

Beischrift im Bild: PAPA. Sententiæ nostræ, etiam iniustæ metuendæ sunt. RESP. Aspice nudatas barbara terra nates. Ecco qui Papa el mio bel vedere.

Unter einem prächtigen, mit Lilien ausgeschmückten Baldachin thront Papst Paul III. aus dem Hause Farnese. Zu seiner Rechten steht Kardinal Otto Truchseß von Waldburg – erkennbar am markanten Spitzbart – und zur Linken Kardinal Albrecht von Brandenburg, der wie üblich mit einem Barett auf dem Kopf dargestellt ist. Gegen Albrecht hegte Luther einen besonderen Argwohn, weil er sich von diesem hintergangen fühlte.

332 Blatt 3

Papst Paul III. hält in seiner rechten Hand eine päpstliche Bulle, die Flammen, Steine und Strahlen wirft. Mit dieser Urkunde ist gewiss die *Lætare Jerusalem* gemeint, eine am 19. November 1544 ausgestellte Bulle, in der Paul III. das Konzil von Trient anberaumt hatte. Es sollte ursprünglich am 15. März 1545 eröffnet werden, die erste Sitzung fand jedoch erst am 31. Mai statt und die offizielle Eröffnung sogar erst am 13. Dezember 1545. Luther lehnte dieses Konzil strikt ab, da die Forderungen der Reformatoren zwar ein zentrales Thema der Veranstaltung sein sollten, der Papst jedoch bereits signalisiert hatte, dass er fest entschlossen war, die protestantische Lehre zu verurteilen.

In der Darstellung auf dem Flugblatt präsentiert Paul III. seinen linken Fuß vorgestreckt auf dem zweistufigen Thronsockel, als sei er bereit, einen Fußkuss entgegenzunehmen. Stattdessen zeigen ihm jedoch zwei Bauern – mit höhnischem Grinsen in den Gesichtern – nur ihre entblößten Hinterteile, aus denen wolkige Luftwirbel entweichen. Die Verhöhnung des päpstlichen Bannes und des Fußkusses durch die Bauern drückt Luther mit folgenden Worten aus: »Nicht Bapst, nicht schreck uns mit deim Bann, Und bis nicht so zorniger Man, Wir thun sonst ein gegenwehre, Und weisen dir das Belvedere. Mart. Luth. D. 1545.« LK

Quellen und Literatur
Grisar/Heege 1923, S. 22–24, Abb. 4 · WA 54, 351, Abb. 10

333

Der Papst – Doktor der Theologie und Magister des Glaubens (Blatt 4)

Blattmaß: 30 × 17,9 cm
Stiftung Deutsches Historisches Museum,
Inv.-Nr. 1988/708.3

Originaltitel: PAPA DOCTOR THEOLOGIAE / ET MAGISTER FIDEI

Ein Esel mit Tiara und Pluviale sitzt unter einem Baldachin auf einem Thron und spielt mit den Vorderhufen auf einer Sackpfeife. Diese Darstellung wird direkt durch den darunter stehenden Vers Luthers erklärt: »Der Bapst kan allein auslegen / Die Schrift, und Irrthum ausfegen, / Wie der Esel allein pfeiffen / Kan, und die Noten recht greiffen. / Mart. Luth. D. / 1545.«

333 Blatt 4

334 Blatt 5

Die Macht des Papstes, die Botschaft Gottes falsch zu interpretieren, wird hier kritisiert. Und wie schon auf dem zweiten Holzschnitt der Flugblattfolge wird der Papst durch einen Esel verkörpert. Die Wappenlilie auf der Tiara kennzeichnet ihn als Paul III. aus dem Hause Farnese. LK

Quellen und Literatur
Grisar/Heege 1923, S. 29–32, Abb. 8 · Grüber 1997, Bd. 1, S. 49 (ill.) · WA 54, 350–354, Abb. 4

334

Die Anbetung des Papstes als Gott der Erde (Blatt 5)

Blattmaß: 30 × 17,9 cm
Stiftung Deutsches Historisches Museum,
Inv.-Nr. 1988/708.8

Originaltitel:
ADORATVR PAPA DEVS TERRENVS

Beischrift: Bapst hat dem Reich Christi gethon / Wie man hie handelt seine Kron, / Machts jr zweifeltig, spricht der Geist, / Schenckt getrost ein, Gott ists, ders heist. // Mart. Luth. D. / 1545

Drei Männer, Bauern oder Landsknechte, benutzen eine päpstliche Tiara, welche auf einem würfelförmigen Sockel mit der Öffnung nach oben – also falsch herum – installiert ist, als Abort. Während sich der erste junge Bursche gerade mit herabgelassener Hose über der Tiara-Öffnung erleichtert, schauen seine etwas älteren zwei Begleiter zu, der eine ebenfalls auf dem Sockel stehend, der zweite rechts an den Sockel gelehnt und an seinem Hosenbund nestelnd. Dem Sockel vorgeblendet ist ein Wappenschild mit den zwei gekreuzten päpstlichen Schlüsseln, welche allerdings nicht mit Bärten, sondern mit Diebeshaken ausgestattet sind.

Diese Szene und der dazugehörende Text von Martin Luther schmähen den Papst als Dieb und Missetäter, der das Reich Christi bereits in der Vergangenheit missbrauchte und mit seinem Schmutz besudelte und deshalb nun selbst eine entsprechende Behandlung verdient. Im Laufe der Jahrzehnte nach Luthers Tod gab es verschiedene Nachdrucke der gesamten Folge antipäpstlicher Flugblätter – zunächst von den originalen Druckstöcken und Anfang des 17. Jhs. von neu geschaffenen Druckstöcken mit zusätzlichen ornamentalen Randverzierungen. LK

Quellen und Literatur
Grisar/Heege 1923, S. 24–26, Abb. 5 · WA 54, 343–373, Abb. 11

335

Der Papst veranstaltet ein Konzil in Deutschland (Blatt 6)

Blattmaß: 30 × 17,9 cm
Stiftung Deutsches Historisches Museum,
Inv.-Nr. 1988/708.1

Originaltitel: PAPA DAT CONSILIVM / IN GERMANIA

Beischrift: Saw du must dich lassen reiten, / Und wol sporen zu beiden seiten, / Du wilt han ein Consilium. / Ja dafür hab dir mein merdrum. // Mart. Luther. D. / 1545

Der auf einer Sau reitende Papst, zu erkennen an der Tiara auf dem Haupt, streckt seine rechte Hand zum Segen aus, während er mit der linken einen Haufen dampfenden Kot nach vorne reicht, damit die Sau daran schnüffeln kann. Diese Szene bezieht sich auf das aktuelle Geschehen im Frühjahr 1545, denn die Sau verkörpert die vom Papst zu einem Konzil nach Trient eingeladenen Vertreter des kaiserlichen, christlichen Deutschlands.
In der Schrift *Wider das Bapstum [...]*, die Luther im März 1545 veröffentlichte (Kat. 329), schildert er eine Situation, in der Papst Paul III. Kaiser Karl V. droht: »Wir wollen dich lehren, wie du sollst mit deinen deutschen Säuen ein Konzil begehren von dem römischen Stuhl«. Der Holzschnitt auf dem Flugblatt illustriert dieses Kräftemessen und ist zugleich als Handlungsanweisung zu sehen: Wenn der Papst eine Sau reiten und von dieser nicht gebissen werden will, muss er ihr einen Haufen Dreck zu fressen geben (= ein Konzil einberufen), damit er nicht weiter von der Sau behelligt wird. LK

Quellen und Literatur
Grisar/Heege 1923, S. 28–32, Abb. 7 · WA 54, 350–354, Abb. 3

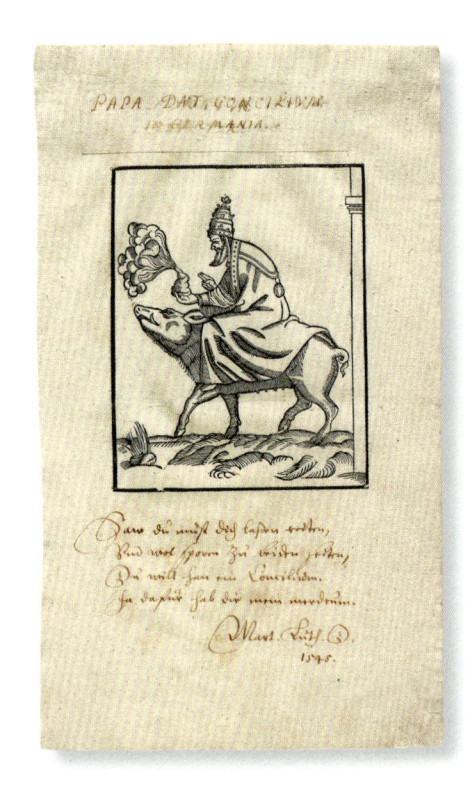

335 Blatt 6

336 Blatt 7

336

Der Papst belohnt die Herrscher für die zahllosen Wohltaten (Blatt 7)

Blattmaß: 30 × 17,9 cm
Stiftung Deutsches Historisches Museum,
Inv.-Nr. 1988/708.2

Originaltitel: PAPA DAT MERCEDEM CAESARIBVS / PRO INNVMERIS BENEFICIIS

Beischrift: Gros gut die Keiser han gethan / Dem Bapst, und ubel gelegt an, / Dafür ihn der Bapst gedanckt hat, / Wie das Bild dir die Warheit sagt. // Mart. Luth. D. / 1545

Das vorletzte Flugblatt der antipäpstlichen Serie zeigt den Papst als Scharfrichter, bevor er in der abschließenden Szene auf dem letzten Flugblatt selbst hingerichtet wird. Der links stehende, mit Albe und Pluviale bekleidete Papst trägt auf dem Kopf eine Tiara, aus der oben ein erleuchteter Teufel hervorlugt. Das Kirchenoberhaupt hält mit beiden Händen ein Schwert, um damit in weit ausholendem Schwung das rechts vor ihm kniende und betende Opfer hinzurichten. Das Opfer trägt einen Königsornat. Auf späteren Fassungen des Holzschnitts ist auch der Name des Opfers festgehalten: Es handelt sich um Konradin, den Mitte des 13. Jhs. regierenden letzten König aus der Dynastie der Staufer.
Die Vorlage zu diesem Blatt – ein Probedruck, auf dem Luther mit seiner eigenen Handschrift den Vers notiert hatte – ist in der Sächsischen Landesbibliothek in Dresden erhalten (Sign.: Mscr. Dresd. R. 307). Das Dokument hat allerdings im Zweiten Weltkrieg einen schweren Wasserschaden erlitten. LK

Quellen und Literatur
Grisar/Heege 1923, S. 27–29, Abb. 6 · WA 54, 350, Abb. 5, 6

337

Der verdiente Lohn für den teuflischen Papst und seine Kardinäle (Blatt 8)

Blattmaß: 30 × 18,3 cm
Stiftung Deutsches Historisches Museum,
Inv.-Nr. 1988/708.4

Originaltitel: DIGNA MERCES PAPE SATANISSIMI ET CARDINALIVM SVORVM

Das Flugblatt mit der Hinrichtungsszene wirkt aus heutiger Sicht besonders abstoßend und brutal, weil die Darstellung deutlich realistischer und weniger pittoresk erscheint als die Motive der anderen antipäpstlichen Spottblätter: An einem Galgen mit drei Balken als Stützen und drei weiteren Balken als Querverbindungen sind vier Personen mit Stricken um den Hals aufgeknüpft. Ihre Zungen wurden herausgeschnitten und hinter den jeweiligen Köpfen ans Holz genagelt. Dazu passt der Vers unter dem Bild: »Wenn zeitlich gestrafft solt werden Bapst und Cardinal auff Erden, Ir Lesterzung verdienet hett, Wie ir Recht hie gemalet steht. Mart. Luth. D. 1545.«

Mit dem Papst rechts außen, der noch seine Tiara auf dem Haupt trägt, ist gerade der auf einer Leiter stehende Henker beschäftigt. Links vom Papst sind drei weitere Geistliche bereits exekutiert worden: ein kirchlicher Würdenträger ohne besonderes Merkmal, ein Mann mit spitzem Bart – wohl der Kardinal von Augsburg, Otto Truchseß von Waldburg – sowie links außen, mit einem Barett auf dem Kopf und einem Kardinalshut am Arm baumelnd, der Kardinal von Mainz, Albrecht von Brandenburg.

Gegen Albrecht, den jüngeren Bruder des brandenburgischen Kurfürsten Joachim I., hegte Luther besondere Hassgefühle: »Wenn man Diebe hängen sollte, sollte man für allen Dingen den Bischof von Mainz hängen an einen Galgen, der siebenmal höher ist, als der Giebenstein« (= Giebichenstein), hatte er schon früher in einer Tischrede gefordert (zit. nach: Grisar/Heege 1923, S. 26). Und in seiner Schrift *Wider Hans Worst* bemerkte Luther 1541: »Und ich mag das auch sagen, das mir kein Herr [...] so gnedig allzeit geantwortet, und so viel zu gut gehalten haben, als eben der Bischoff Albrecht. Ich dachte fur war, Er were ein Engel. Er hat den rechten Meister Teufel, der sich so schön putzen kan, und doch darunter uns Lutherische Buben schalt, und, was er wider diese Lere vermocht zu thun, nicht unterlassen hat. Ich meine ja, ich sei auch beschissen in meinem hohen vertrawen auff solchen bösen menschen. Wolan, hin ist hin, er sol und mus auch da hin.« LK

Quellen und Literatur
Grisar/Heege 1923, S. 26 f., Taf. 1 · Grüber 1997, Bd. 1, S. 49 (ill.) · WA 51, 538 · WA 54, 351, Abb. 8

Polemik und Konflikte

338

Erhard Schön (zugeschrieben)
Des Teufels Sackpfeife

um 1530–1535
Holzschnitt, koloriert, typografischer Text
Blattmaß: 36,5 × 27,2 cm; Satzspiegel:
32,4 × 24,6 cm; Bildmaß: 32,4 × 24,6 cm
Stiftung Schloss Friedenstein Gotha,
Inv.-Nr. 37,2
Ausstellung Minneapolis

unten rechts: Vor zeytten pfiff ich hin vnd her /
Aus solchen Pfeiffen dicht vnd mer [...]

Ein grün-gelbes, zotteliges, diabolisches Wesen mit spitzen Ohren, kreisrunden Augen und einem zähnefletschenden Unterleib spielt in diesem Holzschnitt von Erhard Schön eine Sackpfeife, die als Mönchskopf mit Doppelkinn und Tonsur gestaltet ist. Die verlängerte Nase des Geistlichen bildet die Melodiepfeife, auf der der Teufel seine Weise spielt. Das Mundrohr, durch das er die Luft bläst, setzt am Ohr des Mönchs an. In diesem Detail wird augenscheinlich, dass der Teufel seine listigen Gemeinheiten und Bosheiten direkt in die Ohren der Geistlichkeit flüstert. Vor dem Hintergrund der konfessionellen Auseinandersetzungen erscheint der Klerus hier in satirischer Überzeichnung als Werkzeug des Satans, wodurch das Flugblatt die protestantische Position einnimmt. In den acht Versen, die in der rechten unteren Ecke mit Typen gesetzt sind, bedauert der Teufel denn auch, er könne nicht mehr wie früher viel »Fabel Trewm vnd Fanthasey« auf solchen Pfeifen spielen – damit sei es aus. Gemeint ist der Anbruch einer neuen Ära, die durch Luther und seine Kritik an den Machenschaften der alten Kirche eingeläutet wurde. Doch hoffe der Teufel, da ja die Welt so sündhaft und arglistig sei, dass dieser Zustand nicht lang anhalten werde. Bei aller Polemik sind die letzten Worte auch als Warnung zu verstehen, nicht wieder vom rechten Weg abzukommen. UE

Literatur
Bild und Botschaft 2015, S. 130 f., Nr. 21 (ill.) · Bott 1983, S. 239, Nr. 301 (ill.) · Hollstein XLVII, S. 118–120, Nr. 80 (ill.) · Schäfer/Eydinger/Rekow im Druck, Kat. 238 (ill.) · Scribner 1981, S. 133 f., Abb. 100 (mit falscher Standortangabe; abgebildet ist das Gothaer Exemplar)

339
Sebald Beham
Protestantische Satire auf das Abendmahl

Anfang der 1520er Jahre
Feder und Tinte
Dm 9,9 cm
Thrivent Financial Collection of Religious Art, Minneapolis, Inv.-Nr. 84-15
Ausstellung Minneapolis

Die kleine Zeichnung scheint eine Skizze für eine satirische Darstellung zu sein, vielleicht für einen Druck. Ein Ziegenbock im Priestergewand kommt in einen Raum, in dem drei Männer um einen Tisch sitzen. Der Bock trägt einen Teller, auf dem sich die Speisen häufen. Der Mann vorn wendet sich dem Tier zu und wedelt mit einer großen Schere. Die Person dahinter gibt ihm Zeichen und zeigt auf den dritten Mann, dessen linke Hand erhoben ist, vielleicht, um Erstaunen oder Ablehnung anzuzeigen.

Das Bild könnte sich auf einen bekannten und hartnäckigen Kritiker Luthers beziehen, Hieronymus Emser, dessen Familienwappen einen Ziegenbock zeigt. Emser war persönlicher Sekretär Herzog Georgs von Sachsen (Kat. 349). Der Herzog und Emser sympathisierten zunächst mit Luther, aber als ihnen die theologische Bedeutung seiner Lehren klar wurde, wurden sie seine vehementen Gegner und überzeugte Befürworter der katholischen Kirche. Auf ihre Initiative fand 1519 die Leipziger Disputation statt, in deren Verlauf Luther den von Gott gewollten Primat des Papstes bestritt. Als Luther die Bannandrohungsbulle Papst Leos X. verbrannte (Kat. 165, 167 u. 168), warf er auch Emsers Bücher ins Feuer. Emsers Antwort waren diverse Schriften, in denen er Luther attackierte, und dieser schlug mit heftigen Schmähungen zurück. Er verspottete seinen Gegenspieler als »Bock Emser« und beschrieb ihn mit Bart, Maul und Hörnern.

Luther bezeichnete Emsers Schriften als Lügen und Gift. Dies könnte der Kern der vorliegenden Zeichnung sein. Ein Mann will den Bock vorbeilassen, und der andere, beeindruckt von dem, was dieser zu bieten scheint, hebt die Hand, um ihn davon abzuhalten. Die Schere könnte darauf verweisen, dass der Bock und seine Lügen bloßgestellt werden müssen. Eine konkretere Interpretation könnte sich auf Emsers Auffassung beziehen, dass die Priester während des Abendmahls Christus *in persona ecclesia* reichten. Nach dieser Satire würde also Ziegenfleisch auf dem Hostienteller liegen.

339

Eine Zuordnung der Zeichnungen zu Sebald Beham ist plausibel, jedoch nicht gesichert. Die meisten seiner Zeichnungen sind stärker ausgearbeitet, selbst die flüchtigen sind präziser in der Ausführung als dieses Blatt. Doch manche Merkmale, so die teilweise perspektivische Verkürzung, die üppige Schraffierung in unterschiedlichen Stärken und die gelockten Haarspitzen verweisen alle auf die bekannten Zeichnungen Behams. Ursprünglich arbeiteten Beham, sein Bruder Barthel und Georg Pencz in Nürnberg, wurden aber 1525 aus der Stadt verbannt. Man verurteilte sie wegen Gotteslästerung, Ketzerei und Missachtung des Stadtrats. Später im gleichen Jahr änderte die Stadt ihre Meinung und die »drei gottlosen Maler« durften zurückkehren. TR

Literatur
Bagchi 1991 · Lindell 2011, S. 76 f.

DELINEATIO MALÆ ARBORIS LVTHERANÆ.
Das ist
Ein eygenttliche Entwerffung / vnd Fürstellung deß bösen vnfruchtbaren Luther oder
Ketzerbaums / darauß zuuernemen / was deß Baums Wurtzel / Stammen vnd Näst / ja
wie auch der gantz vermeynt Christenbaum beschaffen rc.
Durch M. ABRAHAMVM NAGELIVM GAMVNDIANVM.

340

Abraham Nagel
Der Ketzerbaum

1589
Holzschnitt
Bildmaß: 36 × 24,1 cm;
Blattmaß: 40,7 × 24,3 cm
Stiftung Luthergedenkstätten in Sachsen-Anhalt, Inv.-Nr. grfl VI 1071
Ausstellung Minneapolis

oben: Delineatio malae arboris Lutheranae. / Das ist E. eygentliche Entwerffung, und Fürstellung deß bösen unfruchtbaren Luther oder / Ketzerbaums, darauß zuvernemen, was deß Baums Wurtzel, Stammen und Näst, ja / wie auch der gantz vermeynt Christenbaum beschaffen [...]

In der Mitte des Bilds ist »SOROR MEA SPONSA« zu lesen. Diese Anspielung auf das mittelalterliche Bildmotiv des *hortus conclusus* verspottet die Protestanten. Anstatt eines eingefriedeten Paradiesgartens, in dessen Mitte friedlich die Muttergottes sitzt, wuchert hier ein stacheliger Ketzerbaum.
Der Baum teilt sich auf in Wurzel, Stamm und Äste. Da die alten Ketzer, wie beispielsweise Marcion, Jan Hus und Nestorius, die Wurzel bilden, hat der Baum keine Kraft. Von ihnen geht Gift, Galle und Wermut aus. Der Stamm wird vom siebenköpfigen Luther gebildet, bezugnehmend auf das siebenköpfige *Apokalyptische Tier* der Offenbarung. Derjenige, der den Stamm eigentlich zusammenhält, ist jedoch der Teufel, der unterhalb von Luther das Gift der Ketzerei bündelt und nach oben weitergibt. Er sorgt für Entzweiung und Verwirrung. Der Stamm ist darum nicht gut und grün, sondern »räudig«, wie der Autor Abraham Nagel in seinem Buch *Schüttlung deß vermeinten Christenbaums [...]* ausführt.
Die Äste und Zweige sind dürr. Die Früchte des Baums bestehen aus Raupen und anderen »Mißgeburt[en]«: Männern sitzen auf den Zweigen. Sie stehen für die verschiedenen Varianten des Protestantismus und bekämpfen einander mit ihren Schwertern.
Dieser Holzschnitt ist heute selten. Lediglich ein weiteres Exemplar in der Herzog August Bibliothek Wolfenbüttel ist bekannt; dieses ist im Gegensatz zum vorliegenden Blatt komplett erhalten. Der Autor Abraham Nagel war Priester und wurde 1584 Kanoniker des Neumünster-Stifts in Würzburg. 1589 veröffentlichte er die Schrift *Schüttlung deß vermeinten Christenbaums*. Sie steht im Kontext einer größeren Kontroverse, die vom Flacianer (Kat. 342) Alexander Utzinger angestoßen worden war. Nagels Schrift erläutert die Buchstaben, die auf der Grafik zu sehen sind.

Abb. 11
Ketzerbaum aus dem Ernestinischen Bibelwerk, 1641

Es gibt protestantische und katholische Ketzerbäume. Sie versinnbildlichen mit ihrem Wuchs und der impliziten Stufenabfolge die kontroversen geschichtstheologischen Auffassungen. Suggerierte historische Kausalketten legitimieren die eigene Sicht auf die Geschichte des Christentums und diffamieren die jeweils andere Konfession. So findet sich ein protestantisches Äquivalent im Bibelwerk von Ernst dem Frommen aus dem Jahr 1641. Hier wurde in den ersten drei Auflagen ein Ketzerbaum aus evangelischer Sicht dargestellt. Die Pflanze hat ihre Wurzeln in Simon Magus (Apg 8,9–24), der mit seinen gnostischen Vorstellungen als erster Ketzer der Geschichte des Christentums gilt. Die Blüten der Pflanze sind der Islam und das Papsttum als sichtbare Vorboten des kommenden Weltgerichts (Abb. 11).
RK

Literatur
Joestel 2008, S. 174 f. · Koch 2002 · Marten 2010 · Nagel 1589 · Treu 2003 a, S. 12 f.

341

unbekannter Künstler
Lutherus Triumphans (Flugblatt)

Wittenberg, um 1568
Holzschnitt
Blattmaß: 23 × 35 cm
Pitts Theology Library, Emory University, Atlanta, 1568 EHRW
Ausstellung Atlanta

342

unbekannter Künstler
Lutherus Triumphans (Flugblatt)

nach 1568
Radierung
Bildmaß: 34 × 27,5 cm;
Blattmaß: 36,3 × 29,3 cm
Stiftung Luthergedenkstätten in Sachsen-Anhalt, Inv.-Nr. fl XI 1035
Ausstellung Minneapolis

Das Flugblatt *Lutherus Triumphans* ist die lutherische Antwort auf den katholischen Vorwurf der Uneinigkeit. Zwei Gruppen stehen sich auf dem Bild gegenüber: auf der rechten Seite der Papst mit seinen Unterstützern, ihnen gegenüber die geschlossene Gruppe der Reformatoren, angeführt von Philipp Melanchthon. Der katholische Klerus tritt in einem uneinigen, dreigeteilten Haufen auf. Die mitgeführten Heiligtümer wie Reliquien, Heiligenstatuen und Monstranzen vermitteln den falschen Weg zu Gott, wie am Fuchsschwanz an einer Lanze deutlich wird. Fackeln und Schwerter der Dominikanermönche machen die inquisitorischen Tätigkeiten des Ordens deutlich. Da die Mönche des Jesuitenordens ihre Federn in das Hinterteil einer dreiteiligen Bestie tunken, wird deutlich, woher sie ihre Theologie beziehen. Auf der anderen Seite reckt Melanchthon seine Schreibfeder in Richtung Luther und versinnbildlicht den erlösten Stand des Reformators und seiner Lehre. Luther, mit beiden Beinen fest auf der Erde, hat die aufgeschlagene Bibel in den Händen. In ihr sind die für seine Theologie wichtigen Bibelstellen Röm 1,17 und Gal 3,7 zu sehen. Die als Fundament unter dem Papststuhl liegenden Buchautoritäten hingegen brechen weg. Sogar die Papstinsignien, der Himmelsschlüssel und das zweischneidige Schwert, das die Hilflosen schützen und die Gegner der Kirche strafen soll, zerfallen in den Händen von Papst Leo X. Sein Stuhl schwankt bedrohlich und nur die langen Stangen der Jesuiten stützen ihn noch. Die Papstkirche ist dem Untergang geweiht.

Polemik und Konflikte

341

Das Blatt erschien ursprünglich 1568 als Holzschnitt (Kat. 341). Zu einem späteren Zeitpunkt wurde eine seitenverkehrte Radierung angefertigt. Auf der Kopie wurde die zentrale Figur in der Mitte des Blattes, die als »Judas« verspottet wird, umbenannt. Ursprünglich (Kat. 341) war hier der konvertierte Theologe Friedrich Staphylus zu sehen, der Luthers Theologie »dreifach« ausgelegt und sie als verwirrt und teuflisch beschrieben hatte. Darum zieht die Figur eine dreifache Chimäre hinter sich her. In der Kopie (Kat. 342) wird aus Staphylus Matthias »Illyrius« Flacius, das »leibhaft gewordene Gewissen« der Lutheraner (Stopp 1965).

Der Gnesiolutheraner hatte den Anhängern Luthers vorgeworfen, sich von der wahren Lehre entfernt zu haben. Dieser Streit war Wasser auf die Mühlen der Altgläubigen, die die Uneinigkeit der lutherischen Partei weidlich ausschlachteten. Das Blatt vermittelt dagegen die Geschlossenheit der Anhänger Luthers und verspottet vermeintliche Verräter als »Judas«. RK

Literatur
Harms 1983, S. 36f., Kat. 18 · Harms/Schilling/Wang 1997, S. 28f., Kat. 14 · Hofmann 1983b, S. 156, Kat. 30 · Klug 2012 · Niemetz 2008 · Spinks 2015, S. 109–111 · Stopp 1965 · Treu 2003a, S. 10–12

LVTHERVS. TRIVMPHANS.

A Als ich Martin Luther hab gesagt,
Im Leben mein vnd offt beklagt,
Das sind sich jetz im werck vnd that,
Wie der Sathan mit seinem Raht,
Jetzund in Kirchen vnd Schulen Rumordt,
Durch sein listig vnd lugen Mordt,
Wider die heylsame reine Lehr,
Welche Christus vnser trewer Herr,
Durch mich in Deutschland mit macht,
Lauter vnd Rein herfür gebracht,
Vnd den werthen Gehülffen mein,
B Philippum Melanthon ich meyn,
Daß wir beyde in ein Corpus gar,
Brachten mit GOtt die Lehre klar,
Solch einigkeit der Reinen Lehr,
Der Teuffel nicht kundt leyden mehr,
Erweckt derwegen der Schwermer viel,
Rotten vnd Secten ohne ziel,
Die schreyen/schreiben vnd schmeissen wol,
Alle Kirchen/Schulen vnd Stätte vol,
Auß Geltz/Ehrgeitz/Hoffart vnd Neyd,
Zum Zancken/Hadern/Begirigkeit,
Auch eygen Raht/falschen wohn,
Der grossen lust vnd heiligkeit schon,
Vnter welchen Stiffter vnd anfenger gar,
Jst solcher Sect vnd böser Schaar,
C Der Verräther Flacius Apricus,
Der sich behilfft mit Judas Kuß,
Ein Gottloser vnd Christi feindt,
Was glaubens er sey/vnd was er meint,
Das weist sich auß sein Comment,
Das er Clavem Scripturæ nennt,
Zu diesem sich gar schnell auch fand,
Der trewloß Staphylus genannt,
Ein falsches Hertz vnd roter Bart,
Kurtz Klend/schnell gantz nach Judas art,
Ob er wol vor mein Junger war,
In meiner Schul erzogen gar,
Doch gefiel jhm deß Bapstes gut,
Vnd der roht Cardinalisch Hut,
Darumb verleugnet er die Warheit,
Bekam doch nit die gehoffte Beut,

E Drauff folgt die vngeheuwre Rott,
Die der Andechrist gezeuget hat,
Mit seiner Babilonischen Braut,
Die Rote Hur ein bös Römische haut,
Welchs ist ein seltzam gflicks Gesind,
Auß allerley Mutter Kind,
Erzogen in dem Höllischen Pful,
Studirt in der Mönchen Schul,
Bringen den alten Thandt herein,
Schmücken sich mit dem Namen sein,
Das die JESVJTER seyn,
Ja JESV zu wider ich menn,
Im mund führen sie Christum den HErrn,
Im Hertzen sie jhren Abgott ehren,
Auff einem Stul von Helffenbein,
Geschmückt geziert mit edlem Gestein,
F Sitzt der Bapst hie/der sich gar fest,
Als einen Gott anbeten vnd küssen lest,
Auch sich anrufftet daß er ist,
Ein Statthalter des HErren Christ,
Jst doch voller Laster allerhandt, (schandt,
Mord/Lügen/Geitz/Vnzucht/Blut-
Trewloß meinenwig/was er will,
Das muß recht sein/ohn alles ziel,
Sein Recht/Gsetz soll gelten mehr,
Denn Gottes Wort vnd Christi Lehr,
Was er ordnet/schafft thut vnd lehrt,
Das soll gut sein/trotz der sjm werht,
Er setzet ab/er setzet ein,
Keyser vnd König nach dem willen sein,
Verkaufft den Himmel vmb das Geldt,
Betreugt also die schnöde Welt.
Ein Fegfewr/für die Seelen arm,
Er thut/er machs jhn sehr Warm,
Wer Reich ist der kriegt Ablaß frey,
Wer kein Gelt hat ist nicht darbey,
Solche grosse macht der Antechrist,
Auff diesem Stul jhm selbst zumist,
Derhalben bin ich jetzt auff der Bahn,
Mit dem frommen getrewen Mann,
Philippus Melanthon offt genannt,
Den ich in allen trewen erfandt,

Den mir auß sonder grossen gnad,
GOtt zum Gehülffen geben hat,
Dein Bubenstück vnd falsche Lähren,
Deß Antichrist zu offenbahren,
Die reinen Lehr vnd Göttlich Wort,
Ans liecht zubringen an allem ort,
Ich stehe hie auff dem Berge schlecht,
Für dir/O Bapst du Teuffels Knecht,
G Das ist das Buch/damit ich hab,
Dein Tück endeckt/das ist mein Stab,
Damit hab ich die dreyfache Kron,
Mit Edelgestein vnd Goldt gar schon,
Dir abgeworffen vnd Abconterfeyt,
Dich selbst hiermit in dieser zeit,
Denn dasselbige die Kräffte hat,
Das es kan vmbstossen in der that,
Der Vatter Bapst mit seinen Pfaffen,
Die Jesuiter sampt Mönchischen affen,
Welche mit der Monstrans vnd fahne viel,
H Sampt andern Heiligthumb ohne ziel,
Mit eusserlichem Schwerdt vnd Fewer,
Auffgetretten kommen Vngeheuwer,
I Bringen auch mit sich Frans Pluderhoses,
Welcher wolt mit der Nonnen kosen,
K Deßgleichen mit Creutz vnd Todtenkopff,
Weil der Pfafft ein loser Tropff.
Verthädigen sollen seinen Abgott,
Vnd wolten helffen auß aller Noht,
Da doch die eusserlichn Werck helffen nicht,
Vnd erlösen von Gottes Gericht,
Sonder der glaub macht allein Gerecht,
Daran man sich soll halten schlecht,
Wil man die wol leben zeitlich,
Vnd den Todt nicht sehen ewiglich.
Es wil zwar einr den Pfaffen zhülff komen,
Dieweil er von jhren Rott vernomen,
Daß ihnen nicht hülfft jhr List vnd Tück,
Daß ihr Anschläg gehn zu rück,
L Darumb er mit sich das greulich Thier,
Bringt auß der Höllischen glut herfür,
Welchs in ein Leib hat drey gestalt,
Gantz wunderbam/vnd Mannigfalt,

Forn ist ein Löw hinden ein Drach,
Mitten ein Genß mit Hörnern Flach,
Das nennt die dreyfach Theologi,
Lutheri/vnd nicht ein spötterey,
Darinn er mein Lehr veracht,
Macht sie in aller Welt verdacht,
Dazu machn sich die Jesuiter auff,
Verstossen den Ersamen einem lauff,
Stehen mit ihr Schreibfedern klein,
Dem Thier in dem hindern nein.
Trabens fort gantz vngestüm,
Daß es zuhülff den Stulherrn küm,
M Welcher schon hangt geferlich sehr,
Vnd sencket sich je lenger je mehr,
Als wolt er gehn zu boden gar,
Daß auch der Jesuiter Schaar,
Mit Krück vnd Gablen eylen hertzu,
Daß er nicht gäntzlich fallen thu,
Aber es hat ein schlecht Fundament,
Sondern es wird nemen ein endt,
N Dan ist vnterstützt Pilato vñ Aristoteles
Die Pfaffen haben ihren Decretales,
O Petrus Lambertus mit seiner Philosopheyen,
Vnd die gsatz der Mönchereyen,
Aber sie können damit die Lehre mein,
Welche stimpt mit Gottes wort vberein,
Nicht vmbstossen gantz vnd gar,
Dan sie hat zum pfeiler der Engel schar,
Welche allen Glaubigen stehen bey,
In allen Anfechtungen frey,
Daß sie nit versincken in ihrer Noht,
Sondern durch den zeitlichen Todt,
Können wandlen in das Himmelreich,
Zur ewigen freud alzugleich,
Dazu wolle vns helffen Gottes Sohn,
JEsus Christus der gnaden thron,
Denn sampt Vater vnd heiligem Geist,
Alle Welt soll ehren aller meist,
Vnd mit Geistreichen Hertzen allesamen,
Soll frölich singen vnd sagen/Amen.

343

unbekannter deutscher Künstler
Vexierbild Voppart und Narr

um 1525
Holzschnitt, koloriert, typografischer Text
Blattmaß: 40 × 28,2 cm; Satzspiegel:
29,2 × 27 cm; Bildmaß: 27,1 × 27 cm
Stiftung Schloss Friedenstein Gotha,
Inv.-Nr. 37,1
Ausstellung Minneapolis

oben: Uoppart.
unten: Narr.

Das Vexierbild zeigt einen Doppelkopf, bei dem zwei Köpfe dergestalt miteinander verbunden sind, dass sie sich einen Mund teilen. Dabei ist der eine richtig herum zu sehen – er trägt einen roten Kardinalshut –, der andere steht kopf. Dessen Haupt wiederum bedeckt eine bunte Schellenkappe mit Eselsohren, die bei Wendung des Blattes um 180° mit »Narr« überschrieben ist. Sein Gegenüber ist nicht, wie man zunächst meinen könnte, mit Kardinal, sondern mit »Uoppart« tituliert.
Ein Fopper ist ein Betrüger, der ähnlich wie der Narr seine Mitmenschen an der Nase herumführt. Dieses einzelne Wort über dem Kardinal unterstreicht den bildlichen Witz, einen Narren und einen Kardinal aus einem Mund sprechen zu lassen. Der Kardinal wird als Betrüger, als Narr entlarvt und reiht sich damit in eine Reihe polemischer Bilder und Ideen, die den eigentlichen Sinngehalt verkehren bzw. das verkehrte Verständnis angreifen. Anhand des Flugblattes kann hier in buchstäblichem Sinn das Blatt verkehrt oder gewendet werden, wodurch sich dem Betrachter der Wahrheitsgehalt der Rede eines Kardinals offenbart.
Der Doppelkopf als Motiv in den polemischen Auseinandersetzungen der gerade entstehenden Konfessionen wurde vor allem auf protestantischer Seite seit den 1540er Jahren im Medium der Münzen genutzt (vgl. Kat. 325–327). Vorläufer einer satirischen Instrumentalisierung war jedoch vermutlich ein um 1520/22 erschienenes Flugblatt, das heute in der Wormser Stadtbibliothek aufbewahrt wird. Es zeigt einen Doppelkopf mit Barett und Narrenkappe und ist mithilfe des gedruckten Textes über und unter der Abbildung als Luther bzw. als Narr zu identifizieren. Die Erstnutzung lag also auf katholischer Seite. Die protestantischen Anhänger zeigten sich bei der Weiterverwendung jedoch geschickter, das Motiv durch die fast vollständige Reduktion der Polemik auf das Bild quasi in ein antikirchliches Symbol zu transformieren. So taucht der Doppelkopf mit Kardinal und Narr oder auch mit Papst und Teufel später nicht nur auf Münzen und Medaillen, sondern auch auf Ofenkacheln und Gebrauchsgegenständen auf. UE

Literatur
Bild und Botschaft 2015, S. 128 f., Nr. 20 (ill.) · Krauß 2010, S. 175, Abb. 100 (mit falsch angegebener Inv.-Nr.) (ill.) · Satō/Schäfer 1995, S. 45, 139, Nr. 37 (ill.) · Schäfer/Eydinger/Rekow im Druck, Kat. 411 (ill.) · Scribner 1981, S. 165 f., Abb. 134 (ill.)

Bildersturm in Wittenberg – ein Mythos?

Wichtige Fragen der noch jungen Reformation – wie jene nach dem Inhalt der Messe, der Art und Weise des Abendmahls und der Rolle der Klöster – wurden innerhalb der reformatorischen Bewegung rege diskutiert. In diesem Zusammenhang trat die Frage nach der Verwendung von Bildnissen in der Glaubensausübung regelmäßig auf. Sehr radikal verdeutlicht Andreas Bodenstein, genannt Karlstadt, in seinem Traktat *Von abtuhung der Bylder* die Kritik an der bisherigen Lesart der ersten beiden Gebote. Nach ihm offenbare sich Gott nur in der Schrift und der Erscheinung Jesu, jegliches Abbild hingegen verweise »auff nichts anders dan uff lauter und blos fleisch«.

Mit der Rückkehr von der Wartburg und seinen *Invokavitpredigten* vermochte Martin Luther die aufgeheizte Stimmung zu beruhigen und die strenge Haltung Karlstadts zu relativieren, gleichwohl die Bilderfrage bei ihm keine solche wichtige Stellung einnahm. Indem er darauf hinwies, dass erst der Mensch ein Bild zum Götzen erhebe und der Glaube im Zentrum stehen müsse, entkräftete er Karlstadts radikale Haltung.

Trotz der angespannten Lage innerhalb der Stadt und den Bestrebungen Karlstadts gab es keine ernsthaften Aktivitäten, die zur gewaltsamen Entfernung des Kircheninventars im Sinne eines Bildersturms führten. Einzig als die Augustinereremiten das Inventar aus ihrer Klosterkirche entfernen und auf dem Hof verbrennen ließen, war ein solcher Aktionismus in Wittenberg zu verorten. Handlungen dieser Natur waren in Mitteldeutschland jedoch die Ausnahme.

Gleichwohl erfolgte an vielen Orten die Übernahme von Karlstadts Auslegungen. Insbesondere in Süddeutschland, dem Elsass und der Schweiz wandte man sich von der herkömmlichen Verwendung der Bilder ab, was zu einer besonders radikalen Entfernung des Kircheninventars in diesem Raum führte und durch die Reformatoren Hyldrich Zwingli und Jean Calvin getragen wurde.

Spontane oder geplante Beschädigungen oder Entfernungen von Bildnissen, Skulpturen und Altären aus den Kirchen durch Aktivisten, die sich aus den unteren oder mittleren Klassen zusammenschlossen, wurden oftmals von der Obrigkeit geduldet oder gar initiiert. Dabei handelte es sich um ein zumeist städtisches Phänomen, hatte sich doch durch zahlreiche Stiftungen wohlhabender Bürger ein Großteil der kirchlichen Bildwerke innerhalb der Stadtmauern angesammelt. RN

344a

Martin Luther
Ortenburg-Bibel

Augsburg: Heinrich Steiner für Peter Aprell, 1535
Buchblock: Pergament; Einband: Holz/Leder; Eckblech und Schließe: Messing
Stiftung Deutsches Historisches Museum,
Inv.-Nrn. RA 92/2968-1 und -2
VD16 B 2696
Ausstellung Minneapolis

Originaltitel: BJblia Das ist die gantze heilige Schrifft Deudsch. D. Mart. Luth.

344a
Bd. 1
31 × 21,5 cm

344b
Bd. 2
33,5 × 24 cm

Nachdem Luther unter Mitwirkung weiterer Theologen die Übersetzung des Alten Testaments abgeschlossen hatte, erschien die erste Luther-Vollbibel 1534 bei Hans Lufft in Wittenberg im Druck. Der Augsburger Drucker Heinrich Steiner erkannte die Bedeutung dieses Textes und fertigte innerhalb weniger Wochen den ersten Nachdruck der Lutherbibel an. Er erschien am 16. Februar 1535 und ist schon wegen seiner Dimension eine Besonderheit: Die beiden Bände umfassen insgesamt 1366 Seiten im zweispaltigen Druck zu je 52 Zeilen, das heißt, es sind insgesamt etwa 142 000 Zeilen gesetzt. Die Bibel wurde aufwendig mit Holzschnitten illustriert: Drei Titelblätter, zwei ganzseitige Holzschnitte sowie 70 spaltenbreite Holzschnitte sind in den Text eingestreut. Es handelt sich dabei um Nachschnitte eines unbekannten Meisters nach Holzschnitten von Hans Holbein d. J., Lucas Cranach d. Ä. und Melchior Schwarzenberg in der Lufft-Bibel. Der Großteil der Auflage wurde auf Papier, ein kleiner Teil jedoch auf Pergament gedruckt, das der Augsburger Pergamenter Peter Aprell zur Verfügung stellte. Die wohl bis zu zehn auf Pergament gedruckten Exemplare der Bibel kosteten eine

Polemik und Konflikte

344a

Schafherde von etwa 1 000 Tieren das Leben. Wer das unternehmerische Risiko für ein solch teures Buchprojekt trug, ist nicht bekannt. Finanziers lassen sich jedoch im reichen Patriziertum der Stadt Augsburg vermuten. Von der Steiner-Bibel sind heute noch 16 Exemplare bekannt, davon vier auf Pergament, die heute in Berlin, Stuttgart, Rom und Wolfenbüttel verwahrt werden.

Im Jahr 1561 trug der Reichsgraf Joachim von Ortenburg seinen Namen und seine Devise (»Eile mit Weile«) in den ersten Band der Bibel ein. Über den Weg der beiden Bände der Steiner-Bibel bis zu Joachim von Ortenburg wurde viel spekuliert. Am wahrscheinlichsten ist, dass Joachim die Prachtausgabe 1560 von seinem protestantischen und höchst bibliophilen Schwager Ulrich Fugger zum Dank dafür geschenkt bekam, dass er sich als Augsburger Rat für die vorzeitige Freilassung Fuggers aus der Haft stark gemacht hatte. Ulrich war wegen seiner immensen Schulden 1559 für sieben Monate eingekerkert gewesen. 1563 führte Joachim von Ortenburg gegen den erbitterten Widerstand seiner Lehnsherren, der Herzöge von Bayern, in seiner Reichsgrafschaft die Reformation ein. Daraufhin entzogen die Bayern Joachim immer mehr seiner Güter, sodass er nach endlosen Streitereien vor dem Reichskammergericht bei seinem Tod im Jahr 1600 nur noch über etwa einen Quadratkilometer Land herrschte. Dennoch blieb Ortenburg bis 1806 die einzige protestantische Enklave im sonst katholischen Bayern.

Bei seinem Tod hatte Joachim von Ortenburg keine direkten Nachkommen. Die Grafschaft fiel an seinen ältesten Großneffen Heinrich VII., der jedoch bereits 1603 starb. Der erste Band der Bibel blieb bei Heinrich und ging auf dessen Sohn Friedrich Kasimir über. Dieser sorgte als strenger Calvinist dafür, dass in diesem Band die Gottesdarstellungen auf dem Titelblatt und in dem Holzschnitt mit der Paradiesdarstellung getilgt wurden. Da Gottvater im zweiten Band noch an seinem Platz in der Titelbordüre thront, ist anzunehmen, dass dieser Band auf den lutherisch orientierten Neffen Heinrichs VII., Georg IV., übergegangen war. Spätestens in der Mitte des 18. Jhs. taucht der zweite Band in der Sammlung des Züricher Bibliophilen Georg Heidegger auf. 1819 ist er in der Sammlung des Pariser Verlegers Antoine Augustin Renouard nachweisbar. Nach englischem, deutschem und schweizerischem Privatbesitz konnte er erst 1986 wieder mit dem ersten Band zusammengeführt werden, der bis dahin im Besitz der Grafen von Ortenburg geblieben war. MM

Literatur
Fuchs 2013 · Seipel 2000, S. 246, Kat. 222 (ill.) · Strohm 2013 · Tenschert 1978, S. 255–265 (ill.)

344 b

344 a

Der Schmalkaldische Bund

Nachdem der Kaiser auf dem Augsburger Reichstag die *Confessio Augustana* abgelehnt hatte, bestand für die evangelischen Reichsstände die Gefahr, wegen Landfriedensbruchs militärisch angegriffen zu werden. Deshalb gründeten im Jahr 1531 acht Fürsten und elf Städte in Schmalkalden einen Verteidigungsbund der Reformation. In den Statuten versprachen die Mitglieder einander Unterstützung, sollten sie aus religiösen Gründen angegriffen werden. Der Bund wurde in einer Doppelspitze vom Kurfürsten von Sachsen und dem Landgrafen von Hessen angeführt, den »Bundeshauptleuten«.

Die Mitgliederzahl stieg, und der Bund etablierte sich als zentrale Plattform des Protestantismus. Zwölf weitere Herrschaften und 18 Städte traten bis 1546 bei. Insgesamt waren 17 Reichsstädte und vier Hansestädte vertreten. Aufkommende interne Unstimmigkeiten führten dazu, dass Lübeck bereits 1536 wieder austrat. Als größte Schwierigkeiten stellten sich Divergenzen um Ziele und Vorgehensweisen sowie eklatanter Geldmangel heraus.

Als Gegengewicht hatte sich 1538 die katholische Liga gegründet, was die weitere Polarisierung beschleunigte. 1545 brach ein Streit aus, als Truppen des Bundes Heinrich II. von Braunschweig-Wolfenbüttel, der der Liga beigetreten war, widerrechtlich gefangen nahmen. Der Schmalkaldische Bund war innerlich zerrissen und stellte keine geeinte Organisation dar. Vergeblich warb man um den Kurfürsten von der Pfalz, der ein schlagkräftiges Heer beigesteuert hätte. Ebenso wenig konnte der sympathisierende König von Frankreich in die Organisation eingebunden werden. Landgraf Philipp von Hessen, der eine Zweitehe mit seinem Hoffräulein einging, hatte dem Kaiser im Gegenzug für die Billigung dieser Doppelehe zusagen müssen, weder Frankreich noch England oder Kleve in den Bund aufzunehmen. Der größte Rückschlag trat ein, als Moritz von Sachsen Dienstmann des Kaisers wurde.

Von diesen Schwächungen erholte sich der Bund nicht. Die anderen Reichsfürsten wehrten ab und warnten die Bundesmitglieder, sich nicht gegen den Kaiser zu stellen. Karl V. betrachtete den Schmalkaldischen Bund dennoch als gefährlichen Machtfaktor. Im Schmalkaldischen Krieg 1546/47 gelang es ihm, den Bund zu zerschlagen. Die beiden Bundeshauptleute wurden gefangen genommen und kamen erst nach fünfjähriger Haft frei. Den Protestantismus konnte der Kaiser aber nicht mehr zurückdrängen. ASR

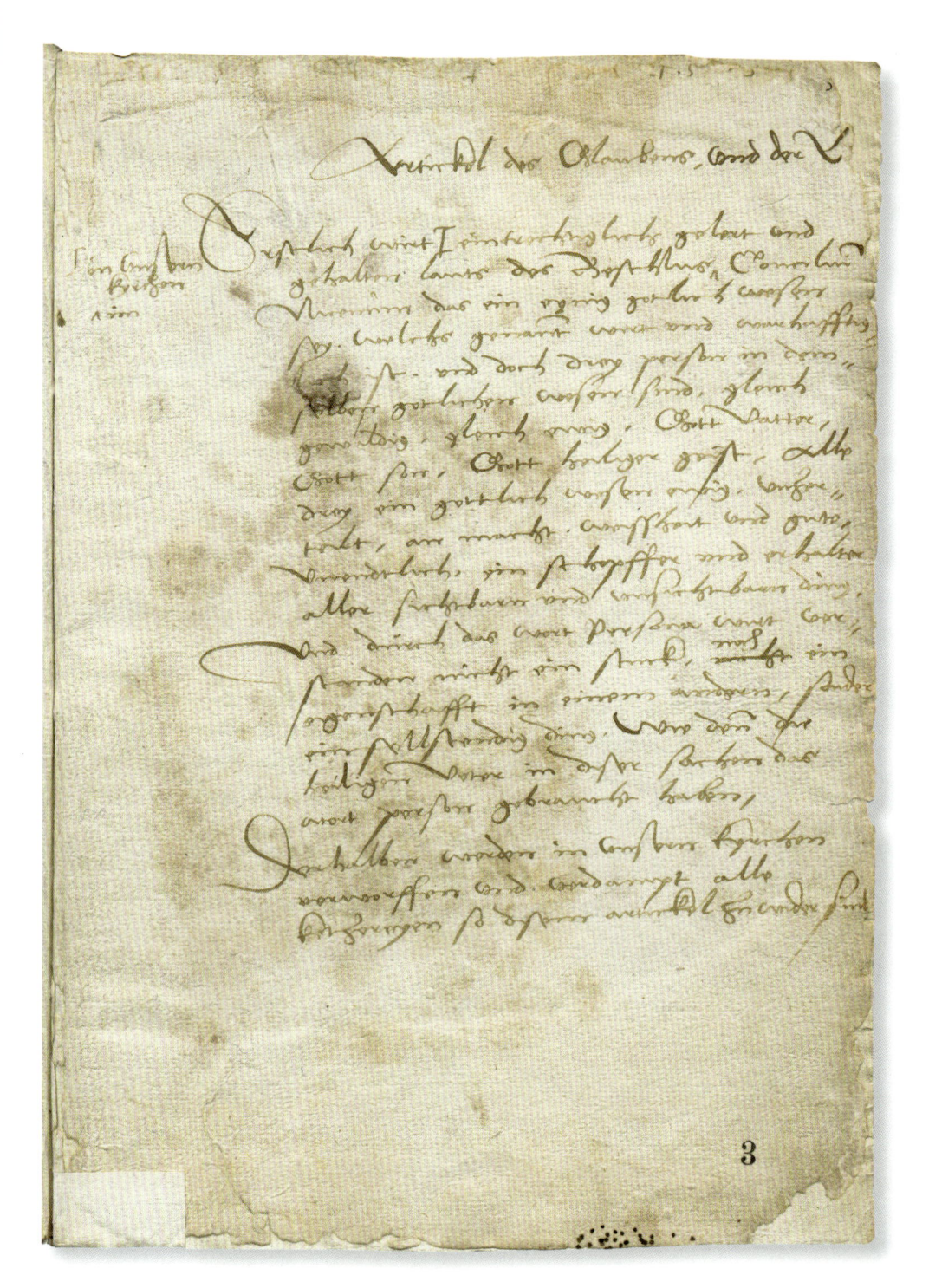

345

345

Philipp Melanchthon/
Georg Spalatin
Augsburger Bekenntnis
(früheste deutschsprachige Version
der *Confessio Augustana*)

zwischen 31. Mai und 15. Juni 1530
30,6 × 21,9 cm
ThHStAW, EGA, Reg. E 129
Ausstellung New York

Die akute Bedrohung durch die Eroberungszüge der Türken und die Wiederherstellung der Einheit zwischen katholischen und protestantischen Reichsständen waren die wichtigsten Themen des 1530 nach Augsburg einberufenen Reichstags. Als gleichrangige Verhandlungspartner sollten die Altgläubigen und die Lutheranhänger ihre Auffassungen in Glaubensfragen darlegen. Die Entscheidungsgewalt behielt sich allerdings Karl V. vor, der kurz zuvor durch Papst Clemens VII. zum Kaiser gekrönt worden war. Der Ingolstädter Theologieprofessor Johannes Eck, der bereits mit Luther über den Ablass disputiert hatte und an der Abfassung der Bannandrohungsbulle gegen den Reformator beteiligt war, hatte dem Kaiser eine umfangreiche Liste von angeblichen Irrtümern der Lutheranhänger zugearbeitet. Diese waren nun gezwungen, durch eigene Lehrartikel die Richtigkeit ihrer Auffassungen zu beweisen. Zur Vorbereitung der Zusammenkunft erteilte deshalb Kurfürst Johann von Sachsen den Auftrag, die reformatorischen Standpunkte in einer Bekenntnisschrift der Protestanten schriftlich zusammenzufassen. Philipp Melanchthon, der für sein diplomatisches Geschick bekannt war, formulierte schließlich nach eingehender Diskussion unter den Wittenberger Theologen eine Zusammenfassung der lutherischen Lehrmeinung (vgl. Kat. 282 u. 346). Die Schrift war auf einen Ausgleich zwischen den beiden Glaubensrichtungen ausgerichtet. Die katholischen Stände antworteten darauf mit einer Entgegnung, der *Confutatio Confessionis Augustanae*. Nach längeren ergebnislosen Verhandlungen zwischen beiden Parteien erklärte Karl V. das Bekenntnis der Lutheranhänger für widerlegt. Das *Wormser Edikt* wurde wieder rechtskräftig, nachdem es seit dem Reichstag von Speyer 1526 de facto außer Kraft gesetzt war. Die Lutheranhänger verließen empört den Reichstag, ohne den Reichsabschied zu unterschreiben.

Gemeinsam mit der von Melanchthon verfassten Verteidigungsschrift auf die katholische Entgegnung (*Apologia*) erreichte die *Confessio Augustana* schließlich auf dem Reichstag des Jahres 1555, der ebenfalls in Augsburg stattfand, ihre reichsrechtliche Anerkennung. Damit war die in den Territorien der »Augsburger Konfessionsverwandten« eingeleitete kirchenpolitische Reformation legitimiert. Die Augsburgische Konfession zählt bis heute zu den Bekenntnisschriften der Evangelischen Kirche. DB

Literatur
Amt der VELKD 2013, S. 31–97 · Koch 1983 · Lohse 1979

346

Philipp Melanchthon
Augsburger Bekenntnis und Verteidigung des Bekenntnisses

Wittenberg: Georg Rhau, 1531
Buchblock: Papier; Einband: Halbleder/Holz
19 × 15,5 cm
Stiftung Deutsches Historisches Museum,
Inv.-Nr. R 92/3233
VD16 C 4735
Ausstellung New York

Originaltitel: CONFESSIO FIDEI / exhibita inuictiss. Imp. Carolo V. / Caesari Aug. in Comicijs / Augustae. / Anno / M.D.XXX. / Addita est Apologia Confessionis. / Beide / Deudsch / vnd Latinisch.

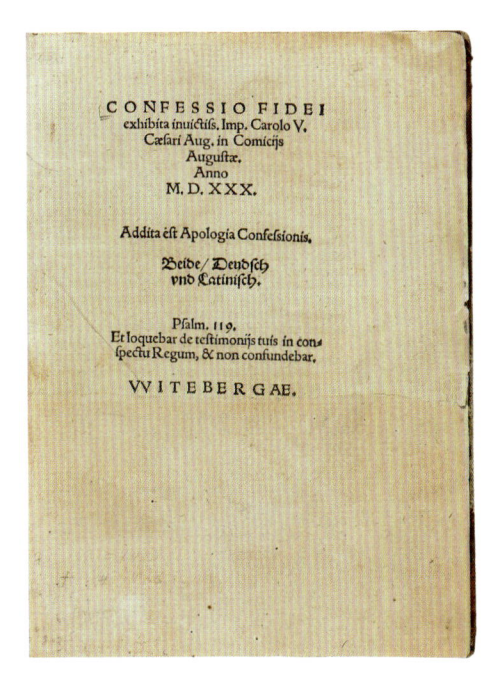

346

Nachdem auf dem Reichstag in Speyer 1529 das *Wormser Edikt* (Kat. 177) bestätigt worden war, bewegten sich die bereits zum protestantischen Glauben übergetretenen Reichsstände auf rechtlich unsicherem Terrain. Karl V. lud für das Jahr darauf zu einem Reichstag nach Augsburg ein, um einen Durchbruch auf dem Weg zur Schaffung einer Einheit von Reich und Kirche zu erzielen. Die protestantischen Reichsstände, allen voran Kurfürst Johann von Sachsen, beauftragten Philipp Melanchthon damit, eine Verteidigungsschrift für die Reformation vorzubereiten, wie sie vom Kaiser gefordert worden war (Kat. 345). Wichtigste Neuerung gegenüber den früheren protestantischen Schriften sollte die Betonung der zahlreichen theologischen Übereinstimmungen zwischen dem katholischen und dem protestantischen Glauben sein. Die deutsche Fassung der *Confessio* wurde Kaiser Karl V. und den Kurfürsten in Augsburg mündlich vorgetragen, die lateinische Fassung anschließend schriftlich dem Kaiser übergeben. Beide Fassungen weichen inhaltlich voneinander ab, da Melanchthon bis zum Schluss an der lateinischen Fassung gefeilt hatte. Die katholische Seite legte als Antwort auf die *Confessio* die federführend von Johannes Eck verfasste *Confutatio* (Widerlegung) vor, worauf die protestantische Seite mit der *Apologia* (Verteidigung) antwortete.

Obgleich Karl V. die *Confessio* auf dem Augsburger Reichstag verworfen und das *Wormser Edikt* von 1521 bestätigt hatte, erschienen noch während des Reichstags ein lateinischer und sechs deutsche Drucke des Textes. Erst im Jahr darauf erschien dann bei Georg Rhau in Wittenberg der von Melanchthon selbst redigierte lateinische und deutsche Text nebst der *Apologia* in vier Druckvarianten, gleichsam die offizielle Edition des Textes. Die *Confessio Augustana* wurde beim Zusammenschluss der protestantischen Stände zum Schmalkaldischen Bund zur grundlegenden Glaubensurkunde des Bundes, die 1541 auch von Jean Calvin anerkannt wurde. Sie ist mit anderen Bekenntnisschriften bis heute Glaubensgrundlage der lutherischen Kirchen in Deutschland. MM

Literatur
Seipel 2000, S. 259f., Kat. 247 (ill.) ·
Wenz 1996, Bd. 1, S. 351–498

347

Medaille auf die Verfassung und Erneuerung des Schmalkaldischen Bundes mit den Porträts Landgraf Philipps von Hessen und Kurfürst Johann Friedrichs I. von Sachsen

1535
erzgebirgische Prägestätte
Silber, gegossen, gehenkelt
Dm 38,5 mm; Gewicht 11,78 g
Stiftung Schloss Friedenstein Gotha,
Inv.-Nr. 4.1./5741
Ausstellung Minneapolis

VS: VON · GOTTES · GNADEN · PHILIPS · LANTGRAVE · ZV · HESSEN ·
im Feld: · 1 · 5 · – · 3 · 5 ·
Brustbild Philipps von links vorn mit Oberlippenbart, Hut mit Federbusch; hochgeschlossenes, faltenreiches Hemd und Wams, darüber mit einem Kragen besetzte Schaube, um den Hals eine Kette
RS: VON · GOTS · GNADEN · IOHANS · FRIDERICH · HERZOG · ZV · SA ·
im Feld: 15 – 35 · (die Ziffer 3 steht seitenverkehrt)
bärtiges Brustbild Johann Friedrichs im Profil mit bloßem Haupt; hochgeschlossenes, faltenreiches Hemd und Wams, darüber Pelzschaube

Die gehenkelte und somit dem äußeren politischen Bekenntnis ihres Trägers gewidmete Medaille trägt die Porträts der beiden Protagonisten des Schmalkaldischen Bundes, Landgraf Philipp I. von Hessen und Kurfürst Johann Friedrich von Sachsen. Sie entstand 1535 aus Anlass der Erneuerung des Schmalkaldischen Bundes für weitere zehn Jahre und der Verabschiedung einer *Verfassung der eilenden Hilfe und Gegenwehr*, die die Rechte und Pflichten der Mitglieder regelte, auf dem nach Schmalkalden einberufenen Konvent. Bereits 1530/31 hatten sich die Bündnismitglieder vertraglich gegenseitige Hilfe zugesichert, aber diese oblag noch dem persönlichen

347

348

348

Wolf Milicz
Medaille auf Kurfürst Johann Friedrich I. von Sachsen, genannt der Großmütige

1536
Silber, gegossen
Dm 43,5 mm; Gewicht 32,33 g
Stiftung Schloss Friedenstein Gotha,
Inv.-Nr. 4.1./1176
Ausstellung Minneapolis

VS: CONTRAFRAITWRA · IOAN[nis] · FRIDERICI · ELECTORIS · DVCIS · SAXONIAE · MDXXXVI ·
Hüftbild des bärtigen Johann Friedrich von rechts vorn mit bloßem Haupt; bekleidet ist er mit faltenreichem Hemd, Wams mit geschlitzten Ärmeln und Pelzschaube; über seiner Brust hängt eine Ordenskette
RS: NON · FRVSTRA · GLADIVM · GESTAT · NAM · DEI · MINISTER · EST · VLTOR · AD · IR[am] ·
drei geharnischte Ritter mit den Wappenhelmen von Meißen, Kursachsen und Thüringen im Kampf mit einem Fußsoldaten; am Boden liegend zwei Gefallene und ein Verwundeter

Mit der 1536 entstandenen, hinsichtlich ihrer Deutung in der Forschung kontrovers diskutierten Medaille demonstrierte Kurfürst Johann Friedrich der Großmütige von Sachsen die Ausübung seines landesherrlichen Kirchenregiments, das die Wettiner spätestens mit der 1527 erfolgten Einführung der Kirchenordnung besaßen.
Als konkreter Anlass für die Ausgabe der Medaille kann die erneute Bestätigung des Schmalkaldischen Bundes angesehen werden, die 1536 auf dem Konvent in Frankfurt am Main und auf dem Bundestag in Schmalkalden mit unterschiedlichen Beschlussfassungen erfolgte. Bereits Wilhelm Ernst Tentzel hatte diese Deutung mit Blick auf zwei weitere Turnierrittermedaillen von Milicz von 1537 und 1542 mit jeweils leicht abgewandelten Bildanlagen in seiner *Saxonia Numismatica* erwogen. Er äußerte hierzu: »Und weil die Medaille (1536), wie wir nechstens sehen werden / Anno 1537. und 42. wiederhohlet worden / so ist etwas zu suchen / das sich auf alle drey angezogene Jahre wohl schicket / nemlich der Schmalkaldische Bund.«
Ausschlaggebend für diese Interpretation ist der auf dem Revers als Umschrift erscheinende Bibelvers aus dem Brief des Apostels Paulus an die Römer (13,4), der in der lutherischen Theologie eine bedeutende Rolle spielte: »Sie [d. h. die Obrigkeit] führt das Schwert nicht vergeblich, denn sie ist Gottes Dienerin als eine Rächerin zum Erweis seines [Gottes] Zornes«.
In diesem Vers dokumentiert sich die Aufsichtspflicht des Landesfürsten über das Kirchenwesen, welche Johann Friedrich als Anführer des Schmalkaldischen Bundes augenscheinlich he-

Ermessen jedes einzelnen. Mit der Verfassung vom 24. Dezember 1535, die am 29. September 1536 feierlich beurkundet werden sollte, trat nun eine Verpflichtung aller Mitglieder zur Hilfeleistung in Kraft. Diese umfasste zum Beispiel die gegenseitige Unterstützung bei den zu erwartenden Religionsprozessen vor dem Reichskammergericht, den gegenseitigen militärischen Beistand im Kriegsfall und die gemeinsame Bereitstellung einer »eilenden Hilfe« von 10 000 Kämpfern als Fußvolk und 2 000 Reitern. Ebenso legte die Verfassung die finanziellen Lasten der Verbündeten fest und regelte, dass der Oberbefehl der beiden Hauptleute und Befehlshaber der Bundestruppen Johann Friedrich und Philipp im halbjährigen Rhythmus zu wechseln hatte.
Nach Johann David Köhler erhielten die Medaille »anwesende Städtische Gesandte und fürstliche Räthe und Cavalliers« als Erinnerungsstück zum Geschenk. Dabei ist sie, wie bereits Tentzel angibt, »[...] die erste unter allen / so des Chur=Fürstens zu Sachsen und land=Graffens zu Hessen Bildnisse zusammen / und Teutsche Umschrifften hat«. Die deutschen Umschriften können für eine Zeit, in der lateinische Legenden üblich waren, als bewusst inszeniertes nationales Bewusstsein im Sinne reformatorischen Denkens gedeutet werden.

Neben ihrem bedeutenden ikonografischen Inhalt barg das Medium Medaille allerdings, ebenso wie Flugblätter, als schnell in Umlauf zu bringender Propagandaträger gelegentlich auch Fehlerhaftes in sich. So steht die Ziffer Drei der Jahreszahl 1535 auf der Rückseite der Medaille seitenverkehrt, Johann Friedrich wird in der Legende fälschlicherweise nur als Herzog betitelt.
Das Medaillenporträt Philipps I. weist starke Ähnlichkeiten mit einem Holzschnitt von Hans Brosamer von 1534 auf, der als Vorlage gilt. UW

Literatur
Bild und Botschaft 2015, S. 284 f., Kat. 102 (ill.) · Cupperi 2013, S. 62, Abb. 32 · Marx/Hollberg 2004, S. 162, Kat. 223 · Schuttwolf 1994b, S. 19 f., Kat. 4.17 (ill.) · Tentzel 1982, Taf. 7/VI

rausstellen wollte. Diese Aufsichtspflicht, die auch die Bekämpfung von Ketzern und theologisch Irrenden einschloss, hatte Luther bereits in seiner 1520 herausgegebenen grundlegenden Schrift *An den christlichen Adel deutscher Nation* benannt. In konkretem Bezug auf das Bibelzitat und im Kontext der dargestellten Kampfszenen sind die drei geharnischten Ritter mit Wappenhelmen sächsischer Territorien als Metapher für den Machtanspruch Johann Friedrichs als Führer des Schmalkaldischen Bundes und als autonomer Landesherr mit göttlich begründetem Recht zu interpretieren. Daneben versinnbildlichen sie auch die wirkungsmächtige Wehrhaftigkeit des protestantischen Verteidigungsbündnisses. UW

Literatur
Dethlefs / Gahlen 1986, S. 262, Abb. 13 · Doerk 2014, S. 54, Abb. 6 · Gaschütz 1985 · Schuttwolf 1994 b, S. 12 f., Kat. 4.7 (ill.) · Tentzel 1982, S. 107, 9/I

349
Hans Brosamer
Herzog Georg von Sachsen, genannt der Bärtige

nach 1534
Holzschnitt, koloriert, typografischer Text
Blattmaß: 40,5 × 30,3 cm; Bildmaß mit Text: 40,5 × 30,3 cm; Bildmaß: 39,2 × 29,9 cm
Stiftung Schloss Friedenstein Gotha, Inv.-Nr. 38,78
Ausstellung Minneapolis

über dem Porträt: Der Christenlich Fürst Hertzog Georg zu Sachsen etc. ward geboren den xxviij. Augusti/M.CCCC.LXXj

Brosamers Holzschnitt zeigt das Brustbild Herzog Georgs von Sachsen in frontaler Ansicht mit mächtigem Vollbart, den er sich laut Überlieferung nach dem Ableben seiner Gemahlin 1534 wachsen ließ. Das Haupt ist mit einem schwarzen Barett bedeckt. Auf dem teilweise sichtbaren Pelzbesatz seines Gewandes trägt er die Collane des Ordens vom Goldenen Vlies, in den er 1531 aufgenommen wurde. Herzog Georg verwaltete sein Land mustergültig und setzte sich mit verschiedenen deutschen Fürsten für eine Reformierung der Kirche und der altbekannten Missstände ein. Der Lehre Luthers und Luther selbst war er aber ein erbitterter Gegner. Gegen die Bauernaufstände ging er mit großer Strenge vor, erachtete er sie doch als Zeichen des unheilvollen Wirkens Luthers. In seinen Landen wurden dessen Schriften und Ideen unter höchste Strafe gestellt. Als Georg in seinen letzten Lebensjahren (Frau und Söhne waren bereits verstorben) erfuhr, dass sein jüngerer Bruder Heinrich, der

349

ihn einmal beerben sollte, lutherisch geworden war, versuchte er sein Land an die Habsburger zu vererben, was nur sein überraschender Tod am 17. April 1539 verhinderte. BS

Literatur
Geisberg 1974, Bd. 1, S. 386, Nr. G.420 (ill.) · Röttinger 1921, S. 41, 62, Nr. 31 (ill.) · Schäfer 2010, S. 16 f. (ill.) · Schäfer/Eydinger/Rekow im Druck, Kat. 30 (ill.) · Schmidt 1930, S. 88 (ill.)

350

Erhard Schön (zugeschrieben)
Hans Guldenmund (Drucker)

Kardinal Matthäus Lang von Wellenburg, Erzbischof von Salzburg

Nürnberg, um 1534
Holzschnitt, koloriert, typografischer Text
Blattmaß: 40,2 × 29 cm; Bildmaß mit Text: 37,5 × 25,6 cm; Bildmaß: 33,7 × 25,6 cm
Stiftung Schloss Friedenstein Gotha,
Inv.-Nr. 38,32
Ausstellung Minneapolis

unter dem Porträt: REVERENDISSIMVS / Princeps & Dominus: Dominus Mattheus: Sanctae Romanae / Ecclesiae T[i]tuli S. Angeli Praesbyter: Cardinalis: Archiepi- / scopus Salisburgesis. Romanae sedis Legatus. &c. [...]

Das Porträt bildet mit einem Bildnis Papst Pauls III. und Kardinal Albrechts von Brandenburg eine Folge und scheint nur noch in der Gothaer Sammlung erhalten zu sein. Kardinal Lang von Wellenburg ist im Profil mit Mozetta und Barett wiedergeben, sein Wappen in der rechten oberen Ecke. Als Vorlage für den Holzschnitt diente ein Salzburger Taler, der im dritten Jahrzehnt des 16. Jhs. geprägt wurde.

Matthäus Lang stammte aus einer verarmten Patrizierfamilie Augsburgs. Er studierte Theologie und beschäftigte sich auch mit juristischen Studien, die ihn nach Ingolstadt und Tübingen sowie 1493 nach Wien führten. Er trat in die Dienste des Erzbischofs von Mainz, des Erzkanzlers des Heiligen Römischen Reichs Deutscher Nation. Hier legte er den Grundstein für seine spätere Karriere, die mit dem Dienst als Sekretär König Maximilians I. begann, des späteren römisch-deutschen Kaisers. Für seinen Dienstherrn war er oft als Gesandter in politischen Angelegenheiten in ganz Europa unterwegs. Ab 1496 begann auch seine kirchliche Laufbahn. Obwohl er erst 1519 die Priesterweihe empfing, stieg er bereits die kirchliche Karriereleiter empor – er erhielt verschiedene Pfarreien und Propsteien mit reichen Pfründen, wurde Bischof, und Papst Julius II. erhob ihn 1511 zum Kardinal und 1512 zum Beisitzer des regierenden Fürsterzbischofs von Salzburg mit dem Recht, dessen Nachfolge anzutreten. Lang war wohl einer der wenigen geistlichen Würdenträger, die das Ausmaß und die Tragweite der lutherischen Lehren erkannten und versuchten, dieser mit Reformmaßnahmen in den eigenen Herrschaftsgebieten entgegenzuwirken. 1525/26 kam es zu Bauernaufständen im Salzburger Gebiet, die letztlich niedergeschlagen wurden. In seinen letzten Lebensjahren bemühte sich der Kardinal um die Schaffung eines neuen Beamtenstaates und einer besseren Landesverwaltung. Hauptanliegen war ihm jedoch die energische und gewaltsame Unterdrückung reformatorischer Glaubensüberzeugungen, die sich rasch in allen Teilen des Salzburger Landes verbreiteten. 1498 wurden Matthäus Lang und seine Familie geadelt. Zum Familiennamen wurde »von Wellenburg« hinzugefügt. BS

Literatur
Geisberg 1974, Bd. 4, S. 1240, Nr. G 1292 (ill.) · Hollstein XLVIII, S. 81 f., Nr. 169 (ill.) · Röttinger 1925, S. 190, Nr. 277 (ill.) · Schmidt 1930, S. 221, Nr. 1292 (ill.) · Schäfer/Eydinger/Rekow im Druck, Kat. 4 (ill.)

Lucas Cranach d. Ä.
Judith-Tafeln
1531
Mischtechnik auf Lindenholz
Ausstellung Minneapolis

351
Judith an der Tafel des Holofernes
98,5 × 72,5 cm
Stiftung Schloss Friedenstein Gotha, Inv.-Nr. SG 674

Signatur auf dem Baumstamm unterhalb der Gabelung: nach rechts ausgerichtetes gelbes Schlangensignet mit aufgerichteten Flügeln; datiert »1531«

352
Tod des Holofernes (Im Zelt des Holofernes)
98 × 73,6 cm
Stiftung Schloss Friedenstein Gotha, Inv.-Nr. SG 675

Signatur unten rechts auf der Trommel: nach rechts ausgerichtetes gelbes Schlangensignet mit aufgerichteten Flügeln; datiert »1531«

Das alttestamentliche Buch Judith berichtet vom König der Assyrer, Nebukadnezar II., der beabsichtigte, alle Völker seiner Vorherrschaft zu unterwerfen. Er forderte sie auf, ihn als alleinige Gottheit zu verehren. Denen, die sich ihm nicht unterwarfen, drohte Mord, Plünderung und ein zerstörerischer Krieg, angeführt vom tyrannischen Eroberer Holofernes. Die gut befestigte judäische Stadt Bethulia, die es auf dem Weg nach Jerusalem unvermeidbar zu überwinden galt, versuchte Holofernes zunächst durch das Abschneiden der Wasserversorgung zu erobern. Die Ältesten der durstenden Stadt entschieden, dass sich die Stadt, sollte sich keine Wende der prekären Lage einstellen, ergeben müsse. Die schöne Witwe Judith verurteilte jedoch die Mutlosigkeit ihrer Landsleute und nahm daraufhin die Sache »in die Hand einer Frau« (Jdt 9, 10 – 11). Betörend schön gekleidet begab sie sich in Begleitung ihrer Magd zum Feldlager des Holofernes. Geblendet von ihrer Schönheit gab Holofernes ein Festmahl, um ihr nahezukommen. Das Gemälde *Judith an der Tafel des Holofernes* zeigt die Tafelgesellschaft im Bildvordergrund. Unter einem Apfelbaum reicht Judith dem mit einem Federhut geschmückten Feldherrn Geflügelfleisch. Um den Tisch herum sammeln sich Soldaten und Gefolge. Im Hintergrund der Szenerie breitet sich eine fantasievolle Landschaft vor einer am Horizont auf einem Berg stehenden Burg aus. In einer Simultandarstellung gewährt Cranach einen Einblick ins Innere des Zeltes des Holofernes, in dem sich der mörderische Plan der Witwe erfüllen wird. Während sich die Festgesellschaft u. a. mit Würfelspiel vergnügt, nimmt Holofernes Judith voller Begierde mit in sein Zelt. Trunken vom Wein schläft er jedoch ein, woraufhin Judith ihm mit seinem Schwert den Kopf abschlägt und diesen mithilfe ihrer Magd in einen Sack steckt. Durch die Heldentat der frommen Judith wurde Bethulia vor ihrem Belagerer gerettet. Judith selbst kehrte in ihr keusches Witwendasein zurück. Ihrer Magd schenkte sie die Freiheit.

Cranach, der sich links neben der Festtafel und dem Apfelbaum selbst porträtierte, und seine produktive Werkstatt nutzten das Thema zur Propaganda und schufen zahlreiche Judithtafeln, die die Tugendheldin samt Schwert und abgeschlagenem Haupt im Einzelporträt zeigen. Es scheint, als wolle der Künstler im Jahr der Gründung des Schmalkaldischen Bundes zu Mut und Verbundenheit der protestantischen Anführer aufrufen. Wie in der beispielhaften Judithgeschichte (vgl. Luthers Vorwort zum Buch Judith, 1534) galt es, den neuen Glauben gegen aktuelle Gefahren wie die Türkenbedrohung oder die altgläubigen kaiserlichen Verbündeten zu verteidigen, so wie es einst das jüdische Volk gegen den gottlosen babylonischen König tat.

Martin Luther sah die Judtherzählung als fiktive Geschichte, die zwar historisch wenig glaubhaft, aber von der vorbildlichen Verkörperung zahlreicher christlicher Tugenden wie Stärke, Keuschheit und Demut geprägt ist.

Judith wurde zur Vorbildfigur des neuen Glaubens. Man attestierte ihr eine »angemessene weibliche Lebensführung« (Uppenkamp, S. 76), denn als Witwe sei sie mäßig, bedacht, ehrbar und tadellos und ganz der Sache dienlich. Aber sie ist auch reizend, listig und sexuell verführerisch, da sie Holofernes verlockt, ihn betrunken und wehrlos macht. Mit den »Waffen einer Frau« – so scheint Cranach mit seinem erhobenen Finger im Bild der Gothaer Sammlung zu mahnen – sei überlegt umzugehen. Damit verankerte er die Judithgeschichte auch im höfischen Themenkreis der »Weibermacht«. FK

Literatur
Bild und Botschaft 2015, S. 272 f., Kat. 95 u. 96 (ill.) · Brinkmann 2007, S. 202 f., Kat. 45 u. 46 (ill.) · Kobelt-Groch 2005 · Schuttwolf 1994 a, S. 22 – 24, Kat. 1.4 u. 1.5 · Uppenkamp 2014

351

Polemik und Konflikte 341

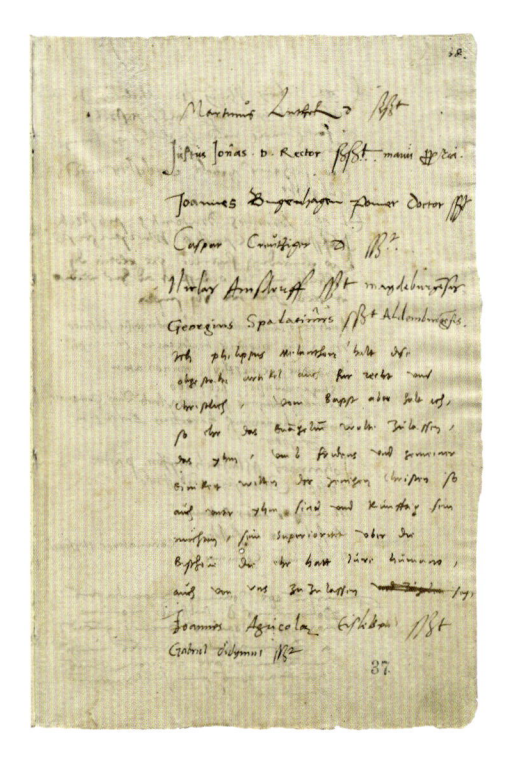

353

353

Martin Luther

Schmalkaldische Artikel

1537
31 × 21,5 cm
ThHStAW, EGA, Reg. H 124, Bl. 36v–37r
Ausstellung New York

Originaltitel: Bedencken deß glaubens halben und waruff uff kunfftigen concilio endtlich zuvorharren [...]

Nachdem Papst Paul III. für 1537 zu einem Konzil in Mantua eingeladen hatte, befand sich Kurfürst Johann Friedrich von Sachsen in einer schwierigen Lage. Einerseits forderten die Protestanten ein Konzil als politische Entscheidungsinstanz in der Konfessionsfrage, auf der anderen Seite jedoch konnten sie ein solches unter der Oberhoheit des Papstes nicht anerkennen. Seine Räte empfahlen ihm die Teilnahme. Der Kurfürst verlangte deshalb von den Theologen Argumentationshilfen für die Auseinandersetzung mit den Altgläubigen. Im Dezember 1536 erteilte er Luther den Auftrag, »der cristlichen lere und religion halben herauszuarbeiten, inwieweit und in welchen artikeln und stuck[en] vo[n] rechts] und einigkeit wegen zuweichen und nachzugeben sein mochte ader nit« und dies mit weiteren Theologen zu beraten. Darauf wollte der Kurfürst seine Argumentation zur Konzilsfrage im Februar 1537 auf der nach Schmalkalden einberufenen Versammlung der Schmalkaldischen Bundesmitglieder aufbauen. Zugleich sollten sich auf dieser Beratung die Vertreter der Bundesgenossen durch eine Unterschrift unter die Ausführungen, die wenig später als die *Schmalkaldischen Artikel* in die Geschichte eingingen, zum lutherischen Glauben bekennen.

Luther übersandte am 3. Januar 1537 dem Kurfürsten die gewünschte Abhandlung mit seiner Unterschrift sowie denen von Jonas, Bugenhagen, Cruciger, Amsdorf, Spalatin, Melanchthon und Agricola. Melanchthon schränkte allerdings ein, dass das Primat des Papstes unter bestimmten Voraussetzungen anzuerkennen sei. Auf der Bundesversammlung plädierte er dann erfolgreich für die *Confessio Augustana* als gemeinsame Bekenntnisgrundlage zum protestantischen Glauben.

Eine schwere Erkrankung Luthers und die Aktivitäten Melanchthons verhinderten, dass Luthers Ausarbeitungen den Bundesgenossen überhaupt verlesen wurden. Lediglich die anwesenden Theologen berieten darüber und die Mehrheit von ihnen setzte ihre Unterschrift darunter. 1538 ließ der Reformator seine Ausarbeitungen drucken und sorgte so für ihre Verbreitung. Die Teilnahme am Konzil wurde von den schmalkaldischen Bundesgenossen abgelehnt. Auch der Plan des Kurfürsten, alle anwesenden Stände auf die lutherische Lehre in strikter Abgrenzung zum katholischen Glauben einzuschwören, scheiterte.

Luthers *Schmalkaldische Artikel* gehören seit der zweiten Hälfte des 16. Jhs. ebenso zu den Bekenntnisschriften der evangelischen Kirche wie die Augsburger Konfession. DB

Literatur
Führer 2009 · Staatliche Archivverwaltung, S. 244 u. 378 (ill.) · Volz 1931

354

Elisabeth von Rochlitz

Brief an Kurfürst Johann Friedrich I. von Sachsen

7. Februar 1547
31,8 × 21,5 cm
ThHStAW, EGA, Reg L pag. 811 N 9, Bl. 77–78 u. 86–87
Ausstellung Minneapolis

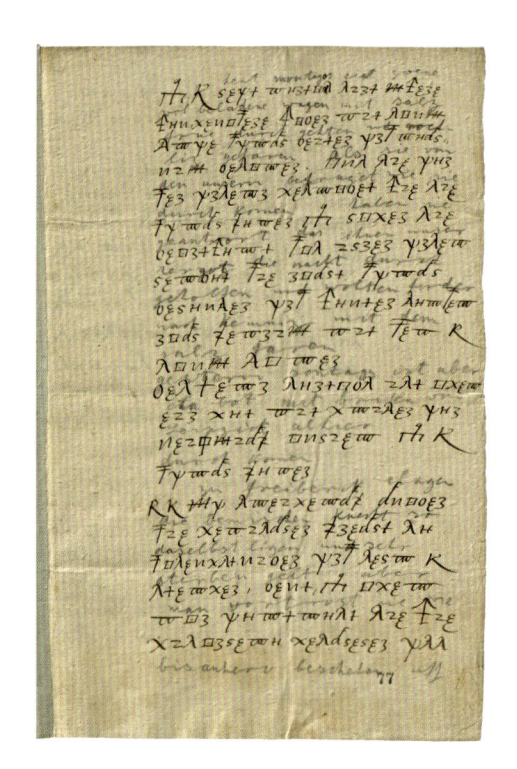

Diese überlieferte Geheimschrift einer Spionin aus der Mitte des 16. Jhs. ist ein Glücksfall für die Forschung. Die verwitwete Herzogin Elisabeth von Rochlitz betrieb eine Nachrichtenzentrale für den Schmalkaldischen Bund und riskierte damit ihr Leben. Ihr Bruder, Landgraf Philipp von Hessen, bildete zusammen mit Kurfürst Johann Friedrich von Sachsen die Spitze dieses protestantischen Schutzbundes, dem die Herzogin ebenfalls beigetreten war. Sie half mit Geld und versuchte, im Konflikt mit dem Kaiser zu vermitteln. Als der Krieg 1546 ausbrach, sammelte sie Nachrichten über feindliche Marschrouten, Truppenstärke und -verpflegung, die sortiert und bewertet an die Bundeshauptleute übermittelt wurden. Sie warnte vor Moritz von Sachsen, der die Fronten gewechselt hatte, und vor Mordanschlägen. Die Informationen kamen von eigenen Kundschaftern, Studenten, Handwerkern, Bürgern und Durchreisenden. Zur Geheimhaltung des Briefwechsels kombinierte die Herzogin Methoden der Tarnung und Verschlüsselung. Die Briefboten tarnten sich beispielsweise als Fleischer oder nähten Briefe in ihre Schuhe ein. Um den Kontakt noch besser zu verbergen, dachte sie sich eine Geheimschrift aus und ersetzte jeden Buchstaben durch ein Symbol. 16 chiffrierte Briefe sind überliefert.

Im vorliegenden Brief schrieb sie dem Kurfürsten unter anderem von zwei Salzlieferungen für die kaiserlichen Truppen, bei denen Proviantmangel herrsche. Kirche und Burgkeller in Rochlitz seien für 500 Pferde als Stall genutzt worden und böhmische Knechte machten Freiberg unsicher, während der Kaiser bei Marienberg und Chemnitz sei und dessen Bruder mit starkem Heer anrücke. Ihrer Bitte, alle Briefe zu vernichten, sind die Adressaten nicht nachgekommen. Wenn der Schriftverkehr zu gefährlich war, wurden die Nachrichten mündlich übermittelt. Einmal verletzte sich Elisabeth von Rochlitz sogar absichtlich, um den kurfürstlichen Leibarzt als Nachrichtenübermittler nutzen zu können.

Als der Krieg Rochlitz erreichte, musste Elisabeth die Stadt verlassen. Dem Kurfürsten fehlte nun seine Informationszentrale. Da er über den genauen Standort des Kaisers keine Nachricht mehr erhielt, konnte er in der Schlacht bei Mühlberg gefangen genommen werden. ASR

Quellen und Literatur
Rous 2014 · SHStAD, Bestand 10024, Geheimer Rat (Geheimes Archiv), Loc. 8607/15 · SHStAD, Bestand 12803, Personennachlass Elisabeth Werl, Nr. 4, 17 und 35 · WA 30 II, 1–48

355

Schmalkaldischer Bundestaler
1½-facher Schautaler auf
die Gefangennahme
von Herzog Heinrich dem d. J. von
Braunschweig-Wolfenbüttel
in der Schlacht bei Bockenem

Münzstätte Goslar, 1545
Silber, geprägt
Dm 52,4 mm; Gewicht 42,07 g
Stiftung Luthergedenkstätten in Sachsen-Anhalt, Inv.-Nr. M 383
Ausstellung Minneapolis

VS: . IVSTVS . N . RELINQ . Landgraf Philipp von Hessen, Kurfürst Johann Friedrich von Sachsen und Herzog Moritz von Sachsen als geharnischte Krieger mit ihrem jeweiligen Wappenschild in den Händen; über ihnen ein Band mit den Namensaufschriften
PHILIPV5 – IOHANI5.FRIDE – MAVRIT3
RS: im Feld 15 Zeilen:
· DES · ZI · / OCTOBRIS · ANNO / 1545 · WARD · HERT3O · G · HANNRICH · V · BRVNS / MIT · SEINEM · SON · KARLL · / BEI · BOCKOLM · DVRCH · DI · / KRISTLICHE · BVNT3 · OBERST · / LANTGRAF · PHILIPS · VAN · H / ESSEN · BEISEIN · HERT3OG / MORIT3 · VAN · SACHSEN · E · / MIT · GROSER · HERES · KR / AFFT · ERLEGT · GEFFAN / GEN · VND · GEN · / KASSEL · GEF / VRT ·

Das Herzogtum Braunschweig-Wolfenbüttel war in seinem Inneren von den Glaubensauseinandersetzungen der Zeit in besonderem Maße betroffen. Hatte Herzog Heinrich d. J. aus politischen und religiösen Gründen den katholischen Glauben beibehalten, so bekannten sich Braunschweig und Goslar zur Reformation und waren dem Schmalkaldischen Bund beigetreten. Ihnen verweigerte der Landesherr energisch die Religionsfreiheit und ging militärisch gegen sie vor, sodass die Städte das protestantische Verteidigungsbündnis zu Hilfe riefen.
Die gemeinsamen Truppen Johann Friedrichs des Großmütigen, Landgraf Philipps von Hessen und der Stadt Braunschweig belagerten die Wasserburg Wolfenbüttel. Am Ende der Belagerung ergab sich der in die Flucht geschlagene Heinrich und das Land wurde evangelisch. Als Heinrich jedoch versuchte, sein angestammtes Herrschaftsgebiet zurückzuerobern, entschied Kaiser Karl V. 1545 auf dem Reichstag zu Worms, dass das Herzogtum bis zur abschließenden Klärung der Rechtsverhältnisse unter Zwangsverwaltung des Reiches gestellt werden sollte. Mit neu aufgestellten Truppenverbänden zog Heinrich daraufhin nach Braunschweig, worauf es zu erneuten kriegerischen Auseinandersetzungen zwischen ihm und dem Schmalkaldischen Bund kam. Die hessisch-sächsischen Heerestruppen kesselten die Streitmacht Heinrichs und seines Sohnes Karl Viktor ein, es kam zur Kapitulation und beide wurden durch Landgraf Philipp von Hessen am 29. September 1545 bei Bockenem (Höckelheim) gefangen genommen.
Der Schautaler stellt auf dem Avers eindrucks- und machtvoll die drei Anführer und Sieger der kriegerischen Glaubensauseinandersetzung dar. Auf dem Revers wird die Gefangennahme Heinrichs des d. J. und seines Sohnes durch Landgraf Philipp geschildert. Dieser sollte noch im Besonderen von der Niederlage des Herzogs profitieren, indem er zum Mitbesitzer der Braunschweiger Silbergruben im Harz wurde und dadurch seine Kriegskosten begleichen konnte.

Fälschlicherweise wird der Schautaler in der Literatur auch als Medaille bezeichnet. Die Gedenkmünze kommt in unterschiedlichen Nominalen vor: als halber, ganzer, eineinhalbfacher, zweifacher und dreifacher Taler sowie als Goldabschlag im Gewicht von 12½, 10 und 7½ Dukaten. Bei dem vorliegenden Stück handelt es sich um einen 1½-fachen Taler und, wie aus der Legendenart hervorgeht, um die zweite Stempelversion. UW

Literatur
Brozatus/Opitz 2015, Bd. I,1, S. 454, Kat. 648 (ill.) · Eichelmann 2010, S. 61 f. · Marx/Hollberg 2004, S. 174, Kat. 246 (erster Stempeltyp)

356

Virgil Solis
Stefan Hamer (Drucker)
Niederlage und Gefangennahme Kurfürst Johann Friedrichs I. von Sachsen bei Mühlberg

Nürnberg, um 1547
Holzschnitt, von zwei Stöcken gedruckt
Blattmaß: 31,9 × 77,5 cm, Bildmaß mit Text: 30,3 × 75,3 cm; Bildmaß: 28,6 × 75,3 cm
Stiftung Schloss Friedenstein Gotha,
Inv.-Nr. G35,30a/b
Ausstellung Minneapolis

über der Darstellung: Die Niderlag vnd gefengknus Hertzog Johans Friderich zu Sachssen eygenlich Abcontrafect.

Inschriften im Bild:
linkes Blatt: Churfu̇rst / Ducidialbo. [...]
rechtes Blatt: Key. Meyste / Ferdinand. [...]

Am 24. April 1547 fand bei Mühlberg an der Elbe die entscheidende Schlacht zwischen den kaiserlich-spanischen Truppen unter Kaiser Karl V. und den protestantischen Truppen unter der Führung des sächsischen Kurfürsten Johann Friedrich I., des Großmütigen, statt. Schlecht geführt, werden die Truppen des Kurfürsten und seiner Verbündeten überrumpelt und vernichtend geschlagen. Der Kurfürst wird trotz tapferer Gegenwehr und Verwundung gefangen genommen, Kaiser Karl V. und dem ihn begleitenden Herzog Alba vorgeführt und später in Gefangenschaft gesetzt.
Der Holzschnitt zeigt aus der Vogelperspektive die Ansicht der Umgebung von Mühlberg mit den Geschehnissen der Schlacht und benennt die wichtigsten Personen, Gruppen und Orte. Die Darstellung vereint Ereignisse, die zu verschiedenen Zeiten am 24. April geschehen sind. Das linke Blatt wird auf der linken Seite von Wald und Buschwerk eingefasst, das sich bis zur unteren Bildkante zieht. Im Mittelfeld bewegen sich einzelne Heerhaufen mit den entsprechenden Bezeichnungen kämpfend aufeinander zu. Am Horizont, unmittelbar vor einem Waldstück, wird Kurfürst Johann Friedrich von Sachsen gefangen genommen, während der Herzog von Alba, vor Kaiser Karl V. kniend, die Siegesbotschaft überbringt. Das rechte Blatt zeigt Mühlberg und die Elbe. Der Ort wird von kurfürstlichen Soldaten verteidigt, während die spanischen Truppen ihn teilweise durch die Elbe schwimmend erreichen. Die rechte Seite wird durch Buschwerk und Baumgruppen abgeschlossen.
Ein erläuternder Text zu der Darstellung fehlt bei dem Gothaer Exemplar. BS

356

Literatur
Bauer/Hellmann 2003, S. 204, Nr. 3.24 (ill.) ·
Bild und Botschaft 2015, S. 310 f., Nr. 116 (ill.) ·
Geisberg 1974, Bd. 4, S. 1278, Nr. G.1330 (ill.) ·
Schäfer/Eydinger/Rekow im Druck, Kat. 198 (ill.)

357

Matthes Gebel
Medaille auf Kurfürst Johann Friedrich I. von Sachsen

o. J. (1532)
Silber, gegossen
Dm 45,5 mm; Gewicht 30,08 g
Stiftung Schloss Friedenstein Gotha,
Inv.-Nr. 4.1./1191
Ausstellung Minneapolis

VS: IO · FR · I · IO · I · RO · IMP – ELECT · PRIMOG · D · SAX ·
Brustbild des bärtigen Johann Friedrichs nach rechts mit hochgeschlossenem, faltenreichem Hemd und Wams; dreifache Gliederkette
RS: SPES · MEA · IN · DEO · EST ·
dreifach behelmter Wappenschild, geviert, mit herzoglich-sächsischem Mittelschild

Das ausdrucksstarke Medaillenporträt gibt den jungen Kurfürsten wieder, der nach dem Tod seines Vaters, Johann des Beständigen, 1532 die sächsische Kurwürde übernahm. Dabei ist die im

344 Polemik und Konflikte

Jahr des Herrscherwechsels zu verortende Medaille ein Propagandaträger von höchster politischer Prägnanz, wurde doch vor dem gesellschaftlichen Hintergrund der konfessionellen Auseinandersetzungen sowie des Widerspruchs Kursachsens gegen die Wahl Ferdinands zum deutschen König die Übernahme der Kurwürde durch Johann Friedrich zunächst nicht anerkannt. Um die Ansprüche seines Hauses auf das hohe Amt zu propagieren und zu untermauern, beauftragte Johann Friedrich seinen Hofmaler Lucas Cranach d. Ä. 1532/33 mit der seriellen Fertigung einer großen Anzahl seiner Porträts sowie der Porträts seines Vaters und Onkels (Kat. 44 u. 47). Ebenso entstand in diesem Zusammenhang ein Triptychon, auf dem er eindrucksvoll im Hüftbild gemeinsam mit Friedrich dem Weisen und Johann dem Beständigen dargestellt ist. Porträtkunst erscheint hier nicht in erster Linie im Sinne von Memorialkunst oder allgemeiner Herrschaftspräsentation, sondern v. a. im Dienste einer aktuellen Versinnbildlichung dynastischer Rechtmäßigkeit. In diesem Kontext gewinnt auch die Medaille einen entsprechenden Stellenwert. Die Rückseitenlegende »Meine Hoffnung liegt in Gott« (Sprüche Salomos 22,19) zitiert den glaubensfesten und unerschütterlichen Wahlspruch des Kurfürsten als Anhänger und Förderer der lutherischen Reformation.

Als ein Werk von Matthes Gebel überzeugt das Porträt Johann Friedrichs insbesondere durch eine exakte Wiedergabe des Antlitzes und eine detailfreudige Gestaltung von Kleidung und Haaren, die sogar Haupt- und Barthaar differenziert erscheinen lässt. Der Medailleur und Bildschnitzer Gebel bekam 1523 in Nürnberg das Bürgerrecht und unterhielt dort eine Werkstatt. Er zählt zu den bedeutendsten und produktivsten Medailleuren der deutschen Renaissance. Für einen Schaffenszeitraums von etwa 25 Jahren können ihm 350 Medaillen zugewiesen werden. Die Datierung vorliegender Medaille in das Jahr 1532 erscheint auf Grundlage eines stilistischen Vergleichs mit einer kleinen Variante, deren Rückseitenlegende die Jahreszahl nennt, folgerichtig. UW

Literatur
Bild und Botschaft 2015, S. 21 f. · Brozatus/Opitz 2015, Bd. I,1, vgl. S. 325, Nr. 472 · Habich 1929–1934, I,2, Nr. 1080 · Schuttwolf 1994b, S. 27 f., Kat. 4.28 (ill.) · Tentzel 1982, Taf. 6,I

358

unbekannter deutscher Künstler
Kurfürst Johann Friedrich I., Herzog von Sachsen, genannt der Großmütige

um 1548
Holzschnitt, koloriert, typografischer Text
Blattmaß: 40,6 × 29,5 cm; Bildmaß mit Text: 37,5 × 28,4 cm; Bildmaß: 34,7 × 28,4 cm
Stiftung Schloss Friedenstein Gotha,
Inv.-Nr. G 15,56
Ausstellung Minneapolis

am oberen Bildrand: Von Gotts Gnaden Johanns Friderich Hertzogk zu Sachssen des Heiligen Roemischen Reichs Ertzmarsschalck / vnd Churfuerst Landtgraff in Dueringen Marggraffe zu Meissen / vnd Burggraff zu Magdeburgk ezt

Der Kurfürst ist ganzfigurig auf einem prächtig geschmückten Pferd nach rechts reitend dargestellt. Er trägt reiche, mit Borten und goldenen Ketten verzierte Kleidung und hält mit der Rechten das Kurschwert empor. Rechts oben unter

Von Gottes Gnaden Johannes Friderich Hertzogk zu Sachssen des Heiligen Römischen Reichs Ertzmarschalck / vnd Churfürst / Landtgraff in Düringen / Marggraffe zu Meissen / vnd Burggraff zu Magdeburgk ετc

drei Helmzieren ist das herzoglich-sächsische Wappen mit den Kurschwertern wiedergegeben. Johann Friedrich übernahm 1532 von seinem Vater Johann dem Beständigen nicht nur die Regierung im Kurfürstentum, sondern auch die Führungsrolle unter den Protestanten im Reich. In der Schlacht bei Mühlberg an der Elbe siegten die kaiserlich-spanischen Truppen Kaiser Karls V. über die kurfürstliche Armee und deren Anhänger (vgl. Kat. 356). Johann Friedrich wurde gefangen genommen und der Kurwürde verlustig erklärt. Zudem wurde sein Land drastisch geschmälert und zum großen Teil – wie die ihm aberkannte Kurwürde – seinem Vetter Moritz in Dresden zuerkannt. Die Jahre bis 1552 musste er in Gefangenschaft verbringen, ehe er frei gelassen wurde und seine Residenz in Weimar bezog, wo er zwei Jahre später starb.

Das Blatt ist das Gegenstück zu einem Porträt, das die Gemahlin des Kurfürsten – ebenfalls zu Pferd – zeigt. Dieses ist in das Jahr 1548 datiert. Da Johann Friedrich hier immer noch als »des Heiligen Roemischen Reichs Erzmarsschalck / und Chuerfuerst« bezeichnet wird, muss das Blatt in der Phase seiner Absetzung und Gefangennahme entstanden sein und das 1548 datierte Blatt seiner Gemahlin als Gegenstück unmittelbar danach. BS

Literatur
Schäfer/Eydinger/Rekow im Druck, Kat. 54 (ill.)

359

Stiefel des Kurfürsten Johann Friedrich I. von Sachsen, genannt der Großmütige

vor 1547
Leder
H 81 cm; B 40 cm (größte Schaftweite)
Stiftung Schloss Friedenstein Gotha,
Inv.-Nr. Eth. 18S
Ausstellung Minneapolis

Kurfürst Johann Friedrich I. von Sachsen, genannt der Großmütige, verlor am Ende des Schmalkaldischen Krieges mit der Wittenberger Kapitulation vom 19. Mai 1547 seine Kurfürstenwürde. Wenige Wochen zuvor hatte das kaiserliche Heer die von ihm angeführten Truppen des Schmalkaldischen Bundes in der Schlacht bei Mühlberg an der Elbe nach einem Überraschungsangriff vernichtend geschlagen. Mit dieser entscheidenden Schlacht errang Kaiser Karl V. einen seiner größten Triumphe als Feldherr. Er ließ Johann Friedrich gefangen nehmen und zum Tode verurteilen. Das Todesurteil wurde jedoch revidiert und in eine lebenslange Gefangenschaft umgewandelt. Infolge des Passauer Vertrages, den die protes-

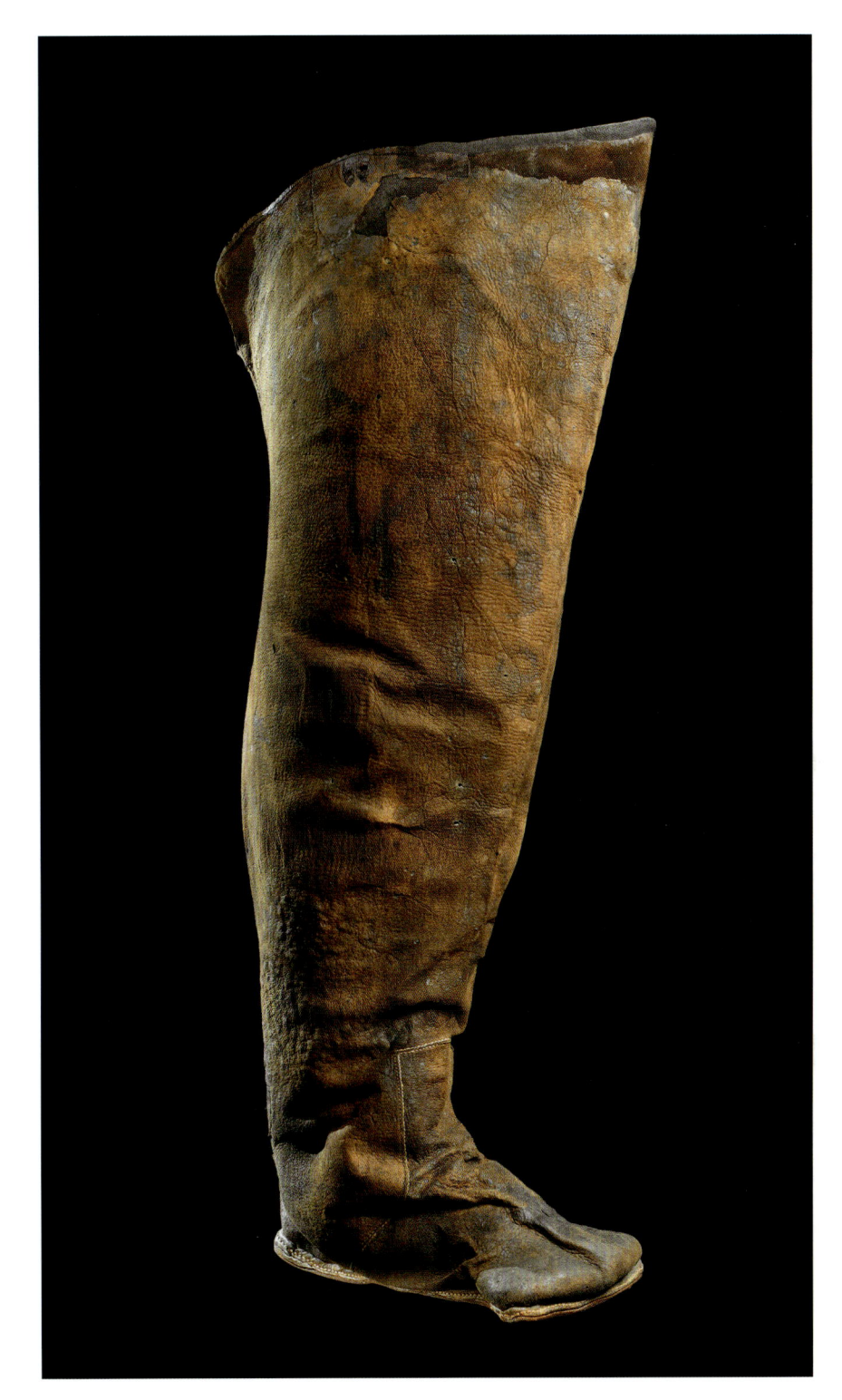

359

tantischen Reichsfürsten mit König Ferdinand I., dem Bruder Kaiser Karls V., ausgehandelt hatten, erlangte Johann Friedrich 1552 seine Freiheit wieder.

Die in der Schlacht bei Mühlberg von den kaiserlichen Truppen erbeuteten Stiefel des besiegten Kurfürsten gelangten als besondere Trophäen in die Kunstkammern nach München und Madrid. Historischen Quellen zufolge bewunderte man die unglaubliche Weite der Stiefel, die so groß seien, »dass ein Knabe von vier bis fünf Jahren hineinkriechen konnte« (Politische Historien). Ein Jahrhundert später kämpften Johann Friedrichs Urenkel während des Dreißigjährigen Krieges an der Seite Gustav II. Adolfs von Schweden. Nach den erfolgreichen Eroberungen der schwedischen Truppen 1632 im Kurfürstentum Bayern wurden die jungen Herzöge von Sachsen-Weimar mit einem ansehnlichen Teil der Kriegsbeute bedacht. Dazu zählten kostbare Stücke aus der Kunstkammer der Münchner Residenz – darunter auch der Stiefel Johann Friedrichs von Sachsen. Infolge der Weimarischen Erbteilung von 1640 kam der Stiefel schließlich in den Besitz Herzog Ernsts I. von Sachsen-Gotha und gelangte in die Kunstkammer des Gothaer Residenzschlosses Friedenstein, zu deren Sammlungsbestand er noch heute zählt. UD

Quellen und Literatur
Brandsch 2001, S. 111 f., Abb. 4.23 (ill.) · Politische Historien 1773, S. 439 · Purgold 1938, S. 140 · Zeiller 1632, S. 283

360

360

flämischer Künstler
Johann Friedrich I. von Sachsen, genannt der Großmütige, und ein spanischer Hauptmann beim Schachspiel

1548/49
Öl auf Eichenholz
65 × 92 cm
Stiftung Schloss Friedenstein Gotha,
Inv.-Nr. SG 705
Ausstellung Minneapolis

Das Tafelgemälde wurde im Auftrag Johann Friedrichs des Großmütigen während seiner Gefangenschaft in Brüssel (1548–1550) gemalt. Da sich sein Hofmaler, Lucas Cranach d. Ä., trotz mehrmaliger Aufforderung lange weigerte, seinem Dienstherrn in die Gefangenschaft zu folgen, musste der besiegte Kurfürst für dieses Bild auf einen flämischen Künstler zurückgreifen. Es zeigt Johann Friedrich mit einem weiteren Mann bei einem Brettspiel. Deutlich sichtbar ist die Narbe auf der linken Wange, die der Ernestiner aus der Schlacht bei Mühlberg 1547 davongetragen hatte. Trotz dieser Schmach blickt er den Betrachter selbstbewusst an. Seine stattliche Statur und der auf den Tisch gestützte Arm unterstreichen seine Standhaftigkeit, mit der er den lutherischen Glauben verteidigt hatte und die er nun auch in der Gefangenschaft bewies. Während Johann Friedrichs Schachgegner mit der einen Hand einen Zug ausführt, umfasst er mit der anderen fest das Heft seines Schwertes. Dieser Gestus lässt vermuten, dass es sich bei dem in spanischer Tracht gekleideten Kontrahenten um den Bewacher des Gefangenen handeln könnte. Inventarverzeichnisse des 17. Jhs. interpretieren ihn jedoch als Herzog von Alba, dem Friedrich der Großmütige in der Schlacht bei Mühlberg unterlag. Dass es sich um Herzog Ernst von Lüneburg handeln könnte, ist auszuschließen. Diese Vermutung beruht auf der bereits Mitte des 16. Jhs. gebildeten Legende, dass Johann Friedrich der Großmütige seinen mitgefangenen Freund ungerührt zum Schachspiel aufgefordert habe, nachdem ihm sein Todesurteil überbracht worden sei. Der Maler des Bildes ist nicht bekannt. Zugeschrieben wurde es sowohl Antonis Mor als auch Jan Cornelisz Vermeyen oder seinem Umkreis. Die Rückseite des Bildes trug ursprünglich die Signatur »PVI« oder »VHP« (ligiert) »faciebat 1549«. Bei einer Restaurierung ging diese jedoch verloren, weshalb sie auf einen Zettel notiert und rückseitig aufgeklebt wurde. Das Gemälde ließ

348 Polemik und Konflikte

361

361

nach Jacob Lucius

Taufe Christi mit der Familie des Kurfürsten Johann Friedrich I. von Sachsen und Luther

2. Hälfte 16. Jh.
Holzschnitt
Blattmaß: 27,5 × 55,2 cm
Stiftung Luthergedenkstätten in Sachsen-Anhalt, Inv.-Nr. grfl. XI 1127
Ausstellung Minneapolis

Johann Friedrich von Sachsen, Kurfürst a. D., kniet mit seiner Gattin Sibylle und seinen drei Söhnen an einem Fluss vor der Silhouette Wittenbergs. Das Gesicht des Familienoberhauptes kennzeichnet die Narbe, die er aus der Schlacht zu Mühlberg davontrug. Hinter dem Kurfürstenpaar steht Martin Luther, der die Rechte auf des Herrschers Schulter gelegt hat und mit der Linken auf die Taufe Christi im Jordan durch Johannes den Täufer hinweist. So ist die historische Landschaft zur biblischen gewandelt, die Elbe wurde zum Jordan und Wittenberg zum himmlischen Jerusalem. Über Christus schwebt – genau wie in der Erzählung des Evangeliums (Mk 1,9–11) – der Heilige Geist als Taube und in den Wolken darüber thront Gottvater.

Die achsensymmetrische Gegenüberstellung der Fürstenfamilie und der Taufszene deutet darauf hin, dass die Dargestellten wie Jesus Kinder Gottes sind. Die Anwesenheit Luthers kennzeichnet die Zugehörigkeit der Fürstenfamilie zum lutherischen Glauben. Für seine Verteidigung bezahlte Johann Friedrich als Führer des Schmalkaldischen Bundes mit dem Verlust der Kurwürde und großer Teile seiner Territorien, darunter auch die Residenzstadt Wittenberg. Die fehlenden Doppeltürme der Stadtkirche erinnern an die Folgen des Krieges, denn sie wurden 1547 wohl aus strategischen Gründen abgetragen.

Der hier vorliegende Holzschnitt kopiert ein Original von Jacob Lucius, das nach dem Tod des Herrscherpaares entstanden war. Die Nachkommen Johann Friedrichs bekannten sich damit zum Luthertum und zeigten sich als vorbildliche Gläubige, die den Verlust ihrer Stellung und materiellen Güter durch den Glauben an den Heiland ertrugen. SKV

Johann Friedrich seiner Frau nach Weimar schicken. Ein weiteres Exemplar schenkte er indes dem Hauptmann, der mit ihm dargestellt ist. ID

Literatur
Bild und Botschaft 2015, S. 322 f., Nr. 123 (ill.) · Brandsch 2001, S. 76 f., Nr. 1.57 (ill.) · Faber 1988, S. 76–84 · Junius 1930 · Rollert 2014, S. 57–60, Nr. 15 (ill.) · Schuttwolf 1994a, S. 56 f., Nr. 1.29 (ill.)

Literatur
Koepplin 1983, S. 362 f., Kat. 482 · Schade 1983, S. 422–424, Kat. 43 · Slenczka 2015a, S. 129–131 · Slenczka 2015b, S. 256–259 u. 280 f., Kat. 2/20, 2/21 u. 2/31 · Treu 2010, S. 93 u. 113 · Wolf 2015

362

Karl V.

Kaiser Karl V. verhängt die Reichsacht über die Altstadt Magdeburg

Augsburg, 27. Juli 1547
36 × 48 cm
LASA, U1 Erzstift Magdeburg, XXII Nr. 121
Ausstellung Minneapolis

Am 27. Juli 1547 verhängte Kaiser Karl V. über die Stadt Magdeburg die Reichsacht und entzog ihr damit sämtliche Privilegien, was einen großen finanziellen und wirtschaftlichen Schaden für die Stadt hervorrief. Wie konnte es so weit kommen? Nachdem sich in zahlreichen Territorien des Reiches die Reformation durchgesetzt hatte, die rechtliche Stellung des Protestantismus aber nicht ausreichend geklärt war und der Verdacht bestand, der Kaiser plane einen militärischen Angriff zur Beseitigung des evangelischen Glaubens, gründete die Mehrzahl der evangelischen

Polemik und Konflikte 349

Fürsten unter der Führung von Kursachsen und Hessen sowie elf weitere Städte 1531 ein Verteidigungsbündnis, den Schmalkaldischen Bund. Unter seinen Mitgliedern befand sich auch die Stadt Magdeburg. Im Schmalkaldischen Krieg 1546/47 musste das Bündnis eine deutliche Niederlage in Kauf nehmen. Karl V., der sich nun auf dem Höhepunkt seiner Macht wähnte, verlangte von allen Bündnispartnern die bedingungslose Unterwerfung. Nur Magdeburg verweigerte sowohl dem wieder eingesetzten Erzbischof als auch dem Kaiser selbst die Gefolgschaft, da die Unterwerfungsforderungen mit dem Verzicht auf das evangelische Bekenntnis und mit dem Verlust aller Privilegien verbunden waren.

Mit der ausgesprochenen Reichsacht im darauffolgenden Juli gehörte Magdeburg offiziell nicht mehr zur Landfriedensgemeinschaft des Alten Reiches, was weitreichende Folgen für die Magdeburger hatte. So sollten die Reichsstände künftig keine Bündnisse, Verträge oder sonstige Abkommen mit der Stadt treffen. Zu allem Überfluss wurde das so wichtige Stapelrecht an den Kurfürsten von Brandenburg vergeben und der Schöffenstuhl an die Universität Frankfurt an der Oder verlegt. Darüber hinaus konnten die Stadt und ihre Bewohner straffrei angegriffen und ausgeraubt werden. Damit verlor Magdeburg seine maßgebenden Einnahmequellen des Handels und die Grundlage seines Wohlstands. Auch das politische Verständnis einer reichsfreien Stadt war bedroht.

In der folgenden Zeit entwickelte sich Magdeburg zum protestantischen Widerstandszentrum gegen den Kaiser und das Augsburger Interim. Zahlreiche Flugschriften machten den Widerstand der belagerten Stadt im ganzen Reich publik. Aus der selbsternannten »Herrgotts Kanzlei« Magdeburg riefen führende evangelische Theologen dazu auf, den Kampf um das Evangelium nicht verloren zu geben. VR

Literatur

Asmus 1999, S. 483 (ill.) · »... gantz verheeret!« 1998, S. 134 f. (ill.) · Hoffmann 1885 · Kaufmann 2003 · Moritz 2009 · Rabe 1996 · Weber 1997

Der hassende Luther

Luther verstand sich selbst als Prophet. Seine Interpretation der Heiligen Schrift war für ihn die einzig richtige. In diesem Kontext sind auch seine abwertenden theologischen Äußerungen gegen die Papstkirche, Bauern, Juden, Türken und Täufer zu sehen.

Seit 1518 entstand bei Luther der Verdacht, dass in der Papstkirche der Antichrist herrsche. Hierbei handelt es sich nicht um eine polemische, sondern um eine theologische Auffassung. Gegen die angeblich vom Antichristen besetzte Papstkirche stellte Luther sein Bild der unsichtbaren Kirche, die jenseits der Kircheninstitution die wahre Lehre über die Jahrhunderte weitergetragen habe.

Die Täufer lehnten mit Verweis auf die Schrift die Säuglingstaufe ab und forderten ein aktives persönliches Bekenntnis zum Glauben. Mit ihrer strikten Gewaltfreiheit – mit Ausnahme der Täufer in Münster – machten sie sich für die Obrigkeit verdächtig. Luther bezeichnete sie als vom Teufel geritten. Seit 1530 befürwortete er, zusammen mit anderen Reformatoren, die Todesstrafe und begründete dies mit dem Vorwurf der Blasphemie, die durch die Täufer in die Welt komme.

Eine ähnliche theologische Argumentation ist auch im Hinblick auf die Juden zu beobachten. Luthers Rechtfertigungslehre erlöst nur die, die an den Messias Christus glauben. Da dies bei den Juden nicht der Fall ist, hoffte Luther, sie mit seinen Erkenntnissen 1523 davon zu überzeugen, dass Jesus der Messias sei. Später hingegen war für Luther klar, dass die Juden als Volk verworfen seien. 1543 fordert er in einer langen, hasserfüllten Schrift ihre Vertreibung und die Zerstörung ihrer Synagogen, da sie Blasphemie betreiben würden. Er verglich sie mit Insekten und nutzte andere protorassistische Begriffe.

Die Bauern sah Luther als Aufrührer an. Da seines Erachtens ein Christ jegliches Unrecht aushalten und erleiden müsse, weil er im Geistigen bereits frei sei, ist jeder Widerstand für ihn illegal. Den Fürsten, die bei der blutigen Niederschlagung des Bauernkriegs umkommen sollten, versprach er das Himmelreich und nannte sie Märtyrer.

Die Türken ordnete Luther als endzeitliches Instrumentarium ein. Ihre Angriffe seien das Wirken Gottes in der Welt, das den Christen ihre Verfehlungen klar mache und damit zur Buße aufrufe. Die Türken würden, so glaubte er, das christlich-römische Kaisertum ablösen und damit die Endzeit und das Kommen Christi einleiten. RK

363
Pancratius Kempff
Erhalt uns Herr bey deinem Wort

Magdeburg, zwischen 1547 und 1549
Holzschnitt, koloriert
Blattmaß: 21,8 × 34,6 cm
Stiftung Luthergedenkstätten in Sachsen-Anhalt, Inv.-Nr. grfl VI 1040
Ausstellung Minneapolis

oben: Ein Liedt / Erhalt uns Herr bei deinem Wort / etc. Sampt Eim schön andechtich / Gebet / Der heiligen Christlichen Kirchen Zu der hohen Ehrwirdigen und heiligen Drey Faltikeit / Got dem Vater / Gott dem Son / und Gott dem heiligen Geist / umb erhaltung bey dem wort der warheit und der Seligkeit / und umb Schutz widder die Feinde des Worts /| als Türcken und Bebst gestellet etc.

betitelt (ohne Angabe zu Leonhard Jacobi) und rechts unten bezeichnet: Durch Pancratius Kempff Brieffmaler
Beitext unterhalb der Darstellung: Erhalt uns Herr bey deinem / Wort / und steur des Bapsts un / Türcken mort [...]
Gebet: Zu Gott dem Vater. Zu Gott dem Son. Zu Gott dem Heiligen Geist. / [...]

»Ein Kinderlied, zu singen wider die zween Ertzfeinde Christi und seiner heiligen Kirchen, den Bapst und Türcken« verfasste Luther anno 1541. *Erhalt uns Herr bei deinem Wort* entwickelte sich in der Zeit nach dem Schmalkaldischen Krieg zu einem »Kampflied« des Luthertums für die Verteidigung des rechten Glaubens. In dem Lied bat Luther Gott, die Christenheit zu beschützen und ihre Feinde – nämlich »den Türken« und den Papst – in den Tod zu führen. Beide stehen für den Antichristen und der Papst verkörperte seit 1548 auch die Einrichtung des Interims. Diese Verordnung erließ Kaiser Karl V. als kirchenpolitische Zwischenlösung, um nach seinem Sieg von Mühlberg die protestantische Bewegung wieder an die Papstkirche zu binden.
Magdeburg, wo Pancratius Kempff dieses Flugblatt veröffentlichte, war ein Zentrum der Verbreitung lutherischer Druckmedien gegen das Interim. Das Blatt enthält drei Strophen von Luthers Lied, erweitert um zwei Strophen aus der Feder Justus Jonas'. Das Gebet darunter an die Trinität stammt vom Geistlichen Leonhard Jacobi aus Calbe.
Das zugehörige Bild gliedert sich horizontal in die himmlische und irdische Sphäre. Gleichzeitig übernimmt es die dreispaltige Gestaltung des unteren Textblocks. Oben, von Wolkenkränzen umgeben, erscheinen Gottvater, Jesus als Weltenrichter und die Heiliggeisttaube. Sie beziehen sich direkt auf das Gebet unterhalb des Liedtextes. Diese Dreiteilung wiederholt sich auf der irdischen Ebene, in der sich drei Gruppen aufhalten. In der Mitte schickt Christus die Feinde der Christenheit, personifiziert durch den Papst und Amtspersonen der Kirche Roms sowie einen Türken, mit Blitzen ins Höllenfeuer. Die rechte Gruppe besteht aus edel gekleideten Damen – die dritte von rechts ist wohl Sibylle von Cleve (vgl. Kat. 51), die Gemahlin Kurfürst Johann Friedrichs (vgl. Kat. 50) – und einem Paar, das die Häupter zweier betender Kinder mit Händen beschirmt. Zusammen mit der linken Männergruppe stehen sie für die Gemeinde und bilden den Gegensatz zum Knäuel von Menschen in der Bildmitte. Links stehen Jan Hus, Melanchthon, Cruciger und Luther. Letzterer wendet sich Kurfürst Johann Friedrich mit der Narbe und Philipp von Hessen zu und zeigt mit der Linken auf Christus, durch den allein die Erlösung erlangt werden kann. Luthers Geste schafft eine direkte Verbindung von Johann Friedrich zu Christus, was die Rechtgläubigkeit des Fürsten als Märtyrer der Reformation betont. SKV

Quellen und Literatur
Harms 1983, S. 20 f., Kat. 10 · Harms/Schilling/Wang 1997, S. 12 f., Kat. II, 6 (ill.) · Kaufmann 2003, S. 413–417, bes. Anm. 892 · Veit 2006 · WA 35, 467, 19–468, 23

364
Martin Luther
Lucas Cranach d. Ä. (Illustrationen)
Das Jhesus Christus eyn geborner Jude sey

Wittenberg: Christian Döring (?), 1523
20,5 × 15,4 cm
Stiftung Luthergedenkstätten in Sachsen-Anhalt, Inv.-Nr. CGH 89
VD16 L 4313
Ausstellung Minneapolis

Originaltitel: Das Jhesus Chri= / stus eyn gebor= / ner Jude sey / Doctor Martinus / Luther. / Wittemberg. / M.D.xxiij. /

Die Schrift ist eine von Luthers Antworten auf die Frage, wie verfahren werden soll, wenn ein Mitmensch kein Christ, sondern Jude ist. Im Gegensatz zu seinen Psalmenvorlesungen 1513/15, in denen Luther keine Zukunft für das jüdische Volk entdecken konnte, beschreibt er 1523 die Juden als Menschen. Sein Aufruf zur menschenwürdigen, gewaltlosen Behandlung derselben ist im Kontext seiner Zeit auffällig.
Die Schrift hat zwei Stoßrichtungen: Sie ist sowohl Verteidigungs- als auch Missionsschrift. Aus dem altgläubigen Milieu war Luther vorgeworfen worden, dass er die Jungfrauengeburt und damit die göttliche Herkunft Christi leugne. Dies zu widerlegen ist Hauptthema der Schrift.

Polemik und Konflikte 351

Ein Liedt/ Erhalt vns Herr bey deinem Wort/ etc. Sampt Eim schön andechtig

Gebet/ Der heiligen Christlichen Kirchen Zu der hohen Ehrwirdigen vnd heiligen Drey Faltikeit/ Got dem Vater/ Got dem Son/vnd Got dem heiligen Geist/vmb erhaltung bey dem wort der warheit vnd der Seligkeit/ vnd vmb schutz widder die feinde des Worts/ als Türcken vnd Bapst gestellet etc.

Erhalt vns HERr bey deinem Wort/ vnd steur des Bapsts vn Türcken mort/die Jhesum Christum deinen Son/ wöllen stürtzen von deinem Thron.

Beweiß deine macht Herr Jhesu Christ/der du Herr aller herren bist/ Beschirm dein Arme Christenheit/ das sie dich lobe in ewigkeit.

Gott Heiliger Geist du Tröster werd/gib deinem Volck einerley syn auff Erd/stehe bey vns yn der letzten not/ gleyd vns ins leben aus dem tod.

Jhr anschleg HERr zu nichten mach/las sie treffen die böse sach/vn stürtze sie jnn die gruben ein/Die sie machen den Christen dein.

So werden sie erkennen doch/ das du vnser Got lebest noch/ vnnd hilffts gewaltig deiner schar/ Die sich auff dich Vorlesset gar.

Zu Gott dem Vater.

Ach lieber Vater/du Got alles trostes/ Aller gnaden vnd barmhertzikeit/ der du bist im himel/ vn siehest/Wie die gewaltigen auff erden/ als der türck vnnd der Bapst/sich vnter stehen/Deinen lieben Son Jhesum Christum vnsern Herrn/ wilchen du vns/O gütiger Vater/aus grundloser barmhertzikeit geschenckt vnd gegeben hast/ den bittern tod am Stam des Creutzs für vns zu leiden/sein heiliges teures blut vmb vnser sünde willen zuuergiessen/Vnd vom Teufel vnd ewigem verdamnis zu erlösen/Von deiner rechten wilch sein ewiger thron ist/zustürtzen/Deine liebe Kirchen zu dempfen/Vñ dein heiliges Wort auszurotten/wir bitten dich du starcker Got/Der du zu nicht machest/allen rath/allen gewalt der gotlosen vnd mechtigen auff erden/Du wollest jren vnchristlichen greulichen fürnemen steuren/vnd wehren/deine liebe Christenheit/ vnter dem schatten deiner flügel beschützen vñ beschirmen vñ bey dem heiligen vñ allein seligmachende Wort gnediglich erhalen/Durch Christum Jhesum deinen lieben Son vnsern HERrn/AMEN.

Zu Gott dem Son.

O HErr Jhesu Christe/du Son des alleyhögesten/vñ Heiland der gantzen welt/du Got der herscharen/Der du für vns durch dein heiliges leiden vñ sterben/den ewigen Tod vberwunden/den teufel gefangen/ die hell gestürmet/Die sünde ausgelescht/Vñ durch deine heilige aufferstehung vnd himilfart Die ewige seligkeit vnd das ewige leben erworben vñ vns geschencket hast/Wir bitten dich von gantzem hertzen/Diewil du sihest/Wie sich dein abgesagte feinde/Der Türcke vnd der Bapst/ so mutwilig widder dich aufflehnē/Vñ deine liebe Kirchen/Die du durch dein blut erworben hast/ so greulich verfolgen/Du wollest dich nachmals/wie du den zuuor vñ alleizeit gethan hast/beweysen/ jrem Bludürstigen tyrannischen mutwillen wehren/vñ fürkomen sie stürtzen/vnd deine werde Christenheit befrieden/auff das sie dich lobe/vnd dir dancken/der du lebest vnd regierest mit Got dem Vater in einikeit des heiligen geists in ewigkeit/AMEN.

Zu Gott dem Heiligen Geist.

O Heiliger Geist/du werder Tröster/du ewiger glantz erleucht vnser hertzen/vnd zünde sie an/ mit deiner gnade/ Das liebe Euangelium/Das ewige Wort/wilchs vns allein selig macht/zubekennen/vñ hilff vns Das wir dabei mögen bestedig bleibē/weiche so nicht von vns du einiger tröster jn allerlei not vñ anfechtung/ sondern stercke vns mit deiner Almechtigen inwendigen krafft/ Das wir vns für keinerley Tyrannei Des Türcken vnd des Bapsts fürchten noch entsetzen mögen/Verleihe vns eine ritterlichen Kampff des Glaubens widder alle/ vnsere feinde zu kempffen/ stehe vns bey Vnnd hilffts vns durch CHRistum Jhesum Vnsern lieben HERRN/Wilchem sey Lob EHR Vnd Preiß in ewigkeit AMEN.

Durch Pancratius Kempff Brieffmaler.

364

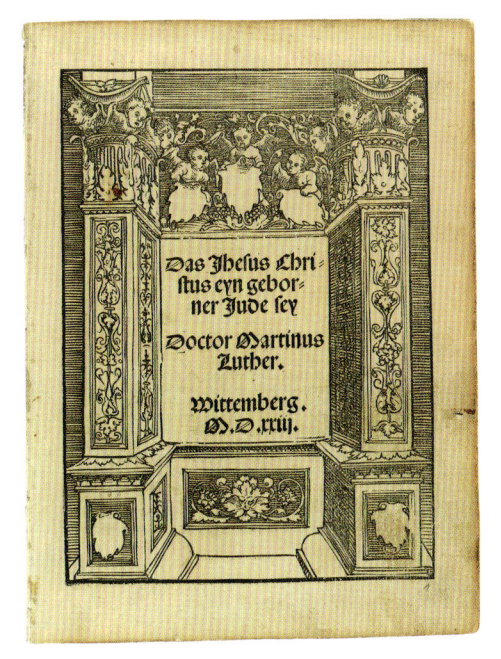

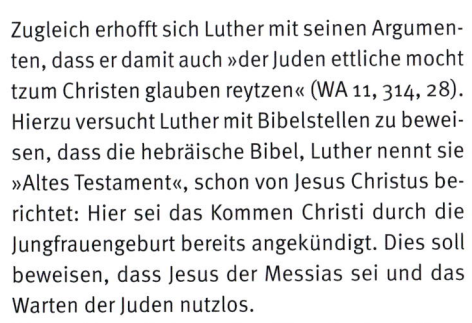

Zugleich erhofft sich Luther mit seinen Argumenten, dass er damit auch »der Juden ettliche mocht tzum Christen glauben reytzen« (WA 11, 314, 28). Hierzu versucht Luther mit Bibelstellen zu beweisen, dass die hebräische Bibel, Luther nennt sie »Altes Testament«, schon von Jesus Christus berichtet: Hier sei das Kommen Christi durch die Jungfrauengeburt bereits angekündigt. Dies soll beweisen, dass Jesus der Messias sei und das Warten der Juden nutzlos.

Dieser Versuch hat seine Wurzeln in Luthers Rechtfertigungslehre. Da ihr zufolge allein der Glaube an Christi Leben, Sterben und Auferstehung das Heil erwirkt, fallen alle, die nicht an Christus glauben, aus der lutherischen Gnadentheorie heraus. Andere Auslegungen der Schrift, wie beispielsweise die jüdische Freude an Gottes Gesetz, waren für Luther ein für alle Mal widerlegt. Für ihn war klar, dass für die Juden als einzige Option die Bekehrung blieb. Das Judentum selbst war für ihn »prinzipiell keine legitime religiöse Möglichkeit mehr« (Kaufmann 2014).

Das Besondere an der Schrift von 1523 ist, dass Luther zur Toleranz im Umgang mit den Juden aufruft. Seine Hoffnung ist, dass eine freundliche, gewaltfreie Behandlung die Juden davon überzeugen würde, dass Jesus der wahre Messias sei. Dieser Ton, der wie ein prophetischer Klang aus der Aufklärungszeit des 18. Jhs. herüberweht, wird von ihm unter anderem mit Röm. 9 belegt. Er argumentiert, dass es eine besondere Nähe zwischen Christen und Juden gebe. Da die Judenchristen in der apostolischen Zeit die Heiden vor allem durch freundlichen Umgang zu Christen bekehrt hätten, solle dies auch bei der zeitgenössischen Mission der Juden Maßgabe sein.

365

Die Schrift war zu Luthers Lebzeiten weit verbreitet, insgesamt sind zehn zeitgenössische Ausgaben zu zählen. RK

Literatur
Kaufmann 2014 · Lewin 1911 · Maurer 1953 · Osten-Sacken 2002 · Pangritz 2015 · Wallmann 2014

365

Bleiletter mit hebräischem Schriftzeichen מ (mem)

Wittenberg, Bürgermeisterstr. 5
Ende 16./Anfang 17. Jh.
Blei, gegossen
Kegelhöhe 3,53 mm; Schrifthöhe 24,53 mm;
Dicke 2,94 mm; Signaturhöhe 17,7 mm (v. o.)
bzw. 5,1 mm (v. u.)
Landesamt für Denkmalpflege und
Archäologie Sachsen-Anhalt
Landesmuseum für Vorgeschichte Halle,
Inv.-Nr. HK 98:24665v17
Ausstellung Minneapolis

Im Spektrum der in der Bürgermeisterstraße 5 (ehem. Jüdenviertel 25) entdeckten zahlreichen Bleidrucklettern (Kat. 292) aus der Verfüllung einer Latrine fällt eine Type besonders auf: Es handelt sich um eine Druckletter mit dem hebräischen Buchstaben מ (mem), bislang der einzige archäologische Fund einer derartigen Type europaweit.

Der Druck hebräischer Werke gewann durch die humanistische Ausrichtung der Wittenberger Universität seit der Universitätsreform Philipp Melanchthons zunehmend an Bedeutung. Zwar findet sich bereits 1508 eine Verwendung hebräischer Buchstaben in Andreas Bodensteins (gen. Karlstadt) *Distinctiones sive formalitates thomistarum*, die bei Georg Rhau gedruckt wurden. Hier setzte Karlstadt auf die zweite Seite des 29. Blattes vier Zeilen in Hebräisch. Doch erst im Zuge der Lehrtätigkeit des Hebraisten Matthäus Aurogallus entstanden ab 1523 Lehrbücher und Schriften in größerem Umfang auch in hebräischer Druckschrift, etwa sein *Compendium Hebraeae Grammatices* (Johannes Gronenberg, Wittenberg 1523).

Sowohl der Fundort als auch die Datierung des Fundspektrums der Latrinenverfüllung sprechen dafür, die hier gefundenen Bleilettern – und somit auch die hebräische Type – der Offizin von Johannes Krafft d. J. zuzuordnen. Sein Vater Johannes Krafft d. Ä., der seinen Namen auch latinisiert mit »Crato« angab, ist seit 1546 in Wittenberg als Drucker nachweisbar. 1553 erwarb er das Anwesen Jüdenviertel 25, wo er eine eigene Druckerei einrichtete, nachdem er zuvor wohl in der Druckerei von Georg Rhau gearbeitet hatte (vgl. Kat. 302). 840 Drucke sind von ihm nachweisbar, darunter neben zahlreichen Werken Philipp Melanchthons einige hebräische Titel. Nach dem Tod des Vaters übernahm zunächst der ältere Sohn Zacharias die Werkstatt mitsamt dem vorhandenen Typenmaterial, die er aber bald mit seinem Bruder Johannes d. J. gemeinsam betrieb. In Zusammenarbeit mit einem jüdischen Korrektor entstanden hier 1586 hebräische Drucke des *Pentateuch* und der *Genesis*, im darauffolgenden Jahr eine hebräische Komplettausgabe des *Alten Testaments*. Nach dem Tod des Bruders im Jahr 1590 führte Johannes Krafft die Offizin alleine weiter. Ihm sind etwa 200 Drucke in deutscher, lateinischer und hebräischer Sprache zuzuweisen, der letzte eindeutig ihm zuordenbare Druck stammt aus dem Jahr 1601. Das Typenmaterial der Krafft'schen Offizin wurde von verschiedenen Druckern noch bis 1609 weiter verwendet, allerdings offenbar nicht mehr für hebräische Publikationen. MG

Literatur
Berger/Stieme 2014 b, bes. S. 288 · Miletto/Veltri 2003, S. 93–111 · Reske 2007, 1087 s. v. Johann Krafft d. Ä.; 1091 s. v. Zacharias Krafft; 1092 s. v. Johann Krafft d. J.

Polemik und Konflikte 353

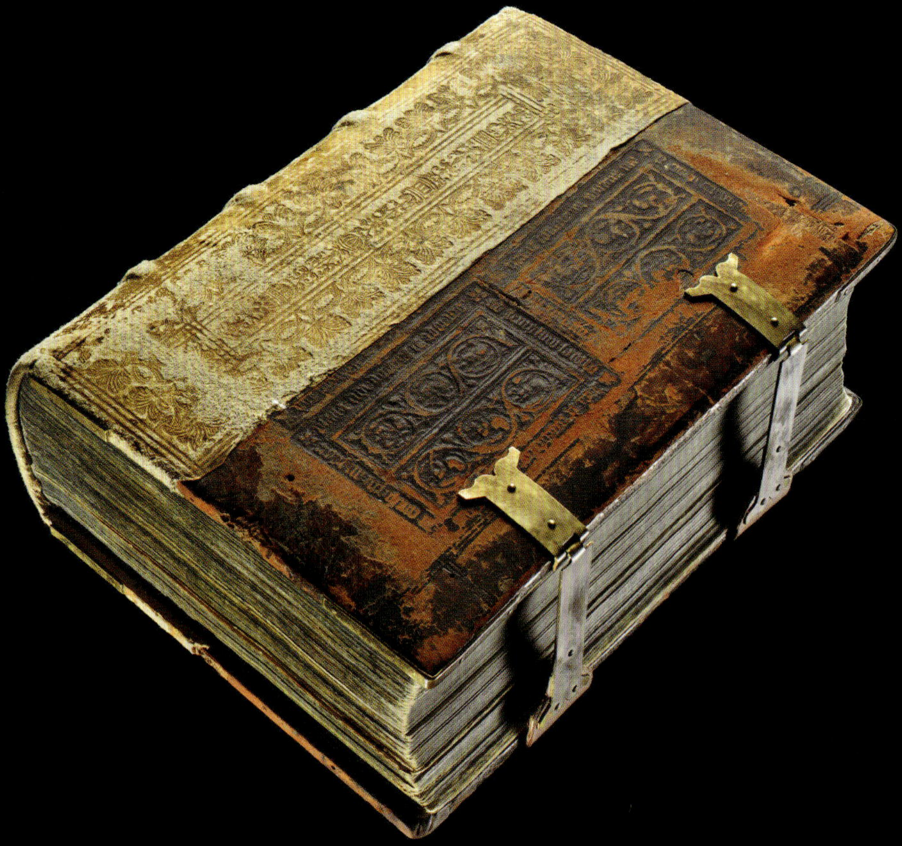

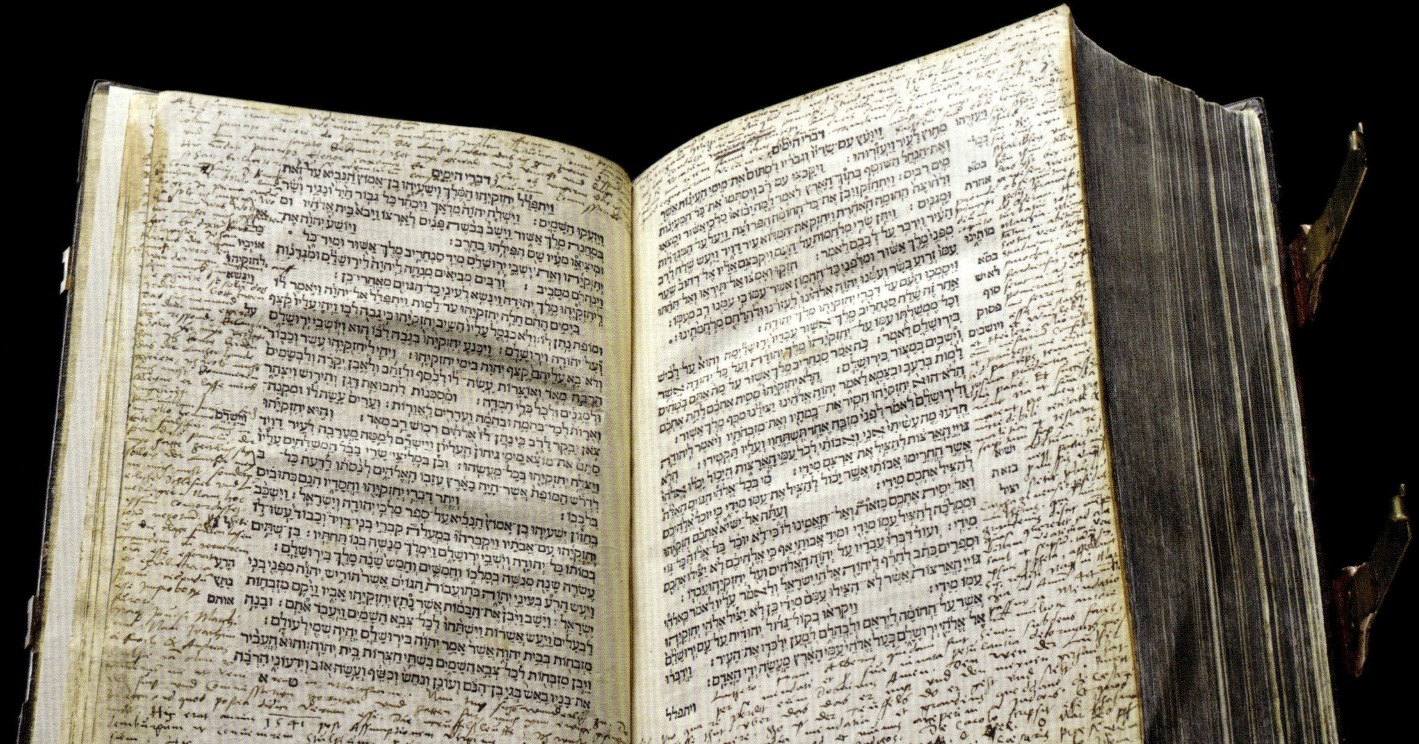

366

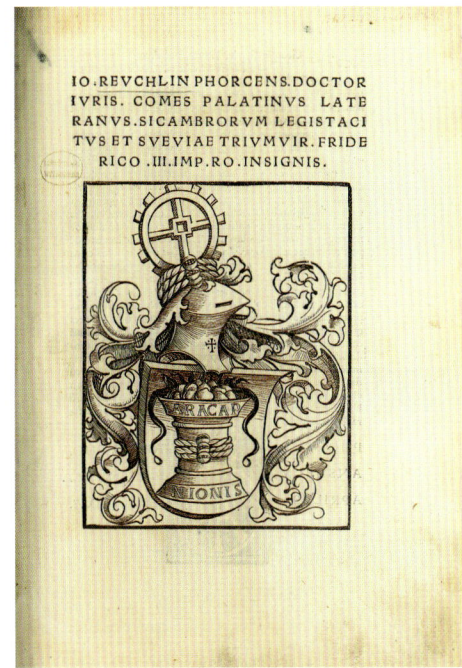

Biblia Hebraica

Venedig: Daniel Bomberg, 1518
23 × 17 cm
Stiftung Luthergedenkstätten in Sachsen-Anhalt, Inv.-Nr. ss 3391–3394
Ausstellung Minneapolis

Für das richtige Verstehen der Heiligen Schrift hielt Luther schon früh die Kenntnisse der ursprünglichen Sprachen – Hebräisch für das Alte Testament und Griechisch für das Neue – für unerlässlich. 1506 erwarb er ein Exemplar von Reuchlins Elementargrammatik für die hebräische Sprache (Kat. 367). Vor 1519 kam er in den Besitz einer hebräischen Bibel, die ihn sein Leben lang begleitete. Das 1494 in Brescia gedruckte Exemplar ist erhalten und weist zahlreiche Lesespuren Luthers auf.

Die ausgestellte Bibel gilt als eines der ersten drucktechnischen Meisterwerke Daniel Bombergs. Er stammte aus Antwerpen und kam 1515 nach Venedig. Obwohl selbst Christ, spezialisierte er sich in der Folge auf hebräische Drucke, die er in bis dahin ungekannter Präzision und Schönheit vorlegte. Dabei halfen ihm mehrere jüdische Gelehrte. Sein Erstdruck des Talmuds war ein Meilenstein in der Geschichte der Judaistik. Das vorliegende Exemplar stammt aus dem Besitz von Johannes Agricola, Luthers Schüler und späterer Gegner. MT

Literatur
ADB 47, 1903, S. 95–97 · Mackert 2014

367

Johannes Reuchlin
DE RVDIMENTIS HEBRAICIS

Pforzheim: Thomas Anshelm, 1506
29,8 × 22 cm
Stiftung Luthergedenkstätten in Sachsen-Anhalt, Inv.-Nr. Kn fl 4/8
VD16 R 1252
Ausstellung Minneapolis

Johannes Reuchlin war eigentlich Jurist, wurde jedoch als Humanist berühmt. Er gilt als Begründer der christlichen Hebraistik nördlich der Alpen. Sein Folioband von mehr als 620 Seiten, der als Einführung in die hebräische Sprache gedacht war, diente nicht nur Luther als erste Grundlage für das Erlernen der Ursprache des Alten Testaments. Da das Hebräische von rechts nach links geschrieben wird, ist es nur folgerichtig, dass der Band rückwärts zu benutzen ist, das heißt, die Einleitung findet sich auf den letzten Seiten.

1511 wurde Reuchlin durch ein Gutachten zum Erhalt des Talmuds in den sog. Judenbücher-Streit verwickelt, nachdem ein jüdischer Konvertit die Verbrennung aller jüdischen Schriften gefordert hatte. Reuchlin votierte dagegen, da er vor allem an der Kabbala, der jüdischen Geheimlehre zur Auslegung der Bibel, in einer christlichen Form interessiert war. Letztlich unterlag er, blieb aber der alten Kirche treu. Für die Reformationsgeschichte ist bedeutsam, dass auf seine Empfehlung hin Philipp Melanchthon, ein Verwandter von ihm, 1518 den Lehrstuhl für Griechisch in Wittenberg erhielt. MT

Literatur
Leppin/Schneider-Ludorff 2014, S. 603 f.

368

Martin Luther

Ein Sermon von dem Wucher

Wittenberg: Johann Rhau-Grunenberg, 1520
20,5 × 15,4 cm
Stiftung Luthergedenkstätten in Sachsen-Anhalt, Inv.-Nr. Ag 4° 188m
VD16 L 6447
Ausstellung Minneapolis

Die Bedeutung, die Luther wirtschaftlichen Fragen beimaß, ist in der Vergangenheit oft übersehen worden. Dabei wird schon aus dem Abfassungsdatum deutlich, wie dringlich Luther eine Neuorientierung auch in diesem Bereich erschien. Die Arbeit ist eine Neufassung und Erweiterung einer Flugschrift, die 1519 veröffentlicht wurde. Demgemäß wird sie oft als *Großer Sermon vom Wucher* bezeichnet. 1524 floss sie, noch einmal überarbeitet, als zweiter Teil in Luthers umfassendste Schrift zur Wirtschaftsethik *Von Kaufshandlung und Wucher* ein.
Ausgehend von der Bergpredigt Jesu stellt Luther jede Form von Geldgeschäften unter den Generalverdacht des Wuchers. Die Einnahme von Zinsen ließ er lediglich in Ausnahmefällen gelten. Der Fernhandel mit Luxusgütern sollte ganz abgeschafft und die großen Handelsgesellschaften entmachtet werden. Allerdings erwies sich Luthers Rigorismus als wenig praktikabel und wurde in der Realität weitgehend nicht beachtet.
Problematisch ist schließlich der Titelholzschnitt, der einen Juden als Karikatur zeigt mit der Beischrift: »Bezahl oder gib Zins, denn ich begehre Gewinns«. Auch wenn Luther auf die Ausstattung des Drucks keinen direkten Einfluss gehabt haben dürfte, deutet sich hier die Judenfeindschaft des Reformators an. MT

Quellen und Literatur
Leppin/Schneider-Ludorff 2014, S. 764–768 · Treu 2008 b · WA 6, 33, 36–60

369

Martin Luther

Von den Juden und ihren Lügen

Wittenberg: Hans Lufft, 1543
19,8 × 15 cm
Stiftung Luthergedenkstätten in Sachsen-Anhalt, Inv.-Nr. Ag 4° 227c
VD16 L 7153
Ausstellung Minneapolis

Gegen Ende seines Lebens verließ Luther die noch 1523 gehegte Hoffnung, dass es mit der Reformation auch zu einer Bekehrung der Juden zum Christentum in großem Stil kommen würde.

In rascher Folge ließ er drei umfängliche Schriften erscheinen, von denen die hier gezeigte die schlimmste ist. Darin fordert er die Obrigkeit auf, die Juden zu vertreiben oder zumindest ihre Synagogen zu zerstören, sie materiell zu enteignen und zu physischer Arbeit zu zwingen. Lediglich ihre Tötung wollte er nicht zulassen. Die jüngere Forschung hat gezeigt, dass die Unterscheidung eines religiös bedingten Antijudaismus von einem Rasse-Antisemitismus des 19. Jhs. nicht stichhaltig ist. Bei Luther kann durchaus von einem Proto-Rassismus gesprochen werden, der auch einen getauften Juden nicht als christlichen Bruder anerkennen konnte. Zu tief saßen die rassischen Stereotype, die bis zur Wiederaufnahme des Mythos gehen, dass Juden nach Christenblut trachteten.

Gleichzeitig richtete sich Luthers Hass auch auf christliche Exegeten, die das Alte Testament als Bibel der Juden aus sich selbst heraus zu verstehen suchten und nicht nur als Weissagung auf den kommenden Messias Jesus Christus. Interessanterweise fand diese Judenhetze zu Luthers Lebzeiten keine größere Resonanz. So sind nur zwei Ausgaben in Wittenberg zu verzeichnen sowie eine lateinische Übersetzung durch Justus Jonas, die offensichtlich in Luthers Auftrag entstand. MT

Quellen und Literatur
Kaufmann 2015, S. 106–140 · WA 53, 415–489

370

Fragment eines Wandbrunnens mit einer Darstellung von *Gesetz und Gnade* und der Karikatur eines Juden

Wittenberg, Lutherhaus Collegienstraße 54
1. Hälfte 16. Jh.
Irdenware, (innen/außen) gelb-grüne Glasur
5 × 3,5 cm
Landesamt für Denkmalpflege und Archäologie Sachsen-Anhalt
Landesmuseum für Vorgeschichte Halle,
Inv.-Nr. HK 667:243:260a
Ausstellung Atlanta

Dieses kleine, aber verstörende Fragment eines grün glasierten Wandbrunnens wurde im Garten des Lutherhauses gefunden (vgl. Kat. 236 u. 238). Es zeigt die die übereinader gelegten Beine des gekreuzigten Christus und daneben das Profil eines grinsenden Kopfes mit einer Raubvogelnase, tief eingesunkenen Augen und zum Spott verzogenen Lippen. Der widerliche Kopf trägt eine spitze Kappe und von seinem aufwendigen Gewand ist gerade so viel erhalten, dass man Puffärmel, Träger und eine Art Kittel erkennen kann. Eine komplette Kachel aus derselben Form existiert in Nürnberg und erlaubt uns, die Szene exakt zu rekonstruieren (Abb. 12).

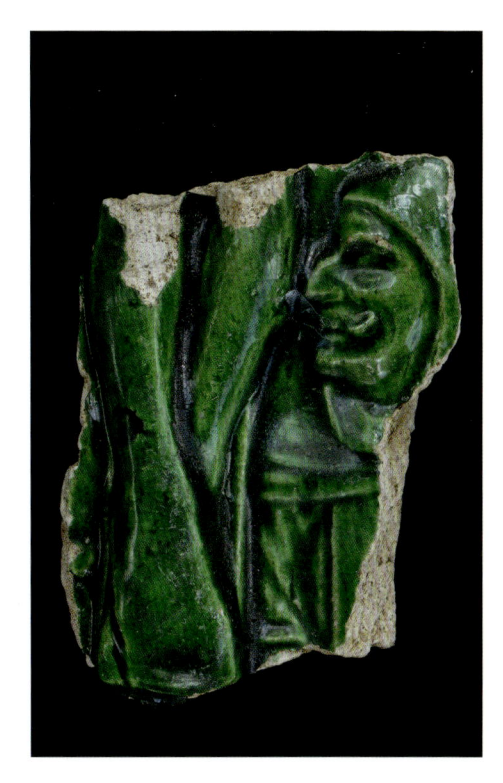

Diese spezielle Variante des Themas *Gesetz und Gnade,* die hier zu sehen ist, zeigt eine Bande dämonischen Gesindels, die dem sterbenden Heiland Beleidigungen entgegenschleudert. Dieses Detail, welches Cranach zum Beispiel nie malte, wird in spätmittelalterlichen Passionsdarstellungen gezeigt und schließt einen spottenden Juden ein. Der spitze Hut kennzeichnet unsere Figur als Juden, und seine aufwendige Kleidung könnte ihn sogar als Tempelpriester ausweisen. In der mittelalterlichen Ikonografie kann man Juden nur an den Abzeichen und der Kopfbedeckung, die sie tragen mussten, oder an teuflischen Attributen wie Hörnern oder Schwänzen von Nichtjuden unterscheiden.

Vom Humanismus beeinflusst konzentrierten sich die Künstler der Renaissance zunehmend auf das, was sie als eine typische Gesichtsphysiognomie ansahen. Das schloss das Erfassen des emotionalen Ausdrucks, aber auch die grausam stereotype Wiedergabe von Merkmalen der sozial Ausgestoßenen – Kriminelle, Bettler, Türken und Juden – ein. Somit sollte dieses abscheuliche Gesicht den Juden, der Zeuge der Kreuzigung war, grundlegend diffamieren. Es kann im Kontext des Auftauchens von boshaften antisemitischen Karikaturen und Klischees gesehen werden, die uns bis heute verfolgen. LN

Literatur
Gutjahr 2014, S. 24, Abb. 8 (ill.) · Katz 2008 · Wingenroth 1899

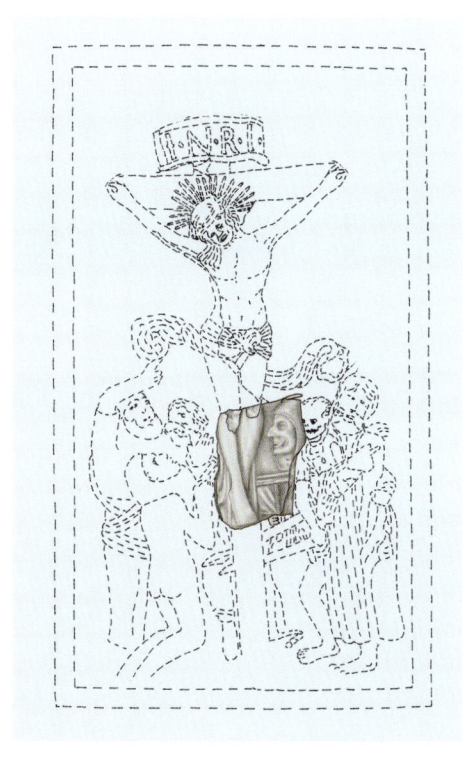

370

Abb. 12
Fragment Kat. 370, Umzeichnung nach Vorlage einer Kachel aus dem Germanischen Nationalmuseum Nürnberg

Polemik und Konflikte

VIII

Luthers Vermächtnis

während die eindrucksvollen physischen Überreste und die fesselnde Ikonografie des frühen 16. Jhs. den läuternden Auswirkungen von Luthers Reformation Tribut zollen, ist sein Vermächtnis schwieriger zu illustrieren. Es gibt nur wenige Lutherreliquien. Drastische Maßnahmen, darunter die Entscheidung, 1707 Luthers Sterbebett in Eisleben zu verbrennen, erstickten eine solche Verehrung des Reformators im Keim. Die einzigen weit verbreiteten, materiellen Erinnerungen an den Reformator sind die zahllosen Kopien und Neuschöpfungen von Cranach-Porträts, die die tragende Säule des Luthergedenkens sind.

Anstelle von physischen Reliquien sind es Luthers Schriften, Predigten und Lieder, die die Gläubigen noch immer inspirieren. Im Zentrum steht natürlich seine umfangreiche und herausragende Bibelübersetzung. Sie bildete die Grundlage für den Zugang der Laien zur Heiligen Schrift, und damit auch für die allgemeine Bildung und Alphabetisierung, die ein Kennzeichen des frühmodernen protestantischen Europas war. Ihre Auswirkung zeigt sich darin, dass Luthers aus der sächsischen Amtssprache entwickeltes Deutsch zur Grundlage der modernen deutschen Schrift- und Alltagssprache wurde. Diese prägende und einigende Wirkung der Sprache von Luthers Bibel bildete auch die Grundlage für das deutsche Nationalbewusstsein in den nachfolgenden Jahrhunderten. Allerdings geht Luthers literarisches Vermächtnis weit über seine Bibel hinaus und beinhaltet seine gesammelten Predigten, Flugschriften, Flugblätter und Briefe sowie die Mitschriften von seinen Tischreden. Vieles von dem, was Luther schrieb und sagte, verlor im Laufe der nächsten 500 Jahre an Wirkung oder wurde durch den Missbrauch seines Vermächtnisses durch die Nationalsozialisten befleckt. Seine Kirchenlieder jedoch haben die Zeiten überdauert. Im Original, aber auch in Übersetzung bewegen und inspirieren sie noch immer Christen überall auf der Welt und es vergeht kaum ein Tag, an dem man die Besucher des Lutherhauses in Wittenberg nicht »Ein feste Burg ist unser Gott« singen hört. LN

360 Luthers Vermächtnis

371
Kanzel der letzten Predigt Luthers

mitteldeutsche Werkstatt, 1518
mit Ergänzungen aus der 2. Hälfte des
16. und dem 17. Jh. sowie von 1911
Eichen-, Linden- und Nadelholz, Papier,
Eisen, Tempera- oder Kaseinfarben,
teilweise vergoldet
H ca. 6 m
Evangelische Kirchengemeinde St. Andreas-Petri-Nicolai, Lutherstadt Eisleben
Ausstellung Minneapolis

»[Christus]: Du bist allein mein lieber Herr und Meister [...], Das und viel mehr were von diesem Evangelio weiter zu sagen, Aber ich bin zu schwach, Wir wolln hie bey bleiben lassen.« So schloss Luther seine Ausführungen zum Matthäusevangelium (Mt 11, 25–30) am 15. Februar 1546. Diese Predigt von der Kanzel der Andreaskirche zu Eisleben sollte seine letzte sein. Das viel bemühte Zitat pointiert, wie geschwächt der herzkranke Reformator drei Tage vor seinem Tod war. Die »letzte Kanzel Luthers« befindet sich bis heute an ihrem ursprünglichen Ort, dem zweiten südlichen Pfeiler in der Andreaskirche, wo sie auch zum Zeitpunkt von Luthers letztem öffentlichen Auftritt stand. Im Schalldeckel gibt die Jahreszahl 1518 Auskunft über das Datum der Vollendung der Kanzel. Nahezu unverändert überdauerte sie die vergangenen Jahrhunderte. Lediglich die überaus steile Treppe wurde im 19. Jh. verlängert und dadurch besser begehbar. Bei der Neugestaltung der Kirche 1911 fügte die Denkmalpflege einen Kranz aus barocken Putti über dem Schalldeckel hinzu.

Der Kanzelkorb mit sechseckigem Grundriss erhebt sich über einer Konsole mit profilierten Rippen. Die grisailleartige Malerei auf blauem Grund zeigt folgende Heilige unter rundbogenförmigen gotischen Ranken: Katharina, Andreas, Martin und Johannes Evangelist. Die Felder der Treppe zieren ebenso gefärbte Ranken. Zwischen Kanzelkorb und Schalldeckel verkleiden Gemäldetafeln drei Seiten des Pfeilers. Die untere Zone wiederholt das Rankendekor, die obere zeigt eine von Engeln bekrönte Mondsichelmadonna im Strahlenkranz. Eine blaue Fassung und applizierte Sterne evozieren in der Wölbung des Schalldeckels den Nachthimmel über dem Prediger. Die oben aufgesetzten Giebelfelder und Obelisken datieren wohl ins 17. Jh.

Die heute sichtbaren Gemälde weichen von der vorreformatorischen Fassung ab. Unter den Heiligenfiguren befinden sich ältere Gemälde und die Kombination aus den Namensheiligen Luthers und seiner Frau Katharina scheint ein Ausdruck der frühneuzeitlichen Lutherverehrung. Der hl. Andreas steht für die Kirche selbst und Johannes Evangelist für das Wort Gottes, das von

372

der Kanzel verkündet wird. Die Mondsichelmadonna am Pfeiler ist älter und stammt aus einem anderen Kontext. Sie symbolisiert die Kirche, die Gemeinschaft der Gläubigen, die sich zum Hören des Wortes Gottes vor der Kanzel versammelt. Spätestens im 18. Jh. schränkte die Gemeinde die Nutzung der Kanzel ein. Es wurde nur noch an drei Luthergedenktagen gepredigt: am Geburts- und Sterbetag Luthers sowie am Palmsonntag, zudem an den Feierlichkeiten zu den Reformationsjubiläen. Nach 1670 stiftete der hohe Beamte Johann Müller eine »Alltagskanzel« gegenüber der Lutherkanzel am südlichen Triumphbogenpfeiler. Dieses Bestreben um Schonung zeigt, dass die Kanzel früh als Denkmal betrachtet wurde. Ein aus kostbaren Chormänteln des 15. Jhs. gefertigter Behang mit Reliefstickerei bekleidete die Lutherkanzel. Dieser außergewöhnliche Schmuck ist heute in einer Vitrine innerhalb der Kirche zu sehen. Seit dem 19. Jh. bis heute wird wieder ausschließlich von der »Lutherkanzel« gepredigt. SKV

Quellen und Literatur
Arnold 1845 · Berger 1827, S. 155–157 · Brinkmann/Größler 1895 · Fabri 1794 · Kutzke 1912 · Kutzke 1917

372

Kelch aus St. Andreas zu Eisleben

Sachsen oder Thüringen, 15. Jh.
Silber, gegossen, getrieben und graviert, vergoldet
H 16,5 cm; Dm 13,5 cm
Evangelische Kirchengemeinde St. Andreas-Nicolai-Petri Eisleben (als Leihgabe im Museum Luthers Geburtshaus, Eisleben)
Ausstellung Minneapolis

Inschriften in gotischen Majuskeln, auf den Köpfen der Rotuli: IHESUS; auf dem Schaft unterhalb des Nodus: AVE; auf dem Schaft über dem Nodus: MARIA

Zu Beginn des 16. Jhs. besaß die Andreasgemeinde zu Eisleben einen großen kostbaren Kirchenschatz. Das belegen nicht zuletzt der aus spätgotischen Rauchmänteln zusammengefügte, mit exquisiter Seidenstickerei verzierte Kanzelbehang oder die hier ebenfalls besprochene Kasel (Kat. 373). Auch eine hohe Zahl bis heute erhaltener gotischer Messkelche lässt die umfangreiche Ausstattung der Kirche erahnen.
Der sechspassige hochgezogene Fuß mit profilierter Zarge ist reich mit gravierten Zirkelmustern verziert. Jedes der sechs Felder zeigt ein anderes Dekor, darin wiederholen sich Drei- und Vierpässe, die gerade oder geschwungene Bänder einfassen. Der gedrückte Nodus gliedert sich in zwölf schildförmige Felder mit Maßwerkdekor,

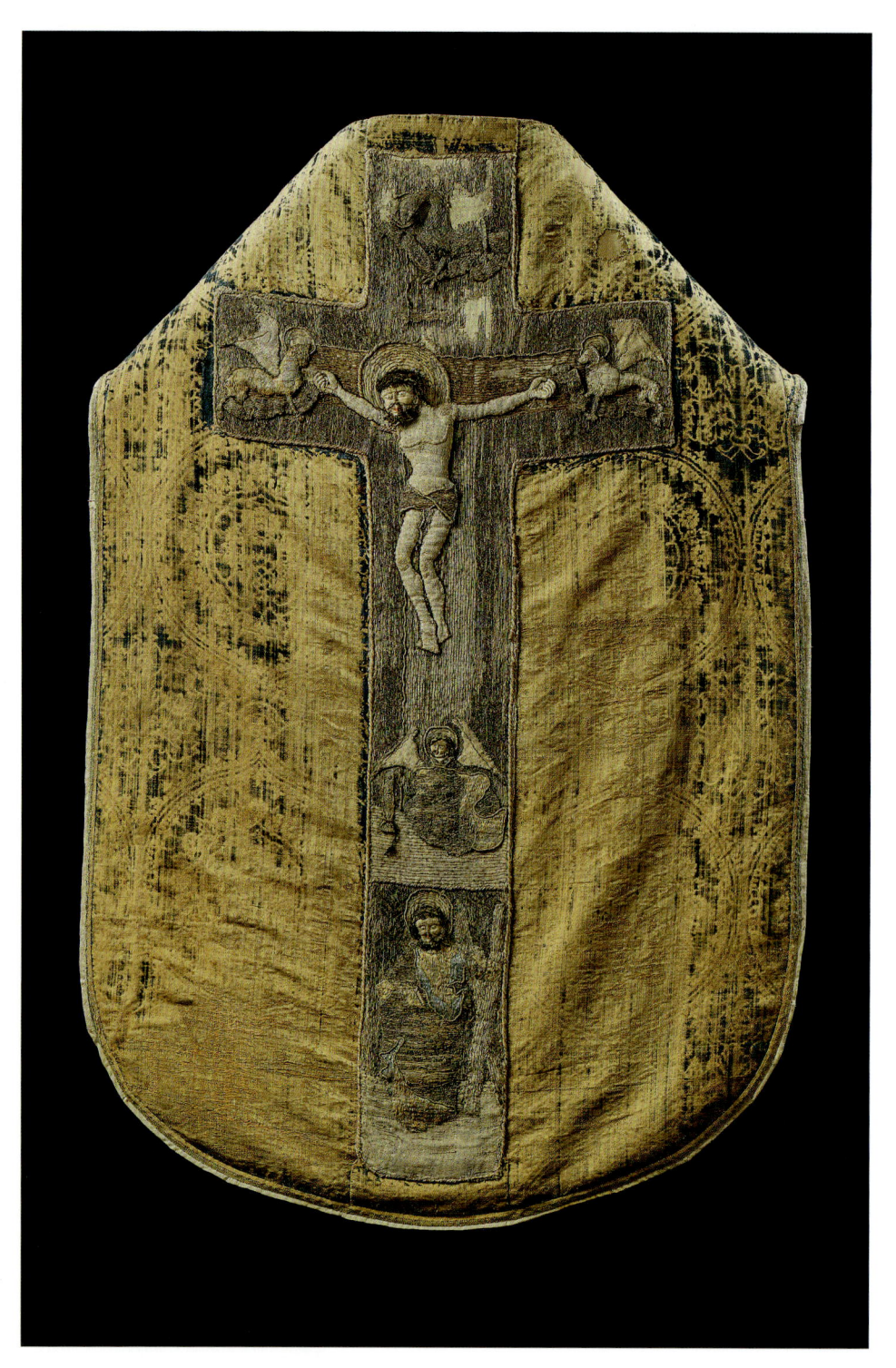

373

die wiederum rhombenförmige Rotuli trennen. Den geraden sechspassigen Schaft zieren neben der Inschrift Blumen- und Sternmotive. Obenauf sitzt eine glockenförmige Kuppa.

Martin Luther hielt in Eisleben, nicht nur an seinem Lebensabend, wiederholt Gottesdienst. Der Kelch gehörte zu seinen Lebzeiten sicherlich zu den Altargeräten der Andreaskirche. Es ist durchaus vorstellbar, dass der berühmte Sohn der Stadt diesen Kelch selbst benutzt hat. Heute fungiert er vor allem als Symbol für den aufgrund der Reformation eingeführten Laienkelch und für den Gottesdienst an der letzten Wirkungsstätte Martin Luthers. SKV

Literatur
Brinkmann/Größler 1895, S. 114, Nr. 6 · Seyderhelm 2001 · Treu 2014, S. 20 f., 102

373
Samtkasel mit gesticktem Kreuz, darauf der hl. Andreas

Mitteldeutschland, 1. Viertel 16. Jh.
Gewebe (Norditalien): blaugrüner Seidensamt; Stickerei (Mitteldeutschland?): Häutchensilber, verschiedenfarbige Seidenfäden
132 × 90 cm
Stiftung Luthergedenkstätten in Sachsen-Anhalt, Inv.-Nr. GH K 16
Ausstellung Minneapolis

Eine Kasel bildet das liturgische Obergewand des zelebrierenden Priesters während der Feier der heiligen Messe. Das Gewand aus Eisleben wurde aus einem edlen Seidensamt angefertigt, dessen dunkler, blaugrüner Flor in spannungsvollem Kontrast zu dem orange-kupferfarbenen Grund des Gewebes steht. Durch vielfache Beanspruchungen sind die zarten Samtfasern leider in weiten Bereichen verloren gegangen.

Das Dessin wird bestimmt von Granatapfelmotiven in vielschweifigen Rosetten und Spitzovalformen. Stoffe mit fantasievollen Granatapfelmustern waren seit der zweiten Hälfte des 15. Jhs. äußerst beliebt und begehrt. Das vorliegende Gewebe kann anhand von Vergleichen in die Zeit nach 1500 eingeordnet werden.

Auf der Rückseite des Gewandes ist ein gesticktes Kreuz montiert. Vor dem Hintergrund aus Silberfäden erhebt sich das Kreuz Christi. Der Corpus des Gekreuzigten wurde separat aus weißem Halbseidenatlas hergestellt und mit textilem Material unterpolstert, sodass er plastisch hervortritt. In ähnlicher Weise wurden auch die anderen Figuren auf dem Kaselkreuz einzeln angefertigt und appliziert. Die menschlichen Köpfe sind besonders fein gearbeitet, die Haare bestehen aus dünnen Drähten, die mit Seidenfäden umwickelt wurden.

373

Der gekreuzigte Christus ist umgeben von den vier geflügelten Wesen der Offenbarung des Johannes (Offb 4,1–11), die zu den Symbolen der vier Evangelisten wurden. Wie auch auf den Schriftbändern der Figuren der Eislebener Kasel zu lesen ist, steht der Adler für Johannes (oben), der Löwe für Markus (links), der Stier für Lukas (rechts) und der Engel für Matthäus (unten). Christus im Zentrum verkörpert in seiner Person die Einheit der vier Evangelien. Nach der mittelalterlichen Deutung stehen die Symbole zugleich für den vierfach vom Kreuz als Baum des Lebens ausgehenden Lebensquell der Evangelien, der mit den vier Paradiesflüssen gleichzusetzen ist. Ergänzt wird diese komplexe Bildaussage durch eine Darstellung des Apostels Andreas, kenntlich an seinem Attribut, dem Schrägkreuz. Aufgrund dieser singulären Stellung des Apostels ist die Annahme nicht von der Hand zu weisen, dass die Kasel einmal für die Messfeier am Hauptaltar der St. Andreaskirche in Eisleben bestimmt gewesen sein könnte. Dann könnte ihr auch Martin Luther bei seinen Besuchen in Eisleben, die mehrfach mit Predigten in der Andreaskirche verbunden waren, begegnet sein. BP

Literatur
Knape 1994

»Wenn ich meine lieben Landesherren […] versöhnt habe, […] dann will ich heimziehen und mich in den Sarg schlafen legen« – Martin Luthers Sterben

Martin Luther starb am 18. Februar 1546 gegen drei Uhr morgens in seiner Geburtsstadt Eisleben. Er war in Begleitung seiner drei Söhne sowie Ambrosius Rudtfelds, Johann Aurifabers und Justus Jonas' dorthin gereist, um bei Streitigkeiten zwischen den drei Mansfelder Grafenhäusern zu schlichten. Auch wollte er seine Landesherren, denen er sein ganzes Leben lang verbunden war, davon überzeugen, die Juden aus ihrer Herrschaft zu vertreiben. Auf dem Weg nach Eisleben, nahe Rißdorf, erlitt Luther einen schweren Herzanfall.

Der stark geschwächte Reformator nahm in Eisleben nicht nur an den Verhandlungen der Grafen teil, er hielt auch in der Andreaskirche seine vier letzten Predigten. Ebenso führte Luther in der Kirche seine letzte Ordination zweier Priester durch. Die Kanzel, von der Luther dort bis zuletzt das Wort Gottes verkündete, blieb nahezu unverändert an ihrem damaligen Platz erhalten. Erstmals verlässt sie nun die Andreaskirche, um 2016 in Minneapolis ausgestellt zu werden.

Luther führte in den oben genannten Verhandlungen trotz seiner großen Schwäche Vermittlungsgespräche mit den Parteien, die schließlich am 16. und 17. Februar Verträge zu den kirchlichen und weltlichen Fragen unterzeichneten. In der Nacht darauf erlitt er einen so schweren Herzanfall, dass er zunächst geschwächt in den Schlaf sank. Nach Mitternacht erwachte er wieder, erneut einen Anfall erleidend. Graf Albrecht von Mansfeld sowie seine heilkundige Frau Anna wurden zum Krankenbett gerufen, später auch die beiden Ärzte aus Eisleben. Schließlich starb Luther in ihrer Anwesenheit sowie im Kreise seiner Söhne und Begleiter, trotz der umfangreichen Bemühungen und des Einsatzes teils exotischer, teurer Heilmittel.

Der Leichnam wurde erst im Sterbezimmer aufgebahrt, nach Anfertigung des Zinksarges in St. Andreas. Am 19. und 20. Februar hielten zwei Zeugen von Luthers Tod, Justus Jonas und Michael Coelius, Leichenpredigten in Eisleben. Zügig geschah die Überführung nach Wittenberg, wo Luther am 22. Februar in der Schlosskirche nahe den kurfürstlichen Begräbnissen beigesetzt wurde. Die Leichenpredigt dort hielt Johannes Bugenhagen. SKV

364 Luthers Vermächtnis

374

Lucas Cranach d. Ä.
Martin Luther auf dem Totenbett

Kopie, nach 1600
Öl auf Eichenholz
40,5 × 29,6 cm
Stiftung Deutsches Historisches Museum,
Inv.-Nr. Gm 2010/1
Ausstellung Minneapolis

signiert Mitte rechts mit geflügelter Schlange
nach links

Das Berliner Bild ist eine spätere Version des verbreiteten Sujets des sterbenden oder toten Luther, das die Bedeutung dieses Themas für die Kirchengeschichte auch Jahrzehnte nach dem Tod des Reformators belegt. Die Nahsicht unterstreicht die Intention, einen sanft entschlafenden Luther auf weißen Kissen, die wie himmlische Wolken aussehen, darzustellen. Diese Gestaltung ist die visuelle Ergänzung der Augenzeugenberichte der Todesnacht von Justus Jonas, einem Getreuen Luthers, und dem Mansfelder Prediger Michael Caelius. Die Berichte wie auch das Bild sollen belegen, dass der Reformator entgegen der altkirchlichen Propaganda weder einen Kampf mit dem Teufel ausfechten musste noch nach dem Ableben in die Hölle kam. Der friedliche Gesichtsausdruck des Verstorbenen deutet zudem auf Luthers Überzeugung, als christliche Vorbereitung auf ein gutes und friedliches Sterben bedürfe es allein des festen Glaubens an Gott und die Erlösung. Da die Furcht vor dem unvorbereiteten Tod besonders in Zeiten rasch um sich greifender Seuchen und Krankheiten, von Kriegen und Hungersnöten besonders groß war, sorgten sich die Menschen des Spätmittelalters und der Frühneuzeit um eine angemessene Vorbereitung auf das gute Sterben. Die umfangreiche zeitgenössische Literatur zur *Ars moriendi*, zur Kunst des Sterbens, belegt das immense Bedürfnis nach Anweisungen zur christlichen Vorbereitung auf die Sterbestunde (vgl. Kat. 97).

Das vorliegende Gemälde ist gerade als spätere Kopie ein Hinweis auf die fortwährende theologische Bedeutung und Diskussion um das Ableben des Reformators. Die verschiedenen Versionen der Totenbildnisse basieren auf Bildnisvorlagen von zwei Malern; eines unbekannten aus Eisleben, der noch in der Todesnacht am 18. Februar 1546 den sterbenden oder bereits verstorbenen Reformator verewigte, und von Lucas Furtenagel, der aus Halle angefordert am nächsten Tag in Eisleben eintraf, um Bilder des Toten anzufertigen. Nach einer der beiden Vorlagen gestaltete Cranach sein Gemälde in der für ihn typischen Manier. Welche Version ihm tatsächlich ursprünglich vorlag, ist in der Forschung umstritten. Ein mögliches Vorbild für die erfolgreiche und später weit verbreitete Fassung aus der Cranach-Werkstatt ist die Federzeichnung des toten Luther, die im Berliner Kupferstichkabinett Furtenagel zugeschrieben ist. Cranach d. Ä., der ein enger Vertrauter Luthers gewesen war, schuf mit seiner Version des Totenbildes das Vorbild für die bald einsetzende und sich rasch und weit verbreitende Produktion an Gemälden sowie Kupfer- und Holzschnitten des toten Theologen. Das vorliegende Bild orientiert sich an einer Version von 1546 (Niedersächsisches Landesmuseum Hannover), die aus der Werkstatt Cranachs d. Ä. oder von dessen Sohn, Lucas Cranach d. J., stammt. BR

Quellen und Literatur
Brinkmann 2007, S. 196 f., Kat. 42 (ill.) · Jonas/Coelius 1546 · Dieck 1962 · Enke/Schneider/Strehle 2015, S. 244 f., Kat. 2/13 (ill.) · Marx/Mössinger 2005, S. 480–486, Kat. 43 (ill.) · Stuhlfauth 1927

375

Hauszeichen
von Luthers Sterbehaus

1506
Holz, polychrom gefasst
54 × 28 × 21 cm
Lutherstadt Eisleben (als Leihgabe in Luthers Sterbehaus, Eisleben), Inv.-Nr. V 884
Ausstellung Minneapolis

Ein Hauszeichen (auch Hausmarke) ist eine mit Heraldik vergleichbare Bauplastik, die dem Wesen nach ein älteres Sippenzeichen darstellt. Ursprünglich handelte es sich um eine einfache grafische, den Steinmetzzeichen verwandte Symbolik, die dann – plastisch und meist farbig ausgeführt – künstlerisch weiterentwickelt wurde.
Das hier abgebildete Hauszeichen zeigt einen schwarz gekleideten Mann, der ein Wappenschild hält. Dieses trägt ein spätgotisches Familienzeichen und die Buchstaben T und R. Unter dem Wappenschild steht die Jahreszahl 1506. Die Buchstaben und die Jahreszahl stehen zweifelsohne für den Eisleber Ratsherren und Hüttenmeister Tile Rinck und die datierte Fertigstellung seines Hauses. Der Schildhalter und das Wappenschild offenbaren die zeitgenössisch anmaßende Selbstdarstellung eines reichen Bürgers, da solche Formen eher als Hausmarken des Ritteradels gebräuchlich waren. Nach der Spangenberg-Chronik starb Martin Luther 1546 in Eisleben in einem Haus am Markt gegenüber einem Röhrbrunnen, das nach 1498 von Tile Rinck erbaut worden war und dann seinem Schwiegersohn Dr. Philipp Drachstedt gehörte. Der Jurist und Hüttenmeister starb jedoch 1539. Daher konnte bis vor Kurzem nicht schlüssig geklärt werden, warum 1546 der Herbergswirt, der in den ersten Zeugnissen von der letzten Reise und dem Tod des Reformators explizit genannt wurde, Johann Albrecht hieß.

Das lange als verschollen geltende Testament von Philipp Drachstedt wurde nun aufgefunden. Demnach fiel das Haus nach dessen Tod an seinen Schwiegersohn, den Hüttenmeister Hans Stahl, der wiederum seinen Schwiegersohn und Stadtschreiber Johann Albrecht dort wohnen ließ. Da sich Hans Stahl – wie die anderen Mansfelder Hüttenmeister – infolge der gräflichen Feuerteilung und des Einbruchs der kontinentalen Kupferpreise verschuldete, fiel das Sterbehaus Martin Luthers an Graf Bruno II. von Mansfeld-Bornstedt, der an dieser Stelle unter Einbeziehung der Keller und einiger Mauern der Vorgängerbauten nach 1570 sein Stadtpalais mit Kanzlei errichten ließ. Dass das Hauszeichen diesen Umbau überdauerte, ist ein besonderer Glücksfall. Es ist wohl die einzige authentische Hinterlassenschaft von Martin Luthers Sterbehaus. AS

Literatur
Stahl 2004, S. 1 u. 77 f. · Stahl 2006 · Stahl 2015

376

Walzenkrug aus Luthers Sterbehaus

Waldenburg, um 1580
Steinzeug
H 23 cm; D 13,7 cm
Lutherstadt Eisleben (als Leihgabe in Luthers Geburtshaus, Eisleben), Inv.-Nr. V 471
Ausstellung Minneapolis

Der Walzenkrug stammt als einziges Objekt aus dem eigentlichen Sterbehaus Luthers in Eisleben, das heute als solches nicht mehr existiert. Einzig die noch erhaltene Hausmarke (Kat. 375) zeugt von dem ehemaligen Gebäude am Markt, welches, 1498 erbaut, Anfang des 17. Jhs. einem Brand zum Opfer fiel.
Der glasierte Walzenkrug – nach 1580 in Waldenburg hergestellt – ist dem Merseburger Lutherbecher (Kat. 396) in Form und Gestalt sehr ähnlich. Ab der Mitte des 16. Jhs. lösten sich die Krüge von ihrer bauchigen Form und durchliefen einen Wandel zu zylindrischen, künstlerisch hochwertigeren Gefäßen. Der Grund für diesen Formwandel liegt in den seit dem letzten Drittel des 16. Jhs. vermehrt auftretenden Reliefdekoren in Waldenburg, die mittels Platten auf den Krug aufgebracht wurden und auf zylindrischen Formen besser haften. Die thematische Vielfalt solcher Dekore erstreckte sich von mythischen Gestalten über Akteure der Reformation bis hin zu Wappen. Zumeist jedoch orientierten sich die Themenfelder an biblischen Szenen, wie beim Krug aus dem Sterbehaus. Gerahmt werden solche Dekore durch Reliefstempelschmuck im Fuß- und Halsbereich, dessen Struktur durch Stempelrollen erzeugt wurde.
Zur linken Seite des Henkels zeigt sich eine Verkündigungsszene. Der Erzengel Gabriel, durch ein Lilienzepter in seiner Hand ausgewiesen, zeigt mit seiner Rechten auf Maria, die sich auf dem Gebetspult kniend dem Engel zuwendet. Vor ihr auf dem Pult steht in Brusthöhe eine Vase, vermutlich mit Lilien, die auf die Reinheit Marias verweisen dürften. Auffallend ist die Positionierung des Pultes vor dem Baldachin des Bettes, wodurch ein perspektivischer Effekt erzielt wird. Der Verkündigung folgt eine alttestamentarische Szene: Nachdem er von einem ungeheuerähnlichen Fisch verschluckt worden war und drei Tage in seinem Inneren verbracht hatte, wird Jonas an einer durch Hafengebäude gerahmten Küste ausgespuckt. Die Szene, die aus dem zweiten Kapitel des Buchs Jona stammt, steht im christlichen Glauben thematisch in unmittelbarem Zusammenhang mit der Verkündigung. Im Inneren des Fisches ist Jona verloren und dem Tod sehr nah. Mit seiner Rettung erlebt er im übertragenen Sinne eine »Auferstehung«, wodurch die Parallele zu Jesu Erscheinen nach seinem Tod und seiner Auferstehung offensichtlich wird. RN

Literatur
Adler 2005, S. 330 · Horschik 1978, S. 68–73 · Scheidemantel/Schifer 2005 · Treu 2007, S. 15 u. 17 (ill.)

377

Martin Luther
Der Neüntzigst Psalm. Ein Gepet Mosi was sterben sey und wie man dem todt entpfliehe

Nürnberg: Christoph Gutknecht, 1543
19,2 × 15 cm
Forschungsbibliothek Gotha der Universität Erfurt, Theol 4° 00224l 01
VD16 L 4532
Ausstellung Minneapolis

Der Kommentar zu Psalm 90 zählt zu Luthers bedeutsamsten Aussagen über den Tod – ein Thema, das ihn beständig umtrieb. Anders als bei Pflanzen und Tieren, deren Sterben der natürlichen Ordnung entspricht, kommt für den Menschen der Tod mit der Erbsünde in die Welt. Nach Luthers Auslegung dient die duale Vorstellung, die Mose in seinem Psalm entwirft, zum einen dazu, die Ungläubigen mit Gottes Zorn zu schrecken, und zum anderen dazu, die Gläubigen durch das Lob der Gnade Gottes zu trösten. Luther vergleicht den Tod mit dem Schlaf oder mit einer göttlichen Strafe, und durch die Gnade – sprich: die Taufe – kann der Gläubige erlöst werden.

Luthers Vorlesungen über den Psalm 90 zählen zu den letzten, die er an der Universität Wittenberg zu einem anderen Thema hielt als der Genesis, dem 1. Buch Mose. Er konzentrierte sich in seinen letzten Vorlesungen speziell auf diesen Psalm und das eine biblische Buch, denn Luther sah Mose als die wichtigste Quelle göttlicher Weisheit, die sich bei den Propheten und Aposteln widerspiegelte. Die Psalmvorlesungen hielt er im Herbst und Frühjahr 1534/35. Sie wurden von Georg Rörer, Caspar Cruciger und Veit Dietrich transkribiert; heute ist nur noch Rörers Mitschrift der Vorlesung erhalten (Jena, Thüringer Universitäts- und Landesbibliothek, Ms. Bos. q. 24k, Bl. 235r–259v).

Die erste lateinische Druckfassung erschien 1541 in Wittenberg unter dem Titel *Enarratio Psalmi XC*, zwei Jahre später folgte diese deutsche Übersetzung. So wie bei Luthers anderen Publikationen auch, richtete sich die lateinische Ausgabe an die theologische Elite, während die Zielgruppe für die deutsche Übersetzung Gemeindeprediger und lesende Laien waren. JTM

Quellen
WA 40 III, 476–594

378

379

Gedenkblätter zum Tod Martin Luthers

unbekannter deutscher Künstler (nach einer Vorlage aus der Cranach-Werkstatt)
Jörg Scheller (Formschneider)

Magdeburg, 1546
Holzschnitte, koloriert, typografischer Text
Ausstellung Minneapolis

378

Katharina Luther, geb. von Bora, in Witwentracht

Blattmaß: 40,5 × 29,5 cm; Bildmaß mit Text: 34,7 × 28,1 cm; Bildmaß: 32,2 × 21 cm
Stiftung Schloss Friedenstein Gotha,
Inv.-Nr. 38,12

über dem Bildnis: Abcontrafect Frauwen Katharinen D. Martini Luthers nachgelassene Witfrawn/in jhrer Traurung.

rechts des Bildnisses: KOnig Salomo beschreibet klar / Vom Herrn ein fromes weib küpt dar [...]

unter dem Bildnis: Zu Magdeburg bey Joᵉrg Scheller Formschneider zum Pfeyl bey Sanct Peter

379

Martin Luther

Blattmaß: 40,5 × 29,9 cm; Bildmaß mit Text: 36,3 × 28,6 cm; Bildmaß: 34,3 × 21,7 cm
Stiftung Schloss Friedenstein Gotha,
Inv.-Nr. 38,11

über dem Bildnis: Des Ehrwirdigen Herrn Doctoris Martini Lutheri Christlicher Abschiedt aus dieser Welt. Anno M. D. XLVI.
links des Bildnisses: DIese Figur vns zeyget an / Den auserwelten Gottes man [...]
unter dem Bildnis: Zu Magdeburg bey Joᵉrg Scheller Formschneider zum Pfeyl bey Sanct Peter
im Bild: 1546

Bei dem Bildnispaar handelt es sich um Gedenkblätter auf den Tod Martin Luthers, die noch im Jahr seines Ablebens entstanden. Der typografische Text auf der linken Seite des Lutherbildnisses beschreibt das selige Sterben des Reformators, das seine Gegner widerlegen sollte: Sie behaupteten, Luther sei unter Höllenqualen verschieden.

Das Gegenstück zu diesem Blatt zeigt Katharina von Bora in Witwenkleidung. In den Händen hält sie ein kleines Buch. Über dem Kleid trägt sie einen fast bis zum Boden reichenden, pelzbesetzten Umhang. Typisch für die Witwentracht ist die weiße Haube, die mit einem langen Band versehen über die rechte Schulter bis zum Boden reicht. Das über den Mund gelegte Band ist als ein sichtbares Zeichen der Trauer zu verstehen, die den Mund »verschließt«. Die seitlich der Darstellung wiedergegebenen Verse gründen auf den Sprüchen König Salomos. Sie betonen die Vorzüge einer guten und frommen Ehefrau, die Verbundenheit beider Ehepartner und die Trauer über den Verlust, wenn einer von beiden durch Gottes Willen abberufen wird.

Katharinas Witwenporträt konnte vermutlich durch zwei ähnlich kolorierte Holzschnitte aus demselben Jahr ausgetauscht werden, die Philipp Melanchthon bzw. Johannes Bugenhagen darstellen und sich ebenfalls in der grafischen Sammlung der Stiftung Schloss Friedenstein befinden. BS

Literatur
Hoffmann 2015, S. 21–24 (ill.) · Schäfer 2010, S. 64 f. (ill.) · Schäfer/Eydinger/Rekow im Druck, Kat. 122 u. 123 (ill.) · Schuchardt 2015, S. 135 u. 137, Kat. 62 (ill.) · Syndram/Wirth/Zerbe/Wagner 2015, Bd. 1, S. 292 u. 294, Kat. 221 (ill.) · Treu 1999 b, S. 362, Kat. 3.0.1 (ill.)

380

Leonhard Gerhard
Martin Luther mit der Lutherrose

nach 1546
Holzschnitt, koloriert, typografischer Text
Bildmaß: 33,4 × 26,7 cm
Stiftung Deutsches Historisches Museum,
Inv.-Nr. 1990/479.2
Ausstellung New York

Die Darstellung des gealterten, korpulenten Luthers, in eine Schaube gehüllt und mit Bärentatzenstiefeln an den Füßen, entspricht einem kleineren Holzschnitt, den die Werkstatt Lucas Cranachs d. J. 1548 publizierte. Bereits kurz nach dem Tod des Reformators hatte sich dieser Porträttypus als Erinnerungsbild durchgesetzt. Auch die 1549 gegossene Grabplatte in der Jenaer Stadtkirche zeigt ein entsprechendes Bildnis als Bronzerelief (vgl. Kat. 384).

Ein mit dem vorliegenden Blatt vergleichbares, 1546 datiertes Gedenkblatt an Martin Luther schuf der in Magdeburg arbeitende Formschneider Jörg Scheller als Pendant zu einem Holzschnitt mit dem Bildnis der Katharina Luther in Witwenkleidung (Kat. 378 u. 379). Möglicherweise benutzte der einige Zeit später ebenfalls in Magdeburg wirkende Briefmaler Leonhard Gerhard, dessen genaue Lebensdaten unbekannt sind, von dem aber zwei andere, auf 1572 datierte Holzschnitte überliefert sind, den Druckstock des Jörg Scheller für eine Neuauflage des Erinnerungsblatts. Die Bildnisse Luthers samt Lutherrose sind auf beiden Drucken – bis auf die Kolorierung – identisch. Leonhard Gerhard setzte allerdings links neben das ganzfigurige Porträt einen anderen Text als Jörg Scheller und dazu sein eigenes Signum »In der Newenstadt Magdeburgk / bey Leonhard Gerhard Brieffmaler.« Außerdem verzichtete er auf die Scheller'sche Bildüberschrift »Des Ehrwürdigen Herrn Doctoris Martini Lutheri Christlicher Abschied aus dieser Welt. Anno M. D. XLVI.« Sowohl die Formschneider als auch Briefmaler gehörten im Übrigen zur Zunft der Krämer. Sie unterhielten oft kleinere Läden, in denen sie neben den eigenen und fremden Drucken auch andere nützliche Waren verkauften.

Der auf der linken Seite des Blattes von Gerhard gedruckte Text gibt ein flehentliches Gebet des Reformators wieder, worin dieser betont, dass er von Gott auserwählt wurde, die Wahrheit herauszufinden, und dass er ohne Gottes Willen nie danach getrachtet hätte, sich gegen die »großen Herren« zu wenden: »O Gott / O Gott / hörestu nicht mein Gott / bistu tod / Nein / du kanst nicht sterben / du verbirgest dich allein. Hastu mich dazu erwelet / das ich die warheit fördern sol: ich frage dich / wie ich denn gewis weiß / Ey so walt es Gott / Denn ich mein lebenlang / nie wider so grosse Herren zu sein gedacht / hab mir es auch nie vorgenommen / Ey Gott so stehe mir bey / in dem namen deines lieben Sons Jhesu Christi / der mein schutz und schirm sein sol…«

Schließlich ist links neben dem Kopf Luthers auch noch die Lutherrose wie ein persönliches Wappen platziert. Bereits 1524 schmückte sie die Titelseite der Lutherschrift *Dass Eltern die Kinder zur Ehe nicht zwingen […] sollen*. Vom sächsischen Prinzen und späteren Kurfürsten Johann Friedrich bekam Luther 1530 auf der Veste Coburg einen Ring mit dem Wappen überreicht. Seitdem verwendete Luther die nach ihm benannte Rose als Siegel für seinen Briefverkehr. LK

Literatur
Oelke 1992, S. 121–125 · Schuchardt 2015, S. 53 u. 135–137

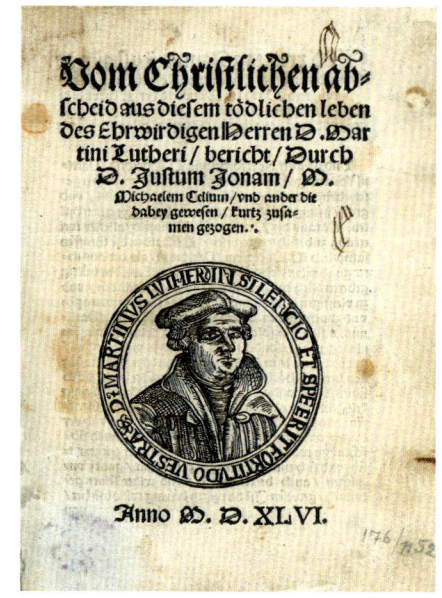

381

Griff von Luthers Sarg

1546
Eisen, geschmiedet
7,7 × 27 × 11,5 cm
Stiftung Luthergedenkstätten in Sachsen-Anhalt, Inv.-Nr. K 27
Ausstellung Minneapolis

Am 16. Mai 1913 übergab der Schlosskirchendiener Römhild reumütig einen langovalen Griff mit zwei daran hängenden Ösen, den er »bis dahin in der sogen. Modellkammer im Turm der Schlosskirche aufbewahrt« hatte. Er hatte 1892 angeblich die Gelegenheit genutzt, als im Rahmen der Renovierungsarbeiten im Inneren der Wittenberger Schlosskirche die Bodenplatten entfernt wurden, heimlich und entgegen eines ausdrücklichen Verbots durch Wilhelm II. zusammen mit einem zweiten Mann die Gruft Luthers zu öffnen und sich vom Umstand zu überzeugen, dass das Grab des Reformators nicht leer war. Denn seit dem 16. Jh. hielt sich das Gerücht, der verehrte Leichnam sei schon kurz nach der Grablege vor den anrückenden Truppen Karls V. in Sicherheit gebracht worden. Erst nachdem die beiden Luthers Gruft wieder verschlossen und etwaige Spuren hastig beseitigt hatten, habe man bemerkt, dass man versäumt hatte, den Griff wieder zurückzulegen und ihn deswegen behalten. Sollte der Griff tatsächlich aus Luthers Gruft stammen, dann muss er zum inneren hölzernen Sarg gehört haben, der von einem Zinnsarg umschlossen war.

Dies war aber nicht die erste Öffnung von Luthers Grab. Johann Andreas Silbermann, der Sohn des berühmten Orgelbauers, berichtet in seinem Reisetagebuch von 1742, der Kustos der Schlosskirche habe ihm von einer Öffnung der Gruft wenige Jahre zuvor erzählt, die sich durch die Anlage eines benachbarten neuen Grabes ergeben habe. Damals sei der stark korrodierte zinnerne Sarg Luthers erkennbar gewesen. Nur Legende ist hingegen die angebliche Graböffnung durch die Truppen Karls V. nach der Einnahme Wittenbergs im Jahr 1547. MG

Literatur
Meller 2008, S. 308, Kat. F 5 · Treu 2008

382

Justus Jonas / Michael Caelius
Vom christlichen Abschied aus diesem tödlichen Leben des ehrwürdigen Herrn D. Martin Luther

Zwickau: Wolfgang Meyerpeck, 1546
20 × 29 cm
Stiftung Luthergedenkstätten in Sachsen-Anhalt, Inv.-Nr. Kn A 176/1152
VD16 ZV 8748
Ausstellung New York

Die wichtigsten Überlieferungen über den Tod Martin Luthers stammen von den Augenzeugen Justus Jonas und Michael Caelius (oder Coelius). Sie wurden noch 1546 in der Schrift *Vom christlichen Abschied [...]* veröffentlicht. Justus Jonas war neben Philipp Melanchthon der engste und vertrauteste Mitarbeiter sowie Freund Martin Luthers. Er hatte den Reformator bereits 1521 auf den Reichstag nach Worms begleitet und wurde von ihm als Übersetzer seiner Werke geschätzt. Von Wittenberg aus, wo Justus Jonas als Prediger und Professor tätig war, schickte Martin Luther ihn als ersten evangelischen Prediger nach Halle in das Erzbistum Magdeburg. Dort residierte der ranghöchste deutsche Geistliche, Kardinal Albrecht von Brandenburg aus dem Hause Hohenzollern. Michael Caelius war Prediger an der Schlosskirche in Mansfeld.

Martin Luther starb nach jüngsten Forschungsergebnissen im Haus des befreundeten Eislebener Stadtschreibers Dr. Philipp Drachstedt am Marktplatz von Eisleben. Von Justus Jonas und Michael Caelius erfahren wir, dass Martin Luther an den abschließenden Verhandlungen zwischen den Mansfelder Grafen wegen Erb- und Rechtsstreitigkeiten am 17. Februar 1546 nicht mehr teilgenommen hatte, da er sich nicht wohlfühlte. Im Detail berichtet die Schrift, was der Reformator in seinen letzten Stunden tat und an welchen gesundheitlichen Beschwerden er litt. Justus Jonas und Michael Caelius fragten ihn kurz vor seinem Tod schließlich, ob er auf Christi Namen sterben und dessen Lehre bekennen wolle. Martin Luther antwortete mit einem schlichten »Ja« und schlief ein. Das Gesicht wurde bleich, Füße und Nase erkalteten. Um 2.45 Uhr verschied er friedlich mit einem letzten hörbaren Atemzug.

Martin Luther wurde, bis ein Zinnsarg gegossen war, in einem weißen Kittel auf seinem Bett aufgebahrt. Am frühen Morgen des 18. Februar informierte Justus Jonas Kurfürst Johann Friedrich und die Universität über den Tod Martin Luthers. In Schreiben an die Grafen von Mansfeld teilte der Kurfürst mit, den Reformator nicht in Eisleben, sondern in der Wittenberger Schlosskirche beisetzen zu wollen. Am 19. Februar um 14 Uhr wurde Martin Luther in den Chor der Kirche St. Andreas am Markt von Eisleben gebracht, wo Justus Jonas die Leichenpredigt hielt. Der hallesche Maler Lukas Furtenagel erhielt den Auftrag, ein Totenbildnis anzufertigen. Am 20. Februar hielt Michael Caelius die zweite Leichenpredigt. Danach, um die Mittagszeit, wurde der Leichenzug aus der Stadt geleitet. Die beiden Leichenpredigten wurden 1546 ebenfalls veröffentlicht. AT

Literatur
Kunze/Schilling/Stewing 2010, S. 60 f. · Schubart 1917 · Stahl 2006, S. 191–216

383

Lucas Cranach d. J. und Werkstatt
Martin Luther

um 1560–1580
Holzschnitt von elf Druckstöcken
135 × 71,5 cm
Stiftung Luthergedenkstätten in Sachsen-Anhalt, Inv.-Nr. impfl 5201
Ausstellung Minneapolis

Dieses monumentale Bildnis Martin Luthers besteht aus insgesamt elf Holzschnitten und zeigt den Reformator in einem aufwendigen architektonischen Bogen stehend. Er trägt einen langen Mantel mit geschlitzten Ärmeln. In der Hand hält er ein Buch, das traditionelle Attribut des Gelehrten, das hier zugleich auf seine eigenen Schriften verweist, insbesondere auf die Luther-Bibel. Den unteren Bildrand bildet eine Kartusche, die eine Inschrift hätte aufnehmen können. Die Vorlage für das Porträt dürfte aus der Cranach-Werkstatt stammen. Rund ein halbes Dutzend dieser Holzschnitte sind bekannt. Es dürften jedoch ursprünglich weit mehr gewesen sein, zumal sie in den 1580er Jahren wohl noch einmal nachgedruckt wurden.

Nicht allein die Größe des Bildnisses soll Martin Luther herausheben, auch die Architektur trägt zur Monumentalisierung des Reformators bei. Nicht von ungefähr werden die Falten seines Gewandes mit der Kannelur der Säulen parallel gesetzt. Die Architektur gemahnt in ihrer Art an eine Ehrenpforte und zeigt das sächsische Wappen im linken Bogenzwickel, während im rechten die Lutherrose erscheint.

Neben dem Porträt Martin Luthers existieren Darstellungen Philipp Melanchthons und von Jan Hus in ähnlicher Ausführung. Damit war es möglich, eine kleine Reformatorengalerie anzulegen. Diese serielle Aufzählung von Reformatoren lässt dabei an Ahnenreihen oder Darstellungen großer Männer denken, wie sie als Bildprogramme seit der Spätgotik sehr beliebt waren. DL

Literatur
Enke/Schneider/Strehle 2015, S. 239–242, Abb. S. 243 (ill.)

Luthers Vermächtnis

384

unbekannter Bildhauer
nach Lucas Cranach d. Ä.

Holzmodell für die Grabplatte Luthers

1548
Lindenholz, polychrom gefasst
223 × 111 cm
Evangelische Andreasgemeinde Erfurt
Ausstellung Minneapolis

385

Heinrich Ziegler d. J. (Gießer)

Grabplatte Martin Luthers

1548
Bronze, teilweise farbig gefasst,
auf modernem Eichenholzkern
220 × 116 cm
Evangelisch-Lutherische Kirchgemeinde Jena
nicht ausgestellt

Inschriften: umlaufend: Anno MDC IVI die XVIII mensis Febrvary Revendvs Vir Mar/tinvs Lvthervs Theologia Doctor Constanter Etiam [...]; zweizeilig über dem Haupt: Annos Amplivs Triginta Pie et feliciter texvisset Corpvs / vero eivs Hic Sepvltvm est. [...]

Kurfürst Johann Friedrich beauftragte den Erfurter Glockengießer Heinrich Ziegler d. J. nach Luthers Tod im Jahr 1546 mit dem Guss einer Bronzegrabplatte für das Grab des Reformators in der Wittenberger Schlosskirche. Philipp Melanchthon erhielt die Weisung, eine Inschrift für das Grabmal zu ersinnen. Die Ganzfigur Luthers auf der Grabplatte folgt einem Entwurf Lucas Cranachs d. Ä., der den Typus des lebensgroßen Ganzfigurenporträts zunächst für Regentenbildnisse etabliert hatte. Vergleichbar ist die vorliegende Darstellung mit einem ebenfalls 1546 entstandenen ganzfigurigen Porträt Luthers in Schwerin und einem Holzschnitt aus demselben Jahr (vgl. Kat. 379). Grabplatte und Holzmodell geben diese Bilder spiegelverkehrt wieder. Hier steht Luther in seiner Amtskleidung, einer Ärmelschaube, nach rechts gewandt, den Blick in die Ferne gerichtet und ein Buch in Händen haltend. Luthers Wappen mit der Lutherrose befindet sich oben links, auf dem Holzmodell oben rechts. Über seinem Haupt verläuft eine der Inschriften, eine zweite umläuft die gesamte Platte. Zusätzlich zu den Inschriften, die auch in den Guss übertragen wurden, befindet sich beim Holzmodell neben dem linken ausgestellten Fuß Luthers ein dritter Textblock in Fraktur.

372 Luthers Vermächtnis

Der Guss war 1548 vollendet worden, aber aufgrund der Niederlage im Schmalkaldischen Krieg hatten die Ernestiner mit der Kurwürde auch den Kurkreis Wittenberg an ihre albertinischen Verwandten verloren. Infolgedessen kam es nicht mehr zur Aufstellung der Grabplatte am geplanten Standort. Zwar hatte Johann Friedrich noch aus der Gefangenschaft verfügt, die Grabplatte nach Wittenberg zur Aufstellung zu bringen, dennoch ließen seine Söhne sie nach Weimar überführen. Damit entzogen sie das Denkmal dem Zugriff Moritz' von Sachsen, der bereits versucht hatte, es vom Bronzegießer Ziegler zu kaufen. Nachdem die Bronzeplatte einige Zeit in Weimar aufbewahrt worden war, kam sie durch Herzog Johann Wilhelm in Besitz der Universität Jena und fand Aufstellung in der dortigen Stadtpfarrkirche St. Michael.

Das Holzmodell blieb in Erfurt zurück und befand sich zunächst im Besitz der Familie Hornung. Seit 1727 wird es in der Andreaskirche ausgestellt. Solche geschnitzten Vorlagen dienten in der Regel dazu, die für den Bronzeguss benötigten Abdrücke für Sand- oder Lehmgussformen abzunehmen. Das Erfurter Holzmodell von Luthers Grabplatte ist nicht nur aufgrund seiner Geschichte eine Besonderheit. Solche Stücke sind nur sehr selten überliefert.

Heute ist lediglich das Wappen Luthers auf der Bronzegrabplatte farbig. Vermutlich besaß sie ursprünglich eine umfassende Bemalung, die sich an der Farbigkeit des Holzmodells orientiert haben könnte. Die Bemalung des Letzteren, die wir heute sehen, stammt zwar aus dem 17. Jh., sie folgt aber wahrscheinlich einer älteren Farbgebung.

Diese Art von Bronzegrabmälern, wie sie Johann Friedrich für die Grablege Luthers beauftragte, entsprach solchen, wie sie bis dahin der hohe Adel für sich verwendete. Das zeigt die Verwendung des herrschaftlichen Bildtypus und die des edlen Metalls. Auch der Platz von Luthers Grab in der Schlosskirche Wittenbergs in unmittelbarer Nähe zu den Fürstengräbern im Chor war bis dahin für Bürgerliche wie Luther mehr als unüblich. Daher scheint es einleuchtend, wenn die Art und Weise der Grablege Luthers als »postume Nobilitierung« durch den Kurfürsten bezeichnet wird.
SKV

Literatur
Gutjahr 2008, S. 306 u. 309, Kat. F 3 · Hallof/Hallof 1992, S. 41–44 · Schäfer 2010, S. 65 · Schuchardt 2015, S. 135, Kat. 62 · Slenczka 2010 · Slenczka 2015, S. 239–242, Kat. 2/10, 2/11 u. 2/12

385

Luthermemoria – Museum, Denkmal, Reliquie

Das Gedenken an Luther setzte unmittelbar nach seinem Tod mit der Verbreitung des Sterbeberichts von Justus Jonas und mehrerer Leichenpredigten ein. Es sollte Gerüchten vorgegriffen werden, Luther sei vom Teufel geholt worden. Lukas Furtenagel fertigte eine Zeichnung des Toten, die Vorlage für zahlreiche Totenporträts aus der Cranach-Werkstatt wurde. Ein Wachsabguss der Totenmaske Luthers befindet sich heute in der Marktkirche zu Halle.

Das Sterbehaus Luthers in Eisleben (Markt 56) erhielt eine Gedenktafel und ausgewählte Besucher konnten das Sterbebett und den von Luther zuletzt benutzten Becher besichtigen. Manche schnitten sich gar Späne aus dem Bett, sowohl als Souvenir als auch als Wundermittel gegen Zahnschmerzen. Das wallfahrtsartige Interesse an den Reliktren hatte im Laufe der Zeit so überhandgenommen, dass sie 1707 verbrannt wurden.

Während das originale Sterbehaus heute nicht mehr existiert, avancierten die Lutherstuben in Wittenberg, auf der Wartburg und der Veste Coburg bald zu wichtigen Gedenkorten. Nach Luthers Tod konservierte man den heute als Lutherstube bekannten Raum im Lutherhaus. Er erhielt schon im 17. Jh. die Bezeichnung »Museum Lutheri« und enthält bis heute Möbel aus Luthers Zeiten.

Bereits 1574 findet sich für die Lutherstube auf der Wartburg der Name »Dr. Martinus Stube«. Berühmt ist sie vor allem durch den Tintenfleck, der entstanden sein soll, als Luther sein Tintenfass nach dem Teufel warf. An beiden Orten verewigten sich Besucher mit Graffiti an Wänden und Möbeln. Beliebt waren Späne von den Luthertischen, was zum Verlust des Tisches auf der Wartburg führte.

Objekte der Lutherverehrung wurden zahlreiche Gegenstände aus dem Besitz des Reformators. Dazu zählen Ringe, Becher, Kleidung sowie viele Briefe und Manuskripte. Mittelbar mit Luther in Verbindung stehen die aus der Lutherbuche bei Altenstein hergestellten Holzgegenstände. Die Becher, Reliefs, Skulpturen und anderes bilden neben »authentischen Lutherreliquien« eine eigene Gruppe von Memorialobjekten. Seit dem 19. Jh. wuchs das touristische Interesse an den Lutherorten und hält bis heute an. In der materiellen Kultur zeigt sich das an typischen Andenken wie Gefäßen, Getränken, Druckerzeugnissen aller Art bis hin zu Ansteckern und den heute beliebten Kühlschrankmagneten. SKV

386

Reiselöffel Martin Luthers (Klapplöffel)

deutsch, 1. Viertel 16. Jh.
Silber, vergoldet, ohne Marke
L 13 cm; B 4,5 cm (Laffe)
Wartburg-Stiftung Eisenach, Inv.-Nr. KB0039
Ausstellung Minneapolis

Mit seiner großen ovalen Laffe (der Löffelschale) und dem kurzen kantigen Griff ist dieses Exemplar typisch für einen Reiselöffel der Zeit um 1500, der beim Essen noch mit der ganzen Faust umgriffen wurde. Der Stiel ist zur konvexen Seite hin einklappbar. Das Scharnier kann durch einen Riegel, der die Form eines Teufelskopfes besitzt, arretiert werden. Am Griffende befindet sich ein hohler Knauf, dessen Öffnungen wohlriechende Stoffe aufnehmen konnten. In die Laffe ist ein Kruzifix mit dem Schriftzug »INRI« eingraviert. Über seinem Kopfende ist ein Stück Horn eingelegt, das angeblich vom sagenhaften Einhorn stammte und gegen Vergiftung schützen sollte. Auf der Außenseite der Laffe und auf dem Vierkantstiel befinden sich Schriftzüge in hebräischer und lateinischer Sprache: »Der Herr ist unsere Gerechtigkeit. Der Messias wird herabsteigen. Christus ist unser Heil. Gottes Wort ist unser Leben, Licht, Friede, Gesundheit und Heil. Das himmlische Brot schützt uns und überwindet die Hölle. Mit höchster Weisheit befreit er die Söhne Gottes. Ist Gott mit uns, wer könnte wider uns sein.«

Luther hatte diesen Löffel Johannes Caspar Aquila (Adler) geschenkt. Sein Freund arbeitete von 1524 bis 1527 bei der Übersetzung des Alten Testaments mit und war als Kenner des Hebräischen in Luthers Kreis unverzichtbar. Aquila wirkte später als Pfarrer und Superintendent in Saalfeld. Bei seinem Tod 1560 in Schmalkalden hinterließ er das einstige Geschenk Luthers, das später über Kaiser Wilhelm II. auf die Wartburg gelangte. GS

Literatur
Amme 1994, S. 37 (ill.) · Krauß/Schuchardt 1996, S. 230, Nr. 172 (ill.)

387

Luthers Bierkrug

1. Hälfte 16. Jh.
Wurzelholz, gedrechselt, Silbermontierung von 1694
H 15,5 cm; Dm 11,2 cm
Stiftung Luthergedenkstätten in Sachsen-Anhalt, Inv.-Nr. K 4a
Ausstellung Minneapolis

»Wer nicht liebt Wein, Weib und Gesang, bleibt ein Narr sein Leben lang.« Dieser Vers ist Luther, ähnlich dem Bierkrug, erst nach seinem Tod zugeschrieben worden. Im Falle des Bierkrugs setzte durch Hinzufügungen oder Ausschmückungen eine starke Legendenbildung ein. Es überrascht nicht, dass der vermeintliche Vers Luthers erst ab dem 19. Jh. nachweisbar ist – dem Jahrhundert, in dem die Verehrung und Heroisierung des Reformators ihren Höhepunkt erlebte. Die Wandlung vom Gebrauchsgegenstand zur »Reliquie« erfuhr der Krug im Jahr 1694 durch die Hinzufügung von Silberfassungen am Fuß und eines Scharnierdeckels samt Daumenruhe durch den unbekannten P. B. Erfurth, worauf die Gravur auf dem Fuß verweist. Unabhängig davon, ob der Krug Martin Luther oder seiner unmittelbaren Umgebung zuzuordnen ist, wurde er durch die zugefügte Inschrift am äußeren und inneren Rand des Deckels zu einem Objekt des Reformators erklärt: »Gottes Wort: Luthers Lehr vergehet nun u. nimmermehr«, ist neben dem Porträt Luthers auf dem Deckel zu lesen. »Diese Kanne hat der selige Herr Lutherus in Eisleben zum Tischgeschirr gebraucht«, so die Gravur auf dem äußeren Rand des Deckels. Auffällig sind das Akanthusmuster, welches die Kanten der Montierungen ziert, sowie das leere Wappenfeld, das auf der Rückseite des Henkels eingraviert wurde.

Möglich erscheint die Benutzung des Humpens durch Luther oder seine Gäste in Anbetracht der Zunahme an (Trink-)Geschirr unmittelbar nach der Hochzeit mit Katharina von Bora und dem Ausbau des alten Klosterhauses ab 1525. Die Tischgespräche unter Gleichgesinnten führten dazu, dass in so manch geselliger Runde solche Humpen vermehrt gebraucht wurden. Trotz seiner Kritik am ausartenden Alkoholkonsum in den Herrscherhäusern griff Luther gern auf ein durch seine Gemahlin gebrautes Bier zurück, half es ihm doch, den morgendlichen Stuhlgang zu bewältigen.

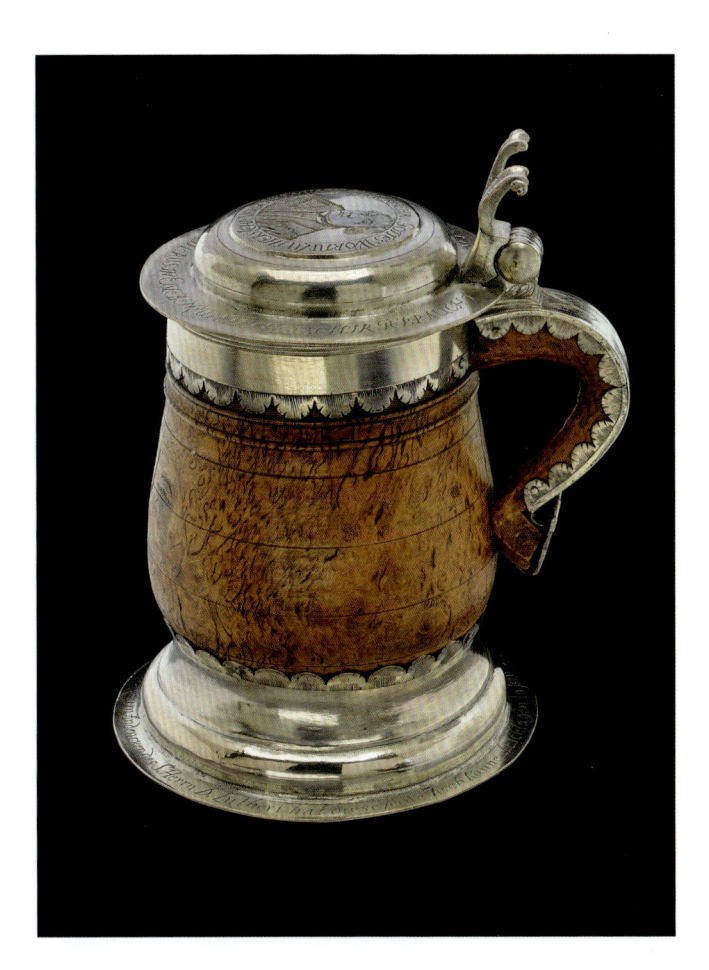

Vielleicht hat Martin Luther diesen Krug sogar selbst gefertigt. Nachweislich ließ sich Luther 1527 Drechslerwerkzeug aus Nürnberg kommen und hat sich als Drechsler versucht. Womöglich gingen seine Arbeiten in den Haushalt der Familie ein. Hat er oder hat er nicht? Diese Frage lässt sich nicht zweifelsfrei beantworten, aber die Vorstellung, Luther könnte den Krug selbst in seinen Händen gehalten oder ihn gar selbst gefertigt haben, hilft uns verstehen, warum dieser durch die Zeiten eine solch hohe Wertschätzung als »Reliquie« erfahren hat. RN

Literatur
Joestel 2008, S. 108 f. · Meller 2008, S. 316, Kat. F 17 (ill.) · Treu 2010, S. 91 f. u. 112 (ill.)

388

Schwanenfigur

Eisleben, Hallesche Straße 4, 17. Jh.
feine weiße Irdenware
3 × 5 × 2,3 cm
Landesamt für Denkmalpflege und Archäologie Sachsen-Anhalt
Landesmuseum für Vorgeschichte Halle,
Inv.-Nr. HK 1034:84:207
Ausstellung Minneapolis

Dieses kleine, beschädigte Pfeifentonfigürchen in Form eines Schwans, dem sowohl der Kopf als auch die Füße fehlen, wurde während einer Ausgrabung zwischen den Steinen einer Schottersteinpflasterung aus dem 17. Jh. im Hof des Hauses gefunden, das sich neben dem Luthergeburtshaus in Eisleben befindet. Pfeifentonfiguren von Heiligen, wie die im Lutherhaus in Mansfeld gefundene (Kat. 5), waren alltäglich im Europa des 16. und 17. Jhs. Sie wurden tausendfach als erschwingliche Pilgersouvenirs oder als Kinderspielzeug hergestellt. Eine Schwanenfigur wird allerdings wohl kaum ein Pilgerandenken gewesen sein, und da die Figur auf ihrem kleinen Fuß sehr gewackelt haben wird, wäre es sehr schwierig gewesen, mit diesem Schwan zu spielen.

Der Schwan spielt allerdings als Symbol für Martin Luther eine sehr wichtige Rolle. Im frühen 16. Jh. nahm man an, dass der im 15. Jh. tätige tschechische Reformator Jan Hus (dessen tschechischer Nachname »Gans« bedeutet) seinen Henker mit den folgenden Worten verhöhnte: »Heute bratet ihr eine Gans, aber aus der Asche wird ein Schwan entstehen«. Dieser Schwan wurde schon bald nicht nur von Luthers Anhängern mit ihrem Reformator assoziiert, sondern auch von Luther selbst, wie man in seinen Tischreden lesen kann. Hus, so dachten sie, hatte Luthers erfolgreiche Rebellion gegen Rom vorhergesagt. Nach Luthers Tod spielte der Schwan als Symbol des Reformators eine immer größere Rolle in der evangelischen Ikonografie. Gleichzeitig wurde Luthers Geburtshaus in Eisleben zum Fokus protestantischer Pilgerfahrten und ersten historischen Museum Deutschlands. Es ist sehr wahrscheinlich, dass diese Schwanenfigur als ein lutheranisches Souvenir produziert und an die frommen Besucher verkauft wurde, wie die Andenken an Pilgerfahrten, die Luther so sehr abgelehnt hatte. LN

388

389

Literatur
Matthes 2008, S. 89 Abb. 9 (ill.) · Meller 2008,
S. 324 u. 326, Kat. F 35

389
unbekannter Künstler
Unverbrannter Luther

1583
Öl auf Holz
99 × 55 × 14,5 cm
Stiftung Luthergedenkstätten in Sachsen-Anhalt, Inv.-Nr. GH 2238
Ausstellung Minneapolis

Die Tafel zeigt den Reformator stehend in einem langen, schwarzen Mantel. Der rote Wams und die auffälligen roten Sohlen seiner Schuhe setzen farbige Akzente. Sein Blick ist in die Ferne gerichtet. Rechts ist der Gekreuzigte zu sehen, links oben erscheint die Lutherrose, die Martin Luther ab 1530 als Briefsiegel verwendete und deren Symbolgehalt er als »Merkzeichen meiner Theologie« bezeichnete.

Das Bild war in der zweiten Hälfte des 16. Jhs. für die Fassade von Luthers Geburtshaus geschaffen worden, wofür auch das kleine Wetterdach spricht. Es schützte die eigentliche Bildtafel vor Regen und trägt auf seiner Unterseite die erklärende Inschrift, die damit für die auf der Straße Stehenden leichter lesbar war. Sie lautet: »Anno 1483 ist Doctor Martinus Luther in dem Hause geboren und zu S. Peter gedauft«. Eine zweite Tafel trägt einen Vermerk über eine Wiederherstellung 1594 und gibt auf Latein Auskunft über Luthers Wirken: »Hostis eram Papae sociorum pestis et huius vox meacorum scriptis nil nisi christus erat.« Zu Deutsch etwa: »Ich war des Papstes Feind und die Pest seiner Anhänger. Aus meinen Schriften sprach Christus selbst.«

In den 80er Jahren des 17. Jhs. wurde das Bild abgenommen. Kurz darauf zerstörte ein Stadtbrand das Gebäude, woraufhin die Eigentümerin mutmaßte, ohne die Wegnahme des Bildes »stünde vielleicht das Hauß noch«. Sie sprach dem Lutherbild also eine apotropäische Wirkung zu.

Das Gebäude wurde in der Folge als Armenschule neu aufgebaut. Doch das Bild Martin Luthers, als gleichsam letzter Zeuge des alten Geburtshauses, entwickelte ein Eigenleben. Aus der Tatsache, dass das Bild den Stadtbrand überlebt hatte, wurde eine fromme Legende, wonach das Bild im Feuer habe bestehen und die versengenden Flammen ihm nichts hätten anhaben können.

Diese Geschichte des »unverbrannten Luther« wurde bereits 1718 durch den Eisleber Pfarrer Justus Schoepffer in einem gleichnamigen Buch verbreitet. Er verglich die Geschichte des Bildes

390

Luthers Vermächtnis 377

mit dem Leben und Wirken des Reformators. So wie die Schriften Luthers dank göttlicher Gnade durch das Feuer nicht aus der Welt zu bringen gewesen seien, so wie Luther dem Scheiterhaufen entkommen sei, so sei nun auch sein Bild unversehrt aus den Flammen gekommen. Schoepffer untermauerte die Glaubwürdigkeit dieser Geschichte mit Verweis auf die große Zahl anderer Bilder, über die Ähnliches erzählt wurde, wenngleich er seine Referenzen in der katholischen Bildpraxis suchen musste, zu der er das Eisleber Lutherbild in Konkurrenz treten ließ. DL

Quellen und Literatur
Neser 2009, S. 90 (ill.) · Schoepffer 1765 (ill.)

390

unbekannter Künstler
Holzkelch, sog. Lutherkelch

Altenstein/Thüringen, 19. Jh.
Buchenholz, gedrechselt, teilweise
farbig gefasst
H 25 cm (mit Deckel); Dm Fuß und Deckel
je 10 cm
Landesamt für Denkmalpflege und Archäologie
Sachsen-Anhalt
Landesmuseum für Vorgeschichte Halle,
Inv.-Nr. HK 8202:1:1 (erworben 2009)
Ausstellung Minneapolis

Inschrift unter der Kuppa: Aus Luthers Borne zog ich Saft. Zieh Du aus seinem Worte Kraft, darunter: Altenstein, den 18ten Juli 1841

Kuppa und Fußplatte des pokalähnlichen Gefäßes wurden aus einer breiten Baumscheibe mit Borke gefertigt, auch der aufsteckbare Deckel besteht aus diesem Material. Kuppa und Fuß des offenbar aus mehreren Teilen zusammengeklebten Pokals verbindet ein gedrechselter profilierter Schaft. Sowohl die Fußplatte als auch der mit einem gedrechselten Knopf versehene Deckel sind mit einer (nur noch teilweise erhaltenen) weißen Masse überzogen, die Moos- oder Flechtenbewuchs andeuten soll. Auf den beiden abgesetzten plattigen Unterteilen der Kuppa finden sich die beiden o. a. Inschriften in schwarzer Kursive.
Laut der Inschrift entstammt das Holz des Pokals der Lutherbuche bei Altenburg, die 1521 den vorgetäuschten Überfall und die Entführung Luthers auf die Wartburg quasi als Augenzeuge »miterlebt« haben soll. Buche und nahegelegene Quelle (»Lutherborn«) im Glasbachgrund bei Schloss Altenstein in Thüringen wurden spätestens im 19. Jh. zu einem beliebten Ausflugsziel für Protestanten. Während einer Sonnenfinsternis am 18. Juli 1841 riss jedoch ein orkanartiger Sturm die Lutherbuche um. Herzog Bernhard von Sachsen-Meiningen schenkte das Holz des Baumes der Kirche in Steinbach und verfügte, dass es nicht zu Brennholz, sondern allein zu Andenken an den Reformator verarbeitet werden sollte. Holzdreher Carl Munkel aus dem benachbarten Liebenstein war als einziger befugt, daraus die beliebten »Lutherbuchen-Sachen« zu fertigen, die »als Stöcke, Becher, Kelche, Nadelbüchsen, Salzgefäße, Dintenfässer, Serviettenständer, Lineale, Strickfässchen, Strickdöschen, Dosen, Damenkästen etc.« europaweit Verbreitung fanden. Selbst die Blätter der Buche gelangten getrocknet und gerahmt in die protestantische »Gute Stube«. Vergleichbar wenige dieser Lutherdevotionalien sind jedoch erhalten geblieben. Sie werden heute vor allem in der Veste Coburg und in der Stiftung Luthergedenkstätten in Sachsen-Anhalt verwahrt. Ein dem Hallenser Pokal sehr ähnliches Exemplar mit identischem umlaufendem Vers, aber ohne Orts- und Datumsinschrift, befindet sich im Besitz des evangelisch-lutherischen Pfarramtes Möhra. MG

Literatur
Joestel/Strehle 2003, S. 45 f. · Meller 2008 ·
Seib 1996, S. 128, Nr. 5

391

Span von einer Diele der Lutherstube mit Begleitschreiben

16. Jh.; Papier: Anf. 20. Jh.
Holz, Papier, Garn
Span: 3,2 × 0,25 × 0,1 cm; Begleitzettel: 13 × 9 cm
Stiftung Luthergedenkstätten in Sachsen-Anhalt, Inv.-Nr. K 729a, K 729b
Ausstellung Minneapolis

Mitunter trieb die Lutherverehrung seltsame Blüten: Neben vielen echten und unechten Besitztümern Luthers erfreuten sich im Zuge einer fast schon an Heiligenverehrung erinnernden Luthermemoria insbesondere im 18. und 19. Jh. auch kleinste Partikel großer Beliebtheit, wie z. B. abgeschabte Stücke von den jeweils angeblich auf Luthers Tintenfasswurf zurückgehenden Tintenklecksen von der Wartburg oder aus der Wittenberger Lutherstube, aber auch Holzsplitter von Mobiliar oder Holzverkleidungen aus den Lutherstätten. Johann Georg Keyßler beispielsweise berichtet in seinen »Neusten Reisen« vom Glauben der Besucher des Eisleber Sterbehauses, dass Zahnstocher, die man sich aus dem Sterbebett Luthers mache, von Zahnschmerzen befreien könnten. Er verweist auf schwedische Söldner, die dies im Zuge der Besetzung Eislebens im Dreißigjährigen Krieg so praktiziert hätten.
Von der bis in die heutige Zeit andauernden »Tradition«, sich als Besucher ein Souvenir aus den Hölzern der Lutherstätten zu verschaffen, zeugt der erst kürzlich wieder aufgetauchte Holzspan einer amerikanischen Touristin in Wittenberg. Die namentlich noch nicht identifizierte Lehrkraft der *Ogontz Schule für junge Damen* in Ogontz, Philadelphia, nahm sich das kleine Holzstück offenbar im Rahmen einer Europareise Anfang des 20. Jhs. als geschätztes Andenken mit zurück in die USA. Der selbst gefertigte Umschlag, in dem sie den Holzspan verwahrte und mit einem Stück Garn einnähte, trägt die Aufschrift: »From floor near Luther's table Wittenberg«. MG

Quellen und Literatur
Keyssler 1776, 1117 f. · Laube 2011, 216 f.

392

Kachel mit dem Porträt Martin Luthers

Mitteldeutschland, um 1540–1560
Irdenware, grüne Bleiglasur
17 × 17,4 × 4,4 cm
Stiftung Dome und Schlösser in Sachsen-Anhalt, Kunstmuseum Moritzburg Halle (Saale), Inv.-Nr. MOKHWKE00095
Ausstellung Minneapolis

Die Verehrung des Reformators reichte bis zur Ausgestaltung von Wohnung und Alltag. Das Porträt Luthers im Halbprofil zeigt diese vermutlich postum entstandene Blattkachel. Die annähernd quadratische Kachel wird von einer profilierten Leiste gerahmt. Ein Tondo mit Akanthusfries dient als Medaillon, welches das Brustbild aufnimmt. Die Zwickelräume sind mit ornamentalem Blattwerk gefüllt. Der Innenkreis des Tondo wird links und rechts des Porträts von der Inschrift »MARTNIV(S) / LVTER« begleitet. Das Brustbild Martin Luthers ist im Halbprofil nach links gewendet, sodass die rechte Schulter plastisch aus dem Grund hervortritt.
Der Bildtypus des Reformators im Talar mit Barett im Halbprofil erinnert stark an die Medaillen von 1537 und 1540 des im erzgebirgischen St. Joachimsthal tätigen Stempelschneiders Wolf Milicz. Diese fanden sicherlich ihre Vorbilder in den in Mitteldeutschland weit verbreiteten Holzschnitten von Hans Brosamer, die dem Porträttypus von Lucas Cranach d. Ä. aus den frühen 1530er Jahren folgen (Kat. 232). Allesamt zeigen sie Luther mit rundlichem, beinahe feistem Gesicht im Halbprofil mit der charakteristischen Faltenbildung der Stirn und dem geraden, kleinen Mund.
Lange galt diese Luther-Kachel als eine historische Schöpfung des 19. Jhs., jedoch weisen technologische Merkmale das Stück als ein um die Mitte des 16. Jhs. entstandenes Werk aus. Zudem wurden identische Exemplare dieser Kachel als archäologischer Bodenfund beispielsweise in der Hainstraße 8 in Leipzig geborgen –

391

392

hier variieren lediglich die floralen Motive in den Kachelecken.
Wahrscheinlich entstand dieser Kacheltyp bereits kurz nach Luthers Tod 1546. Es handelt sich also um eines der frühesten Bildzeugnisse der Lutherverehrung im Kunsthandwerk. PJ

Literatur
Kluttig-Altmann 2015 c, S. 13, Abb. 1

393

Martin Luther
HaußPostilla. Über die Sontags und der fürnemesten Feste Evangelien Durchs gantze jar.

Wittenberg: Johann Krafft d. J., 1591
Papier, goldgeprägter Ledereinband
33 × 21,5 cm
Forschungsbibliothek Gotha der Universität Erfurt, Theol 2° 336/2
VD16 L 4876
Ausstellung Minneapolis

Zu Luthers bekanntesten Andachtsschriften gehört seine Sammlung von Predigtvorlagen zur Auslegung der Lesungstexte, Evangelien und Epistel, die für besondere Sonn- und Feiertage des liturgischen Jahres festgelegt waren. Während seines Aufenthaltes auf der Wartburg 1521/22 begann Luther mit der Niederschrift der Predigtvorlagen. Das Buch diente den Pfarrern als Grundlage für ihre eigenen Predigten und wurde bis zum 17. Jh. gern auch für die religiöse Andacht im privaten Kreis genutzt. Luther selbst hielt es für sein »allerbestes Buch«.
Herzog Friedrich Wilhelm von Sachsen-Weimar ließ dieses Exemplar mit farbigen Illustrationen für seine Tochter Dorothea Sophia erstellen, die später Fürstäbtissin des Stifts Quedlinburg wurde. Beigefügt ist ein Anhang aus einer größeren Zahl kolorierter Einzelblätter. Zu den Motiven gehören Porträts der sächsischen Fürsten, für die eine direkte Abstammungslinie vom frühmittelalterlichen Sachsenführer Widukind zum Kurfürsten Christian I. von Sachsen hergestellt wurde, sowie Porträts lutherischer Theologen des 16. Jhs. Der goldgeprägte Ledereinband, vermutlich eine Arbeit Hans Krügers aus Wittenberg, ist ebenfalls aufwendig farbig verziert. Dargestellt sind Ganzkörperporträts der beiden eng miteinander verbundenen Reformationsführer aus Wittenberg, Martin Luther auf dem vorderen und Philipp Melanchthon auf dem hinteren Buchdeckel. Beide halten jeweils ein geöffnetes Buch in der Hand, dessen Worte infolge der Bemalung jedoch nicht mehr lesbar sind. Von anderen Büchern mit den gleichen Porträts wissen wir, dass auf Melanchthons Buch sein persönliches Motto steht: »Si

Luthers Vermächtnis

deus pro nobis quis contra nos« (Ist Gott für uns, wer kann wider uns sein, Röm 8,31). Die Inschrift auf Luthers Buch lautet: »Pestis eram vivens moriens ero mors tua papa« (Deine Pest war ich lebend, sterbend werde ich dein Tod sein, Papst). Als er 1537 glaubte sterben zu müssen, legte Luther fest, dass diese Worte auf seinem Grab stehen sollten. Die Aussprüche machen deutlich, dass die Reformatoren ihr Leben lang mit heftigen Konflikten konfrontiert waren. DG

Quellen und Literatur
Brecht 1986, S. 25 f. u. 278–280 · Paasch 2010, Nr. 27, S. 70 f. · WA.TR 3, 390 (Nr. 3543A) u. 392 (Nr. 3543B).

394

Bartholomäus Rosinus
Confessionsschrifft

Jena: Tobias Steinmann, 1599
Papier, Ledereinband mit Goldprägung, Lackfarben
23 × 18 cm
Forschungsbibliothek Gotha der Universität Erfurt, Theol 4° 502/3
VD16 M 5035
Ausstellung Minneapolis

Infolge innerlutherischer Konflikte wurden in den 1560er Jahren mehrere Pfarrer aus dem Kurfürstentum Sachsen vertrieben. Viele von ihnen fanden Zuflucht in den thüringischen bzw. sächsischen Herrschaften der Herren von Reuss und von Schönburg, darunter auch Bartholomäus Rosinus, der Hauptautor dieser Bekenntnisschrift. Er begründete darin den Widerstand, den er und andere der Kirchenpolitik ihrer bisherigen Landesherren entgegengesetzt hatten. Seine Rechtfertigung beinhaltet eine umfassende Darstellung der Glaubensgrundsätze der Protestierenden. Das Buch wurde erstmals 1567 veröffentlicht.

30 Jahre später ließ Heinrich Posthumus von Reuss es erneut drucken und erklärte es zum maßgeblichen Bekenntnis seines Landes. Er beauftragte den Jenaer Buchbinder Lucas Weischner, Exemplare als Geschenke für Angehörige des Adels zu binden. Das Wappen auf dem hinteren Buchdeckel lässt vermuten, dass dieses Exemplar für die Herzogin Anna Maria von Sachsen-Weimar gedacht war. Die Gestaltung des goldgeprägten, aufwendig mit Lackfarben bemalten Ledereinbands steht für eine Kombination des humanistischen Stils der Buchbinderei, der in den 1520er Jahren in Wittenberg aufkam, und einer abgewandelten Form des französischen Grolier-Stils. Die Darstellung auf dem hinteren Buchdeckel zeigt König David kniend beim

Gebet und neben ihm sein Attribut, die Harfe. Auf dem Vorderdeckel ist eine Büste Martin Luthers abgebildet. Die Inschrift darunter lautet: »Nosse cupis faciem Lutheri hanc cerne tabellam si mentem libros consule« (Wer Luthers Antlitz kennen will, sollte das Bild anschauen; wer seine Gedanken kennen lernen will, sollte seine Schriften lesen). Das Porträt Luthers war eines der meistverbreiteten Motive der protestantischen Buchdruckerei des 16. Jhs. DG

Literatur
Gehrt 2011, S. 239–244 · Hageböck 2003
Michel 2009, S. 36–38 · Paasch 2010, S. 28 f., Nr. 28

395

Jacob Johann Marchand
Disputationskatheder

nach 1685
Holz, geschnitzt, polychrom gefasst und blattvergoldet
375 × 436 × 140 cm
Stiftung Luthergedenkstätten in Sachsen-Anhalt, Inv.-Nr. K 17
Ausstellung Minneapolis

Ganz dem Barockstil seiner Zeit verpflichtet, erinnert der rund 200 Jahre nach der Reformation geschaffene Katheder an die für die Wittenberger Universität bedeutende Phase des 16. Jhs. und deren Rolle für die frühe Phase der Reformation. Der Katheder gliedert sich in zwei hintereinander angeordnete Schranken und wird nach hinten durch eine Rückwand abgeschlossen. In den Zwischenräumen war so Platz für Disputationsteilnehmer vorhanden.
Die erste Schranke zeigt – neben dem Credo, sich auf Gottes Wort zu berufen (»Verbo solo«) – die drei Wappen der klassischen Fakultäten der Universität: das der Mediziner, der Juristen und das der Artisten (Philosophen). Die zweite Schranke verweist durch ihre drei Bildmedaillons auf die Entstehung der Universität. In der Mitte ist Martin Pollich, der erste Rektor der 1502 gegründeten Bildungseinrichtung, sichtbar. Links wird er von dem neuen Universitätssiegel mit dem Bildnis Kurfürst Friedrichs des Weisen flankiert. Dieses ersetzte 1514 das alte Siegel mit der Darstellung des hl. Augustinus, welches fortan die theologische Fakultät repräsentierte und rechts des Porträts gezeigt wird. Auf der Rückwand zeigt sich durch die Darstellung Luthers die direkte Verbindung zur Reformation durch dessen Initiator. Über Luther ist eine Kreuzigung mit dem Schriftband »Fide sola« – dem Verweis auf den Glauben, durch welchen der Mensch ewiges Leben erlangt – angeordnet. Gekrönt wird der Katheder

395

durch den vergoldeten Gottesnamen in hebräischer Schrift.

Zusätzlich zu der dem Bildprogramm innewohnenden Verbindung zwischen Universität und Reformation verdeutlicht der Katheder durch seine Architektur den zur Zeit der Reformation gängigen Disputationsablauf. Innerhalb des Universitätsalltags war es üblich, öffentliche wissenschaftliche Streitgespräche zur Wahrheitsfindung zu führen. Diesen ging eine Veröffentlichung der Thesen durch den Präses, den Vorsitzenden der Disputation, voraus. Dies geschah in schriftlicher Form, wobei die Thesenpapiere als Einladung für das Streitgespräch und Vorbereitung auf dieses fungierten. In diesem Kontext ist auch die Veröffentlichung der 95 Thesen im Jahr 1517 durch Martin Luther zu sehen. Der Präses stand hinter der zweiten Schranke des Katheders, trug dort die Entscheidungsfrage vor, die es zu diskutieren galt. Die Aufgabe des unter ihm stehenden Respondenten war es nun, sich zu dem Sachverhalt zu äußern, wobei er versuchte, sich der »Angriffe« der anderen Respondenten (auch als Opponenten bezeichnet) zu erwehren. Gelang es ihm, seine Thesen zu verteidigen, so ging er als Gewinner aus dem Disput hervor. RN

Literatur
Joestel 1993a, S. 120–123 u. 125 (ill.) · Joestel 2008, S. 148f. (ill.) · Mattias 2002, S. 137–147 u. 158 (ill.)

396

Merseburger Lutherbecher

Merseburg, Große Ritterstraße, 2. Hälfte 16. Jh.
Steinzeug
H 15,2 cm; Dm Boden 11 cm
Landesamt für Denkmalpflege und Archäologie Sachsen-Anhalt
Landesmuseum für Vorgeschichte Halle,
Inv.-Nr. HK 99:2733a
Ausstellung Minneapolis

Nach Luthers Tod wurde sein Abbild, wie die Bilder der Heiligen, deren Anbetung Luther so sehr versucht hatte zu unterbinden, von den protestantischen Gläubigen verehrt. Sein Porträt war ein Markenzeichen evangelischer Haushalte. Eine besondere Illustration dieser Lutherverehrung im alltäglichen Leben findet sich auf einem Bierkrug aus Steinzeug, der in der mitteldeutschen Stadt Merseburg ausgegraben wurde. Beschädigungen auf dem Fuß des Kruges zeigen, dass er ursprünglich mit einer teuren Zinnfassung verziert war, die entfernt wurde, bevor der zerbrochene Krug entsorgt wurde.

396

Das Relief auf der Oberfläche des Kruges wurde in Matrizen vorgefertigt und auf den noch feuchten Ton des Kruges aufgebracht. Beiderseits des Henkels steht jeweils eine in einen Talar gehüllte Gestalt. Deutlich lässt sich in der einen Luther erkennen, die zweite, schmalgesichtige Darstellung wird als Philipp Melanchthon gedeutet. Im Zentrum des Kruges steht der Baum der Erkenntnis. Auf seiner linken Seite bietet Eva Adam den Apfel an, auf der rechten überlegt er, ob er davon essen soll. Um den Baumstamm windet sich die hämisch grinsende Schlange.

Zwei am Boden kauernde Tiere flankieren den Baumstamm, eine Gans und eine Katze. In der Gans sieht man ein Sinnbild der Verheißung der lutherischen Reformation. Dies bezieht sich auf den vorprotestanischen Märtyrer Jan Hus und seine prophetische Stichelei gegen seine Peiniger am Scheiterhaufen (vgl. Kat. 388 u. 397). Dies wurde allgemein als eine Vorhersage des Kommens und Erfolgs Martin Luthers gedeutet. Die Katze, deren krummes Bein an den Arm der Eva erinnert, nimmt möglicherweise stärker Bezug auf den Sündenfall. Sie dürfte als frauenfeindlicher Fingerzeig auf die listigen und verschlagenen Absichten der Eva im Besonderen und der Frauen im Allgemeinen zu verstehen sein. Eine fotografische und zeichnerische Abrollung der Krugverzierung ist online unter www.lda-lsa.de/de/landesmuseum_fuer_vorgeschichte/fund_des_monats/2002/dezember zu sehen.

Die Botschaft dieses Kruges würde so den Sündenfall und das Versprechen ewigen Seelenheils durch die Reformation beinhalten, was aus heutiger Sicht ein sehr tiefsinniges Bildprogramm für einen Bierkrug ist. Andererseits war Martin Luther als Liebhaber des Biers ausgewiesen. Auch war in einer Zeit, in der hygienische Standards sehr viel laxer waren als heute, Bier mit seinem antiseptischen Alkoholgehalt ein sehr viel gesünderes Getränk als das verseuchte Wasser. Natürlich hat der Krug auch einen humoristischen Unterton, der in dem starken Kontrast zwischen den stämmigen Reformatoren, die in massive, alles umhüllende Roben gekleidet sind, und den dürren, nackten Sündern zum Ausdruck kommt. Möglicherweise war auch ein viel anzüglicherer Witz gemeint: Hielt man den Krug zum Trinken mit der rechten Hand, so waren Luther, Adam und die Gans zu sehen. Hielt man den Krug mit der linken Hand, war die weniger schmeichelhafte Seite mit der Katze, Eva und Melanchthon zu sehen, sehr zum Amüsement des Besitzers des Kruges und jener, die aus ihm tranken. LN

Literatur
Jarecki 2004 · Jarecki/Wunderlich/Thoss 2002 · Meller 2008, S. 324 u. 326, Kat. F 34 · Scheidemantel/Schifer 2005

397

unbekannter Künstler
Erinnerungsblatt: Luther schreibt seine Thesen an die Tür der Schlosskirche zu Wittenberg – Der Traum Kurfürst Friedrichs des Weisen von Sachsen vom Jahre 1517 in Schweinitz

1617
Holzschnitt, Typendruck
Blattmaß 56,7 × 35,4 cm
Stiftung Deutsches Historisches Museum,
Inv.-Nr. Gr 55/824
Ausstellung Minneapolis

Originaltitel: Göttlicher [...] Traum/ welchen der Hochlöbliche/ Gottselige Churfürst Friedrich zu Sachsen/ u. der Weise genant/ aus sonderer Offenbarung Gottes/ gleich itzo für hundert Jahren [...] zur Schweinitz dreymal nach einander gehabt/ Als folgenden Tages D. Martin Luther seine Sprüche wieder Johann Tetzels Ablaßkrämerey/ an der Schloßkirchenthür zu Wittenberg angeschlagen.

Zum Reformationsjubiläum im Jahr 1617 erschienen zahlreiche Schriften, Flugblätter und Jubelmedaillen, die an den Thesenanschlag Luthers am 31. Oktober 1517 erinnern sollten. Das vorliegende Blatt schildert in Bild und Text einen vermeintlichen Traum des sächsischen Kurfürsten Friedrich und setzt diesen mit den biblischen Traumvisionen von Daniel und Moses gleich. So wird der Traum zur göttlichen Eingebung, in der Friedrich der Weise seinen Auftrag erkennt: »[...] und ließ mir Gott gebieten/ ich solte dem Münch gestatten/ daß er mir etwas an meine Schloß Capell zu Wittenberg schreiben dürffte/ es würde mich nicht gerewen.«

Die nun folgende Geschichte träumte der Kurfürst der Legende nach im Schlafgemach seines Schweinitzer Schlosses: Der Mönch an der Tür der Schlosskirche zu Wittenberg fing an »zu schreiben/ und macht so grobe Schrifft/ dass ich sie hie zur Schweinitz erkennen konte/ er führt auch so eine lange Feder/ daß sie auch biß gen Rom mit dem Hindertheil reichte/ und einem Löwen/ der zu Rom lag/ mit dem Sturtz in ein Ohr stach/ daß der Sturtz zum andern Ohr wieder heraus gieng/ und strackte sich die Feder ferner/ bis an der Bäpstlichen Heiligkeit dreyfache Krone/ und stieß so harte daran/ daß sie begunte zu wackeln/ und wolte ihrer Heiligkeit vom Häupte fallen.«

Vollkommen entsetzt über das Geschehen, versuchte Friedrich, einzugreifen. Er erwachte vor lauter Schrecken, schlief aber gleich wieder ein: »[...] da ist mir dieser Trawm wieder vorkommen/ denn ich hatte wieder mit dem Münch zu thun/ und sahe ihm zu/ wie er immer fortschriebe/ und mit dem Sturtz der Feder stach er immer weiter auff den Löwen zu Rom/ und durch den Löwen auff den Papst/ darüber der Löw so grewlich brüllete/ daß die gantze Stadt Rom/ und alle Stände des heiligen Reichs zulieffen/ zu erfahren/ was da were/ und da begehrte Bäpstliche Heiligkeit an die Stände/ man solte doch dem Münch wehren [...]«

In der der dritten Traumsequenz bemühte sich nun der Kurfürst hartnäckig, aber vergeblich, die riesige Feder des Mönchs zu zerbrechen. Vollkommen erschöpft ließ er schließlich den Mönch fragen, »wo er doch zu solcher Feder kommen were? und wie es zugehe/ daß sie so zehe und fest sey? Ließ er mir sagen/ sie were von einer alten Böhemischen hundertjährgen Ganß/ einer seiner alten Schulmeister hette ihn damit verehret/ und gebeten/ weil sie sehr gut were/ er wolte sie zu seinem Gedächtniß behalten/ und brauchen.«

So wurde die Feder der über 100 Jahre alten böhmischen Gans zu einer unbezwingbaren Waffe Luthers – in Erinnerung an den böhmischen Reformator Jan Hus, dessen Nachname ins Deutsche übersetzt »Gans« bedeutet. Der Überlieferung nach hatte Hus auf dem Scheiterhaufen 1415 gerufen: »Heute bratet ihr eine Gans. Doch in hundert Jahren wird ein Schwan aufstehen.« In Anspielung auf diesen Ausruf hatte sich Luther selbst 1541 als Schwan bezeichnet. LK

Literatur
Gantet 2004 (ill.) · Kruse 1983, S. 90–95 (ill.) · Volz 1970 (ill.)

Göttlicher Schrifftmessiger / woldenckwürdiger Traum / welchen der Hoch-

löbliche / Gottselige Churfürst Friederich zu Sachsen / 2c. der Weise genant / aus sonderer Offenbarung Gottes / gleich itzo für hundert Jahren / nemlich die Nacht für aller Heiligen Abend / 1517. zur Schweinitz dreymal nach einander gehabt / Als folgenden Tages D. Martin Luther seine Sprüche wider Johann Tezels Ablaßkrämerey / an der Schloßkirchenthür zu Wittenberg angeschlagen. Allen jetzo jubilierenden Christen nützlich zu wissen / in dieser Figur eigentlich fürgebildet.

Gleich am ersten rechten Evangelischen Lutherischen Jubelfest.

Somnium Friderici sapientis Electoris Saxoniae.

[Two columns of German and Latin text describing Elector Frederick the Wise's dream, followed by a concluding Latin paragraph beginning:]

Hoc Somnium Illustrissimi Electoris Saxoniae, ego D.K. ex Au[tographo] M. Anthonij Musae Superintendentis Rochlicensis descripsi, Anno 91. die om[nium] Sanctorum Cal. Novembris, cùm in valle Ioachimica exul viverem, quod Autog[raphum] tum temporis penes se habebat Reverendus Vir D.M. Bartholomaeus Schönbach [Rochli]censis, verbi divini minister. Assignárat autem Dominus Musa hoc Som[nium] ex ore vel recitatione D. Georgij Spalatini, &c.

Die Folgen der Reformation

Die Reformatoren setzten in vielerlei Hinsicht Prozesse in Gang. Die Herausbildung des frühmodernen Staates war eng verzahnt mit der Formierung einer disziplinierten Untertanengesellschaft, die sich verstärkt an Institutionen ausrichtete und nicht länger personal organisiert war. »Konfession« wurde die bewegende Kraft der Politik. Im Hochadel etablierten sich konfessionelle Heiratsmärkte, und eine Fürstenkonversion geriet rasch zum Politikum. Die gewaltige habsburgische Machtbasis schürte die Angst vor einer Universalmonarchie, bei den Protestanten auch vor einer katholischen Weltherrschaft. Für eine flächendeckende Machtausübung wurde die Konfession an den Glauben des Landesherrn gekoppelt.

Manche Regelung des Augsburger Religionsfriedens war durchaus konfliktgeladen, bspw. die, dass Herrscher geistlicher Territorien nicht protestantisch werden konnten. Ausgehend von der anglikanischen Kirche in England kam es über die Jahrhunderte zu vielen Abspaltungen mit mehr oder weniger Sprengkraft. Insbesondere die Rekatholisierungsversuche von Kaiser und Papst verursachten eine Zuspitzung der Konflikte in der zweiten Hälfte des 16. Jhs. Die aufgebauten Feindbilder waren in den Hugenottenkriegen und Verfolgungen oder im Vorwurf des »Kryptocalvinismus«, aber auch auf kommunaler und persönlicher Ebene bis ins 18. Jh. sichtbar. Die Lagerbildung kulminierte im Vorfeld des Dreißigjährigen Krieges in der katholischen Liga und der protestantischen Union.

Auf kirchlicher Ebene führte die nötige Abgrenzung der Glaubenslehren in der katholischen Kirche zu neuen Orden wie beispielsweise den Jesuiten, die der Selbstkontrolle dienten, aber auch flexible Instrumente für Missionierung und Bildungsarbeit darstellten. Zudem war eine Professionalisierung in der Verwaltung zu beobachten, die sich in Kirchenordnungen, Visitationen, Volksbildung und Pfarramt zeigte. Im Luthertum rückte die Predigt ins Zentrum des Gottesdienstes, die Gläubigen erhielten das Abendmahl in beiderlei Gestalt. In der Gesellschaft blieben die Gegensätze auch durch verschiedene Kalender sichtbar, da sich die Protestanten bis 1700 weigerten, die Kalenderreform von Papst Gregor XIII. von 1582 anzuerkennen.

Die Reformatoren hatten unumstößliche Dogmen aufgebrochen. Dieser Widerspruchsgeist bahnte schließlich den Weg für den Freiheitsgedanken der Aufklärung. ASR

398
Leonhard Gerhard
Martin Luther predigt vor Vertretern des kursächsischen Hauses

nach 1546
Holzschnitt, koloriert
Blattmaß: 27,9 × 22,5 cm
Stiftung Deutsches Historisches Museum,
Inv.-Nr. 1990/479.1
Ausstellung New York

Luther auf der Kanzel in einer nichtöffentlichen Predigt – das ist das Motiv des auf der rechten Seite beschnittenen Flugblatts, welches dem Briefmaler Leonhard Gerhard zugeschrieben wird (vgl. Kat. 380). Während der Reformator die Heilslehre Christi vorträgt, weist er mit der linken Hand auf den Gekreuzigten. In den Verszeilen unter der Darstellung heißt es dazu: »Doch göttlich Gnad viel grösser war / Die hat sich ausgegossen gar. Drump hat Gott seinen Son gesandt / Der fasset uns fein bey der Handt. Und fürt uns aus dem Sündenreich.«

Die Mitglieder des kursächsischen Fürstenhauses haben sich zu Füßen der gekreuzigten Christusfigur versammelt, um die Worte Luthers zu hören. Hinter den drei jungen Prinzen stehen in zweiter Reihe (v.l.n.r.) Kurfürst Friedrich der Weise, dessen Bruder Kurfürst Johann der Beständige, dessen Sohn Kurfürst Johann Friedrich der Großmütige und Sibylle von Cleve, Gemahlin Johann Friedrichs.

Alle Darstellungen, die den predigenden Luther in Gegenwart der sächsischen Fürsten zeigen, sind doppelte Bekenntnisbilder, die erst nach dem Tod des Reformators populär wurden. Sie sollten einerseits die offizielle Anerkennung des protestantischen Glaubens bestätigen und andererseits auf das unabhängig gewordene sächsische Landesfürstentum verweisen. Auf der fehlenden rechten Hälfte des illustrierten Flugblatts war vermutlich ein katholischer Geistlicher bei der Predigt dargestellt. Es gibt entsprechende Grafiken, die komplett erhalten sind. LK

Literatur
Flügel 1983 · Oelke 1992

399
Predigtsanduhr

Deutschland, 18. Jh.
Holz, geschnitzt, bemalt, Glas, Sand
51,8 × 24,5 × 9,5 cm
Stiftung Schloss Friedenstein Gotha,
Inv.-Nr. 2134 F1
Ausstellung Minneapolis

Mit dem Beginn der Reformation kam der Predigt (Wortgottesdienst) in der evangelischen Kirche eine besonders große Bedeutung zu. Durch die Verkündung und Erklärung des Gotteswortes bildete sie das zentrale Element im Gemeindegottesdienst. Der theologische Zweck der Predigt bestand vorrangig in der Unterweisung der Bevölkerung in der christlichen Lehre. Die gepredigten Normen sollten sich nach Luthers Verständnis auch auf den Alltag der Menschen auswirken. Deshalb empfahl er den Geistlichen, in ihren Gemeinden regelmäßig Predigten zu halten und schlug feste Zeiten vor. Sonntags sollten sie zwei- bis dreimal gehalten werden, in der übrigen Woche mehrmals und in den Fastenzeiten täglich. Luthers deutsche Bibelübersetzung spielte dabei eine wichtige Rolle. Sie ermöglichte von nun an jedem, die Botschaft der Predigt mit dem Bibelwort zu vergleichen. Durch die Verkündigung des reinen Gotteswortes verbreitete die Predigt die Heilsbotschaft. Auf diese Weise war der Wortgottesdienst nach dem reformatorischen Verständnis das eigentliche Mittel des Gnadenempfangs. So trat die Predigt im Sinne der lutherischen Lehre an die Stelle der im Mittelalter gespendeten Sakramente als maßgebliche Gnadenmittel.

In den zahlreichen Kirchenordnungen der reformatorischen Zeit waren sowohl die Häufigkeit von Gottesdiensten als auch die Dauer der Predigten festgeschrieben. Die immer länger werdenden Wortgottesdienste versuchte man mittels einer Predigtsanduhr, auch Kanzeluhr genannt, zu begrenzen. Diese war in der Kirche meist an der Kanzel angebracht, was dem Pfarrer ermöglichte, den zeitlichen Ablauf seiner Predigt zu verfolgen. Orientiert am klassischen Rhetorik-Schema von Einleitung, Durchführung, Anwendung und Schluss benutzte man Sanduhren mit vier Gläsern, die in einem verzierten Holzgestell nebeneinander drehbar montiert waren. Die mit buntem Sand gefüllten Glaskolben leerten sich im Viertelstundentakt, sodass sich eine Gesamtzeit von einer Stunde ergab. Dies entsprach der Dauer einer Predigt. Zu Beginn jeder Predigt wurde die Sanduhr durch Drehen oder Kippen zum Laufen gebracht. KV

Literatur
Bassermann-Jordan 1969, S. 340 f. · Koch 1987, S. 113 · Moeller/ Stackmann 1996, S. 10 · Müller/ Balz/Krause 1997, S. 298

Summa der Heilsamē lehre Jhesu Christi.

Jr dancken Gott in ewigkeit/
Das er aus allem hertzeleit.
Vns hat gefürt durch seinen Son/
Welcher is[t] [d]er gnaden thron.
Die Sünd v[nd] [d]er Gottes zorn/

Doch Göttlich gnad viel grösser war/
Die hat sich ausgegossen gar.
Drumb hat Gott seinen Son gesandt/
Der fasset vns fein bey der handt.
V[nd] fürt vns aus [der] Sünden [...]

Es kost in warlich auch sein Blut/
Das leschet er aus der hellen glut/
Wenn er zu vns nicht kommen wer/
So hülff vns kein werck nimmermehr.

Hort zu in diesem Gottes [...]
Ich theil euch hie das abla[s...]
So hört mir zu v[nd] schweiget [...]
Welcher Mensch selig werden [...]

400
Florale Verdüre mit exotischen Vögeln

flämisch, vermutlich Brügge, um 1530
Leinen (Kette), Wolle, gefärbt (Schuss), gewirkt
81 × 186 cm
Stiftung Dome und Schlösser in Sachsen-Anhalt, Kunstmuseum Moritzburg Halle,
Inv.-Nr. MOKHWTE 00093
Ausstellung Minneapolis

Die Tapisserie gehört zu den selten erhaltenen Beispielen der aus Flandern vielfach nach Mitteldeutschland importierten kostbaren Gobelins. Nicht nur der in Halle residierende Kardinal Albrecht von Brandenburg importierte die prachtvollen und in ganz Europa dominierenden Luxuswaren en gros insbesondere zwischen 1520 und 1532. Die realistisch gewirkten Pflanzen mit ihren feinen Farbabstufungen erinnern an Arbeiten aus dem Atelier von Anton Segoon aus dem zweiten Viertel des 16. Jhs. Die beiden »Brandenburg-Teppiche« Albrechts im bischöflichen Museum Mainz sind am ehesten mit der Verdüre vergleichbar. Auch die häufig von Tieren belebten niederländischen Wandteppiche aus Enghien und Oudenraarde bieten stilistische Vergleiche. Die florale Szenerie entwickelte sich aus dem Blumenhintergrund figürlicher spätmittelalterlicher Bildteppiche. Die Blumenstaude etablierte sich hier als eigenständiges Bildmotiv, wie es auch auf der Verdüre der Wartburg des Herzogs Johann Wilhelm von Sachsen oder dem Wappenteppich des Salzburger Erzbischofs Matthäus Lang von Wellenstein zu sehen ist.

Fünf Blumenstauden wachsen über einem Rasen vor dunkelgrünem Grund. Die stilisierten Blumen wurden als Nelken, Mohn und die südamerikanische *Alstroemeria* identifiziert. In den Stauden tummeln sich exotische Vögel und Schmetterlinge. Charakteristisch sind die Merkmale der aus Vorderasien stammenden Halsbandsittiche und des Nektarvogels. Bei den Schmetterlingen handelt es sich wohl um Weißlinge. Die umlaufende Borte zeigt einen Blütenstab, der von zwei farbigen Bändern umschlungen wird.

Von der Tapisserie ist ein zweites, sekundär abgeschnittenes Stück überliefert, das in den Blumenstauden eine Fruchtschale zeigt. Hier sind Papageien oder Sittiche, Schnecken zwischen Erdbeeren, Gänseblümchen und Maiglöckchen gewirkt. Die beiden Teppichteile passen nicht mehr nahtlos aneinander. Vermutlich ist ein Mittelteil mit dem Wappen des Auftraggebers verloren. Die Maße der erhaltenen Teile mit einer Länge von zusammen 3,26 m lassen nur den Schluss zu, dass sie ursprünglich als Wandbehang gedient haben. Als Raumschmuck war die Verdüre jedoch nicht nur eine behagliche Atmosphäre schaffende Dekoration. Sie symbolisierte auch die Weltgewandtheit ihres Besitzers. Eine

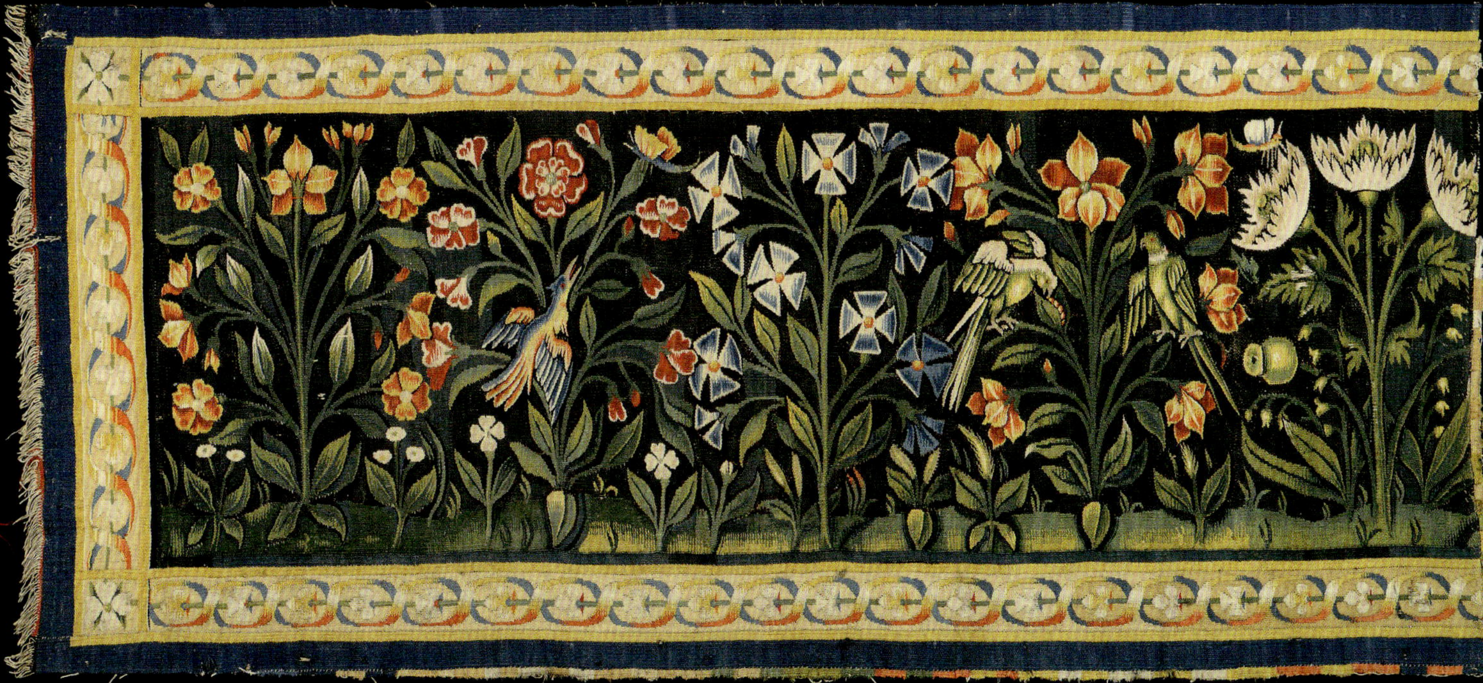

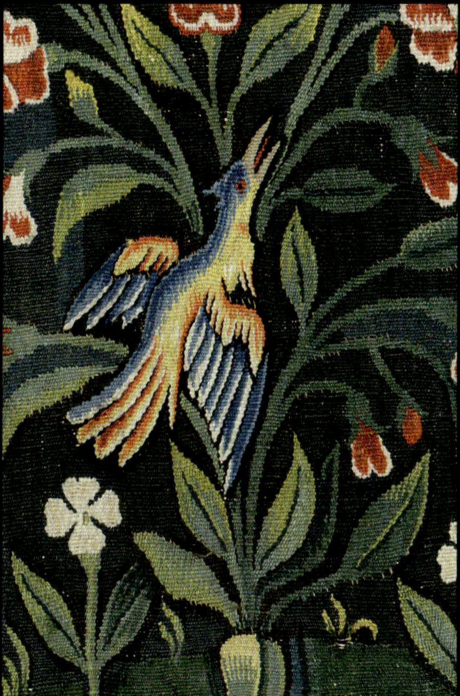

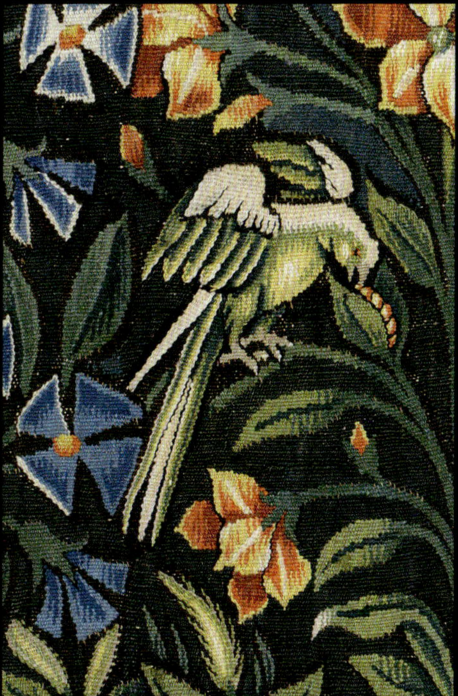

401

biblische Bedeutung des Motivs (Mt 6,24–34) ist nicht auszuschließen, galt die prachtvolle Blume, die den Vogel nährt, doch als spezielles Gotteslob. Dies entspricht dem neuen, von Martin Luther geprägten Blick für alles Natürliche, der im Sinne der reformatorischen Weltsicht die Größe des Werkes Gottes erst umfassend erfahrbar werden lässt.

Der Teppich wurde in der Kirche von Burgsdorf, heute Ortsteil von Eisleben, bis zum Ende des 19. Jhs. überliefert. Hier dürfte er als Antependium genutzt worden sein. Damit beweist sich die Durchdringung künstlerischer Bildmotive im religiösen und profanen Kontext. UDr

Literatur
Dräger 2011, S. 46 f. u. 114, Kat. 16 (ill.) · Wilhelmy 2000, S. 70–80

402

401

Caspar Güttel
Martin Luther (Einleitung)
Ein Sermon auf dem
Gottesacker zu Eisleben

Wittenberg: Nickel Schirlentz, 1541
19,3 × 15 cm
Forschungsbibliothek Gotha der Universität Erfurt, Theol 8° 00742/38
VD16 G 3993
Ausstellung Minneapolis

Die Veränderungen in den Konfessionsbündnissen führten zu schwierigen Umstellungen in vielerlei Hinsicht, und vielleicht waren wenige so dramatisch wie jene, die die Vorbereitungen auf den Tod und das Begräbnis betrafen. Die sächsische Stadt Eisleben hatte eine kleine Gemeinde, die noch an der katholischen Kirche in Rom festhielt und auf Neuigkeiten aus Rom hinsichtlich eines Dekrets zur wahren Glaubensrichtung wartete. Diese Gemeinde war jedoch seit 1538 ohne Priester. Für den Fall, dass einer dieser »Wartenden« starb, bevor er die letzte Beichte ablegen und die Krankensalbung erhalten konnte, forderten Güttels Predigten vom Gottesacker und der Kanzel ein Ende des Dualismus: Wenn die »Wartenden« in Eisleben ein christliches Begräbnis in Eisleben wollten, mussten sie der protestantischen Konfession folgen. Die Belange der »Wartenden« waren nicht allein auf Eisleben beschränkt, sondern betrafen auch andere Gemeindepfarrer, und Güttels *Sermon auf dem Gottesacker* wurde rasch veröffentlicht. Luthers Einleitung ist als offener Brief an Johannes Bugenhagen verfasst. Darin stellt Luther die »Wartenden« bloß, weil sie auf das Gebot des Papstes und des Kirchenkonzils mehr vertrauten als auf das Wort Gottes. Er vergleicht sie mit den Juden, die immer noch auf den Messias warten, während die Wahrheit direkt vor ihnen liegt. Die Veröffentlichung solcher Predigten erleichterte die Verbreitung alltäglicher evangelischer Glaubenspraktiken.

Caspar Güttel war viele Jahre ein enger Freund und Kollege Luthers. Wie Luther war er Mitglied des Augustinerordens unter Johann von Staupitz gewesen und wurde Prior in Eisleben. Er stand Luther im Kampf gegen den Ablass zur Seite, und als das Kloster in Eisleben 1523 schloss, wurde er dort evangelischer Pfarrer. Er war ein scharfer Gegner Johannes Agricolas und spielte eine Schlüsselrolle in Luthers Auseinandersetzung mit diesem in der antinomischen Kontroverse.
JTM

Quellen und Literatur
Benzing 1966 · WA 51, 626–633

402

Veit Thiem
Epitaph für die Familie Heidelberg

1561
Tempera und Öl auf Holz
143 × 310 cm
Lutherstadt Eisleben (als Leihgabe in Luthers Geburtshaus, Eisleben)
Ausstellung Minneapolis

Das 1561 datierte Epitaphgemälde zeigt im Vordergrund die Familie des Ratsherrn und Montanunternehmers Jakob Heidelberg. Dieses befand sich einst auf dem 1533 neu angelegten Begräbnisplatz Eislebens und wird seit dem 19. Jh. aus konservatorischen Gründen im Geburtshaus Martin Luthers aufbewahrt und gezeigt (heute im Gebäude der Dauerausstellung). Es ist Zeugnis der Begräbnis- und Memorialkultur, die sich im 16. Jh. im Vergleich zum Mittelalter tiefgreifend geändert hatte. So war der Begräbnisplatz unter dem Einfluss Martin Luthers außerhalb der Altstadt von Eisleben eingerichtet worden. Die dortige dreiflüglige Säulenanlage bot Platz für Begräbnisfeiern und Schutz für aufwendige Grabgestaltungen der Oberschicht. Deutschlandweit einzigartig sind die erhaltenen Grabgemälde des Eislebener Gottesackers, die sich in den Nischen der Umfassungsmauer befanden.

Die Grabgemälde dieses Friedhofs sind eng mit Martin Luther und seiner Lehre verbunden. Inhaltlich und gestalterisch weisen sie meist eine Verbindung zur Cranach-Werkstatt auf, deren ikonografisches Repertoire vielfach zitiert wird. Wiederholt umgesetzte Motive sind die Passion, die Kreuzigung und die Auferstehung Christi, Auferweckungsszenen und das Bekenntnis zum rechten Glauben. In mehreren Fällen handelt es sich um komplexe theologische Darstellungen. Inschriften geben gemäß der lutherischen Lehre wiederholt die illustrierten Bibelstellen genau an. Das hier gezeigte Grabgemälde mit dem Monogramm »VT« auf dem Grabkreuz wird mit Veit Thiem, dem Hofmaler der ernestinischen Fürsten in Weimar, in Verbindung gebracht.

In der rechten Bildhälfte ist der auferstandene Christus dargestellt. Dieser rammt einem Untier, das in der Offenbarung den Antichristen verkörpert (Offb 13,1–6), die Kreuzesfahne mit der Aufschrift »Mors Christi Peccatoris Iustitia« (Der Tod Christi ist die Gerechtigkeit des Sünders) in den Rachen. Mit dem rechten Bein steht Christus auf einem Knochenmann als Symbol des Todes. Daneben befindet sich als Hinweis auf die Auferstehung das offene Felsengrab mit dem versiegelten Sarg und den zwei Wächtern. In der linken Bildhälfte ist eine figurenreiche Auferstehung der Toten nach der Vision des Propheten Ezechiel wiedergegeben, wobei die Szene durch ein Band mit der Inschrift »Ezechielis XXXVII« und die Darstellung des Propheten ergänzt wird. Der Vision entsprechend, erscheint Gott mit den vier Winden am Himmel. In der Mitte des Bildes ist die Auferweckung des Lazarus dargestellt, wobei die zugrunde liegende Bibelstelle »Johannis XI. Lazarus« auf der Grabplatte vermerkt ist. Im Hintergrund erscheint eine genaue Stadtansicht von Eisleben. AT

Literatur
Schulze 2000, S. 135 (ill.) · Tietz 2012, S. 212 (ill.) · Wipfler 2000, S. 289 (ill.)

Magdeburger Skulpturenfragmente

Magdeburg, Gouvernementsberg 3/4
2. Hälfte 14. Jh.
Sandstein
Landesamt für Denkmalpflege und Archäologie Sachsen-Anhalt
Ausstellung Minneapolis

403
Hl. Margarete mit Drachen

Fd. 37 (Sockel bis Knie): ca. 36,5 × 30 cm;
Fd. 39 (Hüfte bis Schulter): ca. 38 × 34 cm;
Fd. 41 (Knie bis Hüfte): 20 × ca. 32 cm
Landesmuseum für Vorgeschichte Halle,
Inv.-Nr. HK 2003:5267k

404
Oberkörper und Kopf einer weiblichen Heiligen

Fd. 26 b (Kopf): ca. 22 × 15 cm;
Fd. 40 (Hüfte bis Hals): ca. 35 × 36 cm
Landesmuseum für Vorgeschichte Halle,
Inv.-Nr. HK 2003:5267f

405
Standbild einer Madonna

Fd. 28 a (von der Plinthe bis zu den Knien): ca. 57 × 34 cm;
Fd. 28 b mit Funden 28 c – e (von den Knien bis zum Hals): ca. 73 × 33 cm
Landesmuseum für Vorgeschichte Halle,
Inv.-Nr. HK 2003:5267l

Die Figuren wurden 2003 in einer neuzeitlichen Mauer am Gouvernementsberg in Magdeburg aufgefunden. Insgesamt konnten dort 34 Fragmente von weiteren Figuren, Architektur- und Ausstattungsteilen sowie ca. 180 kleinere Fragmente und eine Vielzahl an Reliefbruchstücken geborgen werden. Keines der Bildwerke ist unbeschädigt bzw. vollständig erhalten. Doch aus den größeren Bruchstücken, darunter zwei Köpfe, konnten zwölf Skulpturen und ein Retabel rekonstruiert werden.

Die Fragmente wurden im 18. Jh. als Baumaterial in die nahe dem Kloster Unser Lieben Frauen errichtete Mauer eingefügt (Abb. 13). Die Funde befinden sich größtenteils im unveränderten Originalzustand. Durch den Mörtel geschützt, blieb ein Teil der Farbfassung bis heute bewahrt. Eine Verwendung von steinernen Bildwerken als Baumaterial war keine außergewöhnliche Praxis, insbesondere seitdem die Reformation in Deutschland Einzug gehalten hatte.

Im Laufe der Jahrhunderte waren Magdeburgs Kirchen und Kunstwerke zahlreichen Angriffen durch religiöse und militärische Vorfälle ausgesetzt. Mit dem reformatorischen Bildersturm sind in Magdeburg 1524 erstmals gezielte Angriffe gegen sakrale Kunst- und Bauwerke nachweisbar. Zahlreiche Quellen überliefern, dass Klöster sowie Kirchen und deren Ausstattung beschädigt wurden. Spuren am Gesicht von Fund 26 b könnten auch für mögliche ikonoklastische Angriffe sprechen.

Während der Belagerung der Stadt im Schmalkaldischen Krieg kam es 1545/46 zum Abbruch kompletter Sakralgebäude. Dadurch sollte verhindert werden, dass nahe der Altstadt gelegene Bauten durch feindliche Truppen besetzt wurden. Die verbliebenen Grabsteine und Altäre wurden zum Teil als Baumaterial für den Festungsbau genutzt. Die meisten mittelalterlichen Gebäude Magdeburgs gingen aber bei der Erstürmung (10. Mai 1631) und Besetzung der Stadt im Dreißigjährigen Krieg verloren. Eine Beschädigung oder Abnahme der Skulpturen während dieser drei Ereignisse ist zwar nicht eindeutig nachweisbar, jedoch sehr wahrscheinlich.

Aufgrund der spärlich erhaltenen Quellen und der wenigen noch erhaltenen mittelalterlichen Bauten ist eine sichere Standortzuweisung für keine Skulptur oder Stilgruppe möglich. Es ist allerdings anzunehmen, dass sie aus mehreren Sakralbauten Magdeburgs stammen.

Alle drei Skulpturen stammen aus dem 14. Jh., sind stilistisch jedoch nicht einheitlich. Der Fund der Bildwerke am Gouvernementsberg zeigt, dass Magdeburg als künstlerisches Zentrum in der zweiten Hälfte des 14. Jhs. eine größere Bedeutung besaß als bisher angenommen. KS

Literatur
Meller 2008, S. 230, Kat. D 16 (ill.) · Steller 2011, Abb. 198–212 (ill.)

Abb. 13
Eingemauerte Fragmente weiblicher Heiligenfiguren, Magdeburg, Gouvernementsberg zw. Domplatz und Schleinufer

404

403

405

Auf Luthers Spuren

JÜRGEN GRÖSCHL

»Ein Pflanzgarten zur Verbesserung der Welt«

Die Franckeschen Stiftungen zu Halle und die Herausbildung der lutherischen Kirche in Amerika

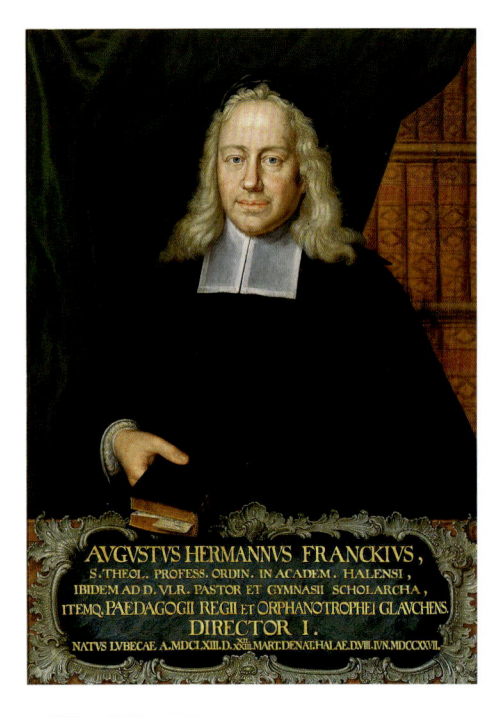

Abb. 14
unbekannter Künstler
August Hermann Francke · frühes 18. Jh.

Anlegung eines Pflanz-Gartens von welchem man eine reale Verbesserung in allen Ständen in und außerhalb Deutschlands, ja in Europa und allen übrigen Theilen der Welt zu gewarten – so lautet der Titel eines von August Hermann Francke formulierten Projekts, in dem er sein Ziel, eine von Halle ausgehende Generalreformation der Welt, programmatisch beschreibt und zusammenfasst. August Hermann Francke, Professor für biblische Sprachen an der jungen Reformuniversität Halle und Pfarrer in der Vorstadt Glaucha, gründete 1695 zunächst eine Armenschule und begann gleichzeitig mit der Versorgung vaterloser Kinder (Abb. 14). Vorerst ohne laufende Einnahmen und ohne Kapital entwickelte er breit gefächerte soziale und pädagogische Unternehmungen, die schon bald durch ihre Modernität große Aufmerksamkeit erregten. In kurzer Zeit wuchs vor den Toren Halles eine regelrechte Stadt heran, deren Mittelpunkt die Waisenanstalt sowie ein vielgliedriges Schulwesen mit Internaten bildete. Innerhalb dieser Schulstadt entstanden Gewerbebetriebe, Bäckereien, Brauhäuser, ein Krankenhaus sowie landwirtschaftliche Einrichtungen, die zur Versorgung dieser großen Gemeinschaft dienten. Für den Lehrbetrieb wurden Bibliotheken, Schausammlungen, astronomische Observatorien und ein botanischer Garten angelegt. In der später nach Francke benannten Einrichtung wurde die erste Bibelanstalt der Welt gegründet. Angezogen von den modernen Bildungsideen und den christlichen Erziehungsidealen, die in den Stiftungen Franckes und der Universität Verbreitung fanden, strömte in dieser Zeit die studierende Jugend aus ganz Europa nach Halle. Die zahlreichen Lehr-, Wohn- und Wirtschaftsgebäude auf dem Stiftungsgelände boten Raum für über 2 000 Menschen, die dort lernten, lehrten, arbeiteten und lebten (Abb. 15).

Die Triebkraft hinter diesem gewaltigen Unternehmen waren die Reformideen des Pietismus, der wichtigsten Bewegung des europäischen Protestantismus nach der Reformation, die mit dem Anspruch antrat, die christliche Kirche grundlegend zu erneuern. Mehr Herzensfrömmigkeit, bessere Bildung und sittliche Hebung der Gesellschaft waren die Grundforderungen, die Philipp Jacob Spener, der als Vater des lutherischen Pietismus gilt, 1676 in einer kleinen Programmschrift unter dem Titel *Pia Desideria* veröffentlichte. Francke, den eine enge Freundschaft mit Spener verband, wurde zu einem dem bedeutendsten Vertreter des Pietismus. Er formte den sogenann-

Abb. 15
Gottfried August Gründler
Die Anstalten der Franckeschen Stiftungen
um 1730

ten Halleschen Pietismus, der sich durch besondere Tatkraft und einen nachhaltigen Praxisbezug auszeichnete. Die Absolventen der Stiftungen wirkten in vielen Ländern auf den verschiedensten Gebieten der Seelsorge, der Wissenschaft, Wirtschaft und Technik. Die vielfältigen Verbindungen der Stiftungen reichten nach Skandinavien, in das Baltikum und nach Russland, ebenso nach Holland, Italien, Polen, Böhmen, Ungarn und in die Schweiz bis nach Großbritannien. Mit der Dänisch-Halleschen Mission ging 1706 von hier das erste Missionsunternehmen in der protestantischen Kirchengeschichte im südindischen Tranquebar aus. Unterstützt und ermöglicht

Auf Luthers Spuren 397

Abb. 16
Johann Jacob Haid · John Martin Boltzius (Schabkunstblatt nach einem Gemälde von Jeremias Theus), 1754

wurden die weltweiten Verbindungen durch ein breitgefächertes Kommunikations- und Informationsnetzwerk.

So kann es nicht verwundern, dass sich Francke auch für die Neue Welt interessierte, hatten doch nur wenige Jahre vor seiner Berufung nach Halle Glaubensflüchtlinge die erste deutsche Ansiedlung in Amerika, Germantown, heute ein Stadtteil von Philadelphia, gegründet. Er erhielt bereits seit Beginn der 1690er Jahre von Auswanderern Informationen über die Verhältnisse in Pennsylvania und Virginia und tauschte sich darüber mit Spener und anderen Persönlichkeiten aus. Amerikareisenden legte er umfangreiche und detaillierte Fragebögen vor, aus denen deutlich die Absicht zu erkennen ist, sein Reformwerk dorthin auszudehnen. Neue Kontakte kamen hinzu. Mit dem führenden Theologen Neuenglands, Cotton Mather in Boston, nahm Francke einen lebenslangen Briefwechsel auf. Wie wichtig ihm die Verbindung mit Glaubensgenossen über den Atlantik hinweg war, geht aus einer Äußerung gegenüber seinen Kollegen hervor: »Denn was wir da gutes hineinschreiben, das geht durch alle christlichen Gemeinen in America.« Auf Vermittlung Franckes traten die Missionare der Dänisch-Halleschen Mission in Indien in eine Korrespondenz mit Mather, der sich seinerseits für die Mission der Indianer in Nordamerika engagierte. Auf diese Weise entwickelte sich bereits in den ersten Jahrzehnten des 18. Jahrhunderts ein Gedankenaustausch über drei Kontinente hinweg. Auch an praktischer Hilfe ließ es Francke nicht fehlen. Die Massenauswanderung der Pfälzer, die seit 1709 ihre Heimat verlassen hatten, um sich in Amerika anzusiedeln, unterstützte Halle durch die Werbung für Spendengelder, vor allem aber durch Büchersendungen.

Aufgrund der politischen Umstände gelang es erst der darauffolgenden Generation unter Franckes Sohn und Nachfolger Gotthilf August Francke, einen unmittelbaren und prägenden Einfluss des Halleschen Pietismus auf die lutherische Kirche Nordamerikas zu erlangen. Die radikale Vertreibungspolitik des Erzbischofs Leopold Anton von Firmian hatte ab 1731 die Massenflucht von mehr als 20 000 Protestanten aus dem Salzburger Land zur Folge. Dieses Ereignis versetzte das gesamte evangelische Europa in Aufruhr. Die überwiegende Mehrheit der Flüchtlinge fand im damaligen Ostpreußen eine neue Heimat. Unter Vermittlung des Augsburger Theologen Samuel Urlsperger, der eng mit den halleschen Pietisten zusammenarbeitete, gelang es, die Erlaubnis zur Ansiedlung einer Gruppe von Salzburgern in der kurz zuvor gegründeten Kolonie Georgia zu erhalten. Um ihre seelsorgerliche Begleitung zu ermöglichen, wandte sich Urlsperger mit der Bitte um geeignete Kandidaten an Gotthilf August Francke. Dieser berief Johann Martin Boltzius (Abb. 16) zum Pastor und Israel Christian Gronau zum Katecheten der künftigen ersten lutherischen Gemeinde in Georgia. Boltzius und Gronau waren bereits während ihres Studiums in Halle und daran anschließend an verschiedenen Einrichtungen der Franckeschen Stiftungen tätig und wurden maßgeblich von deren Reformideen beeinflusst.

Nach fast zweimonatiger strapaziöser Überfahrt erreichten die Auswanderer schließlich am 12. März 1734 den Hafen der damaligen Hauptstadt Georgias, Savannah. Dieses Datum wird noch heute von den Nachfahren der Salzburger, die sich in der Georgia Salzburger Society zusammengeschlossen haben, festlich begangen, markiert es doch die Geburt der lutherischen Kirche in Georgia. Nach anfänglichen Schwierigkeiten bei der Ortswahl wurde den Siedlern ein Platz an einem Steilufer des Savannah-Flusses etwa 40 km nordwestlich von Savannah zugewiesen, den sie *Ebenezer* (Stein der Hoffnung) nannten. Unter vielen Mühen begannen sie, Häuser zu errichten und Pflanzungen anzulegen. Boltzius und Gronau standen bis zu ihrem Lebensende der

Gemeinde nicht nur in geistlichen, sondern auch in weltlichen Dingen vor. Insbesondere gelang es der patriarchalischen Persönlichkeit von Boltzius, die Gemeinschaft der Emigranten im pietistischen Sinne zu prägen. Er war zugleich Pfarrer, Pädagoge, Erzieher und »Waisenvater«, vertrat in den Verhandlungen mit den Verantwortlichen der Kolonie als geschickter Politiker die Interessen seiner durch weitere Zuzüge auf über 1000 Menschen wachsenden Gemeinde und erwies sich als fähiger Wirtschaftslenker, der nicht nur weitreichende Handelsprojekte entwickelte, sondern mit dem Bau von Getreide- und Sägemühlen sowie dem Aufbau einer Seidenmanufaktur Ebenezer zu einer führenden ökonomischen Stellung in Georgia verhalf. Den einheimischen Creek-Indianern begegnete er mit ebenso viel Respekt, wie er entschieden die Sklaverei ablehnte.

Das 1737 gegründete Waisenhaus Ebenezers, das nach dem Beispiel des Halleschen Waisenhauses angelegt war, gilt als eines der ersten Waisenhäuser auf dem amerikanischen Kontinent. Es diente als Vorbild für das Bethesda Orphan Home, das George Whitefield, einer der Begründer des Methodismus, 1740 in Savannah errichtete. Beispielgebend war auch der regelmäßige Schulunterricht, an dem bis zu 100 Kinder teilnahmen, darunter der erste Gouverneur des unabhängigen Georgias, Johann Adam Treutlen. Nach dem Willen der Verantwortlichen in Europa sollte Ebenezer ein »Neues Jerusalem« werden, dessen Licht in die amerikanische geistliche Finsternis strahlt. Es wurde daher großzügig materiell und finanziell unterstützt. Die Franckeschen Stiftungen sendeten vor allem Medikamente aus der eigenen Apotheke, Bibeln, Gesangbücher und christliche Literatur sowie Leinwand zur Herstellung von Kleidung, aber auch weiteres Personal, darunter einen dringend benötigten Arzt. Im Gegenzug schickten die Pastoren ausführliche Berichte nach Europa, die in redaktionell bearbeiteter Form gedruckt und an Freunde und potenzielle Spender verteilt wurden. Auch dem modernen Leser vermitteln sie ein anschauliches Bild des kolonialen Amerikas der 1730er bis 1760er Jahre.

Nach dem Tod von Boltzius begann die Siedlung jedoch, ihren geistlichen Zusammenhalt zu verlieren. Während des Unabhängigkeitskriegs wurde der Ort mehrfach von gegnerischen Truppen heimgesucht. Von den verheerenden Zerstörungen sollte sich Ebenezer nicht mehr erholen. Die 1769 fertiggestellte Jerusalem-Kirche aber blieb als eines der wenigen Gebäude Georgias aus der Kolonialzeit erhalten und beherbergt heute die älteste noch existierende lutherische Gemeinde der USA. Ein Nachbau des Waisenhauses wird als Museum genutzt, und verschiedene Denkmäler in der näheren Umgebung sowie in Savannah erinnern an die Leistungen der Salzburger und ihrer Seelsorger.

Ganz anders als in der jungen Kolonie Georgia war die Situation in Pennsylvania. In den drei Jahrzehnten zwischen 1726 und 1755 ließen sich allein dort mehr als 40 000 deutsche Neuankömmlinge nieder. Um die Mitte des Jahrhunderts bildeten insgesamt 60 000 deutschsprachige Einwohner fast die Hälfte der pennsylvanischen Gesamtbevölkerung. Sicher befanden sich auch Abenteurer und Glücksritter unter diesen Auswanderern, bisweilen auch zwielichtige Gestalten, die sich auf der Flucht vor Bestrafungen in die Neue Welt absetzten. Existenzen dieser Art prägten auch das Bild, das man sich in Europa von den Migranten machte. Die meisten Auswanderer wurden jedoch aus einer Gemengelage von wirtschaftlichen, politischen und religiösen Gründen dazu bewogen, sich weit von der Heimat entfernt eine neue Existenz aufzubauen. Pennsylvania erschien vielen als erstrebenswertes Ziel, wurde hier doch eine strikte Trennung zwischen weltlicher und religiöser Sphäre und die freie Reli-

Abb. 17
N. Orr · Henry Melchior Mühlenberg, 1881

gionsausübung für alle christlichen Glaubensgemeinschaften garantiert. Diese Freiheit verhieß den lutherischen Einwanderern weitreichende Möglichkeiten der Selbstbestimmung in Fragen der Glaubensausübung und Gemeindeorganisation. Das führte allerdings dazu, dass Pfarrer, die auf die Bezahlung ihres Lebensunterhalts angewiesen waren, in völliger Abhängigkeit von ihren Gemeinden standen und bei Missfallen jederzeit mittellos entlassen werden konnten. Daher fand sich kaum ein seriöser Pfarrer in Deutschland bereit, nach Pennsylvania zu gehen. Auch in Halle zögerte man lange, als die drei deutsch-lutherischen Gemeinden von Philadelphia, Providence und New Hanover in mehreren Schreiben an Gotthilf August Francke um die Entsendung eines Seelsorgers baten. Zu undurchschaubar erschienen die kirchlichen Verhältnisse in Pennsylvania, und das Fehlen jeglicher Strukturen schien keine Chance auf die Verwirklichung der pietistischen Reformvorstellungen zu bieten.

Erst als sich Heinrich Melchior Mühlenberg (Abb. 17) gegenüber Francke bereit erklärte, dem Ruf in die Neue Welt zu folgen, sollte sich die Situation für die lutherischen Kolonialgemeinden ändern. Mühlenberg war während seines Studiums in Göttingen mit dem Halleschen Pietismus in Berührung gekommen und arbeitete einige Zeit als Lehrer an den Schulen des Halleschen Waisenhauses. Nach einem kurzen Aufenthalt in Ebenezer, wo er sich mit Boltzius beriet, erreichte er im November 1742 Philadelphia. Sofort nach seiner Ankunft begann er mit der Organisation der lutherischen Gemeinden. Dafür reiste er zu Pferd durch die Wildnis von einem Gehöft zum nächsten und stellte sich auch den Anfeindungen Andersdenkender. Sein erster Kirchenbau in Providence, heute Trappe, die 1745 fertiggestellte Augustus Lutheran Church, trägt seinen Namen zu Ehren von August Hermann Francke. In einem schwierigen Lernprozess, bei dem Mühlenberg anfänglich versuchte, europäische Strukturen auf die lutherischen Gemeinden in Amerika zu übertragen und sogar den jüngeren Francke als Oberhaupt der Kirchenorganisation vorschlug, gelang es Mühlenberg zunächst, 1748 die erste lutherische Synode einzuberufen, die eine verbindliche Gottesdienstordnung für alle angeschlossenen Gemeinden einführte. Mit der Verabschiedung der ersten lutherischen Kirchenordnung im Jahr 1762 vollzog er schließlich die endgültige Loslösung von den Kirchenführern und kirchlichen Strukturen in Europa, indem er in einem neuen Rechtsverständnis die Gemeinde mit weitreichenden demokratischen Vollmachten ausstattete. Die Schaffung eines vereinigten Predigerministeriums als übergeordnetes Gremium und als vorgesetzte Instanz der Theologen hingegen begrenzte die Abhängigkeit des einzelnen Pfarrers von seiner Gemeinde. Diese neue Rechtsordnung war ein Meilenstein bei der Herausbildung einer lutherischen Kirchenorganisation und hatte Vorbildwirkung für weitere evangelische Gemeinden Nordamerikas. 1765 wurde die Gemeinde von Philadelphia durch ein Privileg des Gouverneurs von Pennsylvania in eine Körperschaft umgewandelt. Mühlenberg erreichte damit die Unabhängigkeit und Eigenständigkeit der lutherischen Kirche in Abgrenzung von anderen Glaubensrichtungen und -bewegungen. Verbunden mit Mühlenbergs kirchlichem Engagement war auch eine aktive Beteiligung am politischen Geschehen. So hielt er 1766 eine Predigt, in der er sich öffentlich mit der Aufhebung des Stempelsteuergesetzes auseinandersetzte. Eine Petition zur Sicherung der Rechte aller religiöser Vereinigungen und Körperschaften, die Mühlenberg gemeinsam mit reformierten Geistlichen 1776 einbrachte, fand Aufnahme in die neue Verfassung von Pennsylvania nach der amerikanischen Unabhängigkeit.

Persönlich blieb Mühlenberg mit Halle verbunden. Seine drei Söhne schickte er zur Ausbildung auf die Stiftungsschulen. Sie wurden später zu prägenden Charakteren der frühen Geschichte der Vereinigten Staaten von Amerika: Johann Peter Gabriel Mühlenberg erwarb sich als General im amerikanischen Unabhängigkeitskrieg und als Politiker große Verdienste. Friedrich August Conrad Mühlenberg wurde Sprecher des Repräsentantenhauses und war Mitunterzeichner der *Bill of Rights*, der Verfassungsartikel über die Grundrechte der Amerikaner. Gotthilf Heinrich Ernst Mühlenberg erlangte als »amerikanischer Linné« auf dem Gebiet der Botanik Berühmtheit und wurde als Mitglied der Deutschen Akademie der Naturforscher Leopoldina aufgenommen.

Heinrich Melchior Mühlenberg wird heute als Patriarch der lutherischen Kirche Nordamerikas verehrt. Viele Plätze in den USA tragen seinen Namen, mehrere Denkmäler wurden ihm zum Gedächtnis errichtet. Am Portal der Kirche des Mühlenberg-Colleges in Allentown wird seine Bedeutung besonders deutlich. Dort sind auf gleicher Höhe und in gleicher Größe zwei Statuen zu erkennen: Martin Luther und Heinrich Melchior Mühlenberg.

Die Franckeschen Stiftungen pflegen bis heute ihre Verbindungen zu Partnern in den USA. Zahlreiche amerikanische Wissenschaftler und Privatpersonen besuchen jedes Jahr Halle, um hier einen Teil ihrer eigenen Geschichte kennenzulernen. Die historischen Sammlungen von Archiv und Bibliothek bieten die Grundlage für gemeinsame Veröffentlichungen und Editionsprojekte, Workshops, Tagungen und Ausstellungen dies- und jenseits des Atlantiks, die an die Tradition und das Erbe des von Halle ausgehenden weltweiten Reformwerks anknüpfen und es unter modernen Bedingungen weiterentwickeln.

406

Henry Melchior Muhlenberg
(eigtl.: Heinrich Melchior
Mühlenberg)
Erbauliche Lieder-Sammlung

Germantown: Michael Billmeyer, 1803
(3. Auflage)
Luther Seminary Library, St Paul MN,
USA, BV481.L977 P384e3 1803 VAULT
Ausstellung Minneapolis

Originaltitel: Erbauliche Lieder-Sammlung zum Gottesdienstlichen Gebrauch in den Vereinigten Evangelisch-Lutherischen Gemeinen in Pennsylvanien und den benachbarten Staaten. Gesammelt, eingerichtet und zum Druck befördert durch das hiesige Deutsche Evangelisch-Lutherische Ministerium

Heinrich Melchior Mühlenberg wurde von den Franckeschen Stiftungen zu Halle (Saale) zum Prediger dreier Gemeinden in Pennsylvania berufen. In Philadelphia begann er ab 1742 engagiert mit dem Aufbau einer organisierten lutherischen Kirche im amerikanischen Osten. Mühlenberg verfasste neben einer vorbildgebenden Kirchenordnung für die Gemeinden in Philadelphia das sog. *Mühlenbergsche Gesangbuch*. Seine ungedruckte Fassung kursierte seit 1748 in den Reihen der lutherisch-amerikanischen Gemeinden. Die erste Auflage der *Erbaulichen Lieder-Sammlung* hatte Mühlenberg 1786, ein Jahr vor seinem Tod, noch erleben können. Die Drucksammlung wurde zum ersten lutherischen Gesangbuch der Vereinigten Staaten. Mit der Absicht, dieses deutsche Gesangbuch allen amerikanischen Lutheranern an die Hand zu geben, übernahm das New York Ministerium 1796 das Sammelwerk jedoch als einzige amerikanisch-lutherische Organisation. Auch in der bereits dritten Auflage von 1803 ist neben der Titelseite der sog. Lutherschreck, die in der Marienbibliothek zu Halle ausgestellte Lutherfigur, platziert.
1661 beauftragte Peter Untzer, Kirchenvorsteher der Marktkirche in Halle, Lucas Schöne, aus den Abformungen der Totenmaske und den Handabgüssen Martin Luthers von 1546 eine Lutherfigur anzufertigen. Auf einem Kupferstich von 1736 (nach Christian Gottlob Liebe) sieht man Martin Luther auf einem Stuhl sitzend und den Federkiel haltend. Auf dem Tisch vor ihm liegen Schreibzeug und eine Bibel mit der Lutherrose auf dem Einband. Im Hintergrund erkennt man die Fenster der alten Marienbibliothek zu Halle, in der die lebensgroße Lutherfigur bis 1891 platziert war. Nach einem kurzen Aufenthalt in der Marienkirche am Halleschen Markt wurde die Lutherfigur schließlich 1926 demontiert. Maske und Hände übergab man der Sakristei.
Während die Lutherfigur im ersten Viertel des letzten Jahrhunderts für zwiespältige Reaktionen sorgte, ist sie als Gelehrtenabbild Luthers in den Drucksatz des ersten lutherischen Gesangbuches in Amerika aufgenommen worden.
Es ist davon auszugehen, dass der Patriarch der lutherischen Kirche in Nordamerika, Heinrich Melchior Mühlenberg, während seiner Studienzeit in Halle (Saale) die Figur gesehen hat. Seiner Zeit entsprechend, repräsentierte die sitzende Wachsfigur den gelehrten Luther. Die Inszenierung war nicht unüblich und folgte den fürstlichen und königlichen Porträtfiguren in Wachs auf dem europäischen Kontinent im 17. und 18. Jh. FK

Literatur
Granquist 2015, S. 135 · Kornmeier 2004 ·
Luther und Halle 1996, S. 32–35

LOUIS D. NEBELSICK

Teure Gnade

Deutsch-amerikanische Verbindungen im Leben und Vermächtnis von Dietrich Bonhoeffer (1906–1945) und Martin Luther King Jr. (1929–1968)

Da nun die Welle von Ausstellungen und Feierlichkeiten anlässlich des 500. Jahrestags von Luthers Thesenanschlag 2017 ihren Höhepunkt erreicht, müssen wir uns auch der Frage nach der Relevanz Luthers für die Zeitgeschichte zuwenden. Dies lohnt besonders auch im Kontext deutsch-amerikanischer Beziehungen und Verbindungen.

Dietrich Bonhoeffer in Harlem

Wir beginnen mit dem Beispiel des lutherischen Theologen Dietrich Bonhoeffer, der für seine Beteiligung an einem gescheiterten Hitlerattentat hingerichtet wurde. Bis heute inspiriert er Amerikaner, die in der Bekämpfung von Ungerechtigkeit eine christliche Pflicht sehen. Dies steht in starkem Kontrast zur Mehrzahl der deutschen Lutheraner der 1930er und 1940er Jahre, die sich an Luthers Zwei-Regimenter-Lehre gebunden sahen. Nach ihr sahen sie sich dazu verpflichtet, sich den weltlichen Autoritäten zu beugen. Bonhoeffer und seine evangelischen Verbündeten in der Bekennenden Kirche lehnten Hitler und seine Versuche ab, die Kirche dazu zu zwingen, mit der nationalsozialistischen Ideologie konform zu gehen und die Diskriminierung und Ermordung von Behinderten und Juden zu dulden. Er warf seinen Gegnern vor, sie würden »billige Gnade« verteidigen (die Annahme von Vergebung ohne Reue und ethische Reform) und plädierte wortgewandt und leidenschaftlich für Anhängerschaft und Gehorsam gegenüber Gottes Geboten, die in der Annahme von Gottes Gnade durch den Menschen impliziert sind. Seine darauffolgende Opposition gegen Hitler und die deutsche Regierung veranlassten ihn, sich der Verschwörung zur Ermordung Hitlers anzuschließen. Nachdem diese Verschwörung gescheitert war, wurde er am 9. April 1945 im Konzentrationslager Flossenbürg von den Nationalsozialisten hingerichtet, nur elf Tage vor Hitlers Selbstmord in seinem Berliner Bunker.

Als Mitglied der gesellschaftlichen Elite Berlins vor dem Ersten Weltkrieg war Bonhoeffer – wie viele seiner Zeitgenossen – desillusioniert von dem, was er als die abgestandenen und verdorbenen Werte der Eltern ansah, die zur deutschen Niederlage im Ersten Weltkrieg und zum Zusammenbruch der bourgeoisen Gesellschaft geführt hatten. Als junger Theologiestudent sehnte er sich nach einem Christentum, das ihm Authentizität und Handlungsfähigkeit geben würde. Anfangs war er fasziniert von der Dialektischen (oder Wort-Gottes-) Theologie, wie sie der Schweizer Theologe Karl Barth verfocht. Hier wurde die fade Welt der von Kant inspirierten, religiösen Rationalität abgelegt zugunsten der existenziell anspruchsvollen Dialektik von Kierkegaard, die die absolute Andersartigkeit Gottes, die Bedeutung des Glaubens und den absoluten Gehorsam gegenüber Gott betonte.

Der Verlauf von Bonhoeffers Entwicklung hin zu Widerstand und Märtyrertum erhielt seinen Fokus und wurde angeregt durch Bonhoeffers Erfahrungen während seines Aufenthalts in New York 1930. Dort wurde er von dem einflussreichen amerikanischen Theologen Reinhold Niebuhr inspiriert, bei dem er studierte und der ihm die Augen für die sozialen Dimensionen von Gottes Gnade öffnete. Ein Erlebnis, das sein Leben veränderte, war für Bonhoeffer seine Einführung in die Abyssinian Baptist Church in Harlem durch seinen Freund A. Franklin Fisher, einen angehenden afroamerikanischen Pfarrer. Bonhoeffer war elektrisiert sowohl von der religiösen Leidenschaft der Gemeindemitglieder als auch von der ethischen Vision des Pfarrers, des charismatischen Reverends Adam Clayton Powell, der den Begriff »billige Gnade« geprägt hatte – ein Konzept, das Bonhoeffers theologisches Markenzeichen werden sollte. Bonhoeffer nahm regelmäßig an den Gottesdiensten teil und unterrichtete bis zu seiner Rückkehr nach Deutschland am Ende des Jahres in der Sonntagsschule seiner Kirche in Harlem. Interessanterweise spielt Bonhoeffers Vermächtnis in den USA eine größere Rolle als in seiner Heimat Deutschland. Ab der Mitte der 1960er Jahre inspirierte er ein breites Spektrum amerikanischer Intellektueller dazu, Glauben als die Grundlage ethischen Handelns zu definieren.

Martin Luther King Jr. in Berlin

»Ich würde sogar dort hingehen, wo der Mann, nach dem ich benannt worden bin, seine Heimat hatte. Und ich würde Martin Luther beobachten, wie er die 95 Thesen an die Kirchentür in Wittenberg nagelt.« Am Tag vor seiner Ermordung brachte Dr. King 1968 in seiner Rede *Ich bin auf dem Gipfel des Berges gewesen* (*I've Been to the Mountaintop*) seine Bewunderung für den Mut und den Eifer seines Namensvetters zum Ausdruck. Auch wenn es verschiedene plausible Erklärungsversionen dafür gibt, wie er (und letztendlich auch sein Vater) zu der Benennung nach dem wichtigsten Reformator Wittenbergs kamen, so ist doch deutlich, dass sich Martin Luther King Jr. am Ende seines Lebens stolz zu seinem Namensbruder aus dem 16. Jahrhundert bekannte. Darüber hinaus wird dieses Bekenntnis zum Reformator am 10. Juli 1966 klar im Voraus angedeutet, als King, ein protestantischer Pfarrer, in einem bemerkenswerten Akt der historischen Nachstellung 24 Forderungen für eine offene Wohnpolitik an den Türen des Rathauses von Chicago anbrachte. Trotz all dieser Verknüpfungen mit Luther unterschied Kings Beharren darauf, dass christliche Freiheit nur in einer gerechten Welt genossen werden kann, ihn radikal von seinem Namensvetter und führte schließlich zu seiner Ermordung.

Auch wenn es keine Beweise dafür gibt, dass King direkt von Bonhoeffer beeinflusst wurde, sind die gemeinsamen Wurzeln ihres Kampfes gegen die Ungerechtigkeit und das Märtyrertum, das dieser mit sich brachte, mehr als deutlich. Beide Theologen erkannten bereitwillig den Einfluss von Reinhold Niebuhr auf ihr Verständnis der religiösen Ethik an. Auch ist es interessant anzumerken, dass sich Bonhoeffers Studienfreund A. Franklin Fisher, der Pfarrer einer einflussreichen Kirche in Atlanta geworden war, in der Hauptstadt des Bundesstaates Georgia in den späten 1950er Jahren Martin Luther King Jrs. Kampagne gegen Bigotterie und Entmündigung anschloss. Während allgemein bekannt ist, dass Kings leidenschaftliche Mission, die Vereinigten Staaten vom Schandfleck des Rassismus zu befreien, einen unauslöschlichen, positi-

Abb. 18
Martin Luther King Jr. an der Berliner Mauer,
13. 9. 1964

ven Einfluss auf die amerikanische Gesellschaft hatte, sind seine immense Popularität in Deutschland (wo eine Reihe von Kirchen, Schulen und Straßen nach ihm benannt sind) sowie sein maßgeblicher Einfluss auf das Streben nach Freiheit im ehemals kommunistischen Ostdeutschland insbesondere vielen Amerikanern unbekannt. King besuchte Deutschland 1964 (Abb. 18, 19), wo er, der Einladung eines Ostberliner Pfarrers folgend, Ostberlin einen ungeplanten Überraschungsbesuch abstattete. Dort empfing ihn eine enthusiastische Menge, die die Hauptkirche der Stadt, die Marienkirche, gefüllt hatte, um ihn predigen und offen die Ungerechtigkeit der Teilung der Stadt anprangern zu hören. Hierfür fand er die Worte: »Und hier sind auf beiden Seiten der Mauer Gottes Kinder, und keine durch Menschenhand gemachte Grenze kann diese Tatsache auslöschen.« Zwar machte die Deutsche Demokratische Republik (DDR), ein Staat nach sowjetischem Vorbild, Lippenbekenntnisse zu den Errungenschaften Kings, insbesondere im Kontext der Betonung der heuchlerischen amerikanischen Freiheitspropaganda. Dennoch wurde sorgfältig darauf geachtet, seinen Einfluss auf die repressive Realität des Regimes zu minimieren. Tatsächlich leisteten Kings kompromisslose Haltung und seine beispielhafte Anwendung des effektiven, gewaltfreien Widerstands einen entscheidenden Beitrag: Sie inspirierten die von Kirchen geleiteten ostdeutschen Dissidenten dazu, ihre Opposition gegen die staatliche Unterdrückung öffentlich zu äußern und enorme, gewaltfreie Proteste zu organisieren. Diese sollten beim Sturz der Regierung der DDR 1989 eine entscheidende Rolle spielen.

Abb. 19
Martin Luther King Jr. (links) und Ralph Abernathy (rechts) besichtigen die Berliner Mauer, Bernauer Straße, 13.9.1964

Bonhoeffer und King:
ein (gemeinsames) deutsch-amerikanisches Vermächtnis

Die deutsch-amerikanische Verbindung in den Biografien und Vermächtnissen von zwei so unterschiedlichen protestantischen Pfarrern wie Dietrich Bonhoeffer und Martin Luther King Jr. ist offensichtlich. Sie zeigt den fortlaufenden Einfluss von Martin Luthers Aufruf zur Bußfertigkeit, den der Reformator in seinen 95 Thesen und in der Entwicklung seiner Lehre von der christlichen Freiheit in seiner berühmten Schrift *Von der Freiheit eines Christenmenschen* von 1520 formulierte: »Ein Christenmensch ist ein freier Herr über alle Dinge und niemand untertan. Ein Christenmensch ist ein dienstbarer Knecht aller Dinge und jedermann untertan.«

Literatur
Bruns 2006 · Clayborn 1988 · Clingan 2002 · Höhn/Klimke 2010 · King 1999 · Lehmann 1988 · Reggie 2014 · Roberts 2005 · Willis/McBride 2010

Southern Christian Leadership Conference

334 Auburn Ave., N.E.
Atlanta, Georgia 30303
Telephone 522-1420

Martin Luther King Jr., *President*   Ralph Abernathy, *Treasurer*   Andrew J. Young, *Executive Director*

March 15, 1965

Rev. Eugene Pickett
1145 Peachtree Street, NE
Atlanta, Georgia
30309

Dear Rev. Pickett:

In the rush of events surrounding Selma in our Alabama voting project, I neglected to express my deep gratitude for your sponsorship of the dinner honoring me on January 26. Please accept this belated note of appreciation.

I must confess that few events have warmed my heart as did this occasion. It was a testimonial not only to me but to the greatness of the City of Atlanta, the South, the nation and its ability to rise above the conflict of former generations and really experience that beloved community where all differences are reconciled and all hearts in harmony with the principles of our great Democracy and the tenants of our Judeo-Christian heritage.

Sincerely yours,

Martin Luther King, Jr.

Ks

Abb. 20
Brief von Dr. Martin Luther King an einen weißen Meinungsführer und Unitarier-Pfarrer in Atlanta, Mister Eugene Pickett. Pickett war von Anfang an ein entschiedener Befürworter von Kings Bürgerrechtskampagne und hatte gerade ein Fundraising-Dinner zu Kings Ehren gesponsert. Als ein gewissenhafter Korrespondent dankt Martin Luther King Jr. Pickett dafür in diesem Brief. Interessant ist, dass King die jüdisch-christlichen Werte betont, die beide Männer miteinander verbinden, und seinen ungebrochenen Glauben an die Fähigkeit der amerikanischen Demokratie, die Bigotterie und Segregation zu überwinden, kundtut. Der optimistische Tonfall dieses Schreibens ist beachtenswert, denn die Bürgerrechtsdemonstranten in Selma (Alabama), die zu Beginn des Briefes erwähnt werden, wurden eine Woche zuvor von Alabamas Polizei am sog. »Bloody Sunday« mit Gewalt angehalten und zur Aufgabe gezwungen.

Auf Luthers Spuren

407

Wilfried Fitzenreiter
(Entwurf)
VEB Münze der DDR Berlin
(Produktion)
Gedenkmedaille
»Dietrich Bonhoeffer«

Berlin, um 1972
Tombak, geprägt
Dm 6 cm; Gewicht 67,05 g
Stiftung Deutsches Historisches Museum,
Inv.-Nr. N 2010/90
Ausstellung Atlanta

Umschrift VS: DIETRICH BONHOEFFER /
1906–1945, Seitenporträtwiedergabe
Dietrich Bonhoeffers
Inschrift RS: DASEIN / FÜR / ANDERE ·
EHRENGABE / CHRISTLICH DEMOKRATISCHE
UNION DEUTSCHLANDS
Signatur VS: F

»Er [Martin Luther] wollte eine echte Einheit der Kirche und des Abendlandes, d. h. der christlichen Völker, und die Folge war der Zerfall der Kirche und Europas; er wollte die ›Freiheit des Christenmenschen‹ und die Folge war Gleichgültigkeit und Verwilderung; er wollte die Aufrichtung einer echten weltlichen Gesellschaftsordnung ohne klerikale Bevormundung und das Ergebnis war der Aufruhr schon im Bauernkrieg und bald danach die allmähliche Auflösung aller echten Bindungen und Ordnungen des Lebens« (Kaiser 1983, S. 149).

Die Zeilen schrieb Dietrich Bonhoeffer im Gefängnis zum Reformationstag 1943, mitten im Zweiten Weltkrieg im faschistischen Deutschland. Auch Bonhoeffers Wollen wurde nach seinem Tod anders aufgenommen, als er es wahrscheinlich ursprünglich gemeint hatte. So gab es im geteilten Nachkriegsdeutschland unterschiedliche Gedenktraditionen an den Theologen. Die DDR z. B. stilisierte ihn zum »antifaschistischen Widerstandskämpfer«. Die Gedenkmedaille soll zeigen, dass Bonhoeffer im »Dritten Reich« für die Zukunft gekämpft habe, welche nun im sozialistischen Staat verwirklicht sei. Den Auftrag für die Bonhoeffer-Medaille hatte Gerald Götting, Vorsitzender der CDU, erteilt, vielleicht in Reaktion auf die Gründung des westdeutschen Bonhoeffer-Komitees.

Die Medaille entstand nach Entwürfen des Bildhauers Wilfried Fitzenreiter in einer Auflage von 300 Stück. Dieser studierte nach dem Krieg an der Staatlichen Hochschule für angewandte Kunst Burg Giebichenstein in Halle (Saale) sowie an der Akademie der Künste in Berlin. Mit über 450 Medaillen und Kleinreliefs etablierte sich Fitzenreiter in der ostdeutschen Medaillenkunst, u. a. erhielt er 1981 den Nationalpreis der DDR.
RK/UD/FK

Quellen und Literatur
Archiv CDU in der DDR, Sign. 07-011-3304 · Klein 2014 · Schulz 1983, S. 149

408

Ernst Weiss (Medailleur)
VEB Münze der DDR Berlin
(Produktion)
Medaille auf
Dr. Martin Luther King

Berlin, nach 1968
Bronze, geprägt
Dm 6,3 cm; Gewicht 91,98 g
Stiftung Deutsches Historisches Museum,
Inv.-Nr. N 2010/93
Ausstellung Atlanta

Umschrift VS: DR. MARTIN LUTHER KING -
1929–1968
Inschrift RS: BLICKE VORWÄRTS ! /
SCHREITE VORWÄRTS - / ZUR FREIHEIT /
MLK
Signatur VS: WEISS

408

Die Medaille auf Dr. Martin Luther King wurde von der DDR-CDU herausgegeben, die seit 1966 unter der Führung von Gerald Götting stand. Götting hatte 1964 brieflich Kontakt mit King aufgenommen und ihn im selben Jahr auf einer Konferenz in Genf persönlich getroffen. Ein Foto, das beide zeigt, wurde in der DDR-Tagespresse wiederholt publiziert.

Götting machte in der DDR Karriere als Vorsitzender der CDU-Blockpartei und stieg zum Stellvertreter des Staatsratsvorsitzenden Walter Ulbricht auf. Götting sah sich selbst als »christlichen Humanisten«. 1988 setzte der Hallenser beim offiziellen Gedenktag zum 20. Todestag von Martin Luther King die Ideen Kings in Beziehung zum Vertrag zwischen Reagan und Gorbatschow zur Beseitigung der landgestützten Mittelstreckenraketen. Dies sei ein Vermächtnis Kings, dass nun von den sozialistischen Staaten umgesetzt werde: »Wenn die sozialistischen Staaten in ihrer Militärdoktrin erklären, daß sie keinen Staat und kein Volk als ihren Feind erklären [...] dann können sie damit gleichzeitig für sich in Anspruch nehmen, das Vermächtnis Martin Luther Kings unter unseren Bedingungen zu erfüllen.« RK

Literatur
Götting 1988 · Lapp 2011 · Müller-Enbergs 2006

Locations

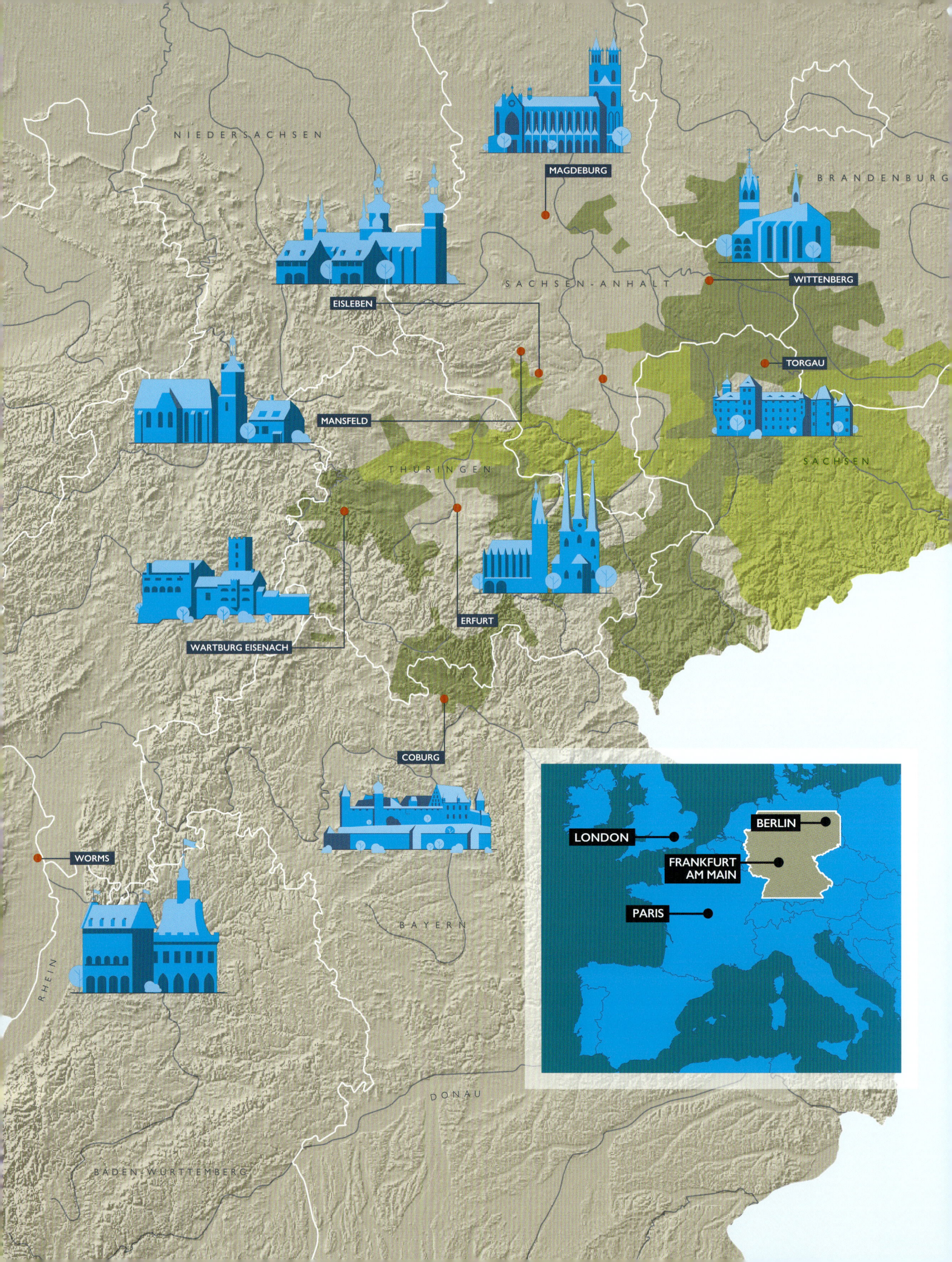

- MAGDEBURG
- EISLEBEN
- WITTENBERG
- TORGAU
- MANSFELD
- WARTBURG EISENACH
- ERFURT
- COBURG
- WORMS

Regions

- NIEDERSACHSEN
- SACHSEN-ANHALT
- BRANDENBURG
- THÜRINGEN
- SACHSEN
- BAYERN
- BADEN-WÜRTTEMBERG

Rivers

- RHEIN
- DONAU

Inset map

- LONDON
- BERLIN
- FRANKFURT AM MAIN
- PARIS

JAN SCHEUNEMANN

Lutherstätten heute

Luther und die von ihm ausgelöste Reformation sind fester Bestandteil der Memorialkultur. Insbesondere die authentischen Orte, an denen Luther lebte und wirkte, ziehen das Interesse auf sich, denn an ihnen wird Geschichte gleichsam erfahr- und greifbar. Die Begegnung mit den Originalschauplätzen der Reformation und der Besuch von Lutherstätten gehörten bereits in der zweiten Hälfte des 16. Jahrhunderts zu den eingeübten Modi der Identifikation mit dem Reformator. Die protestantische Identität manifestierte sich in einem Luthergedächtnis, das an traditionsbildende Dinge und Orte gebunden war. Im frühen 19. Jahrhundert ist dann von »Lutheran pilgrimages« die Rede – Pilgerfahrten amerikanischer Besucher ins »Lutherland«.

Die an den historischen Lutherstätten entstandenen Museen, Gedenkstätten und Denkmale sind Erinnerungsorte und materielle Beglaubigungsorte zugleich. Sie belegen das historische Ereignis Reformation und bezeugen die bis in die Gegenwart andauernde Bedeutung Martin Luthers. Wenn sich im Jahr 2017 der Beginn der Reformation zum 500. Mal jährt, wird dieses Datum eine große Zahl von Besuchern an die Lutherstätten führen, denn Jubiläen markierten stets auch Konjunkturen der Vergegenwärtigung von Vergangenem. Will man den Spuren Martin Luthers folgen und seine Lebens- und Wirkungsstätten aufsuchen, wird sich ein kleiner Wegweiser als hilfreich erweisen. Diesen Zweck soll der folgende Text erfüllen, der die Biografie Luthers anhand wichtiger Stationen seines Lebens kurz beschreibt.

Eisleben / Mansfeld

Martin Luthers Leben begann in Eisleben. Als er hier am 10. November 1483 das Licht der Welt erblickte, lebten seine Eltern gerade erst einige Wochen in der Stadt. Martins Vater Hans entstammte einer wohlhabenden Bauernfamilie aus dem thüringischen Möhra. 1479 heiratete er die Eisenacher Bürgertochter Margarethe Lindemann. Die Familie siedelte im Herbst 1483 nach Eisleben über. Angezogen wurde sie von dem wirtschaftlichen Aufschwung, den der Kupfererzbergbau in der gesamten Grafschaft Mansfeld ausgelöst hatte.

Luthers Geburtshaus war schon im 16. Jahrhundert mit einer hölzernen Tafel geschmückt worden, die das Bildnis des Reformators zeigt (vgl. Kat. 389). Bei einem verheerenden Stadtbrand wurde das Haus bis auf die Grundmauern zerstört. Mit seinem Wiederaufbau durch den Magistrat der Stadt und der Eröffnung einer Armenfreischule im Oktober 1693 erhielt das Gebäude zugleich auch eine memorial-repräsentative Funktion, wovon noch heute der »Schöne Saal« im Obergeschoss zeugt. Er zeigt die lebensgroßen Porträts der Reformatoren Martin Luther und Philipp Melanchthon sowie der sächsischen Kurfürsten.

◀ Karte der Lutherstätten

Abb. 21
Eisleben, Geburtshaus

In den Jahren 2005 bis 2007 wurde das Gebäude grundlegend saniert und durch einen modernen Museumsneubau ergänzt. Die Dauerausstellung *Von daher bin ich – Martin Luther und Eisleben* informiert über die Herkunft der Familie Luther, die Bergbautradition der Region und die wirtschaftlichen Unternehmungen von Luthers Vater. Im Erdgeschoss des Hauses ist die Wohnung der Familie Luther rekonstruiert worden. Das Museum gibt ferner Einblicke in die mittelalterliche Frömmigkeit und die religiöse Praxis des ausgehenden 15. Jahrhunderts. Insbesondere widmet es sich dem Thema Taufe, denn im Vorgängerbau der heutigen Kirche St. Petri und Pauli – nur wenige Schritte vom Geburtshaus entfernt – wurde Martin Luther am Tag nach seiner Geburt auf den Namen des Tagesheiligen Martin von Tours getauft. Teile des originalen Taufsteins haben sich erhalten. Sie werden heute als Rekonstruktion mit neuem Säulenfuß und neuer Taufschale in der Kirche präsentiert.

Obwohl die Familie Luther bereits im Jahr 1484 nach Mansfeld übersiedelte, blieb Martin seiner Geburtsstadt stets verbunden. So hielt er sich beispielsweise als Distriktsvikar des Augustinerordens mehrfach in Eisleben auf, etwa 1516 bei der Einweihung des St. Annenklosters in der Eisleber Neustadt, in dem sich bis heute lutherzeitliche Mönchszellen erhalten haben.

In Mansfeld entstand 2014 unter Einbeziehung von Luthers Elternhaus ein neues Museum, das sich in der Ausstellung *Ich bin ein Mansfeldisch Kind* Luthers Kindheit und Jugend widmet. Luthers Vater gelangte durch seine Geschäfte im Kupferbergbau zu Wohlstand und Ansehen (vgl. Kat. 1). Er wurde Mitglied des Stadtrats und erwarb ein eigenes Anwesen. Bei Straßenbauarbeiten entdeckten Archäologen 2003 dort eine Abfallgrube, in der einzigartige Funde zutage traten (vgl. Kat. 2–6, 11, 13, 15–18 u. 24). Anhand von Gebrauchsgegenständen, Spielzeug und Speiseresten konnte der Alltag der Familie Luther rekonstruiert und vollkommen neu bewertet werden. In Mansfeld besuchte Martin vermutlich ab März 1491 die Trivialschule, in der er Lesen, Schreiben, Rechnen, Singen und Latein lernte.

Abb. 22
Mansfeld, Luthers Elternhaus

Abb. 23
Magdeburg, Dom

Magdeburg

Da die Mansfelder Lateinschule offenbar den Ansprüchen der Familie Luther nicht genügte, wurde der junge Martin 1496 oder 1497 nach Magdeburg geschickt. Zusammen mit seinem Freund Hans Reinicke, auch er Sohn eines Mansfelder Bergwerksunternehmers, besuchte er dort die renommierte Domschule, die sich in unmittelbarer Nähe des Domes St. Mauritius und St. Katharina befand. Bedingt durch die günstige Lage an der Elbe war Magdeburg zu dieser Zeit eine prosperierende Handelsgroßstadt und Sitz des Erzbischofs. Luther wohnte bei den Brüdern vom gemeinsamen Leben, den sogenannten Nullbrüdern. Sie verdankten ihren Namen den als »Nollen« bezeichneten Kapuzen, welche die Mitglieder dieser Laiengemeinschaft trugen. Dort musste Martin Luther seinen Lebensunterhalt durch Singen und Betteln bestreiten.

Später weilte Luther noch zwei Mal in Magdeburg. Im Sommer 1516 besuchte er in seiner Funktion als Distriktsvikar der Augustinereremiten das dortige Kloster. Die ehemalige Klosterkirche, heute Walllonerkirche genannt, wird bis in die Gegenwart als Gemeindekirche genutzt. Im Juni 1524 kam Luther noch einmal in die Elbemetropole. Auf Wunsch des Magdeburger Bürgermeisters Nicolaus Sturm verhalf er mit Predigten in der Kirche St. Johannis der Reformation zum Durchbruch. Das Lutherdenkmal vor der Kirche (1886) erinnert an dieses Ereignis. Wenige Wochen nach seinen Predigten wechselten fast alle Kirchen der Stadt zum evangelischen Glauben. Magdeburg wurde so sehr früh zu einer Bastion des Protestantismus, ein Umstand, der später fatale Folgen haben sollte. Nach dem Schmalkaldischen Krieg wurde die Stadt 1550/51 über ein Jahr lang belagert. Im Dreißigjährigen Krieg, in dem Protestanten und Katholiken um die geistliche Vorherrschaft in Europa rangen, eroberten kaiserliche Truppen der katholischen Liga im Mai 1631 die Stadt und zerstörten diese fast vollständig. Über 20 000 Menschen verloren dabei ihr Leben.

Eisenach

Luthers Aufenthalt in Magdeburg währte kaum ein Jahr. Bereits 1498 schickten ihn seine Eltern nach Eisenach, wo er bis 1501 die Pfarrschule der Georgenkirche besuchte. Ein häufiger Schulwechsel war damals keine Seltenheit. Dass die Wahl auf die kleine thüringische Stadt fiel, wird kein Zufall gewesen sein. Luthers Vater Hans stammte aus dem unweit gelegenen Ort Möhra und seine Mutter war die Tochter einer angesehenen Eisenacher Bürgerfamilie. Luther wohnte während seiner Eisenacher Schulzeit in einem Haus der Ratsherrenfamilie Cotta. Da die Cottas in Eisenach mehrere Häuser besaßen, ist bis heute nicht schlüssig geklärt, ob das seit dem frühen 19. Jahrhundert unter Berufung auf eine »uralte Tradition« als *Lutherhaus* bezeichnete Gebäude tatsächlich das Haus ist, in dem Luther wohnte. Das beeindruckende Bauwerk hat seinen Ursprung im 13. Jahrhundert und zählt zu den ältesten und schönsten Fachwerkhäusern Thüringens. Die prachtvolle Renaissancefassade entstand in der zweiten Hälfte des 16. Jahrhunderts. Seine Popularität als Erinnerungsort verdankte das Lutherhaus nicht zuletzt dem 1898 im Erdgeschoss eröffneten *Lutherkeller*, einer im altdeutschen Stil eingerichteten Gaststätte, deren Besucher gegen ein kleines Entgelt auch die im Obergeschoss eingerichteten Lutherstuben besichtigen konnten.

Bei einem Luftangriff im November 1944 fast vollständig zerstört, wurde das Haus nach dem Zweiten Weltkrieg wieder aufgebaut und 1956 als Museum und Luthergedenkstätte der Evangelisch-Lutherischen Kirche in Thüringen eingerichtet. Es beher-

Abb. 24
Eisenach, Lutherhaus

bergte eine Ausstellung zu Luthers Jugend sowie die Sammlung des Evangelischen Pfarrhausarchivs und war als rein kirchliches Museum ein Kuriosum in der atheistischen DDR. Heute befindet sich das Lutherhaus in Trägerschaft der Evangelischen Kirche in Mitteldeutschland.

Nach umfangreichen Sanierungs- und Restaurierungsarbeiten präsentiert das Lutherhaus seit 2015 eine vollkommen neue Ausstellung, die unter dem Titel »Luther und die Bibel« die Übersetzungsleistung des Reformators ins Zentrum stellt. Sie beleuchtet die Hintergründe der Bibelübersetzung und fragt nach deren Wirkungen. Die Ausstellung reicht inhaltlich bis ins 20. Jahrhundert und zeigt am Beispiel des 1939 in Eisenach gegründeten *Instituts zur Erforschung des jüdischen Einflusses auf das kirchliche Leben* auch eine Schattenseite der deutschen Kirchengeschichte.

Erfurt

Nach dem Ende seiner Eisenacher Schulzeit begann Luther 1501 ein Studium in Erfurt. Die Stadt gehörte damals mit etwa 20 000 Einwohnern zu den größten und aufgrund ihrer Lage an wichtigen Handelsstraßen auch zu den wohlhabendsten Städten des Heiligen Römischen Reiches Deutscher Nation. Als »Martinus luder de mansfelt« schrieb sich der 17-Jährige in die Matrikel der Artistenfakultät der 1379 gegründeten Universität ein – im späten Mittelalter eine bedeutende europäische Hochschule. Die Universität existierte bis 1816; sie wurde 1994 neu gegründet. Von den ursprünglichen Universitätsgebäuden hat sich kaum etwas erhalten. Das im Zweiten Weltkrieg zerstörte Hauptgebäude, das *Collegium maius* mit seinem prächtigen spätgotischen Kielbogenportal, ist allerdings vollständig restauriert worden. Luther wohnte während seiner vierjährigen Studienzeit in der Georgenburse, einer Mitte des 15. Jahrhunderts eingerichteten Unterkunft für Studenten und Lehrkräfte der Universität. In den 1980er Jahren begann der Wiederaufbau der Burse. 2010 wurde sie nach umfassender Sanierung als »Studienort der Lutherzeit« eröffnet und gibt heute mit ihrer Ausstellung Einblicke in das streng reglementierte studentische Leben des Mittelalters.

Abb. 25
Erfurter Augustinerkloster

Nachdem Luther 1502 die Bakkalaureusprüfung abgelegt und 1505 sein Studium mit dem Magister Artium abgeschlossen hatte, begann er auf Wunsch seines Vaters, Rechtswissenschaften zu studieren. Damit war der Weg zu einer juristischen Laufbahn vorbestimmt, der allerdings durch ein spektakuläres Ereignis eine ganz andere Richtung erhielt. Im Juli 1505 hatte Luther seine Eltern in Mansfeld besucht. Auf seinem Rückweg geriet er nördlich von Erfurt bei Stotternheim in ein heftiges Gewitter. Durch einen Blitzschlag erschrocken, warf er sich in Todesangst zu Boden und rief die hl. Anna, die Schutzpatronin der Bergleute, um Hilfe an (Kat. 7 u. 127). Er gelobte, Mönch zu werden und trat gegen den Willen seines Vaters am 17. Juli 1505 ins Erfurter Augustinerkloster ein. Ein 1917 anlässlich des 400. Jahrestags der Reformation errichteter Gedenkstein erinnert an diese Episode und nennt das Gewittererlebnis den »Werdepunkt der Reformation«.

Warum Luther das Augustinerkloster wählte, ist nicht bekannt. Möglicherweise zog ihn die asketische Lebensweise oder auch die enge Verbindung der Mönche zur Universität an. Nach seiner Aufnahme in den Konvent wurde Luther zunächst für ein Jahr Novize. 1507 wurde er im Erfurter Dom St. Marien zum Priester geweiht und las in der Augustinerkirche seine erste Messe. Luthers Erfurter Klosterzelle galt schon im 16. Jahrhundert als Sehenswürdigkeit, die allerdings im Laufe der Zeit mehrfach verändert und insbesondere im 19. Jahrhundert historisierend ausgestaltet wurde. Heute wird die rekonstruierte Zelle in ihrer mittelalterlichen Kargheit gezeigt. Sie ist Teil der Dauerausstellung »Bibel – Kloster – Luther«, die im ehemaligen Schlafsaal der Mönche zu besichtigen ist und sich mit der Geschichte der Bibel und dem Leben der Augustinermönche beschäftigt.

Wittenberg

Schon als Erfurter Augustinermönch kam Martin Luther 1508 das erste Mal nach Wittenberg, um an der 1502 gegründeten Universität Vorlesungen über Moralphilosophie zu halten (vgl. Kat. 130, 132, 134–136 u. 154–157). In Wittenberg lebten damals etwa 2000 Menschen. Im Vergleich zum viel größeren Erfurt lag die Stadt für ihn »an der Grenze der Zivilisation«. Luther wohnte bei seinen Ordensbrüdern im Schwarzen Kloster. Nach seiner endgültigen Übersiedlung von Erfurt nach Wittenberg 1511 bildete das später als Lutherhaus bekannt gewordene Gebäude für 35 Jahre den Lebensmittelpunkt für Luther und seine Familie. Nach Auflösung des Klosters erhielt Luther das Haus vom Kurfürsten als Geschenk. Während der Umbauarbeiten zum Wohnhaus entstand zwischen 1535 bis 1538 jene Stube, in der Luther mit Freunden, Besuchern und Gästen des Hauses zusammen saß und lebhafte Gespräche führte. Diese sogenannten Tischreden wurden von Zeitgenossen des Reformators aufgezeichnet, gesammelt, systematisiert und erstmals 1566 von Luthers letztem Famulus Johannes Aurifaber in Buchform herausgegeben. Nach Luthers Tod übernahm die Wittenberger Universität das Gebäude und nutzte es als Stipendiatenhaus. Nach 1600 begann der Wandel des Lutherhauses zu einem Ort der Luthererinnerung. 1655 wird die Lutherstube erstmals als *museum lutheri* bezeichnet (vgl. Kat. 242–244). Seit 1883 ist das Haus als öffentliches Museum für Besucher zugänglich. Es besitzt die weltweit größte reformationsgeschichtliche Sammlung. Die Ausstellung »Martin Luther – Leben, Werk und Wirkung« berichtet vom Leben und Werk des Reformators, aber auch vom familiären Alltag und von der bis in die Gegenwart reichenden Wirkungsgeschichte der Reformation.

In unmittelbarer Nähe von Luthers Wohnhaus steht das Melanchthonhaus. Es wurde 1536 für den Gelehrten Philipp Melanchthon erbaut und war ein Geschenk des Kurfürsten. Melanchthon war 1518, im Alter von 21 Jahren, als Professor für Griechisch an die Wittenberger Universität berufen worden. In Bildung und Erziehung sah er eine Grundvoraussetzung, um den christlichen Glauben zu stärken. Als »Praeceptor Germaniae« (Lehrer Deutschlands) bezeichneten ihn deshalb schon seine Zeitgenossen. Legendär ist die Zusammenarbeit zwischen Luther und Melanchthon, etwa bei der Übersetzung der Bibel, aber auch das Leiden am jeweiligen Gegenüber. Luther missfiel die bisweilen vorsichtige und bedachte Art Melanchthons, dieser wiederum störte sich an dem Jähzorn, der Grobheit und der Schärfe Luthers. Im Jahr 1845 erwarb der preußische Staat das Haus, um darin zunächst Lehrerwohnungen einzurichten. Im ersten Obergeschoss entstand 1898/99 mit der Studier- und Sterbestube des Gelehrten ein Memorialort, der durch das mit Wappen seiner Studenten geschmückte Scholarenzimmer im zweiten Obergeschoss ergänzt wird. Die 2013 in einem Museumsneubau eröffnete Dauerausstellung »Philipp Melanchthon: Leben – Werk – Wirkung« beleuchtet die Lebensverhältnisse Melanchthons und seiner Familie und hebt anhand von Handschriften, Drucken und Gemälden Melanchthons Anteil an der Wittenberger Reformation hervor.

Von der Kanzel der Stadtkirche St. Marien hat Luther über 2 000 Mal das Wort Gottes verkündet, denn er war neben seiner Lehrtätigkeit an der Universität hier seit 1513 auch im Nebenamt als Prediger tätig. Im Innenraum der Kirche sind herausragende Kunstwerke zu sehen. Erhalten hat sich u. a. der 1457 von dem Nürnberger Hermann

Abb. 26
Wittenberg, Lutherhaus

Vischer geschaffene Taufstein, in dem die Kinder aller berühmten Wittenberger – auch die Kinder Luthers – getauft wurden und der bis heute in Gebrauch ist. Zu den bedeutendsten Werken, die erst nach Luthers Tod entstanden, gehört zweifelsohne der von Lucas Cranach d. Ä. geschaffene und nach Kenntnis neuester Forschungen wohl 1548 geweihte Reformationsaltar. Er verbildlicht die evangelische Lehre und zeigt die Protagonisten der Wittenberger Reformation. Neben Martin Luther und Philipp Melanchthon zählt dazu auch Johannes Bugenhagen, der hier seit 1523 als Stadtpfarrer wirkte und die reformatorische Erkenntnis im praktischen Gemeindeleben verwirklichte. In Vorbereitung auf das Reformationsjubiläum 2017 wurde die Kirche in den letzten Jahren aufwendig saniert.

Wohl kein anderes Bauwerk ist symbolisch so eng mit der Geschichte der Reformation verbunden wie die Schlosskirche in Wittenberg. Sie entstand zwischen 1496 und 1509 als Nordflügel des von Friedrich dem Weisen erbauten kurfürstlichen Wohnschlosses. Die Kirche beherbergte die umfangreiche kurfürstliche Reliquiensammlung, die einmal im Jahr während der sogenannten Heiltumsweisung zum Erwerb von Ablässen gezeigt wurde. (vgl. Kat. 106–119). Friedrich der Weise stiftete zahllose Messen, um aus der Schlosskirche ein Zentrum mittelalterlicher Frömmigkeit zu machen. Jährlich wurden in der Kirche über 8 000 Messen gelesen und über 40 000 Kerzen angesteckt. Von 1507 bis 1815 war die Schlosskirche zugleich auch Wittenberger Universitätskirche. Hier wurde Martin Luther im Oktober 1512 zum Doktor der Theologie promoviert. Fünf Jahre später, am 31. Oktober 1517 – so berichtete es später Philipp Melanchthon –, schlug er seine 95 Thesen gegen den Missbrauch des Ablasshandels an die Tür der Schlosskirche an, um auf diese Weise die Mitglieder der Universität zu einer Disputation einzuladen (vgl. Kat. 145, 146 u. 397). Die Holztür ist heute nicht mehr vorhanden, denn 1760 brannten sowohl das Schloss als auch die Schlosskirche während des Siebenjährigen Krieges völlig aus. Anlässlich des 375. Geburtstags Martin Luthers 1858 wurde eine prachtvolle Bronzetür geschaffen, die den Text der 95 Thesen in lateinischer Sprache wiedergibt. Nachdem der gesamte Schlosskomplex am Beginn des 19. Jahrhunderts zu einer Festung ausgebaut worden war, erfolgte zwischen 1885 und 1892 die Umgestaltung der Schlosskirche zu einer Ruhmes- und Gedächtnishalle der Reformation, die fortan das 1871 unter preußisch-protestantischer Führung geeinte Deutsche Reich symbolisierte. Schlosskirche und Schloss werden bis 2017 restauriert und durch verschiedene Nutzungsgebäude erweitert. Das Bauvorhaben gilt als das größte und bedeutendste Investitionsvorhaben zum Reformationsjubiläum.

Abb. 27
Wittenberg, Schlosskirche

Worms

»Wenn ich nicht durch Zeugnisse der Schrift oder einsichtige Vernunftgründe widerlegt werde – denn ich glaube weder dem Papst noch den Konzilien allein, da es feststeht, dass sie öfter geirrt und sich widersprochen haben – bin ich durch die von mir angeführten Schriftworte bezwungen. Und solange mein Gewissen durch die Worte Gottes gefangen ist, kann und will ich nichts widerrufen, weil es unsicher ist und die Seligkeit bedroht, etwas gegen das Gewissen zu tun. Gott helfe mir. Amen.« Mit diesen Sätzen beendete Martin Luther am 18. April 1521 auf dem Reichstag zu Worms eine längere Rede, in der er sich vor Kaiser und Reich selbstbewusst zu seinen Schriften bekannte und einen Widerruf derselben ablehnte. Karl V. blieb keine Wahl; er verhängte die Reichsacht über den Reformator und erließ am 8. Mai 1521 das *Wormser Edikt*, mit dem die Verbreitung und die Lektüre von Luthers Schriften verboten wurden (vgl. Kat. 177).

Abb. 28
Worms, Reformationsdenkmal

Seit der Veröffentlichung der 95 Thesen 1517 galt Luther der Römischen Kurie als Ketzer. Nachdem verschiedene Vermittlungsversuche gescheitert waren, wurde ihm im Oktober 1520 die päpstliche Bannandrohungsbulle *Exsurge Domine* übergeben, die ihn dazu aufforderte, innerhalb von 60 Tagen seine Thesen zurückzunehmen (vgl. Kat. 165–168). Nach Ablauf dieser Frist, im Dezember 1520, verbrannte Luther diese Bulle im Beisein von Professoren und Studenten in Wittenberg. Im März 1521 erhielt er die Anordnung, auf dem Reichstag von Worms zu erscheinen. Die nicht ungefährliche Reise, die Luther trotz freien Geleits mit unguten Gefühlen antrat, wurde ein Triumphzug. Denn trotz eines Verbots predigte Luther an vielen Stationen seines Weges. Überall wurde er euphorisch empfangen. Besonders groß war die Begeisterung in der Stadt Worms selbst, die er am 16. April 1521 erreichte. Hier erwarteten etwa 2 000 Menschen die Ankunft Luthers, der im Johanniterhof sein Quartier bezog. Die Verhandlungen des Reichstags fanden im Saalbau der Kaiserpfalz statt.

Der Johanniterhof wie auch die Kaiserpfalz wurden 1689 zerstört. Heute erinnert das deutschlandweit größte Reformationsdenkmal an den Reichstag von 1521. Entworfen vom Dresdner Bildhauer Ernst Rietschel, wurde es 1868 nordwestlich des Domes feierlich eingeweiht. Im Zentrum der quadratischen Denkmalsanlage, die wie ein Bühnenbild aufgebaut ist, steht erhöht die Figur Martin Luthers. Zu seinen Füßen sitzen seine Vorgänger: der italienische Dominikanermönch Girolamo Savonarola, der Prager Theologe und Prediger Jan Hus, der englische Kirchenreformer John Wyclif sowie Petrus Valdes, der Begründer der Glaubensgemeinschaft der Waldenser. An den äußeren Punkten stehen Kurfürst Friedrich der Weise und Landgraf Philipp von Hessen als Vertreter der weltlichen Macht sowie Philipp Melanchthon und Johannes Reuchlin als geistige Mitstreiter Luthers.

Abb. 29
Wartburg, Lutherstube

Wartburg Eisenach

Auf der Rückreise vom Reichstag zu Worms machte Luther zunächst Station in Eisenach und dann in Möhra, um dort Verwandte zu besuchen. Am 4. Mai 1521 brach er von hier in Richtung Gotha auf. Bei Altenstein wurde er von einer Gruppe von Reitern überrascht, gefangen genommen und auf die hoch über Eisenach gelegene Wartburg gebracht. Initiiert hatte diesen Überfall Kurfürst Friedrich der Weise, der Luther zu dessen eigenem Schutz auf der Burg verstecken ließ. Luther traf gegen elf Uhr abends auf der Wartburg ein. Er wurde vom Burghauptmann Hans von Berlepsch empfangen, der ihm eine bescheidene Zelle im Obergeschoss der Vogtei zuwies und später zu einer wichtigen Kontaktperson zur Außenwelt wurde. Luther ließ sich Bart und Haare wachsen und kleidete sich mit Wams und Hosen nach Art eines Ritters. So wurde aus dem Mönch Martin Luther der »Junker Jörg«, den seine Freunde wohl kaum wiedererkannt hätten.

Während seines zehnmonatigen Aufenthalts verließ Luther die Wartburg nur ein einziges Mal. Anfang Dezember 1521 reiste er heimlich nach Wittenberg. Grund dafür waren Gerüchte über das Auftreten radikaler Reformatoren und Veränderungen im evangelischen Gottesdienst. Aus Wittenberg brachte er den Wunsch seiner Freunde mit, die Bibel ins Deutsche zu übersetzen. Sofort nach seiner Rückkehr auf die Wartburg begann er mit der Arbeit, und schon nach zehn Wochen war die Übertragung des Neuen Testaments auf Grundlage des griechischen Originaltextes fertiggestellt (vgl. S. 203, »Bibelübersetzung«, u. und Kat. 205–208). Vor Luther hatte es schon andere volkssprachige Ausgaben der Bibeln gegeben, aber keine vermochte die deutsche Sprache bis in die Gegenwart hinein so nachhaltig zu beeinflussen wie die Lutherbibel.

Aus den zahlreichen Briefen, die Luther von der Wartburg schrieb, wissen wir, wie einsam er sich in seinem Exil fühlte und welche Anfechtungen und gesundheitlichen Beschwerden ihn quälten. Gelegentlich meinte er gar, in den alten Gemäuern Geräusche zu hören und den Leibhaftigen zu sehen. Der berühmte Wurf mit dem Tintenfass nach dem Teufel ist zwar Legende, er gehört aber seit dem 17. Jahrhundert zu den populären Geschichten, die sich mit der Wartburg verbinden. Der Tintenfleck an der Wand der Lutherstube wurde später immer wieder aufgefrischt. Auch wenn die Wart-

Auf Luthers Spuren 419

burg ihr heutiges Aussehen zu großen Teilen der »Wiederherstellung« um die Mitte des 19. Jahrhunderts verdankt, so zeigt sich die Lutherstube doch im ursprünglichen Zustand des 16. Jahrhunderts. Die Wartburg-Stiftung besitzt herausragende Werke aus der Zeit der Renaissance, wobei Gemälde von Lucas Cranach d. Ä. und seiner Werkstatt einen Sammlungsschwerpunkt bilden.

Coburg

Die Veste Coburg ist eine der bekanntesten deutschen Burganlagen. Die Stadt Coburg kam 1353 an die Wettiner. Sie gehörte nach 1485 zu den thüringischen Besitzungen der ernestinischen Linie dieses Herrscherhauses und markierte geografisch den südlichsten Zipfel des Kurfürstentums Sachsen. Friedrich der Weise ließ die Hauptburg nach 1500 erneuern und gab ihr damit das bis heute prägnante Erscheinungsbild. 1533 erfolgte ein weiterer Aus- und Umbau der Burganlage.

Bedeutung erlangten Stadt und Burg vor allem durch Martin Luther, der sich hier ein halbes Jahr lang von April bis Oktober 1530 aufhielt. In diesem Zeitraum tagte der Reichstag in Augsburg. Kaiser Karl V., der seit dem Wormser Reichstag von 1521 erstmals wieder in deutschen Landen war, wollte hier zwischen den protestantischen und katholischen Parteien eine endgültige Einigung in Religionsfragen erreichen. Luther war im Gefolge des Kurfürsten Johann des Beständigen von Wittenberg nach Coburg gereist. Da sich der Reformator im Bann des Papstes befand und mit der Reichsacht des Kaisers belegt war, musste er stets und ständig um Leib und Leben fürchten. Es war ihm deshalb nicht möglich, persönlich an diesem Reichstag teilzunehmen. Er musste auf kursächsischem Gebiet bleiben, griff aber durch seine rege Korrespondenz mit Melanchthon in die konfessionellen Auseinandersetzungen in Augsburg ein. Am Ende der Verhandlungen stand die *Confessio Augustana*, die wichtigste Bekenntnisschrift der lutherischen Kirchen (vgl. Kat. 345 u. 346).

Auf der Veste bewohnte Luther zwei Räume im ersten Obergeschoss der spätgotischen Hohen Kemenate im östlichen Teil der Hauptburg, die er als bequem und hübsch bezeichnete. Ähnlich wie bei seinem Wartburgaufenthalt gut zehn Jahre zuvor

Abb. 30
Veste Coburg

nutzte er die Abgeschiedenheit zum intensiven Arbeiten. Hier entstanden zahlreiche theologische Texte und Streitschriften. Die heute als Lutherstuben zu besichtigenden Räume entstanden allerdings erst 1921. Dort werden Porträts des Reformators aus der Cranach-Werkstatt, Stiche und Münzen gezeigt. Authentische lutherzeitliche Einrichtungsgegenstände sind nicht mehr vorhanden. Eines der kostbarsten Ausstellungsstücke in der Kunstsammlung der Veste Coburg ist der sogenannte Hedwigsbecher, der wahrscheinlich aus dem 12. Jahrhundert stammt und einst der hl. Elisabeth, Landgräfin von Thüringen, gehörte. Das Glas war Teil der von Kurfürst Friedrich dem Weisen im Wittenberger Schloss angelegten Reliquiensammlung und gelangte nach dessen Auflösung 1541 in den Besitz Martin Luthers.

Torgau

Torgau war nach dem Regierungsantritt Kurfürst Johanns 1525 die wichtigste Residenz der sächsischen Kurfürsten aus der ernestinischen Linie. Der Bau von Schloss Hartenfels wurde im 15. Jahrhundert begonnen und im 16. Jahrhundert vollendet. Es zählt zu den bedeutendsten und am besten erhaltenen Bauwerken der Frührenaissance. Herausragendes architektonisches Element des Schlosses ist der 1533 bis 1536 erbaute Wendelstein, eine freitragende, spindelartige Außentreppe, die die zwei Hauptetagen des Ostflügels miteinander verbindet.

Die Schlosskapelle im nördlichen Seitenflügel wurde im Oktober 1544 von Martin Luther als erster protestantischer Kirchenbau geweiht. Der Reformator hielt sich 40 Mal in Torgau auf. Im Mai 1526 schmiedeten hier Kurfürst Johann von Sachsen und Landgraf Philipp von Hessen zusammen mit der Stadt Magdeburg den Torgauer Bund, um sich gegen den katholischen Erzbischof Albrecht zur Wehr zu setzen. Gemeinsam mit den Wittenberger Theologen Phillip Melanchthon, Justus Jonas und Johannes Bugenhagen verfasste Luther 1530 die *Torgauer Artikel*, eine der zentralen reformatorischen Bekenntnisschriften, die später Eingang in die *Augsburger Konfession* fanden.

Bis zur Niederlage der Ernestiner im Schmalkaldischen Krieg war Torgau das politische Zentrum der Reformation (vgl. Kat. 356). Mit dem Übergang der Kurwürde auf die Albertiner 1547 und der Verlegung des Herrschaftssitzes nach Dresden verlor Schloss Hartenfels an Bedeutung. Es diente fortan nur noch als Verwaltungsgebäude. Heute wird das Schloss für große Sonderausstellungen genutzt.

In der Torgauer Stadtkirche St. Marien befindet sich das Grab von Luthers Frau Katharina von Bora. Sie hatte im Dezember 1552 mit ihren Kindern Wittenberg verlassen, um sich vor der ausgebrochenen Pest in Sicherheit zu bringen. Auf ihrem Weg erlitt sie einen Unfall, an dessen Folgen sie starb. Ihr Wohn- und Sterbehaus beherbergt heute mit der Katharina-Luther-Stube eine Gedenkstätte, die über das Leben der »Lutherin« informiert.

Abb. 31
Torgau, Schloss Hartenfels

Eisleben

Ende Januar 1546 war Luther, begleitet von seinen drei Söhnen, in Wittenberg zu einer Reise in seine Geburtsstadt Eisleben aufgebrochen. Er war gerufen worden, um Streitigkeiten der Mansfelder Grafen zu schlichten. Das strenge Winterwetter machte die Fahrt beschwerlich. Kurz bevor Luther Eisleben erreichte, erlitt er einen Herzanfall. Sein schlechter Gesundheitszustand hielt den Reformator jedoch nicht davon ab, in

Abb. 32
Eisleben, Luthers Sterbehaus

der Eisleber St. Andreaskirche zu predigen. Die Kanzel, auf der Luther damals stand, hat sich bis heute fast unverändert erhalten (vgl. Kat. 371).

Als die gräflichen Auseinandersetzungen einer Einigung entgegengingen, schrieb Luther seiner Frau und seinen Kollegen, er werde bald seine Rückreise nach Wittenberg antreten. Doch dazu sollte es nicht mehr kommen. In der Nacht vom 17. zum 18. Februar 1546 starb Luther in einem Haus am Markt (vgl. Kat. 374 u. 382). Am Nachmittag des folgenden Tages wurde sein Leichnam unter Glockengeläut in den Chor der St. Andreaskirche getragen. Justus Jonas, sein langjähriger Mitstreiter und seit 1541 Prediger an der Marienkirche in Halle, hielt unter großer Anteilnahme der Eisleber Bevölkerung eine Leichenpredigt. Fast wäre Luther auch in Eisleben begraben worden, hätte Kurfürst Johann Friedrich nicht darauf bestanden, den Leichnam nach Wittenberg zu überführen, um ihn schließlich am 22. Februar 1546 in der Wittenberger Schlosskirche zu beerdigen (vgl. Kat. 381 u. 384).

Luthers Sterbehaus in Eisleben wurde bereits kurz nach seinem Tod mit einer Inschrift versehen und mit einem Lutherporträt gekennzeichnet. Interessierte Besucher konnten darin Luthers Sterbezimmer mit seinem Bett und seinem Becher besichtigen (vgl. Kat. 375 u. 376). So wurde das Sterbehaus sehr früh zu einem Ort der Luthererinnerung. Allerdings entwickelte sich ein vom Volksaberglauben angefachter Kult um Luthers letzte Dinge, der Theologen 1707 dazu veranlasste, diese Stücke zu verbrennen. Als das Gebäude später umgebaut wurde, geriet der eigentliche Sterbeort Luthers in Vergessenheit. Eine Verwechslung im 18. Jahrhundert führte schließlich dazu, dass das Haus am Andreaskirchplatz 7 für Luthers Sterbehaus gehalten wurde. 1862 erwarb der preußische König Wilhelm I. diese Immobilie und beauftragte seinen Provinzialbaumeister Friedrich August Ritter damit, das Gebäude zu einer Luthergedenkstätte auszubauen. Ganz im Geiste des Historismus wollte Ritter dem 16. Jahrhundert so nahe kommen wie möglich. Das Einfügen von lutherzeitlichen Stil- und Bauelementen wie Butzenscheiben, Fachwerk und Holzvertäfelungen gehörte ebenso dazu wie eine Neugliederung der Raumaufteilung.

Die neue, 2013 eröffnete und um einen Ergänzungsbau erweiterte Dauerausstellung des Museums in Luthers Sterbehaus mit dem Titel *Luthers letzter Weg* konzentriert sich auf die letzten Lebenstage Luthers und auf seinen Tod. Sie zeigt Luthers Umgang mit dem Sterben und erzählt vom Einfluss seiner Theologie auf die Sterbekultur (vgl. Kat. 377). Die Ausstellung führt das Thema auf die für alle Menschen existenzielle Frage nach dem eigenen Tod hin.

Literatur
Badstübner-Gröger/Findeisen 1983 · Birkenmeier 2013 · Birkenmeier 2015 · Birkenmeier 2016 · Brecht 2013 · van Dülmen 1983 · Gretzschel 2015 · Junghans 1996 · Kreiker 2003 · Krauß/Kneise 2016 · Kuper/Gutjahr 2014 · Luther Stätten 1983 · Stätten Reformation 2014 · Rhein 2014b · Rogge 1983 · Schilling 2012 · Treu 2014

Die Initiatoren des Ausstellungsprojekts »Here I stand …«

Das Landesmuseum für Vorgeschichte Halle

Das *Landesmuseum für Vorgeschichte* gehört zu den wichtigsten archäologischen Museen in Mitteleuropa. Das imposante, der Porta Nigra in Trier nachempfundene Museumsgebäude des Architekten Wilhelm Kreis ist das erste Bauwerk Deutschlands, das ausschließlich zur Präsentation vorgeschichtlicher Funde konzipiert wurde. Der umfangreiche Sammlungsbestand mit mehr als 16 Millionen Funden umfasst zahlreiche Stücke von europaweitem Rang, teilweise sogar von Weltgeltung, wie z. B. die berühmte *Himmelsscheibe von Nebra* (ca. 1 600 v. Chr.), die das Herzstück der Dauerausstellung bildet. Als älteste konkrete Himmelsdarstellung der Menschheit wurde der einzigartige Fund im Jahr 2013 in das *Memory of the World-Register* der UNESCO aufgenommen. Dank ihrer spannenden Fundgeschichte, ihrer geheimnisvollen astronomischen und mythologischen Symbolik sowie ihrer zeitlosen Ästhetik kann sich kaum ein Betrachter der Faszination dieses archäologischen Jahrhundertfundes entziehen. Neben der Dauerausstellung präsentiert das Landesmuseum regelmäßig außerordentlich erfolgreiche Sonder- bzw. Landesausstellungen wie »Der geschmiedete Himmel« (15. Oktober 2004 – 22. Mai 2005), »Saladin und die Kreuzfahrer« (21. Oktober 2005 – 12. Februar 2006), »Fundsache Luther« (31. Oktober 2008 – 26. April 2009), »Pompeji – Nola – Herculaneum. Katastrophen am Vesuv« (9. Dezember 2011 – 26. August 2012), »3 300 BC – Mysteriöse Steinzeittote und ihre Welt« (6. November 2015 – 18. Mai 2014) oder »Krieg – Eine archäologische Spurensuche« (14. November 2013 – 22. Mai 2016), die je bis zu 300 000 Besucher anlockten.

Landesamt für Denkmalpflege und Archäologie Sachsen-Anhalt – Landesmuseum für Vorgeschichte
Richard-Wagner-Straße 9
D – 06114 Halle (Saale)
www.lda-lsa.de/landesmuseum_fuer_vorgeschichte

Die Stiftung Luthergedenkstätten in Sachsen-Anhalt

Das Erbe Martin Luthers und der Reformation ist vielen Menschen auf der ganzen Welt wichtig. Es zu bewahren und zu vermitteln, ist die Aufgabe der *Stiftung Luthergedenkstätten in Sachsen-Anhalt*. In der Obhut der Stiftung befinden sich fünf Museen: das Lutherhaus und das Melanchthonhaus in Wittenberg, Luthers Geburtshaus und Luthers Sterbehaus in Eisleben sowie das 2014 neu eröffnete Elternhaus Luthers in Mansfeld. Die vier Häuser in Wittenberg und Eisleben gehören seit 1996 zum Weltkulturerbe der UNESCO.

In Luthers Geburtshaus wurde bereits Ende des 17. Jahrhunderts ein öffentliches Museum eingerichtet. Damit ist das Haus eine der ältesten Einrichtungen dieser Art in Europa. Im heutigen Lutherhaus in Wittenberg lebte der Reformator über 35 Jahre lang. Das Haus ist seit 1883 als Museum für Besucher geöffnet und heute das größte reformationsgeschichtliche Museum der Welt.

Das Erweiterungsgebäude an Luthers Geburtshaus, das fünf Architekturpreise gewonnen hat und damit zu den meistausgezeichneten Bauwerken in Deutschland zählt, ist Ausdruck des sowohl denkmalpflegerischen als auch zeitgeschichtlichen Umgangs der Stiftung mit den ihr anvertrauten Bauten.

Die Stiftung besitzt in ihrer Vielfalt einzigartige Sammlungen von Büchern, Grafiken, Handschriften, Münzen und Medaillen sowie Gemälden zu Luther, der Reformationsgeschichte und ihrer Rezeption.

Bereits 2007 wurde unter dem Dach der Stiftung die Geschäftsstelle »Luther 2017« errichtet. Damit ist die Stiftung von Anfang an ein zentraler Akteur bei den Vorbereitungen für das Reformationsjubiläum 2017.

Lutherhaus Wittenberg
Collegienstraße 54
D – 06886 Lutherstadt Wittenberg
www.martinluther.de

Martin Luthers Geburtshaus
Lutherstraße 15
D – 06295 Lutherstadt Eisleben

Luthers Sterbehaus
Andreaskirchplatz 7
D – 06295 Lutherstadt Eisleben

Luthers Elternhaus
Lutherstraße 26
D – 06343 Mansfeld-Lutherstadt

Melanchthonhaus
Collegienstraße 60
D – 06886 Lutherstadt Wittenberg

Das Deutsche Historische Museum Berlin

Das *Deutsche Historische Museum* ist das nationale Geschichtsmuseum der Bundesrepublik Deutschland. In Berlins historischer Mitte gelegen, vermittelt es 1500 Jahre deutscher Geschichte im europäischen und internationalen Zusammenhang. Die Dauerausstellung im Zeughaus, dem ältesten und prachtvollsten Barockbau auf dem Boulevard *Unter den Linden*, lädt Besucherinnen und Besucher zu einem eindrucksvollen historischen Rundgang von den Anfängen bis in die Gegenwart deutscher Geschichte ein. Seine vielfältigen Sonderausstellungen präsentiert das Deutsche Historische Museum auf vier Ebenen der modernen Ausstellungshalle des weltbekannten sino-amerikanischen Architekten I. M. Pei, der unter anderem die Pyramide des Louvre in Paris schuf. Zum facettenreichen Ausstellungsprogramm zählen zentrale Überblicksausstellungen wie »1914–1918. Der Erste Weltkrieg« im Erinnerungsjahr 2014 ebenso wie gesellschaftlich relevante Sonderschauen wie der in Kooperation mit dem Schwulen Museum* entstandenen Ausstellung »Homosexualität_en« im Jahr 2015, mit denen sich das Deutsche Historische Museum aktiv in gegenwärtige Diskurse einschaltet und auf diese Weise aktuelle Themen in die Mitte der Gesellschaft trägt. Ein umfangreiches Bildungsprogramm, Vorträge, Podiumsdiskussionen, wissenschaftliche Tagungen und Workshops ergänzen das Ausstellungsprogramm und machen das Deutsche Historische Museum zu einem Ort lebendiger Geschichtsvermittlung und Diskussion.

Stiftung Deutsches Historisches Museum
Unter den Linden 2
D – 10117 Berlin
www.dhm.de

Die Stiftung Schloss Friedenstein Gotha

Am Ende des Dreißigjährigen Krieges, zwischen 1643 und 1654, ließ Herzog Ernst der Fromme von Sachsen-Gotha Schloss Friedenstein errichten. Das größte frühbarocke Schloss Deutschlands wurde nie zerstört; seine im Stil des Barock, des Rokoko und des Klassizismus errichteten Prunkräume sind original erhalten. Die historischen Einrichtungen – Schloss, Schlosskirche, das barocke Hoftheater, Archiv und Bibliothek – sowie der umgebende Park mit der barocken Orangerie und dem frühen Landschaftsgarten bilden ein in sich geschlossenes Universum: das »Barocke Universum Gotha«. Die Kunstkammer wurde zur Keimzelle für die einzigartigen Sammlungen aus Kunst, Natur und Geschichte. Dank der einzigartigen Kunstsammlungen gilt Schloss Friedenstein als der »Louvre Thüringens«.

Über Jahrhunderte trugen die Gothaer Herzöge bedeutende Schätze zusammen. 1879 eröffnete das prachtvolle sowie *Herzogliche Museum* und durchlebte eine wechselvolle Geschichte. Nach einer aufwendigen Sanierung werden hier seit Oktober 2013 erneut die Kunstsammlungen ausgestellt: Neben einer der ältesten ägyptischen Sammlungen Europas mit mehreren Mumien sind ein chinesisches Kabinett, kostbare japanische Lackkunst, antike Vasen, Schmuckstücke, Gemmen und Skulpturen, die reiche Gemäldesammlung – darunter das *Gothaer Liebespaar* und Gemälde von Cranach, Rubens oder C. D. Friedrich –, seltene Grafik, Skulpturen des Manieristen Adriaen de Vries und des klassizistischen Bildhauers Jean-Antoine Houdon – die größte Sammlung seiner Kunst –, eine einzigartige Sammlung an Böttger-Steinzeug und Porzellan aus Meißen, Japan und China zu sehen.

Stiftung Schloss Friedenstein Gotha
Schloss Friedenstein
D – 99867 Gotha
www.stiftungfriedenstein.de

Minneapolis Institute of Art

Im Jahr 2015 feierte das Minneapolis Institute of Art (»Mia«), eines der zehn größten Kunstmuseen der USA außerhalb New Yorks, sein 100-jähriges Jubiläum. Mit seinen 88 000 Kunstgegenständen, die 5 000 Jahre Weltgeschichte repräsentieren, fördert das Minneapolis Institute of Art kulturelle Bildung und Vorstellungskraft. Mit außergewöhnlichen Ausstellungen und einer der am breitesten gefächerten Kunstsammlungen in den Vereinigten Staaten von Amerika verbindet es Vergangenheit und Gegenwart.

Die Bandbreite an außergewöhnlichen Werken reicht von römischen Statuen und Renaissancegemälden bis hin zu zeitgenössischer Kunst und den neuen Medien. Bemerkenswert sind u. a. die Sammlungen der Drucke Alter Meister, europäischer Gemälde und Skulpturen vom 17. bis zum 20. Jahrhundert, amerikanischer Kunstwerke, chinesischer Bronze und Jadeobjekte, Textilien und Hartholzmöbel, japanischer Gemälde und Drucke, afrikanischer Skulpturen, europäischer und amerikanischer Silberarbeiten sowie von Perlenstickereien der Ureinwohner Nordamerikas.

Diese Sammlungsbestände werden in mehr als 140 Galerien bzw. Ausstellungsräumen sowie darüber hinaus in innovativen Ausstellungen, Publikationen und Onlineressourcen präsentiert und bilden damit das Herzstück des Museums und seines musealen Auftrags.

Gleichzeitig entfaltet das Minneapolis Institute of Art durch Partnerschaften mit anderen Kunstinstitutionen weltweit, durch digitale Publikationen und durch eine verständliche sowie barrierefreie Internetpräsenz eine globale Ausstrahlungskraft.

Minneapolis Institute of Art
2400 Third Avenue South
Minneapolis, MN 55404

The Morgan Library & Museum

Die Ursprünge von The Morgan Library & Museum, einer der renommiertesten Kulturinstitutionen New Yorks, liegen in der Privatbibliothek des legendären Bankiers Pierpont Morgan, seinerzeit einer der wichtigsten Kunstsammler und Kulturstifter der Vereinigten Staaten.

Die Morgan Library entstand 1906 und ist heute eine der wichtigsten kulturellen Attraktionen in New York. Zum Komplex gehören Gebäude aus drei Jahrhunderten. Zuletzt verband 2006 ein außergewöhnlicher Anbau des Architekten Renzo Piano die älteren Bauten zu einem in sich geschlossenen Ensemble.

Mehr als ein Jahrhundert nach ihrer Gründung dient die Morgan Library heute als Museum, Forschungsbibliothek, Veranstaltungsort für Konzerte sowie als architektonische und kulturhistorische Sehenswürdigkeit. Im Oktober 2010 wurde die Restaurierung der Morgan Library bzw. des berühmten McKim-Building (Architekt Charles McKim) – Pierpont Morgans persönliche Bibliothek und Kern der Institution – abgeschlossen.

Auch dank der Erweiterung von 2006 bietet die Morgan Library ihren Besuchern nun einen beispiellosen Zugang zu ihren weltberühmten Beständen an Zeichnungen, literarischen und historischen Schriften, Partituren, Manuskripten des Mittelalters und der Renaissance, gedruckten Büchern, Fotografien sowie Siegeln und Tontafeln des Alten Orients.

The Morgan Library & Museum
225 Madison Avenue
New York, NY 10016

Pitts Theology Library

Die Pitts Theology Library, eine von insgesamt sechs Fachbibliotheken der Emory University, verfügt über einen bedeutenden Bestand an theologischen Materialien. Mit über 610 000 Bänden bietet sie ungewöhnlich reiche Ressourcen für Lehre und Forschung an der Candler School of Theology und der Emory University. Durch ihre Sammlungen ist sie auch Gegenstand internationaler Aufmerksamkeit.

Die Bibliothek verfügt über umfangreiche Sondersammlungen, die mehr als 130 000 seltene oder ungewöhnliche Bücher und etwa 76 laufende Meter an nicht veröffentlichten Archivalien umfassen. Insbesondere beinhalten diese Sammlungen mehr als 3 500 Bücher und seltene Manuskripte zur Geschichte der Reformation in Deutschland bis 1570. Diese Sammlung wurde von Richard C. Kessler im November 1987 gegründet und wächst in partnerschaftlicher Zusammenarbeit mit der Emory University stetig weiter an. Als ein amerikanischer Schatz beherbergt die Sammlung zahlreiche einzigartige Stücke und stellt eine wertvolle Ressource für Kirchen und Religionswissenschaftler dar. Sie beherbergt die größte Sammlung an Originalschriften von Martin Luther (1 000 Exemplare) In den USA.

Pitts Theology Library
Candler School of Theology
Emory University
1531 Dickey Drive
Atlanta, GA 30322

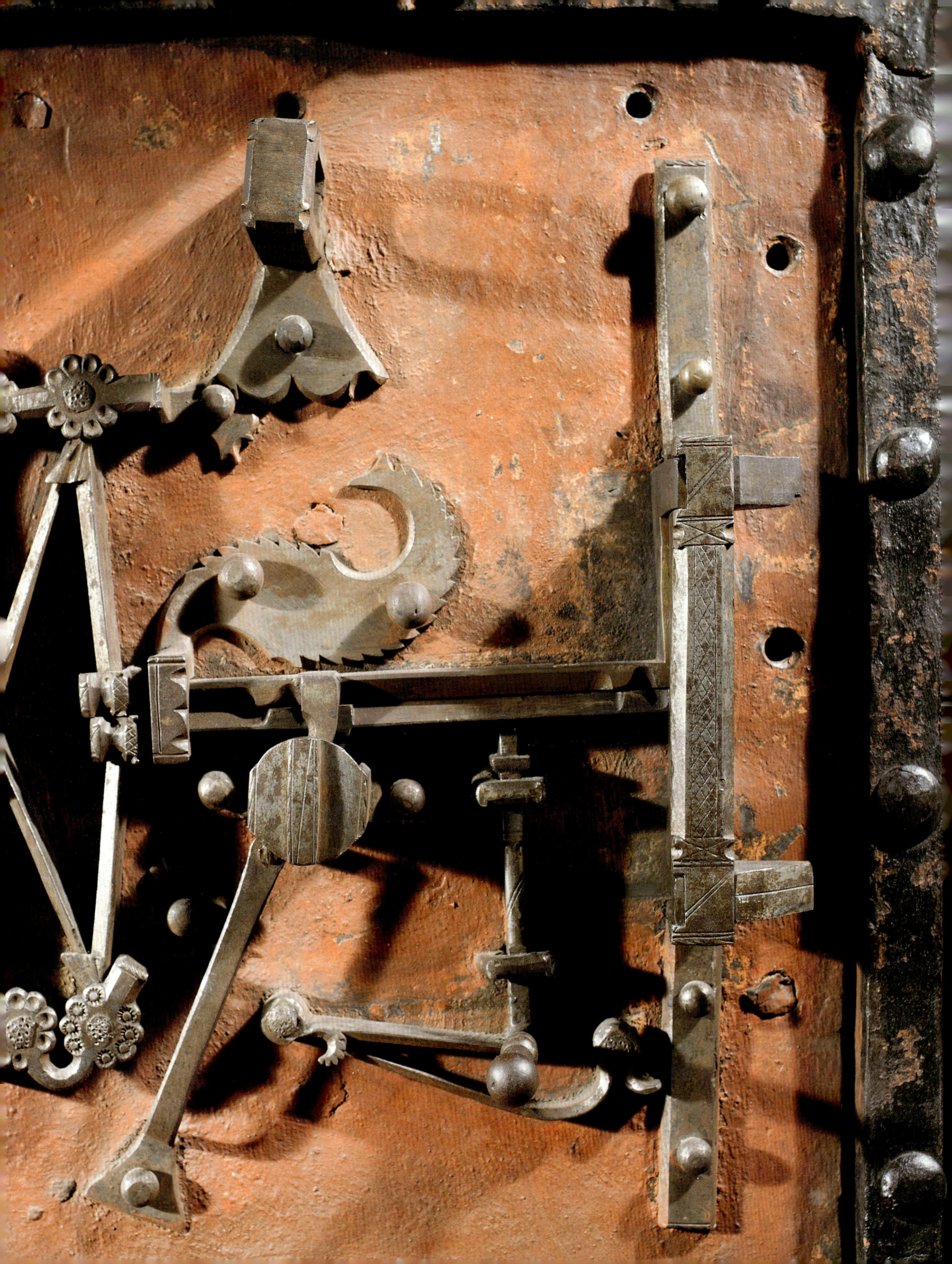

Die Leihgeber

Mehr als 30 Institutionen haben den Lutherausstellungen in den USA ihre Schatzkammern geöffnet. Mit ihren Leihgaben haben sie dazu beigetragen, dass in den Museumspräsentationen sowie im vorliegenden Band ein eindrückliches Bild von Leben und Werk Martin Luthers sowie dem kulturellen Umfeld der Reformation gezeichnet werden kann.

Leihgeber Europa

HMB – Historisches Museum Basel

Das *Historische Museum Basel* (HMB) zählt zu den größten und bedeutendsten Museen dieser Art in der Schweiz. Als staatliches Museum verteilt es sich auf vier Ausstellungsgebäude und beherbergt die umfassendste kulturhistorische Sammlung am Oberrhein.

Sein *Museum für Geschichte* in der Barfüsserkirche zeigt Zeugnisse des Kunsthandwerks und der Alltagskultur. Dabei bilden das Mittelalter und die Renaissance bis hin zur Barockzeit die Schwerpunkte. Das *Museum für Wohnkultur* im Haus zum Kirschgarten ist hauptsächlich den bürgerlichen Wohnräumen des 18. und 19. Jahrhunderts in Basel gewidmet. Im *Museum für Musik* im Lohnhof werden fünf Jahrhunderte europäischer Musikgeschichte gezeigt. Das *Museum für Pferdestärken* in einer Scheune des ehemaligen Landguts von Christoph Merian in Brüglingen wurde 1981 als Kutschenmuseum eröffnet und dokumentiert Transportmittel vor der Erfindung des Verbrennungsmotors.

HMB – Historisches Museum Basel
Steinenberg 4
CH – 4051 Basel
www.hmb.ch

Städtisches Museum Braunschweig

Das 1861 gegründete *Städtische Museum Braunschweig* ist mit seiner Sammlung von über 270 000 Objekten zur braunschweigischen Geschichte eines der größten kunst- und kulturgeschichtlichen Museen Deutschlands. Die Sammlung geht auf den Historiker und Privatgelehrten Carl Schiller zurück. Er gründete 1859 einen Sammlerverein, der erhaltenswerte Gegenstände im Herzogtum Braunschweig zusammentrug. Das Museum zeigt im Hauptgebäude am Löwenwall eine vielfältige Sammlung; u. a. Gemälde des 18. bis 19. Jahrhunderts, Kunsthandwerk wie Möbel, Porzellan und Lackarbeiten sowie ethnologische Exponate und Musikinstrumente.

Das zum *Städtischen Museum* gehörige Altstadtrathaus beherbergt seit 1991 eine Dauerausstellung über die Geschichte Braunschweigs.

Städtisches Museum Braunschweig
Steintorwall 14
D – 38100 Braunschweig
www.braunschweig.de/kultur/museen/staedtisches_museum

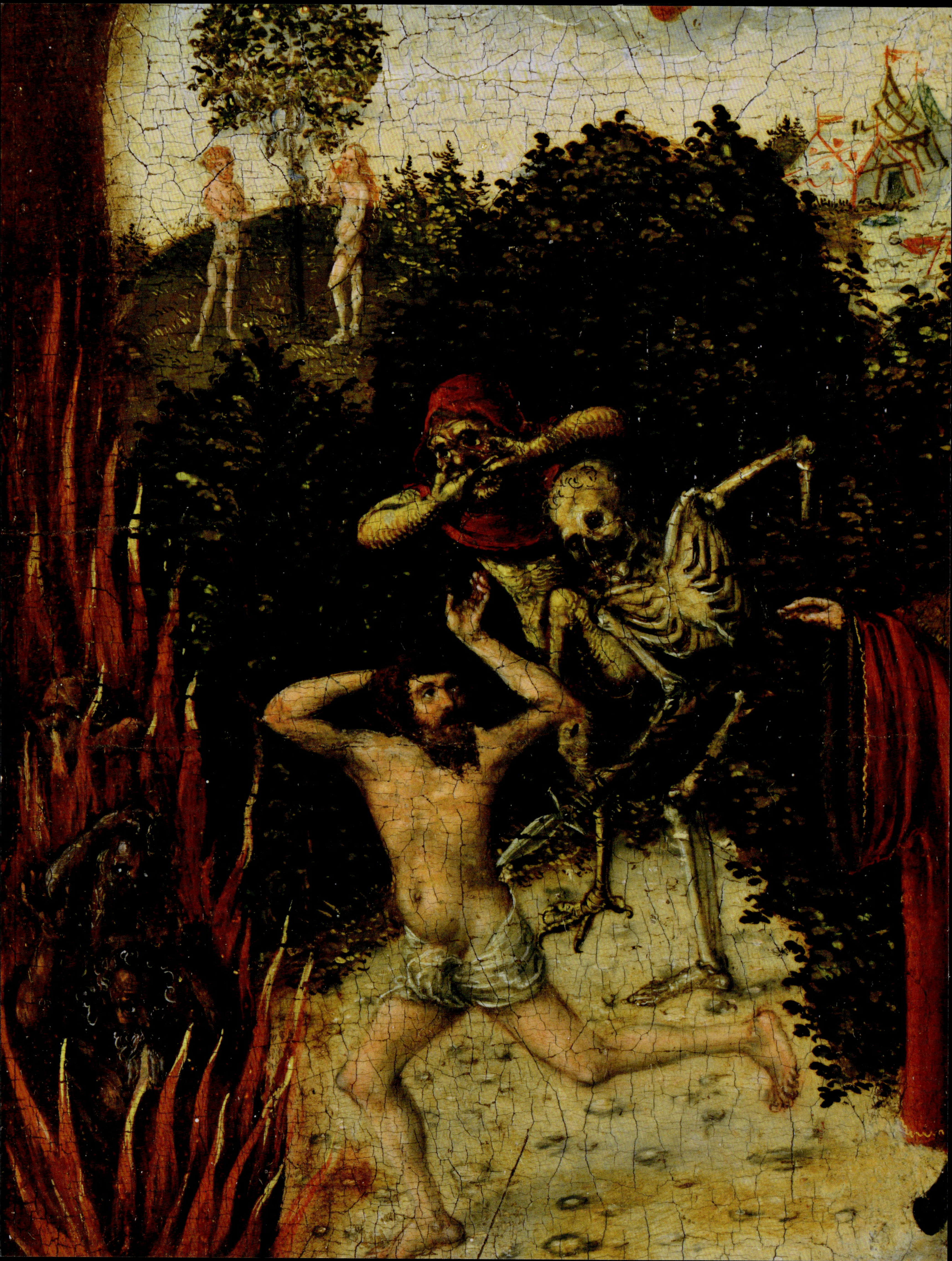

Kunstsammlungen der Veste Coburg

Als Schloss der sächsischen Kurfürsten erlebte die mittelalterliche Veste Coburg zu Beginn des 16. Jahrhunderts ihre Blüte. So beherbergte sie 1530 Martin Luther während des Augsburger Reichstags. Ihr heutiges Erscheinungsbild verdankt sie Umgestaltungen im Geist der Burgenromantik. Einzigartig ist das Jagdintarsienzimmer von 1632, eine vollständig holzvertäfelte Prunkstube. Im Fürstenbau wurde zu Beginn des 20. Jahrhunderts die Wohnung des letzten Herzogs eingerichtet. Die Veste beherbergt zudem ein bedeutendes Kupferstichkabinett, eine Sammlung mit kostbaren venezianischen Gläsern, historische Jagdwaffen und eine Rüstkammer. Weitere Glanzstücke sind die beiden ältesten Kutschen der Welt und barocke Schlitten. Werke altdeutscher Kunst, darunter Gemälde von Cranach, Dürer und Grünewald stellen weitere Kostbarkeiten dar.

Veste Coburg
D – 96450 Coburg
www.kunstsammlungen-coburg.de

Evangelische Kirchengemeinde St. Andreas – Nicolai – Petri, Lutherstadt Eisleben

Die evangelische Kirchengemeinde St. Andreas – Nicolai – Petri in Eisleben, der Geburtsstadt Martin Luthers, betreut drei mittelalterliche Kirchen von kunst- und kulturhistorischer Bedeutung. Die in der ersten Hälfte des 15. Jahrhunderts erbaute St. Nicolaikirche prägt noch heute mit ihrer schlanken spätgotischen Turmspitze unverwechselbar das Bild der Lutherstadt Eisleben. In der St. Petri-Pauli-Kirche wurde Martin Luther vermutlich am 11. November 1483 durch Pfarrer Bartholomäus Rennbecher getauft. Jüngst wurde die Kirche saniert und zum *Zentrum Taufe* umgebaut. Die am Ende des 15. Jahrhunderts erbaute Andreaskirche beherbergt u. a. eine Kanzel, auf der Martin Luther im Februar 1546 die letzten vier Predigten seines Lebens gehalten hat. 2016 konnte dieses in seiner Authentizität einmalige und sprechende Zeugnis der letzten Predigten Luthers vor seinem Tod am 18. Februar 1546 dank der großzügigen Unterstützung des *Minneapolis Institute of Art* (Minneapolis, Minnesota) restauriert werden. Sehenswert sind ferner der Hauptaltar der Kirche, die Grabtumba Hoyers VI. von Mansfeld sowie ein aus kostbaren Chormänteln des 15. Jahrhunderts gefertigter Kanzelbehang mit Reliefstickerei, der heute in einer Vitrine innerhalb der Kirche zu sehen ist.

**Kirchengemeinde
St. Andreas – Nicolai – Petri**
Gemeindebüro
Andreaskirchplatz 11
D – 06295 Lutherstadt Eisleben
www.kirche-in-eisleben.de

Lutherstadt Eisleben

Eingebettet in die Hügellandschaft der Mansfelder Mulde liegt die Lutherstadt Eisleben im östlichen Harzvorland. 994 erstmals urkundlich erwähnt, ist sie eine der ältesten Städte zwischen Harz und Elbe und die bedeutendste Stadt in der vom Kupferschieferbergbau geprägten Grafschaft Mansfeld. Die Stadt ist in besonderer Weise mit dem Leben des Reformators Martin Luther verbunden. Hier wurde er 1483 geboren und hier starb er am 18. Februar 1546, nachdem er in der St. Andreaskirche ein letztes Mal gepredigt hatte. Seit 1946 trägt die Stadt den Beinamen Lutherstadt. Die Museen *Luthers Geburtshaus* und *Luthers Sterbehaus*, die zur *Stiftung Luthergedenkstätten in Sachsen-Anhalt* gehören, stehen Besuchern aus aller Welt offen. Unter den Exponaten befinden sich auch Leihgaben aus den städtischen Sammlungen. So beherbergt Luthers Geburtshaus beispielsweise verschiedene Grabgemälde vom Eisleber Gottesacker, der 1533 unter dem Einfluss Martin Luthers außerhalb der Altstadt von Eisleben eingerichtet wurde.

**Stadtverwaltung
Lutherstadt Eisleben**
Markt 1
D – 06295 Lutherstadt Eisleben
www.eisleben.eu

◀ Kat. 186

Auf Luthers Spuren

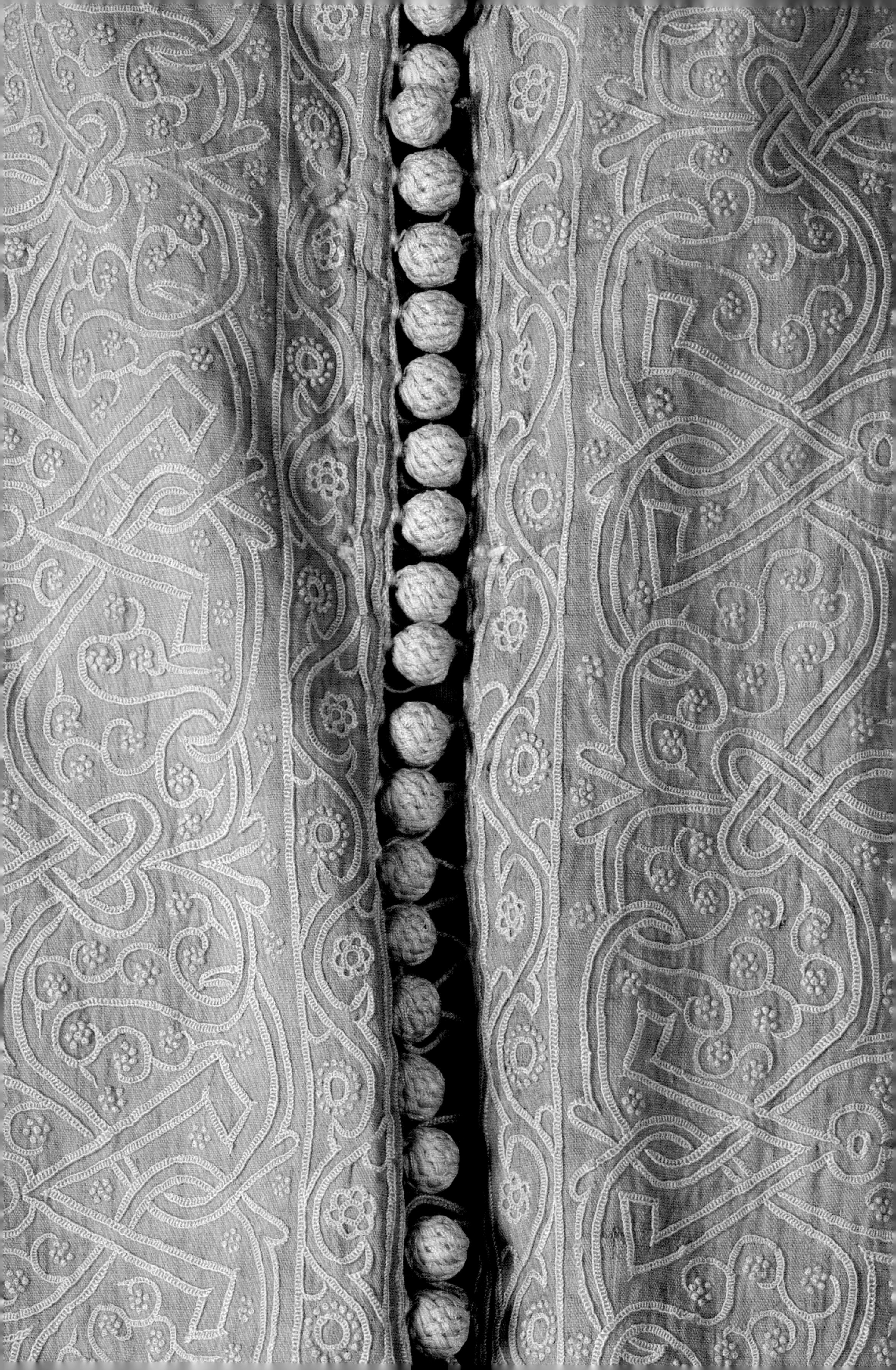

Evangelische Andreasgemeinde Erfurt
Gemeindebüro
Andreasstraße 14
D – 99084 Erfurt
www.andreasgemeinde-erfurt.de

Evangelische Andreasgemeinde Erfurt

Die Andreaskirche ist evangelisch, seit 1522 die Reformation in Erfurt eingeführt wurde. Ihr erster evangelischer Pfarrer war Melchior Weidmann, ein Klosterbruder von Martin Luther. Die Pfarrkirche wurde im Jahr 1182 erstmals erwähnt. Vom romanischen Bau haben sich allerdings nur wenige Teile erhalten. Das heutige Kirchengebäude stammt teilweise aus dem Jahr 1203 und wurde im Laufe der Zeit mehrmals dem Zeitgeschmack entsprechend renoviert. So erhielt die Kirche 1678 einen neuen Taufstein. Im Rahmen einer barocken Umgestaltung des Kirchenraums in den Jahren 1679/1688 wurde der Kanzelaltar errichtet. Eine umfassende Erneuerung der Kirche fand 1768/69 statt. Seit 1727 beherbergt sie ein besonderes Highlight der Reformation: das aus Lindenholz gefertigte Holzmodell zum Epitaph für Martin Luther (1548).

Forschungsbibliothek Gotha
Schloss Friedenstein Gotha
D – 99867 Gotha
www.uni-erfurt.de/bibliothek/fb

Forschungsbibliothek Gotha der Universität Erfurt

Die Forschungsbibliothek Gotha ist eine der bedeutendsten deutschen Bibliotheken mit historischen Handschriften- und Buchbeständen des 16. bis 18. Jahrhunderts. Sie gehört zur Universität Erfurt und ist zugleich Teil eines inspirierenden Forschungsumfelds auf Schloss Friedenstein Gotha. Gemeinsam mit dem Forschungszentrum Gotha der Universität ist die Forschungsbibliothek Arbeits- und Begegnungsort für die nationale und internationale Wissenschaft und als Teil des kulturellen Erbes Thüringens von europäischem Rang. Ihr ursprünglicher Bestand geht auf die Bibliothek des Hofs von Sachsen-Gotha-Altenburg zurück. Mit der Sammlung Perthes überliefert sie Karten, Archivalien und eine geografisch-kartografische Bibliothek vom 18. bis zum Ende des 20. Jahrhunderts. Die Forschungsbibliothek sammelt, bewahrt und erschließt ihre Quellen, die Teil des europäischen Kulturerbes sind, und stellt sie für die Forschung und Öffentlichkeit in originaler und digitaler Form bereit.

Marienbibliothek Halle
An der Marienkirche 1
D – 06108 Halle (Saale)
www.verein-im-netz.de/
marienbibliothek-halle

Evangelische Marktkirchengemeinde Halle (Saale), Marienbibliothek

Die Marienbibliothek ist eine historische, wissenschaftliche, evangelische Kirchenbibliothek. Eigentümerin ist die Hallesche Marktkirchengemeinde. Kurz nach der Einführung der Reformation in Halle wurde sie im Jahr 1552 durch Sebastian Boetius, dem damaligen Oberpfarrer an der Kirche Unser Lieben Frauen, gegründet und blieb bis zur Gründung der Halleschen Universität 1694 fast 150 Jahre lang die einzige öffentliche Bibliothek in Halle. Die Marienbibliothek gilt als die älteste und größte ununterbrochen öffentlich zugängliche evangelische Kirchenbibliothek in Deutschland. Seit der Fertigstellung eines eigenen Bibliotheksgebäudes im Jahre 1610 wird sie seit 1611 durch einen vom Kirchenkollegium gewählten Bibliothekar verwaltet. Heute befindet sich die Bibliothek in einem typischen Bibliotheksbau des ausgehenden 19. Jahrhunderts. Die Bibliothek ist eine Schatzkammer auf allen Gebieten der Wissenschaft des 15. bis 18. Jahrhunderts. Zudem besitzt sie vier umfangreiche, geschlossen erhalten gebliebene Gelehrtenbibliotheken aus dem 17. und 18. Jahrhundert sowie eine Pfarrerbibliothek aus dem 19. Jahrhundert.

◀ Kat. 104

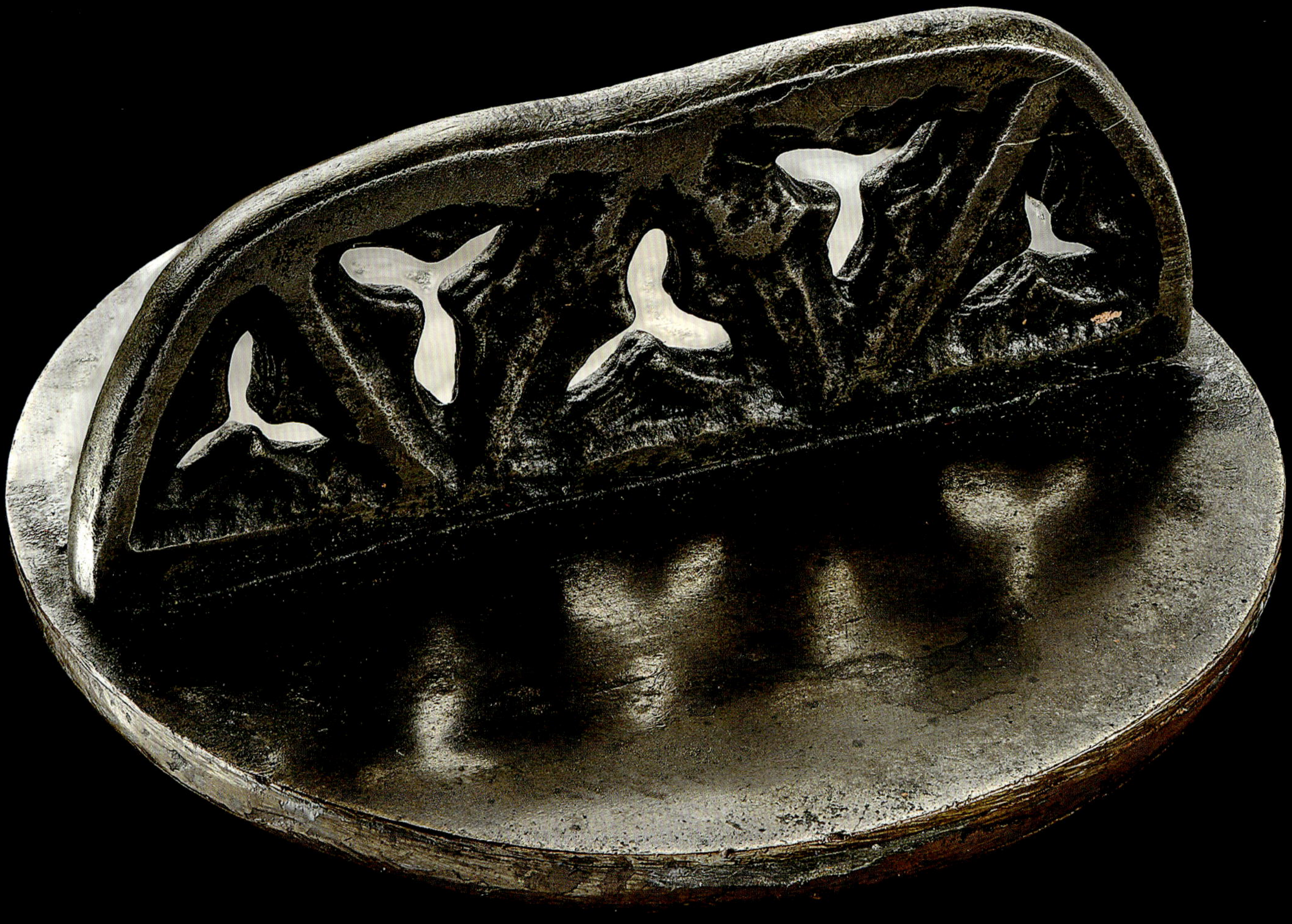

Stadtarchiv Halle (Saale)

Das Stadtarchiv Halle verfügt über eine wechselvolle Geschichte. Der Beginn des städtischen Archivwesens ist eng mit der Ausbildung des städtischen Rates verknüpft. Die im Stadtarchiv verwahrte älteste Urkunde, die *Goldene Bulle* Kaiser Friedrichs II. aus dem Jahr 1232, zeugt von einer frühen Aufbewahrung der urkundlich verbrieften Privilegien in Halle. Die Bestände des Archivs reichen bis in das frühe 14. Jahrhundert zurück. Es verfügt über eine Urkundensammlung mit mehr als 1 000 Exemplaren – von Privaturkunden bis hin zur päpstlichen Bulle. Auch werden im Stadtarchiv u. a. 180 Nachlässe von bedeutenden Persönlichkeiten der Stadtgeschichte aufbewahrt. Waren die Urkunden Anfang des 14. Jahrhunderts noch in »Kestlein« aufbewahrt, befinden sich die heutigen Archivalien mit einem Gesamtumfang von ungefähr 4 000 Regalmetern in einem 2004 erbauten modernen Magazingebäude und einem sanierten ehemaligen Sparkassenbau.

Stadtarchiv Halle (Saale)
Rathausstraße 1
D – 06108 Halle (Saale)
www.halle.de/de/Kultur/
Stadtgeschichte/Stadtarchiv

Stiftung Dome und Schlösser in Sachsen-Anhalt, Kunstmuseum Moritzburg Halle (Saale)

Die Stiftung Moritzburg ist ein Museum mit einer mehr als hundertjährigen, gewachsenen Struktur. Aus ihr haben sich sechs Sammlungen für Malerei, Plastik, Grafik und Fotografie, Kunsthandwerk und Design sowie Münzen und Medaillen geformt. Das Hauptgewicht des Bestandes liegt auf der Kunst des 20. und 21. Jahrhunderts. Einzelne Sammlungsblöcke reichen in die Vergangenheit zurück, ins 19. Jahrhundert und bis ins Mittelalter, daneben gibt es Solitäre aus weiteren Stilepochen.

Die Moritzburg in Halle zählt zu den eindrucksvollsten spätmittelalterlichen Burganlagen Mitteldeutschlands. Sie wurde um 1500 als prunkvolle und zugleich wehrhafte Residenz der Magdeburger Erzbischöfe am Rand der erst wenige Jahre zuvor unterworfenen Stadt errichtet. Im Jahr 1637 wurden große Teile der Burganlage durch eine Feuersbrunst zerstört und die Überreste der Anlage in den nachfolgenden Jahrhunderten verschiedenen Nutzungen zugeführt. Seit Anfang des 20. Jahrhunderts wird die umgestaltete Burg als Museum genutzt.

Moritzburg Halle (Saale) – Kunstmuseum des Landes Sachsen-Anhalt
Friedemann-Bach-Platz 5
D – 06108 Halle (Saale)
www.stiftung-moritzburg.de

Universitäts- und Landesbibliothek Sachsen-Anhalt

Die Universitäts- und Landesbibliothek in Halle besitzt u. a. eine umfangreiche Sammlung von Handschriften und Autografen; 49 Nachlässe und Teilnachlässe, 5 622 Einblattdrucke (Porträts und Veduten), 1 600 Inkunabeln, 350 Rara und ca. 4 000 Urkunden. Im Handschriftenbestand befinden sich u. a. etwa 400 mittelalterliche abendländische Handschriften (lateinische, deutsche, niederländische, romanische), über 550 Musikhandschriften, dazu orientalische sowie neuzeitliche Handschriften unterschiedlichster Provenienzen. Die Kartensammlung der Universitäts- und Landesbibliothek Sachsen-Anhalt umfasst mehr als 40 000 Einzelkarten und mehrblättrige Kartenwerke. Daneben wird dort auch eine Auswahl von historischen und modernen Atlanten sowie kartografisches Schrifttum aufbewahrt.

Universitäts- und Landesbibliothek Sachsen-Anhalt
August-Bebel-Straße 13/50
D – 06108 Halle (Saale)
www.bibliothek.uni-halle.de

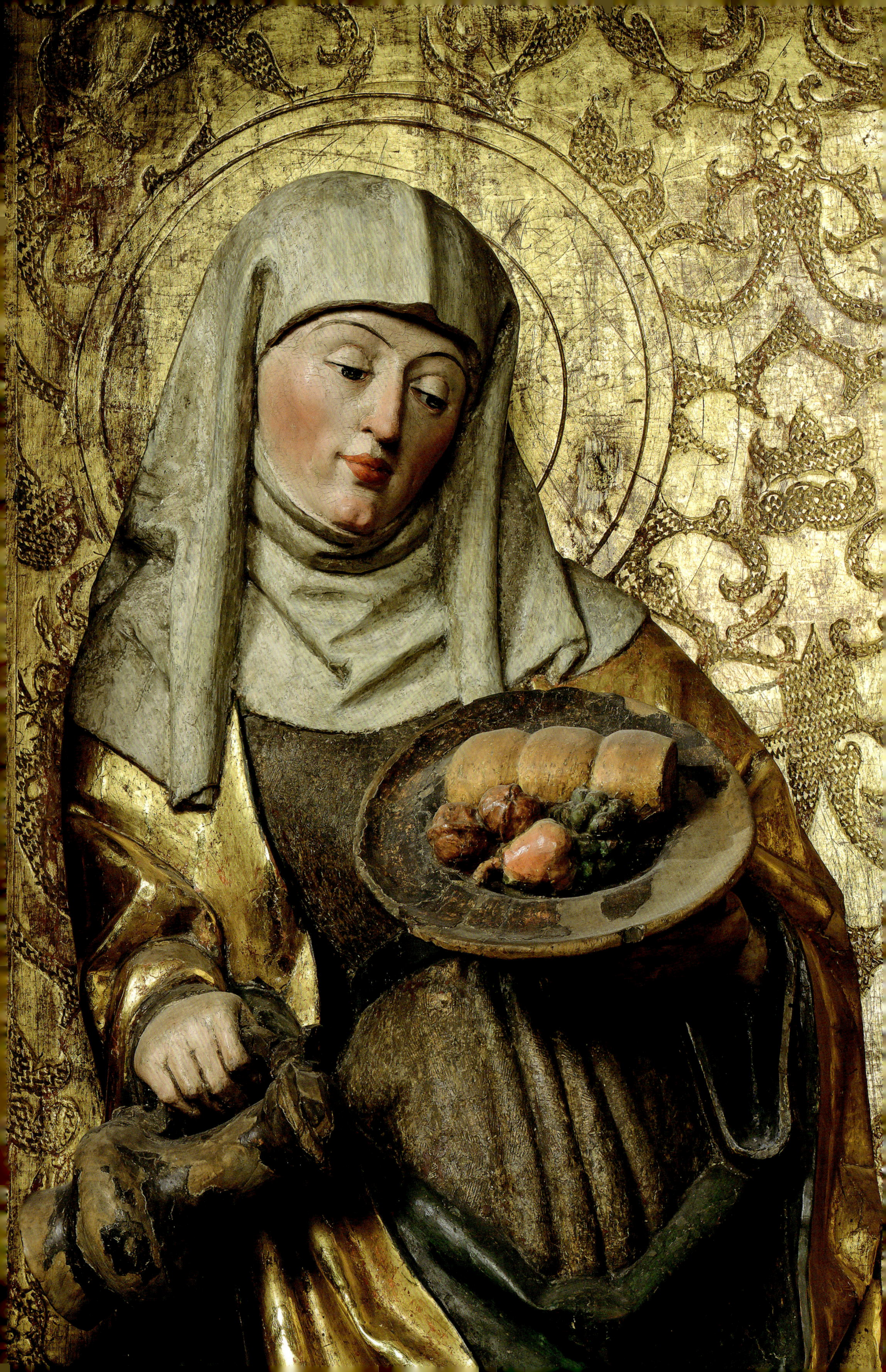

**Martin-Luther-Universität Halle-Wittenberg
Zentrale Kustodie**
Universitätsplatz 11 (Löwengebäude)
D – 06099 Halle/Saale
www.kustodie.uni-halle.de

**Archiv der
Martin-Luther-Universität Halle-Wittenberg**
Dachritzstraße 12
D – 6108 Halle (Saale)
www.archiv.uni-halle.de

Evangelisches Predigerseminar Wittenberg
Schlossstraße 1
D – 06886 Lutherstadt Wittenberg
www.predigerseminar.de

◀ Kat. 80

Zentrale Kustodie der Martin-Luther-Universität Halle-Wittenberg

Die Zentrale Kustodie wurde am 18. Oktober 1979 gegründet. Seitdem verwaltet sie den Kunst- und Kulturbesitz der Universität. 2004 wurde die Kunstsammlung durch die Medaillensammlung erweitert. Im Besitz der Kustodie befinden sich außerdem das Kupferstichkabinett, welches aus über 10 000 Stichen und einem kleinen Teil an Handzeichnungen aus dem 15. bis 21. Jahrhundert besteht, und das Universitätsmuseum. In diesem werden die Insignien der halleschen und Wittenberger Universität gezeigt, ebenso wie herausragende Exponate anderer universitärer Sammlungen aus über fünf Jahrhunderten Universitätsgeschichte.

Universitätsarchiv der Martin-Luther-Universität Halle-Wittenberg

Das 1767 erstmals erwähnte Universitätsarchiv ist für die Überlieferung der Martin-Luther-Universität und ihrer Vorgängereinrichtungen zuständig. Es übernimmt, sichert und verwahrt unter anderem Urkunden, Akten, Bilder und Nachlässe aus der über 500-jährigen Universitätsgeschichte und macht diese zugänglich. Mit vier Kilometern Archivgut gehört das Universitätsarchiv Halle-Wittenberg zu den größten Hochschularchiven in Deutschland. Die ältesten Unterlagen reichen bis in das 14. Jahrhundert zurück.

Evangelisches Predigerseminar, Lutherstadt Wittenberg

Eine Kabinettsorder von König Friedrich Wilhelm III. bestimmte 1816, ein lutherisches Predigerseminar anstelle der ehemaligen Universität in Wittenberg einzurichten. Zum Reformationsfest 1817 wurde es feierlich in Gegenwart des Königs eröffnet. Das Evangelische Predigerseminar wurde bei seiner Gründung mit dem Kernbestand der ehemaligen Universitätsbibliothek ausgestattet.

Die Bibliothek des Predigerseminars ist eine der größten Kirchenbibliotheken Deutschlands. Sie umfasst derzeit 160 000 Bände sowie 80 laufende Zeitschriften. Dazu gehören, die Deposita eingerechnet, zwölf mittelalterliche Handschriften, 500 Inkunabeln, 10 000 Drucke des 16. und 25 000 des 17. Jahrhunderts. Bedeutsam sind die Sonderbestände an 10 000 Wittenberger Dissertationen und 4 000 Leichenpredigten. Besondere Erwähnung verdienen auch die Einbände Wittenberger Buchbinder sowie Bücher mit Marginalien von Angehörigen der Wittenberger Universität Leucorea, darunter Martin Luther und Philipp Melanchthon. Daneben verfügt die Bibliothek über eine Kunstsammlung von 70 Gemälden mit Porträts von Professoren, Kurfürsten und Reformatoren. Die umfangreiche Grafiksammlung beinhaltet hauptsächlich Holzschnitte und Kupferstiche von Persönlichkeiten des 16. bis 18. Jahrhunderts. In der Verwaltung des Evangelischen Predigerseminars steht außerdem die Schlosskirche, die seit 1507 Universitätskirche, Aula und Grablege war.

Städtische Sammlungen, Lutherstadt Wittenberg

Die Städtischen Sammlungen im Wittenberger Schloss haben eine sehr lange Tradition. Die historischen Ratssammlungen mit dem Ratsarchiv, der stadtgeschichtlichen und archäologischen Sammlung wurden schon vor über 700 Jahren vom Rat der Stadt Wittenberg angelegt. Zu Beginn der 1950er Jahre wurde das Melanchthonhaus als städtisches Heimatmuseum ausgebaut. Hier wurden nun auch die Ratssammlungen untergebracht, verwaltet und der Öffentlichkeit präsentiert.

Als das Melanchthonhaus im Jahr 1967 eine Neugestaltung erfuhr und zur zentralen Gedenkstätte für Philipp Melanchthon wurde, setzte man 1969 per Ratsbeschluss die Gründung eines Stadtgeschichtlichen Museums im Wittenberger Schloss zur Präsentation der Sammlungen um. Dort befand sich schon seit 1948 das in städtischer Trägerschaft befindliche Naturkunde- und Völkerkundemuseum, das nach seinem Gründer Julius Riemer benannt wurde. Auf einer Fläche von etwa 2 200 m² präsentieren die Städtischen Sammlungen heute Ausstellungen zur Stadtgeschichte, zur Natur- und Völkerkunde. Dabei befinden sich die Dauerausstellungen zur Stadtgeschichte zum Teil im Südturm des Schlosses, welchen Friedrich der Weise um 1495 als seinen Wohnturm errichten ließ.

Städtische Sammlungen
Wallstraße 1
D – 06886 Lutherstadt Wittenberg
www.wittenberg.de/staticsite/
staticsite.php?menuid=58&topmenu=

Kulturhistorisches Museum Magdeburg

Das *Kulturhistorische Museum Magdeburg*, hervorgegangen aus dem ehemaligen *Kaiser Friedrich Museum*, befindet sich bis heute in dem historischen Gebäude, das 1906 seine Tore öffnete. Sein erklärtes Ziel ist, die Geschichte Magdeburgs in einen europäischen Kontext zu stellen und den Magdeburgern und auswärtigen Besuchern die Auseinandersetzung mit der Kunst- und Kulturgeschichte der Stadt und Europas zu ermöglichen. Das berühmteste Denkmal des Hauses ist der Magdeburger Reiter, das älteste freistehende Reiterstandbild nördlich der Alpen (ca. 1240). Er steht heute mit seinen beiden Begleitfiguren in einem der schönsten Räume der Stadt, dem mittelalterlich anmutenden Kaiser-Otto-Saal des *Kulturhistorischen Museums*.

Die Dauerausstellung »Magdeburg – Die Geschichte der Stadt« verfolgt den turbulenten Werdegang der mittelalterlichen Metropole bis hin zur Landeshauptstadt des Bundeslandes Sachsen-Anhalt. Regelmäßig finden Sonderausstellungen zu besonderen Themen der Kunst- und Kulturgeschichte statt.

Kulturhistorisches Museum Magdeburg
Otto-von-Guericke Straße 68–73
D – 39104 Magdeburg
http://www.khm-magdeburg.de/

Landesarchiv Sachsen-Anhalt

Das *Landesarchiv Sachsen-Anhalt* ist das staatliche Archiv des Landes Sachsen-Anhalt. Es verwahrt die Überlieferung der Ministerien, Behörden und Einrichtungen des heutigen Bundeslands sowie dessen territorialer Vorgänger.

Die archivische Überlieferung reicht bis in das 10. Jahrhundert zurück und spiegelt sich in mehr als 55 000 Urkunden, Amtsbüchern, 50 laufenden Kilometern Akten, 300 000 Karten sowie 1,9 Millionen Fotos und Filmen wider. Diese Archivalien werden vom Landesarchiv für alle Interessierten zugänglich gemacht. Als Informationsdienstleister für Öffentlichkeit, Forschung, Wirtschaft und Verwaltung bewahrt und vermittelt das Landesarchiv Sachsen-Anhalt die historische Tradition des Landes.

Landesarchiv Sachsen-Anhalt

Abteilung Magdeburg
Brückstraße 2 · D – 39114 Magdeburg

Abteilung Magdeburg · Standort Wernigerode
Lindenallee 21 · D – 38855 Wernigerode

Abteilung Merseburg
König-Heinrich-Straße 83 · D – 06217 Merseburg

Abteilung Dessau
Heidestraße 21 · D – 06842 Dessau-Roßlau

www.landesarchiv.sachsen-anhalt.de

26	a	say...
27	b	kune...
28	c	pri...
29	d	ma...
30	e	que...
31	f	Bal...

April

1	g	theodora
2	A	vincenti
3	b	therdoss
4	c	ambrosi
5	d	martini
6	e	Cele...
7	f	alex...
8	g	appo...
9	A	proc...
10	b	anston...
11	c	vsa...
12	d	Zenon...
13	e	fustina...
14	f	Ciri...
15	g	Olim...
16	A	Calesti...
17		
18		...og
19		con...
21	f	sim...
22	g	gar... bap
23	A	for...
24	b	ade...
25	c	Ma...
26	d	Cle... bap
27	e	ana...
28	f	vite...
29	g	germa...
30	A	eutropi...

May

1	b	philipp...
2	c	Sigis...
3	d	crug...

Stadtarchiv Mühlhausen
Ratsstraße 25
D – 99974 Mühlhausen
www.muehlhausen.de/de/
stadt-buerger/stadt-und-geschichte/
stadtgeschichte/stadtarchiv

Stadtarchiv Mühlhausen/Thüringen

Das *Stadtarchiv Mühlhausen* befindet sich im Rathaus der Stadt, dessen ältester Teil aus der Zeit vor 1300 stammt und das neben gotischen auch Renaissance- und Barockelemente aufweist. Im Stadtarchiv werden über 200 laufende Meter Urkunden, Akten, Chroniken, Handschriften und Karten aus der reichsstädtischen Zeit Mühlhausens seit dem 12. Jahrhundert aufbewahrt. In den einzigartigen Räumen des 1615 eingerichteten reichsstädtischen Archivs mit seinen bemalten und verzierten Schränken und Truhen aus dem 17. Jahrhundert ist seit 1900 eine ständige Archivausstellung zur Stadtgeschichte zu sehen. Zu den Beständen gehören u. a. auch umfangreiche Sammlungen historischer Siegel, Karten, Plakate, Druckschriften, Fotos und Zeitungen ab 1786 sowie eine umfangreiche Präsenzbibliothek.

Bayerisches Nationalmuseum
Prinzregentenstraße 3
D – 80538 München
www.bayerisches-nationalmuseum.de

Bayerisches Nationalmuseum München

1855 von König Maximilian II. gegründet, zählt das *Bayerische Nationalmuseum* zu den großen kunst- und kulturhistorischen Museen in Europa. Den Kernbestand der Sammlungen bildet der Kunstbesitz des Hauses Wittelsbach. Das nach den Entwürfen Gabriel von Seidls in den Stilformen des Historismus errichtete Gebäude mit seinen einzigartigen historischen Interieurs ist einer der originellsten und bedeutendsten Museumsbauten aus der Zeit um 1900. Dem Besucher erschließen sich die abendländischen Kunstepochen von der Spätantike bis zum Jugendstil. Die Schausammlung bietet neben zahlreichen Meisterwerken der Skulptur und Malerei kostbare Elfenbein- und Goldschmiedearbeiten, Bildteppiche, Möbel, Waffen, erlesenes Porzellan und eine weltberühmte Krippensammlung.

Stiftung Dome und Schlösser in Sachsen-Anhalt
Am Schloss 4
OT Leitzkau
D – 39279 Gommern
www.dome-schloesser.de

Stiftung Dome und Schlösser in Sachsen-Anhalt, Domschatz Halberstadt

Zweck der *Stiftung Dome und Schlösser in Sachsen-Anhalt* ist es, die im Eigentum der Stiftung stehenden Dome, Kirchen, Klöster, Burgen und Schlösser sowie bewegliche Kunst- und Kulturgüter in Sachsen-Anhalt zu erhalten und insbesondere in Bezug auf ihre historische, kirchengeschichtliche, kunsthistorische und landschaftsprägende Bedeutung zu verwalten. Die Stiftung betreut drei Burgen, sieben Schlösser, vier Dome und ein Kloster mit Stiftskirche.

Unter den beweglichen Kulturgütern ist insbesondere der Halberstädter Domschatz von Bedeutung, die größte Sammlung mittelalterlicher Kunst, die in Deutschland bei einer Kirche erhalten blieb. Dabei handelt es sich um einen in etwa tausend Jahren gewachsenen Schatz, dessen Kunstwerke dem liturgischen Gebrauch bzw. zur Ausstattung des Domes dienten. Die Inventare weisen heute ca. 600 Objekte aus, welche aus der Zeit des 5. bis 18. Jahrhunderts stammen. Alle Kunstgattungen wie Textilien, Tafelmalerei, Skulptur, Mobiliar und Werke der Schatzkunst sind im Dom und den Annexbauten zu bewundern. Einmalig ist die Textiliensammlung des Domschatzes; sie umfasst über 300 Objekte und gilt damit als eine der wichtigsten Sammlungen mittelalterlicher Paramente. Neben einem fast 1000 Jahre alten Chormantel zählen die romanischen Bildteppiche zu den ältesten und besterhaltenen in Europa.

GENE=2²

DER STACHEL DES
DOTES IST DIE SVN
1. COR. 15

Thüringisches Hauptstaatsarchiv Weimar

Begründet wurde das Archiv 1547 mit der Errichtung der Residenz der ernestinischen Linie des Hauses Wettin in Weimar. Seitdem sind durch Zusammenfassung der archivalischen Überlieferung der ernestinischen Regierungen und ihrer Vorgänger zum *Gemeinschaftlichen Hauptarchiv des Sachsen-Ernestinischen Gesamthauses (Ernestinisches Gesamtarchiv)* zwei Archivkörper entstanden. Das Zentralarchiv des ernestinischen Herzogtums Sachsen-Weimar wurde zuletzt als *Geheimes Haupt- und Staatsarchiv* des Großherzogtums nach Aufhebung der Monarchie (1918) des Freistaates Sachsen-Weimar-Eisenach neu gebildet. 1865 trat als dritter Archivkörper das *Großherzogliche Hausarchiv* hinzu.

Nach der Gründung des Landes Thüringen (1920) wurden die bisherigen Archive ab 1923 zum *Thüringischen Staatsarchiv* vereinigt.

Thüringisches Hauptstaatsarchiv Weimar
Marstallstraße 2
D – 99423 Weimar
www.thueringen.de/th1/tsk/
kultur/staatsarchive/standorte/weimar

Thüringisches Staatsarchiv Gotha

Errichtet wurde das Archiv nach der 1640/41 erfolgten Gründung des sächsisch-ernestinischen Herzogtums Gotha durch Übernahme von Urkunden, Amtsbüchern und Akten aus dem *Gemeinschaftlichen Hauptarchiv des Sachsen-Ernestinischen Gesamthauses* in Weimar für das Gebiet des neuen Herzogtums einschließlich der dort gelegenen ehemaligen Klöster. Dieses *Geheime Archiv*, 1840 in *Herzoglich Sächsisches Haus- und Staatsarchiv* umbenannt, war im Wesentlichen die einsortierte Registratur des *Geheimen Rates*, der obersten Regierungsbehörde des Herzogtums. Erst nach dem Ende der Monarchie wurden auch die Registraturen der in Gotha aufgelösten Zentralbehörden des 1826 gebildeten Herzogtums Sachsen-Coburg und Gotha übernommen.

Nach der Gründung des Landes Thüringen (1920) wurde das bisherige Archiv ab 1923 als *Thüringisches Staatsarchiv* fortgeführt, zu dem nach 1945 auch die Archivbestände der preußischen Behörden im 1816 gebildeten Regierungsbezirk Erfurt hinzutraten. Das Archiv wurde seit 1976 nur noch als Außenstelle Gotha des Staatsarchivs Weimar geführt. Seit 1994 ist das Archiv unter dem alten Namen *Thüringisches Staatsarchiv Gotha* wieder selbstständig.

Thüringisches Staatsarchiv Gotha
Justus-Perthes-Straße 5
D – 99867 Gotha
www.thueringen.de/th1/tsk/
kultur/staatsarchive/standorte/gotha

Vereinigte Domstifter zu Merseburg und Naumburg und des Kollegiatstifts Zeitz

Die *Vereinigten Domstifter zu Merseburg und Naumburg und des Kollegiatstifts Zeitz* zählen zu den traditionsreichsten Einrichtungen in Deutschland. Während die *Vereinigten Domstifter* in ihrer heutigen Form als gemeinnützige Stiftung öffentlichen Rechts auf das Jahr 1930 zurückgehen, reichen die Wurzeln des Naumburger und Merseburger Domkapitels bis in die Zeit vor 1000 Jahren zurück, als Kaiser Otto der Große und seine Nachfolger die mitteldeutsche Region zwischen Unstrut, Saale, Harz und Elbe als Kernland ihres Königtums ausbauten und damit eine der bedeutendsten Kulturlandschaften Europas schufen.

Zwei Kathedralen in Merseburg und Naumburg – letztere beherbergt beispielsweise die berühmten Stifterfiguren des Naumburger Meisters, darunter die legendäre Uta von Ballenstedt –, zwei Pfarrkirchen und eine Klosterkirche, die zu den bedeutendsten Sakralbauten Deutschlands zählen, bezeugen neben zahlreichen weiteren Gebäudeensembles von höchstem Denkmalwert das reiche architektonische Erbe der Stiftung. Einen faszinierenden Einblick in die kostbare Ausstattung der beiden

Vereinigte Domstifter zu Merseburg und Naumburg und des Kollegiatstifts Zeitz
Domplatz 16/17
D – 06618 Naumburg (Saale)
www.vereinigtedomstifter.de

ten quantumvis vetustae et celebri universitati postponatur: volumus et decernimus per presentes: quod prenominata uni[versitas]
gaudeant et potiantur: uti fruit gaudere et potiri possint et valeant: omnibus et quibuscumque gratiis, honoribus, dignitatibus [...]
[...] quibuslibet aliarum universitatum Bononiensis, Senensis, Patavina, Papiensis, Perusina, Florentina et Lipsensis ac alia [...]
[...] gaudent aut potiuntur, quomodolibet consuetudine vel de iure. Non obstantibus aliquibus privilegiis, indultis, privilegiis gra[tiis]
[...]umcumque et nostrarum facientibus: quibus omnibus et singulis, ex certa nostra scientia presentia, animo deliberato, et [...]
[...] break hanc nostre creationis, institutionis, fundationis, erectionis, indulti, gratie, derogationis, constitutionis, concessionis [...]
[...] violare et infringere. Siquis autem hoc attemptare presumpserit: nostram et imperii sacri indignationem gravissimam [...]
irremissibiliter incursurum: quarum medietatem imperialis fisci nostri sive ærarii: reliquam vero partem iniuriam pas[sorum]
pensione nummorum. Datum in civitate nostra imperiali Ulma: pridie nonas July: Anno domini Millesimoquingentesimo[...]

Bischofskirchen mit hochrangigen Kunstwerken und seltenen sakralen Objekten bieten die Domschätze in Merseburg und Naumburg. Darüber hinaus bewahren die seit dem Mittelalter vor Ort erwachsenen Stiftsbibliotheken und Archive einen einzigartigen Schatz der schriftlichen Überlieferung aus über 1 500 Jahren.

Wartburg-Stiftung Eisenach

Die Stiftung hat ihren Sitz auf der Wartburg, welche seit 1999 zum UNESCO-Weltkulturerbe gehört. Bereits seit dem 19. Jahrhundert galt die Burg als nationales Denkmal; hier lebte im 13. Jahrhundert die hl. Elisabeth von Thüringen, 1521/22 versteckte sich Martin Luther als »Junker Jörg« hier und übersetzte während dieser Zeit das Neue Testament ins Deutsche. Johann Wolfgang von Goethe besuchte mehrmals die Wartburg, erstmals im Jahr 1777. 1817 fand auf Einladung der Jenaer Urburschenschaft anlässlich des 300. Jahrestags des Thesenanschlags Martin Luthers und im Gedenken an die Völkerschlacht bei Leipzig auf der Burg das erste Wartburgfest statt.

Die *Wartburg-Stiftung Eisenach* verwaltet die Burg und ihre Kunstschätze als bedeutsame Kulturstätte, nationales Denkmal und Museum. Die Geschichte der Wartburgsammlung umfasst rund zwei Jahrhunderte. Ihre Anfänge wurzeln in der romantischen Wiederentdeckung deutscher Kultur- und Geistesgeschichte, im Besinnen auf das deutsche Mittelalter. Die Sammlungsschwerpunkte orientieren sich bis heute an den wichtigen Epochen der Wartburggeschichte, dem Hoch- und Spätmittelalter, der Frühneuzeit und dem 19. Jahrhundert.

Wartburg-Stiftung Eisenach
Auf der Wartburg
D – 99817 Eisenach
www.wartburg-eisenach.de/

Klassik Stiftung Weimar

Die *Klassik Stiftung Weimar* bildet ein einzigartiges Ensemble von Kulturdenkmalen. Mit ihren mehr als 20 Museen, Schlössern, historischen Häusern und Parks sowie den Sammlungen der Literatur und Kunst zählt sie zu den größten Kulturstiftungen Deutschlands. Elf Liegenschaften des Ensembles sind als Teil des »klassischen Weimar« in der Liste des Weltkulturerbes der UNESCO aufgeführt. Die *Klassik Stiftung Weimar* ist 2003 aus dem Zusammenschluss der *Stiftung Weimarer Klassik* mit den *Kunstsammlungen zu Weimar* hervorgegangen. Durch diese Fusion kamen wesentliche Teile des Kunstbesitzes des Großherzoglichen Hauses Sachsen-Weimar und Eisenach in den Verantwortungsbereich der *Klassik Stiftung*. Schenkungen, Ankäufe und Leihgaben ergänzen die historischen Bestände, die auch durch zeitgenössische Kunstentwicklungen bereichert wurden.

Klassik Stiftung Weimar
Stiftung des öffentlichen Rechts
Burgplatz 4
D – 99423 Weimar
www.klassik-stiftung.de

Evangelische Kirchengemeinde St. Petri Wörlitz

Die Wörlitzer St.-Petri-Kirche wurde zwischen 1196 und 1201 als romanische Kirche errichtet und von Bischof Norbert von Brandenburg geweiht. Fürst Leopold Friedrich Franz von Anhalt Dessau ließ die Kirche bis 1809 neogotisch überbauen. Aus dem 16. Jahrhundert stammen die vier Epitaphien. Der Dessauer Fürst Wolfgang stellte sich schon 1526 auf die Seite der Protestanten, sodass es möglich war, dass Martin Luther schon 1532 vor den askanischen Fürsten in der Wörlitzer Kirche predigen konnte. 1538 hielt er hier noch einmal einen Gottesdienst »… vor sieben Bauern und zwei alten Weiblein«.

Evangelische Kirchengemeinde
St. Petri Wörlitz der Evangelischen
Landeskirche Anhalts in Deutschland
Kirchgasse 34
D – 06785 Oranienbaum-Wörlitz
www.kirche-woerlitz.de

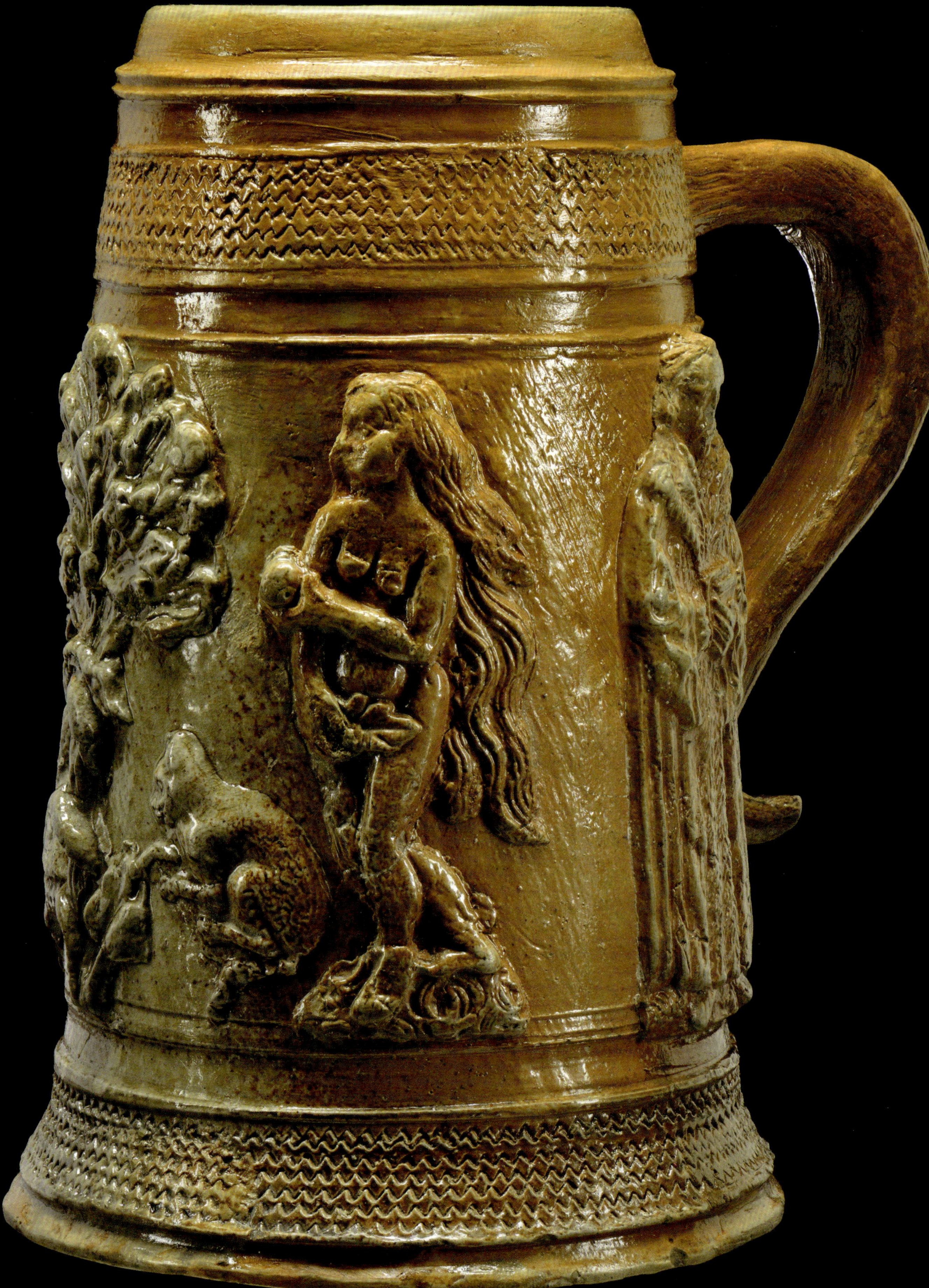

Evangelische Kirchengemeinde St. Michael Zeitz

Die Kirchengemeinde St. Michael besitzt ein außergewöhnliches Dokument der Reformationszeit. Im Jahr 1882 entdeckte man bei Renovierungsarbeiten einen originalen Plakatdruck von Luthers Thesen von 1517. Der Druck war in einem Sammelband mit Schriften Luthers zum Ablasshandel enthalten, den der Zeitzer Krämer Lucas Scholz im Jahr 1613 der Bibliothek der Michaeliskirche geschenkt hatte. Weltweit existieren nur noch sechs Exemplare dieses bedeutsamen Dokuments, dessen Faksimile heute im Gemeindezentrum am Michaeliskirchhof zu besichtigen ist.

Die Ansichten Luthers fanden auch in Zeitz Anklang. So wurde Nikolaus von Amsdorf von Martin Luther in sein Amt als erster evangelischer Bischof von Zeitz eingeführt. 1544 besuchte der Reformator die Residenzstadt erneut für zehn Tage.

Evangelische Kirchengemeinde Zeitz
Michaeliskirchhof 9
D – 06712 Zeitz
www.kirche-zeitz.de

Stadt Zerbst/Anhalt

Die Reformation erreichte Zerbst sehr früh. Zerbst bekannte sich als zweite Stadt nach Wittenberg zur Reformation. 1582 wurde das *Gymnasium illustre* als eine anhaltische Landesuniversität gegründet, die mehr als zwei Jahrhunderte bestehen blieb. Durch die Teilung Anhalts im Jahr 1603 wurde Zerbst Residenz eines kleinen selbstständigen Fürstentums, dem die spätere russische Zarin Katharina die Große entstammt.

Als erste reformierte Stadt Anhalts hat Zerbst Geschichte geschrieben und ist mit vier Stationen am 2007 im Land Sachsen-Anhalt eingeweihten *Lutherweg* vertreten: dem *Francisceum*, den Kirchen St. Nicolai und St. Trinitatis, der St. Bartholomäikirche (alle in Zerbst) sowie der Radfahrkirche im Ortsteil Steckby.

Stadt Zerbst/Anhalt
Rathaus
Schloßfreiheit 12
D – 39261 Zerbst/Anhalt
www.stadt-zerbst.de

Leihgeber USA

Thrivent Financial Collection of Religious Art, Minneapolis

Thrivent Financial ist ein Finanz- und Versicherungsdienstleister, dessen Angebote sich speziell an lutherische Christen richten.

Die *Thrivent Financial Collection of Religious Art* sticht unter anderen Unternehmenssammlungen durch ihren Fokus auf originale Papierkunstwerke und christliche Themen heraus. Im Jahr 1982 gegründet, besitzt die Sammlung heute mehr als 1100 Objekte. Dieser Bestand umfasst Werke vom 13. Jahrhundert bis zum Ende des 20. Jahrhunderts, darunter auch Meisterwerke von Albrecht Dürer über Rembrandt van Rijn bis hin zu Pablo Picasso.

Thrivents selbstgewählter Verpflichtung gemäß, ihren Mitgliedern sowie der Gesellschaft im Allgemeinen Möglichkeiten der Vermittlung und kulturellen Bildung zu eröffnen, wird die Kunstsammlung durch öffentliche Vorträge, Galerieausstellungen und Wanderausstellungen zugänglich gemacht. Zudem ist sie eine Quelle aktueller wissenschaftlicher Forschung.

Die *Thrivent Financial* ist der Presenting Sponsor der Ausstellung »Martin Luther: Art and the Reformation« am *Minneapolis Institute* of Art.

Thrivent Financial Collection of Religious Art
625 Fourth Ave. S.
Minneapolis, MN
55415–1624
www.thrivent.com

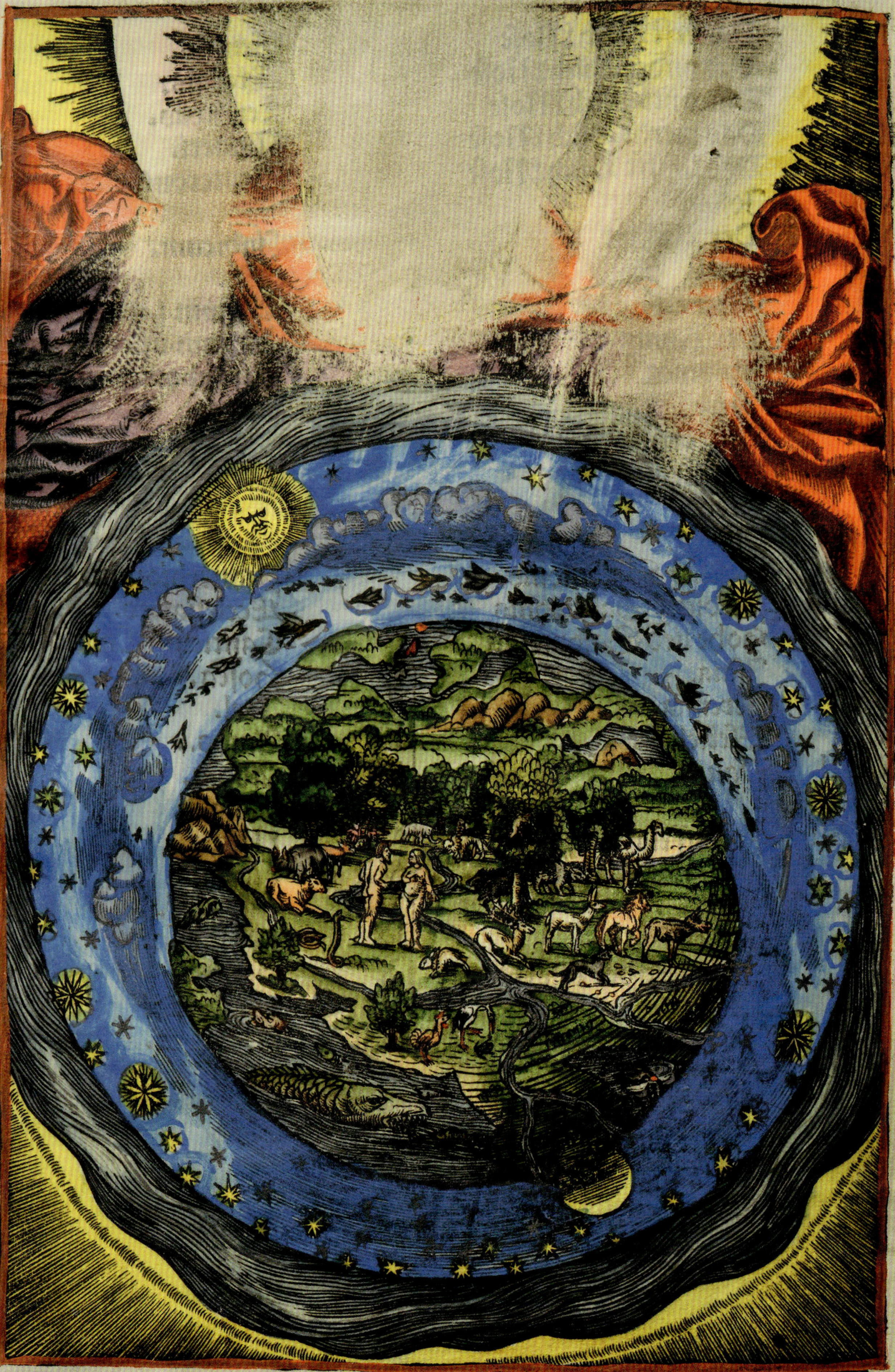

The Metropolitan Museum of Art, New York

Das *Metropolitan Museum of Art* in New York City (»Met«) ist das größte Kunstmuseum der Vereinigten Staaten von Amerika und eines der meist besuchten Kunstmuseen der Welt. Seine Sammlungen umfassen mehr als drei Millionen Werke in siebzehn Abteilungen.

Die ständige Sammlung besteht aus Kunstwerken der Antike und des alten Ägypten, Gemälden und Skulpturen beinahe aller europäischer Meister und aus einer umfangreichen Sammlung amerikanischer und der modernen Kunst. Daneben verfügt das Met über umfangreiche Bestände afrikanischer, asiatischer, ozeanischer, byzantinischer, indischer und islamischer Kunst und beherbergt eine umfassende Sammlung an Musikinstrumenten, Kostümen und Accessoires sowie antiken Waffen und Rüstungen aus der ganzen Welt. Eine Zweigstelle des *Metropolitan Museum of Art*, *The Cloisters* im Fort Tryon Park in Upper Manhattan, beherbergt eine reiche Sammlung mittelalterlicher europäischer Kunstwerke.

The Metropolitan Museum of Art
1000 Fifth Avenue
New York, New York 10028-0198
www.metmuseum.org

Scheide Library, Princeton University Library

Seit 1959 beherbergt die *Princeton University Firestone Library* die *Scheide Library*, eine der größten Sammlungen seltener Bücher und Manuskripte der Welt, die der Universität 2015 als Schenkung von William H. Scheide vermacht wurde. 1865 von William Taylor Scheide gegründet, umfasst die Bibliothek rund 2500 seltene Bücher und Manuskripte. Unter ihnen sind, beginnend mit der Gutenberg-Bibel aus dem Jahr 1455, die ersten sechs gedruckten Ausgaben der Bibel, ein originaler Druck der amerikanischen Unabhängigkeitserklärung, Beethovens Musikskizzenbuch von 1815 bis 1816 (das einzige außerhalb Europas), die ersten Gesamtausgaben von Shakespeares Werken, bedeutende Autogramme und Musikhandschriften von Johann Sebastian Bach, Wolfgang Amadeus Mozart, Ludwig van Beethoven, Franz Schubert und Richard Wagner sowie Schätze der amerikanischen Geschichte, wie etwa ein Autograf einer Rede Abraham Lincolns aus dem Jahr 1856 zu den Problemen der Sklaverei. Die Bibliothek ist die wertvollste Schenkung in der Geschichte der *Princeton University*.

Scheide Library, Princeton University Library
Firestone Library
One Washington Road
Princeton, NJ 08540
https://rbsc.princeton.edu/divisions/scheide-library

Luther Seminary Library St. Paul

Das *Luther Seminary* ist die größte von insgesamt acht Theologischen Hochschulen der Evangelisch-Lutherischen Kirche in Amerika (ELCA). Sie entstand 1917 durch den Zusammenschluss von drei norwegischen lutherischen Kirchen, die jeweils ein eigenes *seminary* unterhielten. Als Gründungsdatum gilt seit dem Zusammenschluss mit dem *Augsburg Seminary* (1963) dessen Gründungsjahr 1869.

Die *Luther Seminary Library* in der Gulixson Hall bietet Zugang zu etwa 250000 gedruckten Bänden, tausenden digitaler Zeitschriften sowie einem wachsenden Bestand an E-Büchern. Zu ihren Sondersammlungen zählt eine umfangreiche Sammlung an Büchern aus der Zeit vor 1800, die theologische Abhandlungen, Bibelkommentare, liturgische Werke u. a. von lutherischen und weiteren protestantischen Reformatoren des 16.–18. Jahrhunderts umfasst. Die *Carl Døving Hymn Collection* enthält mehr als 1400 Gesangbücher in über 325 Sprachen und Dialekten, die *Jacob Tanner Catechism Collection* Ausgaben von Luthers Kleinem Katechismus in Sprachen aus der ganzen Welt.

Luther Seminary Library St. Paul
Gullixson Hall
2375 Como Avenue
St Paul, MN 55108
www.luthersem.edu/library

◀ Kat. 344a

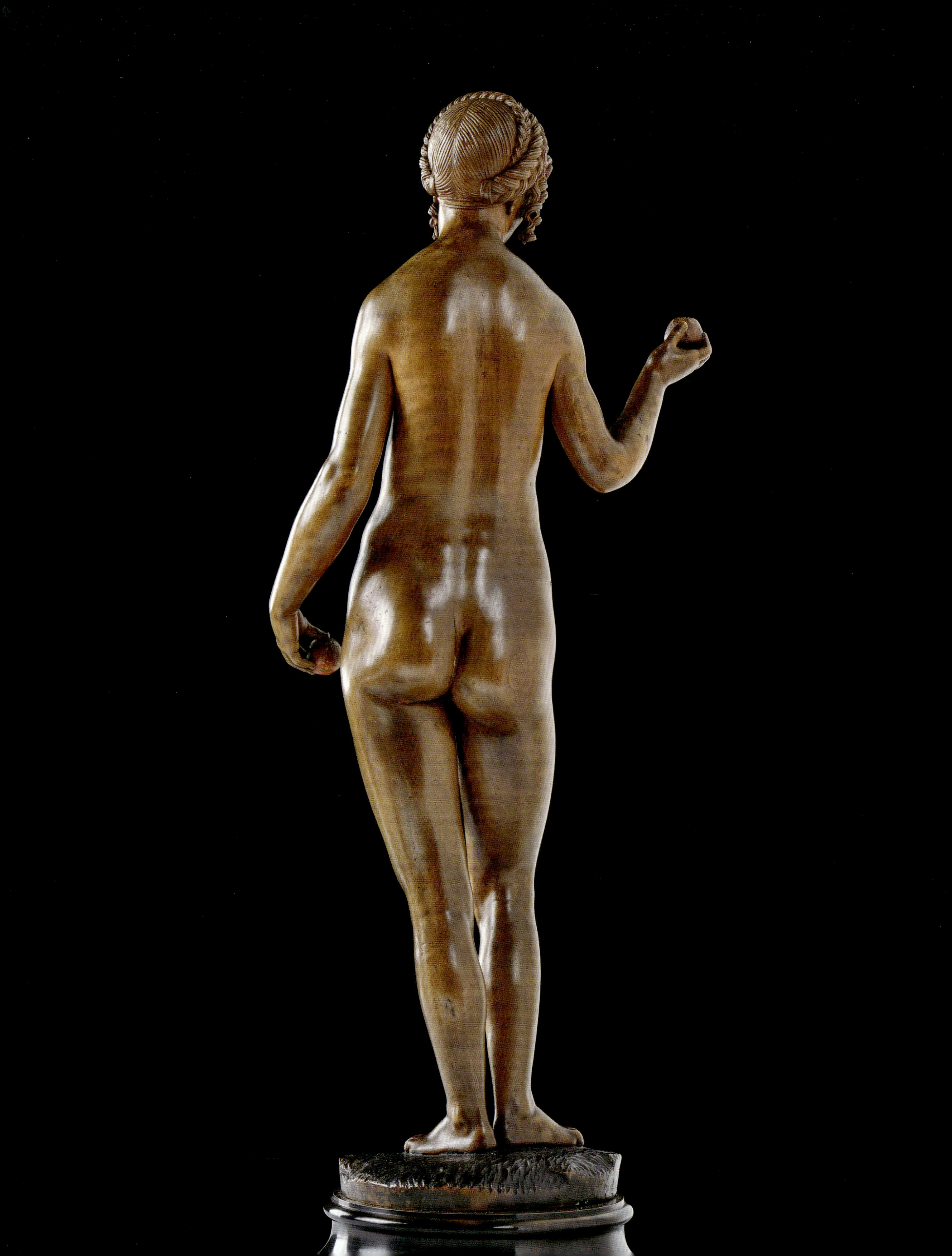

Nationale Sonderausstellungen in Deutschland zum Reformationsjubiläum 2017

»Luther! 95 Schätze – 95 Menschen«

13. Mai bis 5. November 2017

Stiftung Luthergedenkstätten in Sachsen-Anhalt,
Lutherhaus/Augusteum, Lutherstadt Wittenberg

Die Ausstellung folgt im ersten Teil mit außergewöhnlichen Exponaten aus Luthers Umfeld der Spur des jungen Mönchs Luder, der zum Weltveränderer Luther wurde: Wer war dieser Mensch, der die Thesen gegen den Ablasshandel veröffentlichte und damit die Reformation in Gang brachte? Der zweite Teil stellt 95 Menschen mit ihren jeweiligen existenziellen Beziehungen zu Luther und seinem Werk vor, vom 16. Jahrhundert bis in die Gegenwart, von Paul Gerhardt bis Martin Luther King.

»Luther und die Deutschen«

4. Mai bis 5. November 2017

Wartburg-Stiftung auf der Wartburg, Eisenach

Diese Ausstellung zeigt, wie jede Epoche deutscher Geschichte ihr ganz eigenes Lutherbild prägte. Prägnante reformatorische Leitmotive werden im Kontext kultureller und politischer Entwicklungen vorgestellt und von Luthers Sicht her ein wirkungsgeschichtlicher Bogen bis zur Gegenwart geschlagen.

»Der Luthereffekt. 500 Jahre Protestantismus in der Welt«

12. April bis 5. November 2017

Deutsches Historisches Museum im Martin-Gropius-Bau, Berlin

Als erste Ausstellung zeigt »Der Luthereffekt« die globale Vielfalt und Wirkungsgeschichte, aber auch die Konfliktpotenziale des Protestantismus zwischen den Kulturen. Welche Spuren hinterließ er in anderen Konfessionen und Religionen? Wie veränderte er sich selbst durch diese Begegnungen – und nicht zuletzt: Wie haben sich Menschen die evangelische Lehre angeeignet, sie geformt und gelebt?

Anhang

Literatur

A

ADB 1875–1912
Karl v. Schmidt/G. E. Schulze (Hrsg.), Allgemeine Deutsche Biographie/auf Veranlassung und mit Unterstützung Seiner Majestät des Königs von Bayern Maximilian II. hrsg. durch die Historische Commission bei der Königl. Akademie der Wissenschaften, 56 Bde., 1. Aufl., Berlin 1875–1912.

Adler 2005
Beatrix Adler: Frühe Steinzeug Krüge aus der Sammlung Les Paul, Ein Überblick über alle deutschen Steinzeugzentren von 1500–1850, Dillingen 2005.

Adler 2010
Georg Adler: Handbuch Buchverschluss und Buchbeschlag. Terminologie und Geschichte im deutschsprachigen Raum, in den Niederlanden und Italien vom frühen Mittelalter bis zur Gegenwart, Wiesbaden 2010.

Adler/Ansorge 2006
Georg Adler/Jörg Ansorge: Buchverschlüsse und Buchbeschläge vom Marienkirchhof in Pasewalk – Zeugen der ehemaligen Bibliothek des Pasewalker Dominikanerklosters (= Bodendenkmalpflege in Mecklenburg-Vorpommern, Jahrbuch, Bd. 54) Schwerin 2006, S. 151–176.

Ainsworth/Waterman 2013
Maryan Ainsworth/Joshua Waterman, German Paintings in the Metropolitan Museum of Art, Nr. 15, New York 2013.

Amme 1994
Jochen Amme (Bearb.), Bestecke. Die Egloffsteinsche Sammlung (15.–18. Jahrhundert) auf der Wartburg, Stuttgart 1994.

Ameln 1954
Konrad Ameln: Geistliche Lieder auffs new gebessert zu Wittemberg/ Martin Luther. Das Klug'sche Gesangbuch 1533 nach dem einzigen erhaltenen Exemplar der Lutherhalle zu Wittenberg erg. u. hrsg. von Dems., Wittenberg 1533, Faksimile-Ausg. Kassel 1954.

Ameln 1956
Konrad Ameln: Das Achtliederbuch vom Jahre 1523/24, in: Jahrbuch für Liturgik und Hymnologie, Bd. 2, 1956, S. 89–91.

Amt der VELKD 2013
Unser Glaube. Die Bekenntnisschriften der evangelisch-lutherischen Kirche. Ausgabe für die Gemeinde. Im Auftrag der Vereinigten Evangelisch-Lutherischen Kirche Deutschlands (VELKD), hrsg. v. Amt der VELKD. Redaktionell betreut v. Johannes Hund u. Hans-Otto Schneider. 6., völlig neu bearb. Aufl., Gütersloh 2013.

Anderlik/Kaiser 2009
Heidemarie Anderlik/Katja Kaiser (Hrsg.): Die Sprache Deutsch, Ausst.-Kat., Dresden 2009.

Andersson/Talbot 1983
Christiane Andersson/Charles W. Talbot: From a Mighty Fortress. Prints, Drawings, and Books in the Age of Luther. 1483–1546, Detroit, The Detroit Institute of Arts/Ottawa/The National Gallery of Canada/Kunstsammlungen der Veste Coburg, Detroit 1983.

Andresen 1864/1874
Andreas Andresen: Der deutsche Peintre-Graveur oder die deutschen Maler als Kupferstecher. Nach ihrem Leben und ihren Werken, von dem letzten Drittel des 16. Jahrhunderts bis zum Schluss des 18. Jahrhunderts, und im Anschluss an Bartsch's Peintre-Graveur, an Robert-Dumesnil's und Prosper de Baudicour's französischen Peintre-Graveur, Bd. 1 Leipzig 1864, Bd. 4 Leipzig 1874.

Anzelewsky 1988
Fedja Anzelewsky: Dürer. Werk und Wirkung, Erlangen 1988.

Arens 2012
Hans Jürgen Arens: Jakobus. Apostel der Ibero-Kelten, Aachen 2012.

Arnal 1980
Oscar L. Arnal: Luther and the Peasants: A Lutheran Reassessment, in: Science and Society, Bd. 44, 1980, S. 443–465.

Arnold 1845
Johann August Arnold: Die Beschreibung der Dr. Luthers-Kanzel: Zur Vorbereitung auf die dreihundertjährige Gedächtnißfeier seines Todes und zu milden Zwecken hrsg. von Dems., H. 2: Die ausführliche Beschreibung der Dr. Luthers-Kanzel zu Eisleben, Eisleben 1845.

Arnold 2014
Jochen Arnold: »… eine Regiererin des menschlichen Herzen« – ein Versuch zu Martin Luthers Theologie der Musik, in: Ders. (Hrsg.), Singen, Beten, Musizieren, Göttingen 2014.

Asmus 1999
Helmut Asmus: 1200 Jahre Magdeburg. Von der Kaiserpfalz zur Landeshauptstadt, Bd. 1: Die Jahre 805–1631, Magdeburg 1999.

B

Bachmann/Gröbler/Kunde/Hörsch/Stewing 2006
Thomas Bachmann/Bernhard Gröbler/Holger Kunde/Markus Hörsch/Frank-Joachim Stewing: Die Chorbücher der Kathedrale, in: Holger Kunde (Hrsg.), Der Naumburger Domschatz. Sakrale Kostbarkeiten im Naumburger Domschatzgewölbe (= Kleine Schriften der Vereinigten Domstifter zu Merseburg, Naumburg und des Kollegiatstifts Zeitz, Bd. 3), Petersberg 2006, S. 71–86.

Badstübner-Gröger/Findeisen 1983
Sibylle Badstübner-Gröger/Peter Findeisen: Martin Luther. Städte – Stätten – Stationen. Eine kunstgeschichtliche Dokumentation, Leipzig 1983.

Bagchi 1991
David V. N. Bagchi: Luther's earliest opponents: catholic controversialists, 1518–1525, Minneapolis 1991.

Balmires 2003
David Balmires: The book of the perfect life: Theologia deutsch – Theologia Germanica, Walnut Creek 2003.

Bartrum 1995
Giulia Bartrum: German Renaissance Prints 1490–1550: exhibition held at the British Museum during 1995, London 1995.

Bartsch 2013
Martin Bartsch: Luther und das Geistliche Gesangbüchlein Johann Walters In: Volker Gallé (Hrsg.), Ein neues Lied wir heben an, Worms 2013, S. 27–34.

Bartzsch/Schmidt 2006
Claudia Bartzsch/David Schmidt: Schloss Seeburg am Süßen See. Baugeschichte und Bauforschung am Rittersaalgebäude, in: Burgen und Schlösser in Sachsen-Anhalt 15, 2006, S. 151–186.

von Bassermann-Jordan 1969
Ernst von Bassermann-Jordan: Uhren. Ein Handbuch für Sammler und Liebhaber (= Bibliothek für Kunst- und Antiquitätenfreunde, Bd. VII, Uhren), 5. überarb. Aufl. von Hans von Bertele, Braunschweig 1969.

Bauer 2004
Ingolf Bauer: Hafnergeschirr aus Franken (= Kataloge des Bayerischen Nationalmuseums, Bd. XV, 2), München 2004.

Bauer/Hellmann 2003
Joachim Bauer und Birgitt Hellmann (Hrsg.): Verlust und Gewinn. Johann Friedrich I., Kurfürst von Sachsen, Ausst.-Kat., Weimar 2003.

Bednarz/Findeisen/Janke/Krause/Pregla 2009
Ute Bednarz/Peter Findeisen/Petra Janke/Hans-Joachim Krause/Barbara Pregla (Hrsg.): Kostbarkeiten aus dem Domschatz zu Halberstadt, Dößel 2009.

Beeskow/Kabus 1984
Hans-Joachim Beeskow/Ronny Kabus (Hrsg.): Martin Luther 1483 bis 1546. Katalog der Ausstellung in der Staatlichen Lutherhalle Wittenberg, Rostock 1984.

Bellmann/Harksen/Werner 1979
Fritz Bellmann/Marie-Luise Harksen/Roland Werner: Die Denkmale der Lutherstadt Wittenberg, Weimar 1979.

Belting 2006
Hans Belting: Das echte Bild. Bildfragen als Glaubensfragen, 2. Aufl., München 2006.

Benker 1989
Gertrud Benker: Klanggeräte aus Ton. Bayerisches Nationalmuseum, Bildführer 17, München 1989.

Benzing 1966
Josef Benzing: Lutherbibliographie: Verzeichnis der gedruckten Schriften Martin Luthers bis zu dessen Tod, Baden-Baden 1966.

Berbig 1906
Georg Berbig: Spalatin und sein Verhältnis zu Martin Luther auf Grund ihres Briefwechsels bis zum Jahre 1525. (= Quellen und Darstellungen aus der Geschichte des Reformationsjahrhunderts, Bd. 1) Halle (Saale) 1906.

Berg/Bremer/Dilly/Rupeper/Schröter/Sträter/Wagner 2002
Gunnar Berg/Thomas Bremer/Heinrich Dilly/Hermann-Josef Rupieper/Marianne Schröter/Udo Sträter/Claudia Wagner (Hrsg.): Emporium. 500 Jahre Universität Halle-Wittenberg, Ausst.-Kat., Halle (Saale) 2002.

Berger 1827
Christoph Berger: Kurze Beschreibung der Merkwürdigkeiten die sich in Eisleben, und in Luthers Hause daselbst besonders auf die Reformation und auf D. Martin Luther beziehen, 2. Aufl., Merseburg 1827.

Berger 2015
Daniel Berger: Untersuchungen zur Zusammensetzung des Schriftmetalls frühneuzeitlicher Drucktypen aus Mainz, Oberursel und Wittenberg, in: Tatjana Gluhak/Susanne Greiff/Michael Prange (Hrsg.), Archäometrie und Denkmalpflege 2015 (= Metalla, Sonderbd. 7), Bochum 2015, S. 192–194.

Berger/Greb/Rode 2015
Daniel Berger/Mareike Greb/Holger Rode: Noten für den Reformator? Zur Untersuchung der Drucktypen aus dem Wittenberger Franziskanerkloster und ihr Zusammenhang mit dem Musikaliendruck der Reformationszeit, in: Harald Meller (Hrsg.), Fokus: Wittenberg. Die Stadt und ihr Lutherhaus. Multidisziplinäre Forschungen über und unter Tage (= Forschungsberichte des Landesmuseums für Vorgeschichte Halle, Bd. 7), Halle (Saale) 2015, 133–196.

Berger/Stieme 2014a
Daniel Berger/Sophia Linda Stieme: Untersuchungen zum frühneuzeitlichen Buchdruck an Bleilettern aus Wittenberg, in: Harald Meller (Hrsg.), Mitteldeutschland im Zeitalter der Reformation. Interdisziplinäre Tagung vom 22. bis 24. Juni 2012 in Halle (Saale) (= Forschungsberichte des Landesmuseums für Vorgeschichte Halle, Bd. 4), Halle (Saale) 2014, S. 236–243.

Berger/Stieme 2014b
Daniel Berger/Sophia Linda Stieme: Die Wittenberger Letternfunde aus der Bürgermeisterstraße 5. Eine typografische, historische und materialkundliche Betrachtung, in: Harald Meller (Hrsg.), Glas, Steinzeug und Bleilettern aus Wittenberg (= Forschungsberichte des Landesmuseums für Vorgeschichte Halle, Bd. 5), Halle (Saale) 2014, S. 267–364.

Bergner 1903
Heinrich Bergner: Beschreibende Darstellung der älteren Bau- und Kunstdenkmäler der Stadt Naumburg (Beschreibende Darstellung der älteren Bau- und Kunstdenkmäler der Provinz Sachsen, Bd. 24), Halle (Saale) 1903.

Bergner 1909
Heinrich Bergner (Bearb.): Beschreibende Darstellung der älteren Bau- und Kunstdenkmäler der Provinz Sachsen und angrenzender Gebiete, 27. H. Kreis Querfurt, Halle (Saale) 1909.

Bergner 1926
Heinrich Bergner: Naumburg und Merseburg, 2. umgearb. Aufl. von Friedrich Haesler (= Berühmte Kunststätten, Bd. 47), Leipzig 1926.

Beutel 2005
Albrecht Beutel (Hrsg.): Luther-Handbuch, Tübingen 2005.

Beutmann 2012
Jens Beutmann: Zur technologischen und formalen Entwicklung der spätmittelalterlichen Gebrauchskeramik zwischen Dresden, Leipzig und Zwickau, in: Regina Smolnik (Hrsg.), Keramik in Mitteldeutschland – Stand der Forschung und Perspektiven. 41. Internationales Hafnereisymposium des Arbeitskreises für Keramikforschung in Dresden, Deutschland, vom 21. September bis 27. September 2008 (= Veröffentlichungen des Landesamtes für Archäologie, Bd. 57), Dresden 2012, S. 173–185.

Beyer 1937
Fritz Beyer: Gedruckte Ablassbriefe und sonstige mit Ablässen in Zusammenhang stehende Druckwerke des Mittelalters, in: Gutenberg-Jahrbuch, 1937, S. 43–54.

Beyer 1989
Michael Beyer: Die Neuordnung des Kirchenguts, in: Helmar Junghans (Hrsg.), Das Jahrhundert der Reformation in Sachsen. Festgabe zum 450jährigen Bestehen der Evangelisch-Lutherischen Landeskirche Sachsens, Berlin 1989, S. 91–112.

Bibliothek Selmenitz 2014
Die Bibliothek der Felicitas von Selmenitz und ihres Sohnes Georg von Selmenitz. Eine Büchersammlung aus der Reformationszeit in der Marienbibliothek zu Halle an der Saale (= Kostbarkeiten und Raritäten einer alten Büchersammlung, Bd. 3, hrsg. vom Freundeskreis der Marienbibliothek zu Halle e. V.), Halle (Saale) 2014.

Bild und Botschaft 2015
Bild und Botschaft. Cranach im Dienst von Hof und Reformation, hrsg. v. Stiftung Schloss Friedenstein Gotha und Museumslandschaft Hessen Kassel, Heidelberg 2015.

Bingener/Bartels/Fessner 2012
Andreas Bingener/Christoph Bartels/Michael Fessner: Die große Zeit des Silbers. Der Bergbau im deutschsprachigen Raum von der Mitte des 15. bis zum Ende des 16. Jahrhunderts, in: Klaus Tenfelde/Stefan Berger/Hans-Christoph Seidel (Hrsg.), Geschichte des deutschen Bergbaus, Bd. 1: Der alteuropäische Bergbau. Von den Anfängen bis zur Mitte des 18. Jahrhunderts, Münster 2012, S. 317–452.

Birkenmeier 2013
Jochen Birkenmeier: Luthers letzter Weg. Ein Rundgang durch Luthers Sterbehaus, Lutherstadt Wittenberg 2013.

Birkenmeier 2015
Jochen Birkenmeier: Das Lutherhaus in Eisenach, Eisenach 2015.

Birkenmeier 2016
Jochen Birkenmeier: Luthers Land. Eine Zeitreise nach Sachsen-Anhalt und Thüringen, Meßkirch 2016.

Bischoff 2010
Georges Bischoff: La guerre des paysans: l'Alsace et la révolution du Bundschuh 1493–1525, Strasbourg 2010.

Blaha 2014
Dagmar Blaha: Luther vor dem zweiten Verhör auf dem Reichstag in Worms – Beginn eines Redemanuskriptes in deutscher Sprache (17./18. April 1521), in: Irene Dingel/Henning P. Jürgens (Hrsg.), Meilensteine der Reformation. Schlüsseldokumente der frühen Wirksamkeit Martin Luthers, Gütersloh 2014, S. 140–144 u. 270 f.

Blaha: Beginn
Dagmar Blaha: Beginn eines Redemanuskripts Martin Luthers in deutscher Sprache vor dem zweiten Verhör auf dem Reichstag in Worms, www.reformationsportal.de/visitationsakten/detailviews-und-pdf-export.html?tx_jomapservices_pi1002%5Baction%5D=detail&tx_jomapservices_pi1002%5Bjo Detail%5D=stat_showcase_00000080&c Hash=8e78655336db609829f9073d8f7171fc (Digitales Archiv der Reformation) (letzter Zugriff 20.11.2015).

Blankenburg 1991
Walter Blankenburg: Johann Walter: Leben und Werk, Tutzing 1991.

Blaschka 1952
Anton Blaschka: Der Stiftsbrief Maximilians I. und das Patent Friedrichs des Weisen zur Gründung der Wittenberger Universität, in: 450 Jahre Martin-Luther-Universität Halle-Wittenberg, Wittenberg 1502–1817, Bd. 1, Halle-Wittenberg 1952, S. 69–85.

Blickle 2012
Peter Blickle: Der Bauernkrieg: Die Revolution des Gemeinen Mannes, 4. überarb. Aufl., München 2012.

Blickle 2015
Peter Blickle: Der Bauernjörg. Feldherr im Bauernkrieg, München 2015.

Bock 1858
Franz Bock: Kirchenschmuck (= Ein Archiv für weibliche Handarbeit, Bd. 4, H. 10), Stuttgart 1858.

Böckem 2013
Beate Böckem: Kunst aus Italien – Kunst für Wittenberg. Jacopo de' Barbari und der »Kulturtransfer« am Hofe Friedrichs des Weisen, in: Heiner Lück/Enno Bünz/Leonhard Helten/Armin Kohnle/Dorothee Sack/Hans-Georg Stephan (Hrsg.), Das ernestinische Wittenberg. Stadt und Bewohner (= Wittenberg-Forschungen, Bd. 2), Petersberg 2013, S. 345–353.

Bornkamm 1979
Heinrich Bornkamm: Martin Luther in der Mitte seines Lebens. Das Jahrzehnt zwischen dem Wormser und dem Augsburger Reichstag. Aus dem Nachlass hrsg. von Karin Bornkamm, Göttingen 1979.

Bornkamm 1996
Karin Bornkamm: »Gott gab mir Frau und Kinder.« Luther als Ehemann und Familienvater, in: Wissenschaftliches Kolloquium »Der Mensch Luther und sein Umfeld« vom 2.–5. Mai 1996 auf der Wartburg (= Wartburg-Jahrbuch, Sonderbd., hrsg. von der Wartburg-Stiftung Eisenach), Eisenach 1996, S. 63–83.

Bornkamm 1998
Karin Bornkamm: Christus, König und Priester: das Amt Christi bei Luther im Verhältnis zur Vor- und Nachgeschichte, Tübingen 1998.

Borth 1970
Wilhelm Borth: Die Luthersache (causa Lutheri) 1517–1524. Die Anfänge der Reformation als Frage von Politik und Recht, Lübeck/Hamburg 1970.

Bott 1983
Gerhard Bott (Hrsg.), Martin Luther und die Reformation in Deutschland, Ausst.-Kat., Frankfurt a. M. 1983.

Bott/Ebeling/Moeller 1983
Gerhard Bott/Gerhard Ebeling/Bernd Moeller (Hrsg.): Martin Luther. Sein Leben in Bildern und Texten, Frankfurt a. M. 1983.

Brademann 2014
Jan Brademann: 1600 als religionsgeschichtliche Zäsur? Zur Institutionalisierung religiöser Differenz durch Entsakralisierung am Beispiel des Fürstentums Anhalt, in: Harald Meller (Hrsg.), Mitteldeutschland im Zeitalter der Reformation. Interdisziplinäre Tagung vom 22. bis 24. Juni in Halle (Saale) (= Forschungsberichte des Landesmuseums für Vorgeschichte Halle, Bd. 4), Halle (Saale) 2014, S. 277–286.

Brandsch 2001
Juliane Brandsch (Red.): Ernst der Fromme (1601–1675). Bauherr und Sammler, Ausst.-Kat., Gotha 2001.

Braun 1907
Joseph Braun: Die liturgische Gewandung im Occident und Orient nach Ursprung und Entwicklung, Verwendung und Symbolik, Freiburg i. Br. 1907.

Brecht 1983
Martin Brecht: Martin Luther. Sein Weg zur Reformation 1483–1521, 2. Aufl., Stuttgart 1983.

Brecht 1986
Martin Brecht: Martin Luther, 2 Bde., Stuttgart 1986.

Brecht 2013
Martin Brecht: Martin Luther, 3 Bde., unveränderte Sonderausgabe der 3., durchges. Aufl. von 1990, Stuttgart 2013.

Breslauer 1997
Bernhard H. Breslauer: Tammaro De Marinis Remembered, in: Joseph Jung (Hrsg.), »… am literarischen Webstuhl…« Ulrico Hoepli, 1847–1935: Buchhändler, Verleger, Antiquar, Mäzen, Zürich 1997.

Brinkmann 2007
Bodo Brinkmann (Hrsg.): Cranach der Ältere, Ausst.-Kat., Ostfildern 2007.

Brinkmann/Größler 1895
Adolf Brinkmann/Hermann Größler: Beschreibende Darstellung der älteren Bau- und Kunstdenkmäler des Mansfelder Seekreises (= Beschreibende Darstellung der älteren Bau- und Kunstdenkmale der Provinz Sachsen, Bd. 19), Halle (Saale) 1895.

Brozatus/Opitz 2015
Klaus-Peter Brozatus/Rainer Opitz (Hrsg.): Reformatio in Nummis. Annotierter Bestands-Kat. der reformationsgeschichtlichen Münz- und Medaillensammlung der Stiftung Luthergedenkstätten in Sachsen-Anhalt, Bd. 1.1, Osnabrück 2015.

Bruck 1903
Robert Bruck: Friedrich der Weise als Förderer der Kunst, in: Studien zur deutschen Kunstgeschichte, Bd. 45, Straßburg 1903, S. 202 f.

Brüggemeier/Korff/Steiner 1993
Franz-Josef Brüggemeier/Gottfried Korff/Jürg Steiner: mittendrin. Sachsen-Anhalt in der Geschichte, Ausst.-Kat., Dessau 1993.

Bruns 2006
Roger Bruns: Martin Luther King, Jr: A Biography, Santa Barbara 2006.

Bubenheimer 1985
Ulrich Bubenheimer: Luthers Stellung zum Aufruhr in Wittenberg 1520–1522 durch die frühreformatorischen Wurzeln des landesherrlichen Kirchenregiments, in: Zeitschrift der Savigny-Stiftung für Rechtsgeschichte, Bd. 102, Kanonische Abteilung 71, 1985, S. 147–214.

Bünz 2004
Enno Bünz: Das Ende der Klöster in Sachsen. Vom »Auslaufen« der Mönche bis zur Säkularisation (1521 bis 1543), in: Harald Marx/Cecilie Hollberg (Hrsg.), Glaube und Macht. Sachsen im Europa der Reformationszeit. Aufsätze, Dresden 2004, S. 80–90.

Burger 2014
Christoph Burger: Tradition und Neubeginn. Martin Luther in seinen frühen Jahren, Tübingen 2014.

Burkhardt/Küstermann/Otte 1883
Johannes Burkhardt/Otto Küstermann/Heinrich Otte: Beschreibende Darstellung der älteren Bau- und Kunstdenkmäler des Kreises Merseburg (= Beschreibende Darstellung der älteren Bau- und Kunstdenkmäler der Provinz Sachsen und angrenzender Gebiete, Bd. 8), Halle (Saale) 1883.

Burnett 2011
Amy Nelson Burnett: Karlstadt and the origins of the Eucharistic controversy: a study in the circulation of ideas, Oxford 2011.

Bury 2001
Michael Bury: The print in Italy 1550–1620, London 2001.

Buske 2010
Norbert Buske: Johannes Bugenhagen. Sein Leben. Seine Zeit. Seine Wirkungen (= Beiträge zur pommerschen Landes-, Kirchen- und Kunstgeschichte, Bd. 14), Schwerin 2010.

C

Cárdenas 2002
Livia Cárdenas: Friedrich der Weise und das Wittenberger Heiltumsbuch: mediale Repräsentation zwischen Mittelalter und Neuzeit, Berlin 2002.

Carson 1988
Clayborne Carson (Hrsg.): The Autobiography of Martin Luther King, New York 1988.

Carswell 1998
John Carswell: Iznik Pottery, London 1998.

Christiani 1983
Franz-Joseph Christiani: Tetzels Ablaßkiste (= Städtisches Museum Braunschweig Miszellen, Bd. 37), Braunschweig 1983.

Claus 2002
Helmut Claus: »… als ob die Engel Botenläufer gewesen seien.« Wittenberg als Druckerstadt, in: Peter Freybe (Hrsg.), Wittenberg als Bildungszentrum 1502–2002. »Recht lehren ist nicht die geringste Wohltat«. Lernen und Lehren auf Luthers Grund und Boden (= Wittenberger Sonntagsvorlesungen 2002), Lutherstadt Wittenberg 2002, S. 75–102.

Clemen 1939
Otto Clemen: Die lutherische Reformation und der Buchdruck (= Schriften des Vereins für Reformationsgeschichte, Bd. 167), Leipzig 1939.

Cochlaeus 2000
Johannes Cochlaeus: Sieben Köpfe Martin Luthers vom hochwürdigen Sakrament des Altars, in: Adolf Laube (Hrsg.), Flugschriften gegen die Reformation, Bd. 2: 1525–1530, Berlin 2000, S. 989–1021.

Coliva/Aikema 2010
Anna Coliva/Bernard Aikema (Hrsg.): Cranach. L'altro rinascimento. a different renaissance, Ausst.-Kat., Rom 2010.

Cordez 2006
Philippe Cordez: Wallfahrt und Medienwettbewerb, in: Andreas Tacke (Hrsg.), »Ich armer sundiger mensch«. Heiligen- und Reliquienkult am Übergang zum konfessionellen Zeitalter (= Schriftenreihe der Stiftung Moritzburg, Kunstmuseum des Landes Sachsen-Anhalt, Bd. 2), Göttingen 2006, S. 37–73.

Cottin/John/Kunde 2008
Markus Cottin/Uwe John/Holger Kunde (Bearb.): Der Merseburger Dom und seine Schätze. Zeugnisse einer tausendjährigen Geschichte (= Kleine Schriften der Vereinigten Domstifter zu Merseburg und Naumburg und des Kollegiatstifts Zeitz, Bd. 6), Petersberg 2008.

Cottin/Kunde/Kunde 2014
Markus Cottin/Claudia Kunde/Holger Kunde (Hrsg.): Thilo von Trotha. Merseburgs legendärer Kirchenfürst, Ausst.-Kat. (= Schriftenreihe der Vereinigten Domstifter zu Merseburg und Naumburg und des Kollegiatstifts Zeitz, Bd. 7), Petersberg 2014.

Cranach-Bibel 1997
Die »Cranach-Bibel« (= PATRIMONIA, Bd. 130, hrsg. von der Kulturstiftung der Länder in Verbindung mit der Anhaltinischen Landesbücherei Dessau), Berlin/Dessau 1997.

Crowther 2010
Kathleen M. Crowther: Adam and Eve in the Protestant Reformation, Cambridge 2010.

Cupperi 2013
Walter Cupperi (Hrsg.): Wettstreit in Erz. Porträtmedaillen der deutschen Renaissance, Berlin 2013.

Curry 2016
Andrew Curry: The Alchemist's Tale, in: Archaeology, Jan./Febr. 2016, S. 36–39.

D

Dethlefs/Galen 1986
Gerd Dethlefs/Hans Galen (Hrsg.): Die Wiedertäufer in Münster, Ausst.-Kat., 5. Aufl., Münster 1986.

Dieck 1962
Alfred Dieck: Cranachs Gemälde des toten Luther in Hannover und das Problem der Luther-Totenbilder, in: Niederdeutsche Beiträge zur Kunstgeschichte, Bd. 2, 1962, S. 191–218.

Dipple 1996
Geoffrey Dipple: Antifraternalism and Anticlericalism in the German Reformation. Johann Eberlin von Günzburg and the Campaign against the Friars (= St. Andrews Studies in Reformation History), Cambridge 1996.

Dodgson 1980
Campbell Dodgson: Catalogue of early German and Flemish Woodcuts preserved in the Department of Prints and Drawings in the British Museum, 2 Bde., Nachdruck d. Ausg. London 1903–1911, Vaduz 1980.

Dörfler-Dierken 1992
Angelika Dörfler-Dierken: Die Verehrung der heiligen Anna in Spätmittelalter und früher Neuzeit, Göttingen 1992.

Döring 2006
Thomas Döring: Bibeldruck und Ablaßzettel. Albrecht von Brandenburg als Auftraggeber für den Buchdruck, in: Andreas Tacke (Hrsg.), Der Kardinal. Albrecht von Brandenburg, Renaissancefürst und Mäzen, Bd. 2 (Essays), Regensburg 2006, S. 285–291.

Doerk 2014
Elisabeth Doerk (Hrsg.): Reformatio in Nummis. Luther und die Reformation auf Münzen und Medaillen, Ausst.-Kat., Eisenach 2014.

Dorigato 1986
Attilia Dorigato: Il Museo Vetrario Di Murano, Mailand 1986.

Dräger 2011
Ulf Dräger: Idee Schatzkammer. Kostbarkeiten und Raritäten aus der Moritzburg, Stiftung Moritzburg, Kunstmuseum des Landes Sachsen-Anhalt, Halle (Saale) 2011.

Dreier 1989
Franz Adrian Dreier: Venezianische Gläser und »façon de Venise«, Berlin 1989.

Drößler 1995
Rudolf Drößler: Zeitz. Stätte der Reformation (I). Vom Beginn der Reformation 1517 bis zum Tod Bischof Philipps 1541, Zeitz 1995.

E

Ebeling 1985
G. Ebeling: Vorbemerkungen, in: WA.B 18, S. 139–142.

Eberle/Wallenstein 2012
Martin Eberle/Uta Wallenstein: Gothas Gold. 300 Jahre Münzkabinett, Gotha 2012.

Eichelmann 2010
Wolfgang Eichelmann: Hessische Münzen und Medaillen: Gedanken und Betrachtungen zu Münzen und Medaillen des Hauses Brabant, Münster 2010.

Eichhorn 2014a
Nicole Eichhorn: Frühneuzeitliche Glasfunde von Grabungen in Wittenberg, Naumburg und Annaburg, in: Harald Meller (Hrsg.), Mitteldeutschland im Zeitalter der Reformation. Interdisziplinäre Tagung vom 22. bis 24. Juni in Halle (Saale) (= Forschungsberichte des Landesmuseums für Vorgeschichte Halle, Bd. 4), Halle (Saale) 2014, S. 223–231.

Eichhorn 2014b
Nicole Eichhorn: Glasfunde aus Wittenberg. Frühneuzeitliche Hohl- und Flachglasfunde aus Mitteldeutschland, dargestellt an ausgewählten Fundkomplexen aus Wittenberg, Naumburg und Annaburg, in: Harald Meller (Hrsg.), Glas, Steinzeug und Bleilettern aus Wittenberg (= Forschungsberichte des Landesmuseums für Vorgeschichte Halle, Bd. 5), Halle (Saale) 2014, S. 9–148.

Eifler 2015
Matthias Eifler: Mittelalterliche liturgische Handschriften aus den Bistümern Naumburg, Merseburg und Meißen. Beobachtungen zum Entstehungsprozess, zum Inhalt und zur Verwendung in der Frühen Neuzeit, in: Jahrbuch für mitteldeutsche Kirchen- und Ordensgeschichte, Bd. 11, 2015, S. 335–375.

Eikelmann 2006
Renate Eikelmann (Hrsg.): Conrat Meit. Bildhauer der Renaissance. Ausst.-Kat., München 2006.

Eissenhauer 1992
Michael Eissenhauer: Bildnisse des Martin Luther (1483–1546) und der Katharina von Bora (1499–1546) [sic!], in: Rosemarie Beier/Gottfried Korff (Hrsg.), Zeitzeugen. Ausgewählte Objekte aus dem Deutschen Historischen Museum, Berlin 1992, S. 35–39.

Eule 1955
Wilhelm Eule: Mit Stift und Feder. Kleine Kulturgeschichte der Schreib- und Zeichenwerkzeuge, Leipzig 1955.

F

Faber 1988
Marion Faber: Das Schachspiel in der europäischen Malerei und Graphik (1550–1700) (= Wolfenbütteler Arbeiten zur Barockforschung, Bd. 15), Wiesbaden 1988.

Fabiny 1983
Tibor Fabiny: Martin Luthers letzter Wille. Das Testament des Reformators und seine Geschichte, Berlin 1983.

Fabisch/Iserloh 1991
Peter Fabisch/Erwin Iserloh (Hrsg.): Dokumente zur Causa Lutheri (1517–1521), Bd. 2: Vom Augsburger Reichstag bis zum Wormser Edikt, Münster 1991.

Falk 2001
Alfred Falk: Mit Hörnern und Fanfaren, in: Jahresschrift der Archäologischen Gesellschaft der Hansestadt Lübeck, Bd. 2/3 1997/1999, 2001, S. 156 f.

Fastert 2004
Sabine Fastert: Individualität versus Formel. Zur Bedeutung der Physiognomik in den graphischen Porträts Albrecht Dürers, in: Frank Büttner/Gabriele Wimböck (Hrsg.), Das Bild als Autorität. Die Normierende Kraft des Bildes, Münster 2004, S. 227–260.

Faust 2001
Ingrid Faust: Zoologische Einblattdrucke und Flugschriften vor 1800, 6 Bde. (1998–2011). Bd. 3: Paarhufer: Schweine, Kamele, Hirsche, Giraffen, Rinder, Stuttgart 2001.

Felmberg 1998
Bernhard Alfred R. Felmberg: Die Ablasstheologie Kardinal Cajetans (1469–1534) (= Studies in Medieval and Reformation Thought, Bd. 66), Leiden 1998.

Fessner 2008 a
Michael Fessner: Die Familie Luder in Möhra und Mansfeld: Archivalische Überlieferungen zum Elternhaus von Martin Luther, in: Harald Meller (Hrsg.), Fundsache Luther: Archäologen auf den Spuren des Reformators; Ausst.-Begleitband, Stuttgart 2008, S. 78–84.

Fessner 2008 b
Michael Fessner: Die Familie Luder und das Berg- und Hüttenwesen, in: Harald Meller/Stefan Rhein/Hans-Georg Stephan (Hrsg.), Luthers Lebenswelten (= Tagungen des Landesmuseums für Vorgeschichte Halle, Bd. 1), Halle (Saale) 2008, S. 235–243.

Fessner 2014
Michael Fessner: Das Montanwesen in der Grafschaft Mansfeld zu Luthers Zeiten, in: Harald Meller (Hrsg.), Mitteldeutschland im Zeitalter der Reformation. Interdisziplinäre Tagung vom 22. bis 24. Juni in Halle (Saale) (= Forschungsberichte des Landesmuseums für Vorgeschichte Halle, Bd. 4), Halle (Saale) 2014, S. 29–34.

Feuerstein-Herz 2005
Petra Feuerstein-Herz (Hrsg.): Gotts verhengnis und seine straffe. Zur Geschichte der Seuchen in der Frühen Neuzeit, Ausst.-Kat., Wiesbaden 2005.

Fey 2007
Carola Fey: Wallfahrtserinnerungen an spätmittelalterlichen Fürstenhöfen in Bild und Kult, in: Carola Fey/Steffen Grieb (Hrsg.), Mittelalterliche Fürstenhöfe und ihre Erinnerungskulturen, Göttingen 2007, S. 152–154 u. 324.

Fischer 1979
Thomas Fischer: Städtische Armut und Armenfürsorge im 15. und 16. Jahrhundert, Göttingen 1979.

Flechsig 1912
Eberhard Flechsig: Beschreibung der mittelalterlichen Holzbildwerke und Gemälde des Provinzial-Museum in Halle a. S., in: Mitteilungen aus dem Provinzial-Museum der Provinz Sachsen zu Halle a. S., 3. H., 1912.

Fleck 2010
Miriam Verena Fleck: Ein tröstlich gemelde. Die Glaubensallegorie »Gesetz und Gnade« in Europa zwischen Spätmittelalter und Früher Neuzeit (= Studien zur Kunstgeschichte des Mittelalters und der Frühen Neuzeit, Bd. 5), Korb 2010.

Flemming/Lehmann/Schubert 1990
Johanna Flemming/Edgar Lehmann/Ernst Schubert: Dom und Domschatz zu Halberstadt, überarb. Ausgabe der 1976 in Berlin erschienenen 2. Aufl., Leipzig 1990.

Flood 1998
John L. Flood: "The Book in Reformation Germany," in Jean-Francois Gilmont (Hrsg.), The Reformation and the Book, St. Andrews Studies in the Reformation, Aldershot 1998, S. 21–103.

Flügel 1983
Katharina Flügel: Konsolidierung der protestantischen Bildthematik, in: Günter Schade (Hrsg.), Kunst der Reformationszeit, Ausst.-Kat., Berlin 1983, S. 369.

Förstemann 1841
Karl Eduard Förstemann (Hrsg.): Album Academiae Vitebergensis, ältere Reihe, in 3 Bdn. 1502–1602, Bd. 1: 1502 – 1560, Neudruck Leipzig 1841.

Fraengler 1953
Wilhelm Fraenger: Dürers Gedächtnissäule für den Bauernkrieg, in: Beiträge zur sprachlichen Volksüberlieferung. Adolf Spamer zum 70. Geburtstag (= Veröffentlichungen der Kommission für Volkskunde, Bd. 2), Berlin 1953, S. 126–140.

Franz 1984
Günther Franz: Der deutsche Bauernkrieg, 12. Aufl., Darmstadt 1984.

Freydank 1933
Hanns Freydank: Martin Luther und der Bergbau, in: Zeitschrift für das Berg-, Hütten- und Salinenwesen im preußischen Staate, Bd. 81, 1933, S. 315 f.

Freydank 1955
Hanns Freydank: Nappian und Neucke, die beiden sagenhaften Gründer des Mansfelder Bergbaues, Halle (Saale) 1955.

Friedensburg 1917
Walter Friedensburg: Geschichte der Universität Wittenberg, Halle (Saale) 1917.

Friedensburg 1926
Walter Friedensburg (Bearb.): Urkundenbuch der Universität Wittenberg, Teil 1 (1502–1611) (= Geschichtsquellen der Provinz Sachsen und des Freistaates Anhalt, Neue Reihe Bd. 3), Magdeburg 1926.

Friedländer/Rosenberg 1932
Max J. Friedländer/Jacob Rosenberg (Hrsg.): Die Gemälde von Lucas Cranach, Berlin 1932.

Friedländer/Rosenberg 1979
Max J. Friedländer/Jakob Rosenberg (Hrsg.): Die Gemälde von Lucas Cranach, 2. Aufl., Basel/Boston/Stuttgart 1979.

Friedländer/Rosenberg 1989
Max J. Friedländer/Jakob Rosenberg (Hrsg.): Die Gemälde von Lucas Cranach, 3. Aufl., Stuttgart 1989.

Fritz 1983
Rolf Fritz: Die Gefäße aus Kokosnuß in Mitteleuropa 1250–1800, Mainz 1983, online unter: www.slubdd.de/katalog?TN_libero_mab21211822 (letzter Zugriff 1. 3. 2016).

Fuchs 2013
Walter Fuchs: Graf Joachim, der Luther Ortenburgs, in: Alfons Niederhofer (Hrsg.), Ortenburg. Reichsgrafschaft und 450 Jahre Reformation 1563–2013, Ortenburg 2013, S. 69–75.

Fuchs 2014
Thomas Fuchs: Einleitung: Buch und Reformation, in: Enno Bünz/Thomas Fuchs/Stefan Rhein (Hrsg.), Buch und Reformation. Beiträge zur Buch- und Bibliotheksgeschichte Mitteldeutschlands im 16. Jahrhundert (= Schriften der Stiftung Luthergedenkstätten in Sachsen-Anhalt, Bd. 16), Leipzig 2014, S. 9–37.

Führer 2009
Werner Führer: Die Schmalkaldischen Artikel (= Kommentare zu den Schriften Luthers, Bd. 2), Tübingen 2009.

Fuhrmann 2009
Hans Fuhrmann: Die Inschriften des Doms zu Halberstadt, Wiesbaden 2009.

Füssel 2012
Stephan Füssel: Die Lutherbibel von 1534. Eine kulturhistorische Einführung, Köln 2012.

G

Gaimster 1997
David Gaimster: German Stoneware 1200–1900: Archaeological and Cultural History, Containing a guide to the collection of the British Museum, Victoria & Albert Museum and Museum of London, London 1997.

von Gaisberg 2011
Elgin von Gaisberg: Die Stadt als Quelle: Bildliche Überlieferung und baulicher Bestand, in: Heiner Lück/Enno Bünz/ Leonhard Helten/ Dorothee Sack/Hans-Georg Stephan (Hrsg.), Das ernestinische Wittenberg: Universität und Stadt (1486–1547) (= Wittenberg-Forschungen, Bd. 1), Petersberg 2011, S. 30–48.

Gantet 2004
Claire Gantet: Visions et visualisations de la Réforme: Le Songe de Frédéric le Sage et le Songe de Nabuchodonosor, in: La Réforme dans l'espace germanique au XVIe siècle – images, représentations, diffusion, hrsg. von der Societé d'Emulation de Montbéliard, Montbéliard 2004, S. 149–170.

»… gantz verheeret!« 1998
»… gantz verheeret!« Magdeburg und der Dreißigjährige Krieg. Beiträge zur Stadtgeschichte und Katalog zur Ausstellung des Kulturhistorischen Museums Magdeburg, hrsg. vom Kulturhistorisches Museum Magdeburg und Kunstmuseum Kloster Unser Lieben Frauen, 2. Aufl., Halle (Saale) 1998.

Garbe/Kröger 2010
Irmfried Garbe/Heinrich Kröger (Hrsg.): Johannes Bugenhagen (1485–1558). Der Bischof der Reformation, Leipzig 2010.

Garlin 2002
Clingan Ralph Garlin: Against Cheap Grace in a World Come of Age: An Intellectual Biography of Clayton Powell, 1865–1953, New York 2002.

Gaschütz 1985
Peter Gaschütz: Turnierritter oder Wiedertäufer, in: Numismatisches Nachrichtenblatt, Bd. 10, 1985, S. 276–284.

Gehrt 2001
Daniel Gehrt: Ernestinische Konfessionspolitik. Bekenntnisbildung, Herrschaftskonsolidierung und dynastische Identitätsstiftung vom Augsburger Interim 1548 bis zur Konkordienformel 1577 (= Arbeiten zur Kirchen- und Theologiegeschichte, Bd. 34), Leipzig 2011.

Gehrt 2015
Daniel Gehrt: Katalog der Reformationshandschriften. Aus den Sammlungen der Herzog von Sachsen-Coburg und Gotha'schen Stiftung für Kunst und Wissenschaft, Wiesbaden 2015.

Gehrt/Salatowsky 2014
Daniel Gehrt/Sascha Salatowsky (Hrsg.): Aus erster Hand. 95 Porträts zur Reformationsgeschichte. Aus den Sammlungen der Forschungsbibliothek Gotha, Ausst.-Kat., Gotha 2014.

Geisberg 1930
Max Geisberg: Der deutsche Einblatt-Holzschnitt in der ersten Hälfte des 16. Jahrhunderts. Die Gesamtverzeichnisse, München 1930.

Geisberg 1974
Max Geisberg: The German single-leaf woodcut: 1500–1550, erw. u. hrsg. v. Walter L. Strauss, 4 Bde., New York 1974.

Gieseking 2001
Martin Gieseking: Zur Geschichte des Notendrucks. Ein Überblick, in: Bernhard Müßgens/ Ders./Oliver Kautny (Hrsg.), Musik im Spektrum von Kultur und Gesellschaft. Festschrift für Brunhilde Sonntag (= Osnabrücker Beiträge zur Musik und Musikerziehung, Bd. 1), Osnabrück 2001, S. 339–353.

Gnaedig/Marquart 2012
Jeremie Gnaedig/Markus Marquart: Zwei hochmittelalterliche Schreibgriffel aus Aschaffenburg, in: Archäologisches Korrespondenzblatt, Bd. 42, 2012, S. 273–293.

Gößner 2006
Andreas Gößner: Die Anfänge des Buchdrucks für universitäre Zwecke am Beispiel Wittenbergs, in: Enno Bünz (Hrsg.), Bücher, Drucker, Bibliotheken in Mitteldeutschland: neue Forschungen zur Kommunikations- und Mediengeschichte um 1500, Leipzig 2006, S. 133–152.

Götting 1988
Gerald Götting: »Redemanuskript von Gerald Götting, Vorsitzender der CDU in der DDR anlässlich einer Gedenkveranstaltung zum 20. Todestag von Martin Luther King« 1988, Bundesarchiv, BArch DZ 9/2652.

Graf 2006
Friedrich Wilhelm Graf: Der Protestantismus: Geschichte und Gegenwart, München 2006.

Granquist 2015
Mark Granquist: Lutherans in America: A New History, Minneapolis 2015.

Grell 1997
Ole Peter Grell: »The Protestant imperative of Christian Care and neighbourly love«, in: Ders./ Andrew Cunningham (Hrsg.), Health care and poor relief in Protestant Europe, 1500–1700, Studies in the social history of medicine (= Routledge studies in the social history of medicine, Bd. 6), London 1997, S. 43–65.

Gretzschel 2015
Matthias Gretzschel: Auf den Spuren von Martin Luther, Hamburg 2015.

Grisar/Heege 1923
Hartmann Grisar/Franz Heege: Luthers Kampfbilder, Bd. 4 (= Luther-Studien, Bd. 6), Freiburg i. B. 1923.

Gritzner 1906
Erich Gritzner (Bearb.): Die Siegel der deutschen Universitäten in Deutschland, Oesterreich und der Schweiz (= J. Siebmacher's grosses und allgemeines Wappenbuch, Bd. 1, Abt. 8, A), Nürnberg 1906.

Grüber 1997
Pia Maria Grüber: Reformatorische Spottblätter auf Papsttum und Klerus, in: Bilder und Zeugnisse der deutschen Geschichte. Aus den Sammlungen des Deutschen Historischen Museums, Bd. 1, Berlin 1997, S. 49.

Gutjahr 2011
Mirko Gutjahr: Von einem Goldring vom Lutherhaus in Wittenberg zu einem möglichen Selbstbildnis von Robert Campin, in: Archäologie in Sachsen-Anhalt, Bd. 5/11, 2011, S. 7–12.

Gutjahr 2014
Mirko Gutjahr: Lutherarchäologie, in: Harald Meller (Hrsg.), Mitteldeutschland im Zeitalter der Reformation. Interdisziplinäre Tagung vom 22. bis 24. Juni 2012 in Halle (Saale) (= Forschungsberichte des Landesmuseums für Vorgeschichte Halle, Bd. 4), Halle (Saale) 2014, S. 19–28.

Guratzsch 1995
Herwig Guratzsch (Hrsg.): Bestandskatalog. Museum der bildenden Künste, Leipzig 1995.

H

Haag/Lange/Metzger/Schütz 2011
Sabine Haag/Christiane Lange/Christoph Metzger/Karl Schütz (Hrsg.): Dürer. Cranach. Holbein. Die Entdeckung des Menschen: Das deutsche Porträt um 1500, Ausst.-Kat., München 2011.

Haasis-Berner 1994
Andreas Haasis-Berner: Hörner aus Keramik – Wallfahrtsdevotionalien oder Signalhörner?, in: Zeitschrift für Archäologie des Mittelalters, Bd. 22, 1994, S. 15–38.

Häberlein 2016
Max Häberlein: Die Fugger. Geschichte einer Augsburger Familie (1367–1650), Stuttgart 2016.

Habich 1929–1934
Georg Habich: Die deutschen Schaumünzen des XVI. Jahrhunderts, 4 Bde., München 1929–1934.

Hageböck 2003
Matthias Hageböck: Einbände von Lukas Weischner aus der Zeit nach 1579 in der Herzogin Anna Amalia Bibliothek, Weimar (Haebler I, S. 494), in: Einbandforschung, Bd. 12, 2003, S. 48–57.

Hallenkamp-Lumpe 2007
Julia Hallenkamp-Lumpe: Das Bekenntnis am Kachelofen? Überlegungen zu den sogenannten »Reformationskacheln«, in: Carola Jäggi/Jörn Staecker (Hrsg.), Archäologie der Reformation. Studien zu den Auswirkungen des Konfessionswechsels auf die materielle Kultur (= Arbeiten zur Kirschengeschichte, Bd. 104), Berlin/New York 2007, S. 323–343.

Hallof/Hallof 1992
Luise Hallof/Klaus Hallof: Die Inschriften der Stadt Jena (= Die deutschen Inschriften, Bd. 33), Berlin 1992.

Hamel 1999
Jürgen Hamel: Die Kalenderreform Papst Gregors XIII. von 1582 und seine Durchsetzung, in: Hans Ottomeyer (Hrsg.), Geburt der Zeit. Eine Geschichte der Bilder und Begriffe, Ausst.-Kat., Wolfratshausen 1999, S. 292–301.

Harms 1983
Wolfgang Harms (Hrsg.): Illustrierte Flugblätter aus den Jahrhunderten der Reformation und der Glaubenskämpfe, Ausst.-Kat., Coburg 1983.

Harms/Schilling/Wang 1997
Wolfgang Harms/Michael Schilling/Andreas Wang (Hrsg.): Deutsche Illustrierte Flugblätter des 16. und 17. Jahrhunderts. Die Sammlung der Herzog-August-Bibliothek in Wolfenbüttel: Teil 2 Historica, 2. Aufl., Tübingen 1997.

von Hase 1935
Martin von Hase: Ein Mönchkalbdruck des Jacob Köbel in Oppenheim mit gefälschtem Impressum, in: Gutenberg-Jahrbuch, 1935, S. 154–158.

Hauschke 2006
Sven Hauschke: Monumente der »alten Kirche«. Grabdenkmäler von Peter Vischer dem Älteren und Hans Vischer in Halle, Merseburg und Eisleben, in: Andreas Tacke (Hrsg.), Der Kardinal Albrecht von Brandenburg. Renaissancefürst und Mäzen, Bd. 2: Essays, Regensburg 2006, S. 365–377.

Heal 2013
Bridget Heal: The Catholic Eye and the Protestant Ear: the Reformation as a Non-Visual Event? In: Peter Opitz (Hrsg.), The Myth of the Reformation (= Refo500 Academic Studies, Bd. 9, hrsg. von Herman J. Selderhuis), Göttingen 2013, S. 321–355.

Hecht 2007
Christian Hecht: Das Messopfer im Bild. Kardinal Albrecht von Brandenburg und die Darstellung der Gregorsmesse, in: Katholische Akademie in Bayern (Hrsg.): »zur debatte«, H. 5/2007, online unter: www.kath-akademie-bayern.de/tl_files/Kath_Akademie_Bayern/Veroeffentlichungen/zur_debatte/pdf/2007/2007_05_hecht.pdf (letzter Zugriff 29.3.2016).

Heege 2002
Andreas Heege: Einbeck im Mittelalter. Eine archäologisch historische Spurensuche (= Studien zur Einbecker Geschichte, Bd. 17), Oldenburg 2002.

Heger 1965
Günther Heger: Johann Eberlin von Günzburg und seine Vorstellungen über eine Reform in Reich und Kirche (= Schriften zur Rechtsgeschichte, H. 35), Berlin 1985.

Heise/Kunde/Wittmann 2004
Karin Heise/Holger Kunde/Helge Wittmann (Hrsg.): Zwischen Kathedrale und Welt. 1000 Jahre Domkapitel Merseburg, Ausst.-Kat., Petersberg 2004.

Heiser 2006
Sabine Heiser: Andenken, Andachtspraxis und Medienstrategie, in: Andreas Tacke (Hrsg.), »Ich armer sundiger mensch«. Heiligen- und Reliquienkult am Übergang zum konfessionellen Zeitalter (= Schriftenreihe der Stiftung Moritzburg, Kunstmuseum des Landes Sachsen-Anhalt, Bd. 2), Göttingen 2006, S. 208–238.

Hendgen 2002
Viola Hendgen: Die frühen Bibeldrucke im deutschsprachigen Raum, in: Heinrich L. Nickel (Hrsg.), 450 Jahre Marienbibliothek zu Halle an der Saale. Kostbarkeiten und Raritäten einer alten Büchersammlung, Halle (Saale) 2002, S. 69–79.

Hendrix 1996
Scott H. Hendrix: Die Bedeutung des Urbanus Rhegius für die Ausbreitung der Wittenberger Reformation, in: Michael Beyer/Günther Wartenberg (Hrsg.), Humanismus und Wittenberger Reformation: Festgabe anläßlich des 500. Geburtstages des Praeceptor Germaniae Philipp Melanchthon am 16. Februar 1997, Leipzig 1996, S. 53–72.

Henkes 1994
Harold E. Henkes: Glas zonder glans. Vijf eeuwen gebruiksglas uit de bodem van de Lage Landen 1300–1800 (= Rotterdam Papers, Bd. 9), Rotterdam 1994.

Hennen 2013
Insa Christiane Hennen: Reformation und Stadtentwicklung – Einwohner und Nachbarschaften, in: Heiner Lück/Enno Bünz/Leonhard Helten/Dorothee Sack/Hans-Georg Stephan (Hrsg.), Das ernestinische Wittenberg. Stadt und Bewohner (= Wittenberg-Forschungen, Bd. 2), Petersberg 2013, S. 33–76 (Textbd.) sowie S. 21–28 (Bildbd.).

Hennen 2015 a
Insa Christiane Hennen: »Cranach 3D«: Häuser der Familie Cranach in Wittenberg und das Bild der Stadt, in: Heiner Lück/Enno Bünz/Leonhard Helten/Armin Kohnle/Dorothee Sack/Hans-Georg Stephan (Hrsg.), Das ernestinische Wittenberg: Spuren Cranachs in Schloss und Stadt (= Wittenberg-Forschungen, Bd. 3), Petersberg 2015, S. 313–361.

Hennen 2015 b
Insa Christiane Hennen: Die Ausstattung der Wittenberger Stadtpfarrkirche und der Cranach'sche Reformationsaltar, in: Heiner Lück/Enno Bünz/Leonhard Helten/Armin Kohnle/Dorothee Sack/Hans-Georg Stephan (Hrsg.), Das ernestinische Wittenberg: Spuren Cranachs in Schloss und Stadt (= Wittenberg-Forschungen, Bd. 3), Petersberg 2015, S. 401–422.

Hentschel 2001
Kurt Henschel: Das Jahr 1512, in: Numismatisches Nachrichtenblatt 04/2001, S. 123–125.

Herbers 1990
Klaus Herbers: Der Jakobsweg, Tübingen 1990.

Herbst/Seibt 2012
Wolfgang Herbst/Ilsabe Seibt (Hrsg.): Liederkunde zum Evangelischen Gesangbuch, H. 17, Göttingen 2012.

Hermann 1995
Michaela Hermann: Augsburger Bilderbäcker. Tonfigürchen des späten Mittelalters und der Renaissance, in: Augsburger Museumsschriften, Bd. 6, Augsburg 1995.

Hermle: Luther
Siegfried Hermle: Luther und die hebräische Sprache, www.bibelwissenschaft.de/stichwort/25188/ (letzter Zugriff 20. 2. 1016).

Hessen 1992
Hessen und Thüringen von den Anfängen bis zur Reformation, Ausst.-Kat., Wiesbaden 1992.

Heydenreich 2007
Gunnar Heydenreich, Lucas Cranach the Elder: Painting Materials, Techniques and Workshop Practice, Amsterdam 2007.

von Hinzenstern 1964
Herbert von Hintzenstern: Die Bilderpredigt des Gothaer Tafelaltars, Berlin 1964.

Hirte 2014
Christian Hirte: Die Schlacht bei Mühlberg als triumphales Bildereignis, in: Harald Meller (Hrsg.), Mitteldeutschland im Zeitalter der Reformation. Interdisziplinäre Tagung vom 22. bis 24. Juni 2012 in Halle (Saale) (= Forschungsberichte des Landesmuseums für Vorgeschichte Halle, Bd. 4), Halle (Saale) 2014, S. 123–132.

Hoernes: Krimi
Martin Hoernes: Krimi um Cranach (zur Erwerbung des ersten Bandes 2010/2011), www.kulturstiftung.de/krimi-um-cranach (letzter Zugriff 25. 1. 2016).

Hoffmann 1885
Friedrich Wilhelm Hoffmann's Geschichte der Stadt Magdeburg, neu bearb. von Gustav Hertel und Friedrich Hülße, 1. Bd., Magdeburg 1885.

Hoffmann 2008
Claudia Hoffmann: Lutherzeitliche Ofenkacheln aus dem Bestand des Kulturhistorischen Museums der Hansestadt Stralsund, in: Harald Meller/Stefan Rhein/Hans-Georg Stephan (Hrsg.), Luthers Lebenswelten (= Tagungen des Landesmuseums für Vorgeschichte Halle, Bd. 1), Halle (Saale) 2008, S. 201–208.

Hoffmann 2009
Claudia Hoffmann: Überlegungen zu Porträtdarstellungen auf Ofenkacheln des Spätmittelalters und der frühen Neuzeit aus Stralsund, in: Barbara Scholkmann u. a. (Hrsg.), Zwischen Tradition und Wandel. Archäologie des 15. und 16. Jahrhunderts (= Tübinger Forschungen zur historischen Archäologie, Bd. 3), 2009, S. 305–315.

Hoffmann 2015
Helga Hoffmann: Das Weimarer Luthertriptychon von 1572. Sein konfessionspolitischer Kontext und sein Maler Veit Thiem, (= Beiträge zur Thüringischen Kirchengeschichte N. F., Bd. 5), Langenweißbach/Erfurt 2015.

Hofmann 1983 a
Werner Hofmann (Hrsg.): Köpfe der Lutherzeit, München 1983.

Hofmann 1983 b
Werner Hofmann (Hrsg.): Luther und die Folgen für die Kunst (Ausst. Hamburger Kunsthalle, 11. November 1983 – 8. Januar 1984), München 1983.

Höhn/Klimke 2010
Maria Höhn/Martin Klimke: Breath of Freedom: The Civil Rights Struggle, African American GIs, and Germany, Basingstoke 2010.

Holesch 2014
Nadine Holesch: Steinzeug aus Wittenberg. Provenienz und Typologie der Funde aus dem Garten des Lutherhauses, in: Harald Meller (Hrsg.), Glas, Steinzeug und Bleiletten aus Wittenberg (= Forschungsberichte des Landesmuseums für Vorgeschichte Halle, Bd. 5), Halle (Saale) 2014, S. 149–266.

Holler 2016
Wolfgang Holler: Cranach zeigt Luther. Eine Bildstrategie der Reformation, in: Christopher Spehr/Michael Haspel/Ders. (Hrsg.), Weimar und die Reformation. Luthers Obrigkeitslehre und ihre Wirkungen, Leipzig 2016, S. 83–103.

Holler/Kolb 2015
Wolfgang Holler/Karin Kolb (Hrsg.): Cranach in Weimar, Ausst.kat., Dresden 2015.

Hollstein mit Bandnr.
Friedrich W. H. Hollstein: German Engravings, Etchings and Woodcuts 1400–1700, 82 Bde., Amsterdam (u. a.) 1954–2014.

Holsing 2004
Henrike Holsing: Luther – Gottesmann und Nationalheld. Sein Image in der deutschen Historienmalerei des 19. Jahrhunderts, Dissertation Universität Köln 2004, Online-Publikation www.kups.ub.uni-koeln.de/2132/ (letzter Zugriff 30. 11. 2015).

Holtermann 2013
Bart Holterman: Pilgrimages in Images: Early Sixteenth-Century Views of the Holy Land with Pilgrims' Portraits as Part of the Commemoration of the Jerusalem Pilgrimage in Germany, unpubl. Masterarbeit, Universität Utrecht 2013.

Holzinger 2013
Michael Holzinger (Hrsg.): Martin Luther, Wider das Papsttum zu Rom, vom Teufel gestiftet, North Charleston 2013.

Hornemann 2000
Andreas Hornemann: Zeugnisse der spätmittelalterlichen Annenverehrung im Mansfelder Land, in: Rosemarie Knape (Hrsg.), Martin Luther und der Bergbau im Mansfelder Land, Ausst.-Begleitband (= Katalog der Stiftung Luthergedenkstätten in Sachsen-Anhalt, Bd. 7), Eisleben 2000, S. 307–326.

Horschik 1978
Josef Horschik: Steinzeug 15. bis 19. Jahrhundert. Von Bürgel bis Muskau, Dresden 1978.

Höss 1989
Irmgard Höss: Georg Spalatin 1484–1545: Ein Leben in der Zeit des Humanismus und der Reformation, 2. Aufl., Weimar 1989.

Hrdina/Studničková 2014
Jan Hrdina/Milada Studničková: Sammelindulgenzen und ihre Illuminatoren – das Beispiel Mühlhausen, in: Frömmigkeit in Schrift und Bild. Illuminierte Sammelindulgenzen im mittelalterlichen Mühlhausen (= Ausstellungen des Stadtarchivs Mühlhausen, Bd. 3; = Schriftenreihe der Friedrich-Christian-Lesser-Stiftung, Bd. 29), Petersberg 2014, S.15–29.

Hülsen 1921
Christian Hülsen: Das Speculum Romanae magnificentiae, in: Collectanea variae doctrinae Leoni S. Olschki, München 1921, S. 121–170.

Hütt 1971
Wolfgang Hütt: Albrecht Dürer 1471–1528. Das gesamte graphische Werk. Druckgraphik, Berlin 1971.

I

Iserloh 1962
Erwin Iserloh: Luthers Thesenanschlag. Tatsache oder Legende (= Institut für Europäische Geschichte Mainz, Vorträge, Bd. 31), Wiesbaden 1962.

J

Jacobowitz/Stepanek 1983
Ellen S. Jacobowitz/Stephanie Loeb Stepanek: The Prints of Lucas van Leyden and his Contemporaries, Ausst.-Kat., Washington 1983.

Jacobs 1894
Edouard Jacobs: Aus dem Rechnungsbuche des Wernigeröder Dechanten und bischöflich halberstädtischen und hildesheimischen Offizials zu Braunschweig Johann Kerkener (1507–1541), in: Zeitschrift des Harzvereins für Geschichte und Altertumskunde, Bd. 27, 1894, S. 593–612.

Jankowski 2015
Günter Jankowski: Mansfelder Schächte und Stollen. Bearbeitet und mit einer Einführung von Michael Fessner (= Forschungsberichte des Landesmuseums für Vorgeschichte Halle, Bd. 6), Halle (Saale) 2015.

Jarecki 2004
Helge Jarecki: In Szene gesetzt. Der Sündenfall auf renaissancezeitlicher Keramik, in: Zeitschrift für Archäologie des Mittelalters, Bd. 32, 2004, S. 189–195.

Jarecki/Wunderlich/Thoss 2002
Helge Jarecki/Christian-Heinrich Wunderlich/Franziska Thoss: Der Lutherkrug von Merseburg. Landesmuseum für Vorgeschichte Halle, Fund des Monats Dezember 2002. www.lda-lsa.de/de/landesmuseum_fuer_vorgeschichte/fund_des_monats/2002/dezember (letzter Zugriff 15.11.2015).

Jenkins/McBride 2010
Willis Jenkins/Jeniffer M. McBride (Hrsg.): Bonhoeffer and King: Their Legacies and Import for Christian Social Thought, Minneapolis 2010.

Jezler/Altendorf 1994
Peter Jezler/Hans-Dietrich Altendorf (Hrsg.): Himmel, Hölle, Fegefeuer. Das Jenseits im Mittelalter. Ausst.-Kat., München 1994.

Joestel 1993 a
Volkmar Joestel (Hrsg.): Martin Luther 1483–1546, Katalog der Hauptausstellung in der Lutherhalle Wittenberg, 2. verb. Aufl., Berlin 1993.

Joestel 1993 b
Volkmar Joestel: Das Wittenberger Heiltumsbuch von 1509, in: Ders. (Hrsg.): Martin Luther 1483–1546. Katalog der Hauptausstellung in der Lutherhalle Wittenberg, 2. verb. Aufl., Berlin 1993, S. 48–53.

Joestel 2008
Volkmar Joestel (Hrsg.): Luthers Schatzkammer. Kostbarkeiten im Lutherhaus Wittenberg, Wettin-Löbejün 2008.

Joestel 2013
Volkmar Joestel (Hrsg.): »Hier stehe ich!« Luthermythen und ihre Schauplätze (= Kulturreisen, Bd. 10), Wettin-Lobejün 2013.

Joestel/Strehle 2003
Volkmar Joestel/Jutta Strehle: Luthers Bild und Lutherbilder. Ein Rundgang durch die Wirkungsgeschichte, Lutherstadt Wittenberg 2003.

Jörgensen 2014
Bent Jörgensen: Konfessionelle Selbst- und Fremdbezeichnungen: Zur Terminologie der Religionsparteien im 16. Jahrhundert, Berlin/Boston 2014.

Junghans 1982
Helmar Junghans: Wittenberg als Lutherstadt. 2., verb. Aufl., Berlin 1982.

Junghans 1996
Helmar Junghans: Martin Luther und Wittenberg, München/Berlin 1996.

Junius 1930
Wilhelm Junius: Johann Friedrich der Großmütige in der Gefangenschaft, in: Der Cicerone, Halbmonatsschrift für Künstler, Kunstfreunde und Sammler, Bd. 22, 1930, S. 328–331.

Jürgensmeier 1990
Friedhelm Jürgensmeier: Kardinal Albrecht von Brandenburg (1490–1545). Kurfürst, Erzbischof von Mainz und Magdeburg, Administrator von Halberstadt, in: Berthold Roland (Hrsg.), Albrecht von Brandenburg. Kurfürst, Erzkanzler, Kardinal (1490–1545), Ausst.-Kat., Mainz 1990, S. 22–41.

Jütte 1984
Robert Jütte: Obrigkeitliche Armenfürsorge in deutschen Reichsstädten der frühen Neuzeit: städtisches Armenwesen in Frankfurt am Main und Köln (= Kölner historische Abhandlungen, Bd. 31), Köln 1984.

K

Kähler 1950
Ernst Kähler: Ein übersehenes Lutherfragment, in: Theologische Literaturzeitung, Bd. 75, 1950, Sp. 170 f.

Katz 2008
Dana E. Katz: The Jew in the Art of the Italian Renaissance, Philadelphia 2008.

Kaufmann 2003
Thomas Kaufmann: Das Ende der Reformation. Magdeburgs »Herrgotts Kanzlei« (1548–1551/2), Tübingen 2003.

Kaufmann 2012
Thomas Kaufmann: Der Anfang der Reformation. Studien zur Kontextualität der Theologie, Publizistik und Inszenierung Luthers und der reformatorischen Bewegung, Tübingen 2012.

Kaufmann 2014
Thomas Kaufmann: Luthers Juden, Stuttgart 2014.

Kaufmann 2015
Thomas Kaufmann: Luthers Juden, 2. Aufl., Stuttgart 2015.

Kieser 1939
Harry Kieser: Das große Gothaer Altarwerk. Ein reiches Werk deutscher Reformationskunst, Würzburg 1939.

King 1999
Mary Elizabeth King: Mahatma Gandhi and Martin Luther King Jr: The Power of Nonviolent Action, Paris 1999.

Klein 2014
Michael Klein: »Märtyrer im vollen Sinne dieses Wortes«, in: Evangelische Theologie Bd. 67/6, 2014, S. 419–432.

Klug 2012
Nina-Maria Klug: Das konfessionelle Flugblatt 1563–1580: Eine Studie zur historischen Semiotik und Textanalyse (= Studia Linguistics Germanica, Bd. 112), Berlin/Boston 2012.

Kluttig-Altmann 2006
Ralf Kluttig-Altmann: Von der Drehscheibe bis zum Scherbenhaufen. Leipziger Keramik des 14. bis 18. Jahrhunderts im Spannungsfeld von Herstellung, Gebrauch und Entsorgung (= Veröffentlichungen des Landesamtes für Archäologie mit Landesmuseum für Vorgeschichte, Bd. 47), Dresden 2006.

Kluttig-Altmann 2013
Ralf Kluttig-Altmann: Andacht oder Fasnacht? Eine frühneuzeitliche Keramikfanfare aus der Lutherstadt Wittenberg im überregionalen Fundkontext, in: H. Siebenmorgen (Hrsg.), Blick nach Westen. Keramik in Baden und im Elsass. 45. Internationales Symposium Keramikforschung Badisches Landesmuseum Karlsruhe 24.–28. 9. 2012, Karlsruhe 2013, S. 162–171.

Kluttig-Altmann 2015 a
Ralf Kluttig-Altmann: Archäologische Funde von Grundstücken der Familie Cranach in Wittenberg, in: Heiner Lück/Enno Bünz/Leonhard Helten/Armin Kohnle/Dorothee Sack/Hans-Georg Stephan (Hrsg.), Das ernestinische Wittenberg: Spuren Cranachs in Schloss und Stadt (= Wittenberg-Forschungen, Bd. 3), Petersberg 2015, S. 363–399.

Kluttig-Altmann 2015 b
Ralf Kluttig-Altmann: Eine frühneuzeitliche Keramikfanfare aus Wittenberg im Kontext der Funde gewundener Hörner aus Deutschland, in: Harald Meller (Hrsg.): Fokus: Wittenberg. Die Stadt und ihr Lutherhaus. Multidisziplinäre Forschungen über und unter Tage (= Forschungsberichte des Landesmuseums für Vorgeschichte Halle, Bd. 7), Halle (Saale) 2015, S. 93–131.

Kluttig-Altmann 2015 c
Ralf Kluttig-Altmann: Lutherkacheln aus Bad Schmiedeberg, in: Harald Meller (Hrsg.), Fokus: Wittenberg. Die Stadt und ihr Lutherhaus. Multidisziplinäre Forschungen über und unter Tage (= Forschungsberichte des Landesmuseums für Vorgeschichte Halle, Bd. 7), Halle (Saale) 2015, S. 13–18.

Kluttig-Altmann 2015 d
Ralf Kluttig-Altmann: Produzent und Markt. Die Identifizierung keramischer Produkte des Spätmittelalters und der Frühneuzeit aus Bad Schmiedeberg im Wittenberger Fundbild, in: Harald Meller (Hrsg.), Fokus: Wittenberg. Die Stadt und ihr Lutherhaus. Multidisziplinäre Forschungen über und unter Tage (= Forschungsberichte des Landesmuseums für Vorgeschichte Halle, Bd. 7), Halle (Saale) 2015, S. 245–295.

Knape 1994
Rosemarie Knape: (Hrsg.): Martin Luther. Geburtshaus, Lutherstadt Eisleben 1994.

Kobelt-Groch 2005
Marion Kobelt-Groch: Judith macht Geschichte: zur Rezeption einer mythischen Gestalt vom 16. bis 19. Jahrhundert, München 2005.

Koch 1983
Ernst Koch: Die kursächsischen Vorarbeiten zur Confessio Augustana, in: Koch, E., Aufbruch und Weg. Studien zur lutherischen Bekenntnisbildung im 16. Jahrhundert, Berlin 1983, S. 7–19.

Koch 1987
Rudi Koch (Hrsg.): BI-Lexikon. Uhren und Zeitmessung, Leipzig 1987.

Koch 1990
Ernst Koch: Die »Himlische Philosophia des heiligen Geistes«. Zur Bedeutung alttestamentlicher Spruchweisheit im Luthertum des 16. und 17. Jahrhunderts, in: Theologische Literaturzeitung, Bd. 115, 1990, Sp. 705–720.

Koch 1999
Ernst Koch: »Jenaer Beiträge zum Lutherverständnis«, in: Christoph Markschies/Michael Trowitzsch (Hrsg.), Luther – zwischen den Zeiten: eine Jenaer Ringvorlesung, Tübingen 1999, S. 1–15.

Koch 2002
Ernst Koch: Das ernestinische Bibelwerk, in: Roswitha Jacobsen/Juliane Brandsch (Hrsg.), Ernst der Fromme: (1601–1675), Staatsmann und Reformer, wissenschaftliche Beiträge und Ausst.-Kat., Bucha bei Jena 2002, S. 53–58.

Koch 1981
Robert A. Koch (Hrsg.): Hans Brosamer, the Hopfers. The illustrated Bartsch, Bd. 17, New York 1981.

Koepplin/Falk 1976
Dieter Koepplin/Tilman Falk (Hrsg.): Lukas Cranach. Gemälde, Zeichnungen, Druckgraphik, Ausst.-Kat., 2 Bde., Basel/Stuttgart 1976.

Köhler 2003
Anne-Katrin Köhler: Geschichte des Klosters Nimbschen. Von der Gründung 1243 bis zu seinem Ende 1536/1542. (= Arbeiten zur Kirchen- und Theologiegeschichte, Bd. 7), Leipzig 2003.

König 1991
Gerhard König: Die Uhr, Geschichte Technik Stil, Berlin/Leipzig 1991.

König 2008
Sonja König: Wandbrunnen – Wasserblasen – Wasserkästen, in: Harald Meller/Stefan Rhein/Hans-Georg Stephan (Hrsg.), Luthers Lebenswelten (= Tagungen des Landesmuseums für Vorgeschichte Halle, Bd. 1), Halle (Saale) 2008, S. 101–111.

Kornmeier 2004
Uta Kornmeier: Luther in effigie, oder: das »Schreckgespenst von Halle«, in: Stefan Laube/Karl-Heinz Fix (Hrsg.), Lutherinszenierung und Reformationserinnerung, Leipzig 2004, S. 343–370.

Koschnick 1997
Leonore Koschnick (Hrsg.): Bilder und Zeugnisse der deutschen Geschichte (= Aus den Sammlungen des Deutschen Historischen Museums, Bd. 1), Berlin 1997.

Krabath 2001
Stefan Krabath: Die hoch- und spätmittelalterliche Buntmetallfunde nördlich der Alpen (= Internationale Archäologie, Bd. 63), Leidorf 2001.

Krabath 2012
Stefan Krabath: Die Entwicklung der Keramik im Freistaat Sachsen vom späten Mittelalter bis in das 19. Jahrhundert. Ein Überblick, in: Regina Smolnik (Hrsg.), Keramik in Mitteldeutschland – Stand der Forschung und Perspektiven. 41. Internationales Hafnereisymposium des Arbeitskreises für Keramikforschung in Dresden, Deutschland, vom 21. September bis 27. September 2008 (= Veröffentlichungen des Landesamtes für Archäologie, Bd. 57), Dresden 2012, S. 35–171.

Kranzfelder 1982
Ursula Kranzfelder: Zur Geschichte der Apothekenabgabe- und Standgefäße aus keramischen Materialien unter besonderer Berücksichtigung der Verhältnisse in Süddeutschland vom 18. bis zum beginnenden 20. Jahrhundert, München 1982.

Krauß 2010
Jutta Krauß (Hrsg.): Beyssig sein ist nutz und not. Flugschriften zur Lutherzeit, Ausst.-Kat., Regensburg 2010.

Krauß/Kneise 2016
Jutta Krauß/Ulrich Kneise: Martin Luther. Lebensspuren, Regensburg 2016.

Krauß/Schuchardt 1996
Jutta Krauß/Günter Schuchardt (Red.): Aller Knecht und Christi Untertan. Der Mensch Luther und sein Umfeld, Ausst.-Kat., Eisenach 1996.

Kreiker 2003
Sebastian Kreiker: Luther. Leben und Wirkungsstätten, Petersberg 2003.

Krenz 2014
Natalie Krenz: Ritualwandel und Deutungshoheit. Die frühe Reformation in der Residenzstadt Wittenberg (1500–1533), Tübingen 2014.

Krischke/Grebe 2015
Roland Krischke/Anja Grebe: Wege zu Cranach. Kulturreiseführer, Halle (Saale) 2015.

Kroll/Schade 1974
Renate Kroll/Werner Schade (Hrsg.): Hans Burgkmair 1473–1531. Holzschnitte, Zeichnungen, Holzstöcke. Ausst.-Kat., Berlin 1974.

Krüger 2002
Kristina Krüger: Archäologische Zeugnisse zum mittelalterlichen Buch- und Schriftwesen nordwärts der Mittelgebirge (= Universitätsforschungen zur prähistorischen Archäologie, Bd. 91), Bonn 2002.

Krügler/Wallraff 2015
Jürgen Krügler/Martin Wallraff: Luthers Rom. Die Ewige Stadt in der Renaissance, Mainz 2015.

Krühne 1888
Max Krühne: Urkundenbuch der Klöster der Grafschaft Mansfeld, Halle (Saale) 1888.

Krumhaar 1845
K. Krumhaar: Kampf Luthers gegen Heiligenanrufung, Bilderdienst und Reliquienverehrung, Eisleben 1845.

Krummel 1985
Donald W. Krummel: Early German partbook type faces, in: Gutenberg-Jahrbuch, Bd. 60, 1985, S. 80–98.

Kruse 1983
Joachim Kruse (Hrsg.): Illustrierte Flugblätter aus den Jahrhunderten der Reformation und der Glaubenskämpfe, Ausst.-Kat., Coburg 1983.

Kruse 2000
Petra Kruse (Hrsg.): Kaiser Karl V. (1500–1558). Macht und Ohnmacht Europas, Ausst.kat., Bonn 2000.

Kuder/Luckow 2004
Ulrich Kuder/Dirk Luckow (Hrsg.): Des Menschen Gemüt ist wandelbar: Druckgrafik der Dürer-Zeit, Ausst.-Kat., Kiel 2004.

Kuhn 1942
Hermann Kuhn: Hans Reinhart. Ein Meister der mitteldeutschen Renaissance-Medaille, Halle (Saale) 1942.

Kuhn 1936
Charles Kuhn: A Catalogue of German Paintings of the Middle Ages and Renaissance in American Collections, Cambridge 1936.

Kühne 1994
Heinrich Kühne: Vom Wittenberger Rechtswesen, von Scharfrichtern und ihren Tätigkeiten, Lutherstadt Wittenberg 1994.

Kühne/Bünz/Müller 2013
Hartmut Kühne/Enno Bünz/Thomas T. Müller (Hrsg.): Alltag und Frömmigkeit am Vorabend der Reformation in Mitteldeutschland, Ausst.-Kat., Petersberg 2013.

Kunde 2006
Holger Kunde (Hrsg.): Der Naumburger Domschatz. Sakrale Kostbarkeiten im Domschatzgewölbe (= Kleine Schriften der Vereinigten Domstifter zu Merseburg und Naumburg und des Kollegiatstifts Zeitz, Bd. 3), Petersberg 2006.

Kunde/Hörsch 2006
Holger Kunde/Markus Hörsch: Das Merseburger Kapitelhaus. Domschatz, Domstiftsarchiv und Domstiftsbibliothek (= Kleine Schriften der Vereinigten Domstifter zu Merseburg und Naumburg und des Kollegiatstifts Zeitz, Bd. 4), Petersberg 2006.

Kunz 1998
Armin Kunz: Der Hofkünstler als Graphiker. Holzschnitte und Kupferstiche Lucas Cranachs d. Ä. in den Sammlungen der Lutherhalle, in: Druckgraphiken Lucas Cranachs d. Ä. Im Dienst von Macht und Glauben, hrsg. von der Stiftung Luthergedenkstätten in Sachsen-Anhalt, Ausst.-Kat. Bd. 1, Lutherstadt Wittenberg 1998, S. 41–156.

Kunze/Schilling/Stewing 2010
Volkmar Kunze/Johannes Schilling/Frank-Joachim Stewing (Hrsg.): »Durchs Wort sollen wir gewinnen«. Die Rudolstädter Medianbibel von 1541, Bad Zwischenahn 2010.

Kuper/Gutjahr 2014
Gaby Kuper/Mirko Gutjahr: Luthers Elternhaus. Ein Rundgang durch die Ausstellung, Lutherstadt Wittenberg 2014.

Kuschel 2014
Franziska Kuschel: »Starke Frauen« der Reformation – Ausgewählte Biogramme, in: Simona Schellenberger/André Thieme/Dirk Welich (Hrsg.), Eine starke Frauengeschichte. 500 Jahre Reformation, Ausst.-Begleitband, Beucha 2014, S. 29–35.

Kutzke 1912
Georg Kutzke: Die erneuerte Andreaskirche in Eisleben, in: Jahrbuch der Denkmalpflege in der Provinz Sachsen und in Anhalt, hrsg. im Auftr. der Provinzial-Denkmäler-Kommission 1912, S. 59–64.

Kutzke 1917
Georg Kutzke: Die Lutherkanzel der Andreaskirche zu Eisleben, in: Die Denkmalpflege, Bd. 19, 1917, S. 85–88.

L

Lang 2014a
Thomas Lang: »bucher gud unde beße« – Die Wittenberger Schlossbibliothek und der kursächsische Hof in der Regierungszeit Friedrichs des Weisen (1486–1525), in: Enno Bünz/Thomas Fuchs/Stefan Rhein (Hrsg.), Buch und Reformation. Beiträge zur Buch- und Bibliotheksgeschichte Mitteldeutschlands im 16. Jahrhundert (= Schriften der Stiftung Luthergedenkstätten in Sachsen-Anhalt, Bd. 16), Leipzig 2014, S. 125–171.

Lang 2014b
Thomas Lang: »Zwischen Alltag, Kunst und Sünde«. Tanz an den wettinischen Höfen um 1500, in: Harald Meller (Hrsg.), Mitteldeutschland im Zeitalter der Reformation. Interdisziplinäre Tagung vom 22. bis 24. Juni 2012 in Halle (Saale) (= Forschungsberichte des Landesmuseums für Vorgeschichte Halle, Bd. 4), Halle (Saale) 2014, S. 133–151.

Lapp 2011
Peter Joachim Lapp: Gerald Götting – CDU-Chef in der DDR: eine politische Biografie, Aachen 2011.

Laube 2003
Stefan Laube: Das Lutherhaus Wittenberg – eine Museumsgeschichte, Leipzig 2003.

Laube 2006
Stefan Laube: Zwischen Hybris und Hybridität. Kurfürst Friedrich der Weise und seine Reliquiensammlung, in: Andreas Tacke (Hrsg.), »Ich armer sundiger mensch«. Heiligen- und Reliquienkult am Übergang zum konfessionellen Zeitalter (= Schriftenreihe der Stiftung Moritzburg, Kunstmuseum des Landes Sachsen-Anhalt, Bd. 2), Göttingen 2006, S. 170–207.

Laube 2011
Stefan Laube: Von der Reliquie zum Ding. Heiliger Ort – Wunderkammer – Museum, Berlin 2011.

Le Goff 2005
Jacques Le Goff: Kaufleute und Bankiers im Mittelalter, Berlin 2005.

Le Goff 2011
Jacques Le Goff: Geld im Mittelalter, Stuttgart 2011.

Leder 2002
Hans-Günter Leder: Johannes Bugenhagen Pomeranus – Vom Reformer zum Reformator. Studien zur Biographie (= Greifswalder theologische Forschungen, Bd. 4), Frankfurt a. M. u. a. 2002.

Lehfeldt 1891
Paul Lehfeldt: Herzogthum Sachsen-Coburg und Gotha, Amtsgerichtsbezirk Gotha, in: Bau- und Kunstdenkmäler Thüringens, H. VIII, Jena 1891.

Lehmann 1988
Hartmut Lehmann: Martin Luther in the American imagination (= American Studies. A Monograph Series, Bd. 63), Paderborn 1988.

Leppin 2006
Volker Leppin: Martin Luther, Darmstadt 2006.

Leppin 2013
Volker Leppin: Martin Luther. Vom Mönch zum Feind des Papstes, Darmstadt 2013.

Leppin/Schneider-Ludorff 2014
Volker Leppin/Gury Schneider-Ludorff (Hrsg.): Das Luther-Lexikon, Regensburg 2014.

Leuschner/Bornschein/Schierz 2015
Eckhard Leuschner/Falko Bornschein/Kai Uwe Schierz (Hrsg.): Kontroverse und Kompromiss – Der Pfeilerbilderzyklus des Mariendoms und die Kultur der Bikonfessionalität im Erfurt des 16. Jahrhunderts, Ausst.-Kat., Dresden 2015.

Lewin 1911
Reinhold Lewin: Luthers Stellung zu den Juden: ein Beitrag zur Geschichte der Juden in Deutschland während des Reformationszeitalters, Berlin 1911.

Linde 2011
Gesche Linde (Hrsg.): Luther, Martin. Von der Freiheit eines Christenmenschen, Studienausgabe, Ditzingen 2011.

Lindell 2011
Joanna Reiling Lindell: Faithful Impressions. Thrivent Financial Collection of Religious Art, Minneapolis 2011.

Lohse 1979
Bernhard Lohse: Augsburger Bekenntnis, Confutatio und Apologie, I. Augsburger Bekenntnis, in: Theologische Realenzyklopädie, Bd. 4., Berlin 1979, S. 616–628.

Lohse 1995
Bernhard Lohse: Luthers Theologie in ihrer historischen Entwicklung und in ihrem systematischen Zusammenhang, Göttingen 1995.

Lohse 2012
Bernhard Lohse: Albrecht von Brandenburg und Luther, in: Friedhelm Jürgensmeier (Hrsg.), Erzbischof Albrecht von Brandenburg (1490–1545). Ein Kirchen- und Reichsfürst der Frühen Neuzeit (= Beiträge zur Mainzer Kirchengeschichte, Bd. 3), Frankfurt a. M. 1991, S. 73–83.

Luckhardt 1985
Jochen Luckhardt: Heinrich Aldegrever und die Bildnisse der Wiedertäufer, Münster 1985.

Ludolphy 1984
Ingetraut Ludolphy: Friedrich der Weise Kurfürst von Sachsen 1463–1525, Göttingen 1984.

Ludwig/Kunde 2011
Matthias Ludwig/Holger Kunde: Der Dom zu Naumburg. Großer DKV-Kunstführer, Berlin/München 2011.

Luther und Halle 1996
Martin Luther und Halle. Kabinettausstellung der Marienbibliothek und der Franckeschen Stiftungen zu Halle im Luthergedenkjahr 1996, (= Katalog der Franckeschen Stiftungen, Bd. 3), Halle (Saale) 1996.

Luther Stätten 1983
Martin Luther. Stätten seines Lebens und Wirkens, Berlin (Ost) 1983.

M

Mackert 2014
Christoph Mackert: Luthers Handexemplar der hebräischen Bibelausgabe von 1495 – Objektbezogene und besitzgeschichtliche Aspekte, in: Irene Dingel/Henning P. Jürgens (Hrsg.), Meilensteine der Reformation. Schlüsseldokumente der frühen Wirksamkeit Martin Luthers, Gütersloh 2014, S. 70–79.

Maedebach 1972
Heino Maedebach (Hrsg.): Lucas Cranach d. Ä. und seine Werkstatt: Gemälde, Ausst.-Beiheft, München 1972.

Märchenschloss 2012
Märchenschloss Friedenstein Gotha erzählt, Ausst.-Kat., hrsg. von der Stiftung Schloss Friedenstein Gotha, Halle (Saale) 2012.

Mariacher 1963
Giovanni Mariacher: Vetri italiani del Rinascimento, 2. Aufl., Mailand 1963.

Maron 1980
Gottfried Maron: Bauernkrieg, in: Theologische Realenzyklopädie, Bd. 5, Oldenburg 1980, S. 319–338.

Marten 2010
Maria Marten: Buchstabe, Geist und Natur: die evangelisch-lutherischen Pflanzenpredigten in der nachreformatorischen Zeit, Bern 2010.

Marx/Hollberg 2004
Harald Marx/Cecilie Hollberg (Hrsg.): Glaube & Macht. Sachsen im Europa der Reformationszeit, Ausst.-Begleitband, Dresden 2004.

Marx/Kluth 2004
Harald Marx/Eckhard Kluth (Hrsg.): Glaube & Macht. Sachsen im Europa der Reformationszeit, Ausst.-Kat., Dresden 2004.

Marx/Mössinger 2005
Harald Marx/Ingrid Mössinger (Hrsg.): Cranach, Aust.-Kat., mit einem Bestandskatalog der Gemälde in den Staatlichen Kunstsammlungen Dresden erarb. von Karin Kolb, Köln 2005.

Maseberg/Schulze 2004
Günter Maseberg/Armin Schulze (Hrsg.): Halberstadt – Das erste Bistum Mitteldeutschlands. Zeitzeugnisse. Von Kaiser Karl dem Großen bis zum Großen Kurfürsten Friedrich Wilhelm von Brandenburg (= Veröffentlichungen des Städtischen Museums Halberstadt, Bd. 29), Halberstadt 2004.

Matthes 2008
Christian Matthes: Ausgrabungen als stadttopographische Untersuchungen innerhalb und im Umfeld des »Luthergeburtshauses« in Eisleben, in: Harald Meller/Stefan Rhein/Hans-Georg Stephan (Hrsg.), Luthers Lebenswelten (= Tagungen des Landesmuseums für Vorgeschichte Halle, Bd. 1), Halle (Saale) 2008, S. 79–90.

Matthias 2002
Markus Matthias: Me auspice – Unter meinem Schutz, in: Gunnar Berg/Thomas Bremer/Heinrich Dilly/Hermann-Josef Rupieper/Marianne Schröter/Udo Sträter/Claudia Wagner (Hrsg.), Emporium. 500 Jahre Universität Halle-Wittenberg, Ausst.-Kat., Halle (Saale) 2002, S. 137–163.

Maué 1987
Hermann Maué: Die Dedikationsmedaille der Stadt Nürnberg für Kaiser Karl V. von 1521, in: Anzeiger des Germanischen Nationalmuseums Nürnberg 1987, 1987, S. 227–244.

Maurer 1953
Wilhelm Maurer: Kirche und Synagoge: Motive und Formen der Auseinandersetzung der Kirche mit dem Judentum im Laufe der Geschichte, Stuttgart 1953.

Maurer 1976
Wilhelm Maurer: »Reste des kanonischen Rechts im Frühprotestantismus«. Die Kirche und ihr Recht: gesammelte Aufsätze zum evangelischen Kirchenrecht, Tübingen 1976.

Maurice 1976
Klaus Maurice: Die deutsche Räderuhr: zur Kunst und Technik des mechanischen Zeitmessers im deutschen Sprachraum, München 1976.

Meier 2006
Esther Meier: Die Gregorsmesse. Funktionen eines spätmittelalterlichen Bildtypus, Köln 2006.

Meissinger 1952
Karl August Meissinger: Der katholische Luther, München 1952.

Meller 2008
Harald Meller (Hrsg.): Fundsache Luther. Archäologen auf den Spuren des Reformators. Begleitband zur Landesausstellung »Fundsache Luther – Archäologen auf den Spuren des Reformators« im Landesmuseum für Vorgeschichte Halle (Saale) vom 31. Oktober 2008 bis 26. April 2009, Stuttgart 2008.

Meller/Mundt/Schmuhl 2008
Harald Meller/Ingo Mundt/Boje E. Schmuhl (Hrsg.): Der heilige Schatz im Dom zu Halberstadt, Regensburg 2008.

Meller/Reichenberger/Wunderlich in Vorber.
Harald Meller/Alfred Reichenberger/Christian-Heinrich Wunderlich (Hrsg.): Alchemie und Wissenschaft des 16. Jahrhunderts. Fallstudien aus Wittenberg und vergleichbare Befunde (= Tagungen des Landesmuseums für Vorgeschichte Halle, Bd. 14), Halle (Saale) vorauss. 2016.

Melzer 2015
Reinhard Melzer: Der Cranach-Bestand des Gotischen Hauses, in: Cranach im Gotischen Haus in Wörlitz, Ausst.-Begleitband, Wörlitz/München 2015.

Mendelsohn 1907
Henriette Mendelsohn: Die Engel in der bildenden Kunst. Ein Beitrag zur Kunstgeschichte der Gotik und der Renaissance, Berlin 1907.

Merkel 2004
Kerstin Merkel: Jenseits-Sicherung. Kardinal Albrecht von Brandenburg und seine Grabdenkmäler, Regensburg 2004.

Metzger 2009
Christof Metzger: Daniel Hopfer. Ein Augsburger Meister der Renaissance, Berlin (u.a.) 2009.

Michel 2009
Stefan Michel: 800 Jahre Christentum im Greizer Land. Einblicke in die reußische Kirchengeschichte, Greiz 2009.

Michel 2014
Stefan Michel: Der Sammler, Herausgeber, Multiplikator und Händler von Luthers Büchern Georg Rörer: Ein Beitrag zur reformatorischen Buchproduktion, in: Enno Bünz/Thomas Fuchs/Stefan Rhein (Hrsg.), Buch und Reformation: Beiträge zur Buch- und Bibliotheksgeschichte Mitteldeutschlands im 16. Jahrhundert, Leipzig 2014, S. 173–190.

Mielke 1998
Ursula Mielke: Heinrich Aldegrever. The new Hollstein German engravings, etchings and woodcuts, 1400–1700 (= Friedrich W. H. Hollstein, Bd. 3), Rotterdam 1998.

Miletto/Veltri 2003
Gianfranco Miletto/Giuseppe Veltri: Die Hebraistik in Wittenberg (1502–1813): von der »lingua sacra« zur Semitistik, in: Henoch, Bd. 25, 2003, S. 93–130.

Moeller 2000
Bernd Moeller: Die Reformation, in: Wilfried Seipel (Hrsg.), Kaiser Karl V. (1500–1558). Macht und Ohnmacht Europas. Ausst.-Kat., Bonn 2000, S. 77–85.

Moeller 2008
Bernd Moeller: Thesenanschläge, in: Joachim Ott/Martin Treu (Hrsg.), Luthers Thesenanschlag – Faktum oder Fiktion (= Schriften der Luthergedenkstätten in Sachsen-Anhalt, Bd. 9), Leipzig 2008, S. 9–32.

Moeller/Stackmann 1996
Bernd Moeller/Karl Stackmann: Städtische Predigt in der Frühzeit der Reformation. Eine Untersuchung deutscher Flugschriften der Jahre 1522 bis 1529 (= Abhandlungen der Akademie der Wissenschaften in Göttingen, Philologisch-Historische Klasse, Folge 3, Nr. 220), Göttingen 1996.

Moritz 2009
Anja Moritz: Interim und Apokalypse. Die religiösen Vereinheitlichungsversuche Karls V. im Spiegel der magdeburgischen Publizistik 1548–1551/52, Tübingen 2009.

Moulin 2014
Claudine Moulin: Ein Sermon vom Ablass und Gnade. Materialität: Dynamik und Transformation, in: Irene Dingel/Henning P. Jürgens (Hrsg.), Meilensteine der Reformation. Schlüsseldokumente der frühen Wirksamkeit Martin Luthers, Gütersloh 2014, S. 113–121.

Moxey 1989
Keith Moxey: Peasants, warriors and wifes. Popular Imagery in the Reformation, Chicago/London 1989.

Müller 1993
Heinrich Müller: Das Berliner Zeughaus. Vom Arsenal zum Museum, Berlin 1993.

Müller/Balz/Krause 1997
Gerhard Müller/Horst Balz/Gerhard Krause: Politik, Politologie – Publizistik, Presse, in: Gerhard Müller (Hrsg.), Theologische Realenzyklopädie, Berlin/New York 1997, S. 225–330.

Müller/Kipf 2008
Gernot Michael Müller/J. Klaus Kipf: Cochlaeus, Johannes, in: Franz Josef Worstbrock (Hrsg.), Deutscher Humanismus (1480–1520). Verfasserlexikon, Bd. 1, Berlin 2008, Sp. 439–460.

Müller/Kölling 1981
Heinrich Müller/Hartmut Kölling: Europäische Hieb- und Stichwaffen aus der Sammlung des Museums für Deutsche Geschichte, Berlin (Ost) 1981.

Müller/Kunter 1984
Heinrich Müller/Fritz Kunter: Europäische Helme aus der Sammlung des Museum für Deutsche Geschichte, Berlin (Ost) 1984.

Müller/Schauerte 2011
Jürgen Müller/Thomas Schauerte (Hrsg.): Die gottlosen Maler von Nürnberg. Konvention und Subversion in der Druckgrafik der Beham-Brüder. Ausst.-Kat., Emsdetten 2011.

Müller-Enbergs 2006
Helmut Müller-Enbergs: Götting, Gerald, in: Ders. (Hrsg.), Wer war wer in der DDR? Ein Lexikon ostdeutscher Biographien, Berlin 2006, online unter: www.bundesstiftung-aufarbeitung.de/wer-war-wer-in-der-ddr-%2363%3B-1424.html?ID=1049 (letzter Zugriff 27.1.2016).

N

Nagler 1919
Georg Kaspar Nagler: Die Monogrammisten, Bd. 5, München/Leipzig 1919 (Neudruck).

Naphy/Spicer 2003
William Naphy/Andrew Spicer: Der schwarze Tod, Essen 2003.

Neser 2005
Anne-Marie Neser: Luthers Wohnhaus in Wittenberg. Denkmalpolitik im Spiegel der Quellen (= Kataloge der Stiftung Luthergedenkstätten in Sachsen-Anhalt, Bd. 10), Leipzig 2005.

Neser 2009
Anne-Marie Neser: Luthers Geburtshaus in Eisleben – Ursprünge, Wandlungen, Resultate, in: Rosemarie Knape (Hrsg.), Martin Luther und Eisleben (= Schriften der Stiftung Luthergedenkstätten in Sachsen-Anhalt, Bd. 8), Leipzig 2009, S. 87–119.

Neu-Kock 1988
Roswitha Neu-Kock: Heilige und Gaukler. Kölner Statuetten aus Pfeifenton. Sonderheft Kölner Museums-Bulletin (= Berichte und Forschungen aus den Museen der Stadt Köln), Köln 1988.

Neumann 1995
Hans-Joachim Neumann: Luthers Leiden: Die Krankheitsgeschichte des Reformators, Berlin 1995.

Neumeister 1976
Ingeburg Neumeister: Flugblätter der Reformation und des Bauernkrieges. 50 Blätter aus der Sammlung des Schlossmuseums Gotha, Leipzig 1976.

Neuß 1930
Erich Neuß: Das Hallische Stadtarchiv. Seine Geschichte und seine Bestände, Halle (Saale) 1930.

Nickel 2002
Heinrich L. Nickel (Hrsg.): 450 Jahre Marienbibliothek zu Halle an der Saale. Kostbarkeiten und Raritäten einer alten Büchersammlung, Halle (Saale) 2002.

Niehr 2000
Klaus Niehr: Das Grabmal Hoyers VI. in der Andreaskirche zu Eisleben, in: Rosemarie Knape (Hrsg.), Martin Luther und der Bergbau im Mansfelder Land, Ausst.-Begleitband (= Katalog der Stiftung Luthergedenkstätten in Sachsen-Anhalt, Bd. 7), Lutherstadt Eisleben 2000, S. 261–279.

Niemetz 2008
Michael Niemetz: Antijesuitische Bildpublizistik in der Frühen Neuzeit: Geschichte, Ikonographie und Ikonologie, Regensburg 2008.

O

Oehmig 1988
Stefan Oehmig: Der Wittenberger Gemeine Kasten in den ersten zweieinhalb Jahrzehnten seines Bestehens (1522/23 bis 1547). Seine Einnahmen und seine finanzielle Leistungsfähigkeit im Vergleich zur vorreformatorischen Armenpraxis, in: Jahrbuch für Geschichte des Feudalismus, Bd. 12, 1988, S. 229–269.

Oehmig 1989
Stefan Oehmig: Der Wittenberger Gemeine Kasten in den ersten zweieinhalb Jahrzehnten seines Bestehens (1522/23 bis 1547). Seine Ausgaben und seine sozialen Nutznießer, in: Jahrbuch für Geschichte des Feudalismus, Bd. 13, 1989, S. 133–179.

Oelke 1992
Harry Oelke: Die Konfessionsbildung des 16. Jahrhunderts im Spiegel illustrierter Flugblätter, Berlin/New York 1992.

Oelke 2001
Eckhard Oelke: Die Wirkungen des Bergbaus in der Region Mansfeld, in: 800 Jahre Kupferschiefer-Bergbau. Soziale und kulturelle Aspekte der Geschichte des Mansfelder Hüttenwesens. (= Beiträge zur Regional- und Landeskultur Sachsen-Anhalts, H. 19), Halle (Saale) 2001, S. 5–21.

Onlinesammlung SKD, Deckelpokal
Onlinesammlung SKD, Deckelpokal, www.skd-online-collection.skd.museum/de/contents/show?id=117207 (letzter Zugriff 1.3.2016).

Onlinesammlung SKD, Willkommpokal
Onlinesammlung SKD, Willkommpokal, www.skd-online-collection.skd.museum/de/contents/show?id=117552 (letzter Zugriff 1.3.2016).

Orme 2003
Nicholas Orme: Medieval Children, New Haven 2003.

von der Osten-Sacken 2002
Peter von der Osten-Sacken: Martin Luther und die Juden: neu untersucht anhand von Anton Margarithas »Der gantz Jüdisch glaub« (1530/31), Stuttgart 2002.

Ott 2014
Joachim Ott: Luthers Deutsche Messe und Kirchenamt (1526) – Historische, theologische und buchgeschichtliche Aspekte, in: Irene Dingel/Henning P. Jürgens (Hrsg.), Meilensteine der Reformation. Schlüsseldokumente der frühen Wirksamkeit Martin Luthers, Gütersloh 2014, S. 218–234.

Otto 1834
J(ohann) G(ottfried) Otto: Die Schloß- und Domkirche zu Merseburg; ihre Denkmäler und Merkwürdigkeiten, Merseburg 1834.

Ottomeyer/Czech 2007
Hans Ottomeyer/Hans-Jörg Czech (Hrsg.): Deutsche Geschichte in Bildern und Zeugnissen, Berlin 2007.

Ottomeyer/Götzmann/Reiß 2006
Hans Ottomeyer/Jutta Götzmann/Ansgar Reiß (Hrsg.): Heiliges Römisches Reich Deutscher Nation 962 bis 1806. Altes Reich und Neue Staaten 1495 bis 1806, Ausst.-Kat., Dresden 2006.

P

Paasch 2010
Kathrin Paasch (Hrsg.): »… so über die massen sauber in rothen Leder eingebunden«: Bucheinbände aus der Forschungsbibliothek Gotha, Ausst.-Kat., Gotha 2010.

Paasch 2012
Kathrin Paasch (Hrsg.): »Mit Lust und Liebe Singen«: Die Reformation und ihre Lieder, Ausst.-Begleitband, Gotha 2012.

Packeiser 2004
Thomas Packeiser: Umschlagende Fülle als Autorität des Einen: Abundanz, Inversion und Zentrierung in den Tafelaltären Heinrich Füllmaurers, in: Frank Büttner/Gabriele Wimböck (Hrsg.), Das Bild als Autorität. Die normierende Kraft des Bildes, Münster 2004, S. 401–446.

Pangritz 2015
Andreas Pangritz: Martin Luther – Judenfreund oder Antisemit, in: epd-Dokumentation, Bd. 39, 2015, S. 17–24.

Panofsky 1948
Erwin Panofsky: Albrecht Dürer. 2 Bde., 3. Aufl., London 1948.

Paravicini 2005
Werner Paravicini: Drechseln, in: Ders. (Hrsg.), Höfe und Residenzen im spätmittelalterlichen Reich. Residenzenforschung, Bd. 15 II, Teilb. 1 u. 2, Ostfildern 2005, S. 212–214.

Pauli 1974
Gustav Pauli: Hans Sebald Beham. Ein kritisches Verzeichnis seiner Kupferstiche, Radierungen und Holzschnitte. Mit Nachträgen, sowie Ergänzungen und Berichtigungen von Heinrich Röttinger, Nachdruck d. Erstaufl. 1901, 1911, 1927, Baden-Baden 1974.

Paulus 2000
Nikolaus Paulus: Geschichte des Ablasses am Ausgang des Mittelalters, Darmstadt 2000.

Pelgen 1996
Franz Stephan Pelgen: Zur Archäologie der Buchdruckletter. Neue Funde zur Schriftgußgeschichte von (Kur-)Mainz, in: Gutenberg-Jahrbuch, Bd. 71, 1996, S. 182–208.

Peters 1994
Christian Peters: Johann Eberlin von Günzburg ca. 1465–1533. Franziskaner Reformer, Humanist und konservativer Reformator (= Quellen und Forschungen zur Reformationsgeschichte, Bd. 60), Gütersloh 1994.

Pick 1928
Berendt Pick: Bemerkungen zu deutschen Medaillen, in: Festschrift für Karl Koetschau. Beiträge zur Kunst-, Kultur- und Literaturgeschichte, Düsseldorf 1928, S. 60 f.

Piltz 1983
Georg Piltz: Ein Sack voll Ablaß. Bildsatiren der Reformationszeit, Berlin 1983.

Pitts 1999
Pitts Theology Library/Richard C. Kessler Reformation Collection (Hrsg.): The Richard C. Kessler Reformation Collection – An Annotated Bibliography. Manuscripts and printed works, 1470–1522, Bd. 1, Atlanta 1999.

Porter 1981
Jene M. Porter: Luther and Political Millenarianism: The Case of the Peasants' War, in: Journal of the History of Ideas, Bd. 42, 1981, S. 389–406.

Pregla 2006
Barbara Pregla: Die Paramente Albrechts. Aus den Domschätzen von Merseburg und Halberstadt, in: Andreas Tacke (Hrsg.), Der Kardinal Albrecht von Brandenburg. Renaissancefürst und Mäzen, Bd. 2 (Essays), Regensburg 2006, S. 349–363.

Pregla 2008
Barbara Pregla: Kasel Albrechts von Brandenburg aus rot-goldenem Seidengewebe mit Kreuz in Perlstickerei, in: Markus Cottin/Uwe John/Holger Kunde (Bearb.), Der Merseburger Dom und seine Schätze. Zeugnisse einer tausendjährigen Geschichte (= Kleine Schriften der Vereinigten Domstifter zu Merseburg und Naumburg und des Kollegiatstifts Zeitz, Bd. 6), Petersberg 2008, S. 321–324.

Pregla 2015
Barbara Pregla: Die sogenannten »Marienmäntelchen« des Halberstädter Domschatzes als Quellen der Frömmigkeitsgeschichte im Spätmittelalter, in: Enno Bünz/Hartmut Kühne (Hrsg.), Alltag und Frömmigkeit am Vorabend der Reformation in Mitteldeutschland, Ausst.-Begleitband (= Schriften zur sächsischen Geschichte und Volkskunde, Bd. 50), Leipzig 2015, S. 673–714.

Purgold 1937
Karl Purgold: Das Herzogliche Museum, Gotha 1937.

Purgold/Schenk zu Schweinsberg 1938
Karl Purgold/Eberhard Schenk zu Schweinsberg: Das Herzogliche Museum, Gotha 1938.

Puttrich 1844
Ludwig Puttrich (Hrsg.): Mittelalterliche Bauwerke zu Eisleben und in dessen Umgegend Seeburg, Sangerhausen, Querfurt, Conradsburg, In: Ders. (Hrsg.), Denkmale der Baukunst des Mittelalters in Sachsen, zweite Abt., Bd. 2, Leipzig 1844.

Q

Quaas 1997
Gerhard Quaas: Jagdwaffen. Aus der Sammlung des Deutschen Historischen Museums (= Magazin. Mitteilungen des Deutsches Historisches Museums, H. 19, 7. Jg.), Berlin 1997.

R

Rabe 1996
Horst Rabe: Karl V. und die deutschen Protestanten. Wege, Ziele und Grenzen der kaiserlichen Reichspolitik, in: Ders. (Hrsg.), Karl V. Politik und politisches System. Berichte und Studien aus der Arbeit an der Politischen Korrespondenz des Kaisers, Konstanz 1996, S. 317–345.

Ranft 2002
Andreas Ranft: Katharina von Bora, die Lutherin – eine Frau von Adel, in: Zeitschrift für Geschichtswissenschaft 50, H. 8, 2002, S. 708–721.

Raupp 1986
Hans-Joachim Raupp: Bauernsatiren. Entstehung und Entwicklung des bäuerlichen Genres in der deutschen und niederländischen Kunst ca. 1470–1570, Niederzier 1986.

Reetz 2014
Johanna Reetz: Judith und der Kaiser. Zeichen der Identifikation und Distinktion in einem Kachelkomplex aus Wittenberg, in: Harald Meller (Hrsg.), Mitteldeutschland im Zeitalter der Reformation. Interdisziplinäre Tagung vom 22. bis 24. Juni 2012 in Halle (Saale) (= Tagungen des Landesmuseums für Vorgeschichte Halle, Bd. 3), Halle (Saale) 2014, S. 205–215.

Reformation 1979
Reformation in Nürnberg. Umbruch und Bewahrung. 1490–1580, Ausst.-Kat. (= Schriften des Kunstpädagogischen Zentrums im Germanischen Nationalmuseum Nürnberg, Bd. 9), Nürnberg 1979.

Reformation in Anhalt 1997
Reformation in Anhalt. Melanchthon – Fürst Georg III., Ausst.-Kat., hrsg. von der Evangelischen Landeskirche Anhalt, Dessau 1997.

Reichenberger 2015
Alfred Reichenberger: Vom ewigen Wunsche Gold zu machen – eine angebliche Alchemistenmünze von Plötzkau, in: Harald Meller/Alfred Reichenberger (Hrsg.), Geldgeschichten aus Sachsen-Anhalt, Halle (Saale) 2015, S. 112–115.

Reichenberger/Wunderlich 2014
Alfred Reichenberger/Christian-Heinrich Wunderlich: Dr. Faustus in Wittenberg? Eine Alchemistenwerkstatt und die frühe Wissenschaft zu Zeiten Luthers, in: Museumsjournal 2014. Mitgliederzeitschrift des Vereins zur Förderung des Landesmuseums für Vorgeschichte Halle (Saale), Bd. 10, 2014, S. 13–15.

Reinhard 1980
Wolfgang Reinhard: Die kirchenpolitischen Vorstellungen Kaiser Karls V., ihre Grundlagen und ihr Wandel, in: Erwin Iserloh/Barbara Hallensleben (Hrsg.), Confessio Augustana und Confutatio: der Augsburger Reichstag 1530 und die Einheit der Kirche; Internat. Symposion der Gesellschaft zur Herausgabe des Corpus Catholicorum in Augsburg vom 3.–7. Sept. 1979, Münster 1980, S. 62–100.

Reinisch 2015
Jutta Reinisch: »Gesetz und Gnade« in Gotha. Ein Relief Dells des Älteren, seine Bezüge zur Allegorie Lucas Cranachs des Älteren und zur zeitgenössischen Druckgraphik, in: Christopher Spehr (Hrsg.), Lutherjahrbuch. Organ der internationalen Lutherforschung, Bd. 82, 2015, S. 148–198.

Reinitzer 1983
Heimo Reinitzer: Biblia deutsch. Luthers Bibelübersetzung und ihre Tradition, Wolfenbüttel 1983.

Reinitzer 2006
Heimo Reinitzer: Gesetz und Evangelium. Über ein reformatorisches Bildthema, seine Tradition, Funktion und Wirkungsgeschichte, 2 Bde., Hamburg 2006.

Reinitzer 2012
Heimo Reinitzer: Tapetum Concordiae. Peter Heymans Bildteppich für Philipp I. von Pommern und die Tradition der von Mose getragenen Kanzeln, Berlin 2012.

Reske 2007
Christoph Reske: Die Buchdrucker des 16. und 17. Jahrhunderts im deutschen Sprachgebiet: auf der Grundlage des gleichnamigen Werkes von Josef Benzing (= Beiträge zum Buch- und Bibliothekswesen, Bd. 51), Wiesbaden 2007.

Reske: Weltchronik
Christoph Reske: Schedelsche Weltchronik, in: Historisches Lexikon Bayerns, www.historisches-lexikon-bayerns.de/Lexikon/Schedelsche Weltchronik (letzter Zugriff 31. 3. 2016).

Rhein 2014 a
Stefan Rhein, »... das entscheidendste und inhaltschwerste, was des Reformators Feder je geschrieben« – Luthers Brief an Kaiser Karl V. (28. April 1521), in: Irene Dingel/Henning P. Jürgens (Hrsg.), Meilensteine der Reformation. Schlüsseldokumente der frühen Wirksamkeit Martin Luthers, Gütersloh 2014, S. 145–159.

Rhein 2014 b
Stefan Rhein: Luther im Museum: Kult, Gedenken und Erkenntnis, in: Heinz Schilling (Hrsg.), Der Reformator Martin Luther 2017. Eine wissenschaftliche und gedenkpolitische Bestandsaufnahme (= Schriften des Historischen Kollegs München, Bd. 92), München 2014, S. 245–259.

Richter 2009
Jörg Richter: Der Domschatz zu Halberstadt. Führer durch die Ausstellung, Dößel 2009.

Rieger 2007
Reinhold Rieger (Hrsg.): Luther, Martin: Von der Freiheit eines Christenmenschen, De libertate christiana (= Kommentare zu Schriften Luthers, Bd. 1), Tübingen 2007.

Riepertinger/Brockhoff/Heinemann/Schumann 2002
Rainhard Riepertinger/Evamaria Brockhoff/Katharina Heinemann/Jutta Schumann (Hrsg.): Das Rätsel Grünewald, Ausst.-Kat. (= Veröffentlichungen zur bayerischen Geschichte und Kultur, Bd. 45/02), Augsburg 2002.

Ring 2003
Edgar Ring (Hrsg.): Glaskultur in Niedersachsen. Tafelgeschirr und Haushaltsglas vom Mittelalter bis zur frühen Neuzeit (= Archäologie und Bauforschung in Lüneburg, Bd. 5), Husum 2003.

Rippmann 2012
Dorothee Rippmann: Bilder von Bauern im Mittelalter und in der Frühen Neuzeit, in: Daniela Münkel/Frank Uekötter (Hrsg.), Das Bild des Bauern. Selbst- und Fremdwahrnehmungen vom Mittelalter bis ins 21. Jahrhundert, Göttingen 2012, S. 21–60.

Ritschel 2007
Iris Ritschel: Christus und ...? Ein legendäres Paar auf Pergament im Schlossmuseum Gotha, in: Andreas Tacke (Hrsg.), Lucas Cranach 1553–2003: Wittenberger Tagungsbeiträge anlässlich des 450. Todesjahres Lucas Cranachs des Älteren (= Schriften der Stiftung Luthergedenkstätten in Sachsen-Anhalt, Bd. 7), Leipzig 2007, S. 75–98.

Roberts 2005
James Deotis Roberts: Bonhoeffer and King: Speaking Truth to Power, Louisville 2005.

Roch-Lemmer 2000
Irene Roch-Lemmer: Grablegen und Grabdenkmäler der Grafen von Mansfeld im 16. Jahrhundert, in: Mitteldeutschland, das Mansfelder Land und die Stadt Halle. Neuere Forschungen zur Landes- und Regionalgeschichte. Protokoll des Kolloquiums zum 100. Geburtstag von Erich Neuß 28./29. 5. 1999 in Halle (= Beiträge zur Regional- und Landeskultur Sachsen-Anhalts, H. 15), Halle (Saale) 2000, S. 156–172.

Roch-Lemmer 2005
Irene Roch-Lemmer: Andreaskirche Lutherstadt Eisleben (= Schnell-Kunstführer, Bd. 2050, 4. überarb. Aufl.), Regensburg 2007.

Roch-Lemmer 2008
Irene Roch-Lemmer: Spätgotische Altäre in der Stadtkirche St. Georg zu Mansfeld, in: Harald Meller/Stefan Rhein/Hans Georg Stephan (Hrsg.), Luthers Lebenswelten (= Tagungen des Landesmuseums für Vorgeschichte Halle, Bd. 1), Halle (Saale) 2008, S. 223–231.

Rode 2005
Holger Rode: Mittelalterliche Steinzeugproduktion in Bad Schmiedeberg, Ldkr. Wittenberg, in: Archäologie in Sachsen-Anhalt, Bd. 3, 2005, S. 34–41.

Rogge 1983
Joachim Rogge: Martin Luther. Sein Leben. Seine Zeit. Seine Wirkungen. Eine Bildbiografie, Berlin (Ost) 1983.

Rollert 2014
Doreen Rollert: Gottesfurcht und Lebenslust. Die Sammlung holländischer und flämischer Gemälde auf Schloss Friedenstein Gotha, Stiftung Schloss Friedenstein Gotha, Gotha 2014.

Rommé 2000
Barbara Rommé (Hrsg.): Das Königreich der Täufer (2 Bde.), Bd. 1, Reformation und Herrschaft der Täufer in Münster, Ausst.-Kat., Münster 2000.

Rößler 2015
Martin Rößler: Die Wittenbergisch Nachtigall. Martin Luther und seine Lieder, Stuttgart 2015.

Rosmanitz 2014
Harald Rosmanitz: Luther und die sieben Freien Künste. Die Wittenberger Ofenkeramik und ihre Bezüge zu Südwestdeutschland, in: Harald Meller (Hrsg.), Mitteldeutschland im Zeitalter der Reformation. Interdisziplinäre Tagung vom 22. bis 24. Juni 2012 in Halle (Saale) (= Forschungsberichte des Landesmuseums für Vorgeschichte Halle, Bd. 4), Halle (Saale) 2014, S. 193–203.

Roth Heege 2007
Eva Roth Heege: Konfession und keramische Bilderwelt, oder: Spiegeln sich in der Ofenkeramik des 16. Jahrhunderts im schweizerischen Mittelland Einflüsse der Reformation und der Gegenreformation? In: Carola Jäggi/Jörn Staecker (Hrsg.), Archäologie der Reformation. Studien zu den Auswirkungen des Konfessionswechsels auf die materielle Kultur (= Arbeiten zur Kirchengeschichte, Bd. 104), Berlin/New York 2007, S. 369–397.

Röttinger 1911
Heinrich Röttinger: Neues zum Werke Hans Weiditz, in: Mitteilungen der Gesellschaft für vervielfältigende Kunst. Beilage der »Graphischen Künste«, H. 3, 1911, S. 46–52.

Röttinger 1921
Heinrich Röttinger: Beiträge zur Geschichte des sächsischen Holzschnittes (Cranach, Brosamer, der Meister M S, Jakob Lucius aus Kronstadt) (= Studien zur deutschen Kunstgeschichte, Bd. 213), Straßburg 1921.

Röttinger 1925
Heinrich Röttinger: Erhard Schön und Niklas Stör, der Pseudo-Schön. Zwei Untersuchungen zur Geschichte des alten Nürnberger Holzschnittes (= Studien zur deutschen Kunstgeschichte, Bd. 229), Straßburg 1925.

Röttinger 1927
Heinrich Röttinger: Die Bilderbogen des Hans Sachs, Straßburg 1927.

Rous 2014
Anne-Simone Rous: Die Geheimschrift der Herzogin Elisabeth von Rochlitz im Schmalkaldischen Krieg 1546/47, in: Simona Schellenberger/André Thieme/Dirk Welich (Hrsg.), Eine starke Frauengeschichte. 500 Jahre Reformation, Markkleeberg 2014, S. 47–52.

Rübesame 1981
Otto Rübesame: Der Bilderschmuck der Wittenberger Matrikel, Halle (Saale) 1981.

Rudolph 2009
Harriet Rudolph: Moritz von Sachsen – Formen und Funktionen der Herrschaftsrepräsentation eines Fürsten an der Zeitenwende, in: Oliver Auge/Gabriel Zeilinger (Hrsg.), Fürsten an der Zeitenwende zwischen Gruppenbild und Individualität: Formen fürstlicher Selbstdarstellung und ihre Rezeption (1450–1550), Ostflindern 2009, S. 367–394.

Ruh 1980
Kurt Ruh (Hrsg.): Die deutsche Literatur des Mittelalters. Verfasserlexikon, Bd. II., Berlin 1980.

S

Salatowsky/Lotze 2015
Sascha Salatowsky/Karl-Heinz Lotze (Hrsg.): Himmelsspektakel. Astronomie im Protestantismus der Frühen Neuzeit, Ausst.-Kat., Gotha 2015.

von Saldern 1965
Axel von Saldern: German enameled glass (= Corning Museum of Glass Monographs, Bd. 2), New York 1965.

Sander 2013
Jochen Sander (Hrsg.): Dürer. Kunst – Künstler – Kontext, Ausst.-Kat., München 2013.

Satō/Schäfer 1995
Naoki Satō/Bernd Schäfer (Hrsg.): Der deutsche Holzschnitt der Reformationszeit aus dem Besitz des Schloßmuseums/Museen der Stadt Gotha, Tokio, The National Museum of Western Art, Gotha 1995.

Saxl 1957
Fritz Saxl: Illustratet Pamphlets of the Reformation, in: Ders. (Hrsg.), Lectures (2 Bde.), Bd. 1, London 1957, S. 255–266.

Schade 1974
Werner Schade: Die Malerfamilie Cranach, Dresden 1974.

Schade 1983
Günter Schade (Hrsg.): Kunst der Reformationszeit. Staatliche Museen zu Berlin, Hauptstadt der DDR, Ausst.-Kat., Berlin (Ost) 1983.

Schade 2003
Werner Schade: Lucas Cranach. Glaube, Mythologie und Moderne, Aust.-Kat., Ostfildern 2003.

Schade 2006
Werner Schade: Zwei Flügel des Altarwerkes für den Westchor des Naumburger Doms, in: Holger Kunde (Hrsg.), Der Naumburger Domschatz. Sakrale Kostbarkeiten im Domschatzgewölbe (= Kleine Schriften der Vereinigten Domstifter zu Merseburg und Naumburg und des Kollegiatstifts Zeitz, Bd. 3), Petersberg 2006, S. 130–137.

Schäfer 2010
Bernd Schäfer: Wahre abcontrafactur. Martin Luther und bedeutende seiner Zeitgenossen im grafischen Porträt des 16. Jahrhunderts, Ausst.-Kat., Gotha 2010.

Schäfer/Eydinger/Rekow im Druck
Bernd Schäfer/Ulrike Eydinger/Matthias Rekow (Hrsg.): Fliegende Blätter. Die Sammlung der Einblattholzschnitte des 15. und 16. Jahrhunderts in der Stiftung Schloss Friedenstein Gotha, 2 Bde, Stuttgart vorauss. 2016.

Schäfer 2008
Heiko Schäfer: Kachelmodel aus dem späten 15.–17. Jahrhundert von den Grundstücken Langenstraße 16 und 17 in der Hansestadt Stralsund, in: Bodendenkmalpflege in Mecklenburg-Vorpommern, Jb. 56, 2008, S. 285–321.

Schaich 2007
Anne Schaich (Hrsg.): Himmlische Helfer. Mittelalterliche Schnitzkunst aus Halle, Ausst.-Kat., Halle (Saale) 2007.

Schauerte/Tacke 2006
Thomas Schauerte/Andreas Tacke (Hrsg.): Der Kardinal. Albrecht von Brandenburg. Renaissancefürst und Mäzen, Ausst.-Kat., 2 Bde. (= Kataloge der Stiftung Moritzburg, Kunstmuseum des Landes Sachsen-Anhalt), Regensburg 2006.

Schaumburg 1997
Petra Schaumburg: Der Gothaer und der Mömpelgarder Altar. Zur protestantischen Ikonographie der beiden bilderreichsten Tafelaltäre der deutschen Kunst, unpubl. Magisterarbeit Universität Göttingen 1997.

Schefzik 2008
Michael Schefzik: Luther ganz privat, in: Archäologie in Deutschland, H. 5/2008, 2008, S. 18f.

Scheidemantel/Schifer 2005
Dirk Scheidemantel/Thorsten Schifer: Waldenburger Steinzeug. Archäologie und Naturwissenschaften (= Veröffentlichungen des Landesamtes für Archäologie mit Landesmuseum für Vorgeschichte, Bd. 44), Dresden 2005.

Scherer: Luther bittet
Annette Scherer: Luther bittet Kurfürst Friedrich III. um Bestätigung der Ordnung des Gemeinen Kastens für die Stadt Leisnig, www.reformationsportal.de/visitationsakten/detailviews-und-pdf-export.html?tx_jomapservices_pi1002%5Baction%5D=detail&tx_jomapservices_pi1002%5BjoDetail%5D=stat_showcase_00000011&cHash=b31d6893846ebda14a7ab2c48cd33d2b (Digitales Archiv der Reformation) (letzter Zugriff 20.11.2015).

Scherer: Luthers Testament
Annette Scherer: Luthers Testament mit einem eigenhändigen Vermerk Philipp Melanchthons, www.reformationsportal.de/visitationsakten/detailviews-und-pdf-export.html?tx_jomapservices_pi1002%5Baction%5D=detail&tx_jomapservices_pi1002%5BjoDetail%5D=stat_showcase_00000004&cHash=cae626f89cdda7e96c33671cd5923850 (Digitales Archiv der Reformation) (letzter Zugriff 20.11.2015).

Scheurmann 1994
Ingrid Scheurmann (Hrsg.): Frieden durch Recht, Mainz 1994.

Scheurmann/Frank 2004
Konrad Scheurmann/Jördis Frank: Neu entdeckt. Thüringen – Land der Residenzen (1485–1918), 3 Bde., Ausst.-Kat., Mainz 2004.

Schild 1892
Dr. Schild, Denkwürdigkeiten Wittenbergs, Wittenberg 1892.

Schilling 1994
Heinz Schilling: Aufbruch und Krise. Deutschland 1517–1648 (= Das Reich und die Deutschen, Bd. 1,5), Berlin 1994.

Schilling 2012
Heinz Schilling: Martin Luther. Rebell in einer Zeit des Umbruchs, München 2012.

Schilling 2013
Heinz Schilling: Martin Luther. Rebell in einer Zeit des Umbruchs. 2., durchges. Aufl., München 2013.

Schlenker 2007
Björn Schlenker: Archäologie am Elternhaus Martin Luthers, in: Harald Meller (Hrsg.), Luther in Mansfeld. Forschungen am Elternhaus des Reformators (= Archäologie in Sachsen-Anhalt, Sonderbd. 6), Halle (Saale) 2007, S. 17–112.

Schlenker 2008
Björn Schlenker: Ausgrabungen und Forschungen am Elternhaus Martin Luthers in Mansfeld. Neue Erkenntnisse zu den Lebensverhältnissen des jugendlichen Reformators, in: Harald Meller (Hrsg.), Luthers Lebenswelten (= Tagungen des Landesmuseums für Vorgeschichte Halle, Bd. 1), Halle (Saale) 2008, S. 91–99.

Schlenker 2015
Björn Schlenker: Ein bemerkenswerter Kellerfund im Elternhaus Martin Luthers. Befunde und Funde der frühen Neuzeit aus Mansfeld, in: Harald Meller (Hrsg.), Mansfeld – Luther(s) stadt. Interdisziplinäre Forschungen zur Heimat Martin Luthers (= Forschungsberichte des Landesmuseums für Vorgeschichte Halle, Bd. 8), Halle (Saale) 2015, S. 263–320.

Schlenkrich 2007
Elke Schlenkrich: »Es will auch dem gemeynen kasten beschwerlich furfallen, dass er alle erhalten sol in sterbens zeiten«. Pest und Armenpolitik in sächsischen Städten des 16. Jahrhunderts, in: Stefan Oehmig (Hrsg.), Medizin und Sozialwesen in Mitteldeutschland zur Reformationszeit (= Schriften der Stiftung Luthergedenkstätten in Sachsen-Anhalt, Bd. 6), Leipzig 2007, S. 143–167.

Schlenkrich 2008
Elke Schlenkrich: »Hat regirt die Pest allhie«. Pesterfahrungen zur Lutherzeit in Mitteldeutschland, in: Harald Meller/Stefan Rhein/Hans-Georg Stephan (Hrsg.): Luthers Lebenswelten (= Tagungen des Landesmuseums für Vorgeschichte Halle, Bd. 1), Halle (Saale) 2008, S. 253–258.

Schlüter 2010
Marie Schlüter: Musikgeschichte Wittenbergs im 16. Jahrhundert. Quellenkundliche und sozialgeschichtliche Untersuchungen (= Abhandlungen zur Musikgeschichte, Bd. 18), Göttingen 2010.

Schmalz: Spalatin
Björn Schmalz: Spalatin (Burckhardt), Georg, in: Sächsische Biografie, hrsg. vom Institut für Sächsische Geschichte und Volkskunde e.V., online unter: www. http://saebi.isgv.de/biografie-druck/Georg_Spalatin_(1484–1545) (letzter Zugriff 13.10.2014).

Schmekel 1858
Alfred Schmekel: Historisch-topographische Beschreibung des Hochstifts Merseburg, Halle (Saale) 1858.

Schmidt 1930
Hugo Schmidt (Hrsg.): Bilder-Katalog zu Max Geisberg. Der Deutsche Einblatt-Holzschnitt in der ersten Hälfte des XVI. Jahrhunderts. 1600 verkleinerte Wiedergaben, München 1930.

Schmidt-Hannisa 2005
Hans-Walter Schmidt-Hannisa: Eingefleischte Passion. Zur Logik der Stigmatisierung, in: Roland Borgards (Hrsg.), Schmerz und Erinnerung, München 2005, S. 69–82.

Schmitt/Gutjahr 2008
Reinhard Schmitt/Mirko Gutjahr: Das »Schwarze Kloster« in Wittenberg. Bauforschung und Archäologie im und am Kloster der Augustiner-Eremiten und Wohnhaus Martin Luthers, in: Harald Meller (Hrsg.), Fundsache Luther. Archäologen auf den Spuren des Reformators, Ausst.-Begleitband, Stuttgart 2008, S. 132–141.

Schneider 1967
Erwin E. Schneider: Der Türck ist der Lutherischen Glück, in: Oskar Thulin (Hrsg.), Reformation in Europa, Berlin 1967, S. 105–114.

Schneider/Enke/Strehle 2015
Katja Schneider/Roland Enke/Jutta Strehle (Hrsg.): Lucas Cranach der Jüngere. Entdeckung eines Meisters, Ausst.-Kat., München 2015.

Schnell 1983
Hugo Schnell: Martin Luther und die Reformation auf Münzen und Medaillen, München 1983.

Schoch 2011
Johann Carl Schoch: Kurze Nachricht von den Merkwürdigkeiten des Naumburger Doms 1773, bearb. von Karl-Heinz Wünsch (= Quellen und Schriften zur Naumburger Stadtgeschichte, Bd. 4), Naumburg 2011.

Schoch/Mende/Scherbaum 2001
Rainer Schoch/Matthias Mende/Anna Scherbaum (Bearb.): Albrecht Dürer. Das druckgraphische Werk (3 Bde.), Bd. 1, Kupferstiche und Eisenradierungen, München 2001.

Schoen 2001
Christian Schoen: Albrecht Dürer: Adam und Eva. Die Gemälde, ihre Geschichte und Rezeption bei Lucas Cranach d. Ä. und Hans Baldung Grien, Berlin 2001.

Schottenloher 1918
Karl Schottenloher: Die Druckauflagen der päpstlichen Lutherbulle »Exsurge Domine«. Ein Beitrag zum Reformations-Jubiläum, in: Zeitschrift für Bücherfreunde, Bd. 9, 1918, S. 197–208.

Schrader 1972
Franz Schrader: Kardinal Albrecht von Brandenburg, Erzbischof von Magdeburg, im Spannungsfeld zwischen alter und neuer Kirche, in: Remigius Bäumer (Hrsg.), Von Konstanz nach Trient. Beiträge zur Geschichte der Kirche von den Reformkonzilien bis zum Tridentinum, Wien 1972, S. 419–445.

Schreiner 2003
Klaus Schreiner: Maria. Leben, Legenden, Symbole, München 2003.

Schubart 1917
Christof Schubart: Die Berichte über Luthers Tod und Begräbnis. Texte und Untersuchungen, Weimar 1917.

Schubert 1968
Ernst Schubert: Der Naumburger Dom, Berlin 1968.

Schubert 1993
Ernst Schubert: Die Quaternionen. Entstehung, Sinngehalt und Folgen einer spätmittelalterlichen Deutung der Reichsverfassung, in: Zeitschrift für historische Forschung, Bd. 20, 1993, S. 1–63.

Schubert/Görlitz 1959
Ernst Schubert/Jürgen Görlitz: Die Inschriften des Naumburger Doms und der Domfreiheit (= Die Deutschen Inschriften, Bd. 6, Berliner Reihe 1), Berlin/Stuttgart 1959.

Schuchardt 1851–1871
Christian Schuchardt: Lucas Cranach des Älteren, Leben und Werke, 3 Bde., Leipzig 1851–1871.

Schuchardt 2015
Günter Schuchardt (Hrsg.): Cranach, Luther und die Bildnisse, Ausst.-Kat., Regensburg 2015.

Schulz 1983
Hansjürgen Schulz: Mit Luther im Gespräch. Heutige Konfrontationen, München 1983.

Schulze 2000
Ingrid Schulze: Protestantische Epitaphgemälde aus der Zeit um 1560/70 in Eisleben, in: Mitteldeutschland, das Mansfelder Land und die Stadt Halle. Neuere Forschungen zur Landes- und Regionalgeschichte. Protokoll des Kolloquiums zum einhundertsten Geburtstag von Erich Neuß am 28./29. Mai 1999 in Halle (= Beiträge zur Regional- und Landeskultur Sachsen-Anhalts, H. 15), Halle (Saale) 2000, S. 131–155.

Schulze 2004
Ingrid Schulze: Lucas Cranach d. J. und die protestantische Bildkunst in Sachsen und Thüringen. Frömmigkeit, Theologie, Fürstenreformation, Bucha bei Jena 2004.

Schuttwolf 1994 a
Allmuth Schuttwolf (Hrsg.): Gotteswort und Menschenbild. Werke von Cranach und seinen Zeitgenossen, Ausst.-Kat., Teil I: Malerei, Plastik, Graphik, Buchgraphik, Dokumente, Gotha 1994.

Schuttwolf 1994 b
Allmuth Schuttwolf (Red.): Gotteswort und Menschenbild. Werke von Cranach und seinen Zeitgenossen, Ausst.-Kat., Teil II: Renaissancemedaillen, Renaissanceplaketten, Statthaltermedaillen, Gotha 1994.

Schuttwolf 1995
Allmuth Schuttwolf: Schlossmuseum Gotha, Sammlung der Plastik 1150–1850, Gotha 1995.

Schuttwolf 2011
Allmuth Schuttwolf: Verlustdokumentation der Gothaer Kunstsammlungen, Bd. 2. Die Gemäldesammlung, Gotha 2011.

Schwarz 2014
Reinhard Schwarz: Luther. 4. Aufl., Göttingen 2014.

Schwarz 2008
Verena Schwarz: Die ältere Geschichte des Lutherhauses im Spiegel der Kachelfunde, in: Harald Meller/Stefan Rhein/Hans-Georg Stephan (Hrsg.), Luthers Lebenswelten (= Tagungen des Landesmuseums für Vorgeschichte Halle, Bd. 1), Halle (Saale) 2008, S. 209–222.

Scribner 1981
Robert W. Scribner: For the sake of simple folk. Popular propaganda for the German Reformation, Cambridge 1981.

Sdunnus 1994
Ursula Sdunnus (Red.): Historisches Museum Basel: Führer durch die Sammlungen, London 1994.

Seebaß 1978
Gottfried Seebaß: Antichrist IV: Reformations- und Neuzeit, in: Gerhard Krause/Gerhard Müller (Hrsg.), Theologische Realenzyklopädie, Berlin/Boston 1978, S. 28–43.

Seebaß 1983
Gottfried Seebaß: Die Bildung des Pfarrerstandes, in: Martin Luther und die Reformation in Deutschland, Ausst.kat., Frankfurt a. M. 1983, S. 410–412.

Seib 1996
Gerhard Seib: Die Lutherbuche bei Altenstein und die aus ihr gewonnen »Luther-Devotionalien, in: Hardy Eidam/Ders. (Hrsg.), »Er fühlt der Zeiten ungeheuren Bruch und fest umklammert er sein Bibelbuch…«. Zum Lutherkult im 19. Jahrhundert, Erfurt 1996, S. 123–131.

Seifert 2005
Oliver Seifert: Kunst und Brot: hundert Meisterwerke aus dem Museum der Brotkultur, München 2005.

Seipel 2000
Wilfried Seipel (Hrsg.): Kaiser Karl V. (1500–1558). Macht und Ohnmacht Europas, Ausst.-Kat., Bonn 2000.

Seiter 2011
Wolf Seiter: Bauernfest und Bauernkrieg. Überlegungen zur Ikonographie von Sebald Behams »Großer Kirchweih« von 1535, in: Jürgen Müller/Thomas Schauerte (Hrsg.), Die gottlosen Maler von Nürnberg. Konvention und Subversion in der Druckgrafik der Beham-Brüder. Ausst.-Kat., Emsdetten 2011, S. 115–125.

Seyderhelm 2001
Bettina Seyderhelm: Funktion, Bedeutung und Geschichte der liturgischen Geräte, die in den evangelischen Kirchengemeinden erhalten worden sind, in: Dies. (Hrsg.), Goldschmiedekunst des Mittelalters. Im Gebrauch der Gemeinden über Jahrhundert bewahrt, Aust.-Kat., Dresden 2001, S. 136–145.

Silver 2003
Larry Silver: The face is familiar: German Renaissance portrait multiples in prints and medals, in: Word & Image, Bd. 19.1–2, 2003, S. 6–21.

Slenczka 2010
Ruth Slenczka: Bemalte Bronze hinter Glas? – Luthers Grabplatte in Jena 1571 als »protestantische Reliquie«, in: Philipp Zitzlsperger (Hrsg.), Grabmal und Körper – zwischen Repräsentation und Realpräsenz in der Frühen Neuzeit. Tagungsband, online unter: www.edoc.hu-berlin.de/kunsttexte/2010-4/slenczka-ruth-6/PDF/slenczka.pdf (letzter Zugriff 28.1.2016).

Slenczka 2015
Ruth Slenczka: Cranach der Jüngere im Dienst der Reformation, in: Roland Enke/Katja Schneider/Jutta Strehle (Hrsg.), Lucas Cranach der Jüngere. Entdeckung eines Meisters, Ausst. Kat., München 2015, S. 124–137.

Smith 1994
Jeffrey Chipps Smith: German sculpture of the Later Renaissance, c. 1520–1580. Princeton 1994.

Speler 1987
Ralf-Torsten Speler: Kunst- und Kulturschätze der Alma Mater Halensis et Vitebergensis, Halle (Saale) 1987.

Speler 1994
Ralf-Torsten Speler (Hrsg.): 300 Jahre Universität Halle, 1694–1994. Schätze aus den Sammlungen und Kabinetten, Halle (Saale) 1994.

Speler 1997 a
Ralf-Torsten Speler (Hrsg.): Melanchthon und die Universität. Zeitzeugnisse aus den Halleschen Sammlungen, Halle (Saale) 1997.

Speler 1997 b
Ralf-Torsten Speler: Zur Geschichte der Universität Wittenberg und ihrer Sammlungen, in: Ders. (Hrsg.), Melanchthon und die Universität. Zeitzeugnisse aus den halleschen Sammlungen, Halle (Saale) 1997, S. 21–38.

Spielmann 2003
Heinz Spielmann (Hrsg.): Lucas Cranach. Glaube, Mythologie und Moderne, Ausst.-Kat., Hamburg 2003.

Spinks 2015
Jennifer Spinks: Monstrous Births and Visual Culture in Sixteenth-Century Germany, London 2015.

Staatliche Archivverwaltung 1983
Martin Luther 1483–1546. Dokumente seines Lebens und Wirkens, Dokumente aus staatlichen Archiven und anderen wissenschaftlichen Einrichtungen der Deutschen Demokratischen Republik. Im Jahre des 500. Geburtstages Martin Luthers mit Unterstützung des Martin-Luther-Komitees, hrsg. von der Staatlichen Archivverwaltung der DDR, Weimar 1983.

Stahl 2004
Andreas Stahl: Zur Authentizität des Luther-Sterbehauses in Eisleben, in: Denkmalpflege in Sachsen-Anhalt, Bd. 12, 2004, S. 77 f.

Stahl 2006
Andreas Stahl: Cyriacus Spangenberg als Chronist. Die Authentizität des Sterbehauses von Martin Luther, in: Stefan Rhein/Günther Wartenberg (Hrsg.), Reformatoren im Mansfelder Land. Erasmus Sarcerius und Cyriakus Spangenberg (= Schriften der Stiftung Luthergedenkstätten in Sachsen-Anhalt, Bd. 4), Leipzig 2006, S. 191–216.

Stahl 2015
Andreas Stahl: Die Lutherstadt Eisleben als Residenzstadt der Mansfelder Grafen, in: Burgen und Schlösser in Sachsen-Anhalt, H. 24, Halle (Saale) 2015, S. 316–347.

Stalmann 2011
Joachim Stalmann: Gesangbücher im Reformationsjahrhundert, in: Wolfgang Hochstein/Christoph Krummacher (Hrsg.), Geschichte der Kirchenmusik in 4 Bänden, Bd. 1: Von den Anfängen bis zum Reformationsjahrhundert, Darmstadt 2011, S. 236–255.

Stätten Reformation 2014
Stätten der Reformation in Hessen und Thüringen. Kulturelle Entdeckungen, Regensburg 2014.

Steguweit 1990
Wolfgang Steguweit (Hrsg.): Von der Kunstkammer zum Schloßmuseum Gotha. 350 Jahre Sammlungen für Kunst- und Wissenschaft auf Schloß Friedenstein, 3. Aufl., Gotha 1990.

Steguweit 2012
Wolfgang Steguweit: Die Dreifaltigkeitsmedaille von Hans Reinhart d. Ä., in: Münzenrevue, Bd. 12, 2012, S. 141–147.

Steller 2011
Katrin Steller: Der gotische Skulpturenfund vom Gouvernementsberg in Magdeburg, in: Wolfgang Schenkluhn/Andreas Waschbüsch (Hrsg.), Der Magdeburger Dom im europäischen Kontext, Regensburg 2011, S. 265–276

Stephan 1987
Hans Georg Stephan: Die bemalte Irdenware der Renaissance in Mitteleuropa. Ausstrahlungen und Verbindungen der Produktionszentren im gesamteuropäischen Rahmen, München 1987.

Stephan 2007 a
Hans Georg Stephan: Keramische Funde aus Luthers Elternhaus, in: Harald Meller (Hrsg.), Luther in Mansfeld. Forschungen am Elternhaus des Reformators (= Archäologie in Sachsen-Anhalt, Sonderbd. 6), Halle (Saale) 2007, S. 139–158.

Stephan 2007 b
Hans Georg Stephan: Keramische Sonderformen in Mittelalter und Neuzeit, in: Keramik auf Sonderwegen. 37. Internationales Hafnerei-Symposium, Herne 19. bis 25. September 2004 (= Denkmalpflege und Forschung in Westfalen, Bd. 44), Mainz 2007, S. 1–16.

Stephan 2008 a
Hans-Georg Stephan: Archäologie der Reformationszeit. Aufgaben und Perspektiven der Lutherarchäologie in Sachsen-Anhalt, in: Harald Meller (Hrsg.), Fundsache Luther – Archäologen auf den Spuren des Reformators, Ausst.-Begleitband, Stuttgart 2008, S. 108–113.

Stephan 2008 b
Hans-Georg Stephan: Luther-Archäologie: Funde und Befunde aus Mansfeld und Wittenberg. Gedanken und Materialien zur Erforschung der Lebenswelt des Reformators und zur Alltagskultur Mitteldeutschlands im 16. Jh, in: Harald Meller/ Stefan Rhein/Ders. (Hrsg.), Luthers Lebenswelten (= Tagungen des Landesmuseums für Vorgeschichte Halle, Bd. 1), Halle (Saale) 2008, S. 13–77.

Stephan 2014
Hans-Georg Stephan: Von der Gotik zur Renaissance – Spätmittelalterliche Volksfrömmigkeit und Reformation, in: Harald Meller (Hrsg.), Mitteldeutschland im Zeitalter der Reformation. Interdisziplinäre Tagung vom 22. bis 24. Juni 2012 in Halle (Saale) (= Forschungsberichte des Landesmuseums für Vorgeschichte Halle, Bd. 4), Halle (Saale) 2014, S. 153–176.

Steppuhn 2008
Peter Steppuhn: Glasproduktion und Glasprodukte an der Schwelle vom Mittelalter zur Renaissance, in: Harald Meller/Stefan Rhein/Hans-Georg Stephan (Hrsg.), Luthers Lebenswelten (= Tagungen des Landesmuseums für Vorgeschichte Halle, Bd. 1), Halle (Saale) 2008, S. 131–142.

Stewart 2008
Alison G. Stewart: Before Bruegel. Sebald Beham and the Origins of Peasant Festival Imagery, Aldershot 2008.

Stogdon 1989
Nicholas G. Stogdon: Oh Happy State …!, New York 1989.

Stopp 1965
Frederick Stopp: Der religiös-polemische Einblattdruck »Ecclesia Militans« (1569) des Johannes Nas und seine Vorgänger, in: Deutsche Vierteljahrsschrift für Literaturwissenschaft und Geistesgeschichte, Jg. 39, 1965, S. 588–632.

Strauss 1981
Walter L. Strauss: Albrecht Dürer. The Illustrated Bartsch, Bd. 10 (Commentary), New York 1981.

Strehle/Kunz 1998
Jutta Strehle/Armin Kunz: Druckgraphiken Lucas Cranachs d. Ä. Im Dienst von Macht und Glauben. Bestands-Kat., Lutherstadt Wittenberg 1998.

Strieder 1989
Peter Strieder: Albrecht Dürer. Paintings, Prints, Drawings, durchgeseh. Aufl., New York 1989.

Strohm 2013
Albert Strohm: Graf Joachim und der Calvinismus in Ortenburg, in: Alfons Niederhofer (Hrsg.), Ortenburg. Reichsgrafschaft und 450 Jahre Reformation 1563–2013, Ortenburg 2013, S. 81–87.

Strouse 1999
Jean Strouse: Morgan. American Financier, New York 1999.

Stuhlfauth 1927
Georg Stuhlfauth: Die Bildnisse D. Martin Luthers im Tode, Weimar 1927.

Syndram/Wirth/Zerbe/Wagner 2015
Dirk Syndram/Yvonne Wirth/Doreen Zerbe/Iris Yvonne Wagner (Hrsg.): Luther und die Fürsten. Selbstdarstellung und Selbstverständnis des Herrschers im Zeitalter der Reformation, Ausst.-Kat., 2 Bde., Dresden 2015.

T

Tacke 2006 a
Andreas Tacke (Hrsg.): »Ich armer sundiger mensch«: Heiligen- und Reliquienkult am Übergang zum konfessionellen Zeitalter (= Schriftenreihe der Stiftung Moritzburg, Kunstmuseum des Landes Sachsen-Anhalt, Bd. 2), Göttingen 2006.

Tacke 2006 b
Andreas Tacke: Albrecht als heiliger Hieronymus. Damit »der Barbar überall dem Gelehrten weiche!«, in: Thomas Schauerte/Ders. (Hrsg.), Der Kardinal. Albrecht von Brandenburg – Renaissancefürst und Mäzen, Bd. 2, Regensburg 2006, S. 116–129.

Talbot 1971
Charles W. Talbot: Dürer in America: his graphic work. Exhibition at the National Gallery of Art, April 25 – June 6, 1971, New York 1971.

Tamboer 1999
Annemies Tamboer: Ausgegrabene Klänge. Archäologische Musikinstrumente aus allen Epochen, Zwolle/Assen/Oldenburg 1999.

Tebbe 2007
Karin Tebbe (Bearb.): Goldglanz und Silberstrahl, Ausst.-Begleitband, Nürnberg 2007.

Tenschert 1978
Heribert Tenschert: Illumination und Illustration vom 13. bis 16. Jahrhundert. Katalog XX zum 10jährigen Firmenjubiläum 1987, Ramsen 1987.

Tentzel 1982
Ernst Wilhelm Tentzel: Saxonia numismatica, Dresden/Frankfurt/Gotha 1714, Reprint Berlin 1982.

Theuerkauff-Liederwald 1994
Anna-Elisabeth Theuerkauff-Liederwald: Venezianisches Glas der Kunstsammlungen der Veste Coburg – die Sammlung Herzog Alfreds von Sachsen-Coburg und Gotha (1844–1900), Lingen 1994.

Thönissen 2014
Wolfgang Thönissen: Luthers 95 Thesen gegen den Ablass (1517) – ihre Bedeutung für die Durchsetzung und Wirkung der Reformation, in: Irene Dingel/Henning P. Jürgens (Hrsg.), Meilensteine der Reformation. Schlüsseldokumente der frühen Wirksamkeit Martin Luthers, München 2014, S. 89 f.

Tietz 2012
Anja Tietz: Der frühneuzeitliche Gottesacker. Entstehung und Entwicklung unter besonderer Berücksichtigung des Architekturtypus Camposanto in Mitteldeutschland (= Beiträge zur Denkmalkunde, Bd. 8), Halle (Saale) 2012.

Treu 1991
Martin Treu: Die Lutherhalle Wittenberg, Leipzig 1991.

Treu 1999 a
Martin Treu: »Lieber Herr Käthe« – Katharina von Bora. Die Lutherin. Rundgang durch die Ausstellung (= Katalog der Stiftung Luthergedenkstätten in Sachsen-Anhalt, Bd. 4), Lutherstadt Wittenberg 1999.

Treu 1999 b
Martin Treu: Katharina von Bora. Die Lutherin. Aufsätze anläßlich ihres 500. Geburtstages (= Katalog der Stiftung Luthergedenkstätten in Sachsen-Anhalt, Bd. 5), Lutherstadt Wittenberg 1999.

Treu 2003 a
Martin Treu: Luthers Bild und Lutherbilder – ein Rundgang durch die Wirkungsgeschichte, Lutherstadt Wittenberg 2003.

Treu 2003 b
Martin Treu: Martin Luther in Wittenberg. Ein biografischer Rundgang, Lutherstadt Wittenberg 2003.

Treu 2007
Martin Treu: »Von daher bin ich« – Martin Luther und Eisleben. Ein Rundgang durch die Ausstellung im Geburtshaus, Lutherstadt Wittenberg 2007.

Treu 2008 a
Martin Treu: Urkunde und Reflexion Wiederentdeckung eines Belegs für Luthers Thesenanschlag, in: Joachim Ott/Ders. (Hrsg.), Luthers Thesenanschlag – Faktum oder Fiktion (= Schriften der Luthergedenkstätten in Sachsen-Anhalt, Bd. 9), Leipzig 2008, S. 59–68.

Treu 2008 b
Martin Treu: Martin Luther und das Geld, 2. Aufl., Lutherstadt Wittenberg 2008.

Treu 2008 c
Martin Treu: »Wie der Hund auf das Fleisch« – Theologie und Alltag bei Martin Luther, in: Harald Meller/Stefan Rhein/Hans-Georg Stephan (Hrsg.), Luthers Lebenswelten (= Tagungen des Landesmuseums für Vorgeschichte Halle, Bd. 1), Halle (Saale) 2008, S. 365–367.

Treu 2010
Martin Treu: Martin Luther in Wittenberg. Ein biografischer Rundgang, 3. Aufl., Lutherstadt Wittenberg 2010.

Treu 2014
Martin Treu: »Von daher bin ich« – Martin Luther und Eisleben. Ein Rundgang durch die Ausstellung im Geburtshaus, 3. Aufl., Lutherstadt Wittenberg 2014.

Treu/Speler/Schellenberger 1990
Martin Treu/Ralf-Torsten Speler/Alfred Schellenberger: Leucorea. Bilder zur Geschichte der Universität, Lutherstadt Wittenberg 1990.

U

Unteidig 2008
Günter Unteidig: Die Irdenware um 1500 in Grimma, in: Harald Meller/Stefan Rhein/Hans-Georg Stephan (Hrsg.), Luthers Lebenswelten (= Tagungen des Landesmuseums für Vorgeschichte Halle, Bd. 1), Halle (Saale) 2008, S. 143–152.

Unverfehrt 2001
Gerd Unverfehrt: Gerissen und gestochen: Graphik der Dürer-Zeit aus der Kunstsammlung der Universität Göttingen, Göttingen 2001.

Uppenkamp 2014
Bettina Uppenkamp: Judith – Zur Aktualität einer biblischen Heldin im 16. Jahrhundert, in: Simona Schellenberger/André Thieme/Dirk Welich (Hrsg.), Eine starke Frauengeschichte. 500 Jahre Reformation, Ausst.-Begleitband, Beucha 2014, S. 71–77.

V

Vahlhaus 2015
Ines Vahlhaus: Kleinfunde von der Grabung »Goldener Ring« in Mansfeld, in: Harald Meller (Hrsg.), Mansfeld – Luther(s)stadt. Interdisziplinäre Forschungen zur Heimat Martin Luthers (= Forschungsberichtes des Landesmuseums für Vorgeschichte Halle, Bd. 8), Halle (Saale) 2015, S. 435–451.

van Dülmen 1983
Andrea van Dülmen: Luther-Chronik. Daten zu Leben und Werk, München 1983.

Vasold 2003
Manfred Vasold: Die Pest. Ende eines Mythos, Stuttgart 2003.

Veit 2006
Patrice Veit: Entre violence, résistence et affirmation identitaire. A propos du cantique de Luther »Erhalt uns Herr bei deinem Wort« aux XVIe et XVIIe siècles, in: Kaspar von Greyerz/Kim Siebenhüner (Hrsg.), Religion und Gewalt. Konflikte, Rituale, Deutungen (1500–1800), Göttingen 2006, S. 267–304.

Volz 1931
Hans Volz: Luthers Schmalkaldische Artikel und Melanchthons Tractatus de potentate papae. Ihre Geschichte von der Entstehung bis zum Ende des 16. Jahrhunderts, Gotha 1931.

Volz 1970
Hans Volz: Der Traum Churfürst Friedrichs des Weisen vom 30./31. Oktober 1517. Eine bibliographisch-ikonographische Untersuchung, in: Gutenberg Jahrbuch, Bd. 45, 1970, S. 174–211.

Volz 1978
Hans Volz: Martin Luthers deutsche Bibel, Hamburg 1978.

W

Wagner 2014
Bettina Wagner (Hrsg.): Welten des Wissens. Die Bibliothek und die Weltchronik des Nürnberger Arztes Hartmann Schedel (1440–1514), Ausst.-Kat., München 2014.

Wahl 1935
Paul Wahl: Die Lutherbibel in Anhalt, in: Walter Möllenberg (Hrsg.), Sachsen und Anhalt (= Jahrbuch der Landesgeschichtlichen Forschungsstelle für die Provinz Sachsen und für Anhalt, Bd. 11), Magdeburg 1935, S. 137–150.

Wallmann 2014
Johannes Wallmann: Die Evangelische Kirche verleugnet ihre Geschichte. Zum Umgang mit Martin Luthers Judenschriften Teil I, in: Deutsches Pfarrerblatt, Bd. 6, 2014, S. 332–336 u. 382–387; Teil II in: Deutsches Pfarrerblatt, Bd. 7, 2014, S. 466–469.

Warnke 1984
Martin Warnke: Cranachs Luther. Entwürfe für ein Image, Frankfurt a. M. 1984.

Wäscher 1956
Hermann Wäscher: Die Seeburg am Süßen See. 2. Bericht über den Forschungsauftrag »Mittelalterliche Burgen in Mitteldeutschland« (= Wissenschaftliche Zeitschrift der Martin-Luther-Universität Halle-Wittenberg, 5. Jg., H. 2), Halle (Saale) 1956.

Weber 1997
Matthias Weber: Zur Bedeutung der Reichsacht in der Frühen Neuzeit, in: Johannes Kunisch (Hrsg.), Neue Studien zur frühneuzeitlichen Reichsgeschichte (= Zeitschrift für Historische Forschung, Beih. 19), Berlin 1997, S. 55–90.

Welt 1976
Die Welt des Hans Sachs. 400 Holzschnitte des 16. Jahrhunderts, Ausst.-Kat. (= Kataloge der Stadtgeschichtlichen Museen der Stadt Nürnberg Bd. 10), Nürnberg 1976.

Wendel 1908
Carl Wendel: Die Lutherbibel von 1541 in der Marienbibliothek zu Halle a. S., in: Neue Mitteilungen aus dem Gebiet der historisch-antiquarischen Forschung, Bd. 23, 1908, S. 387–392.

Wenz 1996
Gunther Wenz: Theologie der Bekenntnisschriften der evangelisch-lutherischen Kirche. Eine historische und systematische Einführung in das Konkordienbuch, Bd. 1, Berlin 1996, S. 351–498.

Werner 1961
Mechthild Werner: Aus dem Kunstbesitz der Martin-Luther-Universität Halle-Wittenberg, in: Wissenschaftliche Zeitschrift der Martin-Luther-Universität Halle-Wittenberg, Gesellschafts- und Sprachwissenschaftliche Reihe X/4, Mai 1961, S. 1111–1130.

Westermann 1975
Ekkehard Westermann: Hans Luther und die Hüttenmeister der Grafschaft Mansfeld im 16. Jahrhundert: eine Forschungsaufgabe, in Scripta Mercaturae, Bd. 2, 1975, S. 53–95.

Widmann 1972/73
Hans Widmann: Luthers erste deutsche Bibelübersetzung: Das September-Testament von 1522, in: Ebernburg-Hefte, 6./7. Folge, 1972/73, S. 42–65.

Wiessner 1997/98
Heinz Wiessner: Das Bistum Naumburg, unter Verwendung von Vorarbeiten von Ernst Devrient (= Germania Sacra N.F., Bd. 35,1–2), 2 Bde., Berlin/New York 1997/98.

Wilhelmy 2000
Winfried Wilhelmy: Drache, Greif und Liebesleut'. Mainzer Bildteppiche aus spätgotischer Zeit (= Schriften des Bischöflichen Dom- und Diözesanmuseums Mainz, Bd. 1), Mainz 2000, S. 70–80.

Williams 2014
Reggie L. Williams: Bonhoeffer's Black Jesus: Harlem Renaissance Theology and an Ethic of Resistance, Baylor 2014.

Wimböck 2010
Gabriele Wimböck: Wort für Wort, Punkt für Punkt. Darstellungen der Kreuzigung im 16. Jahrhundert in Deutschland, in: Ulrich Heinen/Johann Anselm Steiger (Hrsg.), Golgatha in den Konfessionen und Medien der Frühen Neuzeit, Berlin/New York 2010, S. 161–185.

Wingenroth 1899
Max Wingenroth: Kachelöfen und Ofenkacheln des 16., 17. und 18. Jahrhunderts im Germanischen Museum auf der Burg und in der Stadt Nürnberg. (= Mitteilungen des Germanischen Nationalmuseums 1899), Nürnberg 1899.

Winkler 1986
Christine Winkler: Die Maske des Bösen. Groteske Physiognomie als Gegenbild des Heiligen und Vollkommenen in der Kunst des 15. und 16. Jahrhunderts, München 1986.

Wipfler 2000
Esther Pia Wipfler: »Wenn man auch sonst die Greber wolt ehren …« Zu den gemalten Epitaphien des Eisleber Kronenfriedhofes, in: Rosemarie Knape (Hrsg.), Martin Luther und der Bergbau im Mansfelder Land, Ausst.-Begleitband (= Katalog der Stiftung Luthergedenkstätten in Sachsen-Anhalt, Bd. 7), S. 281–305.

Wittenberger Gelehrtenstammbuch 1999
Das Wittenberger Gelehrtenstammbuch. Das Stammbuch von Abraham Ulrich (1549–1577) und David Ulrich (1580–1623), hrsg. vom Deutschen Historischen Museum, bearb. von Wolfgang Klose unter Mitwirkung von Wolfgang Harms, Faksimileband und Editionsband, Halle (Saale) 1999.

Wolf 2015
Anja Wolf: Die Taufe Christi von 1556. Einblicke in die Arbeitsweise Lucas Cranachs des Jüngeren, in: Anne Eusterschulte/Gunnar Heydenreich/Elke A. Werner (Hrsg.), Lucas Cranach der Jüngere und die Reformation der Bilder, München 2015, S. 168–179.

Wolf 1959
Ernst Wolf: Eberlin von Günzburg, Johann, in: Neue Deutsche Biographie, Bd. 4, 1959, S. 247 f., online unter: www.deutsche-biographie.de/pnd118681540.html (letzter Zugriff 12.12.2015).

Z

Zimmermann 1925
Hildegard Zimmermann: »Beiträge zu Luthers Kampfbildern«, in: Mitteilungen der Gesellschaft für vervielfältigende Kunst, Beilage der »Graphischen Künste«, H. 4/1925, 1925, S. 61–67.

Zschelletzschky 1975
Herbert Zschelletzschky: Die »drei gottlosen Maler« von Nürnberg. Sebald Beham, Barthel Beham und Georg Pencz. Historische Grundlagen und ikonologische Probleme ihrer Graphik zu Reformations- und Bauernkriegszeit, Leipzig 1975.

Gedruckte Quellen

Bücher vor 1800 und Editionen

Albinus/Göding 1597/1598
Heinrich Albinus/Petrus Göding: Auszug Der Eltisten vnd fürnembsten Historien, des vralten streitbarn vnd beruffenen Volcks der Sachssen [...], 2 Bde., Dresden 1597/1598.

Fabri 1794
Johann Ernst Fabri: Beyträge zur Geographie, Geschichte und Staatenkunde, Bd. 1, Nürnberg 1794.

Hortleder 1622
Friedrich Hortleder: Beschreibung des von Herrn Ernesten Herzog zu Sachsen Gotha gesammelten Cabinets alter und neuer Münzen, 4 Bde., o. O. 1622.

Jonas/Coelius 1546
Justus Jonas/Michael Coelius: Vom Christlichen abschied aus dem tödlichen leben des Ehrwirdigen Herrn D. Martini Lutheri bericht durch D. Justum Jonam M. Michaelem Celium vnd ander die dabey gewesen kurtz zusamen gezogen, Wittenberg 1546.

Keyssler 1776
Johann Georg Keyssler: Reisen durch Deutschland, Böhmen, Ungarn, die Schweiz, Italien und Lothringen [...], 2. Aufl., Hannover 1776.

Merian 1654
Matthäus Merian: Topographia und Eigentliche Beschreibung Der [...] Hertzogthumer Braunschweig und Lüneburg [...], Frankfurt 1654; Digitalisat der Herzog August Bibliothek Wolfenbüttel online unter http://diglib.hab.de/drucke/6-11-1-geogr-2f/start.htm (letzter Zugriff 1.3.2016).

Nagel 1589
Abraham Nagel: Schüttlung deß vermeinten Christenbaums, vom Teuffel gepeltzt, vnnd Fortpflantzung deß Edlen Lorberbaums, von Gott gepflantzt, im Landt zu Francken: Sampt [...] Erörterung vier fürnemer Fragen, auff die [...] Fortpflantzung deß Catholischen Glaubens, [...] gerichtet. [...] Mit angehenckter [...] Erwenung, der neulich zu Wirtzburg verbrachten Christentauff. [...], Ingolstadt 1589.

Politische Historien 1773
Die Politischen Historien von Thüringen Meißen und Sachsen, welche der sächsische Patriot aus den bewährten Nachrichten in XI Stücken der studirenden Jugend in möglichster Kürze aufrichtig erzehlet, Leipzig 1773.

Schoepffer 1765
Justus Schoepffer: Unverbrandter Luther oder historische Erzählung von D. Martin Luther und dessen im Feuer erhaltenen Bildnissen, Wittenberg/Zerbst 1765.

RG 5
Repertorium Germanicum, Bd. 5: Verzeichnis der in den Registern und Kameralakten Eugens IV. vorkommenden Personen, Kirchen und Orte des Deutschen Reiches, seiner Diözesen und Territorien (1431–1447), bearb. von Hermann Diener, Brigide Schwarz und Christoph Schöner, Tübingen 2004.

RG 7
Repertorium Germanicum, Bd. 7: Verzeichnis der in den Registern und Kameralakten Calixts III. vorkommenden Personen, Kirchen und Orte des Deutschen Reiches, seiner Diözesen und Territorien (1455–1458), bearb. von Ernst Pitz, Tübingen 1989.

MBW.T 2013
Melanchthons Briefwechsel. Kritische und kommentierte Gesamtausgabe, im Auftrag der Heidelberger Akademie der Wissenschaften hrsg. von Heinz Scheible, seit Bd. T 11 von Christine Mundhenk, Bd. T 14, Stuttgart/Bad Cannstatt 2013.

WA
Martin Luther: D. Martin Luthers Werke, kritische Gesamtausgabe (Weimarer Ausgabe), 120 Bde., Weimar 1883–2009.

WA.B
Martin Luther: D. Martin Luthers Werke, kritische Gesamtausgabe (Weimarer Ausgabe), Briefwechsel, 18 Bde., Weimar 1883–2009.

WA.DB
Martin Luther: D. Martin Luthers Werke, kritische Gesamtausgabe (Weimarer Ausgabe), Deutsche Bibel, 12 Bde., Weimar 1883–2009.

WA.TR
Martin Luther: D. Martin Luthers Werke, kritische Gesamtausgabe (Weimarer Ausgabe), Tischreden, 6 Bde., Weimar 1883–2009.

Zeiller 1632
Martin Zeiller: Germania Nv-Antiquia. Das ist: Reyßbuch durch Hoch und Nider Teutschland, auch benachbarte Königreiche, Fürstenthumb und Länder [...], Straßburg 1632.

Ungedruckte Quellen

Archiv CDU in der DDR

Archiv für Christlich-Demokratische Politik, Schriftgutarchiv – CDU in der SBZ/DDR
- Abteilung Kultur, Volksbildung, Schulung 1966–1989, Parteivorsitzender Gerald Götting – Kunstaufträge

Bayerische Staatsbibliothek

- Johann Walter: Wittembergisch deudsch Geistlich Gesangbüchlein, Wittenberg 1551 (Digitalisat): http://stimmbuecher.digitale-sammlungen.de/view?id=bsb00092623 (letzter Zugriff 15. 2. 2016)

Domstiftsbibliothek Naumburg

Kayser 1746
- Johann Georg Kayser: Antiquitates, Epitaphia et Monumenta ad Descriptionem Thempli cathedralis Numburgensis collecta, 1746, Manuskript

DStA

Domstiftsarchiv Merseburg
- Urkunde Nr. 513
- Urkunde Nr. 1049
- Urkunde St. Sixti, Nr. 101, 102

LASA

Landesarchiv Sachsen-Anhalt
- siehe Kat. 1, 150, 153, 172, 173, 211, 221, 222, 319, 362

RatsA WB

Städtische Sammlungen Wittenberg, Ratsarchiv
- Kreis-Turnfest des Turnkreises IIIe der Deutschen Turnerschaft (Provinz Sachsen und Herzogtum Anhalt) am 8., 9. und 10. Juli 1905 zu Wittenberg, Wittenberg 1905
- Ln. Urbar (alt) 2
- Ln. 2254
- Kämmereirechnung 1525
- Kämmereirechnung 1532

ThHStAW, EGA

Thüringisches Hauptstaatsarchiv Weimar, Ernestinisches Gesamtarchiv
- Reg. Bb 4361, Bl. 44r (Rechnung vom 10. Mai 1533)

ThStAG

Thüringisches Staatsarchiv Gotha
- siehe Kat. 37

SHStAD

Sächsisches Staatsarchiv – Sächsisches Hauptstaatsarchiv Dresden
- Bestand 12803, Personennachlass Elisabeth Werl, Nr. 4, Nr. 17 und Nr. 35 Bestand 10024, Geheimer Rat (Geheimes Archiv), Loc. 8607/15

Sächsische Landesbibliothek

- Mscr.Dresd.R.307

Staatsbibliothek Berlin

- Johann Friedrich Petsch: Ein schönes christliches Lied von dem ehrwürdigen D. Martin Luther und seiner Lehre, Wittenberg 1546 (Digitalisat): http://resolver.staatsbibliothek-berlin.de/SBB0000BBD900000000 (letzter Zugriff 15. 2. 2016)

Thüringer Universitäts- und Landesbibliothek Jena

- Ms. Bos. q. 24k, Bl. 235r–259v

UAHW

Archiv der Martin-Luther-Universität Halle-Wittenberg
- siehe Kat. 134, 135

Glossar

Abendmahl/Eucharistie/Heilige Kommunion
regelmäßig im Gottesdienst wiederkehrendes Sakrament mit liturgischer Wiederholung des letzten Abendmahls Jesu Christi, seit der Reformation Betonung der Stärkung der Gemeinde als Gemeinschaft

Abendmahlsstreit
Kontroverse zwischen Lutheranern und Reformierten um die Frage, ob bei der Eucharistie Christus symbolisch oder leibhaftig zugegen ist

Abgott
auch Götze, von Menschen erdachter Gegenstand der Verehrung, bei Luther oft im Zusammenhang mit Reichtum

Ablass, Indulgenz
Sündenstraferlass für Lebende und Verstorbene gegen fromme Werke oder eine Geldzahlung

Ablassbrief
Bescheinigung über den Erwerb eines Ablasses

Absolution
Teil des Bußsakraments, Vergebung der Sünden

Albertiner
durch Teilung 1485 entstandene Linie der sächsischen Dynastie der Wettiner, ab 1547 in Besitz der Kurwürde

Allgemeines Priestertum
Konzept einer vom Gemeindeprinzip gedachten Kirche, die auf gegenseitigem Dienst der Verkündigung und Seelsorge beruht

Altarlehen
Güter, die im Zusammenhang mit einem Altar gestiftet werden, um den Prediger zu versorgen, der am Altar (vorgeschriebene) gottesdienstliche Handlungen vollzieht

Altes Testament
s. Hebräische Bibel

Andacht
Meditative Gebetspraxis

Andachtsbild
Bild, das zur Förderung der Andacht dient, in der vorreformatorischen Kirche oft als wundertätig verehrt und Ziel von Wallfahrten

Anglikanische Kirche
seit 1529 christliche Kirchengemeinschaft in England, die evangelische Theologie und katholische Liturgie vereint

Anstand
zeitlich befristete Vereinbarung mit dem Ziel der Friedenswahrung und des Konfliktausgleichs

Antichrist
im Neuen Testament nur in den Johannesbriefen und im 2. Thessaloniker-Brief vorkommende Vorstellung von einem Widersacher Christi als Herrscher der Endzeit, von Luther seit 1520 mit dem Papsttum identifiziert

Antijudaismus/Antisemitismus
im Johannesevangelium begründete Vorstellung, dass das jüdische Volk der Mörder Christi ist, im 19. Jh. eine der Wurzeln einer rassisch begründeten Feindschaft gegen das Judentum

Antiklerikalismus
seit dem Mittelalter generelle Kritik am geistlichen Stand, oft mit mangelnden ethischen Standards der Priester und Mönche begründet

Antinomistischer Streit
theologische Kontroverse zwischen »echten« Lutheranern (*Gnesiolutheranern*) und Melanchthon-Anhängern um die Bedeutung des Gesetzes im Leben der Gläubigen

Apokalyptik
Deutung von Ereignissen in Hinblick auf ein nahe geglaubtes, mit Unheilserwartung verbundenes Weltende

Arma Christi
Leidenswerkzeuge Christi, die in Passionsgeschichten überliefert sind

Artes liberales
die *Sieben freien Künste*, die seit der Antike für gebildete Männer das Basiswissen bildeten: Arithmetik, Geometrie, Astronomie, Musik, Grammatik, Rhetorik und Dialektik

Aufklärung
von Frankreich im 18. Jh. ausgehende intellektuelle Bewegung, bestehende Ordnungen und Überzeugungen auf ihre Rationalität zu prüfen

Augsburger Bekenntnis, Confessio Augustana
1530 von den protestantischen Ständen vorgelegtes Bekenntnis, das in 28 Artikeln ihr Glaubensverständnis aus der Heiligen Schrift darlegt; ist in allen lutherischen Kirchen noch heute gültig

Augsburger Interim
auf dem Augsburger Reichstag Ende Juni 1548 verkündetes kaiserliches Religionsgesetz für evangelische Reichsstände als Zwischenlösung (Interim) bis zur Regelung der Religionskontroverse durch ein Konzil; einzige Zugeständnisse waren das Abendmahl mit Brot und Wein sowie die Heirat der Geistlichen

Augsburger Religionsfrieden
auf dem Reichstag zu Augsburg 1555 verabschiedetes Reichsgesetz mit dem Zugeständnis freier Religionsausübung und Besitzstände für die lutherischen Territorien

Augustiner-Eremiten
Bettelorden, in den Martin Luther 1505 in Erfurt eintrat

Bannandrohungsbulle »Exsurge domine«
päpstliche Urkunde zur Androhung des Kirchenbanns, von Papst Leo X. 1520 ausgestellt; von Martin Luther öffentlich verbrannt

Bannbulle »Decet Romanum Pontificem«
päpstliche Urkunde zur Exkommunikation Martin Luthers 1521

Bauernkrieg
gewaltsame und durch die Fürsten blutig niedergeschlagene Erhebung der unteren Schichten 1525; vor allem in Süddeutschland und Thüringen

Bekennende Kirche
kirchliche Vereinigung deutscher Protestanten im Nationalsozialismus (1933–1945), die die innerkirchliche Opposition zu den *Deutschen Christen* darstellte

Bergregalrecht
Verfügungsrecht über ungehobene Bodenschätze, gehört zu den Regalien (landesherrliche Privilegien)

Bildersturm
organisierte oder seltener spontane Entfernung bzw. Zerstörung von Andachtsbildern und anderen Ausstattungen aus Kirchen; mehrfach in reformierten Gegenden

Bistum
Herrschaftsgebiet eines Bischofs

Böhmische Brüder
Zusammenschluss unterschiedlicher religiöser Gruppen (Waldenser, Taboriten, Utraquisten) in Böhmen Ende des 15. Jhs. zu einer eigenen kirchlichen Gemeinschaft (Brüderunität)

Breve
päpstlicher Erlass, weniger formell als die Bulle

Bruderschaft
Zusammenschluss von Männern zur Verrichtung von guten Werken (gemeinsame Gebete, Gottesdienste, Hilfe für Kranke, Schutzlose und Reisende) durch die Mitglieder

Bundeshauptleute
Gründer und Anführer des *Schmalkaldischen Bundes* (1531–1547) (Landgraf Philipp I. von Hessen, Kurfürst Johann Friedrich I. von Sachsen)

Buße
altkirchlicher Gesamtbegriff für Beichte, Lossprechung und Genugtuung; Luther verlangt stattdessen von den Gläubigen die Änderung des Lebensstils

Calvinismus
gegnerische Bezeichnung für die Lehre Calvins; von ihm selbst abgelehnt

Christliche Freiheit
Im Anschluss an den Galaterbrief von Luther entwickelte Überzeugung, dass es keinen Glaubenszwang geben dürfe; die christliche Freiheit hat für Luther keine Auswirkungen auf die Politik

Confessio Augustana
s. *Augsburger Bekenntnis*

cuius regio, ejus religio
»wessen Gebiet, dessen Religion« – Rechtsprinzip seit dem *Augsburger Religionsfrieden* 1555 zur Festlegung einer Konfession durch den Landesherrn

Deutsche Christen
kirchliche Vereinigung deutscher Protestanten im Nationalsozialismus (1933–1945), die die offizielle Kirchenpolitik im Dritten Reich vertrat; in Opposition dazu die *Bekennende Kirche*

Devotio moderna
religiöse Erneuerungsbewegung des 14./15. Jhs. zur Verinnerlichung und in der Welt praktizierten Frömmigkeit (Krankenpflege, Armenfürsorge, Schulen)

Dispens
Erlaubnis, von allgemein geltenden Bestimmungen des kirchlichen Rechts in bestimmten Einzelfällen abzuweichen; teilweise dem Papst vorbehalten

Disputation
regelgeleitetes wissenschaftliches Streitgespräch

Dogma/Dogmen
Lehre, Festlegungen des Papstes, was in der Kirche zu gelten hat

Dreipass/Vierpass
Ornamente der Spätromanik und Gotik zur Gestaltung von Bögen und Fenstern mittels mehrerer Kreisbögen

Drei-Stände-Lehre
Rangordnung der frühneuzeitlichen Gesellschaft in Geistlichkeit, Adel und Bürgertum/Bauernschaft; gemäß ihrer Aufgaben auch Lehrstand, Wehrstand und Nährstand genannt

Drittes Reich
Zeit des Nationalsozialismus in Deutschland (1933–1945)

Edikt
vom Kaiser unter Zustimmung der Stände erlassenes Gesetz oder Verordnung

Ekklesiologie
Lehre von der Kirche

Eleutherius
griech.: der Freie oder der Befreite, so nannte sich Luther in Abwandlung seines Geburtsnamens »Luder« ab 1517/18

Epitaph
Erinnerungstafel für einen Verstorbenen, gewöhnlich mit Inschrift und einer Bildkomponente

Ernestiner
durch Teilung 1485 entstandene thüringische Linie der sächsischen Dynastie der Wettiner, bis 1547 in Besitz der Kurwürde

Eschatologie Luthers
Lehre von den letzten Dingen; nach lutherischem Verständnis die Wiederkunft Christi und das Ende der Welt kurz nach seinem Tod

Eucharistie
s. Abendmahl/Eucharistie/Heilige Kommunion

evangelisch
Selbstbezeichnung der Anhänger Luthers und Calvins als Bekenner einer dem Evangelium gemäßen Lehre

Evangelium
griech.: Gute Nachricht; für Luther die gnadenbringende Heilsverheißung Gottes in Christus im Gegensatz zum Gesetz

Exkommunikation, Kirchenbann
rechtswirksamer, strafweiser Ausschluss aus der Kirche durch den Papst mit Entzug der mit der Mitgliedschaft verbundenen Rechte und Heilsangebote

Famulus
Student, Gehilfe

Fegefeuer
Zwischenzustand zwischen Paradies und Hölle als Läuterungsort der Verstorbenen; von Luther wegen fehlender Grundlage in der Bibel abgelehnt

Fiale
spitz auslaufende Türmchen der gotischen Architektur

Fiskal
Exekutivbeamter eines Herrschers bzw. Bischofs

Fleuronnée-Initiale
geblümte Ornamentik beim Anfangsbuchstaben in der gotischen Buchmalerei

Flugblatt
seit 1488 nachweisbarer, oft illustrierter Einblattdruck mit neuen Nachrichten; einflussreich bei der Meinungsbildung in der Öffentlichkeit

Flugschriften
zwischen zwei und 16 Seiten umfassendes und daher preiswertes Druckwerk zu aktuellen Themen; Verkauf durch umherziehende Händler; bevorzugtes Medium in der frühen Reformation

Freikirchen
im Gegensatz zur Staatskirche aus dem Erbe der Reformation hervorgegangene Kirchen

Gemeiner Kasten
gemeinsame Kasse einer Kirchengemeinde, aus der alle Ausgaben flossen; wichtig für die geregelte Armenfürsorge

Gemeiner Mann
zeitgenössische Bezeichnung des nichtadligen und nichtgeistlichen Teils der Bevölkerung, umfasst unterbäuerliche Schichten ebenso wie Stadtbürger

Glaubensbekenntnis
Zusammenfassung der Grundüberzeugungen der christlichen Lehre; altchristliche Bekenntnisse des 3. und 4. Jhs. sind Grundlage des Augsburger Bekenntnisses

Gnade
Gottes voraussetzungslose Liebe zu dem Menschen als Sünder

Gnadenstuhl
in Plastik und Malerei Darstellung der Trinität; Gottvater hält das Kruzifix, über dem die Taube des Heiligen Geistes schwebt

Gnesiolutheraner
Spottname auf die Gegenspieler der Schüler Melanchthons; Selbstbild als »echte« Lutheraner

Gothaer Bund/Torgauer Bund
1526 als Reaktion auf den Zusammenschluss altgläubiger Fürsten in Dessau verabschiedete Übereinkunft zum politischen Schutz des neuen Glaubens; wichtigste Führer sind Kurfürst Johann von Sachsen und Landgraf Philipp von Hessen

Gravamina
Beschwerden, insbesondere diejenigen des Reiches gegenüber der päpstlichen Kurie im 15. und 16. Jh. von Luther in seiner Adelsschrift 1520 zusammengefasst

Habit
Ordenstracht der Geistlichen

Häresie
Ketzerei; Lehre im Widerspruch zur kirchlichen, obrigkeitlichen Auffassung

Hebräische Bibel
Bezeichnung für den ersten Teil der Bibel (Altes Testament)

Heilige Kommunion
s. Abendmahl/Eucharistie/Heilige Kommunion

Heilige Messe
Bezeichnung des katholischen Abendmahls; nach den lateinischen Schlussworten der Liturgie: »Ite, missa est«

Heiliger Stuhl, Apostolische Kirche
bischöflicher Stuhl des Bistums Rom und Synonym für den Papst als Herrscher

Heiltum
Reliquiensammlung; Schatz einer Kirche

Hermeneutik
Theorie über Interpretation von Texten; in der Theologie Luthers Auslegung der Heiligen Schrift im Wortsinn

Hostie
in der Heiligen Messe geweihte Oblate bzw. Brot; nach katholischem Verständnis Wandlung zum Leib Christi

Hugenotten
Begriff für französische Protestanten; im katholischen Frankreich verfolgt

Humanismus
von Italien ausgehende Bildungsbewegung mit Rückbesinnung auf die antike Kultur, wichtiger Vertreter: Erasmus von Rotterdam.

Hussiten
Anhänger des Jan Hus

Interdikt
strafweise Versagung geistlicher Güter mittels der Einstellung kirchlicher Handlungen

Interim
konfessioneller Kompromiss bis zur Klärung auf einem Konzil

Invokavitpredigten
Predigten Luthers im März 1522 nach seiner Rückkehr von der Wartburg zur Befriedung der aufgebrachten Bevölkerung in Wittenberg

Kaiser
von den Kurfürsten gewähltes, im Mittelalter vom Papst gekröntes Oberhaupt des Heiligen Römischen Reiches

Kanon
Maßstab; normative Liste von Verbindlichkeiten

Kanoniker
Chor- oder Domherr; Geistlicher eines Stifts, der sich nach einer geregelten (kanonischen) Ordnung zu leben verpflichtet hat

Kanonisten
Lehrer des römisch-katholischen Kirchenrechts

Kardinal
höchste Würde in der römischen Kirche nach dem Papst; teilweise verknüpft mit dem Bischofsamt

Kasel
liturgisches Gewand; Messgewand

Katechismus
Handbuch zur Unterweisung im christlichen Glauben; für die Reformierten allgemeingültig ist der *Heidelberger K.* von 1563

Katholizismus
Selbstverständnis der Papstkirche als allgemein und überall gültige Form der Kirche; nach lutherischem Verständnis Anmaßung der Papstkirche

Ketzer
»Irrlehrer«, der vom etablierten Dogma abweicht und abweichende theologische Ansichten vertritt

Kirchenordnung
»Leitfaden« zur Ordnung der kirchlicher Angelegenheiten in Gemeinden

Konfession
lat.: Bekenntnis; abgeleitet die Entstehung von drei unterschiedlichen Kirchen im Reich (Katholiken, Lutheraner, Reformierte)

**Konfessionalisierung/
Konfessionelles Zeitalter**
frühneuzeitliche Epoche (1540–1648), in der sich innerkirchliche Wandlungsprozesse vollzogen, die politische, gesellschaftliche und kulturelle Auswirkungen hatten

Konfirmation (ev.), Firmung (kath.)
Ritual zur Vollendung der christlichen Initiation; in der katholischen Kirche ein Sakrament

Konsekration
Weihung und Wandlung der Hostie nach katholischem Verständnis

Konzil
Zusammenkunft kirchlicher Würdenträger mit dem Papst zur Entscheidung wichtiger kirchlicher Angelegenheiten

Korporale
Altartuch

Kuppa
obere Schale eines Trinkgefäßes

Kurfürst
Adelsrang mit Berechtigung zur Wahl des Königs im Heiligen Römischen Reich, der sich später vom Papst zum Kaiser krönen lassen konnte

Kurie
Leitungs- und Verwaltungsbehörden des Heiligen Stuhls

Laienkelch
seit 1215 den Laien von der Römischen Kirche verwehrter Trank beim Abendmahl; Widerstand durch die Hussiten und Reformatoren

Landsknechte, Söldner
im 15./16. Jh. verbreitete Form des Soldatentums, zu Fuß kämpfende und mit einer Pike bewaffnete Kämpfer, die bei einem Geldgeber angestellt waren

Leib Christi
hier: Begriff aus der Abendmahlskontroverse zum Verhältnis zwischen dem Körper Christi und der im Abendmahl gebotenen Hostie

Leipziger Disputation
theologisches Streitgespräch zwischen Johannes Eck, Martin Luther und Andreas Karlstadt vom 27.6. bis 16.7.1519

Linker Flügel der Reformation
moderner Begriff für reformatorische Strömungen, die radikaler dachten als Luther und Calvin; zumeist auf Täufer bezogen

Liturgie
Ordnung für den Ablauf des Gottesdienstes

Liturgisches Gewand
Kleidung der Geistlichen beim Gottesdienst bzw. bei der Heiligen Messe

Lutheraner
ursprünglich Spottname der Gegner der Reformation für Luther-Anhänger; seit etwa 1530 Selbstbezeichnung

Lutherische Kirche
Kirchen, die die Augsburger Konfession als Lehrgrundlage anerkennen

Lutherrose
Luthers Wappen: eine Rose, umschlossen von einem goldenen Ring, in der Mitte ein Herz, darauf ein schwarzes Kreuz; 1523 erstmals als Markenzeichen in einer gedruckten Lutherschrift

Luthers Großer/Kleiner Katechismus
Handbuch für Kinder und Prediger mit den fünf Hauptstücken (Zehn Gebote, Glaubensbekenntnis, Vaterunser, Taufe und Abendmahl)

Marburger Religionsgespräch, Marburger Disputation
erfolgloses theologisches Streitgespräch zwischen den *Lutheranern* (Martin Luther, Philipp Melanchthon) und *Refomierten* (Huldrych Zwingli) vom 1.–4. Oktober 1529 zur Beilegung des Abendmahlstreits

Monarchia universalis, Universalmonarchie
Leitbegriff habsburgischer Propaganda, um die besondere Herrschaftsposition Karls V. als oberster Herrscher der Welt, Verteidiger der Christenheit sowie Quelle des Rechts und der Gerechtigkeit

Mönch
Mitglied einer spirituellen Glaubensgemeinschaft mit einer in Armut, Askese, Keuschheit und Gottgehorsamkeit versprochenen Lebensweise; Unauflösbarkeit des Gelübdes

Monstranz
kostbares Schaugefäß, in dem eine Hostie gezeigt wird; Abschaffung durch die Reformatoren

Mystik
Erfahrung der unmittelbaren Gegenwart Gottes; dazugehöriges Schrifttum

Neues Testament
zweiter Teil der Bibel; bestehend aus den vier Evangelien, der Apostelgeschichte, Briefen der Apostel und der Offenbarung

Nodus
knaufartige Verdickung

Nonne
weibliches Mitglied einer christlichen Ordensgemeinschaft

Noviziat
einjährige Ausbildung für Neulinge in einer Ordensgemeinschaft zur Vorbereitung auf das Gelübde

Offenbarung
Selbstkundgebung Gottes in Jesus Christus; für Luther zwingend an die Heilige Schrift gebunden

Ökumene
ursprünglich: der ganze bewohnte Erdkreis, seit dem 20. Jh. die Gemeinschaft aller christlicher Kirchen

Orden
aus historischen Gründen entstanden verschiedene Zweige des Mönchstums, meist nach ihren Gründern benannt

Ordination
anstelle der Priesterweihe tretende Abordnung eines Geistlichen zum Predigeramt in einer bestimmten Gemeinde

Osmanisches Reich
Territorium der Dynastie der Osmanen in Kleinasien, auf dem Balkan, in Nordafrika und auf der Krim; Hauptstadt: Konstantinopel

Palla
Leinentuch, das den Kelch beim Abendmahl abdeckt

Papstkirche
Institution der mittelalterlichen Kirche Roms; bei Luther Kampfbegriff gegen seine altgläubigen Gegner

Patene
Schale für die Ausgabe der Hostie beim Abendmahl

Patriarch
höchstrangiger Bischof in orthodoxen und altorientalischen Kirchen

Patrimonium Petri
wörtlich: Vermögen des Petrus; Grundbesitz der römischen Kirche in Mittelitalien, angeblich auf eine Schenkung Kaiser Konstantins zurückgehend

Perikope
an einen bestimmten Termin zur Verlesung gebundener Abschnitt eines Bibeltextes zum liturgischen Gebrauch als Basis für die Predigt

Philippisten
Anhänger Philipp Melanchthons; Gegner der *Gnesiolutheraner*

Pietismus
Erneuerungsbewegung; vor allem im Luthertum im 17. Jh. gegen eine angeblich in Formalien erstickende Orthodoxie

Prädestination
Lehre von der Vorherbestimmung Gottes über jeden einzelnen Menschen; im Gegensatz zu Calvin kennt Luther eine Vorherbestimmung zur Verdammnis durch Gott nicht

Prädikatur
kirchliches Amt des Predigers, das seit dem 15. Jh. der Predigt höhere Bedeutung verlieh

Prager Vertrag
Abkommen zwischen dem albertinischen Herzog Moritz und Kaiser Karl V. vom 14. 10. 1546; Moritz sicherte dem Kaiser militärische Hilfe gegen den *Schmalkaldischen Bund* zu und erlangte dafür das Versprechen der sächsischen Kurwürde und die Überlassung großer Teile des ernestinischen Territoriums

Prälat
Inhaber einer kirchlichen Führungsposition (Bischof, Abt, Kardinal)

Predigt
populäre und volkssprachliche Auslegung eines Bibeltexts; Mittelpunkt jedes reformatorischen Gottesdiensts

Priestertum aller Gläubigen
s. Allgemeines Priestertum

Priesterweihe
nach römischer Tradition ein Sakrament, das nur der Bischof spenden kann und dem Kandidaten eine neue Qualität als Kleriker verleiht, bei allen Reformatoren abgeschafft und durch die Ordination ersetzt

Prophet
im Alten Testament Träger einer besonderen Offenbarung Gottes; nach christlicher Tradition ist Johannes der Täufer der letzte Prophet; Luthers Anhänger sahen in ihm einen Propheten

Protestanten
seit dem Reichstag zu Speyer 1529 Synonym für die Gesamtheit der evangelischen Gläubigen

Protestation zu Speyer
1529 protestierte eine Minderheit von evangelischen Reichsständen gegen die Mehrheit; Streitpunkt war, ob in Glaubensfragen Mehrheitsabstimmungen zulässig seien

Räte
hier: leitende Beamte eines Territoriums mit zunehmendem Einfluss im 16. Jh.

Realpräsenz
Lehre Luthers von der wirklichen Gegenwart des Leibes und Blutes Christi in, mit und unter den Elementen des Abendmahls

Rechtfertigungslehre
aus den Paulusbriefen zuerst von Luther gewonnene Erkenntnis, dass nur der Glaube an die verheißene Gnade vor Gott gerecht macht

Reformatio
lat.: Zurückführung, Verbesserung; im Mittelalter vor allem auf kirchliche Institutionen bezogen

Reformierte Kirche
Selbstbezeichnung der Anhänger Zwinglis und Calvins

Regimentenlehre
s. Zwei-Reiche-Lehre

Reichsacht (= Acht)
eine wegen Ungehorsams vom König oder vom Kaiser unter Mitwirkung der Reichsgerichte und der Kurfürsten verhängte Ächtung (Fried- und Rechtloserklärung), die sich auf das ganze Gebiet des Heiligen Römischen Reiches Deutscher Nation erstreckte

Reichskammergericht
oberstes Gericht des Heiligen Römischen Reiches

Reichsstadt
dem Kaiser unmittelbar unterstehende Stadt, deren Vertreter im Reichstag auf der Städtebank saß

Reichsstände
mehr als 300 geistliche und weltliche Fürsten, Prälaten, Vertreter von Ritterorden, Grafen und Herren sowie (Reichs-)Städte mit Sitz und Stimme im Reichstag

Reichstag
Versammlung der Reichsstände im Heiligen Römischen Reich, die in unregelmäßiger Folge einberufen wurde

Religionsgespräch
s. Disputation

Reliquien
materielle Überreste von Heiligen oder Gegenstände, die zu Objekten religiöser Verehrung werden

Retabel
Altaraufsatz; wenn mit zwei oder mehreren aufklappbaren Seitenflügeln versehen, »Flügelretabel« genannt

Rotulus
Schriftrolle

Saigerverfahren
Entmischung einer Schmelze bei der Metallherstellung

Sakrament
Ritus im Christentum zur Vergegenwärtigung der Wirklichkeit Gottes; für Luther die Kombination aus göttlichem Gebot und konkretem Element, weswegen letztlich die Buße nicht mehr als Sakrament galt; die Reformation verringert die traditionelle Zahl der Sakramente von sieben auf zwei: Abendmahl und Taufe

Salbung, letzte Ölung
Sterbesakrament der Barmherzigkeit in Verbindung mit dem Leiden Jesu Christi; als unbiblisch von der Reformation abgeschafft

Schisma
Abspaltung einer Gruppierung von der Kirche, ohne dass grundsätzliche Lehrunterschiede bestehen

Schlacht bei Mühlberg
Gefecht am 24. April 1547 zwischen kaiserlichen und kursächsischen Truppen bei Mühlberg, das zur Niederlage Kurfürst Johann Friedrichs, seiner Gefangennahme und zur Wittenberger Kapitulation führte

Schmalkaldische Artikel
von Luther 1537 verfasstes Bekenntnis als theologische Grundlage für den *Schmalkaldischen Bund*

Schmalkaldischer Bund
Verteidigungsbündnis von evangelischen Fürsten und Städten; 1531 in Schmalkalden geschlossen; 1546/47 Zerschlagung durch den Kaiser im Schmalkaldischen Krieg

Schmalkaldischer Krieg
1546/47 zwischen Kaiser Karl V. und dem Schmalkaldischen Bund geführter Krieg; Sieg und Sicherung der kaiserlichen Macht gegen die protestantischen Landesfürsten und Städte

Scholar
Schüler oder Student einer mittelalterlichen Bildungseinrichtung

Scholastik
an textlichen oder personalen Autoritäten orientierte, an strenge Regeln gebundene mittelalterliche Schulwissenschaft

Schwärmer
s. Linker Flügel der Reformation

Sedisvakanz
Leerstehen eines Bischofs-, Papst- oder Herrscherthrones

Sermon
Predigt, schriftliche Auslegung biblischer Texte; Abhandlung

Sola fide/sola gratia/sola scriptura/ solus Christus
Grundlage der evangelischen Lehre in Schlagwörtern zusammengefasst: allein durch den Glauben, allein durch die Gnade, allein die Schrift, Christus allein

Stände
s. Drei-Stände-Ordnung

Stapelrecht
Pflicht durchreisender Kaufleute, an bestimmten Orten ihre Ware zum Verkauf anzubieten

Stift
kirchliche Gemeinschaft ohne die strengeren Mönchsgelübde, aber mit gemeinsamem Chorgebet

Superintendent
im Luthertum kirchenleitendes Amt anstelle der ehemaligen Bischöfe; da dort der Landesfürst auch die Kirche leitete, waren die Superintendenten fürstliche Beamte

Taboriten
radikale Hussiten, benannt nach der böhmischen Stadt Tabor

Taufe
Sakrament zur Aufnahme in die christliche Gemeinschaft

Täufer
Gemeinschaft von Christen, die nur die Erwachsenentaufe anerkennen; praktizierten eine zweite Taufe (daher Wiedertäufer)

Thesenanschlag
Veröffentlichung von 95 Thesen gegen den Missbrauch des Ablasses vom 31.10.1517 durch Martin Luther; das Annageln der Thesen an die Schlosskirche zu Wittenberg ist historisch umstritten

Tischreden
posthume Gesprächsaufzeichnungen von Luthers Tischgenossen, erstmals von Anton Lauterbach 1566 in gedruckter Form veröffentlicht

Transsubstantiation
auf dem IV. Laterankonzil (1215) verabschiedete römisch-katholische Lehre über den Substanzwandel des Altarsakraments zu Leib und Blut Christi bei unverändert bleibenden äußeren Eigenschaften; wurde von den Reformatoren abgelehnt

Tridentinum
Synonym für das Konzil von Trient; oft auf die dort gefassten Beschlüsse bezogen

Trienter Konzil
in drei Sitzungsperioden von 1545 bis 1563 in Trient abgehaltenes Konzil, dass die Grundlagen der römischen Kirche in ihrer modernen Form festlegte

Trinität
der dreieinige Gott: Gottvater, Sohn und Heiliger Geist

Türkensteuer
zur Abwehr der Türkengefahr erhobene Sondersteuer, im Heiligen Römischen Reich erhoben von 1453–ca. 1700

Universalmonarchie
s. *monarchia universalis*

Utraquisten
gemäßigte Hussiten, die den Laienkelch (communio sub utraque) als Erkennungszeichen hatten; im Gegensatz zu den böhmischen Brüdern offiziell keine »Häretiker«, sondern nur »Schismatiker«

Vatikan
Kirchenstaat des Papstes in Rom; Herrschaftsgebiet aber inklusive italienischer Territorien in Italien (Patrimonium Petri)

Verheißung, Promissio
nach Luthers Verständnis liefert Gottes Verheißung des Heils in Christus die Voraussetzung für den Glauben der Christen

Vierung
Raum, der sich an der Kreuzung von Haupt- und Querschiff einer Kirche bildet

Vikar
Stellvertreter des Priesters mit verschiedenen Ämtern

Visitation
lat.: Besuch; formalisierte Untersuchung der Verhältnisse in den Gemeinden vor Ort; intensiviert durch die Reformatoren ab 1528

Vulgata
lat.: Die allgemein Verbreitete; lateinische Fassung der Bibel nach den originalen Sprachen Hebräisch und Griechisch; Grundlage der römischen Kirchenlehre

Waldenser
auf den Kaufmann Petrus Valdes aus Lyon (12. Jh.) zurückgehende »Ketzergemeinschaft«, die sich mit den Hussiten und *Böhmischen Brüdern* verband und Anschluss an die Reformatoren suchte

Wallfahrt
religiöse Sitte, in geordneter Weise ein meist mit Reliquien oder Heiligengräbern ausgestattetes kirchliches Zentrum zu besuchen; von den Reformatoren abgelehnt

Werkgerechtigkeit
Von Luther abgelehntes Konzept aus der Rechtfertigungslehre, wonach man durch fromme Werke vor Gott gerechtfertigt ist

Wettiner
Herrschergeschlecht in Sachsen

Widerstandsrecht
in der Frühneuzeit umstritten, da nach Röm 13,1f. Verbot jeglichen Widerstands gegen die Obrigkeit, aber Berufung von Philosophen auf ein Naturrecht des zivilen Ungehorsams; 1530 gelingt es sächsischen Juristen, Luther zu überzeugen, dass militärischer Widerstand der protestantischen Fürsten gegen den Kaiser erlaubt sei

Wiedertäufer
s. Täufer

Wormser Edikt
Erlass Kaiser Karls V. am Ende des Reichstags von 1521, mit dem über Luther die Reichsacht verhängt wird; in Kursachsen nie in Kraft gesetzt

Wormser Religionsgespräch, Wormser Disputation
1557 in Worms unternommener Versuch, zur religiösen Einheit zurückzukehren; scheitert vor allem wegen der Uneinigkeit der evangelischen Theologen untereinander

Zölibat
in der katholischen Kirche verbreitete Verpflichtung kirchlicher Amtsinhaber zur Ehelosigkeit

Zwei-Reiche-Lehre
im Anschluss an Augustin von Luther verwendete Unterscheidung zwischen einer geistlichen Sphäre, in der die Christen leben, und einer weltlichen, in der mit Recht und Gewalt geherrscht wird

Zwickauer Propheten
drei in Luthers Abwesenheit 1521 in Wittenberg erschienene Handwerker, die sich als Träger einer besonderen Offenbarung ausgaben

Personenregister

A

Adolf II. von Anhalt-Köthen (1458–1526), Bischof von Merseburg, Gegner Martin Luthers

Agricola, Georg (1494–1555), Universalgelehrter

Agricola, Johannes (1494–1566), Schüler und Freund Luthers, später dessen Gegner

Agricola, Rudolf (1490–1521), Humanist

Albrecht III., gen. der Beherzte (1443–1500), Markgraf von Meißen, Herzog von Sachsen, Begründer der albertinischen Linie des Hauses Wettin

Albrecht von Brandenburg (1490–1545), 1514 Erzbischof von Mainz und Magdeburg, ab 1518 Kardinal, als Förderer des Ablasshandels und ranghöchster geistlicher Würdenträger des römisch-deutschen Reiches einer der wichtigsten Gegenspieler Martin Luthers

Aldegrever, Heinrich (eigentl. Hinrik Trippenmäker) (1502–zw. 1555 und 1561), Kupferstecher, Goldschmied, Maler

Aleander, Hieronymus (1480–1542), päpstlicher Nuntius, Kardinal

Amsdorf, Nikolaus von (1483–1565), Reformator, erster lutherischer Bischof von Naumburg (1542–1546)

Anna, Heilige, Mutter Mariens

Anna Maria von Pfalz-Neuburg (1575–1643), Pfalzgräfin von Neuburg, Herzogin von Sachsen-Weimar

Anshelm, Thomas (um 1465–1523), Formschneider und Drucker in Straßburg, Pforzheim, Tübingen und Hagenau

Aprell, Peter (16. Jh.), Augsburger Papier- und Pergamentlieferant

Aquila (eigentl. Adler), Johannes Caspar (1488–1560), erster lutherischer Superintendent in Saalfeld

Aquin, Thomas von (1225–1274), Dominikanermönch, Philosoph, Theologe, Kirchenlehrer

Aristoteles (384–322 v. Ch.), griechischer Philosoph

Arnoldi, Bartholomäus (1465–1532), Theologe, Philosoph, akademischer Lehrer und später Gegner Martin Luthers

Athanasius (295–373), Heiliger, Patriarch von Alexandria, Kirchenlehrer

August (1526–1586), Kurfürst von Sachsen, aus der albertinischen Linie des Hauses Wettin

Augustinus (354–430), Heiliger, Bischof von Hippo, Kirchenvater, Philosoph

Aurach, Martha von (16. Jh.), Ehefrau von Johann Eberlin von Günzburg

B

Barbara, Heilige, Märtyrerin

Barth, Karl (1886–1968), ev.-reformierter Theologe

Baumgartner, Hieronymus (1498–1565), Bürgermeister und Kirchenpfleger von Nürnberg, zunächst Katharina von Bora zum Mann bestimmt

Beck, Reinhard d. Ä. (gest. 1522), Straßburger Drucker

Beham, Barthel (um 1502–1540), Formschneider, Kupferstecher und Maler in Nürnberg und München

Beham, (Hans) Sebald (um 1500–1550), Formschneider, Zeichner und Maler in Nürnberg und Frankfurt a. M.

Bellarmine, Robert (1542–1621), Jesuit, Kardinal

Beringer, Jakob (16. Jh.), Vikar am Dom zu Speyer, Verfasser einer Evangelienharmonie

Berlichingen, Götz von (um 1480–1562), fränkischer Reichsritter

Bock, Franz (1823–1899), Konservator am Erzbischöflichen Diözesanmuseum in Köln

Boltzius, Johann Martin (1703–1765), pietistischer Pfarrer der Gemeinde Ebenezer in Georgia

Bomberg, Daniel (1470/80–1549), flämischer Drucker, Verleger hebräischer Schriften

Bonhoeffer, Dietrich (1906–1945), lutherischer Theologe, Vertreter der *Bekennenden Kirche*

Bora, Katharina von (1499–1552), entstammt dem sächsischen Landadel, Ordensschwester. Nach ihrer Flucht aus dem Zisterzienserinnenkloster Marienthron in Nimbschen (1523) heiratete sie Martin Luther (1525) und bewohnte mit ihm das ehemalige Augustinerkloster in Wittenberg. Sie gebar Luther sechs Kinder (Johannes [1526–1575], Elisabeth [1527–1528], Magdalena [1529–1542], Martin [1531–1565], Paul [1533–1593], Margarethe [1534–1570]). Durch ihr erfolgreiches Wirtschaften hatte sie erheblichen Anteil am Auskommen der Familie. Katharina von Bora starb auf der Flucht vor der Pest an den Folgen eines Unfalls mit ihrer Kutsche vor Torgau. Ihr Grab befindet sich in der Torgauer Marienkirche.

Brant, Sebastian (1457/58–1521), Jurist, Stadtsyndikus und Kanzler von Straßburg

Breslauer, Martin (1871–1940), Buchantiquar

Brosamer, Hans (1495–1554), Maler, Kupferstecher, Formschneider

Bruegel (Brueghel), Pieter d. Ä. (um 1525–1569), flämischer Maler

Bugenhagen (auch Pomeranus), Johannes (1485–1558), Reformator, Pfarrer an der Stadtkirche Wittenberg (ab 1523), Generalsuperintendent des sächsischen Kurkreises, Begründer des lutherischen Kirchenwesens im Norden Deutschlands und in Dänemark; Weggefährte, Freund und Beichtvater Martin Luthers. Bugenhagen schloss dessen Ehe mit Katharina von Bora, taufte deren Kinder und hielt die Grabrede für Luther.

Burgkmair, Hans d. Ä. (1473–1531), Maler, Zeichner und Formschneider in Augsburg

C

Caelius, Michael (1492–1559), Mansfelder Hofprediger, Reformator

Cajetan, Thomas (1469–1534), Dominikanermönch, Kardinal

Camerarius (eigentl. Kammermeister), Joachim d. Ä. (1500–1574), Humanist, Universalgelehrter, Dichter

Camerarius (eigentl. Kammermeister), Joachim d. J. (1534–1598), Arzt, Botaniker, Naturforscher

Capito (eigentl. Köpfel), Wolfgang (1478–1541), Theologe, Reformator in Straßburg

Carpzov, sächsische Gelehrtenfamilie

Celtis, Conrad (1459–1508), humanistischer Gelehrter, Dichter

Chelidonius, Benedictus (1460–1521), Benediktinermönch, Abt des Wiener Schottenstifts, Humanist, Dichter

Christian I., Kurfürst von Sachsen (1560–1591)

Christophorus, Schutzheiliger der Reisenden, Nothelfer

Clemens VI. (1291–1352), Papst

Clemens VII. (1478–1534), Papst

Cochlaeus (eigentl. Dobeneck), Johannes (1479–1552), Humanist, Theologe, Gegner Luthers

Cranach, Lucas d. Ä. (1472–1553), Maler und Grafiker, ab 1505 Hofmaler am kursächsischen Hof, Ratsmitglied (1519–1549) und Bürgermeister von Wittenberg (gewählt 1537, 1540, 1543). Dort führte er eine große Malerwerkstatt, besaß mehrere Immobilien, eine Apotheke und eine Druckerei. Cranach war Trauzeuge bei der Eheschließung Martin Luthers mit Katharina von Bora. Luther war Pate von Cranachs jüngster Tochter Anna. Cranachs zahlreiche Reformatorenporträts und Bildnisse seiner Dienstherren prägen die Vorstellungen von den Protagonisten der Reformation bis heute.

Cranach, Lucas d. J. (1515–1586), Maler, zweiter Sohn Lucas Cranachs d. Ä. Nach dem Tod des älteren Bruders Hans (1537) nahm er eine führende Rolle in der Werkstatt seines Vaters ein, die er ab 1550 führte.

Cruziger, Caspar d. Ä. (1504–1548), Reformator, Rektor der Universität Wittenberg

D

Dante Alighieri (1265–1321), italienischer Dichter

Dell, Peter d. Ä. (um 1490–1552), Bildhauer

Dietrich, Hieronymus (gestorben nach 1550), Medailleur

Dietrich, Veit (1506–1549), Theologe, Schriftsteller, Reformator

Dinteville, Jean de (1504–1555), französischer Diplomat

Diokletian (zw. 236/245–312), römischer Kaiser

Dorothea von Caesarea, Heilige, Jungfrau und Märtyrerin, Nothelferin

Dorothea Sophia von Sachsen-Altenburg (1587–1645), Fürstäbtissin des Reichsstifts Quedlinburg

Dryander, Johannes (1500–1560), Anatom, Mathematiker, Astronom

Dürer, Albrecht (1471–1528), Maler, Zeichner

E

Eberlin von Günzburg, Johann (1465–1533), Franziskaner, Reformator

Eck (eigentl. Mayer), Johannes (1486–1543), Theologe, Gegner Luthers

Elisabeth (1207–1231), Heilige, Landgräfin von Thüringen

Elisabeth von Rochlitz (1502–1557), Herzogin von Sachsen

Emser, Hieronymus (1478–1527), Theologe, Sekretär Herzog Georgs von Sachsen

Erasmus von Rotterdam (1466–1536), Humanist und Philologe

Erfurth, P. B. (tätig um 1694), Silberschmied

Ernst (1441–1486), Kurfürst von Sachsen, Stammvater der ernestinischen Linie des Hauses Wettin

Ernst I., gen. der Fromme (1601–1675), Herzog von Sachsen-Gotha-Altenburg

Ernst II. (1745–1804), Herzog von Sachsen-Gotha-Altenburg

Ernst II. von Sachsen (1464–1513), Erzbischof von Magdeburg und Administrator des Bistums Halberstadt

Esschen, Johannes van (gest. 1523), Augustinermönch in Antwerpen, erster Märtyrer der Reformation

F

Ferdinand I. (1503–1564), Kaiser, römisch-deutscher König, Erzherzog von Österreich, König von Böhmen, Kroatien und Ungarn

Firmian, Leopold Anton von (1679–1744), Erzbischof von Salzburg

Fisher, Albert Franklin (1908–1960), afroamerikan. Pfarrer, Kommilitone von Dietrich Bonhoeffer am Union Theological Seminary in New York

Flacius »Illyrius« (eigentl. Matija Vlačić), Matthias (1520–1575), lutherischer Theologe

Flötner, Peter (um 1485–1546), Bildhauer, Gold- und Silberschmied, Grafiker, Medailleur, Architekt

Francke, August Hermann (1663–1727), pietistischer Theologe, Pädagoge, Gründer der Franckeschen Stiftungen in Halle

Francke, Gotthilf August (1696–1769), pietistischer Theologe, Pädagoge, Direktor der Franckeschen Stiftungen

Franz I. (1494–1547), König von Frankreich

Friedrich II., gen. der Sanftmütige (1412–1464), Kurfürst von Sachsen

Friedrich II. (1676–1732), Herzog von Sachsen-Gotha-Altenburg

Friedrich III., gen. der Weise (1463–1525), Kurfürst von Sachsen (ab 1486), Erzmarschall und Generalstatthalter des Heiligen Römischen Reiches, Schutzherr Martin Luthers. Friedrich der Weise regierte gemeinsam mit seinem jüngeren Bruder Johann dem Beständigen. 1502 gründete er die Universität Wittenberg. Nach dem Tod Kaiser Maximilians I. 1519 verzichtete er auf die Kandidatur für die Wahl zum römisch-deutschen König und unterstützte stattdessen Karl I. von Spanien, der als Karl V. die Kaiserkrone erhielt. Vermittelte Luther 1521 freies Geleit zum Reichstag in Worms und gewährte ihm nach der Ächtung durch das Wormser Edikt Schutz auf der Wartburg.

Friedrich August I., gen. der Starke (1670–1733), Kurfürst von Sachsen

Friedrich Kasimir (1591–1658), Reichsgraf von Ortenburg

Friedrich Wilhelm I. (1562–1602), Herzog von Sachsen-Weimar

Froben, Johann (1460–1527), Buchdrucker, Verleger

Füllmaurer, Heinrich (um 1505–1546), Maler

Fugger, Ulrich d. J. (1490–1525), Augsburger Kaufmann

G

Gastel, Jörg (tätig um 1523–1525 in Zwickau), Drucker

Gebel, Matthes (um 1500–1574), Medailleur, Bildschnitzer

Georg, Heiliger, Drachentöter, Märtyrer, Nothelfer

Georg, gen. der Bärtige (1471–1539), Herzog von Sachsen

Georg III. (1507–1553), Fürst von Anhalt-Plötzkau, Priester, Reformator

Georg IV. (1573–1627), Reichsgraf von Ortenburg

Gerhard, Leonhard (tätig um 1572), Briefmaler in Magdeburg

Gerung, Matthias (1500–1570), Maler, Buchmaler und Formschneider in Nördlingen und Lauingen

Ghinucci, Girolamo (1480–1541), Kardinal, *Auditor Camerae*, Nuntius in England

Giebelstadt, Florian Geyer von (um 1490–1525), fränkischer Reichsritter, Diplomat

Gregor XIII. (1502–1585), Papst

Gregor der Große (540–604), Papst, Kirchenvater, Heiliger

Gronau, Israel Christian (1714–1745), pietistischer Pfarrer in Georgia

Grumbach, Argula von (um 1492–1568), Schriftstellerin der Reformation

Guldenmund, Hans (tätig 1518–1560), Drucker, Briefmaler in Nürnberg

Gustav II. Adolf (1594–1632), König von Schweden

Gutenberg, Johannes (1400–1468), Erfinder des Buchdrucks mit beweglichen Lettern

Gutknecht, Jobst (tätig 1514–1542), Drucker und Verleger in Nürnberg

Güttel, Caspar (1471–1542), Augustinereremit, Reformator

H

Hagenauer, Friedrich (um 1500–nach 1546), Medailleur

Hamer, Stefan (tätig 1516–1554), Briefmaler und Drucker in Nürnberg

Heinrich II. (1489–1568), Fürst von Braunschweig-Wolfenbüttel, Herzog von Braunschweig-Lüneburg

Heinrich II. Posthumus Reuß (1572–1635), Herr zu Gera, Herr zu Lobenstein und Herr zu Ober-Kranichfeld

Heinrich IV., gen. der Fromme (1473–1541), Herzog von Sachsen

Heinrichs VII. (1556–1603), Reichsgraf von Ortenburg

Heinrich VIII. (1491–1547), König von England

Helmschmid, Desiderius (1513–1579), Hofplattner Karls V.

Heshusen, Tileman (1527–1588), lutherischer Theologe

Hieronymus, Sophronius Eusebius (347–420), Heiliger, Kirchenvater

Hirschvogel, Augustin (1503–1553), Künstler, Geometer, Kartograph

Hitler, Adolf (1889–1945), Diktator des Deutschen Reiches

Holbein, Hans d. J. (1497/98–1543), Maler

Höltzel, Hieronymus (nachgewiesen um 1500–1532), Drucker in Nürnberg

Hopfer, Daniel (um 1470–1536), Formschneider, Radierer, Waffenätzer, Maler in Augsburg

Hoyer VI. (1482–1540), Graf von Mansfeld

Hus, Jan (1369–1415), böhmischer Reformator

Hutten, Ulrich von (1488–1523), Humanist, Dichter, Reichsritter

J

Jakobus d. Ä., Apostel

Joachim (1530–1600), Reichsgraf von Ortenburg

Joachim I. (1509–1561), Fürst von Anhalt-Dessau

Johann I., gen. der Beständige (1468–1532), Kurfürst von Sachsen (ab 1525). Er konsolidierte die Reformation im Kurfürstentum Sachsen und gehörte 1529 zu den fürstlichen Vertretern der protestantischen Minderheit auf dem Reichstag zu Speyer (Protestation) und beauftragte die Wittenberger Theologen Martin Luther, Johannes Bugenhagen, Justus Jonas und Philipp Melanchthon mit der Erarbeitung der *Torgauer Artikel*, die dann als Grundlage der *Confessio Augustana* dienten. Zusammen mit Landgraf Philipp von Hessen führte er den 1531 gegründeten *Schmalkaldischen Bund* an.

Johann IV. (1504–1551), Fürst von Anhalt-Zerbst

Johann Friedrich I., gen. der Großmütige (1503–1554), letzter ernestinischer Kurfürst von Sachsen (1532–1547). Setzte sich entschieden für die Reformation ein. 1547 führte Johann Friedrich I. mit Landgraf Philipp von Hessen das Heer des *Schmalkaldischen Bundes* gegen die kaiserlichen Truppen in die Schlacht bei Mühlberg. Die militärische Niederlage hatte seine Gefangenschaft, den Verlust großer Teile seines Herrschaftsgebietes und die Aberkennung der Kurwürde zur Folge. Nachdem der nunmalige Herzog 1552 aus der Gefangenschaft entlassen wurde, bezog er seine Residenz in Weimar.

Johanna I. von Kastilien, gen. die Wahnsinnige (1479–1555), Infantin von Aragón, Kastilien und León

Jonas, Justus (1493–1555), Theologe, Reformator, Humanist

Julius II. (1443–1513), Papst

K

Kachelofen, Konrad (1450–1529), Leipziger Buchdrucker, Verleger

Kant, Immanuel (1724–1804), deutscher Philosoph der Aufklärung

Karl V. (1500–1558), aus dem Hause Habsburg, war von 1516 an König Karl I. von Spanien. 1519 als Karl V. zum römisch-deutschen König gewählt, wurde er 1530 durch Papst Clemens VII. in Bologna zum Kaiser gekrönt. 1556 verzichtete er zugunsten seines Sohnes Philipp II. auf die spanische Krone und zugunsten seines Bruders Ferdinand I. auf die Kaiserwürde. Er verstand sich als Schützer des Abendlandes vor den Osmanen und Verteidiger des römisch-katholischen Glaubens. Karl V. erließ am 8. Mai 1521 das *Wormser Edikt*, das die Reichsacht über Luther verhängte und seine Schriften verbot. In der Schlacht bei Mühlberg (1547) besiegte sein Heer den *Schmalkaldischen Bund*. Um seine religionspolitischen Ziele zu erreichen, setzte Karl V. 1548 das *Augsburger Interim* durch, das aber in der Praxis scheiterte. Gegen seine Bedenken wurde am 25. September 1555 der *Augsburger Religionsfriede* geschlossen, der die lutherische Konfession anerkannte.

Karl Viktor (1525–1553), Sohn von Herzog Heinrich II. von Braunschweig-Wolfenbüttel, gefallen in der Schlacht bei Sievershausen

Karlstadt (eigentl. Bodenstein), Andreas Rudolf (1486–1541), Reformator, Dekan der Universität Wittenberg, während Luthers Aufenthalt auf der Wartburg Protagonist der Wittenberger Reformation

Kempff, Pancratius (tätig 1533–1570), Formschneider, Briefmaler und Drucker in Nürnberg und Magdeburg (ab ca. 1550)

Kerkener, Johann (um 1480–1541), Dechant des Wernigeroder Chorherrenstifts

Keyßler, Johann Georg (1693–1743), Hauslehrer, Archäologe, Reiseschriftsteller

Kierkegaard, Søren Aabye (1813–1855), dänischer Philosoph, Essayist, Theologe

King, Martin Luther (1929–1968), Bürgerrechtskämpfer, Baptistenpfarrer

Klug, Joseph (um 1490–1552), Drucker in Wittenberg (ab 1523), übernahm 1525/26 die Offizin Cranach/Döring

Koberger, Anton (1440–1513), Drucker und Verleger in Nürnberg, Pate Albrecht Dürers

Konradin (1252–1268), Herzog von Schwaben, König von Sizilien, letzter legitimer männlicher Erbe aus der Dynastie der Staufer

Krafft, Hans d. Ä. (1481–1543), Nürnberger Goldschmied, Medailleur

Krafft, Johannes d. Ä. (um 1510–1578), Drucker in Wittenberg

Krafft, Johann d. J. (1566–1609), Drucker in Wittenberg

Krafft, Zacharias (1560–1590), Drucker in Wittenberg

Kromphardt, Hermann (19. Jh.), Archidiakon von Zeitz

Krug, Hans d. Ä. (um 1455–1514), Nürnberger Goldschmied, Medailleur

Krüger, Hans (tätig Ende 16. Jh.), Buchbinder

L

Lang von Wellenburg, Matthäus (1468–1540), Erzbischof von Salzburg, Kardinal

Laurentius (gest. 258), Heiliger, Märtyrer, römischer Diakon

Lemberger, Georg (um 1490–nach 1537), Holzschneider

Leo X. (1475–1521), Papst (1513–1521). Geb. als Giovanni de Medici, Sohn Lorenzos »des Prächtigen« und Clarice Orsinis. 1483 Ernennung zum päpstlichen Protonotar, 1489 Erhebung in den Kardinalsstand. Für den Neubau des Petersdoms förderte er den Ablasshandel, was Martin Luther zur Veröffentlichung seiner 95 Thesen gegen diese Praxis veranlasste und die Reformation zur Folge hatte. Er erließ am 15. Juni 1520 die Bannandrohungsbulle *Exsurge Domine* gegen Luther und exkommunizierte ihn am 3. Januar 1521 mit der Bulle *Decet Romanum Pontificem*.

Liesmann, Albrecht d. J. (16. Jh.), Dechant des Wernigeroder Chorherrenstifts

Lombardus, Petrus (um 1095/1100–1160), scholastischer Theologe, Leiter der Kathedralschule von Notre Dame in Paris, Bischof von Paris

Lotter, Melchior d. Ä. (1470–1549), Buchdrucker und Verleger in Leipzig und Wittenberg

Lotter, Melchior d. J. (1490–1542), Buchdrucker in WIttenberg

Lotzer, Sebastian (tätig um 1525), Kürschnergeselle

Luder, Hans (1459–1530), Vater Martin Luthers, Bergbauunternehmer

Luder, Margarete (1460–1531), Mutter Martin Luthers

Lufft, Hans (1495–1584), Buchdrucker in Wittenberg

M

Major, Georg (1502–1574), lutherischer Theologe

Malatesta, Sigismondo Pandolfo (1417–1468), Söldnerführer, Herr von Rimini, Fano und Cesena

Maler, Matthes (tätig 1511–1536), Drucker in Erfurt

Margarethe, Heilige, Jungfrau, Märtyrerin, Nothelferin

Margarethe von Münsterberg (1473–1530), Mutter Georgs III. von Anhalt-Plötzkau

Margarethe von Österreich (1480–1530), Statthalterin der Habsburgischen Niederlande

Maria von Sachsen (1515–1583), Gemahlin Herzog Philipps I. von Pommern und Tochter des sächsischen Kurfürsten Johann I.

Mather, Cotton (1663–1728), puritanischer Geistlicher, Gelehrter

Maximilian I. (1459–1519), Kaiser, römisch-deutscher König, Erzherzog von Österreich, Herzog von Burgund

Mazzocchi, Giacomo (1505–1527), römischer Drucker, Antiquar

Mazzolini da Prierio, Silvestro (1456–1523), Dominikanermönch

Meckenem, Israhel van (1445–1503), deutscher Kupferstecher

Meister Eckhart (um 1260–1328), Theologe, Philosoph, Mystiker

Meit, Conrad (um 1480–1550/51), deutscher Bildhauer

Melanchthon (eigentlich Schwartzerdt), Philipp (1497–1560), Reformator, Humanist, Philologe, Theologe, Lehrbuchautor und neulateinischer Dichter, neben Martin Luther treibende Kraft der Reformation, maßgeblicher Verfasser der *Confessio Augustana*. In Bretten als Sohn des kurfürstlichen Rüstmeisters und Waffenschmieds geboren, fiel seine intellektuelle Begabung früh auf. Nach seinem Studium an den Universitäten Heidelberg und Tübingen wurde er 1518 auf Empfehlung Johannes Reuchlins an den neu gegründeten Lehrstuhl für griechische Sprache der Universität Wittenberg berufen. Von seinen Zeitgenossen als *Praeceptor Germaniae* (Lehrer Deutschlands) bezeichnet, reformierte Melanchthon das Bildungswesen nach humanistischen Prinzipien und führte das dreigliedrige Schulsystem ein. Mit den *Loci communes* formulierte er 1521 die erste evangelische Dogmatik.

Menius, Eusebius (1527–unbekannt), Philosoph, Schriftsteller, Mathematiker, Hochschullehrer

Menius, Justinus (1524–unbekannt), fürstlich sächsischer Amtsvorsteher in Gotha

Menius, Justus (1499–1558), Reformator Thüringens, Pfarrer in Erfurt, Superintendent in Eisenach und Gotha

Milicz, Wolf (tätig um 1535–1545), Medailleur

Miltitz, Karl von (1490–1529), päpstlicher Nuntius

Monika von Tagaste (332–387), Heilige, Mutter des hl. Augustinus

Monogrammist HG (tätig um 1521), Medailleur

Monogrammist IB (tätig um 1530), Nürnberger Kleinmeister

Monogrammist IW (tätig Mitte des 16. Jh.), Zeichner, Formschneider

Morgan, John Pierpont (1837–1913), US-amerikanischer Unternehmer, Bankier

Moritz von Sachsen (1521–1553), ab 1541 Herzog des albertinischen Sachsens sowie 1541–1549 Herzog von Sagan und ab 1547 Kurfürst von Sachsen. Im Alter von elf Jahren kam er im Dezember 1532 an den Hof seines Taufpaten Kardinal Albrecht von Brandenburg. Er nahm an Feldzügen Karls V. gegen die Türken und Franzosen teil. Obgleich Lutheraner, stellte er sich in der Schlacht bei Mühlberg 1547 auf die Seite des Kaisers gegen seinen Schwiegervater Philipp von Hessen und seinen ernestinischen Vetter Johann Friedrich I. von Sachsen, dessen Kurwürde ihm dafür übertragen wurde. Aufgrund dieses Verrats erhielt er den Beinamen »Judas von Meißen«.

Mo(r)sellanus (eigentl. Schade), Petrus (1493–1524), Humanist, Philologe, Theologe, Professor an der Universität Leipzig

Moses, Prophet des Alten Testaments

Mühlenberg, Friedrich August Conrad (1750–1801), Sohn von Heinrich Melchior Mühlenberg, Sprecher des Repräsentantenhauses, Mitunterzeichner der *Bill of Rights*

Mühlenberg, Gotthilf Heinrich Ernst (1753–1815), Sohn von Heinrich Melchior Mühlenberg, Botaniker

Mühlenberg, Heinrich Melchior (auch Henry Melchior Muhlenberg) (1711–1787), pietistischer Pfarrer, Missionar in Pennsylvania

Mühlenberg, Johann Peter Gabriel (1746–1807), Sohn von Heinrich Melchior Mühlenberg, General im amerikanischen Unabhängigkeitskrieg, Politiker

Murner, Thomas (1475–1537), Franziskanermönch, Dichter, Satiriker, Kontroverstheologe

N

Nagel, Abraham (tätig um 1572–1591), Priester

Nebukadnezar II. (um 640–562 v. Chr.), König von Babylon

Nero (37–68), römischer Kaiser

Niebuhr, Reinhold (1892–1971), Theologe, Philosoph, Politikwissenschaftler

O

Ockham, Wilhelm von (1288–1347), Philosoph, Theologe der Spätscholastik

Olearius, Johann Christian (1669–1747), lutherischer Theologe, Prediger

Ottheinrich (1502–1559), Kurfürst von der Pfalz, Pfalzgraf von Pfalz-Neuburg

P

Paul III. (1468–1549), Papst

Pencz, Georg (um 1500–1550), Maler, Kupferstecher und Zeichner in Nürnberg

Petsch, Johann Friedrich (tätig Mitte des 16. Jh.), Dichter

Peucer, Caspar (1525–1602), Kirchenreformer, Mathematiker, Astronom, Mediziner, Diplomat, Schriftsteller

Peypus, Friedrich (1485–1534), Drucker

Philipp I., gen. der Schöne (1478–1506), König von Kastilien, León und Granada, Herzog von Burgund

Philipp I., gen. der Großmütige (1504–1567), Landgraf von Hessen, Anführer des Schmalkaldischen Bundes

Philipp I. (1515–1560), Herzog von Pommern-Wolgast

Philipp II. (1527–1598), König von Spanien

Philipp III., gen. der Gute (1396–1467), Herzog von Burgund

Powell, Adam Clayton Jr. (1908–1972), Baptistenpfarrer, Politiker

Preuning, Paul (1526–1573/98), Nürnberger Hafnermeister

R

Raimondi, Marcantonio (1475–1534), italienischer Kupferstecher

Ravenna, Vincentius (um 1475–unbekannt), Jurist in Padua, Greifswald, Wittenberg und Rom, Rektor der Universität Wittenberg

Renouard, Antoine Augustin (1765–1853), Pariser Verleger

Rhau, Georg (1488–1548), Drucker in Wittenberg

Rhau-Grunenberg, Johann (gest. nach 1523 und vor 1525), Drucker in Wittenberg

Rhegius (eigentlich Rieger), Urbanus (1489–1541), Reformator

Reinhart, Hans d. Ä. (um 1510–1581), Goldschmied und Medailleur

Resch, Wolfgang (tätig 1516–1534), Formschneider, Drucker und Verleger in Augsburg und Nürnberg

Reuchlin, Johannes (1455–1522), Humanist, Philosoph, Rechtsgelehrter

Reynmann, Leonhard (geb. um 1500), Nürnberger Meteorologe

Riemenschneider, Tilman (um 1460–1531), Bildhauer, Bildschnitzer

Rödinger, Christian d. Ä. (tätig 1539–1556), Drucker in Wittenberg (1539), Magdeburg (ab 1539/40) und Jena (ab 1553)

Rörer, Georg (1492–1557), Theologe, Reformator, Verleger

Rosinus, Bartholomäus (um 1520–1586), Pfarrer, Autor

S

Sachs, Hans (1494–1576), Meistersinger und Schuhmacher in Nürnberg

Schäufelein, Hans Leonhard (1480/85–um 1540), Formschneider, Maler und Zeichner in Augsburg und Nördlingen

Schappeler, Christoph (1472–1551), reformierter Theologe, Prediger, Bauernführer

Schedel, Hartmann (1440–1514), Arzt, Historiograf und Humanist

Scheller, Jörg/Georg (tätig um 1545–nach 1551), Formschneider in Magdeburg, ab 1551 in Wittenberg

Schilling von Cannstatt, Hans Ulrich II. (1485–1552), Erbschenk in Schwaben, Herr zu Owen und Wielandstein, Burgvogt zu Tübingen, Jurist, Rektor der Universität Wittenberg

Schlegel, Hans (16. Jh.), Bildhauer

Schön, Erhard (um 1491–1542), Maler, Zeichner und Formschneider in Nürnberg

Schöne, Lucas (17. Jh.), Hallescher Künstler

Schott, Hans (1477–nach 1550), Drucker

Schumann, Valentin (gest. 1542), Drucker, Buchhändler in Grimma und Leipzig

Schwarzenberg, Melchior (tätig um 1512–1516), Formschneider

Schwertfeger, Johann (1488–1524), Jurist, Theologe

Seusenhofer, Jörg (1516–1580), Plattner

Sibylle von Jülich-Kleve-Berg (1512–1554), Kurfürstin von Sachsen

Sigismund (1368–1437), Kaiser, römisch-deutscher König, Kurfürst von Brandenburg, König von Ungarn und Kroatien, König von Böhmen

Solis, Virgil (1514–1562), Maler, Zeichner, Formschneider und Stecher

Spalatin, Georg (1484–1545), deutscher Humanist, Theologe, Reformator und Historiker. Nach seiner Priesterweihe wurde Spalatin 1508 Erzieher des späteren Kurfürsten Johann Friedrich I., 1512 übertrug ihm Kurfürst Friedrich der Weise die Verwaltung der Universitätsbibliothek im Wittenberger Schloss. 1514 wurde er Hofkaplan und Geheimschreiber der Universität, 1515 Chorherr des Altenburger St. Georgenstifts, 1528 Superintendent von Altenburg. Spalatin verfasste eine *Chronik der Sachsen und Thüringer* (1510) und die Biografien Friedrichs des Weisen und Johanns des Beständigen.

Spangenberg, Cyriacus (1528–1604), lutherischer Theologe, Historiker

Spener, Philipp Jacob (1635–1705), lutherischer Theologe, Vertreter des Pietismus

Speratus, Paul (1484–1551), Priester, dann evangelischer Prediger, Reformator und Liederdichter

Springinklee, Hans (zw. 1490 und 1495–um 1540), Maler, Holzschneider, Schüler Albrecht Dürers

Staphylus, Friedrich (1512–1564), lutherischer Theologe, konvertierte 1553 zum römisch-katholischen Glauben

Staupitz, Johann von (1467–1534), Generalvikar des Augustinerordens in Deutschland, Beichtvater Martin Luthers

Steiner, Heinrich (gest. 1548), Augsburger Drucker

Stöckel, Wolfgang (um 1473–1539/41), Drucker in Leipzig, Wittenberg, Halle (Saale), Dresden

Stör, Niclas (um 1503–1562), Maler, Zeichner und Formschneider in Nürnberg

Stuber, Wolfgang (tätig 1547–1588), Kupferstecher und Formschneider in Nürnberg

T

Tauler, Johann (1300–1361), Dominikanermönch, Mystiker

Tetzel, Johannes (1465–1519), Ablassprediger. Studierte Theologie in Leipzig und trat 1489 in das dortige Dominikanerkloster St. Pauli ein. 1504 begann Tetzel seine Tätigkeit im Ablasshandel zunächst für den Deutschen Ritterorden. 1516 ernannte ihn das Bistum Meißen zum Subkommissar des Ablasshandels für den Bau des Petersdoms in Rom. Ab 1517 war Tetzel im Auftrag des Erzbischofs von Mainz, Albrecht von Brandenburg, in den Bistümern Halberstadt und Magdeburg als Ablassprediger tätig. Seine unlauteren Methoden veranlassten Luther zur Veröffentlichung seiner 95 Thesen gegen den Ablasshandel. 1519 starb Tetzel in Leipzig an der Pest.

Thanner, Jakob (1448–1528/29), Buchdrucker, Buchhändler

Thomas von Aquin (1225–1274), Heiliger, Dominikanermönch, Scholastiker

Treutlen, Johann Adam (1733–1782), Erster Gouverneur Georgias

Throta, Thilo von (1443–1514), Bischof von Merseburg

Trutfetter, Jodocus (1460–1519), Theologe, Rhetoriker, Philosoph, akademischer Lehrer Martin Luthers

U

Ulrich, Abraham (1526–1577), Generalsuperintendent in Zeitz

Ulrich, David (1561–1626), Notar am Reichskammergericht in Speyer

Untzer, Peter (17. Jh.), Kirchenvorsteher der Marienkirche Halle (Saale)

Urlsperger, Samuel (1685–1772), lutherischer Theologe, Pietist

Ursenthaler, Ulrich d. Ä. (1482–1562), Medailleur

V

van Leyden, Lucas (1494–1533), fläm. Maler und Kupferstecher

Vesalius, Andreas (1514–1564), Anatom, Leibarzt Karls V. und Philipps II.

Vischer, Hans (1489–1550), Nürnberger Bildhauer

Voes, Hendrik (gest. 1523), Augustinermönch in Antwerpen

W

Weiditz, Hans d. J. (tätig vor 1500–um 1536), Maler, Zeichner und Stecher in Augsburg und Straßburg

Weischner, Lukas (1550/55–1609), Buchbinder, Bibliothekar

Welcz, Concz (tätig um 1532–1551), Medailleur

Werder, Lorenz (nachgewiesen 1510er Jahre), Goldschmied, Medailleur

Whitefield, George (1714–1770), Priester, Mitbegründer des Methodismus

Widukind († 807), Sachsenführer

Wilhelm II. (1859–1941), letzter deutscher Kaiser, König von Preußen

Wimpina, Konrad (1460–1531), Humanist, ömisch-katholischer Theologe, Gründungsrektor der Brandenburgischen Universität Frankfurt

Wolgemut, Michael (1434–1519), Maler und Zeichner in Nürnberg

Abkürzungen

Aufl.	Auflage
Ausst.-Kat.	Ausstellungskatalog
B	Breite
bearb.	bearbeitet
Bd./Bde.	Band/Bände
Bestands.-Kat.	Bestandskatalog
Dm	Durchmesser
H	Höhe
ill.	illustriert (das Katalogobjekt ist auch in der zitierten Publikation abgebildet)
in Vorb.	in Vorbereitung
Jh./Jhs.	Jahrhundert/Jahrhunderts
KR	Kämmereirechnung
L	Länge
T	Tiefe
überarb.	überarbeitet
verb.	verbessert
MBW.T	Melanchthonbriefwechsel, Texte
WA	D. Martin Luthers Werke, kritische Gesamtausgabe (Weimarer Ausgabe)
WA.B	Weimarer Ausgabe, Abt. Briefwechsel
WA.DB	Weimarer Ausgabe, Abt. Deutsche Bibel
WA.TR	Weimarer Ausgabe, Abt. Tischreden

Abbildungsnachweis

Nachweis Katalognummern

Atlanta, GA, Pitts Theology Library, Emory University, Atlanta
121, 160, 341

Basel, HMB – Historisches Museum Basel
271

Berger, Daniel
302

Berlin, Stiftung Deutsches Historisches Museum
(Fotos: Sebastian Ahlers, Indra Desnica, Arne Psille)
27, 38, 43, 44, 52, 165, 167, 168, 177, 229, 230, 307, 315, 328, 330–337, 346, 374, 380, 397, 398, 407

Braunschweig, Städtisches Museum Braunschweig
125

Coburg, Kunstsammlungen der Veste Coburg
32, 82, 203, 204

Dessau, Landesarchiv in Sachsen-Anhalt
153, 173, 222

Kulturstiftung DessauWörlitz FG
189 KsDW, Bildarchiv, Heinz Fräßdorf

Eisenach, Wartburg-Stiftung Eisenach
7, 72, 386

Erfurt, Evangelische Andreasgemeinde Erfurt
384 (Foto: B. Clasens)

Gotha, Forschungsbibliothek Gotha der Universität Erfurt
129, 144, 147, 148, 163, 180, 210, 212, 304, 377, 401

Gotha, Stiftung Schloss Friedenstein Gotha
Ebhardt, Lutz: 45, 50, 51, 54–56, 77, 98, 103, 185, 227, 228, 351, 352, 358, 360, 378, 379
Fuchs, Thomas: 102, 156, 282, 356
Tan, Sergey: 12, 21, 26, 46, 49, 231, 232, 317, 323, 324, 338, 343, 349, 350

Gotha, Thüringisches Staatsarchiv Gotha
37

Halle (Saale), Landesamt für Denkmalpflege und Archäologie Sachsen-Anhalt, Landesmuseum für Vorgeschichte
Lipták, Juraj: 2–6, 9–11, 13–19, 24, 25, 31, 33–36, 39–42, 53, 73, 75, 76, 78–80, 83–91, 93–95, 97, 99–101, 104, 106, 107, 124, 127, 128, 131, 132, 134, 136, 137, 139, 140, 142, 143, 158, 162, 171, 174, 178, 181–183, 186–188, 191–196, 205, 207, 209, 213, 214 a u. b, 215, 216 a u. b, 234–256, 258–269, 272–281, 283, 284, 286, 292, 298–301, 308–311, 325–327, 344 a u. b, 347, 348, 355, 357, 359, 365, 366, 370, 372, 373, 376, 381, 387, 388, 390–394, 396, 399, 400, 402–405
Keil, Vera: 141
Ritchie, Marc: 295

Halle (Saale), Martin-Luther-Universität Halle-Wittenberg, Universitäts- und Landesbibliothek Sachsen-Anhalt, Halle (Saale)
149

Halle (Saale), Zentrale Kustodie, Martin-Luther-Universität Halle-Wittenberg
138

Jena, Evangelisch-Lutherische Kirchgemeinde Jena
385

Landesarchiv Sachsen, Archiv
1, 150, 172, 211, 221, 319, 362

Lutherstadt Eisleben, Städtische Sammlungen
22, 23

Lutherstadt Wittenberg, Evangelisches Predigerseminar Wittenberg
159, 199

Lutherstadt Wittenberg, Fotostudio Kirsch
395

Lutherstadt Wittenberg, Städtische Sammlungen
219

Lutherstadt Wittenberg, Stiftung Luthergedenkstätten in Sachsen-Anhalt
20, 47, 58–70, 92, 120, 123, 126, 133, 146, 151, 152, 154, 164, 166, 169, 179, 184, 190, 198, 201, 202, 218, 220, 224–226, 288–290, 293, 294, 297, 303, 306, 312, 313, 316, 318, 320, 321, 329, 340, 342, 361, 363, 364, 367–369, 375, 382, 383, 389

Magdeburg, Kulturhistorisches Museum Magdeburg
74 (Foto: akg-images)

Marburg, Bildarchiv Foto Marburg
371 (Foto: Uwe Gaasch)

Minneapolis, MN,
Minneapolis Institute of Art
8, 28–30, 57, 58, 96, 105, 257

Minneapolis, MN,
Private Sammlung Minneapolis
71, 197

Minneapolis, Thrivent Financial Collection
of Religious Art
130, 155, 161, 233, 287, 322, 339

Mühlhausen, Stadtarchiv
122

München,
Bayerisches Nationalmuseum München
270

New York City, NY,
The Metropolitan Museum of Art
48 (bpk/The Metropolitan Museum of Art)

New York City, NY,
The Morgan Library & Museum
175, 176, 223 (alle Fotos: Graham Haber)

St. Paul, MN, Luther Seminary Library
406

Weimar, Klassik Stiftung Weimar
200

Weimar, Thüringisches Hauptstaatsarchiv
Weimar, Ernestinisches Gesamtarchiv
108–119, 170, 285, 296, 305, 345, 353, 354

Vereinigte Domstifter
zu Merseburg und Naumburg und
des Kollegiatstifts Zeitz
81

Zeitz, Evangelische Kirchengemeinde
145

Nachweis Abbildungen

Atlanta, GA, Pitts Theology Library,
Emory University, Atlanta
Abb. 20, Unitarian Universalist Congregation
of Atlanta records, RG 026, Box 104/Folder 2,
Archives and Manuscript Department, Abb.
S. 429

Berlin, BPK
Abb. 5 (Foto: bpk/adoc-photos)

Berlin, Stiftung Deutsches Historisches Museum
Abb. S. 425 (Foto: Ulrich Schwarz)

Berlin, Landesarchiv Berlin, Fotosammlung
Abb. 18 u. 19 (Foto: Karl-Heinz Schubert),
F Rep. 290 Nr. 0099848, 0099676

Berlin, Staatliche Museen zu Berlin,
Preußischer Kulturbesitz, Kupferstichkabinett
Abb. 10, bpk/Kupferstichkabinett, SMB/
Dietmar Katz

Coburg, Kunstsammlungen der Veste Coburg
Abb. 30

Düsseldorf, Hetjens-Museum,
Deutsches Keramikmuseum (FG)
Abb. 9

Eisenach, Wartburg-Stiftung Eisenach
Abb. 29

Erfurt, Evangelisches Augustinerkloster
zu Erfurt
Abb. 25

Gotha, Stiftung Schloss Friedenstein Gotha,
Archiv
Abb. 3, Abb. S. 426 (Foto: Lutz Ebhardt)

Halle (Saale), Franckesche Stiftung (FG)
Abb. 14–17

Halle (Saale), Landesamt für Denkmalpflege
und Archäologie Sachsen-Anhalt,
Landesmuseum für Vorgeschichte
Abb. 12, (K. Brüning), Abb. 13
Lipták, Juraj: Abb. 7, 23, 27, Abb. S. 423
Kluttig-Altmann, Ralf: Abb. 4
Ritchie, Marc: Abb. 21, 22, 26, 32

Halle (Saale), Martin-Luther-Universität
Halle-Wittenberg, Universitäts- und Landes-
bibliothek Sachsen-Anhalt
Abb. 11, Sign. Ic 6300, 2° (1/2), VD17 1:073953X

Lutherstadt Wittenberg, Stiftung Luthergedenkstätten in Sachsen-Anhalt
Abb. S. 424

Minneapolis, MN,
Minneapolis Institute of Art
Abb. S. 427

München, Staatliche Graphische Sammlungen
München
Abb. 6

New York City, NY,
The Morgan Library & Museum
Abb. S. 428

Nürnberg, Germanisches Nationalmuseum
Abb. 8, LGA4237 (Foto: Monika Runge)

Wien, Kunsthistorisches Museum
Abb. 1 (Foto: akg-images)

Wikimedia Commons
Abb. 2, by Paolo Villa (Own work)
[CC BY-SA 4.0 (http://creativecommons.org/
licenses/by-sa/4.0)], via Wikimedia Commons

Abb. 24, von Hjalmar - Eigenes Werk, CC-BY-SA
4.0, https://commons.wikimedia.org/w/index.
php?curid=45264137

Abb. 28, von user:JD - Eigenes Werk, CC BY-SA
3.0, https://commons.wikimedia.org/w/index.
php?curid=6552687

Abb. 31, von Radler59 - Eigenes Werk, CC BY-SA
3.0, https://commons.wikimedia.org/w/index.
php?curid=38431934

Ausstellungsprojekt »Here I stand…«

Lutherausstellungen USA 2016

Eine Kooperation des Landesmuseums für Vorgeschichte Halle (federführend), der Stiftung Luthergedenkstätten in Sachsen-Anhalt, des Deutschen Historischen Museums und der Stiftung Schloss Friedenstein Gotha

mit dem Minneapolis Institute of Art, The Morgan Library & Museum, New York, und der Pitts Theology Library der Candler School of Theology an der Emory University, Atlanta

mit Unterstützung des Auswärtigen Amts der Bundesrepublik Deutschland

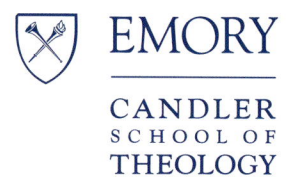

Gesamtleitung
Harald Meller
(Landesamt für Denkmalpflege und Archäologie Sachsen-Anhalt – Landesmuseum für Vorgeschichte)

Projektlenkungsgruppe
Martin Eberle
(Stiftung Schloss Friedenstein Gotha),
Ulrike Kretzschmar
(Siftung Deutsches Historisches Museum),
Stefan Rhein
(Stiftung Luthergedenkstätten in Sachsen-Anhalt)

Projektleitung
Tomoko Elisabeth Emmerling
(Landesamt für Denkmalpflege und Archäologie Sachsen-Anhalt – Landesmuseum für Vorgeschichte)

Projektteam
Ingrid Dettmann, Johanna Furgber, Konstanze Geppert, Katrin Herbst, Susanne Kimmig-Völkner, Robert Kluth, Ralf Kluttig-Altmann, Franziska Kuschel, Lea McLaughlin, Louis D. Nebelsick, Robert Noack, Anne-Simone Rous, Julius Roch, Stefanie Wachsmann
(Landesamt für Denkmalpflege und Archäologie Sachsen-Anhalt – Landesmuseum für Vorgeschichte)

Wissenschaftliche Beratung
Mirko Gutjahr
(Stiftung Luthergedenkstätten in Sachsen-Anhalt),
Louis D. Nebelsick (Landesamt für Denkmalpflege und Archäologie Sachsen-Anhalt – Landesmuseum für Vorgeschichte),
Martin Treu
(Lutherstadt Wittenberg),
Timo Trümper
(Stiftung Schloss Friedenstein Gotha)

Öffentlichkeitsarbeit
Tomoko Emmerling, Julia Kruse, Norma Literski-Henkel, Alfred Reichenberger
(Landesamt für Denkmalpflege und Archäologie Sachsen-Anhalt – Landesmuseum für Vorgeschichte),
Marco Karthe, Carola Schüren
(Stiftung Schloss Friedenstein Gotha),
Florian Trott (Stiftung Luthergedenkstätten in Sachsen-Anhalt),
Boris Nitzsche, Barbara Wolf
(Stiftung Deutsches Historisches Museum)

Gestaltung Werbemittel
Klaus Pockrandt (Halle [Saale]), Brigitte Parsche
(Landesamt für Denkmalpflege und Archäologie Sachsen-Anhalt – Landesmuseum für Vorgeschichte)

Ausstellungen

»Martin Luther: Art and the Reformation«,
Minneapolis Institute of Art,
30. Oktober 2016 bis 15. Januar 2017

**»Word and Image:
Martin Luther's Reformation«,**
The Morgan Library & Museum, New York,
7. Oktober 2016 bis 22. Januar 2017

**»Law and Grace: Martin Luther,
Lucas Cranach, and the Promise of Salvation«,**
Pitts Theology Library der Candler School of
Theology an der Emory University, Atlanta,
11. Oktober 2016 bis 16. Januar 2017

Ausstellungsteam Minneapolis
Kaywin Feldman, Duncan and Nivin MacMillan
Director and President

Matthew Welch,
Deputy Director and Chief Curator

Thomas E. Rassieur, John E. Andrus III
Curator of Prints and Drawings and Curator
of the exhibition Martin Luther: Art and the
Reformation

Jennifer Starbright,
Associate Registrar for Exhibitions

Rayna Fox, Executive Assistant to
the Deputy Director and Chief Curator

Jennifer Komar Olivarez,
Head of Exhibition Planning and Strategy,
Interim Department Head, Decorative Arts,
Textiles, and Sculpture

Michael Lapthorn, Exhibition Designer

Karleen Gardner, Director of
Learning Innovation

Kristin Prestegaard, Chief Engagement Officer

Alex Bortolot, Content Strategist

Aubrey Mozer, Corporate Relations Manager

Eric Bruce, Head of Visitor Experience

Juline Chevalier, Head of Interpretation and
Participatory Experiences

Michael Dust, Head of Interactive Media
and Senior Producer

Mary Mortensen, Senior Advancement
Executive

Eric Helmin, Graphic Designer/
Digital Brand Integration

Tammy Pleshek, Press & Public Relations
Specialist

Ausstellungsteam New York
Colin B. Bailey, Director;
das Projekt wurde 2013 unter Director William
Griswold begonnen und unter Peggy Fogelman,
Acting Director, fortgeführt

John Bidwell, Astor Curator of Printed Books
and Bindings and Curatorial Chair

John T. McQuillen,
Assistant Curator of Printed Books and
Bindings and curator of Word and Image:
Martin Luther's Reformation

John D. Alexander, Senior Manager of Exhibition
and Collection Administration, und Kollegen:
Alex Confer, Paula Pineda, Lindsey Stavros,
und Sophie Worley

Frank Trujillo, Associate Book Conservator,
Lindsay Tyne, Assistant Paper Conservator, und
James Donchez, Art Preparator

Marilyn Palmeri, Imaging and Rights Manager,
mit Eva Soos und Graham Haber, Photographer

Patricia Emerson, Senior Editor

John Marciari, Charles W. Engelhard
Curator of Drawings and Prints,
und Jennifer Tonkovich, Eugene and Claire
Thaw Curator of Drawings and Prints

Patrick Milliman, Director of Communications
and Marketing, mit
Michelle Perlin und Moriah Shtull

Linden Chubin, Director of Education,
und Kollegen:
Anthony Del Aversano, Mary Hogan Camp,
Alicia Ryan, Jacqueline Smith, und Paula
Zadigian

Susan Eddy, ehem. Director of Institutional
Advancement, und
Anita Masi, Associate Director of Development

Tom Shannon, Director of Facilities,
und Jack Quigley, Chief of Security

Ausstellungsgestaltung:
Stephen Saitas

Lighting:
Anita Jorgensen

Gestaltung der Ausstellungsgrafiken:
Miko McGinty und Team:
Paula Welling und Anjali Pala

Konzept:
Louis D. Nebelsick, unter Mitarbeit von:
Ingrid Dettmann, Susanne Kimmig-Völkner,
Franziska Kuschel (Landesamt für Denkmal-
pflege und Archäologie Sachsen-Anhalt –
Landesmuseum für Vorgeschichte)

Berater:
Eike Jordan

Ausstellungsteam Atlanta
Richard Adams,
Head of Public Services

Rebekah Bedard, Reference Librarian
and Outreach Coordinator

Patrick Graham, Director

Armin Siedlecki, Head of Cataloging

**Ausstellungsteam
Deutschland**

Organisation und Konzepte
Ingrid Dettmann, Tomoko Emmerling,
Susanne Kimmig-Völkner, Robert Kluth,
Franziska Kuschel, Louis D. Nebelsick
(Landesamt für Denkmalpflege und
Archäologie Sachsen-Anhalt –
Landesmuseum für Vorgeschichte)

Projektassistenz
Susanne Kimmig-Völkner, Franziska Kuschel,
Louis D. Nebelsick (Landesamt für Denkmal-
pflege und Archäologie Sachsen-Anhalt –
Landesmuseum für Vorgeschichte)

Fachberatung
Kerstin Bullerjahn, Andreas Hille, Ralf Kluttig-
Altmann, Jan Scheunemann, Björn Schlenker
(Landesamt für Denkmalpflege und
Archäologie Sachsen-Anhalt –
Landesmuseum für Vorgeschichte);
Mirko Gutjahr (Stiftung Luthergedenkstätten in
Sachsen-Anhalt);
Ute Däberitz, Bernd Schäfer, Timo Trümper,
Jekaterina Vogel, Uta Wallenstein
(Stiftung Schloss Friedenstein Gotha);
Rosmarie Beier-de Haan, Sabine Beneke,
Leonore Koschnick, Sven Lüken, Matthias
Miller, Brigitte Reineke
(Stiftung Deutsches Historisches Museum);
Christian Philipsen (Stiftung Dome und
Schlösser in Sachsen-Anhalt);
Johanna Reetz, Holger Rode (Osterfeld)

Exponatbereitstellung/Exponatverwaltung
Andrea Lange, Roman Mischker, Irina Widany
(Landesamt für Denkmalpflege und
Archäologie Sachsen-Anhalt –
Landesmuseum für Vorgeschichte);
Christine Doleschal, Petra Gröschl, Karin
Lubitzsch, Jutta Strehle (Stiftung Luther-
gedenkstätten in Sachsen-Anhalt);
Thomas Huck, Jürgen Weis
(Stiftung Schloss Friedenstein Gotha)

**Restauratorische Maßnahmen,
Beratung und Betreuung**
Karsten Böhm, Heiko Breuer, Karoline Danz,
Friederike Hertel, Vera Keil, Katrin Steller,
Christian-Heinrich Wunderlich
(Landesamt für Denkmalpflege und
Archäologie Sachsen-Anhalt –
Landesmuseum für Vorgeschichte);
Karin Lubitzsch, Andreas Schwabe
(Stiftung Luthergedenkstätten in
Sachsen-Anhalt);
Michaela Brand, Kay Draber, Sophie Hoffmann,
Martina Homolka, Ulrike Hügle, Matthias Lang,
Elke Kiffe, Barbara Korbel, Antje Liebers,
Jutta Peschke
(Stiftung Deutsches Historisches Museum);
Helmut Biebler, Marie-Luise Gothe, Brigitte
Pohl, Gunter Rothe
(Stiftung Schloss Friedenstein Gotha);
Sebastian Anastasow (Hundisburg),
Katrin Brinz (Halle [Saale]),
Eva Düllo (Berlin),
Thomas Groll (Magdeburg),
Angela Günther (Dessau-Roßlau),
Kerstin Klein (Halle [Saale]),
Andrea Knüpfer (Halle [Saale]),
Albrecht Körber (Dresden),
Andreas Mieth (Berlin),
Sybille Reschke (Leipzig),
Johannes Schaefer (Altenburg),
Peter Schöne (Halle [Saale]),
Ulrich Sieblist (Questenberg),
Christine Supianek-Chassay (Erfurt),
Hartmut von Wieckowski (Petersberg),
Beatrix Kästner (Meusebach)

Leihorganisation
Urte Dally, Susanne Kimmig-Völkner,
Franziska Kuschel
(Landesamt für Denkmalpflege und
Archäologie Sachsen-Anhalt –
Landesmuseum für Vorgeschichte)

Transporte
hasenkamp Internationale Transporte GmbH,
Masterpiece International

Das Ausstellungsteam dankt den zahlreichen
Mitarbeitern aller Kooperationspartner und der
leihgebenden Institutionen, die zum Gelingen
der Ausstellungen in New York, Minneapolis
und Atlanta beigetragen haben, auch den nicht
namentlich genannten.

Begleitpublikationen

Herausgeber
Harald Meller
(Landesamt für Denkmalpflege und
Archäologie Sachsen-Anhalt –
Landesmuseum für Vorgeschichte),
Colin B. Bailey
(The Morgan Library & Museum),
Martin Eberle
(Stiftung Schloss Friedenstein Gotha),
Kaywin Feldman
(Minneapolis Institute of Art),
Ulrike Kretzschmar
(Stiftung Deutsches Historisches Museum),
Stefan Rhein
(Stiftung Luthergedenkstätten
in Sachsen-Anhalt)

Konzeption
Ingrid Dettmann, Tomoko Emmerling,
Katrin Herbst, Susanne Kimmig-Völkner,
Robert Kluth, Franziska Kuschel,
Louis D. Nebelsick, Robert Noack
Anne-Simone Rous
(Landesamt für Denkmalpflege und
Archäologie Sachsen-Anhalt –
Landesmuseum für Vorgeschichte)

Recherche Bildrechte, Bildredaktion
Robert Noack
(Landesamt für Denkmalpflege und
Archäologie Sachsen-Anhalt –
Landesmuseum für Vorgeschichte)

Projektbetreuung Sandstein Verlag
Christine Jäger-Ulbricht, Sina Volk,
Norbert du Vinage (Sandstein Verlag)

Konzeption Gestaltung
Norbert du Vinage (Sandstein Verlag)

Herstellung
Sandstein Verlag

Druck und Verarbeitung
Westermann Druck Zwickau GmbH

Begleitband
»Martin Luther.
Aufbruch in eine neue Welt«

Koordination
Anne-Simone Rous, Katrin Herbst,
Susanne Kimmig-Völkner,
Robert Kluth, Louis D. Nebelsick
(Landesamt für Denkmalpflege und
Archäologie Sachsen-Anhalt –
Landesmuseum für Vorgeschichte)

Redaktion
Anne-Simone Rous
(Landesamt für Denkmalpflege und
Archäologie Sachsen-Anhalt –
Landesmuseum für Vorgeschichte)

Fachlektorat
Martin Treu (Lutherstadt Wittenberg),
Eva Bambach-Horst (Bensheim),
Susanne Baudisch (Dresden),
Kathleen Dittrich (Hinterhermsdorf),
Mareike Greb (Leipzig),
Barbara Fitton Hauß (Lörrach),
Carola Hoécker (Heidelberg),
James Matarazzo (Oxford, Großbritannien),
Katrin Ott (Jena),
Marion Page (Cirencester, Großbritannien),
Emanuel Priebst (Dresden),
Georg D. Schaaf (Münster),
Ulrich Schmiedel (München),
Karen Schmitt (Stuttgart),
Lutz Stirl (Berlin),
Timo Trümper (Stiftung Schloss
Friedenstein Gotha),
Susann Wendt (Leipzig);
Kerstin Bullerjahn, Ingrid Dettmann,
Katrin Herbst, Susanne Kimmig-Völkner,
Robert Kluth, Ralf Kluttig-Altmann,
Franziska Kuschel, Anne-Simone Rous, Jan
Scheunemann (Landesamt für Denkmalpflege
und Archäologie Sachsen-Anhalt –
Landesmuseum für Vorgeschichte)

Lektorat und Korrektorat

deutsch:
Anne-Simone Rous, Tomoko Emmerling,
Ingrid Dettmann, Katrin Herbst, Susanne
Kimmig-Völkner, Franziska Kuschel (Landesamt
für Denkmalpflege und Archäologie Sachsen-
Anhalt – Landesmuseum für Vorgeschichte)

englisch:
Jim Bindas und Team: Laura Silver,
Stephanie Martin, Heidi Mann
(Books & Projects, Minneapolis);
Louis D. Nebelsick, Tomoko Emmerling, Ingrid
Dettmann, Susanne Kimmig-Völkner,
Lea McLaughlin, Robert Noack, Anne-Simone
Rous (Landesamt für Denkmalpflege und
Archäologie Sachsen-Anhalt – Landesmuseum
für Vorgeschichte)

Recherchen und Konzepte Infografiken
Ingrid Dettmann, Susanne Kimmig-Völkner,
Robert Kluth, Franziska Kuschel, Robert Noack,
Anne-Simone Rous (Landesamt für Denkmalpflege und Archäologie Sachsen-Anhalt –
Landesmuseum für Vorgeschichte); Jakub
Chrobok, Barbara Mayer, Jan Schwochow
(Golden Section Graphics)

Umsetzung Infografiken
Golden Section Graphics: Jan Schwochow
(Geschäftsführung), Jakub Chrobok, Barbara
Mayer, Anton Delchmann, Verena Muckel,
Jaroslaw Kaschtalinski, Katharina Schwochow,
Nick Oelschlägel, Daniela Scharffenberg,
Fabian Dinklage, Christophorus Halsch,
Annemarie Kurz (Projektmanagement),
Anni Peller (Lektorat)

Gestaltung
Simone Antonia Deutsch (Sandstein Verlag)

Bildbearbeitung
Jana Neumann (Sandstein Verlag)

Satz
Gudrun Diesel (Sandstein Verlag)

Katalogband
»Martin Luther.
Schätze der Reformation«

Redaktion

deutsch:
Ralf Kluttig-Altmann (Landesamt für Denkmalpflege und Archäologie Sachsen-Anhalt – Landesmuseum für Vorgeschichte)

englisch:
Katrin Herbst (Landesamt für Denkmalpflege und Archäologie Sachsen-Anhalt – Landesmuseum für Vorgeschichte)

Lektorat und Korrektorat

deutsch:
Ralf Kluttig-Altmann, Ingrid Dettmann, Tomoko Emmerling, Johanna Furgber, Dirk Höhne, Susanne Kimmig-Völkner, Lea McLaughlin, Anne-Simone Rous (Landesamt für Denkmalpflege und Archäologie Sachsen-Anhalt – Landesmuseum für Vorgeschichte); Saskia Gresse (Nürnberg)

englisch:
Katrin Herbst (Landesamt für Denkmalpflege und Archäologie Sachsen-Anhalt – Landesmuseum für Vorgeschichte), John McQuillen (The Morgan Library & Museum), Schneiders-Sprach-Service (Berlin)

Übersetzungen

Übersetzungen ins Deutsche:
Martin Baumeister (Nürnberg); Michael Ebmeyer (Berlin); Lea McLaughlin, Louis Nebelsick (Landesamt für Denkmalpflege und Archäologie Sachsen-Anhalt – Landesmuseum für Vorgeschichte); Christiane Rietz (Leipzig); Sigrid Weber-Krafft (Siegen)

Übersetzungen ins Englische
Martin Baumeister (Nürnberg), Krister Johnson (Magdeburg), Schneiders-Sprach-Service (Berlin), Samuel Shearn (Oxford, Großbritannien), George Wolter (Halle [Saale])

Gestaltung
Norbert du Vinage (Sandstein Verlag)

Bildbearbeitung
Jana Neumann (Sandstein Verlag)

Satz
Katharina Stark, Christian Werner, (Sandstein Verlag); Kathrin Jäger

Karten
Birte Janzen (Landesamt für Denkmalpflege und Archäologie Sachsen-Anhalt – Landesmuseum für Vorgeschichte)

Kartengrundlage
Golden Section Graphics GmbH, Berlin

Abbildungen Einband

Katalogband:
Lucas Cranach d. Ä., Werkstatt
»Martin Luther«, 1528
Stiftung Luthergedenkstätten in Sachsen-Anhalt, Inv.-Nr. G 16

Begleitband:
Lucas Cranach d. Ä.
»Martin Luther als Augustinermönch«, 1520
Stiftung Luthergedenkstätten in Sachsen-Anhalt, Inv.-Nr. fl IIIa 208

Abbildungen Frontispiz

Katalog- und Begleitband:
Lucas Cranach d. Ä.
»Gesetz und Gnade«, 1529 (Ausschnitt)
Stiftung Schloss Friedenstein Gotha, Inv.-Nr. SG 676

Abbildungen Vorwort

© Thomas Köhler/photothek

Bibliografische Informationen
Katalog- und Begleitband

Die Deutsche Nationalbibliothek verzeichnet diese Publikation in der Deutschen Nationalbibliografie; detaillierte bibliografische Daten sind im Internet über http://dnb.ddb.de abrufbar.

Dieses Werk einschließlich seiner Teile ist urheberrechtlich geschützt. Jede Verwertung außerhalb der engen Grenzen des Urheberrechtsgesetzes ist ohne Zustimmung des Verlages unzulässig und strafbar. Das gilt insbesondere für die Vervielfältigung, Übersetzungen, Mikroverfilmungen und die Einspeicherung und Verarbeitung in elektronischen Systemen.

Katalogband
ISBN 978-3-95498-221-9 (deutsch)
ISBN 978-3-95498-223-3 (englisch)

Begleitband
ISBN 978-3-95498-222-6 (deutsch)
ISBN 978-3-95498-224-0 (englisch)

Beide Bände im Schuber
ISBN 978-3-95498-231-8 (deutsch)
ISBN 978-3-95498-232-5 (englisch)

© 2016
Landesamt für Denkmalpflege und Archäologie Sachsen-Anhalt, Sandstein Verlag

Made in Germany

Website und Digital- sowie Posterausstellung

»#Hereistand. Martin Luther, die Reformation und die Folgen«

Gesamtleitung
Harald Meller (Landesamt für Denkmalpflege und Archäologie Sachsen-Anhalt – Landesmuseum für Vorgeschichte)

Projektlenkungsgruppe
Martin Eberle (Stiftung Schloss Friedenstein Gotha), Ulrike Kretzschmar (Stiftung Deutsches Historisches Museum), Stefan Rhein (Stiftung Luthergedenkstätten in Sachsen-Anhalt)

Projektleitung
Tomoko Emmerling (Landesamt für Denkmalpflege und Archäologie Sachsen-Anhalt – Landesmuseum für Vorgeschichte)

Wissenschaftliche Beratung
Mirko Gutjahr (Stiftung Luthergedenkstätten in Sachsen-Anhalt), Martin Treu (Lutherstadt Wittenberg), Timo Trümper (Stiftung Schloss Friedenstein Gotha)

Koordination
Robert Kluth (Landesamt für Denkmalpflege und Archäologie Sachsen-Anhalt – Landesmuseum für Vorgeschichte)

Konzept
Robert Kluth, Katrin Herbst (Landesamt für Denkmalpflege und Archäologie Sachsen-Anhalt – Landesmuseum für Vorgeschichte)

Kuratoren
Robert Kluth, Anne-Simone Rous (Landesamt für Denkmalpflege und Archäologie Sachsen-Anhalt – Landesmuseum für Vorgeschichte)

Wissenschaftliche Mitarbeit
Ingrid Dettmann, Katrin Herbst, Susanne Kimmig-Völkner, Franziska Kuschel, Robert Noack (Landesamt für Denkmalpflege und Archäologie Sachsen-Anhalt – Landesmuseum für Vorgeschichte)

Konzeption und Umsetzung Internetseite und Infografiken
Golden Section Graphics: Jan Schwochow (Geschäftsführung), Jakub Chrobok, Barbara Mayer, Anton Delchmann, Verena Muckel, Jaroslaw Kaschtalinski, Katharina Schwochow, Nick Oelschlägel, Daniela Scharffenberg, Fabian Dinklage, Christophorus Halsch, Annemarie Kurz (Projektmanagement), Anni Peller (Lektorat)

Mitarbeit
Mareile Alferi, Johanna Furgber, Annemarie Knöfel, Mike Leske, Lea McLaughlin, Brigitte Parsche, Julius Roch, Stefanie Wachsmann (Landesamt für Denkmalpflege und Archäologie Sachsen-Anhalt – Landesmuseum für Vorgeschichte), Niels Reidel (Stiftung Schloss Friedenstein Gotha)

3D-Scans
Lukas Fischer, Mitarbeit: Robert Noack (Landesamt für Denkmalpflege und Archäologie Sachsen-Anhalt – Landesmuseum für Vorgeschichte)

Gestaltung Werbemittel
Alexander Schmidt (Halle [Saale]), Birte Janzen (Landesamt für Denkmalpflege und Archäologie Sachsen-Anhalt – Landesmuseum für Vorgeschichte)

Übersetzungen
Christoph Nöthlings (Leipzig), Gloria Kraft-Sullivan (Burgdorf)

Dank an

Markus Lahr, Vinn:Lab, Forschungsgruppe Innovations- und Regionalforschung, Technische Hochschule Wildau

Paul Daniels, Head of Arts and Archives, Luther Seminary, St. Paul

Google Docs

Stefan Hagemann

Henning Kiene, EKD

Martin Klimke

Paul Klimpel

Konrad Kühne (Archiv für Christlich-Demokratische Politik, Konrad Adenauer Stiftung)

Monika Lücke und Dietrich Lücke

Ulrich Mählert (Bundesstiftung zur Aufarbeitung der SED Diktatur)

Christine Mundhenk (Melanchthon-Forschungsstelle der Heidelberger Akademie der Wissenschaften)

Stefan Rohde-Enslin (museum-digital)

Christian Staffa, Evangelische Akademie zu Berlin

Michael Weyer-Menkhoff, Archiv der Berliner Stadtmission

Agnes Fuchsloch, Andrea Fußstetter, Ann-Kathrin Heinzelmann, Angelika Kaminska, Jan-Dirk Kluge, Ilka Linz, Wolfgang Röhrig, Nicola Schnell, Werner Schulte, Magnus Wagner (Stiftung Deutsches Historisches Museum)

Birte Janzen, Julia Kruse, Katrin Legler, Janine Näthe, Brigitte Parsche, Alfred Reichenberger, Anne Reinholdt, Monika Schlenker, Manuela Schwarz, Andreas Stahl, Bettina Stoll-Tucker, Anna Swieder (Landesamt für Denkmalpflege und Archäologie Sachsen-Anhalt – Landesmuseum für Vorgeschichte)